国家出版基金项目
NATIONAL PUBLICATION FOUNDATION

艺术卷

08

中国历代图书总目

李致忠 主编

北京国图书店有限责任公司
北京广臻文化艺术有限公司 编纂

文物出版社

第八分册目录

绘　画

中国绘画作品

中国年画作品

J0059795

翠竹仙鹤图　钱行健作

上海　上海书画出版社　1988 年　1 轴（卷轴）
108cm（全开）定价：CNY1.50

中国现代年画作品。作者钱行健（1935—2010），国画家。江苏无锡人。副教授，曾任上海外国语大学艺术教研室主任、上海海外联谊会联谊书画社副社长、海墨画社社长、上海书画研究院理事等。代表作品有《碧浪》《幽涧听泉》《江月幽禽》等。

J0059796

打金枝　竹翔飞作

沈阳　辽宁美术出版社　1988 年　1 张　76cm（2 开）
定价：CNY0.36

中国现代年画作品。作者竹翔飞，女，毕业于鲁迅美术学院。作品有连环画《打金枝》《女驸马》《欢迎我们的新教师》等。

J0059797

打樱桃　董俊作

呼和浩特　内蒙古人民出版社　1988 年　1 张
76cm（2 开）定价：CNY0.37

中国现代年画作品。

J0059798

打渔富家　杨天中作

沈阳　辽宁美术出版社　1988 年　1 张　76cm（2 开）
定价：CNY0.36

中国现代年画作品。

J0059799

大地回春　刘林生作

上海　上海人民美术出版社　1988 年　1 张
76cm（2 开）定价：CNY0.36

中国现代年画作品。

J0059800

大红花　沈古运作

杭州　浙江人民美术出版社　1988 年　1 张
76cm（2 开）定价：CNY0.32

中国现代年画作品。

J0059801

大象比赛　王兴华作

沈阳　辽宁美术出版社　1988 年　1 张　76cm（2 开）
定价：CNY0.40

中国现代年画作品。

J0059802

黛玉葬花

北京　中国电影出版社　1988 年　1 张　76cm（2 开）
定价：CNY0.36

中国现代年画作品。

J0059803

丹凤朝阳　王瑞卿作

石家庄 河北美术出版社 1988 年 1 张
76cm（2开）定价：CNY0.40
　　　中国现代年画作品。

J0059804
丹凤朝阳　王一鸣，耿郁文作
沈阳 辽宁美术出版社 1988 年 1 张 76cm（2开）
定价：CNY0.36
　　　中国现代年画作品。

J0059805
丹凤朝阳　张德俊，戴德馨作
上海 上海人民美术出版社 1988 年 1 张
108cm（全开）定价：CNY0.75
　　　中国现代年画作品。作者张德俊（1946—　），
画家。江苏海安人。毕业于南京艺术学院美术系。
曾任常州市刘海粟美术馆馆长、中国美协年画艺
委会委员等职。主要作品有《凤仪亭》《天翻地
覆慨而慷》《紫金山顶的瑰宝》等。作者戴德馨
（1942—　），江苏常州人。曾进修于南京艺术学
院。擅长国画。中国美术家协会会员。主要作
品有《猫蝶图》《福禄寿禧》《瑞雪》等。

J0059806
丹凤朝阳　汪苗作
杭州 浙江人民美术出版社 1988 年 1 张
76cm（2开）定价：CNY0.25
　　　中国现代年画作品。作者汪苗（1943—　），
画家。原名汪苗根，浙江萧山人。浙江省义乌画
院院长，高级画师，中国美术家协会、版画家协
会会员。

J0059807
丹生富贵　晓春，肖笑作
天津 天津人民美术出版社 1988 年 1 轴（卷轴）
附对联 1 副 108cm（全开）定价：CNY3.90
　　　中国现代年画作品。

J0059808
丹霞锦绣　王忠年作
沈阳 辽宁美术出版社 1988 年 1 张 76cm（2开）
定价：CNY0.36
　　　中国现代年画作品。作者王忠年（1943—　），
满族，画家。辽宁凤城人，曾用名王中年，毕业
于鲁迅美术学院附中，进修于广州美术学院。曾

任本溪市平山区文化馆美术组长、代馆长。作品
有《飞流直下》《秋》《初春》《林海雪原》《峡江
图》等。

J0059809
登高望远　刘称奇作
北京 人民美术出版社 1988 年 1 张 76cm（2开）
定价：CNY0.38
　　　中国现代年画作品。

J0059810
狄青 李广　渝莲，小艺作
郑州 河南美术出版社 1988 年 1 张 76cm（2开）
定价：CNY0.26
　　　中国现代年画作品。

J0059811
狄青 李广　渝莲，小艺作
郑州 河南美术出版社 1988 年 1 张 54cm（4开）
定价：CNY0.13
　　　中国现代年画作品。

J0059812
貂蝉　于振波作
呼和浩特 内蒙古人民出版社 1988 年 1 张
76cm（2开）定价：CNY0.37
　　　中国现代年画作品。

J0059813
貂蝉拜月　林美岚作
重庆 重庆出版社 1988 年 1 张 76cm（2开）
定价：CNY0.36
　　　中国现代年画作品。作者林美岚（1940—　），
字山风，江西武宁人。毕业于江西九江师范。历
任中小学美术教师，江西九江市群众艺术馆美术
干部、副研究馆员，江西美协理事。作品有《党
是阳光我是花》《喜庆丰年》《鸟语花香》等。出
版有《林美岚人物画选》。

J0059814
动物四条屏　田玉洲作
北京 人民美术出版社 1988 年 2 张 76cm（2开）
定价：CNY0.80
　　　中国现代年画作品。

J0059815

动物四嬉屏　米春茂作

郑州　河南美术出版社　1988年　4张（卷轴）

76cm（2开）定价：CNY3.60

　　中国现代年画作品。作者米春茂（1938—　　），一级美术师。生于河北省霸州。历任沧州市文联专业画家、中国美术家协会会员、美协河北分会会员、河北省工艺美术学会常务理事、沧州市美协理事长。代表作品有《米春茂画集》《中国画自学丛书——怎样画小动物》。

J0059816

洞房花烛　张潮摄

上海　上海人民美术出版社　1988年　1张

76cm（2开）定价：CNY0.36

　　中国现代年画作品。

J0059817

斗方（二）　罗伟农作

南昌　江西人民出版社　1988年　1张

76cm（2开）定价：CNY0.42

　　中国现代年画作品。

J0059818

对虎　梁建君作

石家庄　河北美术出版社　1988年　2张

76cm（2开）定价：CNY0.80

　　中国现代年画作品。

J0059819

夺魁　李跃忠作

呼和浩特　内蒙古人民出版社　1988年　1张

76cm（2开）定价：CNY0.37

　　中国现代年画作品。

J0059820

朵朵鲜花献英雄　高云升作

昆明　云南人民出版社　1988年　1张　76cm（2开）

定价：CNY0.36

　　中国现代年画作品。

J0059821

峨嵋春色　张弛作

上海　上海书画出版社　1988年　1张　76cm（2开）

定价：CNY0.36

中国现代年画作品。

J0059822

恩爱夫妻　刘康摄

上海　上海人民美术出版社　1988年　1张

76cm（2开）定价：CNY0.36

　　中国现代年画作品。

J0059823

发福生财　春生，华军作

沈阳　辽宁美术出版社　1988年　1张　76cm（2开）

定价：CNY0.50

　　中国现代年画作品。

J0059824

发福生财家家乐　杨春生，武秀作

沈阳　辽宁美术出版社　1988年　1张　76cm（2开）

定价：CNY0.36

　　中国现代年画作品。

J0059825

繁花锦羽　张琪作

石家庄　河北美术出版社　1988年　2张

76cm（2开）定价：CNY0.84

　　中国现代年画作品。作者张琪（1954—　　），画家。江苏苏州人，毕业于苏州工艺美术职工大学。历任人民日报神州书画院特约画师、苏州书画院副院长、苏州市美术家协会副秘书长、苏州市园林艺术顾问。代表作品有《张琪花鸟画集》《张琪画集》。

J0059826

繁花似锦

天津　天津人民美术出版社　1988年　2张

76cm（2开）定价：CNY0.80

　　中国现代年画作品。

J0059827

方岩仙境　陈辉光作

上海　上海书画出版社　1988年　1轴（卷轴）

附对联1副　108cm（全开）定价：CNY4.70

　　中国现代年画作品。作者陈辉光（1939—　　），上海人，工艺美术师。

J0059828

飞天大圣李衮 八臂哪吒项充　李先润作
武汉 湖北美术出版社 1988 年 1 张 76cm（2 开）
定价：CNY0.36
　　中国现代年画作品。

J0059829

芬芳四溢　林伟新作
天津 天津人民美术出版社 1988 年 4 张（卷轴）
76cm（2 开）定价：CNY3.30
　　中国现代年画作品。

J0059830

丰年大有余　刘宝贵作
沈阳 辽宁美术出版社 1988 年 1 张 76cm（2 开）
定价：CNY0.36
　　中国现代年画作品。

J0059831

丰收乐　刘友仁作
呼和浩特 内蒙古人民出版社 1988 年 1 张
76cm（2 开）定价：CNY0.37
　　中国现代年画作品。作者刘友仁（1941—　 ），
画家。内蒙古托克托人，毕业于内蒙古师范大学
美术系。历任呼和浩特美协副主席、内蒙古托克
托文化馆副研究馆员。作品有《雪梅青竹》《欢
乐的草原》《草原孩子打马球》《戈壁驼道》《金
牛迎春》等。出版有《刘友仁年画》等。

J0059832

丰收有余　顾国治作
上海 上海人民美术出版社 1988 年 1 张
78cm（2 开）定价：CNY0.44
　　中国现代年画作品。作者顾国治（1938—　 ），
画家。江苏太仓人。毕业于南京艺术学院美术系，
现为中国美术家协会会员、常州书画院画师。主
要作品有《秋实图》《幽境》《春满人间》等。

J0059833

风景这边独好　赵彦杰作
长春 吉林美术出版社 1988 年 1 张 76cm（2 开）
定价：CNY0.38
　　中国现代年画作品。作者赵彦杰（1937—　 ），
国家二级美术师。出生在东北，毕业于师范学校。
作品有《农忙十二月》《泥土芳香》《大观园》《忠

烈千秋》《血染白山》等。

J0059834

封神武将　张恒德作
南宁 广西人民出版社 1988 年 1 张 76cm（2 开）
定价：CNY0.44
　　中国现代年画作品。作者张恒德，画家。作
有年画《龙凤和鸣》《驱邪纳福福寿满堂（门神）》
《长寿图》等。

J0059835

封神演义故事屏　刘建平，施振广作
天津 天津人民美术出版社 1988 年 4 张（卷轴）
76cm（2 开）定价：CNY3.90
　　中国现代年画作品。

J0059836

凤求凰　李学勤作
上海 上海人民美术出版社 1988 年 1 张
76cm（2 开）定价：CNY0.36
　　中国现代年画作品。

J0059837

芙蓉联姻　伯杨作
北京 人民美术出版社 1988 年 1 张 76cm（2 开）
定价：CNY0.38
　　中国现代年画作品。

J0059838

福　庄珠娣书
石家庄 河北美术出版社 1988 年 1 张
76cm（2 开）定价：CNY0.30
　　中国现代年画作品。

J0059839

福　张孝谦书
石家庄 河北美术出版社 1988 年 1 张
76cm（2 开）定价：CNY0.30
　　中国现代年画作品。

J0059840

福　张瑞龄书
石家庄 河北美术出版社 1988 年 1 张
76cm（2 开）定价：CNY0.30
　　中国现代年画作品。作者张瑞龄（1936—　 ），

书法家、教授。号滴石，河北唐山人。作品有楷书《华夏正气歌》《三字经》《百家姓》《千字文》等。

J0059841
福　胡旻书
石家庄　河北美术出版社　1988 年　1 张　76cm（2 开）定价：CNY0.30
　　中国现代年画作品。

J0059842
福　贺保银书
石家庄　河北美术出版社　1988 年　1 张　76cm（2 开）定价：CNY0.30
　　中国现代年画作品。

J0059843
福　王耀生书
石家庄　河北美术出版社　1988 年　1 张　76cm（2 开）定价：CNY0.30
　　中国现代年画作品。

J0059844
福　赫福路书
石家庄　河北美术出版社　1988 年　1 张　76cm（2 开）定价：CNY0.30
　　中国现代年画作品。

J0059845
福　李洪波作
郑州　河南美术出版社　1988 年　1 张　53cm（4 开）定价：CNY0.10
　　中国现代年画作品。

J0059846
福　李春萍作
长春　吉林美术出版社　1988 年　1 张　76cm（2 开）定价：CNY0.50
　　中国现代年画作品。

J0059847
福　立仁作
南京　江苏古籍出版社　1988 年　1 张　76cm（2 开）定价：CNY0.40
　　中国现代年画作品。

J0059848
福　华夫作
沈阳　辽宁美术出版社　1988 年　1 张　76cm（2 开）定价：CNY0.50
　　中国现代年画作品。

J0059849
福　纪宇作
天津　天津人民美术出版社　1988 年　1 张　108cm（全开）定价：CNY0.85
　　中国现代年画作品。

J0059850
福、寿、富、喜　邹越清作
上海　上海书画出版社　1988 年　1 张　76cm（2 开）定价：CNY0.36
　　中国现代年画作品。

J0059851
福春　周东生作
南昌　江西人民出版社　1988 年　1 张　76cm（2 开）定价：CNY0.42
　　中国现代年画作品。

J0059852
福到了　刘宝贵作
沈阳　辽宁美术出版社　1988 年　1 张　76cm（2 开）定价：CNY0.36
　　中国现代年画作品。

J0059853
福富庆丰年　姚孝法作
沈阳　辽宁美术出版社　1988 年　1 张　108cm（全开）定价：CNY0.80
　　中国现代年画作品。

J0059854
福富寿喜　高志华，王志杰作
沈阳　辽宁美术出版社　1988 年　2 张　76cm（2 开）定价：CNY0.76
　　中国现代年画作品。

J0059855
福富寿禧　罗玉江作
石家庄　河北美术出版社　1988 年　2 张

76cm（2开）定价：CNY0.84

　　中国现代年画作品。

J0059856

福富寿禧　　史士明作

上海　上海人民美术出版社　1988年　2张

76cm（2开）定价：CNY0.36

　　中国现代年画作品。作者史士明（1935—　），生于江苏武进。江苏美协会员、高级美术师、常州兰陵年画社副社长。

J0059857

福将　　冯隆梅作

昆明　云南人民出版社　1988年　1张　76cm（2开）定价：CNY0.36

　　中国现代年画作品。

J0059858

福乐图　　成砺志作

天津　天津人民美术出版社　1988年　1轴（卷轴）附对联1副　108cm（全开）定价：CNY3.90

　　中国现代年画作品。作者成砺志（1954—　），江苏扬州人。国家一级美术师、中国美术家协会会员。主要作品《六老图·邓小平》《我为祖国争光》《春暖万家》等。

J0059859

福乐图　　成砺志作

天津　天津人民美术出版社　1988年　1张

76cm（2开）定价：CNY0.38

　　中国现代年画作品。

J0059860

福临门　　藏恒望作

开封　河南朱仙镇年画社　1988年　1张

53cm（4开）定价：CNY0.13

　　中国现代年画作品。

J0059861

福禄寿喜　　徐世陵作

天津　天津人民美术出版社　1988年　1张

76cm（2开）定价：CNY0.80

　　中国现代年画作品。

J0059862

福禄寿喜　　徐世民作

天津　天津人民美术出版社　1988年　4张（卷轴）

76cm（2开）定价：CNY3.90

　　中国现代年画作品。

J0059863

福禄寿禧　　陈学璋作

杭州　浙江人民美术出版社　1988年　2张

76cm（2开）定价：CNY0.65

　　中国现代年画作品。作者陈学璋（1955—　），浙江德清人。笔名晨牧。擅长中国画、年画。浙江省美术家协会会员、湖州市美术家协会理事、德清县美协主席、赵孟頫书画院院长。主要作品有《又是一个丰收年》《小康属龙》《桑梓情》等。

J0059864

福满堂

石家庄　河北美术出版社　1988年　1张

76cm（2开）定价：CNY0.80

　　中国现代年画作品。

J0059865

福如东海　　刘景龙作

石家庄　河北美术出版社　1988年　1张

76cm（2开）定价：CNY0.40

　　中国现代年画作品。作者刘景龙（1949—　）一级书法师。字子正。号智龙居士、龙梅阁主。黑龙江肇东市人。历任中国书法美术家协会理事、中国书法美术家协会甘肃分会副主席，为中国艺术家协会理事、中国书画研究院创作委员、东方书画院名誉院长、中国书协甘肃分会会员、甘肃省书画研究委员会创作委员、兰州书画院院长等。

J0059866

福如东海　　马云桥作

沈阳　辽宁美术出版社　1988年　1张　76cm（2开）定价：CNY0.36

　　中国现代年画作品。

J0059867

福如东海　　楼永年作

杭州　浙江人民美术出版社　1988年　1张

76cm（2开）定价：CNY0.32

中国现代年画作品。作者楼永年(1940—)，
浙江萧山人，毕业于浙江美术学院工艺系。历任
杭州印染厂花样设计、高级工艺美术师。代表作
品《福宝寿禧》《四季平安》《福寿万年》《和合
图》等。

J0059868
福寿　宣敏作
南京 江苏美术出版社 1988年 2张 54cm(4开)
定价：CNY0.36
　　中国现代年画作品。

J0059869
福寿财喜进家门　童金贵作
天津 天津人民美术出版社 1988年 1张
76cm(2开) 定价：CNY0.38
　　中国现代年画作品。作者童金贵，中国美术
家协会辽宁省分会会员、辽宁省年画学会理事、
丹东市美术家协会理事。

J0059870
福寿财禧　王克印作
北京 人民美术出版社 1988年 2张 108cm(全开)
定价：CNY1.60
　　中国现代年画作品。作者王克印(1932—
2003)，工笔花鸟画家、美术教育家、高级设计
师。河南登封人，笔名石山。毕业于河南艺术
学校大专班。中国美术家协会会员，曾任平顶
山市美术家协会副主席、中国少林书画院高级
顾问、河南省中国画院画师、中南书画研究院
常年理事等职。主要作品有《白露秋水》《春秋
配》《塘边》。

J0059871
福寿斗方　王大鹏、李洪波作
郑州 河南美术出版社 1988年 1张 76cm(2开)
定价：CNY0.26
　　中国现代年画作品。

J0059872
福寿富禧　李用夫作
南京 江苏美术出版社 1988年 4张 76cm(2开)
定价：CNY1.55
　　中国现代年画作品。

J0059873
福寿吉喜　华三川作
南京 江苏古籍出版社 1988年 4张(卷轴)
76cm(2开) 定价：CNY4.60
　　中国现代年画作品。作者华三川(1930—
2004)，画家。浙江镇海人。中国美协会员、上
海美术家协会理事、上海少年儿童出版社专业画
家、上海市文史研究馆馆员。代表作品《华三川
仕女画集》《华三川绘新百美图》《锦瑟年华》等。

J0059874
福寿康乐　谭西方作
郑州 河南美术出版社 1988年 1张 54cm(4开)
定价：CNY0.13
　　中国现代年画作品。作者谭西方，美术编辑，
河南郾城人。作品有连环画《中华字圣许慎》等。

J0059875
福寿满堂　刘熹奇作
上海 上海人民美术出版社 1988年 1张
76cm(2开) 定价：CNY0.36
　　中国现代年画作品。作者刘熹奇(1948—　)，
生于江西安福。历任江西美术出版社第一编辑
室主任、副编审。作品有《祖国啊，母亲》《在希
望的田野上》《开国元勋》等。

J0059876
福寿绵长　振华作
天津 天津人民美术出版社 1988年 1轴(卷轴)
附对联1副 108cm(全开) 定价：CNY3.90
　　中国现代年画作品。

J0059877
福寿如意　叶良玉作
上海 上海书画出版社 1988年 1轴(卷轴)
附对联1副 108cm(全开) 定价：CNY1.80
　　中国现代年画作品。

J0059878
福寿双全　魏瀛洲作
长春 吉林美术出版社 1988年 1张 76cm(2开)
定价：CNY0.38
　　中国现代年画作品。作者魏瀛洲，海派年画、
宣传画家。中华人民共和国成立初期被称为月
份牌画家。作品有《国庆节的早晨》《欢腾的农

机站》《在幸福的时代》等。

J0059879

福寿双全　赵幼华作

西安　陕西人民美术出版社　1988 年　1 张
76cm（2 开）定价：CNY0.40

　　中国现代年画作品。作者赵幼华，高级教师，画家。陕西西安人，毕业西安美院附中。河北省廊坊市三中美术教员。作品有《新图》《暖风》《辉煌》《鹤乡》。

J0059880

福寿双全喜临门　史士明作

上海　上海人民美术出版社　1988 年　1 张
76cm（2 开）定价：CNY0.36

　　中国现代年画作品。作者史士明（1935—　），生于江苏武进。江苏美协会员、高级美术师、常州兰陵年画社副社长。

J0059881

福寿双喜　刘友仁作

上海　上海人民美术出版社　1988 年　1 张
76cm（2 开）定价：CNY0.36

　　中国现代年画作品。作者刘友仁（1941—　）画家。内蒙古托克托人，毕业于内蒙古师范大学美术系。历任呼和浩特美协副主席、内蒙古托克托文化馆副研究馆员。作品有《雪梅青竹》《欢乐的草原》《草原孩子打马球》《戈壁驼道》《金牛迎春》等。出版有《刘友仁年画》等。

J0059882

福寿同乐　关满生作

沈阳　辽宁美术出版社　1988 年　1 张　76cm（2 开）
定价：CNY0.36

　　中国现代年画作品。

J0059883

福寿图　冯杰作

南昌　江西人民出版社　1988 年　1 张
108cm（全开）定价：CNY0.56

　　中国现代年画作品。

J0059884

福寿图　童百龄作

重庆　重庆出版社　1988 年　1 张　76cm（2 开）

定价：CNY0.36

　　中国现代年画作品。

J0059885

福寿万年　春生，华军作

沈阳　辽宁美术出版社　1988 年　1 张　76cm（2 开）
定价：CNY0.50

　　中国现代年画作品。

J0059886

福寿万年　刘吉厚作

沈阳　辽宁美术出版社　1988 年　1 张　76cm（2 开）
定价：CNY0.36

　　中国现代年画作品。作者刘吉厚（1942—2011），满族，画家。辽宁宽甸人。历任辽宁美术出版社编辑，外联部编审，辽宁形象传播研究会常务副会长、秘书长。作品有《鸿福满堂》《春满人间》，出版有《刘吉厚作品选集》等。

J0059887

福寿万年　（一）蔡传隆等作

杭州　浙江人民美术出版社　1988 年　1 轴（卷轴）
108cm（全开）定价：CNY3.20

　　中国现代年画作品。作者蔡传隆，国画家。主要作品有《一江春色》《四季平安》等。

J0059888

福寿万年　（二）蔡传隆等作

杭州　浙江人民美术出版社　1988 年　1 轴（卷轴）
108cm（全开）定价：CNY3.20

　　中国现代年画作品。

J0059889

福寿万年　（三）蔡传隆等作

杭州　浙江人民美术出版社　1988 年　1 轴
108cm（全开）定价：CNY3.20

　　中国现代年画作品。

J0059890

福寿万年　蔡传隆等作

杭州　浙江人民美术出版社　1988 年　1 张
108cm（全开）定价：CNY0.80

　　中国现代年画作品。

J0059891

福寿迎门　王小路作

郑州　河南美术出版社　1988年　1张　76cm（2开）

定价：CNY0.26

中国现代年画作品。作者王小路（1945—　），画家。河北邢台人，别名王晓路。结业于中国美协油画研修班。河北省邢台书画院专业画家，二级美术师。擅长油画、宣传画、年画。作品有《龙腾虎跃》《甜》《金鸡高唱》《和平》等。

J0059892

福寿有余　丁洪辉作

长春　吉林美术出版社　1988年　1张　76cm（2开）

定价：CNY0.36

中国现代年画作品。

J0059893

福寿有余　王兴华作

沈阳　辽宁美术出版社　1988年　1张　76cm（2开）

定价：CNY0.50

中国现代年画作品。

J0059894

福喜满堂　臧恒望作

武汉　湖北美术出版社　1988年　1张　76cm（2开）

定价：CNY0.36

中国现代年画作品。

J0059895

福祥　魏明全作

武汉　湖北美术出版社　1988年　1张　76cm（2开）

定价：CNY0.36

中国现代年画作品。作者魏明全（1937—　），画家。河南遂平人。笔名老瓦，号房人。毕业于上蔡师范学校。曾任河南省美术家协会会员、河南省摄影家协会会员、河南省民间美术学会理事。代表作品有《双喜临门》《岳家军》《国香又逢春》《献寿》《蔡叔度》等。

J0059896

福祥寿禧　薛长山作

沈阳　辽宁美术出版社　1988年　2张　76cm（2开）

定价：CNY0.76

中国现代年画作品。

J0059897

福星高照　晓红作

郑州　河南美术出版社　1988年　1张　76cm（2开）

定价：CNY0.26

中国现代年画作品。

J0059898

福星高照　晓红作

郑州　河南美术出版社　1988年　1张　54cm（4开）

定价：CNY0.13

中国现代年画作品。

J0059899

福星高照　杨小毛作

南昌　江西人民出版社　1988年　1张　76cm（2开）定价：CNY0.42

中国现代年画作品。

J0059900

福星高照　（四宝图 之一）朱希斌作

沈阳　辽宁美术出版社　1988年　1张　76cm（2开）

定价：CNY0.36

中国现代年画作品。

J0059901

福照龙年　刘佩珩作

呼和浩特　内蒙古人民出版社　1988年　1张　76cm（2开）定价：CNY0.37

中国现代年画作品。

J0059902

富春福　梅加强作

南昌　江西人民出版社　1988年　1张　76cm（2开）定价：CNY0.56

中国现代年画作品。

J0059903

富福平安　王法堂作

昆明　云南人民出版社　1988年　1张　54cm（4开）

定价：CNY0.26

中国现代年画作品。作者王法堂（1943—　），画家。山东潍坊人。结业于山东艺术学院美术系。山东画院高级画师，中国美术家协会会员，潍坊市美术家协会副主席，诸城市文化馆副馆长、副研究馆员。作品有《春华

秋实》《正月里》《人勤奶香》《骑虎不下》，出
版有《王法堂作品集》等。

J0059904

富贵白头寿带天竹　凌立如作
上海　上海人民美术出版社　1988年　1张
108cm（全开）定价：CNY0.88
　　中国现代年画作品。

J0059905

富贵平安　张锡武，张静作
重庆　重庆出版社　1988年　1张　76cm（2开）
定价：CNY0.36
　　中国现代年画作品。作者张锡武（1927—　），
画家。字青松，河北河间人。历任天津国画研究
所副所长、天津杨柳青画社副编审、中国美术家
协会会员等。代表作品《淀上渔歌》《李时珍问
药图》，出版有《张锡武画选》《牡丹的画法》等。
作者张静（1962—　），国家一级美术师。河南济
源市人。济源市美术家协会副主席、中华国学院
花鸟画艺委会主任、中国国际书画研究院院士、
深圳长乐书画院特聘画家、中国书画评估图录年
鉴社美编、清源阁画院执行院长、王屋山书画研
究院常务副院长。代表作品有《张静书画艺术选
集》《张静画集》。

J0059906

富贵有余　郑坚石作
石家庄　河北美术出版社　1988年　1张
76cm（2开）定价：CNY0.40
　　中国现代年画作品。作者郑坚石（1943—　），
河北丰润人。廊坊市群艺馆退休干部。中国美
术家协会会员、中国华侨文学艺术家协会理事、
中国三陕画院一级美术师，廊坊画院画家，政协
廊坊市第一、第二、第三届委员会委员，廊坊市
第四届人民代表大会代表。代表作品有《双龙戏
珠》《花韵》《自在》《水流不急月》等。

J0059907

富贵有余　刘福泰作
武汉　湖北美术出版社　1988年　1张　76cm（2开）
定价：CNY0.36
　　中国现代年画作品。

J0059908

富贵有余　张允晖作
南昌　江西人民出版社　1988年　1张
76cm（2开）定价：CNY0.42
　　中国现代年画作品。

J0059909

富贵有余　李用夫作
天津　天津人民美术出版社　1988年　1张
78cm（2开）定价：CNY0.40
　　中国现代年画作品。

J0059910

富贵有余　楼永年作
重庆　重庆出版社　1988年　1张　76cm（2开）
定价：CNY0.36
　　中国现代年画作品。

J0059911

富贵长春　刘敬民，张俊卿作
石家庄　河北美术出版社　1988年　1张
76cm（2开）定价：CNY0.40
　　中国现代年画作品。

J0059912

富贵长寿　张广力作
上海　上海书画出版社　1988年　1张　108cm（全开）
定价：CNY0.75
　　中国现代年画作品。

J0059913

富贵长寿　张广力作
上海　上海书画出版社　1988年　1轴（卷轴）
附对联1副　108cm（全开）定价：CNY4.70
　　中国现代年画作品。

J0059914

富贵长寿　丁娄辰作
天津　天津人民美术出版社　1988年　1轴（卷轴）
附对联1副　108cm（全开）定价：CNY3.90
　　中国现代年画作品。

J0059915

富贵长寿图　赵广东作
兰州　甘肃人民出版社　1988年　1张　76cm（2开）

定价：CNY0.38

　　中国现代年画作品。

J0059916

歌舞庆新年　魏瀛洲作

上海　上海人民美术出版社　1988年　1张
76cm（2开）定价：CNY0.36

　　中国现代年画作品。

J0059917

功盖千秋　倪芳华作

南昌　江西人民出版社　1988年　1张
108cm（全开）定价：CNY0.84

　　中国现代年画作品。

J0059918

恭贺新春　蔚南作

郑州　河南美术出版社　1988年　1张　54cm（4开）
定价：CNY0.13

　　中国现代年画作品。

J0059919

恭贺新春　蔚南作

郑州　河南美术出版社　1988年　1张　76cm（2开）
定价：CNY0.26

　　中国现代年画作品。

J0059920

恭喜发财　刘宝贵作

沈阳　辽宁美术出版社　1988年　1张　76cm（2开）
定价：CNY0.36

　　中国现代年画作品。

J0059921

恭禧发财　高孝慈作

沈阳　辽宁美术出版社　1988年　1张　76cm（2开）
定价：CNY0.50

　　中国现代年画作品。

J0059922

共同的荣誉　刘金珠作

杭州　浙江人民美术出版社　1988年　1张
76cm（2开）定价：CNY0.32

　　中国现代年画作品。

J0059923

共织鸳鸯　俎翠林作

呼和浩特　内蒙古人民出版社　1988年　1张
76cm（2开）定价：CNY0.37

　　中国现代年画作品。作者俎翠林（1952—　），
河北磁县总工会副主席，兼中国美协河北分会
会员。

J0059924

古代聪慧儿童　赵笑岩作

长春　吉林美术出版社　1988年　1张　76cm（2开）
定价：CNY0.36

　　中国现代年画作品。

J0059925

古代大将　亦平作

昆明　云南人民出版社　1988年　1张　76cm（2开）
定价：CNY0.36

　　中国现代年画作品。

J0059926

古代大将　亦平作

昆明　云南人民出版社　1988年　1张　54cm（4开）
定价：CNY0.26

　　中国现代年画作品。

J0059927

古代武将　侯文发作

南宁　广西人民出版社　1988年　1张　76cm（2开）
定价：CNY0.44

　　中国现代年画作品。作者侯文发（1928—　），
广东梅州人。曾用名剑萍。毕业于中南美专。
中国书画家协会理事、中国国画家协会理事、广
东省美术家协会会员。主要作品有《工地探亲》
《宋湘》《三英战吕布》等。

J0059928

古将　何永坤作

昆明　云南人民出版社　1988年　1张　76cm（2开）
定价：CNY0.36

　　中国现代年画作品。作者何永坤
（1953—　），教授。出生于昆明，祖籍浙江鄞
县，云南艺术学院工艺美术系任教。作品有《山
果》《青草地》等。

J0059929
关平 周仓 孙红侠作
开封 河南朱仙镇年画社 1988 年 1 张
76cm（2 开）定价：CNY0.25
　　中国现代年画作品。

J0059930
关胜 秦明 魏明全作
昆明 云南人民出版社 1988 年 1 张 76cm（2 开）
定价：CNY0.36
　　中国现代年画作品。

J0059931
关胜 秦明 魏明全作
昆明 云南人民出版社 1988 年 1 张 54cm（4 开）
定价：CNY0.26
　　中国现代年画作品。

J0059932
关胜 索超 李志明作
开封 河南朱仙镇年画社 1988 年 1 张
76cm（2 开）定价：CNY0.25
　　中国现代年画作品。

J0059933
关胜 索超 戴衍彬作
重庆 重庆出版社 1988 年 1 张 76cm（2 开）
定价：CNY0.36
　　中国现代年画作品。

J0059934
关胜 朱仝 张辛国作
石家庄 河北美术出版社 1988 年 1 张
76cm（2 开）定价：CNY0.42
　　中国现代年画作品。作者张辛国（1926—　），
编辑。河北安平人，就读于中央美术学院。历任
河北美术出版社总编辑、编审，中国美术家协会
会员，河北美术家协会顾问。出版有《怎样画鹿》
《张辛国动物画集》《百鹿图》等。

J0059935
关羽 宗万华作
天津 天津人民美术出版社 1988 年 1 张
76cm（2 开）定价：CNY0.38
　　中国现代年画作品。作者宗万华（1946—　），

毕业于天津工艺美院，中国美术家协会会员，天
津杨柳青画社美术编审，中国民俗艺术研究院特
约研究员，中共中央机关工委紫光阁画院院士。
出版有《宗万华画虎》《工笔画虎技法》《拓临工
笔画范本》《虎》《风虎云龙》等十余种。

J0059936
关羽 黄忠 吕学勤作
南昌 江西人民出版社 1988 年 1 张
76cm（2 开）定价：CNY0.30
　　中国现代年画作品。作者吕学勤（1936—
1993），画家。别名理园，山东临朐人。历任中国
美术家协会理事、山东美术家协会副主席、山东
省美术馆一级美术师。代表作品有《雨后江山分
外明》《春风得意图》《科研小组》等。

J0059937
关羽 张飞 张耀明作
兰州 甘肃人民出版社 1988 年 1 张 54cm（4 开）
定价：CNY0.19
　　中国现代年画作品。作者张耀明（1959—　），
国家一级美术师，字淡之，号听风堂、一壶、心
远、澹翁。生于山东诸城，毕业于山东轻工美术
学校。历任中国美术家协会会员，齐鲁山水画研
究院副院长，张择端书画研究院院长，诸城市博
物馆副馆长、研究馆员。代表作品有《阳光总在
风雨后》《海边拾趣》。

J0059938
关羽 张飞 王开术作
武汉 湖北美术出版社 1988 年 1 张 76cm（2 开）
定价：CNY0.36
　　中国现代年画作品。

J0059939
关羽 张飞 王开术作
武汉 湖北美术出版社 1988 年 2 张 76cm（2 开）
定价：CNY0.72
　　中国现代年画作品。

J0059940
关云长 陈致倍作
重庆 重庆出版社 1988 年 1 张 54cm（4 开）
定价：CNY0.20
　　中国现代年画作品。

J0059941
光荣人家喜盈门　蔡萌萌作
南昌 江西人民出版社 1988 年 1 张
76cm（2 开）定价：CNY0.42
　　中国现代年画作品。

J0059942
光耀乾坤　（四宝图 之二）朱希斌作
沈阳 辽宁美术出版社 1988 年 1 张 76cm（2 开）
定价：CNY0.36
　　中国现代年画作品。

J0059943
广场花絮　徐震时摄
北京 人民美术出版社 1988 年 2 张 76cm（2 开）
定价：CNY0.80
　　中国现代年画作品。

J0059944
广东年画　（1988 3）岭南美术出版社编
广州 岭南美术出版社 1988 年 13×19cm
　　中国现代年画作品。

J0059945
广东年画　（1989 1）
广州 岭南美术出版社 1988 年 85 页 13×19cm
　　中国现代年画作品。

J0059946
广东年画　（1989 2）
广州 岭南美术出版社 1988 年 13×19cm
　　中国现代年画作品。

J0059947
广东年画　（1989 3）
广州 岭南美术出版社 1988 年 13×19cm
　　中国现代年画作品。

J0059948
广西桂林阳朔风光　高平摄
天津 天津人民美术出版社 1988 年 1 张
76cm（2 开）定价：CNY0.40
　　中国现代年画作品。

J0059949
桂林山水　郑录高作
天津 天津人民美术出版社 1988 年 1 张
108cm（全开）定价：CNY1.70
　　中国现代年画作品。

J0059950
桂林山水　胡建瑜作
天津 天津人民美术出版社 1988 年 4 张（卷轴）
76cm（2 开）定价：CNY3.90
　　中国现代年画作品。

J0059951
国色天香　徐秀芬，李学勤作
呼和浩特 内蒙古人民出版社 1988 年 1 张
76cm（2 开）定价：CNY0.37
　　中国现代年画作品。

J0059952
国泰福民安　高海宴作
昆明 云南人民出版社 1988 年 1 张
54cm（4 开）定价：CNY0.22
　　中国现代年画作品。

J0059953
国泰民安　（四宝图 之三）朱希斌作
沈阳 辽宁美术出版社 1988 年 1 张 76cm（2 开）
定价：CNY0.36
　　中国现代年画作品。

J0059954
海滨风情　周小弟作
杭州 浙江人民美术出版社 1988 年 1 张
76cm（2 开）定价：CNY0.50
　　中国现代年画作品。

J0059955
海底世界　杨文德作
北京 人民美术出版社 1988 年 1 张 76cm（2 开）
定价：CNY0.38
　　中国现代年画作品。

J0059956
海底探奇　王玉琦作
北京 人民体育出版社 1988 年 1 张 76cm（2 开）

定价: CNY0.38

中国现代年画作品。作者王玉琦(1958—)，旅美画家。生于河北清苑，毕业于天津美术学院。中国美术家协会会员、中国油画家协会会员、北美中国艺术家协会会员、加拿大肖像画家协会艺术指导、美国肖像画家协会会员。出版有《中国油画肖像百年》《中国油画五十年》《中国古典主义油画》《王玉琦作品选》《王玉琦油画技法》等。

J0059957

海陆空军事大演习　黄卢健作

南宁 广西人民出版社 1988年 1张 76cm(2开) 定价: CNY0.38

中国现代年画作品。

J0059958

海上演习　陈正明作

天津 天津人民美术出版社 1988年 1张 76cm(2开) 定价: CNY0.38

中国现代年画作品。

J0059959

杭州三潭印月　春光摄

上海 上海书画出版社 1988年 1张 76cm(2开) 定价: CNY0.44

中国现代年画作品。

J0059960

好娃娃　邵培文作

沈阳 辽宁美术出版社 1988年 2张 76cm(2开) 定价: CNY0.76

中国现代年画作品。作者邵培文(1946—)，画家。别名邵金文，辽宁瓦房店人，大连师范美术专业毕业。历任瓦房店市文化馆美术辅导与创作员、瓦房店市社会文化管理委员会办公室主任。作品有《甜蜜蜜》《抓好菜篮子关心人民生活》《欢乐金秋》《牧归》等。

J0059961

皓月琴声　李慕白画

广州 岭南美术出版社 1988年 1张 76cm(2开) 定价: CNY0.38

中国现代年画作品。作者李慕白(1913—1991)，画家。生于浙江海宁。历任中国民主同盟会成员、中国美术家协会会员、上海人民美术

出版社特约年画作者。出版有《李慕白、金雪尘年画选集》。

J0059962

合美幸福　张万臣作

天津 天津人民美术出版社 1988年 1张 76cm(2开) 定价: CNY0.38

中国现代年画作品。作者张万臣(1962—)，满族，军旅书画家。河北丰宁人，毕业于首都师范大学美术系。历任中国美术家协会会员、中国国际书画艺术研究理事、中国人民解放军总装备部专职画家。出版有《张万臣画集》。

J0059963

何仙姑　徐思等作

沈阳 辽宁美术出版社 1988年 2张 76cm(2开) 定价: CNY0.76

中国现代年画作品。

J0059964

和合美满　蜀舟作

郑州 河南美术出版社 1988年 1张 76cm(2开) 定价: CNY0.28

中国现代年画作品。

J0059965

和合美满　蜀舟作

郑州 河南美术出版社 1988年 1张 53cm(4开) 定价: CNY0.13

中国现代年画作品。

J0059966

和合同庆幸福年　李喜春作

石家庄 河北美术出版社 1988年 1张 76cm(2开) 定价: CNY0.40

中国现代年画作品。

J0059967

和合同喜　李怀江作

南昌 江西人民出版社 1988年 1张 76cm(2开) 定价: CNY0.42

中国现代年画作品。

J0059968

和合幸福　刘树茂作

长春 吉林美术出版社 1988 年 1 张 76cm（2 开）
定价：CNY0.38
　　中国现代年画作品。

J0059969
和美幸福　　陈华民，晓东作
沈阳 辽宁美术出版社 1988 年 1 张 76cm（2 开）
定价：CNY0.36
　　中国现代年画作品。

J0059970
和美长寿　　张福琪作
天津 天津人民美术出版社 1988 年 4 张（卷轴）
附对联 1 副 76cm（2 开）定价：CNY3.90
　　中国现代年画作品。

J0059971
和平的使者　　张振华作
沈阳 辽宁美术出版社 1988 年 1 张 76cm（2 开）
定价：CNY0.36
　　中国现代年画作品。作者张振华，江苏省徐
州市人。毕业于南京艺术学院中国画专业，留校
任教，教授中国画。作品有《冬树》《冬景》。

J0059972
和平如意　　吴述宝作
长春 吉林美术出版社 1988 年 1 张 76cm（2 开）
定价：CNY0.38
　　中国现代年画作品。

J0059973
和平天使　　刘思远，王华兴作
北京 人民美术出版社 1988 年 1 张 76cm（2 开）
定价：CNY0.38
　　中国现代年画作品。

J0059974
和平幸福　　孙仙国作
长春 吉林美术出版社 1988 年 1 张 76cm（2 开）
定价：CNY0.38
　　中国现代年画作品。

J0059975
和平幸福　　李世元作
沈阳 辽宁美术出版社 1988 年 1 张 76cm（2 开）

定价：CNY0.36
　　中国现代年画作品。

J0059976
和平幸福　　陈家骅作
天津 天津人民美术出版社 1988 年 1 张
76cm（2 开）定价：CNY0.38
　　中国现代年画作品。

J0059977
河北年画　　（1989）
石家庄 河北美术出版社 1988 年 13×19cm
　　本书选编了 100 多幅中堂画、对开、四条屏
等规格的年画和几幅春联。

J0059978
荷花仙女　　彭公林作
沈阳 辽宁美术出版社 1988 年 1 张 76cm（2 开）
定价：CNY0.36
　　中国现代年画作品。作者彭公林，画家。
绘有连环画《献给祖国》《吉庆有余》《鹤鹿长
寿》等。

J0059979
鹤临福来　　吕丁作
上海 上海书画出版社 1988 年 1 张 76cm（2 开）
定价：CNY0.36
　　中国现代年画作品。

J0059980
鹤鹿同春　　张温纯作
天津 天津人民美术出版社 1988 年 1 轴（卷轴）
附对联 1 副 108cm（全开）定价：CNY3.90
　　中国现代年画作品。作者张温纯（1957—　），
美术编审。生于天津，祖籍山东莱州。中国美术
家协会天津分会会员，在天津市杨柳青画社从
事绘画工作，曾任书刊编辑出版发行事业部经
理。编辑出版有《冯骥才画集》《书画装裱艺术》
《张锡武画集》《黄胄中国现代人物画》《范曾精
选集》《白雪石现代山水画》《刘继卣武松打虎》
《徐悲鸿作品选》《陆俨少现代山水》等。

J0059981
鹤鸣千山都是春　　田林海作
长春 吉林美术出版社 1988 年 1 张 76cm（2 开）

定价：CNY0.36

　　中国现代年画作品。作者田林海（1948—　　），画家。出生于浙江永康，原名田林罕，号九里山人。毕业于浙江美术学院附中，结业于中国美术学院山水研修班。曾任浙江衢州文化馆馆员、山东美术出版社编辑室主任、山东画院高级画师、（杭州）西泠书画院特聘画师、山东政协书画院画师。作品有《故园烟雨》《疏林烟雨红军桥》《秋山秋水》。

J0059982

鹤寿图　　三大书；乔玉川作

西安　陕西人民美术出版社 1988 年 1 张

附对联 1 副 108cm（15 开）定价：CNY0.80

　　中国现代年画作品。

J0059983

嘿！哥们儿

北京　中国电影出版社 1988 年 2 张

76cm（2 开）定价：CNY0.74

　　中国现代年画作品。

J0059984

哼哈二将　　张恒德作

昆明　云南人民出版社 1988 年 1 张 76cm（2 开）

定价：CNY0.36

　　中国现代年画作品。

J0059985

哼哈二将　　李德明作

重庆　重庆出版社 1988 年 1 张 76cm（2 开）

定价：CNY0.36

　　中国现代年画作品。

J0059986

红碧绿　　章可，常思作

沈阳　辽宁美术出版社 1988 年 2 张 76cm（2 开）

定价：CNY0.76

　　中国现代年画作品。

J0059987

红枫猛虎图　　施伯云作

上海　上海书画出版社 1988 年 1 张 76cm（2 开）

定价：CNY0.36

　　中国现代年画作品。

J0059988

红楼节令画屏　　原儒云作

石家庄　河北美术出版社 1988 年 2 张

76cm（2 开）定价：CNY0.84

　　中国现代年画作品。

J0059989

红楼梦

沈阳　辽宁美术出版社 1988 年 1 轴（卷轴）

108cm（全开）定价：CNY1.40

　　中国现代年画作品。

J0059990

红楼群芳　　（一）王一定作

杭州　浙江人民美术出版社 1988 年 1 张

76cm（2 开）定价：CNY0.50

　　中国现代年画作品。作者王一定（1949—　　），画家。浙江杭州人，浙江美术学院毕业。浙江农业商贸职业学院艺术设计系学科带头人，装潢美工教研室主任、讲师。作品有《飒爽新姿》（合作）、《祖国·早晨好》。

J0059991

红楼群芳　　（二）王一定作

杭州　浙江人民美术出版社 1988 年 1 张

76cm（2 开）定价：CNY0.50

　　中国现代年画作品。

J0059992

红楼群芳谱

北京　中国电影出版社 1988 年 2 张

76cm（2 开）定价：CNY0.74

　　中国现代年画作品。

J0059993

红楼四钗

北京　中国电影出版社 1988 年 2 张

76cm（2 开）定价：CNY0.74

　　中国现代年画作品。

J0059994

红楼四美图　　王学明作

石家庄　河北美术出版社 1988 年 2 张

76cm（2 开）定价：CNY0.84

　　中国现代年画作品。作者王学明（1943—　　），美术编辑。天津人，毕业于河北省美术学院。历任师范学校美术教员、报社美术编辑、衡水地区画院院长、中国美术家协会会员。连环画代表作品有《三断奇案》等，出版有《买海居诗选》《王学明画集》等。

J0059995
红娘　李慕白作
上海　上海人民美术出版社 1988 年 1 张 76cm（2 开）定价：CNY0.36
　　中国现代年画作品。作者李慕白（1913—1991），画家。生于浙江海宁。历任中国民主同盟会成员、中国美术家协会会员、上海人民美术出版社特约年画作者。出版有《李慕白、金雪尘年画选集》。

J0059996
红双喜　梁盈禧作
南宁　广西人民出版社 1988 年 1 张 76cm（2 开）定价：CNY0.38
　　中国现代年画作品。

J0059997
红岩晨雾　郑之作
重庆　重庆出版社 1988 年 1 张 76cm（2 开）定价：CNY0.45
　　中国现代年画作品。

J0059998
红鬃烈马　赵梦林作
上海　上海书画出版社 1988 年 1 张 76cm（2 开）定价：CNY0.36
　　中国现代年画作品。

J0059999
鸿福满堂　刘吉厚作
沈阳　辽宁美术出版社 1988 年 1 张 108cm（全开）定价：CNY0.80
　　中国现代年画作品。作者刘吉厚（1942—2011），满族，画家。辽宁宽甸人。历任辽宁美术出版社编辑、外联部编审，辽宁形象传播研究会常务副会长、秘书长。作品有《鸿福满堂》《春满人间》，出版有《刘吉厚作品选集》等。

J0060000
鸿福满堂　刘吉厚作
沈阳　辽宁美术出版社 1988 年 1 张 76cm（2 开）定价：CNY0.36
　　中国现代年画作品。

J0060001
鸿福寿喜　刘新奇作
昆明　云南人民出版社 1988 年 1 张 54cm（4 开）定价：CNY0.26
　　中国现代年画作品。

J0060002
呼家将　刘荣富作
上海　上海人民美术出版社 1988 年 2 张 76cm（2 开）定价：CNY0.36
　　中国现代年画作品。

J0060003
呼延庆 杨文广　李红才作
郑州　河南美术出版社 1988 年 1 张 76cm（2 开）定价：CNY0.26
　　中国现代年画作品。

J0060004
呼延庆 杨文广　李红才作
郑州　河南美术出版社 1988 年 1 张 54cm（4 开）定价：CNY0.13
　　中国现代年画作品。

J0060005
呼延庆 杨延景　张志能作
重庆　重庆出版社 1988 年 1 张 76cm（2 开）定价：CNY0.36
　　中国现代年画作品。

J0060006
呼延赞 杨继业　费新碑作
重庆　重庆出版社 1988 年 1 张 76cm（2 开）定价：CNY0.36
　　中国现代年画作品。作者费新碑（1954—　　），教授。江苏海门人，毕业于中央美术学院。历任四川美术学院史论教研室主任、艺术史副教授。著作有《中国艺术美学》《藏传佛教绘画艺术》《九二年中国大陆艺评》等。

J0060007

呼延灼 董平　张辛国作

天津　天津人民美术出版社　1988 年　1 张

76cm（2 开）定价：CNY0.42

　　中国现代年画作品。作者张辛国（1926—　），编辑。河北安平人，就读于中央美术学院。历任河北美术出版社总编辑、编审、中国美术家协会会员、河北美术家协会顾问。出版有《怎样画鹿》《张辛国动物画集》《百鹿图》等。

J0060008

湖北年画　（1989　2）

武汉　湖北美术出版社　1988 年　13×18cm

　　中国现代年画作品。

J0060009

湖光山色　杨树有作

长春　吉林美术出版社　1988 年　1 张　76cm（2 开）

定价：CNY0.38

　　中国现代年画作品。

J0060010

蝴蝶杯　焦庆生作

石家庄　河北美术出版社　1988 年　1 张

76cm（2 开）定价：CNY0.40

　　中国现代年画作品。

J0060011

蝴蝶杯　张弓作

重庆　重庆出版社　1988 年　1 张　76cm（2 开）

定价：CNY0.36

　　中国现代年画作品。

J0060012

蝴蝶牡丹　赵宗敏作

兰州　甘肃人民出版社　1988 年　1 张　76cm（2 开）

定价：CNY0.40

　　中国现代年画作品。

J0060013

虎堡姐妹　史士明，金蓉秀作

上海　上海人民美术出版社　1988 年　1 张

76cm（2 开）定价：CNY0.36

　　中国现代年画作品。作者史士明（1935—　），生于江苏武进。江苏美协会员、高级美术师、常州兰陵年画社副社长。

J0060014

虎牢关　赵祥林作

呼和浩特　内蒙古人民出版社　1988 年　1 张

76cm（2 开）定价：CNY0.37

　　中国现代年画作品。作者赵祥林（1956—　），画家。出生于内蒙古乌兰察布市，历任内蒙古国际文化交流中心理事、内蒙古收藏家协会副会长、中国地质美术家协会理事、中国博物馆协会会员、内蒙古美术家协会会员。作品有《八大锤》。

J0060015

虎年吉祥　刘吉厚作

沈阳　辽宁美术出版社　1988 年　1 张　76cm（2 开）

定价：CNY0.36

　　中国现代年画作品。作者刘吉厚（1942—2011），满族，画家。辽宁宽甸人。历任辽宁美术出版社编辑、外联部编审，辽宁形象传播研究会常务副会长、秘书长。作品有《鸿福满堂》《春满人间》，出版有《刘吉厚作品选集》等。

J0060016

虎啸飞瀑　青蛟，青霓作

上海　上海书画出版社　1988 年　1 张　76cm（2 开）

定价：CNY0.36

　　中国现代年画作品。

J0060017

虎啸山林　田茂怀作

石家庄　河北美术出版社　1988 年　1 张

76cm（2 开）定价：CNY0.40

　　中国现代年画作品。作者田茂怀（1948—　），画家。河北衡水人。历任河北省画院特聘画师、河北省科技大学客座教授、河北书画院副主席、台湾艺术协会荣誉理事。

J0060018

虎啸图　彭友善作

南昌　江西人民出版社　1988 年　1 轴

108cm（全开）定价：CNY1.20

　　中国现代年画作品。

J0060019

花包包　吴秀楣作

沈阳 辽宁美术出版社 1988 年 1 张 76cm（2 开）
定价：CNY0.36
　　中国现代年画作品。作者吴秀楣（1937—　），
女，画家。辽宁沈阳人。毕业于鲁迅美术学院中
国画系。沈阳大学师范学院副教授，沈阳美术家
协会常务理事，辽宁中国画研究会理事，中国美
术家协会会员。代表作有《迟来的春天》《清清
的小溪》《滩石细语》《三女炼铁炉》《腊梅》等。

J0060020

花分一脉香

北京 中国电影出版社 1988 年 1 张 76cm（2 开）
定价：CNY0.36
　　中国现代年画作品。

J0060021

花好月圆　　刘泳作

石家庄 河北美术出版社 1988 年 2 张
76cm（2 开）定价：CNY0.84
　　中国现代年画作品。

J0060022

花好月圆　　顾国志作

上海 上海人民美术出版社 1988 年 1 张
76cm（2 开）定价：CNY0.36
　　中国现代年画作品。

J0060023

花好月圆　　曹烨作

上海 上海书画出版社 1988 年 1 张 76cm（2 开）
定价：CNY0.36
　　中国现代年画作品。

J0060024

花开富贵　　谭玉洲作

石家庄 河北美术出版社 1988 年 1 张
76cm（2 开）定价：CNY0.40
　　中国现代年画作品。

J0060025

花开富贵　　顾国治作

天津 天津人民美术出版社 1988 年 1 轴（卷轴）
附对联 1 副 108cm（全开）定价：CNY3.90
　　中国现代年画作品。

J0060026

花木兰　　李慕白作

上海 上海人民美术出版社 1988 年 1 张
76cm（2 开）定价：CNY0.28
　　中国现代年画作品。作者李慕白（1913—
1991），画家。生于浙江海宁。历任中国民主同
盟会成员、中国美术家协会会员、上海人民美术
出版社特约年画作者。出版有《李慕白、金雪尘
年画选集》。

J0060027

花鸟对屏　　赵雨树作

沈阳 辽宁美术出版社 1988 年 1 张 76cm（2 开）
定价：CNY0.36
　　中国现代年画作品。作者赵雨树，连环画
名家，四川省美术家协会会员，作有《农家副业
图》，出版有《赵雨树花鸟画选》等。

J0060028

花鸟风光屏　　宋明远作

沈阳 辽宁美术出版社 1988 年 4 张 78cm（2 开）
定价：CNY1.20
　　中国现代年画作品。作者宋明远（1938—　），
画家。出生于辽宁瓦房店。字月元，曾于广州
美院国画系山水科进修。历任中国美术家协会
会员、中国版画家协会会员、新加坡南洋画院院
长、北京市狮城南洋画院院长等职。代表作有《与
海共鸣》《激情澎湃》《红日出海》等。

J0060029

花鸟竞美　　董岩青作

天津 天津人民美术出版社 1988 年 2 张
76cm（2 开）定价：CNY0.80
　　中国现代年画作品。作者董岩青（1925—　），
山东蓬莱人。笔名冬山，别名董宝珊。中国摄影
家协会会员，天津摄影家协会理事、顾问。作品
有《我为祖国献石油》《早班车》《古街新雪》等。

J0060030

花鸟竞美　　董岩青作

天津 天津人民美术出版社 1988 年 4 张（卷轴）
76cm（2 开）定价：CNY3.90
　　中国现代年画作品。

J0060031

花鸟屏　张豪作

北京 人民美术出版社 1988年 2张 76cm（2开）

定价：CNY0.80

　　中国现代年画作品。

J0060032

花鸟屏　李悌南作

西安 陕西人民美术出版社 1988年 2张

76cm（2开）定价：CNY0.80

　　中国现代年画作品。

J0060033

花鸟屏　袁冬华，毛阳荣作

杭州 浙江人民美术出版社 1988年 2张

76cm（2开）定价：CNY0.65

　　中国现代年画作品。

J0060034

花为媒　冯国琳作

沈阳 辽宁美术出版社 1988年 2张 76cm（2开）

定价：CNY0.76

　　中国现代年画作品。作者冯国琳（1932—　），画家。曾用名玉林，辽宁沈阳人，毕业于东北鲁迅文艺学院美术部。历任东北画报社记者、创作员、编辑、副编审，中国美术家协会会员，辽宁省年画学会理事。作品有《花为媒》《笔中情》《耕读育新人》《红楼梦》等。

J0060035

花为媒　于新生作

北京 人民美术出版社 1988年 2张 76cm（2开）

定价：CNY0.80

　　中国现代年画作品。作者于新生（1956—　），教授。生于山东寿光。毕业于山东艺术学院。现任山东工艺美术学院造型艺术学院教授、中国美术家协会会员、山东省美术家协会副主席等职。代表作品有《于新生画集》《吉祥腊月》《荷塘水清清》等。

J0060036

花仙图　邹起奎作

南昌 江西人民出版社 1988年 2张

76cm（2开）定价：CNY0.60

　　中国现代年画作品。作者邹起奎（1948—　），

画家。笔名加贝，辽宁省盖州人，毕业于鲁迅美术学院附中。天津杨柳青画社集绘画、摄影、编辑、出版于一身的专家。中国美术家协会会员。代表作品有《毛泽东主席》正面标准像等。

J0060037

花香千里　（一～四）张琪作

沈阳 辽宁美术出版社 1988年 4张（卷轴）

54cm（4开）定价：CNY1.60

　　中国现代年画作品。

J0060038

花艳鸟丽　卢锡龄作

郑州 河南美术出版社 1988年 4张 76cm（2开）

定价：CNY1.80

　　中国现代年画作品。

J0060039

花艳蟹肥　陈明作

上海 上海人民美术出版社 1988年 1张

76cm（2开）定价：CNY0.36

　　中国现代年画作品。

J0060040

花长好月长圆　陈正治作

杭州 浙江人民美术出版社 1988年 4张

76cm（2开）定价：CNY1.60

　　中国现代年画作品。

J0060041

华岳引凤台　杨建喜作

武汉 湖北美术出版社 1988年 1张 76cm（2开）

定价：CNY0.40

　　中国现代年画作品。

J0060042

欢乐的草原　刘友仁作

呼和浩特 内蒙古人民出版社 1988年 1张

76cm（2开）定价：CNY0.37

　　中国现代年画作品。作者刘友仁（1941—　），画家。内蒙古托克托人，毕业于内蒙古师范大学美术系。历任呼和浩特美协副主席、内蒙古托克托文化馆副研究馆员。作品有《雪梅青竹》《欢乐的草原》《草原孩子打马球》《戈壁驼道》《金牛迎春》等。出版有《刘友仁年画》等。

J0060043

欢庆　周洪生作

北京　人民美术出版社 1988 年　1 张　76cm（2 开）
定价：CNY0.38

　　中国现代年画作品。作者周洪生（1938—　　），
画家。吉林梨树人，毕业于吉林艺术专科学校美
术系和吉林艺术学校国画系。历任四平群众艺
术馆副研究馆员、梨树文化馆美术组工作人员。
作品有《献给我们的教师》《我心中的歌》。

J0060044

欢天喜地庆丰收　　胡委伦作

杭州　浙江人民美术出版社 1988 年　1 张
76cm（2 开）定价：CNY0.25

　　中国现代年画作品。作者胡委伦（1948—　　），
上海人。别名胡惠伦。擅长油画。毕业于中国
美术学院附中。曾任职于浙江遂昌婺剧团、丽水
地区越剧团、丽水地区艺术研究中心，二级美术
师。作品有《故乡情》《默默的路》《还是这条路》。

J0060045

皇亲国戚　　陈元宁改编

天津　天津人民美术出版社 1988 年　2 张
76cm（2 开）定价：CNY0.80

　　中国现代年画作品。

J0060046

黄鹤楼　　章育青作

上海　上海美术出版社 1988 年　1 张　76cm（2 开）
定价：CNY0.36

　　中国现代年画作品。作者章育青（1909—
1993），画家。浙江慈溪人。上海人民美术出版
社年画专业画家。作品《上海大世界》《元宵灯》
《上海外滩》《南京长江大桥》等。

J0060047

黄鹤楼　　方东作

杭州　浙江人民美术出版社 1988 年　1 张
76cm（2 开）定价：CNY0.50

　　中国现代年画作品。

J0060048

黄山留影　　刘继成作

长春　吉林美术出版社 1988 年　1 张　76cm（2 开）
定价：CNY0.38

　　中国现代年画作品。

J0060049

黄山胜景　　张雄作

杭州　浙江人民美术出版社 1988 年　1 轴（卷轴）
附对联 1 副　108cm（全开）定价：CNY4.20

　　中国现代年画作品。

J0060050

黄天化大战陈庚　　赵祥林作

天津　天津人民美术出版社 1988 年　1 张
76cm（2 开）定价：CNY0.38

　　中国现代年画作品。

J0060051

黄信　李应　　张恒德作

武汉　湖北美术出版社 1988 年　1 张　76cm（2 开）
定价：CNY0.36

　　中国现代年画作品。

J0060052

黄忠　张飞　　李忠文作

北京　人民美术出版社 1988 年　1 张　76cm（2 开）
定价：CNY0.38

　　中国现代年画作品。

J0060053

回娘家　　陈明，陈英作

北京　人民美术出版社 1988 年　1 张　76cm（2 开）
定价：CNY0.38

　　中国现代年画作品。

J0060054

鸡鸣富贵　　马天琪作

沈阳　辽宁美术出版社 1988 年　1 张　76cm（2 开）
定价：CNY0.36

　　中国现代年画作品。

J0060055

鸡鸣富贵　　顾国治作

天津　天津人民美术出版社 1988 年　1 张
76cm（2 开）定价：CNY0.38

　　中国现代年画作品。

J0060056

吉庆丰年 蔡薇作

武汉 湖北美术出版社 1988年 1张 76cm（2开）

定价：CNY0.36

中国现代年画作品。

J0060057

吉庆有余 孙伯礼作

开封 河南朱仙镇年画社 1988年 1张

76cm（2开）定价：CNY0.25

中国现代年画作品。

J0060058

吉庆有余 徐福根作

南昌 江西人民出版社 1988年 1张

76cm（2开）定价：CNY0.28

中国现代年画作品。作者徐福根（1941— ），别名夫耕，出生于浙江萧山。擅长年画。曾任江西人民出版社美术编辑、江西美术出版社副编审等职。作品有《雷锋与红领巾》《孙中山与宋庆龄》《让世界充满爱》《春从燕翅归》等。

J0060059

吉庆有余 王立兴作

呼和浩特 内蒙古人民出版社 1988年 1张

76cm（2开）定价：CNY0.37

中国现代年画作品。

J0060060

吉日良辰 李学勤作

呼和浩特 内蒙古人民出版社 1988年 1张

76cm（2开）定价：CNY0.37

中国现代年画作品。

J0060061

吉日良辰 陈子达作

杭州 浙江人民美术出版社 1988年 1张

76cm（2开）定价：CNY0.32

中国现代年画作品。作者陈子达（1958— ），浙江杭州人。毕业于中国美术学院油画系。作品《排球》被国际奥委会收藏。

J0060062

吉祥如意 张允晖作

南昌 江西人民出版社 1988年 1张

76cm（2开）定价：CNY0.42

中国现代年画作品。

J0060063

吉星高照 朱振芳作

长春 吉林美术出版社 1988年 1张 76cm（2开）

定价：CNY0.38

中国现代年画作品。作者朱振芳，国家二级美术师。河北武安人。中国美术家协会河北省分会会员。绘有连环画《朱德血战三河坝》《夺刀》《战地红缨》，年画《我们班里好事多》。

J0060064

济公施法救父女 弘力等作

沈阳 辽宁美术出版社 1988年 2张 76cm（2开）

定价：CNY0.76

中国现代年画作品。

J0060065

佳偶天成 寇国荣作

天津 天津人民美术出版社 1988年 1轴（卷轴）

附对联1副 108cm（全开）定价：CNY3.90

中国现代年画作品。

J0060066

佳偶天成 朱介堂作

杭州 浙江人民美术出版社 1988年 1张

76cm（2开）定价：CNY0.25

中国现代年画作品。作者朱介堂（1940— ），上海人。就读于浙江美术学院附属中等美术专科学校。历任金华市健康教育所美术工程师。代表作品《新装》《一杯美酒敬英雄》《恩爱》等。

J0060067

夹竹双鹊图 顾全兴作

上海 上海书画出版社 1988年 1张 76cm（2开）

定价：CNY0.36

中国现代年画作品。

J0060068

贾宝玉与林黛玉

北京 中国电影出版社 1988年 2张

76cm（2开）定价：CNY0.74

中国现代年画作品。

J0060069

贾宝玉与林黛玉
北京 中国电影出版社 1988年 1张 76cm（2开）
定价：CNY0.36
　　中国现代年画作品。

J0060070

剪贴双喜　陈良才作
武汉 湖北美术出版社 1988年 1张 76cm（2开）
定价：CNY0.36
　　中国现代年画作品。

J0060071

剑——十八般武艺故事　华士明编；周展摄
南京 江苏美术出版社 1988年 2张 76cm（2开）
定价：CNY0.75
　　中国现代年画作品。

J0060072

江山多娇　孙信一作
上海 上海书画出版社 1988年 1轴（卷轴）
附对联1副 108cm（全开）定价：CNY1.80
　　中国现代年画作品。作者孙信一（1947—　），
画家。生于上海川沙县，毕业于日本多摩美术大
学研究生学业。历任阳光法亚文化协会会长、上
海书画院特聘画师、陆俨少艺术研究会会长、雪
堂书画研究会特邀顾问等。

J0060073

江山永固 神州太平　何永明作
昆明 云南人民出版社 1988年 2张 38cm（6开）
定价：CNY0.30
　　中国现代年画作品。

J0060074

江苏揽胜　石红编；栖梅美摄
南京 江苏美术出版社 1988年 2张 76cm（2开）
定价：CNY0.75
　　中国现代年画作品。

J0060075

江苏年画 （1989 1）
南京 江苏美术出版社 1988年 66页 13×19cm
　　中国现代年画作品。

J0060076

江苏年画 （1989 2）
南京 江苏美术出版社 1988年（67–154）页
13×19cm
　　中国现代年画作品。

J0060077

江苏无锡寄畅园　牛嵩林摄
天津 天津人民美术出版社 1988年 1张
76cm（2开）定价：CNY0.40
　　中国现代年画作品。作者牛嵩林（1925—　），
记者、摄影师。大连庄河市人。历任解放军报
社高级记者、中国旅游出版社编辑室主任、中国
摄影家协会会员、中国老摄影家协会理事。上
世纪50年代至70年代，曾担任中央国事采访工
作，作品有《伟人的瞬间画册》《周恩来总理纪
念册》《民兵画册》《领袖风采》《共和国十大将》
等画册。

J0060078

江天楼阁图　何延喆作
天津 天津人民美术出版社 1988年 4张（卷轴）
76cm（2开）定价：CNY3.90
　　中国现代年画作品。

J0060079

江西年画 （1988）江西人民出版社编
南昌 江西人民出版社 1988年 19cm（32开）
　　中国现代年画作品。

J0060080

江西年画 （1989）
南昌 江西人民出版社 1988年 78页 19cm（32开）
中国现代年画作品。

J0060081

郊游
北京 中国电影出版社 1988年 1张 76cm（2开）
定价：CNY0.36
　　中国现代年画作品。

J0060082

姐妹游春　齐大鹏作
石家庄 河北美术出版社 1988年 1张
76cm（2开）定价：CNY0.40

中国现代年画作品。作者齐大鹏(1940—)，生于河北省沧州市，天津美院干部训练班结业。历任中国书画艺术家协会会员、河北省美协会员、沧州画院画师。作品有《整装待发》《准时开车》《杨家将》《准时开车》等。

J0060083

金刚　　阳龙作

昆明 云南人民出版社 1988年 1张 76cm(2开)
定价: CNY0.36
　　中国现代年画作品。

J0060084

金鸡报春　　吴东奋作

上海 上海书画出版社 1988年 1张 78cm(2开)
定价: CNY0.36
　　中国现代年画作品。作者吴东奋(1943—)，国画家。福建福州人。历任福州工艺美术学校高级讲师，中国美术家协会会员，福建省美术家协会常务理事，福建省工笔画家学会秘书长，国家友好画院、江苏国画院特聘画师。出版有《吴东奋中国画精选》《中国花鸟画技法》《吴东奋水墨工笔花鸟画研究》等。

J0060085

金鸡报喜　　于占德作

上海 上海人民美术出版社 1988年 1张
76cm(2开) 定价: CNY0.36
　　中国现代年画作品。作者于占德(1946—)，山东武城县人。曾任中国美术家协会会员、山东画院高级画师、德州学院副教授等职。主要作品有《农家宝宝》《甜》《连年有余》等。

J0060086

金鸡高唱　　刘长德作

石家庄 河北美术出版社 1988年 1张
76cm(2开) 定价: CNY0.40
　　中国现代年画作品。

J0060087

金龙腾飞　　陈英作

北京 人民体育出版社 1988年 1张 76cm(2开)
定价: CNY0.38
　　中国现代年画作品。

J0060088

金龙戏瑞　　刘佩珩作

天津 天津人民美术出版社 1988年 1张
76cm(2开) 定价: CNY0.38
　　中国现代年画作品。作者刘佩珩(1954—)，画家，研究院。别名刘山，天津宝坻人，毕业于东北师范大学美术系。历任吉林省通榆县文化馆副馆长、副研究员。作品有《喜迎春》《长白珍宝》《祖孙情》《长白珍奇》《趣》《关东乐》等。

J0060089

金龙献宝　　陈乃亮作

南昌 江西人民出版社 1988年 1张
76cm(2开) 定价: CNY0.28
　　中国现代年画作品。

J0060090

金马驹到我家　　徐世民作

天津 天津人民美术出版社 1988年 1张
76cm(2开) 定价: CNY0.38
　　中国现代年画作品。

J0060091

金牛奖　　王玉琦作

沈阳 辽宁美术出版社 1988年 1张 76cm(2开)
定价: CNY0.36
　　中国现代年画作品。作者王玉琦(1958—)，旅美画家。生于河北清苑，毕业于天津美术学院。中国美术家协会会员、中国油画家协会会员、北美中国艺术家协会会员、加拿大肖像画家协会艺术指导、美国肖像画家协会会员。出版有《中国油画肖像百年》《中国油画五十年》《中国古典主义油画》《王玉琦作品选》《王玉琦油画技法》等。

J0060092

金秋　　张万臣作

沈阳 辽宁美术出版社 1988年 1张 76cm(2开)
定价: CNY0.36
　　中国现代年画作品。

J0060093

金秋暮色　　卞志武作

杭州 浙江人民美术出版社 1988年 1张
76cm(2开) 定价: CNY0.50
　　中国现代年画作品。

J0060094
金山寺　王玉池作
石家庄　河北美术出版社　1988 年　1 张
76cm（2 开）定价：CNY0.40
　　中国现代年画作品。作者王玉池（1931—　　），
研究员。出生于河北束鹿县，毕业于中央工艺美
术学院。历任中国艺术研究院美术研究所研究
员、中国书法家协会学术委员会委员、中国书画
函授大学教授、中国美术家协会会员。专著有《钟
繇》《王羲之》《书法瑰宝谭》等。

J0060095
金鱼　刘启文作
石家庄　河北美术出版社　1988 年　1 张
76cm（2 开）定价：CNY0.40
　　中国现代年画作品。作者刘启文（1940—　　），
国家一级美术师。原名刘起文，河北石家庄人，
祖籍保定。历任河北美协会员，石门画院院长。

J0060096
金鱼　刘大春作
重庆　重庆出版社　1988 年　1 张　76cm（2 开）
定价：CNY0.70
　　中国现代年画作品。

J0060097
金鱼公主　海儒配词；豫强，郑伟摄
杭州　浙江人民美术出版社　1988 年　2 张
76cm（2 开）定价：CNY0.65
　　中国现代年画作品。作者郑伟，字获溪，号
平庵。苏州相城区太平桥人，苏州工艺美院毕业，
美协会员。著有《唐诗宋词扇画集》《古镇印象》
《大风，传承》等作品。

J0060098
金鱼花鸟屏　张文俭作
沈阳　辽宁美术出版社　1988 年　2 张　108cm（全开）
定价：CNY1.60
　　中国现代年画作品。

J0060099
金鱼满塘　王荣作
上海　上海人民美术出版社　1988 年　1 张
76cm（2 开）定价：CNY0.44
　　中国现代年画作品。作者王荣，山西大同人。

字云石，号云中山人。就读于中央美术学院壁画
系研究生班。国家一级美术师、中国书画艺术研
究院副院长、山西省美术家协会会员、中国山水
画协会会员。作品有国画《疾风》《青山浮动雨
来初》《草原情》等。

J0060100
金鱼图　戴岳轩作
北京　人民美术出版社　1988 年　1 张　76cm（2 开）
定价：CNY0.38
　　中国现代年画作品。

J0060101
金玉满堂　成砺志作
长春　吉林美术出版社　1988 年　1 张　76cm（2 开）
定价：CNY0.38
　　中国现代年画作品。

J0060102
金玉满堂　张振华，郭玉作
沈阳　辽宁美术出版社　1988 年　1 张　76cm（2 开）
定价：CNY0.36
　　中国现代年画作品。

J0060103
金玉满堂福满门　倪久令作
沈阳　辽宁美术出版社　1988 年　1 张　76cm（2 开）
定价：CNY0.36
　　中国现代年画作品。

J0060104
锦江秀色　王忠年作
天津　天津人民美术出版社　1988 年　4 张（卷轴）
76cm（2 开）定价：CNY3.90
　　中国现代年画作品。作者王忠年（1943—　　），
满族，画家。辽宁凤城人，曾用名王中年，毕业
于鲁迅美术学院附中，进修于广州美术学院。曾
任本溪市平山区文化馆美术组长、代馆长。作品
有《飞流直下》《秋》《初春》《林海雪原》《峡江
图》等。

J0060105
锦上添花　王树珩作
石家庄　河北美术出版社　1988 年　2 张
76cm（2 开）定价：CNY0.84

中国现代年画作品。

J0060106
锦上添花　王洪洵作
天津　天津人民美术出版社　1988 年　4 张（卷轴）
76cm（2 开）定价：CNY3.30
　　中国现代年画作品。

J0060107
锦绣河山　张法汀作
杭州　浙江人民美术出版社　1988 年　1 张
76cm（2 开）定价：CNY0.32
　　中国现代年画作品。

J0060108
锦绣前程奔四化　朱凤岐作
沈阳　辽宁美术出版社　1988 年　1 张　76cm（2 开）
定价：CNY0.36
　　中国现代年画作品。

J0060109
敬爱的大将　冯杰作
南昌　江西人民出版社　1988 年　1 张
76cm（2 开）定价：CNY0.84
　　中国现代年画作品。

J0060110
敬爱的元帅　冯杰作
南昌　江西人民出版社　1988 年　1 张
76cm（2 开）定价：CNY0.84
　　中国现代年画作品。

J0060111
敬德　秦琼　薛尔章作
天津　天津人民美术出版社　1988 年　1 张
54cm（4 开）定价：CNY0.22
　　中国现代年画作品。

J0060112
敬德　叔宝　徐昊作
南宁　广西人民出版社　1988 年　2 张　76cm（2 开）
定价：CNY0.90
　　中国现代年画作品。

J0060113
九凤朝阳　高志华作
天津　天津人民美术出版社　1988 年　1 张
76cm（2 开）定价：CNY0.38
　　中国现代年画作品。

J0060114
九龙福　晓红作
郑州　河南美术出版社　1988 年　1 张　54cm（4 开）
定价：CNY0.13
　　中国现代年画作品。

J0060115
骏马图　杨万国作
天津　天津人民美术出版社　1988 年　4 张（卷轴）
76cm（2 开）定价：CNY3.90
　　中国现代年画作品。

J0060116
开国元勋　刘熹奇作
北京　人民美术出版社　1988 年　1 张　108cm（1 开）
定价：CNY0.78
　　中国现代年画作品。

J0060117
开国元勋　刘熹奇作
北京　人民美术出版社　1988 年　1 张　76cm（2 开）
定价：CNY0.38
　　中国现代年画作品。

J0060118
开门大吉　出行大利　刘克清作
南宁　广西人民出版社　1988 年　1 张　76cm（2 开）
定价：CNY0.44
　　中国现代年画作品。

J0060119
看看认认　刘佩珩作
长春　吉林美术出版社　1988 年　1 张　76cm（2 开）
定价：CNY0.38
　　中国现代年画作品。

J0060120
康康
北京　人民体育出版社　1988 年　1 张　76cm（2 开）

定价：CNY0.38

　　中国现代年画作品。

J0060121

康乐幸福　李世元作

沈阳　辽宁美术出版社　1988年　1张　76cm（2开）

定价：CNY0.36

　　中国现代年画作品。

J0060122

康乐长寿吉祥多福　　张晓飞作

南京　江苏古籍出版社　1988年　2张　78cm（2开）

定价：CNY0.55

　　中国现代年画作品。作者张晓飞（1941—　），画家、工艺美术大师。江苏吴县人。苏州桃花坞木刻年画社创作室主任、苏州大学艺术学院兼职教授、苏州市美协副主席。代表作品有《水乡元宵》，出版有《凤山拾得画集》《彩图唐诗一百首》等。

J0060123

孔雀东南飞　　章可，王力作

沈阳　辽宁美术出版社　1988年　2张　76cm（2开）

定价：CNY0.70

　　中国现代年画作品。

J0060124

浪花飞出欢乐歌　　周洪生作

长春　吉林美术出版社　1988年　1张　76cm（2开）

定价：CNY0.38

　　中国现代年画作品。作者周洪生（1938—　），画家。吉林梨树人，毕业于吉林艺术专科学校美术系和吉林艺术学校国画系。历任四平群众艺术馆副研究馆员，梨树文化馆美术组工作人员。作品有《献给我们的教师》《我心中的歌》。

J0060125

雷锋和红领巾　　徐福根作

北京　人民美术出版社　1988年　2版　1张　76cm（2开）定价：CNY0.38

　　中国现代年画作品。

J0060126

李广　周处　　孙宗禧作

郑州　河南美术出版社　1988年　1张　76cm（2开）

定价：CNY0.26

　　中国现代年画作品。

J0060127

李广　周处　　孙宗禧作

郑州　河南美术出版社　1988年　1张　54cm（4开）

定价：CNY0.13

　　中国现代年画作品。作者孙宗禧，画家。安徽砀山人、斋名土山草堂、映雪堂。晚年自署禧翁。国家二级美术师、中国年画研究会会员、安徽年画研究会理事、中国美术家协会安徽分会会员、砀山县书画院第一任院长。主要作品有《毕业归来》《黄河故道果满园》《仙山琼阁》等。

J0060128

李靖·哪吒·黄飞虎·黄天化　　朱希煌作

南昌　江西人民出版社　1988年　1张 76cm（2开）定价：CNY0.42

　　中国现代年画作品。作者朱希煌（1940—　）著名画家、书法家。江西九江人。历任江西省美术家协会会员、中国书画家协会理事。书法作品《赤壁赋》《闻鸡起舞》《鲤鱼跳龙门》等。

J0060129

李靖·哪吒·黄飞虎·黄天化　　朱希煌作

南昌　江西人民出版社　1988年　2张 76cm（2开）定价：CNY1.86

　　中国现代年画作品。

J0060130

李元霸　裴元庆　　张恒德作

兰州　甘肃人民出版社　1988年　1张　54cm（4开）

定价：CNY0.19

　　中国现代年画作品。

J0060131

李元霸　裴元庆　　侯文发作

武汉　湖北美术出版社　1988年　2张　76cm（2开）

定价：CNY0.72

　　中国现代年画作品。作者侯文发（1928—　），广东梅州人。曾用名剑萍。毕业于中南美专。中国书画家协会理事、中国国画家协会理事、广东省美术家协会会员。主要作品有《工地探亲》《宋湘》《三英战吕布》等。

J0060132

李元霸 裴元庆　侯文发作

武汉 湖北美术出版社 1988年 1张 76cm（2开）

定价：CNY0.36

中国现代年画作品。

J0060133

李元霸 裴元庆　王少鸿作

昆明 云南人民出版社 1988年 1张 76cm（2开）

定价：CNY0.36

中国现代年画作品。

J0060134

李元霸 裴元庆　言覃作

重庆 重庆出版社 1988年 1张 76cm（2开）

定价：CNY0.36

中国现代年画作品。

J0060135

鲤鱼姑娘　王振羽作

上海 上海人民美术出版社 1988年 1张

76cm（2开）定价：CNY0.36

中国现代年画作品。作者王振羽（1946—　），画家。吉林人。毕业于辽宁艺术师范美术科、结业于鲁迅美术学院油画进修班。曾任舞美设计、抚顺市人民影院美工。擅长油画。作品有油画《寄信母校报丰收》、年画《桃李芬芳》、水彩画《北方十月》等。

J0060136

鲤鱼跳龙门　柳忠福作

石家庄 河北美术出版社 1988年 1张

76cm（2开）定价：CNY0.40

中国现代年画作品。作者柳忠福（1942—2014），教授。祖籍山东，字兰芝，号兰芝斋主，辽宁师范大学艺术系毕业。现任中国书画家协会理事、中国收藏家协会会员、中国国学研究会研究员、雅典艺校教授、大连美术家协会会员、中国当代艺术协会副主席等职位。

J0060137

鲤鱼仙子　梁义勇作

沈阳 辽宁美术出版社 1988年 1张 76cm（2开）

定价：CNY0.36

中国现代年画作品。

J0060138

立体花鸟画　林伟新作

南京 江苏美术出版社 1988年 4张（卷轴）

76cm（2开）定价：CNY4.80

中国现代年画作品。

J0060139

连年发财　春生，华军作

沈阳 辽宁美术出版社 1988年 1张 76cm（2开）

定价：CNY0.50

中国现代年画作品。

J0060140

连年幸福　张桂英作

沈阳 辽宁美术出版社 1988年 1张 76cm（2开）

定价：CNY0.36

中国现代年画作品。

J0060141

连年有余　车忠阳作

南昌 江西人民出版社 1988年 1张 76cm（2开）

定价：CNY0.42

中国现代年画作品。

J0060142

连年有余　戴德馨作

北京 人民美术出版社 1988年 1张 76cm（2开）

定价：CNY0.38

中国现代年画作品。作者戴德馨（1942—　），江苏常州人。曾进修于南京艺术学院。擅长国画。中国美术家协会会员。主要作品有《猫蝶图》《福禄寿禧》《瑞雪》等。

J0060143

连年有余　骆福庆作

天津 天津人民美术出版社 1988年 1张

76cm（2开）定价：CNY0.38

中国现代年画作品。

J0060144

连年有余 勤劳致富　朱一嫣作

杭州 浙江人民美术出版社 1988年 2张

54cm（4开）定价：CNY0.40

中国现代年画作品。

J0060145

连年有余户户春　高志华，张万臣作

沈阳　辽宁美术出版社　1988年　1张　76cm（2开）

定价：CNY0.36

中国现代年画作品。

J0060146

连年有余四季春　杨春生，武秀作

沈阳　辽宁美术出版社　1988年　1张　76cm（2开）

定价：CNY0.36

中国现代年画作品。作者杨春生（1932—　），画家。辽宁锦县人。毕业于冀察热辽联合大学鲁迅艺术学院美术系及华北鲁迅文艺学院美术系。曾任《东北画报》社、《辽宁画报》美术创作员等职。代表作品有《胖嫂回娘家》《雪中情》《关东腊月春》等。

J0060147

梁山伯与祝英台　吴培秀作

昆明　云南人民出版社　1988年　1张　76cm（2开）

定价：CNY0.36

中国现代年画作品。

J0060148

梁山好汉　李增吉，李雪作

重庆　重庆出版社　1988年　1张　76cm（2开）

定价：CNY0.36

中国现代年画作品。

J0060149

梁山五虎将　赵梦林作

上海　上海美术出版社　1988年　1张　76cm（2开）

定价：CNY0.36

中国现代年画作品。

J0060150

两宫皇太后

北京　中国电影出版社　1988年　1张　76cm（2开）

定价：CNY0.36

中国现代年画作品。

J0060151

林黛玉　于小玲作

呼和浩特　内蒙古人民出版社　1988年　1张 76cm（2开）定价：CNY0.37

中国现代年画作品。

J0060152

临朐年画集　（汉英对照）吴作人主编

北京　新华出版社　1988年　27cm（16开）

中国现代民间年画作品。主编吴作人（1908—1997），著名画家、教授。生于江苏苏州，祖籍安徽泾县，先后就读于苏州工业专科学校建筑系、上海艺术大学、南国艺术学院美术系及南京中央大学艺术系。曾任中央美术学院院长、中国美术家协会主席等。出版有《吴作人》《吴作人艺术馆藏品集》《吴作人画传》等。

J0060153

凌波仙子　林美岚作

上海　上海美术出版社　1988年　1张　76cm（2开）

定价：CNY0.36

中国现代年画作品。作者林美岚（1940—　），字山风，江西武宁人。毕业于江西九江师范。历任中小学美术教师、江西九江市群众艺术馆美术干部、副研究馆员，江西美协理事。作品有《党是阳光我是花》《喜庆丰年》《鸟语花香》等。出版有《林美岚人物画选》。

J0060154

刘海戏金蟾　韩喜增作

郑州　河南美术出版社　1988年　1张　76cm（2开）

定价：CNY0.26

中国现代年画作品。作者韩喜增（1942—　），河北邢台人。毕业于中央美术学院年画、连环画系研究生班，受教于冯真教授、杨先让教授。擅长连环画、年画。中国美术家协会会员，国家一级美术师。曾任河北省美术家协会副主席、邢台市文联副主席、邢台市美术家协会主席。代表作品《人民的好总理》《虎子》《雄狮》。

J0060155

刘海戏金蟾　韩喜增作

郑州　河南美术出版社　1988年　1张　54cm（4开）

定价：CNY0.13

中国现代年画作品。

J0060156

刘姥姥游大观园　王宣明作

上海　上海人民美术出版社　1988年　1张

76cm（2 开）定价：CNY0.44

中国现代年画作品。

J0060157

六长寿图 （汉藏对照）洛松向秋，格桑益西作
成都 四川民族出版社 1988 年 1 张 78cm（2 开）
定价：CNY1.00

中国现代年画作品。

J0060158

龙灯异彩 陈英作
武汉 湖北美术出版社 1988 年 1 张 76cm（2 开）
定价：CNY0.36

中国现代年画作品。

J0060159

龙飞凤舞 华三川作
上海 上海书画出版社 1988 年 1 轴（卷轴）
附对联 1 副 108cm（全开）定价：CNY1.80

中国现代年画作品。

J0060160

龙飞凤舞 福寿万年 李炳炎作
武汉 湖北美术出版社 1988 年 1 张 76cm（2 开）
定价：CNY0.36

中国现代年画作品。

J0060161

龙凤 李先润作
武汉 湖北美术出版社 1988 年 2 张 78cm（2 开）
定价：CNY0.50

中国现代年画作品。

J0060162

龙凤呈祥 张冬生作
南昌 江西人民出版社 1988 年 1 张
76cm（2 开）定价：CNY0.28

中国现代年画作品。

J0060163

龙凤呈祥 范文南作
沈阳 辽宁美术出版社 1988 年 1 张 76cm（2 开）
定价：CNY0.50

中国现代年画作品。

J0060164

龙凤呈祥 王志强作
呼和浩特 内蒙古人民出版社 1988 年 1 张
76cm（2 开）定价：CNY0.37

中国现代年画作品。

J0060165

龙凤呈祥 彭秀峰编；肖顺权，徐震时摄
北京 人民美术出版社 1988 年 2 张 76cm（2 开）
定价：CNY0.80

中国现代年画作品。

J0060166

龙凤呈祥 高景波作
天津 天津人民美术出版社 1988 年 1 轴（卷轴）
附对联 1 副 108cm（全开）定价：CNY0.90

中国现代年画作品。作者高景波（1946—　），
山东掖县人。擅长年画、水彩画。大庆市群众艺
术馆美术部主任、二级美术师、大庆市美术家协
会副主席。主要作品：水粉组画《采油新工艺》，
年画《一路春风喜盈归》、水彩画《倾国恨》。

J0060167

龙凤呈祥 苗永华作
昆明 云南人民出版社 1988 年 1 张 54cm（4 开）
定价：CNY0.26

中国现代年画作品。作者苗永华（1960—　），
画家。山东省诸城市人，毕业于山东经济学院。
历任中国书画家协会会员、山东省美术家协会会
员、潍坊美术家协会理事、诸城市书法美术协会
副主席。代表作品有国画《晨》《山区新貌》《福
寿多余图》等。

J0060168

龙凤呈祥 苗永华作
昆明 云南人民出版社 1988 年 1 张 76cm（2 开）
定价：CNY0.36

中国现代年画作品。

J0060169

龙凤呈祥 朱希煌，李怀江作
昆明 云南人民出版社 1988 年 1 张 76cm（2 开）
定价：CNY0.36

中国现代年画作品。作者朱希煌（1940—　）
著名画家、书法家。江西九江人。历任江西省美

术家协会会员、中国书画家协会理事。书法作品
《赤壁赋》《闻鸡起舞》《鲤鱼跳龙门》等。

J0060170
龙凤呈祥 严隆成作
昆明 云南人民出版社 1988年 1张 76cm(2开)
定价：CNY0.30
中国现代年画作品。

J0060171
龙凤美女 林美岚作
南宁 广西人民出版社 1988年 1张
76cm(2开)定价：CNY1.55
中国现代年画作品。作者林美岚(1940—)，
字山风，江西武宁人。毕业于江西九江师范。历
任中小学美术教师，江西九江市群众艺术馆美术
干部，副研究馆员。江西美协理事。作品有《党
是阳光我是花》《喜庆丰年》《鸟语花香》等。出
版有《林美岚人物画选》。

J0060172
龙凤送宝 狙翠林作
石家庄 河北美术出版社 1988年 1张
76cm(2开)定价：CNY0.40
中国现代年画作品。

J0060173
龙凤缘 严朴勤编；徐晓摄
南昌 江西人民出版社 1988年 2张
76cm(2开)定价：CNY0.86
中国现代年画作品。

J0060174
龙宫情缘 宗万华作
天津 天津人民美术出版社 1988年 1张
76cm(2开)定价：CNY0.38
中国现代年画作品。

J0060175
龙虎二将 冯杰作
南昌 江西人民出版社 1988年 2张
76cm(2开)定价：CNY0.56
中国现代年画作品。

J0060176
龙虎二将 卓昌勇作
昆明 云南人民出版社 1988年 1张 76cm(2开)
定价：CNY0.36
中国现代年画作品。作者卓昌勇(1944—)，
教授。四川重庆人，毕业于西南师大。重庆师范
学院影像工程系教授、中国美术家协会四川分会
会员。著有《教学美术》《现代居室装饰画技法》。

J0060177
龙年大吉 左瑛作
上海 上海书画出版社 1988年 1轴(卷轴)
附对联1副 108cm(全开)定价：CNY1.80
中国现代年画作品。

J0060178
龙女 陈平作
呼和浩特 内蒙古人民出版社 1988年 1张
76cm(2开)定价：CNY0.37
中国现代年画作品。

J0060179
龙女赠珠 戴松耕，戴一鸣作
上海 上海书画出版社 1988年 1张 76cm(2开)
定价：CNY0.36
中国现代年画作品。

J0060180
龙跃鱼欢 刘王斌作
上海 上海人民美术出版社 1988年 1张
76cm(2开)定价：CNY0.36
中国现代年画作品。作者刘王斌(1921—)，
画家。湖南攸县人。历任上海人民美术出版社
副编审、上海美术家协会会员、上海中山艺术
院理事。代表作品有《鸭司令》《沙恭达罗》《鱼
乐图》《荷花童子舞》《鲤鱼跳龙门》《欢欢喜
喜》等。

J0060181
楼阁迎朝晖 徐英槐作
杭州 浙江人民美术出版社 1988年 1轴(卷轴)
附对联1副 108cm(全开)定价：CNY4.20
中国现代年画作品。作者徐英槐(1937—)，
山水画家。浙江宁波人，毕业于浙江美术学院，
浙江画院专业画家。代表作品有《黄山迎客松》

《杨柳山晓风残月》等。

J0060182
庐山春色　刘称奇作
天津　天津人民美术出版社　1988 年　1 轴（卷轴）
附对联 1 副　108cm（全开）定价：CNY3.90
　　中国现代年画作品。

J0060183
陆文龙大战岳云　赵梦林作
西安　陕西人民美术出版社　1988 年　1 张
76cm（2 开）定价：CNY0.40
　　中国现代年画作品。

J0060184
鹿鹤同春　郑坚石作
北京　人民美术出版社　1988 年　1 张　76cm（2 开）
定价：CNY0.38
　　中国现代年画作品。作者郑坚石（1943—　　），
河北丰润人。廊坊市群艺馆退休干部。中国美
术家协会会员，中国华侨文学艺术家协会理事，
中国三陕画院一级美术师，廊坊画院画家，政协
廊坊市第一、第二、第三届委员会委员，廊坊市
第四届人民代表大会代表。代表作品有《双龙戏
珠》《花韵》《自在》《水流不急月》等。

J0060185
鹿鹤同春　刘林生作
上海　上海人民美术出版社　1988 年　1 张
76cm（2 开）定价：CNY0.36
　　中国现代年画作品。

J0060186
鹿鹤同春　杨万国作
天津　天津人民美术出版社　1988 年　4 张（卷轴）
76cm（2 开）定价：CNY3.90
　　中国现代年画作品。

J0060187
鹿鸣翠谷　墨丹作
长春　吉林美术出版社　1988 年　1 张　附对联 1 副
108cm（全开）定价：CNY1.60
　　中国现代年画作品。

J0060188
罗成　罗松　李中文作
开封　河南朱仙镇年画社　1988 年　1 张
76cm（2 开）定价：CNY0.25
　　中国现代年画作品。

J0060189
罗成大战宇文霸　林旺作
呼和浩特　内蒙古人民出版社　1988 年　1 张
76cm（2 开）定价：CNY0.37
　　中国现代年画作品。

J0060190
罗成夺魁　李林祥，朱淑媛作
沈阳　辽宁美术出版社　1988 年　2 张　76cm（2 开）
定价：CNY0.76
　　中国现代年画作品。

J0060191
妈妈教我一支歌　林美岚作
南昌　江西人民出版社　1988 年　1 张
76cm（2 开）定价：CNY0.42
　　中国现代年画作品。

J0060192
妈妈真光荣　舒展作
上海　上海人民美术出版社　1988 年　1 张
76cm（2 开）定价：CNY0.36
　　中国现代年画作品。

J0060193
麻姑献寿　徐书摄
沈阳　辽宁美术出版社　1988 年　1 张　76cm（2 开）
定价：CNY0.36
　　中国现代年画作品。

J0060194
麻姑献寿　戴松耕，戴一鸣作
上海　上海人民美术出版社　1988 年　1 张
76cm（2 开）定价：CNY0.36
　　中国现代年画作品。

J0060195
麻姑与人参娃娃　王振羽作
上海　上海人民美术出版社　1988 年　1 张

76cm（2开）定价：CNY0.36

中国现代年画作品。

J0060196

马超　赵飞　谭西方作

兰州　甘肃人民出版社　1988年　1张　54cm（4开）

定价：CNY0.19

中国现代年画作品。作者谭西方，美术编辑，河南郾城人。作品有连环画《中华字圣许慎》等。

J0060197

马岱　魏延　冯字锦，张锡武作

兰州　甘肃人民出版社　1988年　1张　54cm（4开）

定价：CNY0.19

中国现代年画作品。

J0060198

马岱　魏延　张锡武作

武汉　湖北美术出版社　1988年　2张　76cm（2开）

定价：CNY0.72

中国现代年画作品。

J0060199

马岱　魏延　张锡武作

武汉　湖北美术出版社　1988年　1张　76cm（2开）

定价：CNY0.36

中国现代年画作品。

J0060200

马上杂技　刘生展作

呼和浩特　内蒙古人民出版社　1988年　1张　76cm（2开）定价：CNY0.37

中国现代年画作品。作者刘生展（1938—2016），画家，一级美术师。别名塞城。内蒙古丰镇人。历任河北省张北县文化馆馆长、张家口市美协名誉主席、中国美术家协会会员、中华炎黄文化研究会会员、中日美术交流协会会员、察哈尔书画院名誉院长，作品有《草原女民兵》《赛马去》《多为农业献骏马》《草原盛会》等。出版《怎样画马》《三国志人物绘卷》《马的描法》等。

J0060201

马腾　马超　张锡武作

开封　河南朱仙镇年画社　1988年　1张　76cm（2开）定价：CNY0.25

中国现代年画作品。

J0060202

卖油郎独占花魁　阎春，晓曲作

沈阳　辽宁美术出版社　1988年　2张　76cm（2开）

定价：CNY0.76

中国现代年画作品。

J0060203

满堂富贵　徐福根作

天津　天津人民美术出版社　1988年　1轴（卷轴）

附对联1副　108cm（全开）定价：CNY5.90

中国现代年画作品。

J0060204

满堂富贵　徐福根作

天津　天津人民美术出版社　1988年　1轴（卷轴）

附对联1副　108cm（全开）定价：CNY3.90

中国现代年画作品。

J0060205

满园春色　邓文欣作

长春　吉林美术出版社　1988年　1张　76cm（2开）

定价：CNY0.36

中国现代年画作品。作者邓文欣（1936—　），书画家。字子鹤，号那立闪人，辽宁阜新人。任四平市书画院院长、中国美术家协会会员。作品有《松鹤迎春》《路漫漫》《征程》，出版画集《山水花鸟画谱》《3D文欣仙鹤画集》《文欣画鹤》等。

J0060206

满园春色　周升寅，周升达作

天津　天津人民美术出版社　1988年　2张　76cm（2开）定价：CNY0.80

中国现代年画作品。

J0060207

满园春色　罗存洁作

昆明　云南人民出版社　1988年　1张　53cm（4开）

定价：CNY0.18

中国现代年画作品。

J0060208

猫蝶富贵　孙公照作

北京 人民美术出版社 1988年 1张 76cm（2开）
定价：CNY0.38

  中国现代年画作品。作者孙公照（1943—　），
画家。山东青岛人。山东美术家协会会员，德州
美术家协会名誉主席。擅长油画、水粉画、年画，
尤精于风景画。油画作品有《波涌夕阳》等。

J0060209
猫蝶同春　张德俊作
杭州 浙江人民美术出版社 1988年 1张
76cm（2开）定价：CNY0.56
  中国现代年画作品。作者张德俊（1946—　），
画家。江苏海安人。毕业于南京艺术学院美术系。
曾任常州市刘海粟美术馆馆长、中国美协年画艺
委会委员等职。主要作品有《凤仪亭》《天翻地
覆慨而慷》《紫金山顶的瑰宝》等。

J0060210
猫蝶戏春　顾念胄作
南京 江苏美术出版社 1988年 1张 76cm（2开）
定价：CNY0.40
  中国现代年画作品。

J0060211
猫咪
西安 陕西人民美术出版社 1988年 1张
76cm（2开）定价：CNY0.40
  中国现代年画作品。

J0060212
耄耋多福　韩景奇作
长春 吉林美术出版社 1988年 1张 76cm（2开）
定价：CNY0.38
  中国现代年画作品。

J0060213
梅兰竹菊　张继馨，刘小华作
南京 江苏古籍出版社 1988年 4张（卷轴）
76cm（2开）定价：CNY4.00
  中国现代年画作品。作者张继馨（1926—　），
花鸟画名家、美术教育家。又名馨子，江苏武进
人。中央文史研究馆书画院研究员、江苏省文史
研究馆馆员、中国美术家协会会员、江苏省花鸟
画研究会顾问、苏州市职业大学艺术学院教授。
作品有《草虫画谱》《鸟类画谱》等，著有《画事

一得》《笔上参禅》《馨子砚语》《颠倒葫芦》。

J0060214
梅兰竹菊四香图　邵佐唐，邵国英作
沈阳 辽宁美术出版社 1988年 2张 76cm（2开）
定价：CNY0.76
  中国现代年画作品。作者邵佐唐，有年画
《西园记》《上学第一天》《新来的小伙伴》《在科
学宫里》等。

J0060215
梅香兰清竹秀菊丽　孙韬作
杭州 浙江人民美术出版社 1988年 1张
108cm（全开）定价：CNY1.20
  中国现代年画作品。

J0060216
梅香兰清竹秀菊丽　孙韬作
杭州 浙江人民美术出版社 1988年 1张
76cm（2开）定价：CNY0.50
  中国现代年画作品。

J0060217
美不胜收　徐朝龙作
武汉 湖北美术出版社 1988年 1张 76cm（2开）
定价：CNY0.36
  中国现代年画作品。

J0060218
美好的祝愿　谌学诗作
南昌 江西人民出版社 1988年 1张
76cm（2开）定价：CNY0.28
  中国现代年画作品。作者谌学诗（1942—　），
江西人。江西省美术家协会会员。曾从事美术
设计、美术编辑等工作。

J0060219
美好青春　刘彦平作
石家庄 河北美术出版社 1988年 2张
76cm（2开）定价：CNY0.84
  中国现代年画作品。作者刘彦平，年画家，
代表作有《红花少年》等。

J0060220
美猴王　马乐群，陈菊仙作

南宁　广西人民出版社 1988 年　1 张　76cm（2 开）
定价：CNY0.38

　　中国现代年画作品。作者陈菊仙（1929—　　），女，浙江温州人。毕业于中央美术学院华东分院。擅长年画。上海人民美术出版社画家。主要作品有《捉麻雀》《个个争当小雷锋》《共同富万家乐》等。著有《年画述要》。作者马乐群（1933—　　），画家。上海人，曾在上海现代画室学习绘画及西洋美术史等。历任上海画片出版社年画创作员、上海美术出版社年画编辑。作品有《人民不允许浪费粮食的行为》《海防前线宣传员》《金杯红花传捷报》《激流勇进》等。

J0060221
美酒贺新岁　蟠桃献寿翁　　马云桥作
北京　人民体育出版社 1988 年　1 张　76cm（2 开）
定价：CNY0.38
　　中国现代年画作品。

J0060222
美丽的草原我的家　　孟瑛作
呼和浩特　内蒙古人民出版社 1988 年　1 张
76cm（2 开）定价：CNY0.37
　　中国现代年画作品。

J0060223
美满姻缘　　南运生，万桂香作
石家庄　河北美术出版社 1988 年　1 张
76cm（2 开）定价：CNY0.40
　　中国现代年画作品。作者南运生（1944—　　），一级美术师。别名南恽笙，河北任丘人，毕业于哈尔滨师范大学艺术系美术专业。历任任河北省艺术馆馆长，河北画报社社长、总编，中国美术家协会，河北省美术家协会副主席，河北省画院院长。年画作品有《花好月圆》《艺苑新秀》《吉庆有余》等。作者万桂香（1944—　　），女，画家。辽宁丹东人，毕业于哈尔滨师范大学艺术系。曾在黑龙江省鸡西市文化馆、河北省内丘县文化馆从事美术工作。历任河北省电影公司《河北银幕》编辑、河北省电影发行公司宣传科科长、河北省电影宣传画画会会长。代表作品《戎奶奶佳节到我家》《女驸马》《花为媒》等。

J0060224
美满姻缘　　孟宪宝作

长春　吉林美术出版社 1988 年　1 张　76cm（2 开）
定价：CNY0.38
　　中国现代年画作品。

J0060225
美满姻缘　　胡立义作
南昌　江西人民出版社 1988 年　1 张
76cm（2 开）定价：CNY0.42
　　中国现代年画作品。

J0060226
美满姻缘　　刘友仁作
呼和浩特　内蒙古人民出版社 1988 年　1 张
76cm（2 开）定价：CNY0.37
　　中国现代年画作品。作者刘友仁（1941—　　），画家。内蒙古托克托人，毕业于内蒙古师范大学美术系。历任呼和浩特美协副主席，内蒙古托克托文化馆副研究馆员。作品有《雪梅青竹》《欢乐的草原》《草原孩子打马球》《戈壁驼道》《金牛迎春》等。出版有《刘友仁年画》等。

J0060227
美满姻缘　　周小申作
西安　陕西人民美术出版社 1988 年　1 张
76cm（2 开）定价：CNY0.40
　　中国现代年画作品。

J0060228
美满姻缘　　刘熹奇作
天津　天津人民美术出版社 1988 年　1 轴（卷轴）
附对联 1 副 108cm（全开）定价：CNY3.90
　　中国现代年画作品。

J0060229
美满姻缘　　（二）张志能，李德明作
重庆　重庆出版社 1988 年　2 张 76cm（2 开）
定价：CNY0.72
　　中国现代年画作品。

J0060230
门神　　韩祖音作
南京　江苏美术出版社 1988 年　2 张 54cm（4 开）
定价：CNY0.36
　　中国现代年画作品。

J0060231
猛虎　段新年作
石家庄 河北美术出版社 1988年 1张
76cm（2开）定价：CNY0.40
　　中国现代年画作品。

J0060232
猛虎　段新年作
石家庄 河北美术出版社 1988年 1轴（卷轴）
附对联1副 108cm（全开）定价：CNY4.40
　　中国现代年画作品。

J0060233
猛虎图
上海 上海书画出版社 1988年 1轴（卷轴）
附对联1副 108cm（全开）定价：CNY1.80
　　中国现代年画作品。

J0060234
孟良　焦赞　张亚作
重庆 重庆出版社 1988年 1张 76cm（2开）
定价：CNY0.36
　　中国现代年画作品。

J0060235
苗苗
北京 人民体育出版社 1988年 1张 76cm（2开）
定价：CNY0.38
　　中国现代年画作品。

J0060236
妙乐仙姿　李跃华作
石家庄 河北美术出版社 1988年 2张
76cm（2开）定价：CNY0.84
　　中国现代年画作品。

J0060237
名姝赏花图　申同景作
长春 吉林美术出版社 1988年 2张 76cm（2开）
定价：CNY0.76
　　中国现代年画作品。作者申同景，年画家。
绘有年画《文君听琴》《樊梨花》《百寿图》《凤求
凰》等。

J0060238
墨竹四条　赵思温作
石家庄 河北美术出版社 1988年 2张
76cm（2开）定价：CNY0.84
　　中国现代年画作品。作者赵思温（1940—　），
国家一级美术师。甘肃省民乐县人，毕业入中
央民族大学艺术系学习。历任河北省廊坊市群
艺馆馆员、廊坊画院院长、中国美术家协会河
北分会理事、河北省花鸟画研究会副会长、河
北省廊坊画院常务副院长、文化部民族文化基
金会常务理事、河北廊坊市美协副主席。代表
作品有《高凤亮节》《双鹰图》《高鸣图》《国色
天香》等。

J0060239
母子康乐　王小路作
石家庄 河北美术出版社 1988年 1张
76cm（2开）定价：CNY0.40
　　中国现代年画作品。作者王小路（1945—　），
画家。河北邢台人，别名王晓路。结业于中国美
协油画研修班。河北省邢台书画院专业画家，二
级美术师。擅长油画、宣传画、年画。作品有《龙
腾虎跃》《甜》《金鸡高唱》《和平》等。

J0060240
母子康乐图　林美岚作
南昌 江西人民出版社 1988年 2张
76cm（2开）定价：CNY0.60
　　中国现代年画作品。作者林美岚（1940—　），
字山凤，江西武宁人。毕业于江西九江师范。历
任中小学美术教师，江西九江市群众艺术馆美术
干部，副研究馆员。江西美协理事。作品有《党
是阳光我是花》《喜庆丰年》《鸟语花香》等。出
版有《林美岚人物画选》。

J0060241
母子平安　忠福等作
天津 天津人民美术出版社 1988年 4张（卷轴）
76cm（2开）定价：CNY4.60
　　中国现代年画作品。

J0060242
牡丹黄鹂　荷花翠鸟　山茶喜鹊　芙蓉白头
戴德馨作
西安 陕西人民美术出版社 1988年 2张

76cm（2开）定价：CNY0.80

中国现代年画作品。作者戴德馨（1942—　　），江苏常州人。曾进修于南京艺术学院。擅长国画。中国美术家协会会员。主要作品有《猫蝶图》《福禄寿禧》《瑞雪》等。

J0060243
牡丹孔雀　薛长山作
杭州 浙江人民美术出版社 1988 年 2 张
76cm（2开）定价：CNY0.65
中国现代年画作品。

J0060244
牡丹仙子　童金贵作
西安 陕西人民美术出版社 1988 年 2 张
76cm（2开）定价：CNY0.80
中国现代年画作品。

J0060245
木版年画　（汉日英对照）
上海 上海人民美术出版社 1988 年 8 张
17cm（44开）定价：CNY1.40
中国现代年画作品。

J0060246
穆桂英打雁　李增吉，李毅作
昆明 云南人民出版社 1988 年 1 张 76cm（2开）
定价：CNY0.36
中国现代年画作品。作者李毅（1958—　　），国画家。江苏人。历任中国美协会员、中国民族画院理事、安徽省国画院副院长、文化部对外艺术交流中心国韵文华书画院人物画艺委会委员等职。

J0060247
穆桂英大破天门阵　申同景作
石家庄 河北美术出版社 1988 年 1 张
76cm（2开）定价：CNY0.40
中国现代年画作品。

J0060248
哪吒　霍允庆作
上海 上海人民美术出版社 1988 年 2 张
76cm（2开）定价：CNY0.72
中国现代年画作品。作者霍允庆（1944—　　），

笔名静轩，山东龙口人。擅长年画、中国画。曾在龙口文化馆从事美术工作，二级美术师。作品有《丰收时节》《劈山救母》《年方八八》等。

J0060249
哪吒闹海　赵素兰作
呼和浩特 内蒙古人民出版社 1988 年 1 张
76cm（2开）定价：CNY0.37
中国现代年画作品。

J0060250
南北少林　华深作
天津 天津人民美术出版社 1988 年 1 张
76cm（2开）定价：CNY0.38
中国现代年画作品。

J0060251
南极和平鸽　陈家骅作
武汉 湖北美术出版社 1988 年 1 张 76cm（2开）
定价：CNY0.36
中国现代年画作品。

J0060252
南山献寿　楼永年作
杭州 浙江人民美术出版社 1988 年 1 张
76cm（2开）定价：CNY0.32
中国现代年画作品。

J0060253
闹天宫　徐凌作
石家庄 河北美术出版社 1988 年 2 张
76cm（2开）定价：CNY0.84
中国现代年画作品。

J0060254
年画　（1989 一）
天津 天津杨柳青画社 1988 年 19cm（32开）
中国现代年画作品。

J0060255
年画　（1989 二）
天津 天津杨柳青画社 1988 年 19cm（32开）
中国现代年画作品。

J0060256
年画 （1989）
天津 天津杨柳青画社 1988 年 2 册（309 页）
19cm（32 开）
　　中国现代年画作品。

J0060257
年画 挂历 年历 字画 （1989）
兰州 甘肃人民出版社 1988 年 64 页 19×26cm
　　中国现代年画作品。

J0060258
年画艺术 （丛刊 第五期）清白音主编
天津 天津人民美术出版社 1988 年 52 页
有图 26cm（16 开）ISBN：7-5305-0117-8
定价：CNY1.00

J0060259
年年如意　林美岚作
南昌 江西人民出版社 1988 年 1 张
76cm（2 开）定价：CNY0.28
　　中国现代年画作品。作者林美岚（1940—　　），
字山风，江西武宁人。毕业于江西九江师范。历
任中小学美术教师，江西九江市群众艺术馆美术
干部，副研究馆员。江西美协理事。作品有《党
是阳光我是花》《喜庆丰年》《鸟语花香》等。出
版有《林美岚人物画选》。

J0060260
年年有余　高学海作
呼和浩特 内蒙古人民出版社 1988 年 1 张
76cm（2 开）定价：CNY0.37
　　中国现代年画作品。

J0060261
年年鱼　杜和亮作
昆明 云南人民出版社 1988 年 1 张
53cm（4 开）定价：CNY0.22
　　中国现代年画作品。

J0060262
鸟丽花香　杨振远作
沈阳 辽宁美术出版社 1988 年 4 张（卷轴）
53cm（4 开）定价：CNY1.60
　　中国现代年画作品。

J0060263
鸟鸣花香　宫兴福作
沈阳 辽宁美术出版社 1988 年 2 张 76cm（2 开）
定价：CNY0.76
　　中国现代年画作品。作者宫兴福（1936—　　），
教授。黑龙江密山人。毕业于鲁迅美术学院中
国画系，后留校任教。作品《豆花香》《听泉》《天
女木兰》。发表论文有《图新·求美·思变》《意
念·意象·以形写神》等。

J0060264
鸟语花香　张家纯，席勤作
长春 吉林美术出版社 1988 年 2 张 76cm（2 开）
定价：CNY0.80
　　中国现代年画作品。

J0060265
鸟语花香　张晓星作
南京 江苏美术出版社 1988 年 4 张（卷轴）
76cm（2 开）定价：CNY4.80
　　中国现代年画作品。

J0060266
鸟语花香　曾宪和作
南昌 江西人民出版社 1988 年 2 张
76cm（2 开）定价：CNY0.86
　　中国现代年画作品。作者曾宪和，画家。江
西吉安人。主要作品有《农闲时节》《锦上添花》
《松鹤延年》等。

J0060267
鸟语花香　戴德馨，张德俊作
北京 人民美术出版社 1988 年 2 张 108cm（全开）
定价：CNY1.60
　　中国现代年画作品。作者戴德馨（1942—　　），
江苏常州人。曾进修于南京艺术学院。擅长国画。
中国美术家协会会员。主要作品有《猫蝶图》《福
禄寿禧》《瑞雪》等。作者张德俊（1946—　　），画
家。江苏海安人。毕业于南京艺术学院美术系。
曾任常州市刘海粟美术馆馆长、中国美协年画艺
委会委员等职。主要作品有《凤仪亭》《天翻地
覆慨而慷》《紫金山顶的瑰宝》等。

J0060268
鸟语花香　李敬仕作

杭州 浙江人民美术出版社 1988 年 2 张
76cm（2 开）定价：CNY0.65
　　中国现代年画作品。

J0060269
鸟语金秋　　杨树有作
北京 人民美术出版社 1988 年 2 张 76cm（2 开）
定价：CNY0.80
　　中国现代年画作品。

J0060270
牛皋 王贵　　金彦平，张雅君作
郑州 河南美术出版社 1988 年 1 张 76cm（2 开）
定价：CNY0.26
　　中国现代年画作品。

J0060271
牛皋 王贵　　金彦平，张雅君作
郑州 河南美术出版社 1988 年 1 张 54cm（4 开）
定价：CNY0.13
　　中国现代年画作品。

J0060272
女皇错断梨花案
北京 中国电影出版社 1988 年 2 张
76cm（2 开）定价：CNY0.70
　　中国现代年画作品。

J0060273
裴元庆锤打程咬金　　赵祥林作
上海 上海人民美术出版社 1988 年 1 张
76cm（2 开）定价：CNY0.36
　　中国现代年画作品。

J0060274
蓬莱仙境　　秦大虎作
南昌 江西人民出版社 1988 年 1 张
76cm（2 开）定价：CNY0.56
　　中国现代年画作品。作者秦大虎（1938—　），
教授。历任中国美术学院油画系教授、中国美
协会员、中国油画家协会理事、浙江美协常务理
事、浙江美协常务理事等职。作品有《在战斗中
成长》《老将》《田喜嫂》等。出版有《秦大虎油
画选》《秦大虎的绘画世界》和《油画创作》等。

J0060275
凭栏揽翠
北京 中国电影出版社 1988 年 1 张 76cm（2 开）
定价：CNY0.36
　　中国现代年画作品。

J0060276
普天同庆　　李荣洲作
南京 江苏美术出版社 1988 年 1 张 76cm（2 开）
定价：CNY0.36
　　中国现代年画作品。

J0060277
普天同庆　　（四宝图 之四）朱希斌作
沈阳 辽宁美术出版社 1988 年 1 张 76cm（2 开）
定价：CNY0.36
　　中国现代年画作品。

J0060278
普希金　　王玫作
重庆 重庆出版社 1988 年 1 张 76cm（2 开）
定价：CNY0.40
　　中国现代年画作品。

J0060279
七仙女祝寿　　张素玉作
石家庄 河北美术出版社 1988 年 1 张
76cm（2 开）定价：CNY0.40
　　中国现代年画作品。作者张素玉（1944—　），
女，画家，国家一级美术师，出生于石家庄市。
历任中国美术家协会会员、石家庄市政协常委、
河北省美术研究所特邀研究员、石家庄市画院画
师。代表作品有《山杏》《戎冠秀》。

J0060280
麒麟寿星图　　张晓飞作
南京 江苏古籍出版社 1988 年 1 轴（卷轴）
附对联 1 副 108cm（全开）定价：CNY5.50
　　中国现代年画作品。作者张晓飞（1941—　），
画家、工艺美术大师。江苏吴县人。苏州桃花坞
木刻年画社创作室主任、苏州大学艺术学院兼
职教授、苏州市美协副主席。代表作品有《水乡
元宵》，出版有《风山拾得画集》《彩图唐诗一百
首》等。

J0060281

麒麟寿星图　　张晓飞作
南京　江苏古籍出版社　1988 年　1 轴　附对联 1 副
108cm（全开）卷轴　定价：CNY5.50
　　中国现代工艺美术年画作品。

J0060282

麒麟送宝　　刘林生作
上海　上海人民美术出版社　1988 年　1 张
76cm（2 开）定价：CNY0.36
　　中国现代年画作品。

J0060283

麒麟送子　　陈春轩，姜长庚摄
南昌　江西人民出版社　1988 年　1 张
76cm（2 开）定价：CNY0.84
　　中国现代年画作品。

J0060284

麒麟武将　　李双建作
昆明　云南人民出版社　1988 年　1 张　76cm（2 开）
定价：CNY0.36
　　中国现代年画作品。

J0060285

麒麟武将　　李双建作
昆明　云南人民出版社　1988 年　1 张　54cm（4 开）
定价：CNY0.26
　　中国现代年画作品。

J0060286

绮丽四景　　子南作
沈阳　辽宁美术出版社　1988 年　2 张　76cm（2 开）
定价：CNY0.76
　　中国现代年画作品。

J0060287

千里走单骑　　石磊编；聂秀功，张德俊作
天津　天津人民美术出版社　1988 年　2 张
76cm（2 开）定价：CNY0.80
　　中国现代年画作品。

J0060288

千山古秀　　刘继成作
长春　吉林美术出版社　1988 年　2 张　76cm（2 开）

定价：CNY0.76
　　中国现代年画作品。

J0060289

敲锣打鼓庆丰年　　马焕民作
石家庄　河北美术出版社　1988 年　1 张
76cm（2 开）定价：CNY0.40
　　中国现代年画作品。

J0060290

秦琼　敬德　　李冰作
兰州　甘肃人民出版社　1988 年　1 张　76cm（2 开）
定价：CNY0.37
　　中国现代年画作品。作者李冰（1962—　），
《创业者》杂志美术编辑。

J0060291

秦琼　敬德　　李冰作
兰州　甘肃人民出版社　1988 年　1 张　54cm（4 开）
定价：CNY0.19
　　中国现代年画作品。

J0060292

秦琼　敬德　　苗永华作
兰州　甘肃人民出版社　1988 年　1 张　54cm（4 开）
定价：CNY0.19

J0060293

秦琼　敬德　　孙红侠作
郑州　河南美术出版社　1988 年　1 张　76cm（2 开）
定价：CNY0.26
　　中国现代年画作品。

J0060294

秦琼　敬德　　孙红侠作
郑州　河南美术出版社　1988 年　1 张　54cm（4 开）
定价：CNY0.13
　　中国现代年画作品。

J0060295

秦琼　敬德　　孙宗禧，孙红侠作
开封　河南朱仙镇年画社　1988 年　1 张
76cm（2 开）定价：CNY0.25
　　中国现代年画作品。

J0060296
秦琼 敬德 孙宗禧，孙红侠作
南京 江苏美术出版社 1988年 2张 54cm（4开）
定价：CNY0.36
　　中国现代年画作品。

J0060297
秦琼 敬德 张文顺作
西安 陕西人民美术出版社 1988年 1张
76cm（2开）定价：CNY0.40
　　中国现代年画作品。

J0060298
秦琼 敬德 张文颜作
西安 陕西人民美术出版社 1988年 1张
54cm（4开）定价：CNY0.20
　　中国现代年画作品。

J0060299
秦琼 敬德 张锡武作
天津 天津人民美术出版社 1988年 1张
76cm（2开）定价：CNY0.42
　　中国现代年画作品。作者张锡武（1927—　），
画家。字青松，河北河间人。历任天津国画研究
所副所长、天津杨柳青画社副编审、中国美术家
协会会员等。代表作品《淀上渔歌》《李时珍问
药图》，出版有《张锡武画选》《牡丹的画法》等。

J0060300
秦琼 敬德 薛尔章作
天津 天津人民美术出版社 1988年 1张
76cm（2开）定价：CNY0.42
　　中国现代年画作品。

J0060301
秦琼 敬德 刘大春作
重庆 重庆出版社 1988年 1张 76cm（2开）
定价：CNY0.36
　　中国现代年画作品。

J0060302
秦始皇
北京 中国电影出版社 1988年 2张 76cm（2开）
定价：CNY0.74
　　中国现代年画作品。

J0060303
秦叔宝 尉迟恭 陈绪初作
武汉 湖北美术出版社 1988年 2张 76cm（2开）
定价：CNY0.52
　　中国现代年画作品。

J0060304
秦叔宝 尉迟恭 朱希煌作
南昌 江西人民出版社 1988年 1张
76cm（2开）定价：CNY0.42
　　中国现代年画作品。作者朱希煌（1940—　）
著名画家、书法家。江西九江人。历任江西省美
术家协会会员、中国书画家协会理事。书法作品
《赤壁赋》《闻鸡起舞》《鲤鱼跳龙门》等。

J0060305
秦叔宝 尉迟恭 邱开明作
昆明 云南人民出版社 1988年 1张 76cm（2开）
定价：CNY0.36
　　中国现代年画作品。

J0060306
秦叔宝 尉迟恭 邱开明作
昆明 云南人民出版社 1988年 1张 54cm（4开）
定价：CNY0.26
　　中国现代年画作品。

J0060307
琴房送灯 龚景充作
杭州 浙江人民美术出版社 1988年 1张
76cm（2开）定价：CNY0.32
　　中国现代年画作品。

J0060308
勤俭建国 高海宴作
昆明 云南人民出版社 1988年 1张
54cm（4开）定价：CNY0.22
　　中国现代年画作品。

J0060309
勤劳致富 何永明作
昆明 云南人民出版社 1988年 1张 53cm（4开）
定价：CNY0.18
　　中国现代年画作品。

J0060310
青春美 李凤君作
长春 吉林美术出版社 1988 年 1 张 76cm（2开）
定价：CNY0.36
　　中国现代年画作品。

J0060311
青春似花 上海市印刷一厂供稿
南京 江苏美术出版社 1988 年 1 张 76cm（2开）
定价：CNY0.80
　　中国现代年画作品。

J0060312
轻歌 珊英丹作
南宁 广西人民出版社 1988 年 1 张 76cm（2开）
定价：CNY0.38
　　中国现代年画作品。

J0060313
轻歌曼舞 李学勤作
长春 吉林美术出版社 1988 年 1 张 76cm（2开）
定价：CNY0.38
　　中国现代年画作品。

J0060314
清风高节 李自强作
天津 天津人民美术出版社 1988 年 4 张（卷轴）
76cm（2开）定价：CNY3.90
　　中国现代年画作品。

J0060315
清泉楼观图 张洪千作
天津 天津人民美术出版社 1988 年 1 轴（卷轴）
附对联 1 副 108cm（全开）定价：CNY1.90
　　中国现代年画作品。作者张洪千（1941— ），
画家。原名张鸿千。

J0060316
清溪云烟图通屏 张洪千作
郑州 河南美术出版社 1988 年 4 张（卷轴）
76cm（2开）定价：CNY4.20
　　中国现代年画作品。

J0060317
情深意长 刘文沪作

杭州 浙江人民美术出版社 1988 年 1 张
76cm（2开）定价：CNY0.32
　　中国现代年画作品。

J0060318
情丝系南疆 陈家骅作
武汉 湖北美术出版社 1988 年 1 张 76cm（2开）
定价：CNY0.36
　　中国现代年画作品。

J0060319
晴雯撕扇 李秉芳作
上海 上海人民美术出版社 1988 年 1 张
76cm（2开）定价：CNY0.36
　　中国现代年画作品。

J0060320
庆丰年 迎新春 蒲潜作
郑州 河南美术出版社 1988 年 1 张 76cm（2开）
定价：CNY0.26
　　中国现代年画作品。

J0060321
庆丰年 迎新春 潇潜作
郑州 河南美术出版社 1988 年 1 张 54cm（4开）
定价：CNY0.13
　　中国现代年画作品。

J0060322
秋
上海 上海人民美术出版社 1988 年 1 张
54cm（4开）定价：CNY0.40
　　中国现代年画作品。

J0060323
秋山红树图 孙信一作
上海 上海书画出版社 1988 年 1 张 76cm（2开）
定价：CNY0.36
　　中国现代年画作品。作者孙信一（1947— ），
画家。生于上海川沙县，毕业于日本多摩美术大
学研究生学业。历任阳光法亚文化协会会长、上
海书画院特聘画师、陆俨少艺术研究会会长、雪
堂书画研究会特邀顾问等。

J0060324
驱邪纳福　钟文斌作
南昌 江西人民出版社 1988 年 1 张
76cm（2 开）定价：CNY0.30
　　中国现代年画作品。作者钟文斌（1943—　），
画家。笔名文石，江西新余市人，毕业于江西文
化艺术学院美术系，中国美术家协会会员、中国
艺术研究院艺术市场研究中心特聘书画师、江西
省书画院特聘画家、江西美术出版社副编审。

J0060325
群芳争艳　何兆欣作
南宁 广西人民出版社 1988 年 2 张 76cm（2 开）
定价：CNY0.80
　　中国现代年画作品。

J0060326
群鹤丹阳　喻继高作
南京 江苏美术出版社 1988 年 1 张 76cm（2 开）
定价：CNY0.40
　　中国现代年画作品。作者喻继高（1932—　），
国家一级美术师。江苏铜山人，毕业于南京大学
艺术系和南京师范学院美术系。江苏省国画院
副院长、江苏省美术家协会副主席、中国画研究
院院委、中国工笔画学会副会长、徐悲鸿奖学金
委员会委员。代表作品有《梨花春雨》《玉兰锦
鸡》《春江水暖》等。

J0060327
群猫戏蝶　薛长山作
长春 吉林美术出版社 1988 年 2 张 76cm（2 开）
定价：CNY0.80
　　中国现代年画作品。

J0060328
群仙祝寿图　冯杰作
南昌 江西人民出版社 1988 年 1 张
108cm（全开）定价：CNY1.12
　　中国现代年画作品。

J0060329
群仙祝寿图　戴宏海作
杭州 浙江人民美术出版社 1988 年 1 轴（卷轴）
附对联 1 副 108cm（全开）定价：CNY4.20
　　中国现代年画作品。

J0060330
群仙祝寿图　戴宏海作
杭州 浙江人民美术出版社 1988 年 1 张
附对联 1 副 108cm（全开）定价：CNY1.60
　　中国现代年画作品。

J0060331
让世界充满爱　徐福根作
南昌 江西人民出版社 1988 年 1 张
76cm（2 开）定价：CNY0.42
　　中国现代年画作品。

J0060332
热爱新中国　热爱共产党　李炳炎作
昆明 云南人民出版社 1988 年 1 张 76cm（2 开）
定价：CNY0.36
　　中国现代年画作品。

J0060333
热爱祖国热爱党　何荣卿作
武汉 湖北美术出版社 1988 年 1 张 76cm（2 开）
定价：CNY0.36
　　中国现代年画作品。

J0060334
人参的故事　李凤君，孔昭平作
长春 吉林美术出版社 1988 年 1 张 76cm（2 开）
定价：CNY0.36
　　中国现代年画作品。

J0060335
人欢鱼大乐丰年　徐德元作
沈阳 辽宁美术出版社 1988 年 1 张 76cm（2 开）
定价：CNY0.36
　　中国现代年画作品。作者徐德元（1949—　），
画家。辽宁鞍山人。曾任辽宁美协会员、岫岩美
协主席等职。主要作品有《农家乐》《中华魂》《闹
灯馆》等。

J0060336
人间仙境　胡承炳作
上海 上海人民美术出版社 1988 年 1 张
108cm（全开）定价：CNY1.80
　　中国现代年画作品。

J0060337

人面桃花　　李学勤作

呼和浩特　内蒙古人民出版社　1988 年　1 张
76cm（2 开）定价：CNY0.37

　　中国现代年画作品。

J0060338

人民子弟兵　　孙建东作

昆明　云南人民出版社　1988 年　1 张　76cm（2 开）
定价：CNY0.36

　　中国现代年画作品。作者孙建东（1952—　），
画家。出生于上海。毕业于云南艺术学院美术系。
云南艺术学院美术学院中国画专业教授、中国美
术家协会会员、中国美协第七次全国代表大会代
表、第六届云南美术家协会副主席。代表作品有
《孔雀红梅》《流沙河之歌》《共同的希望》。

J0060339

人勤年丰乐有余　　李延铎作

沈阳　辽宁美术出版社　1988 年　1 张　76cm（2 开）
定价：CNY0.36

　　中国现代年画作品。

J0060340

人寿年丰　　范恩树作

长春　吉林美术出版社　1988 年　1 张　76cm（2 开）
定价：CNY0.36

　　中国现代年画作品。作者范恩树（1946—　），
吉林梨树县人。吉林省美术家协会会员，曾任梨
树县美协副主席兼秘书长。作品有《献给老师》
《春满神州》《吉庆有余》等。

J0060341

日照青山　　王祖德作

南京　江苏古籍出版社　1988 年　1 轴（卷轴）
附对联 1 副　108cm（全开）定价：CNY4.90

　　中国现代年画作品。

J0060342

戎马良缘　　李宏才作

天津　天津人民美术出版社　1988 年　2 张
76cm（2 开）定价：CNY0.80

　　中国现代年画作品。

J0060343

如花似玉　　陈明作

杭州　浙江人民美术出版社　1988 年　1 张
76cm（2 开）定价：CNY0.32

　　中国现代年画作品。

J0060344

瑞鹤飞舞春色新　　郝良彬作

上海　上海书画出版社　1988 年　1 张　108cm（全开）
定价：CNY0.75

　　中国现代年画作品。

J0060345

瑞鹤飞舞春色新　　郝良彬作

上海　上海书画出版社　1988 年　1 轴（卷轴）

附对联 1 副　108cm（全开）定价：CNY4.70

　　中国现代年画作品。

J0060346

瑞鹤献寿　　朱凤岐作

沈阳　辽宁美术出版社　1988 年　1 张　76cm（2 开）
定价：CNY0.50

　　中国现代年画作品。

J0060347

瑞士风光　　念培编；瑞士国家旅游局供稿

北京　人民美术出版社　1988 年　2 张　76cm（2 开）
定价：CNY0.80

　　中国现代年画作品。

J0060348

撒满人间幸福花　　王振羽作

呼和浩特　内蒙古人民出版社　1988 年　1 张
76cm（2 开）定价：CNY0.37

　　中国现代年画作品。

J0060349

三鞭换两锏　　刘生展作

呼和浩特　内蒙古人民出版社　1988 年　1 张
76cm（2 开）定价：CNY0.37

　　中国现代年画作品。

J0060350

三大白骨精　　石桂兰作

呼和浩特　内蒙古人民出版社　1988 年　1 张
76cm（2 开）定价：CNY0.37
　　中国现代年画作品。

J0060351
三滴血　　刘志谋作
西安　陕西人民美术出版社　1988 年　2 张
76cm（2 开）定价：CNY0.80
　　中国现代年画作品。作者刘志谋（1939—　），
陕西长安人，毕业于西安美院附中，任职于武功
县文化馆做美术创作与辅导工作。历任陕西省
美术家协会会员，陕西省书法家协会会员，陕西
省书画艺术研究院研究员、副院长，中国国学研
究会研究员等。

J0060352
三国故事　　刘生展作
石家庄　河北美术出版社　1988 年　2 张
76cm（2 开）定价：CNY0.84
　　中国现代年画作品。

J0060353
三国人物绣像　　景启民作
沈阳　辽宁美术出版社　1988 年　2 张　76cm（2 开）
定价：CNY0.76
　　中国现代年画作品。作者景启民（1931—
2005），连环画家。辽宁沈阳人。就读于东北鲁
艺（现鲁迅美院前身），任职于东北画报社。连环
画作品有《浑河水》《过草地》《绿色的矿山》等。

J0060354
三国人物绣像　　群慧作
天津　天津人民美术出版社　1988 年　1 张
76cm（2 开）定价：CNY0.38
　　中国现代年画作品。

J0060355
三国演义
沈阳　辽宁美术出版社　1988 年　1 轴（卷轴）
108cm（全开）定价：CNY1.40
　　中国现代年画作品。

J0060356
三国演义英雄屏　　卫疆等作
天津　天津人民美术出版社　1988 年　6 张（卷轴）

76cm（2 开）定价：CNY5.80
　　中国现代年画作品。

J0060357
三国英雄　　张锡武作
开封　河南朱仙镇年画社　1988 年　1 张
76cm（2 开）定价：CNY0.25
　　中国现代年画作品。

J0060358
三国英雄　　刘铭秀作
武汉　湖北美术出版社　1988 年　1 张　76cm（2 开）
定价：CNY0.36
　　中国现代年画作品。

J0060359
三娘子　　王维克作
呼和浩特　内蒙古人民出版社　1988 年　1 张
76cm（2 开）定价：CNY0.37
　　中国现代年画作品。

J0060360
三星高照　　徐世民，徐世俊作
沈阳　辽宁美术出版社　1988 年　1 张　76cm（2 开）
定价：CNY0.36
　　中国现代年画作品。

J0060361
三星高照　　魏志刚作
天津　天津人民美术出版社　1988 年　1 轴（卷轴）
附对联 1 副 108cm（全开）定价：CNY3.90
　　中国现代年画作品。作者魏志刚（1950—　），
生于河北省保定市。毕业于天津美术学院。中
国美术家协会会员、中国油画学会会员、天津美
术家协会会员、天津人民美术出版社编审。画作
有《野火烧不尽》《大漠孤灵》《满月》《大漠组
画》等。主要著作有《魏志刚油画作品选》《风景
油画全程训练》《水粉风景—原野遗韵》。

J0060362
三星图　　王祖德作
南京　江苏古籍出版社　1988 年　1 轴（卷轴）
附对联 1 副 108cm（全开）定价：CNY5.20
　　中国现代年画作品。

J0060363

三友寿鸟　钱行健作

上海 上海书画出版社 1988年 1张 76cm（2开）
定价：CNY0.36

中国现代年画作品。作者钱行健（1935—2010），国画家。江苏无锡人。曾任上海外国语大学艺术教研室主任、副教授，上海海外联谊会联谊书画社副社长，海墨画社社长，上海书画研究院理事等。代表作品有《碧浪》《幽涧听泉》《江月幽禽》等。

J0060364

山河壮丽　陈继武作

杭州 浙江人民美术出版社 1988年 1轴（卷轴）附对联1副 108cm（全开）定价：CNY4.60

中国现代年画作品。作者陈继武（1942—　），福建福州人。别名陈剑生。毕业于浙江美术学院油画系。中国美术家协会会员、中国油画家协会会员、宁波画院院长。擅长年画、油画。主要作品有《江山多娇》《面向未来》《中国之春》等。

J0060365

山楼远眺　张洪千作

天津 天津人民美术出版社 1988年 4张（卷轴）76cm（2开）定价：CNY3.90

中国现代年画作品。作者张洪千（1941—　），画家。原名张鸿千。

J0060366

山青水秀　徐书摄

沈阳 辽宁美术出版社 1988年 2张 76cm（2开）
定价：CNY0.76

中国现代年画作品。

J0060367

山水　（1～4）傅儒作

南昌 江西人民出版社 1988年 4张
76cm（2开）定价：CNY4.00

中国现代年画作品。

J0060368

山西年画　（1989）

太原 山西人民出版社 1988年 2册（124页）
19cm（32开）

中国现代年画作品。

J0060369

上海大世界　章育青作

上海 上海人民美术出版社 1988年 1张
76cm（2开）定价：CNY0.36

中国现代年画作品。作者章育青（1909—1993），画家。浙江慈溪人。上海人民美术出版社年画专业画家。作品《上海大世界》《元宵灯》《上海外滩》《南京长江大桥》等。

J0060370

上海风光　杭志忠编；陈春轩等摄

上海 上海人民美术出版社 1988年 2张
76cm（2开）定价：CNY0.72

中国现代年画作品。

J0060371

上学前　刘崇林作

沈阳 辽宁美术出版社 1988年 1张 76cm（2开）
定价：CNY0.36

中国现代年画作品。

J0060372

少年英豪　刘克清作

南宁 广西人民出版社 1988年 1张 76cm（2开）
定价：CNY0.38

中国现代年画作品。

J0060373

少爷的磨难

北京 中国电影出版社 1988年 2张 76cm（2开）
定价：CNY0.74

中国现代年画作品。

J0060374

佘赛花　赵梦林作

上海 上海人民美术出版社 1988年 1张
76cm（2开）定价：CNY0.36

中国现代年画作品。

J0060375

神鞭　子纯，海青作

沈阳 辽宁美术出版社 1988年 2张 76cm（2开）
定价：CNY0.76

中国现代年画作品。

J0060376

神鞭　赵静东作

天津　天津人民美术出版社　1988 年　1 张
76cm（2 开）定价：CNY0.38

　　中国现代年画作品。作者赵静东（1930—　），
人物画家，天津人，毕业于中央美术学院。历任
北京通俗读物出版社编辑、天津人民美术出版社
副编审。作品《中华女儿经》《战斗的青春》《连
心镇》《儿女风尘记》等。出版有《赵静东人物画
选》《五个儿童抓特务》等。

J0060377

神荼　郁垒　张静作

开封　河南朱仙镇年画社　1988 年　1 张
76cm（2 开）定价：CNY0.25

　　中国现代年画作品。作者张静（1962—　），
国家一级美术师。河南济源市人。济源市美术
家协会副主席、中华国学院花鸟画艺委会主任、
中国国际书画研究院院士、深圳长乐书画院特聘
画家、中国书画评估图录年鉴社美编、清源阁画
院执行院长、王屋山书画研究院常务副院长。代
表作品有《张静书画艺术选集》《张静画集》。

J0060378

神丐　寇国荣作

天津　天津人民美术出版社　1988 年　1 张
76cm（2 开）定价：CNY0.38

　　中国现代年画作品。

J0060379

神火将魏定国　李先润作

南京　江苏美术出版社　1988 年　2 张　78cm（2 开）
定价：CNY0.52

　　中国现代年画作品。

J0060380

神童妙笔　王功学作

长春　吉林美术出版社　1988 年　1 张　76cm（2 开）
定价：CNY0.36

　　中国现代年画作品。

J0060381

神勇二将　侯文发作

武汉　湖北美术出版社　1988 年　1 张　108cm（全开）
定价：CNY0.72

　　中国现代年画作品。作者侯文发（1928—　），
广东梅州人。曾用名剑萍。毕业于中南美专。
中国书画家协会理事、中国国画家协会理事、广
东省美术家协会会员。主要作品有《工地探亲》
《宋湘》《三英战吕布》等。

J0060382

神勇二将　侯文发作

武汉　湖北美术出版社　1988 年　1 张　76cm（2 开）
定价：CNY0.36

　　中国现代年画作品。

J0060383

神州精英　王祖军作

昆明　云南人民出版社　1988 年　1 张　76cm（2 开）
定价：CNY0.36

　　中国现代年画作品。作者王祖军（1949—　），
画家。生于云南蒙自。云南省美术家协会会员、
云南省科普美术摄影协会会员。曾出版《鲜花报
喜》《祖国卫士》等多幅门画作品。发表连环画
《啊，地球之水》《茫茫银河寻知音》等 10 余件。
其设计的大型锡画《红河情》陈列于"99 昆明世
界园艺博览会"中国馆。

J0060384

神州精英　王祖军作

昆明　云南人民出版社　1988 年　1 张　54cm（4 开）
定价：CNY0.26

　　中国现代年画作品。

J0060385

神州名将　晓年作

重庆　重庆出版社　1988 年　1 张　76cm（2 开）
定价：CNY0.36

　　中国现代年画作品。

J0060386

神州千秋　赵绍虎作

南京　江苏美术出版社　1988 年　4 张（卷轴）
76cm（2 开）定价：CNY4.80

　　中国现代年画作品。作者赵绍虎（1941—　），
教授。号老戈，江苏镇江人，毕业于南京师范大
学美术系。历任江苏大学艺术学院教授、中国美
术家协会会员、镇江报社及江苏人民出版社美
术编辑、江苏大学美术系主任、镇江市美协副主

席。代表作品有《荷风》《摩崖夕照》等。

J0060387

盛会的早晨　史名岫作

呼和浩特　内蒙古人民出版社　1988年　1张
76cm（2开）定价：CNY0.37

　　中国现代年画作品。

J0060388

盛世丰年喜万家　安杰作

沈阳　辽宁美术出版社　1988年　1张　76cm（2开）
定价：CNY0.36

　　中国现代年画作品。作者安杰（1946—　），
毕业于吉林师范学校。曾任吉林省梅河口文化
馆创作室主任、高级美术师、中国美术家协会会
员、吉林省美协理事。主要作品有《春雪》《喜迎
春》《爽秋》等。

J0060389

狮虎将军　姚俊国作

石家庄　河北美术出版社　1988年　1张
76cm（2开）定价：CNY0.42

　　中国现代年画作品。

J0060390

狮舞盛世　炳伦作

开封　河南朱仙镇年画社　1988年　1张
76cm（2开）定价：CNY0.25

　　中国现代年画作品。

J0060391

狮舞迎春　孟新明作

西安　陕西人民美术出版社　1988年　1张
76cm（2开）定价：CNY0.40

　　中国现代年画作品。

J0060392

十八罗汉斗悟空　赵梦林，苏和作

天津　天津人民美术出版社　1988年　1张
76cm（2开）定价：CNY0.38

　　中国现代年画作品。

J0060393

十五的月亮　刘嘉奇作

南昌　江西人民出版社　1988年　1张

76cm（2开）定价：CNY0.28

　　中国现代年画作品。

J0060394

十五的月亮　王新滨，曹淑勤作

昆明　云南人民出版社　1988年　1张　附对联1
副　76cm（2开）定价：CNY0.80

　　中国现代年画作品。作者王新滨（1941—　），
美术设计师。山东昌邑人，毕业于鲁迅美术学
院附中。沈阳军区前进歌舞团一级美术设计师。
作品有年画《立功喜报传四方》《十五的月亮》
《一代天骄》等，连环画《苹果树下》（合作）、油
画《八女投江》等。舞剧《蝶恋花》（合作设计）等。

J0060395

石梁飞瀑　李汝成作

杭州　浙江人民美术出版社　1988年　1张
76cm（2开）定价：CNY0.50

　　中国现代年画作品。

J0060396

时装新花　上海市印刷一厂供稿

南京　江苏美术出版社　1988年　2张　76cm（2开）
定价：CNY0.75

　　中国现代年画作品。

J0060397

世界风光

南京　江苏美术出版社　1988年　2张　76cm（2开）
定价：CNY0.75

　　中国现代年画作品。

J0060398

事事如意　陈菊仙作

上海　上海人民美术出版社　1988年　1张
76cm（2开）定价：CNY0.36

　　中国现代年画作品。作者陈菊仙（1929—　）
女，浙江温州人。毕业于中央美术学院华东分院。
擅长年画。上海人民美术出版社画家。主要作
品有《捉麻雀》《个个争当小雷锋》《共同富万家
乐》等。著有《年画述要》。

J0060399

试新装　张华作

杭州　浙江人民美术出版社　1988年　1张

76cm（2开）定价：CNY0.32

中国现代年画作品。

J0060400

守门将军　李先润作

南京 江苏美术出版社 1988年 2张 76cm（2开）

定价：CNY0.72

中国现代年画作品。

J0060401

首都胜景　孙肃显编；陈书帛等摄

郑州 河南美术出版社 1988年 4张（卷轴）

76cm（2开）定价：CNY4.20

中国现代年画作品。

J0060402

寿比南山　刘景龙作

石家庄 河北美术出版社 1988年 1张

76cm（2开）定价：CNY0.40

中国现代年画作品。作者刘景龙（1949—　）

一级书法师。字子正。号智龙居士、龙梅阁主。

黑龙江肇东市人。历任中国书法美术家协会理

事、中国书法美术家协会甘肃分会副主席、中国

艺术家协会理事、中国书画研究院创作委员、东

方书画院名誉院长、中国书协甘肃分会会员、甘

肃省书画研究委员会创作委员、兰州书画院院

长等。

J0060403

寿比南山　邹君文作

沈阳 辽宁美术出版社 1988年 1张 76cm（2开）

定价：CNY0.36

中国现代年画作品。作者邹君文（1944—　），

辽宁科学技术出版社美术摄影编辑室主任。

J0060404

寿比南山　彭海清作

济南 山东美术出版社 1988年 1张 76cm（2开）

定价：CNY0.36

中国现代年画作品。作者彭海清（1943—　），

国家一级美术师，生于山东淄博，历任中国美术

家协会会员、国际美术家联合会会员、中国国画

家协会理事、环球书画艺术研究院客座教授、山

东河津书画院名誉院长。出版有《彭海清画集》。

J0060405

寿比南山　张瑞恒作

天津 天津人民美术出版社 1988年 1轴（卷轴）

附对联 1 副 108cm（全开）定价：CNY3.90

中国现代年画作品。

J0060406

寿比南山　林成翰作

天津 天津人民美术出版社 1988年 1轴（卷轴）

附对联 1 副 108cm（全开）定价：CNY3.90

中国现代年画作品。

J0060407

寿比南山　张瑞恒作

天津 天津人民美术出版社 1988年 1轴（卷轴）

附对联 1 副 108cm（全开）定价：CNY2.65

中国现代年画作品。

J0060408

寿比南山　王法堂作

昆明 云南人民出版社 1988年 1张 54cm（4开）

定价：CNY0.26

中国现代年画作品。

J0060409

寿比南山不老松　楼永年作

杭州 浙江人民美术出版社 1988年 1张

108cm（全开）定价：CNY1.60

中国现代年画作品。

J0060410

寿比南山不老松　楼永年作

杭州 浙江人民美术出版社 1988年 1轴（卷轴）

附对联 1 副 108cm（全开）定价：CNY4.20

中国现代年画作品。

J0060411

寿喜图　成砺志作

天津 天津人民美术出版社 1988年 1张

76cm（2开）定价：CNY0.38

中国现代年画作品。作者成砺志（1954—　），

江苏扬州人。国家一级美术师、中国美术家协会

会员。主要作品《六老图·邓小平》《我为祖国争

光》《春暖万家》等。

J0060412

寿喜图　成砺志作

天津　天津人民美术出版社　1988 年　1 轴（卷轴）

附对联 1 副　108cm（全开）定价：CNY7.50

　　中国现代年画作品。

J0060413

寿喜图　成砺志作

天津　天津人民美术出版社　1988 年　1 轴（卷轴）

108cm（全开）定价：CNY3.90

　　中国现代年画作品。

J0060414

寿喜图　成砺志作

天津　天津人民美术出版社　1994 年　1 张

77×53cm　定价：CNY0.80

　　中国现代年画作品。

J0060415

寿喜图　（年画）成励志绘

天津　天津人民美术出版社　1995 年　1 张

77×53cm　定价：CNY1.10

　　中国现代年画作品。

J0060416

寿喜盈门　李喜春作

呼和浩特　内蒙古人民出版社　1988 年　1 张

76cm（2 开）定价：CNY0.37

　　中国现代年画作品。

J0060417

寿禧图　丁德邻作

西安　陕西人民美术出版社　1988 年　1 张

76cm（2 开）定价：CNY0.38

　　中国现代年画作品。作者丁德邻（1943—　　），

画家。江苏南京人。毕业于南京艺术学院。中

国美术家协会会员、常州市美术家协会副主席、

原常州刘海粟美术馆副馆长。主要作品有《水》

《山那边》《后山》等。

J0060418

寿星　赵幼华作

重庆　重庆出版社　1988 年　1 张　76cm（2 开）

定价：CNY0.36

　　中国现代年画作品。

J0060419

寿星图　张振华作

沈阳　辽宁美术出版社　1988 年　1 张　76cm（2 开）

定价：CNY0.36

　　中国现代年画作品。作者张振华，江苏省徐

州市人。毕业南京艺术学院中国画专业，留校任

教，教授中国画。作品有《冬树》《冬景》。

J0060420

书法楹联　沙孟海作

杭州　浙江人民美术出版社　1988 年　2 张

76cm（2 开）定价：CNY0.85

　　中国现代年画作品。作者沙孟海（1900—

1992），书法家。原名文若，字孟海，号石荒、沙

村。生于浙江鄞县，毕业于浙江省立第四师范学

校。曾任浙江大学中文系教授、浙江美术学院教

授、西泠印社社长、西泠书画院院长、浙江省博

物馆名誉馆长、中国书法家协会副主席。代表作

品《集王圣教序》。

J0060421

叔宝 敬德　徐昊作

南宁　广西人民出版社　1988 年　1 张　76cm（2 开）

定价：CNY0.44

　　中国现代年画作品。

J0060422

叔宝 敬德　徐昊作

南宁　广西人民出版社　1988 年　1 张　54cm（4 开）

定价：CNY0.22

　　中国现代年画作品。

J0060423

叔叔最可爱　于振波作

呼和浩特　内蒙古人民出版社　1988 年　1 张

76cm（2 开）定价：CNY0.37

　　中国现代年画作品。作者于振波，主要绘

制的年画作品有《吕布与貂蝉》《唐伯虎与秋香》

《吹箫引凤》等。

J0060424

蜀中名将　孙文光作

重庆　重庆出版社　1988 年　1 张　76cm（2 开）

定价：CNY0.70

　　中国现代年画作品。

J0060425
双将　石兰英作
兰州 甘肃人民出版社 1988 年 1 张 54cm（4 开）
定价: CNY0.19
　　中国现代年画作品。

J0060426
双将　李会作
兰州 甘肃人民出版社 1988 年 1 张 54cm（4 开）
定价: CNY0.19
　　中国现代年画作品。

J0060427
双将　程连欧作
兰州 甘肃人民出版社 1988 年 1 张 54cm（4 开）
定价: CNY0.19
　　中国现代年画作品。

J0060428
双将图　臧恒望作
北京 人民美术出版社 1988 年 1 张 76cm（2 开）
定价: CNY0.38
　　中国现代年画作品。

J0060429
双骏图　王子学作
北京 人民美术出版社 1988 年 1 张 76cm（2 开）
定价: CNY0.38
　　中国现代年画作品。

J0060430
双龙嬉子　彭海清作
上海 上海人民美术出版社 1988 年 1 张
76cm（2 开）定价: CNY0.36
　　中国现代年画作品。

J0060431
双猫图　马天骐作
沈阳 辽宁美术出版社 1988 年 1 张 76cm（2 开）
定价: CNY0.36
　　中国现代年画作品。

J0060432
双喜　顾国治作
南京 江苏美术出版社 1988 年 1 张 76cm（2 开）

定价: CNY0.40
　　中国现代年画作品。

J0060433
双喜临门　王志强作
呼和浩特 内蒙古人民出版社 1988 年 1 张
76cm（2 开）定价: CNY0.37
　　中国现代年画作品。

J0060434
双喜临门　胡建瑜作
北京 人民美术出版社 1988 年 1 张 76cm（2 开）
定价: CNY0.38
　　中国现代年画作品。

J0060435
双喜双寿　陈从容作
石家庄 河北美术出版社 1988 年 2 张
76cm（2 开）定价: CNY0.84
　　中国现代年画作品。

J0060436
双喜盈门　陈乃亮作
南昌 江西人民出版社 1988 年 1 张
76cm（2 开）定价: CNY0.42
　　中国现代年画作品。

J0060437
双鹰图　吴亦生作
上海 上海人民美术出版社 1988 年 1 张
76cm（2 开）定价: CNY0.36
　　中国现代年画作品。

J0060438
双鱼吉庆　张书明作
沈阳 辽宁美术出版社 1988 年 1 张 76cm（2 开）
定价: CNY0.36
　　中国现代年画作品。

J0060439
水宫献宝　童金贵,刘蕴华作
沈阳 辽宁美术出版社 1988 年 2 张 76cm（2 开）
定价: CNY0.76
　　中国现代年画作品。

J0060440

水浒传

沈阳 辽宁美术出版社 1988 年 1 轴（卷轴）

76cm（2 开）定价：CNY1.40

中国现代年画作品。

J0060441　水浒人物　王建德作

天津 天津人民美术出版社 1988 年 1 张

76cm（2 开）定价：CNY0.42

中国现代年画作品。

J0060442　水浒英雄　张锡武作

开封 河南朱仙镇年画社 1988 年 1 张

76cm（2 开）定价：CNY0.25

中国现代年画作品。作者张锡武（1927—　），

画家。字青松，河北河间人。历任天津国画研究

所副所长、天津杨柳青画社副编审、中国美术家

协会会员等。代表作品《淀上渔歌》《李时珍问

药图》，出版有《张锡武画选》《牡丹的画法》等。

J0060443　水浒英雄　江水撰文；王广林，韩洪摄

武汉 湖北美术出版社 1988 年 2 张 76cm（2 开）

定价：CNY0.72

中国现代年画作品。作者王广林（1944—　），

记者。江苏铜山人，历任新华日报社摄影部主任、

中国摄影家协会会员、江苏新闻摄影协会副会

长、江苏年画研究会理事。

J0060444　水漫金山　张德俊作

上海 上海人民美术出版社 1988 年 1 张

76cm（2 开）定价：CNY0.36

中国现代年画作品。作者张德俊（1946—　），

画家。江苏海安人。毕业于南京艺术学院美术系。

曾任常州市刘海粟美术馆馆长、中国美协年画艺

委会委员等职。主要作品有《凤仪亭》《天翻地

覆慨而慷》《紫金山顶的瑰宝》等。

J0060445　水是家乡甜　龚景充作

杭州 浙江人民美术出版社 1988 年 1 张

76cm（2 开）定价：CNY0.32

中国现代年画作品。

J0060446　顺风耳 千里眼　徐昊作

重庆 重庆出版社 1988 年 1 张 76cm（2 开）

定价：CNY0.36

中国现代年画作品。

J0060447　硕果累累　景阳供稿

济南 山东美术出版社 1988 年 1 张 54cm（4 开）

定价：CNY0.38

中国现代年画作品。

J0060448　四季花常开　尹祖文作

沈阳 辽宁美术出版社 1988 年 2 张 76cm（2 开）

定价：CNY0.76

中国现代年画作品。

J0060449　四季花鸟　张玉龙作

北京 人民美术出版社 1988 年 2 张 108cm（全开）

中国现代年画作品。

J0060450　四季花鸟　顾国治作

天津 天津人民美术出版社 1988 年 2 张

76cm（2 开）定价：CNY0.80

中国现代年画作品。

J0060451　四季花鸟屏　吴东奋作；单晓天书

上海 上海人民美术出版社 1988 年 2 张

108cm（全开）定价：CNY1.76

中国现代年画作品。作者单晓天（1921—

1987），书画篆刻家。原名孝天，字琴宰，浙江绍

兴人。历任中国书法家协会会员、中国书协上海

分会常务理事。出版有《鲁迅诗歌印谱》《晓天

印稿》《单晓天临钟王小楷八种》等。作者吴东

奋（1943—　），国画家。福建福州人。历任福州

工艺美术学校高级讲师，中国美术家协会会员，

福建省美术家协会常务理事，福建省工笔画家

学会秘书长，国家友好画院、江苏国画院特聘画

师。出版有《吴东奋中国画精选》《中国花鸟画技法》《吴东奋水墨工笔花鸟画研究》等。

J0060452

四季花鸟图　顾国治作

天津　天津人民美术出版社　1988 年　4 张（卷轴）

76cm（2 开）定价：CNY3.90

　　中国现代年画作品。

J0060453

四季花香鱼儿肥　尹晓彦, 尹晓军作

长春　吉林美术出版社　1988 年　2 张　76cm（2 开）

定价：CNY0.80

　　中国现代年画作品。

J0060454

四季平安　张德俊作

南京　江苏古籍出版社　1988 年　4 张（卷轴）

76cm（2 开）定价：CNY4.60

　　中国现代年画作品。作者张德俊（1946—　），画家。江苏海安人。毕业于南京艺术学院美术系。曾任常州市刘海粟美术馆馆长、中国美协年画艺委会委员等职。主要作品有《凤仪亭》《天翻地覆慨而慷》《紫金山顶的瑰宝》等。

J0060455

四季平安　楼永年作

杭州　浙江人民美术出版社　1988 年　1 张

76cm（2 开）定价：CNY0.32

　　中国现代年画作品。

J0060456

四季平安　蔡传隆作

重庆　重庆出版社　1988 年　1 张　76cm（2 开）

定价：CNY0.36

　　中国现代年画作品。作者蔡传隆，国画家。主要作品有《一江春色》《四季平安》等。

J0060457

四季山水　辉光, 晔石作

南京　江苏美术出版社　1988 年　4 张（卷轴）

76cm（2 开）定价：CNY4.80

　　中国现代年画作品。

J0060458

四季山水　刘维忠作

天津　天津人民美术出版社　1988 年　4 张（卷轴）

76cm（2 开）定价：CNY3.90

　　中国现代年画作品。

J0060459

四季莺歌　姚景卿作

郑州　河南美术出版社　1988 年　4 张（卷轴）

76cm（2 开）定价：CNY3.60

　　中国现代年画作品。

J0060460

四季有余　梁义勇作

沈阳　辽宁美术出版社　1988 年　1 张　76cm（2 开）

定价：CNY0.36

　　中国现代年画作品。

J0060461

四郎探母　秀时, 羊牧作

沈阳　辽宁美术出版社　1988 年　2 张　76cm（2 开）

定价：CNY0.76

　　中国现代年画作品。

J0060462

四美图　关满生作

沈阳　辽宁美术出版社　1988 年　2 张　76cm（2 开）

定价：CNY0.76

　　中国现代年画作品。

J0060463

四明山　赵祥林作

上海　上海人民美术出版社　1988 年　1 张

76cm（2 开）定价：CNY0.36

　　中国现代年画作品。

J0060464

四神童　朱希煌作

南昌　江西人民出版社　1988 年　2 张

76cm（2 开）定价：CNY0.60

　　中国现代年画作品。作者朱希煌（1940—　）著名画家、书法家。江西九江人。历任江西省美术家协会会员、中国书画家协会理事。书法作品《赤壁赋》《闻鸡起舞》《鲤鱼跳龙门》等。

J0060465

四喜图　黄锡令作

沈阳　辽宁美术出版社　1988 年　2 张　76cm（2 开）

定价：CNY0.76

　　中国现代年画作品。

J0060466

松鹤图　牛忠元作

南宁　广西人民出版社　1988 年　1 张

76cm（2 开）定价：CNY0.35

　　中国现代年画作品。作者牛忠元（1955—　），画家。河北霸州人，就读于河北师大美术系、中国北京画院工笔花鸟研修班和中央美术学院。中国画研究院著名工笔花鸟画专家。作品有《春光似锦》《风韵》《戈壁早春》《版纳深处》等。

J0060467

松鹤图　梁邦楚作

南昌　江西人民出版社　1988 年　1 张

108cm（全开）定价：CNY1.20

　　中国现代年画作品。

J0060468

松鹤图　李子候作

杭州　浙江人民美术出版社　1988 年　1 张

76cm（2 开）定价：CNY0.50

　　中国现代年画作品。

J0060469

松鹤延年　方国桢作

南昌　江西人民出版社　1988 年　1 张

76cm（2 开）定价：CNY0.46

　　中国现代年画作品。

J0060470

松鹤延年　朱子容作

上海　上海书画出版社　1988 年　1 张　76cm（2 开）

定价：CNY0.44

　　中国现代年画作品。作者朱子容，编审。浙江永康人。浙江人民美术出版社副编审。代表作品有木刻《来帮忙》。编著《江山多娇》《面向未来》《鹏程万里》《边陲小花》《花香千里》等。

J0060471

松鹤延年　赵毅，姚景卿作

天津　天津人民美术出版社　1988 年　1 轴（卷轴）

附对联 1 副　108cm（全开）定价：CNY3.90

　　中国现代年画作品。

J0060472

松鹤延年图　陈军作

呼和浩特　内蒙古人民出版社　1988 年

1 轴（卷轴）108cm（全开）定价：CNY2.06

　　中国现代年画作品。

J0060473

松鹤迎客　杜巽作

上海　上海书画出版社　1988 年　1 张　76cm（2 开）

定价：CNY0.44

　　中国现代年画作品。

J0060474

松鹤长春　魏鸿蕴，王德舜作

天津　天津人民出版社　1988 年　1 张　108cm（全开）

定价：CNY0.80

　　中国现代年画作品。

J0060475

松鹤长春图　郝良彬作

上海　上海书画出版社　1988 年　1 轴（卷轴）

附对联 1 副　108cm（全开）定价：CNY4.00

　　中国现代年画作品。

J0060476

松竹梅　王克印作

北京　人民美术出版社　1988 年　1 轴（卷轴）

附对屏 1 副　108cm（全开）定价：CNY3.20

　　中国现代年画作品。作者王克印（1932—2003），工笔花鸟画家、美术教育家、高级设计师。河南登封人，笔名石山。毕业于河南艺术学校大专班。中国美术家协会会员，曾任平顶山市美术家协会副主席、中国少林书画院高级顾问、河南省中国画院画师、中南书画研究院常年理事等职。主要作品有《白露秋水》《春秋配》《塘边》。

J0060477

嵩龄喜寿图　朱秀坤，戴惟祥作

上海　上海书画出版社　1988 年　1 张　76cm（2 开）

定价：CNY0.36

　　中国现代年画作品。作者朱秀坤（1945—　），编审。别名竹颖。安徽砀山县人。历任安徽美术出版社编审、社长兼总编辑，安徽美术出版社总编辑，中国美术家协会会员，安徽省美协副主席，中国年画艺术研究会理事，中国美术出版研究会理事，中国装帧艺术研究会会员，安徽省工笔、年画研究会会长，安徽省政协书画社画师。作品有《福寿图》《迎春图》《四君子珍禽图》《九如戏春图》《新花郁煌煌》。著有《怎样画芙蓉》《白描花鸟构图资料集》《朱秀坤画集》《当代美术家——朱秀坤工笔花鸟画选》等。

J0060478
嵩龄喜寿图　梁晓年作
上海　上海书画出版社　1988 年　1 轴(卷轴)
附对联 1 副 108cm(全开) 定价: CNY1.80
　　中国现代年画作品。

J0060479
宋江　晁盖　张锡武, 张静作
郑州　河南美术出版社　1988 年　1 张　76cm(2 开)
定价: CNY0.26
　　中国现代年画作品。

J0060480
宋江　晁盖　张锡武, 张静作
郑州　河南美术出版社　1988 年　1 张　54cm(4 开)
定价: CNY0.13
　　中国现代年画作品。

J0060481
送宝图　孙学文作
呼和浩特　内蒙古人民出版社　1988 年　1 张
76cm(2 开) 定价: CNY0.37
　　中国现代年画作品。

J0060482
苏禄国王与中国皇帝　文治编; 王松摄
南京　江苏美术出版社　1988 年　2 张 76cm(2 开)
定价: CNY0.75
　　中国现代年画作品。

J0060483
隋唐武将　邓敦伟作
南宁　广西人民出版社　1988 年　1 张 76cm(2 开)
定价: CNY0.40

中国现代年画作品。作者邓敦伟(1942—　)，广西合浦人。毕业于广东湛江艺术学校。中国工艺美术学会会员、中国工艺美术书画研究会理事、中国美术家协会会员、钦州市美协主席。主要代表作有《水浒一百零八将》《蜀汉五虎将》《古装人物画稿》等。

J0060484
隋唐演义　白淑兰, 张辉作
沈阳　辽宁美术出版社　1988 年　1 张　108cm(全开)
定价: CNY0.80
　　中国现代年画作品。

J0060485
岁寒三友　王克印作
郑州　河南美术出版社　1988 年　1 张　76cm(2 开)
定价: CNY0.70
　　中国现代年画作品。作者王克印(1932—2003)，工笔花鸟画家、美术教育家、高级设计师。河南登封人，笔名石山。毕业于河南艺术学校大专班。中国美术家协会会员，曾任平顶山市美术家协会副主席，中国少林书画院高级顾问，河南省中国画院画师，中南书画研究院常年理事等职。主要作品有《白露秋水》《春秋配》《塘边》。

J0060486
岁寒三友图　张琪作
石家庄　河北美术出版社　1988 年　1 张
76cm(2 开) 定价: CNY0.40
　　中国现代年画作品。

J0060487
岁寒图　姚重庆作
天津　天津人民美术出版社　1988 年　1 张
76cm(2 开) 定价: CNY0.38
　　中国现代年画作品。作者姚重庆(1943—　)，山东济南人。毕业于中央美术学院附中。擅长油画、连环画、年画。曾任天津人民美术出版社美术编审、中国出版社工作部协会年画艺术委员会秘书长。主要作品有《彭大将军》《油画展厅》《周恩来的青少年时代》等。

J0060488
岁岁兴隆　年年有余　张晓飞等作
南京　江苏美术出版社　1988 年　2 张　78cm(2 开)

定价：CNY0.52

　　中国现代年画作品。作者张晓飞（1941—　），画家、工艺美术大师。江苏吴县人。苏州桃花坞木刻年画社创作室主任、苏州大学艺术学院兼职教授、苏州市美协副主席。代表作品有《水乡元宵》，出版有《风山拾得画集》《彩图唐诗一百首》等。

J0060489

岁岁有余年年康乐　　元姝作

沈阳　辽宁美术出版社　1988年　1张　76cm（2开）

定价：CNY0.36

　　中国现代年画作品。

J0060490

所向无敌　　金祥龙作

昆明　云南人民出版社　1988年　1张　76cm（2开）

定价：CNY0.36

　　中国现代年画作品。作者金祥龙（1956—　），画家。上海人。上海市南汇县文化馆馆员。作品有《故乡之四》《故乡之七》，出版有《金祥龙画选》《金祥龙版画选》。

J0060491

索超　徐宁　　华平作

昆明　云南人民出版社　1988年　1张　76cm（2开）

定价：CNY0.36

　　中国现代年画作品。

J0060492

索超　徐宁　　华平作

昆明　云南人民出版社　1988年　1张　54cm（4开）

定价：CNY0.26

　　中国现代年画作品。

J0060493

踏青图　　葛青，赵承鑫作

石家庄　河北美术出版社　1988年　2张　76cm（2开）定价：CNY0.84

　　中国现代年画作品。

J0060494

抬花轿

北京　中国电影出版社　1988年　2张　76cm（2开）定价：CNY0.70

　　中国现代年画作品。

J0060495

抬头见喜　　张振华作

沈阳　辽宁美术出版社　1988年　1张　76cm（2开）

定价：CNY0.50

　　中国现代年画作品。

J0060496

太湖胜景图　　袁清霓作

上海　上海书画出版社　1988年　1张　76cm（2开）

定价：CNY0.36

　　中国现代年画作品。

J0060497

太极长寿图　　郑坚石作

北京　人民体育出版社　1988年　1张　76cm（2开）

定价：CNY0.38

　　中国现代年画作品。作者郑坚石（1943—　），河北丰润人。廊坊市群艺馆退休干部。中国美术家协会会员，中国华侨文学艺术家协会理事，中国三陕画院一级美术师，廊坊画院画家，政协廊坊市第一、第二、第三届委员会委员，廊坊市第四届人民代表大会代表。代表作品有《双龙戏珠》《花韵》《自在》《水流不急月》等。

J0060498

泰山日出　　陈复礼作

杭州　浙江人民美术出版社　1988年　1张　76cm（2开）定价：CNY0.50

　　中国现代年画作品。

J0060499

唐老鸭与米老鼠的友谊赛　　赵爱玲，石川作

北京　人民体育出版社　1988年　1张　76cm（2开）

定价：CNY0.38

　　中国现代年画作品。作者石川，北京人，历任北京华夏书画艺术研究院副院长、北京国际名人画院人物创作室主任、中国书画名人联合总会理事。代表作品有《傣家情》《太白邀月图》《指点迷津》等。

J0060500

唐明皇与杨贵妃

沈阳　辽宁美术出版社　1988年　1轴（卷轴）108cm（全开）定价：CNY1.40

　　中国现代年画作品。

J0060501

唐赛儿　刘俊贤作

呼和浩特 内蒙古人民出版社 1988 年 1 张
76cm（2 开）定价：CNY0.37

中国现代年画作品。作者刘俊贤（1956— ），
高级教师。天津静海人，毕业于内蒙古师范大学
美术学院。中国美术家协会会员，任职于包钢第
二中学。主要作品有《发卷之后》《钢厂晨曲》《北
疆夕阳》《涉世》《旷野日记》等。

J0060502

唐诗画意　江枫作

石家庄 河北美术出版社 1988 年 2 张
76cm（2 开）

中国现代年画作品。作者江枫（1942— ），
画家。生于上海，祖籍江苏常州，毕业于浙江美
术学院中国画系。历任河北省美术工作室和群
众艺术馆工作人员，河北画院副院长、研究馆
员，兼任河北省山水画研究会副会长，中国美术
家协会会员。主要作品有《滨海旭日》《青山自
负无尘色》《巴山晨雾》等。

J0060503

唐诗仕女　张晓飞作

南京 江苏古籍出版社 1988 年 4 张（卷轴）
76cm（2 开）定价：CNY4.60

中国现代年画作品。作者张晓飞（1941— ），
画家、工艺美术大师。江苏吴县人。苏州桃花坞
木刻年画社创作室主任、苏州大学艺术学院兼
职教授、苏州市美协副主席。代表作品有《水乡
元宵》，出版有《风山拾得画集》《彩图唐诗一百
首》等。

J0060504

唐诗仕女对屏　张禾作；应诗流书

上海 上海书画出版社 1988 年 1 张 76cm（2 开）
定价：CNY0.36

中国现代年画作品。作者张禾（1953— ），
教授、画家。浙江浦江人，毕业于中国美术学院
中国画专业和上海师大美术教育硕士研究生班。
中国美术家协会浙江分会会员。

J0060505

桃李梅闹婚　袁开祥配词；豫强，郑伟摄

杭州 浙江人民美术出版社 1988 年 2 张

76cm（2 开）定价：CNY0.65

中国现代年画作品。作者郑伟，字荻溪，号
平庵。苏州相城区太平桥人，苏州工艺美院毕业，
美协会员。著有《唐诗宋词扇画集》《古镇印象》
《大风，传承》等作品。

J0060506

腾飞吧，中华　王福增作

西安 陕西人民美术出版社 1988 年 1 张
76cm（2 开）定价：CNY0.40

中国现代年画作品。作者王福增（1946— ），
满族，画家。山东郓城人，祖籍河北雄州，号山
东大愚。河北省美术家协会会员、中国画研究会
会员、香港国际书画中国艺术研究院理事、国家
一级美术师、山东画院高级画师、曹州美协副主
席。作品有《绿荫垂江》《相依》《幽林》《淀上人
家》《故乡的河》等。

J0060507

体操王子李宁　徐成智作

北京 人民美术出版社 1988 年 1 张 76cm（2 开）
定价：CNY0.38

中国现代年画作品。作者徐成智（1937— ），
江苏金坛人。曾任武汉画院画师、湖北省美术家
协会会员、湖北省连环画研究会首届副会长等
职。代表作品有《友谊之花》《丰收歌舞》《情寓
西厢》《体操王子》等。

J0060508

天鹅湖畔　杨戈作

杭州 浙江人民美术出版社 1988 年 1 张
108cm（全开）定价：CNY1.80

中国现代年画作品。

J0060509

天鹅戏水　周洪全作

北京 人民美术出版社 1988 年 1 张 76cm（2 开）
定价：CNY0.38

中国现代年画作品。作者周洪全，工艺美术
师。艺名沙金、雪鸿，室名长乐轩。毕业于鲁迅
美术学院染织专业。历任辽宁美术家协会会员、
国营熊岳印染厂高级工艺美术师。代表作品有
《四季花开》《孔雀牡丹》《玉堂富贵》《繁花益鸟
屏》等。

J0060510
天女散花　梁建君作
石家庄　河北美术出版社　1988 年　1 张
76cm（2 开）定价：CNY0.40
　　中国现代年画作品。

J0060511
天堂美　龚景充作
杭州　浙江人民美术出版社　1988 年　1 张
76cm（2 开）定价：CNY0.32
　　中国现代年画作品。

J0060512
天下为公　徐福根作
北京　人民美术出版社　1988 年　1 张　76cm（2 开）
定价：CNY0.38
　　中国现代年画作品。

J0060513
听琴　于振波作
呼和浩特　内蒙古人民出版社　1988 年　1 张
76cm（2 开）定价：CNY0.37
　　中国现代年画作品。作者于振波，主要绘
制的年画作品有《吕布与貂蝉》《唐伯虎与秋香》
《吹箫引凤》等。

J0060514
挺进大西南　李增吉作
重庆　重庆出版社　1988 年　1 张　76cm（2 开）
定价：CNY0.36
　　中国现代年画作品。

J0060515
同心曲　朱介堂作
北京　人民美术出版社　1988 年　1 张　76cm（2 开）
定价：CNY0.38
　　中国现代年画作品。

J0060516
托塔天王　赵公元帅　侯文发作
南宁　广西人民出版社　1988 年　1 张　76cm（2 开）
定价：CNY0.40
　　中国现代年画作品。作者侯文发（1928—　），
广东梅州人。曾用名剑萍。毕业于中南美专。
中国书画家协会理事、中国国画家协会理事、广

东省美术家协会会员、主要作品有《工地探亲》
《宋湘》《三英战吕布》等。

J0060517
娃娃福余图　张为民作
天津　天津人民美术出版社　1988 年　1 张
76cm（2 开）定价：CNY0.80
　　中国现代年画作品。作者张为民（1937—　），
研究院。又名张苠，字怀仁。生于北京大兴，毕
业于天津美术学院。历任天津北辰文化馆研究
员、中国美术家协会会员、中国民间美术学会理
事、天津美协荣誉理事、天津美协人物画专委会
委员、天津北辰书画院院长，出版有《张为民画
集》《乡情》《张苠速写》《张苠画集》等。

J0060518
娃娃喜鱼图　张为民作
天津　天津人民美术出版社　1988 年　1 张
76cm（2 开）定价：CNY0.38
　　中国现代年画作品。

J0060519
娃娃喜鱼图　张为民作
天津　天津人民美术出版社　1988 年　1 张
76cm（2 开）定价：CNY0.80
　　中国现代年画作品。

J0060520
娃娃戏　董俊作
上海　上海人民美术出版社　1988 年　1 张
76cm（2 开）定价：CNY0.36
　　中国现代年画作品。

J0060521
万福　万寿　万象新　李宏才作
天津　天津人民美术出版社　1988 年　1 张
76cm（2 开）定价：CNY0.38
　　中国现代年画作品。

J0060522
万里朝阳　周洪全作
沈阳　辽宁美术出版社　1988 年　1 张　76cm（2 开）
定价：CNY0.36
　　中国现代年画作品。

J0060523
万里江流图　宋治平作
上海　上海书画出版社　1988年　1张　76cm（2开）
定价：CNY0.36
　　中国现代年画作品。

J0060524
万象更新　刘林生作
上海　上海人民美术出版社　1988年　1张
76cm（2开）定价：CNY0.36
　　中国现代年画作品。

J0060525
万象更新　俎翠林作
天津　天津人民美术出版社　1988年　1张
76cm（2开）定价：CNY0.38
　　中国现代年画作品。作者俎翠林（1952—　），
河北磁县总工会副主席，兼中国美协河北分会
会员。

J0060526
王熙凤
北京　中国电影出版社　1988年　2张
76cm（2开）定价：CNY0.74
　　中国现代年画作品。

J0060527
威武将军　左瑛作
上海　上海书画出版社　1988年　1张　54cm（4开）
定价：CNY0.19
　　中国现代年画作品。

J0060528
威震四方　马煌兴作
开封　河南朱仙镇年画社　1988年　1张
76cm（2开）定价：CNY0.25
　　中国现代年画作品。

J0060529
威震四方　于晋鲤作
天津　天津人民美术出版社　1988年　1轴（卷轴）
附对联1副　108cm（全开）定价：CNY3.90
　　中国现代年画作品。

J0060530
为国争光　孙学文作
呼和浩特　内蒙古人民出版社　1988年　1张
76cm（2开）定价：CNY0.37
　　中国现代年画作品。

J0060531
伟大的长城　卢德辉作
天津　天津人民美术出版社　1988年　1轴（卷轴）
附对联1副　108cm（全开）定价：CNY3.90
　　中国现代年画作品。

J0060532
卫国功臣　刘武铮作
昆明　云南人民出版社　1988年　1张　76cm（2开）
定价：CNY0.36
　　中国现代年画作品。

J0060533
卫国功臣　刘式铮作
昆明　云南人民出版社　1988年　1张　54cm（4开）
定价：CNY0.26
　　中国现代年画作品。作者刘式铮（1947—　），
云南思茅人，毕业于云南艺术学院美术专业。历
任中国美术家协会会员，中国卫生美术创作委员
会理事，云南省科普美术协会会员，云南省健康
教育协会卫生美术研究组组长，思茅地区群众
艺术馆美术干部、副馆长等职。代表作品有《佤
山春》《彝家新生》《彝族新生》《喜悦》《竹筒
舞》等。

J0060534
未来的小骑兵　陈宝万作
杭州　浙江人民美术出版社　1988年　1张
76cm（2开）定价：CNY0.32
　　中国现代年画作品。

J0060535
尉迟恭　秦叔宝　刘铭秀，刘彪作
武汉　湖北美术出版社　1988年　1张　76cm（2开）
定价：CNY0.36
　　中国现代年画作品。

J0060536
尉迟恭　秦叔宝　刘铭秀作

武汉　湖北美术出版社　1988年　2张　76cm（2开）
定价：CNY0.72
　　中国现代年画作品。

J0060537
尉迟恭 秦叔宝　朱希煌作
南昌　江西人民出版社　1988年　2张
76cm（2开）定价：CNY0.86
　　中国现代年画作品。作者朱希煌（1940—　）
著名画家、书法家。江西九江人。历任江西省美术家协会会员、中国书画家协会理事。书法作品《赤壁赋》《闻鸡起舞》《鲤鱼跳龙门》等。

J0060538
我爱漓江山水美　李学勤，于小玲作
呼和浩特　内蒙古人民出版社　1988年　1张
76cm（2开）定价：CNY0.37
　　中国现代年画作品。

J0060539
我爱小孔雀　于占德作
天津　天津人民美术出版社　1988年　1张
76cm（2开）定价：CNY0.38
　　中国现代年画作品。作者于占德（1946—　），
山东武城县人。曾任中国美术家协会会员、山东画院高级画师、德州学院副教授等职。主要作品有《农家宝宝》《甜》《连年有余》等。

J0060540
我爱小熊猫　阳小毛作
南昌　江西人民出版社　1988年　1张
76cm（2开）定价：CNY0.28
　　中国现代年画作品。

J0060541
我爱祖国　徐飞鸿，陆廷作
上海　上海人民美术出版社　1988年　1张
76cm（2开）定价：CNY0.36
　　中国现代年画作品。作者陆廷（1956—　），
美术编辑。生于上海，毕业于上海美术学院。任上海人民美术出版社专职创作员和美术编辑。有《老故事》《老曲调》《老对象》等系列作品。作者徐飞鸿（1918—2000），年画家、剪纸艺术家。浙江鄞县人。曾任《晋察冀画报》社记者、上海人民出版社年画、宣传画编辑室副主任等职。代表作品有《双鱼吉庆新年好》《万象更新喜迎春》《戏曲窗花十二幅》等。

J0060542
我和动物做朋友　刘佩珩作
天津　天津人民美术出版社　1988年　1张
76cm（2开）定价：CNY0.38
　　中国现代年画作品。作者刘佩珩（1954—　），
画家，研究院。别名刘山，天津宝坻人，毕业于东北师范大学美术系。历任吉林省通榆县文化馆副馆长、副研究员。作品有《喜迎春》《长白珍宝》《祖孙情》《长白珍奇》《趣》《关东乐》等。

J0060543
我们爱和平　陈子达作
杭州　浙江人民美术出版社　1988年　1张
76cm（2开）定价：CNY0.32
　　中国现代年画作品。作者陈子达（1958—　），
浙江杭州人。毕业于中国美术学院油画系。作品《排球》被国际奥委会收藏。

J0060544
我是小红花　于占德作
杭州　浙江人民美术出版社　1988年　1张
76cm（2开）定价：CNY0.32
　　中国现代年画作品。作者于占德（1946—　），
山东武城县人。曾任中国美术家协会会员、山东画院高级画师、德州学院副教授等职。主要作品有《农家宝宝》《甜》《连年有余》等。

J0060545
卧龙求凤　于振波作
呼和浩特　内蒙古人民出版社　1988年　1张
76cm（2开）定价：CNY0.37
　　中国现代年画作品。作者于振波，主要绘制的年画作品有《吕布与貂蝉》《唐伯虎与秋香》《吹箫引凤》等。

J0060546
屋顶花园　汪苗作
杭州　浙江人民美术出版社　1988年　1张
76cm（2开）定价：CNY0.32
　　中国现代年画作品。作者汪苗（1943—　），
画家。原名汪苗根，浙江萧山人。浙江省义乌画院院长，高级画师，中国美术家协会、版画家协

会会员。

J0060547

五福满堂　陈乃亮作
南昌　江西人民出版社　1988 年　1 张
76cm（2 开）定价：CNY0.42
　　中国现代年画作品。

J0060548

五虎图　宗静风作
南京　江苏科学技术出版社　1988 年　1 张
76cm（2 开）定价：CNY0.85
　　中国现代年画作品。

J0060549

五虎图　顾青蛟，袁清霓作
上海　上海书画出版社　1988 年　1 张　76cm（2 开）
定价：CNY0.44
　　中国现代年画作品。作者顾青蛟（1948—　），
江苏苏州人。毕业于苏州工艺美术学院。中国
美术家协会会员、江苏省花鸟画研究会副会长、
江苏省中国画学会理事、无锡花鸟画研究会会
长、无锡市政协书画社顾问、无锡市美术家协
会艺术顾问、无锡市书画院国家一级美术师。
代表作品《丝绸之路》《动物通景》《江南桑帛
情》等。

J0060550

五色梅　郭书仁作
天津　天津人民美术出版社　1988 年　1 轴（卷轴）
附对联 1 副　108cm（全开）定价：CNY3.90
　　中国现代年画作品。

J0060551

五喜图　陈世中作
上海　上海书画出版社　1988 年　1 张　108cm（全开）
定价：CNY0.75
　　中国现代年画作品。作者陈世中（1944—　），
江苏武进人。中国美术家协会会员、上海书画院
副院长、海墨画社副社长、上海美育学会常务理
事。著有《陈世中花鸟画册》《怎样画紫藤》及《当
代美术家画库陈世中专集》等。

J0060552

五喜图　陈世中作

上海　上海书画出版社　1988 年　1 轴（卷轴）
附对联 1 副　108cm（全开）定价：CNY4.70
　　中国现代年画作品。

J0060553

五子嬉鱼　徐德元作
沈阳　辽宁美术出版社　1988 年　1 张　76cm（2 开）
定价：CNY0.36
　　中国现代年画作品。作者徐德元（1949—　），
画家。辽宁鞍山人。曾任辽宁美协会员、岫岩美
协主席等职。主要作品有《农家乐》《中华魂》《闹
灯馆》等。

J0060554

五子戏龙　徐德元作
沈阳　辽宁美术出版社　1988 年　1 张　76cm（2 开）
定价：CNY0.36
　　中国现代年画作品。

J0060555

武将　郭秀庚作
武汉　湖北美术出版社　1988 年　1 张　76cm（2 开）
定价：CNY0.36
　　中国现代年画作品。作者郭秀庚（1942—　），
湖北黄冈人。毕业于湖北艺术学院。中国美术
家协会会员，曾任江西美术出版社副编审、《小
猕猴智力画刊》社副主编、江西书画院特聘画家、
南昌画院特聘画家。作品有连环画《南瓜记》《蔡
文姬》，年画《八千里路云和月》等。

J0060556

武将　张锡武作
南昌　江西人民出版社　1988 年　2 张
76cm（2 开）定价：CNY0.56
　　中国现代年画作品。作者张锡武（1927—　），
画家。字青松，河北河间人。历任天津国画研究
所副所长，天津杨柳青画社副编审，中国美术家
协会会员等。代表作品《淀上渔歌》《李时珍问
药图》，出版有《张锡武画选》《牡丹的画法》等。

J0060557

武将　张锡武作
南昌　江西人民出版社　1988 年　2 张
76cm（2 开）定价：CNY0.86
　　中国现代年画作品。

J0060558

武将 张锡武作

南昌 江西人民出版社 1988 年 1 张
76cm（2 开）定价：CNY0.42

　　中国现代年画作品。

J0060559

武将 朱嘉铭作

西安 陕西人民美术出版社 1988 年 1 张
76cm（2 开）定价：CNY0.40

　　中国现代年画作品。作者朱嘉铭，画家。作
有年画《画中人》《贺龙元帅》等。《敬爱的元帅》。

J0060560

武将 朱嘉铭作

西安 陕西人民美术出版社 1988 年 1 张
54cm（4 开）定价：CNY0.20

　　中国现代年画作品。

J0060561

武将 陈英，陈明作

昆明 云南人民出版社 1988 年 1 张 54cm（4 开）
定价：CNY0.26

　　中国现代年画作品。

J0060562

武将 陈英，陈明作

昆明 云南人民出版社 1988 年 1 张 76cm（2 开）
定价：CNY0.36

　　中国现代年画作品。

J0060563

武将 侯兵，侯世武作

重庆 重庆出版社 1988 年 1 张 76cm（2 开）
定价：CNY0.36

　　中国现代年画作品。作者侯世武（1938— ），
四川绵竹人。结业于四川美院进修班。绵竹年
画博物馆馆长、副研究馆员。作品有《献寿图》
《四川儿歌》《看外孙》等。

J0060564

武将门神 刘绍林作

上海 上海书画出版社 1988 年 1 张 76cm（2 开）
定价：CNY0.36

　　中国现代年画作品。

J0060565

武将镇宅 四季平安 钟文斌作

昆明 云南人民出版社 1988 年 1 张 54cm（4 开）
定价：CNY0.26

　　中国现代年画作品。作者钟文斌（1943— ），
画家。笔名文石，江西新余市人，毕业于江西文
化艺术学院美术系，中国美术家协会会员、中国
艺术研究院艺术市场研究中心特聘书画师、江西
省书画院特聘画家、江西美术出版社副编审。

J0060566

武星影星钟巧珍

北京 人民体育出版社 1988 年 1 张 76cm（2 开）
定价：CNY0.38

　　中国现代年画作品。

J0060567

悟空大战二郎神 刘俊贤作

上海 上海人民美术出版社 1988 年 1 张
76cm（2 开）定价：CNY0.36

　　中国现代年画作品。

J0060568

悟空戏八戒 刘俊贤作

呼和浩特 内蒙古人民出版社 1988 年 1 张
76cm（2 开）定价：CNY0.37

　　中国现代年画作品。

J0060569

夕

上海 上海人民美术出版社 1988 年 1 张
54cm（4 开）定价：CNY0.40

　　中国现代年画作品。

J0060570

西湖览胜 孙肃显编；张克庆等摄

郑州 河南美术出版社 1988 年 2 张 76cm（2 开）
定价：CNY1.40

　　中国现代年画作品。作者张克庆（1946— ），
摄影编辑。重庆人。历任当代文学艺术研究院
院士、香港现代摄影学会会员、中国职业摄影撰
稿人、中国华侨摄影学会会员、浙江人民出版社
美术编辑室、浙江人民美术出版社摄影年画编辑
室。出版有《杭州西湖》摄影画册。

J0060571

西湖情　　朱成标作

杭州 浙江人民美术出版社 1988 年 1 张
76cm（2 开）定价：CNY0.32

　　中国现代年画作品。

J0060572

西湖天下景　　付新生作

杭州 浙江人民美术出版社 1988 年 1 张
76cm（2 开）定价：CNY0.50

　　中国现代年画作品。

J0060573

西湖天下景：春·夏·秋·冬

南京 江苏美术出版社 1988 年 4 张 76cm（2 开）
定价：CNY3.10

　　中国现代年画作品。

J0060574

西施浣纱　　邱丽娟作

上海 上海人民美术出版社 1988 年 1 张
76cm（2 开）定价：CNY0.36

　　中国现代年画作品。

J0060575

西游记

沈阳 辽宁美术出版社 1988 年 1 轴（卷轴）
76cm（2 开）定价：CNY1.40

　　中国现代年画作品。

J0060576

西岳华山图　　卓鹤君作

杭州 浙江人民美术出版社 1988 年 1 轴（卷轴）
附对联 1 副 108cm（全开）定价：CNY4.20

　　中国现代年画作品。作者卓鹤君（1943—　　），
画家、教授。浙江人，毕业于中国美术学院中国
画系山水画研究生班。中国美术家协会会员，中
国美术学院教授、博士生导师。主要作品有《恒
山烟云》《山水情》《翠华图》等。

J0060577

西子花好　　诸葛栋作

杭州 浙江人民美术出版社 1988 年 2 张
76cm（2 开）定价：CNY0.65

　　中国现代年画作品。

J0060578

悉尼之光　　谷静供稿

南京 江苏美术出版社 1988 年 1 张 76cm（2 开）
定价：CNY0.78

　　中国现代年画作品。

J0060579

喜报春晖　　刘志深作

长春 吉林美术出版社 1988 年 1 张 76cm（2 开）
定价：CNY0.36

　　中国现代年画作品。

J0060580

喜报富裕年　　杨馥如作

西安 陕西人民美术出版社 1988 年 1 张
76cm（2 开）定价：CNY0.40

　　中国现代年画作品。作者杨馥如（1918—
1992），江苏无锡人。曾任进艺辉图片社设计室
主任。代表作品有《十二生肖娃娃图》《万象更
新》《庆丰收》《农家乐》等。

J0060581

喜春图　　徐新奇作

杭州 浙江人民美术出版社 1988 年 1 张
76cm（2 开）定价：CNY0.32

　　中国现代年画作品。

J0060582

喜结良缘　　刘鸿志作

沈阳 辽宁美术出版社 1988 年 1 张 76cm（2 开）
定价：CNY0.36

　　中国现代年画作品。

J0060583

喜结同心　　王潘竹作

杭州 浙江人民美术出版社 1988 年 1 张
76cm（2 开）定价：CNY0.32

　　中国现代年画作品。

J0060584

喜结鸳鸯　　杨馥如作

上海 上海人民美术出版社 1988 年 1 张
76cm（2 开）定价：CNY0.36

　　中国现代年画作品。作者杨馥如（1918—
1992），江苏无锡人。曾任进艺辉图片社设计室

主任。代表作品有《十二生肖娃娃图》《万象更新》《庆丰收》《农家乐》等。

J0060585
喜临门　徐德元作
沈阳 辽宁美术出版社 1988 年 1 张 76cm（2 开）
定价：CNY0.36
　　中国现代年画作品。

J0060586
喜气满堂　张万臣作
天津 天津人民美术出版社 1988 年 1 张
76cm（2 开）定价：CNY0.38
　　中国现代年画作品。作者张万臣（1962— ），满族，军旅书画家。河北丰宁人，毕业于首都师范大学美术系。历任中国美术家协会会员、中国国际书画艺术研究会理事、中国人民解放军总装备部专职画家。出版有《张万臣画集》。

J0060587
喜庆丰年　马国强作
郑州 河南美术出版社 1988 年 1 张 76cm（2 开）
定价：CNY0.26
　　中国现代年画作品。

J0060588
喜庆丰年　马国强作
郑州 河南美术出版社 1988 年 1 张 54cm（4 开）
定价：CNY0.13
　　中国现代年画作品。

J0060589
喜庆丰年　耿炳伦作
开封 河南朱仙镇年画社 1988 年 1 张
76cm（2 开）定价：CNY0.25
　　中国现代年画作品。

J0060590
喜庆丰收　朱介堂作
杭州 浙江人民美术出版社 1988 年 1 张
108cm（全开）定价：CNY0.80
　　中国现代年画作品。

J0060591
喜庆丰收　朱介堂作
杭州 浙江人民美术出版社 1988 年 1 张
76cm（2 开）定价：CNY0.32
　　中国现代年画作品。

J0060592
喜庆丰收年　李喜春作
呼和浩特 内蒙古人民出版社 1988 年 1 张
76cm（2 开）定价：CNY0.37
　　中国现代年画作品。

J0060593
喜庆佳节　杨树有作
长春 吉林美术出版社 1988 年 2 张 76cm（2 开）
定价：CNY0.80
　　中国现代年画作品。

J0060594
喜鹊闹梅　倪芳华作
南昌 江西人民出版社 1988 年 1 张
76cm（2 开）定价：CNY0.28
　　中国现代年画作品。

J0060595
喜上眉梢　叶玉昶作
杭州 浙江人民美术出版社 1988 年 1 张
76cm（2 开）定价：CNY0.50
　　中国现代年画作品。作者叶玉昶（1937— ），画家、教授。生于江苏南京市，祖籍安徽黟县，毕业于中央美术学院华东分院中国画系（现中国美术学院）。历任温州师范学院（现温州大学）中国画教授、温州现代中国画研究院院长、荷兰阿姆斯特丹高等艺术学院客座教授。代表作有花鸟画《长寿图》《墨梅图》等。

J0060596
喜上梅梢　徐福根画
广州 岭南美术出版社 1988 年 1 张 76cm（2 开）
统一书号：5362.2727 定价：CNY0.38
　　本作品为年画形式的中国现代国画作品。

J0060597
喜听富裕歌　张万臣，鑫普作
沈阳 辽宁美术出版社 1988 年 1 张 76cm（2 开）
定价：CNY0.36
　　中国现代年画作品。

J0060598
喜迎春　　俎翠林作
呼和浩特　内蒙古人民出版社　1988 年　1 张
76cm（2 开）定价：CNY0.37
　　中国现代年画作品。

J0060599
喜盈门　　李红才作
石家庄　河北美术出版社　1988 年　1 张
76cm（2 开）定价：CNY0.40
　　中国现代年画作品。

J0060600
囍　　刘克仁书
石家庄　河北美术出版社　1988 年　1 张
76cm（2 开）定价：CNY0.30
　　中国现代年画作品。

J0060601
戏曲四条屏　　王德力作
上海　上海人民美术出版社　1988 年　2 张
76cm（2 开）定价：CNY0.72
　　中国现代年画作品。

J0060602
侠女传　　蒋剑奎编；徐晓摄
南昌　江西人民出版社　1988 年　2 张
76cm（2 开）定价：CNY0.86
　　中国现代年画作品。

J0060603
仙花美酒洒人间　　张冬生作
南昌　江西人民出版社　1988 年　1 张
19cm（32 开）定价：CNY0.42
　　中国现代年画作品。

J0060604
仙山瑶台　　王利华作
杭州　浙江人民美术出版社　1988 年　1 张
108cm（全开）定价：CNY1.60
　　中国现代年画作品。作者王利华（1942—　　），
画家。浙江奉化人，笔名王山佳，进修于浙江美
术学院。历任奉化市文化馆副馆长、奉化市文化
广播电视局副局长、奉化市文联主席、宁波书画
院副院长。出版有《王利华画集》，画作有《松石

万年》《林添新绿人添寿》《云山劲松》《林海晨
曲》等。

J0060605
仙山瑶台　　王利华作
杭州　浙江人民美术出版社　1988 年　1 轴（卷轴）
附对联 1 副　108cm（全开）定价：CNY4.20
　　中国现代年画作品。

J0060606
现代兵器图　（一）楚军等作
天津　天津人民美术出版社　1988 年　1 张
76cm（2 开）定价：CNY0.38
　　中国现代年画作品。

J0060607
现代兵器图　（二）楚军等作
天津　天津人民美术出版社　1988 年　1 张
76cm（2 开）定价：CNY0.38
　　中国现代年画作品。

J0060608
献给敬爱的老师　　龙明摄
郑州　河南美术出版社　1988 年　1 张　76cm（2 开）
定价：CNY0.36
　　中国现代年画作品。

J0060609
献给敬爱的老师　　杨文义，沈家琳作
长春　吉林美术出版社　1988 年　1 张　76cm（2 开）
定价：CNY0.38
　　中国现代年画作品。作者沈家琳（1931—　　），
画家。浙江宁波人，毕业于华东艺专。历任上海
画片出版社编辑，上海人民美术出版社编辑、创
作组长，年画、宣传画编辑室主任、副编审，全
国美展年画评委，中国美协年画艺委会副主任。
创作年画有《做共产主义接班人》《友爱》《做共
产主义接班人》等。作者杨文义（1953—　　），画
家。内蒙古临河人。毕业于北京书画函授大学。
曾任古雕艺术学校校长、中国教育学会书法教育
专业委员会会员等职。作品有《暗香浮动》《春
华秋实》等。

J0060610
献寿图　　陈明作

南京 江苏美术出版社 1988年 1张 76cm（2开）
定价：CNY0.36
　　中国现代年画作品。

J0060611
献寿图　董俊作
呼和浩特 内蒙古人民出版社 1988年 1张
76cm（2开）定价：CNY0.37
　　中国现代年画作品。

J0060612
献寿图　刘俊贤，陆福喜作
上海 上海人民美术出版社 1988年 1张
76cm（2开）定价：CNY0.36
　　中国现代年画作品。

J0060613
献寿图　林美岚作
重庆 重庆出版社 1988年 1张 76cm（2开）
定价：CNY0.36
　　中国现代年画作品。作者林美岚（1940—　），
字山凤，江西武宁人。毕业于江西九江师范。历
任中小学美术教师，江西九江市群众艺术馆美术
干部，副研究馆员。江西美协理事。作品有《党
是阳光我是花》《喜庆丰年》《鸟语花香》等。出
版有《林美岚人物画选》。

J0060614
香港之夜　谷静供稿
南京 江苏美术出版社 1988年 1张 76cm（2开）
定价：CNY0.78
　　中国现代年画作品。

J0060615
香飘万里　邢树荃作
天津 天津人民美术出版社 1988年 4张（卷轴）
76cm（2开）定价：CNY3.30
　　中国现代年画作品。作者邢树荃（1941—　），
河北沧州市人，毕业于河北泊头师范学校美术专
业。曾任河北省美术家协会会员、沧县美协主席
等职。代表作品有《故乡月》《春到苍岩》《山乡
月》《江山锦绣》等。

J0060616
潇湘黛玉　于振波作

天津 天津人民美术出版社 1988年 1张
76cm（2开）定价：CNY0.38
　　中国现代年画作品。作者于振波，主要绘
制的年画作品有《吕布与貂蝉》《唐伯虎与秋香》
《吹箫引凤》等。

J0060617
小轿车集锦　林伟光作
上海 上海人民美术出版社 1988年 1张
76cm（2开）定价：CNY0.36
　　中国现代年画作品。

J0060618
小李广花荣　赵祥林作
呼和浩特 内蒙古人民出版社 1988年 1张
76cm（2开）定价：CNY0.37
　　中国现代年画作品。

J0060619
小胖
西安 陕西人民美术出版社 1988年 1张
76cm（2开）定价：CNY0.40
　　中国现代年画作品。

J0060620
小乔梳妆　林美岚作
南昌 江西人民出版社 1988年 1张
76cm（2开）定价：CNY0.28
　　中国现代年画作品。

J0060621
小探索家　胡金日作
杭州 浙江人民美术出版社 1988年 1张
76cm（2开）定价：CNY0.32
　　中国现代年画作品。

J0060622
小天真
西安 陕西人民美术出版社 1988年 1张
76cm（2开）定价：CNY0.40
　　中国现代年画作品。

J0060623
小医生　陈宝万作
西安 陕西人民美术出版社 1988年 1张

76cm（2开）定价：CNY0.40
中国现代年画作品。

J0060624
小宇航员　陈宝万作
西安　陕西人民美术出版社　1988年　1张
76cm（2开）定价：CNY0.40
中国现代年画作品。

J0060625
心灵手巧　朱介堂作
杭州　浙江人民美术出版社　1988年　1张
76cm（2开）定价：CNY0.32
中国现代年画作品。作者朱介堂（1940—　），
上海人。就读于浙江美术学院附属中等美术专
科学校。历任金华市健康教育所美术工程师。
代表作品《新装》《一杯美酒敬英雄》《恩爱》等。

J0060626
心心相印　钟文斌作
南昌　江西人民出版社　1988年　1张
76cm（2开）定价：CNY0.42
中国现代年画作品。作者钟文斌（1943—　），
画家。笔名文石，江西新余市人，毕业于江西文
化艺术学院美术系，中国美术家协会会员、中国
艺术研究院艺术市场研究中心特聘书画师、江西
省书画院特聘画家、江西美术出版社副编审。

J0060627
欣逢盛世　吴违宝作
长春　吉林美术出版社　1988年　1张　76cm（2开）
定价：CNY0.36
中国现代年画作品。

J0060628
新春灯会　胡之作
重庆　重庆出版社　1988年　1张　76cm（2开）
定价：CNY0.45
中国现代年画作品。

J0060629
新春灯舞　曾宪和作
武汉　湖北美术出版社　1988年　1张　76cm（2开）
定价：CNY0.36
中国现代年画作品。作者曾宪和，画家。江

西吉安人。主要作品有《农闲时节》《锦上添花》
《松鹤延年》等。

J0060630
新春快乐　刘乃勇画
济南　山东美术出版社　1988年　1张　76cm（2开）
定价：CNY0.36
中国现代年画作品。

J0060631
新婚禧　陈华民，周国军作
沈阳　辽宁美术出版社　1988年　1张　76cm（2开）
定价：CNY0.36
中国现代年画作品。

J0060632
新伙伴　竹鸣作
石家庄　河北美术出版社　1988年　1张
76cm（2开）定价：CNY0.40
中国现代年画作品。

J0060633
新苗
北京　人民体育出版社　1988年　1张　76cm（2开）
定价：CNY0.38
中国现代年画作品。

J0060634
新年乐　李寿根作
杭州　浙江人民美术出版社　1988年　2张
76cm（2开）定价：CNY0.65
中国现代年画作品。

J0060635
新年增寿　史士明作
天津　天津人民美术出版社　1988年　1张
76cm（2开）定价：CNY0.38
中国现代年画作品。作者史士明（1935—　），
生于江苏武进。江苏美协会员、高级美术师、常
州兰陵年画社副社长。

J0060636
幸福的伙伴　静如，惠珍作
北京　人民体育出版社　1988年　1张　76cm（2开）
定价：CNY0.76

中国现代年画作品。

J0060637
幸福花香　单锡和画
广州　岭南美术出版社　1988年　1张　76cm（2开）
定价：CNY0.38
　　中国现代年画作品。作者单锡和（1940—　），画家。江西高安人。毕业于南京艺术学院油画系。任教于上海东华大学。上海服饰协会理事、全国工艺美术教学专业委员会委员。擅长水粉画、年画和装饰画。主要作品有《夏夜静静》《浓浓情怀》等，著有《单锡和装饰油画集》《单锡和线描装饰画》等。

J0060638
幸福美满 健康长寿　李中文作
武汉　湖北美术出版社　1988年　1张　76cm（2开）
定价：CNY0.36
　　中国现代年画作品。

J0060639
幸福曲　顾振君作
沈阳　辽宁美术出版社　1988年　1张　76cm（2开）
定价：CNY0.36
　　中国现代年画作品。作者顾振君（1941—　），研究员。辽宁沈阳人。历任抚顺市群众艺术馆副研究馆员、辽宁省美术家协会会员、辽宁省年画学会常务理事。

J0060640
幸福人家　苗永华作
武汉　湖北美术出版社　1988年　1张　76cm（2开）
定价：CNY0.36
　　中国现代年画作品。作者苗永华（1960—　），画家。山东省诸城市人，毕业于山东经济学院。历任中国书画家协会会员。山东省美术家协会会员、潍坊美术家协会理事、诸城市书法美术协会副主席。代表作品有国画《晨》《山区新貌》《福寿多余图》等。

J0060641
幸福童年　刘树茂作
沈阳　辽宁美术出版社　1988年　1张　76cm（2开）
定价：CNY0.36
　　中国现代年画作品。

J0060642
幸福万代　志华桂卿作
沈阳　辽宁美术出版社　1988年　1张　76cm（2开）
定价：CNY0.36
　　中国现代年画作品。

J0060643
幸福有余　彭海清作
上海　上海人民美术出版社　1988年　1张
76cm（2开）定价：CNY0.36
　　中国现代年画作品。

J0060644
幸福在今朝　刘熹奇作
南昌　江西人民出版社　1988年　1张
76cm（2开）定价：CNY0.36
　　中国现代年画作品。

J0060645
幸福长寿　朱振芳画
石家庄　河北美术出版社　1988年　1张
76cm（2开）定价：CNY0.40
　　中国现代年画作品。作者朱振芳，国家二级美术师。河北武安人。中国美术家协会河北省分会会员。绘有连环画《朱德血战三河坝》《夺刀》《战地红缨》，年画《我们班里好事多》。

J0060646
幸福长寿　王立兴作
呼和浩特　内蒙古人民出版社　1988年　1张
76cm（2开）定价：CNY0.37
　　中国现代年画作品。

J0060647
雄风遍神州　赵幼华作
天津　天津人民美术出版社　1988年　1张
76cm（2开）定价：CNY0.38
　　中国现代年画作品。

J0060648
雄风驱邪魔　赵奎生作
天津　天津人民美术出版社　1988年　1张
76cm（2开）定价：CNY0.38
　　中国现代年画作品。

J0060649

熊猫贝贝　王开远作
武汉　湖北美术出版社　1988 年　1 张　76cm（2 开）
定价：CNY0.36
　　中国现代年画作品。

J0060650

秀丽山川　王顺兴作
石家庄　河北美术出版社　1988 年　2 张
76cm（2 开）定价：CNY0.84
　　中国现代年画作品。

J0060651

徐盛　丁奉　王连成作
昆明　云南人民出版社　1988 年　1 张　76cm（2 开）
定价：CNY0.36
　　中国现代年画作品。

J0060652

许褚　典韦　刘智勇作
重庆　重庆出版社　1988 年　1 张　76cm（2 开）
定价：CNY0.36
　　中国现代年画作品。

J0060653

栩栩如生　米春茂作
天津　天津人民美术出版社　1988 年　4 张（卷轴）
76cm（2 开）定价：CNY3.30
　　中国现代年画作品。作者米春茂（1938—　），
一级美术师。生于河北省霸州。历任沧州市文
联专业画家、中国美术家协会会员、美协河北分
会会员、河北省工艺美术学会常务理事、沧州市
美协理事长。代表作品有《米春茂画集》《中国
画自学丛书－怎样画小动物》。

J0060654

旭日迎客松　楼永年作
重庆　重庆出版社　1988 年　1 张　76cm（2 开）
定价：CNY0.70
　　中国现代年画作品。

J0060655

薛宝钗
北京　中国电影出版社　1988 年　1 张
76cm（2 开）定价：CNY0.36

　　中国现代年画作品。

J0060656

学爸爸样　陈宝万作
上海　上海人民美术出版社　1988 年　1 张
76cm（2 开）定价：CNY0.36
　　中国现代年画作品。

J0060657

丫环传奇　郑国础编；高根荣摄
南京　江苏美术出版社　1988 年　2 张　76cm（2 开）
定价：CNY0.75
　　中国现代年画作品。

J0060658

严凤英　文治编；王民，南华供稿
南京　江苏美术出版社　1988 年　2 张　76cm（2 开）
定价：CNY1.00
　　中国现代年画作品。

J0060659

雁荡春暖　张雄作
天津　天津人民美术出版社　1988 年　1 轴（卷轴）
附对联 1 副　108cm（全开）定价：CNY3.90
　　中国现代年画作品。

J0060660

燕子笺　尹福康等编
南昌　江西人民出版社　1988 年　2 张
76cm（2 开）定价：CNY0.60
　　中国现代年画作品。作者尹福康（1927—　），
摄影家。江苏南京人。曾任上海人民美术出版
社副编审、上海市摄影家协会副主席等职。主要
作品有《烟笼峰岩》《向荒山要宝》《晒盐》《工人
新村》等。

J0060661

阳光灿烂万里春　思奋画
福州　福建美术出版社　1988 年　1 张　76cm（2 开）
定价：CNY0.35
　　中国现代年画作品。

J0060662

阳光下的花朵　张希华作
沈阳　辽宁美术出版社　1988 年　1 张　76cm（2 开）

定价: CNY0.36

　　中国现代年画作品。

J0060663

杨八姐　齐大鹏作

石家庄　河北美术出版社　1988 年　1 张

76cm(2 开) 定价: CNY0.40

　　中国现代年画作品。作者齐大鹏(1940—　)，生于河北省沧州市，天津美院干部训练班结业。历任中国书画艺术家协会会员、河北省美协会员、沧州画院画师。作品有《整装待发》《准时开车》《杨家将》《准时开车》等。

J0060664

杨二舍化缘　王文情，张宝才作

沈阳　辽宁美术出版社　1988 年　2 张　76cm(2 开)

定价: CNY0.76

　　中国现代年画作品。

J0060665

杨贵妃　徐文山画

石家庄　河北美术出版社　1988 年　2 张

76cm(2 开) 定价: CNY0.84

　　中国现代年画作品。

J0060666

杨贵妃　江南春画

广州　岭南美术出版社　1988 年　1 张　78cm(2 开)

定价: CNY0.38

　　中国现代年画作品。

J0060667

杨家将　刘大春作

重庆　重庆出版社　1988 年　1 张　76cm(2 开)

定价: CNY0.36

　　中国现代年画作品。

J0060668

杨门女将　杨作文画；刘仲武配诗

石家庄　河北美术出版社　1988 年　2 张

76cm(2 开) 定价: CNY0.84

　　中国现代年画作品。作者刘仲武(1945—　)，河北霸县(现霸州市)人。历任中国戏曲表演学会常务理事、原河北省戏剧家协会副主席、现任河北省戏剧家协会顾问、艺术指导委员会委员、

河北省京剧票友协会副主席兼秘书长。作者杨作文(1936—　)，画家。出生于河北威县。任中国书画研究院高级美术师、中国国画家协会理事、冀南画院名誉院长等职。代表作品有《迎春图》《海河工地英雄多》等。

J0060669

杨文广招亲　张友，晓淳作

沈阳　辽宁美术出版社　1988 年　2 张　76cm(2 开)

定价: CNY0.76

　　中国现代年画作品。

J0060670

瑶池进酿　叶良玉作

上海　上海书画出版社　1988 年　1 张　76cm(2 开)

定价: CNY0.36

　　中国现代年画作品。

J0060671

瑶琳仙子　丁立君作

杭州　浙江人民美术出版社　1988 年　1 张

76cm(2 开) 定价: CNY0.25

　　中国现代年画作品。

J0060672

夜色多美好　方玉珍作

呼和浩特　内蒙古人民出版社　1988 年　1 张

76cm(2 开) 定价: CNY0.37

　　中国现代年画作品。

J0060673

一杯美酒敬亲人　朱介堂作

杭州　浙江人民美术出版社　1988 年　1 张

76cm(2 开) 定价: CNY0.32

　　中国现代年画作品。

J0060674

一代英豪山河壮　邹起奎作

天津　天津人民美术出版社　1988 年　1 张

76cm(2 开) 定价: CNY0.38

　　中国现代年画作品。作者邹起奎(1948—　)，画家。笔名加贝，辽宁省盖州人，毕业于鲁迅美术学院附中。天津杨柳青画社集绘画、摄影、编辑、出版于一身的专家。中国美术家协会会员。代表作品有《毛泽东主席》正面标准像等。

J0060675

一帆风顺　徐福根作

南宁 广西人民出版社 1988 年 1 张

76cm（2 开）定价：CNY0.35

　　中国现代年画作品。

J0060676

一江春水　胡承斌作

杭州 浙江人民美术出版社 1988 年 1 张

76cm（2 开）定价：CNY0.50

　　中国现代年画作品。

J0060677

一江春水　胡承斌作

杭州 浙江人民美术出版社 1988 年 1 张

108cm（全开）定价：CNY1.80

　　中国现代年画作品。

J0060678

一啸震百兽　赵奎生作

天津 天津人民美术出版社 1988 年 1 张

76cm（2 开）定价：CNY0.38

　　中国现代年画作品。

J0060679

怡红公子

北京 中国电影出版社 1988 年 1 张 76cm（2 开）

定价：CNY0.36

　　中国现代年画作品。

J0060680

艺术时装　上海市印刷一厂供稿

南京 江苏美术出版社 1988 年 4 张 76cm（2 开）

定价：CNY1.60

　　中国现代年画作品。

J0060681

艺苑春华　林伟新作

南京 江苏美术出版社 1988 年 4 张（卷轴）

76cm（2 开）定价：CNY4.80

　　中国现代年画作品。

J0060682

意中缘　申同景作

石家庄 河北美术出版社 1988 年 1 张

76cm（2 开）定价：CNY0.40

　　中国现代年画作品。

J0060683

意中缘　申同景，朱振芳画

石家庄 河北美术出版社 1988 年 1 轴（卷轴）

附对联 1 副 108cm（全开）定价：CNY3.40

　　中国现代年画作品。作者申同景，年画家。
绘有年画《文君听琴》《樊梨花》《百寿图》《凤求
凰》等。作者朱振芳，国家二级美术师。河北武
安人。中国美术家协会河北省分会会员。绘有
连环画《朱德血战三河坝》《夺刀》《战地红缨》，
年画《我们班里好事多》。

J0060684

英雄的爸爸　林成翰作

沈阳 辽宁美术出版社 1988 年 1 张 76cm（2 开）

定价：CNY0.36

　　中国现代年画作品。

J0060685

英雄父子　朱一嫣作

杭州 浙江人民美术出版社 1988 年 2 张

54cm（4 开）定价：CNY0.46

　　中国现代年画作品。

J0060686

英雄战士　李炳炎作

昆明 云南人民出版社 1988 年 1 张 54cm（4 开）

定价：CNY0.26

　　中国现代年画作品。

J0060687

莺歌燕语　韩喜增作

石家庄 河北美术出版社 1988 年 1 张

76cm（2 开）定价：CNY0.40

　　中国现代年画作品。作者韩喜增（1942—　），
河北邢台人。毕业于中央美术学院年画、连环画
系研究生班，受教于冯真教授、杨先让教授。擅
长连环画、年画。中国美术家协会会员，国家一
级美术师。曾任河北省美术家协会副主席、邢台
市文联副主席、邢台市美术家协会主席。代表作
品《人民的好总理》《虎子》《雄狮》。

J0060688
鹦鹉　徐士钦, 李勤作
天津　天津人民美术出版社　1988 年　4 张
76cm（2 开）定价：CNY3.90
　　中国现代年画作品。

J0060689
迎春接福　张巧英作
郑州　河南美术出版社　1988 年　1 张　54cm（4 开）
定价：CNY0.13
　　中国现代年画作品。

J0060690
迎春接福　富贵有余　张万臣, 鑫普画
广州　岭南美术出版社　1988 年　1 张　76cm（2 开）
定价：CNY0.40
　　中国现代年画作品。

J0060691
迎春接福　富贵有余　张万臣, 鑫普画
广州　岭南美术出版社　1988 年　1 张　54cm（4 开）
定价：CNY0.20
　　中国现代年画作品。

J0060692
迎春图　杨建候作
南京　江苏美术出版社　1988 年　1 张　76cm（2 开）
定价：CNY0.40
　　中国现代年画作品。

J0060693
迎春图　任斌强画
广州　岭南美术出版社　1988 年　1 张　76cm（2 开）
定价：CNY0.70
　　中国现代年画作品。

J0060694
迎客松　刘克仁画
石家庄　河北美术出版社　1988 年　1 张
76cm（2 开）定价：CNY0.40
　　中国现代年画作品。

J0060695
迎客松　刘克仁画
石家庄　河北美术出版社　1988 年　1 轴（卷轴）

附对联 1 副　108cm（全开）定价：CNY3.40
　　中国现代年画作品。

J0060696
迎客松　王孟龙作
上海　上海书画出版社　1988 年　1 张　76cm（2 开）
定价：CNY0.36
　　中国现代年画作品。

J0060697
迎客松　姚景卿作
天津　天津人民美术出版社　1988 年　1 轴（卷轴）
附对联 1 副　108cm（全开）定价：CNY3.90
　　中国现代年画作品。

J0060698
迎客松　徐英槐作
杭州　浙江人民美术出版社　1988 年　1 张
108cm（全开）定价：CNY1.20
　　中国现代年画作品。作者徐英槐（1937—　），
山水画家。浙江宁波人，毕业于浙江美术学院，
浙江画院专业画家。代表作品有《黄山迎客松》
《杨柳山晓风残月》等。

J0060699
迎祥接福　张万臣作
长春　吉林美术出版社　1988 年　1 张　76cm（2 开）
定价：CNY0.38
　　中国现代年画作品。

J0060700
迎祥接福　童金贵画
广州　岭南美术出版社　1988 年　2 张　76cm（2 开）
定价：CNY0.76
　　中国现代年画作品。作者童金贵，中国美术
家协会辽宁省分会会员、辽宁省年画学会理事、
丹东市美术家协会理事。

J0060701
迎新传禧　安杰作
北京　人民美术出版社　1988 年　1 张　76cm（2 开）
定价：CNY0.38
　　中国现代年画作品。作者安杰（1946—　），
毕业于吉林师范学校。曾任吉林省梅河口文化
馆创作室主任、高级美术师、中国美术家协会会

员、吉林省美协理事。主要作品有《春雪》《喜迎春》《爽秋》等。

J0060702
迎新春　苏起峰作
南京 江苏古籍出版社 1988年 1轴（卷轴）
108cm（全开）定价：CNY1.80
　　中国现代年画作品。

J0060703
拥军优属　杨明作
武汉 湖北美术出版社 1988年 1张 76cm（2开）
定价：CNY0.36
　　中国现代年画作品。

J0060704
拥军优属 拥政爱民　陈华民画
广州 岭南美术出版社 1988年 1张 76cm（2开）
定价：CNY0.40
　　中国现代年画作品。作者陈华民（1943— ），
画家。辽宁东港人。笔名文安、春江。中国美术
家协会会员、丹东市美术家协会副主席。擅长国
画，主要作品有《海之恋》《金色的路》《扬帆远
航》等。

J0060705
永结同心　戴衍彬作
重庆 重庆出版社 1988年 1张 76cm（2开）
定价：CNY0.36
　　中国现代年画作品。

J0060706
咏雅图　张禾作
杭州 浙江人民美术出版社 1988年 4张
78cm（2开）定价：CNY0.90
　　中国现代年画作品。作者张禾（1953— ），
教授、画家。浙江浦江人，毕业于中国美术学院
中国画专业和上海师大美术教育硕士研究生班。
中国美术家协会浙江分会会员。

J0060707
幽谷清韵　孙韬成作
杭州 浙江人民美术出版社 1988年 1张
76cm（2开）定价：CNY0.50
　　中国现代年画作品。

J0060708
有余乐　薛嘉惠作
沈阳 辽宁美术出版社 1988年 1张 76cm（2开）
定价：CNY0.36
　　中国现代年画作品。作者薛嘉惠（1940— ），
满族，国家一级美术家。曾任联合国美术家协会
名誉主席、中国当代艺术协会终身名誉主席、宋
庄国际书画院终身院长等职。代表作品有《呼唤》
《医魂》《假日》《雄风图》《关怀》等。

J0060709
幼园新风　孟宪宝作
长春 吉林美术出版社 1988年 1张 76cm（2开）
定价：CNY0.36
　　中国现代年画作品。

J0060710
余上有余　崔勇作
开封 河南朱仙镇年画社 1988年 1张
76cm（2开）定价：CNY0.25
　　中国现代年画作品。

J0060711
鱼肥娃壮　杨维华作
沈阳 辽宁美术出版社 1988年 1张 76cm（2开）
定价：CNY0.36
　　中国现代年画作品。

J0060712
鱼乐图　殷梓湘作
北京 人民美术出版社 1988年 2张 76cm（2开）
定价：CNY0.80
　　中国现代年画作品。

J0060713
鱼趣图　顾国治作
南京 江苏美术出版社 1988年 1张 76cm（2开）
定价：CNY0.40
　　中国现代年画作品。

J0060714
鱼上有余　李宝祥作
长春 吉林美术出版社 1988年 1张 76cm（2开）
定价：CNY0.38
　　中国现代年画作品。

J0060715

鱼跃荷香　孙洪发作

沈阳 辽宁美术出版社 1988 年 1 张 76cm（2 开）

定价：CNY0.50

中国现代年画作品。

J0060716

鱼跃美景好　张万臣，鑫普作

沈阳 辽宁美术出版社 1988 年 1 张 76cm（2 开）

定价：CNY0.36

中国现代年画作品。

J0060717

鱼跃人欢　朱凤岐作

北京 人民体育出版社 1988 年 1 张 76cm（2 开）

定价：CNY0.38

中国现代年画作品。

J0060718

玉凤展翼金龙腾飞　王连城，王法堂作

武汉 湖北美术出版社 1988 年 1 张 76cm（2 开）

定价：CNY0.36

中国现代年画作品。作者王法堂（1943—　），画家。山东潍坊人。结业于山东艺术学院美术系。山东画院高级画师，中国美术家协会会员，潍坊市美术家协会副主席，诸城市文化馆副研究馆员、副馆长。作品有《春华秋实》《正月里》《人勤奶香》《骑虎不下》，出版有《王法堂作品集》等。作者王连城（1943—　），画家。生于山东胶州，毕业于曲师大美术教育专业，结业于山东艺术学院油画系、中国美院花鸟进修班。山东诸城市文化馆副研究馆员、中国美术家协会会员、山东美术家协会会员、山东书画研究院特聘教授。出版有《画家王连城自选作品集》，画作有《毫釐新婚》《亲人在前方》《风筝之一》等。

J0060719

玉龙祝福　陈乃亮作

南昌 江西人民出版社 1988 年 1 张 76cm（2 开）定价：CNY0.28

中国现代年画作品。

J0060720

玉堂春　景启民，李美作

沈阳 辽宁美术出版社 1988 年 2 张 76cm（2 开）

定价：CNY0.76

中国现代年画作品。

J0060721

玉堂富贵

上海 上海人民美术出版社 1988 年 1 张 108cm（全开）定价：CNY2.00

中国现代年画作品。

J0060722

玉堂富贵　张大元作

上海 上海书画出版社 1988 年 1 张 76cm（2 开）

定价：CNY0.36

中国现代年画作品。

J0060723

玉堂富贵　李敬仕作

杭州 浙江人民美术出版社 1988 年 1 轴（卷轴）附对联 1 副 108cm（全开）定价：CNY4.20

中国现代年画作品。

J0060724

玉堂富贵 锦上添花　明遥，罗源作

重庆 重庆出版社 1988 年 1 张 76cm（2 开）

定价：CNY0.38

中国现代年画作品。

J0060725

玉镯情　李学勤作

呼和浩特 内蒙古人民出版社 1988 年 1 张 76cm（2 开）定价：CNY0.37

中国现代年画作品。

J0060726

鸳鸯双喜　刘聚国作

石家庄 河北美术出版社 1988 年 1 张 76cm（2 开）定价：CNY0.40

中国现代年画作品。

J0060727

月月有余　朱淑媛作

沈阳 辽宁美术出版社 1988 年 1 张 76cm（2 开）

定价：CNY0.36

中国现代年画作品。作者朱淑媛，年画艺术家，辽宁人。作品有《校园新苗》《花儿》《全家

福》《牡丹仙子》等。

J0060728
岳传人物绣像　季源业，项钧作
天津　天津人民美术出版社　1988年　1张
76cm（2开）定价：CNY0.38
　　中国现代年画作品。

J0060729
岳飞　韩世忠　刘生展作
北京　人民美术出版社　1988年　1张　76cm（2开）
定价：CNY0.38
　　中国现代年画作品。

J0060730
岳飞　韩世忠　言覃作
重庆　重庆出版社　1988年　1张　76cm（2开）
定价：CNY0.36
　　中国现代年画作品。

J0060731
岳云　刘鸿志作
沈阳　辽宁美术出版社　1988年　1张　76cm（2开）
定价：CNY0.36
　　中国现代年画作品。

J0060732
岳云　牛通　李中文作
武汉　湖北美术出版社　1988年　1张　76cm（2开）
定价：CNY0.36
　　中国现代年画作品。

J0060733
岳云　杨文广
西安　陕西人民美术出版社　1988年　1张
76cm（2开）定价：CNY0.40
　　中国现代年画作品。

J0060734
云壑飞阁图　刘世忠作
天津　天津人民美术出版社　1988年　1轴（卷轴）
附对联1副　108cm（全开）定价：CNY3.90
　　中国现代年画作品。

J0060735
云南年画　（1989　一上）云南人民出版社编
昆明　云南人民出版社　1988年　13×19cm
　　中国现代年画作品。

J0060736
云南年画　（1989　一下）云南人民出版社编
昆明　云南人民出版社　1988年　13×19cm
　　中国现代年画作品。

J0060737
在和平的阳光下　张路红作
上海　上海人民美术出版社　1988年　1张
76cm（2开）定价：CNY0.36
　　中国现代年画作品。作者张路红（1956—　），
女。画家，上海人。就读于上海大学美术学院工
艺美术系成人大专班。历任上海戏剧学院、上海
人民美术出版社美术编辑。作品有《学游泳》《在
和平的阳光下》《两小无猜》。

J0060738
战斗英雄　劳动模范　李先润作
武汉　湖北美术出版社　1988年　1张　76cm（2开）
定价：CNY0.36
　　中国现代年画作品。

J0060739
张飞　关羽　李德明作
昆明　云南人民出版社　1988年　1张　76cm（2开）
定价：CNY0.36
　　中国现代年画作品。

J0060740
张飞　赵云　赫福路作
石家庄　河北美术出版社　1988年　1张
76cm（2开）定价：CNY0.42
　　中国现代年画作品。

J0060741
张飞　赵云　晓牛，晓斌作
郑州　河南美术出版社　1988年　1张　54cm（4开）
定价：CNY0.13
　　中国现代年画作品。

J0060742
张飞审瓜　史名岫作
呼和浩特　内蒙古人民出版社　1988 年　1 张
76cm（2 开）定价：CNY0.37
　　中国现代年画作品。

J0060743
张生会莺莺　高云升画
济南　山东美术出版社　1988 年　1 张　76cm（2 开）
定价：CNY0.36
　　中国现代年画作品。

J0060744
长白珍奇　倪延志作
长春　吉林美术出版社　1988 年　1 张　76cm（2 开）
定价：CNY0.36
　　中国现代年画作品。

J0060745
长命百岁　邹玉风画
济南　山东美术出版社　1988 年　1 张　76cm（2 开）
定价：CNY0.36
　　中国现代年画作品。

J0060746
长寿富贵　张振群作
天津　天津人民美术出版社　1988 年　1 张
76cm（2 开）定价：CNY0.38
　　中国现代年画作品。作者张振群，连环画艺
术家。作有《长寿富贵》《芙蓉鸳鸯》《花好月圆
对对双双》《梅兰竹菊》等。

J0060747
长寿歌　刘称奇作
南昌　江西人民出版社　1988 年　1 张
76cm（2 开）定价：CNY0.28
　　中国现代年画作品。

J0060748
长寿歌　刘称奇作
南昌　江西人民出版社　1988 年　1 轴（卷轴）
108cm（全开）定价：CNY1.20
　　中国现代年画作品。

J0060749
长寿长春　陈正治作
杭州　浙江人民美术出版社　1988 年　1 张
76cm（2 开）定价：CNY0.32
　　中国现代年画作品。

J0060750
招财进宝　思忧作
长春　吉林美术出版社　1988 年　1 张　76cm（2 开）
定价：CNY0.38
　　中国现代年画作品。

J0060751
招财进宝　姚中玉画
广州　岭南美术出版社　1988 年　1 张　76cm（2 开）
定价：CNY0.38
　　中国现代年画作品。作者姚中玉，画家。曾
任湖南省艺术家书画院会员、长沙市书法家协会
会员等职。主要作品有《迎风燕舞》《向天歌》《一
唱雄鸡天下白》《春情》《富贵吉祥》等。

J0060752
招财进宝　孙公照画
济南　山东美术出版社　1988 年　1 张　76cm（2 开）
定价：CNY0.36
　　中国现代年画作品。

J0060753
招财进宝　孙公照画
济南　山东美术出版社　1988 年　1 张　76cm（2 开）
定价：CNY0.35
　　中国现代年画作品。

J0060754
昭君应选　高景波作
天津　天津人民美术出版社　1988 年　1 张
76cm（2 开）定价：CNY0.38
　　中国现代年画作品。作者高景波（1946—　　），
山东掖县人。擅长年画、水彩画。大庆市群众艺
术馆美术部主任、二级美术师、大庆市美术家协
会副主席。主要作品：水粉组画《采油新工艺》，
年画《一路春风喜盈归》，水彩画《倾国恨》。

J0060755
赵公元帅　谭述乐画

贵阳　贵州美术出版社　1988 年　1 张
76cm（2 开）定价：CNY0.30
　　中国现代年画作品。

J0060756
赵文华传奇　　张金海配词；一煦等摄
杭州　浙江人民美术出版社　1988 年　2 张
76cm（2 开）定价：CNY0.65
　　中国现代年画作品。

J0060757
赵云　马超　　金海波作
武汉　湖北美术出版社　1988 年　2 张　78cm（2 开）
定价：CNY0.50
　　中国现代年画作品。

J0060758
赵云　马超　　李德明作
重庆　重庆出版社　1988 年　1 张　76cm（2 开）
定价：CNY0.36
　　中国现代年画作品。

J0060759
赵云　张飞　　侯世武，侯荣兵作
昆明　云南人民出版社　1988 年　1 张　76cm（2 开）
定价：CNY0.36
　　中国现代年画作品。作者侯世武（1938—　　），
四川绵竹人。结业于四川美院进修班。绵竹年
画博物馆馆长、副研究馆员。作品有《献寿图》
《四川儿歌》《看外孙》等。

J0060760
赵云　张飞　　侯世武，侯荣兵作
昆明　云南人民出版社　1988 年　1 张　54cm（4 开）
定价：CNY0.26
　　中国现代年画作品。

J0060761
浙江年画　（1989 1）浙江人民美术出版社编
杭州　浙江人民美术出版社　1988 年　182 页
13×19cm
　　中国现代年画作品。

J0060762
浙江年画　（1989 2）浙江人民美术出版社编

杭州　浙江人民美术出版社　1988 年　277 页
13×19cm
　　中国现代年画作品。

J0060763
浙江年画　（1989 3）浙江人民美术出版社编
杭州　浙江人民美术出版社　1988 年　301 页
19cm（32 开）
　　中国现代年画作品。

J0060764
珍奇飞禽　　张福琪作
天津　天津人民美术出版社　1988 年　4 张（卷轴）
76cm（2 开）定价：CNY3.90
　　中国现代年画作品。

J0060765
珍禽异卉　　丁宝中作
北京　人民美术出版社　1988 年　2 张　108cm（全开）
定价：CNY1.60
　　中国现代年画作品。

J0060766
珍珠姑娘　　王振羽作
沈阳　辽宁美术出版社　1988 年　1 张　76cm（2 开）
定价：CNY0.36
　　中国现代年画作品。作者王振羽（1946—　　），
画家。吉林人。毕业于辽宁艺术师范美术科，结
业于鲁迅美术学院油画进修班。曾任舞美设计，
抚顺市人民影院美工。擅长油画。作品有油画《寄
信母校报丰收》，年画《桃李芬芳》，水彩画《北方
十月》等。

J0060767
珍珠姑娘　　李秉芳作
上海　上海人民美术出版社　1988 年　1 张
76cm（2 开）定价：CNY0.36
　　中国现代年画作品。

J0060768
镇邪除恶　　陈晨作
郑州　河南美术出版社　1988 年　1 张　76cm（2 开）
定价：CNY0.26
　　中国现代年画作品。

J0060769

镇宅钟馗　邓铃作

开封　河南朱仙镇年画社　1988 年　1 张
76cm（2 开）定价：CNY0.25
　　中国现代年画作品。

J0060770

知识天地　陈玉梅画

广州　岭南美术出版社　1988 年　1 张　76cm（2 开）
定价：CNY0.38
　　中国现代年画作品。

J0060771

致富图　高晴作

南京　江苏美术出版社　1988 年　1 张　76cm（2 开）
定价：CNY0.36
　　中国现代年画作品。

J0060772

中国历代名将　苏万里，关洁作

南宁　广西人民出版社　1988 年　1 张　76cm（2 开）
定价：CNY0.33
　　中国现代年画作品。

J0060773

中国民间年画百图　王树村编著

北京　人民美术出版社　1988 年　19cm（32 开）
ISBN：7-102-00055-3　定价：CNY2.60
　　中国历代年画作品。选编从宋代至民国
时期有代表性的年画作品 100 幅。作者王树村
（1923—2009），画家。天津人，毕业于华北大
学美术科。曾在中国美术研究所、中国艺术研
究院从事创作、编辑、研究工作，任中国民间美
术协会副会长、中国民俗学会理事、顾问、研究
员。主要著作《杨柳青年画资料集》《中国美术
全集·石刻线画、民间年画》。

J0060774

中国武术

南宁　广西人民出版社　1988 年　1 张　76cm（2 开）
定价：CNY0.38
　　中国现代年画作品。

J0060775

中秋月圆

沈阳　辽宁美术出版社　1988 年　1 轴（卷轴）
76cm（2 开）定价：CNY1.50
　　中国现代年画作品。

J0060776

中堂画　（1989　2）

天津　天津杨柳青画社　1988 年　141-317 页
19cm（32 开）
　　中国现代年画作品。

J0060777

钟馗　陈龙作

兰州　甘肃人民出版社　1988 年　1 张　54cm（4 开）
定价：CNY0.19
　　中国现代年画作品。

J0060778

钟馗　戴月作

天津　天津人民美术出版社　1988 年　1 轴（卷轴）
附对联 1 副　108cm（全开）定价：CNY3.90
　　中国现代年画作品。

J0060779

钟馗嫁妹　华三川作

南京　江苏古籍出版社　1988 年　1 轴（卷轴）
附对联 1 副　108cm（全开）定价：CNY4.00
　　中国现代年画作品。作者华三川（1930—
2004），画家。浙江镇海人。中国美协会员、上
海美术家协会理事、上海少年儿童出版社专业画
家、上海市文史研究馆馆员。代表作品《华三川
仕女画集》《华三川绘新百美图》《锦瑟年华》等。

J0060780

周仓　关平　王连城画

济南　山东美术出版社　1988 年　1 张　76cm（2 开）
定价：CNY0.36
　　中国现代年画作品。作者王连城（1943—　　），
画家。生于山东胶州，毕业于曲师大美术教育专
业，结业于山东艺术学院油画系、中国美院花鸟
进修班。山东诸城市文化馆副研究馆员、中国美
术家协会会员、山东美术家协会会员、山东书画
研究院特聘教授。出版有《画家王连城自选作品
集》，画作有《耄耋新婚》《亲人在前方》《风筝之
一》等。

J0060781
竹报平安　陈国苏作
南京 江苏美术出版社 1988 年 1 张 108cm（全开）
定价：CNY1.40
　　中国现代年画作品。

J0060782
竹报平安　龚继先作
上海 上海人民美术出版社 1988 年 1 张
76cm（2 开）定价：CNY0.36
　　中国现代年画作品。作者龚继先（1939— ），
画家。北京人，毕业于中央美术学院。历任上海
人民美术出版社总编辑、上海中国画院兼职画
师、中国美术家协会会员等。代表作品有《指墨
瓶花图》等。

J0060783
竹林情侣　张锦标作
南京 江苏美术出版社 1988 年 1 张 76cm（2 开）
定价：CNY0.40
　　中国现代年画作品。作者张锦标（1935— ），
编审。浙江嵊州市人，毕业于浙江美术学院中国
画系。历任上海书画出版社编辑、副编审。代表
作品有《熊猫宴》《宠爱》《迎千年曙光》《任伯年
群仙祝寿图》。著作有《怎样画大熊猫》。

J0060784
竹林新曲　李慧珠作
上海 上海书画出版社 1988 年 1 张 76cm（2 开）
定价：CNY0.44
　　中国现代年画作品。

J0060785
逐鹿中原 励精图治　戴玉茹作
昆明 云南人民出版社 1988 年 1 张 76cm（2 开）
定价：CNY0.36
　　中国现代年画作品。

J0060786
祝福庆寿　龚景充作
杭州 浙江人民美术出版社 1988 年 1 张
76cm（2 开）定价：CNY0.32
　　中国现代年画作品。

J0060787
祝福庆寿　龚景充作
杭州 浙江人民美术出版社 1988 年 1 轴（卷轴）
附对联 1 副 108cm（全开）定价：CNY1.60
　　中国现代年画作品。

J0060788
祝福庆寿　龚景充作
杭州 浙江人民美术出版社 1988 年 1 轴（卷轴）
附对联 1 副 108cm（全开）定价：CNY4.20
　　中国现代年画作品。

J0060789
祝福图　王赤军作
南昌 江西人民出版社 1988 年 1 张
76cm（2 开）定价：CNY0.42
　　中国现代年画作品。

J0060790
祝福图　王赤军作
南昌 江西人民出版社 1988 年 1 轴
76cm（2 开）定价：CNY1.60
　　中国现代年画作品。

J0060791
祝福图　陈英，陈明作
天津 天津人民美术出版社 1988 年 1 张
76cm（2 开）定价：CNY0.38
　　中国现代年画作品。

J0060792
祝您快乐　陈以雄画
广州 岭南美术出版社 1988 年 1 张 76cm（2 开）
定价：CNY0.38
　　中国现代年画作品。

J0060793
祝您长寿　姚玉成作
沈阳 辽宁美术出版社 1988 年 1 张 76cm（2 开）
定价：CNY0.36
　　中国现代年画作品。

J0060794
祝寿图　郭佳明作
南昌 江西人民出版社 1988 年 1 张

76cm（2开）定价：CNY0.42
　　中国现代年画作品。

J0060795
祝寿图　郭佳明作
南昌　江西人民出版社　1988 年　1 轴（卷轴）
附对联 1 副　108cm（全开）定价：CNY1.60
　　中国现代年画作品。

J0060796
祝寿图　林瑛珊作
沈阳　辽宁美术出版社　1988 年　1 张　76cm（2开）
定价：CNY0.36
　　中国现代年画作品。作者林瑛珊（1940—　　）
笔名砚春，号步云居士，辽宁省盖州市人。1965
年毕业于鲁迅美术学院，为赵梦朱、郭西河先生
入室弟子，又拜师著名国画大师崔子范先生。辽
宁美术出版社社长兼总编辑。出版有《林瑛珊画
集》《砚春花鸟画集锦》《砚春国画小品》等。

J0060797
祝寿图　董俊作
呼和浩特　内蒙古人民出版社　1988 年　1 张
76cm（2开）定价：CNY0.37
　　中国现代年画作品。

J0060798
祝寿图　忻礼良作
上海　上海人民美术出版社　1988 年　1 张
76cm（2开）定价：CNY0.36
　　中国现代年画作品。作者忻礼良（1913—？），
浙江鄞县人。擅长年画。曾任上海画片出版社
特约作者、上海人民美术出版社创作人员等职。
代表作品有《毛主席和我们在一起》《姑嫂选笔》
《拾到五分钱》等。

J0060799
祝寿图　张广力作
上海　上海书画出版社　1988 年　1 轴（卷轴）
附对联 1 副　108cm（全开）定价：CNY4.00
　　中国现代年画作品。

J0060800
壮志屏　马云桥作
沈阳　辽宁美术出版社　1988 年　2 张　76cm（2开）

定价：CNY0.76
　　中国现代年画作品。

J0060801
子乐年丰　梁丙卓作
郑州　河南美术出版社　1988 年　1 张　54cm（4开）
定价：CNY0.13
　　中国现代年画作品。

J0060802
紫气东来　华三川作
南京　江苏古籍出版社　1988 年　1 轴（卷轴）
附对联 1 副　108cm（全开）定价：CNY4.00
　　中国现代年画作品。

J0060803
自古英雄出少年　阎凤成作
长春　吉林美术出版社　1988 年　2 张　76cm（2开）
定价：CNY0.76
　　中国现代年画作品。作者阎凤成（1942—　　），
画家。吉林大安人。任吉林市丰满区教师进修
学院教研员。代表作品有《愁》《瓜香时节》《礼
物》《落花有意》等。

J0060804
总理爱看家乡戏　一定，天鹰作
杭州　浙江人民美术出版社　1988 年　1 张
76cm（2开）定价：CNY0.32
　　中国现代年画作品。

J0060805
祖国的骄傲　冯杰作
南昌　江西人民出版社　1988 年　1 张
76cm（2开）定价：CNY0.42
　　中国现代年画作品。

J0060806
祖国的早晨　刘称奇作
南昌　江西人民出版社　1988 年　1 张
76cm（2开）定价：CNY0.42
　　中国现代年画作品。

J0060807
祖国繁荣幸福来　李世元作
沈阳　辽宁美术出版社　1988 年　1 张　76cm（2开）

定价：CNY0.36

中国现代年画作品。

J0060808

祖国颂

杭州 浙江人民美术出版社 1988 年 1 轴
附对联 1 副 108cm（全开）

中国现代年画作品。

J0060809

祖国万岁　谌学诗作

南昌 江西人民出版社 1988 年 1 张
76cm（2 开）定价：CNY0.42

中国现代年画作品。作者谌学诗（1942—　），
江西人。江西省美术家协会会员。曾从事美术
设计、美术编辑等工作。多幅作品为人民美术出
版社、上海美术出版社等出版发行。

J0060810

祖国卫士　裴文璐作

昆明 云南人民出版社 1988 年 1 张 76cm（2 开）
定价：CNY0.36

中国现代年画作品。作者裴文璐（1944—　），
出生于昆明，中国美术家协会会员，云南艺术学
院客座教授、云南省公安厅文联书画院名誉院
长。代表作品有《瑞丽江畔》《赶摆》。

J0060811

祖国卫士　裴文璐作

昆明 云南人民出版社 1988 年 1 张 54cm（4 开）
定价：CNY0.26

中国现代年画作品。

J0060812

尊老爱幼福乐寿　成砺志作

北京 人民美术出版社 1988 年 1 张 108cm（全开）
定价：CNY0.78

中国现代年画作品。作者成砺志（1954—　），
江苏扬州人。国家一级美术师，中国美术家协会
会员。主要作品《六老图·邓小平》《我为祖国争
光》《春暖万家》等。

J0060813

八大锤　任玉德绘

石家庄 河北美术出版社 1989 年 1 张

76cm（2 开）定价：CNY0.50

中国现代年画作品。

J0060814

八卦莲花掌

北京 中国电影出版社 1989 年 2 张
76cm（2 开）定价：CNY1.00

中国现代年画作品。

J0060815

八骏屏　刘鸿志绘

沈阳 辽宁美术出版社 1989 年 2 张 78cm（3 开）
定价：CNY1.80

中国现代年画作品。

J0060816

八仙过海　赵祥林绘

西安 陕西人民美术出版社 1989 年 1 张
76cm（2 开）定价：CNY2.40

中国现代年画作品。

J0060817

八仙贺寿　王瑞卿绘

石家庄 河北美术出版社 1989 年 1 张
107cm（全开）定价：CNY2.20

中国现代年画作品。

J0060818

八仙贺喜　刘玉斌绘

上海 上海人民美术出版社 1989 年 2 张
76cm（2 开）定价：CNY0.90

中国现代年画作品。

J0060819

白度母

成都 四川民族出版社 1989 年 1 张 53cm（4 开）
定价：CNY1.20

中国现代年画作品。

J0060820

白龙剑　樊绍曾绘

天津 天津人民美术出版社 1989 年 1 张
76cm（2 开）ISBN：7-5305-21644 定价：CNY0.50

中国现代年画作品。

J0060821
百福并臻　　王振祥绘；江显辉书
上海　上海人民美术出版社　1989 年　1 张
38cm（6 开）定价：CNY0.15
　　中国现代年画作品。

J0060822
百卉花开添富贵·一帆风顺展鸿图　　骆墨樵
撰；张标书
广州　岭南美术出版社　1989 年　2 张　78cm（2 开）
定价：CNY1.65
　　中国现代年画作品。

J0060823
百年和合　　林纹绘
长沙　湖南美术出版社　1989 年　1 张　76cm（2 开）
定价：CNY0.35
　　中国现代年画作品。

J0060824
百年之好
北京　中国电影出版社　1989 年　1 张
76cm（2 开）定价：CNY0.36
　　中国现代年画作品。

J0060825
百寿图　　申同景绘
石家庄　河北美术出版社　1989 年　1 轴（卷轴）
附对联一副　107cm（全开）
　　中国现代年画作品。

J0060826
百寿图
沈阳　辽宁美术出版社　1989 年　1 轴（卷轴）
107cm（全开）定价：CNY0.90
　　中国现代年画作品。

J0060827
百寿图　　陈明达绘
上海　上海人民美术出版社　1989 年　1 张
76cm（2 开）定价：CNY0.45
　　中国现代年画作品。

J0060828
百业兴旺·福寿双全　　张锡武绘
昆明　云南人民出版社　1989 年　1 张　53cm（4 开）
定价：CNY0.30
　　中国现代年画作品。

J0060829
报喜　　魏瀛洲
长春　吉林美术出版社　1989 年　1 张　76cm（2 开）
定价：CNY0.55
　　中国现代年画作品。

J0060830
财宝聚丰　　杨怀，师平绘
天津　天津人民美术出版社　1989 年　1 张
76cm（2 开）定价：CNY0.50
　　中国现代年画作品。

J0060831
财宝聚丰　福寿安康　　杨怀，师平绘
天津　天津人民美术出版社　1989 年　1 张
107cm（全开）定价：CNY1.00
　　中国现代年画作品。

J0060832
财宝涌进　　童金贵绘
沈阳　辽宁画报社　1989 年　1 张　76cm（2 开）
定价：CNY0.55
　　中国现代年画作品。

J0060833
财临门
重庆　重庆出版社　1989 年　1 张　76cm（2 开）
定价：CNY1.00
　　中国现代年画作品。

J0060834
财临门
重庆　重庆出版社　1989 年　1 张　76cm（2 开）
定价：CNY0.45
　　中国现代年画作品。

J0060835
财神到　福临门
南宁　广西人民出版社　1989 年　1 张　53cm（4 开）
定价：CNY0.25
　　中国现代年画作品。

J0060836
财神到 福临门
南宁 广西人民出版社 1989年 1张 76cm（2开）
定价：CNY0.50
　　中国现代年画作品。

J0060837
财源广进·阖第吉年
南宁 广西人民出版社 1989年 1张 76cm（2开）
定价：CNY0.50
　　中国现代年画作品。

J0060838
财源广进·阖第吉年
南宁 广西人民出版社 1989年 1张 53cm（4开）
定价：CNY0.25
　　中国现代年画作品。

J0060839
财源茂盛　范思树绘
长春 吉林美术出版社 1989年 1张 76cm（2开）
定价：CNY0.55
　　中国现代年画作品。

J0060840
财源茂盛庆有余　彭公林绘
沈阳 辽宁美术出版社 1989年 1张 76cm（2开）
定价：CNY0.55
　　中国现代年画作品。作者彭公林，画家。
绘有连环画《献给祖国》《吉庆有余》《鹤鹿长
寿》等。

J0060841
苍蛙救嫂　影方供稿
西安 陕西人民美术出版社 1989年 2张
76cm（2开）定价：CNY0.95
　　中国现代年画作品。

J0060842
程咬金·罗成　李红才绘
天津 天津人民美术出版社 1989年 1张
76cm（2开）定价：CNY0.55
　　本作品为中国现代年画。

J0060843
初恋时，我们不懂爱情
北京 中国电影出版社 1989年 2张
76cm（2开）定价：CNY1.00
　　中国现代年画作品。

J0060844
春色满园　浙江人民美术出版社编
杭州 浙江人民美术出版社 1989年 1张
76cm（2开）定价：CNY1.20
　　中国现代年画作品。

J0060845
春禧　周锡珑书
广州 岭南美术出版社 1989年 1张 53cm（4开）
定价：CNY0.18
　　中国现代年画作品。

J0060846
春夏秋冬行好运，东南西北遇贵人　严勇书
广州 岭南美术出版社 1989年 1张 38cm（4开）
定价：CNY0.70
　　中国现代年画作品。

J0060847
纯真　迭文摄
武汉 湖北美术出版社 1989年 1张 76cm（2开）
定价：CNY0.90
　　中国现代年画作品。

J0060848
大闹天宫　安杰绘
上海 上海人民美术出版社 1989年 1张
76cm（2开）定价：CNY0.45
　　中国现代年画作品。

J0060849
戴纱巾的姑娘　析浅摄
武汉 湖北美术出版社 1989年 1张 76cm（2开）
定价：CNY0.90
　　中国现代年画作品。

J0060850
狄青与双阳公主　李红才绘
天津 天津人民美术出版社 1989年 1张

76cm（2开）定价: CNY0.50
　　本作品为中国现代年画。

J0060851
疯秀才断案
北京 中国电影出版社 1989 年 2 张
76cm（2开）定价: CNY1.00
　　中国现代年画作品。

J0060852
佛像
成都 四川民族出版社 1989 年 9 张 53cm（4开）
定价: CNY12.50
　　中国现代年画作品。

J0060853
福
重庆 重庆出版社 1989 年 1 张 107cm（全开）
定价: CNY1.10
　　中国现代年画作品。

J0060854
福富丰年　郭仲文
长春 吉林美术出版社 1989 年 1 张 76cm（2开）
定价: CNY0.60
　　中国现代年画作品。

J0060855
福满人间气象新·喜临大地风光好　甘荫村
撰；周锡珑书
广州 岭南美术出版社 1989 年 2 张 76cm（2开）
定价: CNY1.10
　　中国现代年画作品。

J0060856
福满堂
重庆 重庆出版社 1989 年 1 张 76cm（2开）
定价: CNY0.45
　　中国现代年画作品。

J0060857
福上有余　安杰绘
长春 吉林美术出版社 1989 年 1 张 76cm（2开）
定价: CNY0.55
　　中国现代年画作品。

J0060858
福寿齐天　赵梦林作
西安 陕西人民美术出版社 1989 年 1 张
107cm（全开）定价: CNY1.05
　　中国现代年画作品。

J0060859
福寿如意
成都 四川省新闻图片社 1989 年 1 张
76cm（2开）定价: CNY0.45
　　中国现代年画作品。

J0060860
福星拱照　周锡光书
广州 岭南美术出版社 1989 年 1 张 53cm（4开）
定价: CNY0.18
　　中国现代年画作品。

J0060861
歌坛红星　（一）
北京 朝花美术出版社 1989 年 1 张 76cm（2开）
定价: CNY1.00
　　中国现代年画作品。

J0060862
歌坛红星　（二）
北京 朝花美术出版社 1989 年 1 张 76cm（2开）
定价: CNY1.00
　　中国现代年画作品。

J0060863
歌坛红星　（三）
北京 朝花美术出版社 1989 年 1 张 76cm（2开）
定价: CNY1.00
　　中国现代年画作品。

J0060864
歌坛红星　（四）
北京 朝花美术出版社 1989 年 1 张 76cm（2开）
定价: CNY1.00
　　中国现代年画作品。

J0060865
观世音菩萨　中国佛教协会云南省分会编
昆明 云南人民出版社 1989 年 1 张 107cm（全开）

定价：CNY1.60
　　中国现代年画作品。

J0060866
观世音菩萨
昆明　云南人民出版社　1989 年　1 张　76cm（2 开）
定价：CNY1.40
　　中国现代年画作品。

J0060867
海之歌
南京　江苏美术出版社　1989 年　1 张　76cm（2 开）
定价：CNY1.10
　　中国现代年画作品。

J0060868
寒梅挺秀　浙江人民美术出版社编
杭州　浙江人民美术出版社　1989 年　1 轴（卷轴）
附对联一副 107cm（全开）定价：CNY5.40
　　中国现代年画作品。

J0060869
和顺满门添百福，年安二字值千金　严勇书
广州　岭南美术出版社　1989 年　1 张　38cm（4 开）
定价：CNY0.70
　　中国现代年画作品。

J0060870
黑旗特使
北京　中国电影出版社　1989 年　2 张
76cm（2 开）定价：CNY1.00
　　中国现代年画作品。

J0060871
嘿，姐儿们
北京　中国电影出版社　1989 年　2 张
76cm（2 开）定价：CNY1.00
　　中国现代年画作品。

J0060872
红姑寨恩仇记　北京电影制片厂供稿
南京　江苏美术出版社　1989 年　2 张　76cm（2 开）
定价：CNY1.00
　　中国现代年画作品。

J0060873
红楼四钗
北京　中国电影出版社　1989 年　2 张
76cm（2 开）定价：CNY1.00
　　中国现代年画作品。

J0060874
红楼四美图
北京　中国电影出版社　1989 年　2 张
76cm（2 开）定价：CNY1.00
　　中国现代年画作品。

J0060875
红衣少女　张海发绘
西安　陕西人民美术出版社　1989 年　1 张
76cm（2 开）定价：CNY1.05
　　中国现代年画作品。

J0060876
花街皇后
北京　中国电影出版社　1989 年　2 张
76cm（2 开）定价：CNY1.00
　　中国现代年画作品。

J0060877
花鸟风光屏
沈阳　辽宁美术出版社　1989 年　4 张（卷轴）
76cm（2 开）定价：CNY3.20
　　中国现代年画作品。

J0060878
花容玉貌 （1）
上海　上海人民美术出版社　1989 年　1 张
76cm（2 开）定价：CNY1.00
　　中国现代年画作品。

J0060879
花容玉貌 （2）
上海　上海人民美术出版社　1989 年　1 张
76cm（2 开）定价：CNY1.00
　　中国现代年画作品。

J0060880
花容玉貌 （3）
上海　上海人民美术出版社　1989 年　1 张

76cm（2开）定价：CNY1.00
中国现代年画作品。

J0060881
花容玉貌 （4）
上海 上海人民美术出版社 1989年 1张
76cm（2开）定价：CNY1.00
中国现代年画作品。

J0060882
花容玉貌 （5）
上海 上海人民美术出版社 1989年 1张
76cm（2开）定价：CNY1.00
中国现代年画作品。

J0060883
花容玉貌 （6）
上海 上海人民美术出版社 1989年 1张
76cm（2开）定价：CNY1.00
中国现代年画作品。

J0060884
华容道 李红才绘
北京 人民美术出版社 1989年 1张 76cm（2开）
定价：CNY0.50
本作品为中国现代年画。

J0060885
黄河大侠
北京 中国电影出版社 1989年 2张
76cm（2开）定价：CNY0.98
中国现代年画作品。

J0060886
黄山群峰 （摄影）
成都 四川省新闻图片社 1989年 1张
76cm（2开）定价：CNY0.90
中国现代年画作品。

J0060887
吉庆有余
北京 中国电影出版社 1989年 1张
76cm（2开）定价：CNY0.50
中国现代年画作品。

J0060888
吉祥如意 宋宁书
广州 岭南美术出版社 1989年 1张［78cm］（3开）
定价：CNY0.32
中国现代年画作品。

J0060889
吉祥如意 彭石根书
广州 岭南美术出版社 1989年 1张 53cm（4开）
定价：CNY0.18
中国现代年画作品。

J0060890
吉祥如意 安泰，齐进绘
天津 天津人民美术出版社 1989年 1张
76cm（2开）定价：CNY0.50
中国现代年画作品。

J0060891
吉祥如意
杭州 浙江人民美术出版社 1989年 4张（卷轴）
76cm（2开）定价：CNY6.70
中国现代年画作品。

J0060892
贾宝玉与林黛玉
北京 中国电影出版社 1989年 2张
76cm（2开）定价：CNY1.00
中国现代年画作品。

J0060893
江西年画 （1990）
南昌 江西人民出版社 1989年 13×19cm
中国现代年画作品。

J0060894
将门豪杰 李红才绘
广州 岭南美术出版社 1989年 1张 76cm（2开）
定价：CNY0.48
本作品为中国现代年画。

J0060895
将门豪杰 李红才绘
广州 岭南美术出版社 1989年 1张 53cm（4开）
定价：CNY0.24

本作品为中国现代年画。

J0060896
姐妹奇缘　徐晓摄
上海　上海人美术出版社 1989 年 2 张
76cm（2 开）定价：CNY0.90
　　中国现代年画作品。

J0060897
金匾背后
北京　中国电影出版社 1989 年 2 张
76cm（2 开）定价：CNY1.00
　　中国现代年画作品。

J0060898
金镖黄天霸　莎草编
天津　天津人民美术出版社 1989 年 2 张
76cm（2 开）定价：CNY1.10
　　中国现代年画作品。

J0060899
金鱼花鸟屏
沈阳　辽宁美术出版社 1989 年 4 张（卷轴）
76cm（2 开）定价：CNY3.60
　　中国现代年画作品。

J0060900
金玉满堂　周锡珧书
广州　岭南美术出版社 1989 年 1 张 53cm（4 开）
定价：CNY0.18
　　中国现代年画作品。

J0060901
金锥银镖　蒋钊奎编文；徐晓摄
南京　江苏美术出版社 1989 年 2 张 76cm（2 开）
定价：CNY1.00
　　中国现代年画作品。

J0060902
锦绣河山
长春　吉林美术出版社 1989 年 1 轴（卷轴）
（附对联 1 副）107cm（全开）
　　中国现代年画作品。

J0060903
锦绣河山　（摄影）
南京　江苏美术出版社 1989 年 1 张 76cm（2 开）
定价：CNY1.10
　　中国现代年画作品。

J0060904
漓江晨雾　王守平摄
重庆　重庆出版社 1989 年 1 张 76cm（2 开）
定价：CNY0.90
　　中国现代年画作品。

J0060905
两宫皇太后
北京　中国电影出版社 1989 年 2 张
76cm（2 开）定价：CNY1.00
　　中国现代年画作品。

J0060906
绿度母
成都　四川民族出版社 1989 年 1 张 53cm（4 开）
定价：CNY1.20
　　中国现代年画作品。

J0060907
门迎春夏秋冬福，户纳东西南北财　严勇书
广州　岭南美术出版社 1989 年 1 张 53cm（4 开）
定价：CNY0.70
　　中国现代年画作品。

J0060908
米拉日巴
成都　四川民族出版社 1989 年 1 张 53cm（4 开）
定价：CNY1.20
　　中国现代年画作品。

J0060909
民富国强万物盛·人和家兴百业昌　曹利祥
撰；招仕波书
广州　岭南美术出版社 1989 年 1 张 53cm（4 开）
定价：CNY0.70
　　中国现代年画作品。

J0060910
末代皇帝

北京 中国电影出版社 1989 年 2 张 76cm（2 开）
定价：CNY1.00
  中国现代年画作品。

J0060911
闹花堂
北京 中国电影出版社 1989 年 2 张
76cm（2 开）定价：CNY1.00
  中国现代年画作品。

J0060912
年年如意 魏瀛洲
长春 吉林美术出版社 1989 年 1 张 76cm（2 开）
定价：CNY0.55
  中国现代年画作品。

J0060913
年年喜有余 安杰绘
沈阳 辽宁美术出版社 1989 年 1 张 76cm（2 开）
定价：CNY0.55
  中国现代年画作品。

J0060914
鸟语花香 浙江人民美术出版社编
杭州 浙江人民美术出版社 1989 年 2 张
76cm（2 开）定价：CNY0.90
  中国现代年画作品。

J0060915
牛魔王新传 朱铭善改编；朱铭善，王筠绘
上海 上海人民美术出版社 1989 年 40 页
19cm（32 开）定价：CNY1.20
（动画大王画库）
  中国现代年画作品。

J0060916
判婚记 周洪良词；池一平等摄
杭州 浙江人民美术出版社 1989 年 2 张
76cm（2 开）定价：CNY0.90
  中国现代年画作品。

J0060917
麒麟锁 蒋能德词；池一平等摄
杭州 浙江人民美术出版社 1989 年 2 张
76cm（2 开）定价：CNY0.90
  中国现代年画作品。

J0060918
气壮山河
上海 上海书画出版社 1989 年 1 轴（卷轴）
附对联一副 107cm（全开）定价：CNY3.00
  中国现代年画作品。

J0060919
汽车大观 陈宝万供稿
南京 江苏美术出版社 1989 年 2 张 76cm（2 开）
定价：CNY1.50
  中国现代年画作品。

J0060920
秦叔宝·尉池恭
重庆 重庆出版社 1989 年 1 张 76cm（2 开）
定价：CNY0.45
  中国现代年画作品。

J0060921
人逢盛世千家乐，户沐春阳万事兴 潘思
明撰；招仕波书
广州 岭南美术出版社 1989 年 1 张 53cm（4 开）
定价：CNY0.70
  中国现代年画作品。

J0060922
人勤家富添百福，和气生财纳千祥 甘荫
村撰；周锡珖书
广州 岭南美术出版社 1989 年 2 张 76cm（2 开）
定价：CNY1.10
  中国现代年画作品。

J0060923
日本风光
北京 人民美术出版社 1989 年 2 张 76cm（2 开）
定价：CNY1.05
  中国现代年画作品。

J0060924
三 T 公司
北京 中国电影出版社 1989 年 2 张
76cm（2 开）定价：CNY1.00
  中国现代年画作品。

J0060925
三宝闹深圳
北京 中国电影出版社 1989年 2张
76cm（2开）定价：CNY1.00
　　中国现代年画作品。

J0060926
三结鸾凤　范迪声编文；华阳摄
天津 天津人民美术出版社 1989年 2张
76cm（2开）定价：CNY1.10
　　中国现代年画作品。

J0060927
三星高照
沈阳 辽宁美术出版社 1989年 1轴（卷轴）
107cm（全开）定价：CNY1.60
　　中国现代年画作品。

J0060928
三阳开泰　安泰，齐进绘
天津 天津人民美术出版社 1989年 1张
76cm（2开）定价：CNY0.50
　　中国现代年画作品。

J0060929
山居秋意
南京 江苏美术出版社 1989年 1张 76cm（2开）
定价：CNY1.40
　　中国现代年画作品。

J0060930
陕西年画　（1989）陕西人民美术出版社编
西安 陕西人民美术出版社 1989年 111页
26cm（16开）定价：CNY7.00
　　中国现代年画作品。

J0060931
上将英姿
上海 上海人民美术出版社 1989年 1张
76cm（2开）定价：CNY1.00
　　中国现代年画作品。

J0060932
少侠奇缘
北京 中国电影出版社 1989年 2张
76cm（2开）定价：CNY1.00
　　中国现代年画作品。

J0060933
深宫刺帝　曹恬摄
西安 陕西人民美术出版社 1989年 2张
76cm（2开）定价：CNY0.95
　　中国现代年画作品。

J0060934
神鞭
北京 中国电影出版社 1989年 2张
76cm（2开）定价：CNY1.00
　　中国现代年画作品。

J0060935
十全十美万事如意　安杰绘
北京 人民美术出版社 1989年 1张 76cm（2开）
定价：CNY0.50
　　中国现代年画作品。

J0060936
石林　朗琦摄
沈阳 辽宁画报社 1989年 1张 85cm（3开）
定价：CNY0.75
　　中国现代年画作品。

J0060937
时轮金刚
成都 四川民族出版社 1989年 1张 53cm（4开）
定价：CNY1.20
　　中国现代年画作品。

J0060938
世界风光
南昌 江西人民出版社 1989年 1张 76cm（2开）
定价：CNY0.48
　　中国现代年画作品。

J0060939
世界风光
北京 人民美术出版社 1989年 2张 76cm（2开）
定价：CNY1.05
　　中国现代年画作品。

J0060940
世界风光
天津 天津人民美术出版社 1989 年 2 张
76cm（2 开）定价：CNY1.10
　　中国现代年画作品。

J0060941
世界风光集锦　江苏美术出版社编
南京 江苏美术出版社 1989 年 2 张 76cm（2 开）
定价：CNY1.50
　　中国现代年画作品。

J0060942
首都新貌　山川摄
重庆 重庆出版社 1989 年 1 张 76cm（2 开）
定价：CNY0.90
　　中国现代年画作品。

J0060943
寿
重庆 重庆出版社 1989 年 1 张 107cm（全开）
定价：CNY1.10
　　中国现代年画作品。

J0060944
寿比南山
天津 天津人民美术出版社 1989 年 1 张
76cm（2 开）定价：CNY0.50
　　中国现代年画作品。

J0060945
寿比南山松·福如东海水　杜朝中作
上海 上海人民美术出版社 1989 年 2 张
76cm（2 开）定价：CNY1.40
　　中国现代年画作品。

J0060946
私奔
北京 中国电影出版社 1989 年 2 张
76cm（2 开）定价：CNY1.00
　　中国现代年画作品。

J0060947
松鹤延年　顾国治，顾晓菁绘
天津 天津人民美术出版社 1989 年 1 轴（卷轴）

107cm（全开）定价：CNY4.60
　　中国现代工艺美术年画作品。

J0060948
岁朝图
北京 人民美术出版社 1989 年 1 张 76cm（2 开）
定价：CNY0.50
　　中国现代年画作品。

J0060949
孙悟空大战老鼠精　秀时改编；启民等绘
沈阳 辽宁美术出版社 1989 年 2 张 76cm（2 开）
定价：CNY1.10
　　中国现代年画作品。

J0060950
台湾名胜景观　高正潮供稿
南京 江苏美术出版社 1989 年 2 张 76cm（2 开）
定价：CNY1.50
　　中国现代年画作品。

J0060951
抬花轿
北京 中国电影出版社 1989 年 2 张
76cm（2 开）定价：CNY1.00
　　中国现代年画作品。

J0060952
唐伯虎
北京 中国电影出版社 1989 年 2 张
76cm（2 开）定价：CNY0.98
　　中国现代年画作品。

J0060953
唐伯虎做媒　蒋剑奎编；徐晓摄
天津 天津人民美术出版社 1989 年 2 张
76cm（2 开）定价：CNY1.08
　　中国现代年画作品。

J0060954
天湖女侠
北京 中国电影出版社 1989 年 2 张
76cm（2 开）定价：CNY1.00
　　中国现代年画作品。

J0060955

天增岁月人增寿，春满人间福满楼　严勇书

广州　岭南美术出版社　1989年　1张　54cm（4开）

定价：CNY0.70

中国现代年画作品。

J0060956

童子招财·吉星进宝

重庆　重庆出版社　1989年　1张　76cm（2开）

定价：CNY0.45

中国现代年画作品。

J0060957

土寨晴云

南京　江苏美术出版社　1989年　1张　76cm（2开）

定价：CNY1.40

中国现代年画作品。

J0060958

娃娃戏——岳云出山　赵祥林作

西安　陕西人民美术出版社　1989年　1张

76cm（2开）定价：CNY0.48

中国现代年画作品。

J0060959

王熙凤　影宣供稿

沈阳　辽宁美术出版社　1989年　1张　76cm（2开）

定价：CNY0.55

中国现代年画作品。

J0060960

无敌鸳鸯腿　莎草编文

天津　天津人民美术出版社　1989年　2张

76cm（2开）定价：CNY1.10

中国现代年画作品。

J0060961

五福临门　安杰绘

沈阳　辽宁美术出版社　1989年　1张　76cm（2开）

定价：CNY0.55

中国现代年画作品。

J0060962

五福临门　招仕波书

广州　岭南美术出版社　1989年　1张　53cm（4开）

定价：CNY0.18

中国现代年画作品。

J0060963

五福临门　安杰绘

北京　人民美术出版社　1989年　1张　76cm（2开）

定价：CNY0.50

中国现代年画作品。

J0060964

悟空战三妖　舒杨改编；张德俊，聂秀功绘

杭州　浙江人民美术出版社　1989年　2张

76cm（2开）定价：CNY0.90

中国现代年画作品。作者张德俊（1946—　　），
画家。江苏海安人。毕业于南京艺术学院美术系。
曾任常州市刘海粟美术馆馆长、中国美协年画艺
委会委员等职。主要作品有《凤仪亭》《天翻地
覆慨而慷》《紫金山顶的瑰宝》等。

J0060965

喜气盈门　严勇书

广州　岭南美术出版社　1989年　1张　53cm（4开）

定价：CNY0.16

中国现代年画作品。

J0060966

萧何月下追韩信　李宏才绘

天津　天津人民美术出版社　1989年　1张

76cm（2开）定价：CNY0.50

本作品为中国现代年画。

J0060967

小李广花荣·双鞭呼延灼　金平定绘

昆明　云南人民出版社　1989年　1张　53cm（4开）

定价：CNY0.30

本作品为年画形式的中国现代国画人物画。

J0060968

小李广花荣·双鞭呼延灼　金平定绘

昆明　云南人民出版社　1989年　1张　76cm（2开）

定价：CNY0.55

本作品为年画形式的中国现代国画人物画。

J0060969

心想事成处处欢·人兴财旺家家乐　张标书

广州 岭南美术出版社 1989 年 2 张 76cm（2 开）
定价：CNY1.10
　　中国现代年画作品。

J0060970
幸福　良量书
广州 岭南美术出版社 1989 年 1 张 76cm（2 开）
定价：CNY0.53
　　中国现代年画作品。

J0060971
迎春　严勇书
广州 岭南美术出版社 1989 年 1 张 76cm（2 开）
定价：CNY0.53
　　中国现代年画作品。

J0060972
游侠黑蝴蝶
北京 中国电影出版社 1989 年 2 张
76cm（2 开）定价：CNY1.00
　　中国现代年画作品。

J0060973
有福大叔的婚事
北京 中国电影出版社 1989 年 2 张
76cm（2 开）定价：CNY1.00
　　中国现代年画作品。

J0060974
咱们的退伍兵
北京 中国电影出版社 1989 年 1 张
76cm（2 开）定价：CNY0.36
　　中国现代年画作品。

J0060975
咱们的退伍兵
北京 中国电影出版社 1989 年 1 张
76cm（2 开）定价：CNY0.50
　　中国现代年画作品。

J0060976
招财进宝
南宁 广西人民出版社 1989 年 1 张 53cm（4 开）
定价：CNY0.25
　　中国现代年画作品。

J0060977
招财进宝
南宁 广西人民出版社 1989 年 1 张 76cm（2 开）
定价：CNY0.50
　　中国现代年画作品。

J0060978
真假女婿　蒋剑奎编；徐晓摄
南京 江苏美术出版社 1989 年 2 张 76cm（2 开）
定价：CNY1.00
　　中国现代年画作品。

J0060979
争艳
北京 人民美术出版社 1989 年 1 张 107cm（全开）
定价：CNY1.00
　　中国现代年画作品。

J0060980
中国世界之最　（二）安茂让绘
济南 山东美术出版社 1989 年 1 张 76cm（2 开）
定价：CNY0.42
　　中国现代年画作品。

J0060981
中华盛世·五喜夺魁　安杰绘
太原 山西人民出版社 1989 年 1 张 76cm（2 开）
定价：CNY0.55
　　中国现代年画作品。

J0060982
中秋佳色
沈阳 辽宁美术出版社 1989 年 1 张 107cm（全开）
定价：CNY2.40
　　中国现代年画作品。

J0060983
竹报平安福·花开富贵春　周萍作；周慧珺书
上海 上海人民美术出版社 1989 年 2 张
76cm（2 开）定价：CNY1.30
　　中国现代年画作品。作者周慧珺（1939—　），
女，书法家。浙江镇海人，就读于上海市青年宫
书法学习班。历任中国书法家协会副主席、上海
书法家协会主席、中国书法家协会顾问、上海市
书法家协会名誉主席。出版有《周慧珺古代爱国

诗词行书字帖》。

J0060984
祝您快乐 （一）
北京 朝花美术出版社 1989 年 1 张 76cm（2 开）
定价：CNY1.00
　　中国现代年画作品。

J0060985
祝您快乐 （二）
北京 朝花美术出版社 1989 年 1 张 76cm（2 开）
定价：CNY1.00
　　中国现代年画作品。

J0060986
祝您快乐 （三）
北京 朝花美术出版社 1989 年 1 张 76cm（2 开）
定价：CNY1.00
　　中国现代年画作品。

J0060987
祝您快乐 （四）
北京 朝花美术出版社 1989 年 1 张 76cm（2 开）
定价：CNY1.00
　　中国现代年画作品。

J0060988
祝您幸运 （1）
北京 朝花美术出版社 1989 年 1 张 76cm（2 开）
定价：CNY1.00
　　中国现代年画作品。

J0060989
祝您幸运 （2）
北京 朝花美术出版社 1989 年 1 张 76cm（2 开）
定价：CNY1.00
　　中国现代年画作品。

J0060990
祝您幸运 （3）
北京 朝花美术出版社 1989 年 1 张 76cm（2 开）
定价：CNY1.00
　　中国现代年画作品。

J0060991
祝您幸运 （4）
北京 朝花美术出版社 1989 年 1 张 76cm（2 开）
定价：CNY1.00
　　中国现代年画作品。

J0060992
宗喀巴
成都 四川民族出版社 1989 年 1 张 53cm（4 开）
定价：CNY1.20
　　中国现代年画作品。

J0060993
宗喀巴大师像
成都 四川民族出版社 1989 年 5 张
53cm（4 开）定价：CNY12.50
　　中国现代年画作品。

J0060994
祖国共天地同寿·江山与日月争辉　韦献青
作；胡问遂书
上海 上海人民美术出版社 1989 年 2 张
76cm（2 开）定价：CNY1.30
　　中国现代年画作品。作者韦献青(1956—　)。
擅长年画、油画。江苏常州人。进修于上海大学
美术学院美术设计系。现任上海人民美术出版
社年画、宣传画室编辑。作品《我的小鸟 》《四
化新标兵》《天上有个太阳》均入选全国美展。
作者胡问遂(1918—1999)，书法家。浙江绍兴人。
历任上海中国画院一级美术师、中国书法家协会
理事、上海书法家协会主席团成员、上海文史馆
馆员。代表作品《大楷习字帖》《七律·到韶山》
《七律·自嘲》《常用字字帖》等。

J0060995
1990 年画缩样 （挂历）
北京 人民美术出版社 1990 年 119 页
19×26cm ISBN：7-102-00527-X
　　中国现代年画作品。

J0060996
1991 年画缩样
昆明 云南人民出版社 1990 年 2 册 13×19cm
定价：CNY1.10
　　中国现代年画作品。

J0060997
八大王
北京 中国电影出版社 1990年 2张 76cm（2开）
定价：CNY1.00
　　中国现代年画作品。

J0060998
八方进宝　徐德元等绘
沈阳 辽宁美术出版社 1990年 1张 76cm（2开）
ISBN：7-5314-0147-2 定价：CNY0.55
　　中国现代年画作品。

J0060999
八方进宝家家乐　彭公林，彭红绘
沈阳 辽宁美术出版社 1990年 1张 76cm（2开）
定价：CNY0.55
　　中国现代年画作品。

J0061000
八瑞物　（康巴）洛松向秋绘
北京 民族出版社 1990年 1张 53cm（4开）
定价：CNY1.10
　　中国现代年画作品。

J0061001
八仙过海　（摄影 1991年年历）林伟新摄
上海 上海书画出版社 1990年 1张（4开）
定价：CNY0.50
　　中国现代年画作品。

J0061002
八仙过海图　林旺绘
呼和浩特 内蒙古人民出版社 1990年 1张
76cm（2开）定价：CNY0.55
　　中国现代年画作品。

J0061003
八仙祝寿图　申同景绘
天津 天津人民美术出版社 1990年 1轴（卷轴）
对联 1 副（全开）定价：CNY5.00
　　中国现代年画作品。

J0061004
白帆海影
南京 江苏美术出版社 1990年 1张（2开）

定价：CNY1.40
　　中国现代年画作品。

J0061005
白鸽少女
上海 上海人民美术出版社 1990年 2张（2开）
定价：CNY2.00
　　中国现代年画作品。

J0061006
白蛇传　金肇芳绘
天津 天津人民美术出版社 1990年 1张
76cm（2开）定价：CNY0.50
　　中国现代年画作品。

J0061007
百福千祥　范恩树绘
哈尔滨 黑龙江美术出版社 1990年 1张
76cm（2开）定价：CNY0.55
　　中国现代年画作品。作者范恩树（1946—　），
吉林梨树县人。吉林省美术家协会会员，曾任梨
树县美协副主席兼秘书长。作品有《献给老师》
《春满神州》《吉庆有余》等。

J0061008
百寿图　申同景绘
石家庄 河北美术出版社 1990年 1轴（卷轴）
对联 1 副（全开）定价：CNY2.20
　　中国现代年画作品。

J0061009
百寿图　季乃仓绘
济南 山东美术出版社 1990年 1张 76cm（2开）
定价：CNY0.50
　　中国现代年画作品。

J0061010
百业兴旺·财源茂盛　冯淑英，冯淑真绘
石家庄 河北美术出版社 1990年 1张
76cm（2开）定价：CNY0.50
　　中国现代年画作品。

J0061011
拜月记　子纯绘；秀时编文
沈阳 辽宁美术出版社 1990年 2张 76cm（2开）

定价: CNY1.10
　　中国现代年画作品。

J0061012
宝贵如意　化金莲绘
呼和浩特　内蒙古人民出版社　1990 年　1 张
76cm(2 开) 定价: CNY0.55
　　中国现代年画作品。作者化金莲(1952—　　),
内蒙古固阳人。毕业于内蒙古师院艺术系。乌
兰察布盟师范学校教师、中国美术家协会内蒙古
分会会员、乌盟美术家协会副主席、乌盟美术教
育研究会副理事长。编著出版《手工美术》。

J0061013
碧波清流
兰州　甘肃人民美术出版社　1990 年　1 张
107cm(全开) 定价: CNY3.95
　　中国现代年画作品。

J0061014
财源茂盛　童金贵, 童红绘
沈阳　辽宁美术出版社　1990 年　1 张　76cm(2 开)
定价: CNY0.55
　　中国现代年画作品。

J0061015
彩虹飞瀑
天津　天津人民美术出版社　1990 年　1 张(4 开)
定价: CNY0.30
　　中国现代年画作品。

J0061016
参娃献寿　蔡琦珍绘
哈尔滨　黑龙江美术出版社　1990 年　1 张
76cm(2 开) 定价: CNY0.55
　　中国现代年画作品。

J0061017
参籽正红　周洪生绘
长春　吉林美术出版社　1990 年　1 张　76cm(2 开)
定价: CNY0.55
　　年画形式的中国宣传画作品。作者周洪生
(1938—　　), 画家。吉林梨树人, 毕业于吉林艺
术专科学校美术系和吉林艺术学校国画系。历
任四平群众艺术馆副研究馆员、梨树文化馆美术

组工作人员。作品有《献给我们的教师》《我心
中的歌》。

J0061018
嫦娥与后羿　徐德元, 徐蕾绘
哈尔滨　黑龙江美术出版社　1990 年　2 张
76cm(2 开) 定价: CNY1.15
　　中国现代年画作品。

J0061019
乘象将军　安宁, 俊国绘
石家庄　河北美术出版社　1990 年　1 张
76cm(2 开) 定价: CNY0.50
　　中国现代年画作品。

J0061020
乘象将军　安宁, 俊国绘
石家庄　河北美术出版社　1990 年　1 张
53cm(4 开) 定价: CNY0.25
　　中国现代年画作品。

J0061021
初春
北京　人民体育出版社　1990 年　1 张　76cm(2 开)
定价: CNY0.55
　　中国现代年画作品。

J0061022
传统杨柳青年画娃娃专辑
天津　天津杨柳青画社　1990 年　10 张 13cm(64 开)
　　中国现代年画作品。

J0061023
春花
北京　人民体育出版社　1990 年　1 张　76cm(2 开)
定价: CNY0.55
　　中国现代年画作品。

J0061024
第四届全国年画展获奖作品选
北京　人民美术出版社　1990 年　26×23cm
ISBN: 7-102-00595-4 定价: CNY30.00
　　中国现代年画作品。

J0061025
冬
呼和浩特 内蒙古人民出版社 1990 年
1 张（4 开）定价：CNY0.55
　　中国现代年画作品。

J0061026
都市即景
上海 上海人民美术出版社 1990 年 4 张（2 开）
定价：CNY4.00
　　中国现代年画作品。

J0061027
断喉剑
北京 中国电影出版社 1990 年 2 张 76cm（2 开）
定价：CNY1.00
　　中国现代年画作品。

J0061028
峨嵋林曦　晓君摄
北京 人民美术出版社 1990 年 1 张 76cm（2 开）
定价：CNY1.00
　　中国现代年画作品。

J0061029
二子开店
北京 中国电影出版社 1990 年 2 张 76cm（2 开）
定价：CNY1.00
　　中国现代年画作品。

J0061030
繁花似锦
天津 天津人民美术出版社 1990 年 1 张（4 开）
定价：CNY0.30
　　中国现代年画作品。

J0061031
风趣
南京 江苏美术出版社 1990 年 1 张（2 开）
定价：CNY1.05
　　中国现代年画作品。

J0061032
封神榜
南京 江苏美术出版社 1990 年 2 张 76cm（2 开）

定价：CNY1.20
　　中国现代年画作品。

J0061033
福大寿高　童年，童金贵作
哈尔滨 黑龙江美术出版社 1990 年 1 张
76cm（2 开）定价：CNY0.55
　　中国现代年画作品。

J0061034
福寿双全　安杰，平阳绘
沈阳 辽宁美术出版社 1990 年 1 张 76cm（2 开）
定价：CNY0.55
　　中国现代年画作品。

J0061035
福到喜到庆有余　柳忠福绘
石家庄 河北美术出版社 1990 年 1 张
76cm（2 开）定价：CNY0.50
　　中国现代年画作品。

J0061036
恭喜发财富富有余　安杰绘
哈尔滨 黑龙江美术出版社 1990 年 1 张
76cm（2 开）定价：CNY0.55
　　中国现代年画作品。

J0061037
姑苏一怪
北京 中国电影出版社 1990 年 2 张 76cm（2 开）
定价：CNY1.00
　　中国现代年画作品。

J0061038
古堡巍峨
南京 江苏美术出版社 1990 年 1 张（2 开）
定价：CNY1.40
　　中国现代年画作品。

J0061039
古帆雄姿
南京 江苏美术出版社 1990 年 1 张（2 开）
定价：CNY1.40
　　中国现代年画作品。

J0061040

海滨晨辉

南京　江苏美术出版社　1990 年　1 张（2 开）

定价：CNY1.40

中国现代年画作品。

J0061041

海南椰林

天津　天津人民美术出版社　1990 年　1 张（4 开）

定价：CNY0.30

中国现代年画作品。

J0061042

航空小姐

上海　上海人民美术出版社　1990 年　4 张（2 开）

定价：CNY4.00

中国现代年画作品。

J0061043

合美幸福禧有余　安杰绘

长春　吉林美术出版社　1990 年　1 张　76cm（2 开）

定价：CNY0.55

中国现代年画作品。

J0061044

狐仙巧助美姻缘　笑宇改编；晓地摄

天津　天津人民美术出版社　1990 年　2 张

76cm（2 开）定价：CNY1.10

中国现代年画作品。

J0061045

花好月圆　尹晓军，尹晓平作

昆明　云南人民出版社 1990 年　1 张　76cm（2 开）

定价：CNY0.55

中国现代年画作品。

J0061046

花红艳

北京　中国电影出版社 1990 年　1 张　76cm（2 开）

定价：CNY0.50

中国现代年画作品。

J0061047

浣花溪　三月改编；晓地摄

天津　天津人民美术出版社　1990 年　2 张

76cm（2 开）定价：CNY1.10

中国现代年画作品。

J0061048

黄山奇观

天津　天津人民美术出版社　1990 年　1 张（4 开）

定价：CNY0.30

中国现代年画作品。

J0061049

贾宝玉和林黛玉　罗恒摄

天津　天津人民美术出版社　1990 年　1 张

76cm（2 开）定价：CNY0.50

中国现代年画作品。

J0061050

假日

北京　人民体育出版社 1990 年　1 张　76cm（2 开）

定价：CNY1.15

中国现代年画作品。

J0061051

健美

北京　人民体育出版社 1990 年　1 张　76cm（2 开）

定价：CNY1.15

中国现代年画作品。

J0061052

江湖妹子

北京　中国电影出版社 1990 年　2 张　76cm（2 开）

定价：CNY1.00

中国现代年画作品。

J0061053

江苏年画　（1991 年）江苏美术出版社编辑

南京　江苏美术出版社　1990 年　19×26cm

定价：CNY12.00

中国现代年画作品。

J0061054

矫健

北京　人民体育出版社 1990 年　1 张　76cm（2 开）

定价：CNY0.55

中国现代年画作品。

J0061055
接郎配　　马赛编文；陈志军摄
哈尔滨　黑龙江美术出版社　1990 年　2 张
76cm（2 开）定价：CNY1.15
　　中国现代年画作品。

J0061056
巾帼英雄　　何兆欣作
上海　上海书画出版社　1990 年　1 张　76cm（2 开）
定价：CNY1.50
　　中国现代年画作品。

J0061057
金色童年
北京　人民体育出版社　1990 年　1 张　76cm（2 开）
定价：CNY0.55
　　中国现代年画作品。

J0061058
金鞋
北京　中国电影出版社　1990 年　2 张　76cm（2 开）
定价：CNY1.00
　　中国现代年画作品。

J0061059
金玉良缘　　罗恒摄
天津　天津人民美术出版社　1990 年　1 张（2 开）
定价：CNY0.50
　　中国现代年画作品。

J0061060
金玉良缘　　丁宇光摄
北京　中国电影出版社　1990 年　1 张　76cm（2 开）
定价：CNY0.50
　　中国现代年画作品。

J0061061
敬德·关胜
上海　上海人民美术出版社　1990 年　2 张
76cm（2 开）定价：CNY0.90
　　中国现代年画作品。

J0061062
静
呼和浩特　内蒙古人民出版社　1990 年

1 张（全开）定价：CNY0.55
　　中国现代年画作品。

J0061063
开国大典
北京　中国电影出版社　1990 年　2 张　76cm（2 开）
定价：CNY1.00
　　中国现代年画作品。

J0061064
雷锋
石家庄　河北美术出版社　1990 年　1 张
76cm（2 开）定价：CNY1.00
　　中国现代年画作品。

J0061065
雷锋——我们学习的好榜样　　江显辉作
上海　上海人民美术出版社　1990 年　2 张
76cm（2 开）定价：CNY0.90
　　中国现代年画作品。

J0061066
李芳小姐
石家庄　河北美术出版社　1990 年　1 张
76cm（2 开）定价：CNY1.10
　　中国现代年画作品。

J0061067
历史文化名城扬州
南京　江苏美术出版社　1990 年　2 张（2 开）
定价：CNY1.50
　　中国现代年画作品。

J0061068
林海清流
天津　天津人民美术出版社　1990 年　1 张（4 开）
定价：CNY0.30
　　中国现代年画作品。

J0061069
林园花锦
南京　江苏美术出版社　1990 年　1 张　107cm（全开）
定价：CNY3.50
　　中国现代年画作品。

J0061070

龙凤飞舞

北京　人民体育出版社　1990 年　1 张

定价：CNY0.55

　　中国现代年画作品。

J0061071

龙宫取宝　　安杰绘

哈尔滨　黑龙江美术出版社　1990 年　1 张

76cm（2 开）定价：CNY0.55

　　中国现代年画作品。

J0061072

路

呼和浩特　内蒙古人民出版社　1990 年　1 张（4 开）

定价：CNY0.55

　　中国现代年画作品。

J0061073

吕布与貂婵　　马赛编；陈志军摄

哈尔滨　黑龙江美术出版社　1990 年　2 张

76cm（2 开）定价：CNY1.15

　　中国现代年画作品。

J0061074

吕四娘

北京　中国电影出版社　1990 年　2 张　76cm（2 开）

定价：CNY1.00

　　中国现代年画作品。

J0061075

马素贞复仇记　　姚华俊选编

天津　天津人民美术出版社　1990 年　2 张

76cm（2 开）定价：CNY1.10

　　中国现代年画作品。

J0061076

美丽的家乡

呼和浩特　内蒙古人民出版社　1990 年　1 张

定价：CNY0.55

　　中国现代年画作品。

J0061077

美满幸福

南京　江苏美术出版社　1990 年　1 张　76cm（2 开）

定价：CNY0.55

　　中国现代年画作品。

J0061078

绵竹年画　　高文等编

北京　文物出版社　1990 年　有图版　26cm（16 开）

ISBN：7-5010-0297-5　定价：CNY45.00

　　本书选用了绵竹县年画 165 幅，其中彩色

148 幅，黑白 17 幅，附有详细说明及英译文。

J0061079

明媚春光

天津　天津人民美术出版社　1990 年　2 张（2 开）

定价：CNY1.10

　　中国现代年画作品。

J0061080

南海椰林

天津　天津人民美术出版社　1990 年　1 张（2 开）

定价：CNY0.50

　　中国现代年画作品。

J0061081

年年有余福寿临门　　安杰绘

长春　吉林美术出版社　1990 年　1 张　76cm（2 开）

定价：CNY0.55

　　中国现代年画作品。

J0061082

鸟语花香　　丹青，陈诚作

天津　天津人民美术出版社　1990 年　1 张

76cm（2 开）定价：CNY1.10

　　中国现代年画作品。

J0061083

纽约奇景

南京　江苏美术出版社　1990 年　1 张　76cm（2 开）

定价：CNY1.40

　　中国现代年画作品。

J0061084

女人街

北京　中国电影出版社　1990 年　2 张　76cm（2 开）

定价：CNY1.00

　　中国现代年画作品。

J0061085
女神探宝盖丁　阎国平编
南京　江苏美术出版社　1990 年　2 张　76cm（2 开）
定价：CNY1.00
中国现代年画作品。

J0061086
女秀才移花接木　春和编；连元摄
哈尔滨　黑龙江美术出版社　1990 年　2 张
76cm（2 开）定价：CNY1.15
中国现代年画作品。

J0061087
七郎八虎　李红才绘
天津　天津人民美术出版社　1990 年　2 张
76cm（2 开）定价：CNY1.10
本作品为中国现代年画。

J0061088
奇情侠侣
北京　中国电影出版社　1990 年　2 张　76cm（2 开）
定价：CNY1.00
中国现代年画作品。

J0061089
千里走单骑　刘荣富作
长春　吉林美术出版社　1990 年　1 张　76cm（2 开）
定价：CNY0.55
中国现代年画作品。

J0061090
乔太守乱点鸳鸯谱　赵立明编文；潘荷生绘
哈尔滨　黑龙江美术出版社　1990 年　2 张
76cm（2 开）定价：CNY1.15
中国现代年画作品。

J0061091
青春
石家庄　河北美术出版社　1990 年　1 张
76cm（2 开）定价：CNY1.00
中国现代年画作品。

J0061092
青春美
北京　人民体育出版社　1990 年　1 张　76cm（2 开）

定价：CNY0.50
中国现代年画作品。

J0061093
青蛇传　何兆欣作
杭州　浙江人民美术出版社　1990 年　2 张
76cm（2 开）定价：CNY0.90
中国现代年画作品。

J0061094
轻骑英姿
上海　上海人民美术出版社　1990 年　4 张（2 开）
定价：CNY4.00
中国现代年画作品。

J0061095
情侣
北京　中国电影出版社　1990 年　2 张　76cm（2 开）
定价：CNY1.00
中国现代年画作品。

J0061096
秋
呼和浩特　内蒙古人民出版社　1990 年　1 张（4 开）
定价：CNY0.55
中国现代年画作品。

J0061097
秋韵
兰州　甘肃人民美术出版社　1990 年　1 张
107cm（全开）定价：CNY3.95
中国现代年画作品。

J0061098
曲景
兰州　甘肃人民美术出版社　1990 年　1 张
107cm（全开）定价：CNY3.95
中国现代年画作品。

J0061099
人民领袖毛泽东　姜中立,姜边绘
天津　天津人民美术出版社　1990 年　1 轴
附对联 1 副（全开）卷轴　ISBN：7-5305-2521-0
定价：CNY5.00
本作品为中国现代年画。

J0061100
三对半情侣和一个小偷　*春溪供稿*
天津　天津人民美术出版社 1990 年　2 张
76cm（2 开）定价：CNY1.10
　　中国现代年画作品。

J0061101
三阳开泰福满门　*徐世民，徐曾作*
天津　天津人民美术出版社 1990 年　1 轴（卷轴）
对联 1 副（全开）定价：CNY5.00
　　中国现代年画作品。

J0061102
傻小子行侠记
北京　中国电影出版社 1990 年　2 张 76cm（2 开）
定价：CNY1.00
　　中国现代年画作品。

J0061103
山泉
北京　人民美术出版社 1990 年　1 张（2 开）
定价：CNY1.00
　　中国现代年画作品。

J0061104
山水情
石家庄　河北美术出版社 1990 年　1 张（2 开）
定价：CNY1.00
　　中国现代年画作品。

J0061105
少女　*支柱摄*
天津　天津人民美术出版社 1990 年　1 张（2 开）
定价：CNY0.50
　　中国现代年画作品。

J0061106
深圳风光　*胡颖辉作*
南昌　江西人民出版社 1990 年　1 张 76cm（2 开）
定价：CNY1.00
　　中国现代年画作品。

J0061107
神州大地　（一　乐山大佛）
上海　上海书画出版社 1990 年　2 张（2 开）

定价：CNY1.00
　　中国现代年画作品。

J0061108
圣水将单廷珪·神火将魏定国　*李红才作*
天津　天津人民美术出版社 1990 年　1 张
53cm（4 开）定价：CNY0.35
　　中国现代年画作品。

J0061109
圣水将单廷珪·神火将魏定国　*李红才作*
天津　天津人民美术出版社 1990 年　1 张
76cm（2 开）定价：CNY0.55
　　中国现代年画作品。

J0061110
盛世丰年喜有余　*安杰，平阳绘*
沈阳　辽宁美术出版社 1990 年　1 张 76cm（2 开）
定价：CNY0.55
　　中国现代年画作品。

J0061111
世界风光　*上海书画出版社编*
上海　上海书画出版社 1990 年　1 张（2 开）
定价：CNY1.50
　　中国现代年画作品。

J0061112
双剑奇缘　*朱国方编；陈建国摄*
南京　江苏美术出版社 1990 年　2 张 76cm（2 开）
定价：CNY1.00
　　中国现代年画作品。

J0061113
双喜和合　*金定根，张华根作*
上海　上海人民美术出版社 1990 年　1 张
76cm（2 开）定价：CNY0.50
　　中国现代年画作品。

J0061114
松鹤延年
天津　天津人民美术出版社 1990 年　2 张
76cm（2 开）定价：CNY1.10
　　中国现代年画作品。

J0061115

苏联藏中国民间年画珍品集 王树村等编
选；王树村，(苏)李福清图版说明；佟景韩译
北京 人民美术出版社 1990年 206页 有彩图
27×25cm(12开) 精装 ISBN: 7-102-00864-3

　　本书收有自19世纪至20世纪初，收藏于苏
联博物馆、研究机构和私人手中的中国民间年画
206幅。本书与苏联阿芙乐尔出版社合作出版。
作者王树村(1923—2009)，画家。天津人，毕业
于华北大学美术科。曾在中国美术研究所、中
国艺术研究院从事创作、编辑、研究工作，任中
国民间美术协会副会长，中国民俗学会理事、顾
问、研究员。主要著作《杨柳青年画资料集》《中
国美术全集·石刻线画、民间年画》。作者李福清
(1932—2012)，外文书名 Борис Львович Риф-
тин. 苏联科学院通讯院士，俄罗斯汉学家，出生
于列宁格勒。研究范围包括：中国的民间文学、
古典小说、年画，中俄文化交流史等。任南开大
学客座教授，讲授有《汉学研究五十年》等课程。
译者佟景韩(1933—2010)，美术理论家。河北保
定人。毕业于黑龙江大学俄语系。中国美术家
协会会员。曾任中央美术学院教授、《世界美术》
编辑部主任。译著有《马克思主义和美学》《巴
赫金文论选》《自我论》等。

J0061116

苏州拙政园
沈阳 辽宁美术出版社 1990年 1张 107cm(全开)
定价: CNY2.40
　　中国现代年画作品。

J0061117

唐僧故事屏 焕俊编文；景祥绘
哈尔滨 黑龙江美术出版社 1990年 2张
76cm(2开) 定价: CNY1.15
　　中国现代年画作品。

J0061118

唐诗四首 毕开文书；李用夫喷绘
天津 天津人民美术出版社 1990年 4张
76cm(2开) 定价: CNY5.00
　　中国现代年画作品。

J0061119

螳螂拳

北京 人民体育出版社 1990年 1张 76cm(2开)
定价: CNY0.55
　　中国现代年画作品。

J0061120

天真烂漫
长沙 湖南美术出版社 1990年 1张(2开)
定价: CNY0.55
　　中国现代年画作品。

J0061121

甜
北京 人民体育出版社 1990年 1张 76cm(2开)
定价: CNY0.55
　　中国现代年画作品。

J0061122

外国马戏·杂技 纳栩编
天津 天津人民美术出版社 1990年 2张
76cm(2开) 定价: CNY1.10
　　中国现代年画作品。

J0061123

王母仙果 麦粒摄
乌鲁木齐 新疆人民出版社 1990年 1张(2开)
定价: CNY0.90
　　中国现代年画作品。

J0061124

无锡蠡园
南京 江苏美术出版社 1990年 1张(2开)
定价: CNY1.05
　　中国现代年画作品。

J0061125

五台山奇情
北京 中国电影出版社 1990年 2张 76cm(2开)
定价: CNY1.00
　　中国现代年画作品。

J0061126

武花争妍
北京 人民体育出版社 1990年 1张 76cm(2开)
定价: CNY1.15
　　中国现代年画作品。

J0061127
武坛精英
北京 人民体育出版社 1990 年 2 张 76cm（2 开）
定价：CNY1.15
　　中国现代年画作品。

J0061128
武坛小将
北京 人民体育出版社 1990 年 1 张 76cm（2 开）
定价：CNY0.55
　　中国现代年画作品。

J0061129
武坛小星星
北京 人民体育出版社 1990 年 2 张 76cm（2 开）
定价：CNY1.15
　　中国现代年画作品。

J0061130
武坛新秀
北京 人民体育出版社 1990 年 1 张 76cm（2 开）
定价：CNY0.55
　　中国现代年画作品。

J0061131
西施　竹梅编文；陈有吉绘
哈尔滨 黑龙江美术出版社 1990 年 2 张
76cm（2 开）定价：CNY1.10
　　中国现代年画作品。

J0061132
西施与范蠡　王雄伟，陈坚作
杭州 浙江人民美术出版社 1990 年 2 张
76cm（2 开）定价：CNY0.90
　　中国现代年画作品。作者陈坚（1959—　 ），
山东青岛人。曾任中国美术家协会水彩画艺术
委员会副主任兼秘书长、北京市美协水彩画艺术
委员会副主任、北京水彩画学会副会长。主要作
品有《塔吉克老人》《塔吉克姑娘》《逝》等。

J0061133
喜看人间寿星多
北京 人民体育出版社 1990 年 1 张 76cm（2 开）
定价：CNY0.55
　　中国现代年画作品。

J0061134
喜字斗方　邵军作
天津 天津人民美术出版社 1990 年 1 张
76cm（2 开）定价：CNY0.55
　　中国现代年画作品。

J0061135
戏水
兰州 甘肃人民美术出版社 1990 年 1 张
107cm（全开）定价：CNY3.95
　　中国现代年画作品。

J0061136
侠盗鲁平　姚华俊选编
天津 天津人民美术出版社 1990 年 2 张
76cm（2 开）定价：CNY1.10
　　中国现代年画作品。

J0061137
夏
北京 人民体育出版社 1990 年 1 张 76cm（2 开）
定价：CNY1.15
　　中国现代年画作品。

J0061138
夏纳之夏
南京 江苏美术出版社 1990 年 1 张（2 开）
定价：CNY1.40
　　中国现代年画作品。

J0061139
娴静
南京 江苏美术出版社 1990 年 1 张（2 开）
定价：CNY1.05
　　中国现代年画作品。

J0061140
小胖
北京 人民体育出版社 1990 年 1 张（2 开）
定价：CNY0.50
　　中国现代年画作品。

J0061141
心愿
北京 人民体育出版社 1990 年 1 张（2 开）

定价: CNY0.55

　　中国现代年画作品。

J0061142

雄鹰展翅

北京 人民体育出版社 1990年 1张 76cm（2开）

定价: CNY0.55

　　中国现代年画作品。

J0061143

雪山翠湖

南京 江苏美术出版社 1990年 1张（2开）

定价: CNY1.40

　　中国现代年画作品。

J0061144

烟花三月下扬州　陈书帛摄

南京 江苏美术出版社 1990年 1张（全开）

定价: CNY3.50

　　中国现代年画作品。

J0061145

杨家埠年画　山东省潍坊市博物馆, 杨家埠木
版年画研究所编

北京 文物出版社 1990年 53页 有图版
26cm（16开）ISBN: 7-5010-0223-1

定价: CNY34.00

　　中国现代年画作品。

J0061146

夜战马超　安杰绘

上海 上海人民美术出版社 1990年 1张
76cm（2开）定价: CNY0.45

　　中国现代年画作品。作者安杰（1946—　），
毕业于吉林师范学校。曾任吉林省梅河口文化
馆创作室主任、高级美术师、中国美术家协会会
员、吉林省美协理事。主要作品有《春雪》《喜迎
春》《爽秋》等。

J0061147

音乐之声　晓林摄

上海 上海人民美术出版社 1990年 4张（2开）

定价: CNY4.00

　　中国现代年画作品。

J0061148

隐身怪侠　春溪编

天津 天津人民美术出版社 1990年 2张
76cm（2开）定价: CNY1.10

　　中国现代年画作品。

J0061149

英俊少年

北京 人民体育出版社 1990年 1张 76cm（2开）

定价: CNY0.55

　　中国现代年画作品。

J0061150

英姿

北京 人民体育出版社 1990年 1张 76cm（2开）

定价: CNY0.55

　　中国现代年画作品。

J0061151

幼儿遇忠臣

北京 中国电影出版社 1990年 2张 76cm（2开）

定价: CNY1.00

　　中国现代年画作品。

J0061152

月圆花好　浦江工艺美术公司供稿

杭州 浙江人民美术出版社 1990年 1张
76cm（2开）定价: CNY1.10

　　中国现代年画作品。

J0061153

浙江年画　（1991 1）浙江人民美术出版社编

杭州 浙江人民美术出版社［1990年］140页
27cm（大16开）定价: CNY12.00

　　中国现代年画作品。

J0061154

浙江年画　（1991 2）浙江人民美术出版社编

杭州 浙江人民美术出版社［1990年］101页
27cm（大16开）定价: CNY9.20

　　中国现代年画作品。

J0061155

中国民间年画选　薄松年编选

南昌 江西美术出版社 1990年 118页

26cm（16开）ISBN：7-80580-009-X

定价：CNY33.00

　　本书选入作者年画作品114幅，侧重于题材与风格的多样性。每幅年画作品均附有文字介绍，注明原作的尺寸、产地，简要说明题材内容，评述了作品的艺术价值。作者薄松年（1932—2019），著名美术史论家。河北保定人。毕业于中央美术学员绘画系。为中央美术学院教授、中国美术家协会会员等。代表作品《中国绘画》。

J0061156

祝君前程似锦

上海 上海人民美术出版社 1990年 4张

定价：CNY3.40

（大上海月历选系列画）

　　中国现代年画作品。

J0061157

祝您大寿

哈尔滨 黑龙江美术出版社 1990年 1张

76cm（2开）定价：CNY0.55

中国现代年画作品。

J0061158

祝您快乐

南京 江苏美术出版社 1990年 1张

定价：CNY2.10

　　中国现代年画作品。

J0061159

最后一个皇妃

北京 中国电影出版社 1990年 2张 76cm（2开）

定价：CNY1.00

　　中国现代年画作品。

J0061160

醉春

兰州 甘肃人民美术出版社 1990年 1张

107cm（全开）定价：CNY3.95

　　中国现代年画作品。

J0061161

1991 江西年画

南昌 江西人民出版社 1991年 49页 18×26cm

　　中国现代年画作品。

J0061162

爱孩子爱明天 （中堂）洪植煌绘

长沙 湖南美术出版社 1991年 1轴 附对联1副

107cm（全开）定价：CNY5.60

　　中国现代中堂作品。

J0061163

爱我中华 凯光，沙德安绘

杭州 浙江人民美术出版社 1991年 1张

76cm（2开）定价：CNY0.50

　　中国现代年画作品。

J0061164

八仙献寿 （中堂）郭卫华，沈深绘

天津 天津人民美术出版社 1991年 1轴

附对联1副 107cm（全开）ISBN：7-5305-2525-9

定价：CNY5.20

　　中国现代中堂作品。

J0061165

把门将军 （门画）侯兵，侯世武绘

昆明 云南人民出版社 1991年 1张 76cm（2开）

定价：CNY0.60

　　中国现代门画作品。作者侯世武（1938—　），四川绵竹人。结业于四川美院进修班。绵竹年画博物馆馆长、副研究馆员。作品有《献寿图》《四川儿歌》《看外孙》等。

J0061166

百年和好 （年画）申同景绘

天津 天津人民美术出版社 1991年 1张

76cm（2开）ISBN：7-5305-2208-6 定价：CNY0.55

　　中国现代年画作品。

J0061167

百业兴旺福满门 朱希斌绘

沈阳 辽宁美术出版社 1991年 1张 76cm（2开）

ISBN：7-5314-0314 定价：CNY0.58

　　中国现代年画作品。

J0061168

保卫边疆 郭凤祥绘

天津 天津人民美术出版社 1991年 1张

76cm（2开）ISBN：7-5305-2205-5

定价：CNY0.55

中国现代年画作品。

J0061169
报春图　（中堂）史如源绘
天津　天津人民美术出版社　1991 年　1 轴
附对联 1 副 107cm（全开）ISBN：7-5305-2531-9
定价：CNY9.00
　　中国现代中堂作品。

J0061170
报春图　（中堂）史如源绘
天津　天津人民美术出版社　1991 年　1 轴
附对联 1 副 107cm（全开）ISBN：7-5305-2532-0
定价：CNY5.20
　　中国现代中堂作品。

J0061171
碧波潭底战龙女　张万臣，章林绘
沈阳　辽宁美术出版社　1991 年　1 张　76cm（2 开）
ISBN：7-5314-0308　定价：CNY0.58
　　中国现代年画作品。

J0061172
碧玉簪　王一定绘
杭州　浙江人民美术出版社　1991 年　2 张
76cm（2 开）定价：CNY1.00
　　中国现代年画作品。作者王一定（1949—　　），
画家。浙江杭州人，浙江美术学院毕业。浙江农
业商贸职业学院艺术设计系学科带头人、装潢美
工教研室主任、讲师。作品有《飒爽新姿》（合
作）、《祖国·早晨好》。

J0061173
财宝进家　童金贵，云华绘
沈阳　辽宁美术出版社　1991 年　1 张　76cm（2 开）
ISBN：7-5314-0312　定价：CNY0.58
　　中国现代年画作品。

J0061174
财宝满堂　宗万华绘
天津　天津人民美术出版社　1991 年　1 张
76cm（2 开）ISBN：7-5305-2214-7 定价：CNY0.55
　　中国现代年画作品。

J0061175
财喜月月增　彭公林，彭红绘
沈阳　辽宁美术出版社　1991 年　1 张　76cm（2 开）
ISBN：7-5314-0301　定价：CNY0.58
　　中国现代年画作品。

J0061176
财源广进　（门画）郑华绘；窦宝铁书
天津　天津人民美术出版社　1991 年　1 张
76cm（2 开）ISBN：7-5305-22148 定价：CNY0.55
　　中国现代门画作品。

J0061177
财源旺盛　李用夫绘
天津　天津人民美术出版社　1991 年　1 张
76cm（2 开）ISBN：7-5305-2205-8 定价：CNY0.55
　　中国现代年画作品。

J0061178
彩凤呈祥欣盛世·金龙献瑞庆华年　（门画）
钟艺兵，陈政绘
昆明　云南人民出版社　1991 年　1 张　76cm（2 开）
定价：CNY0.60
　　中国现代门画作品。作者陈政（1919—
2002），书法家。广东新会侨乡人，毕业于中山大
学。中国书法家协会会员，广西文史馆员，中国
国际文化交流中心广西分会理事等。作品有《中
学生作文选》《学生字帖》《字源谈趣》。

J0061179
彩书　李维信绘
天津　天津人民美术出版社　1991 年　4 幅
76cm（2 开）ISBN：7-5305-2528-9 定价：CNY5.20
　　中国现代年画作品。

J0061180
苍松迎客　（中堂）刘传炎绘
天津　天津人民美术出版社　1991 年　1 轴
附对联 1 副 107cm（全开）ISBN：7-5305-2527-6
定价：CNY5.20
　　中国现代中堂作品。

J0061181
乘龙献寿　程明华绘
呼和浩特　内蒙古人民出版社　1991 年　1 张

76cm（2开）定价：CNY0.55

　　中国现代年画作品。

J0061182

春草闯堂　　晓吴编文；杨春生等绘画

沈阳　辽宁美术出版社　1991年　2张　76cm（2开）

ISBN：7-5314-0392　定价：CNY1.20

　　中国现代年画作品。

J0061183

春满神州　（中堂）陆宽，康平绘

天津　天津人民美术出版社　1991年　1轴

附对联1副　107cm（全开）ISBN：7-5305-2523-9

定价：CNY8.00

　　中国现代中堂作品。

J0061184

春满中华　（中堂）施振广，刘玉华绘

天津　天津人民美术出版社　1991年　1轴

附对联1副　107cm（全开）ISBN：7-5305-2525-3

定价：CNY5.20

　　中国现代中堂作品。

J0061185

翠谷飞瀑　　陈林干绘

上海　上海人民美术出版社　1991年　1张

76cm（2开）定价：CNY0.55

　　中国现代年画作品。

J0061186

翠羽春光　　尹祖文绘

长春　吉林美术出版社　1991年　1张　76cm（2开）

定价：CNY0.63

　　中国现代年画作品。

J0061187

翠园仙侣　　申同景绘

长春　吉林美术出版社　1991年　1张　76cm（2开）

定价：CNY0.63

　　中国现代年画作品。

J0061188

翠竹生辉　　尹向新绘

长春　吉林美术出版社　1991年　1张　76cm（2开）

定价：CNY0.70

中国现代年画作品。

J0061189

大刀关胜·金枪徐宁　（门画）曾宪和绘

昆明　云南人民出版社　1991年　1张　53cm（2开）

定价：CNY0.30

　　中国现代门画作品。

J0061190

大刀关胜·金枪徐宁　（门画）曾宪和绘

昆明　云南人民出版社　1991年　1张　76cm（2开）

定价：CNY0.60

　　中国现代门画作品。

J0061191

大刀将军　（门画）庄立民绘

昆明　云南人民出版社　1991年　1张　76cm（2开）

定价：CNY0.60

　　中国现代门画作品。

J0061192

大发财源　（门画）张锡武绘

天津　天津人民美术出版社　1991年　1张

76cm（2开）ISBN：7-5305-22061　定价：CNY0.55

　　中国现代年画作品。

J0061193

大福长寿　　彭公林绘

长春　吉林美术出版社　1991年　1张　76cm（2开）

定价：CNY0.63

　　中国现代年画作品。

J0061194

大富大贵　　华民，晓东绘

沈阳　辽宁美术出版社　1991年　1张　76cm（2开）

ISBN：7-5314-0904　定价：CNY0.58

　　中国现代年画作品。

J0061195

大将保平安　（门画）苗永华绘

北京　人民美术出版社　1991年　1张　76cm（2开）

定价：CNY0.65

　　中国现代门画作品。

J0061196
大闹桃花山　秀雯编文；盼均等绘
沈阳　辽宁美术出版社 1991 年　2 张　76cm（2 开）
ISBN：7-5314-0394 定价：CNY1.20
　　中国现代年画作品。

J0061197
大喜大寿　徐俊卿，龚景充绘
杭州　浙江人民美术出版社 1991 年　1 张
107cm（全开）定价：CNY1.90
　　中国现代年画作品。

J0061198
大喜大寿　（中堂）徐俊卿，龚景充绘
杭州　浙江人民美术出版社 1991 年　1 轴　附对
联 1 副 107cm（全开）定价：CNY6.00
　　中国现代中堂作品。

J0061199
大喜发财　彭公林绘
长春　吉林美术出版社 1991 年　1 张　76cm（2 开）
定价：CNY0.63
　　中国现代年画作品。

J0061200
东方红　（中堂）陈继武绘
杭州　浙江人民美术出版社 1991 年　1 轴　附对
联 1 副 107cm（全开）定价：CNY6.70
　　中国现代中堂作品。

J0061201
多禄状元堂　永春文；宇光，晓地摄
天津　天津人民美术出版社 1991 年　2 张
76cm（2 开）ISBN：7-5305-2194-8 定价：CNY1.20
　　中国现代年画作品。

J0061202
多喜多福多寿　张万臣，鑫普绘
沈阳　辽宁美术出版社 1991 年　1 张　76cm（2 开）
ISBN：7-5314-0307 定价：CNY0.58
　　中国现代年画作品。

J0061203
二雄凛凛　（门画）潘培德绘
昆明　云南人民出版社 1991 年　1 张　76cm（2 开）

定价：CNY0.60
　　中国现代门画作品。作者潘培德（1938—　），
画家。四川成都人。毕业于四川美院附中毕
业。历任《四川画报》社美术编辑、记者，四川
省群众艺术馆群众美术辅导，进行民间木板年
画（绵竹年画）的研究和创作。作品《康乐图》
《印刷工人的心愿》《草地雷锋——札江》《赛龙
舟》等。

J0061204
二雄凛凛　（门画）潘培德绘
昆明　云南人民出版社 1991 年　1 张　53cm（4 开）
定价：CNY0.30
　　中国现代门画作品。

J0061205
发福生财　薛嘉惠，薛艳绘
沈阳　辽宁美术出版社 1991 年　1 张　76cm（2 开）
ISBN：7-5314-0344 定价：CNY0.65
　　中国现代年画作品。

J0061206
发福生财全家乐　彭公林绘
长春　吉林美术出版社 1991 年　1 张　76cm（2 开）
定价：CNY0.63
　　中国现代年画作品。

J0061207
樊江关姑嫂比例　赵梦林，赵素岚绘
呼和浩特　内蒙古人民出版社 1991 年　1 张
76cm（2 开）定价：CNY0.55
　　中国现代年画作品。

J0061208
繁荣富强　高孝慈绘
沈阳　辽宁美术出版社 1991 年　1 张　76cm（2 开）
ISBN：7-5314-0329 定价：CNY0.65
　　中国现代年画作品。

J0061209
风调雨顺　（门画）邵瑞玲绘
北京　人民美术出版社 1991 年　1 张　76cm（2 开）
定价：CNY0.65
　　中国现代门画作品。

J0061210
封神榜故事屏　刘荣富绘
上海　上海人民美术出版社 1991 年　2 张
76cm（2 开）定价：CNY1.00
　　中国现代年画作品。

J0061211
佛光普照　（中堂）武忠平绘
天津　天津人民美术出版社 1991 年　1 轴　附对
联 1 副 107cm（全开）卷 ISBN：7-5305-2527-2
定价：CNY5.20
　　中国现代中堂作品。

J0061212
夫妻和睦 吉庆有余　（门画）陈英，陈明绘
昆明　云南人民出版社 1991 年　2 张 78cm（2 开）
定价：CNY1.20
　　中国现代门画作品。

J0061213
福　（中堂）蔡传隆绘
长沙　湖南美术出版社 1991 年　1 轴　附对联 1 副
76cm（全开）定价：CNY3.80
　　中国现代中堂作品。作者蔡传隆，国画家。
主要作品有《一江春色》《四季平安》等。

J0061214
福　黄跃东绘
长春　吉林美术出版社 1991 年　1 张 76cm（2 开）
定价：CNY0.63
　　中国现代年画作品。

J0061215
福从天降　林惠珍，盖莹绘
沈阳　辽宁美术出版社 1991 年　1 张 76cm（2 开）
ISBN：7-5314-0342 定价：CNY0.58
　　中国现代年画作品。

J0061216
福大财大元宝来　童金贵，童红绘
沈阳　辽宁美术出版社 1991 年　1 张 76cm（2 开）
ISBN：7-5314-0309 定价：CNY0.58
　　中国现代年画作品。

J0061217
福到我家　刘树茂，刘霞绘
上海　上海人民美术出版社 1991 年　1 张
76cm（2 开）定价：CNY0.50
　　中国现代年画作品。

J0061218
福地生财　童金贵绘
沈阳　辽宁美术出版社 1991 年　1 张 76cm（2 开）
ISBN：7-5314-0322 定价：CNY0.58
　　中国现代年画作品。

J0061219
福富花开　宝金绘
沈阳　辽宁美术出版社 1991 年　1 张 76cm（2 开）
ISBN：7-5314-0338 定价：CNY0.58
　　中国现代年画作品。

J0061220
福富平安　黄岗然绘
沈阳　辽宁美术出版社 1991 年　1 张 76cm（2 开）
ISBN：7-5314-0933 定价：CNY0.58
　　中国现代年画作品。

J0061221
福富寿喜　化金莲绘
呼和浩特　内蒙古人民出版社 1991 年　1 张
76cm（2 开）定价：CNY0.55
　　中国现代年画作品。

J0061222
福富寿喜　李用夫绘
天津　天津人民美术出版社 1991 年　1 张
76cm（2 开）ISBN：7-5305-2205-7 定价：CNY0.60
　　中国现代年画作品。

J0061223
福富寿喜屏　王振羽，王野绘
沈阳　辽宁美术出版社 1991 年　2 张 76cm（2 开）
ISBN：7-5314-0306 定价：CNY1.20
　　中国现代年画作品。

J0061224
福富有余万年春　顾小龙，顾明绘
沈阳　辽宁美术出版社 1991 年　1 张 76cm（2 开）

ISBN：7-5314-0361 定价：CNY0.58
　　中国现代年画作品。

J0061225
福富有余喜临门　晓东，春江绘
沈阳 辽宁美术出版社 1991年 1张 76cm（2开）
ISBN：7-5314-0911 定价：CNY0.58
　　中国现代年画作品。

J0061226
福乐吉祥　福顺，延凡绘
沈阳 辽宁美术出版社 1991年 1张 76cm（2开）
ISBN：7-5314-0355 定价：CNY0.58
　　中国现代年画作品。

J0061227
福满财旺　顾振君，顾小龙绘
沈阳 辽宁美术出版社 1991年 1张 76cm（2开）
ISBN：7-5314-0365 定价：CNY0.58
　　中国现代年画作品。作者顾振君（1941— ），
研究员。辽宁沈阳人。历任抚顺市群众艺术馆
副研究馆员、辽宁省美术家协会会员、辽宁省年
画学会常务理事。

J0061228
福如东海水长流　童金贵，童红绘
沈阳 辽宁美术出版社 1991年 1张 76cm（2开）
ISBN：7-5314-0320 定价：CNY0.58
　　中国现代年画作品。

J0061229
福上添喜乐有余　刘佩珩绘
长春 吉林美术出版社 1991年 1张 76cm（2开）
定价：CNY0.63
　　中国现代年画作品。

J0061230
福寿财宝乐有余　姜公泉绘
沈阳 辽宁美术出版社 1991年 1张 76cm（2开）
ISBN：7-5314-0389 定价：CNY0.58
　　中国现代年画作品。

J0061231
福寿财喜　童金贵，云华绘
沈阳 辽宁美术出版社 1991年 2张 76cm（2开）

ISBN：7-5314-0303 定价：CNY1.20
　　中国现代年画作品。

J0061232
福寿富贵　（中堂）成砺志绘
天津 天津人民美术出版社 1991年 1轴
附对联1副 107cm（全开）ISBN：7-5305-2527-8
定价：CNY8.00
　　中国现代年画作品。

J0061233
福寿富贵　（中堂）成砺志绘
天津 天津人民美术出版社 1991年 1轴
附对联1副 107cm（全开）ISBN：7-5305-2527-9
定价：CNY5.20
　　中国现代年画作品。

J0061234
福寿将军　（门画）王连城绘
昆明 云南人民出版社 1991年 1张 76cm（2开）
定价：CNY0.60
　　中国现代门画作品。作者王连城（1943— ），
画家。生于山东胶州，毕业于曲师大美术教育专
业，结业于山东艺术学院油画系、中国美院花鸟
进修班。山东诸城市文化馆副研究馆员，中国美
术家协会会员，山东美术家协会会员，山东书画
研究院特聘教授。出版有《画家王连城自选作品
集》，画作有《耄耋新婚》《亲人在前方》《风筝之
一》等。

J0061235
福寿将军　（门画）王连城绘
昆明 云南人民出版社 1991年 1张 53cm（4开）
定价：CNY0.30
　　中国现代门画作品。

J0061236
福寿康乐　（中堂）杨文义，沈家琳绘
杭州 浙江人民美术出版社 1991年 1轴
附对联1副 107cm（全开）定价：CNY6.00
　　中国现代年画作品。作者沈家琳（1931— ），
画家。浙江宁波人，毕业于华东艺专。历任上海
画片出版社编辑，上海人民美术出版社编辑、创
作组长，年画、宣传画编辑室主任、副编审，全
国美展年画评委，中国美协年画艺委会副主任。

创作年画有《做共产主义接班人》《友爱》《做共产主义接班人》等。作者杨文义(1953—)，画家。内蒙古临河人。毕业于北京书画函授大学。曾任古雕艺术学校校长、中国教育学会书法教育专业委员会会员等职。作品有《暗香浮动》《春华秋实》等。

J0061237
福寿乐　朱希斌绘
沈阳 辽宁美术出版社 1991年 1张 76cm(2开)
ISBN：7-5314-0344 定价：CNY0.58
　　中国现代年画作品。

J0061238
福寿绵长　成砺志绘
杭州 浙江人民美术出版社 1991年 1张 76cm(2开) 定价：CNY0.50
　　中国现代年画作品。

J0061239
福寿绵长　曾成金绘
杭州 浙江人民美术出版社 1991年 1张 107cm(全开) 定价：CNY1.90
　　中国现代年画作品。作者曾成金(1947—)，画家。浙江平阳县人。毕业于浙江美术学院附中，后考入浙江美术学院中国画系进修学习。中国美术家协会会员，浙江省美术家协会会员，平阳县美协主席。主要作品有《南雁荡山水古诗画意百图》《曾成金中国画小品系列》《百子新图》等。

J0061240
福寿绵长　(中堂)成砺志绘
杭州 浙江人民美术出版社 1991年 1轴 附对联1副 107cm(全开)卷 定价：CNY6.00
　　中国现代年画作品。

J0061241
福寿齐来　朱风岐，朱军绘
沈阳 辽宁美术出版社 1991年 1张 76cm(2开)
ISBN：7-5314-0370 定价：CNY0.58
　　中国现代年画作品。

J0061242
福寿齐天　王振羽，魏文启绘
长春 吉林美术出版社 1991年 1张 76cm(2开)

定价：CNY0.63
　　中国现代年画作品。

J0061243
福寿麒麟　(门画)魏明全，魏月霞绘
昆明 云南人民出版社 1991年 1张 53cm(2开)
定价：CNY0.30
　　中国现代门画作品。

J0061244
福寿麒麟　(门画)魏明全，魏月霞绘
昆明 云南人民出版社 1991年 1张 76cm(2开)
定价：CNY0.60
　　中国现代门画作品。

J0061245
福寿如意喜盈门　霍建本，霍静轩绘
上海 上海人民美术出版社 1991年 1张 76cm(2开) 定价：CNY0.50
　　中国现代年画作品。

J0061246
福寿双全　(中堂)李学荣等绘
天津 天津人民美术出版社 1991年 1轴 附对联1副 107cm(全开) ISBN：7-5305-2530-5
定价：CNY5.20
　　中国现代中堂作品。

J0061247
福寿双全　(中堂)
杭州 浙江人民美术出版社 1991年 1幅 附对联1副 107cm(全开)
　　中国现代中堂作品。

J0061248
福寿同来喜有余　张宝祥绘
长春 吉林美术出版社 1991年 1张 76cm(2开)
定价：CNY0.63
　　中国现代年画作品。

J0061249
福寿图　(中堂)徐福根绘
天津 天津人民美术出版社 1991年 1轴 附对联1副 107cm(全开) ISBN：7-5305-2526-8
定价：CNY5.20

中国现代年画作品。

J0061250
福寿万年　李寿根绘
杭州　浙江人民美术出版社 1991 年 1 张
76cm（2 开）定价：CNY0.50
　　中国现代年画作品。

J0061251
福寿无疆　张弓绘
北京　人民美术出版社 1991 年 1 张 76cm（2 开）
中国现代年画作品。

J0061252
福寿有余　陈英绘
长春　吉林美术出版社 1991 年 1 张 76cm（2 开）
定价：CNY0.63
　　中国现代年画作品。

J0061253
福寿有余　薛长杰绘
西安　陕西人民美术出版社 1991 年 2 张
76cm（2 开）定价：CNY1.20
　　中国现代年画作品。

J0061254
福喜满堂　陈学璋绘
杭州　浙江人民美术出版社 1991 年 1 张
76cm（2 开）定价：CNY0.50
　　中国现代年画作品。

J0061255
福喜有余吉祥如意　孙公照绘
上海　上海人民美术出版社 1991 年 1 张
76cm（2 开）定价：CNY0.50
　　中国现代年画作品。作者孙公照（1943—　），
画家。山东青岛人。山东美术家协会会员，德州
美术家协会名誉主席。擅长油画、水粉画、年画，
尤精于风景画。油画作品有《波涌夕阳》等。

J0061256
福星高照新年好　栾良玉，栾博绘
沈阳　辽宁美术出版社 1991 年 1 张 76cm（2 开）
ISBN：7-5314-0379 定价：CNY0.58
　　中国现代年画作品。

J0061257
富　楼永年绘
长沙　湖南美术出版社 1991 年 1 轴 附对联 1 副
76cm（全开）定价：CNY3.80
　　中国现代年画作品。

J0061258
富贵　楼永年绘
长沙　湖南美术出版社 1991 年 1 张 76cm（2 开）
ISBN：7-5356-1539 定价：CNY1.10
　　中国现代年画作品。作者楼永年（1940—　），
浙江萧山人，毕业于浙江美术学院工艺系。历任
杭州印染厂花样设计，高级工艺美术师。代表作
品《福宝寿禧》《四季平安》《福寿万年》《和合
图》等。

J0061259
富贵吉祥　高孝慈绘
沈阳　辽宁美术出版社 1991 年 1 张 76cm（2 开）
ISBN：7-5314-0328 定价：CNY0.65
　　中国现代年画作品。

J0061260
富贵满堂　顾国治，顾晓菁绘；张鸿修书
西安　陕西人民美术出版社 1991 年 1 张
107cm（全开）定价：CNY1.15
　　中国现代年画作品。

J0061261
富贵荣华春长在　周洪生，周再刚绘
北京　人民美术出版社 1991 年 1 张 76cm（2 开）
定价：CNY0.60
　　中国现代年画作品。

J0061262
富贵喜有余　张宝祥绘
长春　吉林美术出版社 1991 年 1 张 76cm（2 开）
定价：CNY0.63
　　中国现代年画作品。

J0061263
富贵有余　张为民绘
天津　天津人民美术出版社 1991 年 1 张
76cm（2 开）ISBN：7-5305-2395-1 定价：CNY0.55
　　中国现代年画作品。作者张为民（1937—　），

研究院。又名张莨，字怀仁。生于北京大兴，毕业于天津美术学院。历任天津北辰文化馆研究员、中国美术家协会会员、中国民间美术学会理事、天津美协荣誉理事、天津美协人物画专委会委员、天津北辰书画院院长，出版有《张为民画集》《乡情》《张莨速写》《张莨画集》等。

J0061264

恭喜发财　　晓雁，徐德元绘

沈阳　辽宁美术出版社　1991年　1张　76cm（2开）
ISBN：7-5314-0299　定价：CNY0.58

　　中国现代年画作品。

J0061265

恭喜发财　（门画）金悦，纪宇绘

天津　天津人民美术出版社　1991年　1张
76cm（2开）ISBN：7-5305-2199-3　定价：CNY0.60

　　中国现代门画作品。

J0061266

恭喜发财喜有余　　希斌，学军绘

沈阳　辽宁美术出版社　1991年　1张　76cm（2开）
ISBN：7-5314-0325　定价：CNY0.58

　　中国现代年画作品。

J0061267

恭喜发财　　安杰绘

天津　天津人民美术出版社　1991年　1张
76cm（2开）ISBN：7-5305-2196-6　定价：CNY0.55

　　中国现代年画作品。

J0061268

共和国卫士　（门画）金安群绘

昆明　云南人民出版社　1991年　1张　76cm（2开）
定价：CNY0.60

　　中国现代门画作品。

J0061269

共和国卫士　（门画）金安群绘

昆明　云南人民出版社　1991年　1张　53cm（2开）
定价：CNY0.30

　　中国现代门画作品。

J0061270

古代大将　（门画）邓敦伟绘

昆明　云南人民出版社　1991年　1张　76cm（2开）
定价：CNY0.60

　　中国现代门画作品。

J0061271

古代武将　（门画）向荣绘

天津　天津人民美术出版社　1991年　1张
76cm（2开）ISBN：7-5305-2195-7　定价：CNY0.60

　　中国现代门画作品。

J0061272

古代武将　（门画）卓昌勇绘

昆明　云南人民出版社　1991年　1张　76cm（2开）
定价：CNY0.60

　　中国现代门画作品。作者卓昌勇（1944—　），教授。四川重庆人，毕业于西南师范大学。重庆师范学院影像工程系教授，中国美术家协会四川分会会员。著有《教学美术》《现代居室装饰画技法》。

J0061273

古代英雄　（门画）吴剑超绘

昆明　云南人民出版社　1991年　1张　76cm（2开）
定价：CNY0.60

　　中国现代门画作品。

J0061274

古代英雄故事屏　　李学荣绘

上海　上海人民美术出版社　1991年　2张
76cm（2开）定价：CNY1.00

　　中国现代年画作品。

J0061275

古将　（门画）李中文绘

昆明　云南人民出版社　1991年　1张　76cm（2开）
定价：CNY0.60

　　中国现代门画作品。

J0061276

关公·张飞　（门画）张福龙绘

长沙　湖南美术出版社　1991年　1张　76cm（2开）
ISBN：7-5356-1533　定价：CNY0.55

　　中国现代门画作品。作者张福龙（1942—　），画家。天津人。曾任天津杨柳青画社、天津画院专业画家等职。主要作品有《毛主席和青年农民》

《杨柳春风》《山娃》等。

中国现代中堂作品。

J0061277

关胜·索超 （门画）赵雨树绘
昆明 云南人民出版社 1991年 1张 76cm（2开）
定价：CNY0.60
　　中国现代门画作品。作者赵雨树，连环画
名家，四川省美术家协会会员，作有《农家副业
图》，出版有《赵雨树花鸟画选》等。

J0061278

海滨晨辉 曾天中绘
西安 陕西人民美术出版社 1991年 1张
107cm（全开）定价：CNY2.50
　　中国现代年画作品。

J0061279

海瑞传奇 孙家跃绘
天津 天津人民美术出版社 1991年 1张
76cm（2开）ISBN：7-5305-2205-3 定价：CNY0.55
　　中国现代年画作品。

J0061280

海上演习 陈正明编
天津 天津人民美术出版社 1991年 1张
76cm（2开）ISBN：7-5305-2199-0 定价：CNY0.55
　　中国现代年画作品。

J0061281

好 性空大师书
天津 天津人民美术出版社 1991年 1张
76cm（2开）ISBN：7-5305-2216-6 定价：CNY0.55
　　中国现代年画作品。

J0061282

合家欢 马云桥绘
沈阳 辽宁美术出版社 1991年 1张 76cm（2开）
ISBN：7-5314-0923 定价：CNY0.58
　　中国现代年画作品。

J0061283

合家欢乐 （中堂）李跃春绘
天津 天津人民美术出版社 1991年 1轴
附对联1副 107cm（全开）ISBN：7-5305-2525-6
定价：CNY5.20

J0061284

合美长寿 赵笑岩绘
长春 吉林美术出版社 1991年 1张 76cm（2开）
定价：CNY0.63
　　中国现代年画作品。

J0061285

和合美美 彭公林，彭红绘
沈阳 辽宁美术出版社 1991年 2张 76cm（2开）
ISBN：7-5314-0304 定价：CNY1.20
　　中国现代年画作品。

J0061286

和睦家庭福满门 范恩树绘
长春 吉林美术出版社 1991年 1张 76cm（2开）
定价：CNY0.63
　　中国现代年画作品。作者范恩树（1946—　　），
吉林梨树县人。吉林省美术家协会会员，曾任梨
树县美协副主席兼秘书长。作品有《献给老师》
《春满神州》《吉庆有余》等。

J0061287

和睦美满 栾良玉，栾博绘
沈阳 辽宁美术出版社 1991年 1张 76cm（2开）
ISBN：7-5314-0384 定价：CNY0.58
　　中国现代年画作品。

J0061288

贺新春福禧到 （门画）李洪波绘
昆明 云南人民出版社 1991年 1张 76cm（2开）
定价：CNY0.60
　　中国现代门画作品。

J0061289

鹤姑娘 倪延志绘
长春 吉林美术出版社 1991年 1张 76cm（2开）
定价：CNY0.63
　　中国现代年画作品。

J0061290

鹤龄三友图 （中堂）张玉明绘
天津 天津人民美术出版社 1991年 1轴
附对联1副 107cm（全开）ISBN：7-5305-2526-4

定价: CNY5.20
　　　中国现代年画作品。

J0061291
鹤舞迎客图　（中堂）顾国治绘
天津　天津人民美术出版社　1991年　1轴
附对联1副　107cm（全开）ISBN：7-5305-2530-8
定价: CNY8.00
　　　中国现代年画作品。

J0061292
鹤舞迎客图　（中堂）顾国治绘
天津　天津人民美术出版社　1991年　1轴
附对联1副　107cm（全开）ISBN：7-5305-2530-9
定价: CNY5.20
　　　中国现代中堂作品。

J0061293
鹤乡雪霁　倪延志绘
长春　吉林美术出版社　1991年　1张　76cm（2开）
定价: CNY0.70
　　　中国现代年画作品。

J0061294
鹤乡之子　刘长恩绘
长春　吉林美术出版社　1991年　1张　76cm（2开）
定价: CNY0.63
　　　中国现代年画作品。作者刘长恩(1936—
1996)，吉林通榆人，吉林美术出版社美术编
辑。代表作品《咱队的好猎手》《再请战》《巧妈
妈》等。

J0061295
鸿福齐天　晓雁，朱德元绘
沈阳　辽宁美术出版社　1991年　1张　76cm（2开）
ISBN：7-5314-0323　定价: CNY0.58
　　　中国现代年画作品。

J0061296
鸿福齐天　张鸿保绘
杭州　浙江人民美术出版社　1991年　1张
76cm（2开）定价: CNY0.50
　　　中国现代年画作品。

J0061297
猴年大吉　董俊绘
呼和浩特　内蒙古人民出版社　1991年　1张
76cm（2开）定价: CNY0.55
　　　中国现代年画作品。

J0061298
猴年大吉　刘佩珩绘
上海　上海人民美术出版社　1991年　1张
76cm（2开）定价: CNY0.50
　　　中国现代年画作品。

J0061299
虎豹双将　（门画）赵雨树绘
昆明　云南人民出版社　1991年　1张　76cm（2开）
定价: CNY0.60
　　　中国现代门画作品。作者赵雨树，连环画
名家，四川省美术家协会会员，作有《农家副业
图》，出版有《赵雨树花鸟画选》等。

J0061300
虎豹双将　（门画）赵雨树绘
昆明　云南人民出版社　1991年　1张　53cm（4开）
定价: CNY0.30
　　　中国现代门画作品。

J0061301
虎啸图　（中堂）何业琦绘
杭州　浙江人民美术出版社　1991年　1轴
附对联1副　107cm（全开）定价: CNY6.00
　　　中国现代中堂作品。

J0061302
花儿朵朵　陈宝万绘
长春　吉林美术出版社　1991年　1张　76cm（2开）
定价: CNY0.63
　　　中国现代年画作品。

J0061303
花好月圆　童金贵，云华绘
沈阳　辽宁美术出版社　1991年　1张　76cm（2开）
ISBN：7-5314-0313　定价: CNY0.58
　　　中国现代年画作品。

J0061304
花好月圆　陈家骅绘
天津　天津人民美术出版社 1991 年 1 张
76cm（2 开）ISBN：7-5305-2196-4 定价：CNY0.55
　　中国现代年画作品。

J0061305
花鸟屏　牛忠元绘
北京　人民美术出版社 1991 年 2 张 76cm（2 开）
定价：CNY1.20
　　中国现代年画作品。作者牛忠元（1955—　），
画家。河北霸州人，就读于河北师大美术系、中
国北京画院工笔花鸟研修班和中央美术学院。
中国画研究院著名工笔花鸟画专家。作品有《春
光似锦》《风韵》《戈壁早春》《版纳深处》等。

J0061306
花香鸟屏　宫兴福绘
沈阳　辽宁美术出版社 1991 年 2 张 76cm（2 开）
ISBN：7-5314-0388 定价：CNY1.20
　　中国现代年画作品。作者宫兴福（1936—　），
教授。黑龙江密山人。毕业于鲁迅美术学院中
国画系，后留校任教。作品《豆花香》《听泉》《天
女木兰》。发表论文有《图新·求美·思变》《意
念·意象·以形写神》等。

J0061307
花艳果香　姚玉成绘
沈阳　辽宁美术出版社 1991 年 1 张 76cm（2 开）
ISBN：7-5314-0330 定价：CNY0.58
　　中国现代年画作品。

J0061308
欢天喜地福盈门　刘宝贵绘
沈阳　辽宁美术出版社 1991 年 1 张 76cm（2 开）
ISBN：7-5314-0326 定价：CNY0.58
　　中国现代年画作品。

J0061309
黄山迎客松　（中堂）刘称奇绘
天津　天津人民美术出版社 1991 年 1 轴
附对联 1 副 107cm（全开）ISBN：7-5305-2526-6
定价：CNY5.20
　　中国现代中堂作品。

J0061310
黄信·秦明　（门画）黄兴桥绘
昆明　云南人民出版社 1991 年 1 张 76cm（2 开）
定价：CNY0.60
　　中国现代门画作品。

J0061311
回荆州　安杰绘
沈阳　辽宁美术出版社 1991 年 1 张 76cm（2 开）
ISBN：7-5314-0383 定价：CNY0.58
　　中国现代年画作品。

J0061312
吉利娃娃　徐世民绘
沈阳　辽宁美术出版社 1991 年 1 张 76cm（2 开）
ISBN：7-5314-0337 定价：CNY0.58
　　中国现代年画作品。

J0061313
吉利有余八方进宝　朱凤岐，朱军绘
沈阳　辽宁美术出版社 1991 年 1 张 76cm（2 开）
ISBN：7-5314-0310 定价：CNY0.58
　　中国现代年画作品。

J0061314
吉庆满堂　（门画）陆夫绘
天津　天津人民美术出版社 1991 年 2 张
76cm（2 开）ISBN：7-5305-2216-1 定价：CNY1.30
　　中国现代门画作品。

J0061315
吉庆有余　杨春生绘
沈阳　辽宁人民出版社 1991 年 1 张 76cm（2 开）
ISBN：7-5314-0913 定价：CNY0.58
　　中国现代年画作品。

J0061316
吉祥如意　俎翠林绘
长春　吉林美术出版社 1991 年 1 张 76cm（2 开）
定价：CNY0.63
　　中国现代年画作品。

J0061317
吉祥如意　董丽绘
沈阳　辽宁美术出版社 1991 年 1 张 76cm（2 开）

ISBN：7-5314-0387　定价：CNY0.58
　　中国现代年画作品。

J0061318
吉祥如意　魏瀛洲绘
上海　上海人民美术出版社　1991年　1张
76cm（2开）定价：CNY0.50
　　中国现代年画作品。

J0061319
吉祥万代　左文绘
沈阳　辽宁美术出版社　1991年　1张　76cm（2开）
ISBN：7-5314-0351　定价：CNY0.65
　　中国现代年画作品。

J0061320
吉星高照　陈华民，晓东绘
沈阳　辽宁美术出版社　1991年　1张　76cm（2开）
ISBN：7-5314-0914　定价：CNY0.58
　　中国现代年画作品。

J0061321
吉星高照　徐福根绘
杭州　浙江人民美术出版社　1991年　1张
107cm（全开）定价：CNY1.90
　　中国现代年画作品。

J0061322
吉星高照　徐福根绘
杭州　浙江人民美术出版社　1991年　1张
76cm（2开）定价：CNY0.50
　　中国现代年画作品。

J0061323
吉星高照　（中堂）徐福根绘
杭州　浙江人民美术出版社　1991年　1轴
附对联1副　107cm（全开）定价：CNY6.70
　　中国现代中堂作品。

J0061324
济公故事　（飞来峰）朱子容绘
上海　上海人民美术出版社　1991年　2张
76cm（2开）定价：CNY1.00
　　中国现代年画作品。

J0061325
佳偶天成　（中堂）顾国治绘
天津　天津人民美术出版社　1991年　1轴
附对联1副　107cm（全开）ISBN：7-5305-2526-3
定价：CNY5.20
　　中国现代中堂作品。

J0061326
江山千古秀　苗永华绘
昆明　云南人民出版社　1991年　1张　107cm（全开）
定价：CNY1.40
　　中国现代年画作品。

J0061327
降龙伏虎　（门画）孙建东绘
昆明　云南人民出版社　1991年　1张　53cm（4开）
定价：CNY0.30
　　中国现代门画作品。作者孙建东（1952—　　），
画家。出生于上海。毕业于云南艺术学院美术系。
云南艺术学院美术学院中国画专业教授、中国美
术家协会会员、中国美协第七次全国代表大会代
表、第六届云南美术家协会副主席。代表作品有
《孔雀红梅》《流沙河之歌》《共同的希望》。

J0061328
降龙伏虎　（门画）孙建东绘
昆明　云南人民出版社　1991年　1张　76cm（2开）
定价：CNY0.60
　　中国现代门画作品。

J0061329
降魔除邪　（门画）刘光兴绘
昆明　云南人民出版社　1991年　1张　76cm（2开）
定价：CNY0.60
　　中国现代门画作品。

J0061330
金斧剑锤将　（门画）舒呈绘
昆明　云南人民出版社　1991年　1张　76cm（2开）
定价：CNY0.60
　　中国现代门画作品。

J0061331
金猴献寿　刘佩珩绘
长春　吉林美术出版社　1991年　1张　76cm（2开）

定价：CNY0.63
　　中国现代年画作品。

J0061332
金鸡报喜　杨馥如绘
上海　上海人民美术出版社　1991 年　1 张
76cm（2 开）定价：CNY0.50
　　中国现代年画作品。作者杨馥如（1918—
1992），江苏无锡人。曾任进艺辉图片社设计室
主任。代表作品有《十二生肖娃娃图》《万象更
新》《庆丰收》《农家乐》等。

J0061333
金驹送到家　（门画）张锡武绘
天津　天津人民美术出版社　1991 年　1 张
76cm（2 开）ISBN：7–5305–2198–6 定价：CNY0.60
　　中国现代门画作品。

J0061334
金银满柜　宗万华绘
天津　天津人民美术出版社　1991 年　1 张
76cm（2 开）ISBN：7–5305–2214–0 定价：CNY0.55
　　中国现代年画作品。

J0061335
锦绣山川　是有福绘
南京　江苏美术出版社　1991 年　1 张　107cm（全开）
定价：CNY3.70
　　中国现代年画作品。

J0061336
进宝图　刘俊贤绘
上海　上海人民美术出版社　1991 年　1 张
76cm（2 开）定价：CNY0.50
　　中国现代年画作品。

J0061337
劲风高节　郑连群绘
天津　天津人民美术出版社　1991 年　4 轴
76cm（2 开）ISBN：7–5305–2529–4 定价：CNY5.20
　　中国现代年画作品。

J0061338
敬爱的元帅　（中堂）姜中立绘
天津　天津人民美术出版社　1991 年　1 轴

附对联 1 副　107cm（全开）ISBN：7–5305–2524–5
定价：CNY5.20
　　中国现代中堂作品。

J0061339
敬爱的周总理　王建梓绘
天津　天津人民美术出版社　1991 年　1 张
76cm（2 开）ISBN：7–5305–2205–6 定价：CNY0.55
　　中国现代年画作品。

J0061340
敬爱的周总理　（中堂）王建梓绘
天津　天津人民美术出版社　1991 年　1 轴
附对联 1 副　107cm（全开）ISBN：7–5305–2524–2
定价：CNY8.00
　　中国现代中堂作品。

J0061341
敬爱的周总理　（中堂）王建梓绘
天津　天津人民美术出版社　1991 年　1 轴
附对联 1 副　107cm（全开）ISBN：7–5305–2524–3
定价：CNY5.20
　　中国现代中堂作品。

J0061342
军威常在·国泰民安　（门画）裴文璐绘
昆明　云南人民出版社　1991 年　1 张　76cm（2 开）
定价：CNY0.60
　　中国现代门画作品。作者裴文璐（1944—　），
出生于昆明，中国美术家协会会员，云南艺术学
院客座教授、云南省公安厅文联书画院名誉院
长。代表作品有《瑞丽江畔》《赶摆》。

J0061343
骏马图　刘称奇编
上海　上海人民美术出版社　1991 年　1 张
76cm（2 开）定价：CNY0.55
　　中国现代年画作品。

J0061344
科学致富发大财　童金贵，云华绘
沈阳　辽宁美术出版社　1991 年　1 张　76cm（2 开）
ISBN：7–5314–0311 定价：CNY0.58
　　中国现代年画作品。

J0061345

科学致富连年有余　刘志深绘

长春　吉林美术出版社　1991年　1张　76cm（2开）
定价：CNY0.63
　　中国现代年画作品。

J0061346

快乐的小八仙　董俊绘

上海　上海人民美术出版社　1991年　1张
76cm（2开）定价：CNY1.00
　　中国现代年画作品。

J0061347

腊梅迎春　周国军绘

沈阳　辽宁美术出版社　1991年　1张　76cm（2开）
ISBN：7-5314-0380　定价：CNY0.80
　　中国现代年画作品。作者周国军（1954—　），
满族，辽宁凤城人。毕业于广州美术学院中国画
系。历任丹东市文联专业画家、中国美术家协会
会员、丹东美术家协会主席。作品《国风》《厚土》
《悠悠牧歌》《亘立千秋》，出版有《中国当代美术
家精品集——周国军画集》。

J0061348

连年有余　林英珊绘

沈阳　辽宁美术出版社　1991年　1张　76cm（2开）
ISBN：7-5314-0936　定价：CNY0.58
　　中国现代年画作品。

J0061349

龙凤吉祥　刘建平，路亭绘

上海　上海人民美术出版社　1991年　1张
76cm（2开）定价：CNY0.55
　　中国现代年画作品。

J0061350

龙凤吉祥　龚景充绘

杭州　浙江人民美术出版社　1991年　1张
76cm（2开）定价：CNY0.50
　　中国现代年画作品。

J0061351

龙凤吉祥　龚景充绘

杭州　浙江人民美术出版社　1991年　1张
107cm（全开）定价：CNY1.90

中国现代年画作品。

J0061352

龙凤吉祥　（中堂）龚景充绘

杭州　浙江人民美术出版社　1991年　1轴
附对联1副　107cm（全开）定价：CNY6.00
　　中国现代中堂作品。

J0061353

龙凤双喜　蔡传隆绘

杭州　浙江人民美术出版社　1991年　1张
76cm（2开）定价：CNY0.50
　　中国现代年画作品。作者蔡传隆，国画家。
主要作品有《一江春色》《四季平安》等。

J0061354

龙凤双喜　蔡传隆绘

杭州　浙江人民美术出版社　1991年　1张
107cm（全开）定价：CNY1.90
　　中国现代年画作品。

J0061355

龙凤双喜　（中堂）蔡传隆绘

杭州　浙江人民美术出版社　1991年　1轴　附对
联1副　107cm（全开）定价：CNY6.00
　　中国现代中堂作品。

J0061356

龙女戏鱼屏　宋明远绘

沈阳　辽宁美术出版社　1991年　2张　76cm（2开）
ISBN：7-5314-0916　定价：CNY1.20
　　中国现代年画作品。作者宋明远（1938—　），
画家。出生于辽宁瓦房店。字月元，曾于广州美
院国画系山水科进修。中国美术家协会会员、中
国版画家协会会员、新加坡南洋画院院长、北京
市狮城南洋画院院长。代表作有《与海共鸣》《激
情澎湃》《红日出海》等。

J0061357

龙腾吉祥　杨维华绘

沈阳　辽宁美术出版社　1991年　1张　76cm（2开）
ISBN：7-5314-0298　定价：CNY0.58
　　中国现代年画作品。

J0061358

鹿鹤同春　蒋云花等绘
杭州　浙江人民美术出版社 1991 年　1 张
107cm（全开）定价：CNY1.90
　　中国现代年画作品。

J0061359

鹿鹤同春　（中堂）蒋云花绘
杭州　浙江人民美术出版社 1991 年　1 轴
附对联 1 副　107cm（全开）定价：CNY6.00
　　中国现代中堂作品。

J0061360

鸾凤和鸣　申同景绘
天津　天津人民美术出版社 1991 年　1 张
76cm（2 开）ISBN：7-5305-2214-2 定价：CNY0.55
　　中国现代年画作品。

J0061361

罗成大战窦线娘　赵梦林绘
呼和浩特　内蒙古人民美术出版社 1991 年　1 张
76cm（2 开）定价：CNY0.55
　　中国现代年画作品。

J0061362

耄耋富贵图　王一鸣，郭华绘
沈阳　辽宁美术出版社 1991 年　1 张 76cm（2 开）
ISBN：7-5314-0375 定价：CNY0.58
　　中国现代年画作品。作者王一鸣（1945—
2009），花鸟画家。辽宁盖州人。历任辽宁盖
州市文联主席、高级工程师，中国美术家协会
会员。

J0061363

梅花　陈秉毅绘；张鸿修书
西安　陕西人民美术出版社 1991 年　1 张
107cm（全开）定价：CNY2.60
　　中国现代年画作品。

J0061364

美好心灵屏　刘树茂，张云峰绘
沈阳　辽宁美术出版社 1991 年　2 张 76cm（2 开）
ISBN：7-5312-0305 定价：CNY1.20
　　中国现代年画作品。

J0061365

美满幸福庆有余　周洪全，周再刚绘
北京　人民美术出版社 1991 年　1 张 76cm（2 开）
定价：CNY0.60
　　中国现代年画作品。作者周洪全，工艺美术
师。艺名沙金、雪鸿，室名长乐轩。毕业于鲁迅
美术学院染织专业。历任辽宁美术家协会会员，
国营熊岳印染厂高级工艺美术师。代表作品有
《四季花开》《孔雀牡丹》《玉堂富贵》《繁花益鸟
屏》等。

J0061366

美满姻缘　丁洪辉绘
长春　吉林美术出版社 1991 年　1 张 76cm（2 开）
定价：CNY0.63
　　中国现代年画作品。

J0061367

美满姻缘　李秉芳绘
上海　上海人民美术出版社 1991 年　1 张
76cm（2 开）定价：CNY0.50
　　中国现代年画作品。

J0061368

猛虎神威　（中堂）成砺志绘
天津　天津人民美术出版社 1991 年　1 轴
附对联 1 副　107cm（全开）ISBN：7-5305-2533-0
定价：CNY9.00
　　中国现代中堂作品。

J0061369

明镜高节清风　（中堂）赵作梁绘
天津　天津人民美术出版社 1991 年　1 轴
附对联 1 副　107cm（全开）ISBN：7-5305-2526-5
定价：CNY5.20
　　中国现代中堂作品。

J0061370

牡丹花仙　秀时编；丽铭等绘
沈阳　辽宁美术出版社 1991 年　2 张 76cm（2 开）
ISBN：7-5314-0399 定价：CNY1.20
　　中国现代年画作品。

J0061371

闹新春　阎凤成绘

长沙 湖南美术出版社 1991年 1张 76cm（2开）
ISBN：7-5356-1501 定价：CNY0.55
　　中国现代年画作品。

J0061372
年年如意　晓雁，徐德元绘
沈阳 辽宁美术出版社 1991年 1张 76cm（2开）
ISBN：7-5314-0317 定价：CNY0.58
　　中国现代年画作品。

J0061373
年年有余福满门　俎翠林绘
上海 上海人民美术出版社 1991年 1张
76cm（2开）定价：CNY0.50
　　中国现代年画作品。

J0061374
鸟语花香　王国富绘
上海 上海人民美术出版社 1991年 2张
76cm（2开）定价：CNY1.00
　　中国现代年画作品。

J0061375
蓬莱仙阁　（中堂）于锦声绘
天津 天津人民美术出版社 1991年 1轴
附对联1副 107cm（全开）ISBN：7-5305-2527-5
定价：CNY5.20
　　中国现代中堂作品。作者于锦声（1940—　），
河北黄骅县人。天津市美术家协会理事、天津书
法家协会会员、艺友书画会画师。出版有《于锦
声画集》等。

J0061376
蓬莱仙阁图　（中堂）于锦声绘
天津 天津人民美术出版社 1991年 1轴
附对联1副 107cm（全开）ISBN：7-5305-2532-1
定价：CNY8.00
　　中国现代中堂作品。

J0061377
鹏程万里　陈英，陈明绘；王澍华书
昆明 云南人民美术出版社 1991年 1张
107cm（全开）定价：CNY1.40
　　中国现代年画作品。

J0061378
平安如意喜有余　薛嘉惠绘
沈阳 辽宁美术出版社 1991年 1张 76cm（2开）
ISBN：7-5314-0327 定价：CNY0.58
　　中国现代年画作品。

J0061379
千里送京娘　岫石编文；京秋等绘
沈阳 辽宁美术出版社 1991年 2张 76cm（2开）
ISBN：7-5314-0393 定价：CNY1.20
　　中国现代年画作品。

J0061380
悄读西厢　孟宪宝绘
长春 吉林美术出版社 1991年 1张 76cm（2开）
定价：CNY0.63
　　中国现代年画作品。

J0061381
秦军·胡帅　（门画）张恒德绘
昆明 云南人民出版社 1991年 1张 76cm（2开）
定价：CNY0.60
　　中国现代门画作品。

J0061382
秦琼·敬德　（门画）张文顺绘
西安 陕西人民美术出版社 1991年 1张
53cm（4开）定价：CNY0.30
　　中国现代门画作品。

J0061383
秦琼·敬德　（门画）张恒德绘
西安 陕西人民美术出版社 1991年 1张
76cm（2开）定价：CNY0.50
　　中国现代门画作品。

J0061384
秦琼·敬德　（门画）张锡武绘
西安 陕西人民美术出版社 1991年 1张
76cm（2开）定价：CNY0.50
　　中国现代门画作品。

J0061385
秦琼·敬德　（门画）姚重庆绘
天津 天津人民美术出版社 1991年 1张

76cm（2开）ISBN：7-5305-22146 定价：CNY0.60

中国现代门画作品。作者姚重庆（1943—　　），山东济南人。毕业于中央美术学院附中。擅长油画、连环画、年画。曾任天津人民美术出版社美术编审、中国出版社工作部协会年画艺术委员会秘书长。主要作品《彭大将军》《油画展厅》《周恩来的青少年时代》等。

J0061386

秦叔宝·尉迟恭 （门画）魏为绘
长沙 湖南美术出版社 1991年 1张 76cm（2开）
ISBN：7-5356-1502 定价：CNY0.55
　　中国现代门画作品。

J0061387

秦叔宝·尉迟恭 （门画）李先淘，李冀绘
西安 陕西人民美术出版社 1991年 1张
76cm（2开）定价：CNY0.50
　　中国现代门画作品。

J0061388

秦叔宝·尉迟恭 （门画）邓敦伟绘
昆明 云南人民出版社 1991年 1张 107cm（全开）
定价：CNY1.20
　　中国现代门画作品。

J0061389

秦叔宝·尉迟恭 （门画）张耀明绘
昆明 云南人民出版社 1991年 1张 76cm（2开）
定价：CNY0.60
　　中国现代门画作品。作者张耀明（1959—　　），国家一级美术师，字淡之，号听风堂，一壶，心远，澹翁。生于山东诸城，毕业于山东轻工美术学校毕业。历任中国美术家协会会员，齐鲁山水画研究院副院长，张择端书画研究院院长，诸城市博物馆副馆长、研究馆员。代表作品有《阳光总在风雨后》《海边拾趣》。

J0061390

琴棋书画屏 阎凤成绘
上海 上海人民美术出版社 1991年 2张
76cm（2开）定价：CNY1.00
　　中国现代年画作品。

J0061391

勤劳致富 赵梦林，赵素岚绘
呼和浩特 内蒙古人民美术出版社 1991年 1张
76cm（2开）定价：CNY0.55
　　中国现代年画作品。

J0061392

勤劳致富 彭海清绘
上海 上海人民美术出版社 1991年 1张
76cm（2开）定价：CNY0.50
　　中国现代年画作品。

J0061393

勤劳致富摇钱树 华民，陈江绘
沈阳 辽宁美术出版社 1991年 1张 76cm（2开）
ISBN：7-5314-0910 定价：CNY0.58
　　中国现代年画作品。作者陈江（1961—　　），海南临高人，南京博物院陈列展览部副主任，江苏省博物馆学会秘书长，著有《紫砂器鉴赏与收藏》《紫砂壶》等。

J0061394

清风亮节 （中堂）单良生，张世简绘
长沙 湖南美术出版社 1991年 1轴 附对联1副
107cm（1开）定价：CNY5.60
　　中国现代中堂作品。作者张世简（1926—2009），国画家、教授。浙江浦江人。中央工艺美术学院教授，中国美术家协会会员，中国国艺研究院院士，北京国艺轩书画院顾问。作品有《桃花初艳鸟先到》《樱桃麻雀》《白头多寿》等，出版《写意花鸟画技法》《写意花鸟画构图浅说》《荷花画谱》等。

J0061395

驱邪除害 （门画）李德明绘
昆明 云南人民出版社 1991年 1张 76cm（2开）
定价：CNY0.60
　　中国现代门画作品。

J0061396

驱邪迎福 （门画）阎珍绘
天津 天津人民美术出版社 1991年 1张
76cm（2开）ISBN：7-5305-2195-2 定价：CNY0.60
　　中国现代门画作品。

J0061397
人民功臣英雄战士 （门画）戴玉茹绘
昆明 云南人民出版社 1991年 1张 76cm（2开）
定价：CNY0.60
　　中国现代门画作品。

J0061398
人寿年丰 （门画）王志明书；杨文亮绘
北京 人民美术出版社 1991年 1张 76cm（2开）
定价：CNY0.65
　　中国现代门画作品。

J0061399
日月生辉 （门画）冯隆梅绘
昆明 云南人民出版社 1991年 1张 76cm（2开）
定价：CNY0.60
　　中国现代门画作品。

J0061400
日月同辉松鹤增寿 王建霞，王国富绘
北京 人民美术出版社 1991年 2张 76cm（2开）
定价：CNY1.20
　　中国现代年画作品。

J0061401
荣华富贵 白头偕老 （中堂）苏伯群绘
天津 天津人民美术出版社 1991年 1轴
附对联1副 107cm（全开）ISBN：7-5305-2526-2
定价：CNY5.20
　　中国现代中堂作品。作者苏伯群（1920—　），
高级美术师。生于山东烟台。任山东画院高级
画师、国家一级美术师，任中国老年书画研究会
顾问、中国工艺美术协会高级会员、山东省工艺
美术学会理事中国工艺美术学会会员、山东工艺
美术学会理事等职。

J0061402
瑞鹤春晖 陈松凌绘
杭州 浙江人民美术出版社 1991年 1张
76cm（2开）定价：CNY0.50
　　中国现代年画作品。

J0061403
瑞鹤春晖 陈松崚绘
杭州 浙江人民美术出版社 1991年 1轴

附对联1副 107cm（全开）定价：CNY6.00
　　中国现代年画作品。

J0061404
瑞雪红梅 王辛大绘
杭州 浙江人民美术出版社 1991年 1张
107cm（全开）定价：CNY1.90
　　中国现代年画作品。

J0061405
瑞雪红梅 王辛大绘
杭州 浙江人民美术出版社 1991年 1轴
附对联1副 107cm（全开）定价：CNY6.00
　　中国现代年画作品。

J0061406
三打陶三春 董大编文；张力等绘画
沈阳 辽宁美术出版社 1991年 2张 76cm（2开）
ISBN：7-5314-0901 定价：CNY1.20
　　中国现代年画作品。

J0061407
三打祝家庄 于慧彬编；林祥等绘
沈阳 辽宁美术出版社 1991年 2张 76cm（2开）
ISBN：7-5314-0396 定价：CNY1.20
　　中国现代年画作品。

J0061408
三看御妹 董大编；王文倩等绘
沈阳 辽宁美术出版社 1991年 2张 76cm（2开）
ISBN：7-5314-0397 定价：CNY1.20
　　中国现代年画作品。

J0061409
三气周瑜 岫石文，羊牧等绘
沈阳 辽宁美术出版社 1991年 2张 76cm（2开）
ISBN：7-5314-0900 定价：CNY1.20
　　中国现代年画作品。

J0061410
三星登高图 （中堂）张瑞恒绘
天津 天津人民美术出版社 1991年 1轴
附对联1副 107cm（全开）ISBN：7-5305-2526-9
定价：CNY5.20
　　中国现代中堂作品。

J0061411

三星高照金玉满堂　李跃华绘

长春 吉林美术出版社 1991年 1张 76cm（2开）
定价：CNY0.63
　　中国现代年画作品。

J0061412

沙场猛将　（门画）何永坤绘

昆明 云南人民出版社 1991年 1张 53cm（4开）
定价：CNY0.30
　　中国现代门画作品。作者何永坤（1953— ），
教授。出生于昆明，祖籍浙江鄞县，云南艺术
学院工艺美术系任教。作品有《山果》《青草
地》等。

J0061413

沙场猛将　（门画）何永坤绘

昆明 云南人民出版社 1991年 1张 76cm（2开）
定价：CNY0.60
　　中国现代门画作品。

J0061414

山谷鸣春　天亚绘

长春 吉林美术出版社 1991年 1张 76cm（2开）
定价：CNY0.63
　　中国现代年画作品。

J0061415

神骏　冯德新绘

天津 天津人民美术出版社 1991年 4幅
76cm（2开）ISBN：7-5305-2529-1 定价：CNY5.20
　　中国现代年画作品。

J0061416

神州共庆　（中堂）潘恩春绘

天津 天津人民美术出版社 1991年 1轴 附对
联1副 107cm（全开）卷 ISBN：7-5305-2525-5
定价：CNY5.20
　　中国现代中堂作品。

J0061417

盛大的节日　张兆年，张金义绘

天津 天津人民美术出版社 1991年 1张
76cm（2开）ISBN：7-5305-2200-5 定价：CNY0.55
　　中国现代年画作品。作者张兆年（1946— ），

画家。天津人，毕业于天津工艺美校。历任天津
工艺美术设计院创作室二级美术师。获奖作品
有《数不清》《踏歌图》《傻伲少女》等，壁画作
品有《海河晨光》《津门十景》《中国古代科技文
明之光》《生命之路》等。

J0061418

盛大的节日　（中堂）张兆年，张金义绘

天津 天津人民美术出版社 1991年 1轴
附对联1副 107cm（全开）ISBN：7-5305-2523-7
定价：CNY8.00
　　中国现代中堂作品。

J0061419

盛世丰年鱼满仓　安杰绘

天津 天津人民美术出版社 1991年 1张
76cm（2开）ISBN：7-5305-2196-5 定价：CNY0.55
　　中国现代年画作品。作者安杰（1946— ），
毕业于吉林师范学校。曾任吉林省梅河口文化
馆创作室主任、高级美术师、中国美术家协会会
员、吉林省美协理事。主要作品有《春雪》《喜迎
春》《爽秋》等。

J0061420

狮胜雄威　（门画）张静绘

天津 天津人民美术出版社 1991年 1张
76cm（2开）ISBN：7-5305-2199-1 定价：CNY0.60
　　中国现代门画作品。作者张静（1962— ），
国家一级美术师。河南济源市人。济源市美术
家协会副主席，中华国学院花鸟画艺委会主任，
中国国际书画研究院院士，深圳长乐书画院特聘
画家，中国书画评估图录年鉴社美编，清源阁画
院执行院长，王屋山书画研究院常务副院长。代
表作品有《张静书画艺术选集》《张静画集》。

J0061421

实现四化喜多财广　童金贵等绘

北京 人民美术出版社 1991年 1张 76cm（2开）
定价：CNY0.60
　　中国现代年画作品。

J0061422

事事如意屏　顾振君，周英绘

沈阳 辽宁美术出版社 1991年 2张 76cm（2开）
ISBN：7-5314-0364 定价：CNY1.20

中国现代年画作品。作者顾振君(1941—　　),
研究员。辽宁沈阳人。历任抚顺市群众艺术馆
副研究馆员，辽宁省美术家协会会员，辽宁省年
画学会常务理事。

J0061423
寿 （中堂）楼永年绘
长沙 湖南美术出版社 1991年 1轴 附对联 1副
76cm（全开）定价：CNY3.80
　　中国现代中堂作品。

J0061424
寿比南山　　楼永年绘
杭州 浙江人民美术出版社 1991年 1张
76cm（2开）定价：CNY0.50
　　中国现代年画作品。

J0061425
寿比南山不老松　　童金贵，童红绘
沈阳 辽宁美术出版社 1991年 1张 76cm（2开）
ISBN：7-5314-0319 定价：CNY0.58
　　中国现代年画作品。

J0061426
寿比南山贺吉祥　　赵志斌绘
长春 吉林美术出版社 1991年 1张 76cm（2开）
定价：CNY0.63
　　中国现代年画作品。

J0061427
双凤戏珍珠　　谷学忠绘
长春 吉林美术出版社 1991年 1张 76cm（2开）
定价：CNY0.63
　　中国现代年画作品。

J0061428
双怪客　　阎国苹编
天津 天津人民美术出版社 1991年 2张
76cm（2开）ISBN：7-5305-2197-3 定价：CNY1.20
　　中国现代年画作品。

J0061429
双铜将双鞭将　　（门画）王祖军绘
昆明 云南人民出版社 1991年 1张 76cm（2开）
定价：CNY0.60

中国现代门画作品。

J0061430
双将图　　（门画）何永明绘
昆明 云南人民出版社 1991年 1张 76cm（2开）
定价：CNY0.60
　　中国现代门画作品。

J0061431
双龙戏珠　　左义绘
沈阳 辽宁美术出版社 1991年 1张 76cm（2开）
ISBN：7-5314-0352 定价：CNY0.65
　　中国现代年画作品。

J0061432
双龙献宝　　余力，徐德元绘
沈阳 辽宁美术出版社 1991年 1张 76cm（2开）
ISBN：7-5314-0318 定价：CNY0.58
　　中国现代年画作品。

J0061433
双青图　　郭书仁绘
天津 天津人民美术出版社 1991年 4轴
76cm（2开）ISBN：7-5305-2529-5 定价：CNY5.20
　　中国现代年画作品。

J0061434
双喜到家　　春江，晓东绘
沈阳 辽宁美术出版社 1991年 1张 76cm（2开）
ISBN：7-5314-0905 定价：CNY0.58
　　中国现代年画作品。

J0061435
双喜临门　　彭出林，彭红绘
沈阳 辽宁美术出版社 1991年 1张 76cm（2开）
ISBN：7-5314-0302 定价：CNY0.58
　　中国现代年画作品。

J0061436
双喜临门　　（门画）李洪波绘
昆明 云南人民出版社 1991年 1张 76cm（2开）
定价：CNY0.60
　　中国现代门画作品。

J0061437

双喜临门 （门画）呼立新绘

昆明 云南人民出版社 1991 年 1 张 76cm（2 开）

定价：CNY0.60

中国现代门画作品。

J0061438

双喜如意 桂卿，志华绘

沈阳 辽宁美术出版社 1991 年 1 张 76cm（2 开）

ISBN：7-5314-0372 定价：CNY0.58

中国现代年画作品。

J0061439

双喜图 霍建本绘

昆明 云南人民出版社 1991 年 1 张 76cm（2 开）

定价：CNY0.60

中国现代年画作品。

J0061440

双鱼吉庆 姜泉，功民绘

沈阳 辽宁美术出版社 1991 年 1 张 76cm（2 开）

ISBN：7-5314-0347 定价：CNY0.58

中国现代年画作品。

J0061441

双鱼吉庆 魏瀛洲绘

上海 上海人民美术出版社 1991 年 1 张

76cm（2 开）定价：CNY0.50

中国现代年画作品。

J0061442

双鱼吉庆新春好 魏瀛洲绘

上海 上海人民美术出版社 1991 年 1 张

76cm（2 开）定价：CNY0.50

中国现代年画作品。

J0061443

双鱼吉祥 陈华民绘

长春 吉林美术出版社 1991 年 1 张 76cm（2 开）

定价：CNY0.63

中国现代年画作品。

J0061444

双鱼嬉子 胡立琢绘

长春 吉林美术出版社 1991 年 1 张 76cm（2 开）

定价：CNY0.63

中国现代年画作品。

J0061445

水淹七军 张瑞恒绘

天津 天津人民美术出版社 1991 年 1 张

76cm（2 开）ISBN：7-5305-2196-2 定价：CNY0.55

中国现代年画作品。

J0061446

四季风光屏 祖文，尹墨绘

沈阳 辽宁美术出版社 1991 年 2 张 76cm（2 开）

ISBN：7-5314-0906 定价：CNY1.20

中国现代年画作品。

J0061447

四季花香屏 祖文，尹墨绘

沈阳 辽宁美术出版社 1991 年 2 张 76cm（2 开）

ISBN：7-5314-0341 定价：CNY1.20

中国现代年画作品。

J0061448

四季幸福 童金贵，童红绘

沈阳 辽宁美术出版社 1991 年 2 张 76cm（2 开）

ISBN：7-5314-0357 定价：CNY1.20

中国现代年画作品。

J0061449

四季长春 林英珊绘；林辰诗

沈阳 辽宁美术出版社 1991 年 2 张 76cm（2 开）

ISBN：7-5314-0925 定价：CNY1.20

中国现代年画作品。

J0061450

四喜图 杨树有，万殊绘

上海 上海人民美术出版社 1991 年 2 张

76cm（2 开）定价：CNY1.00

中国现代年画作品。

J0061451

四喜献寿 张宝祥绘

长春 吉林美术出版社 1991 年 1 张 76cm（2 开）

定价：CNY0.63

中国现代年画作品。

J0061452
松鹤朝阳 顾国治绘
北京 人民美术出版社 1991 年 1 张 107cm（全开）
定价：CNY1.20
　　中国现代年画作品。

J0061453
松鹤图 （中堂）李少全绘
长沙 湖南美术出版社 1991 年 1 轴 附对联 1 副
107cm（全开）定价：CNY5.60
　　中国现代中堂作品。

J0061454
松鹤万年 曾宪和绘
天津 天津人民美术出版社 1991 年 2 张
76cm（2 开）ISBN：7-5305-2196-3 定价：CNY1.20
　　中国现代年画作品。

J0061455
松鹤延年 洪世川绘
杭州 浙江人民美术出版社 1991 年 1 张
107cm（全开）定价：CNY1.90
　　中国现代年画作品。

J0061456
松鹤延年 龚景充绘
杭州 浙江人民美术出版社 1991 年 1 张
107cm（全开）定价：CNY2.40
　　中国现代年画作品。

J0061457
松鹤延年 （中堂）洪世川绘
杭州 浙江人民美术出版社 1991 年 1 轴
附对联 1 副 107cm（全开）定价：CNY6.00
　　中国现代中堂作品。

J0061458
送宝到家 徐德元，余力绘
沈阳 辽宁美术出版社 1991 年 1 张 76cm（2 开）
ISBN：7-5314-0297 定价：CNY0.58
　　中国现代年画作品。

J0061459
送宝图 （中堂）刘建平绘
天津 天津人民美术出版社 1991 年 1 轴

附对联 1 副 107cm（全开）ISBN：7-5305-2525-4
定价：CNY5.20
　　中国现代中堂作品。

J0061460
送往人间 （门画）张静绘
天津 天津人民美术出版社 1991 年 1 张
53cm（4 开）ISBN：7-5305-2217-6 定价：CNY0.35
　　中国现代门画作品。作者张静（1962— ），
国家一级美术师。河南济源市人。济源市美术
家协会副主席、中华国学院花鸟画艺委会主任、
中国国际书画研究院院士、深圳长乐书画院特聘
画家、中国书画评估图录年鉴社美编、清源阁画
院执行院长、王屋山书画研究院常务副院长。代
表作品有《张静书画艺术选集》《张静画集》。

J0061461
送往人间 （门画）张静绘
天津 天津人民美术出版社 1991 年 1 张
76cm（2 开）ISBN：7-5305-2199-4 定价：CNY0.60
　　中国现代门画作品。

J0061462
苏州桃花坞木版年画 江苏古籍出版社编辑
南京 江苏古籍出版社 1991 年 167 页
26cm（16 开）精装 ISBN：7-80519-327-4
定价：CNY150.00
　　本画册从现存于世的珍品中精选百余幅优
秀传统作品，分成门画类、中堂画类、独幅画类
收编。配有解说文字。附图部分，介绍珍藏于海
外的清代早中期作品 50 幅。张仃作序，王树村
写概述。外文书名：Taohuawu Woodblock New
Year Prints.Suzhou. 本书与香港嘉宾出版社合作
出版。

J0061463
岁寒三友 （中堂）张振祥绘
天津 天津人民美术出版社 1991 年 1 轴
附对联 1 副 107cm（全开）ISBN：7-5305-2531-1
定价：CNY5.20
　　中国现代中堂作品。

J0061464
岁寒三友 （中堂）张振祥绘
天津 天津人民美术出版社 1991 年 1 轴

附对联1副 107cm（全开）ISBN：7-5305-2531-0
定价：CNY8.00

中国现代中堂作品。

J0061465
岁岁平安　晓雁，徐德元绘
沈阳 辽宁美术出版社 1991年 1张 76cm（2开）
ISBN：7-5314-0300 定价：CNY0.58

中国现代年画作品。

J0061466
岁岁如意　德元，德力绘
沈阳 辽宁美术出版社 1991年 2张 76cm（2开）
ISBN：7-5314-0339 定价：CNY1.20

中国现代年画作品。

J0061467
岁岁有余　福顺，延凡绘
沈阳 辽宁美术出版社 1991年 1张 76cm（2开）
ISBN：7-5314-0353 定价：CNY0.58

中国现代年画作品。

J0061468
索超·秦明　（门画）邱开明绘
昆明 云南人民出版社 1991年 1张 76cm（2开）
定价：CNY0.60

中国现代门画作品。

J0061469
踏春图　（中堂）贾万新绘
天津 天津人民美术出版社 1991年 1轴
附对联1副 107cm（全开）ISBN：7-5305-2528-1
定价：CNY5.20

中国现代年画作品。

J0061470
抬头见喜　彭公林绘
沈阳 辽宁美术出版社 1991年 1张 76cm（2开）
ISBN：7-5314-0332 定价：CNY0.58

中国现代年画作品。作者彭公林，画家。绘有连环画《献给祖国》《吉庆有余》《鹤鹿长寿》等。

J0061471
抬头有余喜自来　华民，晓东绘

沈阳 辽宁美术出版社 1991年 1张 76cm（2开）
ISBN：7-5314-0334 定价：CNY0.58

中国现代年画作品。

J0061472
唐诗画意　（中堂）贾万新绘
天津 天津人民美术出版社 1991年 1轴
附对联1副 107cm（全开）ISBN：7-5305-2526-1
定价：CNY5.20

中国现代中堂作品。

J0061473
天兵镇邪　（门画）谭西方绘
西安 陕西人民美术出版社 1991年 1张
53cm（4开）定价：CNY0.50

中国现代门画作品。作者谭西方，美术编辑，河南郾城人。作品有连环画《中华字圣许慎》等。

J0061474
天下无敌　（门画）裴文璐绘
昆明 云南人民出版社 1991年 1张 76cm（2开）
定价：CNY0.60

中国现代门画作品。作者裴文璐（1944—　），出生于昆明，中国美术家协会会员，云南艺术学院客座教授、云南省公安厅文联书画院名誉院长。代表作品有《瑞丽江畔》《赶摆》。

J0061475
天下无敌　（门画）裴文璐绘
昆明 云南人民出版社 1991年 1张 53cm（4开）
定价：CNY0.30

中国现代门画作品。

J0061476
童子喜庆寿万年　俎翠林绘
长春 吉林美术出版社 1991年 1张 76cm（2开）
定价：CNY0.63

中国现代年画作品。

J0061477
娃娃戏　赵祥林绘
呼和浩特 内蒙古人民出版社 1991年 1张
76cm（2开）定价：CNY0.55

中国现代年画作品。作者赵祥林（1956—　），画家。出生于内蒙古乌兰察布市，历任内蒙古国际文化交流中心理事、内蒙古收藏家协会副会长、中国地质美术家协会理事、中国博物馆协会会员、内蒙古美术家协会会员。作品有《八大锤》。

J0061478

万事如意 顾振君绘

沈阳 辽宁美术出版社 1991年 1张 76cm（2开）
ISBN：7-5314-0363 定价：CNY0.58

中国现代年画作品。作者顾振君（1941— ），研究员。辽宁沈阳人。历任抚顺市群众艺术馆副研究馆员、辽宁省美术家协会会员、辽宁省年画学会常务理事。

J0061479

万事如意 性空大师书

天津 天津人民美术出版社 1991年 1张
76cm（2开）ISBN：7-5305-2216-5 定价：CNY0.55
中国现代年画作品。

J0061480

万事如意 （门画）金悦，纪宇绘

天津 天津人民美术出版社 1991年 1张
76cm（2开）ISBN：7-5305-22147 定价：CNY0.55
中国现代门画作品。

J0061481

万象更新 （门画）张锡武绘

天津 天津人民美术出版社 1991年 1张
76cm（2开）ISBN：7-5305-2198-7 定价：CNY0.60
中国现代门画作品。

J0061482

王朝马汉 （门画）范海波绘

昆明 云南人民出版社 1991年 1张 76cm（2开）
定价：CNY0.60
中国现代门画作品。

J0061483

望乡 蔡传隆绘

杭州 浙江人民美术出版社 1991年 1张
53cm（4开）定价：CNY1.20

中国现代年画作品。作者蔡传隆，国画家。主要作品有《一江春色》《四季平安》等。

J0061484

威严正气 （门画）金平定绘

昆明 云南人民出版社 1991年 1张 76cm（2开）
定价：CNY0.60
中国现代门画作品。

J0061485

威严正气 （门画）金平定绘

昆明 云南人民出版社 1991年 1张 53cm（4开）
定价：CNY0.30
中国现代门画作品。

J0061486

威镇山川 （中堂）左汉中绘

长沙 湖南美术出版社 1991年 1轴 附对联1副
107cm（全开）定价：CNY5.60

中国现代中堂作品。作者左汉中（1947— ），湖南双峰人。湖南美术出版社年画编辑室主任、中国美术家协会会员、中国民间美术学会会员、中国民俗学会会员。

J0061487

伟人名言 陈健民等作

杭州 浙江人民美术出版社 1991年 4张
76cm（2开）定价：CNY4.80
中国现代年画作品。

J0061488

伟业与江山同寿 （中堂）刘熹奇绘

天津 天津人民美术出版社 1991年 1轴
附对联1副 107cm（全开）ISBN：7-5305-2524-0
定价：CNY5.20

中国现代中堂作品。作者刘熹奇（1948— ），生于江西安福。历任江西美术出版社第一编辑室主任，副编审。作品有《祖国啊，母亲》《在希望的田野上》《开国元勋》等。

J0061489

卫士 （门画）赵幼华绘

天津 天津人民美术出版社 1991年 1张
76cm（2开）ISBN：7-5305-2199-2 定价：CNY0.60
中国现代门画作品。

J0061490

尉迟恭·秦叔宝 （门画）李宏才绘

天津　天津人民美术出版社　1991 年　1 张
76cm（2 开）ISBN：7-5305-2185-6　定价：CNY0.60
　　中国现代门画作品。

J0061491
尉迟恭·秦叔宝　（门画）苗永华，田晓石绘
昆明　云南人民出版社　1991 年　1 张　76cm（2 开）
定价：CNY0.60
　　中国现代门画作品。

J0061492
尉迟恭·秦叔宝　（门画）苗永华，田晓石绘
昆明　云南人民出版社　1991 年　1 张　53cm（4 开）
定价：CNY0.30
　　中国现代门画作品。

J0061493
文忠武义　陈英，陈明绘；王澍华书
昆明　云南人民出版社　1991 年　1 张　107cm（全开）
定价：CNY1.40
　　中国现代年画作品。

J0061494
五子戏龙　俎徽绘
北京　人民美术出版社　1991 年　1 张　76cm（2 开）
定价：CNY0.60
　　中国现代年画作品。

J0061495
五子祝寿　陈家骅作
天津　天津人民美术出版社　1991 年　1 张
76cm（2 开）ISBN：7-5305-2206-3　定价：CNY0.55
　　中国现代年画作品。

J0061496
五子祝寿　（中堂）陈家骅绘
天津　天津人民美术出版社　1991 年　1 轴
附对联 1 副　107cm（全开）ISBN：7-5305-2527-0
定价：CNY5.20
　　中国现代中堂作品。

J0061497
伍天锡　雄阔海　（门画）邓敦伟绘
昆明　云南人民出版社　1991 年　1 张　76cm（2 开）
定价：CNY0.60

　　中国现代门画作品。

J0061498
武松打虎　应加登诗；朱子容绘
杭州　浙江人民美术出版社　1991 年　2 张
76cm（2 开）定价：CNY1.00
　　中国现代年画作品。

J0061499
西游记　岫石文；宽良等绘
沈阳　辽宁美术出版社　1991 年　2 张　76cm（2 开）
ISBN：7-5314-0398　定价：CNY1.20
　　中国现代年画作品。

J0061500
喜　（中堂）冯一姝绘
长沙　湖南美术出版社　1991 年　1 轴　附对联 1 副
76cm（2 开）定价：CNY3.80
　　中国现代中堂作品。

J0061501
喜　（门画）李洪波绘
昆明　云南人民出版社　1991 年　1 张　53cm（4 开）
定价：CNY0.30
　　中国现代门画作品。

J0061502
喜结良缘　（中堂）闻公绘
天津　天津人民美术出版社　1991 年　1 轴
附对联 1 副　107cm（全开）ISBN：7-5305-2530-4
定价：CNY5.20
　　中国现代中堂作品。

J0061503
喜结同心　赵梦林，赵素岚绘
呼和浩特　内蒙古人民出版社　1991 年　1 张
76cm（2 开）定价：CNY0.55
　　中国现代年画作品。

J0061504
喜临门　尹晓平，尹晓军绘
西安　陕西人民美术出版社　1991 年　1 张
76cm（2 开）定价：CNY0.60
　　中国现代年画作品。

J0061505

喜梅图　吴秀楣绘

沈阳　辽宁美术出版社　1991 年　1 张　76cm（2 开）

ISBN：7-5314-0915　定价：CNY0.80

　　中国现代年画作品。作者吴秀楣（1937—　），女，画家。辽宁沈阳人。毕业于鲁迅美术学院中国画系。沈阳大学师范学院副教授、沈阳美术家协会常务理事、辽宁中国画研究会理事、中国美术家协会会员。代表作有《迟来的春天》《清清的小溪》《滩石细语》《三女炼铁炉》《腊梅》等。

J0061506

喜气和美福寿来　姚孝法绘

沈阳　辽宁美术出版社　1991 年　1 张　76cm（2 开）

ISBN：7-5314-0354　定价：CNY0.58

　　中国现代年画作品。

J0061507

喜庆盈门　彭海清绘

上海　上海人民美术出版社　1991 年　1 张　76cm（2 开）定价：CNY0.50

　　中国现代年画作品。

J0061508

喜送万家　林惠珍，盖莹绘

沈阳　辽宁美术出版社　1991 年　1 张　76cm（2 开）

ISBN：7-5314-0343　定价：CNY0.58

　　中国现代年画作品。

J0061509

喜迎新春　（门画）张瑞恒绘

天津　天津人民美术出版社　1991 年　1 张　76cm（2 开）ISBN：7-5305-2196-1　定价：CNY0.60

　　中国现代门画作品。

J0061510

喜迎新春　（门画）张瑞恒绘

天津　天津人民美术出版社　1991 年　1 张　53cm（4 开）ISBN：7-5305-2197-4　定价：CNY0.35

　　中国现代门画作品。

J0061511

喜盈门　（门画）常平作

昆明　云南人民出版社　1991 年　1 张　76cm（2 开）定价：CNY0.60

　　中国现代门画作品。

J0061512

禧福　（门画）李中文，李洪波作

昆明　云南人民出版社　1991 年　1 张　76cm（2 开）定价：CNY0.60

　　中国现代门画作品。

J0061513

戏曲故事屏　姚孝法，姚文字绘

沈阳　辽宁美术出版社　1991 年　2 张　76cm（2 开）

ISBN：7-5314-0378　定价：CNY1.20

　　中国现代年画作品。

J0061514

仙猴献寿　化金莲绘

呼和浩特　内蒙古人民出版社　1991 年　1 张　76cm（2 开）定价：CNY0.55

　　中国现代年画作品。

J0061515

仙境楼阁　冯毅绘

天津　天津人民美术出版社　1991 年　4 轴　76cm（2 开）ISBN：7-5305-2525-2　定价：CNY6.20

　　中国现代年画作品。

J0061516

仙女送宝　彭公林绘

沈阳　辽宁美术出版社　1991 年　1 张　76cm（2 开）

ISBN：7-5314-0331　定价：CNY0.58

　　中国现代年画作品。作者彭公林，画家。绘有连环画《献给祖国》《吉庆有余》《鹤鹿长寿》等。

J0061517

仙山楼阁图　（中堂）刘世忠，李震绘

天津　天津人民美术出版社　1991 年　1 轴　附对联 1 副　107cm（全开）ISBN：7-5305-2531-6　定价：CNY5.20

　　中国现代中堂作品。

J0061518

仙山楼阁图　（中堂）刘世忠，李震绘

天津　天津人民美术出版社　1991 年　1 轴　附对联 1 副　107cm（全开）ISBN：7-5305-2531-5

定价: CNY8.00

中国现代中堂作品。

J0061519

献福堂前 童金贵等绘

长春 吉林美术出版社 1991年 1张 76cm(2开)

定价: CNY0.63

中国现代年画作品。作者童金贵, 中国美术家协会辽宁省分会会员、辽宁省年画学会理事、丹东市美术家协会理事。

J0061520

祥禽鸣福 张琪, 宏民绘

天津 天津人民美术出版社 1991年 4幅

76cm(2开) ISBN: 7-5305-253-6 定价: CNY5.20

中国现代年画作品。

J0061521

响马传对打屏 刘荣富, 刘剑绘

北京 人民美术出版社 1991年 2张 76cm(2开)

定价: CNY1.20

中国现代年画作品。

J0061522

心灵手巧 周大伟, 丹丹绘

长春 吉林美术出版社 1991年 1张 76cm(2开)

定价: CNY0.63

中国现代年画作品。

J0061523

新年大吉 华龙绘

沈阳 辽宁美术出版社 1991年 1张 76cm(2开)

ISBN: 7-5314-0360 定价: CNY0.58

中国现代年画作品。

J0061524

新年万福 顾小龙绘

沈阳 辽宁美术出版社 1991年 1张 76cm(2开)

ISBN: 7-5314-0359 定价: CNY0.58

中国现代年画作品。

J0061525

新年有余 姜公泉绘

沈阳 辽宁美术出版社 1991年 1张 76cm(2开)

ISBN: 7-5314-0346 定价: CNY0.58

中国现代年画作品。

J0061526

幸福如意 成砺志绘

上海 上海人民美术出版社 1991年 1张

76cm(2开) 定价: CNY0.50

中国现代年画作品。作者成砺志(1954—), 江苏扬州人。国家一级美术师、中国美术家协会会员。主要作品《六老图·邓小平》《我为祖国争光》《春暖万家》等。

J0061527

幸福有余 张继源绘

长春 吉林美术出版社 1991年 1张 76cm(2开)

定价: CNY0.63

中国现代年画作品。

J0061528

幸福有余 桂卿, 志华绘

沈阳 辽宁美术出版社 1991年 1张 76cm(2开)

ISBN: 7-5314-0373 定价: CNY0.58

中国现代年画作品。

J0061529

幸福长寿 陈明绘

上海 上海人民美术出版社 1991年 1张

76cm(2开) 定价: CNY0.50

中国现代年画作品。

J0061530

幸福长寿乐有余 张万臣, 鑫普绘

长春 吉林美术出版社 1991年 1张 76cm(2开)

定价: CNY0.63

中国现代年画作品。

J0061531

雄凤图 成砺志绘

杭州 浙江人民美术出版社 1991年 1张

107cm(全开) 定价: CNY1.90

中国现代年画作品。

J0061532

雄凤图 曾成金绘

杭州 浙江人民美术出版社 1991年 1张

76cm(2开) 定价: CNY0.50

中国现代年画作品。作者曾成金(1947—　)，画家。浙江平阳县人。毕业于浙江美术学院附中，后考入浙江美术学院中国画系进修学习。中国美术家协会会员，浙江省美术家协会会员，平阳县美协主席。主要作品有《南雁荡山水古诗画意百图》《曾成金中国画小品系列》《百子新图》等。

J0061533
雄风图　（中堂）
杭州　浙江人民美术出版社　1991年　1幅
附对联1副　107cm（全开）
　　中国现代中堂作品。

J0061534
雄风万里　　姚少华绘
北京　人民美术出版社　1991年　1张　119×161cm
定价：CNY1.30
　　中国现代年画作品。

J0061535
烟岚飞瀑图　　张洪干绘
天津　天津人民美术出版社　1991年　1张
107cm（全开）ISBN：7-5305-22137
定价：CNY1.30
　　中国现代年画作品。

J0061536
艺苑新秀　　苗永华，李志明绘
西安　陕西人民美术出版社　1991年　2张
76cm（2开）定价：CNY1.20
　　中国现代年画作品。

J0061537
英明领袖　（中堂）王建梓绘
天津　天津人民美术出版社　1991年　1轴
附对联1副　107cm（全开）ISBN：7-5305-2524-1
定价：CNY5.20
　　中国现代中堂作品。

J0061538
英雄世家　（门画）杨昌顺绘
昆明　云南人民出版社　1991年　1张　76cm（2开）
定价：CNY0.60
　　中国现代门画作品。

J0061539
英勇善战　（门画）裴文璐绘
昆明　云南人民出版社　1991年　1张　76cm（2开）
定价：CNY0.60
　　中国现代门画作品。作者裴文璐(1944—　)，出生于昆明，中国美术家协会会员，云南艺术学院客座教授、云南省公安厅文联书画院名誉院长。代表作品有《瑞丽江畔》《赶摆》。

J0061540
鹰击长空　（中堂）贺宣华绘
长沙　湖南美术出版社　1991年　1轴　附对联1副
107cm（全开）定价：CNY5.60
　　中国现代中堂作品。

J0061541
迎春进宝　（门画）冯隆梅绘
昆明　云南人民出版社　1991年　1张　76cm（2开）
定价：CNY0.60
　　中国现代门画作品。

J0061542
迎福寿　驱邪魔　（门画）李中元绘
西安　陕西人民美术出版社　1991年　1张
76cm（2开）定价：CNY0.50
　　中国现代门画作品。

J0061543
迎客松　（中堂）龚景充绘
杭州　浙江人民美术出版社　1991年　1轴
附对联1副　107cm（全开）定价：CNY6.00
　　中国现代中堂作品。

J0061544
幽谷飞瀑　　吴增义绘
天津　天津人民美术出版社　1991年　4幅
76cm（2开）ISBN：7-5305-2524-7　定价：CNY5.20
　　中国现代年画作品。

J0061545
幼儿学唐诗　　卢俊才等编绘
天津　天津人民美术出版社　1991年　2张
76cm（2开）ISBN：7-5305-22128　定价：CNY1.20
　　中国现代年画作品。

J0061546

鱼儿满塘乐　陈华民, 陈晓东绘

沈阳 辽宁美术出版社 1991年 1张 76cm（2开）

ISBN: 7-5314-0296 定价: CNY0.58

中国现代年画作品。

J0061547

鱼跃龙门　徐德元绘

天津 天津人民美术出版社 1991年 1张

76cm（2开）ISBN: 7-5305-21989 定价: CNY0.55

中国现代年画作品。作者徐德元（1949— ），画家。辽宁鞍山人。曾任辽宁美协会员、岫岩美协主席等职。主要作品有《农家乐》《中华魂》《闹灯馆》等。

J0061548

渔峡秋雪　刘维忠, 殷玉华绘

天津 天津人民美术出版社 1991年 4幅

76cm（2开）ISBN: 7-5305-2529-2 定价: CNY5.20

中国现代年画作品。

J0061549

越过越富　彭公林绘

长春 吉林美术出版社 1991年 1张 76cm（2开）

定价: CNY0.63

中国现代年画作品。

J0061550

云山观瀑图　张洪千绘

天津 天津人民美术出版社 1991年 4轴

76cm（2开）ISBN: 7-5305-2524 定价: CNY5.20

中国现代年画作品。作者张洪千（1941— ），画家。原名张鸿千。

J0061551

战马奔驰　（门画）何永坤绘

昆明 云南人民出版社 1991年 1张 53cm（4开）

定价: CNY0.30

中国现代门画作品。作者何永坤（1953— ），教授。出生于昆明，祖籍浙江鄞县，云南艺术学院工艺美术系任教。作品有《山果》《青草地》等。

J0061552

张飞·关羽　（门画）李德明绘

昆明 云南人民出版社 1991年 1张 76cm（2开）

定价: CNY0.60

中国现代门画作品。

J0061553

张辽威震逍遥津　邹越非, 王伟戌绘

上海 上海人民美术出版社 1991年 2张

76cm（2开）定价: CNY1.00

中国现代年画作品。作者邹越非，（1934— ），连环画家。生于江苏镇江，就读上海连环画学习班。历任上海美术家协会创作员，上海教育出版社美术编辑、上海社会科学院出版社美术编辑。代表作品有《蔷薇花案件》《孙小圣与猪小能》，出版有《龙江颂》《通俗前后汉演义》。

J0061554

长寿富贵　（中堂）蒋云花等绘

杭州 浙江人民美术出版社 1991年 1轴 附对联 1副 107cm（全开）定价: CNY6.00

中国现代中堂作品。

J0061555

招财进宝　肖祝善绘

长沙 湖南美术出版社 1991年 1张 53cm（4开）

ISBN: 7-5356-1500 定价: CNY0.55

中国现代年画作品。

J0061556

招财进宝　张为民绘

天津 天津人民美术出版社 1991年 1张

76cm（2开）ISBN: 7-5305-2195-3 定价: CNY0.55

中国现代年画作品。作者张为民（1937— ），研究院。又名张茛，字怀仁。生于北京大兴，毕业于天津美术学院。历任天津北辰文化馆研究员，中国美术家协会会员，中国民间美术学会理事，天津美协荣誉理事，天津美协人物画专委会委员，天津北辰书画院院长，出版有《张为民画集》《乡情》《张茛速写》《张茛画集》等。

J0061557

招财进宝　李寿根绘

杭州 浙江人民美术出版社 1991年 1张

76cm（2开）定价: CNY0.50

中国现代年画作品。

J0061558
招财进宝·福寿如意　（门画）张耀明绘
昆明　云南人民出版社　1991年　1张　76cm（2开）
定价：CNY0.60
　　中国现代门画作品。作者张耀明（1959—　），
国家一级美术师，字淡之，号听风堂，一壶，心
远，澹翁。生于山东诸城，毕业于山东轻工美术
学校毕业。历任中国美术家协会会员，齐鲁山水
画研究院副院长，张择端书画研究院院长，诸城
市博物馆副馆长、研究馆员。代表作品有《阳光
总在风雨后》《海边拾趣》。

J0061559
招财进宝乐有余　宝树绘
沈阳　辽宁美术出版社　1991年　1张　76cm（2开）
ISBN：7-5314-0335　定价：CNY0.58
　　中国现代年画作品。

J0061560
郑成功·戚继光　（门画）邱开明绘
昆明　云南人民出版社　1991年　1张　76cm（2开）
定价：CNY0.60
　　中国现代门画作品。

J0061561
知音　刘树茂，刘霞绘
沈阳　辽宁美术出版社　1991年　1张　76cm（2开）
ISBN：7-5314-0345　定价：CNY0.58
　　中国现代年画作品。

J0061562
祝福献寿喜临门　于宝俭绘
长春　吉林美术出版社　1991年　1张　76cm（2开）
定价：CNY0.63
　　中国现代年画作品。

J0061563
祝君长寿　顾小龙，顾明绘
沈阳　辽宁美术出版社　1991年　1张　76cm（2开）
ISBN：7-5314-0362　定价：CNY0.58
　　中国现代年画作品。

J0061564
祝你吉祥如意　（一）
上海　上海人民美术出版社　1991年　1张
76cm（2开）定价：CNY1.10
　　中国现代年画作品。

J0061565
祝你吉祥如意　（二）
上海　上海人民美术出版社　1991年　1张
76cm（2开）定价：CNY1.10
　　中国现代年画作品。

J0061566
祝你吉祥如意　（三）
上海　上海人民美术出版社　1991年　1张
76cm（2开）定价：CNY1.10
　　中国现代年画作品。

J0061567
祝你吉祥如意　（四）
上海　上海人民美术出版社　1991年　1张
76cm（2开）定价：CNY1.10
　　中国现代年画作品。

J0061568
祝寿图　（中堂）顾国治绘
天津　天津人民美术出版社　1991年　1轴
附对联1副　107cm（全开）ISBN：7-5305-2526-7
定价：CNY5.20
　　中国现代中堂作品。作者顾国治（1938—　），
画家。江苏太仓人。毕业于南京艺术学院美术系，
现为中国美术家协会会员、常州书画院画师。主
要作品有《秋实图》《幽境》《春满人间》等。

J0061569
子弟兵　（门画）刘式铮绘
昆明　云南人民出版社　1991年　1张　76cm（2开）
定价：CNY0.60
　　中国现代门画作品。

J0061570
祖国昌盛福大寿长　童金贵等绘
北京　人民美术出版社　1991年　1张　76cm（2开）
定价：CNY0.60
　　中国现代年画作品。

J0061571
祖国风光无限好　王兴华绘

沈阳　辽宁美术出版社　1991年　2张　76cm（2开）
ISBN：7-5314-0368　定价：CNY1.20
　　　中国现代年画作品。

J0061572
八方来宝　李忠禄作
长春　吉林美术出版社　1992年　1张　77×53cm
定价：CNY0.69
　　　中国现代年画作品。

J0061573
百年和美　潘龙正作
长春　吉林美术出版社　1992年　1张　77×53cm
定价：CNY0.69
　　　中国现代年画作品。

J0061574
拜月　孟宪宝作
长春　吉林美术出版社　1992年　1张　77×53cm
定价：CNY0.69
　　　中国现代年画作品。

J0061575
拜月记　曹淑琴，王新滨作
沈阳　辽宁美术出版社　1992年　1张　77×53cm
定价：CNY0.64
　　　中国现代年画作品。作者王新滨（1941—　），
美术设计师。山东昌邑人，毕业于鲁迅美术学
院附中。沈阳军区前进歌舞团一级美术设计师。
作品有年画《立功喜报传四方》《十五的月亮》
《一代天骄》等，连环画《苹果树下》（合作）、油
画《八女投江》等。舞剧《蝶恋花》（合作设计）等。

J0061576
宝宝贺富图　方敦传作
沈阳　辽宁美术出版社　1992年　1张　77×53cm
定价：CNY0.64
　　　中国现代年画作品。作者方敦传（1941—　），
安徽郎溪县人。师范毕业。安徽省美术家协会
会员、安徽年画研究会会员。曾任郎溪县文化馆
副馆长。擅长年画、中国画。代表作品有《鹅乡
春暖》《福妞》《山河长春》等。

J0061577
宝黛深情　聪翔，林惠珍作

沈阳　辽宁美术出版社　1992年　1张　77×53cm
定价：CNY0.64
　　　中国现代年画作品。

J0061578
保家定邦　向荣作
天津　天津人民美术出版社　1992年　1张
77×53cm　ISBN：7-5305-2228-3　定价：CNY0.60
　　　中国现代年画作品。

J0061579
报春图　孙韬成作
杭州　浙江人民美术出版社　1992年　1张
77×53cm　定价：CNY1.50
　　　中国现代年画作品。

J0061580
报喜报财　童金贵作
长春　吉林美术出版社　1992年　1张　77×53cm
定价：CNY0.69
　　　中国现代年画作品。

J0061581
比干　赵公明　李冰，李力作
兰州　甘肃人民美术出版社　1992年　1张
53×38cm　定价：CNY0.35
　　　中国现代年画作品。作者李冰（1962—　），
《创业者》杂志美术编辑。

J0061582
碧湖秋色　邓鸣，阳河作
沈阳　辽宁美术出版社　1992年　1张　77×106cm
定价：CNY3.15
　　　中国现代年画作品。

J0061583
边防哨兵　刘称奇作
天津　天津人民美术出版社　1992年　1张
77×53cm　ISBN：7-5305-2220-8　定价：CNY0.60
　　　中国现代年画作品。

J0061584
财宝福娃乐有余　姜公泉作
沈阳　辽宁美术出版社　1992年　1张　77×53cm
定价：CNY0.64

中国现代年画作品。

J0061585
财宝进家　杨春生作
沈阳 辽宁美术出版社 1992 年 1 张 77×53cm
定价: CNY0.64
中国现代年画作品。

J0061586
财福双将　陈幽作
昆明 云南美术出版社 1992 年 1 张 77×53cm
定价: CNY0.60
中国现代年画作品。

J0061587
财进家门　刘泰山作
长春 吉林美术出版社 1992 年 1 张 77×53cm
定价: CNY0.69
中国现代年画作品。

J0061588
财神牵象　(汉藏文对照)
拉萨 西藏人民出版社 1992 年 1 张
77×106cm 定价: CNY4.80
中国现代年画作品。

J0061589
财喜连年长　童金贵,童强作
沈阳 辽宁美术出版社 1992 年 1 张 77×53cm
定价: CNY0.64
中国现代年画作品。

J0061590
财喜齐临庆丰年　彭公林作
长春 吉林美术出版社 1992 年 1 张 77×53cm
定价: CNY0.69
中国现代年画作品。

J0061591
财源广进恭禧发财　张万臣作
天津 天津人民美术出版社 1992 年 1 张
77×53cm ISBN: 7-5305-2219-8 定价: CNY0.60
中国现代年画作品。

J0061592
财源茂盛　安杰作
天津 天津人民美术出版社 1992 年 1 张
77×53cm ISBN: 7-5305-2220-7 定价: CNY0.60
中国现代年画作品。作者安杰(1946—),
毕业于吉林师范学校。曾任吉林省梅河口文化
馆创作室主任、高级美术师、中国美术家协会会
员、吉林省美协理事。主要作品有《春雪》《喜迎
春》《爽秋》等。

J0061593
财源四海来　童金贵作
长春 吉林美术出版社 1992 年 1 张 77×53cm
定价: CNY0.69
中国现代年画作品。

J0061594
彩凤飞来庆有余　王凤清作
长春 吉林美术出版社 1992 年 1 张 77×53cm
定价: CNY0.69
中国现代年画作品。

J0061595
茶香四季　杨树有,功勋作
上海 上海人民美术出版社 1992 年 2 张
77×53cm 定价: CNY1.30
中国现代年画作品。

J0061596
驰骋疆场　李宏才作
天津 天津人民美术出版社 1992 年 1 张
77×53cm ISBN: 7-5305-2227-8 定价: CNY0.60
中国现代年画作品。

J0061597
出入平安　李中文作
杭州 浙江人民美术出版社 1992 年 1 张
77×53cm 定价: CNY0.60
中国现代年画作品。

J0061598
春　楼永年作
杭州 浙江人民美术出版社 1992 年 1 张
53×38cm 定价: CNY1.30
中国现代年画作品。

J0061599
翠谷飞瀑 张万臣作
沈阳 辽宁美术出版社 1992年 1张 77×106cm
定价: CNY3.15
　　中国现代年画作品。

J0061600
大发财源 童金贵, 童强作
沈阳 辽宁美术出版社 1992年 2张 77×53cm
定价: CNY1.30
　　中国现代年画作品。

J0061601
大福大寿 李中文作
昆明 云南美术出版社 1992年 1张 77×53cm
定价: CNY0.60
　　中国现代年画作品。

J0061602
大福大寿 李中文作
昆明 云南美术出版社 1992年 1张 53×38cm
定价: CNY0.30
　　中国现代年画作品。

J0061603
大吉大利 呼立新作
昆明 云南美术出版社 1992年 1张 77×53cm
定价: CNY0.60
　　中国现代年画作品。

J0061604
大吉祥 林惠珍, 盖莹作
沈阳 辽宁美术出版社 1992年 1张 77×53cm
定价: CNY0.64
　　中国现代年画作品。

J0061605
大将 邱源作
昆明 云南美术出版社 1992年 1张 77×53cm
定价: CNY0.60
　　中国现代年画作品。

J0061606
大喜大福 刘友仁作
上海 上海人民美术出版社 1992年 1张
77×53cm 定价: CNY0.60
　　中国现代年画作品。作者刘友仁(1941—),
画家。内蒙古托克托人, 毕业于内蒙古师范大学
美术系。历任呼和浩特美协副主席, 内蒙古托克
托文化馆副研究馆员。作品有《雪梅青竹》《欢
乐的草原》《草原孩子打马球》《戈壁驼道》《金
牛迎春》等。出版有《刘友仁年画》等。

J0061607
东方红 李凤君作
长春 吉林美术出版社 1992年 1张 77×106cm
定价: CNY1.38
　　中国现代年画作品。

J0061608
冬 蔡传隆作
杭州 浙江人民美术出版社 1992年 1张
53×38cm 定价: CNY1.30
　　中国现代年画作品。作者蔡传隆, 国画家。
主要作品有《一江春色》《四季平安》等。

J0061609
恩泽四海 郭风祥作
天津 天津人民美术出版社 1992年 1张
77×106cm ISBN: 7-5305-2218-5 定价: CNY1.30
　　中国现代年画作品。

J0061610
二子庆寿 卢昆海, 邵风珍作
南京 江苏美术出版社 1992年 2张 68×38cm
定价: CNY0.90
　　中国现代年画作品。

J0061611
发福生财 彭公林, 彭红作
沈阳 辽宁美术出版社 1992年 1张 77×53cm
定价: CNY0.64
　　中国现代年画作品。

J0061612
芳韵 倪姗作
杭州 浙江人民美术出版社 1992年 1张
53×38cm 定价: CNY1.30
　　中国现代年画作品。

J0061613
凤舞富贵 李学奋，杜新苗作
呼和浩特 内蒙古人民出版社 1992 年 1 张
77×53cm 定价：CNY0.55
中国现代年画作品。

J0061614
福 王立兴作
呼和浩特 内蒙古人民出版社 1992 年 1 张
77×53cm 定价：CNY0.55
中国现代年画作品。

J0061615
福到眼前 彭公林，彭红作
沈阳 辽宁美术出版社 1992 年 1 张 77×53cm
定价：CNY0.64
中国现代年画作品。

J0061616
福富如意 华民，天中作
沈阳 辽宁美术出版社 1992 年 1 张 77×53cm
定价：CNY0.64
中国现代年画作品。

J0061617
福富有余 雨辰作
沈阳 辽宁美术出版社 1992 年 1 张 77×53cm
中国现代年画作品。

J0061618
福富长乐利国利民 陈华民，晓迪作
沈阳 辽宁美术出版社 1992 年 1 张 77×53cm
定价：CNY0.64
中国现代年画作品。

J0061619
福如东海 俎翠林作
长春 吉林美术出版社 1992 年 1 张 77×53cm
定价：CNY0.69
中国现代年画作品。作者俎翠林（1952— ），
河北磁县总工会副主席，兼中国美协河北分会
会员。

J0061620
福如东海 寿比南山 李理作

广州 岭南美术出版社 1992 年 1 张 77×53cm
定价：CNY0.60
中国现代年画作品。

J0061621
福洒神州 张继元作
长春 吉林美术出版社 1992 年 2 张 77×53cm
定价：CNY1.38
中国现代年画作品。

J0061622
福寿二将 邱开明作
昆明 云南美术出版社 1992 年 1 张 77×53cm
定价：CNY0.60
中国现代年画作品。

J0061623
福寿吉庆喜万年 刘树茂作
沈阳 辽宁美术出版社 1992 年 1 张 77×53cm
定价：CNY0.64
中国现代年画作品。

J0061624
福寿吉祥 张继源作
长春 吉林美术出版社 1992 年 1 张 77×53cm
定价：CNY0.69
中国现代年画作品。

J0061625
福寿满堂 杨春生作
沈阳 辽宁美术出版社 1992 年 1 张 77×53cm
定价：CNY0.64
中国现代年画作品。

J0061626
福寿齐天 魏文启，王振羽作
沈阳 辽宁美术出版社 1992 年 1 张 77×53cm
定价：CNY0.64
中国现代年画作品。

J0061627
福寿齐天 王振羽作
天津 天津人民美术出版社 1992 年 1 张
77×53cm ISBN：7-5305-2221-2 定价：CNY0.60
中国现代年画作品。

J0061628

福寿千年　刘友仁作

呼和浩特　内蒙古人民出版社　1992 年　1 张

77×53cm　定价：CNY0.55

　　中国现代年画作品。作者刘友仁（1941—　），画家。内蒙古托克托人，毕业于内蒙古师范大学美术系。历任呼和浩特美协副主席，内蒙古托克托文化馆副研究馆员。作品有《雪梅青竹》《欢乐的草原》《草原孩子打马球》《戈壁驼道》《金牛迎春 》等。出版有《刘友仁年画》等。

J0061629

福寿日月增　童金贵，童新作

沈阳　辽宁美术出版社　1992 年　1 张　77×53cm

定价：CNY0.64

　　中国现代年画作品。

J0061630

福寿如意　宋艳秋作

长春　吉林美术出版社　1992 年　1 张　77×53cm

定价：CNY0.69

　　中国现代年画作品。

J0061631

福寿如意　丁洪辉作

长春　吉林美术出版社　1992 年　1 张　77×53cm

定价：CNY0.69

　　中国现代年画作品。

J0061632

福寿双全　董俊作

长春　吉林美术出版社　1992 年　1 张　77×53cm

定价：CNY0.69

　　中国现代年画作品。

J0061633

福寿双全　刘元兴作

昆明　云南美术出版社　1992 年　1 张　77×53cm

定价：CNY0.60

　　中国现代年画作品。

J0061634

福寿双全金玉满堂　安杰作

上海　上海人民美术出版社　1992 年　1 张

77×53cm　定价：CNY0.60

中国现代年画作品。

J0061635

福寿双童　彭海清作

上海　上海人民美术出版社　1992 年　1 张

77×53cm　定价：CNY0.60

　　中国现代年画作品。

J0061636

福寿同来　薛长杰作

长春　吉林美术出版社　1992 年　2 张　77×53cm

定价：CNY1.38

　　中国现代年画作品。

J0061637

福寿同乐　刘树茂，刘霞作

沈阳　辽宁美术出版社　1992 年　1 张　77×53cm

定价：CNY0.64

　　中国现代年画作品。

J0061638

福寿图　徐福根作

天津　天津人民美术出版社　1992 年　1 张

77×53cm　ISBN：7-5305-1106-0　定价：CNY0.60

　　中国现代年画作品。

J0061639

福寿祥和国泰民安　刘树茂，刘旭作

上海　上海人民美术出版社　1992 年　1 张

77×53cm　定价：CNY0.60

　　中国现代年画作品。

J0061640

福送万家人增寿　姜公泉作

沈阳　辽宁美术出版社　1992 年　1 张　77×53cm

定价：CNY0.64

　　中国现代年画作品。

J0061641

福喜临门　陈学璋作

杭州　浙江人民美术出版社　1992 年　1 张

77×53cm　定价：CNY0.60

　　中国现代年画作品。作者陈学璋（1955—　），浙江德清人。笔名晨牧。擅长中国画、年画。浙江省美术家协会会员、湖州市美术家协会理

事、德清县美协主席、赵孟頫书画院院长。主要作品有《又是一个丰收年》《小康属龙》《桑梓情》等。

J0061642

福在眼前　　彭公林作

长春　吉林美术出版社　1992 年　1 张　77×53cm　定价：CNY0.69

　　中国现代年画作品。

J0061643

福兆丰年万事兴　　尹晓彦，石毅作

长春　吉林美术出版社　1992 年　1 张　77×53cm　定价：CNY0.77

　　中国现代年画作品。

J0061644

父子英雄　　魏明全作

昆明　云南美术出版社　1992 年　1 张　77×53cm　定价：CNY0.60

　　中国现代年画作品。作者魏明全（1937—　），画家。河南遂平人。笔名老瓦，号房人。毕业于上蔡师范学校。曾任河南省美术家协会会员，河南省摄影家协会会员，河南省民间美术学会理事。代表作品有《双喜临门》《岳家军》《国香又逢春》《献寿》《蔡叔度》等。

J0061645

父子英雄　　魏明全作

昆明　云南美术出版社　1992 年　1 张　53×38cm　定价：CNY0.30

　　中国现代年画作品。

J0061646

富贵宝宝　　杨维华作

长春　吉林美术出版社　1992 年　1 张　77×53cm　定价：CNY0.69

　　中国现代年画作品。

J0061647

富贵平安　　王兴华作

沈阳　辽宁美术出版社　1992 年　1 张　77×53cm　定价：CNY0.64

　　中国现代年画作品。

J0061648

富贵有余万年春　　安杰作

杭州　浙江人民美术出版社　1992 年　1 张　77×53cm　定价：CNY0.60

　　中国现代年画作品。

J0061649

富裕歌　　华辰，河辰作

沈阳　辽宁美术出版社　1992 年　1 张　77×53cm　定价：CNY0.64

　　中国现代年画作品。

J0061650

盖世神威　　李春霞作

昆明　云南美术出版社　1992 年　1 张　77×53cm　定价：CNY0.60

　　中国现代年画作品。

J0061651

功照日月　　陈继武作

杭州　浙江人民美术出版社　1992 年　1 张　77×53cm　定价：CNY0.60

　　中国现代年画作品。作者陈继武（1942—　），福建福州人。别名陈剑生。毕业于浙江美术学院油画系。中国美术家协会会员、中国油画家协会会员、宁波画院院长。擅长年画、油画。主要作品有《江山多娇》《面向未来》《中国之春》等。

J0061652

恭喜发财　　高荣，高学海作

长春　吉林美术出版社　1992 年　1 张　77×53cm　定价：CNY0.69

　　中国现代年画作品。

J0061653

恭喜发财　　张万臣，杨杰作

长春　吉林美术出版社　1992 年　1 张　77×53cm　定价：CNY0.69

　　中国现代年画作品。

J0061654

恭喜发财　　徐德元，德芳作

沈阳　辽宁美术出版社　1992 年　1 张　77×53cm　定价：CNY0.64

中国现代年画作品。

J0061655
恭喜发财 庄立民作
昆明 云南美术出版社 1992 年 1 张 53×38cm
定价：CNY0.30
　　中国现代年画作品。

J0061656
恭喜发财福满堂
长春 吉林美术出版社 1992 年 1 张 77×53cm
定价：CNY0.69
　　中国现代年画作品。

J0061657
恭喜发财乐有余 薛长山作
长春 吉林美术出版社 1992 年 2 张 77×53cm
定价：CNY1.38
　　中国现代年画作品。

J0061658
古堡春色 金明，陈平作
沈阳 辽宁美术出版社 1992 年 1 张 77×106cm
定价：CNY3.15
　　中国现代年画作品。作者金明（1956—　），
辽宁沈阳人。从事连环画、油画创作及装帧设计。

J0061659
古将 马云平作
昆明 云南美术出版社 1992 年 1 张 77×53cm
定价：CNY0.60
　　中国现代年画作品。

J0061660
古诗画韵 吴增义作
天津 天津人民美术出版社 1992 年 4 轴
142×38cm 定价：CNY5.60
　　中国现代年画作品。

J0061661
关公 张飞 王大华作
杭州 浙江人民美术出版社 1992 年 1 张
77×53cm 定价：CNY0.70
　　中国现代年画作品。

J0061662
关羽 张飞 曾宪和作
昆明 云南美术出版社 1992 年 1 张 53×38cm
定价：CNY0.30
　　中国现代年画作品。作者曾宪和，画家。江
西吉安人。主要作品有《农闲时节》《锦上添花》
《松鹤延年》等。

J0061663
关羽 张飞 曾宪和作
昆明 云南美术出版社 1992 年 1 张 77×53cm
定价：CNY0.60
　　中国现代年画作品。

J0061664
关羽战长沙 马野等绘；林祥编
沈阳 辽宁美术出版社 1992 年 2 张 77×53cm
定价：CNY1.30
　　中国现代年画作品。

J0061665
光辉岁月 阎凤成作
长春 吉林美术出版社 1992 年 2 张 77×53cm
定价：CNY1.38
　　中国现代年画作品。

J0061666
光荣人家喜事多 谷学文作
长春 吉林美术出版社 1992 年 1 张 77×53cm
定价：CNY0.69
　　中国现代年画作品。

J0061667
海滨风光 兰玉，梁友作
沈阳 辽宁美术出版社 1992 年 1 张 77×106cm
定价：CNY3.15
　　中国现代年画作品。

J0061668
海湾兵器 陈正明，陈鑫作
天津 天津人民美术出版社 1992 年 2 轴
77×53cm ISBN：7-5305-2225-2 定价：CNY1.30
　　中国现代年画作品。

J0061669

海湾俊松　范文南，云娣作

沈阳 辽宁美术出版社 1992 年 1 张 77×106cm

定价：CNY3.15

　　中国现代年画作品。

J0061670

寒梅颂　刘宝玲作

天津 天津人民美术出版社 1992 年 4 轴

142×38cm 定价：CNY5.60

　　中国现代年画作品。

J0061671

和合寿星

上海 上海人民美术出版社 1992 年 1 张

77×106cm 定价：CNY4.80

　　中国现代年画作品。

J0061672

和合幸福　王昭灿，王秀玲作

上海 上海人民美术出版社 1992 年 1 张

77×53cm 定价：CNY0.60

　　中国现代年画作品。

J0061673

和睦生财　童金贵作

天津 天津人民美术出版社 1992 年 1 张

77×53cm ISBN：7-5305-2219-7 定价：CNY0.60

　　中国现代年画作品。

J0061674

和平富贵　叶淑琴作

杭州 浙江人民美术出版社 1992 年 1 张

77×106cm 定价：CNY2.50

　　中国现代年画作品。

J0061675

和善吉祥万事如意　张万臣作

天津 天津人民美术出版社 1992 年 1 张

77×53cm ISBN：7-5305-2220-2 定价：CNY0.60

　　中国现代年画作品。

J0061676

鹤寿图　谭伟光设计；车忠阳绘画

杭州 浙江人民美术出版社 1992 年 1 张

77×53cm 定价：CNY1.25

　　中国现代年画作品。

J0061677

哼哈二将　王洪武作

昆明 云南美术出版社 1992 年 1 张 77×53cm

定价：CNY0.60

　　中国现代年画作品。

J0061678

鸿福从天降　童金贵作

长春 吉林美术出版社 1992 年 1 张 77×53cm

定价：CNY0.69

　　中国现代年画作品。

J0061679

鸿福到家　高孝慈作

沈阳 辽宁美术出版社 1992 年 1 张 77×53cm

定价：CNY0.64

　　中国现代年画作品。

J0061680

湖光翠色　倪延志作

长春 吉林美术出版社 1992 年 1 张 77×106cm

定价：CNY1.70

　　中国现代年画作品。

J0061681

湖阳公主　张有等绘

沈阳 辽宁美术出版社 1992 年 2 张 77×53cm

定价：CNY1.30

　　中国现代年画作品。

J0061682

虎啸山河动　刘继成作

长春 吉林美术出版社 1992 年 1 张 77×53cm

定价：CNY0.69

　　中国现代年画作品。

J0061683

花仙子　尚慧通作

天津 天津人民美术出版社 1992 年 1 张

77×53cm ISBN：7-5305-2221-7 定价：CNY0.60

　　中国现代年画作品。

J0061684
画梅定情　李学勤作
长春 吉林美术出版社 1992 年 1 张 77×53cm
定价：CNY0.69
　　中国现代年画作品。

J0061685
欢乐春节　阎凤成作
长春 吉林美术出版社 1992 年 2 张 77×53cm
定价：CNY1.38
　　中国现代年画作品。

J0061686
鸡鸣富贵　刘泰山作
长春 吉林美术出版社 1992 年 1 张 77×53cm
定价：CNY0.69
　　中国现代年画作品。

J0061687
鸡鸣富贵乐长寿　张万臣，杨杰作
沈阳 辽宁美术出版社 1992 年 1 张 77×53cm
定价：CNY0.64
　　中国现代年画作品。

J0061688
鸡鸣富贵连年有余　王翎辉，福顺作
沈阳 辽宁美术出版社 1992 年 1 张 77×53cm
定价：CNY0.64
　　中国现代年画作品。

J0061689
鸡年康乐贺新春　刘佩珩，高静作
上海 上海人民美术出版社 1992 年 1 张
77×53cm 定价：CNY0.60
　　中国现代年画作品。

J0061690
吉庆有余　彭公林，彭红作
沈阳 辽宁美术出版社 1992 年 1 张 77×53cm
定价：CNY0.64
　　中国现代年画作品。

J0061691
吉庆有余　楼永年作
杭州 浙江人民美术出版社 1992 年 1 张

77×53cm 定价：CNY0.60
　　中国现代年画作品。

J0061692
吉庆有余家家幸福　薛嘉惠，薛艳作
沈阳 辽宁美术出版社 1992 年 1 张 77×53cm
定价：CNY0.64
　　中国现代年画作品。

J0061693
吉祥　王伟成作
上海 上海人民美术出版社 1992 年 2 张
68×38cm 定价：CNY0.90
　　中国现代年画作品。作者王伟戌，曾任上海
人民美术出版社年画、宣传画编辑室主任。

J0061694
吉祥富贵　陈华民，春江作
沈阳 辽宁美术出版社 1992 年 1 张 77×53cm
定价：CNY0.64
　　中国现代年画作品。

J0061695
吉祥如意　张锡武作
兰州 甘肃人民美术出版社 1992 年 1 张
53×38cm 定价：CNY0.35
　　中国现代年画作品。作者张锡武
（1927— ），画家。字青松，河北河间人。历
任天津国画研究所副所长，天津杨柳青画社副
编审，中国美术家协会会员等。代表作品《淀上
渔歌》《李时珍问药图》，出版有《张锡武画选》
《牡丹的画法》等。

J0061696
吉祥如意　曾宪和作
天津 天津人民美术出版社 1992 年 1 张
77×53cm ISBN：7-5305-2228-4 定价：CNY0.60
　　中国现代年画作品。

J0061697
吉祥如意　冯隆梅作
昆明 云南美术出版社 1992 年 1 张 53×38cm
定价：CNY0.30
　　中国现代年画作品。

J0061698

吉祥如意 万事顺通　李冰，李力作

兰州 甘肃人民美术出版社 1992 年 1 张

53×38cm 定价：CNY0.35

　　中国现代年画作品。作者李冰(1962—　)，
《创业者》杂志美术编辑。

J0061699

吉祥如意喜临门　于保俭作

长春 吉林美术出版社 1992 年 1 张 77×53cm

定价：CNY0.69

　　中国现代年画作品。

J0061700

吉祥娃娃　（一）刘佩珩作

长春 吉林美术出版社 1992 年 1 张 53×38cm

定价：CNY0.98

　　中国现代年画作品。作者刘佩珩(1954—　)，
画家，研究院。别名刘山，天津宝坻人，毕业于
东北师范大学美术系。历任吉林省通榆县文化
馆副馆长、副研究员。作品有《喜迎春》《长白珍
宝 》《祖孙情》《长白珍奇》《趣》《关东乐》等。

J0061701

吉祥娃娃　（二）刘佩珩作

长春 吉林美术出版社 1992 年 1 张 53×38cm

定价：CNY0.98

　　中国现代年画作品。

J0061702

吉祥娃娃　（三）刘佩珩作

长春 吉林美术出版社 1992 年 1 张 53×38cm

定价：CNY0.98

　　中国现代年画作品。

J0061703

吉祥娃娃　（四）刘佩珩作

长春 吉林美术出版社 1992 年 1 张 53×38cm

定价：CNY0.98

　　中国现代年画作品。

J0061704

吉星高照　徐福根作

杭州 浙江人民美术出版社 1992 年 1 张

77×53cm 定价：CNY0.60

中国现代年画作品。

J0061705

济公故事　（济公斗蟋蟀）胡国钧配诗；子容，
晓阳作

杭州 浙江人民美术出版社 1992 年 2 张

77×53cm 定价：CNY1.20

　　中国现代年画作品。

J0061706

济公巧点紫金钗　弘力等绘

沈阳 辽宁美术出版社 1992 年 2 张 77×53cm

定价：CNY1.30

　　中国现代年画作品。

J0061707

济世造福　俎翠林作

长春 吉林美术出版社 1992 年 1 张 77×53cm

定价：CNY0.69

　　中国现代年画作品。

J0061708

佳年添富贵　刘树茂，刘旭作

长春 吉林美术出版社 1992 年 1 张 77×53cm

定价：CNY0.69

　　中国现代年画作品。

J0061709

家富子壮　李喜春作

呼和浩特 内蒙古人民出版社 1992 年 1 张

77×53cm 定价：CNY0.55

　　中国现代年画作品。

J0061710

见喜图　李宝祥作

长春 吉林美术出版社 1992 年 1 张 77×53cm

定价：CNY0.69

　　中国现代年画作品。

J0061711

江湖八面风　郭卫华作

天津 天津人民美术出版社 1992 年 1 张

77×53cm ISBN：7-5305-2220-6 定价：CNY0.60

　　中国现代年画作品。

J0061712
江山仙阁　冯毅，冯勇作
天津　天津人民美术出版社　1992 年　4 轴
142×38cm　定价：CNY5.60
　　中国现代年画作品。

J0061713
江苏年画　（1993）江苏美术出版社编
南京　江苏美术出版社　1992 年　18×26cm
定价：CNY10.00
　　中国现代年画作品。

J0061714
接福　范彦龙作
长春　吉林美术出版社　1992 年　1 张　77×53cm
定价：CNY0.69
　　中国现代年画作品。

J0061715
接福生财乐有余　周国军作
沈阳　辽宁美术出版社　1992 年　2 张　77×53cm
定价：CNY1.30
　　中国现代年画作品。作者周国军（1954—　），
满族，辽宁凤城人。毕业于广州美术学院中国画
系。历任丹东市文联专业画家，中国美术家协会
会员，丹东美术家协会主席。作品《国风》《厚土》
《悠悠牧歌》《亘立千秋》，出版有《中国当代美术
家精品集——周国军画集》。

J0061716
接福图　高静作
长春　吉林美术出版社　1992 年　1 张　77×53cm
定价：CNY0.69
　　中国现代年画作品。

J0061717
接福迎春　范恩树作
长春　吉林美术出版社　1992 年　1 张　77×53cm
定价：CNY0.69
　　中国现代年画作品。作者范恩树（1946—　），
吉林梨树县人。吉林省美术家协会会员，曾任梨
树县美协副主席兼秘书长。作品有《献给老师》
《春满神州》《吉庆有余》等。

J0061718
金鸡报春　俎翠林作
长春　吉林美术出版社　1992 年　1 张　77×53cm
定价：CNY0.69
　　中国现代年画作品。

J0061719
金鸡报喜　安杰作
上海　上海人民美术出版社　1992 年　1 张
77×53cm　定价：CNY0.60
　　中国现代年画作品。

J0061720
金鸡报喜　李用夫作
天津　天津人民美术出版社　1992 年　1 张
77×53cm　ISBN：7-5305-2219-3　定价：CNY1.30
　　中国现代年画作品。

J0061721
金鸡报喜发大财　张万臣，杨杰作
沈阳　辽宁美术出版社　1992 年　1 张　77×53cm
定价：CNY0.64
　　中国现代年画作品。

J0061722
金鸡高唱福富有余　徐世民，徐增作
沈阳　辽宁美术出版社　1992 年　1 张　77×53cm
定价：CNY0.64
　　中国现代年画作品。

J0061723
金秋灯会　章育青作
上海　上海人民美术出版社　1992 年　1 张
77×53cm　定价：CNY0.60
　　中国现代年画作品。作者章育青（1909—
1993），画家。浙江慈溪人。上海人民美术出版
社年画专业画家。作品《上海大世界》《元宵灯》
《上海外滩》《南京长江大桥》等。

J0061724
金屋财宝满　童金贵，童新作
长春　吉林美术出版社　1992 年　1 张　77×53cm
定价：CNY0.69
　　中国现代年画作品。

J0061725

金玉满堂　李海岩作

长春 吉林美术出版社 1992 年 1 张 77×53cm

定价: CNY0.69

中国现代年画作品。

J0061726

金玉满堂　薛嘉惠作

沈阳 辽宁美术出版社 1992 年 1 张 77×53cm

定价: CNY0.64

中国现代年画作品。

J0061727

锦上添花　梁益友作

沈阳 辽宁美术出版社 1992 年 1 张 77×53cm

定价: CNY0.64

中国现代年画作品。

J0061728

锦绣春色　李柔作

沈阳 辽宁美术出版社 1992 年 1 张 77×53cm

定价: CNY0.64

中国现代年画作品。

J0061729

进宝发财　江柱国作

长春 吉林美术出版社 1992 年 1 张 77×53cm

定价: CNY0.69

中国现代年画作品。

J0061730

进宝图　李宝祥作

长春 吉林美术出版社 1992 年 1 张 77×53cm

定价: CNY0.69

中国现代年画作品。

J0061731

敬爱的元帅　刘正等作

天津 天津人民美术出版社 1992 年 1 张

77×106cm ISBN: 7-5305-2218-3 定价: CNY3.90

中国现代年画作品。作者刘正(1949—),
天津人,毕业于天津美术学院绘画系。历任天津
人民美术出版社编审、中国美术家协会会员、中
国工笔画学会会员、中国刘奎龄艺术研究院研究
员、天津市美术家协会会员。代表作品有《中国
织绣服饰全集》《幸福花开》《庄户剧团》《十二
月花神》《春到西花厅》等。

J0061732

敬德 秦琼　邹越非作

上海 上海人民美术出版社 1992 年 2 张

77×53cm 定价: CNY0.90

中国现代年画作品。

J0061733

镜花缘　申同景,韩笑作

长春 吉林美术出版社 1992 年 1 张 77×53cm

定价: CNY0.69

中国现代年画作品。

J0061734

九寨飞泉　平川,山石作

沈阳 辽宁美术出版社 1992 年 1 张 77×106cm

定价: CNY3.15

中国现代年画作品。

J0061735

九重春色　陈松陵作

杭州 浙江人民美术出版社 1992 年 1 张

77×53cm 定价: CNY0.60

中国现代年画作品。

J0061736

九重春色　陈松陵作

杭州 浙江人民美术出版社 1992 年 1 张

77×106cm 定价: CNY2.50

中国现代年画作品。

J0061737

酒美意重　宗万华作

天津 天津人民美术出版社 1992 年 1 张

77×53cm ISBN: 7-5305-2219-9 定价: CNY0.60

中国现代年画作品。

J0061738

聚宝盆　延凡,王野作

沈阳 辽宁美术出版社 1992 年 1 张 77×53cm

定价: CNY0.64

中国现代年画作品。

J0061739

骏马图　于志祥作

上海　上海人民美术出版社　1992 年　1 张

77×106cm　定价：CNY2.95

　　中国现代年画作品。

J0061740

开门大吉　刘旺波，刘丽娟作

长春　吉林美术出版社　1992 年　1 张　77×53cm

定价：CNY0.69

　　中国现代年画作品。

J0061741

看谁储蓄多　周洪生作

长春　吉林美术出版社　1992 年　1 张　77×53cm

定价：CNY0.69

　　中国现代年画作品。

J0061742

科技兴农　六业兴旺　朱一嫣作

杭州　浙江人民美术出版社　1992 年　1 张

77×53cm　定价：CNY0.70

　　中国现代年画作品。

J0061743

孔雀东南飞　赵彦杰作

长春　吉林美术出版社　1992 年　1 张　77×53cm

定价：CNY0.69

　　中国现代年画作品。

J0061744

孔雀屏　朱恩吉作

沈阳　辽宁美术出版社　1992 年　2 张　77×53cm

定价：CNY1.30

　　中国现代年画作品。

J0061745

拉郎配　王文倩等绘；董大编文

沈阳　辽宁美术出版社　1992 年　2 张　77×53cm

定价：CNY1.30

　　中国现代年画作品。

J0061746

来年我也去夺魁　盛楠作

呼和浩特　内蒙古人民出版社　1992 年　1 张

77×53cm　定价：CNY0.55

　　中国现代年画作品。

J0061747

鲤鱼仙子　董俊作

呼和浩特　内蒙古人民出版社　1992 年　1 张

77×53cm　定价：CNY0.55

　　中国现代年画作品。

J0061748

丽晶　高盛平作

杭州　浙江人民美术出版社　1992 年　1 张

53×38cm　定价：CNY1.30

　　中国现代年画作品。

J0061749

连年有余　高荣，高学海作

长春　吉林美术出版社　1992 年　1 张　77×53cm

定价：CNY0.69

　　中国现代年画作品。

J0061750

梁山伯与祝英台　林洁莲配诗；张禾作

杭州　浙江人民美术出版社　1992 年　2 张

77×53cm　定价：CNY1.20

　　中国现代年画作品。作者张禾（1953—　 ），

教授、画家。浙江浦江人，毕业于中国美术学院

中国画专业和上海师大美术教育硕士研究生班。

中国美术家协会浙江分会会员。

J0061751

凛凛雄风　孙建东作

昆明　云南美术出版社　1992 年　1 张　77×53cm

定价：CNY0.60

　　中国现代年画作品。作者孙建东（1952—　 ），

画家。出生于上海。毕业于云南艺术学院美术系。

云南艺术学院美术学院中国画专业教授、中国美

术家协会会员、中国美协第七次全国代表大会代

表、第六届云南美术家协会副主席。代表作品有

《孔雀红梅》《流沙河之歌》《共同的希望》。

J0061752

领袖与人民共乐　何众作

沈阳　辽宁美术出版社　1992 年　1 张　77×53cm

定价：CNY0.64

中国现代年画作品。

J0061753
龙凤呈祥　　俎翠林作
长春 吉林美术出版社 1992 年 1 张 77×53cm
定价：CNY0.69
　　中国现代年画作品。

J0061754
龙凤呈祥
上海 上海人民美术出版社 1992 年 1 张
77×53cm 定价：CNY0.65
　　中国现代年画作品。

J0061755
龙凤呈祥　　龚景充作
杭州 浙江人民美术出版社 1992 年 1 张
77×53cm 定价：CNY0.60
　　中国现代年画作品。

J0061756
龙凤呈祥喜盈门　　孙居敬作
杭州 浙江人民美术出版社 1992 年 1 张
77×53cm 定价：CNY0.60
　　中国现代年画作品。

J0061757
龙虎大将军　　阎珍作
天津 天津人民美术出版社 1992 年 1 张
77×53cm ISBN：7-5305-2228-7 定价：CNY0.70
　　中国现代年画作品。

J0061758
龙虎将　　黄兴桥作
昆明 云南美术出版社 1992 年 1 张 77×53cm
定价：CNY0.60
　　中国现代年画作品。

J0061759
龙腾虎跃　　彭海清作
上海 上海人民美术出版社 1992 年 1 张
77×53cm 定价：CNY0.60
　　中国现代年画作品。作者彭海清（1943— ），
国家一级美术师，生于山东淄博，历任中国美术
家协会会员、国际美术家联合会会员、中国国画

家协会理事、环球书画艺术研究院客座教授、山
东河津书画院名誉院长。出版有《彭海清画集》。

J0061760
龙腾吉祥　　李学奋，杜新苗作
呼和浩特 内蒙古人民出版社 1992 年 1 张
77×53cm 定价：CNY0.55
　　中国现代年画作品。

J0061761
鲁达拳打镇关西　　源华作
沈阳 辽宁美术出版社 1992 年 2 张 77×53cm
定价：CNY1.30
　　中国现代年画作品。

J0061762
陆游与唐婉　　李学勤作
呼和浩特 内蒙古人民出版社 1992 年 1 张
77×53cm 定价：CNY0.55
　　中国现代年画作品。

J0061763
鹿鹤呈祥　　苗永华，田晓石作
昆明 云南美术出版社 1992 年 1 张 77×106cm
定价：CNY1.40
　　中国现代年画作品。

J0061764
鹿鹤同春　　于长林作
长春 吉林美术出版社 1992 年 1 张 77×53cm
定价：CNY0.69
　　中国现代年画作品。

J0061765
妈妈的爱　　刘大健等设计
南京 江苏美术出版社 1992 年 1 张 53×38cm
定价：CNY0.65
　　中国现代年画作品。

J0061766
麻姑献寿　　俎翠林作
长春 吉林美术出版社 1992 年 1 张 77×53cm
定价：CNY0.69
　　中国现代年画作品。

J0061767
猫蝶富贵图
上海　上海人民美术出版社　1992 年　1 张
77×53cm　定价：CNY0.65
　　中国现代年画作品。

J0061768
美景争秀　邵培文，丽平作
沈阳　辽宁美术出版社　1992 年　2 张　77×53cm
定价：CNY1.30
　　中国现代年画作品。作者邵培文（1946—　），
画家。别名邵金文，辽宁瓦房店人，大连师范美
术专业毕业。历任瓦房店市文化馆美术辅导与
创作员、瓦房店市社会文化管理委员会办公室主
任。作品有《甜蜜蜜》《抓好菜篮子关心人民生
活》《欢乐金秋》《牧归》等。

J0061769
美丽的大公鸡　徐秀芬作
呼和浩特　内蒙古人民出版社　1992 年　1 张
77×53cm　定价：CNY0.55
　　中国现代年画作品。

J0061770
美满幸福　张德骏，张璐作
上海　上海人民美术出版社　1992 年　2 张
77×106cm　定价：CNY2.60
　　中国现代年画作品。

J0061771
美兽吉祥　于长林，于振丹作
长春　吉林美术出版社　1992 年　2 张　77×53cm
定价：CNY1.38
　　中国现代年画作品。

J0061772
蒙人驭虎　（汉藏文对照）
拉萨　西藏人民出版社　1992 年　1 张　77×106cm
定价：CNY4.80
　　中国现代年画作品。

J0061773
猛虎武将　华平作
昆明　云南美术出版社　1992 年　1 张　77×53cm
定价：CNY0.30

中国现代年画作品。

J0061774
名人名言
杭州　浙江人民美术出版社　1992 年　4 张
77×53cm　定价：CNY2.40
　　中国现代年画作品。

J0061775
母爱情深　倪延志作
长春　吉林美术出版社　1992 年　2 张　77×53cm
定价：CNY1.38
　　中国现代年画作品。

J0061776
木兰从军　赵彦杰作
长春　吉林美术出版社　1992 年　1 张　77×53cm
定价：CNY0.69
　　中国现代年画作品。作者赵彦杰（1937—　），
国家二级美术师。出生在东北，毕业于师范学校。
作品有《农忙十二月》《泥土芳香》《大观园》《忠
烈千秋》《血染白山》等。

J0061777
纳福驱邪　朱嘉铭作
昆明　云南美术出版社　1992 年　1 张　77×53cm
定价：CNY0.60
　　中国现代年画作品。作者朱嘉铭，画家。作
有年画《画中人》《贺龙元帅》等。《敬爱的元帅》。

J0061778
哪咤杨戬　张青林作
兰州　甘肃人民美术出版社　1992 年　1 张
53×38cm　定价：CNY0.35
　　中国现代年画作品。

J0061779
南海观音图　陈英，陈明作
昆明　云南美术出版社　1992 年　1 张　77×106cm
定价：CNY1.40
　　中国现代年画作品。

J0061780
南极寿星　徐福根作
杭州　浙江人民美术出版社　1992 年　1 张

77×53cm 定价：CNY0.60
　　中国现代年画作品。

J0061781
南疆卫士　刘式静作
昆明 云南美术出版社 1992 年 1 张 53×38cm
定价：CNY0.30
　　中国现代年画作品。

J0061782
南山献寿　张宝祥作
长春 吉林美术出版社 1992 年 1 张 77×53cm
定价：CNY0.69
　　中国现代年画作品。

J0061783
年年发大财　彭公林，彭红作
沈阳 辽宁美术出版社 1992 年 1 张 77×53cm
定价：CNY0.64
　　中国现代年画作品。

J0061784
年年如意　徐德元作
天津 天津人民美术出版社 1992 年 1 张
77×53cm ISBN：7-5305-2221-0 定价：CNY0.60
　　中国现代年画作品。

J0061785
鸟语花香富盈门　徐德元作
长春 吉林美术出版社 1992 年 1 张 77×53cm
定价：CNY0.69
　　中国现代年画作品。

J0061786
平安如意幸福长　徐德元，徐蕾作
沈阳 辽宁美术出版社 1992 年 2 张 77×53cm
定价：CNY1.30
　　中国现代年画作品。

J0061787
普降吉祥　姐翠林作
天津 天津人民美术出版社 1992 年 1 张
77×53cm ISBN：7-5305-2221-1 定价：CNY0.60
　　中国现代年画作品。

J0061788
奇缘巧配　杨春生等编绘
沈阳 辽宁美术出版社 1992 年 2 张 77×53cm
定价：CNY1.30
　　中国现代年画作品。

J0061789
麒麟送宝　顾振君，顾红作
沈阳 辽宁美术出版社 1992 年 1 张 77×53cm
定价：CNY0.64
　　中国现代年画作品。作者顾振君(1941—)，
研究员。辽宁沈阳人。历任抚顺市群众艺术馆
副研究馆员，辽宁省美术家协会会员，辽宁省年
画学会常务理事。

J0061790
麒麟送子　姐翠林作
长春 吉林美术出版社 1992 年 1 张 77×53cm
定价：CNY0.69
　　中国现代年画作品。

J0061791
麒麟武将　斐文璐作
昆明 云南美术出版社 1992 年 1 张 53×38cm
定价：CNY0.30
　　中国现代年画作品。

J0061792
麒麟武将　斐文璐作
昆明 云南美术出版社 1992 年 1 张 77×53cm
定价：CNY0.60
　　中国现代年画作品。

J0061793
千峰迎客　黄振永作
天津 天津人民美术出版社 1992 年 1 轴
53×142cm 定价：CNY1.60
　　本作品系中国年画。作者黄振永(1930—)，
四川成都人。擅长宣传画、年画。曾在空军美术
训练班学习。历任沈阳军区美术创作员、成都
军区空军政治部创作员。作品有《我爱祖国的蓝
天》，年画《幽谷飞瀑》《海之歌》等。

J0061794
千家送福　周大伟，周洪生作

长春 吉林美术出版社 1992 年 1 张 77×53cm
定价：CNY0.69
　　中国现代年画作品。

J0061795
秦琼 敬德　吴青禾作
兰州 甘肃人民美术出版社 1992 年 1 张
53×38cm 定价：CNY0.35
　　中国现代年画作品。

J0061796
秦琼 敬德　李金喜作
兰州 甘肃人民美术出版社 1992 年 1 张
53×38cm 定价：CNY0.35
　　中国现代年画作品。

J0061797
秦琼 敬德　魏明全,魏月霞作
昆明 云南美术出版社 1992 年 1 张 77×53cm
定价：CNY0.60
　　中国现代年画作品。

J0061798
秦琼 敬德　魏明全,魏月霞作
昆明 云南美术出版社 1992 年 1 张 53×38cm
定价：CNY0.30
　　中国现代年画作品。

J0061799
秦琼 敬德　陈友仁作
杭州 浙江人民美术出版社 1992 年 1 张
77×53cm 定价：CNY0.70
　　中国现代年画作品。

J0061800
秦琼 敬德　吴青禾作
杭州 浙江人民美术出版社 1992 年 1 张
77×53cm 定价：CNY0.65
　　中国现代年画作品。

J0061801
秦叔宝 尉迟恭　张云峰作
天津 天津人民美术出版社 1992 年 1 张
77×106cm ISBN：7-5305-2200-5 定价：CNY1.20
　　中国现代年画作品。

J0061802
秦叔宝 尉迟恭　张瑞恒作
天津 天津人民美术出版社 1992 年 1 张
77×53cm ISBN：7-5305-2227-7 定价：CNY0.60
　　中国现代年画作品。

J0061803
勤劳致富百业兴旺　阎凤成作
上海 上海人民美术出版社 1992 年 2 张
77×53cm 定价：CNY1.30
　　中国现代年画作品。

J0061804
青山流水　乐震作
上海 上海人民美术出版社 1992 年 1 张
154×212cm 定价：CNY8.00
　　中国现代年画作品。

J0061805
青山秀水　梁玉,沈岫作
沈阳 辽宁美术出版社 1992 年 1 张 77×106cm
定价：CNY3.15
　　中国现代年画作品。

J0061806
青史英名　王建梓作
天津 天津人民美术出版社 1992 年 1 张
77×53cm ISBN：7-5305-2218-7 定价：CNY0.60
　　中国现代年画作品。

J0061807
清风亮节　郑连群,散如作
天津 天津人民美术出版社 1992 年 4 轴
142×38cm 定价：CNY5.60
　　中国现代年画作品。

J0061808
情侣　杭志忠作
天津 天津人民美术出版社 1992 年 1 张
77×53cm ISBN：7-5305-2223-2 定价：CNY0.70
　　中国现代年画作品。

J0061809
秋　张萍作
杭州 浙江人民美术出版社 1992 年 1 张

53×38cm 定价：CNY1.30
中国现代年画作品。

J0061810
秋翁遇仙记　孔照平作
长春 吉林美术出版社 1992 年 2 张 77×53cm
定价：CNY1.38
中国现代年画作品。

J0061811
驱妖降魔　何永明作
昆明 云南美术出版社 1992 年 1 张 53×38cm
定价：CNY0.30
中国现代年画作品。

J0061812
驱妖降魔　何永明作
昆明 云南美术出版社 1992 年 1 张 77×53cm
定价：CNY0.60
中国现代年画作品。

J0061813
人民军队 所向无敌　金安群作
昆明 云南美术出版社 1992 年 1 张 53×38cm
定价：CNY0.30
中国现代年画作品。

J0061814
人民军队所向无敌　金安群作
昆明 云南美术出版社 1992 年 1 张 77×53cm
定价：CNY0.60
中国现代年画作品。

J0061815
日进斗金　徐德元作
长春 吉林美术出版社 1992 年 1 张 77×53cm
定价：CNY0.69
中国现代年画作品。

J0061816
日月生辉　庄立民作
昆明 云南美术出版社 1992 年 1 张 77×53cm
定价：CNY0.60
中国现代年画作品。

J0061817
日月生辉　庄立民作
昆明 云南美术出版社 1992 年 1 张 53×38cm
定价：CNY0.30
中国现代年画作品。

J0061818
荣华富贵　彭公林,彭红作
沈阳 辽宁美术出版社 1992 年 1 张 77×53cm
定价：CNY0.64
中国现代年画作品。

J0061819
瑞气临门　陈英作
广州 岭南美术出版社 1992 年 1 张 77×53cm
定价：CNY0.60
中国现代年画作品。

J0061820
瑞气盈门　张锡武作
天津 天津人民美术出版社 1992 年 1 张
77×53cm ISBN：7-5305-2228-5 定价：CNY0.60
中国现代年画作品。

J0061821
三星高照　俎翠林作
长春 吉林美术出版社 1992 年 1 张 77×53cm
定价：CNY0.69
中国现代年画作品。

J0061822
三羊开泰　王路阳作
沈阳 辽宁美术出版社 1992 年 1 张 77×106cm
定价：CNY3.15
中国现代年画作品。

J0061823
三阳开泰　俎翠林作
长春 吉林美术出版社 1992 年 1 张 77×53cm
定价：CNY0.69
中国现代年画作品。

J0061824
山川秀色　田林海作
沈阳 辽宁美术出版社 1992 年 1 张 77×53cm

定价：CNY0.64

中国现代年画作品。作者田林海(1948—　)，画家。出生于浙江永康，原名田林罕，号九里山人。毕业于浙江美术学院附中，结业于中国美术学院山水研修班。曾任浙江衢州文化馆馆员、山东美术出版社编辑室主任、山东画院高级画师、(杭州)西泠书画院特聘画师、山东政协书画院画师。作品有《故园烟雨》《疏林烟雨红军桥》《秋山秋水》。

J0061825

山东获奖年画选集　袁晖等绘；山东美术出版社编

济南　山东美术出版社　1992年　60页　25×26cm

精装　ISBN：7–5330–0386–1　定价：CNY48.00

中国现代民间年画作品。

J0061826

山水四条屏　宽宏，国荣作

北京　人民美术出版社　1992年　4轴　95×38cm

定价：CNY6.50

中国现代年画作品。

J0061827

佘赛花怒斗顽敌　刘荣富，刘剑作

上海　上海人民美术出版社　1992年　1张

77×53cm　定价：CNY0.60

中国现代年画作品。

J0061828

神峰溪流　黄生，刘上作

沈阳　辽宁美术出版社　1992年　1张　77×106cm

定价：CNY3.15

中国现代年画作品。

J0061829

神将虎威　侯世武，侯兵作

昆明　云南美术出版社　1992年　1张　53×38cm

定价：CNY0.30

中国现代年画作品。作者侯世武(1938—　)，四川绵竹人。结业于四川美院进修班。绵竹年画博物馆馆长、副研究馆员。作品有《献寿图》《四川儿歌》《看外孙》等。

J0061830

神童献宝　范恩树作

长春　吉林美术出版社　1992年　1张　77×53cm

定价：CNY0.39

中国现代年画作品。作者范恩树(1946—　)，吉林梨树县人。吉林省美术家协会会员，曾任梨树县美协副主席兼秘书长。作品有《献给老师》《春满神州》《吉庆有余》等。

J0061831

升馨　丁英俊作

杭州　浙江人民美术出版社　1992年　1张

53×38cm　定价：CNY1.30

中国现代年画作品。

J0061832

圣诞快乐　陈玉莲设计

南京　江苏美术出版社　1992年　1张　53×38cm

定价：CNY0.65

中国现代年画作品。

J0061833

诗画图　刘浩，田俊友作

天津　天津人民美术出版社　1992年　4轴

142×38cm　定价：CNY5.60

中国现代年画作品。

J0061834

诗书画印图　谷学中作

长春　吉林美术出版社　1992年　2张　77×53cm

定价：CNY1.38

中国现代年画作品。

J0061835

拾玉镯　刘树茂作

长春　吉林美术出版社　1992年　1张　77×53cm

定价：CNY0.69

中国现代年画作品。

J0061836

寿比南山　俎翠林作

长春　吉林美术出版社　1992年　1张　77×53cm

定价：CNY0.69

中国现代年画作品。

J0061837
寿比南山　方敦传作
杭州　浙江人民美术出版社　1992年　1张
77×53cm　定价：CNY3.60
　　中国现代年画作品。作者方敦传（1941—　　），安徽郎溪县人。师范毕业。安徽省美术家协会会员、安徽年画研究会会员。曾任郎溪县文化馆副馆长。擅长年画、中国画。代表作品有《鹅乡春暖》《福妞》《山河长春》等。

J0061838
寿比南山高　杨馥如作
上海　上海人民美术出版社　1992年　1张
77×53cm　定价：CNY0.60
　　中国现代年画作品。作者杨馥如（1918—1992），江苏无锡人。曾任进艺辉图片社设计室主任。代表作品有《十二生肖娃娃图》《万象更新》《庆丰收》《农家乐》等。

J0061839
寿山福海　俎翠林作
长春　吉林美术出版社　1992年　1张　77×53cm
定价：CNY0.69
　　中国现代年画作品。

J0061840
双鹤图　俎翠林作
上海　上海人民美术出版社　1992年　1张
77×53cm　定价：CNY0.60
　　中国现代年画作品。

J0061841
双将图　高云升作
兰州　甘肃人民美术出版社　1992年　1张
53×38cm　定价：CNY0.35
　　中国现代年画作品。

J0061842
双将图　高云升作
杭州　浙江人民美术出版社　1992年　1张
53×38cm
　　中国现代年画作品。

J0061843
双猫贺喜　徐新奇作

长春　吉林美术出版社　1992年　1张　77×53cm
定价：CNY0.69
　　中国现代年画作品。

J0061844
双猫扑蝶　邵佐唐作
沈阳　辽宁美术出版社　1992年　1张　77×53cm
定价：CNY0.64
　　中国现代年画作品。作者邵佐唐，有年画《西园记》《上学第一天》《新来的小伙伴》《在科学宫里》等。

J0061845
双狮双将　张耀明作
昆明　云南美术出版社　1992年　1张　77×53cm
定价：CNY0.60
　　中国现代年画作品。作者张耀明（1959—　　），国家一级美术师，字淡之，号听风堂，一壶，心远，澹翁。生于山东诸城，毕业于山东轻工美术学校毕业。历任中国美术家协会会员，齐鲁山水画研究院副院长，张择端书画研究院院长，诸城市博物馆副馆长、研究馆员。代表作品有《阳光总在风雨后》《海边拾趣》。

J0061846
双武将　吴剑超作
昆明　云南美术出版社　1992年　1张　77×53cm
定价：CNY0.60
　　中国现代年画作品。

J0061847
双喜临门　王立兴作
呼和浩特　内蒙古人民出版社　1992年　1张
77×53cm　定价：CNY0.55
　　中国现代年画作品。

J0061848
双喜图　林伟光作
上海　上海人民美术出版社　1992年　1张
77×53cm　定价：CNY0.60
　　中国现代年画作品。

J0061849
四季平安　魏瀛洲作
上海　上海人民美术出版社　1992年　1张

77×53cm 定价：CNY0.60
中国现代年画作品。

J0061850
四喜屏 刘树茂，刘旭作
沈阳 辽宁美术出版社 1992 年 2 张 77×53cm
定价：CNY1.30
中国现代年画作品。

J0061851
四喜同来发大财 童金贵，童年作
沈阳 辽宁美术出版社 1992 年 1 张 77×53cm
定价：CNY0.64
中国现代年画作品。

J0061852
松风鹤韵 刘称奇作
天津 天津人民美术出版社 1992 年 1 张
77×106cm ISBN：7-5305-2219-6 定价：CNY1.30
中国现代年画作品。

J0061853
松鹤朝阳 卢又祺作
天津 天津人民美术出版社 1992 年 4 轴
146×38cm 定价：CNY5.60
中国现代年画作品。

J0061854
松鹤同晖 朱子容作
上海 上海人民美术出版社 1992 年 1 张
77×106cm 定价：CNY2.95
中国现代年画作品。

J0061855
松鹤图
上海 上海人民美术出版社 1992 年 1 张
77×106cm 定价：CNY1.30
中国现代年画作品。

J0061856
松鹤延年 尹祖文作
长春 吉林美术出版社 1992 年 1 张 77×106cm
定价：CNY1.38
中国现代年画作品。

J0061857
松鹤延年 洪世川作
杭州 浙江人民美术出版社 1992 年 1 张
77×106cm 定价：CNY2.50
中国现代年画作品。

J0061858
松山祥鹤 卢俊才，卢俊良作
天津 天津人民美术出版社 1992 年 4 轴
142×38cm 定价：CNY5.60
中国现代年画作品。

J0061859
岁岁平安 四季发财 石山川绘
昆明 云南人民出版社 1992 年 1 张 77×53cm
定价：CNY0.60
中国现代年画作品。

J0061860
它是咱的好朋友 刘大业作
长春 吉林美术出版社 1992 年 1 张 77×53cm
定价：CNY0.69
中国现代年画作品。

J0061861
唐伯虎点秋香 李学勤作
呼和浩特 内蒙古人民出版社 1992 年 1 张
77×53cm 定价：CNY0.55
中国现代年画作品。

J0061862
唐诗诗意图 王然，继英作
天津 天津人民美术出版社 1992 年 4 轴
146×38cm 定价：CNY5.60
中国现代年画作品。

J0061863
特别车队
杭州 浙江人民美术出版社 1992 年 1 张
53cm（4 开）定价：CNY0.55
中国现代年画作品。

J0061864
天女散花 王翎辉，王振明作
沈阳 辽宁美术出版社 1992 年 1 张 77×53cm

定价: CNY0.64
　　中国现代年画作品。

J0061865
天山全景　马野, 雨田作
沈阳 辽宁美术出版社 1992 年 1 张 77×106cm
定价: CNY3.15
　　中国现代年画作品。

J0061866
天天进宝　魏文启, 王振羽作
长春 吉林美术出版社 1992 年 1 张 77×53cm
定价: CNY0.69
　　中国现代年画作品。

J0061867
天王　张衡德作
兰州 甘肃人民美术出版社 1992 年 1 张
53×38cm 定价: CNY0.35
　　中国现代年画作品。

J0061868
亭园赏花图
上海 上海人民美术出版社 1992 年 4 张
77×53cm 定价: CNY2.60
　　中国现代年画作品。

J0061869
万事如意　左义作
沈阳 辽宁美术出版社 1992 年 1 张 77×53cm
定价: CNY0.64
　　中国现代年画作品。

J0061870
万事如意　张恒德作
昆明 云南美术出版社 1992 年 1 张 77×53cm
定价: CNY0.60
　　中国现代年画作品。作者张恒德, 画家。作
有年画《龙凤和鸣》《驱邪纳福福寿满堂(门神)》
《长寿图》等。

J0061871
威武二将　王兴华作
兰州 甘肃人民美术出版社 1992 年 1 张
53×38cm 定价: CNY0.35

中国现代年画作品。

J0061872
威武神将　施振广, 刘玉华作
天津 天津人民美术出版社 1992 年 1 张
77×53cm ISBN: 7-5305-2227-9 定价: CNY0.60
　　中国现代年画作品。

J0061873
威武神将　施振广, 刘玉华作
天津 天津人民美术出版社 1992 年 1 张
53×38cm ISBN: 7-5305-2228-0 定价: CNY0.35
　　中国现代年画作品。

J0061874
威震四海　成砺志作
天津 天津人民美术出版社 1992 年 1 张
77×53cm ISBN: 7-5305-2220-3 定价: CNY0.60
　　中国现代年画作品。

J0061875
威震五洲　冯隆梅作
昆明 云南美术出版社 1992 年 1 张 53×38cm
定价: CNY0.30
　　中国现代年画作品。

J0061876
威震邪魔　朱红作
天津 天津人民美术出版社 1992 年 1 张
77×53cm ISBN: 7-5305-2228-2 定价: CNY0.60
　　中国现代年画作品。

J0061877
尉迟恭 秦叔宝
上海 上海人民美术出版社 1992 年 2 张
68×37cm 定价: CNY1.80
　　中国现代年画作品。

J0061878
尉迟恭 秦叔宝　李宏才作
天津 天津人民美术出版社 1992 年 1 张
77×53cm ISBN: 7-5305-2195-6 定价: CNY0.60
　　中国现代年画作品。

J0061879

尉迟恭　秦叔宝　姜秀晔作
杭州　浙江人民美术出版社　1992 年　1 张
77×53cm　定价：CNY0.60
　　中国现代年画作品。

J0061880

我爱清洁　陈玉莲设计
南京　江苏美术出版社　1992 年　1 张　53×38cm
定价：CNY0.65
　　中国现代年画作品。

J0061881

我爱祖国的蓝天　化金莲作
呼和浩特　内蒙古人民出版社　1992 年　1 张
77×53cm　定价：CNY0.55
　　中国现代年画作品。

J0061882

五福临门　龚景充作
杭州　浙江人民美术出版社　1992 年　1 张
77×106cm　定价：CNY2.50
　　中国现代年画作品。

J0061883

五虎上将　刘荣福作
长春　吉林美术出版社　1992 年　1 张　77×53cm
定价：CNY0.69
　　中国现代年画作品。

J0061884

五虎上将关羽张飞　王祖军作
昆明　云南美术出版社　1992 年　1 张　77×53cm
定价：CNY0.60
　　中国现代年画作品。作者王祖军（1949—　），
画家。生于云南蒙自。云南省美术家协会会员、
云南省科普美术摄影协会会员。曾出版《鲜花报
喜》、《祖国卫士》等多幅门画作品。发表连环画
《啊，地球之水》《茫茫银河寻知音》等 10 余件。
其设计的大型锡画《红河情》陈列于"99 昆明世
界园艺博览会"中国馆。

J0061885

五郎八卦阵　孙家跃作
天津　天津人民美术出版社　1992 年　1 张

77×53cm ISBN：7-5305-2220-5　定价：CNY0.60
　　中国现代年画作品。

J0061886

五童献寿　彭海清作
上海　上海人民美术出版社　1992 年　1 张
77×53cm　定价：CNY0.60
　　中国现代年画作品。

J0061887

五子进财　张为民作
天津　天津人民美术出版社　1992 年　1 张
77×53cm ISBN：7-5305-2221-4　定价：CNY0.60
　　中国现代年画作品。

J0061888

五子献寿　张为民作
天津　天津人民美术出版社　1992 年　1 张
77×53cm ISBN：7-5305-2221-3　定价：CNY0.60
　　中国现代年画作品。

J0061889

西厢记　应加登配诗；王一定作
杭州　浙江人民美术出版社　1992 年　2 张
77×53cm　定价：CNY1.20
　　中国现代年画作品。作者王一定（1949—　），
画家。浙江杭州人，浙江美术学院毕业。浙江农
业商贸职业学院艺术设计系学科带头人、装潢美
工教研室主任、讲师。作品有《飒爽新姿》（合
作）、《祖国·早晨好》。

J0061890

嬉鱼图　胡玉琢作
长春　吉林美术出版社　1992 年　1 张　77×53cm
定价：CNY0.69
　　中国现代年画作品。

J0061891

喜富贺春　福寿增财　孙伯礼，孙敏作
杭州　浙江人民美术出版社　1992 年　1 张
77×53cm　定价：CNY0.60
　　中国现代年画作品。作者孙敏（1957—　），
上海人，中国书法家协会、上海书法家协会
会员。

J0061892
喜上加喜交好运　童金贵，童晓红作
沈阳　辽宁美术出版社　1992 年　1 张　77×53cm
定价：CNY0.64
　　　中国现代年画作品。

J0061893
喜上眉梢　彭公林作
长春　吉林美术出版社　1992 年　1 张　77×53cm
定价：CNY0.69
　　　中国现代年画作品。

J0061894
喜上眉梢　云花等作
杭州　浙江人民美术出版社　1992 年　1 张
77×53cm　定价：CNY1.50
　　　中国现代年画作品。

J0061895
喜迎花堂　李学勤作
长春　吉林美术出版社　1992 年　1 张　77×53cm
定价：CNY0.69
　　　中国现代年画作品。

J0061896
喜迎新春　陈菊仙，马乐群作
上海　上海人民美术出版社　1992 年　1 张
77×53cm　定价：CNY0.60
　　　中国现代年画作品。作者陈菊仙（1929—　　）
女，浙江温州人。毕业于中央美术学院华东分
院。擅长年画。上海人民美术出版社画家。主
要作品有《捉麻雀》《个个争当小雷锋》《共同
富万家乐》等。著有《年画述要》。作者马乐群
（1933—　　），画家。上海人，曾在上海现代画室
学习绘画及西洋美术史等。历任上海画片出版
社年画创作员，上海美术出版社年画编辑。作品
有《人民不允许浪费粮食的行为》《海防前线宣
传员》《金杯红花传捷报》《激流勇进》等。

J0061897
夏　徐安牛作
杭州　浙江人民美术出版社　1992 年　1 张
53×38cm　定价：CNY1.30
　　　中国现代年画作品。

J0061898
仙鹿送宝人增寿　姜公泉作
沈阳　辽宁美术出版社　1992 年　1 张　77×53cm
定价：CNY0.64
　　　中国现代年画作品。

J0061899
仙女鸟　思平，常修作
沈阳　辽宁美术出版社　1992 年　1 张　77×106cm
定价：CNY3.15
　　　中国现代年画作品。

J0061900
仙子献宝喜有余　顾振君，周林作
沈阳　辽宁美术出版社　1992 年　1 张　77×53cm
定价：CNY0.64
　　　中国现代年画作品。作者顾振君（1941—　　），
研究员。辽宁沈阳人。历任抚顺市群众艺术馆
副研究馆员，辽宁省美术家协会会员，辽宁省年
画学会常务理事。

J0061901
鲜花献给解放军　周端庄作
上海　上海人民美术出版社　1992 年　1 张
77×53cm　定价：CNY0.60
　　　中国现代年画作品。

J0061902
贤德功高　赵幼华作
天津　天津人民美术出版社　1992 年　2 张
77×53cm　ISBN：7-5305-2218-4　定价：CNY1.30
　　　中国现代年画作品。作者赵幼华，高级教师，
画家。陕西西安人，毕业西安美院附中。河北省
廊坊市三中美术教员。作品有《新圈》《暖风》《辉
煌》《鹤乡》。

J0061903
献福献寿　童金贵，童年作
长春　吉林美术出版社　1992 年　1 张　77×53cm
定价：CNY0.69
　　　中国现代年画作品。

J0061904
献寿图　陈英作
上海　上海人民美术出版社　1992 年　1 张

77×53cm 定价: CNY0.60
　　中国现代年画作品。

J0061905
祥禽鸣春　张琪，宏民作
天津　天津人民美术出版社　1992 年　4 轴
142×38cm 定价: CNY5.60
　　中国现代年画作品。

J0061906
小将裴元庆　王功学作
长春　吉林美术出版社　1992 年　1 张　77×53cm
定价: CNY0.69
　　中国现代年画作品。

J0061907
小小炊事员
杭州　浙江人民美术出版社　1992 年　1 张
53cm（4 开）定价: CNY0.55
　　中国现代年画作品。

J0061908
小小乐园　陈玉莲设计
南京　江苏美术出版社　1992 年　1 张　53×28cm
定价: CNY0.65
　　中国现代年画作品。

J0061909
新春报平安　刘树茂，刘旭作
长春　吉林美术出版社　1992 年　1 张　77×53cm
定价: CNY0.69
　　中国现代年画作品。

J0061910
新春大喜　彭松林作
长春　吉林美术出版社　1992 年　1 张　77×53cm
定价: CNY0.69
　　中国现代年画作品。

J0061911
新年大喜发大财　童金贵作
长春　吉林美术出版社　1992 年　1 张　77×53cm
定价: CNY0.69
　　中国现代年画作品。

J0061912
新年万福　陈华民，春江作
沈阳　辽宁美术出版社　1992 年　1 张　77×53cm
定价: CNY0.64
　　中国现代年画作品。

J0061913
幸福　林震作
沈阳　辽宁美术出版社　1992 年　1 张　77×53cm
定价: CNY0.64
　　中国现代年画作品。

J0061914
幸福有余　张万臣，杨杰作
长春　吉林美术出版社　1992 年　1 张　77×53cm
定价: CNY0.69
　　中国现代年画作品。

J0061915
幸福有余　张万臣，杨杰作
沈阳　辽宁美术出版社　1992 年　1 张　77×53cm
定价: CNY0.64
　　中国现代年画作品。

J0061916
雄风图　成砺志作
天津　天津人民美术出版社　1992 年　1 张
77×106cm ISBN: 7-5305-2219-2 定价: CNY1.30
　　中国现代年画作品。

J0061917
雄鸡一唱天下白　尹相新作
长春　吉林美术出版社　1992 年　1 张　77×53cm
定价: CNY0.69
　　中国现代年画作品。

J0061918
雪原丽景　是有福作
南京　江苏美术出版社　1992 年　1 张　77×106cm
定价: CNY3.90
　　中国现代年画作品。

J0061919
血滴侠女　邹越非，王伟戌作；李广之编文
上海　上海人民美术出版社　1992 年　2 张

77×53cm 定价: CNY1.30
　　中国现代年画作品。

J0061920
杨八姐游春　李学勤作
呼和浩特 内蒙古人民出版社 1992 年 1 张
77×53cm 定价: CNY0.55
　　中国现代年画作品。

J0061921
杨柳青年画　天津市艺术博物馆编
北京 文物出版社 1992 年 重印本 119+38 页
26cm（16 开）ISBN: 7-5010-0668-7
定价: CNY40.00
　　中国现代工艺美术木版年画作品。

J0061922
杨延辉与铁镜公主　韩景奇作
长春 吉林美术出版社 1992 年 1 张 77×53cm
定价: CNY0.69
　　中国现代年画作品。

J0061923
一代元勋　张兆年作
天津 天津人民美术出版社 1992 年 1 张
77×53cm ISBN: 7-5305-2218-6 定价: CNY0.60
　　中国现代年画作品。作者张兆年(1946—)，
画家。天津人，毕业于天津工艺美校。历任天津
工艺美术设计院创作室二级美术师。获奖作品
有《数不清》《踏歌图》《傻伲少女》等，壁画作
品有《海河晨光》《津门十景》《中国古代科技文
明之光》《生命之路》等。

J0061924
一帆风顺　陈福华，谢美作
沈阳 辽宁美术出版社 1992 年 1 张 77×106cm
定价: CNY3.15
　　中国现代年画作品。

J0061925
奕采　凯光作
杭州 浙江人民美术出版社 1992 年 1 张
53×38cm 定价: CNY1.30
　　中国现代年画作品。

J0061926
银川映秀　闻炎，康乐作
沈阳 辽宁美术出版社 1992 年 1 张 77×106cm
定价: CNY3.15
　　中国现代年画作品。

J0061927
英武双将　张锡武作
天津 天津人民美术出版社 1992 年 1 张
77×53cm ISBN: 7-5305-2228-6 定价: CNY0.60
　　中国现代年画作品。

J0061928
英勇骑兵　赵宋生作
昆明 云南美术出版社 1992 年 1 张 53×38cm
定价: CNY0.30
　　中国现代年画作品。作者赵宋生(1940—
1996)，高级美术师。四川重庆人，毕业于云南艺
术学院。曾任玉溪市文化局局长、玉溪市文联副
主席。作品有《花卉的思念》《绿水情深》《溶溶
月色》《乐途》《岁月》等，出版有《云南民族风
情白描集》《赵宋生画集》等。

J0061929
英勇无敌　刘式铮作
昆明 云南美术出版社 1992 年 1 张 77×53cm
定价: CNY0.60
　　中国现代年画作品。

J0061930
英勇无敌　刘式铮作
昆明 云南美术出版社 1992 年 1 张 53×38cm
定价: CNY0.30
　　中国现代年画作品。

J0061931
迎财神　童金贵作
天津 天津人民美术出版社 1992 年 1 张
77×53cm ISBN: 7-5305-2220-1 定价: CNY0.60
　　中国现代年画作品。

J0061932
迎春报喜乐有余　胡玉琢作
长春 吉林美术出版社 1992 年 1 张 77×53cm
定价: CNY0.69

中国现代年画作品。

J0061933
迎客松　黄妙发作；张晓明书
上海　上海人民美术出版社 1992 年 1 张
154×212cm　定价：CNY8.00
　　中国现代年画作品。作者黄妙发(1938—　)，别名年丰，江苏常熟人。擅长年画。曾任上海人民美术出版社年画宣传画编辑室副主任。作品有年画《喜临门》《我爱中华》《儿童附捐邮票一套》(两枚)等。

J0061934
迎祥　范彦龙作
长春　吉林美术出版社 1992 年　1 张　77×53cm
定价：CNY0.69
　　中国现代年画作品。

J0061935
拥军爱民乐　杨维华作
沈阳　辽宁美术出版社 1992 年　1 张　77×53cm
定价：CNY0.64
　　中国现代年画作品。

J0061936
拥军优属万年春　陈华民作
沈阳　辽宁美术出版社 1992 年　1 张　77×53cm
定价：CNY0.64
　　中国现代年画作品。

J0061937
永远发财　魏文启，王振羽作
长春　吉林美术出版社 1992 年　1 张　77×53cm
定价：CNY0.69
　　中国现代年画作品。

J0061938
永远发财　王振羽，延凡作
沈阳　辽宁美术出版社 1992 年　1 张　77×53cm
定价：CNY0.64
　　中国现代年画作品。

J0061939
勇猛大将　何永坤作
昆明　云南美术出版社 1992 年　1 张　77×53cm

定价：CNY0.60
　　中国现代年画作品。作者何永坤(1953—　)，教授。出生于昆明，祖籍浙江鄞县，云南艺术学院工艺美术系任教。作品有《山果》《青草地》等。

J0061940
优生优育幸福成长　薛嘉惠作
上海　上海人民美术出版社 1992 年　1 张
77×53cm　定价：CNY0.60
　　中国现代年画作品。

J0061941
鱼满堂　曲延波作
长春　吉林美术出版社 1992 年　1 张　77×53cm
定价：CNY0.69
　　中国现代年画作品。

J0061942
鱼美花香　邹德博作
长春　吉林美术出版社 1992 年　2 张　77×53cm
定价：CNY1.38
　　中国现代年画作品。

J0061943
鱼娃同欢　钟淑清，高敏颖作
长春　吉林美术出版社 1992 年　2 张　77×53cm
定价：CNY1.38
　　中国现代年画作品。

J0061944
鱼跃龙门　俎翠林作
长春　吉林美术出版社 1992 年　1 张　77×53cm
定价：CNY0.69
　　中国现代年画作品。

J0061945
鸳鸯情深　宗万华作
天津　天津人民美术出版社 1992 年　1 张
77×53cm　ISBN：7-5305-2220-0　定价：CNY0.60
　　中国现代年画作品。

J0061946
园林秀色　范文南，云娣作
沈阳　辽宁美术出版社 1992 年　1 张　77×106cm
定价：CNY3.15

中国现代年画作品。

中国现代年画作品。

J0061947

跃龙门万事如意　刘泰山，东岳作

长春 吉林美术出版社 1992 年 1 张 77×53cm

定价：CNY0.69

中国现代年画作品。

J0061948

跃马扬威　张鸣作

昆明 云南美术出版社 1992 年 1 张 77×53cm

定价：CNY0.60

中国现代年画作品。

J0061949

咱们也要夺金牌　许琦作

呼和浩特 内蒙古人民出版社 1992 年 1 张

77×53cm 定价：CNY0.55

中国现代年画作品。

J0061950

长春　陈贯时作

杭州 浙江人民美术出版社 1992 年 1 张

77×53cm 定价：CNY1.50

中国现代年画作品。作者陈贯时（1928—　），
画家。浙江温州人。又名灌丁、亦壶。毕业于浙
江美术学院中国画系，并留校任教。主要作品有
《雨霁》《斑竹》《梅石图》等。

J0061951

长命百岁　张万臣，杨杰作

长春 吉林美术出版社 1992 年 1 张 77×53cm

定价：CNY0.69

中国现代年画作品。

J0061952

长寿图　田玉州作

天津 天津人民美术出版社 1992 年 4 轴

146×38cm 定价：CNY5.60

中国现代年画作品。

J0061953

招财进宝　薛嘉惠作

沈阳 辽宁美术出版社 1992 年 1 张 77×53cm

定价：CNY0.64

J0061954

招财进宝　向荣作

天津 天津人民美术出版社 1992 年 1 张

77×53cm ISBN：7-5305-2228-9 定价：CNY0.60

中国现代年画作品。

J0061955

招财进宝　李中文，李洪波作

昆明 云南美术出版社 1992 年 1 张 53×38cm

定价：CNY0.30

中国现代年画作品。

J0061956

招财进宝连年有余　王振羽作

上海 上海人民美术出版社 1992 年 1 张

77×53cm 定价：CNY0.60

中国现代年画作品。

J0061957

真假公主　世平等绘

沈阳 辽宁美术出版社 1992 年 2 张 77×53cm

定价：CNY1.30

中国现代年画作品。

J0061958

正气凛然　霍建本作

昆明 云南美术出版社 1992 年 1 张 77×53cm

定价：CNY0.60

中国现代年画作品。

J0061959

志同道合　化金莲作

呼和浩特 内蒙古人民出版社 1992 年 1 张

77×53cm 定价：CNY0.55

中国现代年画作品。作者化金莲（1952—　），
内蒙古固阳人。毕业于内蒙古师院艺术系。乌
兰察布盟师范学校教师，中国美术家协会内蒙古
分会会员，乌盟美术家协会副主席，乌盟美术教
育研究会副理事长。编著出版《手工美术》。

J0061960

中国杨柳青木版年画集　（Ⅰ 历史故事）李
志强，王树村主编

天津　天津杨柳青画社　1992 年　32cm（10 开）
精装　ISBN：7-80503-079-0　定价：CNY260.00

　　本画集按题材分作历史故事、舞台戏曲、仕女娃娃、世俗生活4辑。本册历史故事，包括手绘、套版、木版石印法等各种绘制技艺。外文书名：The Album of Paintings of China Yangliuqing Wood-block New Year Pictures. 主编李志强（1955—　　），教授。天津人，毕业于天津美术学院国画系。历任天津美术学院教授、中国美术家协会会员、中国工笔画协会会员、天津美术家协会理事。曾任天津杨柳青画社社长、总编辑。主编王树村（1923—2009），画家。天津人，毕业于华北大学美术科。曾在中国美术研究所、中国艺术研究院从事创作、编辑、研究工作，任中国民间美术协会副会长，中国民俗学学会理事、顾问、研究员。主要著作《杨柳青年画资料集》《中国美术全集·石刻线画、民间年画》。

J0061961
忠义佑民　俎翠林作
长春　吉林美术出版社　1992 年　1 张　77×53cm
定价：CNY0.69
　　中国现代年画作品。

J0061962
祝福屏　李学勤作
长春　吉林美术出版社　1992 年　2 张　77×53cm
定价：CNY1.38
　　中国现代年画作品。

J0061963
祝福图　刘俊贤作
上海　上海人民美术出版社　1992 年　1 张
77×53cm　定价：CNY0.60
　　中国现代年画作品。

J0061964
祝您长寿　魏瀛洲作
长春　吉林美术出版社　1992 年　1 张　77×53cm
定价：CNY0.69
　　中国现代年画作品。

J0061965
祝寿图　林伟光作
上海　上海人民美术出版社　1992 年　1 张

77×53cm　定价：CNY0.60
　　中国现代年画作品。

J0061966
紫气东来　徐世民作
天津　天津人民美术出版社　1992 年　1 张
77×53cm　ISBN：7-5305-2220-9　定价：CNY0.60
　　中国现代年画作品。

J0061967
祖国山河美　杨树有作
长春　吉林美术出版社　1992 年　1 张　77×106cm
定价：CNY1.70
　　中国现代年画作品。

J0061968
爱因斯坦名言
南京　江苏美术出版社　1993 年　1 张　100×35cm
定价：CNY0.85
　　中国现代年画作品。

J0061969
碧血宝刀　文治编文
南京　江苏美术出版社　1993 年　2 张　77×53cm
定价：CNY2.00
　　中国现代年画作品。

J0061970
财源茂盛富贵有余　杨馥如作
上海　上海人民美术出版社　1993 年　1 张
77×53cm　定价：CNY1.00
　　中国现代年画作品。作者杨馥如（1918—1992），江苏无锡人。曾任进艺辉图片社设计室主任。代表作品有《十二生肖娃娃图》《万象更新》《庆丰收》《农家乐》等。

J0061971
财运亨通　陈学璋作
杭州　浙江人民美术出版社　1993 年　1 轴　附对联 1 副　180×77cm　定价：CNY8.70
　　中国现代年画作品。

J0061972
痴情女子　阎国平编文
南京　江苏美术出版社　1993 年　2 张　77×53cm

定价: CNY2.00

中国现代年画作品。

J0061973
出水芙蓉戏鱼图　小龙, 顾振君作
沈阳 辽宁美术出版社 1993 年 1 张 77×53cm
定价: CNY0.75

中国现代年画作品。作者顾振君(1941—),
研究员。辽宁沈阳人。历任抚顺市群众艺术馆
副研究馆员, 辽宁省美术家协会会员, 辽宁省年
画学会常务理事。

J0061974
大破万仙阵　王冬改编; 振山等绘
天津 新蕾出版社 1993 年 26cm(16 开)
ISBN: 7-5307-1250-0 定价: CNY1.10
(封神榜故事 9)

根据古典神话小说改编的中国现代年画
画册。

J0061975
大上海　江苏美术出版社编
北京 文物出版社 1993 年 2 张 77×53cm
定价: CNY2.00

中国现代年画作品。

J0061976
董必武名言
南京 江苏美术出版社 1993 年 1 张 100×35cm
定价: CNY0.85

中国现代年画作品。

J0061977
多福多寿　彭公林作
沈阳 辽宁美术出版社 1993 年 1 张 77×53cm
定价: CNY0.75

中国现代年画作品。

J0061978
发财发财财宝来　汪之岂, 彭公林作
沈阳 辽宁美术出版社 1993 年 1 张 77×53cm
定价: CNY0.75

中国现代年画作品。

J0061979
福富寿喜　姜公泉作
沈阳 辽宁美术出版社 1993 年 1 张 53×77cm
定价: CNY0.75

中国现代年画作品。

J0061980
福富寿喜　杨树有, 万殊作
上海 上海人民美术出版社 1993 年 2 张
77×53cm 定价: CNY2.00

中国现代年画作品, 四条屏。

J0061981
福富双喜　薛嘉惠, 薛艳作
沈阳 辽宁美术出版社 1993 年 1 张 68×38cm
定价: CNY1.50

中国现代年画作品, 四条屏。

J0061982
福寿齐天　王振羽, 延凡作
上海 上海人民美术出版社 1993 年 1 张
77×53cm 定价: CNY1.00

中国现代年画作品。

J0061983
福寿如意　景充, 晓青作
杭州 浙江人民美术出版社 1993 年 1 张
106×77cm 定价: CNY2.70

中国现代年画作品。著者通称: 龚景充。

J0061984
福寿如意　景充, 晓青作
杭州 浙江人民美术出版社 1993 年 1 轴
附对联 1 副 180×77cm 定价: CNY8.70

中国现代年画作品。著者通称: 龚景充。

J0061985
福寿双全　盖莹, 林惠珍作
沈阳 辽宁美术出版社 1993 年 1 张 53×77cm
定价: CNY0.75

中国现代年画作品。

J0061986
福寿双余　徐德元, 德力作
沈阳 辽宁美术出版社 1993 年 1 张 53×77cm

定价: CNY0.75
　　中国现代年画作品。

J0061987
福寿喜进家门　徐德元, 德文作
沈阳　辽宁美术出版社　1993 年　1 张　77×53cm
定价: CNY0.75
　　中国现代年画作品。

J0061988
福星高照乐新年　栾良才作
沈阳　辽宁美术出版社　1993 年　1 张　77×53cm
定价: CNY0.75
　　中国现代年画作品。

J0061989
富贵平安娃娃乐　刘树茂, 刘日含作
沈阳　辽宁美术出版社　1993 年　1 张　53×77cm
定价: CNY0.75
　　中国现代年画作品。

J0061990
富贵有余　延年益寿　王昭灿, 王秀玲作
上海　上海人民美术出版社　1993 年　2 张
77×35cm　定价: CNY1.00
　　中国现代年画作品。

J0061991
富贵有余延年益寿
上海　上海人民美术出版社　1993 年　2 张
77×35cm　定价: CNY1.80
　　中国现代年画作品, 四条屏。

J0061992
富禧万年　王振羽作
沈阳　辽宁美术出版社　1993 年　1 张　77×53cm
定价: CNY0.75
　　中国现代年画作品。

J0061993
恭喜发财来　童金贵作
沈阳　辽宁美术出版社　1993 年　1 张　77×53cm
定价: CNY0.75
　　中国现代年画作品。

J0061994
恭喜发财万宝来　徐德元作
沈阳　辽宁美术出版社　1993 年　1 张　77×53cm
定价: CNY0.75
　　中国现代年画作品。

J0061995
恭喜发大财
沈阳　辽宁美术出版社　1993 年　1 张　53×38cm
定价: CNY0.42
　　中国现代年画作品。

J0061996
韩愈名言
南京　江苏美术出版社　1993 年　1 张　100×35cm
定价: CNY0.85
　　中国现代年画作品。

J0061997
鹤鹿献宝　王振羽作
沈阳　辽宁美术出版社　1993 年　1 张　77×53cm
定价: CNY0.75
　　中国现代年画作品。

J0061998
黑雷　周希娅编文
南京　江苏美术出版社　1993 年　2 张　77×53cm
定价: CNY2.00
　　中国现代年画作品。

J0061999
虎啸生风　王铭, 金龙作
杭州　浙江人民美术出版社　1993 年　1 轴　附对
联 1 副　180×77cm　定价: CNY8.70
　　中国现代年画作品。作者金龙(1962—　),
字大耆, 号小川山人, 浙江台州人, 深圳图书馆
任职。曾在香港及国内出版《金龙书法》《写心
集》《养心集》《修心集》《明心集》等。

J0062000
华罗庚名言
南京　江苏美术出版社　1993 年　1 张　100×35cm
定价: CNY0.85
　　中国现代年画作品。

J0062001

华姿飘逸 江苏美术出版社编

南京 江苏美术出版社 1993 年 4 张 102×38cm

定价：CNY5.20

中国现代年画作品。

J0062002

吉庆如意连年有余 刘友仁作

上海 上海人民美术出版社 1993 年 1 张
77×53cm 定价：CNY1.00

中国现代年画作品。作者刘友仁（1941— ），
画家。内蒙古托克托人，毕业于内蒙古师范大学
美术系。历任呼和浩特美协副主席，内蒙古托克
托文化馆副研究馆员。作品有《雪梅青竹》《欢
乐的草原》《草原孩子打马球》《戈壁驼道》《金
牛迎春》等。出版有《刘友仁年画》等。

J0062003

加强军队建设增强国防实力

上海 上海人民美术出版社 1993 年 1 张
77×53cm 定价：CNY1.65

中国现代年画作品。

J0062004

嘉兴南湖 章育青作

上海 上海人民美术出版社 1993 年 1 张
53×77cm 定价：CNY1.00

中国现代年画作品。作者章育青（1909—
1993），画家。浙江慈溪人。上海人民美术出版
社年画专业画家。作品《上海大世界》《元宵灯》
《上海外滩》《南京长江大桥》等。

J0062005

江苏春联 （缩样：1994）

南京 江苏美术出版社 1993 年 26cm（16 开）

定价：CNY6.00

中国现代年画作品。

J0062006

江苏年画 （缩样：1994）

南京 江苏美术出版社 1993 年 29cm（15 开）

定价：CNY18.00

中国现代年画作品。

J0062007

孔子名言

南京 江苏美术出版社 1993 年 1 张 100×35cm

定价：CNY0.85

中国现代年画作品。

J0062008

鲁迅名言

南京 江苏美术出版社 1993 年 1 张 100×35cm

定价：CNY0.85

中国现代年画作品。

J0062009

毛泽东主席 王一定作

杭州 浙江人民美术出版社 1993 年 1 轴
附对联 1 副 180×77cm 定价：CNY8.70

中国现代年画作品。作者王一定（1949— ），
画家。浙江杭州人，浙江美术学院毕业。浙江农
业商贸职业学院艺术设计系学科带头人、装潢美
工教研室主任、讲师。作品有《飒爽新姿》（合
作）、《祖国·早晨好》。

J0062010

美丽的马来西亚

南京 江苏美术出版社 1993 年 2 张 77×53cm

定价：CNY2.00

中国现代年画作品。

J0062011

摩托靓女 （一）

南京 江苏人民出版社 1993 年 1 张 77×53cm

定价：CNY1.60

中国现代年画作品。

J0062012

摩托靓女 （二）

南京 江苏人民出版社 1993 年 1 张 77×53cm

定价：CNY1.60

中国现代年画作品。

J0062013

鸟语花香 戴德馨作

上海 上海人民美术出版社 1993 年 1 张
77×53cm 定价：CNY2.00

中国现代年画作品，四条屏。作者戴德馨

（1942—　　），江苏常州人。曾进修于南京艺术学院。擅长国画。中国美术家协会会员。主要作品有《猫蝶图》《福禄寿禧》《瑞雪》等。

J0062014
牛顿名言
南京　江苏美术出版社　1993 年　1 张　100×35cm
定价：CNY0.85
　　中国现代年画作品。

J0062015
千手千眼观音　（汉藏对照）
成都　四川民族出版社　1993 年　1 张　77×53cm
ISBN：7-5409-1035-6　定价：CNY2.00
　　中国现代年画作品。

J0062016
倩女侠义记　范继信编导；朱丹，戴许摄
南京　江苏美术出版社　1993 年　2 张　77×53cm
定价：CNY2.00
　　中国现代年画作品。

J0062017
秦琼敬德　黄兴桦作
南京　江苏美术出版社　1993 年　2 张　77×53cm
定价：CNY1.40
　　中国现代年画作品。

J0062018
秦琼敬德　李林祥作
沈阳　辽宁美术出版社　1993 年　1 张　53×77cm
定价：CNY0.75
　　中国现代年画作品。

J0062019
人民幸福　刘俊贤作
上海　上海人民美术出版社　1993 年　1 张
77×53cm　定价：CNY1.00
　　中国现代年画作品。作者刘俊贤（1956—　　），高级教师。天津静海人，毕业于内蒙古师范大学美术学院。中国美术家协会会员，任职于包钢第二中学。主要作品有《发卷之后》《钢厂晨曲》《北疆夕阳》《涉世》《旷野日记》等。

J0062020
日月宝铜　范继信编导；戴许，朱丹摄
南京　江苏美术出版社　1993 年　2 张　77×53cm
定价：CNY2.00
　　中国现代年画作品。

J0062021
上海滩刺杀风云　鄢人编；汤剑荣，韩强绘
上海　上海人民美术出版社　1993 年　158 页
10cm（70 开）ISBN：7-5322-1152-5
定价：CNY1.00
　　中国现代年画作品。

J0062022
神圣职责
上海　上海人民美术出版社　1993 年　1 张
53×77cm　定价：CNY1.65
　　中国现代年画作品。

J0062023
十相自在图　鞠洪深作
昆明　云南民族出版社　1993 年　1 张
77×53cm　定价：CNY2.70
　　中国现代年画作品。

J0062024
石林
福州　福建美术出版社　1993 年　1 张
38×106cm　定价：CNY1.20
　　中国现代年画作品。

J0062025
事事如意　王伟戌作
上海　上海人民美术出版社　1993 年　2 张
68×38cm　定价：CNY1.00
　　中国现代年画作品。

J0062026
释迦牟尼　（汉藏对照）
成都　四川民族出版社　1993 年　1 张　77×53cm
ISBN：7-5409-1034-8　定价：CNY2.00
　　中国现代年画作品。

J0062027
寿域无疆　光远，越舟作

杭州 浙江人民美术出版社 1993 年 1 张
106×77cm 定价：CNY2.70
　　中国现代年画作品。

J0062028
寿域无疆　光远，越舟作
杭州 浙江人民美术出版社 1993 年 1 轴
附对联 1 副 180×77cm 定价：CNY8.70
　　中国现代年画作品。

J0062029
双喜献宝　马路正等作
沈阳 辽宁美术出版社 1993 年 1 张 77×53cm
定价：CNY0.75
　　中国现代年画作品。

J0062030
硕果满园四季平安　王国富，王超作
上海 上海人民美术出版社 1993 年 2 张
77×53cm 定价：CNY2.00
　　中国现代年画作品，四条屏。

J0062031
四大金刚　李中文作
南京 江苏美术出版社 1993 年 2 张 77×53cm
定价：CNY1.40
　　中国现代年画作品。

J0062032
四季花鸟屏　车来通作
上海 上海人民美术出版社 1993 年 2 张
77×53cm 定价：CNY2.00
　　中国现代年画作品，四条屏。作者车来通
（1956—　　），画家。河北高阳县人。号净心。任
教于渤海石油职业学院美术系。中国工笔画协
会会员、河北美术家协会会员、中华画院院长。
发表花鸟画作品数百幅。出版个人画册、技法丛
书等。

J0062033
四喜同来　孙公照作
上海 上海人民美术出版社 1993 年 1 张
53×77cm 定价：CNY1.00
　　中国现代年画作品。

J0062034
松鹤遐龄　松林，柳青作
杭州 浙江人民美术出版社 1993 年 1 轴
附对联 1 副 180×77cm 定价：CNY8.70
　　中国现代年画作品。作者柳青（1916—
1978），作家。原名刘蕴华。陕西榆林人。就读
于陕西榆林省立第六中学。主要从事新闻报道
工作。参加创办《中国青年报》，任编委、副刊主
编。著有《种谷记》《铜墙铁壁》《创业史》等。

J0062035
恬静
上海 上海人民美术出版社 1993 年 1 张
77×53cm 定价：CNY1.65
　　中国现代年画作品。

J0062036
威震群山　何业琦作
杭州 浙江人民美术出版社 1993 年 1 轴
附对联 1 副 180×77cm 定价：CNY8.70
　　中国现代年画作品。

J0062037
我家进来大元宝　童锁，童新年作
沈阳 辽宁美术出版社 1993 年 1 张 53×77cm
定价：CNY0.75
　　中国现代年画作品。

J0062038
现代兵器
南京 江苏美术出版社 1993 年 2 张 77×53cm
定价：CNY2.00
　　中国现代年画作品。

J0062039
新春快乐　彭公林作
沈阳 辽宁美术出版社 1993 年 1 张 77×53cm
定价：CNY0.75
　　中国现代年画作品。

J0062040
新加坡之游
南京 江苏美术出版社 1993 年 2 张 77×53cm
定价：CNY2.00
　　中国现代年画作品。

J0062041
迎客松　胡承斌作
杭州　浙江人民美术出版社　1993 年　1 轴
附对联 1 副　180×77cm　定价：CNY8.70
　　中国现代年画作品。

J0062042
迎新春庆有余　（二）阎凤成作
上海　上海人民美术出版社　1993 年　1 张
77×53cm　定价：CNY1.00
　　中国现代年画作品。

J0062043
永结同心　景充,晓春作
杭州　浙江人民美术出版社　1993 年　1 张
106×77cm　定价：CNY2.70
　　中国现代年画作品。

J0062044
永结同心　景充,晓青作
杭州　浙江人民美术出版社　1993 年　1 轴
附对联 1 副　180×77cm　定价：CNY8.70
　　中国现代年画作品。

J0062045
招财进宝恭喜发财　王昭灿,王秀玲作
上海　上海人民美术出版社　1993 年　2 张
77×35cm　定价：CNY1.00
　　中国现代年画作品。

J0062046
朱熹名言
南京　江苏美术出版社　1993 年　1 张　100×35cm
定价：CNY0.85
　　中国现代年画作品。

J0062047
宗喀巴应身像　（汉英藏对照）
成都　四川民族出版社　1993 年　5 张　53×38cm
定价：CNY9.00
　　中国现代年画作品。

J0062048
八仙祝寿图　竹均琪作
沈阳　辽宁美术出版社　1994 年　1 张　77×53cm

定价：CNY0.95
　　中国现代年画作品。作者竹均琪(1945—　)，
女，浙江嵊县人。毕业于沈阳鲁迅美术学院工艺
美术系装潢专业。历任中国美术家协会会员，沈
阳市电影公司、沈阳市演出公司美术干部，沈阳
歌舞团一级美术设计。作品有《八仙祝寿》《承
包致富》等。

J0062049
白蛇传　李翎,桑桂荣作
沈阳　辽宁美术出版社　1994 年　1 张　77×53cm
定价：CNY0.95
　　中国现代年画作品。

J0062050
财宝满地千家福　薛嘉惠作
沈阳　辽宁美术出版社　1994 年　1 张　77×53cm
定价：CNY0.95
　　中国现代年画作品。

J0062051
财源茂盛　曾宪和作
天津　天津人民美术出版社　1994 年　1 张
53×77cm　定价：CNY0.80
　　中国现代年画作品。

J0062052
财源旺盛
天津　天津人民美术出版社　1994 年　1 张
77×53cm　定价：CNY0.80
　　中国现代年画作品。

J0062053
财运亨通
杭州　浙江人民美术出版社　1994 年　1 轴
附对联 1 副　200×77cm　定价：CNY16.50
　　中国现代年画作品。

J0062054
大发财源
天津　天津人民美术出版社　1994 年　1 张
53×77cm　定价：CNY0.80
　　中国现代年画作品。

J0062055
大公鸡　杨馥如作
上海　上海人民美术出版社　1994 年　1 张
77×53cm　定价：CNY1.25
　　中国现代年画作品。作者杨馥如（1918—1992），江苏无锡人。曾任进艺辉图片社设计室主任。代表作品有《十二生肖娃娃图》《万象更新》《庆丰收》《农家乐》等。

J0062056
东方红
天津　天津人民美术出版社　1994 年　1 张
106×77cm　定价：CNY2.20
　　中国现代年画作品。

J0062057
风虎云龙　成砺志作
天津　天津人民美术出版社　1994 年　1 张
77×53cm　定价：CNY0.80
　　中国现代年画作品。作者成砺志（1954—　），江苏扬州人。国家一级美术师，中国美术家协会会员。主要作品《六老图·邓小平》《我为祖国争光》《春暖万家》等。

J0062058
福富寿喜
天津　天津人民美术出版社　1994 年　1 张
77×53cm　定价：CNY0.80
　　中国现代年画作品。

J0062059
福乐图
天津　天津人民美术出版社　1994 年　1 张
77×53cm　定价：CNY0.80
　　中国现代年画作品。

J0062060
福禄寿喜　林静作
沈阳　辽宁美术出版社　1994 年　2 张　77×53cm
定价：CNY3.60
　　中国现代年画作品。

J0062061
福满乾坤
天津　天津人民美术出版社　1994 年　1 张
106×77cm　定价：CNY2.20
　　中国现代年画作品。

J0062062
福寿绵长
杭州　浙江人民美术出版社　1994 年　1 轴
附对联 1 副　200×77cm　定价：CNY16.50
　　中国现代年画作品。

J0062063
福寿齐天　童金贵作
沈阳　辽宁美术出版社　1994 年　1 张　77×53cm
定价：CNY0.95
　　中国现代年画作品。作者童金贵，中国美术家协会辽宁省分会会员、辽宁省年画学会理事、丹东市美术家协会理事。

J0062064
福寿双全
天津　天津人民美术出版社　1994 年　1 张
77×53cm　定价：CNY0.80
　　中国现代年画作品。

J0062065
福寿图
天津　天津人民美术出版社　1994 年　1 张
77×53cm　定价：CNY0.80
　　中国现代年画作品。

J0062066
福寿延年
天津　天津人民美术出版社　1994 年　1 张
53×77cm　定价：CNY0.80
　　中国现代年画作品。

J0062067
福寿盈门
天津　天津人民美术出版社　1994 年　1 张
53×77cm　定价：CNY0.80
　　中国现代年画作品。

J0062068
福喜双降　陈家骓作
天津　天津人民美术出版社　1994 年　1 张
106×77cm　定价：CNY1.70

中国现代年画作品。

J0062069

富贵如意 董振中作

上海 上海人民美术出版社 1994 年 1 张

77×53cm 定价: CNY1.25

　　中国现代年画作品。作者董振中(1945—　　),
画家。山东人。字子午,号老草。毕业于浙江美
术学院国画系。中国美术家协会会员,国家一级
美术师,邹城市美术家协会主席,邹城市画院院
长。出版《董振中画集》《孟子圣迹图》《孔子圣
迹图》等。

J0062070

富贵有余 张为民作

天津 天津人民美术出版社 1994 年 1 张

53×77cm 定价: CNY0.80

　　中国现代年画作品。

J0062071

功业千秋

天津 天津人民美术出版社 1994 年 1 张

77×53cm 定价: CNY1.20

　　中国现代年画作品。

J0062072

功照日月

天津 天津人民美术出版社 1994 年 1 张

77×53cm 定价: CNY1.20

　　中国现代年画作品。

J0062073

恭禧发财

杭州 浙江人民美术出版社 1994 年 1 轴

附对联 1 副 200×77cm 定价: CNY16.50

　　中国现代年画作品。

J0062074

和合如意 张为民,刘淑荣作

天津 天津人民美术出版社 1994 年 1 张

53×77cm 定价: CNY0.80

　　中国现代年画作品。

J0062075

和美幸福 张万臣作

天津 天津人民美术出版社 1994 年 1 张

77×53cm 定价: CNY0.80

　　中国现代年画作品。

J0062076

红梅报春

杭州 浙江人民美术出版社 1994 年 1 轴

附对联 1 副 200×77cm 定价: CNY16.50

　　中国现代年画作品。

J0062077

蝴蝶杯 竹翔飞作

沈阳 辽宁美术出版社 1994 年 1 张 77×53cm

定价: CNY0.95

　　中国现代年画作品。作者竹翔飞,女,毕业
于鲁迅美术学院。作有连环画《打金枝》《女驸
马》《欢迎我们的新教师》等。

J0062078

花仙子 刘树茂,张永伟作

沈阳 辽宁美术出版社 1994 年 1 张 77×53cm

定价: CNY0.95

　　中国现代年画作品。

J0062079

吉祥发财 刘安作

沈阳 辽宁美术出版社 1994 年 1 张 77×53cm

定价: CNY0.95

　　中国现代年画作品。

J0062080

吉祥如意

天津 天津人民美术出版社 1994 年 1 张

77×53cm 定价: CNY0.80

　　中国现代年画作品。

J0062081

吉祥如意福寿万年

天津 天津人民美术出版社 1994 年 1 张

77×53cm 定价: CNY0.80

　　中国现代年画作品。

J0062082

吉祥三字图 (藏汉文对照)洛桑格勒绘

西宁 青海民族出版社 1994 年 1 张 52cm(4 开)

ISBN：7-5420-0488-3 定价：CNY3.00

中国现代年画作品。

J0062083

吉星高照

杭州 浙江人民美术出版社 1994 年 1 轴

附对联 1 副 200×77cm 定价：CNY16.50

中国现代年画作品。

J0062084

金银满地　财宝成山　王振羽作

沈阳 辽宁美术出版社 1994 年 1 张 77×53cm

定价：CNY0.95

中国现代年画作品。作者王振羽（1946—　），画家。吉林人。毕业于辽宁艺术师范美术科，结业于鲁迅美术学院油画进修班。曾任舞美设计，抚顺市人民影院美工。擅长油画。作品有油画《寄信母校报丰收》，年画《桃李芬芳》，水彩画《北方十月》等。

J0062085

金玉满堂

天津 天津人民美术出版社 1994 年 1 张

53×77cm 定价：CNY0.80

中国现代年画作品。

J0062086

开国大典

天津 天津人民美术出版社 1994 年 1 张

53×77cm 定价：CNY2.20

中国现代年画作品。

J0062087

连年有余接五福

天津 天津人民美术出版社 1994 年 1 张

77×53cm 定价：CNY0.80

中国现代年画作品。

J0062088

龙虎将　黄兴桥作

南京 江苏美术出版社 1994 年 2 张 68×77cm

定价：CNY1.50

中国现代年画作品。

J0062089

普天同庆

天津 天津人民美术出版社 1994 年 1 张

77×53cm 定价：CNY1.20

中国现代年画作品。

J0062090

千里姻缘百年好　周忠仁，秦芳作

沈阳 辽宁美术出版社 1994 年 1 张 77×53cm

定价：CNY0.95

中国现代年画作品。

J0062091

钱财成山　童金贵作

沈阳 辽宁美术出版社 1994 年 1 张 77×53cm

定价：CNY0.95

中国现代年画作品。

J0062092

鹊桥仙侣　申同景作

天津 天津人民美术出版社 1994 年 1 张

77×53cm 定价：CNY0.80

中国现代年画作品。

J0062093

人寿年丰　刘树茂作

沈阳 辽宁美术出版社 1994 年 1 张 77×53cm

定价：CNY0.95

中国现代年画作品。

J0062094

三峡新貌　顾国治作

南京 江苏美术出版社 1994 年 1 张 38×106cm

定价：CNY2.00

中国现代年画作品。

J0062095

山河锦绣

杭州 浙江人民美术出版社 1994 年 1 轴

附对联 1 副 200×77cm 定价：CNY16.50

中国现代年画作品。

J0062096

寿域无疆

杭州 浙江人民美术出版社 1994 年 1 轴

附对联 1 副　200×77cm　定价：CNY16.50
中国现代年画作品。

J0062097

蔬菜喜丰收

天津　天津人民美术出版社　1994 年　1 张
77×53cm　定价：CNY0.80
中国现代年画作品。

J0062098

双凤朝阳　徐德元作

沈阳　辽宁美术出版社　1994 年　1 张　77×53cm
定价：CNY0.95
中国现代年画作品。

J0062099

双鱼献宝　徐德元作

沈阳　辽宁美术出版社　1994 年　1 张　53×77cm
定价：CNY0.95
中国现代年画作品。

J0062100

松鹤同春

杭州　浙江人民美术出版社　1994 年　1 轴
附对联 1 副　200×77cm　定价：CNY16.50
中国现代年画作品。

J0062101

松鹤遐龄

杭州　浙江人民美术出版社　1994 年　1 轴
附对联 1 副　200×77cm　定价：CNY16.50
中国现代年画作品。

J0062102

松龄鹤寿　张琪作

天津　天津人民美术出版社　1994 年　1 张
106×77cm　定价：CNY1.70
中国现代年画作品。

J0062103

孙悟空大战蜘蛛精　岫石编文；宽良等绘

沈阳　辽宁美术出版社　1994 年　2 张　77×53cm
定价：CNY1.90
中国现代年画作品。

J0062104

唐诗四条屏　车天德绘；小武，娄以忠书

济南　山东美术出版社　1994 年　2 张　77×53cm
定价：CNY1.60
中国现代年画作品。

J0062105

腾龙祝寿　姜公泉作

沈阳　辽宁美术出版社　1994 年　1 张　77×53cm
定价：CNY0.95
中国现代年画作品。

J0062106

天赐好运

天津　天津人民美术出版社　1994 年　1 张
53×77cm　定价：CNY0.80
中国现代年画作品。

J0062107

天下太平人康寿

天津　天津人民美术出版社　1994 年　1 张
77×53cm　定价：CNY0.80
中国现代年画作品。

J0062108

威震四海　成砺志作

天津　天津人民美术出版社　1994 年　1 张
77×53cm　定价：CNY0.80
中国现代年画作品。

J0062109

伟大领袖毛泽东

杭州　浙江人民美术出版社　1994 年　1 轴
附对联 1 副　200×77cm　定价：CNY16.50
中国现代年画作品。

J0062110

我家发大财　童金贵作

沈阳　辽宁美术出版社　1994 年　1 张　53×77cm
定价：CNY0.95
中国现代年画作品。

J0062111

五星红旗朝阳

天津　天津人民美术出版社　1994 年　1 张

77×53cm 定价: CNY0.80
　　中国现代年画作品。

J0062112
喜结良缘　竹均琪作
沈阳 辽宁美术出版社 1994 年 1 张 53×77cm
定价: CNY0.95
　　中国现代年画作品。作者竹均琪(1945—),
女,浙江嵊县人。毕业于沈阳鲁迅美术学院工艺
美术系装潢专业。历任中国美术家协会会员,沈
阳市电影公司、沈阳市演出公司美术干部,沈阳
歌舞团一级美术设计。作品有《八仙祝寿》《承
包致富》等。

J0062113
喜气满堂
天津 天津人民美术出版社 1994 年 1 张
77×53cm 定价: CNY0.80
　　中国现代年画作品。

J0062114
喜庆有余　张万臣作
天津 天津人民美术出版社 1994 年 1 张
77×53cm 定价: CNY0.80
　　中国现代年画作品。作者张万臣(1962—),
满族,军旅书画家。河北丰宁人,毕业于首都师
范大学美术系。历任中国美术家协会会员,中国
国际书画艺术研究会理事,中国人民解放军总装
备部专职画家。出版有《张万臣画集》。

J0062115
喜相逢　陈小兵作
沈阳 辽宁美术出版社 1994 年 1 张 53×77cm
定价: CNY0.95
　　中国现代年画作品。

J0062116
喜迎春
天津 天津人民美术出版社 1994 年 1 张
77×53cm 定价: CNY0.80
　　中国现代年画作品。

J0062117
新春来发大财　彭么林作
沈阳 辽宁美术出版社 1994 年 1 张 77×53cm

定价: CNY0.95
　　中国现代年画作品。

J0062118
新春乐　刘树茂,刘晗作
沈阳 辽宁美术出版社 1994 年 1 张 77×53cm
定价: CNY0.95
　　中国现代年画作品。

J0062119
幸福长寿　张万臣作
天津 天津人民出版社 1994 年 1 张
77×53cm 定价: CNY0.80
　　中国现代年画作品。

J0062120
雄风图
杭州 浙江人民美术出版社 1994 年 1 轴
附对联 1 副 200×77cm 定价: CNY16.50
　　中国现代年画作品。

J0062121
一代天骄　王新宾,曹淑琴作
沈阳 辽宁美术出版社 1994 年 1 张 77×53cm
定价: CNY1.00
　　中国现代年画作品。

J0062122
一代英豪山河壮
天津 天津人民出版社 1994 年 1 张 53×77cm
定价: CNY1.20
　　中国现代年画作品。

J0062123
怡静山川　车忠扬作
南京 江苏美术出版社 1994 年 1 张 38×106cm
定价: CNY2.00
　　中国现代年画作品。

J0062124
迎客松　胡华令作
南京 江苏美术出版社 1994 年 1 张 38×106cm
定价: CNY2.00
　　中国现代年画作品。

J0062125
越过越富　*彭公林作*
沈阳 辽宁美术出版社 1994 年 1 张 77×53cm
定价：CNY0.95
　　中国现代年画作品。作者彭公林，画家。
绘有连环画《献给祖国》《吉庆有余》《鹤鹿长
寿》等。

J0062126
长啸图
杭州 浙江人民美术出版社 1994 年 1 轴
附对联 1 副 200×77cm 定价：CNY16.50
　　中国现代年画作品。

J0062127
招财进宝　*张为民作*
天津 天津人民美术出版社 1994 年 1 张
53×77cm 定价：CNY0.80
　　中国现代年画作品。

J0062128
走鸿运 发大财　*顾振君作*
沈阳 辽宁美术出版社 1994 年 1 张 77×53cm
定价：CNY0.95
　　中国现代年画作品。作者顾振君（1941—　），
研究员。辽宁沈阳人。历任抚顺市群众艺术馆
副研究馆员，辽宁省美术家协会会员，辽宁省年
画学会常务理事。

J0062129
阿尼玛卿像　（藏汉对照 年画）扎西绘
西宁 青海民族出版社 1995 年 1 张 53×38cm
定价：CNY3.50
　　本作品为藏传佛教题材的年画。藏族人民
称阿尼玛卿为"博卡瓦间贡"，即开天辟地九大造
化神之一。

J0062130
唵嘛呢叭咪吽　（藏汉对照 年画）洛桑格勒绘
西宁 青海民族出版社 1995 年 1 张 38×26cm
定价：CNY2.00
　　中国现代年画作品。

J0062131
八仙上寿　（中堂年画）孙家跃，孙宏斌绘

天津 天津人民美术出版社 1995 年 1 轴
附对联一副 194×76cm 定价：CNY14.80
　　中国现代年画作品。

J0062132
八仙上寿　（中堂年画）孙家跃，孙宏斌绘
天津 天津人民美术出版社 1995 年 1 轴
附对联一副 140×63cm 定价：CNY12.80
　　中国现代年画作品。

J0062133
百寿图　（年画）辽宁美术出版社编
沈阳 辽宁美术出版社 1995 年 1 张 140×76cm
　　中国现代年画作品，卷轴装。

J0062134
财源广进　（门画）
天津 天津人民美术出版社 1995 年 1 张
104×37cm 定价：CNY1.10
　　中国现代门画作品。

J0062135
财源茂盛　（门画）曾宪和绘
天津 天津人民美术出版社 1995 年 1 张
53×77cm 定价：CNY1.10
　　中国现代门画作品。

J0062136
苍松迎客　（中堂年画）刘传炎绘
天津 天津人民美术出版社 1995 年 1 轴
附对联一副 140×63cm 定价：CNY12.80
　　中国现代年画作品。

J0062137
苍松迎客　（中堂年画）浙江人民美术出版社编
杭州 浙江人民美术出版社 1995 年 1 轴 附对
联一副 200×77cm 定价：CNY19.80
　　中国现代年画作品。

J0062138
成名格言　（书法四条屏）赵伯光，顾志新书
天津 天津人民美术出版社 1995 年 4 轴
154×38cm 定价：CNY13.80
　　中国现代年画作品。作者顾志新（1945—　），
书法家、国家一级美术师。生于天津，祖籍江苏

吴县。历任天津书法家协会副主席、天津书法家协会篆刻专业委员会主任、中国书法家协会理事、九三学社天津书画院副院长等。出版有《顾志新书画小品集》《中南海珍藏书法集》等。

J0062139
春晖　（年画）魏志刚绘
天津　天津人民美术出版社　1995 年　1 张
53 × 77cm　定价：CNY1.10
　　中国现代年画作品。

J0062140
春牛图　（年画）
天津　天津人民美术出版社　1995 年　1 张
77 × 53cm　定价：CNY1.10
　　中国现代年画作品。

J0062141
春色迎帘　（中堂年画）刘世忠绘
天津　天津人民美术出版社　1995 年　1 轴
附对联一副　194 × 76cm　定价：CNY14.80
　　中国现代年画作品。

J0062142
春水绿洞庭　（中堂年画）郭金标，李强绘
天津　天津人民美术出版社　1995 年　1 轴
附对联一副　194 × 76cm　定价：CNY14.80
　　中国现代年画作品。

J0062143
东方红　（年画）
天津　天津人民美术出版社　1995 年　1 张
106 × 77cm　定价：CNY4.10
　　中国现代年画作品。

J0062144
恩泽四海　（年画）郭风祥绘
天津　天津人民美术出版社　1995 年　1 张
53 × 150cm
　　中国现代年画作品，卷轴装。

J0062145
法界蒙薰　（中堂年画）孙公望，孙伟绘
天津　天津人民美术出版社　1995 年　1 轴
附对联一副　194 × 76cm　定价：CNY14.80

中国现代年画作品。

J0062146
福乐图　（年画）
天津　天津人民美术出版社　1995 年　1 张
77 × 53cm　定价：CNY1.10
　　中国现代年画作品。

J0062147
福满乾坤　（中堂年画）李宏才绘
天津　天津人民美术出版社　1995 年　1 轴
附对联一副　194 × 76cm　定价：CNY14.80
　　中国现代年画作品，卷轴装。

J0062148
福寿平安　（门画）臧恒望绘
天津　天津人民美术出版社　1995 年　1 张
53 × 77cm　定价：CNY1.10
　　中国现代门画作品。

J0062149
福寿双全　（中堂年画）徐福根绘
天津　天津人民美术出版社　1995 年　1 轴
附对联一副　140 × 63cm　定价：CNY12.80
　　中国现代年画作品。作者徐福根(1941—　　)，
别名夫耕，出生于浙江萧山。擅长年画。曾任江西人民出版社美术编辑、江西美术出版社副编审等。作品有《雷锋与红领巾》《孙中山与宋庆龄》《让世界充满爱》《春从燕翅归》等。

J0062150
福星拱照　（年画）
天津　天津人民美术出版社　1995 年　1 张
106 × 77cm　定价：CNY1.90
　　中国现代年画作品。

J0062151
福泽万代　（中堂年画）李宏才，李芳绘
天津　天津人民美术出版社　1995 年　1 轴
附对联一副　194 × 76cm　定价：CNY14.80
　　中国现代年画作品。

J0062152
福字　（年画）
天津　天津人民美术出版社　1995 年　1 张

53×77cm 定价：CNY1.10
中国现代年画作品。

J0062153
富贵福禄寿 （中堂年画）成励志，成晓伟绘
天津 天津人民美术出版社 1995 年 1 轴
附对联一副 194×76cm 定价：CNY14.80
中国现代年画作品。

J0062154
富字 （年画）骆福庆绘
天津 天津人民美术出版社 1995 年 1 张
77×53cm 定价：CNY1.10
中国现代年画作品。

J0062155
功昭日月 （中堂年画）浙江人民美术出版社编
杭州 浙江人民美术出版社 1995 年 1 轴
附对联一副 200×77cm 定价：CNY19.80
中国现代年画作品。

J0062156
恭喜发财 （年画）魏瀛洲绘
上海 上海人民美术出版社 1995 年 1 张
77×53cm 定价：CNY1.70
中国现代年画作品。作者魏瀛洲，海派年画、宣传画家。中华人民共和国成立初期被称为月份牌画家。作品有《国庆节的早晨》《欢腾的农机站》《在幸福的时代》等。

J0062157
恭喜发财 （中堂年画）浙江人民美术出版社编
杭州 浙江人民美术出版社 1995 年 1 轴
附对联一副 200×77cm 定价：CNY19.80
中国现代年画作品。

J0062158
关公挑袍 （年画）张瑞恒绘
天津 天津人民美术出版社 1995 年 1 张
77×53cm 定价：CNY1.10
中国现代年画作品。

J0062159
国泰民安 （年画）成励志绘
天津 天津人民美术出版社 1995 年 1 张

106×77cm 定价：CNY1.90
中国现代年画作品。

J0062160
荷塘鱼肥 （年画）张瑞恒绘
天津 天津人民美术出版社 1995 年 1 张
77×53cm 定价：CNY1.10
中国现代年画作品。

J0062161
虎 （一 年画）李勤绘
天津 天津人民美术出版社 1995 年 1 张
77×53cm 定价：CNY1.10
中国现代年画作品。

J0062162
回荆州 （年画）宗万华绘
天津 天津人民美术出版社 1995 年 1 张
77×53cm 定价：CNY1.10
中国现代年画作品。

J0062163
吉祥大将 （门画）苗永华，苗永恒绘
南京 江苏美术出版社 1995 年 1 张 53×77cm
定价：CNY1.50
中国现代门画作品。

J0062164
吉祥满堂 （门画）
天津 天津人民美术出版社 1995 年 1 张
104×37cm 定价：CNY1.10
中国现代门画作品。

J0062165
吉星高照 （中堂年画）浙江人民美术出版社编
杭州 浙江人民美术出版社 1995 年 1 轴
附对联一副 200×77cm 定价：CNY19.80
中国现代年画作品。

J0062166
江山如画 （书法年画）郑必宽书
南京 江苏美术出版社 1995 年 1 张 38×106cm
定价：CNY2.50
中国现代年画作品。作者郑必宽（1952— ），书法家。江苏南京人，毕业于武汉大学哲学系。

历任金陵书法艺术研究院院长，江苏美术出版社书画研究室主任，江苏省书法艺术研究会会长等职。书法作品有《夜雨巴山》《阿弥陀佛》《北风寒》等。

J0062167
降龙伏虎 （门画）苗永华，苗永恒绘
南京 江苏美术出版社 1995 年 1 张 53×77cm
定价：CNY1.50
　　中国现代门画作品。

J0062168
降龙伏虎 （门画）陈其莎，梁骅绘
天津 天津人民美术出版社 1995 年 1 张
53×77cm 定价：CNY1.10
　　中国现代门画作品。

J0062169
金玉满堂 （年画四条屏）阎凤成绘
上海 上海人民美术出版社 1995 年 2 张
77×53cm 定价：CNY3.40
　　中国现代年画作品。作者阎凤成（1942—　），画家。吉林大安人。任吉林市丰满区教师进修学院教研员。代表作品有《愁》《瓜香时节》《礼物》《落花有意》等。

J0062170
开门发财 （门画）李宏才绘
天津 天津人民美术出版社 1995 年 1 张
52×37cm 定价：CNY0.80
　　中国现代门画作品。

J0062171
孔子修养格言 （书法四条屏）宝铁书
天津 天津人民美术出版社 1995 年 4 轴
154×38cm 定价：CNY13.80
　　中国现代年画作品。

J0062172
连年有余 （年画）骆福庆绘
天津 天津人民美术出版社 1995 年 1 张
77×53cm 定价：CNY1.10
　　中国现代年画作品。

J0062173
良辰美景 （摄影四条屏）
南京 江苏美术出版社 1995 年 4 张 106×38cm
定价：CNY8.30
　　中国现代年画作品。

J0062174
柳娘教子 （剧照四条屏）
武汉 湖北美术出版社 1995 年 2 张 77×53cm
定价：CNY4.40
　　中国现代年画作品。

J0062175
六鹤同春 （中堂年画）顾国志，顾菁绘
天津 天津人民美术出版社 1995 年 1 轴
附对联一副 140×63cm 定价：CNY12.80
　　中国现代年画作品。

J0062176
龙凤呈祥 （年画）张瑞恒绘
天津 天津人民美术出版社 1995 年 1 张
77×53cm 定价：CNY1.10
　　中国现代年画作品。

J0062177
绿度母 （藏汉对照 年画）关去乎加绘
西宁 青海民族出版社 1995 年 1 张 53×38cm
定价：CNY3.50
　　中国现代年画作品。

J0062178
绿意红情 （摄影四条屏）江苏美术出版社编
南京 江苏美术出版社 1995 年 4 张 106×38cm
定价：CNY8.30
　　中国现代年画作品。

J0062179
梅花诗屏 （书法四条屏）武中奇书
南京 江苏美术出版社 1995 年 4 轴 160×36cm
定价：CNY170.00
　　中国现代年画作品。作者武中奇（1907—2006），书法家。山东长清人。历任江苏省人民代表大会常务委员、中国书法家协会理事、中国书法家协会江苏分会主席、江苏省国画院副院长。出版有《武中奇书法篆刻集》。

J0062180
梅竹图　（中堂年画）宗万华绘
天津　天津人民美术出版社　1995 年　1 轴
附对联一副　194×76cm　定价：CNY14.80
　　中国现代年画作品。作者宗万华（1946—　　），
毕业于天津工艺美院，中国美术家协会会员，天
津杨柳青画社美术编审、为中国民俗艺术研究院
特约研究员、中共中央机关工委紫光阁画院院
士。出版有《宗万华画虎》《工笔画虎技法》《拓
临工笔画范本》《虎》《风虎云龙》等十余种。

J0062181
美满姻缘　（中堂年画）浙江人民美术出版社编
杭州　浙江人民美术出版社　1995 年　1 轴
附对联一副　200×77cm　定价：CNY19.80
　　中国现代年画作品。

J0062182
门迎百福　（门画）李宏才绘
天津　天津人民美术出版社　1995 年　1 张
53×77cm　定价：CNY1.10
　　中国现代门画作品。

J0062183
民富国强　（门画）
天津　天津人民美术出版社　1995 年　1 张
104×37cm　定价：CNY1.10
　　中国现代门画作品。

J0062184
名人名言　（年画）吴象峰，蔡培绘
武汉　湖北美术出版社　1995 年　12 张
106×37cm　定价：CNY39.40
　　中国现代年画作品。

J0062185
名扇珍盆　（国画四条屏）郑连群绘
天津　天津人民美术出版社　1995 年　4 轴
154×38cm　定价：CNY13.80
　　中国现代年画作品。

J0062186
南海观世音　（中堂年画）成励志，成晓伟绘
天津　天津人民美术出版社　1995 年　1 轴
附对联一副　194×76cm　定价：CNY14.80

中国现代年画作品。

J0062187
南疆巡逻　（年画）卢德辉绘
天津　天津人民美术出版社　1995 年　1 张
77×53cm　定价：CNY1.10
　　中国现代年画作品。

J0062188
年年发财　（门画）刘树茂绘
南京　江苏美术出版社　1995 年　1 张　77×53cm
定价：CNY1.50
　　中国现代门画作品。

J0062189
年年有余　（年画）李冰绘
天津　天津人民美术出版社　1995 年　1 张
77×53cm　定价：CNY1.10
　　中国现代年画作品。

J0062190
蟠桃献寿　（中堂年画）俎翠林绘
天津　天津人民美术出版社　1995 年　1 轴
附对联一副　140×63cm　定价：CNY12.80
　　中国现代年画作品。作者俎翠林（1952—　　），
河北磁县总工会副主席，兼中国美协河北分会
会员。

J0062191
千里走单骑　（年画）丁百林绘
天津　天津人民美术出版社　1995 年　1 张
77×53cm　定价：CNY1.10
　　中国现代年画作品。

J0062192
前程似锦　（中堂年画）田玉州，田宏绘
天津　天津人民美术出版社　1995 年　1 轴
附对联一副　140×63cm　定价：CNY12.80
　　中国现代年画作品。

J0062193
钱财广进　福寿齐临　（门画）李洪波，李文
中绘
南京　江苏美术出版社　1995 年　1 张　53×77cm
定价：CNY1.50

中国现代门画作品。

J0062194

锲而不舍　（书法年画）张宏元书

南京　江苏美术出版社　1995 年　1 张　38×106cm

定价：CNY2.50

　　中国现代年画作品。

J0062195

亲密的战友　（年画）车永仁绘

天津　天津人民美术出版社　1995 年　1 张

77×53cm　定价：CNY1.10

　　中国现代年画作品。

J0062196

秦琼　敬德　（门画）王贺绘

南京　江苏美术出版社　1995 年　1 张　77×35cm

定价：CNY2.40

　　中国现代门画作品。

J0062197

秦叔宝　尉迟恭　（门画）张瑞恒绘

天津　天津人民美术出版社　1995 年　1 张

53×77cm　定价：CNY1.10

　　中国现代门画作品。

J0062198

青梅煮酒论英雄　（年画）张瑞恒绘

天津　天津人民美术出版社　1995 年　1 张

77×53cm　定价：CNY1.10

　　中国现代年画作品。

J0062199

鹊桥仙侣　（年画）申同景绘

天津　天津人民美术出版社　1995 年　1 张

77×53cm　定价：CNY1.10

　　中国现代年画作品。

J0062200

三国双雄　（门画）张锡武绘

天津　天津人民美术出版社　1995 年　1 张

53×77cm　定价：CNY1.10

　　中国现代门画作品。

J0062201

山河长春　（中堂年画）浙江人民美术出版社编

杭州　浙江人民美术出版社　1995 年　1 轴

附对联一副　200×77cm　定价：CNY19.80

　　中国现代年画作品。

J0062202

山水清音图　（中堂年画）冯毅绘

天津　天津人民美术出版社　1995 年　1 轴

附对联一副　194×76cm　定价：CNY14.80

　　中国现代年画作品。

J0062203

神州晓日　（中堂年画）顾国治，顾晓菁绘

天津　天津人民美术出版社　1995 年　1 轴

附对联一副　194×76cm　定价：CNY14.80

　　中国现代年画作品。

J0062204

盛大的节日　（年画）张兆年，张金义绘

天津　天津人民美术出版社　1995 年　1 张

77×53cm　定价：CNY1.10

　　中国现代年画作品。作者张兆年(1946—　)，

画家。天津人，毕业于天津工艺美校。历任天津

工艺美术设计院创作室二级美术师。获奖作品

有《数不清》《踏歌图》《傻伲少女》等，壁画作

品有《海河晨光》《津门十景》《中国古代科技文

明之光》《生命之路》等。

J0062205

寿比南山　（年画）

天津　天津人民美术出版社　1995 年　1 张

77×53cm　定价：CNY1.10

　　中国现代年画作品。

J0062206

寿比南山　（中堂年画）浙江人民美术出版社编

杭州　浙江人民美术出版社　1995 年　1 轴

附对联一副　200×77cm　定价：CNY19.80

　　中国现代年画作品。

J0062207

私人保镖　（剧照四条屏）

南京　江苏美术出版社　1995 年　2 张　77×53cm

定价：CNY3.90

中国现代年画作品。

J0062208

四季兴旺 （门画）

天津 天津人民美术出版社 1995 年 1 张
104×37cm 定价：CNY1.10

中国现代门画作品。

J0062209

松鹤恒春 （国画年画）王克印绘

南京 江苏美术出版社 1995 年 1 张 38×106cm
定价：CNY2.50

中国现代年画作品。作者王克印（1932—2003），工笔花鸟画家、美术教育家、高级设计师。河南登封人，笔名石山。毕业于河南艺术学校大专班。中国美术家协会会员，曾任平顶山市美术家协会副主席、中国少林书画院高级顾问、河南省中国画院画师、中南书画研究院常年理事等职。主要作品有《白露秋水》《春秋配》《塘边》。

J0062210

松鹤长年 （中堂年画）浙江人民美术出版社编

杭州 浙江人民美术出版社 1995 年 1 轴
附对联一副 200×77cm 定价：CNY19.80
中国现代年画作品。

J0062211

松鹤长寿 （中堂年画）田玉州，田宏绘

天津 天津人民美术出版社 1995 年 1 轴
附对联一副 194×76cm 定价：CNY14.80
中国现代年画作品。

J0062212

松鹤长寿 （中堂年画）田玉州，田宏绘

天津 天津人民美术出版社 1995 年 1 轴
附对联一副 140×63cm 定价：CNY12.80
中国现代年画作品，卷轴装。

J0062213

送往人间 （门画）张静绘

天津 天津人民美术出版社 1995 年 1 张
37×52cm 定价：CNY0.80

中国现代门画作品。作者张静（1962—　），国家一级美术师。河南济源人。济源市美术

家协会副主席，中华国学院花鸟画艺委会主任，中国国际书画研究院院士，深圳长乐书画院特聘画家，中国书画评估图录年鉴社美编，清源阁画院执行院长，王屋山书画研究院常务副院长。代表作品有《张静书画艺术选集》《张静画集》。

J0062214

岁寒图 （中堂年画）张琪，宏民绘

天津 天津人民美术出版社 1995 年 1 轴
附对联一副 194×76cm 定价：CNY14.80
中国现代年画作品，卷轴装。

J0062215

腾飞图 （国画年画）顾青蛟，陈德华绘

南京 江苏美术出版社 1995 年 1 张 38×106cm
定价：CNY2.50

中国现代年画作品。作者顾青蛟（1948—　），江苏苏州人。毕业于苏州工艺美术学院。中国美术家协会会员，江苏省花鸟画研究会副会长，江苏省中国画学会理事，无锡花鸟画研究会会长，无锡市政协书画社顾问，无锡市美术家协会艺术顾问，无锡市书画院国家一级美术师。代表作品《丝绸之路》《动物通景》《江南桑帛情》等。

J0062216

天天进宝 （门画）刘树茂绘

南京 江苏美术出版社 1995 年 1 张 77×53cm
定价：CNY1.50

中国现代门画作品。

J0062217

童规 （书法四条屏）李山泉书

南京 江苏美术出版社 1995 年 4 张 106×38cm
中国现代年画作品。

J0062218

娃娃得余图 （年画）刘玉华绘

天津 天津人民美术出版社 1995 年 1 张
53×77cm 定价：CNY1.10

中国现代年画作品。

J0062219

娃娃福余图 （年画）张为民绘

天津 天津人民美术出版社 1995 年 1 张
77×53cm 定价：CNY1.10

中国现代年画作品。

J0062220
娃娃喜余图 （年画）张为民绘
天津 天津人民美术出版社 1995 年 1 张
77×53cm 定价：CNY1.10
　　中国现代年画作品。

J0062221
娃娃戏 （年画）张瑞恒绘
天津 天津人民美术出版社 1995 年 1 张
53×77cm 定价：CNY1.10
　　中国现代年画作品。

J0062222
万象更新　年年有余 （门画）霍起绘
天津 天津人民美术出版社 1995 年 1 张
37×52cm 定价：CNY0.70
　　中国现代门画作品。

J0062223
王宝钏与薛平贵 （剧照四条屏）
武汉 湖北美术出版社 1995 年 2 张 77×53cm
定价：CNY4.40
　　中国现代年画作品。

J0062224
伟大领袖毛泽东 （中堂年画）天津人民美术
出版社编
天津 天津人民美术出版社 1995 年 1 张
附对联一副 194×76cm 定价：CNY14.80
　　中国现代年画作品，卷轴装。

J0062225
伟大领袖毛泽东 （中堂年画）天津人民美术
出版社编
天津 天津人民美术出版社 1995 年 1 轴
附对联一副 140×63cm 定价：CNY12.80
　　中国现代年画作品。

J0062226
尉迟恭　秦叔宝 （门画）庞海绘
南宁 广西美术出版社 1995 年 1 张 38×53cm
定价：CNY0.55
　　中国现代门画作品。

J0062227
尉迟恭　秦叔宝 （门画）庞海绘
南宁 广西美术出版社 1995 年 1 张 53×77cm
定价：CNY0.95
　　中国现代门画作品。

J0062228
五福临门　八方进财 （门画）曾宪和绘
天津 天津人民美术出版社 1995 年 1 张
53×77cm 定价：CNY1.10
　　中国现代门画作品。作者曾宪和，画家。江
西吉安人。主要作品有《农闲时节》《锦上添花》
《松鹤延年》等。

J0062229
五福捧寿 （年画）杨维华绘
天津 天津人民美术出版社 1995 年 1 张
77×53cm 定价：CNY1.10
　　中国现代年画作品。

J0062230
武将门神 （门画）黄兴桥绘
南京 江苏美术出版社 1995 年 1 张 53×77cm
定价：CNY1.50
　　中国现代门画作品。

J0062231
武则天 （剧照四条屏）
南京 江苏美术出版社 1995 年 2 张 77×53cm
定价：CNY3.90
　　中国现代年画作品。

J0062232
喜到人间 （门画）
天津 天津人民美术出版社 1995 年 1 张
104×37cm 定价：CNY1.10
　　中国现代门画作品。

J0062233
喜庆有余　幸福快乐 （门画）刘树茂，刘霞绘
南京 江苏美术出版社 1995 年 1 张 53×77cm
定价：CNY1.50
　　中国现代门画作品。

J0062234
喜盈门 （年画）成励志绘
天津　天津人民美术出版社　1995 年　1 张
77×53cm　定价：CNY1.10
　　中国现代年画作品。

J0062235
禧迎新春 （中堂年画）戴德馨，戴宏安绘
天津　天津人民美术出版社　1995 年　1 轴
附对联一副　140×63cm　定价：CNY12.80
　　中国现代年画作品。作者戴德馨（1942— ），
江苏常州人。曾进修于南京艺术学院。擅长国画。
中国美术家协会会员。主要作品有《猫蝶图》《福
禄寿禧》《瑞雪》等。

J0062236
鲜花献给解放军 （年画）杨顺泰绘
上海　上海人民美术出版社　1995 年　1 张
77×53cm　定价：CNY1.70
　　中国现代年画作品。

J0062237
幸福长寿 （年画）张万臣绘
天津　天津人民美术出版社　1995 年　1 张
77×53cm　定价：CNY1.10
　　中国现代年画作品。作者张万臣（1962— ），
满族，军旅书画家。河北丰宁人，毕业于首都师
范大学美术系。历任中国美术家协会会员、中国
国际书画艺术研究会理事、中国人民解放军总装
备部专职画家。出版有《张万臣画集》。

J0062238
雄风驱邪魔 （门画）
天津　天津人民美术出版社　1995 年　1 张
53×77cm　定价：CNY1.10
　　中国现代门画作品。

J0062239
雄风图 （中堂年画）李跃春，李墨绘
天津　天津人民美术出版社　1995 年　1 轴
附对联一副　140×63cm　定价：CNY12.80
　　中国现代年画作品。

J0062240
雄风图 （中堂年画）浙江人民美术出版社编

杭州　浙江人民美术出版社　1995 年　1 轴
附对联一副　200×77cm　定价：CNY19.80
　　中国现代年画作品。

J0062241
杨柳青 （1996）李志强主编
天津　天津杨柳青画社　1995 年　29cm（15 开）
定价：CNY40.00
　　中国现代年画作品。主编李志强（1955— ），
教授。天津人，毕业于天津美术学院国画系。历
任天津美术学院教授、中国美术家协会会员，中
国工笔画协会会员、天津美术家协会理事。曾任
天津杨柳青画社社长、总编辑。

J0062242
英武双将 （门画）张瑞恒绘
天津　天津人民美术出版社　1995 年　1 张
53×77cm　定价：CNY1.10
　　中国现代门画作品。

J0062243
月夜虎啸 （中堂年画）浙江人民美术出版社编
杭州　浙江人民美术出版社　1995 年　1 轴
附对联一副　200×77cm　定价：CNY19.80
　　中国现代年画作品。

J0062244
张飞　关公 （门画）庞海绘
南宁　广西美术出版社　1995 年　1 张　53×77cm
定价：CNY0.95
　　中国现代门画作品。

J0062245
张飞　关公 （门画）庞海绘
南宁　广西美术出版社　1995 年　1 张　38×53cm
定价：CNY0.55
　　中国现代门画作品。

J0062246
长坂坡 （年画）李林祥绘
天津　天津人民美术出版社　1995 年　1 张
77×53cm　定价：CNY1.10
　　中国现代年画作品。

J0062247
招财进宝 （门画）曾宪和绘
天津 天津人民美术出版社 1995 年 1 张
53×77cm 定价：CNY1.10
　　中国现代门画作品。作者曾宪和，画家。江西吉安人。主要作品有《农闲时节》《锦上添花》《松鹤延年》等。

J0062248
中华人民共和国国歌 （年画）吴象峰绘
武汉 湖北美术出版社 1995 年 1 张 77×53cm
定价：CNY3.20
　　中国现代年画作品。

J0062249
周仓 关平 （门画）黄兴桥绘
南京 江苏美术出版社 1995 年 2 张 77×35cm
定价：CNY2.40
　　中国现代门画作品。

J0062250
珠联璧合 （中堂年画）李用夫，李志绘
天津 天津人民美术出版社 1995 年 1 轴
附对联一副 140×63cm 定价：CNY12.80
　　中国现代年画作品。

J0062251
紫禁城全景图 （年画）
北京 文物出版社 1995 年 1 张 40×75cm
定价：CNY20.00
　　中国现代年画作品。

J0062252
祖国在我们心中 （年画）陈强绘
上海 上海人民美术出版社 1995 年 1 张
77×53cm 定价：CNY1.70
　　中国现代年画作品。

J0062253
'97 江苏年画
南京 江苏美术出版社 1996 年 19×26cm
　　中国现代年画作品。

J0062254
'97 江苏春联

南京 江苏美术出版社 1996 年 19×26cm
　　中国现代年画作品。

J0062255
八骏图 冯德新绘
天津 天津人民美术出版社 1996 年 1 轴
附对联一副 105×76cm ISBN：85305.475
定价：CNY15.20
　　中国现代年画作品。

J0062256
财宝成山 （年画）童金贵作
沈阳 辽宁美术出版社 1996 年 1 张 53×77cm
ISBN：85314.2028 定价：CNY1.40

J0062257
财神到 （年画）童金贵作
沈阳 辽宁美术出版社 1996 年 1 张 77×53cm
ISBN：85314.2044 定价：CNY1.40
　　中国现代年画作品。

J0062258
财源滚滚来 （摄影年画）
上海 上海人民美术出版社 1996 年 1 张
77×53cm 定价：CNY2.80
　　中国现代年画作品。

J0062259
财运亨通
杭州 浙江人民美术出版社 1996 年 1 轴
附对联一副 105×76cm
　　中国现代年画作品。

J0062260
苍松迎客 刘传炎绘
天津 天津人民美术出版社 1996 年 1 轴
附对联一副 105×76cm ISBN：85305.250
定价：CNY14.80
　　中国现代年画作品。

J0062261
大富无边 （年画）童岩作
沈阳 辽宁美术出版社 1996 年 1 张 77×53cm
ISBN：85314.2042 定价：CNY1.40
　　中国现代年画作品。

J0062262
福大寿高喜成双 （年画）陈华民，陈晓东作
沈阳 辽宁美术出版社 1996 年 1 张 77×53cm
ISBN：85314.2051 定价：CNY1.40
　　中国现代年画作品。

J0062263
福富满堂 （年画）徐德元作
沈阳 辽宁美术出版社 1996 年 1 张 77×53cm
ISBN：85314.2027 定价：CNY1.40
　　中国现代年画作品。

J0062264
福满人间 陈佳骅，陈菁绘
天津 天津人民美术出版社 1996 年 1 轴
附对联一副 105×76cm ISBN：85305.477
定价：CNY14.80
　　中国现代年画作品。

J0062265
福寿齐天 （年画）童金贵作
沈阳 辽宁美术出版社 1996 年 1 张 53×77cm
ISBN：85314.2038 定价：CNY1.40
　　中国现代年画作品。

J0062266
福寿永驻 成砺志绘
天津 天津人民美术出版社 1996 年 1 轴
附对联一副 105×76cm 卷 ISBN：85305.439
定价：CNY24.80
　　中国现代年画作品。

J0062267
福寿永驻 成砺志绘
天津 天津人民美术出版社 1996 年 1 轴
附对联一副 107×76cm ISBN：85305.440
定价：CNY15.80
　　中国现代年画作品。

J0062268
福娃戏鱼 （年画）徐德元作
沈阳 辽宁美术出版社 1996 年 1 张 77×53cm
ISBN：85314.2052 定价：CNY1.40
　　中国现代年画作品。

J0062269
福泽万代 李洪才，李芳绘
天津 天津人民美术出版社 1996 年 1 轴
附对联一副 107×76cm ISBN：85305.200
定价：CNY15.80
　　中国现代年画作品。

J0062270
恭喜发财寿有余 （年画）姜公泉作
沈阳 辽宁美术出版社 1996 年 1 张 77×53cm
ISBN：85314.2026 定价：CNY1.40
　　中国现代年画作品。

J0062271
光彩照神州 李红才，李俊生绘
天津 天津人民美术出版社 1996 年 1 轴
76×105cm ISBN：85305.452 定价：CNY6.40
　　本作品为中国现代年画。

J0062272
鸿福齐天 （年画）童金贵作
沈阳 辽宁美术出版社 1996 年 1 张 77×53cm
ISBN：85314.2031 定价：CNY1.40
　　中国现代年画作品。

J0062273
辉映千秋 陈家骅，陈菁绘
天津 天津人民美术出版社 1996 年 1 轴
附对联一副 107cm（全开） ISBN：85305.445
定价：CNY15.80
　　中国现代年画作品。

J0062274
吉星高照 （中堂年画）成砺志绘
天津 天津人民美术出版社 1996 年 1 轴
附对联一副 105cm（全开） ISBN：85305.487
定价：CNY24.80
　　中国现代年画作品。

J0062275
吉星高照 （中堂年画）成砺志绘
天津 天津人民美术出版社 1996 年 1 轴
附对联一副 107cm（全开） ISBN：85305.488
定价：CNY15.80
　　中国现代年画作品。

J0062276
吉星高照　增财寿高　　王昭灿，王牧绘
天津　天津人民美术出版社　1996 年　1 轴
附对联一副　105cm（全开）ISBN：85305.480
定价：CNY14.80
　　　中国现代年画作品。

J0062277
江山多娇
天津　天津人民美术出版社　1996 年　1 轴
附对联一副　105×76cm　ISBN：85305.450
定价：CNY15.20
　　　中国现代年画作品。

J0062278
江山多娇　　天津人民美术出版社编
天津　天津人民美术出版社　1996 年　1 轴
附对联一副　107cm（全开）ISBN：85305.449
定价：CNY15.80
　　　中国现代年画作品。

J0062279
金玉良言　　天津人民美术出版社编
天津　天津人民美术出版社　1996 年　4 轴
105×38cm　ISBN：85305.507　定价：CNY15.80
　　　中国现代年画作品。

J0062280
金玉满堂　　（年画）童力，金贵作
沈阳　辽宁美术出版社　1996 年　1 张　77×53cm
ISBN：85314.2041　定价：CNY1.40
　　　中国现代年画作品。

J0062281
聚宝盆　　（年画）陈华民作
沈阳　辽宁美术出版社　1996 年　1 张　77×53cm
ISBN：85314.2036　定价：CNY1.40
　　　中国现代年画作品。

J0062282
开国大典　　李红才，李俊生绘
天津　天津人民美术出版社　1996 年　1 轴
附对联一副　105×76cm　ISBN：85305.444
定价：CNY15.20
　　　中国现代年画作品。

J0062283
康乐幸福　　（年画）徐德元作
沈阳　辽宁美术出版社　1996 年　1 张　53×77cm
ISBN：85314.2029　定价：CNY1.40
　　　中国现代年画作品。

J0062284
科技好似摇钱树　　（年画）薛嘉惠作
沈阳　辽宁美术出版社　1996 年　1 张　77×53cm
ISBN：85314.2043　定价：CNY1.40
　　　中国现代年画作品。

J0062285
满地铺金　　王昭灿绘
天津　天津人民美术出版社　1996 年　1 轴
附对联一副　105cm（全开）ISBN：85305.476
定价：CNY14.80
　　　中国现代年画作品。

J0062286
秦琼敬德　　（年画）彭公林作
沈阳　辽宁美术出版社　1996 年　1 张　53×77cm
ISBN：85314.2037　定价：CNY1.40
　　　中国现代年画作品。

J0062287
勤俭致富　　（年画）彭公林作
沈阳　辽宁美术出版社　1996 年　1 张　77×53cm
ISBN：85314.2039　定价：CNY1.40
　　　中国现代年画作品。

J0062288
群仙会聚　　李宏财，李俊生绘
天津　天津人民美术出版社　1996 年　1 轴
附对联一副　105cm（全开）ISBN：85305.463
定价：CNY14.80
　　　中国现代年画作品。

J0062289
荣华富贵　　（年画）童金贵作
沈阳　辽宁美术出版社　1996 年　1 张　77×53cm
ISBN：85314.2035　定价：CNY1.40
　　　中国现代年画作品。作者童金贵，中国美术
家协会辽宁省分会会员、辽宁省年画学会理事、
丹东市美术家协会理事。

J0062290
山岚映辉　卢俊才，卢俊良绘
天津　天津人民美术出版社　1996 年　4 轴
105×38cm　ISBN：85305.505　定价：CNY15.80
　　中国现代年画作品。

J0062291
神骏四条　冯德新绘
天津　天津人民美术出版社　1996 年　4 轴
105×38cm　ISBN：85305.503　定价：CNY15.80
　　中国现代年画作品。

J0062292
神州四季　王建梓绘
天津　天津人民美术出版社　1996 年　4 轴
105×38cm　ISBN：85305.510　定价：CNY15.80
　　中国现代年画作品。

J0062293
世界油画精选：爱神与普赛克　（年画）
上海　上海人民美术出版社　1996 年　1 张
77×53cm　定价：CNY2.80
　　中国现代年画作品。

J0062294
世界油画精选：柏枷索斯与四女神　（年画）
上海　上海人民美术出版社　1996 年　1 张
77×53cm　定价：CNY2.80
　　中国现代年画作品。

J0062295
世界油画精选：被救出河的摩西　（年画）
上海　上海人民美术出版社　1996 年　1 张
77×53cm　定价：CNY2.80
　　中国现代年画作品。

J0062296
世界油画精选：贤明的寓意　（年画）
上海　上海人民美术出版社　1996 年　1 张
77×53cm　定价：CNY2.80
　　中国现代年画作品。

J0062297
寿带鸣福　张琪，宏民绘
天津　天津人民美术出版社　1996 年　4 轴

105×38cm　ISBN：85305.501　定价：CNY15.80
　　中国现代年画作品。

J0062298
寿衍千年　俎翠林，刘士英绘
天津　天津人民美术出版社　1996 年　轴
附对联一副　105×76cm　ISBN：85305.467
定价：CNY15.80
　　中国现代年画作品。

J0062299
寿衍千年　俎翠林，刘士英绘
天津　天津人民美术出版社　1996 年　1 轴
附对联一副　105×76cm　ISBN：85305.466
定价：CNY24.80
　　中国现代年画作品。

J0062300
双喜临门富贵来　（年画）白涤作
沈阳　辽宁美术出版社　1996 年　1 张　77×53cm
ISBN：85314.2045　定价：CNY1.40
　　中国现代年画作品。

J0062301
双鱼吐宝财源茂　（年画）张国云作
沈阳　辽宁美术出版社　1996 年　1 张　53×77cm
ISBN：85314.2034　定价：CNY1.40
　　中国现代年画作品。

J0062302
松云观瀑图　郭金标，李强绘
天津　天津人民美术出版社　1996 年　1 轴
附对联一副　105×76cm　ISBN：85305.459
定价：CNY15.20
　　中国现代年画作品。

J0062303
松云观瀑图　郭金标，李强绘
天津　天津人民美术出版社　1996 年　1 轴
附对联一副　107×76cm　ISBN：85305.458
定价：CNY15.80
　　中国现代年画作品。

J0062304
唐诗墨宝　天津人民美术出版社编

天津　天津人民美术出版社　1996年　4轴
105×38cm　ISBN：85305.515　定价：CNY15.80
　　　中国现代年画作品。

J0062305
天官赐福　　陈英，李明绘
天津　天津人民美术出版社　1996年　1轴
附对联一副　105×76cm　ISBN：85305.478
定价：CNY14.80
　　　中国现代年画作品。

J0062306
潍坊杨家埠年画全集　《潍坊杨家埠年画全集》编委会编
北京　西苑出版社　1996年　243+29页
29cm（15开）精装　ISBN：7-80108-068-8
定价：CNY380.00
　　　外文书名：Lunar New Year Pictures of
Yangjiabu Village，WeiFang.

J0062307
伟业千秋　　天津人民美术出版社编
天津　天津人民美术出版社　1996年　4轴
105×38cm　ISBN：85305.451　定价：CNY15.80
　　　中国现代年画作品。

J0062308
祥和如意　（年画）童金贵作
沈阳　辽宁美术出版社　1996年　1张　77×53cm
ISBN：85314.2040　定价：CNY1.40
　　　中国现代年画作品。

J0062309
咏梅图　　宋渊绘
天津　天津人民美术出版社　1996年　4轴
105×38cm　ISBN：85305.506　定价：CNY15.80
　　　中国现代年画作品。

J0062310
云山殿阁　　王建一绘
天津　天津人民美术出版社　1996年　4轴
105×38cm　ISBN：85305.511　定价：CNY15.80
　　　中国现代年画作品。

J0062311
云山诗画图　　刘世忠绘
天津　天津人民美术出版社　1996年　4轴
105×38cm　ISBN：85305.496　定价：CNY15.80
　　　中国现代年画作品，四条屏。

J0062312
祖国万岁　（年画）张国云作
沈阳　辽宁美术出版社　1996年　1张　77×53cm
ISBN：85314.2033　定价：CNY1.40
　　　中国现代年画作品。

J0062313
八骏图　　冯德新绘
天津　天津人民美术出版社　1997年　1轴
附对联一副　105×76cm　定价：CNY15.80
　　　中国现代年画作品。

J0062314
八骏图　　冯德新绘
天津　天津人民美术出版社　1997年　1轴
附对联一副　105×76cm　定价：CNY18.20
　　　中国现代年画作品。

J0062315
八十七神仙卷
天津　天津人民美术出版社　1997年　1轴
676×38cm　定价：CNY68.00
（中国古代绘画名卷）
　　　中国现代年画作品。

J0062316
八仙贺寿　　李宏才，李俊生绘
天津　天津人民美术出版社　1997年　1轴
附对联一副　105×76cm　定价：CNY18.20
　　　中国现代年画作品。

J0062317
八仙贺寿　　李宏才，李俊生绘
天津　天津人民美术出版社　1997年　1轴
附对联一副　105×76cm　定价：CNY15.80
　　　中国现代年画作品。

J0062318
朝元图　（永乐宫三清壁画线描长卷）刘建平

主编;范金鳌临摹
天津 天津人民美术出版社 1997 年 1 轴
636×38cm 定价: CNY64.00
（中国古代绘画名卷）
    中国现代年画作品。

J0062319
赤壁图
天津 天津人民美术出版社 1997 年 1 轴
516×38cm 定价: CNY56.00
（中国古代绘画名卷）
    中国现代年画作品。

J0062320
东方红
天津 天津人民美术出版社 1997 年 1 张
72×100cm 定价: CNY6.00
    中国现代年画作品。

J0062321
多寿福乐图　俎翠林, 刘士英绘
天津 天津人民美术出版社 1997 年 1 轴
附对联一副 105×76cm 定价: CNY15.80
    中国现代年画作品。

J0062322
多寿福乐图　俎翠林, 刘士英绘
天津 天津人民美术出版社 1997 年 1 轴
附对联一副 105×76cm 定价: CNY18.20
    中国现代年画作品。

J0062323
繁花锦寿　张琦, 张宏民绘
天津 天津人民美术出版社 1997 年 1 轴
附对联一副 105×76cm 定价: CNY15.80
    中国现代年画作品。

J0062324
福满前坤
天津 天津人民美术出版社 1997 年 1 张
72×100cm 定价: CNY6.00
    中国现代年画作品。

J0062325
福寿康乐　薛嘉惠, 薛艳作

南京 江苏美术出版社 1997 年 1 张 77×53cm
定价: CNY1.80
    中国现代年画作品。

J0062326
福寿齐天万户春　薛嘉惠, 薛艳作
南京 江苏美术出版社 1997 年 1 张 77×53cm
定价: CNY1.80
    中国现代年画作品。

J0062327
福寿双全　薛嘉惠, 薛艳作
南京 江苏美术出版社 1997 年 2 张 77×53cm
定价: CNY3.60
    中国现代年画作品。

J0062328
福寿双至　刘旭作
南京 江苏美术出版社 1997 年 1 张 77×53cm
定价: CNY1.80
    中国现代年画作品。

J0062329
福字 （一）张为民作
天津 天津人民美术出版社 1997 年 1 张
77×53cm 定价: CNY1.80
    中国现代年画作品。

J0062330
福字 （二）张为民作
天津 天津人民美术出版社 1997 年 1 张
77×53cm 定价: CNY1.80
    中国现代年画作品。

J0062331
富春山居图　浙江省博物馆, 台北故宫博物
院藏
天津 天津人民美术出版社 1997 年 1 轴
1050×38cm 定价: CNY100.00
    中国现代年画作品。

J0062332
富贵幸福　薛嘉惠, 薛艳作
南京 江苏美术出版社 1997 年 1 张 77×53cm
定价: CNY1.80

中国现代年画作品。

J0062333
盖世雄风　刘彬绘
天津 天津人民美术出版社 1997 年 1 轴
附对联一副 105×76cm 定价: CNY18.20
　　中国现代年画作品。

J0062334
盖世雄风　刘彬绘
天津 天津人民美术出版社 1997 年 1 轴
附对联一副 105×76cm 定价: CNY15.80
　　中国现代年画作品。

J0062335
恭喜发财　俎翠林作
天津 天津人民美术出版社 1997 年 1 张
77×53cm 定价: CNY3.00
　　中国现代年画作品。

J0062336
恭喜发财　俎翠林, 刘士英绘
天津 天津人民美术出版社 1997 年 1 轴
附对联一副 105×76cm 定价: CNY15.80
　　中国现代年画作品。

J0062337
恭喜发财
天津 天津人民美术出版社 1997 年 1 张
72×100cm 定价: CNY6.00
　　中国现代年画作品。

J0062338
古诗词屏　陈伟书
南京 江苏美术出版社 1997 年 1 轴 107×39cm
定价: CNY18.80
　　中国现代年画作品。

J0062339
海之恋
南京 江苏美术出版社 1997 年 1 张 72×100cm
定价: CNY10.00
　　中国现代年画作品。

J0062340
虎娃　俎翠林作
天津 天津人民美术出版社 1997 年 1 张
77×53cm 定价: CNY1.60
　　中国现代年画作品。

J0062341
虎威神将　邬立基作
天津 天津人民美术出版社 1997 年 1 张
53×77cm 定价: CNY1.80
　　中国现代年画作品。

J0062342
护财门神　邬立基作
天津 天津人民美术出版社 1997 年 2 张
77×53cm 定价: CNY3.60
　　中国现代年画作品。

J0062343
花鸟四季屏　闵文杉绘
南京 江苏美术出版社 1997 年 1 轴 107×39cm
定价: CNY18.80
　　中国现代年画作品。

J0062344
吉日良辰　薛嘉惠, 薛艳作
南京 江苏美术出版社 1997 年 1 张 77×53cm
定价: CNY1.80
　　中国现代年画作品。

J0062345
江山绚丽　闵文杉绘
天津 天津人民美术出版社 1997 年 4 轴
107×39cm 定价: CNY17.80
　　中国现代年画作品。

J0062346
江苏名胜
南京 江苏美术出版社 1997 年 4 张 102×38cm
定价: CNY9.20
　　中国现代年画作品。

J0062347
接福迎喜　刘旭, 刘树茂作
南京 江苏美术出版社 1997 年 1 张 53×77cm

定价: CNY1.80
    中国现代年画作品。

J0062348
金童玉女   俎翠林作
南京 江苏美术出版社 1997 年 1 张 53×77cm
定价: CNY1.80
    中国现代年画作品。

J0062349
金童玉女   俎翠林作
南京 江苏美术出版社 1997 年 2 张 77×53cm
定价: CNY3.60
    中国现代年画作品。

J0062350
锦绣河山
天津 天津人民美术出版社 1997 年 1 轴
附对联一副 105×76cm 定价: CNY15.80
    中国现代年画作品。

J0062351
锦绣河山
天津 天津人民美术出版社 1997 年 1 轴
附对联一副 105×76cm 定价: CNY18.20
    中国现代年画作品。

J0062352
敬爱的周总理   俎翠林作
南京 江苏美术出版社 1997 年 1 张 77×53cm
定价: CNY3.50
    中国现代年画作品。

J0062353
九州永泰   顾国志, 顾晓菁绘
天津 天津人民美术出版社 1997 年 1 轴
附对联一副 105×76cm 定价: CNY15.80
    中国现代年画作品。

J0062354
九州永泰   顾国志, 顾晓菁绘
天津 天津人民美术出版社 1997 年 1 轴
附对联一副 105×76cm 定价: CNY18.20
    中国现代年画作品。

J0062355
开国大典
天津 天津人民美术出版社 1997 年 1 张
72×100cm 定价: CNY6.00
    中国现代年画作品。

J0062356
良辰美景
天津 天津人民美术出版社 1997 年 1 张
77×53cm 定价: CNY1.60
    中国现代年画作品。

J0062357
梅兰竹菊诗屏   高俊源书
南京 江苏美术出版社 1997 年 1 轴 107×39cm
定价: CNY18.80
    中国现代年画作品。

J0062358
梅诵   刘宝铃绘
天津 天津人民美术出版社 1997 年 4 轴
107×39cm 定价: CNY17.80
    中国现代年画作品。

J0062359
美满幸福   陈英, 靳小品作
天津 天津人民美术出版社 1997 年 1 张
77×53cm 定价: CNY1.60
    中国现代年画作品。

J0062360
南海观世音   成励志, 成晓伟绘
天津 天津人民美术出版社 1997 年 1 轴
附对联一副 105×76cm 定价: CNY15.80
    中国现代年画作品。

J0062361
普降吉祥   王建梓绘
天津 天津人民美术出版社 1997 年 1 轴
附对联一副 105×76cm 定价: CNY18.20
    中国现代年画作品。

J0062362
秦琼 敬德   李兴武绘
西宁 青海人民出版社 1997 年 1 张 52×76cm

ISBN：8225.261 定价：CNY2.00
　　中国现代年画作品。

J0062363
秦琼敬德　鲁里作
天津　天津人民美术出版社 1997 年 1 张
53×77cm 定价：CNY1.80
　　中国现代年画作品。

J0062364
秦琼敬德　王宝贵作
天津　天津人民美术出版社 1997 年 1 张
53×77cm 定价：CNY1.80
　　中国现代年画作品。

J0062365
秦叔宝 尉迟恭
天津　天津人民美术出版社 1997 年 1 张
53×77cm 定价：CNY1.80
　　中国现代年画作品。

J0062366
琴瑟永好　天津人民美术出版社编
天津　天津人民美术出版社 1997 年 1 张
77×53cm 定价：CNY1.60
　　中国现代年画作品。

J0062367
驱邪迎财　嘉宾作
天津　天津人民美术出版社 1997 年 1 张
53×77cm 定价：CNY1.80
　　中国现代年画作品。

J0062368
泉之歌
南京　江苏美术出版社 1997 年 1 张 72×100cm
定价：CNY10.00
　　中国现代年画作品。

J0062369
群英会屏　刘俊源书；刘相训绘
南京　江苏美术出版社 1997 年 1 轴 107×39cm
定价：CNY18.80
　　中国现代年画作品。作者刘相训（1935—　　），
画家、教授。山东烟台福山人，毕业于鲁迅美术

学院。中国煤炭经济学院专业画家、烟台中山书
画院副院长、中国美术家协会会员。代表作品有
《林海》《腊月十五》。

J0062370
人民领袖　李宏才作
天津　天津人民美术出版社 1997 年 1 张
77×53cm 定价：CNY3.00
　　本作品为年画形式的国家领袖肖像画。

J0062371
人民领袖　李洪才，赵广林绘
天津　天津人民美术出版社 1997 年 1 轴
附对联一副 105×76cm 定价：CNY18.20
　　本作品为中国现代年画。

J0062372
人民领袖　李红才，赵广林绘
天津　天津人民美术出版社 1997 年 1 轴
附对联一副 105×76cm 定价：CNY15.80
　　本作品为中国现代年画。

J0062373
瑞鸟鸣祥　郑连群绘
天津　天津人民美术出版社 1997 年 4 轴
107×39cm 定价：CNY17.80
　　中国现代年画作品。

J0062374
神州朝晖图　王建梓绘
天津　天津人民美术出版社 1997 年 4 轴
107×39cm 定价：CNY17.80
　　中国现代年画作品。

J0062375
神州腾异彩　李宏才，赵广森作
天津　天津人民美术出版社 1997 年 1 张
77×53cm 定价：CNY3.00
　　中国现代年画作品。

J0062376
神州腾异彩　李宏才，赵广森绘
天津　天津人民美术出版社 1997 年 1 轴
附对联一副 105×76cm 定价：CNY18.20
　　中国现代年画作品。

J0062377

神州腾异彩　李宏才，赵广森绘
天津　天津人民美术出版社　1997 年　1 轴
附对联一副　105×76cm　定价：CNY15.80
　　中国现代年画作品。

J0062378

十全报喜图　刘保龄绘
天津　天津人民美术出版社　1997 年　1 轴
附对联一副　105×76cm　定价：CNY18.20
　　中国现代年画作品。

J0062379

守财门神　金平定作
南京　江苏美术出版社　1997 年　2 张　77×53cm
定价：CNY3.60
　　中国现代年画作品。

J0062380

寿比南山　申同景作
天津　天津人民美术出版社　1997 年　1 张
77×53cm　定价：CNY1.60
　　中国现代年画作品。

J0062381

四季花艳双飞屏　王奇寅绘
南京　江苏美术出版社　1997 年　1 轴　107×39cm
定价：CNY18.80
　　中国现代年画作品。

J0062382

四季瓶花屏　李用夫绘；高俊源书
南京　江苏美术出版社　1997 年　1 轴　112×53cm
定价：CNY23.80
　　中国现代年画作品。

J0062383

四时花卉　刘宝铃，刘欢绘
天津　天津人民美术出版社　1997 年　4 轴
107×39cm　定价：CNY17.80
　　中国现代年画作品。

J0062384

松鹤延年四季屏　王克印绘
南京　江苏美术出版社　1997 年　1 轴　107×39cm

定价：CNY18.80
　　中国现代年画作品。作者王克印（1932—
2003），工笔花鸟画家、美术教育家、高级设计
师。河南登封人，笔名石山。毕业于河南艺术
学校大专班。中国美术家协会会员，曾任平顶
山市美术家协会副主席，中国少林书画院高级
顾问，河南省中国画院画师，中南书画研究院
常年理事等职。主要作品有《白露秋水》《春秋
配》《塘边》。

J0062385

松鹤长春　张琦，张宏民绘
天津　天津人民美术出版社　1997 年　1 轴
附对联一副　105×76cm　定价：CNY15.80
　　中国现代年画作品。

J0062386

松鹤长春　张琦，张宏民绘
天津　天津人民美术出版社　1997 年　1 轴
附对联一副　105×76cm　定价：CNY18.20
　　中国现代年画作品。

J0062387

松龄鹤寿　张洪民，张琪绘
天津　天津人民美术出版社　1997 年　4 轴
107×39cm　定价：CNY17.80
　　中国现代年画作品。作者张琪（1954—　），
画家。江苏苏州市人，毕业于苏州工艺美术职工
大学。历任人民日报社神州书画院特约画师，苏
州书画院副院长，苏州市美术家协会副秘书长，
苏州市园林艺术顾问。代表作品有《张琪花鸟画
集》《张琪画集》。

J0062388

松山诗话　郭金标，李强绘
天津　天津人民美术出版社　1997 年　4 轴
107×39cm　定价：CNY17.80
　　中国现代年画作品。

J0062389

松竹梅三友图　陈从容，陈朝春绘
天津　天津人民美术出版社　1997 年　1 轴
附对联一副　105×76cm　定价：CNY18.20
　　中国现代年画作品。

J0062390

松竹梅三友图　陈从容, 陈朝春绘
天津 天津人民美术出版社 1997 年 1 轴
附对联一副 105×76cm 定价: CNY15.80
　　中国现代年画作品。

J0062391

岁岁平安　刘祥作
南京 江苏美术出版社 1997 年 2 张 77×53cm
定价: CNY3.60
　　中国现代年画作品。

J0062392

威武双将　陈家骅作
天津 天津人民美术出版社 1997 年 1 张
53×77cm 定价: CNY1.80
　　中国现代年画作品。

J0062393

伟人诗文屏　窦宝铁书
天津 天津人民美术出版社 1997 年 4 轴
107×39cm 定价: CNY17.80
　　中国现代年画作品。

J0062394

文武财神献宝图　俎翠林, 刘士英绘
天津 天津人民美术出版社 1997 年 1 轴
附对联一副 105×76cm 定价: CNY18.20
　　中国现代年画作品。

J0062395

我们敬爱的老师和辅导员
天津 天津人民美术出版社 1997 年 1 张
77×53cm 定价: CNY3.00
　　中国现代年画作品。

J0062396

仙山古寺　卢俊才, 高秀茹绘
天津 天津人民美术出版社 1997 年 1 轴
附对联一副 105×76cm 定价: CNY18.20
　　中国现代年画作品。

J0062397

仙山古寺　卢俊才, 高秀茹绘
天津 天津人民美术出版社 1997 年 1 轴
附对联一副 105×76cm 定价: CNY15.80
　　中国现代年画作品。

J0062398

献寿图　张为民, 刘淑荣绘
天津 天津人民美术出版社 1997 年 1 轴
附对联一副 105×76cm 定价: CNY15.80
　　中国现代年画作品。

J0062399

献寿图　张为民, 刘淑荣绘
天津 天津人民美术出版社 1997 年 1 轴
附对联一副 105×76cm 定价: CNY18.20
　　中国现代年画作品。

J0062400

祥禽鸣福　车来通绘
天津 天津人民美术出版社 1997 年 4 轴
107×39cm 定价: CNY17.80
　　中国现代年画作品。

J0062401

小海军　支柱作
天津 天津人民美术出版社 1997 年 1 张
77×53cm 定价: CNY3.00
　　中国现代年画作品。

J0062402

小水兵　支柱作
天津 天津人民美术出版社 1997 年 1 张
77×53cm 定价: CNY3.00
　　中国现代年画作品。

J0062403

幸福长寿　张万臣作
天津 天津人民美术出版社 1997 年 1 张
77×53cm 定价: CNY1.60
　　中国现代年画作品。作者张万臣(1962—　),
满族, 军旅书画家。河北丰宁人, 毕业于首都师
范大学美术系。历任中国美术家协会会员、中国
国际书画艺术研究会理事、中国人民解放军总装
备部专职画家。出版有《张万臣画集》。

J0062404

修养格言　陈骧龙书

天津 天津人民美术出版社 1997年 4轴
107×39cm 定价：CNY17.80

　　中国现代年画作品。作者陈骧龙（1941—
2012），书法家。生于北京，祖籍浙江温州。曾
任天津人民美术出版社编辑、中国书法家协会会
员、美术家协会天津分会会员。著有《华夏五千
年艺术丛书 版画集》《青少年书法五十讲》等。

J0062405
仪仗队
天津 天津人民美术出版社 1997年 1张
77×53cm 定价：CNY3.00

　　中国现代年画作品。

J0062406
云外闲吟图　郭金标，李强绘
天津 天津人民美术出版社 1997年 1轴
附对联一副 105×76cm 定价：CNY15.80

　　中国现代年画作品。

J0062407
云外闲吟图　郭金标，李强绘
天津 天津人民美术出版社 1997年 1轴
附对联一副 105×76cm 定价：CNY18.20

　　中国现代年画作品。

J0062408
招财进宝　俎翠林作
南京 江苏美术出版社 1997年 1张 53×77cm
定价：CNY1.80

　　中国现代年画作品。作者俎翠林（1952—　　），
河北磁县总工会副主席，兼中国美协河北分会
会员。

J0062409
招财进宝　陈家骅作
天津 天津人民美术出版社 1997年 1张
53×77cm 定价：CNY1.80

　　中国现代年画作品。

J0062410
镇宅神将
天津 天津人民美术出版社 1997年 1张
53×77cm 定价：CNY1.80

　　中国现代年画作品。

J0062411
正气振纲　王昭灿，王长江绘
天津 天津人民美术出版社 1997年 1轴
附对联一副 105×76cm 定价：CNY18.20

　　中国现代年画作品。

J0062412
郑板桥诗屏　郑板桥书
南京 江苏美术出版社 1997年 1轴 107×39cm
定价：CNY18.80

　　中国现代年画作品。作者郑板桥（1693—
1765），清代书画家、文学家。原名郑燮，字克柔，
号理庵，又号板桥，人称板桥先生。生于江苏兴
化，祖籍苏州。乾隆元年（1736年）进士。官山
东范县、潍县县令。代表作品《修竹新篁图》《清
光留照图》《丛兰荆棘图》《甘谷菊泉图》等，著
有《郑板桥集》。

J0062413
中国民间年画　王树村编
济南 山东美术出版社 1997年 17+245页
29cm（12开）精装 ISBN：7-5330-1033-7
定价：CNY136.00

　　中国现代工艺美术民间年画作品。外文书
名：Chinese Folk New Year Pictures. 作者王树
村（1923—2009），画家。天津人，毕业于华北大
学美术科。曾在中国美术研究所、中国艺术研
究院从事创作、编辑、研究工作，任中国民间美
术协会副会长，中国民俗学会理事、顾问、研究
员。主要著作《杨柳青年画资料集》《中国美术
全集·石刻线画、民间年画》。

J0062414
竹韵
天津 天津人民美术出版社 1997年 1轴
附对联一副 105×76cm 定价：CNY18.20

　　中国现代年画作品。

J0062415
祝您长寿　申同景绘
天津 天津人民美术出版社 1997年 1轴
附对联一副 105×76cm 定价：CNY18.20

　　中国现代年画作品。

J0062416

祝您长寿 申同景绘

天津 天津人民美术出版社 1997年 1轴
附对联一副 105×76cm 定价：CNY15.80
　　中国现代年画作品。

J0062417

祝枝山书法屏 祝枝山书

南京 江苏美术出版社 1997年 1轴 107×39cm
定价：CNY18.80
　　中国现代年画作品。

J0062418

1999：情之韵 （单锡和工笔彩画选 摄影挂
历）单锡和绘

上海 上海人民美术出版社 1998年 57×43cm
ISBN：7-5322-1944-5 定价：CNY18.80
　　年画形式的中国现代工笔彩画摄影作品。

J0062419

寿星图 （宣传画）成励志作

天津 天津人民美术出版社 1998年 1张
70×52cm 定价：CNY12.00
　　本作品系中国年画。

J0062420

孙大圣祝寿图 （宣传画）刘继卤作

天津 天津人民美术出版社 1998年 1张
64×52cm 定价：CNY12.00
　　本作品系中国年画。

J0062421

娃娃送宝 幸福吉祥 （年画）

重庆 重庆出版社 1998年 1张 53×38cm
定价：CNY1.50
　　中国现代年画作品。

J0062422

中国门神画 薄松年编著

广州 岭南美术出版社 1998年 263页
26cm（16开）精装 ISBN：7-5362-1567-3
定价：CNY118.00
　　本书汇集了历代的门神图像，以清代民间印
制者占多数，收不同地区不同类型和艺术质量的
作品，这些门神画大都具有较高的学术价值和美

学价值，读者可由此对门神画的历史有初步的了
解。作者薄松年(1932—2019)，著名美术史论家。
河北保定人。毕业于中央美术学院绘画系。中
央美术学院教授，中国美术家协会会员等。代表
作品《中国绘画》。

J0062423

2000：金龙吉祥 （美术挂历）裕根绘

长春 吉林摄影出版社 1999年 76×52cm
ISBN：7-80606-309-9 定价：CNY27.50

J0062424

胶南年画精品集 《胶南年画精品集》编辑委
员会编

天津 天津杨柳青画社 1999年 85页 29cm（18开）
ISBN：7-80503-425-7
定价：CNY80.00，CNY100.00（精装）
　　中国现代民间年画作品。

J0062425

老年画 梁京武，赵向标主编

北京 龙门书局 1999年 151页 29cm（15开）
精装 ISBN：7-80111-564-3
定价：CNY1580.00（全套）
（二十世纪怀旧系列 5）

J0062426

平阳新年画选 赵大勇等编

天津 天津人民美术出版社 1999年 104页
29cm（18开）ISBN：7-5305-1080-0
定价：CNY62.00，CNY78.00（精装）
（临汾地区建国五十周年献礼丛书）
　　本画册收集百余幅年画，展示了平阳大地改
革开放中经济建设的巨大成就、科技文化的丰硕
成果和风景名胜的万千景观。

J0062427

潍坊民间孤本年画 马志强，汪稼明主编；
潍坊市寒亭区文化局，山东画报出版社编

济南 山东画报出版社 1999年 276页 光盘一张
42cm（8开）经折装 ISBN：7-80603-386-6
定价：CNY460.00
　　外文书名：Folk New Year Pictures Extant in
WeiFang Only.

J0062428

中国杨柳青木版年画选　韩祖音,刘见编著

天津　天津杨柳青画社　1999 年　85 页　25×26cm

ISBN：7-80503-444-3　定价：CNY80.00

　　中国传统工艺美术杨柳青年画作品选。

J0062429

中国杨柳青年画线版选　刘见编著

天津　天津杨柳青画社　1999 年　632 页

31cm（10 开）精装　ISBN：7-80503-443-5

定价：CNY460.00

　　本图集选印线版年画作品凡 487 幅,从题材上划分为历史故事、戏剧人物、娃娃仕女和世俗杂画四类。

J0062430

中国杨柳青年画线版选　刘见编著

天津　天津杨柳青画社　1999 年　632 页

31cm（10 开）ISBN：7-80503-443-5（精装）

定价：CNY460.00

　　中国传统工艺美术杨柳青年画作品选。

中国连环画作品

J0062431

李四打游记　军委会政治部编

军委会政治部　1900—1949 年　19 页　9×13cm

（抗战连环图画 8）

　　抗战连环画。

J0062432

台儿庄某老太殉国记　军委会政治部编

军委会政治部　1900—1949 年　8 页　9×15cm

（抗战连环图画 4）

　　抗战连环画。

J0062433

献金救国　军委会政治部编

军委员会政治部　1900—1949 年　11 页

9×15cm（60 开）

（抗战连环图画 5）

　　抗战连环画。

J0062434

兄弟投军　军委会政治部编

军委员会政治部　1900—1949 年　16 页

12×19cm（36 开）

（抗战连环图画）

　　抗战连环画。

J0062435

荡寇图　王愚作

重庆　教育部民众读物编审委员会　民国

23 页　18cm（15 开）

（民众文库）

　　本书为木刻连环画。每幅画前有文字说明。

J0062436

老母猪半天还乡梦　石均作

华中新华书店五分店　民国　22 页　13cm（60 开）

　　本书每幅均配有说唱文字。

J0062437

梦游租界记　（连环图画故事）华北政务委员会情报局编

北平　华北政务委员会情报局　民国　32 页

10×14cm

　　中国现代连环画。

J0062438

全国总动员　军委会政治部编

军委会政治部　民国　11 页　9×13cm

（抗战连环图画 1）

　　连环画。

J0062439

沈泊尘先生画宝　（第一集）沈泊尘绘；孙雪泥编辑

上海　生生美术公司　民国　40 页　25cm（16 开）

定价：一元五角

　　本作品系民国时期连环画。

J0062440

王老五当兵杀敌　（连环图画）第九战区司令长官司令部政治部编

第九战区司令长官司令部政治部　民国　16 页

12×17cm（36 开）

　　本书为连环图画,共 16 幅。

J0062441
小四捉汉奸　军委会政治部编
军委员会政治部 1911—1949 年 20 页
9×13cm（64 开）
（抗战连环图画 6）
　　抗战连环画。

J0062442
窑洞保卫战
涉县 新华书店 民国 16 页 20cm（32 开）
　　本书根据同名故事改编的中国现代彩色连环画。

J0062443
豫北人民的再生
新华书店 民国 石印本 9 页 14×19cm
　　民国时期连环画。

J0062444
保家乡　军委会政治部编
军委会政治部 1930—1949 年 24 页 13×18cm
　　抗战连环画。

J0062445
模范家庭 （一）
1930—1949 年 26 叶 13×19cm
　　本书为中国现代连环画画册专著。

J0062446
模范家庭 （二）
1930—1949 年 28 叶 13×19cm
　　本书为中国现代连环画画册专著。

J0062447
模范家庭 （三）
1930—1949 年 26 叶 13×19cm
　　本书为中国现代连环画画册专著。

J0062448
荡寇图　王愚作
重庆 教育部民众读物编审委员会 1931—1949 年
23 页 12×17cm
（民众文库）
　　描写抗战故事的木刻连环画。

J0062449
范筑先一门忠烈　军委会政治部编
军委会政治部 1931—1949 年 22 页 12×17cm
（抗战连环图画 10）
　　抗战连环画。

J0062450
军民合作　军委会政治部编
军委会政治部 1931—1949 年 16 页 9×13cm
（抗战连环图画）
　　本书包括军队方面、民众方面两部分。

J0062451
同舟共济　河北省教育厅编绘
石家庄 河北省教育厅 1931 年 4 页
17cm（21 开）定价：大洋一分五
（通俗教育画丛刊 第三号）
　　本书为彩色连环画，共 4 幅。

J0062452
农村写真　刘凌沧作
北平 小小日报社 1934 年 46 页 19cm（32 开）
定价：大洋三角
　　本书为连环图画，共 44 幅，每幅均附有文字说明。作者刘凌沧(1908—1989)，画家、美术教育家。名恩涵，字凌沧，河北固安人。就读于北平艺术专科学校。北京工笔重彩画会名誉会长、中国美术家协会会员、中央美术学院教授。代表作品有《赤眉军起义图》《淝水之战》《文成公主》等。

J0062453
武则天　张鸿飞绘图；黄绿说明
上海 千秋出版社 1935 年 61 页 18cm（32 开）
定价：大洋一角五分
（连环图画 第四种）
　　本书为连环图画，共 30 幅，每幅有文字说明。书前有鸿飞的《自己的话》。

J0062454
西厢记 （连环图画）胡考，曹聚仁合著
上海 千秋出版社 1935 年 61 页 19cm（32 开）
定价：大洋一角
　　本书为中国现代连环画，每幅均有文字说明。书前有《鲁迅先生的话》一文。作者胡考

（1912—1994），小说家、文艺理论家、漫画家。生于上海，祖籍浙江余姚，毕业于上海新华艺术专科学校。历任《苏北画报》社社长、《人民画报》副总编辑、中国美术家协会会员。出版有《胡考素描》《上海滩》。

J0062455

孔子事迹图　天津市市立民众教育馆编审组编
天津　天津市市立民众教育馆　1936 年　52 页
12×17cm　定价：CNY0.10

本书为连环画画，每图上端有说明文字，书名页背后有《孔子纪念歌》。

J0062456

沙鹅　（图画连续故事）黄鼎著
上海　上海杂志公司　1936 年　45 页　26cm（16 开）
定价：二角五分

本书书前有作者的序《写在"沙鹅"之前》。

J0062457

她的觉醒　（木刻连续画）温涛著
上海　神州国光社　1936 年　50 页　43×16cm

本书为中国现代木刻连环画，每幅画前有故事说明。

J0062458

王先生新集　（1—4 集）叶浅予著
上海　上海杂志公司　1936 年　石印本
4 册（400 页）横 19cm（横 32 开）

本书为中国现代漫画连环画。作者叶浅予（1907—1995），教授、画家。浙江桐庐人。历任中国美协副主席、中国画研究院副院长、中央美院教授。曾为茅盾小说《子夜》、老舍剧本《茶馆》等书插图。作品有长篇漫画《王先生》《小陈留京外史》《天堂记》等。著有《画馀记画》《十年恶梦录》等。

J0062459

文天祥　钟生荣编；陶宛青绘图
江西　江西省立民众教育馆　1936 年　[20] 页
14×20cm（32 开）

本书为中国现代连环画，大众读物。

J0062460

血溅居士林　（大众读物时事图解）王哲夫撰

述；孙焕文作图
天津　新天津报社丛书出版部　1936 年　56 页
10×54cm（14 开）

本书为中国现代连环图画故事，共 52 幅画。

J0062461

当兵歌　王霄萍作
西安　中国文化服务社陕西分社
1937—1949 年　油印本　13×19cm
（连环图画 6）

中国现代连环画作品。

J0062462

山海经　（大幅连环画）钱沄著；江毓祺画
上海　千秋出版社　1937 年　69 页　24cm（16 开）
定价：国币三角

本书为中国现代连环画，内收 34 个图画故事。

J0062463

山海经　（大幅连环画）钱沄著；江毓祺画
上海　千秋出版社　1937 年　69 页　24cm（26 开）
定价：国币三角

中国现代连环画，内收 34 个图画故事。

J0062464

王老五当兵打日本　军事委员会政治部编
重庆　军事委员会政治部　1937—1945 年
14 页　9×13cm（64 开）

本书为抗战题材的通俗歌谣。

J0062465

小孤女　（连环图画）张乐平绘
1937 年　13×19cm（32 开）

中国现代连环画作品。作者张乐平（1910—1992），漫画家。浙江海盐人。曾任中国美术家协会上海分会、解放日报社、上海少年儿童出版社专业画家。漫画"三毛"形象的创作者。代表作品《三毛流浪记》《三毛从军记》。

J0062466

徐靖远将军反正的故事　军委会政治部编
军委员会政治部　1937—1945 年　10 页
13×19cm（32 开）

抗日连环画。

J0062467

弹弓老人　席征庸编辑；李润生刻绘

长沙 中国文化服务社 1938 年 18 页 15cm（40 开）

定价：五分

（抗战建国连环画 第 1 集）

　　本书为图文对照连环画。

J0062468

红枪会的故事　（连环木刻）王愚作

成都 跋涉书店 1938 年 拓印本 6+[32]页

21cm（32 开）定价：三角

　　本书收 16 幅木刻连环画，每幅均附有文字说明。书前有作者的《刻制前后》和自刻像。

J0062469

抗战版画　李海流作

江西 江西省保安司令部政治训练处 1938 年

44 页 13×19cm

（抗战画刊）

　　本书为木刻连环画，共 22 幅。

J0062470

三个兵士　（上册）王一夫作

汉口 中国文化服务社 1938 年 24 页 19cm（32 开）

定价：国币五分

（战时民众读物 3）

　　本书中国现代连环画，讲述 3 个小战士在战壕里的故事。

J0062471

三个兵士　（下册）王一夫作

汉口 中国文化服务社 1938 年 24 页 19cm（32 开）

定价：国币五分

（战时民众读物 4）

　　本书为中国现代连环画，讲述 3 个小战士在战壕里的故事。

J0062472

兴华大力士　（儿童战事画）丰子恺著

南京 特种教育社 1938 年 62 页 18cm（32 开）

　　本书为中国现代连环画。作者丰子恺（1898—1975），画家、文学家、艺术教育家。原名丰润，又名仁、仍，字子觊，后改为子恺，笔名 TK，浙江嘉兴人。作品有《缘缘堂随笔》、画集《子恺漫画》等。

J0062473

忠勇故事　（第一集）梁中铭编绘

军委会政治部阵中书报社 1938 年 再版

14cm（64 开）

　　本书为中国现代连环画。

J0062474

忠勇故事　（第二集）梁中铭编绘

军委会政治部阵中书报社 1938 年

14cm（64 开）

　　本书为中国现代连环画。

J0062475

百花村活捉东洋兵　黄尧编；王一影作

重庆 民间出版社 1939 年 油印本 25 页

13×18cm 定价：旧币一角

　　本书为中国现代连环画。作者黄尧（1914—1987），本名黄家塘，原籍浙江嘉善，生长于上海。曾《上海新闻报》美术编辑，并在 30 年代凭"牛鼻子"系列漫画，在中国红极一时，在中国漫画界与张乐平、丁聪齐名。著作有《墨缘随笔》。

J0062476

北平一女侠　（新的连环图画）黄尧编

重庆 民间出版社 1939 年 26 页 19cm（32 开）

　　本书为中国现代连环画。

J0062477

扯起我们的国旗　（新的连环图画）黄尧编；张文允著

重庆 民间出版社 1939 年 26 页 20cm（32 开）

　　本书为中国现代连环画。

J0062478

日寇暴行写实　孙行予编

江西 江西省教育厅特种教育股 1939 年 20 页

有图 19cm（32 开）

　　本书为中国现代连环画，收入 20 幅连环图画，每幅附说明文字。

J0062479

英勇抗战的我军　孙行予编

江西 江西省教育厅特种教育股 1939 年 20 页

有图 19cm（32 开）

　　本书为中国现代连环画，收入 20 幅连环图画，每幅附说明文字。

J0062480

岳飞 （新文字连环图画）陈鹤琴编；邢舜田绘图

上海 世界书局 1939年 再版 12页 19cm（32开）

定价：六分

　　本书为中国现代连环画，说明文字有拼音字母。

J0062481

怎样打败日本兵 （连环图画）王一夫作

教育部民众读物编审委员会 1939年 24页

12×18cm

　　本书为中国现代连环画，书前有《引言》，文字配图画。

J0062482

劫后余后 （长篇连环画）汪长熙绘

合肥 安徽联中抗敌工作队 1940年 油印本

20页 12×20cm

　　本书为中国现代连环画。

J0062483

抗战必胜连环画 廖冰兄作；陈仲纲刻

桂林 文化供应社 1940年 31页 17×19cm

定价：三角

　　本书为中国现代木刻连环画。作者廖冰兄（1915—2006），漫画家。原名东生，生于广东广州，祖籍广西象州县。曾任美协广东分会副主席、中国美术家协会理事。代表作品《自嘲》《猫国春秋》《抗战必胜连环图》《残梦纪奇篇》等。

J0062484

舍身报国 军委会政治部刊

北京 军委政治部 1940—1949年 12页

10×15cm

（抗战连环图画 2）

　　中国现代连环画作品。

J0062485

王家庄 （通俗连环木刻）伍秉乾著

西安 中国文化服务社陕西分社 1940年 10页

18cm（32开）定价：一角六分

　　本书为通俗连环木刻，为配合"政治重于军

事"和"宣传重于作战"的口号所创作，正文前有著者的《开场白》和歌曲《王家庄》。

J0062486

小毛 珂田著

1940年 52页 19cm（32开）

（木刻丛书）

　　本书为木刻连环画，共26幅。

J0062487

丈夫去当兵 区剑星著；黄子君刻

青年书店 1940年 石印本 27页 13×18cm

定价：二角五分

（中国社会问题研究会战时图书丛刊 1）

　　本书为战时木刻宣传连环画。书末附歌曲一首。

J0062488

智勇双全

1940—1949年 32页 9×13cm

　　本书包括《衣文智攻据点》《智勇双全》《苏云芳和班副》《小坟丘》等4个短篇连环画。

J0062489

笨山羊 江邨编辑

上海 广智书局 1941年 15页 有图 17cm（40开）

定价：国币一角

　　本书为中国现代连环画，小学生文艺读物。

J0062490

好男儿 黄尧编著

重庆 民间出版社 1941年 渝版 168页

19cm（32开）定价：一元八角

　　本书为中国现代连环漫画，书前有冯玉祥的题词及编者序。

J0062491

鸡兄鸡弟 江邨编辑

上海 广智书局 1941年 15页 有图 17cm（35开）

定价：国币一角

　　本书为中国现代连环画，小学生读物。

J0062492

家 （连续画本）巴金原著；费新我，钱君匋编绘

上海 万叶书店 1941年 148页 19cm（32开）
定价：国币一元二角
（万叶画库）

本书为中国现代连环画，有说明文字。书前有陈秋竹的《关于家的"连画"》一文。作者钱君匋（1907—1998），书画家。浙江桐乡人。名玉堂、锦堂，字君陶，号豫堂、禹堂。现通用名为钱君陶。毕业于上海艺术师范学校。曾任西泠印社副社长、上海文艺出版社编审、上海市政协委员等职。代表作品《长征印谱》《君长跋巨印选》《鲁迅印谱》《钱君陶印存》。作者费新我（1903—1992），书法家、画家。学名斯恩，原字省吾，字立千、号立斋，后改名新我，湖州南浔双林镇人。毕业于上海白鹅绘画学校。代表作品有《怎样画毛笔画》《怎样学书法》《楷书初阶》《怎样画铅笔画》。

J0062493
漂亮的狐先生　江郓编辑
上海 广智书局 1941年 15页 有图 17cm（40开）
定价：国币一角

本书为中国现代连环画，小学生文艺读物。

J0062494
西厢画传　吴一舸绘；陈震撰文
上海 平明书社 1941年 90页 19cm（32开）

本书为中国现代连环画册，据《西厢记》编绘。

J0062495
一头小白象　江郓编辑
上海 广智书局 1941年 15页 有图 17cm（32开）
定价：国币一角

本书为中国现代连环画，小学生文艺读物。

J0062496
岳飞　梁又铭编绘
成都 铁风出版社 1941年 14页 20cm（32开）
定价：四角
（民族英雄史画 1）

本书为连环图画，共10幅。

J0062497
旧阴谋新花样　（连环漫画）张谔绘；蒋逢美刻
桂林 新光书局 1943年 116页 17cm（30开）

定价：国币六元五角

本书为木刻画连环画，内容为揭露汪精卫叛国投敌的行径。

J0062498
战地恩仇记　黄士英著
联友出版社 1943年 70页 18cm（15开）
定价：国币八元
（抗战画集）

本书为民国时期中国抗战连环画集，书前有作者自序。

J0062499
翻身　滨海农村社编；任迁乔画
山东 山东新华书店 1944年 石印本 50页 20cm（32开）

本书为彩色连环画，书前有王众音的《关于"翻身"》一文。

J0062500
翻身　（连环画）滨海农村社编；任迁乔画
莒南 山东新华书店 1944年 石印本 再版 50页 19cm（32开）

中国现代连环画。

J0062501
南游记　华北漫画协会编
北平 华北漫画协会 1944年 20页 13×19cm

本书为中国现代连环画。

J0062502
温象拴　（连续画）力克著
晋绥边区吕梁文化教育出版社 1944年 16页 25cm（18开）环筒页装
（"七七七"文艺奖金获奖作品 绘画类丙等奖 1）

J0062503
武训先生画传　段承泽编纂；孙之俊绘
重庆 生活教育社 1944年 3版 103页 16cm（25开）

本书以连环画的形式讲述武训的身世和行乞兴学的故事。

J0062504
武训先生画传　（连环图画）段承泽编纂；孙

之俊绘

重庆 生活教育社 1945 年 7 版 普及本 1 册
19cm（32 开）

　　本书以连环画的形式讲述武训的身世和行乞兴学的故事。

J0062505

变工 任迁乔画

胶东新华书店 1946 年 石印本 50 页 13×19cm

　　本书为连环图画，共 24 幅，每幅有说明文字。

J0062506

陈双太和第四班 师群画

山东 新四军山东军区政治部 1946 年 31 页
19cm（32 开）

　　本书为民国时期中国彩色连环画画册。

J0062507

陈双太和第四班 （彩色连环图画）新四军山东军区政治部编；师群绘

山东 新四军山东军区政治部 1946 年
石印本 16 页 19cm（32 开）

　　本书为民国时期中国连环画画册。作者师群（1921—1991）女，教授。山东章丘人。曾入山东鲁迅艺术学院美术系学习。后历任中南文联美术组长，中南局《长江日报》摄影美术组长，湖北艺术学院副院长，中国美术家协会湖北分会副主席等职。代表作《三峡》《青江放筏》《春耕大生产》《三娘教子》《转移》等。

J0062508

八路军到新解放区 张望作

哈尔滨 东北书店 1947 年 30 页 19cm（32 开）
（鲁艺创作丛书 4）

　　本书内收《八路军来了》《护送》《拾物不昧》《房东最后明白了》等 4 个短篇连环图画。作者张望（1916—1993），画家、思想家。原名张发赞，笔名致平、克之、张抨，广东大埔县百侯镇南山村人，代表作品《新美术评论集》。

J0062509

八路军到新解放区 张望作

沈阳 东北画报社 1948 年 30 页 18cm（15 开）
定价：CNY1.30

（鲁艺创作丛书 4）

　　本书内收《八路军来了》《护送》《拾物不昧》《房东最后明白了》等 4 个短篇连环画。

J0062510

八路军到新解放区 张望作

沈阳 东北画报社 1948 年 3 版 30 页 18cm（15 开）
定价：CNY1.30

（鲁艺创作丛书 4）

　　本书内收有《八路军来了》《护送》《拾物不昧》《房东最后明白了》等 4 个短篇连环图画。

J0062511

八路军到新解放区 张望作

沈阳 东北画报社 1948 年 再版 30 页
18cm（15 开）

（鲁艺创作丛书 4）

　　本书内有收《八路军来了》《护送》《拾物不昧》《房东最后明白了》等 4 个短篇连环图画。

J0062512

八路军到新解放区 张望作

郑州 中原新华书店 1949 年 30 页 20cm（32 开）
（鲁艺创作）

　　本书内收有《八路军来了》《护送》《拾物不昧》《房东最后明白了》等 4 个短篇连环图画。

J0062513

八路军到新解放区 （连环画）张望作

郑州 中原新华书店 1949 年 石印本 翻印本
30 页 20cm（32 开）

　　本书为民国时期中国连环画。据东北画报社原样翻印。

J0062514

混合面 （连续图画 第二集）张晏清编；高云鹏绘图

北平 大有书局 1947 年 100 页 10×15cm

　　本书为抗战故事连环画。

J0062515

人民女英雄刘胡兰 （说唱连环图画）张望画；庄严词；陈紫，念云曲

哈尔滨 东北书店 1947 年 38 页 横 19cm（32 开）

　　本书书前有张望的《写在前面》，后附曲谱 5

首。作者张望（1916—1993），画家、思想家。原
名张发赞，笔名致平、克之、张抒，广东大埔县
百侯镇南山村人，代表作品《新美术评论集》。

J0062516

温象拴 （连环画）力克著
兴县 晋绥边区吕梁文化教育出版社
1947年 木刻彩印本 60页 26cm（16开）
　　　　民国时期中国连环画。

J0062517

英勇奋斗十八年 （从红军到解放军）师征，
沈炎，伯华等编
烟台 山东胶东新华书店 1947年 13×19cm
　　　　本书以图文并茂的形式反映人民军队自红
军时期直到人民解放军的发展历程。分二册。

J0062518

豫北人民的再生 （连环画）
涉县 新华书店 1947年 石印本 10页
20cm（32开）
　　　　民国时期中国连环画。

J0062519

担架队员老杨 洪藏等作
哈尔滨 东北画报社 1948年 74页
13cm（60开）
（通俗美术小丛书 16）
　　　　本书包括《担架队员老杨》（洪藏）、《给蒋军
带路》（丁达明）、《赵得才明白了》（丁达明）、《全
家光荣》（施展）等4个短篇连环故事。

J0062520

担架队员老杨 （连环画）洪藏等作
哈尔滨 东北画报社 1948年 33页 13cm（64开）
（通俗美术小丛书）
　　　　本书收于《通俗美术小丛书》之十六。

J0062521

帝王
上海 大东书局 1948年 17cm（40开）
（新儿童基本文库 低年级 连续故事画 1）
　　　　本书为民国时期的连环画。

J0062522

妇女
上海 大东书局 1948年 17cm（40开）
（新儿童基本文库 低年级 连续故事画 12）
　　　　本书为民国时期中国连环画。

J0062523

苦从何来 蔡若虹画
上海 晨光出版公司 1948年 61页 15cm（40开）
　　　　本书包括没有土地的人们、苦从何来、心里
的疤瘩解开了3辑，共26幅。作者蔡若虹（1910—
2002），画家，美术家。原名蔡雍，笔名雷萌、张
再学。江西九江人，毕业于上海美术专科学校。
曾任延安鲁艺教员、美术系主任，任《人民日报》
美术编辑、中国画研究院副院长、中国文联第一
至四届委员、中国美协第一至四届副主席。著作
有画集《苦从何来》，诗画集《若虹诗画》，回忆录
《上海亭子间时代风习》及《赤脚天堂》。

J0062524

立功英雄翟墨新
军区政治部 1948年 10页 13×18cm
　　　　民国时期中国连环画。

J0062525

烈士 （二）
上海 大东书局 1948年 有图 17cm（40开）
（新儿童基本文库 低年级 连续故事画 10）
　　　　本书为儿童故事连环画册。

J0062526

没有土地的人们 蔡若虹作
华北新华书店 1948年 21cm（32开）
　　　　本书包括：没有土地的人们、苦从何来、心
里的疤瘩解开了3辑，共26幅画。作者蔡若虹
（1910—2002），画家，美术家。原名蔡雍，笔名
雷萌、张再学。江西九江人，毕业于上海美术专
科学校。曾任延安鲁艺教员、美术系主任，《人
民日报》美术编辑、中国画研究院副院长、中国
文联第一至四届委员、中国美协第一至四届副
主席。著作有画集《苦从何来》，诗画集《若虹
诗画》，回忆录《上海亭子间时代风习》及《赤脚
天堂》。

J0062527

没有土地的人们 （连环画）蔡若虹画

沁源　太岳新华书店　1948年　石印本　翻印本

26页　21cm（32开）

　　本书为民国时期中国连环画册。

J0062528

烧绵山

上海　大东书局　1948年　32页　17cm（32开）

（新儿童基本文库　中年级　民间连续图画故事 4）

　　本书为民国时期中国连环画。

J0062529

土地 （第一部）邵宇著

哈尔滨　东北画报社　民国三十七年 1948年

1册　有图　18cm（32开）

（东北画报丛刊 七）

　　本书为长篇配诗连环画。包括：天下的老鸦

一样黑、第二代、满洲国十四年、打倒"二泰山"

四部分，收 107幅。作者邵宇（1919—1992），教

授。曾用名邵进德，辽宁丹东人。毕业于北平美

术专科学校。代表作品有《土地》《上饶集中营》

《首都速写》《选举》《早读》等。

J0062530

土地 （第二部）邵宇著

哈尔滨　东北画报社　民国三十七年 1948年

1册　有图　18cm（32开）

（东北画报丛刊 七）

　　本书为长篇配诗连环画。

J0062531

土地　邵宇著

哈尔滨　东北画报社　1948年　19cm（32开）

（民国籍粹 续）

　　中国现代连环画作品。

J0062532

完璧归赵

上海　大东书局　1948年　32页　17cm（32开）

（新儿童基本文库　中年级　民间连续图画故事 6）

　　本书为民国时期儿童连环画。

J0062533

王贵与李香香

哈尔滨　东北画报社　1948年　5页

13×18cm（36开）

　　书前有陆定一的代序"读了一首诗"。

J0062534

文臣 （二）

上海　大东书局　1948年　1册　17cm（32开）

（新儿童基本文库　低年级　连续故事画 4）

　　本书为民国时期儿童连环画。

J0062535

西瓜弟兄

解放书店　1948年　40页　10×17cm（56开）

（民众丛书）

　　本书为民国时期中国连环画。

J0062536

孝子 （二）

上海　大东书局　1948年　1册　17cm（32开）

（新儿童基本文库　低年级　连续故事画 8）

　　本书为民国时期中国儿童连环画。

J0062537

义士和侠客 （一）

上海　大东书局　1948年　1张　17cm（32开）

（新儿童基本文库　低年级　连续故事画 13）

　　本书为民国时期中国儿童连环画。

J0062538

义士和侠客 （二）

上海　大东书局　1948年　1册　17cm（32开）

（新儿童基本文库　低年级　连续故事画 14）

　　本书为民国时期中国儿童连环画。

J0062539

智勇双全　陈兴华编

哈尔滨　东北画报社　1948年　32页

13cm（60开）

（通俗美术小丛书 24）

　　本书包括《衣文智攻据点》《智勇双全》《苏

云芳和班副》《小坟丘》等 4个短篇连环画。

J0062540

登帝位的奴隶 （1）

上海　慈幼印书馆　1949年　25页　9×14cm

（虹采丛书）

　　本书内容为圣若瑟（约瑟，雅各和结拉之子）的故事。

J0062541

登帝位的奴隶 （2）

上海 慈幼印书馆 1949年 25页 9×14cm

（虹采丛书）

　　本书内容为圣若瑟（约瑟，雅各和结拉之子）的故事。

J0062542

登帝位的奴隶 （3）

上海 慈幼印书馆 1949年 25页 9×14cm

（虹采丛书）

　　本书内容为圣若瑟（约瑟，雅各和结拉之子）的故事。

J0062543

登帝位的奴隶 （4）

上海 慈幼印书馆 1949年 26页 9×14cm

（虹采丛书）

　　本书内容为圣若瑟（约瑟，雅各和结拉之子）的故事。

J0062544

登帝位的奴隶 （5）

上海 慈幼印书馆 1949年 27页 9×14cm

（虹采丛书）

　　本书内容为圣若瑟（约瑟，雅各和结拉之子）的故事。

J0062545

冯治才诉苦记 （连环画册）

十一纵队战线画报社 1949年 油印本 35页

19cm（32开）环筒页装

　　民国时期中国连环画作品。

J0062546

解放大上海 新时代编辑社编绘

上海 上海华东书店 1949年 60页 有图

15×18cm 定价：CNY3.00

（新时代连环画 一）

　　本书为中国现代连环画。

J0062547

解放军史画 （连环画册）肖肖编绘

上海 上海联合画报社 1949年 60页 20cm（32开）

（联合画报解放丛刊）

　　本书为中国现代连环画册。

J0062548

没有土地的人们 （农民画）蔡若虹作

沁源 太岳新华书店 1949年 再版 石印本

30页 20cm（32开）

　　本书为中国现代连环画。作者蔡若虹（1910—2002），画家，美术家。原名蔡雍，笔名雷萌、张再学。江西九江人，毕业于上海美术专科学校。曾任延安鲁艺教员、美术系主任，《人民日报》美术编辑、中国画研究院副院长、中国文联第一至四届委员、中国美协第一至四届副主席。著作有画集《苦从何来》，诗画集《若虹诗画》，回忆录《上海亭子间时代风习》及《赤脚天堂》。

J0062549

少年毛泽东 （1893—1905）米谷作

香港 新民主出版社 1949年 87页 27cm（16开）

定价：HKD2.50

（民国籍粹续）

　　中国现代连环画作品。作者米谷（1918—1986），著名漫画家。海宁斜桥人。原名朱禄庆，学名朱吾石。笔名米谷、李诚、令狐原等。毕业于上海美术专科学校洋画系。1939年与华君武在延安创办鲁迅艺术学院漫画研究班，为《前线》《文汇报》《新民晚报》等创作大量讽刺漫画。曾任香港《文汇报》漫画双周刊主编、《解放日报》编委兼艺术组长、中国美术家协会常务理事、中国美术家协会上海分会副主席、中国美术馆研究部主任。代表作品《米谷漫画选》《米谷画选》等。

J0062550

王秀鸾 傅铎原著；新时代编辑社编绘

上海 华东书店 1949年 60页 14×18cm（40开）

定价：三元

（新时代连环画 10）

　　本书为中国现代连环画册。

J0062551

洋铁桶的故事 （连环图画）黎冰鸿画

华中新华书店 1949年 60页 19cm（32开）

本书为中国现代连环画。

J0062552

一个孩子的命运 （潍县战斗爱民故事）英耘画；许铭鸿编

北方出版社 1949 年 15 页 12cm（56 开）

　　本书包括《一个孩子的生命》《喂春蚕》《我完全明白了》3 个图画故事。

J0062553

指导员与老妈妈 （遵纪故事）华中新华书店编辑部绘

华中新华书店 1949 年 石印本 15 页 12×18cm

　　本书为中国现代连环画。

J0062554

朝鲜风云 李卉著；白士绘画

上海 五星出版社 1950 年 44 页 18cm（15 开）

定价：三元

　　本书为中国现代通俗连环画作品。

J0062555

儿童团员的英勇故事 李珂写；吴为画；中国少年儿童社编

北京 青年出版社 1950 年 有图 15cm（40 开）

定价：CNY1.50

（中国少年儿童连环画丛）

　　本书为中国少年儿童连环画作品。

J0062556

挂毛主席像章的何云生 荒草原著；董子畏改编；刘锡永作画

上海 益丰出版社 1950 年 32 页 18cm（15 开）

定价：二元

J0062557

两个营业员 徐昌霖编剧；徐昌霖导演

上海 上海电影译制片厂 1950—1959 年油印本 37 页 26cm（16 开）

　　作者徐昌霖（1916—2001），影视导演、评论家。生于浙江杭州，就读杭州三江大学和成都剧校。历任重庆中国电影制片厂编辑、上海中电三厂编剧导演、上海国泰影片公司导演、上海电影制片厂导演等职。著有《向民族文艺探胜求宝》《电影的蒙太奇与诗的赋比兴》《电影民族形式探胜》《论早期中国电影的民族风格》等。

J0062558

马头琴 吉志西改编；颜梅华画

上海 上海人民美术出版社 1950 年 40 页有图 13cm（60 开）

　　中国现代连环画作品。绘画颜梅华（1927—　），国画家。号雪庵，斋号琴斋。浙江乐清人。代表作品有《比目鱼》《白秋练》《白蛇传》《风云初记》等。

J0062559

男女工友的英勇斗争 （2 新连环图画）黄钢著；一丁改编；胡强绘

上海 灯塔出版社 1950 年 32 页 18cm（15 开）

定价：一元八角

　　中国现代连环画作品。

J0062560

斯大林和他的印刷机 萧光写；刘易晏画；中国少年儿童社编

北京 青年出版社 1950 年 17 页 15cm（40 开）

定价：1.10

（中国少年儿童连环画丛）

　　本书系中国少年儿童连环画作品。

J0062561

太阳医生 白双著；黄一德改编；赵白山作画

上海 灯塔出版社 1950 年 再版 48 页18cm（32 开）定价：二元五角

　　本书为中国现代通俗连环画作品。

J0062562

土地 邵宇画；江丰等主编

上海 大众美术出版社 1950 年 40 页 24cm（16 开）

定价：8.50

　　本书系中国现代连环画作品。绘画邵宇（1919—1992），曾用名邵进德，辽宁丹东人。毕业于北平美术专科学校。代表作品有《土地》《上饶集中营》《首都速写》《选举》《早读》等。主编江丰（1910—1982），版画家、美术教育家、美术评论家。原名周熙，笔名高岗、固林、江烽、介福。上海人。历任《前线画报》编辑、鲁迅艺术学院美术部主任、中华全国美术工作者协会副主席、中央美术学院院长、中国美术家协会主席。

出版有《江丰美术论集》。

J0062563
王贵与李香香　李季作；旺亲拉西绘
上海　上海教育书店　1950年　123页
13×18cm（36开）定价：四元五角
（中南文工团文学艺术丛书）
　　本书为中国现代连环画作品。

J0062564
小情报员　马烽写；窦宗淦画
北京　青年出版社　1950年　21页　15cm（40开）
定价：CNY1.30
（中国少年儿童连环画丛）
　　中国现代连环画作品。

J0062565
一封机密信　（大众连环画册）列平作
上海　大众美术出版社　1950年　98页　15cm（40开）
定价：CNY3.80
　　中国现代连环画作品。

J0062566
赵秀鹏加入少年先锋队了　潮流写；刘易
晏画
北京　青年出版社　1950年　36页　15cm（40开）
定价：1.80
（中国少年儿童连环画丛）
　　中国现代连环画作品。

J0062567
铸钟
1950年　44页　有图　10×13cm
　　中国现代连环画作品。

J0062568
走向那里　野夫，陈烟桥主编；陈叔亮作
上海　大众美术出版社　1950年　97页　18cm（15开）
　　本书为中国现代连环画作品。内容分3部分：
一、描写胡醉生投奔国民党统治区参加救亡工
作，打破了个人的幻想，又逃回上海；二、描写
胡醉生在沦陷区上海，碰得焦头烂额，去了山东
解放区；三、描写胡醉生参加某县文工团工作，
经过指导员的帮助与解放区农村的锻炼，提高了
觉悟，成为一名合格的文艺战士。

J0062569
爸爸回来啦　金近原著；凌涛，吕品绘图；唐
新之，沈达卿编写
上海　华东人民出版社　1951年　45页　有插图
18cm（15开）统一书号：0058　定价：CNY0.19
　　本书内容系中国现代连环画作品。

J0062570
党和人民的好女儿——丁佑君　（连环画集）
中国新民主主义青年团天津市工作委员会编
天津　知识书店　1951年　39页　有图　18cm（15开）
定价：旧币2,000元
　　本书系中国现代连环画作品。

J0062571
二小子当国防军　西虹著；黄一德改编；高孟
焕作画
上海　灯塔出版社　1951年　32页　18cm（15开）
定价：旧币2,200元
　　本书为中国现代通俗连环画作品。

J0062572
红军救了小二牛　吕品编绘
上海　一迅出版社　1951年　36页　12×17cm
定价：旧币1,900元
　　中国现代连环画作品。

J0062573
林树山　欧祥政著
沈阳　辽东人民出版社　1951年　38页　13×18cm
定价：旧币3,100元
　　中国现代连环画作品。

J0062574
美帝侵华史　中央美术学院研究部编绘
北京　人民美术出版社　1951年　3版　35页
12×15cm　定价：旧币1,500元
　　中国现代连环画作品。

J0062575
怒吼的中国　（上集）（苏）铁捷克著；之英改
编；公羊赤绘
上海　合作出版社　1951年　36页　18cm（15开）
定价：旧币2,500元
　　中国现代连环画作品。

J0062576

桥江人民的血泪仇 （连环画）易地，黄肇昌
画；魏小平文
长沙 湖南通俗读物出版社 1951年 20页
10×14cm 定价：旧币 700元
　　中国现代连环画作品。

J0062577

人民千字课 （第二册 第二届世界保卫和平
大会）李卉编撰；吴智泉书写；王柳影绘图
上海 元昌印书馆 1951年 32页 有图
18cm（15开）定价：旧币 3,000元
　　中国现代连环画作品。作者王柳影
（1917— ），画家。浙江湖州人。曾任苏州美术
专科学校沪校国画专修科教授，上海市美术家协
会会员，上海市文史研究馆馆员。擅长人物、山
水、走兽、花鸟等。作品有《杨贵妃·沉香亭》《九
如图》《螺祖育蚕图》（与友人合作）等。

J0062578

人民千字课 （第三册 反特专刊）邓速编撰；
吴智泉书写；何俊绘图
上海 元昌印书馆 1951年 32页 有图 18cm
（15开）定价：旧币 2,500元
　　中国现代连环画作品。

J0062579

人民千字课 （第五册 伟大祖国专刊）邓速编
撰；吴智泉书写；何俊绘图
上海 元昌印书馆 1951年 32页 有图
18cm（15开）定价：旧币 2,500元
　　中国现代连环画作品。

J0062580

人民千字课 （第七册 贯彻执行三项爱国号
召宣传画刊）陈出新编撰；陈烟帆绘图
上海 元昌印书馆 1951年 16页 18cm（15开）
定价：旧币 1,000元
　　中国现代连环画作品。

J0062581

人民千字课 （第九册 世界大势 战后世界新
形势通俗画册）陈出新编撰；陈烟帆绘图
上海 元昌印书馆 1951年 48页 有图
18cm（15开）定价：旧币 3,000元

　　中国现代连环画作品。

J0062582

人民千字课 （第十册 土地改革通俗画册）王
一丁编撰；赵白山绘图
上海 元昌印书馆 1951年 32页 有图
18cm（15开）定价：旧币 2,000元
　　中国现代连环画作品。绘画赵白山（1906—
？），连环画家。江苏张家港人，毕业于新华艺
术专科学校。历任少年儿童出版社美术编辑，中
国美术家协会上海分会会员、上海科普创作协
会会员。主要作品有《辞海动物插图》《生物的
启示》（插图），《有趣的动物及有趣的植物》（插
图）、《海洋的秘密》（插图），《海洋牧场》（插图），
年画宣传画《家禽——鸽》等。

J0062583

人民千字课 （第十一册 争取缔结五大国和
平公约 反对侵略战争·保卫世界和平）顾行编
撰；陈烟帆绘图
上海 元昌印书馆 1951年 32页 有图
18cm（15开）定价：旧币 2,000元
　　中国现代连环画作品。

J0062584

人民千字课 （第十三册 继续加强抗美援朝
运动 打败美帝国主义的侵略）黄一德编撰；陈
烟帆绘图
上海 元昌印书馆 1951年 48页 有图
18cm（15开）定价：旧币 3,000元
　　中国现代连环画作品。作者黄一德（1900—
1968），连环画家。浙江余姚人。又名望德。曾
任儿童书局编辑、《儿童日报》主笔、《儿童良友
画报》主编、上海人民美术出版社连环画文字编
辑室组长等。代表作有《新儿女英雄传》《燕宿
崖》《过江电线》《向秀丽》等。

J0062585

人民千字课 （抗美援朝保家卫国专册）黄一
德编撰；迟翁书写；王柳影绘图
上海 元昌印书馆 1951年 32页 有图
18cm（15开）定价：旧币 2,000元
　　中国现代连环画作品。绘图王柳影
（1917— ），画家。浙江湖州人。曾任苏州美术
专科学校沪校国画专修科教授，上海市美术家协

会会员，上海市文史研究馆馆员。擅长人物、山水、走兽、花鸟等。作品有《杨贵妃·沉香亭》《九如图》《嫘祖育蚕图》(与友人合作)等。

J0062586
新花木兰郭俊卿 (说唱连环画) 贵州青年社编
贵阳 贵州青年出版社 1951年 27页 15cm(40开)
定价：旧币900元
　　中国现代说唱连环画作品。

J0062587
血肉相连 西野作
北京 人民美术出版社 1951年 37页 有图
15cm(40开) 定价：旧币3,050元
　　中国现代连环画作品。

J0062588
战士千字课 (第一册 郭忠田英雄排) 邓速编撰；何俊绘图
上海 元昌印书馆 1951年 16页 有图
18cm(15开) 定价：旧币1,000元
　　中国现代连环画作品。

J0062589
战士千字课 (第二册 永垂不朽的杨根思连长) 邓速编撰；何俊绘图
上海 元昌印书馆 1951年 16页 有图
18cm(15开) 定价：旧币1,000元
　　中国现代连环画作品。

J0062590
战士千字课 (第三册 奋战死鹰岭) 邓速编撰；叶大荣绘图
上海 元昌印书馆 1951年 16页 有图
18cm(15开)《15开) 定价：旧币1,000元
　　中国现代连环画作品。

J0062591
战士千字课 (第四册 吕松山单枪破敌阵) 邓速编撰；叶苗绘图
上海 元昌印书馆 1951年 16页 有图
18cm(15开) 定价：旧币1,000元
　　中国现代连环画作品。

J0062592
战士千字课 (第五册 为和平事业光荣殉职的姚庆祥烈士) 邓速编撰；何俊绘图
上海 元昌印书馆 1951年 16页 有图
18cm(15开) 定价：旧币1,000元
　　中国现代连环画作品。

J0062593
战士千字课 (第六册 强渡清川江) 邓速编撰；何俊绘图
上海 元昌印书馆 1951年 16页 有图
18cm(15开) 定价：旧币1,000元
　　中国现代连环画作品。

J0062594
战士千字课 (第七册 黄草岭阻击战) 邓速编撰；陈烟帆绘图
上海 元昌印书馆 1951年 16页 有图
18cm(15开) 定价：旧币1,000元
　　中国现代连环画作品。

J0062595
战士千字课 (第八册 万岁部队) 邓速编撰；何俊绘图
上海 元昌印书馆 1951年 16页 有图
18cm(15开) 定价：旧币1,000元
　　中国现代连环画作品。

J0062596
战士千字课 (第九册 八勇士宁死不屈) 邓速编撰；叶大荣绘图
上海 元昌印书馆 1951年 16页 有图
18cm(15开) 定价：旧币1,000元
　　中国现代连环画作品。

J0062597
战士千字课 (第十册 威震铁血山) 齐鸣编撰；陈烟帆绘图
上海 元昌印书馆 1951年 16页 有图
18cm(15开) 定价：旧币1,000元
　　中国现代连环画作品。

J0062598
战争与和平 (1) 朱田改编；广州美术专科学校作图

上海 广艺书局 1951年 再版 32页 18cm（15开）
定价：旧币二千元
　　中国现代通俗连环画作品。

J0062599
白喉可怕吗？ 贾维诚编绘
沈阳 东北医学图书出版社 1952年 10×13cm
定价：旧币 1,500 元
　　中国现代连环画作品。

J0062600
比一比 刘锡永设计、绘画
上海 启明书局 1952年 18页 有图 18cm（15开）
定价：旧币一千三百元
（新爱国教育图画故事）
　　中国现代连环画作品。

J0062601
捕鼠小英雄 谷枫秋，高岚编绘
沈阳 东北医学图书出版社 1952年 96页
9×13cm 定价：旧币 2,000 元
　　中国现代连环画作品。

J0062602
党的好儿子 徐适崎等著
重庆 西南工人出版社 1952年 32页 13cm（60开）
定价：旧币 800 元
（连环画册 1）
　　中国现代连环画作品。讲述中国模范共产
党员生平事迹的故事。

J0062603
革命 张组良编辑；芮光庭绘图
上海 通力出版社 1952年 3版 18cm（15开）
定价：旧币 2,000 元
　　中国现代通俗连环画作品。

J0062604
假药害人 杨兆麟编文；陈履平，马以鍫，徐
正平，吕品绘画
上海 华东人民出版社 1952年 49页 有图
（黑白）11×13cm 统一书号：画 0166
定价：CNY1, 300.00
　　本连环画主要讲述南京市立康药房经理张
立言，在中华人民共和国成立后，为了达到个人

发财的目的，竟不惜用各种卑鄙手段，以赌赂、
请客、送礼等方式，大肆拉拢和收买市立第一医
院的贪污分子，盗窃国家资财的故事。

J0062605
健康第一 余增一编著
上海 商务印书馆 1952年 16页 有彩图
18cm（15开）定价：旧币 1800 元
　　中国现代连环画作品。

J0062606
捷克斯洛伐克的重工业
北京 人民美术出版社 1952年 有图
15cm（40开）定价：CNY0.24
　　中国现代连环画作品。

J0062607
刘贵参观展览会 秋雁编；墨浪，卜孝怀画
北京 人民美术出版社 1952年 20页 有图
13×18cm 定价：旧币 800 元
　　中国现代连环画作品。

J0062608
孟姜女 余金改编；王叔晖绘画
北京 朝花美术出版社 1952年 2版 105页
有图（白描）11×13cm 统一书号：6397.107
定价：定价 0.24
　　本书讲述了秦始皇时期，劳役繁重。青年男
女范喜良、孟姜女新婚三天，新郎就被迫出发修
筑长城，不久因饥寒劳累而死，尸骨被埋在长城
墙下。孟姜女身背寒衣，万里寻夫来到长城边，
得到的却是丈夫的噩耗。孟姜女在长城上哭了
三天三夜，忽然长城就此坍塌，露出了范喜良的
尸骸。孟姜女安葬范喜良后投海而亡。

J0062609
农家乐 东北医学图书出版社编辑
沈阳 东北人民政府卫生部卫生报社 1952年
90页 10×13cm 定价：旧币 1,100 元
（卫生连环画选集 2）
　　中国现代连环画作品。

J0062610
农民黑板报 陈望编绘
广州 南方通俗读物联合出版社 1952年 38页

9×13cm 定价: 旧币 2,000 元

中国现代连环画作品。作者陈望(1922—2006),画家。生于广东揭阳县,毕业于广西省立艺术师范学校。曾任汕头地区文联副主席、汕头市文联名誉主席。作品有《农民诵诗》《旱年》等,出版有《木刻选集》《陈望版画集》等。

J0062611

葡萄熟了的时候　孙谦原著; 董霖肯改编; 程十发编绘

上海 立化出版社 1952 年 2 版 72 页 11×15cm 定价: 旧币 2,900 元

中国现代连环画作品。本书与电化教育出版社合作出版。作者程十发(1921—2007),画家。出生于上海金山,毕业于上海美术专科学校国画系。代表作品有《丽人行》《迎春图》《列宁的故事》《孔乙己》等。出版有《程十发近作选》《程十发花鸟习作选》《程十发作品展》。

J0062612

人民的女功臣解秀梅　西北民主妇女联合会宣传部编

西安 西北人民出版社 1952 年 26 页 11×15cm(50 开) 定价: 旧币 1,000 元

中国现代连环画作品。解秀梅(1932—1996),女,中国人民解放军战士。出生于河北高阳县于提村。任中国人民志愿军 68 军 202 师政治部文工队队员。电影《英雄儿女》的真实原型。是我军在抗美援朝战争中唯一荣立一等功的女战士。

J0062613

三要三不要　孙依凡设计; 刘锡永绘图

上海 启明书局 1952 年 18 页 有彩图 18cm(15 开) 定价: 旧币 1300 元

中国现代连环画作品。

J0062614

十壮士　李志刚编著

上海 商务印书馆 1952 年 32 页 有图 18cm(15 开) 定价: 旧币 2,300 元

中国现代连环画作品。

J0062615

苏联工人的幸福生活　北京市中苏友好协会编

北京 人民美术出版社 1952 年 20 页 有图 13×15cm 定价: 旧币 1,500 元

(中苏友好画库 第八辑)

中国现代连环画作品。

J0062616

特等功臣马毛姐　宗亮晨编写; 严个凡绘图

上海 华光书局 1952 年 20 页 有图 18cm(32 开)

定价: 旧币 2000 元

(小学爱国主义丛书)

中国现代连环画作品。

J0062617

田家祥负病做耕犁　(记五十一团三营通讯员负病在七日内完成五张犁) 石子丰绘; 汪熙词

六军政治部 1952 年 6 叶 12×17cm(60 开)

中国现代连环画作品。

J0062618

土地回老家　金岚编著

上海 商务印书馆 1952 年 15 页 有图 18cm(32 开) 定价: 旧币 1,800

中国现代连环画作品。

J0062619

卫生模范王小兰　谷枫秋编绘

沈阳 东北医学图书出版社 1952 年 25 页 9×13cm(56 开) 定价: 旧币 1,000 元

(卫生连环画)

中国现代连环画作品。

J0062620

文化大进军　陈达编; 钟庸画

上海 劳动出版社 1952 年 41 页 10×13cm 定价: 旧币 1,100 元

中国现代连环画作品。

J0062621

我们的物产真多　姜元琴编写; 赵白山绘图

上海 上海北新书局 1952 年 20 页 有图 18cm(32 开) 定价: 旧币 2,000 元

(小学爱国主义丛书)

中国现代连环画作品。

J0062622
幸福的匈牙利人
北京 人民美术出版社 1952 年 1 册 有图
15cm（40 开）定价：旧币 2,400 元
　　中国现代连环画作品。

J0062623
义和团　陆君平编；钱笑呆绘
上海 东亚书局 1952 年 192 页 有图
9×13cm（64 开）定价：CNY5.70
　　中国现代连环画作品。绘画钱笑呆（1912—
1965），连环画名家。祖籍江西，出生于江苏阜宁。
原名爱荃。曾为上海锦章书局创作连环画，后任
上海新华美术出版社、上海人民美术出版社连环
画创作员。代表作有《青楼泪》《红楼梦》《洛阳
桥》等。生年一说 1911 年。

J0062624
英勇的汽车女司机　载新闻日报等原著；杨
文等改编；梅华等绘
上海 福记书局 1952 年 2 版 24 页 17cm（40 开）
定价：旧币 2,000 元
（新时代连环画册）
　　本书为中国现代连环画册。

J0062625
友谊　（抗美援朝连环画）江棱原著；吴廷瑁改
编；郑文中绘图
上海 文锋出版社 1952 年 3 版 有图
18cm（15 开）定价：旧币 2,500 元
　　中国现代连环画作品。

J0062626
幼儿园看图说话　（五彩 2）任重编；赵白
山，沈麓元绘
上海 人世间出版社 1952 年 32 页 有彩图
18cm（15 开）定价：旧币 3,000 元
　　中国现代连环画作品。

J0062627
幼儿园生活　（小班秋季用）宗亮寰等编绘
上海 广益书局 1952 年 有图 18cm（15 开）
定价：旧币 1,900 元
　　中国现代连环画作品。

J0062628
越南小英雄　许敬之编著
上海 商务印书馆 1952 年 32 页 有图
18cm（15 开）定价：旧币 2,300 元
　　中国现代连环画作品。

J0062629
真正的人　（电影连环图画）中国影片经理公
司编
北京 人民美术出版社 1952 年 146 页
10×15cm 定价：旧币 4,400 元
　　中国现代连环画作品。

J0062630
植棉能手曲耀离　晨光出版公司编辑
上海 晨光出版公司 1952 年 有图 14cm（64 开）
定价：旧币 2,500 元
（新中画库 36）
　　中国现代连环画作品。

J0062631
中华杂技团　蒋志竞编写；赵白山绘图
上海 1952 年 20 页 有图 18cm（15 开）
定价：旧币 2,000 元
（小学爱国主义丛书）
　　中国现代连环画作品。绘画赵白山（1906—
？），连环画家。江苏张家港人，毕业于新华艺
术专科学校。历任少年儿童出版社美术编辑，中
国美术家协会上海分会会员、上海科普创作协
会会员。主要作品有《辞海动物插图》《生物的
启示》（插图），《有趣的动物及有趣的植物》（插
图）,《海洋的秘密》（插图）,《海洋牧场》（插图），
年画宣传画《家禽——鸽》等。

J0062632
中苏友好画史　（增订本）鲁少飞，王叔晖，
王角等合绘
北京 人民美术出版社 1952 年 有图 10×13cm
定价：旧币 1,500 元
（中苏友好画库 5）
　　中国现代连环画作品。

J0062633
白蛉子和黑热病　科学普及局主编；罗泽珣
编辑；芮光庭绘画

北京 北京书店 1953年 28页 有图 18cm（15开）
定价：旧币 1,600 元
（通俗科学知识图画 第三辑 第十三种）
　中国现代科学知识连环画作品。

J0062634
反对细菌战　中央电影局东北电影制片厂编
北京 人民美术出版社 1953年 77页 有图
18cm（15开）定价：旧币 3,500 元
　中国现代连环画作品。

J0062635
方腊起义　高兰改编；立人，梅生绘图
上海 周家书局 1953年 81–160 页 有图
10×13cm 定价：旧币 4,400 元
　中国现代连环画作品。

J0062636
放牛的孩子　刘美言设计；贺宜校订；邢舜田
绘图
上海 大陆书局 1953年 22页 有图 19cm（32开）
定价：旧币 2,200 元
　中国现代连环画作品。

J0062637
冯木匠做黑板　徐光玉编；墨浪绘
北京 人民美术出版社 1953年 24页 有图
15cm（40开）定价：CNY0.09
　中国现代连环画作品。

J0062638
感谢信　吴琴编写；严个凡绘图
上海 华光书局 1953年 18页 有彩图
15×19cm 定价：旧币 1,400 元
（红领巾图画故事丛书）
　中国现代连环画作品。

J0062639
高射炮垒　方正设计；赵白山绘图
上海 大陆书局 1953年 22页 有彩图
19cm（32开）定价：旧币 2,200 元
　中国现代连环画作品。

J0062640
好学生　郑维雄设计；贺宜校阅；黄衣昌绘图

上海 大陆书局 1953年 18页 有彩图
19cm（32开）定价：旧币 1,800 元
　中国现代连环画作品。

J0062641
狐狸建筑师　中国影片经理公司编绘
北京 人民美术出版社 1953年 38页 有彩图
15cm（40开）定价：旧币 2,400 元
　中国现代连环画作品。

J0062642
开辟康藏公路的英雄们　王小石编；陈丹
旭画
上海 北新书局 1953年 30页 有图 18cm（15开）
定价：旧币 1,800 元
（小学爱国主义丛书）
　中国现代连环画作品。

J0062643
看图会意识字　郑云波编；谷震绘
上海 文元书局 1953年 30页 有图 15cm（40开）
定价：旧币 1,000 元
　中国现代连环画作品。速成识字辅助用书。

J0062644
李长顺机班　碧野著；罗兴绘图；玄常改编
上海 学林书店 1953年 3版 62页 9×13cm
统一书号：34049 定价：CNY2000.00
　中国现代连环画作品。

J0062645
林则徐　黄一德编文；胡岩佛绘图
上海 青城书店 1953年 有图 18cm（15开）
定价：旧币 1,000 元
　中国现代连环画作品。

J0062646
毛主席真爱护我们　（儿童旅行的故事）俞嘉
瑞编著；胡振祥制图
上海 春秋书社 1953年 26页 有彩图
18cm（15开）定价：旧币 1,300 元
　中国现代连环画作品。

J0062647
煤矿工人田成富　鲁矛编写；赵白山绘图

上海 春秋书社 1953年 20页 有图 18cm（15开）
定价：旧币 1,600 元
（小学爱国主义丛书）
　　中国现代连环画作品。

J0062648
农人种麦　正青编著；倪乐山绘
上海 春秋书社 1953年 有彩图 15cm（40开）
定价：旧币 1,200 元
　　中国现代连环画作品。

J0062649
三人行　良士，刘文斌等编
上海 新美术出版社 1953年 54页 有图
10×13cm 定价：旧币 1,400 元
　　中国现代连环画作品。

J0062650
沙尔米柯　（儿童连环图画）中央电影局东北
电影制片厂编
北京 人民美术出版社 1953年 73页 15cm（40开）
定价：旧币 4,300 元
　　中国现代连环画作品。

J0062651
谁是第一　中国影片经理公司编
北京 人民美术出版社 1953年 42页 有图
15cm（40开）定价：旧币 2,600 元
　　中国现代连环画作品。

J0062652
送猪肉　刘美言设计；贺宜校阅；邢舜田绘图
上海 大陆书局 1953年 22页 有图 19cm（32开）
定价：旧币 2,200 元
　　中国现代连环画作品。

J0062653
特等功臣李得学　（抗美援朝故事）俞嘉瑞编
著；胡振祥制图
上海 春秋书社 1953年 26页 有彩图
18cm（32开）定价：旧币 1,300 元
　　中国现代连环画作品。

J0062654
兔兄兔弟　中国影片经理公司编

北京 人民美术出版社 1953年 50页 有图
15cm（40开）定价：CNY3.00
（儿童连环图画）
　　中国现代连环画作品。

J0062655
文化还家　东北妇女编委会编绘
1953年 30页 13×19cm（32开）
　　中国现代连环画作品。

J0062656
我们怎样增产节约　（中·低）田地编写；郭
勤初绘图
上海 少年儿童出版社 1953年 16页 有彩图
18cm（32开）定价：旧币 1,800 元
　　中国现代连环画作品。

J0062657
小牛造的房子　任留设计；贺宜校阅；徐进
绘图
上海 大陆书局 1953年 18页 有彩图
19cm（32开）定价：旧币 1,800 元
　　中国现代连环画作品。

J0062658
小小屋　（中）（苏）毕安琪原著；亦罕译
上海 少年儿童出版社 1953年 1册 有彩图
18cm（32开）定价：旧币 1,700 元
　　中国现代连环画作品。

J0062659
新中国妇女　人民美术出版社编
北京 人民美术出版社 1953年 38页 有图
15cm（40开）定价：旧币 1,400 元
（工农画册）
　　中国现代连环画作品。

J0062660
杨扬在儿童公园　朱白，华三川编绘
上海 启明书局 1953年 18页 有彩图
18cm（32开）定价：旧币 900 元
　　中国现代连环画作品。

J0062661
在暑假里　吴华编写；赵白山绘图

上海 少年儿童出版社 1953年 18页 18cm（15开）
定价：旧币 2,000 元

　　中国现代连环画作品。

J0062662

张伯伯家的老鼠　金童设计；贺宜校阅；费新我绘图

上海 大陆书局 1953年 18页 有彩图
19cm（32开）定价：旧币 1,800 元

　　中国现代连环画作品。作者费新我（1903—1992），书法家、画家。学名斯恩，原字省吾，字立千、号立斋，后改名新我，湖州南浔双林镇人。毕业于上海白鹅绘画学校。代表作品有《怎样画毛笔画》《怎样学书法》《楷书初阶》《怎样画铅笔画》。

J0062663

张羽煮海　王亚平词；杨萧萧画

武汉 中南人民文学艺术出版社 1953年 34页 有图 19cm（32开）定价：旧币 2,500 元

　　中国现代连环画作品。

J0062664

志愿军和朝鲜孩子　（朝鲜战地的故事）于逢源原著；钱长龄改编；倪乐山制图

上海 春秋书社 1953年 26页 有彩图
18cm（15开）定价：旧币 1,300 元

　　中国现代连环画作品。

J0062665

志愿军捉俘虏　谷斯范原著；任明改编；陆星辰绘图

上海 中心书局 1953年 5版 109页 10×13cm
定价：旧币 3,200 元

　　中国现代连环画作品。

J0062666

最新看图识字　（一）黄一德编；沈麓元绘图
上海 广艺书局 1953年 有图 18cm（15开）
定价：旧币 1,700 元

　　中国现代连环画作品。

J0062667

被批评的连环画索引　南京图书馆编
南京 南京图书馆 1954年 油印本 12页

26cm（16开）

　　中国现代连环画作品。

J0062668

参观炼钢厂　沈放著；陈菊仙，曹有成画
上海 少年儿童出版社 1954年 26页 有图
19cm（32开）定价：旧币 1,600 元

　　中国现代连环画作品。版权页书号：图1019。作者陈菊仙（1929—　）女，浙江温州人。毕业于中央美术学院华东分院。擅长年画。上海人民美术出版社画家。主要作品有《捉麻雀》《个个争当小雷锋》《共同富万家乐》等。著有《年画述要》。

J0062669

到万里外去学习　萧通改编；朱玉成绘
上海 华光书局 1954年 40页 有图 15cm（40开）
定价：CNY0.20

　　中国现代连环画作品。

J0062670

点金术　韩恕描绘设色
北京 朝花美术出版社 1954年 33页 15cm（40开）
定价：旧币 2,200 元
（儿童连环图画）

　　中国现代儿童连环画作品。

J0062671

东郭先生　（连环图画）刘继卣绘；董聚贤，徐淦编
北京 人民美术出版社 1954年 83页 16×22cm

　　根据同名寓言故事改编的中国现代连环画作品。

J0062672

东郭先生　（连环图画）董聚贤，徐淦编；刘继卣绘
北京 人民美术出版社 1954年 有图 线装
定价：17,000 元

J0062673

顿巴斯矿工的劳动和生活　上海市中苏友好协会编
上海 华东人民美术出版社 1954年 有图
14cm（64开）定价：旧币 1,800 元

根据苏联影剧版改编的中国现代连环画作品。

J0062674
还给国家　陈一心编；王柳影画
上海　华光书局　1954年　20页　有彩图　15×19cm
定价：旧币 1,400 元
（红领巾图画故事丛书）
　　中国现代连环画作品。作者王柳影（1917— ），画家。浙江湖州人。曾任苏州美术专科学校沪校国画专修科教授，上海市美术家协会会员，上海市文史研究馆馆员。擅长人物、山水、走兽、花鸟等。作品有《杨贵妃·沉香亭》《九如图》《嫘祖育蚕图》（与友人合作）等。

J0062675
卡累利阿·芬兰苏维埃社会主义共和国　上海市中苏友好协会编辑
上海　华东人民美术出版社　1954年　有图
14cm（64开）定价：旧币 1,800 元
（苏联十六个加盟共和国 16）
　　中国现代国外题材连环画作品。

J0062676
马鞍山铁厂　华东人民美术出版社编辑；尹福康等摄
上海　华东人民美术出版社　1954年　有图
15cm（40开）定价：旧币 2,100 元
　　中国现代连环画作品。作者尹福康（1927— ），摄影家。江苏南京人。曾任上海人民美术出版社副编审、上海市摄影家协会副主席等职。主要作品有《烟笼峰岩》《向荒山要宝》《晒盐》《工人新村》等。

J0062677
骑马康康　（低·中）黄文华编著；胡振祥绘图
上海　春秋书社　1954年　20页　有彩图
18cm（15开）定价：旧币 1,000 元
　　中国现代连环画作品。

J0062678
抢救瞎老人　汉莹编；王柳影画
上海　华光书局　1954年　有彩图　15×19cm
定价：旧币 1,400 元
（红领巾图画故事丛书）

中国现代连环画作品。

J0062679
三娃和小金马　（低·中）方红原著；李白英改编；尚士顺绘图
上海　春秋书社　1954年　26页　有彩图
18cm（15开）定价：旧币 1,300 元
　　中国民间故事连环画作品。

J0062680
苏军卫国战争画史　上海市中苏友好协会编辑
上海　华东人民美术出版社　1954年　有图
14cm（64开）定价：旧币 2,400 元
　　中国现代连环画作品。

J0062681
太阳山　韩恕绘
北京　朝花美术出版社　1954年　39页　有彩图
15cm（40开）定价：旧币 2,500 元
　　中国现代儿童连环画作品。

J0062682
我们感谢谁　（低、中）俞嘉瑞编著；胡振祥绘图
上海　春秋书社　1954年　19页　有图　18cm（32开）
定价：旧币 1,000 元
　　中国现代连环画作品。

J0062683
小兵学科学　李白英改编；吴诒绘
上海　华光书局　1954年　40页　有图　15cm（40开）
定价：旧币 2,400 元
　　中国现代儿童连环画作品。

J0062684
小刚的红领巾
郑州　河南人民出版社　1954年　18+8页　有彩图
15cm（40开）定价：CNY0.26
　　中国现代儿童连环画作品。

J0062685
小琳的图画　陈文辉设计；陈清之绘图
上海　少年儿童出版社　1954年　重印本　20页
13×18cm（36开）定价：旧币 1,000 元
　　中国现代连环画作品。

J0062686

小平买书　唐可民编写；赵白山绘图
上海 少年儿童出版社 1954年 重印本 20页
13×18cm（36开）定价：旧币 1,000元
　　中国现代连环画作品。绘画赵白山（1906—
?），连环画家。江苏张家港人，毕业于新华艺术专科学校。历任少年儿童出版社美术编辑，中国美术家协会上海分会会员，上海科普创作协会会员。主要作品有《辞海动物插图》《生物的启示》（插图），《有趣的动物及有趣的植物》（插图），《海洋的秘密》（插图），《海洋牧场》（插图），年画宣传画《家禽——鸽》等。

J0062687

小兄弟　乐式棻改编；天佑描绘
北京 朝花美术出版社 1954年 39页 有彩图
15cm（40开）定价：旧币 2,500元
　　中国现代连环画作品。

J0062688

新编小学新图画　（第五册）王伯仁等编绘
上海 东新书局 1954年 20页 有彩图
13×19cm（32开）定价：旧币 1,800元
　　中国现代连环画作品。

J0062689

新编小学新图画　（第十册）王守仁等编绘
上海 童联书店 1954年 20页 有彩图 13×19cm
　　中国现代连环画作品。

J0062690

新编幼儿园读本　（一）黄一德编；严个凡，沈麓元绘
上海 昌明书屋 1954年 32页 有图 18cm（32开）
定价：旧币 1,700元
　　中国现代连环画作品。

J0062691

新编幼儿园读本　（二）黄一德编；严个凡，沈麓元绘
上海 昌明书屋 1954年 32页 有彩图
13cm（60开）定价：旧币 900元
　　中国现代连环画作品。

J0062692

新编幼儿园读本　（三）黄一德编；严个凡，沈麓元绘
上海 昌明书屋 1954年 32页 有彩图
13cm（60开）定价：旧币 900元
　　中国现代连环画作品。

J0062693

一颗蓝珍珠　Я.泰慈原著；王争改编，张之凡绘
上海 华光书局 1954年 40页 有图 15cm（40开）
定价：旧币 2,400元
　　中国现代连环画作品。

J0062694

狱中　万正原著；松江编文；王恩盛，金宝临绘图
天津 天津人民美术出版社 1954年 137页
有图 11×15cm
　　中国现代连环画作品。

J0062695

长鼻子　小莹改编；王柳影绘图
上海 华光书局 1954年 40页 有图 15cm（40开）
定价：旧币 2,000元
　　中国现代儿童连环画作品。作者王柳影（1917—　），画家。浙江湖州人。曾任苏州美术专科学校沪校国画专修科教授，上海市美术家协会会员，上海市文史研究馆馆员。擅长人物、山水、走兽、花鸟等。作品有《杨贵妃·沉香亭》《九如图》《嫘祖育蚕图》（与友人合作）等。

J0062696

爱好和平的孩子们　（中）赵德编写；张之凡绘
上海 儿童读物出版社 1955年 新1版 40页
有图 15cm（40开）统一书号：图 1032
定价：CNY0.19
　　中国现代连环画作品。

J0062697

芭蕉扇　（中）叶超改写；董天野绘图；儿童时代社编
上海 少年儿童出版社 1955年 26页 13cm（60开）
定价：旧币一角三分

中国现代连环画作品。

J0062698

白母鸡的故事　（连环画选集）王流秋编绘
上海　新美术出版社　1955 年　60 页　19×21cm
定价：CNY0.40
　　中国现代连环画作品。

J0062699

边疆巡逻兵　常惠改编；刘端绘
石家庄　河北人民美术出版社　1955 年　34 页
有图　13cm（60 开）统一书号：T8087
定价：CNY0.15
　　中国现代连环画作品。

J0062700

不屈的人　（附：旗）雪夫，张西洛改编；俞沙
丁等绘
北京　朝花美术出版社　1955 年　48 页　有图
15cm（40 开）定价：旧币 1,600 元
　　中国现代连环画作品。

J0062701

不朽的小英雄　周而复原著；邹泷绘
上海　美术读物出版社　1955 年　新 1 版　94 页
10cm（64 开）定价：CNY0.21
（西流水的英雄们 6）
　　中国现代连环画作品。

J0062702

敌后武工队　（庆胜利群魔伏诛）冯志原著；
李天心等编绘
天津　天津美术出版社　1955 年　168 页　有图
10×13cm
　　中国现代连环画作品。

J0062703

东山岛大捷　建荣编文；鹿山编绘
上海　美术读物出版社　1955 年　新 1 版　82 页
有图　10×13cm
　　中国现代连环画作品。

J0062704

风雷电　吴翰云，赵蓝天编；张之凡绘图
上海　儿童读物出版社　1955 年　14 页　有彩图

18cm（15 开）定价：CNY0.07
　　中国现代连环画作品。

J0062705

贵妃醉酒　（戏曲画册）许源来编；梅兰芳演出
上海　新美术出版社　1955 年　100 页　8×10cm
定价：旧币 4,800.00
　　本书收入梅兰芳两大代表作《贵妃醉酒》
《霸王别姬》的 75 幅剧照，并以简要文字阐述
梅派艺术在表演上取得的卓越成就。梅兰芳
（1894—1961），中国京剧表演艺术大师。生于北
京，祖籍江苏泰州。名澜，字畹华。擅演青衣、
花旦、刀马旦各种角色的剧本，世称"梅派"，为
"四大名旦"之一。历任中国京剧院院长、中国戏
曲研究院院长、中国戏剧家协会副主席等职。代
表剧目有《宇宙锋》《贵妃醉酒》《双奇会》《霸王
别姬》等，出版有《梅兰芳文集》《舞台生活四十
年》《梅兰芳演出剧本选集》等。

J0062706

海上英雄　柯蓝，蒋月泉，周云瑞集体创作；
柯蓝整理
上海　上海文化出版社　1955 年　108 页　有图
14cm（64 开）定价：CNY0.22
（戏曲小丛书）
　　中国现代连环画作品。作者蒋月泉（1917—
2001），评弹表演艺术家。生于上海，祖籍江苏苏
州。代表作品有《王孝和》《林冲》《刘胡兰》《王
佐断臂》《厅堂夺子》等。

J0062707

河边村的春天　孙峻青原作；徐光玉改编；高
鑫作画
天津　天津人民美术出版社　1955 年　84 页　有图
11×15cm
　　中国现代连环画作品。

J0062708

红鬃烈马　钱笑呆等绘；张国珍编文
上海　新文艺出版社　1955 年　影印本　18×26cm
定价：CNY0.84
　　中国现代连环画作品。

J0062709

火车开到马官村　周竞，周学功编；王文彬

等绘
北京 朝花美术出版社 1955 年 41 页 有图
13cm（60 开）定价：CNY0.13
　　中国现代连环画作品。附《老方头》。作者
王文彬（1928—2001），教授、画家。字弋人，山
东青岛人，中央美术学院油画系。历任中央美术
学院教授、中国美协壁画艺术委员会委员。著有
《油画自修》《壁画绘制工艺》《安格尔》《米勒》
《王文彬画集》等。

J0062710
界碑　林黄改编；林锴绘
北京 朝花美术出版社 1955 年 30 页 有图
15cm（40 开）定价：旧币 1,200 元
　　中国现代连环画作品。绘画林锴（1924—
2006），著名书画家、篆刻家、诗人、国家一级美
术师。福建福州人，毕业于国立艺专（现中国美
术学院）。人民美术出版社专业画家。出版有《林
锴画选》《墨花集》《苔文集》（诗集）等。

J0062711
快乐的家庭　（中）彭玲编写；胡振祥绘图
上海 儿童读物出版社 1955 年 14 页 有彩图
13cm（60 开）定价：CNY0.07
　　中国现代连环画作品。

J0062712
懒惰的孩子　（中）张朗编写；张之凡绘
上海 儿童读物出版社 1955 年 新 1 版 38 页
有图 15cm（40 开）定价：CNY0.19
　　中国现代连环画作品。

J0062713
梁山伯与祝英台　南薇原改编，华东戏曲研
究院编审室改编；徐进等执笔
上海 上海文化出版社 1955 年 67 页 有图
14cm（64 开）定价：CNY0.15
（戏曲小丛书）
　　中国现代越剧连环画作品。

J0062714
猫狗耕地　曹作锐编；蹇人斌绘
北京 朝花美术出版社 1955 年 53 页 有图
13cm（60 开）定价：CNY0.27
　　根据民间故事改编的中国现代连环画作品。

作者曹作锐（1923—　），编辑。别名愚谷，河北
武清人。擅长连环画编辑及理论研究。《连环画
艺术》副主编，中国连环画研究会常务理事，中
国美术家协会会员。出版有《连环画编写探幽》，
连环画脚本《智降狮猁王》《懒龙伸腰》。

J0062715
毛主席像　周存绪改编；莫更原绘
北京 朝花美术出版社 1955 年 41 页 有图
12cm（60 开）定价：CNY0.22
　　中国现代连环画作品。

J0062716
迷路的小姑娘　（低）蓝苇设计；吴文渊绘图
上海 少年儿童出版社 1955 年 20 页 13×18cm
定价：九分
　　中国现代连环画作品。

J0062717
秘密的斗争　罗丹原著；中联书店编辑部编
文；付春荣绘图
天津 天津人民美术出版社 1955 年 117 页
有图 11×15cm ISBN：7-5305-1695-7
定价：CNY15.00
　　中国现代连环画作品。

J0062718
莫斯科大学　上海市中苏友好协会编
上海 上海人民美术出版社 1955 年 有图
15cm（40 开）定价：旧币 2,300 元
　　中国现代连环画作品。

J0062719
牧猪人　（丹麦）安徒生原著；叶君健译；（丹
麦）古·叔龙画
上海 少年儿童出版社 1955 年 28 页 有彩图
18cm（15 开）定价：CNY0.22
　　根据丹麦作家安徒生著同名故事改编的
中国现代连环画作品。作者安徒生（Andersen,
Hans Christian, 1805-1875），丹麦作家、著名童
话大师。1829 年入哥本哈根大学学习。一生共
写了 168 篇童话和故事，还写过戏剧、小说、诗
歌、游记和传记。经典作品有《白雪公主》《美人
鱼》和《丑小鸭》等。

J0062720

农业生产合作社社员的幸福生活　陕西人
民出版社编辑

西安　陕西人民出版社　1955年　40页　有图
15cm（40开）定价：CNY0.25

　　中国现代连环画作品。

J0062721

女娲补天　伊黎编；张令涛，胡若佛绘

北京　朝花美术出版社　1955年　60页　有图
13cm（60开）

　　中国现代连环画作品。作者张令涛（1903—
1988），连环画艺术家。浙江宁波人，毕业于上
海美专。历任上海文史馆馆员，中国美术家协
会会员，商务印书馆编辑所担任美术编辑，代表
作品有《杨家将》《红楼梦》《猎虎记》《三国归
晋》《女娲补天》《东周列国志》等。作者胡若佛
（1908—1980），连环画家、国画家。浙江余姚人。
本名国华，字大空，号谷华，自署十卉庐主。曾
就学于上海美专、新华艺专。创作了大量优秀的
连环画，成为经典之作。代表作有《红楼梦》《杨
家将》《三国演义》等。

J0062722

少年鼓手　晴帆编；汤义方

北京　民族出版社　1955年　14页　有图
13cm（60开）定价：CNY0.36

　　中国现代连环画作品。

J0062723

斯大林救了她　（中）邱陵编写；刘锡永绘图

上海　儿童读物出版社　1955年　30页　有彩图
13cm（60开）定价：CNY0.14

　　中国现代连环画作品。

J0062724

苏联集体农民的文化生活　上海市友好协
会编

上海　上海人民美术出版社　1955年　有图
15cm（40开）定价：CNY0.18

　　中国现代连环画作品。

J0062725

桃花开　（中）黎锦晖编；赵白山绘图
上海　儿童读物出版社　1955年　新1版　20页

有图　15cm（40开）定价：CNY0.10

　　中国现代连环画作品。

J0062726

同学　王命夫，陈正原著；王里改编；毛用坤绘

北京　朝花美术出版社　1955年　54页　有图
13cm（60开）定价：CNY0.29

　　中国现代连环画作品。作者毛用坤
（1936—　），漫画家。浙江宁波人。创办上海少
年报和《好儿童》画报，任美术组长、画报编辑部
主任、副编审。作品有连环画《大扫除》《周总理
在少年宫》《小灵通漫游未来》、连环画漫画《海
虹》等。

J0062727

同志们应该警觉了　郑文中编绘

北京　朝花美术出版社　1955年　35页　有图
13cm（60开）定价：CNY0.11

　　中国现代连环画作品。

J0062728

望江亭　（古典戏曲）（元）关汉卿原著；胡逸
改编；水天宏绘画

上海　新美术出版社　1955年　77页　有图（白描）
11×13cm　统一书号：18043　定价：定价一角八分

　　中国现代连环画作品。本书讲述了年轻寡
妇谭记儿，被花花太岁杨衙内看中，她拒绝了杨
衙内三番五次的威逼利诱。谭记儿与书生白士
中结婚后，杨衙内仍不罢休，利用权势，企图杀
害白士中，强占谭记儿。谭记儿胆大机智，最后
惩治了杨衙内，救了丈夫，为百姓除害。

J0062729

为和平而斗争　王争编写；王柳影，黄子希
绘图

上海　儿童读物出版社　1955年　40页　有图
15cm（40开）定价：CNY0.19

　　中国现代连环画作品。作者王柳影
（1917—　），画家。浙江湖州人。曾任苏州美术
专科学校沪校国画专修科教授，上海市美术家协
会会员，上海市文史研究馆馆员。擅长人物、山
水、走兽、花鸟等。作品有《杨贵妃·沉香亭》《九
如图》《嫘祖育蚕图》（与友人合作）等。

J0062730

伪装的狐狸 中国电影发行公司改编；焦焕之等描绘

北京 朝花美术出版社 1955年 重印本 38页 15cm（40开）定价：旧币 2,200元

（儿童连环图画）

中国现代儿童连环画作品。

J0062731

苇青河上 牛星垣改编；张世简绘

北京 朝花美术出版社 1955年 46页 有图 13cm（60开）定价：CNY0.13

根据蔡天心小说改编的中国现代连环画作品。作者张世简（1926—2009），国画家、教授。浙江浦江人。中央工艺美术学院教授，中国美术家协会会员，中国国艺研究院院士，北京国艺轩书画院顾问。作品有《桃花初艳鸟先到》《樱桃麻雀》《白头多寿》等，出版《写意花鸟画技法》《写意花鸟画构图浅说》《荷花画谱》等。

J0062732

武松 （戏曲画册）黄裳编；盖叫天主演

上海 新美术出版社 1955年 288页 8×14cm 定价：CNY0.86

中国现代连环画作品。本书收《打店》《快活林》《鸳鸯楼》的144幅剧照，配以介绍情节和表演艺术的简略说明。主演者盖叫天（1888—1971），京剧演员。原名张英杰，号燕南，河北高阳县人。代表剧目有《武松》《十字坡》《三岔口》《一箭仇》等。著作有《粉墨春秋》《盖叫天表演艺术》《燕南寄庐杂谈》等。

J0062733

小黑熊 （低）严宽瑞之设计；何玉门绘图

上海 少年儿童出版社 1955年 18页 18cm（32开）定价：CNY0.15

中国现代连环画作品。

J0062734

小筋斗旅行记 周季水改编；田乐天绘图

天津 天津美术出版社 1955年 40页 有图 13cm（60开）定价：CNY0.21

根据沃尔夫童话集《草原大火》改编的中国现代连环画作品。

J0062735

小模范社员 党庚西，张汉青编；肖林绘

北京 朝花美术出版社 1955年 58页 有图 13cm（60开）定价：CNY0.16

中国现代连环画作品。绘画肖林（1929—1981），画家。别名马秉铎，河北定县（现定州）人。毕业于华北联合大学文艺学院美术系。曾任人民美术出版社创作室创作员。主要作品有《白求恩大夫》《永远前进》《向英雄黄继光的母亲报告学习成绩》等。

J0062736

小学生守则图解 士人画

上海 上海人民美术出版社 1955年 20页 有彩图 15cm（40开）统一书号：272 定价：CNY0.10

中国现代连环画作品。

J0062737

一网打尽 （连环画册）张钦若等著

北京 中国人民解放军总政治部文化部 1955年 79页 有图 15cm（40开）

中国现代连环画作品。

J0062738

伊凡王子 张光炎编文；沈绍伦，何启祖绘图

上海 美术读物出版社 1955年 82页 有图 10×13cm 定价：CNY0.18

中国现代连环画作品。作者沈绍伦（1935— ），画家。上海嘉定人。中国美术家协会会员，美协上海分会理事，上海水彩画研究会会长，上海画片出版社编辑，上海人民美术出版社宣传画编辑。代表作品有《荷塘翠鸟》等；出版有《沈绍伦水彩画选集》等。

J0062739

英雄树 赵宏本，林雪严绘；吴秾写诗

上海 新美术出版社 1955年 影印本 16页 17×26cm 定价：CNY0.84

中国现代连环画作品。作者赵宏本（1915—2000），连环画家。号赵卿，又名张弓，生于上海，原籍江苏阜宁。历任中国美术家协会会员、中国美协上海分会常务理事、中国连环画研究会副会长。主要作品有《孙悟空三打白骨精》《水浒一百零八将》《小五义》《七侠五义》等。

J0062740

游园 （昆曲）浙江省国风昆苏剧团演出
上海 新美术出版社 1955年 126 15cm（40开）
定价：CNY0.42
　　中国现代昆曲戏曲连环画作品。

J0062741

愚蠢的国王 （彩色连环画）（苏）莫·布拉托
夫原著；鲁钝编文；黄禾绘画
上海 美术读物出版社 1955年 54页 有彩图
11×13cm 定价：CNY0.22
　　中国现代连环画作品。

J0062742

越南人民的胜利 汪敏之编
上海 上海人民美术出版社 1955年 有图
18cm（15开）定价：CNY0.50
　　中国现代连环画作品。

J0062743

怎样积肥 （苏）耶·格里尼瓦编剧；朱鉴翻译；
金海改编
上海 新美术出版社 1955年 81页 有图
13cm（60开）定价：CNY0.23
（常识图画丛书）
　　根据苏联电影改编的中国现代电影连环画
作品。

J0062744

赵百万 （连环画选集）吴秾编文；顾生岳等
绘图
上海 新美术出版社 1955年 104页 19×22cm
定价：CNY0.64
　　中国现代连环画作品。作者顾生岳(1927—
2012)，画家。浙江普陀人，毕业于中央美术学
院华东分院。历任浙江美术学院中国画系主任、
教授，浙江画院副院长，杭州市美协主席，浙江
人物画研究会会长等职。著作有《顾生岳人物速
写选》。

J0062745

赵老汉献宝 （中）李白英编写；胡振祥绘
上海 儿童读物出版社 1955年 新1版 40页
有图 15cm（40开）定价：CNY0.19
　　中国现代连环画作品。

J0062746

智杀土豪 诗陶改编；史正学画
南昌 江西人民出版社 1955年 62页 有图
10×13cm
　　中国现代连环画作品。

J0062747

智杀土豪 诗陶改编；史正学画
南昌 江西人民出版社 1962年 13cm（64开）
定价：CNY0.17
　　本作品系中国连环画。作者史正学
（1933—　），国家一级美术师。又名莫可，河南
洛阳人。毕业于广州美术学院国画系。中国美
术家协会会员、河南省美术家协会常务理事、河
南中山书画院院长。代表作品有《晨钟响了》《深
山火种》《枣雨》《征途报捷》等。

J0062748

白鹅女 艺夫编；赵洪武绘图
天津 天津美术出版社 1956年 42页 有图
13cm（60开）
　　中国现代连环画作品。作者赵洪武(1930—　)，
画家。辽宁沈阳人，笔名洪武。曾任沈阳市文化
局美术服务部副主任，沈阳日报美编，沈阳市美
协主席。主要作品有《永乐长寿图》《棒槌姑娘》。

J0062749

剥皮老爷 赵文贤绘图
沈阳 辽宁画报社 1956年 34页 有图
13cm（60开）统一书号：R8117.220
定价：CNY0.15
　　本书为中国现代连环画作品，小学语文课本
辅助读物。本书由《剥皮老爷》赵文贤绘图、《千
锤百炼的第一次》张楚良绘图合订。

J0062750

不吃桑叶的蚕 洪强编；夏国瑛校
上海 少年儿童出版社 1956年 20页 有图
15cm（40开）统一书号：R10024.1324
定价：CNY0.07
　　中国现代连环画作品。

J0062751

草船借箭 （中）叶苇编；刘锡永绘图
上海 少年儿童出版社 1956年 18页 有图

13cm（60 开）统一书号：R10024.1263

定价：CNY0.09

　　中国现代连环画作品。

J0062752

春风吹到诺敏河 （上下册）安波原著；松江
编文；张玮绘图

天津　天津人民美术出版社 1956 年 200 页

有图 11 × 15cm ISBN：7-5305-1695-7

定价：CNY15.00

　　中国现代连环画作品。作者安波（1915—
1965），中国现代著名作曲家、民族音乐学家。生
于山东阜平县宁海镇。曾任鲁迅艺术学院院长、
东北人民中国音乐学院首任院长。作歌曲 300
余首及秧歌剧、歌剧等多部。代表作《八路军开
荒歌》《七月里在边区》《因为有了共产党》。

J0062753

打金枝　华东戏曲研究院编审室改编；徐筱汀
执笔

上海　上海文化出版社 1956 年 53 页 有图

14cm（64 开）统一书号：T10077.242

定价：CNY0.12

（戏曲小丛书）

　　中国现代京剧连环画作品。

J0062754

打鸟

上海　新艺术出版社 1956 年 56 页 有图

15cm（40 开）统一书号：T8082.1449

定价：CNY0.24

　　中国现代戏曲连环画作品。

J0062755

大地回春 （上 风云突变）刘溪原著；中联书
店编辑部编文；友梅绘图

天津　天津人民美术出版社 1956 年 108 页

有图 11 × 15cm

　　中国现代连环画作品。

J0062756

大地回春 （下 风云突变）刘溪原著；中联书
店编辑部编文；友梅绘图

天津　天津人民美术出版社 1956 年 109—215 页

有图 11 × 15cm

　　中国现代连环画作品。

J0062757

大雪天　高煌编文；顾乃深绘图

南京　江苏人民出版社 1956 年 18 页 有彩图

19cm（32 开）统一书号：R8100.71

定价：CNY0.20

　　中国现代连环画作品。

J0062758

东郭先生　许铁生改编

上海　上海文化出版社 1956 年 38 页 有图

14cm（64 开）统一书号：T10077.213

定价：CNY0.10

（戏曲小丛书）

　　中国现代京剧连环画作品。

J0062759

豆大的孩子 （法）保·特拉吕原著；柴景韩绘

天津　天津人民美术出版社 1956 年 48 页 有图

10 × 13cm

　　中国现代连环画作品。

J0062760

杜鹃鸟和杜鹃花　艾丁编文；马晋等绘

天津　天津人民美术出版社 1956 年 118 页

有图 10 × 13cm ISBN：7-5305-1487-3

定价：CNY10.00

　　中国现代连环画作品。

J0062761

二小奇遇　辛亮编；杨梦义绘

西安　长安美术出版社 1956 年 26 页 有图

13cm（60 开）统一书号：8094.58 定价：CNY0.12

　　中国现代连环画作品。

J0062762

返工　晓枫原著；吉志西改编；蔡人燕绘图

上海　新艺术出版社 1956 年 48 页 有图

10 × 13cm 统一书号：T8082.0819 定价：CNY0.12

　　中国现代连环画作品。

J0062763

防止工厂触电事故　王乃观改编；上海科学
教育电影制片厂摄制

上海 上海人民美术出版社 1956 年 54 页 有图
13cm（60 开）统一书号：T8081.1866
定价：CNY0.16
（科学常识图画丛书）
　　　中国现代连环画作品。

J0062764
防治血吸虫病　刘任涛，杉川编剧；陈安禹
改编
上海 新艺术出版社 1956 年 新 1 版 46 页
有图 13cm（60 开）定价：CNY0.15
（常识图画丛书）
　　　中国现代连环画作品。

J0062765
冯玉梅劝夫抗金　任率英绘
天津 天津人民美术出版社 1956 年 100 页 有图
10×13cm ISBN：7-5305-1482-X 定价：CNY10.00
　　　中国现代连环画作品。作者任率英（1911—
1989），画家。原名散表，河北束鹿人。擅长工
笔画、连环画、年画。历任中国美术家协会会
员、中国连环画研究会顾问、北京东方书画研究
社社长、北京工笔重彩画协会副会长、北京中国
画研究会理事、北京工业大学书画协会顾问。代
表作品《嫦娥奔月》《洛神图》《梁红玉击鼓战金
山》等。

J0062766
芙蓉屏　吉志西改编；钱笑呆绘画
上海 上海人民美术出版社 1956 年 74 页 有图
（白描）11×13cm 统一书号：T8081.2049
定价：定价 0.17
　　　中国现代连环画作品。

J0062767
富裕的斯大林集体农庄　辽宁省中苏友好协
会编
沈阳 辽宁画报社 1956 年 47 页 有图
12cm（64 开）统一书号：T8117.185
定价：CNY0.18
　　　中国现代连环画作品。

J0062768
杠杆的作用　陆申编；仞之校
上海 少年儿童出版社 1956 年 30 页 有图

15cm（40 开）统一书号：R10024.1323
定价：CNY0.08
　　　中国现代科学教育连环画作品。

J0062769
过草地　申申改编；申申，景启民绘画
沈阳 辽宁画报社 1956 年 31 页 19×21cm
统一书号：0137 定价：CNY0.28
　　　本书是根据陈其通著"万水千山"剧本改编
的中国现代连环画作品。

J0062770
海棠花　考诚原著；鲁梅，萧舟改编；步迈绘图
天津 天津美术出版社 1956 年 42 页 有图
13cm（60 开）统一书号：R8073.52
定价：CNY0.22
　　　中国现代连环画作品。

J0062771
黑浪山　中联书店编辑部编文；金协中绘图
天津 天津人民美术出版社 1956 年 118 页
有图 11×15cm ISBN：7-5305-1380-X
定价：CNY10.00
　　　中国现代连环画作品。

J0062772
画皮　程十发编绘
上海 上海人民美术出版社 1956 年 40 页
15cm（40 开）定价：CNY0.36
　　　中国现代连环画作品。

J0062773
黄飞虎反五关　新华京剧团编剧组，李瑞来
改编
上海 上海文化出版社 1956 年 63 页 有图
14cm（64 开）定价：CNY0.14
（戏曲小丛书）
　　　中国现代京剧连环画作品。

J0062774
黄菜叶　章程改编；李铁生画
上海 上海人民美术出版社 1956 年 83 页 有图
11×13cm 统一书号：8081.1377 定价：CNY0.19
　　　中国现代连环画作品。

J0062775

活捉"水鬼" （中）黄一德编；张怀江绘图

上海 少年儿童出版社 1956年 25页 有图 13cm（60开）统一书号：R10024.1230

定价：CNY0.12

　　中国现代连环画作品。作者黄一德（1900—1968），连环画家。浙江余姚人。又名望德。曾任儿童书局编辑，《儿童日报》主笔，《儿童良友画报》主编，上海人民美术出版社连环画文字编辑室组长等。代表作有《新儿女英雄传》《燕宿崖》《过江电线》《向秀丽》等。绘图张怀江（1922—1989），版画家、教授。原名隆超，笔名施木、槐岗等。浙江乐清人，毕业于上海美术专科学校，师从版画家野夫学习木刻。曾任杭州西湖艺专为版画系讲师，浙江美术学院教务长、教授。代表作有《鲁迅和方志敏》《农村妇女》等。

J0062776

检验工叶英 南丁原著；蒋秒改编；阿岑绘图

北京 朝花美术出版社 1956年 26页 有图 12×13cm 统一书号：T828.947 定价：CNY0.09

（扫盲连环画）

　　中国现代连环画作品。

J0062777

蹇叔哭师 章程编文；王亦秋绘图

上海 上海人民美术出版社 1956年 76页 有图 10×13cm 统一书号：T8081.109 定价：CNY0.17

　　中国现代连环画作品。绘图王亦秋（1925— ），连环画家。又名王野秋，浙江镇海人。历任前锋出版社美术编辑，上海人民美术出版社连环画创作室创作员、副审编。主要作品有《杨门女将》《小刀会》《马跃檀溪》《李逵闹东京》《清兵入塞》等。

J0062778

骄傲的小猫 杨飞，李文兴编绘

西安 陕西人民出版社 1956年 16页 有彩图 13cm（60开）统一书号：8094.32

定价：CNY0.15

　　中国现代连环画作品。

J0062779

结核病是可以治好的 邓宗禹翻译；蒲青改编

上海 上海人民美术出版社 1956年 42页

有图 12×13cm 统一书号：T8081.1314

定价：CNY0.17

（科学常识图画丛书）

　　根据科学教育电影改编的中国现代连环画作品。

J0062780

孔雀蛋 罗既张编绘

北京 朝花美术出版社 1956年 50页 有彩图 13cm（60开）统一书号：R8028.1039

定价：CNY0.15

　　根据壮族民间故事改编的中国现代连环画作品。

J0062781

两只鸡 朔风编文；迅行，野火绘图

沈阳 辽宁画报社 1956年 39页 13cm（60开）统一书号：R8177.225 定价：CNY0.16

　　中国现代连环画作品。

J0062782

刘胡兰小时候的故事 （低）毛允真编；姚有信，姚有多绘图

上海 少年儿童出版社 1956年 18页 有彩图 18cm（15开）统一书号：R10024.1353

定价：CNY0.11

　　中国现代连环画作品。作者姚有多（1937—2001），画家、教授。浙江慈溪人，毕业于中央美术学院中国画系。历任中央美术学院教授、中国画系主任，中国美术学协会中国画艺术委员会常务副主任。代表作品有《幸福颂歌》《新队长》《陈胜吴广起义》《抗洪图》《牧归图》等。作者姚有信（1935—1997），画家。浙江湖州人。上海华东美术出版社专业画家，在浙江美术学院国画系师从潘天寿，后又师从程十发攻连环画创作。连环画作品有《伤逝》《刘胡兰小时候的故事》《刘胡兰小时候的故事》《戊达吉和她的父亲》《聂耳》等。

J0062783

柳毅传书 华东戏曲研究院编辑；华东戏曲研究院编审室改编；苏雪安执笔

上海 上海文化出版社 1956年 62页 有图 14cm（64开）定价：CNY0.14

（戏曲小丛书）

中国现代连环画作品。

J0062784

毛泽东的女战士　沈默君原著；沙燕改编；张玮绘图

天津　天津人民美术出版社　1956年　165页　有图　11×15cm

　　根据小说《孙颜秀》改编的中国现代连环画作品。

J0062785

棉花红铃虫　傅胜发，王中成编剧；陈安禹改编

上海　新艺术出版社　1956年　新1版　53页　有图　13cm（60开）定价：CNY0.16

（常识图画丛书）

　　中国现代连环画作品。

J0062786

民校教师王淑云　马欣然原著；渥丹改编；纪虹等绘图

北京　朝花美术出版社　1956年　35页　有图　12×13cm　统一书号：T8028.1049　定价：CNY0.11

（扫盲连环画）

　　中国现代连环画作品。

J0062787

拇指姑娘　安徒生原著；黄伞改编；何玉门绘

北京　朝花美术出版社　1956年　50页　有图　13cm（60开）统一书号：R8028.866

定价：CNY0.15

（安徒生童话连环画）

　　根据安徒生童话故事改编的中国现代连环画作品。作者安徒生（Andersen, Hans Christian, 1805-1875），丹麦作家，著名童话大师。1829年入哥本哈根大学学习。一生共写了168篇童话和故事，还写过戏剧、小说、诗歌、游记和传记。经典作品有《白雪公主》《美人鱼》和《丑小鸭》等。

J0062788

南河底　李南力，吴锐原著；张玮绘图

天津　天津人民美术出版社　1956年　72页　有图　11×15cm

　　中国现代连环画作品。

J0062789

鸟王的报酬　叶惠元改编；林禽绘

北京　朝花美术出版社　1956年　46页　有彩图　13cm（60开）定价：CNY0.24

（儿童连环图画）

　　根据朝鲜民间故事改编的中国现代连环画作品。作者林禽（1925—　　），画家。原名林毓锐。广西贵港人，祖籍广东番禺。历任上海科普出版社美术编辑组长、上海科技出版社编审、中国美术家协会会员、上海美术家协会会员。漫画作品有《冒着敌人的炮火前进！》《寄给妈妈》《城乡差别》《遗传工程》，连环画和漫画作品《祖冲之》《杜鹃花》《科学漫画集》等。

J0062790

鸟王做寿　时间文；杜春甫画

上海　上海人民美术出版社　1956年　32页　有图　13cm（60开）统一书号：R8081.1716

定价：CNY0.17

　　中国现代连环画作品。

J0062791

牛郎织女　（京剧）华东戏曲研究院编辑；华东戏曲研究院编审室改编

上海　上海文化出版社　1956年　87页　有图　14cm（64开）定价：CNY0.18

（戏曲小丛书）

　　中国现代京剧连环画作品。

J0062792

苹果树下　（苏）阿·穆萨托夫原著；吴鸾改编；李新绘图

上海　上海人民美术出版社　1956年　77页　有图　10×13cm　统一书号：R8081.2055

定价：CNY0.18

　　中国现代连环画作品。

J0062793

七色花　（苏）卡泰耶夫原著；黄洵瑞改编；段伟君绘

北京　朝花美术出版社　1956年　41页　有图　13cm（60开）统一书号：R8028.898

定价：CNY0.14

（儿童连环图画）

　　中国现代连环画作品。

J0062794

七色花　（苏联）难卡泰耶夫原著；曹靖华译；卢汶改编；驾友直画

上海　上海人民美术出版社　1956年　40页　有图
13cm（60开）统一书号：R8081.1826
定价：CNY0.20

　　中国现代连环画作品。作者卢汶（1922—2010），连环画家。原名卢世宝，出生于上海市，籍贯浙江鄞县。代表作品《蜀山剑侠传》《三国演义》。

J0062795

七婶和全胜婆　郭同江作；广东文艺社编辑

广州　广东人民出版社　1956年　2版　85页
15cm（40开）统一书号：T8111.7　定价：CNY0.18

　　中国现代连环画作品。作者郭同江（1925—2003），连环画家。广东东莞人。历任中国美术家协会会员，广东分会理事，东莞市美协主席。主要作品有《开工之前》《喜雨》《渔女春秋》《学撒网》《除田草》《珠江河畔》等。

J0062796

戚继光抗倭斩子　奈寒编文；陈缘督绘

天津　天津人民美术出版社　1956年　100页
有图　10×13cm ISBN：7-5305-1482-X
定价：CNY10.00

　　中国现代连环画作品。

J0062797

千里走单骑　罗贯中原著；吴其柔，田衣改编；陈光镒画

上海　上海人民美术出版社　1956年　142页
10×13cm　定价：CNY0.34
（《三国演义》连环画 14）

　　根据古典小说《三国演义》改编的中国现代连环画作品。

J0062798

三姐下凡　华东戏曲研究院编辑；华东戏曲研究院编审室改编；吕仲，苏雪安执笔

上海　上海文化出版社　1956年　60页　有图
14cm（64开）定价：CNY0.14
（戏曲小丛书）

　　中国现代连环画作品。

J0062799

社务委员　扬禾原著；钟笃明改编；陶干臣等绘画

上海　上海人民美术出版社　1956年　47页　有图
11×13cm　统一书号：T8081.2015　定价：CNY0.12

　　中国现代连环画作品。

J0062800

神奇的小手帕　周季水编；陈为明绘

天津　天津美术出版社　1956年　33页　有图
13cm（60开）定价：CNY0.20

　　中国现代连环画作品。

J0062801

石牌坊　杨槐原著；沈原野编绘

天津　天津人民美术出版社　1956年　56页　有图
11×15cm

　　中国现代连环画作品。

J0062802

室内栽培柠檬　路茜玉翻译；上海科学教育电影制片厂译制

上海　上海人民美术出版社　1956年　46页　有图
13cm（60开）统一书号：T8081.1834
定价：CNY0.15
（科学常识图画丛书）

　　根据科学教育电影改编的中国现代连环画作品。

J0062803

手工业合作化通俗画册　时雨编；张白羽等绘

北京　通俗读物出版社　1956年　53页　有图
13×19cm　统一书号：T4008.38　定价：CNY0.16

　　中国现代连环画作品。

J0062804

水落石出　王保春原著；杜南改编；蔡锡林绘画

南昌　江西人民出版社　1956年　63页　有图
15cm（40开）统一书号：T8110.40
定价：CNY0.21

　　中国现代连环画作品。

J0062805

思凡　张德吾编；李福祥等整理

上海　上海人民美术出版社　1956年　43页　有图

15cm（40开）统一书号：T8081.1300

定价：CNY0.22

中国现代常德湘剧连环画作品。

J0062806

送款 包廷俊原著；吴其柔改编；汪继声画

上海 上海人民美术出版社 1956年 47页

有图 10×13cm 统一书号：T8081.1876

定价：CNY0.12

中国现代连环画作品。

J0062807

苏联十月胜利集体农庄 江西省中苏友好协

会改编；盛树春，邱小玉绘图

南昌 江西人民出版社 1956年 重印 64页

11×15cm 定价：CNY0.20

中国现代连环画作品。

J0062808

他们掌握了高速切削法 伊·格里各里也夫

等；中华人民共和国第一机械工业部教育司；

戈翼改编

上海 上海人民美术出版社 1956年 88页 有图

13cm（60开）统一书号：T8081.1471

定价：CNY0.24

（科学常识图画丛书）

中国现代连环画作品。

J0062809

太平天国史画 罗尔纲编；南京市文化处美

术组，江苏人民出版社美术编辑室改绘

南京 江苏人民出版社 1956年 112页 有彩图

15×21cm

根据南京师范学院美术系原作改编的中国

现代连环画作品。作者罗尔纲（1901—1997），历

史学家。广西贵县（今贵港市）人，毕业于上海

中国公学大学部中文系。中国社会科学院近代

史研究所研究员。著有《太平天国史纲》《太平

天国史》《太平天国史论文集》《李秀成自述原稿

注》《湘军兵志》《绿营兵志》等。

J0062810

唐家兄妹 陈允豪原著；张立本编文，王佐英

绘图

上海 美术读物出版社 1956年 236页

10×13cm

J0062811

田凤生打死阎王 徐珣改编；黄景绘

北京 朝花美术出版社 1956年 34页 有图

13cm（60开）统一书号：R8028.963

定价：CNY0.12

根据鲁风记述民间故事改编的中国现代连

环画作品。

J0062812

王崇伦的故事 （连环画）黄一德等编绘；中

国人民解放军总政治部文化部编

北京 中国人民解放军总政治部文化部 1956年

123页 15cm（40开）

中国现代连环画作品。

J0062813

无双传 薛调原著；冯志超绘图

天津 天津人民美术出版社 1956年 87页 有图

11×15cm（50开）ISBN：7-5305-1380-X

定价：CNY10.00（全集3册）

根据薛调原著改编的中国现代连环画作品。

J0062814

五百个 （中）曹燕芳编；贺友直绘图

上海 少年儿童出版社 1956年 22页 有彩图

13cm（60开）统一书号：R10024.1276

定价：CNY0.11

中国现代连环画作品。绘图贺友直（1922—

2016），连环画家。出生于上海，祖籍浙江宁波。

曾任上海人民美术出版社编审，连环画艺术委员

会主任，上海市美术家协会第四届副主席，中国

连环画研究会第二届副会长等职。代表作品《朝

阳沟》《山乡巨变》等。

J0062815

乡村的早晨 于雁军编剧；蒋超导演

上海 上海人民美术出版社 1956年 77页

有图 10×13cm 统一书号：T8081.2137

定价：CNY0.18

中国现代连环画作品。

J0062816

橡胶草 烽明编；方菁绘

北京　朝花美术出版社　1956年　34页　有图
14cm（64开）统一书号：R8028.941
定价：CNY0.12
　　中国现代连环画作品。

J0062817
小哥儿俩　（苏）A.托尔斯泰原著；任溶溶译；
曾大知改编；韩永安绘图
上海　上海人民美术出版社　1956年　67页　有图
13cm（60开）统一书号：R8081.1864
定价：CNY0.14
　　中国现代连环画作品。

J0062818
小花打碎了　　张蕙设计；蔡雄绘图
南京　江苏人民出版社　1956年　6页
18×26cm（32开）统一书号：R810073
定价：一角四分
　　中国现代连环画作品。

J0062819
小明　葛文山编绘
沈阳　辽宁画报社　1956年　18页　有图
13cm（60开）统一书号：R8117.160
定价：CNY0.12
　　中国现代连环画作品。

J0062820
小荣和抽水机　（低）辛幸著；维意绘图
上海　少年儿童出版社　1956年　17页　13cm（60开）
统一书号：R10024.1245　定价：CNY0.09
　　中国现代连环画作品。

J0062821
新衣裳　王捷改编；沙更世绘
石家庄　河北人民美术出版社　1956年　37页
有图　13cm（60开）统一书号：R8087.166
定价：CNY0.26
　　中国现代连环画作品。作者沙更世
（1926—　　），编辑。又名沙更思，浙江鄞县人。
历任西泠印社会员、人民画报、人民美术出版社
编辑、创作员，中央民族学院中国画教研室主
任、硕士研究生工作室副主任、导师、教授、中
国美术协会、中国书法协会会员。作品有《雪山
浴日》《江山如此多娇》等。出版有《沙孟海篆刻

集》《二十世纪书法经典——沙孟海卷》《沙更世
书画篆刻选集》。

J0062822
幸福的苏联中小学生　上海市中苏友好协会编
上海　上海人民美术出版社　1956年　1册　有图
15cm（40开）定价：CNY0.18
　　中国现代连环画作品。

J0062823
严贡生　吴敬梓原著；吴其柔编文；李铁生绘
图；应野平封面设计
上海　新美术出版社　1956年　112页　有图
10×13cm　定价：CNY0.24
　　中国古典名著现代连环画作品。作者应野
平（1910—1990），教授。曾名野萍、野苹。浙
江宁海人。历任新华艺术专科学校教授、上海
人民美术出版社编辑室副主任、上海美术专科
学校和上海大学美术学院教授。代表作品有《应
野平山水画集》《应野平山水画辑》《应野平山
水画册》。

J0062824
一本连环画　冯自远编；张雨华，彭应渠画
成都　四川人民出版社　1956年　45页　有图
13cm（60开）统一书号：R8118.40
定价：CNY0.12
　　中国现代连环画作品。

J0062825
一代英雄　（上）萧舟编文；马晋等绘
天津　天津人民美术出版社　1956年　126页
有图　10×13cm
　　中国现代连环画作品。

J0062826
一代英雄　（下）萧舟编文；马晋等绘
天津　天津人民美术出版社　1956年　127–256页
有图　10×13cm
　　中国现代连环画作品。

J0062827
一筐洋芋　温鸿源改编；陈嘉墉绘
西安　陕西人民出版社　1956年　38页　有图
15cm（40开）统一书号：T8094.49

定价：CNY0.17

　　根据雨云原著同名话剧改编的中国现代连环画作品。

J0062828
一网打尽　李月润原著；质夫改编；尹琼，崔炎，李邦镇画
成都　四川人民出版社　1956年　70页　有图　13cm（60开）定价：CNY0.17
　　中国现代连环画作品。作者尹琼（1931—　　），版画家。山西新绛人，毕业于西南人民艺术学院。历任四川美术学院师范系副教授、系主任、教育系主任、教授。作品有《渔窗朗月》《草原之夜》《三峡云雾》《江南水乡》《峨眉山林》《熊猫》等，出版有《铜版画艺术》等。

J0062829
一只小猪　吴越等改编；郭长林，雷荣厚，张声显绘
成都　四川人民出版社　1956年　26页　有图　13cm（60开）定价：CNY0.12
　　中国现代连环画作品。

J0062830
隐身大力士　（中）蓝邨编写；吴文渊绘图
上海　少年儿童出版社　1956年　22页　15cm（40开）
定价：一角三分
　　中国现代连环画作品。

J0062831
怎样培育壮秧　李君凯编剧；上海科学教育电影制片厂摄制
上海　上海人民美术出版社　1956年　56页　有图　12cm（60开）统一书号：T8081.0941
定价：CNY0.17
　　根据科学教育电影改编的中国现代连环画作品。

J0062832
长白山下　（上　风雪长白山）蔡天心原著；石磊编文；傅春荣绘图
天津　天津人民美术出版社　1956年　1-82页　有图　11×15cm
　　中国现代连环画作品。

J0062833
长白山下　（下　全歼伪大团）蔡天心原著；石磊编文；傅春荣绘图
天津　天津人民美术出版社　1956年　83-166页　有图　11×15cm
　　中国现代连环画作品。

J0062834
长坂坡
上海　上海文化出版社　1956年　34页　有图　14cm（64开）统一书号：10077.426
定价：CNY0.08
（戏曲小丛书）
　　中国现代戏曲连环画作品。

J0062835
昭君出塞　杨伯鲁，王光焰编文
上海　新艺术出版社　1956年　47页　有图　15cm（40开）统一书号：T8082.1448
定价：CNY0.22
　　中国现代祁剧戏曲连环画作品。

J0062836
智慧的贫农　中联书店编辑部编文；叶亭绘
天津　天津人民美术出版社　1956年　64页　有图　10×13cm
　　中国现代连环画作品。

J0062837
砵痕记　宇宙改编；张令涛等绘
石家庄　河北人民美术出版社　1956年　66页　有图　10×13cm　统一书号：T8087.178
定价：CNY0.18
　　中国现代连环画作品。

J0062838
卓文君　吴光宇绘；于平编词
石家庄　河北人民美术出版社　1956年　影印本　18×26cm　定价：CNY0.60
　　中国现代连环画作品。作者吴光宇（1908—1970），国画家。原名显曾，以字行，浙江绍兴人。曾在北京中国画学研究会、北平国立艺术专科学校京华美术学院、北京画院从事专业创作。代表作有《荀灌娘救父》《淝水之战》《宝琴立雪》等。

J0062839

别宫祭江　（京剧）江上行编文

上海　上海人民美术出版社　1957年　15cm（64开）

统一书号：T8081.2899　定价：CNY0.28

（戏曲画册）

　　京剧连环画作品。

J0062840

兵士的大衣　慕贻改编；黄显逊绘图

武汉　湖北人民出版社　1957年　19页　有图

13cm（60开）统一书号：T8106.143

定价：CNY0.11

　　根据俄罗斯民间故事改编的中国现代连环

画作品。

J0062841

不让敌人过桥　黎平编文；罗既张绘图

上海　上海人民美术出版社　1957年　47页

有图　10×13cm　统一书号：T8081.3032

定价：CNY0.12

　　中国现代连环画作品。

J0062842

船　杨健原著；庄杨改编；陆宗铎绘图

上海　上海人民美术出版社　1957年　41页

有图　10×13cm　统一书号：T8081.3141

定价：CNY0.11

　　中国现代连环画作品。作者陆宗铎（1932—

1999），上海市人。现代美术史论家，毕业于四川

美术学院。历任上海人民美术出版社编审、美术

编辑室副主任，《版画艺术》丛刊主编。主要论文

有《董克俊其人》《艺术春常在——刘海粟先生

和他的艺术》《周碧初和他的艺术》《他从生活中

来——杨可扬印象记》等。

J0062843

大步前进　苏霍多里斯基，乌里亚宁斯基原

著；陈一如改编；胡祖清绘

北京　朝花美术出版社　1957年　60页　有图

13cm（60开）统一书号：T8028.1554

定价：CNY0.14

　　中国现代连环画作品。作者胡祖清，连环画

家。作品有《剑与火》《十八亩地》等。

J0062844

大风暴　何永偕原著；良士改编；张载画

上海　上海人民美术出版社　1957年　97页　有图

10×13cm　统一书号：T8081.2248　定价：CNY0.22

　　中国现代连环画作品。

J0062845

大刚和小晚的一天　刘祥至原著；朱天改编；

刘玉环绘

北京　朝花美术出版社　1957年　42页　有图

12cm（72开）统一书号：R8028.1421

定价：CNY0.19

　　中国现代连环画作品。

J0062846

大脑皮层和机体的功能　（苏）伊·鸥·孟库尔

斯坦姆编剧；上海第一医学院生理教研组翻译；

周保和，董泉声改编

上海　上海人民美术出版社　1957年　95页　有图

13cm（60开）统一书号：T8081.2297

定价：CNY0.32

（科学常识图画丛书）

　　中国现代科学常识连环画作品。

J0062847

到最艰苦的地方去　梅仪改编；曾景初，俞

沙丁等绘

北京　朝花美术出版社　1957年　85页　有图

13cm（60开）统一书号：T8028.1295

定价：CNY0.21

（先进生产者画册）

　　中国现代连环画作品。作者曾景初（1918—

2001），美术编辑。笔名秦肃、荆楚、特西等。湖

南双峰人，上海美专肄业。历任长沙《国民日报》

《湖南日报》《晚晚报》美术编辑、北京《铁路画

报》美术编辑、华北人民出版社美编、天津人民

美术出版社美编、中国美术家协会会员、中国版

画协会会员。作品有《沸腾的矿山》《场上》《四

等车上》等。

J0062848

第一个任务　叶影原作；李步哲改编；韩伍，

冯吉令绘

石家庄　河北人民美术出版社　1957年　30页

有图　13cm（60开）统一书号：R8087.261

定价：CNY0.12

　　中国现代连环画作品。

J0062849

梵王宫 （秦腔）长安书店编辑部整理

西安 长安书店 1957年 50页 有图 13cm（60开）

统一书号：T10095.220 定价：CNY0.10

　　中国现代秦腔戏剧连环画作品。

J0062850

冯进文抢水 峭石原著；幼幼改编；孙铁生画

上海 上海人民美术出版社 1957年 53页

有图 10×13cm 统一书号：T8081.2805

定价：CNY0.11

　　中国现代连环画作品。

J0062851

根的作用 （苏）耶·耶·雅古施金编剧；赵国英

翻译；程颐改编

上海 上海人民美术出版社 1957年 71页 有图

13cm（60开）统一书号：T8081.2756

定价：CNY0.26

（科学常识图画丛书）

　　本书是根据科学教育电影改编的中国现代

连环画作品。

J0062852

工地枪声 阿林改编；朱守纬等绘

西安 长安美术出版社 1957年 44页 有图

13cm（60开）统一书号：8094.08

定价：CNY0.15

　　中国现代连环画作品。

J0062853

工会主席哪里去了 吴振轩改编；柳石绘图

石家庄 河北人民美术出版社 1957年 63页

有图 10×13cm 统一书号：T8087.381

定价：CNY0.16

　　中国现代连环画作品。

J0062854

挂起了防火旗的时候 路辛编；庆涛绘

合肥 安徽人民出版社 1957年 25页 有图

13cm（60开）统一书号：8102.38 定价：CNY0.11

　　中国现代连环画作品。

J0062855

光荣的榜样 陈一如，章捷改编；韩乐业，胡

树芬，张行洲绘

北京 朝花美术出版社 1957年 49页 有图

13cm（60开）统一书号：T8028.1320

定价：CNY0.14

（先进生产者画册）

　　中国现代连环画作品。

J0062856

好朋友的故事 （苏）伊卡尔娜乌霍娃原著；

卢济恩改编；刘文颉绘

北京 朝花美术出版社 1957年 50页 有图

13cm（60开）统一书号：R8028.1648

定价：CNY0.22

（儿童连环图画）

　　根据苏联卫国战争时期故事，改编的中国现

代连环画作品。

J0062857

红毛狼 曹丽华配词；胡进庆绘

北京 朝花美术出版社 1957年 50页 有图

13cm（60开）统一书号：R8028.1086

定价：CNY0.15

　　根据民间传说改编的中国现代连环画作品。

J0062858

狐狸和灰狼 郭俊峰改编；王志英绘

石家庄 河北人民美术出版社 1957年 41页

有图 13cm（60开）统一书号：R8087.267

定价：CNY0.20

　　中国现代连环画作品。

J0062859

互助花开 吴蔓起原作；徐守华改编；段伟

君绘

石家庄 河北人民美术出版社 1957年 31页

有图 14cm（64开）统一书号：T8087.265

定价：CNY0.13

　　中国现代连环画作品。

J0062860

荒山造林 秦兆阳原著；张西洛改编；田零

绘图

北京 朝花美术出版社 1957年 26页 有图

12×13cm 统一书号：T8028.1299 定价：CNY0.10
（扫盲连环画）

　　中国现代连环画作品。

J0062861

会变戏法的人 方轶群写；乐小英绘

上海 上海少年儿童出版社 1957年 21页

有彩图 15cm（40开）统一书号：R10024.1674

定价：CNY0.12

　　中国现代连环画作品。作者乐小英（1921—
1984），原名乐汉英，笔名守松、锹嘉，浙江镇海
人。先后任《大报》《亦报》美术编辑和《新民晚
报》美术组组长，中国美术家协会上海分会漫画
组组长。主要作品有《刘胡兰》《五彩路》《乐小
英儿童连环画选》等，出版有《大家做好事》《动
脑筋爷爷》《乐小英儿童漫画集》等。

J0062862

火把节 朱文扬改编；净予绘图

沈阳 辽宁画报社 1957年 52页 有图 11×13cm

统一书号：T8117.479 定价：CNY0.13

　　中国现代连环画作品。

J0062863

金色鲤鱼 郭烽明改编；凌健，朱然绘

石家庄 河北人民美术出版社 1957年 47页

有图 10×13cm 统一书号：R8087.223

定价：CNY0.13

　　中国现代连环画作品。

J0062864

九隆王 辽宁画报社编绘

沈阳 辽宁画报社 1957年 9页 有图

13cm（60开）统一书号：R8117.400

定价：CNY0.16

　　中国现代连环画作品。

J0062865

旧历年前 田云溪改编；娄炳麟绘

西安 长安美术出版社 1957年 28页 有图

13cm（60开）统一书号：8094.35

定价：CNY0.11

　　中国现代连环画作品。

J0062866

孔雀的焰火 钟子芒原著；李恺悌改编；田乐
天绘图

天津 天津美术出版社 1957年 42页 有图

10×13cm 统一书号：T8073.803 定价：CNY0.12

　　中国现代连环画作品。

J0062867

礼物 谷斯范原著；淑均改编；冯增春绘图

北京 朝花美术出版社 1957年 57页 有图

10×13cm 统一书号：T8028.1640 定价：CNY0.14

　　中国现代连环画作品。

J0062868

连升三级 杨兆林编词；贺友直绘画

上海 上海人民美术出版社 1957年 54页 有图

10×13cm 统一书号：8081.2857 定价：CNY0.20

　　中国现代连环画作品。

J0062869

恋爱问题 王合，惠元编者；涔毅鸣绘

北京 人民美术出版社 1957年 87页 有图

13cm（60开）统一书号：T8027.1271

定价：CNY0.19

　　中国现代连环画作品。

J0062870

两块钱 陈又新原著；胡映西改编；华三川画

上海 上海人民美术出版社 1957年 34页 有图

13cm（60开）统一书号：T8081.2690

定价：CNY0.10

　　中国现代连环画作品。

J0062871

林则徐 潘勤孟改编；江栋良绘图

上海 上海人民出版社 1957年 109页 有图

10×13cm 统一书号：T8081.2806 定价：CNY0.24

　　中国现代连环画作品。改编潘勤孟，美术家、
连环画家。改编连环画有《三国演义》《中国历
史人物故事连环画》等。

J0062872

露两手 吕奇原著；章程改编；汪观清画

上海 上海人民美术出版社 1957年 27页 有图

14cm（64开）统一书号：T8081.2284

定价: CNY0.09

中国现代连环画作品。

J0062873

马兰花　李永铎改编

上海　上海人民出版社　1957年　172页　有图

10×13cm　统一书号: T8081.3093

定价: CNY0.36

中国现代连环画作品。

J0062874

麦收夜的风浪　胡映西改编; 王物怡绘图

天津　天津美术出版社　1957年　55页　有图

10×13cm　统一书号: T8073.821　定价: CNY0.15

中国现代连环画作品。

J0062875

梦狼　匡荣改编; 王弘力绘图

沈阳　辽宁画报社　1957年　60页　有图

13cm(60开)　统一书号: T8117.391

定价: CNY0.16

中国现代连环画作品。作者王弘力(1927—2019), 连环画家。生于天津, 祖籍山东蓬莱。中国美术家协会会员, 沈阳文史馆馆员, 历任《辽西画报》《辽西文艺》编辑, 辽宁美术出版社编审。代表作品有连环画《十五贯》《天仙配》等。

J0062876

秘密战线　刘岱改编; 蔡千音绘图

武汉　长江文艺出版社　1957年　46页　有图

10×13cm

中国现代连环画作品。

J0062877

牛永刚　曲日莲编文; 赵栋绘

石家庄　河北人民美术出版社　1957年　46页

有图　13cm(60开)　统一书号: T8087.361

定价: CNY0.13

中国现代连环画作品。

J0062878

农民看图识字　帅立德, 王秋等插图

沈阳　辽宁人民出版社　1957年　92页　有图

15cm(40开)　统一书号: T7090.40

定价: CNY0.17

中国现代连环画作品。

J0062879

贫苦人　雨果原著; 陈澂莱改编; 张路绘

北京　朝花美术出版社　1957年　30页　有图

12cm(60开)　统一书号: T8028.1304

定价: CNY0.10

中国现代连环画作品。

J0062880

巧计捉特务　王海堃改编; 王左英绘图

合肥　安徽人民出版社　1957年　35页　有图

13cm(60开)　统一书号: 8102.40

定价: CNY0.14

中国现代连环画作品。

J0062881

三次相见　王昌定编文; 钟志宏绘图

天津　天津美术出版社　1957年　54页　有图

13cm(60开)　统一书号: T8073.851

定价: CNY0.15

中国现代连环画作品。作者钟志宏(1932—2003), 画家。别名晓钟, 河北省获鹿县(今鹿泉市)大河乡人。历任石家庄市民办教育馆、石家庄市文联、《河北画刊》《河北画报》美术编辑, 中国美术家协会会员, 中国美术家协会理事、中国美术家协会河等。美术作品有《太行金秋》《漓江春早》《幸福之路》《西游记》等。

J0062882

三份牛排　(苏)比里·别洛采尔科夫斯基原著; 陈生铮改编; 张明曹画

上海　上海人民美术出版社　1957年　40页　有图

13cm(60开)　统一书号: T8081.2273

定价: CNY0.11

中国现代连环画作品。

J0062883

三号游泳选手的秘密　迟叔昌原著; 章帆改编; 杨玉华画

上海　上海人民美术出版社　1957年　42页　有图

13cm(60开)　统一书号: T8081.3150

定价: CNY0.12

中国现代连环画作品。

J0062884

三里湾　赵树理原著；王补庆等改编；张镇照等绘

上海　上海人民美术出版社　1957年　201页　有图

10×13cm　统一书号：T8081.2641　定价：CNY0.32

中国现代连环画作品。

J0062885

扫松　谭君实编写

上海　上海人民美术出版社　1957年　60页　有图

15cm（40开）统一书号：T8081.2825

定价：CNY0.26

中国现代湘剧连环画作品。

J0062886

陕西省汉中市建设蔬菜生产合作社养猪经验　陕西省农业厅畜牧局编

西安　陕西人民出版社　1957年　43页　有图

15cm（40开）统一书号：8094.57

定价：CNY0.30

（全国农业展览会展览资料 17）

中国现代连环画作品。

J0062887

生活里的一件事　单复改编；邓平绘图

沈阳　辽宁画报社　1957年　38页　有图

10×13cm　统一书号：T8117.434　定价：CNY0.10

中国现代连环画作品。

J0062888

水球规则　中华人民共和国体育运动委员会审定

北京　人民体育出版社　1957年　22页　有图

14cm（64开）统一书号：7015.404

定价：CNY0.06

中国现代体育运动连环画作品。

J0062889

斯大林集体农庄　河北省中苏友好协会编

郑州　河南人民出版社　1957年　29页　有图

13cm（60开）统一书号：T8105.25

定价：CNY0.16

中国现代连环画作品。

J0062890

苏联的畜牧兽医站　匡一改编；上海科学教育电影制片厂译制

上海　上海人民美术出版社　1957年　70页　有图

12cm（60开）统一书号：T8081.2627

定价：CNY0.24

（科学常识图画丛书）

根据科学教育电影改编的中国现代连环画作品。

J0062891

苏联的集体农庄　田郁文编

北京　朝花美术出版社　1957年　有图

18cm（32开）

中国现代连环画作品，主要描述苏联集体农庄的故事。作者田郁文（1928— ）。画家。山东青岛人。毕业于中央美术学院。历任人民美术出版社编辑室主任、副总编辑、社长、编审。中国美术家协会会员。作品有《毛主席万岁》《祖国万岁》《庆丰收》等。出版有《水彩艺术》、译著《艺术哲学》等。

J0062892

棠棣之花　郭沫若原著；艾文，阿乔改编；晨晞绘图

天津　天津人民美术出版社　1957年　106页　有图　11×15cm　ISBN：7-5305-1380-X

定价：CNY10.00（全集 3 册）

中国现代连环画作品。作者郭沫若（1892—1978年），文学家、历史学家。原名开贞，字鼎堂，号尚武，乳名文豹，笔名沫若、麦克昂、郭鼎堂，四川乐山人，毕业于日本九州帝国大学。历任中国科学院首任院长、中国科学技术大学首任校长、苏联科学院外籍院士。代表作《郭沫若全集》《甲骨文字研究》《中国史稿》等。

J0062893

天山风雪　齐震霞原著；胡逸改编；华三川绘画

上海　上海人民美术出版社　1957年　45页

11×15cm　统一书号：T8081.3059　定价：CNY00.12

中国现代连环画作品。

J0062894

通州塔　梁宗鑫原著；巨目夫改编；张泽苾绘图

天津　天津人民美术出版社　1957年　48页

有图　10×13cm ISBN：7–5305–1518–7
定价：CNY7.00（全集 4 册）

　　中国现代连环画作品。作者张泽苾
（1926—　），女，编辑。别名张爱丽，湖北汉阳
人。历任《天津晚报》《天津日报》社美术编辑，
天津人民美术出版社年画编辑室副主任。作品
有系列漫画《小丫日记》，中国画《秋华正茂鱼先
醉》《中华女儿经》等。

J0062895

铜水壶　时间改编；沈凤，钱小凡绘
北京　朝花美术出版社　1957 年　46 页　有图
13cm（60 开）统一书号：R8028.1450
定价：CNY0.15

　　根据维吾尔族民间故事的中国现代连环画
作品。

J0062896

拖拉机队的新人　韩北屏原著；苗林改编，陈
冰习绘图
南京　江苏人民出版社　1957 年　56 页　有图
10×13cm　统一书号：8100.240　定价：CNY0.14
　　中国现代连环画作品。

J0062897

西厢记　王叔晖绘图；郭烽明，刘毓敏编文
北京　人民美术出版社　1957 年　16 页　有彩图
25×21cm（15 开）统一书号：8027.1002
定价：CNY1.60

　　中国现代连环画作品。作者王叔晖（1912—
1985），女，国画家。字郁芬，生于天津，祖籍浙
江绍兴。历任出版总署美术科员，新华书店总管
理处美术室图案组组长，人民美术出版社连环画
创作组组长。代表作《西厢记》《林黛玉》《夜宴
桃李园》《杨门女将》等。

J0062898

喜荣归　李相心改编
上海　上海人民美术出版社　1957 年　64 页　有图
15cm（40 开）统一书号：T8081.2133
定价：CNY0.26

　　中国现代戏曲连环画作品。

J0062899

小五更　张天民原著；潘勤孟改编；张大经，

黄启荣画
上海　上海人民美术出版社　1957 年　36 页　有图
13cm（60 开）统一书号：R8081.2201
定价：CNY0.10

　　中国现代连环画作品。

J0062900

小向导　尼古拉·鲍格达诺夫原著；白宇改编；
董洪元画
上海　上海人民美术出版社　1957 年　35 页　有图
10×13cm　统一书号：R8081.3088　定价：CNY0.08

　　中国现代连环画作品。

J0062901

小猪和小象　（儿童连环图画）李小彭编绘
北京　人民美术出版社　1957 年　24 页　20cm（32 开）
统一书号：R8027.1264　定价：CNY0.58

　　中国现代连环画作品。

J0062902

新居　陈旗原著；章凡改编；王物怡绘画
沈阳　辽宁画报社　1957 年　17 页　有图
13cm（60 开）定价：CNY0.12

　　中国现代连环画作品。

J0062903

信用社的女会计　廖英改编；赵鹤田绘图
北京　朝花美术出版社　1957 年　33 页　有图
12×13cm（56 开）统一书号：T8028.1236
定价：CNY0.11
（扫盲连环画）

　　中国现代连环画作品。

J0062904

杨乃武与小白菜　（连环画）莫连凯改编；张
福祺摄影
上海　上海人民美术出版社　1957 年　13cm（60 开）

　　中国现代连环画作品。本书收舞台剧照 265
幅及阐述剧情的说明文字。

J0062905

瑶族姑娘玛娜　高天青改编；俞沙丁绘图
南京　江苏人民出版社　1957 年　45 页　有图
13cm（60 开）统一书号：8100.194
定价：CNY0.12

中国现代连环画作品。

J0062906
一本新书　张牧原著；吴奇改编；俞惜阴绘
北京 朝花美术出版社 1957 年 34 页 有图
13cm（60 开）统一书号：R8028.1568
定价：CNY0.17
　　中国现代连环画作品。

J0062907
一壶泪水　罗恩华改编；李庆国画
成都 四川人民出版社 1957 年 30 页 有图
13cm（60 开）统一书号：R8118.134
定价：CNY0.19
　　根据萧甘牛纪录桂西壮族民间传说"蓬莱洲"改编的中国现代连环画作品。

J0062908
勇士古诺干　胡尔查原著；江尚等改编；陈惠冠绘图
天津 天津人民美术出版社 1957 年 45 页 有图
10×13cm ISBN：7-5305-1518-7
定价：CNY7.00（全集 4 册）
　　中国现代连环画作品。

J0062909
又一个浪头　张镇江原著；翰左改编；周迁等绘图
天津 天津美术出版社 1957 年 61 页 有图
13cm（60 开）统一书号：T8073.810
定价：CNY0.16
　　中国现代连环画作品。

J0062910
辕门斩子
上海 上海文化出版社 1957 年 81 页 有图
14cm（64 开）统一书号：10077.468
定价：CNY0.14
（戏曲小丛书）
　　中国现代京剧连环画作品。

J0062911
怎么办?　（苏）鲍里斯原著；章程改编；华三川画
上海 上海人民美术出版社 1957 年 50 页 有图

13cm（60 开）统一书号：T8081.2243
定价：CNY0.13
　　中国现代连环画作品。

J0062912
怎样监护孩子　陈杰夫编文；张玮绘画
天津 天津美术出版社 1957 年 14 页 有图
10×13cm 统一书号：T.8073.500 定价：CNY0.10
　　中国现代连环画作品。

J0062913
张强寻妻　黄洵瑞改编；钟一鸢绘
石家庄 河北人民美术出版社 1957 年 39 页
有图 13cm（60 开）统一书号：T8087.98
定价：CNY0.25
　　中国现代连环画作品。

J0062914
朱元璋　（四）田衣改编；陈丹旭画
上海 上海人民美术出版社 1957 年 160 页 有图
10×13cm 统一书号：T8081.2291 定价：CNY0.34
　　中国现代连环画作品。

J0062915
捉恶狼　陈国璋著文；刘微, 陆青画
上海 上海人民美术出版社 1957 年 38 页
有彩图 13×14cm 统一书号：R8081.2614
定价：CNY0.19
　　中国现代连环画作品。

J0062916
浊水溪　沈云屏编文；沈原野绘图
上海 上海人民美术出版社 1957 年 52 页 有图
10×13cm 统一书号：T8081.2936 定价：CNY0.13
　　中国现代连环画作品。

J0062917
120 斤重的"老鼠"　江苏文艺出版社改编；朱宗之绘图
南京 江苏文艺出版社 1958 年 28 页 有图
12×13cm 统一书号：8141.423 定价：CNY0.09
（扫盲连环画）
　　中国现代连环画作品。

J0062918

1956—1967 年全国农业发展纲要(修正草案)画册　宇宙改编;权悌绘

石家庄　河北人民美术出版社 1958 年　有图 10×13cm 统一书号:T8087.413 定价:CNY0.16

全国农业发展纲要连环画作品。

J0062919

1956 年到 1967 年全国农业发展纲要　(修正草案图解)王乐天等创作

北京　人民美术出版社 1958 年 40 页　有图 12×15cm 统一书号:T8027.1333 定价:CNY0.20

全国农业发展纲要连环画作品。

J0062920

1956 年到 1967 年全国农业发展纲要图解　河北人民美术出版社编绘

石家庄　河北人民美术出版社 1958 年 40 页 有图 10×13cm 统一书号:T8087.413 定价:CNY0.18

全国农业发展纲要连环画作品。

J0062921

阿拉伯人民站起来了　长江沪剧团编导;江苏文艺出版社改编

南京　江苏文艺出版社 1958 年 36 页　有图 10×13cm 统一书号:8141.516 定价:CNY0.08

中国现代连环画作品。

J0062922

把花边献给毛主席　倪树根写;毛用坤插图

上海　少年儿童出版社 1958 年　有彩图 15cm(40 开)统一书号:R10024.2228 定价:CNY0.11

中国现代连环画作品。作者毛用坤(1936—　),漫画家。浙江宁波人。创办上海少年报和《好儿童》画报,任美术组长、画报编辑部主任、副审。作品有连环画《大扫除》《周总理在少年宫》《小灵通漫游未来》、连环画漫画《海虹》等。

J0062923

宝石姻缘　米立改编;董洪元绘

北京　人民美术出版社 1958 年 34 页　有图 13cm(60 开)统一书号:R8027.1349 定价:CNY0.11

根据天方夜谭改编的中国现代连环画作品。绘画董洪元(1926—　),钢笔画家、连环画家。上海人。笔名红叶。钢笔连环画代表作品有《高尔基》三部曲。

J0062924

被遗弃的人　孙青编写

北京　中国电影出版社 1958 年 35 页　有图 15cm(40 开)统一书号:10061.112 定价:CNY0.11

根据墨西哥电影故事改编的中国现代连环画作品。

J0062925

菠萝飘香的季节　苗歌编;程十发绘

北京　人民美术出版社 1958 年 64 页　有图 13cm(60 开)统一书号:T8027.1337 定价:CNY0.28

中国现代连环画作品。

J0062926

补钉　(苏联)尼·诺索夫原著;廖英改编;李宏仁绘

北京　人民美术出版社 1958 年 23 页　有彩图 21cm(32 开)定价:CNY0.70

中国现代连环画作品。作者李宏仁(1931—　),教授。北京人。历任中央美术学院版画系教授、石版画工作室主任,中国美术家协会会员,中国版画家协会会员。作品有《松鼠》《赵一曼》《旭日东升》等,出版有《李宏仁人体素描艺术》。

J0062927

茶树短穗扦插育苗法图解　江苏省农林厅林业特产局编绘

南京　江苏文艺出版社 1958 年 25 页　有图 10×13cm 统一书号:8141.420 定价:CNY0.10

中国现代连环画作品。

J0062928

陈镜开三破世界纪录　吴江平文;王峻极等绘

北京　人民体育出版社 1958 年 94 页　有图 13cm(60 开)统一书号:8015.610 定价:CNY0.20

中国现代连环画作品。

J0062929
春联集　张文涛编
兰州　甘肃人民出版社　1958年　32页　有图
10×13cm　统一书号：T7096.8　定价：CNY0.07
中国现代连环画作品。

J0062930
春香传　（蒙文）吴大叶改编；根登泰译
北京　民族出版社　1958年　122页　有图
13cm（60开）统一书号：MT8049.蒙121
定价：CNY0.15
中国现代连环画作品。

J0062931
捣放树窝子经验　辽宁省农业展览会编绘
沈阳　辽宁画报社　1958年　15页　有图
10×13cm　统一书号：T8117.884　定价：CNY0.04
中国现代连环画作品。

J0062932
东南英烈传　崔晓平改编；陈丹旭绘图
天津　天津人民美术出版社　1958年　121页
有图　10×13cm
中国现代连环画作品。

J0062933
二虎子　张宇绘图
沈阳　辽宁画报社　1958年　18页　有图
13cm（60开）统一书号：T8117.885
定价：CNY0.05
中国现代连环画作品。作者张宇，字寰六，
号赤云子、奇清逸士。河南省教育书画协会秘书
长，河南省中国画研究院、河南诗词学会理事。

J0062934
反西凉　罗贯中原著；陆士达改编；李铁生画
上海　上海人民美术出版社　1958年　166页
10×13cm
（《三国演义》连环画）
根据古典小说《三国演义》改编的中国现代
连环画作品。

J0062935
放鸭子　卢乃干编文；钟一鸾绘图
天津　天津美术出版社　1958年　29页　有图
13cm（60开）统一书号：R8073.996
定价：CNY0.11
中国现代连环画作品。

J0062936
工作服　史玉新原著；江苏文艺出版社改编，
陈冰心绘图
南京　江苏文艺出版社　1958年　28页　有图
13cm（60开）统一书号：8141.422
定价：CNY0.09
中国现代连环画作品。

J0062937
贡献　波列夫依原著；胡逸改编；王永扬绘图
天津　天津美术出版社　1958年　12页　有图
13cm（60开）统一书号：T8073.992
定价：CNY0.13
中国现代连环画作品。作者王永扬
（1934—　），画家。浙江鄞县人，出生于上海。
杭州国立艺术专科学校绘画系毕业。中国美术
家协会会员，中国版画家协会会员，天津美术家
协会常务理事。作品有《白求恩》《农村小景》《今
天苦战为了万年幸福》《灯心绒》等。

J0062938
**鼓足干劲、力争上游、多快好省地建设社
会主义**　中国美术家协会武汉分会编辑
武汉　湖北人民出版社　1958年　48页　有图
13×19cm　统一书号：T8106.218　定价：CNY0.15
中国现代连环画作品。

J0062939
**鼓足干劲、力争上游、多快好省地建设社
会主义**　（社会主义建设总路线通俗图解）江
苏文艺出版社编；江苏省南京市美术工作者集
体创作
南京　江苏文艺出版社　1958年　53页　有图
11×13cm　统一书号：8141.451　定价：CNY0.10
中国现代连环画作品。

J0062940
鼓足干劲、力争上游、多快好省地建设社

会主义
1958—1960 年 有图 17cm（40 开）
　　本书系中国现代连环画。

J0062941
光荣的工作　上海人民美术出版社编绘
上海　上海人民美术出版社 1958 年 16 页 有图
13cm（60 开）统一书号：T8081.3927
定价：CNY0.05
　　中国现代连环画作品。

J0062942
果树生产技术　（图解本）樊石虎编绘
合肥　安徽人民出版社 1958 年 85 页 有图
13cm（60 开）统一书号：8102.860
定价：CNY0.25
　　中国现代连环画作品。

J0062943
红姑娘　翟万英，韩兴业剪纸
长春　吉林人民出版社 1958 年 有图 10×13cm
统一书号：T8091.26 定价：CNY0.12
　　中国现代连环画作品。其中包括：民间故事
《兄弟俩》和《悔过》，寓言《坐享其成》。

J0062944
红萝卜　陈瑞琴原著；凤池改编，王正文绘
北京　人民美术出版社 1958 年 24 页 有彩图
13cm（60 开）统一书号：T8027.1871
定价：CNY0.13
　　中国现代连环画作品。

J0062945
黄宝妹和浦玉珍　（蒙文）郁航改编；白刃译
北京　民族出版社 1958 年 83 页 有图
12cm（64 开）统一书号：TM8049. 蒙 146
定价：CNY0.22
　　中国现代连环画作品。

J0062946
假新郎　冯梦龙原著；杨犀改编；逄真绘图
天津　天津人民美术出版社 1958 年 78 页 有图
10×13cm ISBN：7-5305-1490-3
定价：CNY10.00（全集 5 册）
　　中国现代连环画作品。作者冯梦龙（1574—

1646），通俗文学家、戏曲家。长洲（今江苏苏州）
人。字犹龙，又字子犹，别号龙子犹、墨憨斋主
人、顾曲散人、词奴等。一生从事小说、戏曲的
创作和编印。编纂《喻世明言》《警世通言》《醒
世恒言》《古今谈概》《太平广记钞》等。

J0062947
蛟龙扇　张明等整理改编；尹福康摄影
上海　上海人民美术出版社 1958 年 102 页 有图
10×13cm 统一书号：8081.3555 定价：CNY0.29
　　中国现代连环画作品。作者尹福康
（1927—　），摄影家。江苏南京人。曾任上海人
民美术出版社副编审、上海市摄影家协会副主席
等职。主要作品有《烟笼峰岩》《向荒山要宝》《晒
盐》《工人新村》等。

J0062948
觉悟　王干之原著；陈念云改编；柳季绘画
上海　上海人民美术出版社 1958 年 42 页 有图
10×13cm 统一书号：T8081.3442 定价：CNY0.11
　　中国现代连环画作品。

J0062949
节育画册　哈尔滨市科学技术普及协会编
哈尔滨　黑龙江人民出版社 1958 年 86 页 有图
10×13cm 统一书号：T14093.5 定价：CNY0.16
　　中国现代连环画作品。

J0062950
井冈山的小姑娘　司徒园改编；高齐寰绘
北京　人民美术出版社 1958 年 30 页 有图
13cm（60 开）统一书号：R8027.1480
定价：CNY0.10
（儿童连环图画）
　　中国现代连环画作品。

J0062951
景颇文看图识字　（Ⅰ）云南民族出版社翻译
昆明　云南民族出版社 1958 年 85 页 有图
10×13cm 统一书号：M7145.25 定价：CNY0.08
　　中国现代连环画作品。

J0062952
竞赛没有结束　（蒙文）章程改编；顾炳鑫绘；
白刃译

北京 民族出版社 1958年 71页 有图
12cm（60开）统一书号：MT8049.蒙138
定价：CNY0.17
　　中国现代连环画作品。作者顾炳鑫（1923—
2001），美术家。笔名甘草、朽木，江苏宝山人。
历任中国美术家协会理事、上海美术家协会主席
团委员、上海美协连环画艺委会主任。代表作品
有连环画《渡江侦察记》《列宁在十月》等。

J0062953
看场　刘振甫原著；吴懋祥编绘
郑州 河南人民出版社 1958年 40页 有图
11×13cm 统一书号：T8105.112 定价：CNY0.12
　　中国现代连环画作品。作者吴懋祥
（1932—　　），画家、国家一级美术师。别名彼岸，
字铁矛，河南温县人。曾任《河南日报》社美术
组长、高级编辑，中国美术家协会会员，中国
连环画研究会理事，中国美术家协会河南分会理
事，河南书画院院外画师，嵩阳书画院副院长。
作品有《老石工》《栋》《修渠人》《麦收季节》等。

J0062954
看图识字　（第三册）辽宁画报社绘编
沈阳 辽宁画报社 1958年 50页 有图
10×13cm 统一书号：T8117.650 定价：CNY0.07
中国现代连环画作品。

J0062955
看图识字　（第一册）
北京 文字改革出版社 1958年 50页 有图
15cm（40开）统一书号：9060.131
定价：CNY0.08
　　中国现代连环画作品。

J0062956
看图识字　（第二册）
北京 文字改革出版社 1958年 50页 有图
15cm（40开）统一书号：9060.132
定价：CNY0.08
　　中国现代连环画作品。

J0062957
看图识字　（第三册）
北京 文字改革出版社 1958年 50页 有图
15cm（40开）统一书号：9060.133

定价：CNY0.08
　　中国现代连环画作品。

J0062958
看图识字　（第四册）
北京 文字改革出版社 1958年 50页 有图
15cm（40开）统一书号：9060.133
定价：CNY0.08
　　中国现代连环画作品。

J0062959
看图识字　（第五册）
北京 文字改革出版社 1958年 50页 有图
15cm（40开）统一书号：9060.135
定价：CNY0.08
　　中国现代连环画作品。

J0062960
看图识字　（第六册）
北京 文字改革出版社 1958年 50页 有图
15cm（40开）统一书号：9060.136
定价：CNY0.08
　　中国现代连环画作品。

J0062961
看图识字(幼)　（上册 简本）少年儿童出版社
编绘
上海 少年儿童出版社 1958年 40页 有图
13cm（60开）统一书号：R10024.2049
定价：CNY0.05
　　中国现代连环画作品。

J0062962
**苦战三年改变全省面貌的廿条奋斗目标
（图解）**　中共陕西省委全体会议(扩大)制定；
西安美专勤工俭学委员会创作组绘
西安 长安美术出版社 1958年 20页 有图
14×15cm 统一书号：8094.213 定价：CNY0.09
　　中国现代连环画作品。

J0062963
老兽医　朱大贤原作；孙剑影改编；华伯瀛等
绘图
南京 江苏文艺出版社 1958年 26页 有图
12×13cm 统一书号：8141.441 定价：CNY0.09

（扫盲连环画）

中国现代连环画作品。作者孙剑影，作家。江苏南京人。作品有《青春的史册》，改编连环画有《大风歌》。

J0062964

礼物的秘密　苏明慈原著；何寄梅改编；孙志宝绘

北京 人民美术出版社 1958 年 37 页 有彩图 13cm（60 开）统一书号：R8027.1461

定价：CNY0.18

（儿童连环图画）

中国现代连环画作品。

J0062965

李二婶　王捷三等绘图

太原 山西人民出版社 1958 年 26 页 有图 10×13cm 统一书号：8088.38 定价：CNY0.10

中国现代连环画作品。

J0062966

历史的教训　李直编写

北京 中国电影出版社 1958 年 38 页 有图 15cm（40 开）统一书号：10061.122

定价：CNY0.12

中国现代连环画作品。

J0062967

炼焦车间的女主任　肖明编文；王基湘绘图

沈阳 辽宁画报社 1958 年 30 页 有图 10×13cm 统一书号：T8117.810 定价：CNY0.07

中国现代连环画作品。

J0062968

列宁在森林里的一天　（苏）阿拉米莱夫原著；吴其柔编文；夏书玉绘图

上海 上海人民美术出版社 1958 年 61 页 有图 10cm（70 开）定价：CNY0.15

中国现代连环画作品。

J0062969

刘介梅忘本回头　"刘介梅今昔生活对比展览会"供稿

北京 人民美术出版社 1958 年 123 页 有图 12×15cm 统一书号：T8027.1344 定价：CNY0.33

中国现代连环画作品。

J0062970

龙口取水　再实编绘

太原 山西人民出版社 1958 年 30 页 有图 10×13cm 统一书号：8088.31 定价：CNY0.11

中国现代连环画作品。

J0062971

冒失鬼和同学们　谢平实改编；阿浦绘

石家庄 河北人民美术出版社 1958 年 66 页 有图 10×13cm 统一书号：T8087.386

定价：CNY0.16

中国现代连环画作品。

J0062972

蜜蜂和地球　秦牧原著；双人改编；戴铁郎绘

北京 人民美术出版社 1958 年 29 页 有图 13cm（60 开）统一书号：R8027.2046

定价：CNY0.14

中国现代连环画作品。

J0062973

苗山怒火　苗延秀原著；离离，田衣改编；王仲清画

上海 上海人民美术出版社 1958 年 163 页 有彩图 15cm（40 开）统一书号：T8081.2966

定价：CNY1.20

（彩色连环画）

中国现代连环画作品。作者王仲清（1924—　　），画家、教授。生于四川成都，毕业于省立成都师范美师科。历任上海人民美术出版社创作员、上海戏剧学院中国画教师，中国美术家协会会员，中国禅画研究院名誉院长。作品有中国画《小三峡》《胡笳十八拍》，连环画《阿诗玛》等。出版有《王仲清画集》等。

J0062974

南北和　天津人民美术出版社编；叶之浩绘图

天津 天津人民美术出版社 1958 年 106 页 有图 10×13cm ISBN：7-5305-1489-X

定价：CNY12.00（全 4 册）

中国现代连环画作品。

J0062975

你见过这些动物吗 少年儿童出版社编；蔡忱毅，王锡昌，袁兆熊绘图

上海 少年儿童出版社 1958年 33页 有图 15cm（40开）定价：CNY0.06

中国现代连环画作品。

J0062976

搒母 周舒真改编；倪宝诚绘

郑州 河南人民出版社 1958年 35页 有图 13cm（60开）统一书号：T3105.72

定价：CNY0.08

中国现代连环画作品。作者倪宝诚（1935— ），画家。山东临朐人。历任河南省群众艺术馆研究员、中国美术家协会会员、中国民间工艺学术委员会委员、河南人民出版社美术编辑室主任、河南省群众艺术馆研究员，河南省民间美术学会会长等职。作品有连环画《红心》《跳轿》《大地回春》《保家卫国》等。主编有《大河风——河南民间美术文集》《朱仙镇门神》《玩具》《民间美术与现代美术》等著作。

J0062977

农民发明家张广义 安敦礼改编；马基光绘

郑州 河南人民出版社 1958年 22页 有图 13cm（60开）统一书号：T8105.117

定价：CNY0.08

中国现代连环画作品。

J0062978

弄虚作假 徐孝坤原著；颖士改编，张载画

上海 上海人民美术出版社 1958年 59页 有图 13cm（60开）统一书号：MT8094.蒙142

定价：CNY0.14

中国现代连环画作品。

J0062979

贫非罪 （俄）奥斯特洛夫斯基原著；姚钧改编；韩和平画

上海 上海人民美术出版社 1958年 70页 有图 13cm（60开）统一书号：T8081.3512

定价：CNY0.16

本书是根据俄国原著改编的中国现代连环画作品。

J0062980

清风亭 牛观改编；江栋良绘图

天津 天津人民美术出版社 1958年 43页 有图 10×13cm ISBN：7-5305-1490-3

定价：CNY10.00（全集5册）

中国现代连环画作品。

J0062981

秋耕增产 （苏）阿·弗·舍瓦洛强编剧；朱鉴翻译改编

上海 上海人民美术出版社 1958年 41页 有彩图 13cm（60开）统一书号：T8081.2946

定价：CNY0.17

（科学常识图画丛书）

根据科学电影改编的中国现代连环画作品。

J0062982

区小队长的儿子 程中岳改编；程修绘画；赵殿邦封面设计

沈阳 辽宁画报社 1958年 55页 有图 11×15cm 统一书号：R8117.645 定价：CNY0.11

中国现代连环画作品。

J0062983

荣誉勋章 路桦改编；苏天赐，毕颐生绘图

南京 江苏文艺出版社 1958年 26页 有图 12×13cm 统一书号：8141.477 定价：CNY0.09

（扫盲连环画）

中国现代连环画作品。

J0062984

三岔口 林锴绘

北京 人民美术出版社 1958年 38页 20cm（32开）

统一书号：8027.1242 定价：CNY0.80

中国现代连环画作品。

J0062985

三华绿化小红山 黄彻吾改编；陈大羽绘图

南京 江苏文艺出版社 1958年 25页 有图 12×13cm 统一书号：8141.506 定价：CNY0.09

（扫盲连环画）

中国现代连环画作品。作者陈大羽（1912—2001），画家、书法家、篆刻家。原名汉卿，更名翱，字大羽。广东潮阳人，毕业于上海美术专业学校中国画系。历任南京艺术学院教授，中国画

协常务理事。主要作品有《红梅公鸡》《庐山》《松柏长青》等。出版有《陈大羽书画篆刻作品集》《大羽画集》等。

J0062986

三件功绩　文达编

北京 人民美术出版社 1958 年 98 页 有图

10×13cm 统一书号：T8027.2335

　　中国现代连环画作品。

J0062987

伞　陆宜才改编；韩书彧绘

天津 天津美术出版社 1958 年 20 页 有图

12cm（60 开）统一书号：R8073.975

定价：CNY0.16

　　中国现代连环画作品。

J0062988

扫盲识字课本　紫金县文教局，紫金县扫盲协会编

广州 1958 年 78 页 10×13cm 定价：CNY0.08

　　中国现代连环画作品。

J0062989

社会主义建设总路线图解　河北人民美术出版社编绘

石家庄 河北人民美术出版社 1958 年 58 页

有图 10×13cm 统一书号：8087.503

定价：CNY0.10

　　中国现代连环画作品。

J0062990

神鸡童　陈鸿原著；张德改编；曹同煜绘图

天津 天津人民美术出版社 1958 年 75 页 有图

10×13cm

　　中国现代连环画作品。

J0062991

神箭　王鸿原著；韩伟编绘

北京 人民美术出版社 1958 年 47 页 有图

13cm（60 开）统一书号：R8027.1483

定价：CNY0.12

　　中国现代连环画作品。

J0062992

十想毛主席　上海教育出版社编辑

上海 上海教育出版社 1958 年 16 页 有图

13cm（60 开）统一书号：7150.220

定价：CNY0.03

　　中国现代连环画作品。

J0062993

世界上从未有过的事——三槽出钢　王兰，范兴荣词；李里，李子龙绘

北京 冶金工业出版社 1958 年 49 页 有图

16cm（25 开）统一书号：15062.1158

定价：CNY0.20

　　中国现代连环画作品。作者李里（1931—　），山西襄汾县人。历任中国美协、山西书法协会会员，董寿平书画艺术研究会常务理事，山西美术研究会副会长，山西老年书画家协会副主席和山西农民书画研究会常务副会长。

J0062994

试验田　列火改编；王弘力绘

沈阳 辽宁画报社 1958 年 13 页 10×13cm

统一书号：T8117.756 定价：CNY0.07

　　中国现代连环画作品。

J0062995

试装　沈贵玉编剧

上海 上海人民美术出版社 1958 年 52 页 有图

10cm（64 开）统一书号：T8081.4011

定价：CNY0.13

（上海跃进新气象 3）

　　中国现代连环画作品。

J0062996

水兵和打鱼姑娘　艾军原著；熊烈改编；周荷生，庄元画

上海 上海人民美术出版社 1958 年 74 页 有图

10cm（64 开）定价：CNY0.17

　　中国现代连环画作品。

J0062997

苏联机械化的农业生产　辽宁省中苏友好协会编绘

沈阳 辽宁画报社 1958 年 39 页 有图

12cm（60 开）统一书号：T8117.814

定价：CNY0.11
中国现代连环画作品。

J0062998
兔姑娘　王海堃改编；王左英，黑白绘画
兰州　敦煌文艺出版社 1958年 56页 有图
10×13cm 统一书号：T8148.1 定价：CNY0.16
中国现代连环画作品。

J0062999
万斤丰产　（拼音扫盲补充读物）张有德原著；
何逸荣改编；娄世棠等绘图
北京　文字改革出版社 1958年 70页 有图
10×13cm 统一书号：9060.195 定价：CNY0.10
中国现代连环画作品。

J0063000
王老妈妈　于非改编；王弘力绘图
沈阳　辽宁画报社 1958年 30页 有图
10×13cm 统一书号：T8.117.648 定价：CNY0.08
中国现代连环画作品。

J0063001
王孝和　张羽原著；大鲁改编；华三川绘
上海　上海人民美术出版社 1958年 再版 修订
125页 有图 12cm（60开）
中国现代连环画作品。

J0063002
我要读书　王绪阳，贲庆余绘
北京　人民美术出版社 1958年 88页 有图
17×19cm（24开）统一书号：T8027.1240
定价：CNY1.00
　　根据高玉宝同名小说改编的，中国现代连环
画作品。作者贲庆余（1929—2004），美术理论家、
画家，鲁迅美术学院教授。生于哈尔滨，毕业于
东北鲁迅文艺学院美术部。作品有《瓦岗军分粮》
《李自成》，插图《我要读书》等。

J0063003
五丈原　罗贯中原著；上海人民美术出版社改
编，冯墨农画
上海　上海人民美术出版社 1958年 118页
10×13cm
（《三国演义》连环画 42）

　　根据古典小说《三国演义》改编的中国现代
连环画作品。作者罗贯中（约1330- 约1400），
元末明初小说家。名本，字贯中，号湖海散人，
山西并州太原府人。《三国志通俗演义》（简称《三
国演义》）的作者，其他主要作品有小说《隋唐两
朝志传》《残唐五代史演义》《三遂平妖传》《水
浒全传》。

J0063004
五只小螺丝　阮腾文原著；刘汉佐改编；顾祝
君绘图
天津　天津美术出版社 1958年 57页 有图
10×13cm 统一书号：T8073.870 定价：CNY0.15
中国现代连环画作品。

J0063005
西厢记　洪曾玲改编；王叔晖绘
北京　人民美术出版社 1958年 128页
16×18cm（28开）
中国现代连环画作品。

J0063006
希望的花　（苏）鲁·弗拉耶尔曼原著；杨惠改
编；韩伟绘
天津　天津美术出版社 1958年 52页 有图
13cm（60开）统一书号：T8073.934
定价：CNY0.19
中国现代连环画作品。

J0063007
消灭棉红蜘蛛　蓝锐祥改编；陈金锟画
北京　文字改革出版社 1958年 27页 有图
10×14cm（64开）统一书号：9060.214
定价：CNY0.06
（拼音扫盲补充读物）
中国现代连环画作品。

J0063008
小点心　周成正改编；谷梅，樊楠绘图
北京　中国电影出版社 1958年 45页 有彩图
10×13cm 统一书号：8061.231 定价：CNY0.19
中国现代电影连环画作品。

J0063009
小耗子过生日　思佳配文；郑火星绘

北京 朝花美术出版社 1958 年 34 页 有图
13cm（60 开）统一书号：R8028.1678
定价：CNY0.17
（儿童连环图画）
　　中国现代连环画作品。

J0063010
小金孩　李作华写；韩伍绘画
上海 少年儿童出版社 1958 年 24 页 有图
13cm（60 开）统一书号：R10024.2082
定价：CNY0.04
　　中国现代连环画作品。绘画韩伍（1936— ），
画家。浙江杭州人，毕业于行知艺术学校。中国
美术家协会会员，儿童时代社《哈哈画报》主编，
上海市美协理事。作品有《五彩路》《微湖山上》
《灯花》等，出版有《韩伍画集》《小巷童年》《诗
经彩绘》等。

J0063011
小螺丝钉　林禽编绘；李皓美术编辑
沈阳 辽宁画报社 1958 年 30 页 有彩图
10×13cm 统一书号：R8117.869 定价：CNY0.11
　　中国现代连环画作品。

J0063012
小调皮　汪满编绘
北京 人民美术出版社 1958 年 33 页 有图
12cm（60 开）统一书号：R8027.2059
定价：CNY0.16
　　中国现代连环画作品。

J0063013
小瓦工堵海眼　于光改编；于正羊绘图
沈阳 辽宁画报社 1958 年 40 页 有图
10×13cm 统一书号：T8117.718 定价：CNY0.09
　　中国现代连环画作品。

J0063014
小英雄奋勇堵决口　冯国琳，李梗绘图
沈阳 辽宁画报社 1958 年 6 页 有图
13cm（60 开）统一书号：R8117.861
定价：CNY0.05
　　中国现代连环画作品。

J0063015
新的小麦　耳·科干编剧，弗·波波娃导演；
克·斯·特洛德摄影，朱立宏改编
上海 上海人民美术出版社 1958 年 25 页 有图
13cm（60 开）统一书号：T8081.2872
定价：CNY0.12
　　根据科学教育电影改编的，中国现代连环画
作品。

J0063016
杏婵娘娘　杨琳美原著；来诵芬改编，杨锦文绘
天津 天津人民美术出版社 1958 年 57 页 有图
10×13cm 统一书号：7-5305-1514-4
定价：CNY9.50（全集 3 册）
　　中国现代连环画作品。

J0063017
幸福归来　贾玉江原著；艺夫改编；俞沙丁绘
天津 天津美术出版社 1958 年 14 页 有图
13cm（60 开）统一书号：T8073.974
定价：CNY0.16
　　中国现代连环画作品。

J0063018
幸福花开　青冰编；振业绘图
北京 人民美术出版社 1958 年 54 页 有图
10×13cm 统一书号：T8027.2043 定价：CNY0.12
　　中国现代连环画作品。

J0063019
雪梨变成的泉水　（中）萧甘牛写；郑家声绘图
上海 少年儿童出版社 1958 年 18 页 有彩图
13cm（60 开）统一书号：R10024.1994
定价：CNY0.07
　　中国现代连环画作品。作者郑家声（1933—
2018），女，画家。生于浙江宁波。曾任上海美术
出版社连环画创作员、副编审。作品有《智激美
猴王》《毛主席在陕北》等，出版有画集《红楼梦》
《牡丹亭》。

J0063020
巡道员的儿子　梅禹原著；赵怀祖等改编；贺
友直绘图
上海 上海人民美术出版社 1958 年 62 页 有图
10×13cm 统一书号：R8081.3444 定价：CNY0.12

中国现代连环画作品。

J0063021

燕青盗令 易安等改编；陈麟祥绘图
天津 天津人民美术出版社 1958 年 60 页 有图
10×13cm
　　中国现代连环画作品。

J0063022

一棵梨树 爱罗先珂原著；蔡一鸣等绘
天津 天津美术出版社 1958 年 42 页 有图
13cm（60 开）统一书号：R8073.931
定价：CNY0.17
　　中国现代连环画作品。

J0063023

一马当先万马奔腾（大联唱） 华中工学院电
力系三年级宣传鼓动队作
武汉 湖北人民出版社 1958 年 16 页 有图
11×15cm（50 开）统一书号：T8106.269
定价：CNY0.05
　　中国现代连环画作品。

J0063024

一心爱社 赵鸿原著；孙剑影改编；宋杰绘图
南京 江苏文艺出版社 1958 年 28 页 有图
12×13cm（56 开）统一书号：8141.381
定价：CNY0.09
（扫盲连环画）
　　中国现代连环画作品。

J0063025

预防矽肺 辽宁省卫生教育所编
沈阳 辽宁画报社 1958 年 18 页 有图
10×13cm 统一书号：T8117.766 定价：CNY0.05
　　中国现代连环画作品。

J0063026

沼气化先锋 熊高田，史大千改编
北京 中国电影出版社 1958 年 49 页 有图
15cm（40 开）统一书号：10061.140
定价：CNY0.15
　　中国现代连环画作品。

J0063027

召树屯和喃诺娜 阿秀编者；程十发绘
北京 人民美术出版社 1958 年 44 页 有图
12×15cm 统一书号：T8027.1346 定价：CNY0.23
　　中国现代连环画作品。

J0063028

**中共陕西省委全体会议（扩大）制定苦战三
年改变全省面貌的廿条奋斗目标** （图解）
西安美专勤工俭学委员会创作组绘
西安 长安美术出版社 1958 年 20 页 有图
12×15cm 统一书号：8094.213 定价：CNY0.09
　　中国现代连环画作品。

J0063029

中华人民共和国户口登记条例通俗图解
中央美术学院油画系二年级绘
北京 群众出版社 1958 年 94 页 有图
13cm（60 开）统一书号：T8067.7
定价：CNY0.23
　　中国现代连环画作品。

J0063030

中华人民共和国治安管理处罚条例图解
浙江省公安厅编
杭州 浙江人民出版社 1958 年 96 页 有图
13cm（60 开）统一书号：8103.36
定价：CNY0.24
　　中国现代连环画作品。

J0063031

种植棉花机械化 恩·弗·克马尔斯基编剧；
万正源，陈恺元翻译及改编
上海 上海人民美术出版社 1958 年 90 页 有图
13×14cm 统一书号：T8081.2975 定价：CNY0.30
（科学常识图画丛书）
　　中国现代连环画作品。

J0063032

周老实 张汝谦改编；方瑶民等绘
长春 吉林人民出版社 1958 年 45 页 有图
10×13cm 统一书号：T8091.32 定价：CNY0.12
　　中国现代连环画作品。绘画方瑶民
（1933—　），江苏无锡人。毕业于华东艺术专科
学校绘画系。少年儿童出版社编辑、编审。上海

美术家协会会员。主要作品有编绘《世界文学名著》连环画丛书。

J0063033
竹器名匠章水泉　沈沙原著；郭华改编；莫士光绘图
天津　天津美术出版社　1958年　64页　有图
11×13cm　统一书号：T8073.941　定价：CNY0.16
　　中国现代连环画作品。

J0063034
注音农村宣传鼓动口号　寿孝鹤注音
北京　文字改革出版社　1958年　12页　有图
9×14cm　统一书号：9060.148　定价：CNY0.03
　　中国现代连环画作品。

J0063035
捉空投特务　小朋友编辑委员会编辑
上海　少年儿童出版社　1958年　28页　有彩图
13cm（60开）统一书号：R10024.2137
定价：CNY0.07
　　中国现代连环画作品。

J0063036
最后的一场比赛　（苏）姆·米尔扬诺夫原著；王祖威改编；刘汉绘
天津　天津美术出版社　1958年　33页　有图
13cm（60开）统一书号：T8073.957
定价：CNY0.13
　　中国现代连环画作品。作者刘汉（1932—　），画家。广东中山人。中央民族大学美术系教授，中国美术家协会会员，现代中国水墨联盟秘书长。主要作品有《红色风暴》《红旗谱》《天女散花》《女娲补天》等。

J0063037
"克什米尔公主号"的秘密　（印度航空工程师）阿·什·卡尔尼克原著；钟子坚改编；陈烟帆作画
南京　江苏文艺出版社　1959年　100页　有图
10×13cm　统一书号：8141.648　定价：CNY0.19
　　据原著改编的中国现代连环画。

J0063038
"脑筋不会拐弯"的学生　佳宾原著；冯若梅改编；胡振玉画
上海　上海人民美术出版社　1959年　44页　有图
10×13cm　统一书号：T8081.4667　定价：CNY0.09
　　中国现代连环画。

J0063039
安全行车能手　（朝鲜文）诸辛，章捷改编；刘文颉绘
北京　民族出版社　1959年　61页　有图
10×13cm　统一书号：MT8049.朝149
定价：CNY0.15
　　中国现代连环画。

J0063040
把死土变成活土　高士其原著；河南省教育厅推广普通话办公室编
郑州　河南人民出版社　1959年　14页　有图
10×13cm　统一书号：T7105.312　定价：CNY0.04
（拼音读物丛书）
　　中国现代连环画作品。

J0063041
白手起家　贵阳市美术公司编绘
贵阳　贵州人民出版社　1959年　25页　有图
13cm（60开）统一书号：8115.147
定价：CNY0.11
（连环图画　四十五）
　　中国现代连环画作品。

J0063042
搬家　阿堤原著；龚建新编绘
西安　长安美术出版社　1959年　25页　有图
13cm（60开）统一书号：8146.405
定价：CNY0.26
　　中国现代连环画作品。作者龚建新（1938—　），满族，一级美术师。新疆奇台人，毕业于中央美术学院国画系。先后在乌鲁木齐市文化馆防疫站从事美术工作，任教于新疆艺术学院、新疆画院，新疆美协名誉主席，中国美协新疆创作中心主任。作品有《静静的卡甫河》《万里送马》《瑶池会》，出版有《新疆人物写生》等。

J0063043
边塞擒谍　（维吾尔文）毕圣凤改编
北京　民族出版社　1959年　116页　有图

12cm（64开）统一书号：MT8049. 维121
定价：CNY0.23
　　中国现代连环画作品。

J0063044
布谷鸟又叫了　孙青改编
北京 中国电影出版社 1959年 97页 有图
10×13cm 统一书号：8061.790 定价：CNY0.21
　　中国现代电影连环画作品。

J0063045
藏北轻骑兵　田武著；徐正平绘图
上海 上海少年儿童出版社 1959年 45页 有图
15cm（40开）统一书号：R10024.2358
定价：CNY0.08
（我爱祖国小丛书）
　　中国现代连环画作品。绘图徐正平（1923—
2015），连环画家。笔名又飞，江苏阜宁人。上
海连环画研究会理事。代表作品有《复镖仇》
《安史之乱》《桃园结义》《虎牢关》《风雪夜归
人》等。

J0063046
草原骑士　郎毅原著；胡云子改编，俞沙丁绘
天津 天津美术出版社 1959年 24页 有图
12×13cm 统一书号：T8073.1636 定价：CNY0.10
　　中国现代连环画作品。

J0063047
除夕夜战　姜恒顺改编；孙介凡绘图
沈阳 辽宁美术出版社 1959年 28页 有图
10×13cm 统一书号：T8117.1019 定价：CNY0.08
　　中国现代连环画作品。

J0063048
褚小妹学文化　胡映西改编；沈悌如，盛亮
贤，施伟樑画
上海 上海人民美术出版社 1959年 16页
13cm（60开）统一书号：T8081.4154
定价：CNY0.05
（学文化丛书）
　　中国现代连环画作品。

J0063049
创造化肥保丰收　思今编；陈烟帆绘

北京 人民美术出版社 1959年 17页 有图
11×13cm 统一书号：T8027.2407 定价：CNY0.04
（红旗画库 三十）
　　中国现代连环画作品。

J0063050
打电话的故事　（苏）马·布莱梅尼尔原著；大
鲁改编；王贤统绘
北京 人民美术出版社 1959年 57页 有图
13cm（60开）统一书号：R8027.2963
定价：CNY0.25
　　中国现代连环画作品。

J0063051
打麦秸　（朝鲜文）周玎杰著；白逸如画
北京 民族出版社 1959年 17页 有图
10×13cm 统一书号：M8049. 朝167
定价：CNY0.06
　　中国现代连环画作品。作者白逸如
（1932— ），女，画家。北京人。毕业于浙江美
术学院。曾任山东省文化局美工室、山东师范大
学艺术系教师，天津画院专业画家。主要作品有
《渔家女儿上大学》《移来南茶住北乡》《大娘的
病好了》等。

J0063052
打破老皇历　张伯诚画
上海 上海人民美术出版社 1959年 16页 有图
13cm（60开）统一书号：T8081.4192
定价：CNY0.05
（学文化丛书）
　　中国现代连环画作品。

J0063053
大师兄闹衙门　张士杰搜集整理；华超改编；
宗静草绘图
北京 人民美术出版社 1959年 48页 有图
10×13cm 统一书号：T8027.2853 定价：CNY0.12
　　中国现代连环画作品。绘者宗静草，江苏美
术出版社美编，与其兄合作有《宗静风宗静草连
环画作品》，包括《十五贯》《包公审石》《放鸭姑
娘》《黑黑和白白》《蝴蝶杯》等。

J0063054
党的好儿子——欧阳立安　谷小因改写

长沙 湖南人民出版社 1959 年 22 页 有图
13cm（60 开）统一书号：R10109.524
定价：CNY0.06
　　中国现代连环画作品。

J0063055

董翠宝　朱熹年编文；浙江美术学院附中高三
绘图
杭州 浙江人民美术出版社 1959 年 59 页 有图
10×13cm 统一书号：T8156.63 定价：CNY0.15
　　中国现代连环画作品。

J0063056

动物的秘密　周存绪编；李克弱画
北京 人民美术出版社 1959 年 有彩图
13cm（60 开）统一书号：T8027.2743
定价：CNY0.18
　　中国现代连环画作品。

J0063057

斗笠　唐人凤原著；张举义绘画
长沙 湖南人民出版社 1959 年 25 页 有图
10×13cm 统一书号：8109.328 定价：CNY0.08
　　中国现代连环画作品。

J0063058

夺枪记　雨苹改编；张春峰绘
石家庄 河北美术出版社 1959 年 71 页
有图 11×15cm 统一书号：8087.593
定价：CNY0.16
　　中国现代连环画作品。作者张春峰
（1929—　），书画家。出生于河北武强县。笔名
武艺，号西园，居号泥香草堂。毕业于河北省艺
术干部学校。曾任河北美术出版社副社长、纽约
东西方艺术家协会民俗艺术委员会副主席等职。
主要作品有《雄鹰图》《母子虎》《草书虎字》等。

J0063059

防止火灾保卫建设　（图解）江西省公安厅
编；傅志旺画
南昌 江西人民出版社 1959 年 有图 10×13cm
统一书号：T8110.210 定价：CNY0.11
　　中国现代连环画作品。

J0063060

飞回来的鸽子　陈宝书改编；张乃光，卢开祥
绘图
天津 天津少年儿童美术出版社 1959 年 24 页
有图 13cm（60 开）统一书号：R8073.1505
定价：CNY0.12
　　中国现代连环画作品。

J0063061

钢人　胡映西改编；华三川画
上海 上海人民美术出版社 1959 年 63 页 有图
10×13cm 统一书号：T8081.4510 定价：CNY0.11
　　中国现代连环画作品。

J0063062

革命领袖勤学苦练的故事　河南省教育厅推
广普通话办公室编
郑州 河南人民出版社 1959 年 12 页 有图
10×13cm 统一书号：T7105.331 定价：CNY0.03
（拼音读物丛书）
　　中国现代连环画作品。

J0063063

革命圣地延安　魏至善编文；延安革命纪念
馆摄影
天津 天津美术出版社 1959 年 77 页 有图
13cm（60 开）统一书号：T8073.1562
定价：CNY0.22
　　中国现代连环画作品。

J0063064

工人出身的厂长　中共天津市委支部生活社
编辑；何国华绘图
天津 天津美术出版社 1959 年 17 页 有图
10cm（64 开）统一书号：T8073.1525
定价：CNY0.08
（共产主义教育丛书 之三）
　　中国现代连环画作品。

J0063065

攻克水下堡垒　胡映西改编；盛亮贤画
上海 上海人民美术出版社 1959 年 61 页 有图
10×13cm 统一书号：T8081.4544 定价：CNY0.10
　　中国现代连环画作品。绘画盛亮贤（1919—
2008），画家。上海青浦人。曾从事电影动画及

中学美术教学工作，历任上海新美术出版社、上海人民美术出版社连环画创作室科长等职。连环画作品有《三字经》《枯木逢春》《木匠迎亲》《寻人》《三国演义》等。

J0063066

孤岛少先队　（附儿童桥）丁芒等原著；戴敦邦绘画
天津　天津少年儿童出版社　1959年　14+14页
有图　10×13cm　统一书号：R8073.1591
定价：CNY0.09
　　中国现代连环画作品。作者戴敦邦（1938— ），国画家，教授。号民间艺人，江苏丹徒人。毕业于上海第一师范学校。历任《中国少年报》《儿童时代》美术编辑，上海交通大学人文学院教授等。主要作品《水浒人物一百零八图》《戴敦邦水浒人物谱》《戴敦邦新绘红楼梦》《戴敦邦古典文学名著画集》等；连环画代表作品有《一支驳壳枪》《水上交通站》《大泽烈火》《蔡文姬》等。

J0063067

关不住的姑娘　（藏文）阿章改编；盛此君绘，杨迦森译
北京　民族出版社　1959年　28页　有图
13cm（60开）统一书号：M8049.藏130
定价：CNY0.08
　　中国现代连环画作品。作者盛此君（1915—1996），广西贵县人，在上海美专毕业后赴日本新宿洋画研究所学习。中华人民共和国成立后，历任新闻出版总署美术室干部，人民美术出版社专业画家。作品有年画《1981年农历图》，绘画版连环画《小玲玲找弟弟》，宣传画《祖国建设花怒放，提高警惕防虎狼》等。

J0063068

关不住的姑娘　（朝鲜文）胡小孩，波祖安原著；阿草改编；盛此君绘
北京　民族出版社　1959年　28页　有图
12cm（60开）统一书号：M8049.朝160
定价：CNY0.08
　　中国现代连环画作品。

J0063069

关不住的姑娘　（哈萨克文）胡小孩，沈祖安原著；阿章改编；盛此君绘

北京　民族出版社　1959年　28页　有图
13cm（60开）统一书号：M8049.哈87
定价：CNY0.08
　　中国现代连环画作品。作者沈祖安（1929— ），编剧、曲艺作家、戏剧理论家。祖籍浙江诸暨。历任浙江省曲艺家协会副主席，中国说唱文艺学理事，杭州市文化局艺术顾问、浙江京昆艺术剧院艺术顾问、浙江省政协诗书画之友社顾问、中国戏曲表演学会顾问等。著有《鉴湖女侠》《纵横谈艺录》《琵琶街杂记》《顾曲丛谈》《变与不变——沈祖安艺术论集》等。

J0063070

关不住的姑娘　（蒙文）阿章改编；盛此君绘；那逊译
北京　民族出版社　1959年　28页　有图
12×13cm　统一书号：M8049.蒙15
定价：CNY0.08
　　中国现代连环画作品。

J0063071

关不住的姑娘　（维吾尔文）胡小孩，沈祖安原著；阿章改编，盛此君绘
北京　民族出版社　1959年　28页　有图
12×13cm　统一书号：M8049.维145
定价：CNY0.08
　　中国现代连环画作品。

J0063072

海带养殖法图解　福建省藻类养殖总场编绘
福州　福建人民出版社　1959年　106页　有图
13cm（60开）统一书号：T16104.87
定价：CNY0.25
　　中国现代连环画作品。

J0063073

红领巾机智捉逃犯　董清旺编；河南省公安展览会美工组绘
郑州　河南人民出版社　1959年　38页　有图
13cm（60开）统一书号：T8105.165
定价：CNY0.09
　　中国现代连环画作品。

J0063074

红色的工程师　（朝鲜文）臧克家，沈凯原著；

石红，思今改编；沈国瑞，徐甫堡绘
北京 民族出版社 1959 年 85 页 有图
13cm（60 开）统一书号：M8019. 朝 152
定价：CNY0.19
　　中国现代连环画作品。

J0063075
红色杨莲花　赤流改编；傅志旺画
南昌 江西人民出版社 1959 年 36 页 有图
10×13cm 统一书号：R8110.242 定价：CNY0.11
　　中国现代连环画作品。

J0063076
胡琴的风波　徐银斋原著；林颂英改编；新生绘图
北京 人民美术出版社 1959 年 58 页 有图
10×13cm 统一书号：T8027.2923 定价：CNY0.12
　　中国现代连环画作品。

J0063077
花姑寻水　潭水改编；陈惠冠绘
天津 天津人民美术出版社 1959 年 59 页 有图
10×13cm
　　中国现代连环画作品。绘图陈惠冠（1935— ），浙江余姚人。中国美术家协会会员、中国版协连环画艺术委员会副主任委员。擅长连环画。作品有《牛头山》《仙人岛》《黄河飞渡》等。

J0063078
花生大王　小戈编文；孙奇峰等绘
天津 天津美术出版社 1959 年 23 页 有图
10×13cm 统一书号：T8073.1606 定价：CNY0.08
　　中国现代连环画作品。

J0063079
黄道婆　康促原著；陆士达改编；钱笑呆等画
上海 上海人民美术出版社 1959 年 51 页
10×13cm 统一书号：T8081.4568 定价：CNY0.12
　　中国现代连环画作品。

J0063080
会说话的大萝卜　于光改编；王志英等绘图
沈阳 辽宁画报社 1959 年 29 页 10×13cm
统一书号：R8117.932 定价：CNY0.07

　　中国现代连环画作品。

J0063081
火温沤粪经验介绍　辽宁省农业展览会编
沈阳 辽宁画报社 1959 年 14 页 有图
10×13cm 统一书号：T8117.948 定价：CNY0.05
　　中国现代连环画作品。

J0063082
技术革新能手王克和　肖鸣，须生等编画
淄博 淄博人民出版社 1959 年 33 页 有图
10×13cm 定价：CNY0.06
　　中国现代连环画作品。

J0063083
坚持了 26 年　夏耘改编；黄耕渔绘图
南京 江苏文艺出版社 1959 年 28 页 有图
12×13cm 统一书号：8141.623 定价：CNY0.08
（扫盲连环画）
　　中国现代连环画作品。

J0063084
监察主任　浩然原著；刘一心编绘
石家庄 河北人民美术出版社 1959 年 64 页
有图 10×13cm 统一书号：T8087.603
定价：CNY0.15
　　中国现代连环画作品。作者浩然（1932—2008），作家，原名梁金广。曾任中国作家协会理事、名誉委员，北京市文联副主席、市作家协会主席、《北京文学》杂志主编等。出版有七十余种著作。代表作有长篇小说《艳阳天》《金光大道》，短篇小说集《喜鹊登枝》等。

J0063085
金凤树开花　于文清改编；朱子蓉绘
石家庄 河北人民美术出版社 1959 年 61 页
有图 18cm（15 开）统一书号：8087.645
定价：CNY0.14
　　中国现代连环画作品。

J0063086
惊涛骇浪万里行　陆俊超原著；任东流改编；徐正平绘图
上海 上海人民美术出版社 1959 年 71 页 有图
10×13cm 统一书号：T8081.4617 定价：CNY0.14

中国现代连环画作品。

J0063087

绝交　柯岩，贺宜编；段伟君，钱贵苏绘
北京　人民美术出版社　1959年　28页　有图
13cm（60开）统一书号：R8028.1635
定价：CNY0.14
　　中国现代连环画作品。

J0063088

苦人心　张雷原著；可蒙改编；汪绚秋绘图
上海　上海人民美术出版社　1959年　188页　有图
10×13cm　统一书号：T8081.4623　定价：CNY0.38
（变天记　之一）
　　中国现代连环画作品。

J0063089

矿工的儿子　（上）列敖尼德·日阿里科夫原
著；纪鲁改编；胡尚宗绘图
上海　上海人民美术出版社　1959年　175页　有图
10×13cm　统一书号：R8081.4559　定价：CNY0.30
　　中国现代连环画作品。

J0063090

老婆婆的枣树　陈曙光编辑；周成正改编
北京　中国电影出版社　1959年　38页　10×13cm
统一书号：8061.388　定价：CNY0.10
（电影连环画册）
　　根据电影改编的中国现代连环画作品。

J0063091

老鼠复灭记　康祝原文；江苏文艺出版社改
编；何玉门绘图
南京　江苏文艺出版社　1959年　27页　有彩图
10×13cm　统一书号：8141.435　定价：CNY0.11
　　中国现代连环画作品。

J0063092

老翁泉　萧甘牛编；李天心绘
北京　外文出版社　1959年　42页　有彩图
15cm（40开）
　　中国现代连环画作品。外文书名：The Old
Man Spring.

J0063093

梨黑星病的防治经验　辽宁省农业展览会编
沈阳　辽宁画报社　1959年　10页　有图
10×13cm　统一书号：T8117.943　定价：CNY0.05
　　中国现代连环画作品。

J0063094

黎巴嫩小姑娘　火雪原著；胡映西改编；康济
绘图
上海　上海人民美术出版社　1959年　30页　有图
10×13cm　统一书号：R8081.4456　定价：CNY0.07
　　中国现代连环画作品。

J0063095

梁洛文的转变　中共保定地委宣传部编；集
华绘
石家庄　河北人民美术出版社　1959年　41页
有图　10×13cm　统一书号：T8087.602
定价：CNY0.10
　　中国现代连环画作品。

J0063096

两个鸡蛋　王龙章编文；晏文正绘图
济南　山东人民出版社　1959年　20页　有图
13cm（60开）统一书号：T8099.334
定价：CNY0.09
　　中国现代连环画作品。作者晏文正
（1926— ），水彩画家。山东濮县人。历任青岛
教育学院教授、艺术系主任，中国美术家协会会
员，中国水彩画家协会理事、山东美术家协会名
誉理事、山东水彩画会名誉会长。出版有《晏文
正水粉画选》《晏文正画集》《水彩画技法》《晏
文正写生散记》等。

J0063097

两个探险家　（维吾尔文）毕圣凤编；民族出
版社翻译
北京　民族出版社　1959年　有图　13cm（60开）
统一书号：MT8049.维119　定价：CNY0.27
　　中国现代连环画作品。

J0063098

两个营业员　李觉改编
北京　中国电影出版社　1959年　67页　有图
10×13cm　统一书号：8061.449　定价：CNY0.19

中国现代连环画作品。

J0063099

刘丽川起义　施瑛编文；邓白绘图
上海　上海人民美术出版社　1959 年　新 1 版
重印本　79 页　有图　18cm（15 开）
统一书号：T8081.3190　定价：CNY0.18
　　中国现代连环画作品。作者邓白（1906—
2003），画家，美术教育家。号白叟，别字曙光。
广东东莞人，就读于广州市立美术学校和中央大
学艺术系。历任中央美术学院华东分院工艺美
术系副教授，浙江美术学院院长，中国美术家协
会理事等。代表作品有《和平春色》《岭南丹荔》
《罗岗香雪》等。出版有《中国画论初探》《图画
见闻志注释》《徐熙与黄筌》等。

J0063100

龙均爵　某部队美术小组编绘
北京　人民美术出版社　1959 年　53 页　有图
10×13cm　统一书号：T8027.3219　定价：CNY0.10
　　中国现代连环画作品。

J0063101

砻糠取宝　魏华邦，宗济族编绘
南京　江苏文艺出版社　1959 年　31 页　有图
12×13cm　统一书号：8141.617　定价：CNY0.10
（扫盲连环画）
　　中国现代连环画作品。

J0063102

马金萍　青海画报美术组编绘
西宁　青海人民出版社　1959 年　29 页　有图
15cm（40 开）统一书号：8097.29
定价：CNY0.12
　　中国现代连环画作品。

J0063103

猫儿山擒虎记　白岩改编；程国英绘图
天津　天津美术出版社　1959 年　47 页　有图
10×13cm　统一书号：T8073.1506　定价：CNY0.13
　　中国现代连环画作品。程国英（1922—
1967），黑龙江哈尔滨人。别名程果。毕业于中
央美术学院。擅长油画、水彩画。曾任清华大学
土建系教师。作品有《南京 古鸡鸣寺》《井冈山
风暴》《土地革命时的赤卫队》等。

J0063104

毛拉汗　（维吾尔文）
1959 年　47 页　有图　13cm（60 开）
统一书号：MT8098.12　定价：CNY0.08
　　中国现代连环画作品。

J0063105

毛主席的故事　王文灿改编；张龙耕绘图
沈阳　辽宁美术出版社　1959 年　14 页　有图
13cm（60 开）统一书号：T8117.1215
定价：CNY0.08
　　中国现代连环画作品。

J0063106

美丽的花环　路展原著；雪松改编；周德懿
等画
南京　江苏文艺出版社　1959 年　45 页　有图
10×13cm　统一书号：8141.517　定价：CNY0.10
　　中国现代连环画作品。

J0063107

秘密警察和小孩　火雪原著；胡映西改编；郑
家声画
上海　上海人民美术出版社　1959 年　16 页　有图
13cm（60 开）统一书号：R8081.4197
定价：CNY0.05
（学文化丛书）
　　中国现代连环画作品。

J0063108

庙子湖上的神火　高峦改编；张锡武绘
石家庄　河北人民美术出版社　1959 年　47 页
有图　10×13cm　定价：CNY0.13
　　中国现代连环画作品。

J0063109

篾工姑娘　杨贤才原著；冯白霞改编；水天宏
绘图
上海　上海人民美术出版社　1959 年　37 页　有图
10×13cm　统一书号：R8081.4602　定价：CNY0.08
　　中国现代连环画作品。

J0063110

民校教师周翠兰　胡立宪原著；胡映西改编；
赵隆义等画

上海　上海人民美术出版社　1959 年　16 页　有图
13cm（60 开）统一书号：T8081.4158
定价：CNY0.05
（学文化丛书）
　　中国现代连环画作品。绘画赵隆义（1931—　），
上海人。中国美术家协会会员。作品有《小城春
秋》《贺龙的故事》《杨开慧》《圆眼睛》等。

J0063111

母女学文化　　冯白霞创作；刘锡永，郑家声画
上海　上海人民美术出版社　1959 年　16 页　有图
13cm（60 开）统一书号：T8081.4151
定价：CNY0.05
（学文化丛书）
　　中国现代连环画作品。

J0063112

木匠迎亲　　王汶石原著；吴其柔改编；盛亮贤
等画
上海　上海人民美术出版社　1959 年　89 页　有图
11×13cm（50 开）统一书号：T8081.4658
定价：CNY0.16
　　中国现代连环画作品。

J0063113

闹钟　　王左英绘
合肥　安徽人民出版社　1959 年　39 页　有图
10×13cm　统一书号：8102.107　定价：CNY0.12
　　中国现代连环画作品。

J0063114

牛痘的故事　　（苏）K. 列依吉米斯吉尔原著；
行先编文；李士伋绘图
天津　天津美术出版社　1959 年　33 页　有图
10×13cm　统一书号：T8073.1633　定价：CNY0.10
　　中国现代连环画作品。

J0063115

女娲补天　　张令涛，胡若佛绘
北京　人民美术出版社　1959 年　66 页　18cm（15 开）
定价：CNY1.06
　　根据古代神话改编的中国现代连环画作品。
代表作有《红楼梦》《杨家将》《三国演义》等。
作者张令涛（1903—1988），连环画艺术家。浙江
宁波人，毕业于上海美专。历任上海文史馆馆员，

中国美术家协会会员，商务印书馆编辑所担任美
术编辑，代表作品有《杨家将》《红楼梦》《猎虎
记》《三国归晋》《女娲补天》《东周列国志》等。
作者胡若佛（1908—1980），连环画家、国画家。
浙江余姚人。本名国华，字大空，号谷华，自署
十卉庐主。曾就学于上海美专、新华艺专。创作
了大量优秀的连环画，成为经典之作。

J0063116

平凡的事业　　段俊如改编；范志泉绘图
北京　人民美术出版社　1959 年　42 页　有图
10×13cm　统一书号：T8027.2899　定价：CNY0.10
　　中国现代连环画作品。

J0063117

七个少先队员　　胡映西改编；康济画
上海　上海人民美术出版社　1959 年　16 页　有图
13cm（60 开）统一书号：R8081.4194
定价：CNY0.05
（学文化丛书）
　　中国现代连环画作品。

J0063118

前线相会　　王澍编文；姚峭丽绘
福州　福建人民出版社　1959 年　45 页　10×13cm
统一书号：T8104.188　定价：CNY0.13
（福建前线斗争故事集　五）
　　中国现代连环画作品。

J0063119

抢救生命的人　　齐岳等改编；于明等绘图
沈阳　辽宁美术出版社　1959 年　19 页　有图
13cm（60 开）统一书号：T8117.1179
定价：CNY0.10
　　中国现代连环画作品。

J0063120

勤学苦练的人　　胡映西改编；杨英镖等画
上海　上海人民美术出版社　1959 年　16 页　有图
13cm（60 开）统一书号：T8081.4155
定价：CNY0.05
（学文化丛书）
　　中国现代连环画作品。

J0063121

人小办大事　冯小翠原著；胡映西改编；朱然等画

上海　上海人民美术出版社　1959年　16页　有图

13cm（60开）统一书号：T8081.4159

定价：CNY0.05

（学文化丛书）

　　中国现代连环画作品。

J0063122

扫盲小八路　张志刚原著；小流改编

北京　人民美术出版社　1959年　32页　有图

13cm（60开）统一书号：R8027.2699

定价：CNY0.16

　　中国现代连环画作品。

J0063123

杀虎妖　于文清改编；王仲清绘

石家庄　河北人民美术出版社　1959年　2版

70页　19cm（32开）统一书号：T8087.615

定价：CNY0.80

　　中国现代连环画作品。作者王仲清（1924—　），画家、教授。生于四川成都，毕业于省立成都师范美师科。历任上海人民美术出版社创作员、上海戏剧学院中国画教师、中国美术家协会会员、中国禅画研究院名誉院长。作品有中国画《小三峡》《胡笳十八拍》，连环画《阿诗玛》等。出版有《王仲清画集》等。

J0063124

山神的故事　刘汤；张微绘

石家庄　河北人民美术出版社　1959年　55页

有图　13cm（60开）统一书号：T8087.690

定价：CNY0.13

　　中国现代连环画作品。

J0063125

山鹰　峻青原著；尚文改编；张载绘

上海　上海人民美术出版社　1959年　93页　有图

10×13cm　统一书号：T8081.4634　定价：CNY0.20

　　中国现代连环画作品。

J0063126

生活在延安的儿童

西安　长安美术出版社　1959年　2版　6页　有图

16cm（25开）统一书号：8146.74　定价：CNY0.50

　　中国现代连环画作品。

J0063127

诗山画海花果乡　河北人民美术出版社编辑

保定　河北人民美术出版社　1959年　56页

19cm（32开）统一书号：T8087.649

定价：CNY0.50

　　中国现代连环画作品。

J0063128

诗洋画海金束鹿　河北人民美术出版社编辑

石家庄　河北人民美术出版社　1959年　有图

19cm（32开）统一书号：T8087.648　定价：CNY0.50

（束鹿农民诗画选集）

　　中国现代连环画作品。

J0063129

十大倡议诗画　河南省教育厅推广普通话办公室编

郑州　河南人民美术出版社　1959年　37页　有图

10×13cm　统一书号：7105.308　定价：CNY0.06

（拼音读物丛书）

　　中国现代连环画作品。

J0063130

十五贯　（画册）匡荣改编；王弘力绘

沈阳　辽宁画报社　1959年　54页　有图

21cm（32开）统一书号：T8117.383　定价：CNY0.80

　　中国现代连环画作品。

J0063131

时代的火花　上海市人民沪剧团集体创作；莫凯导演

上海　上海人民美术出版社　1959年　74页　有图

10×13cm　统一书号：T8081.4449　定价：CNY0.15

　　中国现代连环画作品。

J0063132

栓柱和铁蛋　朱松年改编；吉林省艺校美术班画

长春　吉林人民出版社　1959年　45页　有图

10×13cm　统一书号：T8091.54　定价：CNY0.13

　　中国现代连环画作品。

J0063133

双"跃进"　冯金堂原著；何进等画

上海　上海人民美术出版社　1959 年　16 页　有图

13cm（60 开）统一书号：T8081.4156

定价：CNY0.05

（学文化丛书）

　　中国现代连环画作品。

J0063134

水稻姑娘　小戈编文；天津美术出版社绘图

天津　天津美术出版社　1959 年　33 页　10×13cm

统一书号：T8073.1605　定价：CNY0.10

（行行都出女状元丛书 1）

　　中国现代连环画作品。

J0063135

苏联科学技术的辉煌成就　辽宁省中苏友好

协会编

沈阳　辽宁画报社　1959 年　25 页　有图

13cm（60 开）统一书号：T8117.934

定价：CNY0.10

　　中国现代连环画作品。

J0063136

她替他　张甸摄影

沈阳　辽宁画报社　1959 年　18 页　有图

10×13cm　统一书号：T8117.966　定价：CNY0.06

　　中国现代连环画作品。作者张甸（1930—　　），

摄影家。原名张殿宸，生于河北昌黎，毕业于鲁

迅文艺学院美术系。历任东北画报社摄影组助

理记者，辽宁画报社摄影创作室主任，中国摄影

家协会会员。作品有《声震山河》《草原神鹰》《客

人来到草原》。

J0063137

太湖风云记　赵风改编；陈惠冠绘图

天津　天津人民美术出版社　1959 年　92 页　有图

10×13cm　ISBN：7–5305–1491–1

定价：CNY11.00（全集 5 册）

　　中国现代连环画作品。

J0063138

天眼重开　唐梓桑等原著；顾启桓改编；王存

仁绘图

天津　天津人民美术出版社　1959 年　48 页　有图

10×13cm　ISBN：7–5305–1518–7

定价：CNY7.00（全集 4 册）

　　中国现代连环画作品。

J0063139

铁花怒放　（附：炉顶运送记）李文斋，曹葆铭

原著；林子，小戈改编；黄鹏等绘图

天津　天津美术出版社　1959 年　26 页　有图

10×13cm　统一书号：T8073.1646　定价：CNY0.15

　　中国现代连环画作品。

J0063140

铁牛　浩然原作；白字改编；杨文仁画

北京　人民美术出版社　1959 年　42 页　有图

10×13cm　统一书号：T8027.3206　定价：CNY0.10

　　中国现代连环画作品。

J0063141

徒工　王兴才原作；邓家贵编绘

贵阳　贵州人民出版社　1959 年　56 页　有图

10×13cm　统一书号：T8115.177　定价：CNY0.12

　　中国现代连环画作品。

J0063142

土菜专家　（山东快书）张枕戈编

西安　长安书店　1959 年　15 页　有图　13cm（60 开）

统一书号：T10095.631　定价：CNY0.04

　　中国现代连环画作品。

J0063143

瓦西亚和老乌龟　徐竞辞改编；董洪元绘

北京　人民美术出版社　1959 年　29 页　有图

13cm（60 开）统一书号：R8027.2700

定价：CNY0.14

　　根据广播稿改编的中国现代连环画作品。

J0063144

万水千山　陆均改编；罗兴绘

北京　人民美术出版社　1959 年　116 页　有图

20cm（32 开）统一书号：8027.1377

定价：CNY1.75

　　中国现代连环画作品。绘画罗兴（1922—

1994），连环画家。别名罗孝苹，上海人，毕业于

上海沪大建筑学科。曾从事建筑室内外设计，在

上海从事连环画及插图创作。曾任教于上海工

艺美术学校,造型专业组教研组长。作品有《库楚别依》《林海雪原》等。

J0063145

万水千山不怕难 方扬等著;赵白山绘
上海 少年儿童出版社 1959年 38页 有图
15cm(40开)统一书号:R10024.2359
定价:CNY0.07
(我爱祖国小丛书)

中国现代连环画作品。绘画赵白山(1906—),连环画家。江苏张家港人,毕业于新华艺术专科学校。历任少年儿童出版社美术编辑、中国美术家协会上海分会会员、上海科普创作协会会员。主要作品有《辞海动物插图》《生物的启示》(插图),《有趣的动物及有趣的植物》(插图)、《海洋的秘密》(插图),《海洋牧场》(插图),年画宣传画《家禽——鸽》等。

J0063146

王金满大闹台州府 孙复初等改编;王企玫绘画
天津 天津人民美术出版社 1959年 110页 有图
10×13cm

中国现代连环画作品。

J0063147

文化学习老模范 黄一德改编;施伟樑,徐正平画
上海 上海人民美术出版社 1959年 16页 有图
13cm(60开)统一书号:T8081.4196
定价:CNY0.05
(学文化丛书)

中国现代连环画作品。

J0063148

我的入党介绍人 何惠明原著;章程改编
天津 天津美术出版社 1959年 60页 有图
13cm(60开)统一书号:T8073.1652
定价:CNY0.15

中国现代连环画作品。

J0063149

我们那里的民兵 胡玉铎改编;颜世民绘图
沈阳 辽宁美术出版社 1959年 32页 有图
10×13cm 统一书号:T8117.1189 定价:CNY0.08

中国现代连环画作品。

J0063150

我是鹅 朱竹庄编绘
西安 长安美术出版社 1959年 18页 有图
13cm(60开)统一书号:8146.448
定价:CNY0.10

中国现代连环画作品。

J0063151

五天五夜 吴锐原著;郭森改编;何国华绘图
石家庄 河北人民美术出版社 1959年 78页
有图 10×13cm 统一书号:8087.609
定价:CNY0.17

中国现代连环画作品。

J0063152

武汉旅行手册 潘勇,周方编
武汉 湖北人民出版社 1959年 63页 10×13cm
统一书号:T12106.12 定价:CNY0.11

中国现代连环画作品。

J0063153

西瓜心里甜 张荣杰编文;张清岩绘图
福州 福建人民出版社 1959年 38页 有图
10×13cm 统一书号:T8104.214 定价:CNY0.10

中国现代连环画作品。

J0063154

夏天来了 知音改编;侯金才,由志恺绘图
沈阳 辽宁画报社 1959年 55页 有图
10×13cm 统一书号:R8117.1009 定价:CNY0.11

中国现代连环画作品。

J0063155

县委书记 马烽原著;邱荣业改编;石古画
上海 上海人民美术出版社 1959年 39页 有图
10×13cm 统一书号:T8081.4299 定价:CNY0.08

中国现代连环画作品。

J0063156

向日葵 章力挥作歌;张雁洲等剪纸
上海 上海人民美术出版社 1959年 1册 有图
13cm(60开)统一书号:T8081.4374
定价:CNY0.11

（歌与画 第一辑）
　　中国现代连环画作品。

J0063157
橡皮猴子 （朝鲜文）时恒，王树波著；金松风译
北京 民族出版社 1959年 30页 有图
13cm（60开）统一书号：MT8049.朝137
定价：CNY0.11
　　中国现代连环画作品。

J0063158
小鹌鹑 爱尔·培拉蒂斯克－华因斯蒂原著；
向瀚改编；浦家祥绘图
天津 天津少年儿童美术出版社 1959年 42页
有彩图 13cm（60开）统一书号：R8073.000
定价：CNY0.16
　　中国现代连环画作品。

J0063159
小嘀咕 小蓝原著；邬希公改编，严定宪绘图
天津 天津少年儿童美术出版社 1959年 29页
有彩图 13cm（60开）统一书号：R8073.1000
定价：CNY0.18
　　中国现代连环画作品。

J0063160
小发明家 靳夕写；上海美术电影制片厂供稿
上海 少年儿童出版社 1959年 48页 有图
13cm（60开）统一书号：R10024.2329
定价：CNY0.16
　　中国现代连环画作品。

J0063161
小猴和白胖 王山编；丁榕装帧
上海 少年儿童出版社 1959年 20页 有彩图
13cm（60开）定价：CNY0.10
　　中国现代连环画作品。

J0063162
小欢哪里去了 吉学霈原著；辛束改编；张大经绘
北京 人民美术出版社 1959年 22页 有彩图
13cm（60开）统一书号：R8027.2364
定价：CNY0.12
　　中国现代连环画作品。

J0063163
小黄姑娘 胡景芳诗；赫风画
沈阳 春风文艺出版社 1959年 25页 有图
19cm（32开）统一书号：R10158.4
定价：CNY0.15
　　中国现代连环画作品。

J0063164
小妹妹与花草帽 卢苇原著；布谷改编；陈力
萍绘图
天津 天津少年儿童美术出版社 1959年 38页
有图 13cm（60开）统一书号：R8073.1593
定价：CNY0.15
　　中国现代连环画作品。

J0063165
小朋友画报 （第1期）小朋友画报编辑部编辑
香港 小朋友画报社 1959年 30页 有彩图
18×20cm 定价：HKD0.50
　　中国现代连环画。

J0063166
小朋友画报 （第2期）小朋友画报编辑部编辑
香港 小朋友画报社 1959年 有彩图 18×20cm
定价：HKD0.5
　　中国现代连环画。

J0063167
小朋友画报 （第3期）小朋友画报编辑部编辑
香港 小朋友画报社 1959年 30页 有彩图
18×20cm 定价：HKD0.50
　　中国现代连环画。

J0063168
小朋友画报 （第18期）小朋友画报编辑部编
香港 小朋友画报社 1960年 28页 有彩图
18×20cm 定价：HKD0.50
　　中国现代连环画。

J0063169
小朋友画报 （第26期）小朋友画报编辑部
编辑
香港 小朋友画报社 1960年 30页 有彩图
18×20cm 定价：HKD0.50
　　现代连环画作品。

J0063170

小朋友画报 （第 136 期）小朋友画报编辑部
编辑
香港 小朋友画报社 1964 年 33 页 有彩图
18×20cm 定价：HKD1.50
　　中国现代连环画。

J0063171

小朋友画报 （第 508 期）小朋友画报编辑部
编辑
香港 小朋友画报社 1980 年 33 页 有彩图
18×20cm 定价：HKD2.00
　　中国现代连环画。

J0063172

小朋友画报 （第 513 期）小朋友画报编辑部
编辑
香港 小朋友画报社 1980 年 33 页 有彩图
18×20cm 定价：HKD2.00
　　中国现代连环画。

J0063173

小朋友画报 （第 514 期）小朋友画报编辑部
编辑
香港 小朋友画报社 1980 年 33 页 有彩图
18×20cm 定价：HKD2.00
　　中国现代连环画。

J0063174

小朋友画报 （第 523 期）小朋友画报编辑部
编辑
香港 小朋友画报社 1981 年 有彩图 18×20cm
定价：HKD1.50
　　中国现代连环画。

J0063175

小朋友画报 （第 524 期）小朋友画报编辑部
编辑
香港 小朋友画报社 1981 年 33 页 有彩图
18×20cm 定价：HKD2.00
　　中国现代连环画。

J0063176

小朋友画报 （第 526 期）小朋友画报编辑部
编辑

香港 小朋友画报社 1981 年 33 页 有彩图
18×20cm 定价：HKD2.00
　　中国现代连环画。

J0063177

小朋友画报 （第 528 期）小朋友画报编辑部
编辑
香港 小朋友画报社 1981 年 33 页 有彩图
18×20cm 定价：HKD2.00
　　中国现代连环画。

J0063178

小朋友画报 （第 530 期）小朋友画报编辑部
编辑
香港 小朋友画报社 1981 年 33 页 有彩图
18×20cm 定价：HKD2.00
　　中国现代连环画。

J0063179

小朋友画报 （第 531 期）小朋友画报编辑部
编辑
香港 小朋友画报社 1981 年 33 页 有彩图
18×20cm 定价：HKD2.00
　　中国现代连环画。

J0063180

小朋友画报 （第 537 期）小朋友画报编辑部
编辑
香港 小朋友画报社 1981 年 33 页 有彩图
18×20cm 定价：HKD2.00
　　中国现代连环画

J0063181

小朋友画报 （第 562 期）小朋友画报编辑部
编辑
香港 小朋友画报社 1981 年 33 页 有彩图
18×20cm 定价：HKD2.00
　　中国现代连环画。

J0063182

小朋友画报 （第 566 期）小朋友画报编辑部
编辑
香港 小朋友画报社 1982 年 33 页 有彩图
18×20cm 定价：HKD2.00
　　中国现代连环画。

J0063183

小朋友画报　（第 570 期）小朋友画报编辑部编辑

香港　小朋友画报社　1982 年　33 页　有彩图
18×20cm　定价：HKD2.00
　　中国现代连环画。

J0063184

小朋友画报　（第 573 期）小朋友画报编辑部编辑

香港　小朋友画报社　1983 年　33 页　有彩图
18×20cm　定价：HKD2.00
　　中国现代连环画。

J0063185

小朋友画报　（第 668 期）小朋友画报编辑部编辑

香港　小朋友画报社　1983　有彩图　18×20cm
定价：HKD2.00
　　中国现代连环画。

J0063186

小朋友画报　（第 679 期）小朋友画报编辑部编辑

香港　小朋友画报社　1987 年　33 页　有彩图
18×20cm　定价：HKD2.00
　　中国现代连环画。

J0063187

小探险家　吴彤译编
天津　天津少年儿童美术出版社　1959 年　50 页
有图　12cm（64 开）统一书号：R8073.1571
定价：CNY0.18
　　中国现代连环画作品。

J0063188

小先生　江兰，小天原著；胡映西改编；毛用坤画
上海　上海人民美术出版社　1959 年　16 页　有图
13cm（60 开）统一书号：R8081.4153
定价：CNY0.05
（学文化丛书）
　　中国现代连环画作品。作者毛用坤（1936—　），漫画家。浙江宁波人。创办上海少年报和《好儿童》画报，任美术组长、画报编辑部主任、副

编审。作品有连环画《大扫除》《周总理在少年宫》《小灵通漫游未来》、连环画漫画《海虹》等。

J0063189

新兵　（哈萨克文）伊万·斯塔德纽克著；张佳邻改编；孙韩春绘
北京　民族出版社　1959 年　109 页　有图
13cm（60 开）统一书号：MT8049. 哈 68
定价：CNY0.23
　　中国现代连环画作品。

J0063190

幸福桥　叶坚铭绘
北京　人民美术出版社　1959 年　58 页　10×13cm
统一书号：T8027.2842　定价：CNY0.12
　　中国现代连环画作品。作者叶坚铭（1933—1998），字路薆。浙江宁波人。擅长版画、连环画。曾任天津人民美术出版社美术编辑、《故事画报》编辑室主任。主要作品有《出路》《有趣的故事》《钻》《日出》等。

J0063191

修车记　周人杰原著；陈念云改编，郑家声画
上海　上海人民美术出版社　1959 年　16 页　有图
13cm（60 开）统一书号：T8081.4496
定价：CNY0.05
　　中国现代连环画作品。

J0063192

学文化的秘诀　顾伦原著；胡映西改编；胡祖清画
上海　上海人民美术出版社　1959 年　16 页　有图
13cm（60 开）统一书号：T8081.4195
定价：CNY0.05
（学文化丛书）
　　中国现代连环画作品。

J0063193

盐碱地变银滩　陈铁英编文；毓继明绘
天津　天津美术出版社　1959 年　42 页　有图
10×13cm　统一书号：T8073.1660　定价：CNY0.12
　　中国现代连环画作品。

J0063194

羊王　（苏联）格利瓦原著；鲁梅改编；刘鸿江

绘图
天津　天津少年儿童美术出版社　1959 年　40 页
有图　13cm（60 开）统一书号：R8073.1640
定价：CNY0.16
　　中国现代连环画作品。

J0063195
养鸡经验　辽宁省农业展览会编
沈阳　辽宁画报社　1959 年　1 册　有图
10×13cm　统一书号：T8117.928　定价：CNY0.08
　　中国现代连环画作品。

J0063196
一副脚镣　（苏）里雅希柯原著；陆君平改编；
康济画
上海　上海人民美术出版社　1959 年　81 页　有图
11×15cm（50 开）统一书号：T8081.4444
定价：CNY0.15
　　中国现代连环画作品。

J0063197
英雄花　沙杨，白珩原著；小戈改编；胡克礼
绘画
天津　天津美术出版社　1959 年　重印本　53 页
有图　11×15cm　统一书号：T8073.840
定价：CNY0.15
　　中国现代连环画作品。

J0063198
友谊之花　费声福等改编；谭学斌绘
北京　人民美术出版社　1959 年　78 页　有图
10×13cm　统一书号：T8027.2812　定价：CNY0.14
　　中国现代连环画作品。

J0063199
幼儿园里上些什么课　邓卿丽编；韩伍绘
上海　上海教育出版社　1959 年　40 页　有图
12×15cm　统一书号：T7150.540　定价：CNY0.08
　　中国现代连环画作品。

J0063200
玉门油矿的一个红旗手　王定安编绘
兰州　敦煌文艺出版社　1959 年　23 页　有图
13cm（60 开）统一书号：T8148.16
定价：CNY0.10

中国现代连环画作品。

J0063201
元九的百宝箱　黄洵瑞改编；小容绘
北京　人民美术出版社　1959 年　35 页　有图
13cm（60 开）统一书号：R8027.2837
定价：CNY0.16
（儿童连环图画）
　　中国现代连环画作品。

J0063202
杂粮（玉米、山芋）栽培技术操作图解　监
城专署农业局编
盐城　盐城专区人民出版社　1959 年　38 页　有图
10×13cm　统一书号：16100（盐）16
定价：CNY0.14
　　中国现代连环画作品。

J0063203
在河边上　（朝鲜文）张瑂洽改编；韩国善译
北京　民族出版社　1959 年　72 页　有图
13cm（60 开）统一书号：M8069. 朝 170
定价：CNY0.15
　　中国现代连环画作品。

J0063204
在毛主席的周围　（蒙文）蒋秦峰著；白宇改
编，刘永凯等绘
北京　民族出版社　1959 年　117 页　有图
13cm（60 开）统一书号：M8049. 蒙 164
定价：CNY0.23
　　中国现代连环画作品。作者白宇（1952—　），
画家。河南安阳人。安阳师专艺术系毕业。鹤
壁市青年美术家协会副主席，鹤壁黄河书画院院
长，河南省美术家协会会员。主要作品有《高山
有情》《轻音图》等。作者刘永凯（1927—　），画
家。字阿刘，黑龙江齐齐哈尔人，毕业于中央美
术学院。历任人民美术出版社美术编辑、连环画
创作组副组长。代表作品《石林湖畔》《西双版
纳》《渔夫和金鱼的故事》《中国古代神话故事》
《清宫演义》等。

J0063205
在无名高地上　（哈萨克文）民族出版社翻译
北京　民族出版社　1959 年　58 页　有图

13cm（60开）统一书号：M8049.哈95
定价：CNY0.13
　　中国现代连环画作品。

J0063206
在无名高地上　（维吾尔文）夏光，林三原著；
卫羊改编
北京　民族出版社　1959年　56页　有图
13cm（60开）统一书号：M8049.维144
定价：CNY0.18
　　中国现代连环画作品。

J0063207
在祖国的边疆　邵宇作
上海　上海美术出版社　1959年　53幅
25cm（小16开）统一书号：T8081.4371
定价：CNY4.20
　　中国现代连环画作品。作者邵宇（1919—
1992），教授。曾用名邵进德，辽宁丹东人。毕业
于北平美术专科学校。代表作品有《土地》《上
饶集中营》《首都速写》《选举》《早读》等。

J0063208
怎样使用化学肥料　安徽省农业厅土壤肥料
处编；辛浣兮绘
合肥　安徽人民出版社　1959年　36页　有图
13cm（60开）统一书号：T8102.892
定价：CNY0.15
　　中国现代连环画作品。

J0063209
战斗在边防线上　丁素等著；叶其璋绘图
上海　少年儿童出版社　1959年　30页　有图
15cm（40开）统一书号：R10024.2365
定价：CNY0.07
（我爱祖国小丛书）
　　中国现代连环画作品。

J0063210
张头和李头　张士杰搜集整理；中奋改编；虞
春富绘
北京　人民美术出版社　1959年　37页　有图
10×13cm　统一书号：T8027.2918　定价：CNY0.10
　　中国现代连环画作品。

J0063211
张小明　曹光楣绘图
沈阳　辽宁画报社　1959年　19页　有图
13cm（60开）统一书号：R8117.930
定价：CNY0.05
　　中国现代连环画作品。

J0063212
沼气的制造及利用　旅大市工业局试验所编
文；张祝民绘
沈阳　辽宁画报社　1959年　27页　有图
10×13cm　统一书号：T8117.906　定价：CNY0.07
　　中国现代连环画作品。

J0063213
争吵　曲波原作；吴其柔改编；刘景山绘
北京　人民美术出版社　1959年　55页　有图
10×13cm　统一书号：T8027.2956　定价：CNY0.12
　　中国现代连环画作品。

J0063214
纸烟诱敌　（扫盲连环画）邱正基原作；殷作
炎改编；金鸣高绘
杭州　浙江人民出版社　1959年　29页　有图
15cm（40开）统一书号：8103.67
定价：CNY0.11
　　中国现代连环画作品。

J0063215
"巴林"摔跤手　甘珠尔扎布原著；方边编绘
天津　天津美术出版社　1960年　30页　有图
10×13cm　统一书号：T8073.1810　定价：CNY0.10
　　中国现代连环画。描绘巴林摔跤手的一生，
以正义与邪恶对照强烈的手法，使人痛恨封建
统治者腐朽和惨无人道，对出身于劳动人民的
摔跤手身怀绝技，勇敢正直，寄予无限的同情。
是一个寓意深远，具有强烈反封建意识的故事。

J0063216
"老定额"林忠　白宇编；林锴绘
太原　山西人民出版社　1960年　定价：CNY0.13
　　中国现代连环画作品。作者白宇（1952—　），
画家。河南安阳人。安阳师专艺术系毕业。鹤
壁市青年美术家协会副主席，鹤壁黄河书画院院
长，河南省美术家协会会员。主要作品有《高山

有情》《轻音图》等。绘画林锴（1924—2006），著名书画家、篆刻家、诗人、国家一级美术师。福建福州人，毕业于国立艺专（现中国美术学院）。人民美术出版社专业画家。出版有《林锴画选》《墨花集》《苔文集》（诗集）等。

J0063217

"蚂蚁"啃泰山 吉志西编文；丁斌曾，韩和平画

上海 上海人民美术出版社 1960年 13cm（64开）

定价：CNY0.11

中国现代连环画作品。

J0063218

"闷块"开窍 李炜等改编；阎照平等绘

北京 人民美术出版社 1960年 定价：CNY0.15（红旗画库）

中国现代连环画作品。

J0063219

"炭古佬"当县长 张明生原著；王从周改编，蔡人燕绘图

上海 上海人民美术出版社 1960年 63页 有图 10×13cm 统一书号：T8081.4741 定价：CNY0.12

中国现代连环画。

J0063220

"炭古佬"当县长 王从周改编；蔡人燕画

上海 上海人民美术出版社 1960年

定价：CNY0.12

中国现代连环画作品。

J0063221

"桃花姑娘"的秘密 顾琴芳改编；史正学绘图

郑州 河南人民出版社 1960年 49页 10×13cm 统一书号：T8105.290 定价：CNY0.12

中国现代连环画作者史正学（1933— ），国家一级美术师。又名莫可，河南洛阳人。毕业于广州美术学院国画系。中国美术家协会会员、河南省美术家协会常务理事、河南中山书画院院长。代表作品有《晨钟响了》《深山火种》《枣雨》《征途报捷》等。

J0063222

"瘟神"现形记 鲁迅美术学院，辽宁美术出版社编绘

沈阳 辽宁美术出版社 1960年 定价：CNY0.10

中国现代连环画作品。

J0063223

"周仓吃豌豆" 公道原作；平之改编；郭长林画

成都 四川人民出版社 1960年 19页 有彩图 9cm（128开）统一书号：R8118.338

定价：CNY0.04

中国现代连环画。

J0063224

"周仓吃豌豆" （小小连环画）平之改编；郭长林画

成都 四川人民出版社 1960年 定价：CNY0.04

中国现代连环画作品。

J0063225

105岁的太爷爷 孙国林改编；周显义绘

石家庄 河北人民美术出版社 1960年

定价：CNY0.14

中国现代连环画作品。

J0063226

23号接头点 公宣编绘

长春 吉林人民出版社 1960年 定价：CNY0.15

中国现代连环画作品。

J0063227

阿妈 张捷，张帆改编；张永太，刘佩武绘

石家庄 河北人民美术出版社 1960年

定价：CNY0.12

中国现代连环画作品。作者张永太（1940—2014），画家。曾用名张焕瑾，笔名陆岩，字子瑜，别号潇河散人，山西榆次人，毕业于广州美术学院。历任中国艺术研究院创作员、调研员，中国美术家协会会员，中国连环画研究会理事，美协山西分会理事。作品有《太行凯歌》《洪浪丹心》《爱民模范谢臣》等，连环画作有《阿妈尼》等 。

J0063228

埃苏拜耳的枪声　叶靓改编；黄大华画
上海 上海人民美术出版社 1960 年
定价：CNY0.12
　　中国现代连环画作品。作者黄大华
（1934— ），水彩画家。浙江鄞县人。中国美术
家协会会员。上海人民美术出版社编辑，上海百
草画院常务副院长。从事连环画创作，编辑出版
连环画近三百种。

J0063229

埃苏拜耳的枪声　郭信改编；张仁康绘
杭州 浙江人民美术出版社 1960 年
定价：CNY0.19
　　中国现代连环画作品。作者张仁康，连
环画家。绘有《沟》《龙潭波涛》《群英会画库
（3）》等。

J0063230

爱管"闲事"的热心人　大鲁改编；徐进等画
上海 上海人民美术出版社 1960 年 40 页
12cm（50 开）统一书号：T8081.4797
定价：CNY0.08
（学文化小画库）
　　中国现代连环画作品。

J0063231

爱情　王兰改编；周雪芬，殷全元绘
石家庄 河北人民美术出版社 1960 年
定价：CNY0.13
　　中国现代连环画作品。

J0063232

爱情的传说　文飘改编
北京 中国电影出版社 1960 年 定价：CNY0.26
（电影连环画册）
　　中国现代连环画作品。

J0063233

安业民　朱文编文；姚峭丽绘图
福州 福建人民出版社 1960 年 定价：CNY0.19
（福建前线斗争故事集 15）
　　中国现代连环画作品。

J0063234

敖山庙伏击　王贻芬改编；樊家伦，何浩中
绘图
长沙 湖南人民出版社 1960 年 定价：CNY0.09
（湖南革命斗争故事和传说）
　　中国现代连环画作品。

J0063235

八百鞭子　由其瑾改编；李钰钰绘
杭州 浙江人民美术出版社 1960 年
定价：CNY0.10
　　中国现代连环画作品。

J0063236

八个"老黄忠"　李洪涛原著；尚文改编；康济
绘图
上海 上海人民美术出版社 1960 年 43 页 有图
10×13cm 统一书号：T8081.4930 定价：CNY0.10
中国现代连环画作品。

J0063237

八号情报员　心白改编；张剑维绘
杭州 浙江人民美术出版社 1960 年
定价：CNY0.19
　　中国现代连环画作品。

J0063238

八字宪法　（图画唱本）上海人民美术出版社
编绘；庄农配诗
上海 上海人民美术出版社 1960 年
定价：CNY0.06
　　中国现代连环画作品。

J0063239

巴黎公社的故事　舒君改编；孙信绘
北京 人民美术出版社 1960 年 定价：CNY0.20
　　根据原著改编的连环画作品。

J0063240

巴莎　惠元改编；童介眉绘
北京 人民美术出版社 1960 年 定价：CNY0.16
　　中国现代连环画作品。作者童介眉（1940— ），
浙江镇海人。人民美术出版社副编审、《连环画
报》副主编、中国美术家协会会员，中国出版协
会连环画艺术委员会常务委员兼副秘书长。出

版《世界人体化妆艺术》《现代外国插图艺术》
等画集。作品有油画《把木材运往建设工地》,
中国画《花开时节》,连环画《队长的娘》等。

J0063241
扒杆成林吊机成网 奚国钧,陆士达编文;
杨英镖,蔡干音画
上海 上海人民美术出版社 1960 年
定价: CNY0.11
中国现代连环画作品。

J0063242
拔笋 朱拥编绘
南昌 江西人民出版社 1960 年 定价: CNY0.11
中国现代连环画作品。

J0063243
爸爸的船 艾莓改编;肖涛绘
福州 福建人民出版社 1960 年 定价: CNY0.12
中国现代连环画作品。

J0063244
白菜花 郭鸿嘉原著;南洁池改编,张世简画
石家庄 河北人民美术出版社 1960 年 30 页
有图 10×13cm 统一书号: T8087.812
定价: CNY0.10
中国现代连环画作品。作者张世简(1926—
2009),国画家、教授。浙江浦江人。中央工艺
美术学院教授、中国美术家协会会员、中国国艺
研究院院士、北京国艺轩书画院顾问。作品有
《桃花初艳鸟先到》《樱桃麻雀》《白头多寿》等,
出版《写意花鸟画技法》《写意花鸟画构图浅说》
《荷花画谱》等。

J0063245
白老虎连 张安改编;刘介平绘
沈阳 辽宁美术出版社 1960 年 定价: CNY0.13
中国现代连环画作品。

J0063246
白莲 向文连改编;朱庆祺绘
北京 人民美术出版社 1960 年 定价: CNY0.11
(义和团故事)
中国现代连环画作品。

J0063247
白母鸡 莫愁改编;李芸生绘
北京 人民美术出版社 1960 年 定价: CNY0.11
(义和团故事)
中国现代连环画作品。

J0063248
白衣战士 胡梦坡改编;徐进等画
上海 上海人民美术出版社 1960 年
定价: CNY0.13
(群英会画库)
中国现代连环画作品。

J0063249
百亩棉田丰产记 北京幻灯制片厂编绘
石家庄 河北人民美术出版社 1960 年
定价: CNY0.08
中国现代连环画作品。

J0063250
百胜妈妈 罗洪原著;钟志坚改编;方瑶民图
上海 上海人民美术出版社 1960 年 52 页 有图
10×13cm 统一书号: T8081.4905 定价: CNY0.11
中国现代连环画作品。

J0063251
百胜妈妈 钟志坚改编;方瑶民画
上海 上海人民美术出版社 1960 年
定价: CNY0.11
(农业战线上的尖兵)
中国现代连环画作品。

J0063252
百事管 王学忠编绘
沈阳 辽宁美术出版社 1960 年 42 页 10×13cm
统一书号: T8117.1261 定价: CNY0.10
中国现代连环画作品。

J0063253
百岁挂帅 (1—4)金仲渔,盛鹤年作
沈阳 辽宁美术出版社 1960 年 13×10cm
定价: CNY0.24
中国现代连环画作品。

J0063254
百万农奴站起来 中国电影出版社编
北京 中国电影出版社 1960 年 定价：CNY0.22
（电影连环画册）
　　中国现代连环画作品。

J0063255
蚌螺王 梁燃尧改编；盛鹤年绘
天津 天津美术出版社 1960 年 13cm（60 开）
定价：CNY0.15
（义和团的传说故事）
　　中国现代连环画作品。

J0063256
棒槌山上的老桑树 唐开础改编；蔡人燕，
戴端华绘
石家庄 河北人民美术出版社 1960 年
定价：CNY0.14
　　中国现代连环画作品。

J0063257
包身工 大鲁改编；张载画
上海 上海人民美术出版社 1960 年
定价：CNY0.13
　　中国现代连环画作品。

J0063258
宝莲灯 孙青改编
北京 中国电影出版社 1960 年 定价：CNY0.17
（电影连环画册）
　　中国现代连环画作品。

J0063259
报童成了发明家 林颂英改编；范生福绘图
南京 江苏文艺出版社 1960 年 28 页 有图
10×13cm 统一书号：8141.541 定价：CNY0.07
　　中国现代连环画作品。作者范生福
（1939— ），画家。江苏无锡人。字淼甫。中国
美术家协会会员、艺委会委员，上海非物质文化
遗产连环画继承人，上海美术家协会会员，《连
环画艺术》编委。出版有《连环画典藏：范生福
作品（共 4 册）》。

J0063260
报晓鸡 王琴改编；照会绘

沈阳 辽宁美术出版社 1960 年 定价：CNY0.08
　　中国现代连环画作品。

J0063261
爆破老英雄 傅凌云编绘
郑州 河南人民出版社 1960 年 定价：CNY0.10
　　中国现代连环画作品。

J0063262
爆炸英雄李混子 刘振业改编；林涛绘
石家庄 河北人民美术出版社 1960 年 62 页
有图 10×13cm 统一书号：T8087.853
定价：CNY0.13
　　中国现代连环画作品。

J0063263
北大河探险记 赵万堂文；何治赵画
兰州 敦煌文艺出版社 1960 年 定价：CNY0.11
　　中国现代连环画作品。

J0063264
北斗星 吴振轩改编；王济达绘
石家庄 河北人民美术出版社 1960 年
定价：CNY0.14
　　中国现代连环画作品。

J0063265
边疆夜巡 中仁等绘
沈阳 辽宁美术出版社 1960 年 定价：CNY0.19
　　中国现代连环画作品。

J0063266
边寨女教师 苏敦勇改编；安学贵画
长春 吉林人民出版社 1960 年 定价：CNY0.14
　　中国现代连环画作品。作者安学贵
（1940— ），画家。辽宁辽阳市人。中国同泽书
画研究院书画家。吉林省通榆县文化馆馆员，中
国美术家协会会员。主要作品有《礼物》等。

J0063267
扁鹊 杨仁凯改编；屠全枫绘
沈阳 辽宁美术出版社 1960 年 定价：CNY0.11
　　中国现代连环画作品。

J0063268

并蒂莲　王翔改编；邢子青绘

沈阳　辽宁美术出版社　1960 年　定价：CNY0.10

　　中国现代连环画作品。作者王翔（1940—　　），中央工艺美术学院染织系讲师，中国工艺美术学会会员。

J0063269

并蒂莲　浩然原著；韵清改编；王物怡绘图

北京　人民美术出版社　1960 年　55 页　有图

10×13cm　统一书号：T8027.3414　定价：CNY0.12

　　中国现代连环画作品。

J0063270

并蒂莲　韵清改编；王物怡绘

北京　人民美术出版社　1960 年　定价：CNY0.12

　　中国现代连环画作品。

J0063271

玻璃窗　吴家华编绘

成都　四川人民出版社　1960 年　32 页　有图

10×13cm　统一书号：T8118.364　定价：CNY0.09

　　中国现代连环画作品。作者吴家华（1932—　　），版画家。出生于贵州贵阳，毕业于贵阳师范学院艺术科美术专业，并留校任教。历任中国美术家协会、版画家协会、藏书票研究会会员，贵州版画研究会副会长，贵州民族学院特聘客座教授。代表作品有《吴家华版画选集》。

J0063272

不断跃进的裔式娟小组　柳萱图，黄若谷改编；罗盘画

上海　上海人民美术出版社　1960 年

定价：CNY0.14

（群英会画库）

　　中国现代连环画作品。作者罗盘（1927—2005），连环画家。原名罗孝芊，出生于上海市，福建闽侯人。代表作品《草上飞》《战上海》。

J0063273

不可阻挡的道路　陆新康改编；蒋荣先绘

西安　长安美术出版社　1960 年　定价：CNY0.15

　　中国现代连环画作品。

J0063274

不老松　姜文品等原著；天津美术出版社改编

天津　天津美术出版社　1960 年　34 页　有图

14cm（64 开）统一书号：T8073.1904

定价：CNY0.11

（党的好干部丛书）

　　中国现代连环画作品。

J0063275

不老松　天津美术出版社改编；刘继敏绘

天津　天津美术出版社　1960 年　定价：CNY0.11

（党的好干部丛书）

　　中国现代连环画作品。

J0063276

不能忘记的教训　吉人编文；王井，姚少崇绘

杭州　浙江人民美术出版社　1960 年

定价：CNY0.09

　　中国现代连环画作品。

J0063277

不朽的生命　哈宽贵著；贺友直画

上海　上海人民美术出版社　1960 年

定价：CNY0.20

　　中国现代连环画作品。

J0063278

不知疲倦的战士　中宁改编；北京艺术师范学院美术系学生集体创作绘图

北京　北京出版社　1960 年　42 页　有彩图

13cm（60 开）统一书号：T8071.113

定价：CNY0.20

（北京群英画传）

　　中国现代连环画作品。

J0063279

菜籽和鸡　牛星垣改编；王物怡绘

北京　人民美术出版社　1960 年　定价：CNY0.10

　　中国现代连环画作品。

J0063280

蔡玉霜　邹维之改编；茅志云，郑书雄绘

福州　福建人民出版社　1960 年　定价：CNY0.16

（福建前线斗争故事集 16）

　　中国现代连环画作品。

J0063281
参童　竞时编绘
沈阳　辽宁美术出版社 1960 年　定价：CNY0.16
　　中国现代连环画作品。

J0063282
藏红军　吴家贵绘；紫江诗
贵阳　贵州人民出版社 1960 年　定价：CNY0.10
　　中国现代连环画作品。

J0063283
草船借箭　罗贯中原著；潘勤孟改编；凌涛画
上海　上海人民美术出版社 1960 年　30 页
12cm（72 开）统一书号：T8081.4815
定价：CNY0.06
（学文化小画库）

J0063284
草上飞　（画册）思佳改编；罗盘绘
上海　上海人民美术出版社 1960 年　84 页
13×18cm　精装　统一书号：T8081.5035
定价：CNY0.70
　　本书是据白艾原著改编的连环画作品。

J0063285
草原恋歌　张光荣改编；熊明曦绘
合肥　安徽人民出版社 1960 年　定价：CNY0.10
　　中国现代连环画作品。

J0063286
草原骑踪　（上）陶同改编；王纯信画
哈尔滨　黑龙江美术出版社 1960 年
定价：CNY0.17
　　中国现代连环画作品。

J0063287
草原骑踪　宋文光改编；王思盛绘
沈阳　辽宁美术出版社 1960 年　定价：CNY0.23
　　中国现代连环画作品。

J0063288
朝阳山下的故事　红浪改编；刘玉斌绘
北京　人民美术出版社 1960 年　定价：CNY0.14
　　中国现代连环画作品。

J0063289
车逻镇"访友"　徐珣改编；程修绘
南京　江苏文艺出版社 1960 年　定价：CNY0.09
　　中国现代连环画作品。

J0063290
车书琴　江梅改编；吴茂全绘
北京　人民美术出版社 1960 年　定价：CNY0.14
（志愿军英雄传画库）

J0063291
陈明兰三延婚期　湖北人民出版社编绘
武汉　湖北人民出版社 1960 年　17 页　有图
10×13cm　统一书号：T8106.459 定价：CNY0.05
（"红花遍地开"第一辑　7）
　　中国现代连环画作品。

J0063292
冲破漫漫长夜　何国忠改编；徐德森绘图
沈阳　辽宁美术出版社 1960 年　定价：CNY0.14
　　中国现代连环画作品。

J0063293
除害　沈明改编；洪达绘
合肥　安徽人民出版社 1960 年　定价：CNY0.11
　　中国现代连环画作品。

J0063294
锄奸记　曹作锐改编；苗地绘
北京　人民美术出版社 1960 年　定价：CNY0.17
　　中国现代连环画作品。

J0063295
闯王起义　行先改编；曹同煜画
南京　江苏文艺出版社 1960 年　定价：CNY0.14
　　中国现代连环画作品。

J0063296
创立集体新生活，促进生产大发展　人民
美术出版社连环画册编辑室集体编绘
北京　人民美术出版社 1960 年　定价：CNY0.26
　　中国现代连环画作品。

J0063297
炊事员小李　胡长江著；柴庆松绘

南京 江苏文艺出版社 1960 年 定价：CNY0.10
　　中国现代连环画作品。

J0063298

春风野火　孙韵清改编
北京 中国电影出版社 1960 年 定价：CNY0.22
（电影连环画册）
　　中国现代连环画作品。

J0063299

春留人间　肖民改编；傅自立摄影
天津 天津美术出版社 1960 年 定价：CNY0.20
　　中国现代连环画作品。

J0063300

春满人间　青予改编
北京 中国电影出版社 1960 年 定价：CNY0.26
（电影连环画册）
　　中国现代连环画作品。

J0063301

春暖时节　桑介吾改编；高适绘
北京 人民美术出版社 1960 年 定价：CNY0.14
　　中国现代连环画作品。绘画高适（1931— ），
画家。笔名常人，江苏常州人。上海美术家协会
会员，曾任职于人民美术出版社、兴业幻灯制片厂
等单位。连环画主要作品有《不朽的人》《秋瑾》
《鹰儿和红花花》。

J0063302

春桃　卢光照改编；苏起峰绘
北京 人民美术出版社 1960 年 定价：CNY0.13
　　中国现代连环画作品。作者卢光照（1914—
2001），河南汲县（今卫辉市）人，毕业于北平国
立艺术专科学校。历任人民美术出版社编辑、北
京齐白石艺术函授学院名誉院长、北京花鸟画研
究会名誉会长、中央文史馆馆员。代表作品《大
展鸿图》《松鹰》《鸡冠花雄鸡》。

J0063303

春桃　魏子良原著；胡逸改编；李明强画
上海 上海人民美术出版社 1960 年 39 页
12cm（60 开）统一书号：T8081.4812
定价：CNY0.08
（学文化小画库）

J0063304

瓷娃娃　施琦平编绘
沈阳 辽宁美术出版社 1960 年 定价：CNY0.17
　　中国现代连环画作品。

J0063305

赐福泉　江洪编绘
成都 四川人民出版社 1960 年 定价：CNY0.11
　　中国现代连环画作品。

J0063306

从"老三百"到千斤田　钟志坚改编；沈悌如
等画
上海 上海人民美术出版社 1960 年
定价：CNY0.11
（农业战线上的尖兵）
　　中国现代连环画作品。作者钟志坚，改编的
连环画有《红岩》《古茜与德茜》等。

J0063307

从祁连山到陇东　大任改编；王恩盛绘
沈阳 辽宁美术出版社 1960 年 定价：CNY0.14
　　中国现代连环画作品。

J0063308

打乾隆　江苏省剧目工作委员会镇江市分会整
理；江瑞安摄影
南京 江苏文艺出版社 1960 年 定价：CNY0.12
　　中国现代连环画作品。

J0063309

打乾隆　刘有宽编；陈惠冠绘
北京 人民美术出版社 1960 年 定价：CNY0.15
　　中国现代连环画作品。绘图陈惠冠（1935— ），
浙江余姚人。中国美术家协会会员、中国版协连
环画艺术委员会副主任委员。擅长连环画。作
品有《牛头山》《仙人岛》《黄河飞渡》等。

J0063310

打洋行　刘知侠原著；董子畏改编；韩和平画
上海 上海人民美术出版社 1960 年 30 页
12cm（60 开）统一书号：T8081.4814
定价：CNY0.06
（学文化小画库）
　　改编董子畏（1911—1962），浙江海宁人，定

居上海。笔名田衣，又名秉璋。肄业于上海光华大学中文系。曾任华东人民美术出版社(后改为上海人民美术出版社)连环画脚本编辑、连环画编辑科副科长等职。编有《铁道游击队》《屈原》《风波》《地下少先队》等。绘画韩和平(1932—2019)，连环画家、教授。吉林东宁人，毕业于中央美术学院华东分院绘画系。曾在上海人民美术出版社从事连环画创作，历任上海大学美术学院油画系副主任、副教授，艺术研究所主任。作品连环画有《铁道游击队》《红岩》等。

J0063311
大办农业大办粮食中的模范社员赵万荣
广益编文；作中，牧鸥绘
长沙 湖南人民出版社 1960年 13×10cm
定价：CNY0.12
　　中国现代连环画作品。

J0063312
大报仇　来诵芬改编；赵白山绘
天津 天津美术出版社 1960年 13cm(60开)
定价：CNY0.13
(义和团的传说故事)
　　中国现代连环画作品。绘画赵白山(1906—?)，连环画家。江苏张家港人，毕业于新华艺术专科学校。历任少年儿童出版社美术编辑，中国美术家协会上海分会会员，上海科普创作协会会员。主要作品有《辞海动物插图》《生物的启示》(插图)，《有趣的动物及有趣的植物》(插图)、《海洋的秘密》(插图)，《海洋牧场》(插图)，年画宣传画《家禽——鸽》等。

J0063313
大刀吓坏张财主　波心改编；虞春富，朱光玉绘
北京 人民美术出版社 1960年 定价：CNY0.14
(义和团故事)
　　中国现代连环画作品。绘画朱光玉(1928—　)，连环画家。生于上海，祖籍江苏盐城。作品有《岳飞传》《苏姣姣》《一代名优》《宋景诗》《林则徐》等。

J0063314
大风暴中的红孩子　陈念云改编；金立德画
上海 上海人民美术出版社 1960年

定价：CNY0.30
　　中国现代连环画作品。

J0063315
大虎　高鸢改编；余新民画
南昌 江西人民出版社 1960年 定价：CNY0.11
　　中国现代连环画作品。

J0063316
大家一齐欢乐　(画册)周昌谷绘画
北京 中国少年儿童出版社 1960年 16页
25cm(15开) 统一书号：R8056.101
定价：CNY0.42
(学前儿童文艺丛书)
　　中国现代连环画作品。作者周昌谷(1929—1985)，画家。号老谷，浙江乐清人，毕业于国立艺术专科学校，留校任教。作品有《荔枝熟了》《春》等，著有《意笔人物画技法探索》《妙语与创造》《周昌谷画选》等。

J0063317
大师兄闹衙门　来诵芬改编；王存仁绘
天津 天津美术出版社 1960年 69页 13cm(60开)
定价：CNY0.17
(义和团的传说故事)
　　中国现代连环画作品。

J0063318
大养特养其猪　贵州省农业厅编
贵阳 贵州人民出版社 1960年 13×10cm
定价：CNY0.35
　　中国现代连环画作品。

J0063319
带枪的人　孙青改编
北京 中国电影出版社 1960年 定价：CNY0.36
(电影连环画册)
　　中国现代连环画作品。

J0063320
丹崖白雪　徐立功改编；张景祥画
南昌 江西人民出版社 1960年 定价：CNY0.18
　　中国现代连环画作品。

J0063321

党的好儿子凌文明　张建辉改编；刘一心，谷照恩绘
石家庄　河北人民美术出版社　1960 年
定价：CNY0.11

中国现代连环画作品。作者谷照恩（1939—　），河北宁晋人。历任石家庄日报社和建设报社美术编辑，河北少年儿童出版社美术编辑。擅长连环画、插图。作品有《棉花医生》《将军的末日》《鲤鱼洲的枪声》等。

J0063322

党的女儿　林杉原著；沈桐改编；钟惠英画
上海　上海人民美术出版社　1960 年　28 页
12cm（60 开）统一书号：T8081.4785
定价：CNY0.06
（学文化小画库）

中国现代连环画作品。

J0063323

党员的手　吕远著文；顾乃琛绘
南京　江苏文艺出版社　1960 年　定价：CNY0.10

中国现代连环画作品。作者吕远（1929—　），著名作曲家。生于山东烟台，历任海政歌舞团艺术指导，中国文联全国委员，中国音乐家协会创作委员会、外事委员会顾问，北京国际人才交流协会常务理事，海军政治学院兼职教授等。代表作品有《克拉玛依之歌》《走上这高高的兴安岭》《俺的海岛好》等，出版有《吕远歌曲集》。

J0063324

党支部书记　纪林改编；童介眉，林裕章绘
北京　人民美术出版社　1960 年
（志愿军英雄传画库）

J0063325

党重给了我光明　王宝尊改编；赵贵德绘图
天津　天津美术出版社　1960 年　67 页　13cm（64 开）
ISBN：T8044.1751　定价：CNY0.17

中国现代连环画作品。作者赵贵德（1937—　），满族、国家一级美术师。生于北京。历任中国美术家协会理事、河北省美术家协会名誉主席。代表作品有《激流》《春潮》《大风歌》《神骏图》等，著有《怎样才能画好速写》。

J0063326

岛上红旗　何泽沛原著；黄开儒，王星泉绘
天津　天津美术出版社　1960 年　定价：CNY0.17

中国现代连环画作品。

J0063327

道路只有一条　霍育杰改编
北京　中国电影出版社　1960 年　定价：CNY0.24
（电影连环画册）

中国现代连环画作品。

J0063328

登云山　张帆改编；陈江淙绘
石家庄　河北人民美术出版社　1960 年
定价：CNY0.20
（水浒后传　1）

根据中国古典文学原著改编的连环画作品。

J0063329

狄青夺征衣　鲁扬改编；宗静草绘
天津　天津美术出版社　1960 年　定价：CNY0.22

中国现代连环画作品。作者宗静草，江苏美术出版社美编，与其兄合作有《宗静风宗静草连环画作品》，包括《十五贯》《包公审石》《放鸭姑娘》《黑黑和白白》《蝴蝶杯》等。

J0063330

狄青夺征衣　鲁扬改编；宗静草绘图
天津　天津人民美术出版社　1960 年　104 页　有图
10×13cm ISBN：7-5305-1489-X
定价：CNY12.00（全集 4 册）

中国现代连环画作品。

J0063331

敌后武工队　（1）张帆改编；吴懋祥绘
石家庄　河北人民美术出版社　1960 年
定价：CNY0.24

根据原著改编的连环画作品。

J0063332

敌后武工队　（2）张帆改编；吴懋祥绘
石家庄　河北人民美术出版社　1961 年
13cm（60 开）定价：CNY0.19

本作品为中国连环画。

J0063333

敌后武工队 （3）张帆改编；吴懋祥绘
石家庄 河北人民美术出版社 1963 年
13cm（64 开）定价：CNY0.31
　　中国现代连环画作品。

J0063334

敌后武工队 （1 刘太生小屯遇险）邵甄改
编；李天心绘
天津 天津美术出版社 1960 年 定价：CNY0.23
中国现代连环画作品。

J0063335

敌后武工队 （2 侯扒皮一枪毙命）邵甄等改
编；李天心绘
天津 天津美术出版社 1961 年 13cm（60 开）
定价：CNY0.25
　　本作品为中国连环画。

J0063336

敌后武工队 （3 大闹南关火车站）邵甄等改
编；李天心绘
天津 天津美术出版社 1961 年 13cm（60 开）
定价：CNY0.25
　　本书为中国连环画作品。

J0063337

敌后武工队 （4 入虎穴活捉哈巴狗）邵甄等
改编；李天心绘
天津 天津美术出版社 1961 年 13cm（60 开）
定价：CNY0.22
　　本书为中国连环画作品。

J0063338

敌后武工队 （5 杨子曾出奇制胜）李天心，
胡昭电改编；李天心绘图
天津 天津美术出版社 1962 年 13cm（64 开）
定价：CNY0.27
　　中国现代连环画。

J0063339

敌后武工队 （6 庆胜利群魔伏诛）李天心，
胡昭电改编；李天心绘图
天津 天津美术出版社 1963 年 13cm（64 开）
定价：CNY0.33

（农村连环画库）
　　中国现代连环画作品。

J0063340

第三件棉袄 何国忠，何津津改编；茹民康绘
沈阳 辽宁美术出版社 1960 年 定价：CNY0.18
　　中国现代连环画作品。

J0063341

蒂萨河上 孙青改编
北京 中国电影出版社 1960 年 定价：CNY0.26
（电影连环画册）
　　中国现代连环画作品。

J0063342

电业工人的一面红旗 金群改编；中央美术
学院集体创作绘图
北京 北京出版社 1960 年 67 页 有彩图
13cm（60 开）统一书号：T8071.115
定价：CNY0.30
（北京群英画传）
　　中国现代连环画作品。

J0063343

电业工人的一面红旗 金群改编；中央美术
学院集体创作
北京 北京出版社 1960 年 定价：CNY0.30
（北京群英画传）
　　中国现代连环画作品。

J0063344

电侦盘上的蓝点 列兵，向群改编；张正贵画
长春 吉林人民出版社 1960 年 定价：CNY0.18
　　中国现代连环画作品。

J0063345

定军山 罗贯中原著；潘勤孟改编；朱光玉画
上海 上海人民美术出版社 1960 年 32 页
12cm（10 开）统一书号：T8081.4817
定价：CNY0.07
（学文化小画库）
　　中国现代连环画作品。

J0063346

东海风暴 子苍，沙磊改编；张剑维绘

杭州 浙江人民美术出版社 1960 年
定价: CNY0.19
(东海游击总队 1)
　　中国现代连环画作品。

J0063347
东汉科学家张衡　赖家度原著; 陆士达改编;
陈光镒等画
上海 上海人民美术出版社 1960 年 30 页
12cm(54 开)统一书号: T8081.4807
定价: CNY0.06
(学文化小画库)
　　中国现代连环画作品。

J0063348
东山抗日游击队　吴普改编; 姚少崇绘
杭州 浙江人民美术出版社 1960 年
定价: CNY0.24
　　中国现代连环画作品。

J0063349
杜凤瑞　开折编文; 招蔚绘
郑州 河南人民出版社 1960 年 13×10cm
定价: CNY0.12
　　中国现代连环画作品。

J0063350
锻炼　吉辉改编; 翟润书绘
石家庄 河北人民美术出版社 1960 年
定价: CNY0.12
　　中国现代连环画作品。

J0063351
对空射击手　房亚田改编; 黄清琪绘
北京 人民美术出版社 1960 年 定价: CNY0.11
(志愿军英雄传画库)

J0063352
多年的愿望　谢家璐改编; 李兖绘
石家庄 河北人民美术出版社 1960 年
定价: CNY0.14
　　中国现代连环画作品。

J0063353
多年的愿望　苏敦勇改编; 朱诚荣画

南昌 江西人民出版社 1960 年 定价: CNY0.15
　　中国现代连环画作品。

J0063354
多种经营万紫千红　上海人民美术出版社编
上海 上海人民美术出版社 1960 年 13×10cm
定价: CNY0.22
　　中国现代连环画作品。

J0063355
鳄鱼和大蟒的决斗　大鲁改编; 戈辛锷画
上海 上海人民美术出版社 1960 年
定价: CNY0.13
　　中国现代连环画作品。

J0063356
儿子　叶臻改编; 席弢安绘
沈阳 辽宁美术出版社 1960 年 定价: CNY0.11
　　中国现代连环画作品。

J0063357
樊江关　李白英改编; 汪玉山画
上海 上海人民美术出版社 1960 年
定价: CNY0.18
　　中国现代连环画作品。

J0063358
樊梨花点兵　元卓改编; 江苏文艺出版社摄影
南京 江苏文艺出版社 1960 年 定价: CNY0.21
　　中国现代连环画作品。

J0063359
樊秀才　王弋改编; 邱小玉, 严惠君绘
石家庄 河北人民美术出版社 1960 年
定价: CNY0.11
　　中国现代连环画作品。

J0063360
飞出牢笼　赵敦改编; 张辛国绘
石家庄 河北人民美术出版社 1960 年
定价: CNY0.13
(红旗谱 6)
　　中国现代连环画作品。

J0063361

飞崖走壁五英雄　艾瑛改编；龙廷坝绘
石家庄 河北人民美术出版社 1960 年
定价：CNY0.11
　　中国现代连环画作品。

J0063362

费吉卡　苏敦勇改编；潘晋华，沈鸿如绘
南京 江苏文艺出版社 1960 年 定价：CNY0.12
　　中国现代连环画作品。

J0063363

分开怎么能活下去　邸世勋改编；柳根林绘
沈阳 辽宁美术出版社 1960 年 定价：CNY0.15
　　中国现代连环画作品。

J0063364

汾河怒潮　漫湘，艾非改编；朱成荣绘
沈阳 辽宁美术出版社 1960 年 定价：CNY0.21
　　中国现代连环画作品。

J0063365

奋战七峰山　老史编；泊信绘
北京 人民美术出版社 1960 年 定价：CNY0.15
（志愿军英雄传画库）

J0063366

丰收之歌 朱湖食堂　中国电影出版社编
北京 中国电影出版社 1960 年 定价：CNY0.14
（电影连环画册）
　　中国现代连环画作品。

J0063367

风暴　文飘改编
北京 中国电影出版社 1960 年 定价：CNY0.37
（电影连环画册）
　　中国现代连环画作品。

J0063368

风暴　（1-4）
北京 中国电影出版社 1960 年 定价：CNY0.26
　　中国现代连环画作品。

J0063369

风波亭　子聪改编；汪玉山，汪剑虹绘

北京 人民美术出版社 1960 年 定价：CNY0.23
（岳传 15）
　　中国现代连环画作品。

J0063370

风水树　刘汉佐改编；于波绘
天津 天津美术出版社 1960 年 定价：CNY0.15
　　中国现代连环画作品。

J0063371

风雪祁连山　鲁依改编
南京 江苏文艺出版社 1960 年 定价：CNY0.15
　　中国现代连环画作品。

J0063372

风雨夜来人　孙奚，张德育绘
北京 人民美术出版社 1960 年 定价：CNY0.15
　　中国现代连环画作品。

J0063373

凤仙与龙爪　王远鸿改编；郑若泉绘图
合肥 安徽人民出版社 1960 年 定价：CNY0.08
　　中国现代连环画作品。

J0063374

夫妻打赌　江苏文艺出版社改编；瞿有衡绘
画；阮御澜注音
南京 江苏文艺出版社 1960 年 16 页 有图
13cm（60 开）统一书号：8141.741
定价：CNY0.07
　　中国现代连环画作品。

J0063375

芙蓉花开　任子龙改编
南京 江苏文艺出版社 1960 年 定价：CNY0.19
　　中国现代连环画作品。

J0063376

父与子　陆宜才改编；赵静东绘
石家庄 河北人民美术出版社 1960 年
定价：CNY0.10
　　中国现代连环画作品。绘者赵静东
（1930—　），人物画家，天津人，毕业于中央美
术学院。历任北京通俗读物出版社编辑、天津人
民美术出版社副编审。作品《中华女儿经》《战

斗的青春》《连心镇》《儿女风尘记》等。出版有
《赵静东人物画选》《五个儿童抓特务》等。

J0063377
嘎拉渡口　宋文光改编；杨国藩绘
沈阳　辽宁美术出版社　1960年　定价：CNY0.16
　　中国现代连环画作品。

J0063378
甘露寺　王星北改编；汪玉山画
上海　上海人民美术出版社　1960年　10×13cm
定价：CNY0.22
(《三国演义》连环画　29)
　　根据古典小说《三国演义》改编的中国现代
连环画作品。改编王星北(1905—1973)，连环画
脚本文学家。浙江定海人。原名心葆。曾就读
于定海公学。曾任上海私营北斗出版社经理、泰
兴书局文字编辑、上海新美术出版社连环画文字
编辑、上海人民美术出版社连环画编辑科副科长
等职。绘画汪玉山(1910—1996)，连环画家。江
苏阜宁人，出生于上海。曾用名汪静星。曾在华
东人民出版社、新美术出版社、上海人民美术出
版社任连环画创作员。作品有《二进宫》《丁黄
氏》《野猪林》《三十三号魔星》《三女侠》等。

J0063379
敢想敢干的徐祖英　石梦，鼎华改编；华惠
庆绘
沈阳　辽宁美术出版社　1960年　定价：CNY0.10
　　中国现代连环画作品。

J0063380
感动了他　张家珩改编；黄笑红绘图
南京　江苏文艺出版社　1960年　30页　12×13cm
统一书号：8141.424　定价：CNY0.10
(扫盲连环画)

J0063381
钢臂怒挥　文博原著；虞谌改编；韩永安绘图
上海　上海人民美术出版社　1960年　50页　有图
10×13cm　统一书号：T8081.4743　定价：CNY0.10
　　中国现代连环画作品。

J0063382
钢臂怒挥　虞谌改编；韩永安画

上海　上海人民美术出版社　1960年
定价：CNY0.10
　　中国现代连环画作品。

J0063383
钢人　胡映西改编；华三川画
上海　上海人民美术出版社　1960年　31页
12cm(60开)统一书号：T8081.4800
定价：CNY0.07
(学文化小画库)
　　中国现代连环画作品。

J0063384
钢人　(连环画册)胡映西改编；华三川绘
上海　上海人民美术出版社　1960年　63页
13×18cm　精装　统一书号：T8081.5036
定价：CNY0.65
　　中国现代连环画作品。

J0063385
钢人鲁佛祥　丹情改编；宋树田，洪万成，乔
明宽绘图
沈阳　辽宁美术出版社　1960年　31页　有图
10×13cm　统一书号：T8117.1236　定价：CNY0.08
　　中国现代连环画作品。

J0063386
钢人鲁佛祥　丹情改编；宋树田等绘
沈阳　辽宁美术出版社　1960年　定价：CNY0.08
　　中国现代连环画作品。

J0063387
钢铁的火花　肖予等改编；继拙等绘
杭州　浙江人民美术出版社　1960年
定价：CNY0.09
　　中国现代连环画作品。

J0063388
钢珠飞车　张帆改编；刘佩武绘
石家庄　河北人民美术出版社　1960年
定价：CNY0.18
　　根据原著改编的连环画作品。

J0063389
高地上的勇士　晨钟改编；金宝临绘

北京　人民美术出版社　1960 年　定价：CNY0.14
（志愿军英雄传画库）

J0063390
高炉边的彝家　　应能，木戈改编；雷相成等画
贵阳　贵州人民出版社　1960 年　定价：CNY0.11
　　　中国现代连环画作品。

J0063391
高速度发展养猪的大红旗——新晃侗族自治县　　五平编绘
长沙　湖南人民出版社　1960 年　13×10cm
定价：CNY0.12
　　　中国现代连环画作品。

J0063392
高速度革新红旗手刘孝安　　长沙市文联编；杨导宏绘
长沙　湖南人民出版社　1960 年　13×10cm
定价：CNY0.13
　　　中国现代连环画作品。

J0063393
搞好食堂卫生　　湖南省卫生厅编
长沙　湖南人民出版社　1960 年　13×10cm
定价：CNY0.12
　　　中国现代连环画作品。

J0063394
歌唱胜利　勇猛前进
杭州　浙江人民出版社　1960 年　定价：CNY0.22
（浙江十年来伟大成就诗画）
　　　中国现代连环画作品。

J0063395
革命的好干部群众的好管家　（优秀农村干部傅荫普同志的先进事迹）刘朵改编；曹光等绘
沈阳　辽宁美术出版社　1960 年　13×10cm
定价：CNY0.11
　　　中国现代连环画作品。

J0063396
革命伕　　胡映西改编；郭德训画
上海　上海人民美术出版社　1960 年

定价：CNY0.10
　　　中国现代连环画作品。

J0063397
革命老妈妈　　白秋吟，林丹绘
福州　福建人民出版社　1960 年　定价：CNY0.14
　　　中国现代连环画作品。

J0063398
革命母亲夏娘娘　　黄钢编；毛震耀绘
北京　人民美术出版社　1960 年　定价：CNY0.18
　　　中国现代连环画作品。

J0063399
革新生产双丰收　　胡逸编文；金立德等画
上海　上海人民美术出版社　1960 年
定价：CNY0.11
　　　中国现代连环画作品。

J0063400
格尔甲的歌　　李天心绘
石家庄　河北人民美术出版社　1960 年
定价：CNY0.16
　　　中国现代连环画作品。

J0063401
葛成　　南风改编；范志泉绘
沈阳　辽宁美术出版社　1960 年　定价：CNY0.17
　　　中国现代连环画作品。

J0063402
一个共产党员　　王文灿改编；王乃候绘
沈阳　辽宁美术出版社　1960 年　定价：CNY0.10
　　　中国现代连环画作品。

J0063403
跟随毛主席长征　　吉伟改编；娄世棠绘
郑州　河南人民出版社　1960 年　精装
定价：CNY0.46
　　　中国现代连环画作品。

J0063404
更上一层楼　　小戈改编；板桥绘图
天津　天津美术出版社　1960 年　定价：CNY0.13
　　　中国现代连环画作品。

J0063405

工程师讲的故事　夏耘改编；何志强画
上海　上海人民美术出版社　1960 年
定价：CNY0.12
　　中国现代连环画作品。

J0063406

工地一条龙　钟志坚,吴其柔编文；徐正平等图
上海　上海人民美术出版社　1960 年　13cm（64开）
定价：CNY0.11
　　中国现代连环画作品。

J0063407

工具改革的一面红旗
吴管奇编文；杨国辅等绘
长沙　湖南人民出版社　1960 年　13×10cm
定价：CNY0.13
　　中国现代连环画作品。

J0063408

公共食堂实话好　野牧编；守义,扎西画
西宁　青海人民出版社　1960 年　定价：CNY0.08
中国现代连环画作品。

J0063409

"公社"的女电工　胡雁改编；杨英镖,蔡千音画
上海　上海人民美术出版社　1960 年
定价：CNY0.10
（农业战线上的尖兵）
　　中国现代连环画作品。

J0063410

攻克水下堡垒　（连环画册）胡映西改编；盛
亮贤绘
上海　上海人民美术出版社　1960 年　63 页
13×18cm　精装　统一书号：T8081.5038
定价：CNY0.65
　　中国现代连环画作品。

J0063411

共产党员阎建章　张建辉改编；一群绘
石家庄　河北人民美术出版社　1960 年
定价：CNY0.11
　　中国现代连环画作品。

J0063412

共产主义的凯歌　张红钤改编；凑智绘
石家庄　河北人民美术出版社　1960 年　42 页
10×13cm　统一书号：T8087.850　定价：CNY0.10
　　中国现代连环画作品。

J0063413

共产主义新人　孙登祥改编；宋景献绘
郑州　河南人民出版社　1960 年　定价：CNY0.11
　　中国现代连环画作品。

J0063414

共产主义之花　翟敏智改编；钟志宏绘
石家庄　河北人民美术出版社　1960 年
定价：CNY0.14
　　中国现代连环画作品。

J0063415

沟河红莲　张建辉改编；周雪芬,殷全元绘
石家庄　河北人民美术出版社　1960 年
定价：CNY0.17
　　中国现代连环画作品。

J0063416

孤胆英雄　诸辛改编；王恩盛绘
北京　人民美术出版社　1960 年　定价：CNY0.15
（志愿军英雄传画库）

J0063417

姑嫂看画　舒薇编文；李山绘图
天津　天津美术出版社　1960 年　38 页　有图
13cm（60开）统一书号：T8073.1752
定价：CNY0.13
　　中国现代连环画作品。

J0063418

古堡的烽烟　思今改编；高适,王重义绘
北京　人民美术出版社　1960 年　定价：CNY0.14
　　中国现代连环画作品。绘画高适（1931—　），
画家。笔名常人，江苏常州人。上海美术家协
会会员，曾任职于人民美术出社、兴业幻灯制片
厂等单位。连环画主要作品有《不朽的人》《秋
瑾》《鹰儿和红花花》。绘画王重义（1940—　），
画家、编辑。生于浙江鄞县。历任人民美术出版
社创作员，浙江人民出版社、浙江少年儿童出版

社美术编辑、室主任、副编审，浙江美术家协会会员。与兄弟王重英、王重义合作创作多部连环画。主要作品有《海军少尉巴宁》《天山红花》《以革命的名义》《十里洋场斗敌记》《战争在敌人心脏》等。

J0063419

古堡烽烟 杨柏林改编；诸如樵绘
天津 天津美术出版社 1960年 定价：CNY0.17
中国现代连环画作品。

J0063420

古城新貌·跃进中的塘沽盐场 中国电影出版社编
北京 中国电影出版社 1960年 定价：CNY0.13
（电影连环画册）
中国现代连环画作品。

J0063421

古茜和德茜 曹丽泉改编；树春，金勺画
南昌 江西人民出版社 1960年 定价：CNY0.14
中国现代连环画作品。

J0063422

古茜和德茜 寒草改编；徐兆群绘
北京 人民美术出版社 1960年 定价：CNY0.13
中国现代连环画作品。

J0063423

关汉卿 田汉原著；邱扬，胡浩改编
天津 天津美术出版社 1960年 139页 有图
10×13cm 统一书号：T8073.1780 定价：CNY0.29
本作品是根据北京人民艺术剧院演出剧《关汉卿》改编的连环画。作者田汉（1898—1968），剧作家、戏曲作家、电影编剧、小说家、词作家。本名田寿昌，笔名：田汉、陈瑜、伯鸿等。湖南长沙人。创作歌词的歌曲《万里长城》的第一段，成为中华人民共和国国歌《义勇军进行曲》的歌词。代表作《义勇军进行曲》《名优之死》《关汉卿》等。

J0063424

掼掉千年杠棒 王星北编文；华三川，胡祖清画
上海 上海人民美术出版社 1960年

定价：CNY0.11
中国现代连环画作品。

J0063425

光复道上红旗飘 天津美术出版社集体编绘
天津 天津美术出版社 1960年 定价：CNY0.15
中国现代连环画作品。

J0063426

光辉的斗争 方艾改编；刘秉亮绘
沈阳 辽宁美术出版社 1960年 定价：CNY0.11
中国现代连环画作品。

J0063427

光辉的青春 （英雄谱）张天仁编文；李子纯绘
沈阳 辽宁美术出版社 1960年 定价：CNY0.12
中国现代连环画作品。

J0063428

广武山 林林改编；水天宏画
上海 上海人民美术出版社 1960年 10×13cm
定价：CNY0.22
（《西汉演义》连环画之十七）
根据西汉历史故事改编的中国现代连环画作品。绘画水天宏（1910—1982），连环画家。浙江宁波人。曾在上海人民美术出版社从事连环画创作。参加大型连环画《三国演义》《聊斋志义》《西汉演义》《东周列国故事》等的绘制工作，出版连环画《艰苦朴素的程悦长》。

J0063429

归侨林我来 广州美术学院附中集体创作
广州 广东人民出版社 1960年 定价：CNY0.15
中国现代连环画作品。

J0063430

归心如箭 吴马改编；关景宇绘图
天津 天津美术出版社 1960年 定价：CNY0.15
中国现代连环画作品。作者关景宇（1940— ），北京人。历任北京出版社美术编辑、人民美术出版社《连环画报》编辑部副主编。擅长连环画、插图。作品有连环画《林道静》《骆驼祥子》《豹子湾战斗》等。

J0063431
郭鲁别夫医生　亦名改编；刘世德绘
北京 人民美术出版社 1960年 定价：CNY0.20
　　根据原著改编的连环画作品。

J0063432
国际友谊号　艾瑛改编；柳根林绘
天津 天津美术出版社 1960年 定价：CNY0.18
　　中国现代连环画作品。

J0063433
国外的来信　星索改编；夏治浪绘
北京 人民美术出版社 1960年 定价：CNY0.10
　　中国现代连环画作品。

J0063434
还是好孩子　许希孟改编；陈毓和绘图
福州 福建人民出版社 1960年 50页 有图
10×13cm 统一书号：R8104.266 定价：CNY0.10
　　中国现代连环画作品。

J0063435
海边游击队　晓军文；韩乐业图
银川 宁夏人民出版社 1960年 定价：CNY0.15
　　中国现代连环画作品。

J0063436
海军叔叔捉敌舰　朱良仪写；王贤统等绘
上海 少年儿童出版社 1960年 有彩图
15cm（40开）统一书号：R10024.2632
定价：CNY0.10
　　中国现代连环画作品。

J0063437
海瑞背纤　冯国琳作
沈阳 辽宁美术出版社 1960年 13×10cm
定价：CNY0.24
　　中国现代连环画作品。

J0063438
海瑞的故事　程十发作
上海 上海人民美术出版社 1960年 13×10cm
定价：CNY0.12
　　中国现代连环画作品。

J0063439
海上花木兰　于非文；葛文画；周嘉玉注音
沈阳 辽宁美术出版社 1960年 22页 有图
15cm（40开）统一书号：T8117.1333
定价：CNY0.11
　　中国现代连环画作品。

J0063440
海上巨龙　李白英改编；陈少华画
上海 上海人民美术出版社 1960年
定价：CNY0.19
　　中国现代连环画作品。

J0063441
海外冤狱　杨甦改编；杨家聪编绘
广州 广东人民出版社 1960年 定价：CNY0.17
　　本连环画作品根据黑炎著的小说"海的呼
号"改编。作者杨家聪（1932—　　），画家。广州
市美术家协会主席、广州水彩画研究会顾问、广
州诗社副社长。作品有《杨家聪画集》《杨家聪
作品选》《杨家聪水彩画选》《杨家聪杨毅钢笔画
集》《杨家聪文集》等。

J0063442
海鹰　孙青改编
北京 中国电影出版社 1960年 定价：CNY0.24
（电影连环画册）
　　中国现代连环画作品。

J0063443
旱地稻花香　吴寄尘改编
南京 江苏文艺出版社 1960年 定价：CNY0.16
　　中国现代连环画作品。

J0063444
焊工小春花　安敦礼改编；戴苍奇绘图
郑州 河南人民出版社 1960年 35页 有图
13cm（60开）统一书号：T8105.233
定价：CNY0.10
　　中国现代连环画作品。

J0063445
好姑娘　应玉娥等改编；张品操绘
杭州 浙江人民美术出版社 1960年
定价：CNY0.07

中国现代连环画作品。作者张品操（1936—　），画家、美术教育家，生于浙江省安吉县，祖籍安徽桐城。毕业于浙江美术学院中国画系人物，并留校任教。现为中国美术学院教授、中国美术家协会会员。代表作连环画《小兵张嘎》。著有《水墨人物画技法》《国画人物画法》《聚焦浙派·张品操作品集》《张品操速写》等书。

J0063446

好商店又是好学校　吉志西改编；任伯宏，任伯言画

上海　上海人民美术出版社　1960年
定价：CNY0.12
（群英会画库）
　　中国现代连环画作品。

J0063447

黑岗事件　曲秉义改编；肇玉厚画

长春　吉林人民出版社　1960年　定价：CNY0.13
　　中国现代连环画作品。

J0063448

红蛋　邱允爱，黄清琪绘图

福州　福建人民出版社　1960年　36页　有图
10×13cm　统一书号：T8104.267　定价：CNY0.09
　　中国现代连环画作品。

J0063449

红姑娘　白曼改编；傅洪生绘

天津　天津美术出版社　1960年　定价：CNY0.14
　　中国现代连环画作品。

J0063450

红军不怕远征难　（上册）朱少尤编绘

沈阳　辽宁美术出版社　1960年　定价：CNY0.31
　　中国现代连环画作品。

J0063451

红军的第一架飞机　李白英改编；梁洪涛画

上海　上海人民美术出版社　1960年
定价：CNY0.11
　　中国现代连环画作品。

J0063452

红军钢枪队的诞生　金连城改编；吴雪熊，邵念慈绘

合肥　安徽人民出版社　1960年　定价：CNY0.13
　　中国现代连环画作品。

J0063453

红梅花　黄泽编文；青苗绘

西宁　青海人民出版社　1960年　定价：CNY0.17
　　中国现代连环画作品。

J0063454

红旗不倒　何国忠，周津津改编

南昌　江西人民出版社　1960年　定价：CNY0.17
（江西革命斗争故事）
　　中国现代连环画作品。

J0063455

红旗初飘　金羽改编；江苏文艺出版社摄影

南京　江苏文艺出版社　1960年　定价：CNY0.20
　　中国现代连环画作品。

J0063456

红旗处处飘　顾默予改编；朱松年等画

长春　吉林人民出版社　1960年　定价：CNY0.22
　　中国现代连环画作品。

J0063457

红旗儿女　水世戴改编；曹世琦绘

天津　天津美术出版社　1960年　定价：CNY0.14
　　中国现代连环画作品。

J0063458

红旗会　夏阳改编；周光中绘

北京　人民美术出版社　1960年　定价：CNY0.17
　　中国现代连环画作品。

J0063459

红旗石工班　方德词；杨鹏，辛耕画

北京　人民交通出版社　1960年　定价：CNY0.11
　　中国现代连环画作品。

J0063460

红旗手马学礼　洪洋编文；张善平，舒华绘

武汉　湖北人民出版社　1960年　定价：CNY0.30

中国现代连环画作品。

J0063461

红勤巧俭女英雄——"三八"养猪场长尹燕宜　中共岳阳县委宣传部编绘

长沙　湖南人民出版社　1960年　13×10cm

定价：CNY0.12

中国现代连环画作品。

J0063462

红色保育员　曹丽泉改编；孙志宝绘

沈阳　辽宁美术出版社　1960年　定价：CNY0.09

中国现代连环画作品。

J0063463

红色采煤英雄卢天保　傅超群编文；谭尔康绘

长沙　湖南人民出版社　1960年　13×10cm

定价：CNY0.13

中国现代连环画作品。

J0063464

红色风暴　于树中等改编

上海　上海人民美术出版社　1960年

定价：CNY0.26

中国现代连环画作品。

J0063465

红色服务员　王弋改编；施琦平绘

石家庄　河北人民美术出版社　1960年

定价：CNY0.11

中国现代连环画作品。

J0063466

红色工程师　（英雄谱）于非改编；姚洪发绘

沈阳　辽宁美术出版社　1960年　定价：CNY0.12

中国现代连环画作品。

J0063467

红色交通员　吕大安改编；洪浩然，洪淮南绘

天津　天津美术出版社　1960年　定价：CNY0.17

中国现代连环画作品。

J0063468

红色交通站　徐景改编；刘兰绘

沈阳　辽宁美术出版社　1960年　定价：CNY0.09

中国现代连环画作品。

J0063469

红色接生员　王春阳编文；颂红画

长春　吉林人民出版社　1960年　经折装

定价：CNY0.04

中国现代连环画作品。

J0063470

红色民师　王里编文；颂红画

长春　吉林人民出版社　1960年　经折装

定价：CNY0.04

中国现代连环画作品。

J0063471

红色潜水员　萧豫编文；叶公贤等绘

杭州　浙江人民美术出版社　1960年

定价：CNY0.15

中国现代连环画作品。

J0063472

红色医生李贡　陈念云改编；王重义，高适画

上海　上海人民美术出版社　1960年

定价：CNY0.12

中国现代连环画作品。

J0063473

红仙女　纪小城原作；马西光编绘

西宁　青海人民出版社　1960年　定价：CNY0.23

中国现代连环画作品。

J0063474

红印　王文灿改编；赵明钧绘

沈阳　辽宁美术出版社　1960年　定价：CNY0.10

中国现代连环画作品。作者赵明钧（1938—　），满族，连环画艺术家。笔名孤竹古道居士。生于辽宁省锦州市。《我们村里年轻人》《毛主席好战士——雷锋》《收伏白龙马》等。

J0063475

红玉兰　王良莹改编；刘熊画

上海　上海人民美术出版社　1960年

定价：CNY0.13

中国现代连环画作品。

J0063476

红云崖　闻文改编；姚峭丽画
杭州　浙江人民美术出版社　1960 年
定价：CNY0.18
　　中国现代连环画作品。

J0063477

红专道路上的新农民——周巧云　长沙市文
联供稿
长沙　湖南人民出版社　1960 年　13×10cm
定价：CNY0.13
　　中国现代连环画作品。

J0063478

红专会计　长春市文学艺术联合会编；陈忠良
编文；朱松年绘图
长春　吉林人民出版社　1960 年　经折装
中国现代连环画作品。

J0063479

洪大海　杨犀改编；赵白山绘
天津　天津美术出版社　1960 年　定价：CNY0.14
（义和团的传说故事）
　　中国现代连环画作品。

J0063480

鸿门宴　林林改编；李成勋画
上海　上海人民美术出版社　1960 年　10×13cm
定价：CNY0.28
（《西汉演义》连环画之七）
　　根据西汉历史故事改编的中国现代连环画
作品。

J0063481

胡琴的风波　吴其柔改编；王亦秋画
上海　上海人民美术出版社　1960 年
定价：CNY0.18
　　中国现代连环画作品。绘画王亦秋
（1925—　），连环画家。又名王野秋，浙江镇海
人。历任前锋出版社美术编辑，上海人民美术出
版社连环画创作室创作员　、副审编。主要作品
有《杨门女将》《小刀会》《马跃檀溪》《李逵闹东
京》《清兵入塞》等。

J0063482

胡琴的风波　吴其柔改编；王亦秋画
上海　上海人民美术出版社　1960 年　13cm（60 开）
定价：CNY0.18
　　中国现代连环画作品。

J0063483

胡琴的故事　（附：老李头）王德奎编；邵伟尧绘
天津　天津美术出版社　1960 年　定价：CNY0.18
　　中国现代连环画作品。作者邵伟尧
（1938—　），油画家。广东南海人，毕业于中央
美术学院油画系。历任广西艺术学院教授、中国
油画学会理事、广西美术家协会名誉主席、广西
老美术家协会主席、中国美术家协会会员。代表
作品有《渔歌》《新绿》《春在田间》《白云·红土
地》等。专著有《素描基础训练》。

J0063484

蝴蝶谷寻蜜　白云飞，化冈改编；张清岩绘
天津　天津美术出版社　1960 年　定价：CNY0.15
　　中国现代连环画作品。

J0063485

护鹅盼亲人　吴普改编；浙江美术学院附中高
四学生集体创作
杭州　浙江人民美术出版社　1960 年
定价：CNY0.12
　　中国现代连环画作品。

J0063486

花儿妈　张春峰改编；傅凌云绘
石家庄　河北人民美术出版社　1960 年
定价：CNY0.12
　　中国现代连环画作品。

J0063487

花果山　陈敏改编；李子纯绘
沈阳　辽宁美术出版社　1960 年　定价：CNY0.10
　　中国现代连环画作品。作者陈敏（1957—　），
教师。浙江人民警察学校语文教研室主任、浙
江省硬笔书法家协会副主席兼秘书长、中国书
法家协会理事兼《中国硬笔书法家协会通讯》主
席等。

J0063488
华佗　新甫编；张鹿山绘
北京　人民美术出版社　1960 年　定价：CNY0.15
（历史名人故事）
　　中国现代连环画作品。

J0063489
欢乐的草原　大鲁改编；陈光健画
上海　上海人民美术出版社　1960 年
定价：CNY0.15
　　中国现代连环画作品。作者陈光健
（1936—　），女，四川荣昌人。毕业于浙江美术学院，并留校工作，后调入西安美术学院任教。中国美术家协会会员、当代工笔画会会员、陕西省国画院画师。主要作品有《在社员家里》《自习》《老师》等。

J0063490
欢乐的家　郑沁园改编；吕连生绘
石家庄　河北人民美术出版社　1960 年
定价：CNY0.12
　　中国现代连环画作品。

J0063491
荒原上的姑娘　艾辅人改编；沈雪彝等绘
郑州　河南人民出版社　1960 年　定价：CNY0.07
　　中国现代连环画作品。

J0063492
黄大嫂　邹维之编文；陈健绘
福州　福建人民出版社　1960 年　定价：CNY0.14
　　中国现代连环画作品。

J0063493
黄道婆　康促原著；奚国钧改编；钱笑呆等画
上海　上海人民美术出版社　1960 年　30 页
12cm（60 开）统一书号：T8081.4809
定价：CNY0.06
（学文化小画库）
　　中国现代连环画作品。

J0063494
黄飞虎反五关　杨青华画
上海　上海人民美术出版社　1960 年
定价：CNY0.22

　　中国现代连环画作品。

J0063495
黄飞龙　吴联膺编；王恩盛绘
北京　人民美术出版社　1960 年　定价：CNY0.13
　　中国现代连环画作品。

J0063496
回到生产岗位　蒋耀良改编；李枫，邹泺画
上海　上海人民美术出版社　1960 年
定价：CNY0.12
　　中国现代连环画作品。

J0063497
回国　杨匡满编；方瑶民绘
西安　长安美术出版社　1960 年　定价：CNY0.14
　　中国现代连环画作品。

J0063498
回民之母　汪健改编；宋治平画
上海　上海人民美术出版社　1960 年
定价：CNY0.16
　　中国现代连环画作品。

J0063499
回民支队　张帆改编；古华绘
石家庄　河北人民美术出版社　1960 年
定价：CNY0.27
　　中国现代连环画作品。

J0063500
回民支队　高援改编；端木勇绘
沈阳　辽宁美术出版社　1960 年　定价：CNY0.29
　　中国现代连环画作品。作者端木勇（1930—　），连环画家。上海人。艺名米南。任职于上海人民美术出版社连环画创作室。上海美术家协会会员。创作并出版了《霓虹灯下的哨兵》《南京路上好八连》《回民支队》等连环画作品。

J0063501
回民支队　文飘改编
北京　中国电影出版社　1960 年　定价：CNY0.37
（电影连环画册）
　　中国现代连环画作品。

J0063502
活地图　公交公司汽车一厂创作组编绘
上海　上海人民美术出版社　1960 年
定价：CNY0.11
（群英会画库）
　　中国现代连环画作品。

J0063503
活着的向秀丽——王自容　陈惠冠，王重义绘
北京　人民美术出版社　1960 年　定价：CNY0.12
　　中国现代连环画作品。

J0063504
活着的向秀丽——王自容　西安美专附中 60
级学生编绘
西安　长安美术出版社　1960 年　定价：CNY0.12
　　中国现代连环画作品。

J0063505
活捉丁二阎王　金白羽，石田改编；板桥绘
天津　天津美术出版社　1960 年　13cm（64 开）
定价：CNY0.16
（义和团传说故事）
　　中国现代连环画作品。

J0063506
火把节的故事　张文忠编绘
成都　四川人民出版社　1960 年　定价：CNY0.10
　　中国现代连环画作品。

J0063507
火牛阵　李白英改编；徐正平画
上海　上海人民美术出版社　1960 年　40 页
12cm（60 开）统一书号：T8081.4804
定价：CNY0.08
（学文化小画库）
　　中国现代连环画作品。

J0063508
火烧岛　顾树屏编绘
沈阳　辽宁美术出版社　1960 年　定价：CNY0.19
　　中国现代连环画作品。

J0063509
火烧连营　林林改编；蒋萍画
上海　上海人民美术出版社　1960 年　10×13cm
定价：CNY0.19
（《三国演义》连环画 42）
　　根据古典小说《三国演义》改编的中国现代
连环画作品。

J0063510
火烧震东市　泰兴县京剧团集体创作；江苏文
艺出版社摄影
南京　江苏文艺出版社　1960 年　定价：CNY0.20
　　中国现代连环画作品。

J0063511
火线上的鹰　百友改编；刘砖绘
北京　人民美术出版社　1960 年　定价：CNY0.11
（志愿军英雄传画库）
　　中国现代连环画作品。

J0063512
火云洞　李白英改编；池振亚绘
石家庄　河北人民美术出版社　1960 年
定价：CNY0.20
　　中国现代连环画作品。

J0063513
鸡蛋的故事　苏敦勇改编；李泉画
南昌　江西人民出版社　1960 年　定价：CNY0.16
　　中国现代连环画作品。

J0063514
鸡毛打响了钟　解义勇编；姚天沐画
太原　山西人民出版社　1960 年　定价：CNY0.16
　　中国现代连环画作品。

J0063515
鸡毛飞上天　胡雁改编；汪观清画
上海　上海人民美术出版社　1960 年
定价：CNY0.15
（群英会画库）
　　中国现代连环画作品。绘画汪观清
（1931—　　），艺术家。号耕莘堂主，安徽歙县人。
历任上海人民美术出版社副编审、中国美术家协
会会员、上海市美术家协会理事。出版有《汪观
清画集》《怎样画牛》《名家教画》等。

J0063516
鸡毛飞上天　胡雁改编；汪观清画
上海　上海人民美术出版社　1960年　精装
定价：CNY0.70
　　中国现代连环画作品。

J0063517
鸡毛飞上天　（连环画册）胡雁，汪观清编
上海　上海人民美术出版社　1960年　100页
14cm（64开）精装　统一书号：T8081.5016
定价：CNY0.70
　　中国现代连环画作品。

J0063518
激战马骇河　张恩天改编；张剑维绘
杭州　浙江人民美术出版社　1960年
定价：CNY0.20
　　中国现代连环画作品。

J0063519
吉祥如意　卢光照改编；谭学楷绘图
石家庄　河北人民美术出版社　1960年　50页
10×13cm　统一书号：T8087.867　定价：CNY0.11
　　中国现代连环画作品。

J0063520
计败三路兵　张辙改编；张鹿山绘
石家庄　河北人民美术出版社　1960年
定价：CNY0.13
（水浒后传 7）
　　依据中国古典小说《水浒传》改编的现代连
环画作品。

J0063521
计盗紫金铃　陈平夫改编；池振亚绘
石家庄　河北人民美术出版社　1960年
定价：CNY0.24
　　中国现代连环画作品。

J0063522
萧德训　天津美术出版社集体创作
天津　天津美术出版社　1960年　定价：CNY0.10
　　中国现代连环画作品。

J0063523
技术革新的闯将　赵田人等改编；丁斌曾等画
上海　上海人民美术出版社　1960年　32页
12cm（60开）统一书号：T8081.4816
定价：CNY0.07
（学文化小画库）
　　中国现代连环画作品。

J0063524
技术革新突击手　缪文心改编；张仁康画
上海　上海人民美术出版社　1960年
定价：CNY0.12
　　中国现代连环画作品。

J0063525
加干诺娃　张莘改编；米国明绘
杭州　浙江人民美术出版社　1960年
定价：CNY0.15
　　根据原著改编的连环画作品。

J0063526
甲午风云　武元改编；虞春富绘
沈阳　辽宁美术出版社　1960年　定价：CNY0.22
　　中国现代连环画作品。

J0063527
艰苦朴素的老英雄　李丁，王军原著；博鸿
绘；天津美术出版社改编
天津　天津美术出版社　1960年　28页　有图
14cm（64开）统一书号：T8073.1897
定价：CNY0.10
（党的好干部丛书）
　　中国现代连环画作品。

J0063528
艰苦朴素埋头苦干　（人民的好勤务员高毅同
志）魏扬之诗；西安美术学院绘
西安　长安美术出版社　1960年　13×10cm
定价：CNY0.12
　　中国现代连环画作品。

J0063529
江底的战斗　李楚城写；岁成绘图
上海　少年儿童出版社　1960年　24页　有彩图
18cm（15开）统一书号：R10024.2587

定价: CNY0.15

　　中国现代连环画作品，低年级儿童读物。

J0063530

江汉渔歌　李一改编；陈江淙绘

沈阳 辽宁美术出版社 1960 年 定价: CNY0.20

　　中国现代连环画作品。

J0063531

江山多娇　孙青改编

北京 中国电影出版社 1960 年 定价: CNY0.31

（电影连环画册）

　　中国现代连环画作品。

J0063532

将军当兵　（共产主义的风格）青四编文；范
远鹏绘

南京 江苏文艺出版社 1960 年 定价: CNY0.10

　　中国现代连环画作品。

J0063533

姜维献书　胡雁改编；严绍唐，李铁生画

上海 上海人民美术出版社 1960 年 10×13cm

定价: CNY0.20

（《三国演义》连环画 49）

　　根据古典小说《三国演义》改编的中国现代
连环画作品。

J0063534

蒋焕章的故事　张永治，王文灿改编；张剑
维绘

沈阳 辽宁美术出版社 1960 年 定价: CNY0.23

　　中国现代连环画作品。

J0063535

接班人　谢爱莲改编；施琦平绘

石家庄 河北人民美术出版社 1960 年

定价: CNY0.15

　　中国现代连环画作品。

J0063536

节约标兵杨大康　陈琦编文；毓继明，贺惠贤绘

昆明 云南人民出版社 1960 年 定价: CNY0.05

　　中国现代连环画作品。

J0063537

姐俩比武　张知行编文；建人绘

天津 天津美术出版社 1960 年 定价: CNY0.13

　　中国现代连环画作品。

J0063538

解放平江城　杨绍辉改编；何浩中，刘遐林
绘图

长沙 湖南人民出版社 1960 年 25 页 有图

10×13cm 统一书号: 8109.456 定价: CNY0.08

（湖南革命斗争故事和传说）

　　中国现代连环画作品。

J0063539

借锄头　屈泥改编；熊明曦作画；阮御澜注音

南京 江苏文艺出版社 1960 年 16 页 有图

13cm（60 开）统一书号: 8141.720

定价: CNY0.07

　　中国现代连环画作品。

J0063540

今昔对比画册　青海人民出版社编

西宁 青海人民出版社 1960 年 影印本 22 页

20cm（32 开）统一书号: 8097.47 定价: CNY0.20

　　中国现代连环画作品。

J0063541

惊涛骇浪　金梅芬改编；包泉深，倪左音绘

南京 江苏文艺出版社 1960 年 定价: CNY0.11

　　中国现代连环画作品。

J0063542

井冈山人　赤流编文；傅志旺等绘

南昌 江西人民出版社 1960 年 定价: CNY0.29

　　中国现代连环画作品。

J0063543

九凤高飞　刘沙编绘

太原 山西人民出版社 1960 年 定价: CNY0.13

　　中国现代连环画作品。

J0063544

九连在湖光社　（附: 炮火中的电话兵有远见
的人）夏敏之编；史宁，高宗英绘

天津 天津美术出版社 1960 年 定价: CNY0.15

中国现代连环画作品。作者高宗英（1932—　　），教授。出生于北京。历任中央美术学院油画系和壁画系教授、中国美协会员。著有《谈绘画构图》《画好素描的关键》《世界名家素描》《世界大师素描技法》等。

J0063545
旧恨新仇　　朱文扬改编；板桥绘
天津　天津美术出版社　1960 年　定价：CNY0.16
　　中国现代连环画作品。

J0063546
菊花　　振环改编；傅伯星绘
杭州　浙江人民美术出版社　1960 年
定价：CNY0.17
　　中国现代连环画作品。作者傅伯星（1939—　　），浙江湖州人。毕业于浙江美术学院附中。杭州市美术家协会理事，曾任浙江日报社主任、美术编辑。主要作品有《菊花》《兴唐传》等。

J0063547
巨人胡德安　　林雨编文；陈加谷绘
福州　福建人民出版社　1960 年　定价：CNY0.19
（福建前线斗争故事集　13）
　　中国现代连环画作品。

J0063548
开封保卫战　　史式改编；陈丹旭绘
沈阳　辽宁美术出版社　1960 年　定价：CNY0.18
　　中国现代连环画作品。

J0063549
抗旱标兵姚焕章　　张国宁，魏扬之编；西安美专集体绘
西安　长安美术出版社　1960 年　13×10cm
定价：CNY0.25
　　中国现代连环画作品。

J0063550
可妈　　黄一德改编；陈云华画
上海　上海人民美术出版社　1960 年
定价：CNY0.16
　　中国现代连环画作品。

J0063551
克里姆林宫的钟声　　李白英改编；康济画
上海　上海人民美术出版社　1960 年
定价：CNY0.22
　　根据原著改编的连环画作品。

J0063552
垦荒短歌　　李合编绘
西宁　青海人民出版社　1960 年　19 页　有图
10×15cm　统一书号：8097.57　定价：CNY0.09
　　中国现代连环画作品。

J0063553
孔融让梨　　刘圻作
上海　上海人民美术出版社　1960 年　13×10cm
定价：CNY0.12
　　中国现代连环画作品。

J0063554
枯树开花记　　黄泽文；郑实予图
西宁　青海人民出版社　1960 年　21 页　有图
13cm（60 开）统一书号：8097.64
定价：CNY0.09
　　中国现代连环画作品。

J0063555
枯树开花记　　黄泽文；郑实予图
西宁　青海人民出版社　1960 年　定价：CNY0.09
　　中国现代连环画作品。

J0063556
苦菜花　　镇江市扬剧团集体编导；江瑞安摄影
南京　江苏文艺出版社　1960 年　13cm（60 开）
定价：CNY0.16
　　中国现代连环画作品。

J0063557
苦菜花　　（上册）翰左，蒙来改编；高燕绘
天津　天津美术出版社　1960 年　13cm（60 开）
定价：CNY0.37
　　中国现代连环画作品。

J0063558
苦菜花　　（下册）翰左，蒙来改编；高燕绘
天津　天津美术出版社　1960 年　13cm（60 开）

定价: CNY0.45
　　中国现代连环画作品。

J0063559
旷工　王林编文; 叶坚铭绘
天津　天津美术出版社 1960 年　定价: CNY0.17
　　中国现代连环画作品。作者叶坚铭(1933—
1998), 字路蒉。浙江宁波人。擅长版画、连环画。
曾任天津人民美术出版社美术编辑、《故事画报》
编辑室主任。主要作品有《出路》《有趣的故事》
《钻》《日出》等。

J0063560
矿灯　青予改编
北京　中国电影出版社 1960 年　定价: CNY0.32
(电影连环画册)
　　中国现代连环画作品。

J0063561
矿山医生　姜震瀛改编; 泉深等绘
石家庄　河北人民美术出版社 1960 年
定价: CNY0.14
　　中国现代连环画作品。

J0063562
兰箭　辛羽改编; 葛锡麟绘
沈阳　辽宁美术出版社 1960 年　定价: CNY0.22
　　中国现代连环画作品。

J0063563
蓝色包裹　滕箕改编; 翟有衡绘
沈阳　辽宁美术出版社 1960 年　定价: CNY0.23
　　中国现代连环画作品。

J0063564
狼窝里的雷声　王士之改编; 柏芳景绘
石家庄　河北人民美术出版社 1960 年
定价: CNY0.13
　　中国现代连环画作品。

J0063565
老兵新传　孙韵清改编; 胡克礼绘
北京　人民美术出版社 1960 年　定价: CNY0.25
　　中国现代连环画作品。胡克礼, 连环画家。

J0063566
老车夫　敖德斯尔原著; 天津美术出版社改
编; 王恩盛绘图
天津　天津美术出版社 1960 年　37 页　有图
13cm(60 开)统一书号: T8073.1899
定价: CNY0.11
(党的好干部丛书)
　　中国现代连环画作品。

J0063567
老车夫　天津美术出版社改编; 王恩盛绘
天津　天津美术出版社 1960 年　定价: CNY0.11
(党的好干部丛书)
　　中国现代连环画作品。

J0063568
老当家的　志学改编; 解博学绘画
北京　煤炭工业出版社 1960 年　定价: CNY0.13
　　中国现代连环画作品。

J0063569
老红军抢险记　曹延路编绘
石家庄　河北人民美术出版社 1960 年
定价: CNY0.20
　　中国现代连环画作品。作者曹延路
(1930—　　), 国画家。生于河南内黄县, 毕业于
华北军政大学。中国美术家协会会员。代表作《深
情融透三尺雪》《狼牙山五壮士》《爱民模范》。
出版有《爱地球画集》。

J0063570
老矿工话当年　中共北票矿区委员会编文;
王春田等绘
北京　煤炭工业出版社 1960 年　定价: CNY0.19
(北票煤矿史话)
　　中国现代连环画作品。

J0063571
老两口唱对台戏　湖北人民出版社编绘
武汉　湖北人民出版社 1960 年　定价: CNY0.05
(红花遍地开　第 1 辑　2)
　　中国现代连环画作品。

J0063572
老少争先　阎学文; 阎照平画

太原 山西人民出版社 1960 年 定价：CNY0.16
中国现代连环画作品。

J0063573
老社员 马烽原著；兰翔等改编；张品操画
上海 上海人民美术出版社 1960 年 34 页
12cm（60 开）统一书号：T8081.4798
定价：CNY0.07
（学文化小画库）
中国现代连环画作品。

J0063574
老秃山战斗 常惠改编；王宇文绘
石家庄 河北人民美术出版社 1960 年
定价：CNY0.11
中国现代连环画作品。

J0063575
老西开事件 焦琴编；王存仁绘
天津 天津美术出版社 1960 年 定价：CNY0.17
中国现代连环画作品。

J0063576
老燕头 许文龙改编；静庵绘图
天津 天津美术出版社 1960 年 34 页 有图
13cm（60 开）统一书号：T8073.1898
定价：CNY0.11
中国现代连环画作品。

J0063577
老羊工当了教授 张建辉改编；金宝临绘
石家庄 河北人民美术出版社 1960 年
定价：CNY0.12
中国现代连环画作品。

J0063578
乐二爷摆阵 宋文光改编；虞春富绘图
沈阳 辽宁美术出版社 1960 年 定价：CNY0.11
中国现代连环画作品。

J0063579
雷州义盗 陶士范改编；严绍唐，李铁生绘
石家庄 河北人民美术出版社 1960 年 80 页
10×13cm 统一书号：T8087.858 定价：CNY0.18
中国现代连环画作品。

J0063580
梨庄保卫队 朱钟优改编；洪月明绘
杭州 浙江人民美术出版社 1960 年
定价：CNY0.17
中国现代连环画作品。

J0063581
黎锦的心事 张西洛改编；高昭庆等绘
石家庄 河北人民美术出版社 1960 年
定价：CNY0.12
中国现代连环画作品。

J0063582
李德珍抢救炸药库 京左改编；娄世棠绘图
北京 北京出版社 1960 年 41 页 有彩图
13cm（60 开）统一书号：T8071.116
定价：CNY0.20
中国现代连环画作品。

J0063583
李逵扮新娘 郑沁园改编；刘仲文绘
沈阳 辽宁美术出版社 1960 年 定价：CNY0.15
中国现代连环画作品。

J0063584
李鲤姑娘 王俊杰改编；朱光玉画
上海 上海人民美术出版社 1960 年
定价：CNY0.16
中国现代连环画作品。

J0063585
李陵碑 张令涛，胡若佛绘
北京 人民美术出版社 1960 年 定价：CNY0.21
（杨家将 4）
中国现代连环画作品。

J0063586
李满发夫妇 吉志西改编；任伯宏，任伯言画
上海 上海人民美术出版社 1960 年
定价：CNY0.13
中国现代连环画作品。

J0063587
李青山和李明华 谢树著文；汤守仁画
上海 上海人民美术出版社 1960 年

定价：CNY0.12
　　中国现代连环画作品。

J0063588
李师师　　秦庭耀改编；王左英绘
沈阳　辽宁美术出版社　1960 年　定价：CNY0.23
　　中国现代连环画作品。

J0063589
李时珍传　　王星北改编；钱笑呆，冯墨农画
上海　上海人民美术出版社　1960 年
定价：CNY0.28
（历史人物连环画）
　　中国现代连环画作品。

J0063590
连环计　　龙才改编；王乃侯画
长春　吉林人民出版社　1960 年　定价：CNY0.14
　　中国现代连环画作品。

J0063591
廉吏风　　倪志英改编；陈丹旭绘
沈阳　辽宁美术出版社　1960 年　定价：CNY0.14
　　中国现代连环画作品。

J0063592
良辰美景好姻缘　　崔振国作
西宁　青海人民出版社　1960 年　定价：CNY0.11
　　中国现代连环画作品。

J0063593
梁三霸团　　波心改编；陈惠冠绘
北京　人民美术出版社　1960 年　定价：CNY0.11
（义和团故事）
　　中国现代连环画作品。

J0063594
粮食采购队　　水曲辰改编；冯吉令，韩伍绘
沈阳　辽宁美术出版社　1960 年　定价：CNY0.24
　　中国现代连环画作品。

J0063595
两次救金花　　宋文光改编；刘兰画；周嘉玉注音
沈阳　辽宁美术出版社　1960 年　25 页　有图
15cm（40 开）统一书号：T8117.1380

定价：CNY0.07
　　中国现代连环画作品。

J0063596
两大心愿　　熊烈改编；沈曼云，凌涛画
上海　上海人民美术出版社　1960 年
定价：CNY0.10
　　中国现代连环画作品。

J0063597
两大心愿　　丁午编绘
天津　天津少年儿童美术出版社　1960 年　13 页
有彩图　13×18cm　统一书号：R8073.1792
定价：CNY0.16
　　中国现代连环画作品。

J0063598
两代人　　知希改编；丁世弼画
南昌　江西人民出版社　1960 年　定价：CNY0.16
　　中国现代连环画作品。绘画丁世弼（1939—
2018），画家、国家一级美术师。字仲宣，江西南
昌人。历任中国美术家协会会员，江西省美术家
协会副主席。代表作有《渔岛怒潮》《秋瑾》《陈
赓大将》《红楼梦》等。

J0063599
两个老"侦察兵"　　吕荫樾改编；傅凌云绘
石家庄　河北人民美术出版社　1960 年
定价：CNY0.12
　　中国现代连环画作品。

J0063600
两个青工的秘密　　张秋祥改编；王乃侯绘
天津　天津美术出版社　1960 年　定价：CNY0.13
　　中国现代连环画作品。

J0063601
两匹瘦马　　陆仲坚改编；郑波画
上海　上海人民美术出版社　1960 年
定价：CNY0.11
　　中国现代连环画作品。

J0063602
**辽宁省 1960 年高粱丰产技术纲要（草稿）
图解**　　辽宁省农业展览会绘图

沈阳　辽宁美术出版社 1960 年　47 页　有图
13cm（60 开）统一书号：T8117.1385
定价：CNY0.15
　　中国现代农业展览会连环画作品。

J0063603

辽宁省 1960 年谷子丰产技术纲要（草稿）
图解　辽宁省农业展览会绘图
沈阳　辽宁美术出版社 1960 年　有图
13cm（60 开）统一书号：T8117.1322
定价：CNY0.10
　　中国现代农业展览会连环画作品。

J0063604

辽宁省 1960 年花生丰产技术纲要（草稿）
图解　辽宁省农业展览会绘图
沈阳　辽宁美术出版社 1960 年　36 页　有图
12cm（64 开）统一书号：T8117.1327
定价：CNY0.13
　　中国现代农业展览会连环画作品。

J0063605

辽宁省 1960 年马铃薯丰产技术纲要（草稿）
图解　辽宁省农业展览会绘图
沈阳　辽宁美术出版社 1960 年　有图
13cm（60 开）统一书号：T8117.1332
定价：CNY0.09
　　中国现代农业展览会连环画作品。

J0063606

辽宁省 1960 年棉花丰产技术纲要（草稿）
图解　辽宁省农业展览会绘图
沈阳　辽宁美术出版社 1960 年　58 页　有图
13cm（60 开）统一书号：T8117.1326
定价：CNY0.19
　　中国现代农业展览会连环画作品。

J0063607

辽宁省 1960 年青麻、大麻丰产技术纲要
（草稿）图解　辽宁省农业展览会绘图
沈阳　辽宁美术出版社 1960 年　有图
12cm（64 开）统一书号：T8117.1328
定价：CNY0.11
　　中国现代农业展览会连环画作品。

J0063608

辽宁省 1960 年水稻丰产技术纲要（草稿）
图解　辽宁省农业展览会绘图
沈阳　辽宁美术出版社 1960 年　36 页　有图
13cm（60 开）统一书号：T8117.1325
定价：CNY0.13
　　中国现代农业展览会连环画作品。

J0063609

辽宁省 1960 年小麦丰产技术纲要（草稿）
图解　辽宁省农业展览会绘图
沈阳　辽宁美术出版社 1960 年　有图
13cm（60 开）统一书号：T8117.1320
定价：CNY0.10
　　中国现代农业展览会连环画作品。

J0063610

列宁栽的橡树　保尔鲁申科原著；奚国钧改
编；韩伍画
上海　上海人民美术出版社 1960 年　38 页
12cm（64 开）统一书号：R8081.4793
定价：CNY0.07
（学文化小画库）
　　中国现代连环画作品。

J0063611

列宁在十月　文飘改编
北京　中国电影出版社 1960 年　定价：CNY0.36
（电影连环画册）

J0063612

烈火丹心　（献给“马口事件”的烈士们和英雄
们）谭子艺编；杨讷维等集体绘画
广州　广东人民出版社 1960 年　定价：CNY0.12
　　中国现代连环画作品。

J0063613

烈火金钢　（1 史更新一弹突围）艾瑛改编；
蔡千音绘
天津　天津美术出版社 1960 年　定价：CNY0.19
　　中国现代连环画作品。

J0063614

烈火金钢　（2 孙大娘仗义救难）艾瑛改编；
蔡千音绘图

天津　天津美术出版社　1963 年　13cm（64 开）

定价：CNY0.19

中国现代连环画作品。

J0063615

烈火金钢 （3　齐英巧施迷魂阵）艾瑛改编；蔡千音绘图

天津　天津美术出版社　1963 年　13cm（64 开）

定价：CNY0.25

中国现代连环画作品。

J0063616

烈火真金 （模范共产党员徐双喜同志的英雄事迹）浙江人民美术出版社编绘

杭州　浙江人民美术出版社　1960 年

定价：CNY0.12

中国现代连环画作品。

J0063617

林海雪原 （上册　飞袭仙姑洞）曹丽泉改编；傅志旺画

南昌　江西人民出版社　1960 年　定价：CNY0.28

中国现代连环画作品。

J0063618

林海雪原 （上集）韩廷佐改编；肖林绘

北京　人民美术出版社　1960 年　定价：CNY0.20

中国现代连环画作品。

J0063619

林俊起义 　王洪涛编；虞春富绘

福州　福建人民出版社　1960 年　定价：CNY0.16

中国现代连环画作品。

J0063620

林则徐 　沈其于编写

北京　中国电影出版社　1960 年　38 页　有图

15cm（40 开）统一书号：10061.220

定价：CNY0.13

中国现代连环画作品。

J0063621

林则徐 　文飘改编

北京　中国电影出版社　1960 年　定价：CNY0.36

（电影连环画册）

中国现代连环画作品。

J0063622

蔺铁头 　侯炳炎改编；傅洪生绘

天津　天津美术出版社　1960 年　定价：CNY0.21

中国现代连环画作品。

J0063623

刘备征吴 　林林改编；蒋萍画

上海　上海人民美术出版社　1960 年　10×13cm

定价：CNY0.22

（《三国演义》连环画 41）

根据古典小说《三国演义》改编的中国现代连环画作品。

J0063624

刘胡兰 　光军改编；姬寿彭绘画；周嘉玉注音

沈阳　辽宁美术出版社　1960 年　81 页　有图

15cm（40 开）统一书号：T8117.1355

定价：CNY0.17

中国现代连环画作品。

J0063625

刘志诚 　黄泽文；郑实予等画

西宁　青海人民出版社　1960 年　50 页　有图

13cm（60 开）统一书号：8097.93

定价：CNY0.16

中国现代连环画作品。

J0063626

六安兵变 　胥山改编；杨锦文画

上海　上海人民美术出版社　1960 年

定价：CNY0.10

（星火燎原画集）

中国现代连环画作品。

J0063627

六月雪 　陈平夫改编；何仲达绘

石家庄　河北人民美术出版社　1960 年

定价：CNY0.15

中国现代连环画作品。

J0063628

龙泉山 　孙军，孟英改编；许心华，曹铭勋绘

哈尔滨　黑龙江美术出版社　1960 年

定价: CNY0.16

　　中国现代连环画作品。

J0063629

龙生和海姑　王峰, 高锐改编; 杨春生绘; 保启英注音

沈阳　辽宁美术出版社　1960年　60页　有图　15cm(40开)　统一书号: T8117.1360

定价: CNY0.14

　　中国现代连环画作品, 学文化读物。

J0063630

龙尾巴　(附: 巧姑娘) 胡云子, 晨招改编; 朱帆绘图

天津　天津美术出版社　1960年　定价: CNY0.16

　　中国现代连环画作品。作者朱帆(1931—2006), 原名朱铁民, 天津日报主任编辑, 天津美术家协会理事, 中国美术家协会会员。出版有《朱帆舞台写生集》等。

J0063631

鲁班的故事　朱心原著; 王星北改编; 陈光镒等画

上海　上海人民美术出版社　1960年　34页　12cm(60开)　统一书号: T8081.4805

定价: CNY0.07

(学文化小画库)

　　中国现代连环画作品。

J0063632

鲁班造锯　(1–4) 刘旦宅作

沈阳　辽宁美术出版社　1960年　13×10cm

定价: CNY0.24

　　中国现代连环画作品。作者刘旦宅(1931—2011), 教授、画家。原名浑, 又名小粟, 后改名旦宅, 别名海云生。浙江温州人。曾在上海市大中国图书局、上海教育出版社、上海人民美术出版社绘画, 上海师范大学美术系主任。代表作品《曹血雪芹生平》《琵琶行》《刘旦宅聊斋百图》《石头记人物画册》等。

J0063633

罗昌秀　徐琪等连环画改编

上海　上海人民美术出版社　1960年　97页　有图　10cm(64开)　统一书号: T8081.4824

定价: CNY0.18

　　本连环画作品是由粟粟等编剧, 向林等导演, 四川人民艺术剧院演出, 刘子农等摄影的川剧改编。罗昌秀(1923—2002), 农民。出生在宜宾县, 川剧《宜宾"白毛女"》中的原型, 曾过了17年的野人生活, 中华人民共和国成立后才下山回家生活。被评为劳动模范, 选为宜宾县人大代表、政协委员和四川省人大代表。

J0063634

罗蒙诺索夫　孙青改编; 陈烟帆绘

北京　人民美术出版社　1960年　定价: CNY0.26

(世界名人故事)

　　中国现代连环画作品。

J0063635

罗盛教式的小英雄——肖盛富　湖南人民出版社编写

长沙　湖南人民出版社　1960年　21页　有图　12cm(60开)　统一书号: R10109.630

定价: CNY0.04

　　中国现代连环画作品。

J0063636

罗盛教小时候的故事　(哈尼文) 胡金华, 吴鲁才编译

昆明　云南民族出版社　1960年　18页　有彩图　18cm(15开)　统一书号: MR8145.55

定价: CNY0.10

　　中国现代连环画作品。

J0063637

洛阳桥　王如金改编; 蓝火绘

天津　天津美术出版社　1960年　定价: CNY0.14

　　中国现代连环画作品。

J0063638

洛阳桥　蔡鹤影原著; 王如金改编; 蓝火绘图

天津　天津人民美术出版社　1960年　52页　有图　10×13cm　ISBN: 7-5305-1518-7

定价: CNY7.00 (全4册)

　　中国现代连环画作品。

J0063639

落翮山　丁善葆改编; 朱丹枫绘

沈阳 辽宁美术出版社 1960 年 定价: CNY0.12
　　中国现代连环画作品。

J0063640
驴子与财主　桂知非改编; 侯佳绘图
西安 长安美术出版社 1960 年 定价: CNY0.09
　　中国现代连环画作品。

J0063641
绿色的金子　(附: 古树新种) 赵仲修编著
昆明 云南人民出版社 1960 年 定价: CNY0.08
　　中国现代连环画作品。

J0063642
绿原红旗　梁守义作
西宁 青海人民出版社 1960 年 定价: CNY0.22
　　中国现代连环画作品。

J0063643
绿原红旗　惠元改编; 高适, 王重义绘
北京 人民美术出版社 1960 年 定价: CNY0.22
　　中国现代连环画作品。

J0063644
马达的故事　张步虹改编; 曲羊绘
天津 天津美术出版社 1960 年 定价: CNY0.15
　　中国现代连环画作品。

J0063645
马大夫和她的孩子　胥山改编; 钟安, 胡国良画
上海 上海人民美术出版社 1960 年
定价: CNY0.17
　　中国现代连环画作品。

J0063646
马口事件　赵隆义等绘
北京 人民美术出版社 1960 年 定价: CNY0.12
　　根据 "南方日报" 改编的连环画作品。

J0063647
马石山十勇士　天津美术出版社缩写; 一民绘图
天津 天津美术出版社 1960 年 37 页 有图
13cm (60 开) 统一书号: T8073.1880

定价: CNY0.11
(学文化丛书)
　　中国现代连环画作品。

J0063648
满门秀才　吉辉改编; 李子纯绘
沈阳 辽宁美术出版社 1960 年 定价: CNY0.12
　　中国现代连环画作品。

J0063649
满西塔　青海人民出版社美术组编绘
西宁 青海人民出版社 1960 年 36 页 有图
15cm (40 开) 统一书号: 8097.76
定价: CNY0.15
　　中国现代连环画作品。

J0063650
漫天风雨走单骑　朱芝改编; 孟英声绘
杭州 浙江人民美术出版社 1960 年
定价: CNY0.16
　　中国现代连环画作品。

J0063651
毛主席万岁　幸之编; 梅云绘
北京 人民美术出版社 1960 年 定价: CNY0.13
　　中国现代连环画作品。

J0063652
毛主席在我家作客　上海人民美术出版社原编; 云南民族出版社编译
昆明 云南民族出版社 1960 年 16 页 有图
13cm (60 开) 统一书号: MT8145.49
定价: CNY0.03
　　中国现代连环画作品。

J0063653
没有号码的房间　方哦改编; 于正羊绘
沈阳 辽宁美术出版社 1960 年 定价: CNY0.28
　　中国现代连环画作品。

J0063654
秘密揭穿了　平之改编; 张建中画
成都 四川人民出版社 1960 年 定价: CNY0.10
　　中国现代连环画作品。作者张建中
(1928—　　), 画家。

J0063655

绵河滚滚上高山　赵锡编文；钟志宏绘
石家庄　河北人民美术出版社　1960年
定价：CNY0.16

中国现代连环画作品。绘者钟志宏（1932—2003），画家。别名晓钟，河北省获鹿县（今鹿泉市）大河乡人。历任石家庄市民办教育馆、石家庄市文联、《河北画刊》《河北画报》美术编辑，中国美术家协会会员、中国美术家协会理事、中国美术家协会会员等。美术作品有《太行金秋》《漓江春早》《幸福之路》《西游记》等。

J0063656

棉花仙子的故事　王德奎改编；张庚绘图
天津　天津美术出版社　1960年　定价：CNY0.15
中国现代连环画作品。

J0063657

民兵模范郭胜全　陈清编；刘秉礼，陆绍权画
广州　广东人民出版社　1960年　13×10cm
定价：CNY0.10

中国现代连环画作品。作者刘秉礼（1932—2000），广东广州人。历任电影院美术员，出版社设计组组长、创作员，演出公司美工室美术组长，美术公司副经理，广州市美术公司艺术指导。作品有《心怀祖国，放眼世界》《毛主席视察广州造纸厂》《知识是致富的宝库》等。

J0063658

民兵炮手　朱羽编文；陈云华绘图
福州　福建人民出版社　1960年　定价：CNY0.10
（福建前线斗争故事集 11）

中国现代连环画作品。作者朱羽，连环画艺术家。作品有《近代中国演义（下）》《中国传统连环画精选》《林则徐戒烟》《大闹铁佛寺》《现代故事画库·坪寨风雷》等。

J0063659

模范炊事员易秀英　中共岳阳县委宣传部编绘
长沙　湖南人民出版社　1960年　13×10cm
定价：CNY0.13

中国现代连环画作品。

J0063660

模范矿工李九德　晓江改编；中央美术学院

附中集体创作绘图
北京　北京出版社　1960年　70页　有彩图
14cm（64开）统一书号：T8071.117
定价：CNY0.30
（北京群英画传）

中国现代连环画作品。

J0063661

摩雅傣　吕大安改编；望平，久华绘
沈阳　辽宁美术出版社　1960年　定价：CNY0.22
中国现代连环画作品。

J0063662

母亲　广州美术学院附中集体编绘
广州　广东人民出版社　1960年　定价：CNY0.09
中国现代连环画作品。

J0063663

木笔　黄锦思原著；黄一德改编；朱然等画
上海　上海人民美术出版社　1960年　32页
12cm（60开）统一书号：T8081.4761
定价：CNY0.07
（学文化小画库）

中国现代连环画作品。

J0063664

木胆与苦莲　张泉兴编文；金鸣高绘
杭州　浙江人民美术出版社　1960年
定价：CNY0.35

中国现代连环画作品。

J0063665

木果和阿尔莫　张鸿奎编绘
成都　四川民族出版社　1960年　定价：CNY0.10
中国现代连环画作品。

J0063666

木匠迎亲　吴其柔改编；盛亮贤，沈悌如画
上海　上海人民美术出版社　1960年　精装
定价：CNY0.70

中国现代连环画作品。

J0063667

木兰从军　潘勤孟改编；严绍唐画
上海　上海人民美术出版社　1960年　34页

12cm（60 开）统一书号：T8081.4810
定价：CNY0.07
（学文化小画库）
　　中国现代连环画作品。改编潘勤孟，美术家、连环画家。改编连环画有《三国演义》《中国历史人物故事连环画》等。

J0063668

木炮破宾州　　王文灿改编；范自泉绘
沈阳　辽宁美术出版社 1960 年　定价：CNY0.06
　　中国现代连环画作品。

J0063669

牧场雪莲花　　朱为先改编；朱玉成画
上海　上海人民美术出版社 1960 年
定价：CNY0.12
　　中国现代连环画作品。

J0063670

牧羊老人　　张建辉改编；孟养玉绘
石家庄　河北人民美术出版社 1960 年
定价：CNY0.12
　　中国现代连环画作品。作者孟养玉（1935—　），画家。山西文水人，毕业于山西汾阳师范学校。历任山西文水县文化馆高级研究员，人物画学会艺术顾问，吕梁地区美协主席，黄河书画院副院长。代表作品有《收音机下乡》《刘胡兰》《能工巧匠》等。

J0063671

牧主的“巧计”　　周介生改编；陈昌明画
成都　四川民族出版社 1960 年　定价：CNY0.10
　　中国现代连环画作品。

J0063672

穆桂英　　（下）陆士达改编；钱笑呆画
上海　上海人民美术出版社 1960 年
定价：CNY0.15
　　中国现代连环画作品。

J0063673

穆桂英招亲　　杨犀改编；宗静风绘
石家庄　河北人民美术出版社 1960 年
定价：CNY0.18
　　中国现代连环画作品。作者宗静风

（1925—　），画家、书法家、连环画家。扬州人。作品有《春草闯堂》《三家福》《谢瑶环》《红梅阁》等。

J0063674

难忘的行程　　（红军故事）惠元改编；赵越绘
北京　人民美术出版社 1960 年　定价：CNY0.15
　　中国现代连环画作品。

J0063675

闹龙廷　　张建辉改编；李成勋，戴洪海绘
石家庄　河北人民美术出版社 1960 年
定价：CNY0.15
　　中国现代连环画作品。

J0063676

闹太湖　　张帆改编；刘汉宗绘
石家庄　河北人民美术出版社 1960 年
定价：CNY0.17
（水浒后传 4）
　　依据中国古典小说《水浒传》改编的现代连环画作品。

J0063677

尼娜的新生　　运西文；书兴尧绘
西宁　青海人民出版社 1960 年　定价：CNY0.07
　　中国现代连环画作品。

J0063678

你的姿势好不好　　徐青山写；毛用坤绘
上海　少年儿童出版社 1960 年　有彩图
15cm（40 开）统一书号：R10024.2551
定价：CNY0.06
　　中国现代连环画作品。作者毛用坤（1936—　），漫画家。浙江宁波人。创办上海少年报和《好儿童》画报，任美术组长、画报编辑部主任、副编审。作品有连环画《大扫除》《周总理在少年宫》《小灵通漫游未来》、连环画漫画《海虹》等。

J0063679

你追我赶　　吴其柔改编；秦霖华，吴谷虹画
上海　上海人民美术出版社 1960 年
定价：CNY0.11
（群英会画库）

中国现代连环画作品。

J0063680

逆风千里 周万诚原作；尚君砺绘
石家庄 河北人民美术出版社 1960 年
定价：CNY0.20
　　中国现代连环画作品。

J0063681

碾玉观音 小莲改编；吴蓁，李萍绘
石家庄 河北人民美术出版社 1960 年
定价：CNY0.15
　　中国现代连环画作品。

J0063682

聂银初 夏必义，唐玉清改编；栾福祥绘
沈阳 辽宁美术出版社 1960 年 定价：CNY0.09
　　中国现代连环画作品。

J0063683

牛丙砸盐店 来诵芬改编；张鹿山绘
石家庄 河北人民美术出版社 1960 年
定价：CNY0.11
　　中国现代连环画作品。

J0063684

牛大爹 湖北人民出版社编绘
武汉 湖北人民出版社 1960 年 16 页 有图
10×13cm 统一书号：T8106.457 定价：CNY0.05
（"红花遍地开"第一辑 5）
　　中国现代连环画作品。

J0063685

牛顿的故事 柳萱图改编；陈俭画
上海 上海人民美术出版社 1960 年
定价：CNY0.11
　　中国现代连环画作品。

J0063686

牛郎织女笑开颜 金芝改编；董青，尹福康摄影
上海 上海人民美术出版社 1960 年 精装
定价：CNY5.20
　　中国现代连环画作品。作者尹福康
（1927— ），摄影家。江苏南京人。曾任上海人
民美术出版社副编审、上海市摄影家协会副主席

等职。主要作品有《烟笼峰岩》《向荒山要宝》《晒盐》《工人新村》等。

J0063687

农民爱戴的"好打头的"高清连 晋丁改编；
李春等绘画
沈阳 辽宁美术出版社 1960 年 13×10cm
定价：CNY0.11
　　中国现代连环画作品。

J0063688

农民科学家刘万善 宫钦科改编；孟庆年绘
沈阳 辽宁美术出版社 1960 年 定价：CNY0.08
　　中国现代连环画作品。

J0063689

农业战线上的红色标兵陈正宽 陈绪初改
编；周雪芬，殷全元绘图
武汉 湖北人民出版社 1960 年 定价：CNY0.10
　　中国现代连环画作品。

J0063690

农业战线上的红色标兵康兰英 陈相明改
编；肖代贤绘图
武汉 湖北人民出版社 1960 年 58 页 有图
12×15cm 统一书号：T8106.484 定价：CNY0.19
　　中国现代连环画作品。

J0063691

农业战线上的红色标兵林淑英 陈相明改
编；周雪芬绘图
武汉 湖北人民出版社 1960 年 定价：CNY0.10
　　中国现代连环画作品。

J0063692

农业战线上的红色标兵王时中 徐声璆改
编；楚辛绘图
武汉 湖北人民出版社 1960 年 定价：CNY0.12
　　中国现代连环画作品。

J0063693

怒海红心救亲人 王宝坤改编；姬寿彭绘画；
周嘉玉注音
沈阳 辽宁美术出版社 1960 年 21 页 有图
15cm（40 开）统一书号：T8117.1358

定价：CNY0.06

　　中国现代连环画作品，学文化读物。

J0063694

女驸马　孙青改编

北京　中国电影出版社　1960年　定价：CNY0.22

（电影连环画册）

　　中国现代连环画作品。

J0063695

女炮班　阿枫编文；阿岩绘

福州　福建人民出版社　1960年　定价：CNY0.17

（福建前线斗争故事集 14 ）

　　中国现代连环画作品。

J0063696

女骑兵　邹锦改编；周光中绘

沈阳　辽宁美术出版社　1960年　定价：CNY0.12

　　中国现代连环画作品。

J0063697

女拖拉机手尹阿妹　尚文编；徐进，吕品画

上海　上海人民美术出版社　1960年

定价：CNY0.12

（农业战线上的尖兵）

　　中国现代连环画作品。

J0063698

女秀才　洪钊作；李亨绘

石家庄　河北人民美术出版社　1960年

定价：CNY0.10

　　中国现代连环画作品。

J0063699

女侦察员——芳萍　景樾，丽泉改编；君度，
绍昆绘

杭州　东海文艺出版社　1960年　定价：CNY0.20

　　中国现代连环画作品。

J0063700

排排坐　圣野写；何艳荣绘

上海　少年儿童出版社　1960年　有彩图

15cm（40 开）统一书号：R10024.2513

定价：CNY0.07

　　中国现代连环画作品。

J0063701

潘虎　木木改编；高燕绘

北京　人民美术出版社　1960年　定价：CNY0.12

（红军故事）

　　中国现代连环画作品。

J0063702

潘杨和　苏伟光改编；史奉仓绘

石家庄　河北人民美术出版社　1960年

定价：CNY0.10

　　中国现代连环画作品。

J0063703

盘吉勒和兰玛妮　高鸢，倪凤改编；杨永青绘

天津　天津美术出版社　1960年　定价：CNY0.12

　　中国现代连环画作品。作者杨永青（1928—
2011），画家。上海浦东人。历任中国美术家协
会儿童美术艺术委员会主任，中国版画家协会会
员，中国少年儿童出版社美术编辑、编审。人物
画有《屈原九歌长卷》《观音造像》等，连环画作
品有《女拖拉机手》《刘胡兰》《王二小》《高玉
宝》等。

J0063704

盘丝洞　卢光照改编；胡若佛绘

石家庄　河北人民美术出版社　1960年

定价：CNY0.13

　　中国现代连环画作品。作者胡若佛（1908—
1980），连环画家、国画家。浙江余姚人。本名国
华，字大空，号谷华，自署十卉庐主。曾就学于
上海美专、新华艺专。创作了大量优秀的连环画，
成为经典之作。代表作有《红楼梦》《杨家将》《三
国演义》等。作者卢光照（1914——2001），河南
汲县（今卫辉市）人，毕业于北平国立艺术专科
学校。历任人民美术出版社编辑、北京齐白石艺
术函授学院名誉院长、北京花鸟画研究会名誉会
长、中央文史馆馆员。代表作品《大展鸿图》《松
鹰》《鸡冠花雄鸡》。

J0063705

平凡的事业不平凡的人　尚文改编；金奎等画

上海　上海人民美术出版社　1960年

定价：CNY0.11

（群英会画库）

　　中国现代连环画作品。

J0063706

婆婆们的笑声　何泥改编；周玉满绘

沈阳　辽宁美术出版社 1960 年　定价：CNY0.10

　　中国现代连环画作品。

J0063707

婆媳之间　江苏文艺出版社改编；杨云华，蒋荣先绘画；阮御澜注音

南京　江苏文艺出版社 1960 年　16 页　有图 13cm（60 开）统一书号：8141.740

定价：CNY0.07

　　中国现代连环画作品。

J0063708

破浪追踪　丹陵改编；王通，陆禧逵绘

沈阳　辽宁美术出版社 1960 年　定价：CNY0.19

　　中国现代连环画作品。

J0063709

破魏灭赵　林林改编；严绍唐，朱元红画

上海　上海人民美术出版社 1960 年　10×13cm

定价：CNY0.26

（《西汉演义》连环画之十四）

　　根据西汉历史故事改编的中国现代连环画作品。

J0063710

扑不灭的火焰　朱焰改编；李里等绘

天津　天津美术出版社 1960 年　定价：CNY0.35

　　中国现代连环画作品。作者李里（1931—　），山西襄汾县人。历任中国美协、山西书法协会会员，董寿平书画艺术研究会常务理事，山西美术研究会副会长，山西老年书画家协会副主席和山西农民书画研究会常务副会长。

J0063711

浦江怒潮　王承家改编；曾有海绘画

北京　人民交通出版社 1960 年　定价：CNY0.14

　　根据上海港务局机关创作小组同名电影剧本改编的连环画。

J0063712

普通劳动者　何可改编；李秀实绘图

天津　天津美术出版社 1960 年　定价：CNY0.15

（解放军故事集）

　　中国现代连环画作品。作者李秀实（1933—　），风景油画家。生于辽宁锦州，毕业于中央美术学院油画系。历任中华美术研究院副院长，中国美术家协会理事，中国油画学会理事。代表作品《过去·现在·未来》《从油画民族化谈起》，出版有《李秀实油画选》《我对墨骨油画的思考》等。

J0063713

七天革个命　黎鲁编文；金奎等画

上海　上海人民美术出版社 1960 年

定价：CNY0.22

　　中国现代连环画作品。

J0063714

七仙女　钟志坚改编；宋治平画

上海　上海人民美术出版社 1960 年

定价：CNY0.12

（农业战线上的尖兵）

　　中国现代连环画作品。作者钟志坚，改编的连环画有《红岩》《古茜与德茜》等。

J0063715

栖梧山　黄冠岳改编；汪剑虹绘

沈阳　辽宁美术出版社 1960 年　定价：CNY0.16

　　中国现代连环画作品。

J0063716

奇怪的俘虏　（附：活捉杜聿明）彭大刚改编；史万祥绘

天津　天津美术出版社 1960 年　定价：CNY0.15

　　中国现代连环画作品。

J0063717

奇袭迪口乡公所　卓夫改编；张诗豪绘

福州　福建人民出版社 1960 年　定价：CNY0.11

　　中国现代连环画作品。

J0063718

气英布　林林改编；曹同煜画

上海　上海人民美术出版社 1960 年　10×13cm

定价：CNY0.24

（《西汉演义》连环画之十三）

　　根据西汉历史故事改编的中国现代连环画作品。

J0063719

千方百计找饲料　田衣改编；张载画

上海　上海人民美术出版社　1960 年

定价：CNY0.11

　　中国现代连环画作品。

J0063720

千斤队　金慰祖改编；周公和等画

上海　上海人民美术出版社　1960 年

定价：CNY0.11

　　中国现代连环画作品。

J0063721

千钧一发见红心　洪钊改编；王井绘

石家庄　河北人民美术出版社　1960 年

定价：CNY0.08

　　中国现代连环画作品。绘画王井（1917—2002），连环画家。浙江余杭人。原名王志根，笔名王子耕。创作古典题材连环画有《加令记》《见龙王》《法云寺会妻》等，现代题材连环画有《幸福的道路》《英雄小八路》《红领巾炮》等。

J0063722

牵牛花的来历　王岩改编；丁毅绘

沈阳　辽宁美术出版社　1960 年　定价：CNY0.08

　　中国现代连环画作品。

J0063723

强渡黄河　武力驰改编；丁茂隆画

上海　上海人民美术出版社　1960 年

定价：CNY0.09

　　中国现代连环画作品。

J0063724

抢婚　邵甄改编；尹国良，张彤云绘图

天津　天津美术出版社　1960 年　定价：CNY0.10

　　中国现代连环画作品。

J0063725

抢救　瑾迟改编；张世简绘图

郑州　河南人民出版社　1960 年　32 页　有图

10×13cm　统一书号：18105.243　定价：CNY0.07

　　中国现代连环画作品。作者张世简（1926—2009），国画家、教授。浙江浦江人。中央工艺美术学院教授、中国美术家协会会员、中国国艺

研究院院士、北京国艺轩书画院顾问。作品有《桃花初艳鸟先到》《樱桃麻雀》《白头多寿》等，出版《写意花鸟画技法》《写意花鸟画构图浅说》《荷花画谱》等。

J0063726

抢救　瑾迟改编；张世简绘

郑州　河南人民出版社　1960 年　定价：CNY0.07

　　中国现代连环画作品。

J0063727

巧干　李钢改编；袁维新绘

郑州　河南人民出版社　1960 年　定价：CNY0.05

　　中国现代连环画作品。

J0063728

巧姑娘　天津美术出版社缩写；美院附中三年级学生集体绘图

天津　天津美术出版社　1960 年　30 页　有图

13cm（60 开）统一书号：T8073.1877

定价：CNY0.10

（学文化丛书）

　　中国现代连环画作品。

J0063729

巧取北兴镇　宋文光改编；苏正刚绘

沈阳　辽宁美术出版社　1960 年　定价：CNY0.11

　　中国现代连环画作品。作者苏正刚（1937—1993），画家。上海人。中国美术家协会会员、中国版画协会会员。擅长连环画、版画、中国画。

J0063730

巧取陈家寨　宋文光改编；关凤鸣绘

沈阳　辽宁美术出版社　1960 年　定价：CNY0.11

　　中国现代连环画作品。

J0063731

秦起　孙剑影改编；施琦平画

南京　江苏文艺出版社　1960 年　定价：CNY0.14

　　中国现代连环画作品。

J0063732

秦弱兰　叶吉改编；叶之浩绘

天津　天津美术出版社　1960 年　定价：CNY0.15

　　中国现代连环画作品。

J0063733
青春的凯歌　郭信改编；韩松池等绘
杭州　浙江人民美术出版社　1960 年
定价：CNY0.10
　　中国现代连环画作品。

J0063734
青春的声音　吴其柔改编；周公和，端木勇画
上海　上海人民美术出版社　1960 年
定价：CNY0.11
（群英会画库）
　　中国现代连环画作品。

J0063735
青春之歌　（1–6）北影供稿
沈阳　辽宁美术出版社　1960 年　13×10cm
定价：CNY0.36
　　中国现代连环画作品。

J0063736
青春之歌　（第 3 集）林林改编；杨逸麟绘
北京　人民美术出版社　1960 年　定价：CNY0.31
　　中国现代连环画作品。作者杨逸麟
（1931—　），画家、教授。河北迁安人。毕业于
中央美术学院绘画系。曾任中国美术家协会会
员、中央美术学院教授。代表作品有《一颗铜纽
扣》《卡门》《周恩来画卷》等。

J0063737
青春之歌　（1–4）
北京　中国电影出版社　1960 年　定价：CNY0.26
　　中国现代连环画作品。

J0063738
青林密信　顾默予改编；李超雄画
长春　吉林人民出版社　1960 年　定价：CNY0.18
　　中国现代连环画作品。

J0063739
青年红旗手麦淑芳　共青团广州市委员会宣
传部编；罗超群，段理实绘
广州　广东人民出版社　1960 年　13×10cm
定价：CNY0.20
　　中国现代连环画作品。

J0063740
青年人的本色　张冠军改编；刘廷相，余振州绘
沈阳　辽宁美术出版社　1960 年　定价：CNY0.12
　　中国现代连环画作品。作者刘廷相，连环
画家。出生于辽宁沈阳。创作作品有《万紫千红
总是春》《旗委书记》《谁光荣》《红孩子连金法》
《杨三姐告状》等。

J0063741
蜻蜓咬尾巴有志能上天　柳萱图编文；徐进
等画
上海　上海人民美术出版社　1960 年
定价：CNY0.11
　　中国现代连环画作品。

J0063742
情深谊长　王弋改编；楼阁绘
石家庄　河北人民美术出版社　1960 年
定价：CNY0.18
　　中国现代连环画作品。

J0063743
穷山沟变成文化村　洪钊改编；孟养玉绘
石家庄　河北人民美术出版社　1960 年
定价：CNY0.08
　　中国现代连环画作品。作者孟养玉
（1935—　），画家。山西文水人，毕业于山西汾
阳师范学校。历任山西文水县文化馆高级研究
员，人物画学会艺术顾问，吕梁地区美协主席，
黄河书画院副院长。代表作品有《收音机下乡》
《刘胡兰》《能工巧匠》等。

J0063744
秋翁遇仙记　黄洵瑞改编；陈光镒画
上海　上海人民美术出版社　1960 年
定价：CNY0.16
　　中国现代连环画作品。绘画陈光镒（1916—
1991），画家。江苏南京人。中国美协上海分会
会员。代表作有《大闹天宫》《三国演义》《董卓
进京》等。

J0063745
求师记　桑守真改编；蔡人燕画
上海　上海人民美术出版社　1960 年
定价：CNY0.13

中国现代连环画作品。

J0063746
求雨算宝　周玙杰改编；李平绘
天津　天津美术出版社　1960年　定价：CNY0.15
　　中国现代连环画作品。

J0063747
屈原　郭沫若原著；江瑞安摄影
南京　江苏文艺出版社　1960年　定价：CNY0.19
　　中国现代连环画作品。

J0063748
屈原　董子畏编；刘旦宅绘
上海　上海人民美术出版社　1960年　120页
有图　14cm（64开）精装　统一书号：T8081.5037
定价：CNY0.80
　　中国现代连环画作品。改编董子畏（1911—
1962），浙江海宁人，定居上海。笔名田衣，又名
秉璋。肄业于上海光华大学中文系。曾任华东
人民美术出版社（后改为上海人民美术出版社）
连环画脚本编辑、连环画编辑科副科长等职。编
有《铁道游击队》《屈原》《风波》《地下少先队》
等。绘画刘旦宅（1931—2011），教授、画家。原
名浑，又名小粟，后改名旦宅，别名海云生。浙
江温州人。曾在上海市大中图书局、上海教育
出版社、上海人民美术出版社绘画，任上海师范
大学美术系主任。代表作品《曹血雪芹生平》《琵
琶行》《刘旦宅聊斋百图》《石头记人物画册》等。

J0063749
屈原　董子畏编；刘旦宅画
上海　上海人民美术出版社　1960年　13cm（64开）
精装　定价：CNY0.80
　　中国现代连环画作品。

J0063750
全家红　邢汝振改编；杜滋令绘图
天津　天津美术出版社　1960年　36页　有图
13cm（60开）统一书号：T8073.1905
定价：CNY0.11
　　中国现代连环画作品。

J0063751
全家红　邢汝振改编；杜滋令绘

天津　天津美术出版社　1960年　定价：CNY0.11
（党的好干部丛书）
　　中国现代连环画作品。

J0063752
热爱工作　诸镇南改编；傅志旺画
南昌　江西人民出版社　1960年　定价：CNY0.15
　　中国现代连环画作品。

J0063753
热芭的命运　何锐，冬韦改编；蔡一鸣绘
北京　人民美术出版社　1960年　定价：CNY0.11
　　根据原著改编的连环画作品。

J0063754
热心的人　马长山编文；晓汤绘
天津　天津美术出版社　1960年　定价：CNY0.14
　　中国现代连环画作品。

J0063755
热心助人的曹慧菊　刘培远等改编；任伯宏
等画
上海　上海人民美术出版社　1960年　40页
12cm（60开）统一书号：T8081.4788
定价：CNY0.08
（学文化小画库）
　　中国现代连环画作品。

J0063756
人民的好女儿——徐学惠　何正慈改编；柴
木绘
天津　天津美术出版社　1960年　定价：CNY0.15
　　中国现代连环画作品。

J0063757
人民的勤务员高便三　天津美术出版社改
编；杜滋令绘
天津　天津美术出版社　1960年　定价：CNY0.09
（党的好干部丛书）
　　中国现代连环画作品。

J0063758
人民教师吴佩芳　陈六华等绘
北京　人民美术出版社　1960年　定价：CNY0.13
　　中国现代连环画作品。

J0063759

日寇就歼记　宋文光，王文灿，齐岳改编；张景祥绘图

沈阳 辽宁美术出版社 1960年 46页 有图

10×13cm 统一书号：T8117.3260 定价：CNY0.11

　　中国现代连环画作品。

J0063760

容郎和红姑　孙怡改编；施伟樑，汪继声绘

北京 人民美术出版社 1960年 定价：CNY0.12

　　中国现代连环画作品。

J0063761

如愿　鲁平改编；秦霖华画

上海 上海人民美术出版社 1960年

定价：CNY0.11

　　中国现代连环画作品。

J0063762

三败高俅　子聪改编；墨浪绘

北京 人民美术出版社 1960年 定价：CNY0.20

（水浒 24）

　　根据中国古典小说《水浒》改编的现代连环画作品。

J0063763

三打曹家　南箴改编；丁世弼画

南昌 江西人民出版社 1960年 13cm（64开）

定价：CNY0.27

　　中国现代连环画作品。

J0063764

三滴血　王士之改编；任率英绘

北京 人民美术出版社 1960年 定价：CNY0.16

（戏曲故事画库）

　　中国现代连环画作品。

J0063765

三个炊事员　马铁编绘

郑州 河南人民出版社 1960年 定价：CNY0.09

　　中国现代连环画作品。

J0063766

三个母亲　秦庭耀改编；程仞一绘

沈阳 辽宁美术出版社 1960年 定价：CNY0.18

　　中国现代连环画作品。

J0063767

三个母亲　文飘改编

北京 中国电影出版社 1960年 定价：CNY0.19

（电影连环画册）

　　中国现代连环画作品。

J0063768

三路进兵　王星北改编；罗兴，王亦秋画

上海 上海人民美术出版社 1960年

定价：CNY0.19

（林海雪原 2）

　　中国现代连环画作品。

J0063769

三气周瑜　王星北改编；汪玉山画

上海 上海人民美术出版社 1960年 10×13cm

定价：CNY0.16

（《三国演义》连环画 30）

　　根据古典小说《三国演义》改编的中国现代连环画作品。

J0063770

三踏寒桥　董维贤改编；范灵绘

北京 人民美术出版社 1960年 定价：CNY0.17

（戏曲故事画库）

　　中国现代连环画作品。

J0063771

三探穿山渠　史正学，白荻编绘

郑州 河南人民出版社 1960年 定价：CNY0.09

　　中国现代连环画作品。作者白荻（1923—1997），河南巩义人，著名水彩画家。曾任河南水彩画研究会会长、河南省建筑美学学术委员会副主任。作品有《静静的洛河》等。作者史正学（1933— ），国家一级美术师。又名莫可，河南洛阳人。毕业于广州美术学院国画系。中国美术家协会会员、河南省美术家协会常务理事、河南中山书画院院长。代表作品有《晨钟响了》《深山火种》《枣雨》《征途报捷》等。

J0063772

三下西亭　洪钊改编；端木勇绘

石家庄 河北人民美术出版社 1960年

定价: CNY0.13

中国现代连环画作品。绘画端木勇(1930—)，连环画家。上海人。艺名米南。任职于上海人民美术出版社连环画创作室。上海美术家协会会员。创作并出版了《霓虹灯下的哨兵》《南京路上好八连》《回民支队》等连环画作品。

J0063773

三元里　苏敦勇改编；王贤统绘

沈阳　辽宁美术出版社　1960年　定价: CNY0.11

中国现代连环画作品。

J0063774

纱筐里长大的孩子　王文标改编；陶长华画

上海　上海人民美术出版社　1960年

定价: CNY0.16

中国现代连环画作品。

J0063775

山村的火花　（附: 工地的春天）高鸾改编；陆新森绘

天津　天津美术出版社　1960年　定价: CNY0.16

中国现代连环画作品。

J0063776

山谷红霞　吴廷琯改编；朱守伟绘

沈阳　辽宁美术出版社　1960年　定价: CNY0.29

中国现代连环画作品。

J0063777

山谷中的战斗　陈敏改编；王野军绘

沈阳　辽宁美术出版社　1960年　定价: CNY0.12

中国现代连环画作品。作者陈敏(1957—)，教师。浙江人民警察学校语文教研室主任、浙江省硬笔书法家协会副主席兼秘书长、中国书法家协会理事兼《中国硬笔书法家协会通讯》主席等。

J0063778

山鹰　万家春改编；李江鸿绘

石家庄　河北人民美术出版社　1960年

定价: CNY0.17

中国现代连环画作品。

J0063779

山鹰　峻青原著；尚文改编；张载画

上海　上海人民美术出版社　1960年　35页

12cm(64开)统一书号: T8081.4799

定价: CNY0.07

（学文化小画库）

中国现代连环画作品。

J0063780

山寨的菩提　惠元改编；王恩盛绘

天津　天津美术出版社　1960年　定价: CNY0.15

中国现代连环画作品。

J0063781

深翻　周洪达改编；李学忠绘

沈阳　辽宁美术出版社　1960年　定价: CNY0.09

中国现代连环画作品。

J0063782

深入虎穴　王星北改编；罗兴, 王亦秋画

上海　上海人民美术出版社　1960年

定价: CNY0.17

（林海雪原 3）

中国现代连环画作品。改编王星北(1905—1973)，连环画脚本文学家。浙江定海人。原名心葆。曾就读于定海公学。曾任上海私营北斗出版社经理、泰兴书局文字编辑、上海新美术出版社连环画文字编辑、上海人民美术出版社连环画编辑科副科长等职。绘画罗兴(1922—1994)，连环画家。别名罗孝革，上海人，毕业于上海沪大建筑学科。曾从事建筑室内外设计，在上海从事连环画及插图创作。曾任教于上海工艺美术学校，任造型专业组教研组长。作品有《库楚别依》《林海雪原》等。

J0063783

深山猎虎　吴梦起原作；卢光照改编；钟一鸾绘

石家庄　河北人民美术出版社　1960年　66页

10×13cm　统一书号: T8087.813　定价: CNY0.15

中国现代连环画作品。

J0063784

深山猎虎　卢光照改编；钟一鸾绘

石家庄　河北人民美术出版社　1960年

定价: CNY0.15

中国现代连环画作品。

J0063785
深山密林一条路　中国电影出版社编
北京 中国电影出版社 1960年 定价: CNY0.11
（电影连环画册）
　　中国现代连环画作品。

J0063786
深水里的战斗　郭宝改编; 锡麟绘
沈阳 辽宁美术出版社 1960年 定价: CNY0.18
　　中国现代连环画作品。

J0063787
深岩六昼夜　邬骧腾改编; 雷时康等绘
北京 人民美术出版社 1960年 定价: CNY0.10
　　中国现代连环画作品。作者雷时康（1928—
1995），版画家。广西南宁人。历任广西画报美
编、广西文化局美术工作室编辑组长、广西艺
术学院美术系讲师。作品有《待归》《出巡》《挚
友》等。

J0063788
沈菊芳　仲子编文; 钟惠英, 冯春扬画
上海 上海人民美术出版社 1960年
定价: CNY0.11
（农业战线上的尖兵）
　　中国现代连环画作品。

J0063789
生命的摇篮　（共产主义的风格）胡毓麟改编;
费龙翔绘
南京 江苏文艺出版社 1960年 定价: CNY0.10
　　中国现代连环画作品。

J0063790
诗人莱尼斯　老熊, 知音改编; 杨英镖绘
天津 天津美术出版社 1960年 定价: CNY0.21
　　中国现代连环画作品。

J0063791
十九年的党支部书记　左笑鸿改编; 张世简,
张乃光绘图
北京 北京出版社 1960年 45页 有图
13cm（60开）统一书号: T8071.114

定价: CNY0.21
（北京群英画传）
　　中国现代连环画作品。作者张世简（1926—
2009），国画家、教授。浙江浦江人。中央工艺
美术学院教授、中国美术家协会会员、中国国艺
研究院院士、北京国艺轩书画院顾问。作品有
《桃花初艳鸟先到》《樱桃麻雀》《白头多寿》等,
出版《写意花鸟画技法》《写意花鸟画构图浅说》
《荷花画谱》等。

J0063792
实习生　木林改编; 吴六仁绘
天津 天津美术出版社 1960年 定价: CNY0.18
　　中国现代连环画作品。

J0063793
食堂的好管理员　于忠才原著; 项秉权改编;
姬寿彭画; 周嘉玉注音
沈阳 辽宁美术出版社 1960年 20页 有图
15cm（40开）统一书号: T8117.1359
定价: CNY0.06
　　中国现代连环画作品, 学文化读物。

J0063794
试航　金宝山, 吉志西改编; 何进画
上海 上海人民美术出版社 1960年
定价: CNY0.20
　　中国现代连环画作品。

J0063795
受降　郭德训画
上海 上海人民美术出版社 1960年
定价: CNY0.18
　　中国现代连环画作品。

J0063796
帅旗飘飘　巩书田改编; 谢钟英摄影
西安 长安美术出版社 1960年 定价: CNY0.23
　　中国现代连环画作品。

J0063797
双彩虹　葛方编文; 徐狲绘
贵阳 贵州人民出版社 1960年 定价: CNY0.12
（贵州侗族民间传说）
　　中国现代连环画作品。

J0063798

双龙戏珠乐人间 中国电影出版社编
北京 中国电影出版社 1960年 定价：CNY0.12
（电影连环画册）
　　中国现代连环画作品。

J0063799

双锁山 常祖荫改编；史奉仓绘
石家庄 河北人民美术出版社 1960年
定价：CNY0.11
　　中国现代连环画作品。

J0063800

谁光荣 苗波改编；刘廷向绘
沈阳 辽宁美术出版社 1960年 定价：CNY0.14
　　中国现代连环画作品。

J0063801

谁救了阿珠瑞娜 奚国钧改编；胡少飞画
上海 上海人民美术出版社 1960年
定价：CNY0.11
　　中国现代连环画作品。

J0063802

水库上的歌声 建辉改编；刘开基绘
石家庄 河北人民美术出版社 1960年
13cm（60开）定价：CNY0.17
　　中国现代连环画作品。

J0063803

水利委员 江仲贤，马承元改编、绘画
西宁 青海人民出版社 1960年 定价：CNY0.08
　　中国现代连环画作品。

J0063804

水泉社长 万象改编；朱欣画
上海 上海人民美术出版社 1960年
定价：CNY0.14
　　中国现代连环画作品。

J0063805

水乡的春天 尚文改编；丁斌曾等画
上海 上海人民美术出版社 1960年
定价：CNY0.15，CNY0.70（精装）
　　中国现代连环画作品。

J0063806

水乡的春天 （连环画册）尚文编；丁斌曾编
上海 上海人民美术出版社 1960年 100页
14cm（64开）精装 统一书号：T8081.5015
定价：CNY0.70

J0063807

水族女英雄杨秀英 陈慎恪编绘
贵阳 贵州人民出版社 1960年 定价：CNY0.12
　　中国现代连环画作品。

J0063808

顺昌会战 昕观改编；杨青华，杨久华绘图
沈阳 辽宁美术出版社 1960年 83页 有图
10×13cm 统一书号：T8117.1274 定价：CNY0.19
　　中国现代连环画作品。

J0063809

四进士 小戈改编；张锡武绘图
天津 天津人民出版社 1960年 定价：CNY0.15
　　中国现代连环画作品。

J0063810

宋代医学家杨介 武稚雁改编；康洪发绘
沈阳 辽宁美术出版社 1960年 定价：CNY0.12
　　中国现代连环画作品。

J0063811

宋景诗 （上册）陈白尘，贾霁原作；朱光玉绘
北京 人民美术出版社 1960年 140页（64开）
定价：CNY0.27
　　中国现代连环画作品。

J0063812

宋景诗 黄一德改编；卜孝怀画
上海 上海人民美术出版社 1960年 36页
12cm（54开）统一书号：T8081.4813
定价：CNY0.07
（学文化小画库）
　　中国现代连环画作品。

J0063813

宋景诗 （下册）陈白尘，贾霁原作；朱光玉绘
北京 人民美术出版社 1960年 142页（64开）
统一书号：T8027.3221 定价：CNY0.29

中国现代连环画作品。

J0063814
宋书记巧当六员　洪流原著；于化鲤，刘震绘；天津美术出版社改编
天津　天津美术出版社　1960 年　30 页　有图
14cm（64 开）统一书号：T8073.1907
定价：CNY0.10
（党的好干部丛书）
　　中国现代连环画作品。

J0063815
宋学义　天津美术出版社改编；张锡武，那启明绘
天津　天津美术出版社　1960 年　定价：CNY0.09
（党的好干部丛书）
　　中国现代连环画作品。作者那启明
（1936—　　）满族，北京人。擅长民间美术。
1958 年毕业于中央美术学院附中。现任天津杨柳青画社编辑部主任、编审。作品《白求恩》获三届全国年画美展二等奖，《团结图》获五届全国年画美展三等奖，《多彩夕阳》获中华人民共和国成立 45 周年美展佳作奖，《喜迎春》等作品入选第四届、五届全国年画展和第六届、七届、八届全国美展。1994 年被中央文化部、新闻出版署评为"优秀年画编辑"，中国美术家协会会员。

J0063816
宋学义在家乡　河南省民政厅编；河南艺专美术科绘
郑州　河南人民出版社　1960 年　定价：CNY0.12
（狼牙山五壮士　1）
　　中国现代连环画作品。

J0063817
苏环打虎　方清廉改编；施绍辰绘画
杭州　浙江人民美术出版社　1960 年
定价：CNY0.11
　　中国现代连环画作品。作者施绍辰
（1939—　　），油画家。祖籍浙江湖州，毕业于中国美术学院油画系。历任中国美术学院教授、学术委员会委员，中国美术学院附中校长，浙江美术家协会常务理事，浙江油画家协会副会长。出版专题油画集《撒哈拉风情》。

J0063818
苏六娘　陈平夫改编；李成勋绘
石家庄　河北人民美术出版社　1960 年
定价：CNY0.18
　　中国现代连环画作品。

J0063819
素月孤舟　凤村改编；王企玫绘
福州　福建人民出版社　1960 年　定价：CNY0.17
　　中国现代连环画作品。

J0063820
崇高的职责　霍育杰改编
北京　中国电影出版社　1960 年　定价：CNY0.21
（电影连环画册）
　　中国现代连环画作品。

J0063821
他哪里去了　湖北人民出版社编绘
武汉　湖北人民出版社　1960 年　定价：CNY0.05
（红花遍地开　第 1 辑　4）
　　中国现代连环画作品。

J0063822
他是"傻瓜"吗？　惠元改编；熊明曦绘
北京　人民美术出版社　1960 年　定价：CNY0.14
　　中国现代连环画作品。

J0063823
踏平怒海万顷浪　徐植改编；吕连生绘图
沈阳　辽宁美术出版社　1960 年　定价：CNY0.12
　　中国现代连环画作品。

J0063824
踏平双峰山　辛束改编；陈惠冠绘
北京　人民美术出版社　1960 年　定价：CNY0.27
　　中国现代连环画作品。

J0063825
台尔曼　杨永春改编；胡柏华绘
北京　人民美术出版社　1960 年　定价：CNY0.25
（世界名人故事）
　　中国现代连环画作品。

J0063826

台湾来的"渔船"　杨旭原著；徐佩珺改编；
赵隆义画
上海　上海人民美术出版社　1960年　36页
12cm（60开）统一书号：T8081.4787
定价：CNY0.07
（学文化小画库）
　　中国现代连环画作品。

J0063827

太阳山　（朝鲜文）韩怒绘；崔基天译
北京　民族出版社　1960年　39页　有图
13cm（60开）统一书号：MT8049.朝142
定价：CNY0.20
　　中国现代连环画作品。

J0063828

谈判　周子海著文；张宏图
上海　上海人民美术出版社　1960年　42页　有图
10×13cm　统一书号：T8081.4769　定价：CNY0.09
　　中国现代连环画作品，内容讲述上海工人斗
争故事。

J0063829

谈判　周子海著文；张宏画
上海　上海人民美术出版社　1960年
定价：CNY0.09
（上海工人斗争故事）
　　中国现代连环画作品。

J0063830

探宝尖兵　赵万堂编文；何治赵，朱冰绘画
兰州　敦煌文艺出版社　1960年　定价：CNY0.13
　　中国现代连环画作品。

J0063831

特别任务　雷霆改编
北京　中国电影出版社　1960年　定价：CNY0.21
（电影连环画册）
　　中国现代连环画作品。

J0063832

特殊性格的人　惠元改编；施琦平绘
北京　人民美术出版社　1960年　定价：CNY0.14
　　中国现代连环画作品。

J0063833

特殊性格的人　李白英改编；冯春扬画
上海　上海人民美术出版社　1960年
定价：CNY0.19
　　中国现代连环画作品。

J0063834

田野上的雷雨　文飘改编
北京　中国电影出版社　1960年　定价：CNY0.21
（电影连环画册）
　　中国现代连环画作品。

J0063835

铁道上的暗礁　徐景改编；郁芷芳绘图
沈阳　辽宁美术出版社　1960年
　　中国现代连环画作品。

J0063836

铁道游击队　（9　三路出击）董子畏改编；丁
斌曾，韩和平画
上海　上海人民美术出版社　1960年　13cm（64开）
定价：CNY0.24
　　中国现代连环画作品。

J0063837

铁匠炉下乡　岐从文改编；蔡人燕，卢汶画
上海　上海人民美术出版社　1960年
定价：CNY0.11
　　中国现代连环画作品。

J0063838

铁金刚　程华改编；林楷绘
北京　人民美术出版社　1960年　定价：CNY0.14
（义和团故事）
　　中国现代连环画作品。

J0063839

铁金刚　黄一德改编；盛焕文，盛鹤年画
上海　上海人民美术出版社　1960年
定价：CNY0.18
　　中国现代连环画作品。

J0063840

铁骑破敌阵　赵光涛编绘
南京　江苏文艺出版社　1960年　定价：CNY0.10

中国现代连环画作品。

J0063841

铁人巧手　李贤祖编；肇玉厚画

长春 吉林人民出版社 1960年 经折装

定价：CNY0.06

　　中国现代连环画作品。

J0063842

铁水奔流　（上集）惠元改编；费声福绘

北京 人民美术出版社 1960年 定价：CNY0.23

　　中国现代连环画作品。绘画费声福

（1927—　），编辑。祖籍浙江慈溪，毕业于中央

美术学院。历任中国连环画出版社编审、《中国

连环画》副主编、中国美术家协会连环画艺术委

员会副主任、中国连环画研究会常务理事兼秘书

长。作品有《神火》《游赤壁》。

J0063843

铁算盘　李培焕改编；虞春富绘

福州 福建人民出版社 1960年 定价：CNY0.14

　　中国现代连环画作品。

J0063844

铁锁崖　张建辉改编；黄清琪绘

石家庄 河北人民美术出版社 1960年

定价：CNY0.19

　　中国现代连环画作品。

J0063845

铜铸铁打的姑娘　梅心改编；王宇文绘图

天津 天津美术出版社 1960年 定价：CNY0.13

　　中国现代连环画作品。

J0063846

徒工造机器　油波编；华芸画

西宁 青海人民出版社 1960年 18页 有图

13cm（60开）统一书号：8097.79 定价：CNY0.08

　　中国现代连环画作品。

J0063847

土壤妈妈　高士其，孙云谷原著；沈桐改编，

何玉门绘图

南京 江苏文艺出版社 1960年 32页 有图

10×13cm 统一书号：8141.649 定价：CNY0.07

中国现代连环画作品。

J0063848

团结桥　金甫改编；刘开基绘

北京 人民美术出版社 1960年 定价：CNY0.15

　　中国现代连环画作品。

J0063849

托塔李天王　胡毓麟改编；张锡武绘

石家庄 河北人民美术出版社 1960年

定价：CNY0.13

　　中国现代连环画作品。

J0063850

万水千山　文飘改编

北京 中国电影出版社 1960年 定价：CNY0.32

（电影连环画册）

　　中国现代连环画作品。

J0063851

万紫千红才是春　（附：共同前进把困难留给

自己）潘彩等改编；马岳等绘

沈阳 辽宁美术出版社 1960年 定价：CNY0.19

　　中国现代连环画作品。

J0063852

万紫千红的张家宅　（1-4）胡逸，陈曼琼编

文；罗兴等画

上海 上海人民美术出版社 1960年

定价：CNY0.44

　　中国现代连环画作品。

J0063853

万紫千红总是春　文飘改编

北京 中国电影出版社 1960年 定价：CNY0.31

（电影连环画册）

　　中国现代连环画作品。

J0063854

万紫千红总是春　（1-4）

北京 中国电影出版社 1960年 定价：CNY0.26

　　中国现代连环画作品。

J0063855

王宝钏　陈平夫改编；盛锡珊，吕德康绘

石家庄　河北人民美术出版社　1960 年
定价：CNY0.18

　　中国现代连环画作品。作者盛锡珊（1925—2015），画家，北京人。历任中国美术家协会、中国戏剧家协会会员，中国国家话剧院、中国青年艺术剧院一级舞美设计师等。舞美设计作品有《东方红》《文成公主》《红色娘子军》。出版有《中国历史故事》《风筝》《晴雯》《紧箍咒》《老北京市井风情画集》等。

J0063856

王大万　湖北人民出版社美术组集体创作
武汉　湖北人民出版社　1960 年　13×10cm
定价：CNY0.13

　　中国现代连环画作品。

J0063857

王三发横财　张士杰搜集整理；宋琦改编，范灵绘图
北京　人民美术出版社　1960 年　58 页　有图
10×13cm　统一书号：T8027.3341　定价：CNY0.14
（义和团故事）

　　中国现代连环画作品。

J0063858

王三发横财　宋琦改编；范灵绘；张士杰搜集整理
北京　人民美术出版社　1960 年　定价：CNY0.14
（义和团故事）

　　中国现代连环画作品。

J0063859

王三和依依　石燕编文；方瑶民绘
杭州　浙江人民美术出版社　1960 年　定价：CNY0.24
　　中国现代连环画作品。

J0063860

威震东海　沙磊改编；张剑维绘
杭州　浙江人民美术出版社　1960 年
定价：CNY0.16
（东海游击总队　2）

　　中国现代连环画作品。

J0063861

为了 61 个阶级弟兄　浙江人民美术出版社编绘

杭州　浙江人民美术出版社　1960 年
定价：CNY0.12

　　中国现代连环画作品。

J0063862

为了六十一个阶级弟兄　于非改编；王弘力等绘图
沈阳　辽宁美术出版社　1960 年　定价：CNY0.11
　　中国现代连环画作品。

J0063863

为了六十一个阶级弟兄　中央美术学院集体创作
北京　人民美术出版社　1960 年　定价：CNY0.12
　　中国现代连环画作品。

J0063864

为了六十一个阶级弟兄　中央美术学院集体创作
北京　人民美术出版社　1960 年　定价：CNY0.13
　　中国现代连环画作品。

J0063865

为了六十一个阶级弟兄　俞洁等绘；余大中作诗
太原　山西日报出版社　1960 年　定价：CNY0.15
　　本连环画是根据 1960 年 2 月 28 日"中国青年报"同名特写改编。

J0063866

为了六十一个阶级弟兄　钟志坚改编；盛亮贤等绘
上海　上海人民美术出版社　1960 年　114 页　有图
13×17cm（36 开）精装　统一书号：T8081.5039
定价：CNY0.75

　　本连环画作品，据中国青年报记者原著改编。

J0063867

为了六十一个阶级弟兄　钟志坚改编；盛亮贤等画
上海　上海人民美术出版社　1960 年
定价：CNY0.18，CNY0.75（精装）

　　中国现代连环画作品。绘画盛亮贤（1919—2008），画家。上海青浦人。曾从事电影动画及

中学美术教学工作，历任上海新美术出版社、上海人民美术出版社连环画创作室科长等职。连环画作品有《三字经》《枯木逢春》《木匠迎亲》《寻人》《三国演义》等。作者钟志坚，改编的连环画有《红岩》《古茜与德茜》等。

J0063868

为了六十一个阶级弟兄　天津美术出版社集体编绘

天津　天津美术出版社　1960 年　定价：CNY0.15
　　中国现代连环画作品。

J0063869

为了六十一个阶级弟兄　朱鹏改编；西安美专集体创作

西安　长安美术出版社　1960 年　定价：CNY0.15
　　中国现代连环画作品。

J0063870

为了六十一个阶级弟兄　中国电影出版社编

北京　中国电影出版社　1960 年　定价：CNY0.30
（电影连环画册）
　　中国现代连环画作品。

J0063871

潍河仙女　苏敦勇改编；陈加谷绘

福州　福建人民出版社　1960 年　定价：CNY0.13
　　中国现代连环画作品。

J0063872

卫生大娘　王锡类编文；李国衡画

长春　吉林人民出版社　1960 年　经折装
定价：CNY0.04
　　中国现代连环画作品。

J0063873

卫星之歌　奔放等诗；邬应能等绘画

铜仁　铜仁专区人民出版社　1960 年　48 页　有图
19cm（32 开）统一书号：10 黔 01.15
定价：CNY0.19
　　中国现代连环画作品。

J0063874

尉迟恭装疯　张光炎改编；薛企荧绘

沈阳　辽宁美术出版社　1960 年　定价：CNY0.13
　　中国现代连环画作品。

J0063875

文化是个无价宝　河南省教育厅推广普通话办公室编

郑州　河南人民出版社　1960 年　24 页　有图
10×13cm　统一书号：T7105.383　定价：CNY0.05
（注音读物丛书）
　　中国现代连环画作品。

J0063876

问仙记　毕愚溪编文；王一菲绘

杭州　浙江人民美术出版社　1960 年
定价：CNY0.16
（浙江十年来伟大成就诗画）
　　中国现代连环画作品。

J0063877

我的第一个上级　缪文心改编；一苇画

上海　上海人民美术出版社　1960 年
定价：CNY0.17
　　中国现代连环画作品。

J0063878

我的女儿　杨育青改编；刘世德绘

天津　天津美术出版社　1960 年　定价：CNY0.22
　　中国现代连环画作品。

J0063879

我就是工人代表　向辛改编；娄世棠等绘

郑州　河南人民出版社　1960 年　定价：CNY0.07
　　中国现代连环画作品。

J0063880

我了解他　孙青改编

北京　中国电影出版社　1960 年　定价：CNY0.31
（电影连环画册）
　　中国现代连环画作品。

J0063881

我们村里的年轻人　青予改编

北京　中国电影出版社　1960 年
（电影连环画册）
　　中国现代连环画作品。

J0063882

我们村里的年轻人　（1-4）

北京 中国电影出版社 1960 年 定价：CNY0.26

中国现代连环画作品。

J0063883

我们时代的人　（英雄谱）艾非改编；李子纯，姚洪发绘画

沈阳 辽宁美术出版社 1960 年 定价：CNY0.12

中国现代连环画作品。

J0063884

我是 11-17 号　钲台改编；赵隆义画

上海 上海人民美术出版社 1960 年

定价：CNY0.24

中国现代连环画作品。

J0063885

巫山玉笛　程立等编文；夏才清，罗少华画

成都 四川人民出版社 1960 年 定价：CNY0.16

中国现代连环画作品。

J0063886

无脚英雄　邹潇湘编文；张清岩绘

福州 福建人民出版社 1960 年 定价：CNY0.16

中国现代连环画作品。

J0063887

无畏的战士罗木命　（1-3）

广州 广东人民出版社 1960 年 13×10cm

定价：CNY0.30

中国现代连环画作品。

J0063888

吴底木与乌敏曲　王翔改编；吴道云绘

沈阳 辽宁美术出版社 1960 年 定价：CNY0.11

中国现代连环画作品。

J0063889

吴运铎和他的小伙伴　顾炳鑫作

天津 天津少儿美术出版社 1960 年 13×10cm

定价：CNY0.13

中国现代连环画作品。

J0063890

梧桐凤凰　绿坡文；孟养玉图

太原 山西人民出版社 1960 年 定价：CNY0.23

中国现代连环画作品。作者孟养玉（1935—　），画家。山西文水人，毕业于山西汾阳师范学校。历任山西文水县文化馆高级研究员、人物画学会艺术顾问、吕梁地区美协主席、黄河书画院副院长。代表作有《收音机下乡》《刘胡兰》《能工巧匠》等。

J0063891

五朵金花　（1-4）长影供稿

沈阳 辽宁美术出版社 1960 年 13×10cm

定价：CNY0.24

中国现代连环画作品。

J0063892

五朵金花　文飘改编

北京 中国电影出版社 1960 年 定价：CNY0.26

（电影连环画册）

中国现代连环画作品。

J0063893

五年计划二年完成　（外文）

北京 外文出版社 1960 年 1 册 有图

19cm（32 开）

中国现代连环画作品。

J0063894

五丈原　上海人民美术出版社改编；冯墨农画

上海 上海人民美术出版社 1960 年 10×13cm

定价：CNY0.26

（《三国演义》连环画 53）

根据古典小说《三国演义》改编的中国现代连环画作品。

J0063895

伍嫂子　钤广礼改编；荣金珠绘

石家庄 河北人民美术出版社 1960 年

定价：CNY0.15

中国现代连环画作品。

J0063896

武胜颂　许一禾作

成都 四川人民出版社 1960 年 10 页 有图

10×13cm 统一书号: T8118.371 定价: CNY0.07
中国现代连环画作品。

J0063897
西楚霸王　康殷, 叔平绘
石家庄 河北人民美术出版社 1960年
定价: CNY0.26
　　中国现代连环画作品。作者康殷(1926—
1999), 古文字学家、古玺印专家、篆刻家、书法
家、画家。别署大康, 祖籍河北乐亭, 生于辽宁
义县。毕业于吉林师范大学美术系。曾任中央
文史研究馆馆员、首都师范大学研究员、中国书
法家协会理事、中国美术家协会会员等。著有
《古文字形发微》《文字源流浅说》《古文字学新
论》《说文部首诠释》, 编纂中国第一部古印玺全
集《印典》。

J0063898
锡城的故事　王长庆改编
北京 中国电影出版社 1960年 定价: CNY0.17
(电影连环画册)
　　中国现代连环画作品。

J0063899
喜盈门　苏敦勇改编; 傅洪声画
南昌 江西人民出版社 1960年 定价: CNY0.12
　　中国现代连环画作品。

J0063900
瞎眼爷爷的一生　朱文姬改编; 陈曼情绘图
沈阳 辽宁美术出版社 1960年 定价: CNY0.12
　　中国现代连环画作品。

J0063901
夏夜　曹丽泉改编; 柳根林画
南昌 江西人民出版社 1960年 定价: CNY0.17
　　中国现代连环画作品。

J0063902
乡邮员李虎天　(共产主义的风格) 钟志坚改
编; 周光中绘画
南京 江苏文艺出版社 1960年
　　中国现代连环画作品。作者钟志坚, 改编的
连环画有《红岩》《古茜与德茜》等。

J0063903
香飘万里　冯若梅改编; 秦霖华画
上海 上海人民美术出版社 1960年
定价: CNY0.22
　　中国现代连环画作品。

J0063904
响马传　梁河改编; 杨青华, 杨文华绘
石家庄 河北人民美术出版社 1960年
定价: CNY0.18
　　中国现代连环画作品。

J0063905
向秀丽　房树民等原著; 黄一德改编; 贺友直
等画
上海 上海人民美术出版社 1960年 34页
12cm(50开) 统一书号: T8081.4796
定价: CNY0.07
(学文化小画库)
　　中国现代连环画。

J0063906
向秀丽采油队　青海人民出版社美术组诗;
华芸等画
西宁 青海人民出版社 1960年 16页 有图
13cm(60开) 统一书号: 8097.68
定价: CNY0.11
　　中国现代连环画作品。

J0063907
项羽背约　林林改编; 张鹿山画
上海 上海人民美术出版社 1960年 10×13cm
(《西汉演义》连环画之八)
　　根据西汉历史故事改编的中国现代连环画
作品。

J0063908
小百灵　陈雨静编文; 赵阳绘
沈阳 辽宁美术出版社 1960年 定价: CNY0.14
　　中国现代连环画作品。

J0063909
小辫子　周季水改编; 吴克柔绘
石家庄 河北人民美术出版社 1960年
定价: CNY0.11

中国现代连环画作品。

J0063910

小姑听房 张春峰等改编；张贻来等绘
石家庄 河北人民美术出版社 1960 年
定价：CNY0.15
　　中国现代连环画作品。

J0063911

小黑鳗游大海 鲁克编；吕晋，高阳绘
北京 人民美术出版社 1960 年 46 页 有图
13cm（60 开）统一书号：T8027.3181
定价：CNY0.21
（儿童连环画册）

J0063912

小技术员战胜神仙手 张建辉改编；李亨，
静霞绘
石家庄 河北人民美术出版社 1960 年
定价：CNY0.15
　　中国现代连环画作品。

J0063913

小两口挡猪 徐竑文；青苗画
西宁 青海人民出版社 1960 年 定价：CNY0.06
中国现代连环画作品。

J0063914

小牤牛 （朝鲜文）随意原著；罗在光改编，范
灵绘，李今子译
北京 民族出版社 1960 年 91 页 有图
13cm（60 开）统一书号：M8949.朝 178
定价：CNY0.19
　　中国现代连环画作品。

J0063915

小民兵捉水鬼 于光改编；柴庆松绘图
沈阳 辽宁美术出版社 1960 年 定价：CNY0.10
　　中国现代连环画作品。

J0063916

小琴和子梅 王祖威改编；晓汤绘
天津 天津美术出版社 1960 年 定价：CNY0.13
　　中国现代连环画作品。

J0063917

小师傅 李晔编；何铭绘画
西宁 青海人民出版社 1960 年 26 页 有图
10×13cm 统一书号：8097.62 定价：CNY0.08
　　中国现代连环画作品。

J0063918

小月亮 余丽清改编
北京 中国电影出版社 1960 年 定价：CNY0.24
（电影连环画册）
　　中国现代连环画作品。

J0063919

辛弃疾 陆士达改编；陈光镒画
上海 上海人民美术出版社 1960 年
定价：CNY0.26
（历史人物连环画）
　　中国现代连环画作品。改编陆士达，连环
画家，主要作品有《说岳故事选绘画本》《中国
历史人物故事连环画》等。绘画陈光镒（1916—
1991），画家。江苏南京人。中国美协上海分会
会员。代表作有《大闹天宫》《三国演义》《董卓
进京》等。

J0063920

新臂 林颂英改编；邹诠，李枫画
上海 上海人民美术出版社 1960 年
定价：CNY0.12
　　中国现代连环画作品。

J0063921

新的风格 （共产主义的风格）曾传矩改编；
黄丕谟绘
南京 江苏文艺出版社 1960 年 定价：CNY0.13
　　中国现代连环画作品。作者黄丕谟（1925—
2015），版画家、一级美术师。生于上海崇明岛，
历任中国美术家协会会员、中国版画家协会常务
理事、江苏省版画家协会副会长。出版有《黄丕
谟水印版画集》《黄丕谟画集》等。

J0063922

新的家庭 江苏文艺出版社改编；梅云绘画；
阮御澜注音
南京 江苏文艺出版社 1960 年 16 页 有图
13cm（60 开）统一书号：8141.737

定价: CNY0.07

中国现代连环画作品。

J0063923

新结识的伙伴　大鲁改编; 贺友直画

上海 上海人民美术出版社 1960年 精装

定价: CNY0.65

中国现代连环画作品。

J0063924

新结识的伙伴　（画册）大鲁改编; 贺友直绘

上海 上海人民美术出版社 1960年 73页 有图

13×18cm 精装 统一书号: T8081.5032

定价: CNY0.65

据王汶石原著改编的中国连环画作品。

J0063925

新来的列兵　李岫改编; 张载绘

南京 江苏文艺出版社 1960年 定价: CNY0.07

中国现代连环画作品。

J0063926

星星火炬　艾英改编; 李玮绘图

沈阳 辽宁美术出版社 1960年 定价: CNY0.14

中国现代连环画作品。

J0063927

星星之火　文飘改编

北京 中国电影出版社 1960年 定价: CNY0.21

（电影连环画册）

中国现代连环画作品。

J0063928

邢燕子　罗助民编文; 赵栋等绘

石家庄 河北人民美术出版社 1960年

定价: CNY0.11

中国现代连环画作品。

J0063929

邢燕子　陈铁英改编; 傅鸿绘图

天津 天津美术出版社 1960年 定价: CNY0.14

（锦绣前程丛书）

中国现代连环画作品。

J0063930

邢燕子　方红编绘

北京 中国青年出版社 1960年 定价: CNY0.10

中国现代连环画作品。

J0063931

兴修水利幸福多　河南省教育厅推广普通话

办公室编

郑州 河南人民出版社 1960年 35页 有图

10×13cm 统一书号: T7105.382 定价: CNY0.05

（注音读物丛书）

中国现代注音读物连环画作品。

J0063932

兄弟擂台　朱枝改编; 瞿谷寒画

长春 吉林人民出版社 1960年 46页 有图

10×13cm 统一书号: T8091.85 定价: CNY0.13

中国现代连环画作品。作者瞿谷寒

（1938—　）, 画家。生于上海浦东, 就读于扬州

艺术学校学习美术。历任上海美术家协会会员、

上海连环画研究会会员、上海民盟书画院画师。

代表作品有《宋史演义》连环画、《少小离家老大

回》《瞿谷寒画集》等。

J0063933

兄弟争王　潘勤孟改编; 陈履平画

上海 上海人民美术出版社 1960年 10×13cm

定价: CNY0.16

（《三国演义》连环画 40）

根据古典小说《三国演义》改编的中国现代

连环画作品。

J0063934

兄妹间的风波　顾琴芳改编; 陈应麟绘图

郑州 河南人民出版社 1960年 58页 10×13cm

统一书号: T8105.258 定价: CNY0.12

中国现代连环画作品。

J0063935

雄心壮志　徐景编文; 高洪生绘画; 周嘉玉

注音

沈阳 辽宁美术出版社 1960年 28页 有图

15cm（40开）统一书号: T8117.1381

定价: CNY0.08

中国现代连环画作品, 学文化读物。

J0063936

羞皇岛　梁莹舫改编；水天宏，惠玲绘

沈阳 辽宁美术出版社 1960 年 定价：CNY0.15

中国现代连环画作品。

J0063937

秀阁　陈平夫改编；王企玫绘

天津 天津美术出版社 1960 年 定价：CNY0.16

（义和团的传说故事）

中国现代连环画作品。

J0063938

徐学惠　潘彩英，于非改编；孙文超绘

沈阳 辽宁美术出版社 1960 年 定价：CNY0.12

中国现代连环画作品。

J0063939

喧啸的柴林　尚文改编；高适画

上海 上海人民美术出版社 1960 年

定价：CNY0.12

（星火燎原画集）

中国现代连环画作品。绘画高适（1931— ），画家。笔名常人，江苏常州人。上海美术家协会会员，曾任职于人民美术出社、兴业幻灯制片厂等单位。连环画主要作品有《不朽的人》《秋瑾》《鹰儿和红花花》。

J0063940

薛刚反唐　张建辉改编；汪玉山等绘

石家庄 河北人民美术出版社 1960 年

13cm（64 开）定价：CNY0.21

中国现代连环画作品。

J0063941

学习刘文学，做毛主席的好孩子　刘永凯作

北京 人民美术出版社 1960 年 定价：CNY0.13

中国现代连环画作品。

J0063942

雪天　张永新，陈曦光编绘

沈阳 辽宁美术出版社 1960 年 定价：CNY0.11

中国现代连环画作品。

J0063943

雪夜轻骑　齐岳，宋文光改编；金铭绘

沈阳 辽宁美术出版社 1960 年 定价：CNY0.13

中国现代连环画作品。

J0063944

血泪松云里　王学忠改编；陈林绘图

沈阳 辽宁美术出版社 1960 年 定价：CNY0.14

中国现代连环画作品。

J0063945

寻车记　施帆等著；湛江市职工业余教育委员会办公室编

湛江 飞跃出版社 1960 年 39 页 有图

13cm（60 开）定价：CNY0.06

中国现代连环画作品。

J0063946

寻夫记　王烈改编；吕连升绘

石家庄 河北人民美术出版社 1960 年

定价：CNY0.13

中国现代连环画作品。

J0063947

寻人启事　（附：中梁山上煤和钢）陈祥淑改编；美院附中三年级绘图

天津 天津美术出版社 1960 年 定价：CNY0.15

中国现代连环画作品。

J0063948

驯海英雄　张学新编文；傅自立摄影

天津 天津美术出版社 1960 年 定价：CNY0.27

中国现代连环画作品。

J0063949

驯鹿的故事　李刚改编；蔡一鸣，毛国富绘

天津 天津美术出版社 1960 年 定价：CNY0.14

中国现代连环画作品。作者毛国富（1937— ），画家。浙江宁波人。历任浙江省宁波市展览馆美工、市甬剧团画师、宁波市展览馆美术总设计、中国美术家协会会员。主要作品：《中国之春》《东方涛》《湖光春色》《海底世界》《西双版纳》等。

J0063950

鸭的故事　王永春改编；朱守纬，瞿有衡绘

天津 天津美术出版社 1960 年 定价：CNY0.14

中国现代连环画作品。

J0063951
亚洲风暴　中国电影出版社编
北京　中国电影出版社　1960 年　定价：CNY0.16
（电影连环画册）
　　中国现代连环画作品。

J0063952
烟火突围　（下集）王玉编；王井绘
福州　福建人民出版社　1960 年　定价：CNY0.19
（深山里的故事）
　　中国现代连环画作品。

J0063953
烟火突围　王玉编；王井绘画
福州　福建人民出版社　1960 年　72 页　有图
10×13cm　统一书号：T8104.261　定价：CNY0.18
（深山里的故事　上）
　　中国现代连环画作品。

J0063954
严峻而光辉的里程　李一技改编；李明强画
上海　上海人民美术出版社　1960 年
定价：CNY0.15
　　中国现代连环画作品。

J0063955
严重的时刻　曹作锐改编；张白羽绘
北京　人民美术出版社　1960 年　定价：CNY0.14
　　中国现代连环画作品。作者曹作锐
（1923—　　），编辑。别名愚谷，河北武清人。擅
长连环画编辑及理论研究《连环画艺术》副主编、
中国连环画研究会常务理事、中国美术家协会会
员。出版有《连环画编写探幽》，连环画脚本《智
降狮猁王》《懒龙伸腰》。

J0063956
燕窝飞出金凤凰　张品操，纪乃进编绘
杭州　浙江人民美术出版社　1960 年
定价：CNY0.15
　　中国现代连环画作品。

J0063957
秧状元　曹丽泉改编；王志英绘画

南昌　江西人民出版社　1960 年　定价：CNY0.18
　　中国现代连环画作品。

J0063958
杨大娘买猪　左呈秀改编；侯佳绘
西安　长安美术出版社　1960 年　定价：CNY0.12
　　中国现代连环画作品。

J0063959
杨科和狡猾的公主　章衡译编；楼浩白绘画
西安　长安美术出版社　1960 年　定价：CNY0.24
　　本连环画根据捷克民间故事译编。

J0063960
杨门女将　孙青改编
北京　中国电影出版社　1960 年　定价：CNY0.27
（电影连环画册）
　　中国现代连环画作品。

J0063961
养成卫生习惯　湖南省卫生厅编
长沙　湖南人民出版社　1960 年　13×10cm
定价：CNY0.12
　　中国现代连环画作品。

J0063962
养路模范赵才　江柏编；李云生，范迎植绘
北京　人民交通出版社　1960 年　定价：CNY0.23
　　中国现代连环画作品。

J0063963
养牛的人　江苏文艺出版社改编；姚延林绘
南京　江苏文艺出版社　1960 年　20 页　12cm（50 开）
统一书号：8141.738　定价：CNY0.08
　　中国现代连环画作品。

J0063964
养兔的人　萃娃改编；傅洪生绘图
天津　天津美术出版社　1960 年　定价：CNY0.14
　　中国现代连环画作品。

J0063965
养小猪　吴菲改编；郭云鹏，王羽画
长春　吉林人民出版社　1960 年　定价：CNY0.15
　　中国现代连环画作品。

J0063966

养猪姑娘　秦增美编绘

郑州　河南人民出版社　1960年　38页　10×13cm

统一书号：T8105.288　定价：CNY0.07

　　中国现代连环画作品。

J0063967

养猪姑娘　上海艺华沪剧团演出

上海　上海人民美术出版社　1960年　13×10cm

定价：CNY0.22

　　中国现代连环画作品。

J0063968

养猪好处多　陈加谷绘

福州　福建人民出版社　1960年　13×10cm

定价：CNY0.11

　　中国现代连环画作品。

J0063969

养猪好处多　北京幻灯制片厂编绘

郑州　河南人民出版社　1960年　定价：CNY0.06

中国现代连环画作品。

J0063970

养猪红旗手　尚文改编；盛亮贤等画

上海　上海人民美术出版社　1960年

定价：CNY0.15

（农业战线上的尖兵）

　　中国现代连环画作品。

J0063971

养猪迷　姚绿野编；孙文锋，马腾骧画

长春　吉林人民出版社　1960年　经折装

定价：CNY0.06

　　中国现代连环画作品。

J0063972

腰刀　来诵芬改编；徐深绘

石家庄　河北人民美术出版社　1960年

定价：CNY0.17

　　中国现代连环画作品。

J0063973

窑洞保卫战　解义勇编；解伯学画

太原　山西人民出版社　1960年　定价：CNY0.32

中国现代连环画作品。

J0063974

窑洞保卫战　（山西革命斗争故事）解义勇编；
解伯学画

太原　山西人民出版社　1961年　定价：CNY0.28

　　本书系中国连环画作品。

J0063975

药草山　孙军，孟英改编；马静岩绘

哈尔滨　黑龙江美术出版社　1960年

定价：CNY0.16

　　中国现代连环画作品。

J0063976

椰子的故事　白阳编文；刘汉宗绘图

天津　天津美术出版社　1960年　85页　有图

10×13cm　统一书号：T8073.1823　定价：CNY0.20

　　中国现代连环画作品。

J0063977

野火春风斗古城　（2　夜袭司令部）洪钊改
编；陈云华，赵隆义绘

石家庄　河北人民美术出版社　1960年

定价：CNY0.19

　　中国现代连环画作品。

J0063978

野火春风斗古城　辽东雁改编；孙大均绘图

沈阳　辽宁美术出版社　1960年　定价：CNY0.33

　　中国现代连环画作品。

J0063979

野火春风斗古城　（之三）洪钊改编；陈云华，
赵隆义绘

石家庄　河北人民美术出版社　1961年　1册

定价：CNY0.22

　　本书系中国连环画作品。

J0063980

野火春风斗古城　（4）洪剑改编；陈云华，赵
隆义绘

石家庄　河北人民美术出版社　1962年

13cm（64开）定价：CNY0.16

　　本作品系中国连环画。

J0063981

野火春风斗古城 （5）洪剑改编；陈云华，赵隆义绘

石家庄 河北人民美术出版社 1962 年

13cm（64 开）定价：CNY0.23

　　本作品系中国连环画。

J0063982

夜火 白宇改编；周光国绘

北京 人民美术出版社 1960 年 定价：CNY0.12

　　中国现代连环画作品。作者白宇(1952—)，画家。河南安阳人。安阳师专艺术系毕业。鹤壁市青年美术家协会副主席、鹤壁黄河书画院院长、河南省美术家协会会员。主要作品有《高山有情》《轻音图》等。

J0063983

夜闹白龙背 吴能改编；章贵征画

长春 吉林人民出版社 1960 年 定价：CNY0.14

　　中国现代连环画作品。

J0063984

夜袭金门岛 张川编；贾世仁画

哈尔滨 黑龙江美术出版社 1960 年

定价：CNY0.18

　　中国现代连环画作品。

J0063985

夜捉"向导队" 杨绍辉编文；陈子云绘

长沙 湖南人民出版社 1960 年 定价：CNY0.08

（湖南革命斗争故事和传说）

　　中国现代连环画作品。

J0063986

一把菜刀闹革命 陆仲坚改编；周公和等画

上海 上海人民美术出版社 1960 年

定价：CNY0.15

（敢想敢做的人画库）

　　中国现代连环画作品。

J0063987

一把古老的弓箭 吕宁改编；康济绘

杭州 浙江人民美术出版社 1960 年

定价：CNY0.16

　　中国现代连环画作品。

J0063988

一串钥匙 萃娃改编；曹世琦绘

天津 天津美术出版社 1960 年 定价：CNY0.13

　　中国现代连环画作品。

J0063989

一代新人 （记张百发钢筋工青年突击队）周年改编；中央美术学院集体绘图

北京 北京出版社 1960 年 定价：CNY0.30

（北京群英画传）

　　中国现代连环画作品。

J0063990

一代新人——记张百发钢筋工青年突击队 周年改编；中央美术学院集体绘图

北京 北京出版社 1960 年 70 页 有彩图

13cm（60 开）统一书号：T8071.125

定价：CNY0.30

　　中国现代连环画作品。

J0063991

一幅僮锦 柳萱图改编；颜梅华画

上海 上海人民美术出版社 1960 年 36 页

12cm（60 开）统一书号：T8081.4806

定价：CNY0.07

（学文化小画库）

　　本书系中国当代连环画册。

J0063992

一个瓷货客 廖振骝改编；程敬平，张心忠绘

贵阳 贵州人民出版社 1960 年 定价：CNY0.09

　　中国现代连环画作品。

J0063993

一个鸡蛋 （图画故事）倪志英编写；范生福，胡士杰画

南昌 江西人民出版社 1960 年 定价：CNY0.11

　　中国现代连环画作品。

J0063994

一个坚强的人 （中集）郭肇庆编文；傅洪生绘图

沈阳 辽宁美术出版社 1960 年 94 页 有图

10×13cm 定价：CNY0.20

　　中国现代连环画作品。

J0063995

一个破旧筐　　水世戴编文；苏起峰绘图

天津　天津美术出版社　1960 年　定价：CNY0.15

中国现代连环画作品。

J0063996

一个少校军医的成长　　于翔改编；朱守纬绘

天津　天津美术出版社　1960 年　定价：CNY0.10

中国现代连环画作品。

J0063997

一个小报务员　　成皿改编；范志泉画

南京　江苏文艺出版社　1960 年　定价：CNY0.12

中国现代连环画作品。

J0063998

一根火柴烧红半边天　　宋文光改编；张宏，继声绘

沈阳　辽宁美术出版社　1960 年　定价：CNY0.14

中国现代连环画作品。

J0063999

一家人　　齐岳改编；康学武绘画

沈阳　辽宁美术出版社　1960 年　71 页　有图

10×13cm　统一书号：T8117.1241　定价：CNY0.16

中国现代连环画作品。

J0064000

一见钟情　　解义勇改编；范生福绘图

太原　山西人民出版社　1960 年　定价：CNY0.15

中国现代连环画作品。

J0064001

一件女上衣　　吴其柔改编；卢汶画

上海　上海人民美术出版社　1960 年

定价：CNY0.10

中国现代连环画作品。

J0064002

一件羊皮袄　　江苏文艺出版社改编；陈烟帆绘

南京　江苏文艺出版社　1960 年　定价：CNY0.07

中国现代连环画作品。

J0064003

一棵常青树　　甘犁原著；王志新改编，王一菲绘图

天津　天津美术出版社　1960 年　51 页　有图

10cm（64 开）统一书号：T8073.1754

定价：CNY0.14

中国现代连环画作品。

J0064004

一颗铜纽扣　　杨逸麟编绘

天津　天津美术出版社　1960 年　13cm（60 开）

定价：CNY0.53

中国现代连环画作品。作者杨逸麟（1931—　），画家、教授。河北迁安人。毕业于中央美术学院绘画系。曾任中国美术家协会会员、中央美术学院教授。代表作品有《一颗铜纽扣》《卡门》《周恩来画卷》等。

J0064005

一粒种子　　于风改编；黎林绘

武汉　湖北人民出版社　1960 年　定价：CNY0.11

中国现代连环画作品。

J0064006

一面坡　　王峰改编；张彬绘

沈阳　辽宁美术出版社　1960 年　定价：CNY0.14

中国现代连环画作品。

J0064007

一树红花朵朵开　　胡逸改编；周光中，张仁康画

上海　上海人民美术出版社　1960 年

定价：CNY0.09

（群英会画库）

中国现代连环画作品。

J0064008

一双鞋　　贾品改编；王灿昶，张凭绘

郑州　河南人民出版社　1960 年　定价：CNY0.05

中国现代连环画作品。作者张凭（1934—　），教授、画家。河南新乡人。毕业于中央美术学院中国画系，后留校任教。历任中央美术学院中国画系山水画室主任、教授。中国美术家协会会员。主要作品有《黄河》《太行赞》《龙羊峡之夜》《砥柱》《屹立》等。

J0064009
一条龙上天生产大改变　胡雁编文；任伯宏等画
上海　上海人民美术出版社　1960 年
定价：CNY0.11
中国现代连环画作品。

J0064010
一条妙计　雨苹改编；端木勇绘
石家庄　河北人民美术出版社　1960 年
定价：CNY0.13
中国现代连环画作品。

J0064011
一条紫红毯　白曼改编；板乔绘
天津　天津美术出版社　1960 年　定价：CNY0.21
中国现代连环画作品。

J0064012
一张 X 光片　由其瑾改编；萧豫绘
杭州　浙江人民美术出版社　1960 年
定价：CNY0.25
中国现代连环画作品。

J0064013
一只脚　郭钊改编；舒华，罗国贤绘
武汉　湖北人民出版社　1960 年　定价：CNY0.11
中国现代连环画作品。

J0064014
义侠撩天　顾生夫绘
福州　福建人民出版社　1960 年　定价：CNY0.14
根据闽南民间故事改编德连环画。

J0064015
尹玲芝　王修和改编；张载画
上海　上海人民美术出版社　1960 年
定价：CNY0.14
中国现代连环画作品。

J0064016
英雄大战穿山洞　湖北人民出版社编绘
武汉　湖北人民出版社　1960 年　18 页　有图
10×13cm　统一书号：T8106.453　定价：CNY0.05
"红花遍地开"第一辑（一）

中国现代连环画作品。

J0064017
英雄的山崖　小凌改编；张品操画
杭州　浙江人民美术出版社　1960 年
定价：CNY0.24
中国现代连环画作品。

J0064018
英雄渠　张春峰改编；佘国纲绘
石家庄　河北人民美术出版社　1960 年
定价：CNY0.13
中国现代连环画作品。作者张春峰
（1929—　　），书画家。出生于河北武强县。笔名武艺，号西园，居号泥香草堂。毕业于河北省艺术干部学校。曾任河北美术出版社副社长、纽约东西方艺术家协会民俗艺术委员会副主席等职。主要作品有《雄鹰图》《母子虎》《草书虎字》等。

J0064019
英雄少年刘文学　钤广礼编；宋怀林绘
石家庄　河北人民美术出版社　1960 年
13×10cm　定价：CNY0.12
中国现代连环画作品。

J0064020
英勇无畏的徐学惠　王君改编；张琼芝绘
郑州　河南人民出版社　1960 年　定价：CNY0.08
中国现代连环画作品。作者王君（1938—　　），中国书法家协会河北分会和中国硬笔书法协会会员。

J0064021
鹰之歌　宋文光改编；锡麟绘
沈阳　辽宁美术出版社　1960 年　定价：CNY0.15
中国现代连环画作品。

J0064022
鹰之歌　含贞，惠元改编；臧石奇绘
天津　天津美术出版社　1960 年　定价：CNY0.22
中国现代连环画作品。

J0064023
迎接朝霞　林子改编；曲羊绘
天津　天津美术出版社　1960 年　定价：CNY0.14

中国现代连环画作品。

J0064024

营业时间　谢常青改编；范志泉绘图
天津　天津美术出版社　1960 年　定价：CNY0.14
中国现代连环画作品。

J0064025

拥军优属人人有责　浙江省民政厅编；浙江
美术学院绘
杭州　浙江人民美术出版社　1960 年　13×10cm
中国现代连环画作品。

J0064026

永不消逝的电波　漫溪改编；方瑶民绘
沈阳　辽宁美术出版社　1960 年　定价：CNY0.23
中国现代连环画作品。

J0064027

永不消逝的电波　潘培元改编；华三川画
上海　上海人民美术出版社　1960 年
定价：CNY0.24
　　本书描绘在中国抗日战争、解放战争年代，
中共敌后地下电台英勇战斗故事的连环画作品。

J0064028

永生的雄鹰　天津少年儿童美术出版社集体
创作；行先改编
天津　天津少儿美术出版社　1960 年
定价：CNY0.14
（杜凤瑞烈士的故事）
中国现代连环画作品。

J0064029

优秀的党总支书记朱冬初　左士林编；文作
中画
长沙　湖南人民出版社　1960 年　13×10cm
定价：CNY0.12
中国现代连环画作品。

J0064030

由文祥办学记　洛菲改编；周雪芬，殷全元画
上海　上海人民美术出版社　1960 年
定价：CNY0.14
中国现代连环画作品。

J0064031

友谊　吴廷琯改编；梅云绘
天津　天津美术出版社　1960 年　定价：CNY0.21
中国现代连环画作品。

J0064032

友谊之花　（1-4）冯国琳作
沈阳　辽宁美术出版社　1960 年　13×10cm
定价：CNY0.24
中国现代连环画作品。

J0064033

于得水的饭碗　郭维州编；李济远画
太原　山西人民出版社　1960 年　定价：CNY0.26
中国现代连环画作品。

J0064034

于谦之死　焦琴改编；宗静草绘
天津　天津美术出版社　1960 年　定价：CNY0.13
中国现代连环画作品。

J0064035

鱼苗鱼种生产图解　江苏省农林厅编绘
南京　江苏文艺出版社　1960 年　29 页　有图
10×13cm　统一书号：8141.756　定价：CNY0.07
中国现代连环画作品。

J0064036

渔船上的战斗　徐璋荣改编；周光中画
上海　上海人民美术出版社　1960 年
定价：CNY0.11
中国现代连环画作品。

J0064037

渔童　胡毓麟改编；刘仲文绘
石家庄　河北人民美术出版社　1960 年
定价：CNY0.12
中国现代连环画作品。

J0064038

玉溪花灯　戴铁英文；范生福图
太原　山西人民出版社　1960 年　定价：CNY0.18
中国现代连环画作品。

J0064039

月夜飞骑兵　吕春华改编；傅洪生绘画；王永扬封面设计

天津　天津美术出版社　1960 年　32 页　有图

11×15cm　统一书号：T8073.1822　定价：CNY0.10

　　中国现代连环画作品。

J0064040

月照东墙　辛束改编；胡祖清绘

北京　人民美术出版社　1960 年　定价：CNY0.10

中国现代连环画作品。

J0064041

月照东墙　吉志西改编；沈悌如，端木勇画

上海　上海人民美术出版社　1960 年

定价：CNY0.10

　　中国现代连环画作品。

J0064042

"跃进"　厉英改编；刘继敏绘图

天津　天津美术出版社　1960 年　定价：CNY0.12

　　中国现代连环画作品。

J0064043

"跃进"画页　（1 工业战线上的"穷棒子社"）

柏鸿鹄编文；张元贞等绘

昆明 云南人民出版社 1960 年　经折装

定价：CNY0.10

　　中国现代连环画作品。

J0064044

"跃进"画页　（2 革新迷）继明，仲修绘

昆明　云南人民出版社　1960 年　经折装

定价：CNY0.08

　　中国现代连环画作品。

J0064045

"跃进"画页　（3 城市新貌特写选）万强麟等作

昆明　云南人民出版社　1960 年　经折装

定价：CNY0.08

　　中国现代连环画作品。

J0064046

"跃进"画页　（4 革新能手张正新）云南艺术学院编绘

昆明　云南人民出版社　1960 年　经折装

定价：CNY0.08

　　中国现代连环画作品。

J0064047

越扑越旺的烈火　林间改编；张宇绘

沈阳　辽宁美术出版社　1960 年　定价：CNY0.27

　　中国现代连环画作品。

J0064048

砸洋船　梁燃尧改编；一苇绘

天津　天津美术出版社　1960 年　定价：CNY0.16

（义和团的传说故事）

　　中国现代连环画作品。

J0064049

在抗旱斗争中　（1-4）吕幼安等编绘

武汉　湖北人民出版社　1960 年　定价：CNY0.21

　　中国现代连环画作品。

J0064050

在烈火中永生　（1　汪竹筠）胡映西改编；施伟樑，冯春扬画

上海　上海人民美术出版社　1960 年

定价：CNY0.09

　　中国现代连环画作品。

J0064051

在烈火中永生　（2 挺进报）胡映西改编；远岷画

上海　上海人民美术出版社　1960 年

定价：CNY0.11

　　中国现代连环画作品。

J0064052

在烈火中永生　（4 追悼会）胡映西改编；端木勇画

上海　上海人民美术出版社　1960 年

定价：CNY0.11

　　中国现代连环画作品。

J0064053

在烈火中永生　（3 水的斗争）林林改编；任伯宏，任伯言画

上海　上海人民美术出版社　1961 年

定价: CNY0.10

　　本书系中国连环画作品。

J0064054

在人民的列车上　（济南铁路局青京第三青年
包乘组的先进事迹）中国铁路工会济南区委员
会宣传部编文；山东艺术专科学校美术专修科
三,四年级学生绘画

济南　山东人民出版社　1960年　定价: CNY0.11

　　中国现代连环画作品。

J0064055

枣木扁担　徐秀英改编；张凭绘

郑州　河南人民出版社　1960年　定价: CNY0.08

　　中国现代连环画作品。

J0064056

怎样安全使用农药　中华人民共和国公安部
治安局编；班兆天画

北京　群众出版社　1960年　50页　有图
13cm（60开）统一书号: 1960　定价: CNY0.11

　　中国现代连环画作品。

J0064057

怎样养肥猪　胡子为绘图

福州　福建人民出版社　1960年　13×10cm
定价: CNY0.11

　　中国现代连环画作品。作者胡子为
（1926—　　），号黄冈主人,浙江永康人。福建师
院艺术系毕业。福州美术馆国家二级美术师(副
教授),福建省美术家协会、南京市颜真卿书画
院顾问,书法家协会会员。

J0064058

怎样种甜菜　地方国营银川糖厂编；宁夏回族
自治区人民出版社绘制

银川　宁夏人民出版社　1960年　13×10cm

　　中国现代连环画作品。

J0064059

斩蛟记　苏伟光改编；宗静风绘

沈阳　辽宁美术出版社　1960年　定价: CNY0.18

　　中国现代连环画作品。作者宗静风
（1925—　　）,画家、书法家、连环画家。扬州人。
作品有《春草阆堂》《三家福》《谢瑶环》《红梅

阁》等。

J0064060

展翅高飞　王文灿改编；邢子云绘

沈阳　辽宁美术出版社　1960年　定价: CNY0.14

　　中国现代连环画作品。

J0064061

战胜洪水人定胜天生产自救重建家园　新
华社,辽阳日报供稿

沈阳　辽宁美术出版社　1960年　13×10cm
定价: CNY0.11

　　中国现代连环画作品。

J0064062

战士柯西金　裴家克改编；孙光基画

上海　上海人民美术出版社　1960年
定价: CNY0.14

　　中国现代连环画作品。

J0064063

张骞通西域　许志浩改编

沈阳　辽宁美术出版社　1960年　定价: CNY0.17

　　中国现代连环画作品。

J0064064

张泾河畔　上海市金山县锡剧团演出

上海　上海人民美术出版社　1960年　2张
定价: CNY0.22

　　中国现代连环画作品。

J0064065

张秋香　（壮文）王生炜著；水天宏绘

北京　民族出版社　1960年　60页　有图
13cm（60开）统一书号: M8049.（8）11
定价: CNY0.13

　　中国现代连环画作品。

J0064066

张士珍　（组织人民经济生活的尖兵）建辉编；
刘一心,谷照恩绘

石家庄　河北人民美术出版社　1960年
10×13cm　定价: CNY0.12

　　中国现代连环画作品。

J0064067
张士珍　中国电影出版社编
北京 中国电影出版社 1960 年 定价：CNY0.12
（电影连环画册）
　　中国现代连环画作品。

J0064068
张淑鸾　野牧编；何铭画
西宁 青海人民出版社 1960 年 24 页 有图
13cm（60 开）统一书号：8097.65
定价：CNY0.09
　　中国现代连环画作品。

J0064069
张淑鸾　野牧编；何铭画
西宁 青海人民出版社 1960 年 定价：CNY0.09
　　中国现代连环画作品。

J0064070
长安春晓　周有恒改编；关庆留绘
西安 长安美术出版社 1960 年 定价：CNY0.13
　　中国现代连环画作品。绘画关庆留
（1935— ），笔名阿留，广东顺德人。毕业于
西安军医大学。曾任解放军总后勤部政治部后
勤杂志社任副科长，中国美术家协会会员。作
品有《捉麻雀》《风雪高原》，连环画《智取华
山》等。

J0064071
长江游击队　韦人原著；江苏文艺出版社摄影
南京 江苏文艺出版社 1960 年 定价：CNY0.17
　　中国现代连环画作品。

J0064072
长石的巨变　肖明编；黄若谷绘
上海 上海人民美术出版社 1960 年 76 页 有图
13×18cm 精装 统一书号：T8081.5034
定价：CNY0.65
　　中国现代连环画作品。

J0064073
长石的巨变　肖明等编；黄若谷等画
上海 上海人民美术出版社 1960 年
定价：CNY0.14，CNY0.40（精装）
　　中国现代连环画作品。

J0064074
长石的巨变　肖明等合编；丁斌曾等画
上海 上海人民美术出版社 1960 年 精装
定价：CNY0.65
　　中国现代连环画作品。

J0064075
找幸福　彩云改编；刘伟画
哈尔滨 黑龙江美术出版社 1960 年
定价：CNY0.15
　　中国现代连环画作品。

J0064076
赵文君　长虹编文；杨春生绘画；周嘉玉注音
沈阳 辽宁美术出版社 1960 年 49 页 有图
15cm（40 开）统一书号：T8117.1356
定价：CNY0.11
　　中国现代连环画作品，学文化读物。

J0064077
这一觉睡的　柯岩原著；蒋淑均改编，杨玉
华绘
北京 人民美术出版社 1960 年 32 页 有图
13cm（60 开）统一书号：R8027.3422
定价：CNY0.17
（儿童连环画册）
　　中国现代连环画作品。

J0064078
侦查　安林编文；赵越绘
济南 山东人民出版社 1960 年 定价：CNY0.19
　　中国现代连环画作品。

J0064079
侦察的故事　张建辉改编；赵隆义绘
石家庄 河北人民美术出版社 1960 年
定价：CNY0.19
　　中国现代连环画作品。

J0064080
侦察归来　钮胜利改编；关凤鸣绘
郑州 河南人民出版社 1960 年 定价：CNY0.10
　　中国现代连环画作品。

J0064081

珍贵的新芽 （共产主义的风格）赵永江改编；
范志康绘
南京 江苏文艺出版社 1960 年
　　中国现代连环画作品。

J0064082

真假唐僧 潘勤孟改编；汪玉山，汪继远绘
石家庄 河北人民美术出版社 1960 年
定价：CNY0.17
　　中国现代连环画作品。

J0064083

真孔明与小霸王 齐岳改编；邢子云绘
沈阳 辽宁美术出版社 1960 年 定价：CNY0.07
　　中国现代连环画作品。

J0064084

真是好炊事员呀 湖北人民出版社编绘
武汉 湖北人民出版社 1960 年 定价：CNY0.05
（红花遍地开 第 1 辑 8）
　　中国现代连环画作品。

J0064085

真正的人 （上下册）林颂茵改编；胡少飞画
上海 上海人民美术出版社 1960 年 2 册
定价：CNY0.18
　　中国现代连环画作品。

J0064086

征服世界最高峰 浙江美术学院附中高四学
生改编并绘画
杭州 浙江人民美术出版社 1960 年
定价：CNY0.15
　　中国现代连环画作品。

J0064087

正太风暴 梦道编；刘一心，谷照恩绘
石家庄 河北人民美术出版社 1960 年
定价：CNY0.18
　　中国现代连环画作品。

J0064088

郑洪发挖地椿 湖北人民出版社编绘
武汉 湖北人民出版社 1960 年 19 页 有图

10×13cm 统一书号：T8106.458 定价：CNY0.06
（红花遍地开 第一辑 6）
　　中国现代连环画作品。

J0064089

郑全斌的故事 姜恒顺改编；姚洪发绘
沈阳 辽宁美术出版社 1960 年 定价：CNY0.10
　　中国现代连环画作品。

J0064090

郑瑞敬老师傅 四方机厂职工业余美术创作
组编绘
济南 山东人民出版社 1960 年 定价：CNY0.13
　　中国现代连环画作品。

J0064091

知心书记 许文龙改编；陶琦绘图
天津 天津美术出版社 1960 年 30 页 有图
13cm（60 开）统一书号：T8073.1906
定价：CNY0.10
　　中国现代连环画作品。作者陶琦（1922—
2002），女，连环画家。毕业于北平艺专。原中联
书店、天津美术出版社画家，天津文史馆馆员。
创作连环画有《我当上了学习小组长》。

J0064092

知心书记 许文龙改编；陶琦绘
天津 天津美术出版社 1960 年 定价：CNY0.10
（党的好干部丛书）
　　中国现代连环画作品。

J0064093

指挥敌人打敌人 刘书亭改编；傅朋志画
哈尔滨 黑龙江美术出版社 1960 年
定价：CNY0.15
　　中国现代连环画作品。

J0064094

智破匪巢 王弋改编；程修绘
石家庄 河北人民美术出版社 1960 年
定价：CNY0.10
　　中国现代连环画作品。

J0064095

智取陈仓 胡雁改编；严绍唐，李铁生画

上海 上海人民美术出版社 1960 年 10×13cm
定价：CNY0.17
（《三国演义》连环画 50）
　　根据古典小说《三国演义》改编的中国现代
连环画作品。

J0064096
智取陈仓　胡雁改编；严绍唐，李铁生画
上海 上海人民美术出版社 1963 年 2 版
10×13cm 定价：CNY0.20
（《三国演义》连环画）
　　根据古典小说《三国演义》改编的中国现代
连环画作品。

J0064097
智取陈仓　胡雁改编；严绍唐，李铁生绘画
上海 上海人民美术出版社 1979 年 3 版 86 页
10×13cm 定价：CNY0.13
（《三国演义》连环画 39）
　　根据古典小说《三国演义》改编的中国现代
连环画作品。

J0064098
智下三秦　林林改编；王井画
上海 上海人民美术出版社 1960 年 10×13cm
定价：CNY0.24
（《西汉演义》连环画之十一）
　　根据西汉历史故事改编的中国现代连环画
作品。

J0064099
中国古代医学家　滕箕等改编；康洪发等绘
沈阳 辽宁美术出版社 1960 年 定价：CNY0.12
　　中国现代连环画作品。

J0064100
中国支队　白宇改编；徐甫堡绘
北京 人民美术出版社 1960 年 定价：CNY0.19
　　中国现代连环画作品。作者白宇（1952—　），
画家。河南安阳人。安阳师专艺术系毕业。鹤
壁市青年美术家协会副主席、鹤壁黄河书画院院
长、河南省美术家协会会员。主要作品有《高山
有情》《轻音图》等。

J0064101
中苏同盟力量大　浙江幻灯制片厂画；崔汝
先诗
杭州 浙江人民出版社 1960 年 定价：CNY0.11
　　中国现代连环画作品。

J0064102
钟茂成改田　湖北人民出版社编绘
武汉 湖北人民出版社 1960 年 定价：CNY0.06
（红花遍地开 第 1 辑 3）
　　中国现代连环画作品。

J0064103
种棉风波　宋岭编文；魏延年绘
西安 长安美术出版社 1960 年 17 页 有图
10×13cm 统一书号：8146.545 定价：CNY0.08
　　中国现代连环画作品。

J0064104
重逢　钟一鸾作
西宁 青海人民出版社 1960 年 定价：CNY0.12
　　中国现代连环画作品。

J0064105
朱来喜忘本回头　朱喜编；罗超群，廖熊绘
广州 广东人民出版社 1960 年 定价：CNY0.16
　　中国现代连环画作品。

J0064106
诸葛亮渡泸水　胡雁，田衣改编；陈光镒画
上海 上海人民美术出版社 1960 年 10×13cm
定价：CNY0.32
（《三国演义》连环画 44）
　　根据古典小说《三国演义》改编的中国现代
连环画作品。

J0064107
诸葛亮渡泸水　胡雁，田衣改编；陈光镒绘画
上海 上海人民美术出版社 1979 年 2 版
158 页 10×13cm 定价：CNY0.22
（《三国演义》连环画 34）
　　根据古典小说《三国演义》改编的中国现代
连环画作品。

J0064108
猪倌与场长　周祥编文；吕连生，黄清琪绘
福州　福建人民出版社 1960 年　定价：CNY0.15
　　中国现代连环画作品。

J0064109
抓"苏维埃"的故事　金木改编；孙铁生绘
北京　人民美术出版社 1960 年　定价：CNY0.10
　　根据原著改编的连环画作品。

J0064110
撞车成亲　杨理改编；赵静东绘
天津　天津美术出版社 1960 年　定价：CNY0.12
中国现代连环画作品。

J0064111
追匪记　钟志坚改编；张明曹画
上海　上海人民美术出版社 1960 年
定价：CNY0.38
　　中国现代连环画作品。作者钟志坚，改编的
连环画有《红岩》《古茜与德茜》等。

J0064112
姊妹船　陈念云改编；石曼画
上海　上海人民美术出版社 1960 年
定价：CNY0.24
　　中国现代连环画作品。

J0064113
紫姑星　盛森编文；张鹿山绘
杭州　浙江人民出版社 1960 年
定价：CNY0.25
　　中国现代连环画作品。

J0064114
紫凌宫　郑沁园改编；黄子晞，苏云绘
沈阳　辽宁美术出版社 1960 年　定价：CNY0.21
　　中国现代连环画作品。

J0064115
走上爹爹的岗位　于焕图改编；钱贵苏绘
天津　天津美术出版社 1960 年　定价：CNY0.16
　　中国现代连环画作品。

J0064116
走上母瑞山　汪健改编；金奎等画
上海　上海人民美术出版社 1960 年
定价：CNY0.15
（星火燎原画集）
　　中国现代连环画作品。

J0064117
祖国海岸　青田改编；尚君砺画
上海　上海人民美术出版社 1960 年
定价：CNY0.19
　　中国现代连环画作品。

J0064118
最后几秒钟　潘勤孟改编；韩敏画
上海　上海人民美术出版社 1960 年 22 页
12cm（60 开）统一书号：T8081.4786
定价：CNY0.05
（学文化小画库）
　　中国现代连环画作品。改编潘勤孟，美术
家、连环画家。改编连环画有《三国演义》《中国
历史人物故事连环画》等。绘画韩敏（1929—　），
连环画、年画画家。浙江杭州人。历任上海人民
美术出版社创作员、上海书画研究院院长、中国
美术家协会委员、上海市美术家协会理事、上海
文史馆馆员。代表作品有《郑板桥》等。

J0064119
"穷棒子"精神万岁　李俊瑛改编；钟志宏绘
石家庄　河北人民美术出版社 1961 年
13cm（60 开）定价：CNY0.12
　　中国现代连环画。

J0064120
12 次列车　陈澈改编
北京　中国电影出版社 1961 年 133 页 10×13cm
统一书号：8061.706 定价：CNY0.25
（电影连环画册）
　　根据同名电影改编的中国现代连环画作品。

J0064121
阿布杜拉　水曲辰改编；郑家声画
上海　上海人民美术出版社 1961 年 19cm（32 开）
统一书号：T8081.5148 定价：CNY0.16
　　本书为中国连环画作品。

J0064122
八女跨海征服大竹岛　丁仃等作
福州　福建人民出版社　1961年　定价：CNY0.12
　　本书系中国连环画作品。作者丁仃（1933—1999），画家、国家一级美术师。上海人。历任中国美协常务理事、福建省画院名誉院长。代表作品有《樱花仕女》《迎春》《祝亨福下乡》等。

J0064123
八一风暴　曲梅改编；锡麟绘图
沈阳　辽宁美术出版社　1961年　定价：CNY0.23
　　本书系中国连环画作品。

J0064124
八一风暴　刘云改编；尹福康，陈春轩摄影
上海　上海人民美术出版社　1961年　13cm（60开）
定价：CNY0.32
　　本书为中国连环画作品。作者尹福康（1927—　），摄影家。江苏南京人。曾任上海人民美术出版社副编审、上海市摄影家协会副主席等职。主要作品有《烟笼峰岩》《向荒山要宝》《晒盐》《工人新村》等。

J0064125
把青春和知识献给祖国新农村　（知识青年徐振华参加农业劳动的模范事迹）星沙编文；小木绘
长沙　湖南人民出版社　1961年　定价：CNY0.13
　　本书系中国连环画作品。

J0064126
百宝箱　（连环画）陕西日报原著；天津美术出版社改编；张玮绘图
天津　天津美术出版社　1961年　52页　有图
10×13cm　统一书号：T8073.1917　定价：CNY0.14
　　本书为中国现代连环画作品。

J0064127
拜东蓬　落人改编；屠全枫绘图
太原　山西人民出版社　1961年　定价：CNY0.14
　　本书系中国连环画作品。

J0064128
暴风雨所诞生的　（上）钟志坚改编；康济画
上海　上海人民美术出版社　1961年　13cm（60开）
定价：CNY0.28
　　本书为中国连环画作品。作者钟志坚，改编的连环画有《红岩》《古茜与德茜》等。

J0064129
暴风雨所诞生的　（中）钟志坚改编；康济画
上海　上海人民美术出版社　1961年　13cm（60开）
定价：CNY0.26
　　本书为中国连环画作品。

J0064130
暴风雨所诞生的　（下）钟志坚改编；康济画
上海　上海人民美术出版社　1962年　13cm（64开）
定价：CNY0.26
　　本作品系中国连环画。

J0064131
杯弓蛇影　黄一德改编；张岳健等画
上海　上海人民美术出版社　1961年　13cm（60开）
统一书号：R8081.4757　定价：CNY0.28
　　本书为中国连环画作品。

J0064132
碧血花　黄洵瑞改编；宗静风，周静秋绘图
天津　天津美术出版社　1961年　13cm（60开）
定价：CNY0.20
　　本书为中国连环画作品。作者宗静风（1925—　），画家、书法家、连环画家。扬州人。作品有《春草闯堂》《三家福》《谢瑶环》《红梅阁》等。

J0064133
冰上姐妹　孙青改编
北京　中国电影出版社　1961年　10×13cm
统一书号：10061.228　定价：CNY0.27
（电影连环画册）
　　根据同名电影改编的中国现代连环画作品。

J0064134
并头莲花　梁燃尧编文；马建邦绘图
天津　天津美术出版社　1961年　148页　10×13cm
定价：CNY0.30
　　本书为中国连环画作品。

J0064135

并头莲花　（连环画）梁燃尧原著；马建邦绘
天津　天津人民美术出版社　1961 年　149 页　有图
10×13cm ISBN：7-5305-1514-4
定价：CNY9.50（全集 3 册）
　　本书为中国现代连环画作品。

J0064136

捕鱼的人　东土改编；洪浩然，洪淮南画
长春　吉林人民出版社　1961 年　定价：CNY0.12
　　本书系中国连环画作品。

J0064137

蔡伦造纸　许志浩编画
沈阳　辽宁美术出版社　1961 年　定价：CNY0.11
　　本书系中国连环画作品。

J0064138

草地人　汪健改编；蔡千音画
上海　上海人民美术出版社　1961 年　13cm（60 开）
统一书号：8081.4685　定价：CNY0.20
　　本书为中国连环画作品。

J0064139

草原风暴　辛二改编；杨国藩绘图
天津　天津美术出版社　1961 年　13cm（60 开）
定价：CNY0.19
　　本书为中国连环画作品。

J0064140

茶花女　李白英等改编；陈俭画
上海　上海人民美术出版社　1961 年
定价：CNY0.62
　　本书为中国连环画作品。

J0064141

朝露　文飘改编
北京　中国电影出版社　1961 年　10×13cm
定价：CNY0.22
（电影连环画册）
　　根据电影改编的中国现代连环画作品。

J0064142

陈化成　（历史人物连环画）王振栋，王振文改
编；江栋良画
上海　上海人民美术出版社　1961 年
定价：CNY0.24
　　中国现代连环画作品。

J0064143

创业史　（1　蛤蟆滩的曙光）柳青原著；陈铁
英改编；板乔绘图
天津　天津美术出版社　1961 年　定价：CNY0.27
　　本书为中国连环画作品。

J0064144

创业史　（2　在斗争的波浪里）柳青原著；陈
铁英改编；板乔绘图
天津　天津美术出版社　1961 年　95 页　有图
10×13cm　统一书号：T8073.1937　定价：CNY0.21
　　本书为中国现代连环画作品。

J0064145

创业史　（3　晨雾）柳青原著；陈铁英改编；板
乔绘图
天津　天津美术出版社　1964 年　13cm（64 开）
定价：CNY0.27
（农村连环画库）
　　中国现代连环画作品。

J0064146

创业史　（4　山里山外）柳青原著；陈铁英改
编；板乔绘图
天津　天津美术出版社　1964 年　13cm（64 开）
定价：CNY0.25
（农村连环画库）
　　中国现代连环画作品。

J0064147

春城花开　李汝春作；钟志宏绘
石家庄　河北人民美术出版社　1961 年
定价：CNY0.12
　　本书为中国连环画作品。

J0064148

春暖花开　周正改编
北京　中国电影出版社　1961 年　10×13cm
定价：CNY0.28
（电影连环画册）
　　根据电影改编的中国现代连环画作品。

J0064149

唇亡齿寒 （东周列国故事）潘勤梦改编；汪玉山画

上海　上海人民美术出版社　1961 年

定价：CNY0.19

　　本书为中国连环画作品。

J0064150

辞郎州　郑沁园改编；刘汉宗绘图

天津　天津美术出版社　1961 年　定价：CNY0.22

　　本书为中国连环画作品。

J0064151

辞郎洲　杨犀改编；水天宏绘图

沈阳　辽宁美术出版社　1961 年　定价：CNY0.21

　　本书系中国连环画作品。绘画水天宏
（1910—1982），连环画家。浙江宁波人。曾在上
海人民美术出版社从事连环画创作。参加大型
连环画《三国演义》《聊斋志义》《西汉演义》《东
周列国故事》等的绘制工作，出版连环画《艰苦
朴素的程悦长》。

J0064152

打狼　于天存编；史国才绘图

哈尔滨　黑龙江美术出版社　1961 年

定价：CNY0.10

　　本书系中国连环画作品。

J0064153

大办农业　大办粮食 （连环画）浙江人民出
版社编绘

杭州　浙江人民出版社　1961 年　30 页　有图
13cm（60 开）统一书号：8103.75

定价：CNY0.11

　　本书为注音图解本连环画作品。

J0064154

大办农业大办粮食的小队长邱应生　吴管
奇编文；作中，牧鸥画

长沙　湖南人民出版社　1961 年　定价：CNY0.13

　　本书系中国连环画作品。

J0064155

大公无私 （中国古代寓言）黄一德改编；陈
光镒，王继远画

上海　上海人民美术出版社　1961 年

定价：CNY0.34

　　本书为中国连环画作品。

J0064156

大破四方台　潘勤孟改编；林亦秋，罗兴画

上海　上海人民美术出版社　1961 年

定价：CNY0.26

（林海雪原　之六）

　　本书为中国连环画作品。

J0064157

待客如亲人　陆仲坚改编；颜梅华，吴冰玉画

上海　上海人民美术出版社　1961 年　13cm（60 开）

定价：CNY0.14

　　本书为中国连环画作品。绘画吴冰玉
（1934—　　），江苏无锡人。毕业于华东艺专。上
海美术家协会会员、上海人民美术出版社画家、
上海连环画研究会会员。擅长连环画、中国画。
多次参加全国美展及上海市美展。作品绢本彩
色藏族连环画《青蛙骑手》多次获奖。绘画颜梅
华（1927—　　），国画家。号雪庵，斋号琴斋。浙
江乐清人。代表作品有《比目鱼》《白秋练》《白
蛇传》《风云初记》等。

J0064158

登上世界最高峰　陆仲坚改编；罗盘画

上海　上海人民美术出版社　1961 年

定价：CNY0.24

　　本书为中国连环画作品。

J0064159

地下航线　孙青改编

北京　中国电影出版社　1961 年　10×13cm

定价：CNY0.29

（电影连环画册）

　　根据电影改编的中国现代连环画作品。

J0064160

第一计 （连环画）四川省公安厅办公室编

成都　四川人民出版社　1961 年　44 页　有图
10×13cm　统一书号：T8118.377　定价：CNY0.09

　　本书为中国现代连环画作品，根据同名话剧
改编。

J0064161

东郭先生　刘继卣绘
北京　人民美术出版社 1961 年　13cm（60 开）
定价：CNY0.20
　　本书为中国连环画作品。绘画刘继卣（1918—1983），画家。天津人。就读于天津市立美术馆西画系。曾任职于文化部艺术局、人民美术出版社，中国美术家协会理事，北京市工笔人物画研究会副会长，北京市花鸟画研究会副会长。代表作品有《大闹天宫》《雄狮图》《孔雀开屏》《鸡毛信》等。

J0064162

东海人鱼　叶诗芳，张士亮改编；董洪元绘图
天津　天津少儿美术出版社 1961 年
定价：CNY0.24
　　本书系中国连环画作品。

J0064163

东海最前线　田衣改编；茅塞画
上海　上海人民美术出版社 1961 年　13cm（60 开）
定价：CNY0.24
　　本书为中国连环画作品。

J0064164

董宣　（历史名人故事）樊发夫编文；板乔绘图
天津　天津美术出版社 1961 年　13cm（60 开）
定价：CNY0.14
　　本书为中国连环画作品。董宣，东汉时期人，字少平，陈留郡圉县（今河南杞县）人。东汉光武帝刘秀时期官员，东汉初任北海相、江夏太守、洛阳令等职，不畏强暴，惩治豪族。

J0064165

顿珠和卓玛　知希改编；胡克文绘图
天津　天津美术出版社 1961 年　13cm（60 开）
定价：CNY0.17
　　本书为中国连环画作品。绘图胡克文（1928—2015），连环画家。亦名胡少飞，笔名少飞，浙江宁波人。连环画作品有《王子复仇记》《傲蕾·一兰》《娃女》等。

J0064166

夺煤英雄于四元　张建辉改编；一群绘
石家庄　河北人民美术出版社 1961 年

13cm（60 开）定价：CNY0.13
　　本书为中国连环画作品。

J0064167

夺彭城　林林改编；杨锦文画
上海　上海人民美术出版社 1961 年　10×13cm
定价：CNY0.28
（《西汉演义》连环画之十二）
　　根据西汉历史故事改编的中国现代连环画作品。

J0064168

二士争功　陆士达改编；刘锡永画
上海　上海人民美术出版社 1961 年　10×13cm
定价：CNY0.32
（《三国演义》连环画 59）
　　根据古典小说《三国演义》改编的中国现代连环画作品。

J0064169

范缜　武稚雁改编；蒋萍绘图
沈阳　辽宁美术出版社 1961 年　定价：CNY0.16
　　本书系中国连环画作品。

J0064170

梵王宫　（上集）贾铭改编；张令涛、黄子希绘
天津　天津美术出版社 1961 年　13cm（60 开）
定价：CNY0.21
　　本书为中国连环画作品。

J0064171

飞刀华　谢泉铭改编；高适画
上海　上海人民美术出版社 1961 年　13cm（60 开）
定价：CNY0.36
　　本书为中国连环画作品。绘画高适（1931—　），画家。笔名常人，江苏常州人。上海美术家协会会员，曾任职于人民美术出社、兴业幻灯制片厂等单位。连环画主要作品有《不朽的人》《秋瑾》《鹰儿和红花花》。

J0064172

非常事件　金禾改编
北京　中国电影出版社 1961 年　10×13cm
定价：CNY0.32
（电影连环画册）

根据电影改编的中国现代连环画作品。

J0064173

风从东方来　孙青改编

北京　中国电影出版社　1961 年　10×13cm

定价：CNY0.22

（电影连环画册）

　　根据电影改编的中国现代连环画作品。

J0064174

风流人物数今朝　周正改编

北京　中国电影出版社　1961 年　10×13cm

定价：CNY0.19

（电影连环画册）

　　根据电影改编的中国现代连环画作品。

J0064175

夫人城　田衣改编；严绍唐，朱元红画

上海　上海人民美术出版社　1961 年

13cm（60 开）定价：CNY0.26

　　本书为中国连环画作品。

J0064176

福州城里捉"舌头"　王戈改编；程修绘

石家庄　河北人民美术出版社　1961 年

13cm（60 开）定价：CNY0.13

　　本书为中国连环画作品。

J0064177

高山大岵　吉志西改编；费龙翔等绘；民族出

版社译

北京　民族出版社　1961 年　13cm（60 开）

定价：CNY0.40

　　本书为中国连环画作品，其中有朝鲜文、

僮文。

J0064178

革命的一家　王继权等编；姚有信等画

上海　上海人民美术出版社　1961 年　13cm（60 开）

定价：CNY0.32

　　本书为中国连环画作品。

J0064179

革命家庭　文飘改编

北京　中国电影出版社　1961 年　10×13cm

定价：CNY0.36

（电影连环画册）

　　根据电影改编的中国现代连环画作品。

J0064180

革命老人杨庆居　江西文艺学院美术系集体

创作

南昌　江西青少年出版社　1961 年

定价：CNY0.08

　　本书系中国连环画作品。

J0064181

隔头七　王如金编文；王企玟绘图

天津　天津美术出版社　1961 年　13cm（60 开）

定价：CNY0.19

　　本书为中国连环画作品。

J0064182

跟着老马转　汪继俊改编；邹诠，郭德训画

上海　上海人民美术出版社　1961 年　13cm（60 开）

定价：CNY0.16

　　本书为中国连环画作品。

J0064183

工业战线上的"穷棒子社"　毓继明，贺惠

贤画

昆明　云南人民出版社　1961 年

　　本书系中国连环画作品。

J0064184

姑娘的婚事　刘振华编文；张永新，陈曦光

绘画

沈阳　辽宁美术出版社　1961 年　定价：CNY0.09

　　本书系中国连环画作品。

J0064185

古堡烽烟　汪继俊改编；赵瑞椿画

上海　上海人民美术出版社　1961 年　13cm（60 开）

定价：CNY0.18

　　本书为中国连环画作品。

J0064186

古茜和德茜　陶天治改编；雨季，杨九华绘画

沈阳　辽宁美术出版社　1961 年　定价：CNY0.11

　　本书系中国连环画作品。

J0064187

古茜与德茜　钟志坚改编；华三川画

上海　上海人民美术出版社　1961年　13cm（60开）

定价：CNY0.16

　　本书为中国连环画作品。

J0064188

顾炎武　（历史人物连环画）黎炽昌改编；颜梅华，徐正平画

上海　上海人民美术出版社　1961年　13cm（60开）

定价：CNY0.24

　　本书历史人物顾炎武（1613—1682），汉族，明朝南直隶苏州府昆山（今江苏省昆山市）千灯镇人，本名绛，乳名藩汉，别名继坤、圭年，字忠清、宁人，亦自署蒋山佣；南都败后，因为仰慕文天祥学生王炎午的为人，改名炎武。因故居旁有亭林湖，学者尊为亭林先生。明末清初的杰出的思想家、经学家、史地学家和音韵学家，与黄宗羲、王夫之并称为明末清初"三大儒"作品有《日知录》《天下郡国利病书》《肇域志》等。

J0064189

国旗升起的时候　王良莹改编；何国华绘

石家庄　河北人民美术出版社　1961年　13cm（60开）定价：CNY0.12

　　本书为中国连环画作品。

J0064190

蛤蟆洼的变迁　阎涛改编；叶坚铭绘

石家庄　河北人民美术出版社　1961年　13cm（60开）定价：CNY0.12

　　本作品为中国连环画。作者叶坚铭（1933—1998），字路莫。浙江宁波人。擅长版画、连环画。曾任天津人民美术出版社美术编辑、《故事画报》编辑室主任。主要作品有《出路》《有趣的故事》《钻》《日出》等。

J0064191

海瑞　（历史人物连环画）黎炽昌改编；盛焕文，盛鹤年画

上海　上海人民美术出版社　1961年　13cm（60开）定价：CNY0.24

　　海瑞（1514—1587），明朝著名清官。字汝贤，号刚峰，海南琼山（今海口市）人。海瑞一生经历了正德、嘉靖、隆庆、万历四朝。主要作品《治安疏》。

J0064192

红姑　南箴改编；葛锡麟绘图

南昌　江西人民出版社　1961年　定价：CNY0.24

　　本书系中国连环画作品。

J0064193

红花傲霜开　钤广礼改编；沈鸿如绘

石家庄　河北人民美术出版社　1961年　13cm（60开）定价：CNY0.15

　　本书为中国连环画作品。

J0064194

红军不怕远征难　（下集）朱少尤编绘

沈阳　辽宁美术出版社　1961年　定价：CNY0.30

　　本书系中国连环画作品。

J0064195

红军路过桔子林　（连环画）钟绍幼编；潘世勋画

北京　中国少年儿童出版社　1961年　有彩图

19cm（32开）统一书号：R8056.121　定价：CNY0.18

　　本书为中国连环画作品，适合低年级阅读。

J0064196

红军帽　（湖南革命斗争故事和传说）郑元福改编；杨逸麟画

长沙　湖南人民出版社　1961年　定价：CNY0.10

　　本书系中国连环画作品。作者杨逸麟（1931—　），画家、教授。河北迁安人。毕业于中央美术学院绘画系。曾任中国美术家协会会员、中央美术学院教授。代表作品《一颗铜钮扣》《卡门》《周恩来画卷》等。

J0064197

红军坪　（湖南革命斗争故事和传说）叶建森改编；郑一呼绘图

长沙　湖南人民出版社　1961年　定价：CNY0.11

　　本书系中国连环画作品。作者叶建森（1932—　），笔名五丰，厦门人。任中国连环画研究会常务理事、湖南省美术家协会会员等职。主要作品有《血染黄河滩》《变驴》《鸟笼里的野兽》等。

J0064198

红军之母　彭大刚改编；夏书玉绘图

天津　天津美术出版社　1961年　定价：CNY0.17

　　本书系中国连环画作品。

J0064199

红六军的诞生　敦千改编；宋治平绘

石家庄　河北人民美术出版社　1961年

13cm（60开）定价：CNY0.12

　　本书为中国连环画作品。

J0064200

红旗谱　小洪改编；河北省话剧团演出

上海　上海人民美术出版社　1961年　13cm（60开）

定价：CNY0.24

　　本书为中国连环画作品。

J0064201

红色管家温德志　钤广礼改编；河北人民美术出版社绘

石家庄　河北人民美术出版社　1961年

13cm（60开）定价：CNY0.11

　　本作品为中国连环画。

J0064202

红色娘子军　陈澈改编

北京　中国电影出版社　1961年　10×13cm

定价：CNY0.38

（电影连环画册）

　　根据电影改编的中国现代连环画作品。

J0064203

红色女游击队员　王士之改编；于化鲤绘

石家庄　河北人民美术出版社　1961年

13cm（60开）定价：CNY0.17

　　本作品为中国连环画。作者于化鲤（1933—　），画家。又名于化，天津人。曾任天津人民美术出版社副总编。主要作品有《于化鲤漫画作品选集》《宝船》《有朋自远方来》等。

J0064204

红色指挥员　史式改编；吴懋祥绘

石家庄　河北人民美术出版社　1961年

13cm（60开）定价：CNY0.18

　　本作品为中国连环画。

J0064205

红仙女　志学改编；邓柯绘

石家庄　河北人民美术出版社　1961年

定价：CNY0.26

　　本作品为中国连环画。作者邓柯（1936—　），画家。原籍江苏苏州市，生于上海。原名邓国泰。中国美协会员、天津美协理事。曾任天津美术出版社美术编辑、天津画院创作干部。主要作品有《雨》《码头》《小猴种玉米》等。

J0064206

红仙女　庄永兴改编；叶大荣绘图

天津　天津美术出版社　1961年　定价：CNY0.26

（红军长征故事集）

　　本作品为中国连环画。

J0064207

红鹰永生　林林，吉志西改编；胡祖清画

上海　上海人民美术出版社　1961年

定价：CNY0.24

　　本作品为中国连环画。

J0064208

洪湖赤卫队　孙青改编

北京　中国电影出版社　1961年　10×13cm

定价：CNY0.33

（电影连环画册）

　　根据电影改编的中国现代连环画作品。

J0064209

鸿雁　任羽，陈澈改编

北京　中国电影出版社　1961年　10×13cm

定价：CNY0.26

（电影连环画册）

　　根据电影改编的中国现代连环画作品。

J0064210

侯迁仁办农场　（连环画）舒相迪，胡存琼著；陈惠明画

武汉　湖北人民出版社　1961年　118页　18cm（15开）

统一书号：T8106.542　定价：CNY0.50

　　本书为中国现代连环画。作者陈惠明（1933—　），湖北嘉鱼人，毕业于中南美术专科学校。中国美术家协会会员、湖北省美术家协会理事、中国连环画研究会常务理事、湖北连环画

研究会会长。曾为《中国历代寓言选》《长诗望红台》《古寓言今译》等图书作国画插图。

J0064211

侯廷仁办农场　舒相迪,胡存琼文;陈惠明等画
武汉　湖北人民出版社 1961 年　定价:CNY0.50
　　本书系中国连环画作品。

J0064212

胡椒大王　(捻军的传说故事)王杰改编;王存仁绘图
天津　天津美术出版社 1961 年　定价:CNY0.15
　　本作品为中国连环画。

J0064213

护宝山　陶同改编;傅洪生绘图
哈尔滨　黑龙江美术出版社 1961 年
定价:CNY0.14
　　本书系中国连环画作品。

J0064214

花溪河的喜事　高鸢,倪志英改编;禾子画
南昌　江西人民出版社 1961 年　定价:CNY0.06
　　本书系中国连环画作品。

J0064215

黄浦江故事　文飘改编
北京　中国电影出版社 1961 年 10×13cm
定价:CNY0.27
(电影连环画册)
　　根据电影改编的中国现代连环画作品。

J0064216

回国　(壮文)秦牧著;吴其强改编;郁芷芳绘
北京　民族出版社 1961 年 53 页　有图
13cm(60 开)统一书号:M8049(8)13
定价:CNY0.12
　　本书为中国连环画作品。

J0064217

活愚公　万家春改编;王仲清画
上海　上海人民美术出版社 1961 年
定价:CNY0.19
　　本书为中国连环画作品。作者王仲清
(1924—　　),画家、教授。生于四川成都,毕业

于省立成都师范美师科。历任上海人民美术出版社创作员、上海戏剧学院中国画教师、中国美术家协会会员、中国禅画研究院名誉院长。作品有中国画《小三峡》《胡笳十八拍》,连环画《阿诗玛》等。出版有《王仲清画集》等。

J0064218

活捉李仙洲　水曲辰改编;宋治平绘
石家庄　河北人民美术出版社 1961 年
定价:CNY0.11
　　本书为中国连环画作品。

J0064219

火烧河楼　小戈编文;张玮绘图
天津　天津美术出版社 1961 年　定价:CNY0.33
　　本书为中国连环画作品。

J0064220

火烧河楼　小戈编文;张玮绘图
天津　天津人民美术出版社 1961 年 168 页　有图
10×13cm ISBN:7-5305-1519-5
定价:CNY13.50(全集 3 册)
　　本书为中国连环画作品。

J0064221

火烧新野　王星北,潘勤孟改编;吴志明,叶之浩画
上海　上海人民美术出版社 1961 年 10×13cm
定价:CNY0.22
(《三国演义》连环画 22)
　　根据古典小说《三国演义》改编的中国现代连环画作品。

J0064222

基辅姑娘　(上册)雷霆改编
北京　中国电影出版社 1961 年 10×13cm
定价:CNY0.27
(电影连环画册)
　　根据电影改编的中国现代连环画作品。

J0064223

基辅姑娘　(下册)雷霆改编
北京　中国电影出版社 1961 年 10×13cm
定价:CNY0.26
(电影连环画册)

根据电影改编的中国现代连环画作品。

J0064224

箭秆河边　陈平夫改编；王永豪，廉振华绘
石家庄　河北人民美术出版社　1961年
13cm（60开）定价：CNY0.18
　　中国现代连环画。

J0064225

江畔的花朵　石玉改编；李春，曹光绘画
沈阳　辽宁美术出版社　1961年　定价：CNY0.10
　　本书系中国连环画作品。

J0064226

将计就计　潘勤孟改编；林亦秋，罗兴画
上海　上海人民美术出版社　1961年
定价：CNY0.24
（林海雪原　之五）
　　本书为中国连环画作品。

J0064227

交通站的故事　大鲁改编；华三川画
上海　上海人民美术出版社　1961年　13cm（60开）
定价：CNY0.28
　　本书为中国连环画作品。讲述了抗日战争
时期，胶东地区地下交通站负责人共产党员姜
老三冒着生命危险，护送南来北往的同志。后
在出现叛徒的情况下，为了保护党的县级领
导，牺牲了自己的生命。本书的绘画形式为钢
笔复线。

J0064228

今日"愚公"　（注音本）黎瑞来编文；马腾骧画
长春　吉林人民出版社　1961年　定价：CNY0.13
　　本书系中国连环画作品。

J0064229

今天我休息　孙青改编
北京　中国电影出版社　1961年　10×13cm
定价：CNY0.21
（电影连环画册）
　　根据电影改编的中国现代连环画作品。

J0064230

金山江畔　任芬改编；张景祥绘图

沈阳　辽宁美术出版社　1961年　定价：CNY0.23
　　本书系中国连环画作品。

J0064231

锦绣前程　天津美术出版社改编；王恩盛绘
天津　天津美术出版社　1961年　定价：CNY0.11
（锦绣前程丛书）
　　本书为中国连环画作品。

J0064232

晋桂香　金夏吉改编；杜滋龄绘
天津　天津美术出版社　1961年　定价：CNY0.13
（锦绣前程丛书）
　　本书为中国连环画作品。作者杜滋龄
（1941—　），教授。生于天津，毕业于中国美术
学院中国画系研究生班。历任中国画学会副会
长，中国艺术研究院博士生导师，南开大学教
授，天津美术家协会副主席。代表作品《帕米尔
初雪》《古老的歌》《大漠行》等。

J0064233

康兰英　张建辉改编；孟养玉绘
石家庄　河北人民美术出版社　1961年
13cm（60开）定价：CNY0.13
　　本书为中国连环画作品。绘画孟养玉
（1935—　），画家。山西文水人，毕业于山西汾
阳师范学校。历任山西文水县文化馆高级研究
员、人物画学会艺术顾问、吕梁地区美协主席、
黄河书画院副院长。代表作品有《收音机下乡》
《刘胡兰》《能工巧匠》等。

J0064234

克拉拉·蔡特金　冯若梅改编；陈俭画
上海　上海人民美术出版社　1961年
定价：CNY0.40
　　本作品为中国连环画作品。

J0064235

空军英雄杜凤瑞　郑平编；陈应麟绘图
郑州　河南人民出版社　1961年　32页　有图
13cm（60开）统一书号：T8105.366
定价：CNY0.11
　　本书为中国连环画作品。

J0064236
跨海侦察记　吴普改编；张剑维绘
杭州　浙江人民美术出版社 1961 年
定价：CNY0.22
　　本书系中国连环画作品。

J0064237
拉郎配　田衣改编；黄子希，张令涛画
上海　上海人民美术出版社 1961 年
定价：CNY0.28
　　本书为中国连环画作品。

J0064238
蓝剑　王诚改编；胡祖清绘图
天津　天津美术出版社 1961 年　定价：CNY0.23
　　本作品为中国连环画。

J0064239
狼窝扎营　（山西革命斗争故事）解义勇改编；
傅洪生绘图
太原　山西人民出版社 1961 年　定价：CNY0.28
　　本书为中国连环画作品。

J0064240
老队长　吴其柔改编；李明强画
上海　上海人民美术出版社 1961 年
定价：CNY0.30
　　本书为中国连环画作品。

J0064241
老房东的故事　周锡祥改编；周公和画
上海　上海人民美术出版社 1961 年
定价：CNY0.24
　　本书为中国连环画作品。

J0064242
乐二爷摆阵　（义和团传说故事）来诵芬改编；
孟庆江绘图
天津　天津美术出版社 1961 年　定价：CNY0.14
　　本书为中国连环画作品。作者孟庆江
（1937—　　），画家。浙江温州人。毕业于中央美
术学院国画系。曾任《连环画报》主编，《中国艺
术》副主编。代表作品《刘胡兰》《蔡文姬》《长
恨歌》等。

J0064243
梨庄保卫战　云川改编；刘端绘图
天津　天津少儿美术出版社 1961 年
定价：CNY0.30
　　本书系中国连环画作品。

J0064244
李尔王　李白英改编；周光中画
上海　上海人民美术出版社 1961 年 13cm（60开）
定价：CNY0.32
　　本书为中国连环画作品。

J0064245
李贡　郗惠民文；承力画
兰州　甘肃文艺出版社 1961 年　定价：CNY0.18
　　本书系中国连环画作品。

J0064246
李慧娘　于培改编；林雪岩绘图
天津　天津美术出版社 1961 年 13×10cm
定价：CNY0.16
　　本书为中国连环画作品。

J0064247
李家庄的变迁　（上册）赵树理原著；尚文，
吴其柔改编；孙铁生画
上海　上海人民美术出版社 1961 年 158 页　有图
10×13cm 统一书号：T8081.5070 定价：CNY0.32
　　本书为中国连环画作品。

J0064248
炼钢战线一面持续优质高产的红旗　长沙
市文联编；伍景云绘
长沙　湖南人民出版社 1961 年　定价：CNY0.13
　　本书系中国连环画作品。

J0064249
梁鸿与孟光　高鸢，倪志英改编；郑鸥绘图
郑州　河南人民出版社 1961 年　定价：CNY0.11
　　本书系中国连环画作品。

J0064250
粮食　文飘改编
北京　中国电影出版社 1961 年 10×13cm
定价：CNY0.22

（电影连环画册）

　　根据电影改编的中国现代连环画作品。

J0064251

列车飞越鬼门关　王戈改编；刘一心，谷照恩绘
石家庄　河北人民美术出版社　1961年
13cm（60开）定价：CNY0.12

　　本书为中国连环画作品。绘者谷照恩（1939—　），河北宁晋人。历任石家庄日报社和建设报社美术编辑、河北少年儿童出版社美术编辑。擅长连环画、插图。作品有《棉花医生》《将军的末日》《鲤鱼洲的枪声》等。

J0064252

林海雪原　王金铎，陈澈改编
北京　中国电影出版社　1961年　10×13cm
定价：CNY0.28
（电影连环画册）

　　根据电影改编的中国现代连环画作品。

J0064253

林家铺子　郑沁园改编；韩敏，韩伍绘
天津　天津美术出版社　1961年　13cm（60开）
定价：CNY0.22

　　本书为中国连环画作品。绘画韩敏（1929—　），连环画、年画画家。浙江杭州人。历任上海人民美术出版社创作员、上海书画研究院院长、中国美术家协会委员、上海市美术家协会理事、上海文史馆馆员。代表作品有《郑板桥》等。绘画韩伍（1936—　），画家。浙江杭州人，毕业于行知艺术学校。中国美术家协会会员，儿童时代社《哈哈画报》主编，上海市美协理事。作品有《五彩路》《微湖山上》《灯花》等，出版有《韩伍画集》《小巷童年》《诗经彩绘》等。

J0064254

林则徐　杨犀改编；王企玫绘图
天津　天津美术出版社　1961年　有13cm（60开）
定价：CNY0.25

　　本作品为中国连环画。

J0064255

林则徐　郑君里原著；杨犀改编；王企玫绘图
天津　天津人民美术出版社　1961年　122页　有图

10×13cm

　　根据同名小说改编的中国现代连环画作品。作者郑君里（1911—1969），电影演员、导演、艺术理论家。广东香山（今中山）人，生于上海。原名蔚章、郑重，笔名前烈，别名郑千里。就读于南国艺术学院戏剧科。曾任左翼戏剧家联盟执行委员、中国电影制片厂编导、中国戏剧家协会和中国电影工作者协会理事等。导演《一江春水向东流》《乌鸦与麻雀》《林则徐》《聂耳》等影片。

J0064256

刘尕　（义和团传说故事）李天受改编；逄真绘图
天津　天津少儿美术出版社　1961年
定价：CNY0.15

　　本书系中国历史故事连环画作品。

J0064257

刘孝安　（高速度革新红旗手）湖南省长沙电器厂党委办公室编；郑一呼，牧鸥绘图
长沙　湖南人民出版社　1961年　60页　有图
10×13cm　统一书号：8109.540　定价：CNY0.14

　　本作品为中国现代连环画。

J0064258

刘志丹　洪建改编；王重义绘
石家庄　河北人民美术出版社　1961年
定价：CNY0.12

　　本作品为中国连环画作者王重义（1940—　），画家、编辑。生于浙江鄞县。历任人民美术出版社创作员，浙江人民出版社、浙江少年儿童出版社美术编辑、室主任、副编审，浙江美术家协会会员。与兄弟王重英、王重义合作创作多部连环画。主要作品有《海军少尉巴宁》《天山红花》《以革命的名义》《十里洋场斗敌记》《战争在敌人心脏》等。

J0064259

刘志丹和老土地部长　辽水改编；徐甫堡绘图
天津　天津美术出版社　1961年　定价：CNY0.14
　　本作品为中国连环画。

J0064260

龙卓钦　陈健编绘

福州 福建人民出版社 1961 年 定价：CNY0.10
　　本书系中国连环画作品。

J0064261
鲁王和小黄马　洪钊改编；张鹿山绘
石家庄 河北人民美术出版社 1961 年
定价：CNY0.10
　　本作品为中国连环画。

J0064262
路走对了　陶同改编；傅洪生绘
哈尔滨 黑龙江美术出版社 1961 年
定价：CNY0.14
　　本书系中国连环画作品。

J0064263
鹭江激流　邹维之编文；陈加谷绘图
福州 福建人民出版社 1961 年 定价：CNY0.18
　　本书系中国连环画作品。

J0064264
罗蒙诺索夫的故事　黄一德改编；王通画
上海 上海人民美术出版社 1961 年
定价：CNY0.16
　　本作品为中国连环画，讲述了一个俄国科学
家的故事。

J0064265
洛阳桥　史式改编；吴湘霞绘
石家庄 河北人民美术出版社 1961 年
定价：CNY0.13
　　本书为中国连环画作品。

J0064266
绿洲凯歌　文飘改编
北京 中国电影出版社 1961 年 10×13cm
定价：CNY0.26
（电影连环画册）
　　根据电影改编的中国现代连环画作品。

J0064267
马兰花　周正改编
北京 中国电影出版社 1961 年 10×13cm
定价：CNY0.21
（电影连环画册）

　　根据上海海燕电影制片厂同名影片改编的
中国现代连环画作品。

J0064268
买凤凰　（中国古代寓言）黄一德改编；费龙翔
等画
上海 上海人民美术出版社 1961 年
定价：CNY0.30
　　本书为中国连环画作品。

J0064269
卖工记　吉志西改编；方瑶民画
上海 上海人民美术出版社 1961 年
定价：CNY0.34
　　本书为中国连环画作品。

J0064270
梅花磨　孟养玉编绘
太原 山西人民出版社 1961 年 定价：CNY0.13
　　本书系中国连环画作品。作者孟养玉
（1935— ），画家。山西文水人，毕业于山西汾
阳师范学校。历任山西文水县文化馆高级研究
员，人物画学会艺术顾问，吕梁地区美协主席，
黄河书画院副院长。代表作品有《收音机下乡》
《刘胡兰》《能工巧匠》等。

J0064271
苗族老英雄龙奇古　胡启炎，刘长治编绘
长沙 湖南人民出版社 1961 年 定价：CNY0.10
　　本书系中国连环画作品。

J0064272
木工王全禄　雷霆改编
北京 中国电影出版社 1961 年 35 页 有图
15cm（40 开）统一书号：8061.934
定价：CNY0.16
　　本书为中国电影故事连环画作品。

J0064273
牧羊姑娘　王拓明编文；毓继明绘
天津 天津美术出版社 1961 年 定价：CNY0.16
（锦绣前程丛书）
　　本书系中国连环画作品。

J0064274
闹朝扑犬 （东周列国故事）林林改编；天木，千臣画
上海 上海人民美术出版社 1961 年
定价：CNY0.24
　　本书系中国古代故事连环画作品。

J0064275
聂耳 陈澈改编
北京 中国电影出版社 1961 年 10×13cm
定价：CNY0.40
（电影连环画册）
　　根据电影改编的中国现代连环画作品。

J0064276
农民革命家张小礼 钤广礼改编；唐秀菊，陆新生绘
石家庄 河北人民美术出版社 1961 年
定价：CNY0.09
　　本书系中国连环画作品。

J0064277
女儿国 陈平夫改编；钱笑呆，曹增潮绘
石家庄 河北人民美术出版社 1961 年
定价：CNY0.22
　　本书系中国连环画作品。

J0064278
女驸马 小戈改编；张锡武绘图
天津 天津美术出版社 1961 年 定价：CNY0.17
　　本书系中国连环画作品。

J0064279
女英雄尹林芝 张万一编；李济远，药恒绘
太原 山西人民出版社 1961 年 定价：CNY0.50
　　本书系中国连环画作品。

J0064280
潘虎 （星火燎原画集）王品瑞改编；胡振玉画
上海 上海人民美术出版社 1961 年
定价：CNY0.16
　　本作品系中国连环画作品。

J0064281
平原枪声 （1 舌战红枪会）黄冠岳改编；傅

洪生绘图
天津 天津美术出版社 1961 年 定价：CNY0.27
　　本书系中国连环画作品。

J0064282
平原枪声 （2 郑敬之智斗群魔）黄冠岳改编；傅洪生绘图
天津 天津美术出版社 1962 年 13cm（60 开）
定价：CNY0.25
　　本作品系中国连环画。

J0064283
平原枪声 （3 杜平巧破铁壁阵）黄冠岳改编；傅洪生绘图
天津 天津美术出版社 1963 年 13cm（60 开）
定价：CNY0.24
　　中国现代连环画作品。

J0064284
平原枪声 （4 赵振江神枪退敌）黄冠岳改编；傅洪生绘图
天津 天津美术出版社 1963 年 13cm（60 开）
定价：CNY0.31
　　中国现代连环画作品。

J0064285
平原枪声 （5 黎明前的战斗）黄冠岳改编；傅洪生绘图
天津 天津美术出版社 1963 年 13cm（60 开）
定价：CNY0.27
　　中国现代连环画作品。

J0064286
普通劳动者 钟子坚改编；沈悌如画
上海 上海人民美术出版社 1961 年
定价：CNY0.13
　　本书系中国连环画作品。

J0064287
齐天大圣 来诵芬改编；刘汉宗绘
石家庄 河北人民美术出版社 1961 年
定价：CNY0.16
　　本书系中国连环画作品。

J0064288

抢救生命的战斗　（维汉文对照）林裕章画
乌鲁木齐　新疆人民出版社　1961 年
定价：CNY0.12
　　本书系中国连环画作品。

J0064289

巧渡恩阳河　许天柏改编；朱馨欣绘图
郑州　河南人民出版社　1961 年　定价：CNY0.14
　　本书系中国连环画作品。

J0064290

巧救关胜　史式改编；刘汉宗绘
石家庄　河北人民美术出版社　1961 年
定价：CNY0.15
（水浒后传 10）
　　根据中国古典小说《水浒》改编的现代连环
画作品。

J0064291

窃符救赵　（东周列国故事）冯村改编；李成
勋绘
上海　上海人民美术出版社　1961 年
定价：CNY0.22
　　本书系中国古代故事连环画作品。

J0064292

青春之歌　霍毓杰，陈澈改编
北京　中国电影出版社　1961 年　10×13cm
定价：CNY0.37
（电影连环画册）
　　根据电影改编的中国现代连环画作品。

J0064293

取枪记　李社改编；关景宇绘图
北京　北京出版社　1961 年　定价：CNY0.12
　　本作品系中国连环画作品。

J0064294

人强马壮　张辛国编绘
石家庄　河北人民美术出版社　1961 年
定价：CNY0.16
　　本书系中国连环画作品。

J0064295

三八红旗手李素琴　孟敏改编；陈云华，赵
隆义绘图
石家庄　河北人民美术出版社　1961 年　46 页
有图　10×13cm　统一书号：T8087.1014
定价：CNY0.11
　　本书系中国连环画作品。

J0064296

三伏马天武　重天改编；罗盘画
上海　上海人民美术出版社　1961 年
定价：CNY0.17
　　本书系中国连环画作品。

J0064297

三个字的谜　程立改编；李灼才画
成都　成都人民出版社　1961 年　定价：CNY0.09
　　本书系中国连环画作品。

J0064298

三个字的谜　光兴搜集；程立改编；李灼才画
成都　四川人民出版社　1961 年　32 页　有图
10×13cm　统一书号：T8118.393　定价：CNY0.09
　　本书系中国连环画作品。

J0064299

三轮车工人的吼声　王烈改编；金立德绘
石家庄　河北人民美术出版社　1961 年
定价：CNY0.15
　　本书系中国连环画作品。

J0064300

三年早知道　于雯改编；瞿谷寒画
上海　上海人民美术出版社　1961 年
定价：CNY0.22
　　本书系中国连环画作品。作者瞿谷寒
（1938—　），画家。生于上海浦东，就读于扬州
艺术学校学习美术。历任上海美术家协会会员、
上海连环画研究会会员、上海民盟书画院画师。
代表作品有《宋史演义》连环画，《少小离家老大
回》《瞿谷寒画集》等。

J0064301

三月三　吴纯一改编；希生绘图
南昌　江西人民出版社　1961 年　定价：CNY0.22

本书系中国连环画作品。

J0064302

山河多娇 郭森，陈耀华改编；钟志宏绘图
天津 天津美术出版社 1961年 定价：CNY0.25
本书系中国连环画作品。

J0064303

山区里的女农艺师 许文龙改编；陶琦绘
天津 天津美术出版社 1961年 定价：CNY0.12
（锦绣前程丛书）
本书系中国连环画作品。

J0064304

山乡巨变 （第一册）董子畏改编；贺友直画
上海 上海人民美术出版社 1961年 141页
14cm（64开）线装 统一书号：T8081.5076
定价：CNY0.80
本书系中国连环画作品。改编董子畏（1911—1962），浙江海宁人，定居上海。笔名田衣，又名秉璋。肄业于上海光华大学中文系。曾任华东人民美术出版社（后改为上海人民美术出版社）连环画脚本编辑、连环画编辑科副科长等职。编有《铁道游击队》《屈原》《风波》《地下少先队》等。绘画贺友直（1922—2016），连环画家。出生于上海，祖籍浙江宁波。曾任上海人民美术出版社编审，连环画艺术委员会主任，上海市美术家协会第四届副主席，中国连环画研究会第二届副会长等职。代表作品《朝阳沟》《山乡巨变》等。

J0064305

山乡巨变 （第一册）周立波原著；董子畏改编；贺友直画
上海 上海人民美术出版社 1961年 141页 有图
10×13cm 统一书号：T8081.5075 定价：CNY0.30
本书系中国连环画作品。

J0064306

山乡巨变 （第二册）董子畏改编；贺友直画
上海 上海人民美术出版社 1961年 142–257页
14cm（64开）线装 统一书号：T8081.5116
定价：CNY0.70
本书系中国连环画作品。

J0064307

山乡巨变 （第二册）周立波原著；董子畏改编；贺友直画
上海 上海人民美术出版社 1961年 225页 有图
10×13cm 统一书号：T8081.5118 定价：CNY0.24
本书系中国连环画作品。

J0064308

山乡巨变 （第三册）董子畏改编；贺友直画
上海 上海人民美术出版社 1962年 258–402页
14cm（64开）线装 统一书号：T8081.5206
定价：CNY0.80
本书是根据同名小说改编的连环画。1955年秋冬，在湖南省一个僻静的山村，掀起了农业合作化高潮。一连串的故事就从这里发生。画家在表现情节时，选择那些能体现人物个性的表情、动作，细描细绘，以揭示人物的内心活动，形象地呈现在读者面前。

J0064309

山乡巨变 （第三册）周立波原著；董子畏改编；贺友直画
上海 上海人民美术出版社 1962年 10×13cm
定价：CNY0.30
本书系中国连环画作品。

J0064310

山乡巨变 （第四册）周立波原著；新吾改编；贺友直绘画
上海 上海人民美术出版社 1965年 10×13cm
定价：CNY0.22
中国现代连环画作品。

J0064311

社会中坚 孙青改编
北京 中国电影出版社 1961年 10×13cm
定价：CNY0.26
（电影连环册册）
根据电影改编的中国现代连环画作品。

J0064312

沈兆云 清静编；梁守义绘
西宁 青海人民出版社 1961年 定价：CNY0.12
本书系中国连环画作品。

J0064313

师徒俩　冯国增作；孙光基绘

石家庄 河北人民美术出版社 1961 年

定价：CNY0.10

　　本书系中国连环画作品。

J0064314

谁光荣　万家春改编；张庚绘

石家庄 河北美术出版社 1961 年 11×17cm

定价：CNY0.15

　　本书系中国连环画作品。

J0064315

水　五丰改编；宋飞等绘

长沙 湖南人民出版社 1961 年 定价：CNY0.12

　　本书系中国连环画作品。

J0064316

水上春秋　孙青改编

北京 中国电影出版社 1961 年 10×13cm

定价：CNY0.27

（电影连环画册）

　　根据电影改编的中国现代连环画作品。

J0064317

四个红领巾　魏明堂编文；姜振民绘图

济南 山东人民出版社 1961 年 42 页 有图

10×13cm 统一书号：8099.406 定价：CNY0.11

　　本书系中国连环画作品。作者姜振民

（1936—　），编辑。生于山东济南。历任《济南

日报》美术助理编辑，山东省科协宣传部科普美

术编辑，山东人民出版社少儿读物编辑部美术

编辑，山东文艺出版社办公室副主任、美术副编

审，中国美术家协会会员。出版有《姜振民曼画

集》，长篇连环画《白美丽小姐》等。

J0064318

松柏长青　冯洛改编；胡国良，钟安画

上海 上海人民美术出版社 1961 年 17cm（32开）

定价：CNY0.52

　　本书系中国连环画作品。

J0064319

松树炮　（湖南革命斗争故事和传说）李一南

改编；冯宝诚绘

长沙 湖南人民出版社 1961 年 定价：CNY0.12

　　本书系中国连环画作品。

J0064320

苏武　（历史人物连环画）陆士达改编；李铁

生画

上海 上海人民美术出版社 1961 年 13cm（60开）

定价：CNY0.24

　　本书系中国连环画作品。

J0064321

随周副主席长征　张建辉改编；尚君砺绘

石家庄 河北人民美术出版社 1961 年

34 页 13×15cm 定价：CNY0.09

　　本书系中国连环画作品。

J0064322

贪心的猴弟弟　雷霆改编

北京 中国电影出版社 1961 年 20 页 19cm（32开）

统一书号：10061.226 定价：CNY0.18

（电影连环画册）

　　根据电影改编的中国现代连环画作品。

J0064323

桃园嫁女　童介眉编绘

太原 山西人民出版社 1961 年 定价：CNY0.14

　　本书系中国连环画作品。

J0064324

铁道游击队　（之一 打洋行）董子畏改编；丁

斌曾，韩和平画

上海 上海人民美术出版社 1961 年 118 页

11cm（50开）定价：CNY0.30

　　本书系中国连环画作品。

J0064325

铁道游击队　（之十 胜利路）董子畏改编；丁

斌曾，韩和平画

上海 上海人民美术出版社 1961 年 11cm（50开）

定价：CNY0.26

　　本书系中国连环画作品。

J0064326

突破乌江　石景麟改编；周雪芬，李平野绘图

天津 天津美术出版社 1961 年 定价：CNY0.25

（红军长征故事集）

　　本书系中国连环画作品。作者石景麟，著有《音乐家的故事》，与孙铁生合绘有连环画《东进序曲》，改编有连环画《女娲补天》《肖尔布拉克》。

J0064327

沱江的早晨　（1）程浩飞改编；胡克礼绘

天津　天津美术出版社　1961 年　定价：CNY0.24

　　本书系中国连环画作品。

J0064328

沱江的早晨　（2）程浩飞改编；胡克礼绘图

天津　天津美术出版社　1962 年　13cm（64 开）

定价：CNY0.27

　　本作品系中国连环画。

J0064329

沱江的早晨　（3）程浩飞改编；胡克礼绘图

天津　天津美术出版社　1962 年　13cm（64 开）

定价：CNY0.25

　　本作品系中国连环画。

J0064330

万宝岛上的灯火　王戈改编；熊明曦绘

石家庄　河北人民美术出版社　1961 年

1 册　10×12cm（60 开）定价：CNY0.16

　　本书系中国连环画作品。

J0064331

王培珍　天津美术出版社改编；张鸾绘图

天津　天津美术出版社　1961 年　1 册

定价：CNY0.11

（锦绣前程丛书）

　　本书系中国连环画作品。作者张鸾（1924— ），女。别名张米玖，天津人。天津人民美术出版社从事创作，编审。作品有木版画《鲁迅和一个工厂》《五子爱清洁》《娃娃戏少林寺》《小胜儿》《小笛和水罐》等。

J0064332

为了六十一个阶级弟兄　中央美术学院集体创作

北京　人民美术出版社　1961 年　61 页　13cm（60 开）

　　根据《中国青年报》同名特写改编的连环画。

J0064333

为了六十一个阶级弟兄　中央美术学院集体创作

北京　人民美术出版社　1961 年　1 册

定价：CNY0.17

　　本书系中国连环画作品。

J0064334

为了生命　马鸿麟改编；颜梅华画

上海　上海人民美术出版社　1961 年　1 册

定价：CNY0.20

　　本书系中国连环画作品。

J0064335

为粮而战　李文显作；张辛国，张春峰绘

石家庄　河北人民美术出版社　1961 年

1 册　定价：CNY0.10

　　本书系中国连环画作品。

J0064336

文盲变状元　王戈改编；王炎林等绘

石家庄　河北人民美术出版社　1961 年

65 页　13cm（64 开）统一书号：T8087.1002

定价：CNY0.14

　　本书系中国连环画作品。作者王炎林（1940—2010），画家。河南郑州人，毕业于西安美术学院油画系。历任西安电影制片厂美术设计师、西安市美协副主席、中国美术家协会会员等。代表作品《我和鸟儿交朋友》《绿化祖国造福后代》等。

J0064337

我国的保尔　张建辉改编；全祝明绘

石家庄　河北人民美术出版社　1961 年

1 册　定价：CNY0.08

　　本书系中国连环画作品。

J0064338

我们爱科学　（4）中国少年儿童出版社编辑

北京　中国少年儿童出版社　1961 年　64 页　有图

19cm（32 开）统一书号：3056.39

定价：CNY0.12

　　中国现代连环画作品。

J0064339

卧薪尝胆 （东周列国故事）董子畏改编；严绍唐画

上海 上海人民美术出版社 1961年 1册

10×13cm 定价：CNY0.44

本书系中国古代故事连环画作品。改编董子畏（1911—1962），浙江海宁人，定居上海。笔名田衣，又名秉璋。肄业于上海光华大学中文系。曾任华东人民美术出版社（后改为上海人民美术出版社）连环画脚本编辑、连环画编辑科副科长等职。编有《铁道游击队》《屈原》《风波》《地下少先队》等。绘画严绍唐（1912—1979），又名家驯。江苏吴县洞庭西山人。擅长连环画，代表作品有《金玉奴》《走麦城》《姜维献书》《刺庆忌》等。

J0064340

五彩路 陈澈编

北京 中国电影出版社 1961年 133页

19cm（32开）统一书号：10061.251

定价：CNY0.48

本书系电影故事连环画作品。

J0064341

五个水兵 李白英改编；张宏，端木绘画

南京 江苏人民出版社 1961年 定价：CNY0.12

本书系中国连环画作品。

J0064342

西瓜的故事 庄努改编；袁奕贤画

成都 成都人民出版社 1961年 定价：CNY0.12

本书系中国连环画作品。作者庄努，改编有连环画《大唐高僧》（《西游记》故事之三）

J0064343

弦高救国 丁善葆改编；戴宏海绘图

天津 天津美术出版社 1961年 1册

定价：CNY0.16

本书系中国连环画作品。

J0064344

相亲 黄东成改编；范福生绘画

南京 江苏人民出版社 1961年 定价：CNY0.11

本书系中国连环画作品。

J0064345

湘江逆流 石景麟改编；李瑞祥，刘大庸画

上海 上海人民美术出版社 1961年 1册

定价：CNY0.26

本书系中国连环画作品。

J0064346

小红孩 江苏人民出版社编

南京 江苏人民出版社 1961年 26页 有图

15cm（40开）统一书号：T10100.984

定价：CNY0.06

本书系中国连环画作品，适合儿童读者阅读。

J0064347

小虎子 新少年报社编画

上海 少年儿童出版社 1961年 1册 有彩图

13×19cm（32开）统一书号：R10024.2670

定价：CNY0.14

本书系中国儿童连环画作品。

J0064348

小小气象哨 刘存厚改编；邓柯绘

石家庄 河北人民美术出版社 1961年

67页 9×12cm（60开）定价：CNY0.14

本书系中国连环画作品。

J0064349

小小杂技团 圣野写；严折西绘图

上海 少年儿童出版社 1961年 1册 有彩图

13cm（60开）统一书号：R10024.2755

定价：CNY0.15

本书系中国连环画作品。

J0064350

小雪花 梁上泉写；周昌米绘图

上海 上海人民美术出版社 1961年 1册 有彩图

19cm（32开）定价：CNY0.08

本书系中国连环画作品。

J0064351

笑逐颜开 孙青改编

北京 中国电影出版社 1961年 定价：CNY0.26

（电影连环画册）

根据电影改编的中国现代连环画作品。

J0064352

新"愚公"檀积蒲 凤村编文；洪淮南，洪浩然绘图

福州 福建人民出版社 1961年 定价：CNY0.18

　　本书系中国连环画作品。

J0064353

丫丫 南箴改编；任国培画

南昌 江西人民出版社 1961年 定价：CNY0.14

　　本书系中国连环画作品。

J0064354

亚碧与山罗 程十发编绘

上海 上海人民美术出版社 1961年 1册

15×12cm（42开）定价：CNY0.36

　　本书系中国连环画作品。

J0064355

盐田风暴 （福建老根据地人民革命斗争故事）
忆蓝改编；吕连生绘

福州 福建人民出版社 1961年 定价：CNY0.16

　　本书系中国连环画作品。

J0064356

杨靖宇将军的故事 丹心改编；尚君砺画

石家庄 河北人民美术出版社 1961年
1册 定价：CNY0.11

　　本书系中国连环画作品。

J0064357

养猪姑娘 孙青改编

北京 中国电影出版社 1961年 定价：CNY0.16
（电影连环画册）

　　根据电影改编的中国现代连环画作品。

J0064358

野猪林 石红改编；卜孝怀绘

北京 外文出版社 1961年 1册

　　本书系中国连环画作品，其中有英文、西班
牙文、阿拉伯文。绘画卜孝怀（1904—1969），画
家。河北安国人，又名卜宪中、卜广中，毕业于
北京大学艺术学院。曾任人民美术出版社创作
室创作员、中国画院兼职画家、中国美术家协会
会员等。代表作品有连环画《刘巧团圆》《水浒》
《闹江州》等。

J0064359

夜袭浒墅关车站 周健编文；康济绘

南京 江苏人民出版社 1961年 定价：CNY0.10

　　本书系中国连环画作品。

J0064360

夜莺部队 宋文光改编；陈怀修绘图

沈阳 辽宁美术出版社 1961年 定价：CNY0.16

　　本书系中国连环画作品。

J0064361

一幅僮锦 雷霆改编

北京 中国电影出版社 1961年 定价：CNY0.13
（电影连环画册）

　　根据电影改编的中国现代连环画作品。

J0064362

一只脚 王同仁编绘

北京 群众出版社 1961年 1册 定价：CNY0.10

　　本书系中国连环画作品。作者王同仁
（1937—　），教授、画家。甘肃兰州人，毕业于
中央美术学院。任中央美术学院教授，中国美术
家协会、中国书法家协会会员，炎黄艺术馆艺委
会原副主任，北京国际艺术博览会基金会理事
等。出版《王同仁作品集》《中国画大家——王
同仁》《王同仁速写》等。

J0064363

以革命的名义 文飘改编

北京 中国电影出版社 1961年 定价：CNY0.36
（电影连环画册）

　　根据电影改编的中国现代连环画作品。

J0064364

英姬 焦玉峰改编；于化鲤绘

石家庄 河北人民美术出版社 1961年
定价：CNY0.11

　　本书系中国连环画作品。作者于化鲤
（1933—　），画家。又名于化，天津人。曾任天
津人民美术出版社副总编。主要作品有《于化鲤
漫画作品选集》《宝船》《有朋自远方来》等。

J0064365

英雄岛 雷霆改编

北京 中国电影出版社 1961年 定价：CNY0.23

（电影连环画册）

　　根据电影改编的中国现代连环画作品。

J0064366

英雄的堡垒　敦千改编；祝贺绘

石家庄　河北人民美术出版社　1961年

定价：CNY0.18

　　本书为中国连环画作品。

J0064367

英雄虎胆　潘培元改编；胡祖清，张仁康画

上海　上海人民美术出版社　1961年

定价：CNY0.36

　　本书系中国战斗故事连环画作品。

J0064368

英雄诗篇　中国电影出版社改编

北京　中国电影出版社　1961年　定价：CNY0.28

（电影连环画册）

　　根据电影改编的中国现代连环画作品。

J0064369

迎春花　（1）陈杜之改编；戴仁绘图

天津　天津美术出版社　1961年　定价：CNY0.30

　　本书系中国连环画作品。作者戴仁（1934— ），浙江温州人。中国美术家协会会员、浙江省美术家协会理事、浙江省科普艺术协会理事。主要作品有连环画《三个勇士》《棠棣之花》《胭脂》等。

J0064370

迎接朝霞　崔璇著；蓝翔改编；张品操画

上海　上海人民美术出版社　1961年　76页　有图

9×13cm　统一书号：T8081.5137　定价：CNY0.17

　　中国现代连环画。

J0064371

迎接朝霞　蓝翔改编；张品操画

上海　上海人民美术出版社　1961年

定价：CNY0.17

　　本书系中国连环画作品。

J0064372

勇敢的摄影师　潘勤孟改编；王勇扬绘

石家庄　河北人民美术出版社　1961年

定价：CNY0.15

　　本书系中国连环画作品。

J0064373

又红又专的赵顶良　黄成贤绘

福州　福建人民出版社　1961年　定价：CNY0.12

　　本书系中国连环画作品。

J0064374

于谦　（历史人物连环画）黎炽昌改编；严绍唐，李铁生画

上海　上海人民美术出版社　1961年

定价：CNY0.24

　　本书系中国历史人物连环画。

J0064375

虞允文　叶吉编文；盛鹤年绘图

天津　天津美术出版社　1961年　定价：CNY0.27

　　本书系中国连环画作品。绘图盛鹤年（1938—2010），连环画家，江苏江阴人，历任上海市美术家协会会员。出版有《扬州除霸》《白描人物十招》《中国画白描基础》《中国古代人物线描画谱》等。

J0064376

月夜飞骑兵　常惠改编；尚君砺绘

石家庄　河北人民美术出版社　1961年

定价：CNY0.10

　　本书系中国连环画作品。

J0064377

月夜飞骑兵　宋文光改编；初玉衡绘画

沈阳　辽宁美术出版社　1961年　定价：CNY0.08

　　本书系中国连环画作品。

J0064378

岳家庄　李白英改编；徐正平画

上海　上海人民美术出版社　1961年　13cm（64开）

定价：CNY0.14

　　本书系中国连环画作品。绘图徐正平（1923—2015），连环画家。笔名又飞，江苏阜宁人。上海连环画研究会理事。代表作品有《复镖仇》《安史之乱》《桃园结义》《虎牢关》《风雪夜归人》等。

J0064379

越海擒敌　洪钊改编；黄景绘
石家庄 河北人民美术出版社 1961 年
定价：CNY0.21
　　本书系中国连环画作品。

J0064380

在伯爵的废墟上　胡克礼绘图
沈阳 辽宁美术出版社 1961 年 定价：CNY0.20
　　本作品系电影故事连环画。根据苏联同名
电影改编。胡克礼，连环画家。

J0064381

炸桥　何国忠改编；傅洪生画
长春 吉林人民出版社 1961 年 定价：CNY0.15
　　本书系中国连环画作品。

J0064382

展翅高飞　谢平实改编；戴敦邦绘
石家庄 河北人民美术出版社 1961 年
定价：CNY0.16
　　本书系中国连环画作品。

J0064383

战火中的青春　孙青改编
北京 中国电影出版社 1961 年 10×13cm
定价：CNY0.28
（电影连环画册）
　　根据电影改编的中国现代连环画作品。

J0064384

战上海　文飘改编
北京 中国电影出版社 1961 年 定价：CNY0.28
（电影连环画册）
　　根据电影改编的中国现代连环画作品。

J0064385

战荥阳　林林改编；于濂元画
上海 上海人民美术出版社 1961 年 10×13cm
定价：CNY0.24
（《西汉演义》连环画之十五）
　　根据西汉历史故事改编的中国现代连环画
作品。

J0064386

战荥阳　林林编文；于濂元绘画
上海 上海人民美术出版社 1983 年 2 版
110 页 10×13cm 定价：CNY0.17
（《西汉演义》连环画之十五）
　　根据西汉历史故事改编的中国连环画作品。

J0064387

张江渡口　刘勇编文；之湘，亮凯绘画
长沙 湖南人民出版社 1961 年 定价：CNY0.08
　　本书系中国连环画作品。

J0064388

长白山上一棵松　张建辉整理；魏连福绘
石家庄 河北人民美术出版社 1961 年
定价：CNY0.11
　　本书系中国连环画作品。

J0064389

长直沟之战　任东流改编；汪玉山画
上海 上海人民美术出版社 1961 年
定价：CNY0.15
　　本书系中国连环画作品。

J0064390

赵一曼　章程改编；汪绚秋画
上海 上海人民美术出版社 1961 年
定价：CNY0.42
　　本书系中国连环画作品。

J0064391

侦查济南　焦玉峰改编；刘端绘
石家庄 河北人民美术出版社 1961 年
定价：CNY0.10
　　本书系中国连环画作品。

J0064392

珍珠姑娘　管兴万改编；钱笑呆画
上海 上海人民美术出版社 1961 年
定价：CNY0.14
　　本书系中国连环画作品。绘画钱笑呆
（1912—1965），连环画名家。祖籍江西，出生于
江苏阜宁。原名爱荃。曾为上海锦章书局创作
连环画，后任上海新华美术出版社、上海人民美
术出版社连环画创作员。代表作有《青楼泪》《红

楼梦》《洛阳桥》等。

J0064393

征服白岩山　曹丽泉改编；树春等画

南昌　江西人民出版社　1961年　定价：CNY0.16

　　本书系中国连环画作品。

J0064394

智夺马群　缪文心改编；罗盘画

上海　上海人民美术出版社　1961年

定价：CNY0.15

　　本书系中国连环画作品。

J0064395

智取蓝山庄　贾品改编；吴懋祥绘图

郑州　河南人民出版社　1961年　定价：CNY0.15

　　本书系中国连环画作品。

J0064396

智取威虎山　曹丽泉改编；傅志旺画

南昌　江西人民出版社　1961年　定价：CNY0.32

　　本书系中国连环画作品。

J0064397

智取威虎山　王星北改编；罗兴，王亦秋画

上海　上海人民美术出版社　1961年

定价：CNY0.22

（林海雪原 之四）

　　本书系中国连环画作品。

J0064398

中朝儿女　王诚改编；吕连生绘图

沈阳　辽宁美术出版社　1961年　定价：CNY0.20

　　本书系中国连环画作品。

J0064399

诛石厚　（东周列国故事）马洪林改编；水天
宏画

上海　上海人民美术出版社　1961年

定价：CNY0.19

　　本书系中国历史故事连环画作品。绘画水
天宏（1910—1982），连环画家。浙江宁波人。曾
在上海人民美术出版社从事连环画创作。参加
大型连环画《三国演义》《聊斋志义》《西汉演义》
《东周列国故事》等的绘制工作，出版连环画《艰

苦朴素的程悦长》。

J0064400

祝妈妈　王戈改编；张玉霖等绘

石家庄　河北人民美术出版社　1961年

定价：CNY0.14

　　本书作品系中国连环画作品。

J0064401

壮志凌云　书亭改编；陈永智等绘图

哈尔滨　黑龙江美术出版社　1961年

定价：CNY0.17

　　本书系中国连环画作品。

J0064402

追韩信　林林改编；张令涛等画

上海　上海人民美术出版社　1961年　10×13cm

定价：CNY0.28

（《西汉演义》连环画之九）

　　根据西汉历史故事改编的中国现代连环画
作品。

J0064403

宗泽　史式编文；盛焕文，盛鹤年绘图

沈阳　辽宁美术出版社　1961年　定价：CNY0.24

　　本书系中国连环画作品。

J0064404

祖传秘方　高铁林，修明编著；王纯信绘图

哈尔滨　黑龙江美术出版社　1961年

定价：CNY0.15

　　本书系中国连环画作品。作者王纯信
（1939—　　），画家。吉林通化人。毕业于通化教
育学院。吉林省通化师范学院美术系主任、通化
市美术家协会主席、中国书法家协会会员、吉林
省美术家协会理事。作品有《福到农家》《长白
山天池》《山民夜话》等。

J0064405

"小茶碗"变成"大脸盆"　周勤改编；李云生
绘图

郑州　河南人民出版社　1962年　36页　有图

10×13cm　统一书号：T8105.331　定价：CNY0.09

　　中国现代连环画作品。

J0064406

51号兵站　陈彻改编

北京　中国电影出版社　1962年　13cm（64开）

定价：CNY0.31

（电影连环画册）

　　中国现代连环画作品。

J0064407

埃苏拜尔的枪声　邹向前改编；史国才绘图

哈尔滨　黑龙江美术出版社　1962年　13cm（64开）

定价：CNY0.15

　　本作品系中国现代连环画。

J0064408

爱人、同志　王文彬编绘

北京　朝花美术出版社　1962年　13cm（64开）

定价：CNY0.14

　　本书系中国连环画作品。作者王文彬（1928—2001），教授、画家。字弋人，山东青岛人，中央美术学院油画系。历任中央美术学院教授、中国美协壁画艺术委员会委员。著有《油画自修》《壁画绘制工艺》《安格尔》《米勒》《王文彬画集》等。

J0064409

暗渡陈仓　林林改编；张令涛，胡丁文画

上海　上海人民美术出版社　1962年　10×13cm

定价：CNY0.26

（《西汉演义》连环画之十）

　　根据西汉历史故事改编的中国现代连环画作品。

J0064410

八女跨海征荒岛　珊人，黄野编文；丁汀等绘图

福州　福建人民出版社　1962年　13cm（64开）

定价：CNY0.19

　　本作品系中国现代连环画。作者丁汀（1933—1999），画家、国家一级美术师。上海人。历任中国美协常务理事，福建省画院名誉院长。代表作品有《樱花仕女》《迎春》《祝亨福下乡》等。

J0064411

八女投江　潘培元改编；叶大荣画

上海　上海人民美术出版社　1962年　13cm（64开）

定价：CNY0.26

连环画。内容描绘了8位东北抗日女英雄在与日本侵略军激战后，弹尽粮绝，毅然投江的感人故事。

J0064412

八女投江　璜璜改编；周雪芬，李平野绘图

天津　天津美术出版社　1962年　13cm（64开）

定价：CNY0.22

　　本作品系中国连环画。

J0064413

八一风暴　本溪话剧团改编；本溪话剧团演出

天津　天津美术出版社　1962年　13cm（64开）

定价：CNY0.37

　　本作品系中国连环画。

J0064414

宝船　李尊一改编；孙吉昌绘画

南京　江苏人民出版社　1962年　13cm（64开）

定价：CNY0.16

　　本作品系中国现代连环画。

J0064415

宝玉出走　潘勤孟改编；王靖洲画

上海　上海人民美术出版社　1962年　10×13cm

定价：CNY0.24

（《红楼梦》连环画）

　　根据古典小说《红楼梦》改编的中国现代连环画作品。

J0064416

报晓鸡　报晓鸡，刘立三改编；尚德周等绘图

西安　长安美术出版社　1962年　13cm（64开）

定价：CNY0.12

　　本作品系中国现代连环画。

J0064417

暴风骤雨　陈彻改编

北京　中国电影出版社　1962年　13cm（60开）

定价：CNY0.34

（电影连环画册）

　　本作品系中国电影连环画。

J0064418

悲壮的颂歌　李白英改编；周光中画

上海 上海人民美术出版社 1962年 13cm（64开）
定价：CNY0.30
　　本作品系中国连环画。

J0064419
北塔山风云 杨森改编；徐进画
上海 上海人民美术出版社 1962年 13cm（64开）
定价：CNY0.26
　　本作品系中国连环画。

J0064420
碧血丹心 陈平夫改编；严绍唐等绘
石家庄 河北人民美术出版社 1962年
13cm（64开）定价：CNY0.17
　　本作品系中国连环画。

J0064421
碧血扬州 雪松改编；盛焕文，盛鹤年绘
南京 江苏人民出版社 1962年 13cm（64开）
定价：CNY0.16
　　本作品系中国现代连环画。

J0064422
变天记 （二 鱼水情）可蒙改编；汪绚秋画
上海 上海人民美术出版社 1962年 13cm（64开）
定价：CNY0.32
　　本作品系中国连环画。

J0064423
冰化雪消 林林改编；张怀江画
上海 上海人民美术出版社 1962年 13cm（64开）
定价：CNY0.42
　　本作品系中国连环画。作者张怀江（1922—
1989），版画家、教授。原名隆超，笔名施木、
槐岗等。浙江乐清人，毕业于上海美术专科学
校，师从版画家野夫学习木刻。曾任杭州西湖
艺专为版画系讲师，浙江美术学院教务长、教
授。代表作有《鲁迅和方志敏》《农村妇女》等。

J0064424
不灭的光辉 峻青原著；南箴改编；陈海生绘图
南昌 江西人民出版社 1962年 88页 有图
10×13cm 统一书号：T8110.329 定价：CNY0.25
　　本书系中国连环画作品。

J0064425
不灭的光辉 南箴改编；陈海生绘图
南昌 江西人民出版社 1962年 13cm（60开）
定价：CNY0.25
　　本作品系中国连环画。

J0064426
不灭的光辉 周洪达改编；王秉智绘
沈阳 辽宁美术出版社 1962年 13cm（60开）
定价：CNY0.17
　　本作品系中国现代连环画。

J0064427
蔡文姬 唐开础改编；胡若佛绘
石家庄 河北人民美术出版社 1962年
13cm（64开）定价：CNY0.24
　　本作品系中国连环画。

J0064428
蔡文姬 合肥市京剧团创作组改编；江瑞安
摄影
南京 江苏人民出版社 1962年 13cm（60开）
定价：CNY0.18
　　本作品系中国现代连环画。

J0064429
藏胞的"女神" 王捷改编；孟英声绘
石家庄 河北人民美术出版社 1962年
13cm（64开）定价：CNY0.19
　　本作品系中国连环画。

J0064430
草原晨曲 周中改编；瞿有衡绘图
天津 天津美术出版社 1962年 13cm（64开）
定价：CNY0.32
　　中国现代连环画。

J0064431
草原骑踪 （上）陶同改编；王纯信绘图
哈尔滨 黑龙江美术出版社 1962年 10×13cm
定价：CNY0.17
　　本作品系中国现代连环画。

J0064432
草原骑踪 （下）陶同改编；王纯信绘图

哈尔滨 黑龙江美术出版社 1962 年 10×13cm
定价：CNY0.17

J0064433
草原脱险　吴孝三改编；马希光绘
太原 山西人民出版社 1962 年 13cm（64 开）
定价：CNY0.10
　　本作品系中国连环画。

J0064434
曾头市　陈缘督绘
北京 人民美术出版社 1962 年 2 版 13cm（64 开）
定价：CNY0.32
（水浒 之二十）
　　根据中国古典小说《水浒》改编的现代连环画。

J0064435
朝霞红似火　张诚改编；杜键，高亚光绘
石家庄 河北人民美术出版社 1962 年
13cm（64 开）定价：CNY0.19
　　中国现代连环画。作者张诚，工艺美术师。字则明，云南昆明人。中国书法家协会会员、中国书协云南分会理事、钱南园研究会会长、昆明美术家协会会员等。

J0064436
朝阳沟　柳杨改编；张凭绘图
郑州 河南人民出版社 1962 年 13cm（64 开）
定价：CNY0.15
　　中国现代连环画。

J0064437
车轮飞转　甘礼乐改编；陈宏仁画
上海 上海人民美术出版社 1962 年 13cm（64 开）
定价：CNY0.28
　　中国现代连环画。作者甘礼乐（1923—　），连环画家。上海人，曾用笔名余峥。作品有普希金的《驿站长》，巴尔扎克的《夏倍上校》等。作者陈宏仁（1937—　），上海人。毕业于山东师范学院美术科。中国摄影家协会会员。主要摄影作品有《猫头鹰》《骆驼》《五老峰》等。

J0064438
陈公豹　苏敦勇改编；虞春富绘图

南昌 江西人民出版社 1962 年 13cm（64 开）
定价：CNY0.23
　　中国现代连环画。

J0064439
冲破黎明前的黑暗　俞沙丁绘
北京 朝花美术出版社 1962 年 2 版
13cm（64 开）定价：CNY0.26
　　中国现代连环画。

J0064440
闯三关　官大伟原作；康迈千改编；赵隆义绘图
石家庄 河北人民美术出版社 1962 年 37 页
有图 10×13cm 统一书号：T8087.1044
定价：CNY0.10
　　中国现代连环画。

J0064441
春催桃李　孙青改编
北京 中国电影出版社 1962 年 13cm（64 开）
定价：CNY0.32
（电影连环画册）
　　中国现代连环画作品。

J0064442
唇亡齿寒　丁善葆改编；陈林祥绘图
天津 天津美术出版社 1962 年 13cm（64 开）
定价：CNY0.16
　　中国现代连环画。

J0064443
从游击队到主力军　淮子改编；丁茂隆等画
上海 上海人民美术出版社 1962 年 13cm（64 开）
定价：CNY0.15
（星火燎原画集）
　　中国现代连环画。

J0064444
翠岗红旗　今昔改编；夏书玉绘图
天津 天津美术出版社 1962 年 13cm（60 开）
定价：CNY0.21
　　本作品系中国连环画。

J0064445
达吉和她的父亲　王淑琴，张天仁改编；邢子

云绘画

沈阳　辽宁美术出版社　1962 年　13cm（64 开）

定价：CNY0.31

　　本作品系中国现代连环画。

J0064446

达吉和她的父亲　文飘改编

北京　中国电影出版社　1962 年　13cm（64 开）

定价：CNY0.27

（电影连环画册）

　　中国现代连环画作品。

J0064447

大名府　李树平改编；陈缘督绘

北京　人民美术出版社 1962 年 2 版 13cm（64 开）

定价：CNY0.42

（水浒 之十九）

　　根据中国古典小说《水浒》改编的现代连环画作品。

J0064448

大闹天宫　丁正华改编；乐小英，戴敦邦绘画

南京　江苏人民出版社　1962 年　13cm（64 开）

定价：CNY0.18

　　本作品系中国现代连环画。作者乐小英（1921—1984），原名乐汉英，笔名守松、锹嘉，浙江镇海人。先后任《大报》《亦报》美术编辑和《新民晚报》美术组组长，中国美术家协会上海分会漫画组组长。主要作品有《刘胡兰》《五彩路》《乐小英儿童连环画选》等，出版有《大家做好事》《动脑筋爷爷》《乐小英儿童漫画集》等。作者戴敦邦（1938—　），国画家，教授。号民间艺人，江苏丹徒人。毕业于上海第一师范学校。历任《中国少年报》《儿童时代》美术编辑，上海交通大学人文学院教授等。主要作品《水浒人物一百零八图》《戴敦邦水浒人物谱》《戴敦邦新绘红楼梦》《戴敦邦古典文学名著画集》等；连环画代表作品有《一支驳壳枪》《水上交通站》《大泽烈火》《蔡文姬》等。

J0064449

大破连环马　墨浪绘

北京　人民美术出版社 1962 年 2 版 13cm（64 开）

定价：CNY0.24

（水浒 16）

　　根据中国古典小说《水浒》改编的现代连环画作品。

J0064450

但丁街血案　（上册）章程改编；蔡千音画

上海　上海人民美术出版社　1962 年　13cm（64 开）

定价：CNY0.26

　　本作品系中国连环画。

J0064451

但丁街血案　（下册）章程改编；蔡千音画

上海　上海人民美术出版社　1962 年　13cm（64 开）

定价：CNY0.24

　　本作品系中国连环画。

J0064452

灯芯绒　西戎原著；辛生改编；李明强画

上海　上海人民美术出版社　1962 年　13cm（60 开）

定价：CNY0.17

　　本作品系中国连环画。

J0064453

狄青风云夺征衣　裴大元改编；黄子晞，张令涛绘画

沈阳　辽宁美术出版社　1962 年　13cm（64 开）

定价：CNY0.15

　　本作品系中国现代连环画。

J0064454

地下航线　李政民改编；陈云华画

上海　上海人民美术出版社　1962 年　13cm（64 开）

定价：CNY0.24

　　本作品系中国连环画。

J0064455

甸海春秋　吴其柔改编；张品操画

上海　上海人民美术出版社　1962 年　13cm（64 开）

定价：CNY0.24

　　中国现代连环画。作者张品操（1936—　），画家、美术教育家，生于浙江省安吉县，祖籍安徽桐城。毕业于浙江美术学院中国画系人物，并留校任教。现为中国美术学院教授、中国美术家协会会员。代表作连环画《小兵张嘎》。著有《水墨人物画技法》《国画人物画法》《聚焦浙派·张品操作品集》《张品操速写》等书。

J0064456

东郭先生 （世界语译本）董聚贤改编；刘继
卣绘
北京 中华全国世界语协会 1962 年
　　中国连环画。

J0064457

东进序曲 石景麟改编；孙铁生绘图
天津 天津美术出版社 1962 年 13cm（64 开）
定价：CNY0.21
　　本作品系中国连环画。

J0064458

冬暖 南篯改编；葛锡麟绘
太原 山西人民出版社 1962 年 13cm（64 开）
定价：CNY0.14
　　本作品系中国连环画。

J0064459

渡江侦察记 章程改编；顾炳鑫绘
北京 人民美术出版社 1962 年 修订版
13cm（64 开）定价：CNY0.38
　　本书系中国连环画作品。

J0064460

二渔夫 甘礼乐改编；韩和平画
上海 上海人民美术出版社 1962 年 13cm（64 开）
定价：CNY0.13
　　本作品系中国连环画。作者甘礼乐
（1923— ），连环画家。上海人，曾用笔名余崢。
作品有普希金的《驿站长》，巴尔扎克的《夏倍上
校》等。

J0064461

方腊得宝 顾启欧改编；李平绘图
天津 天津美术出版社 1962 年 13cm（64 开）
定价：CNY0.14
　　本作品系中国连环画。

J0064462

方腊得宝 顾启欧改编；李平绘图
天津 天津人民美术出版社 1962 年 54 页 有图
10×13cm ISBN：7-5305-1491-1
定价：CNY11.00（全集 5 册）
　　本书系中国连环画作品。

J0064463

风暴 钟明改编；杨国藩绘画
沈阳 辽宁美术出版社 1962 年 13cm（64 开）
定价：CNY0.22
　　本作品系中国现代连环画。作者钟明
（1952— ），教师。又名钟鸣，笔名汉根，四川
简阳人。中国工艺美术学会根艺研究会会员，湖
北书画专修学院副教授。

J0064464

风暴 费声福，吴兆修改编；费声福绘
北京 人民美术出版社 1962 年 13cm（64 开）
定价：CNY0.42
　　本书系中国连环画作品。

J0064465

枫洛池 闻韬改编；何溯绘画
兰州 甘肃人民出版社 1962 年 13cm（64 开）
定价：CNY0.32
　　本作品系中国现代连环画。

J0064466

烽火列车 万家春改编；钟志宏绘
石家庄 河北人民美术出版社 1962 年
13cm（64 开）定价：CNY0.22
　　本作品系中国连环画。

J0064467

夫妻桥 庄努改编；周璘等画
成都 四川人民出版社 1962 年 13cm（64 开）
定价：CNY0.16
　　本作品系中国连环画。作者庄努，改编有连
环画《大唐高僧》（《西游记》故事之三）

J0064468

夫人城 王如金改编；张鹿山绘图
天津 天津美术出版社 1962 年 100 页 10×13cm
定价：CNY0.22
　　本作品系中国连环画。

J0064469

钢铁运输兵 贺友直绘
北京 人民美术出版社 1962 年 修订再版
13cm（64 开）定价：CNY0.29
　　本书系中国连环画作品。绘画贺友直

（1922—2016），连环画家。出生于上海，祖籍浙江宁波。曾任上海人民美术出版社编审、连环画艺术委员会主任，上海市美术家协会第四届副主席，中国连环画研究会第二届副会长等职。代表作品《朝阳沟》《山乡巨变》等。

J0064470

高唐州　卢光照改编；任率英绘
北京　人民美术出版社　1962 年 2 版 13cm（64 开）
定价：CNY0.24
（水浒 15）

　　本书是根据中国古典小说《水浒》改编的现代连环画作品。作者任率英（1911—1989），画家。原名散表，河北束鹿人。擅长工笔画、连环画、年画。历任中国美术家协会会员、中国连环画研究会顾问、北京东方书画研究社社长、北京工笔重彩画协会副会长、北京中国画研究会理事、北京工业大学书画协会顾问。代表作品《嫦娥奔月》《洛神图》《梁红玉击鼓战金山》等。作者卢光照（1914——2001），河南汲县（今卫辉市）人，毕业于北平国立艺术专科学校。历任人民美术出版社编辑、北京齐白石艺术函授学院名誉院长、北京花鸟画研究会名誉会长、中央文史馆馆员。代表作品《大展鸿图》《松鹰》《鸡冠花雄鸡》。

J0064471

高文举　知希改编；陈丹旭绘图
福州　福建人民出版社　1962 年 13cm（64 开）
定价：CNY0.19
　　本作品系中国连环画。

J0064472

革命的故事　陈彻改编
北京　中国电影出版社　1962 年 13cm（64 开）
定价：CNY0.34
（电影连环画册）
　　本书系中国现代连环画。

J0064473

革命者长青　水曲辰改编；苏子绘
南京　江苏人民出版社　1962 年 13cm（64 开）
定价：CNY0.21
　　本作品系中国现代连环画。

J0064474

给我一支枪　赵福昌改编；高燕画
上海　上海人民美术出版社　1962 年 13cm（64 开）
定价：CNY0.18
　　本作品系中国连环画。

J0064475

跟爷爷去打猎　赵复兴著；杨永青画
北京　中国少年儿童出版社　1962 年 有彩图
17×19cm 统一书号：R8056.150 定价：CNY0.40
　　本书系中国连环画作品。作者杨永青（1928—2011），画家。上海浦东人。历任中国美术家协会儿童美术艺术委员会主任、中国版画家协会会员、中国少年儿童出版社美术编辑、编审。人物画有《屈原九歌长卷》《观音造像》等，连环画作品有《女拖拉机手》《刘胡兰》《王二小》《高玉宝》等。作者赵复兴（1939—　　），笔名赵彤，室称饮墨斋，号吟墨主人，河南新乡人。河南新乡市美术家协会主席、书法家协会副主席。

J0064476

耕云播雨　孙青改编
北京　中国电影出版社　1962 年 13cm（64 开）
定价：CNY0.27
（电影连环画册）

J0064477

耕云记　林蜂改编；刘国辉绘
北京　人民美术出版社　1962 年 13cm（64 开）
定价：CNY0.31
　　本书系中国连环画作品。

J0064478

耕云记　陈仲坚改编；陶长华画
上海　上海人民美术出版社　1962 年 13cm（64 开）
定价：CNY0.24
　　本作品系中国连环画。

J0064479

耕云记　水世戴改编；叶坚铭绘图
天津　天津美术出版社　1962 年 13cm（64 开）
定价：CNY0.19
　　本作品系中国连环画。作者叶坚铭（1933—1998），字路蓂。浙江宁波人。擅长版画、连环画。

曾任天津人民美术出版社美术编辑、《故事画报》编辑室主任。主要作品有《出路》《有趣的故事》《钻》《日出》等。

J0064480

攻打牛驼寨　解义勇改编；李江鸿绘图
太原　山西人民出版社　1962 年　13cm（64 开）
定价：CNY0.15
（山西革命斗争故事）
　　本作品系中国连环画。

J0064481

姑娘和八哥鸟　（世界语译本）程十发绘
北京　中华全国世界语协会　1962 年
　　本作品系根据刘肇霖原诗节编的中国连环画。

J0064482

关汉卿　孙青改编
北京　中国电影出版社　1962 年　13cm（64 开）
定价：CNY0.25
（电影连环画册）
　　中国现代连环画作品。

J0064483

海底战斗　马曙改编；蔡千音绘画
南京　江苏人民出版社　1962 年　13cm（64 开）
定价：CNY0.20
　　本作品系中国现代连环画。

J0064484

海军少尉巴宁　李大发改编；王重二画
上海　上海人民美术出版社　1962 年　13cm（64 开）
定价：CNY0.24
　　本作品系中国连环画。

J0064485

海军少尉巴宁　文飘改编
北京　中国电影出版社　1962 年　13cm（64 开）
定价：CNY0.32
（电影连环画册）
　　中国现代连环画作品。

J0064486

海鸥　（1）田衣改编；韩伍画
上海　上海人民美术出版社　1962 年　13cm（64 开）
定价：CNY0.28
　　本作品系中国连环画。绘画韩伍（1936—　），画家。浙江杭州人，毕业于行知艺术学校。中国美术家协会会员、儿童时代社《哈哈画报》主编、上海市美协理事。作品有《五彩路》《微湖山上》《灯花》等，出版有《韩伍画集》《小巷童年》《诗经彩绘》等。

J0064487

海上神鹰　刘铮改编；柳根林绘画
沈阳　辽宁美术出版社　1962 年　13cm（64 开）
定价：CNY0.27
　　本作品系中国现代连环画。

J0064488

海鹰　刘汉编绘
北京　朝花美术出版社　1962 年　13cm（64 开）
定价：CNY0.30
　　本书系中国连环画作品。作者刘汉（1932—　），画家。广东中山人。中央民族大学美术系教授，中国美术家协会会员，现代中国水墨联盟秘书长。主要作品有《红色风暴》《红旗谱》《天女散花》《女娲补天》等。

J0064489

韩宝英　杨平编文；董天野绘
天津　天津人民美术出版社　1962 年　84 页　有图
10×13cm
　　本书系中国连环画作品。

J0064490

合同记　顾默予改编；胡忠元绘
沈阳　辽宁美术出版社　1962 年　13cm（64 开）
定价：CNY0.17
　　本作品系中国现代连环画。

J0064491

河静敌未清　王嵩改编；陈为明画
上海　上海人民美术出版社　1962 年　13cm（64 开）
定价：CNY0.28
　　本作品系中国连环画。

J0064492

狠透铁　党永庵，宋怀林编文；宋怀林，孙耀

盛绘画
西安 长安美术出版社 1962年 13cm(64开)
定价:CNY0.20
　　本作品系中国现代连环画。

J0064493
红安夏大妈 肖仁编;蔡培,舒华绘图
武汉 湖北人民出版社 1962年 13cm(64开)
定价:CNY0.20
　　本作品系中国连环画。

J0064494
红姑 钱志清,吴文焕改编;江栋良画
上海 上海人民美术出版社 1962年 13cm(64开)
定价:CNY0.20
　　本作品系中国连环画。作者钱志清,改编有
连环画《现代戏剧连环画典藏本》《中国历代画
家》《红楼梦》等。

J0064495
红军桥 叶建森改编;杨敦仪绘图
长沙 湖南人民出版社 1962年 13cm(64开)
定价:CNY0.12
(湖南革命斗争故事和传说)
　　本作品系中国连环画。作者叶建森
(1932—　　),笔名五丰,厦门人。任中国连环画
研究会常务理事、湖南省美术家协会会员等职。
主要作品有《血染黄河滩》《变驴》《鸟笼里的野
兽》等。

J0064496
红旗谱 (上册)赵敦改编;张辛国等绘
石家庄 河北人民美术出版社 1962年
13cm(64开)定价:CNY0.50
　　本作品系中国连环画。

J0064497
红旗谱 (下册)赵敦改编;张辛国等绘
石家庄 河北人民美术出版社 1962年
13cm(64开)定价:CNY0.32
　　本作品系中国连环画。

J0064498
红旗谱 孙青改编
北京 中国电影出版社 1962年 13cm(64开)

定价:CNY0.35
(电影连环画册)
　　中国现代连环画作品。

J0064499
红日 (一)吴强原著;王星北改编;汪观清画
上海 上海人民美术出版社 1962年 139页 有图
10×13cm 统一书号:T8081.5225 定价:CNY0.30
　　中国现代连环画作品。

J0064500
红日 (二)吴强原著;王星北改编,汪观清画
上海 上海人民美术出版社 1962年 126页
10×13cm 统一书号:T8081.5227 定价:CNY0.26
　　中国现代连环画作品。

J0064501
红色保育员 张栋华改编;朱宗之绘
南京 江苏人民出版社 1962年 13cm(64开)
定价:CNY0.12
　　本作品系中国现代连环画。

J0064502
红色街垒 陆士达改编;戴敦邦绘画
南京 江苏人民出版社 1962年 13cm(64开)
定价:CNY0.20
　　本作品系中国现代连环画。改编陆士达,
连环画家,主要作品有《说岳故事选绘画本》
《中国历史人物故事连环画》等。绘画戴敦邦
(1938—　　),国画家、教授。号民间艺人,江苏
丹徒人。毕业于上海第一师范学校。历任《中国
少年报》《儿童时代》美术编辑,上海交通大学人
文学院教授等。主要作品《水浒人物一百零八图》
《戴敦邦水浒人物谱》《戴敦邦新绘红楼梦》《戴
敦邦古典文学名著画集》等;连环画代表作品有
《一支驳壳枪》《水上交通站》《大泽烈火》《蔡文
姬》等。

J0064503
红色娘子军 宋玉洁改编;李子纯绘画
沈阳 辽宁美术出版社 1962年 13cm(64开)
定价:CNY0.30
　　本作品系中国现代连环画。

J0064504

红裳　吴其柔改编；段伟君绘

北京　朝花美术出版社　1962年　13cm（64开）

定价：CNY0.21

　　本书系中国连环画作品。

J0064505

红石岩　鹤芽编文；胡克文绘图

天津　天津美术出版社　1962年　13cm（64开）

定价：CNY0.20

　　本作品系中国连环画。绘图胡克文（1928—
2015），连环画家。亦名胡少飞，笔名少飞，浙江
宁波人。连环画作品有《王子复仇记》《傲蕾·一
兰》《娃女》等。

J0064506

红心向太阳　李园改编；章桂征画

哈尔滨　黑龙江美术出版社　1962年　13cm（64开）

定价：CNY0.17

　　本作品系中国现代连环画。作者章桂征
（1939—　　），编审。山东即墨人。历任时代文艺
出版社编审，中国美术家协会会员。出版有《章
桂征书籍装帧艺术》《章桂征插图集》《章桂征论
装帧》《装帧艺术纵横谈》《全国党刊装帧作品精
粹》等。

J0064507

红羊峪　祁野耘改编；钱笑呆等绘

石家庄　河北人民美术出版社　1962年
13cm（64开）定价：CNY0.17

　　本作品系中国连环画。

J0064508

红鹰展翅　徐思敬改编；傅凌云绘图

郑州　河南人民出版社　1962年　13cm（64开）

定价：CNY0.09

　　本作品系中国连环画。作者徐思（1927—
2006），年画家、漫画家、连环画家。笔名子冶、
何溪。辽宁桓仁人。中国美术家协会会员。代
表作品有《51号兵站》《战袍姻缘》《水漫金山
寺》等。

J0064509

洪湖赤卫队　戈艺文改编

天津　天津美术出版社　1962年　13cm（64开）

定价：CNY0.33

（电影连环画册）

　　中国现代连环画作品。

J0064510

洪宣娇坚守金鸡岭　林夏编文；洪斯文绘画

广州　岭南美术出版社　1962年　15cm（64开）

定价：CNY0.20

　　本作品系中国连环画。

J0064511

葫芦信　王今栋绘图

昆明　云南人民出版社　1962年　15cm（64开）

定价：CNY0.14

　　本作品系中国连环画。作者王今栋（1932—
2013），画家、一级美术师。北京人。历任河南省
文史研究馆馆员、河南省美术家协会副主席、中
国美术家协会会员、中国画家协会理事等。代表
作品《今栋山水画》。

J0064512

葫芦信　（傣族民间叙事长诗　连环画）王今栋
绘图

昆明　云南人民出版社　1962年　72页　有图
15cm（40开）统一书号：8116.439

定价：CNY0.14

　　本书为中国现代连环画作品。

J0064513

画蛇添足　钱志清等改编；赵宏本，江栋良画

上海　上海人民美术出版社　1962年　13cm（64开）

定价：CNY0.32

（中国古代寓言）

　　本作品系中国连环画。作者钱志清，改编有
连环画《现代戏剧连环画典藏本》《中国历代画
家》《红楼梦》等。作者赵宏本（1915—2000），连
环画家。号赵卿，又名张弓，生于上海，原籍江
苏阜宁。历任中国美术家协会会员、中国美协上
海分会常务理事、中国连环画研究会副会长。主
要作品有《孙悟空三打白骨精》《水浒一百零八
将》《小五义》《七侠五义》等。

J0064514

黄河飞渡　大鲁改编；陈惠冠绘

北京　人民美术出版社　1962年　13cm（64开）

定价：CNY0.32

　　本书系中国连环画作品。绘图陈惠冠（1935—　），浙江余姚人。中国美术家协会会员、中国版协连环画艺术委员会副主任委员。擅长连环画。作品有《牛头山》《仙人岛》《黄河飞渡》等。

J0064515

回门　黄继业改编；孟养玉绘

石家庄　河北人民美术出版社　1962年
13cm（64开）定价：CNY0.13

　　本作品系中国连环画。作者孟养玉（1935—　），画家。山西文水人，毕业于山西汾阳师范学校。历任山西文水县文化馆高级研究员、人物画学会艺术顾问、吕梁地区美协主席、黄河书画院副院长。代表作品有《收音机下乡》《刘胡兰》《能工巧匠》等。

J0064516

回民支队　宋治平改编

上海　上海人民美术出版社　1962年　13cm（64开）
定价：CNY0.36

　　本作品系中国连环画。

J0064517

回忆广州起义　叶靓改编；刘济荣，谭荫甜画

上海　上海人民美术出版社　1962年（64开）
定价：CNY0.26

　　本作品系中国连环画。

J0064518

惠嫂　黄若谷改编；何铭绘画

南京　江苏人民出版社　1962年　13cm（64开）
定价：CNY0.18

　　本作品系中国现代连环画。

J0064519

惠嫂　葛锡麟编绘

沈阳　辽宁美术出版社　1962年　13cm（64开）
定价：CNY0.15

　　本作品系中国现代连环画。

J0064520

活愚公　周珍元改编；刘世江绘图

贵阳　贵州人民出版社　1962年　13cm（64开）

定价：CNY0.13

　　本作品系中国连环画。

J0064521

活愚公　陈平夫改编；端木勇绘

石家庄　河北人民美术出版社　1962年
13cm（64开）定价：CNY0.17

　　本作品系中国连环画。

J0064522

活愚公　王金改编；于沙绘画

沈阳　辽宁美术出版社　1962年　13cm（64开）
定价：CNY0.16

　　本作品系中国现代连环画。

J0064523

火车来了　方轶群写；马如瑾画

上海　少年儿童出版社　1962年　有彩图
13cm（60开）统一书号：R10024.2840
定价：CNY0.13

　　本书系中国连环画作品。

J0064524

火烧阳明堡　解义勇改编；傅洪生绘图

太原　山西人民出版社　1962年　13cm（64开）
定价：CNY0.15

（山西革命斗争故事）

　　本作品系中国连环画。

J0064525

火种　杨步升编绘

银川　宁夏回族自治区人民出版社　1962年
62页　有图　10×13cm　统一书号：8157.35
定价：CNY0.15

　　本书系中国连环画作品。

J0064526

鸡毛信　张再学改编；刘继卣绘

北京　人民美术出版社　1962年　修订再版
13cm（64开）定价：CNY0.42

　　本书系中国连环画作品。

J0064527

吉隆滩　汪德建译；朱铭善描绘

上海　少年儿童出版社　1962年　32页　有彩图

18cm（15 开）统一书号：R10024.2844
定价：CNY0.24

　　本书系中国连环画作品。

J0064528

计复成皋　　林林改编；李铁生画
上海　上海人民美术出版社　1962 年　10×13cm
定价：CNY0.24

（《西汉演义》连环画之十六）

　　根据西汉历史故事改编的中国现代连环画
作品。

J0064529

计取袁家城子　　李虹宇编文；孙铁生绘图
济南　山东人民出版社　1962 年　13cm（64 开）
定价：CNY0.13

　　本作品系中国现代连环画。

J0064530

继承人　　陈澈改编
北京　中国电影出版社　1962 年　165 页　10×13cm
统一书号：10016.1046　定价：CNY0.33

（电影连环画册）

　　根据电影改编的中国现代连环画作品。

J0064531

坚守水楼　　叶建森编文；吴光华绘
长沙　湖南人民出版社　1962 年　13cm（64 开）
定价：CNY0.09

（湖南革命斗争故事和传说）

　　本作品系中国连环画。作者吴光华
（1933—　），版画家。生于江西东乡，曾用笔名：
牧也、笑也、牧春等。中国美术家协会会员，上
海人民美术出版社副编审。擅版画、年画、国画
及篆刻。在江西陶瓷专业艺术学院从事了三年
的绘瓷生涯。毕业于中央美术学院华东分院版
画系，师从木刻家张漾兮。版画作品有《把余粮
卖给国家》《村口》《新学》等，木刻连环画《党
费》，木刻画《舞师图》《春》《黄河渔民》，木刻邮
票《摘棉花》。作者叶建森（1932—　），笔名五丰，
厦门人。任中国连环画研究会常务理事、湖南省
美术家协会会员等职。主要作品有《血染黄河滩》
《变驴》《鸟笼里的野兽》等。

J0064532

坚守要塞　　孙青改编；蔡千音绘
北京　朝花美术出版社　1962 年　13cm（64 开）
定价：CNY0.23

　　本书系中国连环画作品。

J0064533

江畔薄雾　　侯炳炎改编；梁洪涛绘图
天津　天津美术出版社　1962 年　13cm（64 开）
定价：CNY0.18

　　本作品系中国连环画。

J0064534

金笔的故事　　范生福画
长春　吉林人民出版社　1962 年　13cm（64 开）
定价：CNY0.16

　　本作品系中国现代连环画。

J0064535

金色的鱼钩　　胡映西改编；周诗成，司徒虹画
上海　上海人民美术出版社　1962 年　13cm（64 开）
定价：CNY0.12

　　本作品系中国连环画。

J0064536

金田誓师　　晓寒编文；陈惠冠绘图
天津　天津美术出版社　1962 年　88 页　有图
10×13cm　定价：CNY0.20

　　本作品系中国连环画。

J0064537

金玉姬　　郭宝祥改编；姚鸿发绘画
沈阳　辽宁美术出版社　1962 年　13cm（64 开）
定价：CNY0.26

　　本作品系中国现代连环画。作者姚鸿发
（1940—2003），画家。生于浙江宁波。历任辽宁
出版社、辽宁美术出版社、辽宁人民出版社任美
术创作员及美术编辑，辽宁少年儿童出版社综合
编辑室主任，中国美术家协会会员。出版有《姚
鸿发画集》等。

J0064538

紧箍咒　　卢光照改编；盛锡珊绘
石家庄　河北人民美术出版社　1962 年
13cm（64 开）定价：CNY0.17

本作品系中国连环画。作者卢光照（1914——2001），河南汲县（今卫辉市）人，毕业于北平国立艺术专科学校。历任人民美术出版社编辑，北京齐白石艺术函授学院名誉院长，北京花鸟画研究会名誉会长，中央文史馆馆员。代表作品《大展鸿图》《松鹰》《鸡冠花雄鸡》。作者盛锡珊（1925—2015），画家，北京人。历任中国美术家协会、中国戏剧家协会会员，中国国家话剧院、中国青年艺术剧院一级舞美设计师等。舞美设计作品有《东方红》《文成公主》《红色娘子军》。出版有《中国历史故事》《风筝》《晴雯》《紧箍咒》《老北京市井风情画集》等。

J0064539

锦鸡　唐庚改编；陈白一绘图
长沙　湖南人民出版社 1962 年 15cm（64 开）
定价：CNY0.26
　　本作品系中国连环画。

J0064540

晋文图霸　林林改编；蔡人燕画
上海　上海人民美术出版社 1962 年 13cm（64 开）
定价：CNY0.28
（东周列国故事）
　　本作品系中国连环画。

J0064541

九纹龙史进　维朴改编；卜孝怀绘
北京　人民美术出版社 1962 年 2 版 13cm（64 开）
定价：CNY0.24
（水浒 1）
　　根据中国古典小说《水浒》改编的现代连环画作品。

J0064542

居里夫人　夏阳改编；潘晋华，叶大荣绘
北京　朝花美术出版社 1962 年 13cm（64 开）
定价：CNY0.34
　　本书系中国连环画作品。

J0064543

可妈　于文青改编；叶坚铭绘
石家庄　河北人民美术出版社 1962 年
13cm（64 开）定价：CNY0.17
　　本作品系中国连环画。

J0064544

克里姆林宫的钟声　任廷瑄改编；胡克文绘图
沈阳　辽宁美术出版社 1962 年 13cm（64 开）
定价：CNY0.22
　　本作品系中国现代连环画。绘图胡克文（1928—2015），连环画家。亦名胡少飞，笔名少飞，浙江宁波人。连环画作品有《王子复仇记》《傲蕾·一兰》《娃女》等。

J0064545

空印盒　顾默予改编；水天宏绘画
沈阳　辽宁美术出版社 1962 年 13cm（64 开）
定价：CNY0.23
　　本作品系中国现代连环画。

J0064546

枯木逢春　田衣改编；盛亮贤画
上海　上海人民美术出版社 1962 年 13cm（64 开）
定价：CNY0.30
　　本作品系中国连环画。绘画盛亮贤（1919—2008），画家。上海青浦人。曾从事电影动画及中学美术教学工作，历任上海新美术出版社、上海人民美术出版社连环画创作室科长等职。连环画作品有《三字经 》《枯木逢春》《木匠迎亲》《寻人》《三国演义》等。

J0064547

枯木逢春　肖哲改编
北京　中国电影出版社 1962 年 13cm（64 开）
定价：CNY0.33
（电影连环画册）
　　中国现代连环画作品。

J0064548

库尔班·吐鲁木见到了毛主席　（维汉文对照）彰大刚改编；张乃光绘画
乌鲁木齐　新疆人民出版社 1962 年 13cm（64 开）
定价：CNY0.08
　　本作品系中国现代连环画。

J0064549

快活林　子聪改编；卜孝怀绘
北京　人民美术出版社 1962 年 2 版 13cm（64 开）
定价：CNY0.26
（水浒 之十）

根据中国古典小说《水浒》改编的现代连环画作品。

J0064550
矿灯　含贞，惠元改编；刘汉绘
石家庄　河北人民美术出版社　1962 年
13cm（64 开）定价：CNY0.24
　　本作品系中国连环画。作者刘汉（1932— ），画家。广东中山人。中央民族大学美术系教授，中国美术家协会会员，现代中国水墨联盟秘书长。主要作品有《红色风暴》《红旗谱》《天女散花》《女娲补天》等。

J0064551
矿山风暴　叶放生改编；谷照恩，刘一心绘
石家庄　河北人民美术出版社　1962 年
13cm（64 开）定价：CNY0.15
　　本作品系中国连环画。

J0064552
喇嘛庙的秘密　钤广礼改编；尚君砺绘
石家庄　河北人民美术出版社　1962 年
13cm（64 开）定价：CNY0.15
　　本作品系中国连环画。

J0064553
老刚头　辰耳改编；陈惠冠绘
石家庄　河北人民美术出版社　1962 年
13cm（64 开）定价：CNY0.11
　　本作品系中国连环画。

J0064554
老共青团员　艾瑛改编；金奎绘
石家庄　河北人民美术出版社　1962 年
13cm（64 开）定价：CNY0.20
　　本作品系中国连环画。

J0064555
老虎学艺　何玉门编绘
郑州　河南人民出版社　1962 年　13cm（64 开）
定价：CNY0.14
　　本作品系中国连环画。

J0064556
老书记赶车　孟英声画；晏乙文

兰州　甘肃人民出版社　1962 年　47 页　有图
10×13cm　统一书号：T8096.32　定价：CNY0.20
　　本书系中国连环画作品。

J0064557
乐羊怒喝中山羹　金戈改编；卜孝怀绘
北京　朝花美术出版社　1962 年　13cm（64 开）
定价：CNY0.24
　　本书系中国连环画作品。

J0064558
黎明的河边　顾炳鑫编绘
北京　人民美术出版社　1962 年　修订版
13cm（64 开）定价：CNY0.23
　　本书系中国连环画作品。

J0064559
李狄三　左齐原著；吉志西改编；王维新绘图
上海　上海人民美术出版社　1962 年　94 页　有图
10×13cm　统一书号：T8081.5171　定价：CNY0.20
　　本书系中国连环画作品。作者左齐，江西永新人，中国书法家协会山东分会名誉主席，齐鲁书画研究院名誉院长。

J0064560
李狄三　吉志西改编；王维新画
上海　上海人民美术出版社　1962 年　13cm（64 开）
定价：CNY0.20
　　本作品系中国连环画。

J0064561
李郭交兵　上海人民美术出版社编绘
上海　上海人民美术出版社　1962 年　10×13cm
定价：CNY0.26
（《三国演义》连环画　之九）
　　根据古典小说《三国演义》改编的中国现代连环画作品。

J0064562
李寄　赵运生改编；娄世棠绘画
郑州　河南人民出版社　1962 年　13cm（64 开）
定价：CNY0.09
　　本作品系中国连环画。

J0064563

李逵下山　卜孝怀绘

北京 人民美术出版社 1962 年 2 版 13cm（64 开）

定价：CNY0.25

（水浒 之十三）

　　根据中国古典小说《水浒》改编的现代连环画作品。

J0064564

李弄琴　（维汉文对照）生芬编；牧歌画

乌鲁木齐 新疆人民出版社 1962 年 13cm（64 开）

定价：CNY0.11

　　本作品系中国现代连环画。

J0064565

连环洞　陈平夫改编；宗静风等绘

石家庄 河北人民美术出版社 1962 年 13cm（64 开）定价：CNY0.16

　　本作品系中国连环画。作者宗静风（1925— ），画家、书法家、连环画家。扬州人。作品有《春草阆堂》《三家福》《谢瑶环》《红梅阁》等。

J0064566

连环洞　陈平夫改编；宗静风等绘画

石家庄 河北人民出版社 1980 年 2 版 69 页 13cm（64 开）定价：CNY0.11

　　本书是中国现代连环画册。本书于 1962 年 10 月出第 1 版。

J0064567

廉颇请罪　莫英编写；朱光玉插图

北京 中国少年儿童出版社 1962 年 60 页 有图 15cm（40 开）统一书号：R11056.18

定价：CNY0.12

（中国历史小故事）

　　本书系中国连环画作品。

J0064568

梁山泊英雄排座次　陈缘督绘

北京 人民美术出版社 1962 年 2 版 13cm（64 开）

定价：CNY0.22

（水浒 之二十一）

　　根据中国古典小说《水浒》改编的现代连环画作品。

J0064569

粮食　水工改编；徐甲英绘画

延吉 延边人民出版社 1962 年 13cm（64 开）

定价：CNY0.16

　　本作品系中国现代连环画。

J0064570

粮食的故事　祝小白，陈贻福改编；陈绪初等绘图

武汉 湖北人民出版社 1962 年 13cm（64 开）

定价：CNY0.18

　　本作品系中国连环画。作者陈贻福（1927— ），编辑。湖北武汉人。先后担任封面设计、年画编辑、大型画册编辑，《中南农民》期刊美术编辑、长江文艺出版社、湖北美术出版社美术编辑、副编审。连环画作品有《小砍刀》《雷雨》《归来》《我的前半生》。长篇漫画有《管得宽画传》。

J0064571

两代人　唐开础改编；邓柯绘

石家庄 河北人民美术出版社 1962 年 13cm（64 开）定价：CNY0.27

　　本作品系中国连环画。

J0064572

两代人　修明，高铁林改编；王秀成绘画

哈尔滨 黑龙江美术出版社 1962 年 13cm（64 开）

定价：CNY0.22

　　本作品系中国现代连环画。

J0064573

两代人　田春改编；吴富佳绘画

沈阳 辽宁美术出版社 1962 年 13cm（64 开）

定价：CNY0.31

　　本作品系中国现代连环画。

J0064574

两个羊倌　吴其柔，陈曼琼改编；刘汉画

上海 上海人民美术出版社 1962 年 13cm（64 开）

定价：CNY0.17

　　本作品系中国连环画。作者刘汉（1932— ），画家。广东中山人。中央民族大学美术系教授，中国美术家协会会员，现代中国水墨联盟秘书长。主要作品有《红色风暴》《红旗谱》《天女散

花》《女娲补天》等。

J0064575

两个元老 （维汉文对照）余惠轩改编；薛俊一画
乌鲁木齐　新疆人民出版社　1962 年　13cm（64 开）
定价：CNY0.13
　　本作品系中国现代连环画。

J0064576

两破童贯　卢光照改编；陈缘督绘
北京　人民美术出版社　1962 年 2 版　13cm（64 开）
定价：CNY0.21
（水浒 25）
　　根据中国古典小说《水浒》改编的现代连环画作品。

J0064577

林冲雪夜上梁山　石红改编；卜孝怀绘
北京　人民美术出版社　1962 年 2 版　13cm（64 开）
定价：CNY0.23
（水浒 之四）
　　根据中国古典小说《水浒》改编的现代连环画作品。

J0064578

林海雪原　（下册 调虎离山）曹丽泉改编；傅志旺绘图
南昌　江西人民出版社　1962 年　13cm（64 开）
定价：CNY0.28
　　本作品系中国连环画。

J0064579

林海雪原　（上集）韩廷佐改编；肖林绘图
太原　山西人民出版社　1962 年　13cm（64 开）
定价：CNY0.25
　　本书系中国连环画作品。

J0064580

林海雪原　（中集）韩廷佐改编；肖林绘图
太原　山西人民出版社　1963 年　13cm（64 开）
定价：CNY0.32
　　中国现代连环画作品。

J0064581

林海雪原　（下集）韩廷佐改编；肖林绘图
太原　山西人民出版社　1963 年　13cm（64 开）
定价：CNY0.25
　　中国现代连环画作品。

J0064582

林红和她的伙伴　林锴等编绘
北京　朝花美术出版社　1962 年　13cm（64 开）
定价：CNY0.20
　　本书系中国连环画作品。

J0064583

林中生活三十六昼夜　（汉僮文对照本）周杏仁翻译、改编；张志祥绘图
南宁　广西民族出版社　1962 年　13cm（64 开）
定价：CNY0.10
　　本作品系中国连环画。

J0064584

林中小猎人　梁泊著；毛震耀，赵白山绘图
上海　少年儿童出版社　1962 年　52 页　有彩图
17×19cm　统一书号：R10024.2782
定价：CNY0.32
　　本书系中国连环画作品。

J0064585

临潼斗宝　杨犀改编；朱光玉绘画
沈阳　辽宁美术出版社　1962 年　13cm（64 开）
定价：CNY0.19
　　本作品系中国现代连环画。

J0064586

吝啬鬼　李白英改编；胡克文画
上海　上海人民美术出版社　1962 年　13cm（64 开）
定价：CNY0.28
　　本书是根据法国大作家莫里衰作品改编的中国连环画。

J0064587

灵泉洞　（第 1 册）蔡伟业，尚文改编；任伯宏，任伯言画
上海　上海人民美术出版社　1962 年　13cm（64 开）
定价：CNY0.22
　　本书是中国连环画。

J0064588

刘三姐　唐长风,潘伯羽改编;邓二龙绘
北京　人民美术出版社 1962 年　19cm(小 32 开)
定价:CNY1.85
　　　本书系中国连环画作品。

J0064589

刘三姐　文飘改编
北京　中国电影出版社 1962 年　133 页　10×13cm
统一书号:8061.1010　定价:CNY0.27
　　　本书系电影连环画。

J0064590

刘孝安　湖南省长沙电器厂党委办公室编;郑
一呼,牧鸥画
长沙　湖南人民出版社 1962 年　13cm(64 开)
定价:CNY0.14
(高速度革新红旗手)
　　　本作品系中国连环画。

J0064591

留在远方的"奴隶"　李政民改编;杨培钏画
上海　上海人民美术出版社 1962 年　13cm(64 开)
定价:CNY0.20
　　　本作品系中国连环画。

J0064592

柳枝接骨的故事　子野改编;张琳绘图
郑州　河南人民出版社 1962 年　13cm(64 开)
定价:CNY0.11
　　　本作品系中国连环画。

J0064593

鲁王与小黄马　王杰改编;孟庆江绘图
天津　天津美术出版社 1962 年　13cm(60 开)
定价:CNY0.14
(捻军传说故事)
　　　本作品系中国连环画。作者孟庆江
(1937—　　),画家。浙江温州人。毕业于中央美
术学院国画系。曾任《连环画报》主编,《中国艺
术》副主编,北京功毕重彩画绘画会长。代表作
品《刘胡兰》《蔡文姬》《长恨歌》等。

J0064594

鲁智深　高梅仪改编;任率英绘

北京　人民美术出版社 1962 年 2 版　13cm(60 开)
定价:CNY0.33
(水浒 2)
　　　根据中国古典小说《水浒》改编的现代连环
画作品。

J0064595

罗衫记　贾守吾等编文;朱学达绘图
济南　山东人民出版社 1962 年　13cm(64 开)
定价:CNY0.15
　　　本作品系中国现代连环画。

J0064596

洛神　高峦改编;盛焕文,盛鹤年绘画
南京　江苏人民出版社 1962 年　13cm(64 开)
定价:CNY0.18
　　　本作品系中国现代连环画。

J0064597

绿林青天　唐素文改编;朱光玉绘
北京　朝花美术出版社 1962 年　13cm(64 开)
定价:CNY0.24
　　　本书系中国连环画作品。

J0064598

满江红　张春峰改编;汪玉山绘
石家庄　河北人民美术出版社 1962 年
13cm(64 开)　定价:CNY0.17
　　　本作品系中国连环画。

J0064599

迷童之家　谭慕平改编;诸如樵绘画
南京　江苏人民出版社 1962 年　13cm(64 开)
定价:CNY0.08
　　　本作品系中国现代连环画。

J0064600

秘密路　(上)曹济权改编;沈铁铮画
上海　上海人民美术出版社 1962 年　13cm(64 开)
定价:CNY0.32
　　　本作品系中国连环画。

J0064601

密林量火　辛屏改编;吴志明画
上海　上海人民美术出版社 1962 年　13cm(64 开)

定价: CNY0.14

（星火燎原画集）

　　本作品系中国连环画。

J0064602

民兵英雄郝怀友　瑚玉编文；董振江等绘图

济南　山东人民出版社　1962年　13cm（64开）

定价: CNY0.17

　　本作品系中国现代连环画。

J0064603

民兵英雄李桂英　冯科编；洪锋绘画

哈尔滨　黑龙江美术出版社　1962年　13cm（64开）

定价: CNY0.14

　　本作品系中国现代连环画。

J0064604

木兰陂　华仁改编；宗静草, 宗静秋绘图

福州　福建人民出版社　1962年　13cm（64开）

定价: CNY0.12

　　本作品系中国连环画。

J0064605

慕王在苏州　王企玖编绘

南京　江苏人民出版社　1962年　13cm（64开）

定价: CNY0.20

（太平天国历史连环画）

J0064606

南泥湾屯垦　梁培浩, 蔡宏坡编绘

武汉　湖北人民出版社　1962年　13cm（64开）

定价: CNY0.16

　　本作品系中国连环画。

J0064607

闹花灯　陆士达改编；严绍唐, 李铁生画

上海　上海人民美术出版社　1962年　13cm（64开）

定价: CNY0.30

　　本作品系中国连环画。

J0064608

闹华山　卜孝怀绘

北京　人民美术出版社　1962年　2版　13cm（64开）

定价: CNY0.22

（水浒 之十八）

　　根据中国古典小说《水浒》改编的现代连环画作品。

J0064609

闹江州　瞿昙改编；卜孝怀绘

北京　人民美术出版社　1962年　2版　13cm（64开）

定价: CNY0.38

（水浒 12）

　　根据中国古典小说《水浒》改编的现代连环画作品。

J0064610

聂耳　钟志坚改编；姚有信, 杨丽娜画

上海　上海人民美术出版社　1962年　13cm（64开）

定价: CNY0.50

　　本作品系中国连环画。根据同名电影剧本编绘。描画革命音乐家聂耳的生活和斗争。聂耳, 原名守信, 云南玉溪人, 家庭贫寒, 曾在云南云丰商号当伙计, 1930年随薛老板来上海。后被解雇, 考入一歌舞团任小提琴师。他经历了"九一八"、"一二八"事变, 1933年加入中国共产党, 积极参加革命音乐、戏剧、电影等工作, 作有歌曲《码头工人歌》《毕业歌》《开路先锋》《义勇军进行曲》等, 反映工农群众在旧中国的苦难和反抗, 以及中国人民抗日救国的坚强意志。

J0064611

女技术员　（维汉文对照）季麦林编；俊一画

乌鲁木齐　新疆人民出版社　1962年　13cm（64开）

定价: CNY0.12

　　本作品系中国现代连环画。

J0064612

女仆玛莎　刘振馨改编；蔡千音, 孙耀盛绘图

西安　长安美术出版社　1962年　13cm（64开）

定价: CNY0.18

　　本作品系中国现代连环画。

J0064613

怕羞的黄莺　陈澈改编；万庆绘

北京　中国电影出版社　1962年　28页　有彩图　15cm（40开）统一书号: 8061.999 定价: CNY0.20

　　本书为动画电影改编的连环画作品。

J0064614
排工怒火 毛秉权，丁世弼编画
南昌 江西人民出版社 1962 年 13cm（64 开）
定价：CNY0.15
（江西革命斗争故事）
　　中国现代连环画作品。

J0064615
朋友俩 任三杰原著；刘振馨改编；蔡亮绘画
西安 长安美术出版社 1962 年 50 页 有图
10×13cm 统一书号：8146.874 定价：CNY0.14
　　本书系中国连环画作品。作者蔡亮（1932—
1995），油画家。福建厦门人，毕业于中央美术学
院绘画系。中国美术家协会会员、美协浙江分会
理事、浙江油画研究会副会长、浙江美术学院教
授、中国美术学院教授。主要作品有《延安火炬》
《贫农的儿子》《红军三大主力会师》等。

J0064616
皮匠挂帅 滕箕改编；范志泉绘
沈阳 辽宁美术出版社 1962 年 13cm（64 开）
定价：CNY0.14
　　本作品系中国现代连环画。

J0064617
七号公路的秘密 胡雁改编；蔡雄绘画
南京 江苏人民出版社 1962 年 13cm（64 开）
定价：CNY0.24
　　本作品系中国现代连环画。

J0064618
戚继光 史式改编；水天宏画
上海 上海人民美术出版社 1962 年 13cm（64 开）
定价：CNY0.28
（历史人物连环画）
　　绘画水天宏（1910—1982），连环画家。浙江
宁波人。曾在上海人民美术出版社从事连环画
创作。参加大型连环画《三国演义》《聊斋志义》
《西汉演义》《东周列国故事》等的绘制工作，出
版连环画《艰苦朴素的程悦长》。

J0064619
齐心斗天 曹作锐改编；张白羽绘
北京 人民美术出版社 1962 年 13cm（64 开）
定价：CNY0.17

本书系中国连环画作品。

J0064620
前哨 谷水，朱羽编文；姚峭丽绘图
福州 福建人民出版社 1962 年 13cm（64 开）
定价：CNY0.28
　　本作品系中国连环画。

J0064621
前沿虎将 风村编文；张清岩绘图
福州 福建人民出版社 1962 年 13cm（64 开）
定价：CNY0.18
（福建前线斗争故事集 12）
　　本作品系中国现代连环画。

J0064622
墙头记 徐直编文；施邦华绘图
济南 山东人民出版社 1962 年 66 页 有图
13cm（60 开）统一书号：8099.476
定价：CNY0.18
　　本书系中国连环画作品，根据蒲松龄原著
改编。

J0064623
秦琼卖马 严绍唐改编；李铁生画
上海 上海人民美术出版社 1962 年 13cm（64 开）
定价：CNY0.30
　　本作品系中国连环画。

J0064624
秦香莲 余文祥改编；邵声朗，龚建新绘图
武汉 群益堂 1962 年 13cm（64 开）
定价：CNY0.26
　　本作品系中国连环画。作者邵声朗（1931—
2014），著名山水画家。湖北仙桃人，毕业于中
央美术学院。历任《湖北日报》美术编辑，湖北
艺术学院美术系副主任、副教授，湖北美术学院
教授、研究生导师，湖北书画院副院长，湖北省
美术家协会理事，湖北省书法家协会常务理事，
湖北书画院副院长等。代表作品年画《登高图》，
门画《开渠造林》，国画《红杏枝头春意闹》《汲》
《农忙季节》等。作者龚建新（1938—　），满族，
一级美术师。新疆奇台人，毕业于中央美术学院
国画系。先后在乌鲁木齐市文化馆防疫站从事
美术工作，任教于新疆艺术学院、新疆画院，新

疆美协名誉主席，中国美协新疆创作中心主任。
作品有《静静的卡甫河》《万里送马》《瑶池会》，
出版有《新疆人物写生》等。

J0064625

清风寨　瞿昙改编；陈缘督绘
北京 人民美术出版社 1962 年 2 版 13cm（60 开）
定价：CNY0.30
（水浒 之十一）
　　根据中国古典小说《水浒》改编的现代连环
画作品。

J0064626

三八线上　汪健改编；尚君砺画
上海 上海人民美术出版社 1962 年 13cm（64 开）
定价：CNY0.24
　　本作品系中国连环画。

J0064627

三八线上　寒卓改编；梅崇源，梅云绘图
天津 天津美术出版社 1962 年 13cm（64 开）
定价：CNY0.25
　　本作品系中国连环画。

J0064628

三打"高刘集"　沈明改编；高适，李立勋绘画
合肥 安徽人民出版社 1962 年 13cm（64 开）
定价：CNY0.12
　　本作品系中国现代连环画。

J0064629

三打祝家庄　昨非绘
北京 人民美术出版社 1962 年 2 版 13cm（64 开）
定价：CNY0.49
（水浒 14）
　　根据中国古典小说《水浒》改编的现代连环
画作品。

J0064630

三进五窑村　张辛国编绘
石家庄 河北人民美术出版社 1962 年
13cm（64 开）定价：CNY0.18
　　本书是中国连环画。收入 86 幅图。描绘了
抗日战争时期，八路军何排长与新战士黄小飞，
潜入某敌占区，在当地老百姓的配合下，与敌人

展开了巧妙、曲折的斗争，终于取回情报，及时
消灭了一股敌人。该书绘画人物刻画生动；在
景物刻画描绘出冀中平原的自然风貌。作者张
辛国（1926—　），编辑。河北安平人，就读于中
央美术学院。历任河北美术出版社总编辑、编
审，中国美术家协会会员，河北美术家协会顾
问。出版有《怎样画鹿》《张辛国动物画集》《百
鹿图》等。

J0064631

三女找红军　范季华改编；徐甫堡绘图
天津 天津美术出版社 1962 年 13cm（60 开）
定价：CNY0.14
（红军长征故事集）
　　本作品系中国连环画。

J0064632

三山聚义　左笑鸿改编；卜孝怀绘
北京 人民美术出版社 1962 年 2 版 13cm（64 开）
定价：CNY0.20
（水浒 17）
　　根据中国古典小说《水浒》改编的现代连环
画作品。

J0064633

三下虎亭　王五改编；刘沙画
太原 山西人民出版社 1962 年 13cm（64 开）
定价：CNY0.12
（山西革命斗争故事）
　　本作品系中国连环画。

J0064634

沙滩上　朱羽改编；张清岩绘图
福州 福建人民出版社 1962 年 13cm（64 开）
定价：CNY0.22
　　本作品系中国连环画。

J0064635

少爷和侯七　王如金改编；张玮绘图
天津 天津美术出版社 1962 年 13cm（64 开）
定价：CNY0.20
（义和团传说故事）
　　本作品系中国连环画。

J0064636

佘赛花　祁野耘改编；张锡武绘
石家庄　河北人民美术出版社　1962 年
13cm（64 开）定价：CNY0.19
　　本作品系中国连环画。

J0064637

申屠娘子　田衣，冯若梅改编；吴志明，刘仲
文画
上海　上海人民美术出版社　1962 年　13cm（64 开）
定价：CNY0.26
　　本作品系中国连环画。

J0064638

深厚友谊　晓天改编；章耀达绘图
郑州　河南人民出版社　1962 年　13cm（64 开）
定价：CNY0.10
　　本作品系中国连环画。

J0064639

神枪手大闹山门镇　吴普，余美琴改编；张
剑维绘图
太原　山西人民出版社　1962 年　13cm（64 开）
定价：CNY0.25
　　本作品系中国连环画。

J0064640

沈括　红叶改编；王企玫绘图
天津　天津美术出版社　1962 年　13cm（64 开）
定价：CNY0.22
（历史人物）
　　本作品系中国连环画。

J0064641

生活在闪光　（维汉文对照）龚建新编绘
乌鲁木齐　新疆人民出版社　1962 年　13cm（64 开）
定价：CNY0.20
　　本作品系中国现代连环画。作者龚建新
（1938—　），满族，一级美术师。新疆奇台人，
毕业于中央美术学院国画系。先后在乌鲁木齐
市文化馆防疫站从事美术工作，任教于新疆艺术
学院、新疆画院，新疆美协名誉主席，中国美协
新疆创作中心主任。作品有《静静的卡甫河》《万
里送马》《瑶池会》，出版有《新疆人物写生》等。

J0064642

生死牌　武耀强改编；王叔晖绘
北京　人民美术出版社　1962 年　19cm（小 32 开）
定价：CNY3.50
　　本书系中国连环画作品。

J0064643

生死牌　孙青改编
北京　中国电影出版社　1962 年　13cm（64 开）
定价：CNY0.26
（电影连环画册）
　　中国现代连环画作品。

J0064644

圣手苏六郎　管安改编；钱笑呆画
上海　上海人民美术出版社　1962 年　13cm（64 开）
定价：CNY0.18
　　本作品系中国连环画。

J0064645

失火谢客　谭先宏等改编；张岳健，徐正平画
上海　上海人民美术出版社　1962 年　13cm（64 开）
定价：CNY0.24
（中国古代寓言）
　　本作品系中国连环画。

J0064646

狮子楼　子聪改编；卜孝怀绘
北京　人民美术出版社　1962 年 2 版　13cm（64 开）
定价：CNY0.31
（水浒 之九）
　　依据中国古典小说《水浒传》改编的现代连
环画作品。

J0064647

石碣村　墨浪绘
北京　人民美术出版社　1962 年 2 版　13cm（64 开）
定价：CNY0.28
（水浒 之七）
　　依据中国古典小说《水浒传》改编的现代连
环画作品。

J0064648

首战平型关　解义勇改编；肖林绘画
太原　山西人民出版社　1962 年　13cm（64 开）

定价：CNY0.20

（山西革命斗争故事）

　　本作品系中国连环画。绘画肖林（1929—1981），画家。别名马秉铎，河北定县（现定州）人。毕业于华北联合大学文艺学院美术系。曾任人民美术出版社创作室创作员。主要作品有《白求恩大夫》《永远前进》《向英雄黄继光的母亲报告学习成绩》等。

J0064649

双喜临门　　王立信等改编；范生福绘画

南京　江苏人民出版社　1962年　13cm（64开）

定价：CNY0.16

　　本作品系中国现代连环画。

J0064650

水兵与祖国　　叶海编文；茅志云，徐辅之绘图

福州　福建人民出版社　1962年　13cm（64开）

定价：CNY0.19

（福建前线斗争故事集 17）

　　本作品系中国现代连环画。

J0064651

四进士　　高济立等改编；侯佳绘图

西安　长安美术出版社　1962年　13cm（64开）

定价：CNY0.18

　　本作品系中国现代连环画。

J0064652

宋江杀惜　　瞿昙改编；陈缘督绘

北京　人民美术出版社　1962年　2版　13cm（64开）

定价：CNY0.20

（水浒 之八）

　　依据中国古典小说《水浒》改编的现代连环画作品。

J0064653

送菜籽　　柏鸿鹄改编；贺惠贤，者力绘图

昆明　云南人民出版社　1962年　13cm（64开）

定价：CNY0.15

　　本作品系中国连环画。

J0064654

搜孤救孤　　林林改编；汤义方画

上海　上海人民美术出版社　1962年　13cm（64开）

定价：CNY0.28

（东周列国故事）

　　本作品系中国连环画。

J0064655

孙安动本　　杨犀改编；志泉，继声绘

沈阳　辽宁美术出版社　1962年　13cm（64开）

定价：CNY0.21

　　本作品系中国现代连环画。

J0064656

孙悟空三打白骨精　　王星北改编；赵宏本，钱笑呆绘

上海　上海人民美术出版社　1962年　110页　26cm（16开）影印暨铅印本

统一书号：T8081.5249　定价：CNY2.00　线装

　　改编王星北（1905—1973），连环画脚本文学家。浙江定海人。原名心葆。曾就读于定海公学。曾任上海私营北斗出版社经理、泰兴书局文字编辑、上海新美术出版社连环画文字编辑、上海人民美术出版社连环画编辑科副科长等职。

J0064657

孙悟空三打白骨精　　王星北改编；赵宏本，钱笑呆画

上海　上海人民美术出版社　1962年　26cm（16开）

线装本　定价：CNY2.00

　　本作品系中国连环画。绘画赵宏本（1915—2000），连环画家。号赵卿，又名张弓，生于上海，原籍江苏阜宁。历任中国美术家协会会员，中国美协上海分会常务理事，中国连环画研究会副会长。主要作品有《孙悟空三打白骨精》《水浒一百零八将》《小五义》《七侠五义》等。绘画钱笑呆（1912—1965），连环画名家。祖籍江西，出生于江苏阜宁。原名爱荃。曾为上海锦章书局创作连环画，后任上海新华美术出版社、上海人民美术出版社连环画创作员。代表作有《青楼泪》《红楼梦》《洛阳桥》等。生年一说：1911。

J0064658

孙悟空三打白骨精　　王星北编文；赵宏本，钱笑呆画

上海　上海人民美术出版社　1963年　13cm（64开）

定价：CNY0.26

　　中国现代连环画作品。

J0064659

孙悟空三打白骨精 陈彻改编
北京 中国电影出版社 1962 年 13cm（64 开）
定价：CNY0.23
（电影连环画册）
　　本作品系中国电影连环画册。

J0064660

锁子的故事 黄影改编；陈云华绘图
太原 山西人民出版社 1962 年 57 页 10×13cm
统一书号：8088.111 定价：CNY0.15
　　本书系中国连环画作品。

J0064661

太阳当空照 孟敏改编；肖林绘
石家庄 河北人民美术出版社 1962 年
13cm（64 开）定价：CNY0.17
　　本作品系中国连环画。绘画肖林（1929—1981），画家。别名马秉铎，河北定县（现定州）人。毕业于华北联合大学文艺学院美术系。曾任人民美术出版社创作室创作员。主要作品有《白求恩大夫》《永远前进》《向英雄黄继光的母亲报告学习成绩》等。

J0064662

太阳刚刚出山 张天仁改编；谢京秋绘画
沈阳 辽宁美术出版社 1962 年 13cm（64 开）
定价：CNY0.19
　　本作品系中国现代连环画。

J0064663

太阳刚刚出山 马烽原著；康德休改编；赵球绘图
太原 山西人民出版社 1962 年 61 页 有图
10×13cm 统一书号：8088.110 定价：CNY0.16
　　本书系中国连环画作品。

J0064664

太阳刚刚出山 康德休改编；赵球绘图
太原 山西人民出版社 1962 年 13cm（64 开）
定价：CNY0.16
　　本作品系中国连环画。

J0064665

太阳刚刚出山 尚文改编；郑波画

上海 上海人民美术出版社 1962 年 13cm（64 开）
定价：CNY0.19
　　本作品系中国连环画。

J0064666

谈迁 吴晗原著；奚强改编；马建邦绘图
天津 天津美术出版社 1962 年 40 页 10×13cm
统一书号：T8073.1958 定价：CNY0.12
　　本书系中国连环画作品。

J0064667

汤姆和疯子 杨兆林改编；殷光宇画
上海 上海人民美术出版社 1962 年 13cm（64 开）
定价：CNY0.22
　　本作品系中国连环画。

J0064668

唐伯虎点秋香 重庆市戏曲工作委员会编
重庆 重庆人民出版社 1962 年 90 页 有图
15cm（40 开）统一书号：10114.365
定价：CNY0.18
　　本书系中国连环画作品。

J0064669

桃花公主 林野改编；丁世弼绘图
哈尔滨 黑龙江美术出版社 1962 年 13cm（64 开）
定价：CNY0.20
　　本作品系中国现代连环画。

J0064670

套不住的手 铃广礼改编；肖林绘
石家庄 河北人民美术出版社 1962 年
13cm（64 开）定价：CNY0.10
　　本作品系中国连环画。

J0064671

天国英雄 （上）洪剑改编；池振亚绘
石家庄 河北人民美术出版社 1962 年
13cm（64 开）定价：CNY0.22
　　本作品系中国连环画。

J0064672

天竺国 陈平夫改编；郑家声绘
石家庄 河北人民美术出版社 1962 年
13cm（64 开）定价：CNY0.20

本作品系中国连环画。

J0064673

铁道游击队　董子畏改编；韩和平，丁斌曾绘
北京　人民美术出版社　1962 年　13cm（64 开）
定价：CNY0.36
　　本书系中国抗日战斗故事连环画作品。

J0064674

铁道游击队　（之二　飞车搞机枪）董子畏改编；丁斌曾，韩和平画
上海　上海人民美术出版社　1962 年　13cm（64 开）
定价：CNY0.34
　　本作品系中国连环画。

J0064675

铁蹄下的童年　牛恩福，张贵亨，张鸿志，马治堂，高存才原著；林可改编，费声福绘图
北京　北京出版社　1962 年　43 页　有图
10×13cm　统一书号：T8071.146　定价：CNY0.12
　　本书系中国连环画作品。

J0064676

同心结　范乃仲改编；高燕画
上海　上海人民美术出版社　1962 年　13cm（64 开）
定价：CNY0.19
　　本作品系中国连环画。

J0064677

同一条江　陈彻改编
北京　中国电影出版社　1962 年　13cm（64 开）
定价：CNY0.25
（电影连环画册）
　　中国现代连环画作品。

J0064678

同志，你走错了路！　新吾改编；金奎，陶长华画
上海　上海人民美术出版社　1962 年　13cm（64 开）
定价：CNY0.34
　　本作品系中国连环画。

J0064679

同志之间　茹志鹃原著；凡真改编；郭德训画
上海　上海人民美术出版社　1962 年　82 页　有图

10×13cm　统一书号：T8081.5229　定价：CNY0.18
　　本书系中国连环画作品。

J0064680

团圆之后　马洪林，李白英改编；苏星画
上海　上海人民美术出版社　1962 年　13cm（64 开）
定价：CNY0.28
　　本作品系中国现代连环画。揭露封建婚姻酿成的悲剧。本书绘画为线描形式。

J0064681

王孝和　大鲁改编；华三川绘
北京　人民美术出版社　1962 年　修订版
13cm（60 开）定价：CNY0.38
　　本书系中国连环画作品。

J0064682

王佐断臂　陆士达改编；徐正平画
上海　上海人民美术出版社　1962 年　13cm（64 开）
定价：CNY0.28
　　本作品系中国连环画。

J0064683

威廉·退尔　大鲁改编；陈俭画
上海　上海人民美术出版社　1962 年　13cm（64 开）
定价：CNY0.32
　　本作品系中国连环画。

J0064684

为了六十一个阶级弟兄　中央美术学院集体创作
北京　外文出版社　1962 年
　　本书系中国连环画作品。

J0064685

文成公主　丁正华改编；盛焕文，盛鹤年绘图
南京　江苏人民出版社　1962 年　13cm（64 开）
定价：CNY0.14
　　本作品系中国现代连环画。

J0064686

文成公主　（1-4）叶再萌编文；尹福康，张颖摄影
上海　上海人民美术出版社　1962 年　4 张
53cm（4 开）定价：CNY0.50

中国现代摄影连环画作品。作者尹福康(1927—)，摄影家。江苏南京人。曾任上海人民美术出版社副编审、上海市摄影家协会副主席等职。主要作品有《烟笼峰岩》《向荒山要宝》《晒盐》《工人新村》等。作者张颖，作有年画《对镜画容》(越剧《孟丽君》)，摄影有年画《团圆》(越剧《孟丽君》)等。

J0064687

我跟爸爸当红军 黄影改编；童介眉绘
太原 山西人民出版社 1962 年 55 页 有图
10×13cm 统一书号：8088.100 定价：CNY0.15
　　本书系中国连环画作品。

J0064688

我们村里的年轻人 华尔嘉改编；赵明钧绘画
沈阳 辽宁美术出版社 1962 年 13cm(64 开)
定价：CNY0.24
　　本作品系中国现代连环画。

J0064689

我是一个小画家 张诚著
北京 中国少年儿童出版社 1962 年 24 页 有图
15cm(40 开) 统一书号：R10056.269
定价：CNY0.09
　　本书系中国连环画作品。作者张诚，工艺美术师。字则明，云南昆明人。中国书法家协会会员、中国书协云南分会理事、钱南园研究会会长、昆明美术家协会会员等。

J0064690

无敌列车 凡夫改编；胡祖清绘画
南京 江苏人民出版社 1962 年 13cm(64 开)
定价：CNY0.12
　　本作品系中国现代连环画。

J0064691

无手英雄谭长桥 美艺编文；刘玮武绘画
长沙 湖南人民出版社 1962 年 13cm(64 开)
定价：CNY0.17
　　本作品系中国连环画。

J0064692

五朵金花 万家春改编；宋忠元画
上海 上海人民美术出版社 1962 年 13cm(64 开)

定价：CNY0.30
　　本作品系中国连环画。作者宋忠元(1932—2013)，教授。上海奉贤人，毕业于浙江美术学院，留校任教。历任中国美术学院教授、副院长，中国美术家协会理事，浙江美术协会副主席，浙江省文联委员等职。代表作品《文成公主入藏图》《游春图》《邓白像》等。

J0064693

五姑娘 唐静英改编
上海 上海人民美术出版社 1962 年 13cm(64 开)
定价：CNY0.26
　　本作品系中国连环画。

J0064694

五虎岛 盛森编文；宗静风，周静秋绘图
福州 福建人民出版社 1962 年 13cm(64 开)
定价：CNY0.13
　　本作品系中国连环画。作者宗静风(1925—)，画家、书法家、连环画家。扬州人。作品有《春草闯堂》《三家福》《谢瑶环》《红梅阁》等。

J0064695

西山义旗 (连环画) 林如稷著；张文忠画
成都 四川人民出版社 1962 年 91 页 13×19cm
(32 开) 定价：CNY0.17
　　本书系中国连环画作品。

J0064696

夏完淳 李白英改编；盛焕文，盛鹤年绘画
南京 江苏人民出版社 1962 年 13cm(64 开)
定价：CNY0.28
　　本作品系中国现代连环画。

J0064697

夏夜 化冈改编；徐雄绘图
天津 天津美术出版社 1962 年 13cm(64 开)
定价：CNY0.16
　　本作品系中国连环画。

J0064698

县长探妻 水世杰改编；赵兵凯绘图
天津 天津美术出版社 1962 年 13cm(64 开)
定价：CNY0.16

本作品系中国连环画。作者赵兵凯（1927— ），河北深县人，就读于北京京华美术学院。历任天津美术工作室、《天津画报》编辑组长，天津人民美术出版社美术编辑。

J0064699

向北方　杨根相改编；沈悌如画
上海　上海人民美术出版社　1962年　13cm（64开）
定价：CNY0.20
　　本作品系中国连环画。

J0064700

向秀丽　黄一德改编；贺友直，韩敏绘
北京　人民美术出版社　1962年　13cm（64开）
定价：CNY0.20
　　中国现代连环画。绘画贺友直（1922—2016），连环画家。出生于上海，祖籍浙江宁波。曾任上海人民美术出版社编审，连环画艺术委员会主任，上海市美术家协会第四届副主席，中国连环画研究会第二届副会长等职。代表作品《朝阳沟》《山乡巨变》等。绘画韩敏（1929— ），连环画、年画家。浙江杭州人。历任上海人民美术出版社创作员、上海书画研究院院长、中国美术家协会委员、上海市美术家协会理事、上海文史馆馆员。代表作品有《郑板桥》等。

J0064701

向阳花开　陈彻改编
北京　中国电影出版社　1962年　13cm（64开）
定价：CNY0.26
（电影连环画册）
　　中国现代连环画作品。

J0064702

项梁起义　林林改编；戴仁画
上海　上海人民美术出版社　1962年　10×13cm
定价：CNY0.24
（《西汉演义》连环画之四）
　　根据西汉历史故事改编的中国现代连环画作品。作者戴仁（1934— ），浙江温州人。中国美术家协会会员，浙江省美术家协会理事，浙江省科普艺术协会理事。主要作品有连环画《三个勇士》《棠棣之花》《胭脂》等。

J0064703

小刀会　陈彻改编
北京　中国电影出版社　1962年　13cm（64开）
定价：CNY0.32
（电影连环画册）
　　中国现代连环画作品。

J0064704

小燕子　陈澈改编；万庆绘
北京　中国电影出版社　1962年　28页　有彩图
15cm（40开）统一书号：8061.1006
定价：CNY0.20
　　本书系中国连环画作品。

J0064705

蟹工船　辛人改编；金立德画
上海　上海人民美术出版社　1962年　13cm（64开）
定价：CNY0.26
　　本作品系中国连环画。绘画金立德（1931— ），画家。浙江镇海人。历任上海教育学院教授，上海国际交流画会副会长，中国水彩画家协会副会长，中国美术家协会会员。作品有《钢堡》《黄土地》等。

J0064706

心事　高幼佩改编；郁芷芳画
上海　上海人民美术出版社　1962年　13cm（64开）
定价：CNY0.16
　　本作品系中国连环画。

J0064707

新生　甘礼乐改编；姚耕耘画
上海　上海人民美术出版社　1962年　13cm（64开）
定价：CNY0.14
　　本作品系中国连环画。

J0064708

徐学惠　罗继光编文；仲修绘图；艾鹏译
昆明　云南民族出版社　1962年　13cm（64开）
定价：CNY0.09
　　本作品系中国连环画，还有西双版纳傣文、德宏傣文、佤佤文、傈僳文、景颇文版本。

J0064709

血战驿马岭　解义勇改编；范生福绘图

太原 山西人民出版社 1962 年 13cm（64 开）
定价：CNY0.16

（山西革命斗争故事）

本作品系中国连环画。

J0064710

寻宝记 杨国生改编；吴龙才，马腾骧画
长春 吉林人民出版社 1962 年 13cm（64 开）
定价：CNY0.14

本作品系中国现代连环画。

J0064711

丫丫兵站 杨柏林改编；王重义，高适绘图
天津 天津美术出版社 1962 年 13cm（64 开）
定价：CNY0.17

本作品系中国连环画。绘图王重义
（1940— ），画家、编辑。生于浙江鄞县。历任
人民美术出版社创作员，浙江人民出版社、浙江
少年儿童出版社美术编辑、室主任、副编审，浙
江美术家协会会员。与兄弟王重英、王重义合作
创作多部连环画。主要作品有《海军少尉巴宁》
《天山红花》《以革命的名义》《十里洋场斗敌记》
《战争在敌人心脏》等。绘图高适（1931— ），画
家。笔名常人，江苏常州人。上海美术家协会会
员，曾任职于人民美术出版社、兴业幻灯制片厂
等单位。连环画主要作品有《不朽的人》《秋瑾》
《鹰儿和红花花》。

J0064712

延安求学记 慕淹改编；戴敦邦画
上海 上海人民美术出版社 1962 年 13cm（64 开）
定价：CNY0.28

本书系中国连环画。

J0064713

杨门女将 李信改编；施琦平绘画
南京 江苏人民出版社 1962 年 13cm（64 开）
定价：CNY0.23

本作品系中国现代连环画。

J0064714

杨门女将 大鲁改编；王亦秋画
上海 上海人民美术出版社 1962 年 13cm（64 开）
定价：CNY0.26

本书是描写中国北宋名将杨业一门英烈，为

抗御外侮，父子兄弟，大多战死疆场的连环画。
收入 118 幅图。绘画作者以民间木版画形式绘成。

J0064715

杨志卖刀 陈缘督绘
北京 人民美术出版社 1962 年 2 版 13cm（64 开）
定价：CNY0.20

（水浒 之五）

依据中国古典小说《水浒》改编的现代连环
画作品。

J0064716

野火春风斗古城 （上）章田改编；顾乃深等
绘画
南京 江苏人民出版社 1962 年 13cm（64 开）
定价：CNY0.42

本作品系中国现代连环画。

J0064717

野猪林 石红改编；卜孝怀绘
北京 人民美术出版社 1962 年 2 版 13cm（64 开）
定价：CNY0.24

（水浒 3）

依据中国古典小说《水浒》改编的现代连环
画作品。

J0064718

夜半烈火 章非改编；傅洪声画
长春 吉林人民出版社 1962 年 13cm（64 开）
定价：CNY0.18

本作品系中国现代连环画。

J0064719

一把匕首 佟彩云改编；傅洪生绘图
哈尔滨 黑龙江美术出版社 1962 年 13cm（64 开）
定价：CNY0.17

本作品系中国现代连环画。

J0064720

一袋干粮 晓白，陈贻福编绘
武汉 湖北人民出版社 1962 年 13cm（64 开）
定价：CNY0.17

本作品系中国连环画。

J0064721
一件怪事　王根泉改编；汪观清画
上海　上海人民美术出版社　1962年　13cm（64开）
定价：CNY0.20
　　本作品系中国连环画。

J0064722
一颗子弹的故事　罗迅青，李一南改编；聂南溪，贺安诚绘
长沙　湖南人民出版社　1962年　13cm（64开）
定价：CNY0.11
（湖南革命斗争故事和传说）
　　本作品系中国连环画。作者聂南溪（1934—2011），中国画大师。湖南人。历任湖南师范大学艺术学院院长、教授，中国美术家协会会员、国家教委艺术教育委员会委员等。作品有《藏女》《赶场去》《品优图》《武陵情》等。出版有《聂南溪白描人物选》《聂南溪中国画集》。

J0064723
夷吾争位　林林改编；汪玉山画
上海　上海人民美术出版社　1962年　13cm（64开）
定价：CNY0.30
（东周列国故事）
　　本作品系中国连环画。

J0064724
彝族的亲人　阿尔木呷原著；王拓明改编；韩敏等绘图
天津　天津美术出版社　1962年　53页　有图
10×13cm　统一书号：T8073.1953　定价：CNY0.14
　　本书系中国连环画作品。作者韩敏（1929—　），连环画、年画画家。浙江杭州人。历任上海人民美术出版社创作员，上海书画研究院院长、中国美术家协会委员、上海市美术家协会理事、上海文史馆馆员。代表作品有《郑板桥》等。

J0064725
彝族的亲人　王拓明改编；韩敏，韩伍绘图
天津　天津美术出版社　1962年　13cm（60开）
定价：CNY0.14
（红军长征故事集）
　　本作品系中国连环画。

J0064726
以革命的名义　辽丁改编；方瑶民绘画
沈阳　辽宁美术出版社　1962年　13cm（64开）
定价：CNY0.27
　　本作品系中国现代连环画。

J0064727
以革命的名义　朱新晖，大苗改编；董洪元，王重义绘
北京　人民美术出版社　1962年　13cm（64开）
定价：CNY0.38
　　本书系中国连环画作品。

J0064728
英雄的心　忘忧改编；石扬画
上海　上海人民美术出版社　1962年　13cm（64开）
定价：CNY0.18
　　本作品系中国连环画。

J0064729
英雄列车　陈念云改编；钱贵荪画
上海　上海人民美术出版社　1962年　13cm（64开）
定价：CNY0.17
　　本作品系中国连环画。绘画钱贵荪（1936—　），美术编辑。浙江吴兴人。毕业于中国美术学院。家学渊源。祖父钱云鹤（又名病鹤）著名漫画家，国画家；曾祖父钱琢初，金石家。历任浙江人民美术出版社美术编辑、副编审。浙江省人物画研究会会员，西泠书画院特聘画师，作品有连环画《鉴湖女侠》，水粉组画《浩气长存贯长虹》，国画组画《萧楚女》。著有技法书《速写起步》等。

J0064730
永安突围　晓寒编文；马建邦绘图
天津　天津美术出版社　1962年　13cm（64开）
定价：CNY0.20
　　本作品系中国连环画。

J0064731
永安突围　晓寒编文；马建邦绘
天津　天津人民美术出版社　1962年　89页　有图
10×13cm　统一书号：7-5305-1516-0
定价：CNY9.00
　　本书系中国连环画作品。

J0064732
鱼藏剑　纪鲁改编；汤义方画
上海　上海人民美术出版社　1962 年　13cm（64 开）
定价：CNY0.26
（东周列国故事）
　　　本作品系中国连环画。

J0064733
元咺告状　林林改编；水天宏画
上海　上海人民美术出版社　1962 年　13cm（64 开）
定价：CNY0.24
（东周列国故事）
　　　本作品系中国连环画。

J0064734
岳云　高梅仪改编；陈光镒，马英绘
北京　人民美术出版社　1962 年　13cm（64 开）
定价：CNY0.34
（岳传 之九）
　　　本书系中国连环画作品。

J0064735
砸匾砍举人　来诵芬改编；朱光玉绘图
天津　天津美术出版社　1962 年　13cm（64 开）
定价：CNY0.15
（义和团传说故事）
　　　本作品系中国连环画。

J0064736
在烈火中永生　胡映西改编；张仁康等画
上海　上海人民美术出版社　1962 年　13cm（64 开）
定价：CNY0.44
　　　本作品系中国连环画。

J0064737
在烈火中永生　章程改编；邵伟尧绘图
天津　天津美术出版社　1962 年　13cm（64 开）
定价：CNY0.18
　　　本作品系中国连环画。

J0064738
战斗的伙伴　胡家辉改编；廉甫画
哈尔滨　黑龙江美术出版社　1962 年　13cm（64 开）
定价：CNY0.15
　　　本作品系中国现代连环画。

J0064739
战火中的青春　郑沁园改编；吴懋祥绘
石家庄　河北人民美术出版社　1962 年　13cm（64 开）定价：CNY0.22
　　　本作品系中国连环画。

J0064740
战上海　万家春改编；端木勇绘画
沈阳　辽宁美术出版社　1962 年　13cm（64 开）
定价：CNY0.28
　　　本作品系中国现代连环画。

J0064741
战上海　林凯新改编；罗盘画
上海　上海人民美术出版社　1962 年　13cm（64 开）
定价：CNY0.32
　　　本作品系中国连环画。

J0064742
赵氏孤儿　陈平夫改编；刘汉宗绘图
天津　天津美术出版社　1962 年　13cm（64 开）
定价：CNY0.24
　　　本作品系中国连环画。

J0064743
贞娘传　洪汛涛编文；邓柯绘图
天津　天津美术出版社　1962 年　13cm（64 开）
定价：CNY0.23
　　　本作品系中国连环画。

J0064744
侦察兵　李声远编文；杨文仁绘图
济南　山东人民出版社　1962 年　13cm（64 开）
定价：CNY0.15
　　　本作品系中国现代连环画。作者杨文仁（1941—　），画家。生于山东青岛。山东师范学院艺术系中国画专业毕业。历任泰安师范美术教师、山东省艺术馆美术干部、山东师范大学美术系教师、山东省美术馆一级美术师、山东省美术家协会副主席。出版有《杨文仁花鸟画集》《杨文仁国画精品集》《荷花画法》等。

J0064745
侦察兵　李声远编文；杨文仁绘图
济南　山东人民出版社　1962 年　62 页　有图

10×13cm 统一书号: 8099.479 定价: CNY0.15
　　本作品系中国连环画。

J0064746
真假孙悟空　陈平夫改编; 宗静风, 周静秋绘
石家庄 河北人民美术出版社 1962 年
13cm(64 开) 定价: CNY0.18
　　本作品系中国连环画。作者宗静风
(1925—　　),画家、书法家、连环画家。扬州人。
作品有《春草闯堂》《三家福》《谢瑶环》《红梅
阁》等。

J0064747
郑成功收复台湾　鲁闽编文; 陈光镒, 王亦秋
绘图
福州 福建人民出版社 1962 年 13cm(64 开)
定价: CNY0.24
　　本作品系中国连环画。

J0064748
郑成功收复台湾　(维吾尔文本) 鲁闽编; 陈
光镒, 王亦秋绘画
乌鲁木齐 新疆人民出版社 1962 年 13cm(64 开)
定价: CNY0.29
　　本作品系中国现代连环画。

J0064749
郑和　丁孟改编; 何仲达绘画
南京 江苏人民出版社 1962 年 13cm(64 开)
定价: CNY0.20
　　本作品系中国现代连环画。

J0064750
智擒八虎　荣一得改编; 区本泉绘图
广州 广东人民出版社 1962 年 13cm(64 开)
定价: CNY0.17
　　本作品系中国连环画。作者区本泉,绘有
连环画《智擒八虎》,绘插图的有《潮州歌册: 白
蛇传》。

J0064751
智取华山　宋文光改编; 胡克礼绘
沈阳 辽宁美术出版社 1962 年 13cm(64 开)
定价: CNY0.22
　　本作品系中国现代连环画。

J0064752
智取生辰纲　吴光宇绘
北京 人民美术出版社 1962 年 2 版 10×13cm
定价: CNY0.28
(水浒 之六)
　　依据中国古典小说《水浒》改编的现代连环
画作品。作者吴光宇(1908—1970),国画家。原
名显曾,以字行,浙江绍兴人。曾在北京中国画
学研究会、北平国立艺术专科学校京华美术学
院、北京画院从事专业创作。代表作有《荀灌娘
救父》《淝水之战》《宝琴立雪》等。

J0064753
智退秦师　林林, 李白英改编; 汪玉山画
上海 上海人民美术出版社 1962 年 13cm(64 开)
定价: CNY0.26
(东周列国故事)
　　本作品系中国连环画。

J0064754
中锋在黎明前死去　文文改编; 郑圣天画
上海 上海人民美术出版社 1962 年 13cm(64 开)
定价: CNY0.22
　　中国现代连环画作品。

J0064755
中华女儿　卫凡改编; 红生绘画
沈阳 辽宁美术出版社 1962 年 13cm(64 开)
定价: CNY0.22
　　本作品系中国现代连环画。

J0064756
中秋之夜　王晟明编文; 吕连生绘图
福州 福建人民出版社 1962 年 13cm(64 开)
定价: CNY0.21
　　本作品系中国连环画。

J0064757
重返陕北　吴文焕改编; 费龙翔画
上海 上海人民美术出版社 1962 年 13cm(64 开)
定价: CNY0.17
(星火燎原画集)
　　本作品系中国连环画。

J0064758

追鱼 孙青改编
北京 中国电影出版社 1962 年 13cm（64 开）

定价：CNY0.19
（电影连环画册）
　　中国现代连环画作品。

J0064759

祖国的鸿雁 李宝靖原著；若水改编；胡钜湛
绘画
上海 上海人民美术出版社 1962 年 77 页 有图
10×13cm 统一书号：T8081.5233 定价：CNY0.17
　　本书系中国连环画作品。作者胡钜湛
（1930—　），教授。广东开平人，毕业于华南文
艺学院美术部和中南美专绘画系。历任广州美
术学院美术教育系教授、系主任，中国美术家协
会会员，广州水彩画研究会副会长。作品有水
彩画《第一代可可》《鱼水情》《乐在其中》《虾》
《红梅》等，出版有《胡钜湛水彩画选集》《水与
彩的对话》等。

J0064760

祖国的鸿雁 若水改编；胡钜湛画
上海 上海人民美术出版社 1962 年 13cm（64 开）
定价：CNY0.17
　　本作品系中国连环画。

J0064761

"团长"历验记 胡逸改编；周光中，张仁康画
上海 上海人民美术出版社 1963 年 13cm（64 开）
定价：CNY0.16
　　中国现代连环画作品。

J0064762

"杨高传" （第 1 部 五月端阳）李尊一改编；
梅云，梅崇源绘画
南京 江苏人民出版社 1963 年 13cm（64 开）
定价：CNY0.24
　　中国现代连环画作品。

J0064763

51 号兵站 王传江改编；徐思绘画
沈阳 辽宁美术出版社 1963 年 13cm（64 开）
定价：CNY0.18

中国现代连环画作品。作者徐思（1927—
2006），年画家、漫画家、连环画家。笔名子冶、
何溪。辽宁桓仁人。中国美术家协会会员。代
表作品有《51 号兵站》《战袍姻缘》《水漫金山
寺》等。

J0064764

阿 Q 正传一〇八图 （上、下册）程十发画
上海 上海人民美术出版社 1963 年 线装本
定价：CNY4.50
　　中国现代连环画作品。辑录鲁迅小说原文
配图 108 幅，着重描绘辛亥革命前后，浙江农村
贫苦雇农阿 Q 受压迫、要反抗，最终被反动势力
杀害的悲剧。绘画形式则采用传统水墨写意的
方法以及自己独具的风格和造型语言。

J0064765

阿 Q 正传一零八图 鲁迅原撰；程十发绘图
上海 上海人民美术出版社 1963 年
影印暨铅印本 彩色 有图 19cm（32 开）线装
统一书号：T8081.5172 定价：CNY4.50
　　本书为现代连环画作品，辑录鲁迅小说原文
配图 108 幅。分一函二册。半叶十行二十六字
四周单边。作者程十发（1921—2007），画家。出
生于上海金山，毕业于上海美术专科学校国画
系。代表作品有《丽人行》《迎春图》《列宁的故
事》《孔乙己》等。出版有《程十发近作选》《程
十发花鸟习作选》《程十发作品展》。作者鲁迅
（1881—1936），中国现代文学家、思想家。生于
浙江绍兴，祖籍河南汝南县。原姓周，幼名樟寿，
字豫山，后改为豫才，青年以后改名树人。公费
留学日本，五四新文化运动的重要参与者。发表
中国史上第一篇白话小说《狂人日记》，代表作还
有小说集《呐喊》《彷徨》，杂文集《华盖集》《三
闲集》等。著作收入《鲁迅全集》。

J0064766

阿尔及利亚的姑娘 雷霆改编
北京 中国电影出版社 1963 年 13cm（64 开）
定价：CNY0.33
（电影连环画册）
　　中国现代连环画作品。

J0064767

阿克里木和他的儿子 赵万堂文；承力画

兰州 甘肃人民出版社 1963 年 15cm（64 开）

定价：CNY0.30

中国现代连环画作品。

J0064768

阿娜尔罕　文飘改编

北京 中国电影出版社 1963 年 10×13cm

定价：CNY0.30

（电影连环画册）

根据电影改编的中国现代连环画作品。

J0064769

八女颂　大彬改编；徐光摄影

南京 江苏人民出版社 1963 年 13cm（64 开）

定价：CNY0.18

中国现代连环画作品。

J0064770

拔敌旗　黄奕加改编；陈云华画

上海 上海人民美术出版社 1963 年 13cm（64 开）

定价：CNY0.22

中国现代连环画作品。

J0064771

白马坡　吴其柔，田衣改编；李铁生画

上海 上海人民美术出版社 1963 年 10×13cm

定价：CNY0.28

（《三国演义》连环画 16）

根据古典小说《三国演义》改编的中国现代连环画作品。

J0064772

宝船　老舍原著；盛森改编；于化绘图

天津 天津美术出版社 1963 年 74 页 有图 13cm（60 开）统一书号：R8073.2009

定价：CNY0.21

本作品系中国连环画。

J0064773

宝镜重圆　胡明纲改编；张鸾绘画

南京 江苏人民出版社 1963 年 13cm（64 开）

定价：CNY0.14

中国现代连环画作品。作者张鸾（1924—　），女。别名张米玖，天津人。天津人民美术出版社从事创作，编审。作品有木版画《鲁迅和一个工厂》《五子爱清洁》《娃娃戏少林寺》《小胜儿》《小笛和水罐》等。

J0064774

宝水　刘泽峰编文；毛用坤绘图

天津 天津少年儿童美术出版社 1963 年 41 页 有图 10×13cm 统一书号：R8073.2031

定价：CNY0.12

本作品系中国连环画。作者毛用坤（1936—　），漫画家。浙江宁波人。创办上海少年报和《好儿童》画报，任美术组长、画报编辑部主任、副编审。作品有连环画《大扫除》《周总理在少年宫》《小灵通漫游未来》、连环画漫画《海虹》等。

J0064775

暴风雨中的雄鹰　郭宝改编；景启民绘画

沈阳 辽宁美术出版社 1963 年 13cm（64 开）

定价：CNY0.24

中国现代连环画作品。

J0064776

北大荒人　文飘改编

北京 中国电影出版社 1963 年 10×13cm

定价：CNY0.32

（电影连环画册）

根据电影改编的中国现代连环画作品。

J0064777

碧血扬州　魏镇清改编；夏汝健绘

北京 朝花美术出版社 1963 年 13cm（64 开）

定价：CNY0.24

中国现代连环画作品。

J0064778

避雨　辛田改编；孙吉昌绘画

南京 江苏人民出版社 1963 年 13cm（64 开）

定价：CNY0.18

中国现代连环画作品。

J0064779

扁担虎　钟为编绘

兰州 甘肃人民出版社 1963 年 13cm（64 开）

定价：CNY0.11

中国现代连环画作品。

J0064780

兵临城下　陈述改编；张山绘画

沈阳　辽宁美术出版社　1963 年　13cm（64 开）

定价：CNY0.34

　　中国现代连环画作品。

J0064781

播火记　（之一　七月浪波）于平改编；刘端绘

石家庄　河北人民美术出版社　1963 年

13cm（60 开）定价：CNY0.29

　　中国现代连环画作品。

J0064782

捕羊风波　高幼佩改编；盛亮贤画

上海　上海人民美术出版社　1963 年　13cm（64 开）

定价：CNY0.14

　　中国现代连环画作品。

J0064783

不巧的巧遇　周金灼改编；张鸢绘图

天津　天津美术出版社　1963 年　13cm（64 开）

定价：CNY0.17

（农村连环画库）

　　中国现代连环画作品。

J0064784

布克奇传　（科学幻想故事）萧建亨原著；励
艺夫改编；何国华绘画

天津　天津美术出版社　1963 年　65 页　有图

10×13cm　统一书号：R8073.2012

定价：CNY0.16

　　本书系中国连环画作品。

J0064785

草原的儿子　孟左恭原著；严俊期改编；王亦
秋画

上海　上海人民美术出版社　1963 年　61 页　有图

10×13cm　统一书号：R8081.5345　定价：CNY0.14

　　本作品系中国现代连环画。

J0064786

草原烽火　（上册）钟明改编；李梗绘画

沈阳　辽宁美术出版社　1963 年　13cm（64 开）

定价：CNY0.22

　　中国现代连环画作品。作者钟明（1952—　　），

教师。又名钟鸣，笔名汉根，四川简阳人。中国
工艺美术学会根艺研究会会员，湖北书画专修学
院副教授。

J0064787

草原烽火　（下册）钟明改编；李梗绘画

沈阳　辽宁美术出版社　1963 年　13cm（64 开）

定价：CNY0.21

　　中国现代连环画作品。

J0064788

草原医生　孙克改编；宁里绘

北京　人民美术出版社　1963 年　13cm（64 开）

定价：CNY0.30

　　中国现代连环画作品。

J0064789

铲平王　凤村改编；方瑶民等绘图

福州　福建人民出版社　1963 年　13cm（64 开）

定价：CNY0.37

　　中国现代连环画作品。

J0064790

车轮飞转　星索改编；张白羽绘

北京　朝花美术出版社　1963 年　13cm（64 开）

定价：CNY0.25

　　中国现代连环画作品。

J0064791

车轮飞转　金钟鸣改编；邢子云绘画

沈阳　辽宁美术出版社　1963 年　13cm（64 开）

定价：CNY0.22

　　中国现代连环画作品。

J0064792

城濮之战　（东周列国故事）林林改编；陈光
镒画

上海　上海人民美术出版社　1963 年　13cm（64 开）

定价：CNY0.30

　　中国现代连环画作品。

J0064793

赤胆忠心　（河北革命烈士故事）秋风改编；
傅洪生绘

石家庄　河北人民美术出版社　1963 年

13cm（64开）定价：CNY0.23

　　中国现代连环画作品。

J0064794

赤胆忠心　陈庆元改编；周光中生绘画

南京　江苏人民出版社　1963年　13cm（64开）

定价：CNY0.22

　　中国现代连环画作品。

J0064795

初出茅庐　（诸葛亮的故事之一）陈平夫改编；

王齐绘图

天津　天津美术出版社　1963年　13cm（64开）

定价：CNY0.20

　　中国现代连环画作品。

J0064796

闯活路　凯炽，柏立编文；凯炽绘画

长春　吉林人民出版社　1963年　15cm（64开）

定价：CNY0.21

　　中国现代连环画作品。

J0064797

春联的来历　张士杰原著；艺夫编文；王企玫

绘图

天津　天津少年儿童美术出版社　1963年　35页

有图　10×13cm　统一书号：R8073.2004

定价：CNY0.11

　　本书系中国连环画作品。

J0064798

春笋　吴懋祥编绘

郑州　河南人民出版社　1963年　13cm（64开）

定价：CNY0.13

　　中国现代连环画作品。作者吴懋祥
（1932—　），画家、国家一级美术师。别名彼岸，
字铁矛，河南温县人。曾任《河南日报》社美术
组组长、高级编辑，中国美术家协会会员，中国
连环画研究会理事，中国美术家协会河南分会理
事，河南书画院院外画师，嵩阳书画院副院长。
作品有《老石工》《栋》《修渠人》《麦收季节》等。

J0064799

刺官俸　梁之改编；吴井文绘画

长春　吉林人民出版社　1963年　13cm（64开）

定价：CNY0.12

　　中国现代连环画作品。

J0064800

聪明的小阿里　（维、汉文对照）阿轲改编；

汝强，周迅绘图

乌鲁木齐　新疆人民出版社　1963年　13cm（64开）

定价：CNY0.10

　　中国现代连环画作品。

J0064801

寸金桥　杨犀改编；朱光玉绘图

天津　天津美术出版社　1963年　13cm（64开）

定价：CNY0.22

　　中国现代连环画作品。

J0064802

打潘豹　任心溪改编；汪玉山，汪继远绘

石家庄　河北人民美术出版社　1963年

13cm（64开）定价：CNY0.15

　　中国现代连环画作品。

J0064803

打绥定　林容整理；庄努改编；张文忠画

成都　四川人民出版社　1963年　13cm（64开）

定价：CNY0.10

　　中国现代连环画作品。作者庄努，改编有连
环画《大唐高僧》（《西游记》故事之三）

J0064804

大刀傅连信　南洁池改编；江栋良绘

石家庄　河北人民美术出版社　1963年

13cm（64开）定价：CNY0.14

　　中国现代连环画作品。

J0064805

大李、小李和老李　陈彻改编

北京　中国电影出版社　1963年　10×13cm

定价：CNY0.34

（电影连环画册）

　　根据电影改编的中国现代连环画作品。

J0064806

大闹七星宴　张自申改编

合肥　安徽人民出版社　1963年　13cm（64开）

定价：CNY0.20

　　中国现代连环画作品。

J0064807

大闹七星宴　　张建辉改编；金奎绘

石家庄　河北人民美术出版社　1963 年

13cm（64 开）定价：CNY0.23

　　中国现代连环画作品。

J0064808

单刀会　　田衣改编；汪玉山，冯墨农画

上海　上海人民美术出版社　1963 年　10×13cm

定价：CNY0.17

（《三国演义》连环画 35）

　　根据古典小说《三国演义》改编的中国现代

连环画作品。

J0064809

胆剑篇　（上集）徐景改编；朱光玉绘画

沈阳　辽宁美术出版社　1963 年　13cm（64 开）

定价：CNY0.27

　　中国现代连环画作品。

J0064810

胆剑篇　（下集）徐景改编；朱光玉绘画

沈阳　辽宁美术出版社　1963 年　13cm（64 开）

定价：CNY0.27

　　中国现代连环画作品。

J0064811

胆剑篇　（画集）邱扬改编；陈长明填曲；程十

发绘图

北京　人民美术出版社　1963 年［100 页］

有图 19cm（32 开）统一书号：8027.7079

定价：CNY1.84

　　根据曹禺等创作剧本改编的连环画。

J0064812

胆剑篇　　顾天高，邹善莹改编；叶赐振摄影

杭州　浙江人民出版社　1963 年　13cm（64 开）

定价：CNY0.38

　　中国现代连环画作品。

J0064813

党员登记表　　牛德光编绘

济南　山东人民出版社　1963 年　13cm（64 开）

定价：CNY0.15

　　中国现代连环画作品。

J0064814

捣狼窝　　张雷原著；可蒙改编；汪绚秋画

上海　上海人民美术出版社　1963 年　170 页　有图

10×13cm　统一书号：T8081.5384　定价：CNY0.34

（变天记　三）

　　本书系中国连环画作品。

J0064815

灯心绒　　水世戴改编；王永扬绘图

天津　天津美术出版社　1963 年　13cm（64 开）

定价：CNY0.16

（农村连环画库）

　　中国现代连环画作品。

J0064816

笛崮突围记　　尹君改编；赵越绘图

济南　山东人民出版社　1963 年　13cm（64 开）

定价：CNY0.12

　　中国现代连环画作品。

J0064817

地下航线　　艾莓编文；陈加谷绘图

福州　福建人民出版社　1963 年　13cm（64 开）

定价：CNY0.25

　　中国现代连环画作品。

J0064818

第一个春节　　金缕梅编绘

乌鲁木齐　新疆人民出版社　1963 年　13cm（64 开）

定价：CNY0.13

　　中国现代连环画作品。

J0064819

定四州　　田衣，胡雁改编；徐进画

上海　上海人民美术出版社　1963 年　2 版

10×13cm　定价：CNY0.32

（《三国演义》连环画 19）

　　根据古典小说《三国演义》改编的中国现代

连环画作品。

J0064820
东进抗日　然而改编；宇华绘
石家庄　河北人民美术出版社　1963 年
13cm（64 开）定价：CNY0.29
　　中国现代连环画作品。

J0064821
东进序曲　董子畏改编；高锦德画
上海　上海人民美术出版社　1963 年　13cm（64 开）
定价：CNY0.40
　　中国现代连环画作品。

J0064822
东进序曲　雷霆改编
北京　中国电影出版社　1963 年　10×13cm
定价：CNY0.34
（电影连环画册）
　　根据电影改编的中国现代连环画作品。

J0064823
冬梅　张宇，匡荣改编；于沙绘画
沈阳　辽宁美术出版社　1963 年　13cm（64 开）
定价：CNY0.35
　　中国现代连环画作品。作者张宇，字寰六，
号赤云子、奇清逸士。河南省教育书画协会秘书
长，河南省中国画研究院、河南诗词学会理事。

J0064824
冬梅　林杉原著；大鲁改编；温勇雄绘
天津　天津美术出版社　1963 年　135 页　13×19cm
统一书号：T8073.1981　定价：CNY0.60
　　本作品系中国连环画。

J0064825
冬梅　文飘改编
北京　中国电影出版社　1963 年　10×13cm
定价：CNY0.32
（电影连环画册）
　　根据电影改编的中国现代连环画作品。

J0064826
杜甫　徐明改编；宗静风，宗静草绘图
天津　天津美术出版社　1963 年　13cm（64 开）
定价：CNY0.23
　　中国现代连环画作品。

J0064827
夺图记　章林改编；富鹏志绘画
哈尔滨　黑龙江美术出版社　1963 年　13cm（64 开）
定价：CNY0.24
　　中国现代连环画作品。

J0064828
夺印　（连环画片）玉宇词；梅树石画
广州　广东人民出版社　1963 年　1 张　76cm（2 开）
定价：CNY0.10
　　根据《夺印》电影连环画改编的连环画片
作品。

J0064829
夺印　匡荣改编；赵甲顺，阳焱摄
沈阳　辽宁美术出版社　1963 年　4 张　54cm（4 开）
定价：CNY0.36
　　根据电影故事改编的中国现代摄影连环画
作品。

J0064830
夺印　李亚如等改编
上海　上海人民美术出版社　1963 年　162 页
11×13cm　统一书号：T8081.5350　定价：CNY0.32
　　本作品系中国连环画。作者李亚如（1918—
2003），书画家、一级美术师。江苏扬州人。历任
《泰州报》社副社长、扬州专署文化局长、扬州市
副市长、扬州市国画院名誉院长、中国书法家协
会会员等。专著有《李亚如画辑》《中国园林的
美》《扬州园林》等。

J0064831
夺印　黄奕加改编；徐进，孙愚画
上海　上海人民美术出版社　1963 年　13cm（64 开）
定价：CNY0.30
　　中国现代连环画作品。

J0064832
夺印　（连环画片）韩敏画；黄奕加编文
上海　上海人民美术出版社　1963 年　76cm（2 开）
定价：CNY0.18
　　根据《夺印》电影连环画改编的连环画片
作品。

J0064833

夺印 （连环画片）江苏省扬州专区扬剧团演
出；陈春轩摄
上海 上海人民美术出版社 1963 年 1 张
108cm（全开）定价：CNY0.36
　　根据《夺印》电影连环画改编的连环画片
作品。

J0064834

夺印 赵侃改编；戴仁绘图
天津 天津美术出版社 1963 年 13cm（64 开）
定价：CNY0.25
（农村连环画库）
　　中国现代连环画作品。作者戴仁（1934—　），
浙江温州人。中国美术家协会会员，浙江省美
术家协会理事，浙江省科普艺术协会理事。主
要作品有连环画《三个勇士》《棠棣之花》《胭
脂》等。

J0064835

扼守岱崮 丁西编文；范生福绘图
济南 山东人民出版社 1963 年 13cm（64 开）
定价：CNY0.17
　　中国现代连环画作品。

J0064836

鄂尔多斯风暴 雷霆改编
北京 中国电影出版社 1963 年 10×13cm
定价：CNY0.43
（电影连环画册）
　　根据电影改编的中国现代连环画作品。

J0064837

儿子的对象 陶钰改编；熊明曦绘画
南昌 江西人民出版社 1963 年 13cm（64 开）
定价：CNY0.18
　　中国现代连环画作品。

J0064838

发兴老头 陶钰改编；傅志旺绘画
南昌 江西人民出版社 1963 年 13cm（64 开）
定价：CNY0.16
　　中国现代连环画作品。

J0064839

犯长安 上海人民美术出版社编绘
上海 上海人民美术出版社 1963 年 2 版
10×13cm 定价：CNY0.20
（《三国演义》连环画 7）
　　根据古典小说《三国演义》改编的中国现代
连环画作品。

J0064840

方腊巧计退敌兵 杭州大学中文系原著；顾
启欧改编；马建邦绘图
天津 天津人民美术出版社 1963 年 49 页 有图
10×13cm ISBN：7-5305-1491-1
定价：CNY11.00（全集 5 册）
　　本作品系中国宣传画。

J0064841

淝水之战 李白英改编；苏起峰绘画
南京 江苏人民出版社 1963 年 13cm（64 开）
定价：CNY0.26
　　中国现代连环画作品。

J0064842

分界线上的乡村 雷霆改编
北京 中国电影出版社 1963 年 13cm（64 开）
定价：CNY0.70
（电影连环画册）

J0064843

风雨桃花洲 浦增华改编；邹淦画
上海 上海人民美术出版社 1963 年 13cm（64 开）
定价：CNY0.22
　　中国现代连环画作品。

J0064844

封惠芬 夏宗学编；林令绘
南宁 广西僮族自治区人民出版社 1963 年
13cm（64 开）定价：CNY0.16
　　中国现代连环画作品。

J0064845

烽火戏诸侯 梁燃尧改编；王井绘图
天津 天津美术出版社 1963 年 13cm（64 开）
定价：CNY0.23
　　中国现代连环画作品。

J0064846

甘蔗田   小戈等改编；张鸾绘图

天津 天津美术出版社 1963 年 13cm（64 开）

定价：CNY0.16

　　中国现代连环画作品。作者张鸾（1924—　），女。别名张米玖，天津人。天津人民美术出版社从事创作，编审。作品有木版画《鲁迅和一个工厂》《五子爱清洁》《娃娃戏少林寺》《小胜儿》《小笛和水罐》等。

J0064847

钢铁是怎样炼成的   （上集）王素改编；毅进绘

北京 人民美术出版社 1963 年 13cm（64 开）

定价：CNY0.54

　　中国现代连环画作品。

J0064848

钢铁是怎样炼成的   （下集）夏星改编；毅进绘

北京 人民美术出版社 1963 年 13cm（64 开）

定价：CNY0.53

　　中国现代连环画作品。

J0064849

哥哥聪明透顶   任溶溶原诗；双人改编；詹同渲绘

北京 人民美术出版社 1963 年 有彩图

8×19cm 定价：CNY0.06

　　本书系中国连环画作品。

J0064850

哥俩好   洪钊改编；端木勇，胡克礼绘

石家庄 河北人民美术出版社 1963 年

13cm（64 开）定价：CNY0.23

　　中国现代连环画作品。

J0064851

哥俩好   孙青改编

北京 中国电影出版社 1963 年 10×13cm

定价：CNY0.40

（电影连环画册）

　　根据电影改编的中国现代连环画作品。

J0064852

革命家庭   钟志坚改编；韩和平，端木勇绘画

沈阳 辽宁美术出版社 1963 年 13cm（64 开）

定价：CNY0.31

　　中国现代连环画作品。绘画韩和平（1932—2019），连环画家、教授。吉林东宁人，毕业于中央美术学院华东分院绘画系。曾在上海人民美术出版社从事连环画创作，历任上海大学美术学院油画系副主任、副教授、艺术研究所主任。作品连环画有《铁道游击队》《红岩》等。绘画端木勇（1930—　），连环画家。上海人。艺名米南。任职于上海人民美术出版社连环画创作室。上海美术家协会会员。创作并出版了《霓虹灯下的哨兵》《南京路上好八连》《回民支队》等连环画作品。

J0064853

格林卡   欧阳彬改编；高燕绘

北京 朝花美术出版社 1963 年 13cm（64 开）

定价：CNY0.29

　　中国现代连环画作品。

J0064854

给将军回信的时候   奚国钧改编；尹云非画

上海 上海人民美术出版社 1963 年 13cm（64 开）

定价：CNY0.19

　　中国现代连环画作品。

J0064855

给我一匹马   刘光改编；于一绘画

沈阳 辽宁美术出版社 1963 年 13cm（64 开）

定价：CNY0.18

　　中国现代连环画作品。

J0064856

耕云播雨   刘朵改编；曹光绘画

沈阳 辽宁美术出版社 1963 年 13cm（64 开）

定价：CNY0.26

　　中国现代连环画作品。

J0064857

孤帆决斗   肇玉厚绘画

长春 吉林人民出版社 1963 年 13cm（64 开）

定价：CNY0.13

　　中国现代连环画作品。

J0064858

关汉卿　潘彩英改编；姜之中绘画
沈阳　辽宁美术出版社　1963 年　13cm（64 开）
定价：CNY0.23
　　中国现代连环画作品。

J0064859

国庆节的晚上　赵继良编；钟惠英画
上海　上海人民美术出版社　1963 年　55 页　有图
10×13cm　统一书号：R8081.5305　定价：CNY0.13
　　本书系中国连环画作品。

J0064860

海龙王　苏敦勇改编；洪浩然，洪淮南绘画
长春　吉林人民出版社　1963 年　13cm（64 开）
定价：CNY0.14
　　中国现代连环画作品。

J0064861

海瑞背纤　杨犀改编；颜梅华等绘图
天津　天津美术出版社　1963 年　13cm（64 开）
定价：CNY0.18
（农村连环画库）

J0064862

海上女主人　水世戴改编；张品操，应玉娥
绘图
天津　天津美术出版社　1963 年　13cm（64 开）
定价：CNY0.18
　　中国现代连环画作品。

J0064863

海鹰　郭宝祥改编；杨国藩绘画
沈阳　辽宁美术出版社　1963 年　13cm（64 开）
定价：CNY0.25
　　中国现代连环画作品。

J0064864

韩英　辛田改编；韩敏绘画
南京　江苏人民出版社　1963 年　13cm（64 开）
定价：CNY0.31
　　中国现代连环画作品。

J0064865

黑老虎队　王宇文改编；叶坚铭绘

石家庄　河北人民美术出版社　1963 年
13cm（64 开）定价：CNY0.17
　　中国现代连环画作品。

J0064866

黑奴恨　吴廷瑁改编；赵隆义绘画
沈阳　辽宁美术出版社　1963 年　13cm（64 开）
定价：CNY0.33
　　中国现代连环画作品。

J0064867

黑奴恨　大鲁改编；董福章绘图
天津　天津美术出版社　1963 年　13cm（64 开）
定价：CNY0.26
（农村连环画库）

J0064868

红姑　张士杰改编；陈惠冠绘
石家庄　河北人民美术出版社　1963 年
13cm（64 开）定价：CNY0.16
　　中国现代连环画作品。

J0064869

红军桥　朱舒和改编；柯明绘画
南京　江苏人民出版社　1963 年　13cm（64 开）
定价：CNY0.18
　　中国现代连环画作品。作者柯明（1922—
2014），画家。就读于国立杭州艺术专科学校西
画科。历任《新华日报》美术编辑、江苏人民出
版社高级美术编审、中国美术家协会理事、少儿
美术艺委会委员、中国出版工作者协会装帧艺
术研究会常务理事。水墨画作品《阿福》《荷花
灯》等。

J0064870

红军桥　王同仁编绘
济南　山东人民出版社　1963 年　13cm（64 开）
定价：CNY0.16
　　中国现代连环画作品。作者王同仁
（1937—　　），教授、画家。甘肃兰州人，毕业于
中央美术学院。任中央美术学院教授，中国美术
家协会、中国书法家协会会员、炎黄艺术馆艺委
会原副主任、北京国际艺术博览会基金会理事
等。出版《王同仁作品集》《中国画大家——王
同仁》《王同仁速写》等。

J0064871

红辣椒　洪钧改编；金匀等绘图

南昌　江西人民出版社　1963 年　13cm（64 开）

定价：CNY0.20

中国现代连环画作品。

J0064872

红莲　陶沙改编；高齐寰绘画

哈尔滨　黑龙江美术出版社　1963 年　13cm（64 开）

定价：CNY0.15

中国现代连环画作品。

J0064873

红楼梦　（1-4）曹震云，郭仁仪摄；潘勤孟编文

上海　上海人民美术出版社　1963 年　4 张

54cm（4 开）定价：CNY0.36

根据《红楼梦》电影连环画改编的中国现代
年画作品。

J0064874

红旗谱　（一）胡映西，尚文改编；刘汉画

上海　上海人民美术出版社　1963 年　13cm（64 开）

定价：CNY0.34

中国现代连环画作品。作者刘汉（1932—　），
画家。广东中山人。中央民族大学美术系教授，
中国美术家协会会员，现代中国水墨联盟秘书
长。主要作品有《红色风暴》《红旗谱》《天女散
花》《女娲补天》等。

J0064875

红嫂　陈平夫改编；王里绘

石家庄　河北人民美术出版社　1963 年

13cm（64 开）定价：CNY0.19

中国现代连环画作品。

J0064876

红嫂　孙铁编绘

济南　山东人民出版社　1963 年　13cm（64 开）

定价：CNY0.18

中国现代连环画作品。

J0064877

红嫂　刘知侠原著；蓝翔改编；钱贵苏绘图

上海　上海人民美术出版社　1963 年　103 页

10×13cm　统一书号：T8081.5321　定价：CNY0.22

本书系中国连环画作品。

J0064878

红色交通线　（上）林颂茵改编；周公和画

上海　上海人民美术出版社　1963 年　13cm（64 开）

定价：CNY0.28

中国现代连环画作品。

J0064879

红色娘子军　张炎，石永森改编；叶大荣绘画

南京　江苏人民出版社　1963 年　13cm（64 开）

定价：CNY0.29

中国现代连环画作品。

J0064880

红色娘子军　石景麟改编；赵兵凯绘图

天津　天津美术出版社　1963 年　13cm（64 开）

定价：CNY0.28

（农村连环画库）

作者石景麟，著有《音乐家的故事》，与孙铁
生合绘有连环画《东进序曲》，改编有连环画《女
娲补天》《肖尔布拉克》。

J0064881

红色女儿兵　光军改编；陈为明绘画

沈阳　辽宁美术出版社　1963 年　13cm（64 开）

定价：CNY0.23

中国现代连环画作品。

J0064882

红色宣传员　子青改编；杜滋龄绘图

天津　天津美术出版社　1963 年　13cm（64 开）

定价：CNY0.24

（农村连环画库）

中国现代连环画作品。

J0064883

红色宣传员　雷霆改编

北京　中国电影出版社　1963 年　13cm（64 开）

定价：CNY0.26

（电影连环画册）

J0064884

红珊瑚　叶惠元改编；童介眉绘

北京　朝花美术出版社　1963 年　13cm（64 开）

定价：CNY0.42

中国现代连环画作品。

J0064885

红珊瑚 （电影连环画）张帆配词

石家庄 河北人民美术出版社 1963 年

76cm（2 开）定价：CNY0.36

根据《红珊瑚》电影连环画片改编的中国现代年画作品。

J0064886

红珊瑚 苏哲改编；苏哲，景长清绘图

长春 吉林人民出版社 1963 年 13cm（64 开）

定价：CNY0.17

中国现代连环画作品。

J0064887

红珊瑚 马捷改编

北京 中国电影出版社 1963 年 10×13cm

定价：CNY0.24

（电影连环画册）

根据电影改编的中国现代连环画作品。

J0064888

红岩 黄中敬剧本改编；任豪等连环画改编；曹震云摄影

上海 上海人民美术出版社 1963 年 13cm（64 开）

定价：CNY0.44

中国现代连环画作品。

J0064889

虹 包玉堂作诗；王仲清绘

北京 朝花美术出版社 1963 年 13cm（64 开）

定价：CNY0.26

中国现代连环画作品。作者王仲清（1924— ），画家、教授。生于四川成都，毕业于省立成都师范美师科。历任上海人民美术出版社创作员、上海戏剧学院中国画教师，中国美术家协会会员，中国禅画研究院名誉院长。作品有中国画《小三峡》《胡笳十八拍》，连环画《阿诗玛》等。出版有《王仲清画集》等。

J0064890

洪湖赤卫队 高援改编；张景祥绘画

沈阳 辽宁美术出版社 1963 年 13cm（64 开）

定价：CNY0.30

中国现代连环画作品。

J0064891

糊涂的阿灰 朱竹庄绘；曹作锐配文

北京 朝花美术出版社 1963 年 35 页 有图

13cm（60 开）统一书号：T8028.1876

定价：CNY0.17

本书系中国连环画作品。

J0064892

虎腹掏胆 何国忠改编；蚁美楷绘图

长春 吉林人民出版社 1963 年 19cm（小 32 开）

定价：CNY0.27

中国现代连环画作品。

J0064893

花山怒火 （福建历史故事）邹维之编文；王企玟绘图

福州 福建人民出版社 1963 年 13cm（64 开）

定价：CNY0.18

中国现代连环画作品。

J0064894

槐树庄 高铁林，修明改编；王纯信绘画

哈尔滨 黑龙江美术出版社 1963 年 13cm（64 开）

定价：CNY0.19

中国现代连环画作品。

J0064895

槐树庄 （1-4）湖北人民出版社编文；高季方作

武汉 湖北人民出版社 1963 年 4 张 54cm（4 开）

定价：CNY0.36

根据国产电影《槐树庄》改编创作的中国现代连环画。

J0064896

槐树庄 万家春改编；高适，王重二画

上海 上海人民美术出版社 1963 年 13cm（64 开）

定价：CNY0.32

中国现代连环画作品。

J0064897

槐树庄 孙世涛编绘

天津 天津美术出版社 1963 年 13cm（64 开）
定价：CNY0.25
（农村连环画库）
　　中国现代连环画作品。

J0064898
槐树庄　雷霆改编
北京 中国电影出版社 1963 年 10×13cm
定价：CNY0.33
（电影连环画册）
　　根据国产电影《槐树庄》改编的中国现代连
环画作品。

J0064899
槐树庄　（1-4）
北京 中国电影出版社 1963 年 4 张 54cm（4 开）
定价：CNY0.36
　　根据国产电影《槐树庄》改编创作的中国现
代连环画。

J0064900
宦娘曲　向前改编；丁世弼绘画
哈尔滨 黑龙江美术出版社 1963 年 13cm（64 开）
定价：CNY0.15
　　中国现代连环画作品。

J0064901
黄果树瀑布的故事　晓城改编；徐翀绘图
贵阳 贵州人民出版社 1963 年 10×13cm
定价：CNY0.12
　　中国现代连环画作品。

J0064902
黄英姑　（上册）曹丽泉改编；高适画
南昌 江西人民出版社 1963 年 13cm（64 开）
定价：CNY0.31
　　中国现代连环画作品。

J0064903
黄英姑　（下册）曹丽泉改编；高适画
南昌 江西人民出版社 1963 年 13cm（64 开）
定价：CNY0.25
　　中国现代连环画作品。

J0064904
回民支队　黄若谷改编；景启民绘图
天津 天津美术出版社 1963 年 13cm（64 开）
定价：CNY0.33
　　中国现代连环画作品。

J0064905
活愚公　万家春改编；王仲清绘
北京 人民美术出版社 1963 年 13cm（64 开）
定价：CNY0.23
（连环画选本　第 2 辑）
　　作者王仲清（1924—　），画家、教授。生于
四川成都，毕业于省立成都师范美师科。历任
上海人民美术出版社创作员、上海戏剧学院中
国画教师，中国美术家协会会员，中国禅画研
究院名誉院长。作品有中国画《小三峡》《胡笳
十八拍》，连环画《阿诗玛》等。出版有《王仲清
画集》等。

J0064906
火　邵甄改编；孙铁生绘图
天津 天津美术出版社 1963 年 13cm（64 开）
定价：CNY0.22
　　中国现代连环画作品。

J0064907
火烧连营　林林改编；蒋萍画
上海 上海人民美术出版社 1963 年 2 版
10×13cm 定价：CNY0.24
（《三国演义》连环画 42）
　　根据古典小说《三国演义》改编的中国现代
连环画作品。

J0064908
火种　傅涌泉改编；孙铁生绘图
天津 天津美术出版社 1963 年 13cm（64 开）
定价：CNY0.15
　　中国现代连环画作品。

J0064909
及时雨　叶建森，刘玮武改编；郑一呼绘画
长沙 湖南人民出版社 1963 年 13cm（64 开）
定价：CNY0.13
　　中国现代连环画作品。作者叶建森（1932—　），
笔名五丰，厦门人。任中国连环画研究会常务理

事、湖南省美术家协会会员等职。主要作品有《血染黄河滩》《变驴》《鸟笼里的野兽》等。

J0064910
计划生育知识　北京市卫生教育所编
北京　北京出版社　1963 年　有图　10×13cm
统一书号：T14071.20　定价：CNY0.06
　　本书系中国连环画作品。

J0064911
纪念品　季温改编；丁可绘
石家庄　河北人民美术出版社　1963 年
13cm（64 开）定价：CNY0.14
　　中国现代连环画作品。

J0064912
家庭问题　杨根相改编；陈云华，高适画
上海　上海人民美术出版社　1963 年　13cm（64 开）
定价：CNY0.22
　　中国现代连环画作品。

J0064913
甲午风云　陈彻改编
北京　中国电影出版社　1963 年　10×13cm
定价：CNY0.48
（电影连环画册）
　　根据电影改编的中国现代连环画作品。

J0064914
甲午海战　郭宝祥，匡荣改编；姜之中绘画
沈阳　辽宁美术出版社　1963 年　13cm（64 开）
定价：CNY0.38
　　中国现代连环画作品。

J0064915
甲午海战　林锴编绘
北京　人民美术出版社　1963 年　13cm（64 开）
定价：CNY0.34
　　中国现代连环画作品。

J0064916
姜维献书　胡雁改编；严绍唐，李铁生画
上海　上海人民美术出版社　1963 年　2 版
10×13cm　定价：CNY0.22
（《三国演义》连环画 49）
根据古典小说《三国演义》改编的中国现代连环画作品。

J0064917
交通站的故事　大鲁改编；华三川绘
北京　人民美术出版社　1963 年　13cm（60 开）
定价：CNY0.35
（连环画选本　第 2 辑）
　　中国现代连环画作品。

J0064918
接关系　向锐翔改编；王宇文绘
石家庄　河北人民美术出版社　1963 年
13cm（64 开）定价：CNY0.25
　　中国现代连环画作品。

J0064919
接关系　林野改编；王纯信绘画
哈尔滨　黑龙江美术出版社　1963 年　13cm（64 开）
定价：CNY0.19
　　中国现代连环画作品。

J0064920
接关系　石实改编；吴龙才绘画
长春　吉林人民出版社　1963 年　13cm（64 开）
定价：CNY0.20
　　中国现代连环画作品。

J0064921
借亲配　郝幼权改编；范志泉绘画
沈阳　辽宁美术出版社　1963 年　13cm（64 开）
定价：CNY0.14
　　中国现代连环画作品。

J0064922
金凤　陈栎改编；杜荣尧绘图
杭州　浙江人民美术出版社　1963 年　13cm（64 开）
定价：CNY0.15
　　中国现代连环画作品。

J0064923
筋斗云　（西游记故事连环画）刘继卣绘
北京　人民美术出版社　1963 年　13cm（64 开）
定价：CNY0.29
　　中国现代连环画作品。

J0064924
锦上添花　文飘改编
北京　中国电影出版社　1963 年　10×13cm
定价: CNY0.30
（电影连环画册）
　　根据电影改编的中国现代连环画作品。

J0064925
九件衣　刘光改编; 水天宏绘画
沈阳　辽宁美术出版社　1963 年　13cm（64 开）
定价: CNY0.19
　　中国现代连环画作品。

J0064926
掘地见母　（东周列国故事）林林改编; 水天宏画
上海　上海人民美术出版社　1963 年　13cm（64 开）
定价: CNY0.24
　　中国现代连环画作品。

J0064927
空城计　田衣改编; 钱笑呆, 徐余兴画
上海　上海人民美术出版社　1963 年　2 版
10×13cm　定价: CNY0.26
（《三国演义》连环画 47）
　　根据古典小说《三国演义》改编的中国现代
连环画作品。

J0064928
空城计　田衣改编; 徐正平画
上海　上海人民美术出版社　1963 年　10×13cm
定价: CNY0.24
（《三国演义》连环画 47）
　　根据古典小说《三国演义》改编的中国现代
连环画作品。

J0064929
枯木逢春　吴冰改编; 何铭绘画
南京　江苏人民出版社　1963 年　13cm（64 开）
定价: CNY0.24
　　中国现代连环画作品。

J0064930
快乐的小鸡　呆向真著; 陈永镇绘
北京　中国少年儿童出版社　1963 年　有彩图

19cm（32 开）统一书号: R8056.151 定价: CNY0.30
　　本书系中国连环画作品。作者陈永镇
（1936—　），浙江乐清人。毕业于中国美术学院
（浙江美院）。中国美术家协会理事、中国儿童美
术艺委会委员、安徽省美协副主席。主要作品有
《还是一样》《再给你带上一个》等。

J0064931
昆仑山上一棵草　林黄改编; 刘国辉画
上海　上海人民美术出版社　1963 年　13cm（64 开）
定价: CNY0.20
　　中国现代连环画作品。收入 95 幅图。根据
小说《惠嫂》编绘。

J0064932
昆仑山上一棵草　孙青改编
北京　中国电影出版社　1963 年　10×13cm
定价: CNY0.25
（电影连环画册）
　　根据电影改编的中国现代连环画作品。

J0064933
兰铁头　吕荫樾改编; 端木勇, 陈为明绘
石家庄　河北人民美术出版社　1963 年
13cm（64 开）定价: CNY0.22
　　中国现代连环画作品。

J0064934
狼外婆　周正良编文; 田原绘画
南京　江苏人民出版社　1963 年　26 页　有彩图
13cm（60 开）统一书号: 8100.1009 定价: CNY0.14
　　本书系中国连环画作品。作者田原（1925—　），
漫画家, 一级美术师。祖籍江苏溧水, 生于上海。
原名潘有炜, 笔名饭牛。中国美术家协会、中国
书法家协会、中国版画家协会、中国记者协会、
中国漫画家协会会员, 中国工艺美术协会理事、
东南大学、深圳大学教授。书画作品有《陋室铭》,
出版有《中国民间玩具》《田原硬笔书法》等, 设
计动画片有《熊猫百货商店》等。

J0064935
狼窝除奸记　焦玉峰改编; 王永扬绘
石家庄　河北人民美术出版社　1963 年
13cm（60 开）定价: CNY0.15
　　中国现代连环画作品。

J0064936

老德顺和小侯头　王宝尊改编；苏正刚绘图
天津　天津美术出版社　1963 年　13cm（64 开）
定价：CNY0.14
（农村连环画库）
　　　中国现代连环画作品。

J0064937

雷锋　江苏人民出版社编文；汪观清绘画
南京　江苏人民出版社　1963 年　39cm（8 开）
定价：CNY0.20
　　　中国现代连环画作品。

J0064938

雷锋　姜维朴等改编；费声福等绘
北京　人民美术出版社　1963 年　13cm（64 开）
定价：CNY0.28
　　　中国现代水彩画作品。改编姜维朴（1926—2019），编辑。山东黄县人，毕业于山东大学文艺系。历任人民美术出版社《连环画报》编辑室主任、副主编，中国连环画出版社总编辑等。代表作品有《鲁迅论连环画》《要摄取事物的本质》《连环画艺术论》等。绘画费声福（1927—　），编辑。祖籍浙江慈溪，毕业于中央美术学院。历任中国连环画出版社编审、《中国连环画》副主编、中国美术家协会连环画艺术委员会副主任、中国连环画研究会常务理事兼秘书长。作品有《神火》《游赤壁》。

J0064939

雷锋　姜维朴等改编；费声福等绘
北京　人民美术出版社　1964 年　修订版
13cm（64 开）定价：CNY0.28
（连环画选本　第 4 辑　大众连环画库）
　　　中国现代连环画作品。

J0064940

雷锋　（连环画选本）姜维朴等改编；费声福等绘
北京　人民美术出版社　1965 年 2 版 13cm（64 开）
定价：CNY0.15
（大众连环画库）
　　　中国现代连环画作品。

J0064941

雷锋的故事　（连环画片）汪观清，江南春合作
南京　江苏人民出版社　1963 年　76cm（2 开）
定价：CNY0.18
　　　中国现代连环画作品。

J0064942

雷锋式的战士黄崇雕　任斌武，娄君盘编文；叶明楠等画
杭州　浙江人民美术出版社　1963 年　13cm（64 开）
定价：CNY0.22
　　　中国现代连环画作品。

J0064943

李家庄的变迁　（下册）赵树理原著；尚文，吴其柔改编；孙铁生画
上海　上海人民美术出版社　1963 年　146 页　有图
10×13cm　统一书号：T8081.5300　定价：CNY0.30
　　　本书系中国连环画作品。

J0064944

李三娘　南洁池改编；凌涛绘
石家庄　河北人民美术出版社　1963 年
13cm（64 开）定价：CNY0.13
　　　中国现代连环画作品。

J0064945

李双双　朱先立改编；王宇文绘
石家庄　河北人民美术出版社　1963 年
13cm（64 开）定价：CNY0.25
　　　中国现代连环画作品。

J0064946

李双双　张耀辉，王雷改编；王纯信，于志学绘画
哈尔滨　黑龙江美术出版社　1963 年　13cm（64 开）
定价：CNY0.22
　　　中国现代连环画作品。

J0064947

李双双　（1-4）湖北人民出版社编文；陈惠明作
武汉　湖北人民出版社　1963 年　4 张 54cm（4 开）
定价：CNY0.36
　　　根据国产电影《李双双》改编创作的中国现代连环画。作者陈惠明（1933—　），湖北嘉鱼人，

毕业于中南美术专科学校。中国美术家协会会员、湖北省美术家协会理事、中国连环画研究会常务理事、湖北连环画研究会会长。曾为《中国历代寓言选》《长诗望红台》《古寓言今译》等图书作国画插图。

J0064948
李双双 (连环画片)贺友直画；杨兆麟配诗
上海 上海人民美术出版社 1963 年 76cm(2 开)
定价：CNY0.18
　　根据《李双双》电影改编的中国现代连环画作品。

J0064949
李双双 陈杜之改编；杜滋龄绘图
天津 天津美术出版社 1963 年 13cm(64 开)
定价：CNY0.18
　　中国现代连环画作品。

J0064950
李双双 (连环画片)沈祖安文；钱贵荪画
杭州 浙江人民美术出版社 1963 年 76cm(2 开)
定价：CNY0.25
　　根据电影《李双双》改编的中国现代连环画作品。作者沈祖安(1929—　)，编剧、曲艺作家、戏剧理论家。祖籍浙江诸暨。历任浙江省曲艺家协会副主席、中国说唱文艺学会理事、杭州市文化局艺术顾问、浙江京昆艺术剧院艺术顾问、浙江省政协诗书画之友社顾问、中国戏曲表演学会顾问等。著有《鉴湖女侠》《纵横谈艺录》《琵琶街杂记》《顾曲丛谈》《变与不变——沈祖安艺术论集》等。

J0064951
李双双 孙青改编
北京 中国电影出版社 1963 年 10×13cm
定价：CNY0.36
(电影连环画册)
　　根据电影改编的中国现代连环画作品。

J0064952
李庭芝之死 小奚改编；屠全枫绘图
天津 天津人民美术出版社 1963 年 84 页 有图
10×13cm ISBN：7-5305-1489-X
定价：CNY12.00(全 4 册)

本书系中国连环画作品。

J0064953
梁山伯与祝英台 司徒佩韦改编；王叔晖绘
北京 人民美术出版社 1963 年 13cm(64 开)
定价：CNY0.32
(连环画选本 第 2 辑)
　　作者王叔晖(1912—1985)，女，国画家。字郁芬，生于天津，祖籍浙江绍兴。历任出版总署美术科员、新华书店总管理处美术室图案组组长、人民美术出版社连环画创作组组长。代表作《西厢记》《林黛玉》《夜宴桃李园》《杨门女将》等。

J0064954
粮食 (红军长征故事)董树岩改编；宋飞等绘图
长沙 湖南人民出版社 1963 年 13cm(64 开)
定价：CNY0.17
　　中国现代连环画作品。

J0064955
两队之间 张漠清原著；赵万堂改编，孟英声绘
兰州 甘肃人民出版社 1963 年 62 页 有图
10×13cm 统一书号：T8096.37 定价：CNY0.15
　　本作品系中国连环画。

J0064956
僚机飞行员 吴文焕改编；罗盘画
上海 上海人民美术出版社 1963 年 13cm(64 开)
定价：CNY0.17
　　中国现代连环画作品。

J0064957
燎原 陈彻改编
北京 中国电影出版社 1963 年 10×13cm
定价：CNY0.48
(电影连环画册)
　　根据电影改编的中国现代连环画作品。

J0064958
林则徐 沈基宇改编；朱光玉绘
北京 人民美术出版社 1963 年 13cm(64 开)
定价：CNY0.42

本书是关于民族英雄林则徐抗英斗争的中国现代连环画作品。

J0064959
灵芝草　王光先改编；龚艺岚绘画
合肥　安徽人民出版社　1963 年　13cm（64 开）
定价：CNY0.10
　　中国现代连环画作品。

J0064960
刘家五兄弟　双人编；林锴绘
北京　人民美术出版社　1963 年　38 页　有图
13cm（60 开）统一书号：R8027.4071
定价：CNY0.18
　　本书系中国连环画作品。

J0064961
刘三姐　唐长风，潘伯羽改编；邓二龙绘
北京　人民美术出版社　1963 年　13cm（64 开）
定价：CNY0.24
（连环画选本　第 2 辑）
　　中国现代连环画作品。

J0064962
柳毅传书　文飘改编
北京　中国电影出版社　1963 年　10×13cm
定价：CNY0.20
（电影连环画册）
　　根据电影改编的中国现代连环画作品。

J0064963
洛阳桥　朱羽改编；徐进绘图
福州　福建人民出版社　1963 年　13cm（64 开）
定价：CNY0.21
　　中国现代连环画作品。

J0064964
骆驼祥子　于翔改编；毓继明绘图
天津　天津美术出版社　1963 年　13cm（64 开）
定价：CNY0.40
　　中国现代连环画作品。

J0064965
马门教授　陈彻改编
北京　中国电影出版社　1963 年　13cm（64 开）

定价：CNY0.37
（电影连环画册）
　　中国现代连环画作品。

J0064966
埋在心底的仇恨　高铁林，修明改编；丁世弼绘画
哈尔滨　黑龙江美术出版社　1963 年　13cm（64 开）
定价：CNY0.15
　　中国现代连环画作品。

J0064967
蔓萝花　（电影连环画）戴中孚配词
石家庄　河北人民美术出版社　1963 年　76cm（2 开）定价：CNY0.18
　　根据《蔓萝花》电影连环画改编的中国现代年画作品。

J0064968
蔓萝花　孙青改编
北京　中国电影出版社　1963 年　10×13cm
定价：CNY0.26
（电影连环画册）
　　根据电影改编的中国现代连环画作品。

J0064969
毛主席的好战士——雷锋　王建郁等改编；王真等绘画
沈阳　辽宁美术出版社　1963 年　13cm（64 开）
定价：CNY0.28
　　中国现代连环画作品。

J0064970
毛主席的好战士——雷锋　（1–4　连环画片）
姜维朴等改编；费声福等绘
北京　人民美术出版社　1963 年　4 张　76cm（2 开）
定价：CNY0.72
　　本作品系中国宣传画。

J0064971
毛主席的好战士——雷锋　（连环画片）郑毓敏画
杭州　浙江人民美术出版社　1963 年　76cm（2 开）
定价：CNY0.25
　　本作品系中国现代宣传画。

J0064972

美丽的路　屈兴岐原著；高幼佩改编；冯春扬画

上海　上海人民美术出版社　1963 年　122 页　有图

10×13cm　统一书号：T8081.5335　定价：CNY0.26

　　本书系中国连环画作品。

J0064973

孟泰爷爷和小螺　肖里编绘

北京　朝花美术出版社　1963 年　38 页　有图

13cm（60 开）统一书号：T8028.1874

定价：CNY0.18

　　本书系中国连环画作品，根据中央人民广播

电台稿改编。

J0064974

闽山春秋　（第 1 部　丛山烈火）鲁春编文；姚

峭丽绘图

福州　福建人民出版社　1963 年　13cm（64 开）

定价：CNY0.41

　　中国现代连环画作品。

J0064975

南海潮　苏谦改编；胡祖清绘图

天津　天津美术出版社　1963 年　13cm（64 开）

定价：CNY0.25

　　中国现代连环画作品。

J0064976

南海战歌　王拓明改编；林凡绘图

天津　天津美术出版社　1963 年　13cm（64 开）

定价：CNY0.24

（农村连环画库）

　　中国现代连环画作品。

J0064977

南京路上好八连　王稼穰等改编；高山，尤崇

仁绘

北京　人民美术出版社　1963 年　13cm（60 开）

定价：CNY0.21

　　中国现代连环画作品。

J0064978

南京路上好八连　杜秀林编；贺友直等画

上海　上海人民美术出版社　1963 年　13cm（60开）

定价：CNY0.44

　　本书是中国现代连环画作品。根据 1963 年

夏在上海举办的"南京路上好八连事迹展览会"

的内容编绘。全书分 4 部分：一、忠心耿耿，坚

守岗位；二、身居闹市，一尘不染；三、勤俭节

约，克己奉公；四、热爱人民，助人为乐。绘画

形式为白描。

J0064979

牛丙砸盐店　母连甫原著；丁善葆改编；戴宏

海绘图

天津　天津美术出版社　1963 年　53 页　有图

10×13cm　统一书号：T8073.2003　定价：CNY0.14

　　本作品系中国现代连环画。描述捻军传说

故事。

J0064980

牛虻　吉志西改编；胡克礼绘画

沈阳　辽宁美术出版社　1963 年　13cm（64 开）

定价：CNY0.34

　　中国现代连环画作品。

J0064981

牛头山　（岳传之八）陈惠冠绘

北京　人民美术出版社　1963 年　13cm（64 开）

定价：CNY0.28

　　中国现代连环画作品。绘图陈惠冠

（1935—　　），浙江余姚人。中国美术家协会会

员、中国版协连环画艺术委员会副主任委员。擅

长连环画。作品有《牛头山》《仙人岛》《黄河飞

渡》等。

J0064982

农村连环画库　（第 1 辑）

天津　天津美术出版社　1963 年　盒装

定价：CNY9.31

　　本辑共包括四十册：《槐树庄》《夺印》《李

双双》《在烈火中永生》《红色娘子军》《东进序

曲》《突破乌江》《洪湖赤卫队》《南海战歌》《灯

心绒》《南海潮》等。以上各书均曾单册发行过，

此次辑为《画库》出版，审校了文画并增加了难

字注音。

J0064983

怒吼　（湖南革命斗争故事）叶惠元，刘希敏改

编；姚治华绘图

长沙 湖南人民出版社 1963 年 13cm（64 开）
定价：CNY0.13

中国现代连环画作品。作者姚治华（1932—　），画家、教授。湖北孝感人，毕业于中央美术学院中国画系。历任中央美术学院中国画系教授，中国美术家协会会员，中国美术艺术家协会主席，中华英才艺术研究院院长。出版有《人民艺术家——走进中国当代艺坛巨匠·姚治华》。

J0064984

女理发师　马捷改编
北京 中国电影出版社 1963 年 10×13cm
定价：CNY0.20
（电影连环画册）

根据电影改编的中国现代连环画作品。

J0064985

千里走单骑　吴其柔，田衣改编；陈光镒画
上海 上海人民美术出版社 1963 年 2 版
10×13cm 定价：CNY0.32
（《三国演义》连环画 17）

根据古典小说《三国演义》改编的中国现代连环画作品。绘画陈光镒（1916—1991），画家。江苏南京人。中国美协上海分会会员。代表作有《大闹天宫》《三国演义》《董卓进京》等。

J0064986

桥头卖酒　孙忠孝改编；孙铁生绘图
济南 山东人民出版社 1963 年 13cm（64 开）
定价：CNY0.15

中国现代连环画作品。

J0064987

巧计过关中　陈田颂改编；予志云绘图
福州 福建人民出版社 1963 年 13cm（64 开）
定价：CNY0.20

中国现代连环画作品。

J0064988

亲家　周琤杰改编；张永新，陈曦光绘画
沈阳 辽宁美术出版社 1963 年 13cm（64 开）
定价：CNY0.12

中国现代连环画作品。

J0064989

擒孟达　潘勤孟改编；杨青画
上海 上海人民美术出版社 1963 年 2 版
10×13cm 定价：CNY0.22
（《三国演义》连环画 46）

根据古典小说《三国演义》改编的中国现代连环画作品。

J0064990

青海湖边　艾书改编；晏文正绘图
济南 山东人民出版社 1963 年 13cm（64 开）
定价：CNY0.15

中国现代连环画作品。作者晏文正（1926—　），水彩画家。山东濮县人。历任青岛教育学院教授、艺术系主任，中国美术家协会会员，中国水彩画家协会理事、山东美术家协会名誉理事、山东水彩画会名誉会长。出版有《晏文正水粉画选》《晏文正画集》《水彩画技法》《晏文正写生散记》等。

J0064991

清风店　洪钊改编；傅洪生绘
石家庄 河北人民美术出版社 1963 年
13cm（64 开）定价：CNY0.30

中国现代连环画作品。

J0064992

穷棒子扭转乾坤　姜维朴编；刘继卣绘
北京 人民美术出版社 1963 年 13cm（64 开）
定价：CNY0.42

中国现代连环画作品。作者姜维朴（1926—2019），编辑。山东黄县人，毕业于山东大学文艺系。历任人民美术出版社《连环画报》编辑室主任、副主编，中国连环画出版社总编辑等。代表作品有《鲁迅论连环画》《要摄取事物的本质》《连环画艺术论》等。绘画刘继卣（1918—1983），画家。天津人。就读于天津市立美术馆西画系。曾任职于文化部艺术局、人民美术出版社，中国美术家协会理事，北京市工笔人物画研究会副会长，北京市花鸟画研究会副会长。代表作品有《大闹天宫》《雄狮图》《孔雀开屏》《鸡毛信》等。

J0064993

秋瑾　潘红改编；高适绘
沈阳 辽宁美术出版社 1963 年 10×13cm

定价: CNY0.22

中国现代连环画作品。绘画高适(1931—)，画家。笔名常人，江苏常州人。上海美术家协会会员，曾任职于人民美术出版社、兴业幻灯制片厂等单位。连环画主要作品有《不朽的人》《秋瑾》《鹰儿和红花花》。

J0064994

秋瑾　潘红改编; 高适绘画
沈阳 辽宁美术出版社 1968 年 98 页 有图
10×13cm 统一书号: 8117.1486 定价: CNY0.16
中国现代连环画作品。

J0064995

屈原　董子畏编; 刘旦宅绘
北京 人民美术出版社 1963 年 13cm(64 开)
定价: CNY0.31
(连环画选本 第 2 辑)
中国现代连环画作品。

J0064996

取成都　田衣改编; 汪玉山画
上海 上海人民美术出版社 1963 年 2 版
10×13cm 定价: CNY0.30
(《三国演义》连环画 34)
根据古典小说《三国演义》改编的中国现代连环画作品。绘画汪玉山(1910—1996)，连环画家。江苏阜宁人，出生于上海。曾用名汪静星。曾在华东人民出版社、新美术出版社、上海人民美术出版社任连环画创作员。作品有《二进宫》《丁黄氏》《野猪林》《三十三号魔星》《三女侠》等。

J0064997

取成都　田衣改编; 汪玉山绘画
上海 上海人民美术出版社 1979 年 3 版
133 页 10×13cm 定价: CNY0.19
(《三国演义》连环画 28)
根据古典小说《三国演义》改编的中国现代连环画作品。

J0064998

圈套　萃娃改编; 杨国藩绘图
天津 天津美术出版社 1963 年 13cm(64 开)
定价: CNY0.18

中国现代连环画作品。

J0064999

濡须之战　王星北改编; 严绍唐画
上海 上海人民美术出版社 1963 年 2 版
10×13cm 定价: CNY0.24
(《三国演义》连环画 36)
根据古典小说《三国演义》改编的中国现代连环画作品。改编王星北(1905—1973)，连环画脚本文学家。浙江定海人。原名心葆。曾就读于定海公学。曾任上海私营北斗出版社经理，泰兴书局文字编辑，上海新美术出版社连环画文字编辑，上海人民美术出版社连环画编辑科副科长等职。绘画严绍唐(1912—1979)，又名家驯。江苏吴县洞庭西山人。擅长连环画，代表作品有《金玉奴》《走麦城》《姜维献书》《刺庆忌》等。

J0065000

三滴血　顾默予改编; 杨青华, 杨久华绘画
沈阳 辽宁美术出版社 1963 年 13cm(64 开)
定价: CNY0.18
中国现代连环画作品。

J0065001

三伏马天武　南篪改编; 程其勉画
南昌 江西人民出版社 1963 年 13cm(64 开)
定价: CNY0.17
中国现代连环画作品。

J0065002

三合屯村史　(汉、蒙文对照) 内蒙古博物馆供稿
呼和浩特 内蒙古人民出版社 1963 年
13cm(64 开) 定价: CNY0.10
中国现代连环画作品。

J0065003

三进三出抓俘虏　谢迅之改编; 亦民绘
石家庄 河北人民美术出版社 1963 年
13cm(64 开) 定价: CNY0.13
中国现代连环画作品。

J0065004

三颗红色信号弹　黄异编; 王永康画
成都 四川人民出版社 1963 年 13cm(64 开)

定价: CNY0.12
　　中国现代连环画作品。

J0065005
三兄弟　　陈一文著文; 广州美术学院国画系人
物科二年级绘图
广州　广东人民出版社　1963 年　13cm(64 开)
定价: CNY0.30
　　中国现代连环画作品。

J0065006
沙桂英　　凡真改编; 双又画
上海　上海人民美术出版社　1963 年　13cm(64 开)
定价: CNY0.24
　　中国现代连环画作品。

J0065007
沙漠雄鹰　　敦千改编; 王井绘
石家庄　河北人民美术出版社　1963 年
13cm(64 开)　定价: CNY0.17
　　中国现代连环画作品。

J0065008
山鹰之歌　　陈述改编; 胡少飞绘画
沈阳　辽宁美术出版社　1963 年　13cm(64 开)
定价: CNY0.27
　　中国现代连环画作品。

J0065009
山鹰之歌　　杜秀林改编; 周光中画
上海　上海人民美术出版社　1963 年　13cm(64 开)
定价: CNY0.26
　　中国现代连环画作品。

J0065010
山鹰之歌　　陈彻改编
北京　中国电影出版社　1963 年　13cm(64 开)
定价: CNY0.37
(电影连环画册)
　　中国现代连环画作品。

J0065011
上甘岭　　尚文改编; 端木勇画
上海　上海人民美术出版社　1963 年　13cm(64 开)
定价: CNY0.38

中国现代连环画作品。

J0065012
神八路　　曲羊编绘
沈阳　辽宁美术出版社　1963 年　13cm(64 开)
定价: CNY0.32
　　中国现代连环画作品。

J0065013
神火　　费声福编绘
北京　朝花美术出版社　1963 年　13cm(64 开)
定价: CNY0.33
　　中国现代连环画作品。

J0065014
神童　　陈彻改编
北京　中国电影出版社　1963 年　10×13cm
定价: CNY0.24
(电影连环画册)
　　根据电影改编的中国现代连环画作品。

J0065015
失空斩　　林涛编绘
石家庄　河北人民美术出版社　1963 年
19cm(小 32 开)　定价: CNY0.25
　　中国现代连环画作品。

J0065016
十级浪　　吴万根改编; 徐进画
上海　上海人民美术出版社　1963 年　13cm(64 开)
定价: CNY0.30
　　中国现代连环画作品。

J0065017
十里洋场斗敌记　　陈云华改编; 高适, 王重义
绘画
哈尔滨　黑龙江美术出版社　1963 年　13cm(64 开)
定价: CNY0.40
　　中国现代连环画作品。

J0065018
石斗的故事　　质夫改编; 高庶积画
成都　四川人民出版社　1963 年　13cm(64 开)
定价: CNY0.22
　　中国现代连环画作品。

J0065019

守卫在桃花河畔　张帆改编；王重二绘
石家庄　河北人民美术出版社　1963 年
13cm（64 开）定价：CNY0.26
　　中国现代连环画作品。

J0065020

双玉蝉　刘鸿儒改编；盛焕文，盛鹤年绘画
沈阳　辽宁美术出版社　1963 年　13cm（64 开）
定价：CNY0.22
　　中国现代连环画作品。

J0065021

谁唱得最好　靳以原著；邓柯编绘
天津　天津美术出版社　1963 年　30 页　有图
11×26cm　统一书号：R8073.1999　定价：CNY0.39
　　本书系中国连环画作品。作者邓柯
（1936—　），画家。原籍江苏苏州市，生于上海。
原名邓国泰。中国美协会员、天津美协理事。曾
任天津美术出版社美术编辑、天津画院创作干
部。主要作品有《雨》《码头》《小猴种玉米》等。

J0065022

水灌晋阳　（东周列国故事）王星北改编；李
铁生画
上海　上海人民美术出版社　1963 年　13cm（64 开）
定价：CNY0.28
　　中国现代连环画作品。

J0065023

水浒一百零八将绣像图　颜梅华作
上海　上海人民美术出版社　1963 年　76cm（2 开）
定价：CNY0.18
　　根据中国古典小说《水浒》人物绣像图改编
的现代连环画年画作品。

J0065024

水帘洞　（西游记故事连环画）刘继卣绘
北京　人民美术出版社　1963 年　13cm（64 开）
定价：CNY0.23
　　中国现代连环画作品。

J0065025

水手长的故事　范季华改编；刘传芳绘图
天津　天津美术出版社　1963 年　13cm（64 开）

定价：CNY0.17
（农村连环画库）
　　中国现代连环画作品。

J0065026

水淹七军　田衣改编；汪玉山，冯墨农画
上海　上海人民美术出版社　1963 年　2 版
10×13cm　定价：CNY0.24
（《三国演义》连环画 38）
　　根据古典小说《三国演义》改编的中国现代
连环画作品。

J0065027

松川事件　陈彻改编
北京　中国电影出版社　1963 年　10×13cm
定价：CNY0.43
（电影连环画册）
　　根据电影改编的中国现代连环画作品。

J0065028

嵩口司　舒野改编；王井绘图
福州　福建人民出版社　1963 年　13cm（64 开）
定价：CNY0.24
　　中国现代连环画作品。

J0065029

送鬼人　周培桐改编；梁守义绘图
西宁　青海人民出版社　1963 年　13cm（64 开）
定价：CNY0.10
　　中国现代连环画作品。

J0065030

搜书院　左笑鸿改编；戴仁绘
北京　朝花美术出版社　1963 年　13cm（64 开）
定价：CNY0.29
　　中国现代连环画作品。作者戴仁（1934—　），
浙江温州人。中国美术家协会会员、浙江省美术
家协会理事、浙江省科普艺术协会理事。主要作
品有连环画《三个勇士》《棠棣之花》《胭脂》等。

J0065031

孙安动本　魏源改编；张鹿山绘
北京　朝花美术出版社　1963 年　13cm（64 开）
定价：CNY0.24
　　中国现代连环画作品。

J0065032

孙安动本　陈彻改编

北京　中国电影出版社　1963 年　10×13cm

定价：CNY0.29

（电影连环画册）

　　根据电影改编的中国现代连环画作品。

J0065033

孙悟空三打白骨精　（连环画片）郭德森绘图

福州　福建人民出版社　1963 年　76cm（2 开）

定价：CNY0.18

　　根据《孙悟空三打白骨精》电影改编，中国现代连环画作品。

J0065034

他们也在战斗　马捷改编

北京　中国电影出版社　1963 年　13cm（64 开）

定价：CNY0.23

（电影连环画册）

　　中国现代连环画作品。

J0065035

太阳一出石门开　苏哲，王丽君改编；刘煊棠绘画

长春　吉林人民出版社　1963 年　13cm（64 开）

定价：CNY0.16

　　中国现代连环画作品。

J0065036

铁拳烈火　（义和团传说故事）李俊虎编文；林雪岩，林令绘图

天津　天津美术出版社　1963 年　13cm（64 开）

定价：CNY0.22

（农村连环画库）

　　中国现代连环画作品。

J0065037

停战以后　文飘改编

北京　中国电影出版社　1963 年　10×13cm

定价：CNY0.42

（电影连环画册）

　　根据电影改编的中国现代连环画作品。

J0065038

佟世清　焦玉峰改编；王永扬绘

石家庄　河北人民美术出版社　1963 年　13cm（64 开）定价：CNY0.18

　　中国现代连环画作品。

J0065039

土改队长老柯　郑沁园改编；肖林绘

石家庄　河北人民美术出版社　1963 年　13cm（64 开）定价：CNY0.13

　　中国现代连环画作品。

J0065040

团圆之后　彭新民，林丹改编；王企玖绘画

福州　福建人民出版社　1963 年　13cm（64 开）

定价：CNY0.20

　　中国现代连环画作品。

J0065041

团圆之后　史式改编；朱光玉绘

石家庄　河北人民美术出版社　1963 年　13cm（64 开）定价：CNY0.22

　　中国现代连环画作品。

J0065042

团圆之后　宋玉峰改编；盛鹤年，盛焕文绘画

沈阳　辽宁美术出版社　1963 年　13cm（64 开）

定价：CNY0.22

　　中国现代连环画作品。绘画盛焕文（1911—1976），连环画家。祖籍江苏江阴。别名笔如花，新中国成立前被誉为连环画"四小名旦"之一。尤其擅长古典题材连环画，有"笔派"之称。开设艺海书局。作品有《牡丹花》《恋之梦》《寒江雪》《双珠凤》《再相逢》等。绘画盛鹤年（1938—2010），连环画家，江苏江阴人。连环画家盛焕文之子。历任上海市美术家协会会员。出版有《扬州除霸》《白描人物十招》《中国画白描基础》《中国古代人物线描画谱》等。

J0065043

万水千山　（电影故事 连环画片）汪观清作

上海　上海人民美术出版社　1963 年　76cm（2 开）

定价：CNY0.18

　　根据《万水千山》电影故事改编的连环画作品。作者汪观清（1931—　），艺术家。号耕莘堂主，安徽歙县人。历任上海人民美术出版社副编审、中国美术家协会会员、上海市美术家协会理

事。出版有《汪观清画集》《怎样画牛》《名家教画》等。

J0065044

王若飞在狱中 顾默予改编；王曰诚绘画
长春 吉林人民出版社 1963 年 19cm（小 32 开）
定价：CNY0.24
中国现代革命故事连环画作品。

J0065045

王天存 汪玉良编文；李嵬等绘画
兰州 甘肃人民出版社 1963 年 15cm（64 开）
定价：CNY0.23
中国现代连环画作品。

J0065046

王孝和 大鲁改编；华三川绘；新疆人民出版社翻译
乌鲁木齐 新疆人民出版社 1963 年 13cm（64 开）
定价：CNY0.30
中国现代连环画作品。

J0065047

望天台 刘广惠改编；藏尔康绘画
哈尔滨 黑龙江美术出版社 1963 年 13cm（64 开）
定价：CNY0.18
中国现代连环画作品。

J0065048

伟大的共产主义战士李定国 黄治正等编文；汤清海等绘图
长沙 湖南人民出版社 1963 年 118 页 有图
10×13cm 统一书号：8109.639 定价：CNY0.24
本作品系中国现代连环画。

J0065049

文成公主 吴廷琯改编；刘旭画
沈阳 辽宁美术出版社 1963 年 13cm（64 开）
定价：CNY0.35
中国现代连环画作品。

J0065050

文成公主 尹福康，张颖摄影
上海 上海人民美术出版社 1963 年 13cm（64 开）
定价：CNY0.32

本连环画作品是由叶再萌据上海戏剧学院藏族班毕业演出本改编。作者尹福康（1927— ），摄影家。江苏南京人。曾任上海人民美术出版社副编审、上海市摄影家协会副主席等职。主要作品有《烟笕峰岩》《向荒山要宝》《晒盐》《工人新村》等。作者张颖，作有年画《对镜画容》（越剧《孟丽君》），摄影有年画《团圆》（越剧《孟丽君》）等。

J0065051

我要读书 王绪阳，贲庆余绘
北京 人民美术出版社 1963 年 13cm（64 开）
定价：CNY0.24
（连环画选本 第 2 辑）
作者贲庆余（1929—2004），美术理论家、画家，鲁迅美术学院教授。生于哈尔滨，毕业于东北鲁迅文艺学院美术部。作品有《瓦岗军分粮》《李自成》，插图《我要读书》等。

J0065052

无穷的水源 曹作锐改编；刘国辉绘
北京 人民美术出版社 1963 年 13cm（64 开）
定价：CNY0.27
中国现代连环画作品。作者曹作锐（1923— ），编辑。别名愚谷，河北武清人。擅长连环画编辑及理论研究，《连环画艺术》副主编、中国连环画研究会常务理事、中国美术家协会会员。出版有《连环画编写探幽》，连环画脚本《智降狮猁王》《懒龙伸腰》。作者刘国辉（1940— ），教师、画家。江苏苏州人，毕业于浙江美术学院中国画系研究生班。历任浙江美术学院副教授，中国美术学院教授，学术委员会委员，中国人物画高级研修班工作室导师。出版有《刘国辉画集》。

J0065053

五朵金花 季康等原著；宇之改编；鲁人绘画
沈阳 辽宁美术出版社 1963 年 106 页 有图
10×13cm 统一书号：T8117.1472 定价：CNY0.17
本书系中国连环画作品。

J0065054

五张羊皮 顾默予改编；马建邦绘画
长春 吉林人民出版社 1963 年 13cm（64 开）
定价：CNY0.14

中国现代连环画作品。

J0065055
西瓜的故事　洪钊改编；孙愚绘
石家庄　河北人民美术出版社 1963 年
13cm（64 开）定价：CNY0.12
　　中国现代连环画作品。

J0065056
西瓜计　张春峰改编；阮恩泽，潘锡柔绘
石家庄　河北人民美术出版社 1963 年
13cm（64 开）定价：CNY0.14
　　中国现代连环画作品。

J0065057
鲜血凝成友谊花　（维、汉文对照）菊言文作；
白汝强，张威绘；新疆人民出版社翻译
乌鲁木齐　新疆人民出版社 1963 年 15cm（64 开）
定价：CNY0.25
　　中国现代连环画作品。

J0065058
湘江侦察　（上集）任心溪改编；陈云华绘
石家庄　河北人民美术出版社 1963 年
13cm（64 开）定价：CNY0.19
　　中国现代连环画作品。

J0065059
向雷锋同志学习　（连环画片）周笃佑编文；
陈白一等绘
长沙　湖南人民出版社 1963 年 1 张 76cm（2 开）
定价：CNY0.18
　　中国现代连环画作品。

J0065060
向雷锋同志学习　（连环画片）励艺夫编；音
因，之竹画
天津　天津美术出版社 1963 年 1 张 76cm（2 开）
定价：CNY0.18
　　中国现代连环画作品。

J0065061
小阿萨　朱技能原著；质夫改编；雷贞恕画
成都　四川人民出版社 1963 年 107 页 有图
13cm（60 开）统一书号：T8118.423

定价：CNY0.22
　　本书系中国连环画作品。

J0065062
小红军　万家春改编；郭德训绘
石家庄　河北人民美术出版社 1963 年
13cm（64 开）定价：CNY0.19
　　中国现代连环画作品。

J0065063
小鲤鱼跳龙门　金近原著；柳萱图改编，一知
绘画
上海　上海人民美术出版社 1963 年 55 页 有图
10×13cm 统一书号：R8081.5222 定价：CNY0.22
　　本书系中国连环画作品。

J0065064
小石匠　王耀荣改编；刘仲文绘
石家庄　河北人民美术出版社 1963 年
13cm（64 开）定价：CNY0.13
　　中国现代连环画作品。

J0065065
星火燎原　陈少云，肖德生改编；童介眉绘
北京　人民美术出版社 1963 年 13cm（64 开）
定价：CNY0.43
　　本书是中国革命斗争连环画作品。

J0065066
兄弟争王　潘勤孟改编；陈履平画
上海　上海人民美术出版社 1963 年 2 版
10×13cm 定价：CNY0.20
（《三国演义》连环画 40）
　　根据古典小说《三国演义》改编的中国现代
连环画作品。

J0065067
羞皇岛　金甫改编；向辛配词；任率英绘
北京　朝花美术出版社 1963 年 13cm（64 开）
定价：CNY0.25
　　中国现代连环画作品。

J0065068
雪夜翻山送情报　吕荫樾改编；孙世涛绘
石家庄　河北人民美术出版社 1963 年

13cm（64 开）定价：CNY0.11

中国现代连环画作品。

J0065069

胭脂　（清）蒲松龄原著；小戈改编；戴仁绘图

天津　天津美术出版社　1963 年　13cm（64 开）

定价：CNY0.16

（《聊斋》故事）

中国现代连环画作品。作者蒲松龄（1640—1715），文学家。字留仙，一字剑臣，别号柳泉居士，世称聊斋先生。山东淄川（今山东淄博）人。著有《聊斋志异》《聊斋文集》等。绘图戴仁（1934—　），浙江温州人。中国美术家协会会员，浙江省美术家协会理事、浙江省科普艺术协会理事。主要作品有连环画《三个勇士》《棠棣之花》《胭脂》等。

J0065070

延安之战　林羊改编；朱怀林，郭敦绘

石家庄　河北人民美术出版社　1963 年

13cm（64 开）定价：CNY0.21

中国现代连环画作品。作者郭敦（1932—　），画家。陕西城固人，毕业于西北艺术学院。历任中国名家画院副院长、西安美术家协会副主席、西安中国画院一级美术师。主要作品有《钟馗的威慑》《活捉黑风》《李白的诗韵》《济公的幽趣》等。

J0065071

秧壮情长　马烽原著；谭先宏改编；黄大华绘图

上海　上海人民美术出版社　1963 年　64 页　有图

10×13cm　统一书号：T8081.5303　定价：CNY0.15

中国现代连环画作品。作者黄大华（1934—　），水彩画家。浙江新昌县人。中国美术家协会会员。上海人民美术出版社编辑，上海百草画院常务副院长。从事连环画创作，编辑出版连环画近三百种。

J0065072

杨门女将　匡荣改编；张伯诚绘画

沈阳　辽宁美术出版社　1963 年　13cm（64 开）

定价：CNY0.30

中国现代连环画作品。

J0065073

杨门女将　晓平改编；刘汉宗绘图

天津　天津美术出版社　1963 年　13cm（64 开）

定价：CNY0.21

中国现代连环画作品。

J0065074

杨乃武与小白菜　笑民改编；江栋良绘

北京　朝花美术出版社　1963 年　13cm（64 开）

定价：CNY0.31

中国现代连环画作品。

J0065075

一袋干粮　李尊一改编；陈烟帆绘画

南京　江苏人民出版社　1963 年　13cm（64 开）

定价：CNY0.14

中国现代连环画作品。

J0065076

一幅僮锦　（世界语版）吉志西编文；颜梅华绘画

北京　中华全国世界语协会　1963 年

中国现代连环画作品。

J0065077

一个妇女会员的故事　范季华改编；胡克文绘图

天津　天津美术出版社　1963 年　13cm（64 开）

定价：CNY0.23

（农村连环画库）

J0065078

一〇一次列车脱险记　赵万堂文；姜豪，陈克健画

兰州　甘肃人民出版社　1963 年　［15cm］（56 开）

定价：CNY0.11

中国现代连环画作品。

J0065079

一束红玫瑰花　宋玉峰改编；于明绘画

沈阳　辽宁美术出版社　1963 年　13cm（64 开）

定价：CNY0.27

中国现代连环画作品。

J0065080
贻顺哥烛蒂　黄野改编；苏田绘图
福州 福建人民出版社 1963 年 13cm（64 开）
定价：CNY0.24
　　中国现代连环画作品。

J0065081
忆修水　晓波改编；赵兴彬绘画
哈尔滨 黑龙江美术出版社 1963 年 13cm（64 开）
定价：CNY0.16
　　中国现代连环画作品。

J0065082
英雄村　王素改编；华三川绘
北京 人民美术出版社 1963 年 13cm（64 开）
定价：CNY0.32
（连环画选本 第 2 辑）
　　中国现代连环画作品。绘画华三川（1930—
2004），画家。浙江镇海人。中国美协会员、上
海美术家协会理事、上海少年儿童出版社专业画
家、上海市文史研究馆馆员。代表作品《华三川
仕女画集》《华三川绘新百美图》《锦瑟年华》等。

J0065083
英雄的后代　李强，杜印原著；叶惠元改编；
邵国寰绘
北京 人民美术出版社 1963 年 54 页 有图
12cm（60 开）统一书号：T8027.4160
定价：CNY0.24
　　中国现代连环画作品。

J0065084
英雄列车　叶惠元改编；赵隆义绘
北京 人民美术出版社 1963 年 13cm（64 开）
定价：CNY0.31
　　中国现代连环画作品。绘画赵隆义
（1931—　），上海人。中国美术家协会会员。作
品有《小城春秋》《贺龙的故事》《杨开慧》《圆眼
睛》等。

J0065085
渔女春秋　郭同江编绘
广州 广东人民出版社 1963 年 13cm（64 开）
定价：CNY0.24
　　中国现代连环画作品。

J0065086
栽树苗　齐熙涛编绘
郑州 河南人民出版社 1963 年 有彩图
8×19cm 经折装 统一书号：T8105.393
定价：CNY0.05
　　本书与贾品编，徐秀英绘的《姐弟俩》。中
国现代连环画作品。

J0065087
寨上烽烟　朱芸芳改编；费龙翔绘画
南京 江苏人民出版社 1963 年 13cm（64 开）
定价：CNY0.31
　　中国现代连环画作品。

J0065088
战官渡　胡雁改编；李铁生画
上海 上海人民美术出版社 1963 年 2 版
10×13cm 定价：CNY0.24
（《三国演义》连环画 18）
　　根据古典小说《三国演义》改编的中国现代
连环画作品。

J0065089
战官渡　胡雁改编；李铁生绘画
上海 上海人民美术出版社 1979 年 3 版 110 页
10×13cm 定价：CNY0.16
（《三国演义》连环画 15）
　　根据古典小说《三国演义》改编的中国现代
连环画作品。

J0065090
战火中的青春　万家春改编；罗兴画
上海 上海人民美术出版社 1963 年 13cm（64 开）
定价：CNY0.34
　　中国现代连环画作品。

J0065091
张松献地图　林林，田衣改编；汪玉山画
上海 上海人民美术出版社 1963 年 2 版
10×13cm 定价：CNY0.36
（《三国演义》连环画 33）
　　根据古典小说《三国演义》改编的中国现代
连环画作品。

J0065092

张松献地图 林林,田衣改编;汪玉山绘画

上海 上海人民美术出版社 1979 年 3 版 166 页

10×13cm 定价:CNY0.23

(《三国演义》连环画 27)

　　根据古典小说《三国演义》改编的中国现代连环画作品。

J0065093

智取华山 里玉,李巧玲改编;关庆留,里玉绘图

西安 长安美术出版社 1963 年 13cm(64 开)

定价:CNY0.27

　　中国现代革命战斗连环画。

J0065094

智取威虎山 王星北改编;罗兴,王亦秋绘

北京 人民美术出版社 1963 年 13cm(64 开)

定价:CNY0.46

(连环画选本 第 2 辑)

　　中国现代连环画作品。

J0065095

中锋在黎明前死去 陈彻改编

北京 中国电影出版社 1963 年 13cm(64 开)

定价:CNY0.20

(电影连环画册)

　　中国现代连环画作品。

J0065096

中国古代成语故事 张帆改编;江栋良等绘

石家庄 河北人民美术出版社 1963 年

13cm(64 开)定价:CNY0.25

　　根据中国古代成语故事改编的连环画。

J0065097

中国古代军事家 李淑青改编;胡若佛等绘

石家庄 河北人民美术出版社 1963 年

13cm(64 开)定价:CNY0.28

　　中国现代连环画作品。

J0065098

周末 马仲秀改编;戴敦邦绘

石家庄 河北人民美术出版社 1963 年

13cm(64 开)定价:CNY0.11

中国现代连环画作品。

J0065099

煮酒论英雄 冯若梅等改编;李铁生等画

上海 上海人民美术出版社 1963 年 2 版

10×13cm 定价:CNY0.32

(《三国演义》连环画 14)

　　根据古典小说《三国演义》改编的中国现代连环画作品。

J0065100

祝福 永祥等绘

北京 人民美术出版社 1963 年 13cm(64 开)

定价:CNY0.18

(连环画选本 第2辑)

　　本书收入 57 幅图。是根据鲁迅同名著名小说《祝福》编绘的连环画。

J0065101

捉"狼"记 林岗改编;朱宗之绘画

南京 江苏人民出版社 1963 年 13cm(64 开)

定价:CNY0.18

　　中国现代连环画作品。

J0065102

捉放曹 陆士达改编;徐正平画

上海 上海人民美术出版社 1963 年 2 版

10×13cm 定价:CNY0.19

(《三国演义》连环画 3)

　　根据古典小说《三国演义》改编的中国现代连环画作品。改编陆士达,连环画家,主要作品有《说岳故事选绘画本》《中国历史人物故事连环画》等。绘图徐正平(1923—2015),连环画家。笔名又飞,江苏阜宁人。上海连环画研究会理事。代表作品有《复镖仇》《安史之乱》《桃园结义》《虎牢关》《风雪夜归人》等。

J0065103

姊妹船 胡映西改编;毛震耀绘画

南京 江苏人民出版社 1963 年 13cm(64 开)

定价:CNY0.25

　　中国现代连环画作品。

J0065104

罪恶的地主庄园 四川省文化局美术工作室,

四川人民出版社编
成都 四川人民出版社 1963 年 19cm（小 32 开）
定价：CNY0.20
　　　本作品是由四川省大邑县"地主庄园陈列馆"的内容改编的连环画。

J0065105
昨天　叶惠元改编；起雄绘
北京 朝花美术出版社 1963 年 13cm（64 开）
定价：CNY0.44
　　　中国现代连环画作品。

J0065106
坐山观虎斗　左太传原著；徐直改编；田虹绘图
济南 山东人民出版社 1963 年 54 页 有图
9×13cm 统一书号：8099.424 定价：CNY0.14
　　　中国现代连环画作品。

J0065107
"王掌柜"的故事　阮北恒原著；王家春改编；
朱光玉绘图
杭州 浙江人民美术出版社 1964 年
13cm（64 开）定价：CNY0.23
　　　中国现代连环画作品。

J0065108
39 号案件　单单，才方原作；敦谦改编；金立德绘
石家庄 河北人民美术出版社 1964 年
13cm（64 开）定价：CNY0.22
　　　中国现代连环画作品。

J0065109
51 号兵站　张渭清等原作；郑沁园改编；阮恩泽绘
石家庄 河北人民美术出版社 1964 年
13cm（64 开）定价：CNY0.29
　　　中国现代连环画作品。

J0065110
65 号密件　朱良仪原作；殷全元，周雪芬编绘
石家庄 河北人民美术出版社 1964 年
13cm（64 开）定价：CNY0.15
　　　中国现代连环画作品。

J0065111
阿甫夫妇　陈铁英改编；蔡千音绘图
天津 天津美术出版社 1964 年 13cm（64 开）
定价：CNY0.19
（农村连环画库）
　　　中国现代连环画作品。

J0065112
阿诗玛　王仲清编绘
上海 上海人民美术出版社 1964 年 13cm（64 开）
胶版纸本 定价：CNY0.55
　　　本作品系中国连环画。作者王仲清
（1924— ），画家、教授。生于四川成都，毕业
于省立成都师范美师科。历任上海人民美术出
版社创作员、上海戏剧学院中国画教师，中国美
术家协会会员，中国禅画研究院名誉院长。作品
有中国画《小三峡》《胡笳十八拍》，连环画《阿
诗玛》等。出版有《王仲清画集》等。

J0065113
白毛女　黎扬改编
北京 中国电影出版社 1964 年 10×13cm
定价：CNY0.54
（电影连环画册）
　　　根据电影改编的中国现代连环画作品。

J0065114
包公三掷砚　蒋星煜原作；南洁池改编；汪玉
山，汪继远绘
石家庄 河北人民美术出版社 1964 年
13cm（64 开）定价：CNY0.18
　　　中国现代连环画作品。

J0065115
宝船　老舍原作；任心溪改编；颜梅华绘
石家庄 河北人民美术出版社 1964 年
13cm（64 开）定价：CNY0.24
　　　本作品系中国连环画。

J0065116
宝石簪　魏锡林原著；竹梅改编；行舟绘画
哈尔滨 黑龙江美术出版社 1964 年
13cm（64 开）定价：CNY0.17
　　　中国现代连环画作品。

J0065117

暴风雨袭击的时候　郑锡炎原著；大鲁改编；
胡祖清画
上海　上海人民美术出版社　1964年　13cm（64开）
定价：CNY0.16
　　中国现代连环画作品。

J0065118

碧海丹心　文飘改编
北京　中国电影出版社　1964年　13cm（64开）
定价：CNY0.40
（电影连环画册）
　　中国现代连环画作品。

J0065119

边疆追匪记　王玉胡原著；汝平改编；陈怀修
绘画
沈阳　辽宁美术出版社　1964年　13cm（64开）
定价：CNY0.33
　　中国现代连环画作品。

J0065120

冰山上的来客　白辛原著；万家春改编；于明
绘画
沈阳　辽宁美术出版社　1964年　13cm（64开）
定价：CNY0.40
　　中国现代连环画作品。

J0065121

冰山上的来客　车雯改编
北京　中国电影出版社　1964年　13cm（64开）
定价：CNY0.54
（电影连环画册）
　　中国现代连环画作品。

J0065122

播火记　（绿林枪声 之二）梁斌原作；青萍改
编；刘端绘
石家庄　河北人民美术出版社　1964年
13cm（60开）定价：CNY0.33
　　中国现代连环画作品。

J0065123

捕虎记　江西人民出版社改编；漆德琰画
南昌　江西人民出版社　1964年　13cm（64开）

定价：CNY0.16
（江西革命斗争故事）
　　中国现代连环画作品。作者漆德琰
（1932—　），教授，画家。江西高安人，毕业于
鲁迅美术学院。历任《江西画报》社编辑、江西
文艺学院教师、江西革命博物馆创作员、重庆建
筑大学教授、中国水彩画学会理事、重庆水彩画
学会会长。擅长水彩画、油画、壁画。代表作品
《井冈山会师》《石板哨小屋》《归牧》《水乡》等。
出版有《漆德琰水彩画作品与技法》《漆德琰水
彩画选》《水彩写生技法示范》等。

J0065124

不能忘记的历史　吴庠铸改编；陈惠冠绘
北京　朝花美术出版社　1964年　46页　有图
13cm（60开）统一书号：T8028.1909
定价：CNY0.14
　　本书为中国现代连环画，根据《北京日报》
刊载，禹德水的忆苦思甜材料改编。

J0065125

蔡文姬　楼鹤白，张春山改编；楼鹤白绘图
郑州　河南人民出版社　1964年　109页　有彩图
19cm（32开）统一书号：T8105.428 定价：CNY0.50
　　本作品为中国现代连环画。作者张春山
（1920—　），山水画家、国家一级美术师。山东
东明县人。曾任河南人民出版社副社长、副总编
辑，中国书画家协会理事，新加坡新神州艺术院
高级名誉院士，河南美协会员。出版有《张春山
画集》《张春山书画选集》。

J0065126

蔡文姬　楼鹤白，张春山改编；楼鹤白绘图
郑州　河南人民出版社　1964年　19cm（32开）
定价：CNY0.50
　　中国现代连环画作品。

J0065127

蔡文姬　郭沫若原著；吴廷琯改编；范志泉，
汪继声绘画
沈阳　辽宁美术出版社　1964年　13cm（60开）
定价：CNY0.27
　　中国现代连环画作品。

J0065128

蚕花顾念　王慧敏改编
北京　中国电影出版社　1964 年　13cm（64 开）
定价：CNY0.39
（电影连环画册）
　　中国现代连环画作品。

J0065129

草原儿童团　刘凤仪写；汪福民画
上海　少年儿童出版社　1964 年　有彩图
18cm（15 开）统一书号：R10024.3015
定价：CNY0.21
　　本作品为中国现代连环画。

J0065130

草原烽火　乌兰巴干原作；谢慧君，叶惠元改
编；官布等绘
北京　人民美术出版社　1964 年　13cm（64 开）
定价：CNY0.43
　　中国现代连环画作品。作者官布（1928—
2013），蒙古族，画家。毕业于齐齐哈尔军政大学。
历任中国美协第二、三、四届理事，北京海峡两
岸书画家联谊会常务理事、常务副主席。代表作
品有《傍晚》《读毛主席的书》《草原小姐妹》《壶
口瀑布》《万马奔腾》等。

J0065131

草原英雄小姊妹　（蒙、汉文对照版　连环画
片）官布作
呼和浩特　内蒙古人民出版社　1964 年　1 张
76cm（2 开）定价：CNY0.20
　　中国现代年画作品。

J0065132

插翅难逃　兰谷改编；胡忠甲绘画
南京　江苏人民出版社　1964 年　13cm（64 开）
定价：CNY0.15
　　中国现代连环画作品。

J0065133

朝阳沟　武耀强改编；刘继卣绘
北京　人民美术出版社　1964 年　13cm（64 开）
定价：CNY0.26
　　中国现代连环画作品。

J0065134

朝阳沟　唐伽改编
北京　中国电影出版社　1964 年　13cm（64 开）
定价：CNY0.29
（电影连环画册）
　　中国现代连环画作品。

J0065135

车轮飞转　浩然原著；曹志宏改编；雷德祖绘图
天津　天津美术出版社　1964 年　13cm（64 开）
定价：CNY0.21
　　中国现代连环画作品。

J0065136

诚实的孩子　谢其规写；朱延龄画
上海　少年儿童出版社　1964 年　有彩图
18cm（15 开）统一书号：R10024.3034
定价：CNY0.17
（《好孩子的故事》丛书）
　　本作品为中国现代连环画。

J0065137

赤胆忠心　王树元原著；郑沁园改编；景启民
绘画
沈阳　辽宁人民美术出版社　1964 年　13cm（64 开）
定价：CNY0.22
　　中国现代连环画作品。

J0065138

赤胆忠心的好战士吴兴春　梅肖青编绘
昆明　云南人民出版社　1964 年　13cm（64 开）
定价：CNY0.16
　　中国现代连环画作品。

J0065139

冲破洪涛救亲人　王烈英等原作；张建辉改
编；张永太绘
石家庄　河北人民美术出版社　1964 年
13cm（64 开）定价：CNY0.12
　　中国现代连环画作品。

J0065140

春笋　李准原著；侯炳炎改编；陈以忠绘图
天津　天津美术出版社　1964 年　13cm（64 开）
定价：CNY0.15

中国现代连环画作品。作者陈以忠（1940—　　），编辑。广东化州人，毕业于广西艺术学院美术系。历任《广西日报》高级编辑、漓江画院副院长、中国人才研究会艺术家学部委员会委员、中国美术家协会广西分会常务理事等职。出版有《报刊美编学》《实用图案设计》。作者李准（1928—2000），蒙古族，编剧、作家。出生于河南孟津县。历任河南省文联副主席、河南省作协分会主席、电影家协会河南省分会主席、中国现代文学馆馆长、中国作家协会副主席等。代表作品有《李双双》《大河奔流》《高山下的花环》《黄河东流去》等。

J0065141

翠冈红旗　文莽彦改编；林锴绘
北京 人民美术出版社 1964年 2版 13cm（64开）
定价：CNY0.21
　　中国现代连环画作品。

J0065142

大摆竹钉阵　毛履鄂改编；吕连生绘图
福州 福建人民出版社 1964年 13cm（64开）
定价：CNY0.15
　　中国现代连环画作品。

J0065143

大寨之路　（上集）李济远编绘
北京 人民美术出版社 1964年 13cm（64开）
定价：CNY0.23
　　中国现代连环画作品。本书与山西人民出版社合作出版。

J0065144

大寨之路　（连环画片）李济远，林凡作
北京 人民美术出版社 1964年 6张 53cm（4开）
定价：CNY0.45
　　中国现代连环画作品。本书与山西人民出版社合作出版。

J0065145

大郑线上好工区　侯金才画；中国铁路工会全国委员会宣传教育部，中国铁路工会锦州区委员会宣传教育部编
北京 人民美术出版社 1964年 13cm（64开）
定价：CNY0.24

（红旗连环画库）
　　中国现代连环画作品。

J0065146

党的女儿　潘彩英改编；红生绘画
沈阳 辽宁美术出版社 1964年 13cm（64开）
定价：CNY0.26
　　中国现代连环画作品。

J0065147

灯芯绒　（连环画选本　第3辑）西戎原著；水世戴改编；王永扬绘
北京 人民美术出版社 1964年 修订本
13cm（60开）定价：CNY0.18
（连环画选本　第3辑）
　　中国现代连环画作品。

J0065148

敌后奇袭　吴龙才编绘
长春 吉林人民出版社 1964年 有图
13cm（60开）定价：CNY0.22
　　中国现代连环画作品。

J0065149

地雷战　柳其辉原著；韩英民改编；苏正刚绘画
沈阳 辽宁美术出版社 1964年 13cm（64开）
定价：CNY0.26
　　中国现代连环画作品。

J0065150

地雷战　雷霆改编
北京 中国电影出版社 1964年 13cm（64开）
定价：CNY0.36
（电影连环画册）
　　中国现代连环画作品。

J0065151

第二个春天　刘川编剧；上海人民艺术剧院一团演出
上海 上海人民美术出版社 1964年 13cm（64开）
定价：CNY0.30
　　中国现代连环画作品。

J0065152

丁兴旺当家　高盐原著；谭先宏改编；徐进画

上海 上海人民美术出版社 1964 年 13cm（64 开）
定价：CNY0.17
　　中国现代连环画作品。

J0065153
董存瑞　雷霆改编
北京 中国电影出版社 1964 年 2 版 10×13cm
定价：CNY0.36
（电影连环画册）
　　根据电影改编的中国现代连环画作品。

J0065154
董加耕　黄耕渔，顾乃深编绘；刘思昌配词
北京 人民美术出版社 1964 年 13cm（64 开）
定价：CNY0.19
（红旗连环画库）
　　中国现代连环画作品。

J0065155
锻炼　（优秀现代剧选辑）钱祖武原著；杨兆林
改编；盛亮贤，沈悌如绘画
上海 上海人民美术出版社 1964 年 13cm（64 开）
定价：CNY0.28
　　中国现代连环画作品。

J0065156
夺印　李亚如等原著；罗祥音，蔚林改编；娄
思棠等绘图
郑州 河南人民出版社 1964 年 13cm（64 开）
定价：CNY0.11
　　中国现代连环画作品。

J0065157
夺印　淘同改编；丁世弼绘图
哈尔滨 黑龙江美术出版社 1964 年
13cm（64 开）定价：CNY0.26
（《千万不要忘记》连环画库）
　　中国现代连环画作品。

J0065158
夺印　（连环画片）陶同改编；金寰绘画
哈尔滨 黑龙江美术出版社 1964 年 1 张
76cm（2 开）定价：CNY0.15
　　中国现代连环画作品。

J0065159
夺印　蒋淑匀改编；林锴绘
北京 人民美术出版社 1964 年 13cm（64 开）
定价：CNY0.40
　　中国现代连环画作品。

J0065160
夺印　雷霆改编
北京 中国电影出版社 1964 年 13cm（64 开）
定价：CNY0.39
（电影连环画册）
　　中国现代连环画作品。

J0065161
鳄鱼的眼泪　吴杨原作；曲金配诗；丁午等绘
北京 人民美术出版社 1964 年 有彩图
8×13cm 定价：CNY0.06
　　本作品为中国现代连环画。

J0065162
儿女记　（上册）张孟良原著；刘光改编；景启
民绘画
沈阳 辽宁美术出版社 1964 年 13cm（64 开）
定价：CNY0.28
　　中国现代连环画作品。

J0065163
飞毛腿覃祖长　李希曾原作；张永太编绘
北京 人民美术出版社 1964 年 13cm（64 开）
定价：CNY0.21
（学习解放军连环画库）
　　中国现代连环画作品。

J0065164
汾水长流　胡正，沙蒙原著；淘同改编；丁世
弼绘画
哈尔滨 黑龙江美术出版社 1964 年
13cm（64 开）定价：CNY0.28
（《千万不要忘记》连环画库）
　　中国现代连环画作品。

J0065165
风暴　（连环画选本　第 4 辑）费声福，吴兆修
改编；费声福绘
北京 人民美术出版社 1964 年 修订本

13cm（64 开）定价：CNY0.42

（大众连环画库）

中国现代连环画作品。

J0065166

风暴中的雄鹰　石鲁原著；蒋长庚改编；叶大荣绘图

天津　天津美术出版社　1964 年　13cm（64 开）

定价：CNY0.30

（红军长征故事集）

中国现代连环画作品。作者石鲁（1919—1982），画家。原名冯亚珩，四川仁寿人，就读于成都东方美专和陕北公学院。曾任中国美术家协会常务理事、陕西省美术家协会主席、陕西省书法家协会主席、陕西省国画院名誉院长、中国画研究院院委等职。著有《石鲁学画录》，电影剧本《暴风中的雄鹰》等。

J0065167

风雨桃花洲　柳州原著；郑沁园改编；叶坚铭绘图

天津　天津美术出版社　1964 年　13cm（64 开）

定价：CNY0.20

中国现代连环画作品。

J0065168

钢铁战士　肃文改编；陈殿栋绘画

沈阳　辽宁美术出版社　1964 年　13cm（64 开）

定价：CNY0.21

中国现代连环画作品。

J0065169

哥俩好　孙青改编

北京　中国电影出版社　1964 年　2 版

10×13cm　定价：CNY0.44

（电影连环画册）

根据电影改编的中国现代连环画作品。

J0065170

革命家庭　夏衍等原著；钟志坚改编；韩和平绘

北京　人民美术出版社　1964 年　修订本　142 页

有图　13cm（60 开）统一书号：T8027.4362

定价：CNY0.35

（连环画选本　第三辑）

中国现代连环画作品。

J0065171

革命家庭　夏衍等原著；钟志坚改编；韩和平绘

北京　人民美术出版社　1982 年　138 页　有图

10×13cm　统一书号：8027.4362　定价：CNY0.18

本书是中国现代连环画作品。

J0065172

革命医院创业史　（学习解放军连环画库）江紫改编；李惠绘

北京　人民美术出版社　1964 年　13cm（64 开）

定价：CNY0.17

中国现代连环画作品。

J0065173

跟踪追击　马捷改编

北京　中国电影出版社　1964 年　13cm（64 开）

定价：CNY0.27

（电影连环画册）

中国现代连环画作品。

J0065174

耕耘记　（连环画选本　第 3 辑）李准原著；林蜂改编；刘国辉绘

北京　人民美术出版社　1964 年　修订本

13cm（64 开）定价：CNY0.31

中国现代连环画作品。作者李准（1928—2000），蒙古族，编剧、作家。出生于河南孟津县。历任河南省文联副主席、河南省作协分会主席、电影家协会河南省分会主席、中国现代文学馆馆长、中国作家协会副主席等。代表作品有《李双双》《大河奔流》《高山下的花环》《黄河东流去》等。作者刘国辉（1940—　），教师、画家。江苏苏州人，毕业于浙江美术学院中国画系研究生班。历任浙江美术学院副教授、中国美术学院教授、学术委员会委员、中国人物画高级研修班工作室导师。出版有《刘国辉画集》。

J0065175

工厂是我的大学　陈彻改编

北京　中国电影出版社　1964 年　10×13cm

定价：CNY0.36

（电影连环画册）

根据电影改编的中国现代连环画作品。

J0065176
工人阶级的好战士——刘昆　是有福，周纪
华绘图；中国铁路工会全国委员会宣传教育部
编文
长沙　湖南人民出版社　1964 年　13cm（64 开）
定价：CNY0.24
　　中国现代连环画作品。

J0065177
"公社" 孩子的歌　关登瀛等写；乐小英等画
上海　少年儿童出版社　1964 年　有彩图
15cm（40 开）统一书号：R10024.2983
定价：CNY0.11
　　中国现代连环画作品。

J0065178
古城风云　（闽山春秋　第 2 部）鲁春编文；姚
峭丽绘图
福州　福建人民出版社　1964 年　13cm（64 开）
　　中国现代连环画作品。

J0065179
枯木逢春　王炼，郑君里原著；雁来红改编；
谢京秋绘画
沈阳　辽宁美术出版社　1964 年　13cm（64 开）
定价：CNY0.36
　　中国现代连环画作品。

J0065180
古峡迷雾　童恩正原著；甘泉湧改编；戴敦邦绘
北京　朝花美术出版社　1964 年　13cm（64 开）
定价：CNY0.25
　　中国现代连环画作品。

J0065181
骨肉　胡万春原著；唯青改编；叶大荣绘画
哈尔滨　黑龙江美术出版社　1964 年
13cm（64 开）定价：CNY0.15
（《千万不要忘记》连环画库）
　　中国现代连环画作品。

J0065182
归队　高春贤原作；张建辉改编；何国华绘
石家庄　河北人民美术出版社　1964 年
13cm（64 开）定价：CNY0.14

中国现代连环画作品。

J0065183
哈利利与哈依丽娅　石可改编；张仁康绘画
沈阳　辽宁美术出版社　1964 年　13cm（64 开）
定价：CNY0.27
　　根据原著改编的连环画作品。

J0065184
哈迈　向辛改编；邓二龙绘
北京　朝花美术出版社　1964 年　13cm（64 开）
定价：CNY0.25
　　本作品系中国连环画。

J0065185
海防前线擒匪记　周唬，广布道尔基原作；郑
沁园改编；经慰绘
石家庄　河北人民美术出版社　1964 年
13cm（64 开）定价：CNY0.25
　　中国现代连环画作品。

J0065186
好榜样夏克滋　罗启蒙文；陈希仲画
成都　四川人民出版社　1964 年　13cm（64 开）
定价：CNY0.08
　　中国现代连环画作品。

J0065187
黑人休斯　小瑛改编；潘晋华绘画
南京　江苏人民出版社　1964 年　13cm（64 开）
定价：CNY0.16
　　中国现代连环画作品。

J0065188
红孩军　张子仪改编；胡忠甲绘画
合肥　安徽人民出版社　1964 年　13cm（64 开）
定价：CNY0.18
　　中国现代连环画作品。

J0065189
红林和半斤芝麻　浩然写；毛震耀画
上海　少年儿童出版社　1964 年　有彩图
18cm（15 开）统一书号：R10024.3025
定价：CNY0.15
（《好孩子的故事》丛书）

中国现代连环画作品。作者浩然（1932—
2008），作家，原名梁金广。曾任中国作家协会
理事、名誉委员，北京市文联副主席、市作家协
会主席，《北京文学》杂志主编等。出版有七十
余种著作。代表作有长篇小说《艳阳天》《金光
大道》，短篇小说集《喜鹊登枝》等。绘画毛震耀
（1926—？），画家。浙江奉化人，毕业于苏州美
术专科学校西画系。历任上海艺文书局《艺文画
报》编辑、上海少年儿童出版社儿童读物绘画创
作、上海人民美术出版社编辑。连环画代表作有：
《骆驼祥子》《脚步》《一级英雄杨连弟》《绿色钱
包》《姊妹船》。

J0065190
红领巾和白衣战士　黄凤编文；何治赵画
兰州 甘肃人民出版社 1964年 63页 有图
10×13cm 统一书号：R8096.5 定价：CNY0.15
　　中国现代连环画作品。

J0065191
红旗谱　（上 蒙，汉文对照版）梁斌原作；赵
敦改编；刘端，张辛国绘；旺楚克译
呼和浩特 内蒙古人民出版社 1964年
13cm（64开）定价：CNY0.42
　　中国现代连环画作品。

J0065192
红旗谱　（下 蒙，汉文对照版）梁斌原作；赵
敦改编；阮恩泽，张辛国绘；德钦译
呼和浩特 内蒙古人民出版社 1964年
13cm（64开）定价：CNY0.28
　　中国现代连环画作品。

J0065193
红日　文飘改编
北京 中国电影出版社 1964年 13cm（64开）
定价：CNY0.46
（电影连环画册）
　　中国现代连环画作品。

J0065194
红色风暴中的少先队　张平凯原作；辰耳改
编；潘晋华，陈剑英绘
石家庄 河北人民美术出版社 1964年
13cm（64开）定价：CNY0.23

中国现代连环画作品。

J0065195
红色家谱　（连环画片 镇江市扬剧团演出剧
照）韦庚等编写；曹震云摄影
上海 上海人民美术出版社 1964年 2张
76cm（2开）定价：CNY0.30
　　中国现代年画作品。

J0065196
红色娘子军　梁信原著；宋玉洁改编；李子纯
绘画
沈阳 辽宁美术出版社 1964年 2版
13cm（64开）定价：CNY0.30
　　中国现代连环画作品。

J0065197
红色娘子军　（连环画选本 第3辑）梁信原
著；宋玉洁改编；李子纯绘
北京 人民美术出版社 1964年 修订本
13cm（64开）定价：CNY0.36
　　中国现代连环画作品。

J0065198
红色娘子军　陈彻改编
北京 中国电影出版社 1964年 修订本
10×13cm 定价：CNY0.44
（电影连环画册）
　　根据电影改编的中国现代连环画作品。

J0065199
红色少年　张刚原著；丁旦，涂介华改编；丁
世弼绘画
哈尔滨 黑龙江美术出版社 1964年 108页 有图
11×13cm 统一书号：8.144 定价：CNY0.24
　　中国现代连环画作品。

J0065200
红色宣传员　赵白岭原著；李大发改编；盛亮
贤，沈悌如画
上海 上海人民美术出版社 1964年 13cm（64开）
定价：CNY0.28
　　本作品系中国连环画。

J0065201

红色宣传员　上海市青年话剧团演出；任明改编；曹震云摄影

上海　上海人民美术出版社　1964年　13cm（64开）

定价：CNY0.34

　　本作品系中国连环画。

J0065202

红色宣传员　（连环画片）任明改编；曹震云摄影

上海　上海人民美术出版社　1964年　1张

107cm（全开）定价：CNY0.30

　　中国现代摄影连环画作品。

J0065203

红珊瑚　邹维之改编；林丹绘图

福州　福建人民出版社　1964年　13cm（64开）

定价：CNY0.28

　　中国现代连环画作品。

J0065204

红珊瑚　保坤改编；于沙绘画

沈阳　辽宁美术出版社　1964年　13cm（64开）

定价：CNY0.27

　　中国现代连环画作品。

J0065205

红珊瑚　赵忠原著；朱笠改编；罗兴绘图

天津　天津美术出版社　1964年　13cm（64开）

定价：CNY0.22

　　中国现代连环画作品。绘图罗兴（1922—1994），连环画家。别名罗孝苹，上海人，毕业于上海沪大建筑学科。曾从事建筑室内外设计，在上海从事连环画及插图创作。曾任教于上海工艺美术学校，任造型专业组教研组长。作品有《库楚别依》《林海雪原》等。

J0065206

红心　倪宝诚编绘

郑州　河南人民出版社　1964年　13cm（64开）

定价：CNY0.16

　　中国现代连环画作品。作者倪宝诚（1935—　），画家。山东临朐人。历任河南省群众艺术馆研究员、中国美术家协会会员、中国民间工艺学术委员会委员、河南人民出版社美术编辑室主任、河南省群众艺术馆研究员，河南省民间美术学会会长等职。作品有连环画《红心》《跳轿》《大地回春》《保家卫国》等。主编有《大河风——河南民间美术文集》《朱仙镇门神》《玩具》《民间美术与现代美术》等著作。

J0065207

红岩　（1　沙坪事件）罗广斌，杨益言原著；钟志坚改编；何志强等绘图

哈尔滨　黑龙江美术出版社　1964年

13cm（64开）定价：CNY0.42

（《千万不要忘记》连环画库）

　　中国现代连环画作品。作者罗广斌（1924—1967），作家。四川成都人。就读于西南联大附中。历任共青团重庆市委常委、统战部部长，重庆市青联副主席，全国青联委员等职。著有《红岩》（与杨益言合著）、《在烈火中永生》（合著）、《血海深仇》等。作者杨益言（1925—2017），作家。四川广安人。就读于同济大学。曾任中国作家协会四川分会副主席。著名小说《红岩》的作者之一。改编钟志坚，改编的连环画有《红岩》《古茜与德茜》等。

J0065208

红岩　（2　共产党人）罗广斌，杨益言原著；钟志坚改编；金立德，何志强绘图

哈尔滨　黑龙江美术出版社　1964年

13cm（64开）定价：CNY0.26

（《千万不要忘记》连环画库）

　　中国现代连环画作品。

J0065209

红岩　（3　华蓥山下）罗广斌，杨益言原著；钟志坚改编；金立德，何志强绘图

哈尔滨　黑龙江美术出版社　1964年

13cm（64开）定价：CNY0.28

（《千万不要忘记》连环画库）

　　中国现代连环画作品。

J0065210

红岩　（4　水的斗争）罗广斌，杨益言原著；钟志坚改编；何志强绘图

哈尔滨　黑龙江美术出版社　1964年

13cm（60开）统一书号：8-173　定价：CNY0.30

（《千万不要忘记》连环画库）

　　中国现代连环画作品。

J0065211

红岩 （5 赤胆忠心）罗广斌, 杨益言原著；钟志坚改编；金立德, 何志强绘图
哈尔滨 黑龙江美术出版社 1964 年
13cm（64 开）定价：CNY0.24
（《千万不要忘记》连环画库）
　　中国现代连环画作品。

J0065212

红岩 （6 夜审"毒蛇"）罗广斌, 杨益言原著；钟志坚改编；何志强, 胡光武绘画
哈尔滨 黑龙江美术出版社 1965 年 定价：CNY0.20
（《千万不要忘记》连环画库）
　　根据同名小说改编的中国现代连环画作品。

J0065213

红岩 （7 智斗群魔）罗广斌, 杨益言原著；钟志坚改编；胡克礼, 金立德绘画
哈尔滨 黑龙江美术出版社 1965 年 定价：CNY0.24
（《千万不要忘记》连环画库）
　　根据同名小说改编的中国现代连环画作品。

J0065214

红岩 （8 正义千秋）罗广斌, 杨益言原著；钟志坚改编；何志强绘画
哈尔滨 黑龙江美术出版社 1965 年 定价：CNY0.20
（《千万不要忘记》连环画库）
　　根据同名小说改编的中国现代连环画作品。

J0065215

红岩 （9 黎明时刻）罗广斌, 杨益言原著；钟志坚改编；胡克礼等绘画
哈尔滨 黑龙江美术出版社 1965 年
定价：CNY0.26
（《千万不要忘记》连环画库）
　　根据同名小说改编的中国现代连环画作品。

J0065216

红岩 （1 山城云雾）罗广斌, 杨益言原著；韩和平画；上海人民美术出版社改编
上海 上海人民美术出版社 1964 年 13cm（64 开）
定价：CNY0.26
　　根据同名小说改编的中国现代连环画作品。

J0065217

红岩 （2 沙坪事件）罗广斌, 杨益言原著；可蒙改编；韩和平等绘画
上海 上海人民美术出版社 1964 年 142 页 有图
10×13cm 统一书号：T8081.5411 定价：CNY0.28
　　根据同名小说改编的中国现代连环画作品。

J0065218

红岩 （1 山城风暴）罗广斌, 杨益言原著；可蒙改编；韩和平等绘画
上海 上海人民美术出版社 1965 年 13cm（64 开）
定价：CNY0.24
　　根据同名小说改编的中国现代连环画作品。

J0065219

红岩 （2 前仆后继）罗广斌, 杨益言原著；可蒙改编；韩和平等绘画
上海 上海人民美术出版社 1965 年 13cm（64 开）
定价：CNY0.24
　　根据同名小说改编的中国现代连环画作品。

J0065220

红岩 （3 沙坪事件）罗广斌, 杨益言原著；可蒙改编；韩和平等绘画
上海 上海人民美术出版社 1965 年 13cm（64 开）
定价：CNY0.24
　　根据同名小说改编的中国现代连环画作品。

J0065221

红岩 （4 威慑群魔）罗广斌, 杨益言原著；可蒙改编；韩和平等绘画
上海 上海人民美术出版社 1965 年 160 页 有图
10×13cm 统一书号：T8081.5541 定价：CNY0.26
　　根据同名小说改编的中国现代连环画作品。

J0065222

红岩 （1 山城风暴）罗广斌, 杨益言原著；可蒙改编；韩和平等绘画
上海 上海人民美术出版社 1978 年 2 版 128 页
有图 10×13cm 统一书号：8081.5410
定价：CNY0.16
　　根据同名小说改编的中国现代连环画作品。

J0065223

红岩 （4 威慑群魔）罗广斌, 杨益言原著；可

蒙改编；韩和平等绘画
上海　上海人民美术出版社　1978 年　2 版
158 页　有图　10×13cm　统一书号：8081.5541
定价：CNY0.19
　　根据同名小说改编的中国现代连环画作品。

J0065224
红岩　罗广斌，杨益言改编
上海　上海人民美术出版社　1979 年　2 版
222 页　13cm（60 开）定价：CNY0.37
　　根据同名小说改编的中国现代连环画作品。

J0065225
红岩　（5 列火红心）罗广斌，杨益言原著；可
蒙改编；韩和平等绘画
上海　上海人民美术出版社　1980 年　150 页
13cm（64 开）定价：CNY0.18
　　根据同名小说改编的中国现代连环画作品。

J0065226
红岩　（6 揭破阴谋）罗广斌，杨益言原著；可
蒙改编；韩和平等绘画
上海　上海人民美术出版社　1980 年　142 页
13cm（64 开）定价：CNY0.17
　　根据同名小说改编的中国现代连环画作品。

J0065227
红岩　（7 曙光在前）罗广斌，杨益言原著；可
蒙改编；韩和平等绘画
上海　上海人民美术出版社　1980 年　150 页
10cm（64 开）定价：CNY0.18
　　根据同名小说改编的中国现代连环画作品。

J0065228
红岩　（8 黎明时刻）罗广斌，杨益言原著；可
蒙改编；韩和平绘画
上海　上海人民美术出版社　1980 年　150 页
10cm（64 开）定价：CNY0.18
　　根据同名小说改编的中国现代连环画作品。

J0065229
红缨歌　战士话剧团集体创作；王欢改编；尚
君砺绘
石家庄　河北人民美术出版社　1964 年
13cm（64 开）定价：CNY0.19

中国现代连环画作品。

J0065230
红缨歌　赵寰执笔；高援改编；胡克文，胡克
礼绘画
沈阳　辽宁美术出版社　1964 年　13cm（64 开）
定价：CNY0.27
　　中国现代连环画作品。

J0065231
洪湖赤卫队　湖北省实验歌剧院集体创作；张
帆改编；何国华绘
石家庄　河北人民美术出版社　1964 年
13cm（64 开）定价：CNY0.28
　　中国现代连环画作品。

J0065232
洪湖赤卫队　（连环画选本　第 4 辑）梅少山原
作；高援改编；张景祥绘
北京　人民美术出版社　1964 年　13cm（64 开）
定价：CNY0.34
（大众连环画库）
　　中国现代连环画作品。

J0065233
狐狸　（斯瓦希里文）管桦著；严个凡绘
北京　外文出版社　1964 年　19cm（小 32 开）
　　本作品系中国连环画。

J0065234
胡家的喜事　杨文彬原著；田信改编；于沙等
绘画
沈阳　辽宁美术出版社　1964 年　13cm（64 开）
定价：CNY0.14
　　中国现代连环画作品。

J0065235
华蓥山下　罗广斌，杨益言原著；钟志坚改
编；金立德，胡光武绘画
哈尔滨　黑龙江美术出版社　1964 年　134 页
有图　10×13cm
　　中国现代连环画作品。

J0065236
槐树庄　雷霆改编

北京　中国电影出版社　1964年　2版
13cm（64开）定价：CNY0.33
（电影连环画）

　　根据国产电影《槐树庄》改编创作的中国现代连环画。

J0065237

黄河飞渡　大鲁改编；陈惠冠绘
北京　人民美术出版社　1964年　修订本
13cm（64开）定价：CNY0.32
（连环画选本　第3辑）

　　中国现代连环画。

J0065238

激流勇进　（优秀现代剧选辑）胡万春等原著；
杨根相改编；胡克文绘画
上海　上海人民美术出版社　1964年　13cm（64开）
定价：CNY0.32

　　中国现代连环画作品。

J0065239

家庭问题　胡万春原著；王建郁改编；邢子云
绘画
沈阳　辽宁美术出版社　1964年　13cm（64开）
定价：CNY0.19

　　中国现代连环画作品。

J0065240

甲午海战　张帆改编；江栋良绘
石家庄　河北人民出版社　1964年
13cm（64开）定价：CNY0.27

　　本作品系中国现代连环画。

J0065241

甲午海战　张帆改编；江栋良绘
石家庄　河北人民美术出版社　1964年　133页
10×13cm　定价：CNY0.27

　　本连环画系根据中国人民解放军海军政治部文工团话剧团同名剧本改编。

J0065242

甲午海战　（连环画选本　第3辑）林锴编绘
北京　人民美术出版社　1964年　修订
13cm（64开）定价：CNY0.34

　　中国现代连环画作品。

J0065243

剑与火　淑均改编；胡祖清绘
北京　人民美术出版社　1964年　13cm（64开）
定价：CNY0.52

　　中国现代连环画作品。作者胡祖清，连环画家。作品有《剑与火》《十八亩地》等。

J0065244

江姐　（上集）罗广斌，杨益言原著；林扬改
编；杜显清画
成都　四川人民出版社　1964年　13cm（64开）
定价：CNY0.17
（《红岩》连环画集）

　　中国现代连环画作品。

J0065245

骄傲的将军　华君武原著；特伟编绘
北京　外文出版社　1964年　27cm（大16开）

　　本作品系中国连环画，还有泰文、斯瓦希里文两种文本。作者华君武（1915—2010），漫画家。别名华潮，生于杭州，祖籍无锡荡口。就读于上海大同大学高中部。曾任鲁迅艺术文学院研究员、《人民日报》文学艺术部主任、中国美术家协会副主席、中国文联书记处书记等职务。代表作品有《疲劳过度症》《肉骨头引狗》《1939年所植的树》等。

J0065246

骄傲的将军　（世界语版）华君武原著；特伟
编绘
北京　中华全国世界语协会　1964年
27cm（大16开）

　　本作品系中国连环画。

J0065247

揭穿鬼把戏　徐日晖编词；于化鲤绘图
长沙　湖南人民出版社　1964年　13cm（64开）
定价：CNY0.12

　　中国现代连环画作品。作者于化鲤（1933—　　），画家。又名于化，天津人。曾任天津人民美术出版社副总编。主要作品有《于化鲤漫画作品选集》《宝船》《有朋自远方来》等。

J0065248

解粮官　郑沁园改编；水天宏绘画

沈阳　辽宁美术出版社　1964年　13cm（64开）
定价：CNY0.16
　　　中国现代连环画作品。绘画水天宏（1910—1982），连环画家。浙江宁波人。曾在上海人民美术出版社从事连环画创作。参加大型连环画《三国演义》《聊斋志义》《西汉演义》《东周列国故事》等的绘制工作，出版连环画《艰苦朴素的程悦长》。

J0065249
今天我休息　　孙青改编
北京　中国电影出版社　1964年　2版
13cm（64开）定价：CNY0.24
（电影连画册）
　　　中国现代连环画作品。

J0065250
金瓜和银豆　　闻韬改编；苏朗绘
兰州　甘肃人民出版社　1964年　60页　有图
10×13cm　统一书号：R8096.3　定价：CNY0.15
　　　中国现代连环画作品。作者苏朗（1938—　），画家。原名严国保，湖北武汉人。就读于武昌艺师和西北师院艺术系。历任中国美术家协会会员、甘肃人民出版社副编审。代表作品有《黄河渡》《煦风吹不尽》《奶站笑语》等。

J0065251
金沙江畔　　傅超武，穆宏原著；杨湛霖改编；费龙翔画
上海　上海人民美术出版社　1964年　13cm（64开）
定价：CNY0.32
　　　中国现代连环画作品。

J0065252
金玉姬　　（连环画选本　第4辑）王家乙，纪叶原作；郭宝祥改编；姚鸿发绘
北京　人民美术出版社　1964年　修订本
13cm（64开）定价：CNY0.30
（大众连环画库）
　　　作者姚鸿发（1940—2003），画家。生于浙江宁波。历任辽宁出版社、辽宁美术出版社、辽宁人民出版社任美术创作员及美术编辑，辽宁少年儿童出版社综合编辑室主任，中国美术家协会会员。出版有《姚鸿发画集》等。

J0065253
九件衣　　崔牧原著；雪松改编；王贤统绘画
南京　江苏人民出版社　1964年　13cm（64开）
定价：CNY0.16
　　　中国现代连环画作品。

J0065254
救火英雄明绍成　　景芝改编；赵明钧绘画
沈阳　辽宁人民出版社　1964年　13cm（64开）
定价：CNY0.19
　　　中国现代连环画作品。

J0065255
凯旋号起义　　陆俊超原著；蒋长庚，吴廷珇改编；柳根林绘图
天津　天津美术出版社　1964年　13cm（64开）
定价：CNY0.32
　　　中国现代连环画作品。

J0065256
看看想想说说　　胡承坚等写；潘晋华画
上海　少年儿童出版社　1964年　17页　有彩图
13cm（60开）统一书号：R10024.2995
定价：CNY0.18
　　　中国现代连环画作品。

J0065257
枯木逢春　　（连环画选本　第3辑）王炼原作；田衣改编；盛亮贤绘
北京　人民美术出版社　1964年　修订本
13cm（64开）定价：CNY0.35
　　　中国现代连环画作品。

J0065258
苦斗记　　杨若英编写；刘廷相绘画
沈阳　辽宁美术出版社　1964年　13cm（64开）
定价：CNY0.15
　　　中国现代连环画作品。作者刘廷相，连环画家。出生于辽宁沈阳。创作作品有《万紫千红总是春》《旗委书记》《谁光荣》《红孩子连金法》《杨三姐告状》等。

J0065259
苦难的同年　　刘朵改编；于明绘画
沈阳　辽宁美术出版社　1964年　13cm（64开）

定价: CNY0.12

　　中国现代连环画作品。

J0065260

苦女翻身记　燕志儁原作; 关耳改编; 仓孝义, 周群绘画

济南　山东人民出版社　1964 年　19cm(小 32 开)

定价: CNY0.17

　　中国现代连环画作品。

J0065261

矿灯　林艺原著; 景芝改编; 赵明钧绘画

沈阳　辽宁美术出版社　1964 年　13cm(64 开)

定价: CNY0.33

　　中国现代连环画作品。

J0065262

老管家和刘三　王金改编; 史纯玉绘画

沈阳　辽宁美术出版社　1964 年　13cm(64 开)

定价: CNY0.13

　　中国现代连环画作品。

J0065263

老来红　张庆田原著; 姜振民编绘

济南　山东人民出版社　1964 年　13cm(64 开)

定价: CNY0.17

　　中国现代连环画作品。作者姜振民(1936—), 编辑。生于山东济南。历任《济南日报》美术助理编辑, 山东省科协宣传部科普美术编辑, 山东人民出版社少儿读物编辑部美术编辑, 山东文艺出版社办公室副主任、美术副编审, 中国美术家协会会员。出版有《姜振民曼画集》, 长篇连环画《白美丽小姐》等。

J0065264

黎明前夜　杨杰原作; 梁玉莹改编; 苏正刚绘

北京　朝花美术出版社　1964 年　13cm(64 开)

定价: CNY0.23

　　中国现代连环画作品。

J0065265

李双双　李准原著; 刘跃中改编; 吴懋祥绘图

郑州　河南人民出版社　1964 年　13cm(64 开)

定价: CNY0.17

　　中国现代连环画作品。作者李准(1928—

2000), 蒙古族, 编剧、作家。出生于河南孟津县。历任河南省文联副主席、河南省作协分会主席、电影家协会河南省分会主席、中国现代文学馆馆长、中国作家协会副主席等。代表作品有《李双双》《大河奔流》《高山下的花环》《黄河东流去》等。作者吴懋祥(1932—), 画家、国家一级美术师。别名彼岸, 字铁矛, 河南温县人。曾任《河南日报》社美术组组长、高级编辑, 中国美术家协会会员, 中国连环画研究会理事, 中国美术家协会河南分会理事, 河南书画院院外画师, 嵩阳书画院副院长。作品有《老石工》《栋》《修渠人》《麦收季节》等。

J0065266

李双双　丁鲁改编; 朱然, 赵越绘画

长春　吉林人民出版社　1964 年　13cm(64 开)

定价: CNY0.17

　　中国现代连环画作品。

J0065267

李双双　李准原著; 张炎, 竹马改编; 梅崇源绘画

南京　江苏人民出版社　1964 年　13cm(64 开)

定价: CNY0.25

　　中国现代连环画作品。

J0065268

李双双　李准原著; 黎炳改编; 杨步升绘图

银川　宁夏回族自治区人民出版社　1964 年 13cm(64 开) 定价: CNY0.24

　　中国现代连环画作品。

J0065269

李双双　李准原著; 陆仲坚改编; 贺友直画

上海　上海人民美术出版社　1964 年　15cm(64 开)

定价: CNY0.36

　　本书是中国现代连环画作品。

J0065270

李双双　孙青改编

北京　中国电影出版社　1964 年　2 版 13cm(64 开) 定价: CNY0.33

(电影连环画册)

　　中国现代连环画作品。

J0065271

丽人行　陈彻改编

北京　中国电影出版社　1964 年　10×13cm

定价: CNY0.39

（电影连环画册）

　　根据电影改编的中国现代连环画作品。

J0065272

连环画作品选页　（1）贺友直等作

上海　上海人民美术出版社　1964 年　40 幅

20cm（32 开）统一书号: T8081.9130

定价: CNY0.70

　　作者贺友直（1922—2016），连环画家。出生于上海，祖籍浙江宁波。曾任上海人民美术出版社编审、连环画艺术委员会主任、上海市美术家协会第四届副主席、中国连环画研究会第二届副会长等职。代表作品《朝阳沟》《山乡巨变》等。

J0065273

连环画作品选页　（2）贺友直等作

上海　上海人民美术出版社　1965 年　40 幅

20cm（32 开）统一书号: T8081.9325

定价: CNY0.40

　　中国现代连环画作品。

J0065274

连环画作品选页　（3）贺友直等作

上海　上海人民美术出版社　1965 年　40 幅

19×26cm　统一书号: T8081.9466　定价: CNY0.50

　　中国现代连环画作品。

J0065275

两代人　惠元改编；李崽绘

北京　朝花美术出版社　1964 年　13cm（64 开）

定价: CNY0.37

　　中国现代连环画作品。

J0065276

两个队长　吉学霈原著；曹作锐改编；娄世棠绘图

郑州　河南人民出版社　1964 年　13cm（64 开）

定价: CNY0.09

　　中国现代连环画作品。作者曹作锐（1923—　），编辑。别名愚谷，河北武清人。擅长连环画编辑及理论研究。《连环画艺术》副主编，中国连环画研究会常务理事，中国美术家协会会员。出版有《连环画编写探幽》，连环画脚本《智降狮猁王》《懒龙伸腰》。作者娄世棠（1926—　），画家。浙江新昌人，浙江美术学院毕业。曾任北京文化艺术总公司编审、中国美术家协会会员。作品有连环画《赵百万》《小豆儿》《毛主席视察南泥湾》等，水彩画《归牧》《燕山深处》《秋林》，中国画《故园景色》《雪》等，出版有《娄世棠画选》《铅笔画》等。

J0065277

两匹瘦马　李准原作；常祖荫改编；王永扬绘

石家庄　河北人民美术出版社　1964 年

13cm（64 开）定价: CNY0.11

　　中国现代连环画作品。

J0065278

烈火丹心　谢树编文；黄铨绘画

哈尔滨　黑龙江人民出版社　1964 年

13cm（64 开）定价: CNY0.20

　　中国现代连环画作品。

J0065279

烈火金刚　（八路军猛虎出山）刘流原著；艾瑛改编；傅洪生绘图

天津　天津美术出版社　1964 年　13cm（64 开）

定价: CNY0.24

　　中国现代连环画作品。

J0065280

烈火金刚　（飞行员大闹县城）刘流原著；艾瑛改编；傅洪生绘图

天津　天津美术出版社　1964 年　13cm（64 开）

定价: CNY0.20

　　中国现代连环画作品。

J0065281

烈火金刚　（血坛祭万众誓师）刘流原著；艾瑛改编；傅洪生绘图

天津　天津美术出版社　1964 年　13cm（64 开）

定价: CNY0.19

　　中国现代连环画作品。

J0065282

烈火金刚 （捉二虎楞秋除奸）刘流原著；艾瑛改编；傅洪生绘图

天津 天津美术出版社 1964 年 13cm（64 开）

定价：CNY0.23

中国现代连环画作品。

J0065283

林海雪原 （之一 活捉小炉匠）曲波原著；景芝改编；姚洪发，赵明钧绘画

沈阳 辽宁美术出版社 1964 年 19cm（小 32 开）

定价：CNY0.20

中国现代连环画作品。作者赵明钧（1938— ），满族，连环画艺术家。笔名孤竹古道居士。生于辽宁省锦州市，籍贯辽宁省锦州市。《我们村里年轻人》《毛主席好战士——雷锋》《收服白龙马》等。

J0065284

林俊 （福建历史人物）卿樵，朱羽编文；朱光玉绘图

福州 福建人民出版社 1964 年 13cm（64 开）

定价：CNY0.30

本作品系中国现代连环画。

J0065285

刘二虎火烧洋教士 河北民间文学研究会；杨烈改编；刘汉宗绘

石家庄 河北人民出版社 1964 年 13cm（64 开）

定价：CNY0.13

本作品系中国连环画。

J0065286

刘黑仔 刘建华原著；似坳改编；陆洋画

南昌 江西人民出版社 1964 年 13cm（64 开）

定价：CNY0.19

（江西革命斗争故事）

中国现代连环画作品。

J0065287

刘兰 肖育轩原著；兰谷改编；何铭绘画

南京 江苏人民出版社 1964 年 13cm（64 开）

定价：CNY0.16

中国现代连环画作品。

J0065288

龙江颂 （优秀现代剧选辑）江文等原著；黄奕加改编；颜梅华，郑波绘画

上海 上海人民美术出版社 1964 年 13cm（64 开）

定价：CNY0.26

中国现代连环画作品。

J0065289

罗启潮 高适等绘；王亚平配诗

北京 人民美术出版社 1964 年 13cm（64 开）

定价：CNY0.18

（红旗连环画库）

中国现代连环画作品。

J0065290

绿色的地狱 阿·伐莱拉原著；欧阳彬改编；赵隆义绘

北京 朝花美术出版社 1964 年 13cm（64 开）

定价：CNY0.34

中国现代连环画作品。

J0065291

马字镰刀 杨润原著；杨森改编；吴君琪绘画

南京 江苏人民出版社 1964 年 13cm（64 开）

定价：CNY0.18

中国现代连环画作品。

J0065292

埋在心底的仇恨 （连环画片）赵华改编作；丁世弼绘画

哈尔滨 黑龙江美术出版社 1964 年 1 张

76cm（2 开）定价：CNY0.15

中国现代年画作品。

J0065293

买枪记 魏晋原著；涂结改编及绘

北京 人民美术出版社 1964 年 13cm（64 开）

定价：CNY0.16

中国现代连环画作品。

J0065294

摩雅傣 季康，公浦原著；屈泥改编；李山，金缕梅绘画

南京 江苏人民出版社 1964 年 19cm（小 32 开）

定价：CNY0.21

中国现代连环画作品。

J0065295

南海湖 （渔乡儿女斗争史 上集）路兰改编

北京 中国电影出版社 1964年 10×13cm

定价：CNY0.44

（电影连环画册）

　　根据电影改编的中国现代连环画作品。

J0065296

南京路上好八连 王稼穰改编；高山，尤崇仁绘

北京 人民美术出版社 1964年 修订版

13cm（60开）定价：CNY0.21

（连环画选本 第4辑 大众连环画库）

　　中国现代连环画作品。

J0065297

南京路上好八连 （连环画片）韩敏作

上海 上海人民美术出版社 1964年 1张

76cm（2开）定价：CNY0.15

　　中国现代连环画年画作品。

J0065298

南京路上好八路 （连环画选本 第4辑）王稼穰等改编；高山，尤崇仁绘画

北京 人民美术出版社 1964年 修订本

13cm（60开）定价：CNY0.21

　　中国现代连环画作品。

J0065299

霓虹灯下的哨兵 （汉、藏文对照版）林华改编；方之南等绘画绘

西宁 青海人民出版社 1964年 13cm（64开）

定价：CNY0.20

　　中国现代连环画作品。作者方之南（1911—1990），画家。青海西宁人，原名方泰兴，别署指南。毕业于青海师范、上海美专国画系、国立北平艺专。历任青海省文联美术组组长、青海美协理事、青海省文联副主席、青海省美协主席、中国美协理事等。代表作《巍巍祁连》《收听藏语广播》《百花争艳》《孤亭背岭开》，出版有《柴达木写生选集》。

J0065300

霓虹灯下的哨兵 南京部队前线话剧团演出；曹振云，陈春轩摄影；田烈改编

上海 上海人民美术出版社 1964年 13cm（64开）

定价：CNY0.42

　　中国现代连环画作品。

J0065301

霓虹灯下的哨兵 （优秀现代剧选辑）沈西蒙等原著；高幼佩改编；端木勇绘画

上海 上海人民美术出版社 1964年 13cm（64开）

定价：CNY0.36

　　本书是中国现代连环画作品。作者沈西蒙（1919—2006），作家，笔名沈西门。历任华中军区文工团团长，华东军区解放军艺术剧院院长，南京军区文化部部长，总政治部文化部副部长，上海警备区副政委。中国剧协副主席。著有歌剧剧本《买卖公平》，话剧剧本《重庆交响乐》《杨根思》，电影文学剧本《霓虹灯下的哨兵》《南征北战》等。

J0065302

聂耳 时常曙改编；梅崇源绘画

沈阳 辽宁美术出版社 1964年 13cm（64开）

定价：CNY0.24

　　中国现代连环画作品。

J0065303

怒涛 林艺原著；南风改编；朱光玉绘画

沈阳 辽宁美术出版社 1964年 114页 有图

10×13cm 统一书号：T8117.1532 定价：CNY0.24

　　中国现代连环画作品。

J0065304

女教师 马捷改编

北京 中国电影出版社 1964年 10×13cm

定价：CNY0.33

（电影连环画册）

　　根据电影改编的中国现代连环画作品。

J0065305

女篮五号 谢晋原著；石景麟改编；孙逊绘画

沈阳 辽宁美术出版社 1964年 13cm（64开）

定价：CNY0.24

　　中国现代连环画作品。

J0065306
欧阳海　中共桂阳县委宣传部供稿
长沙　湖南人民出版社　1964 年　13cm（64 开）
定价：CNY0.22
　　　中国现代连环画作品。

J0065307
欧阳海　曹作锐改编；董洪元绘
北京　人民美术出版社　1964 年　13cm（64 开）
定价：CNY0.15
（学习解放军连环画库）
　　　中国现代连环画作品。改编曹作锐（1923—　），
编辑。别名愚谷，河北武清人。擅长连环画编辑
及理论研究。《连环画艺术》副主编，中国连环
画研究会常务理事，中国美术家协会会员。出版
有《连环画编写探幽》，连环画脚本《智降狮�王》
《懒龙伸腰》。绘画董洪元（1926—　），钢笔画家、
连环画家。上海人。笔名红叶。钢笔连环画代
表作品有《高尔基》三部曲。

J0065308
平原游击队　邢野，羽山原作；张辛国改编；
竹川绘
石家庄　河北人民美术出版社　1964 年
13cm（64 开）定价：CNY0.29
　　　中国现代连环画作品。

J0065309
平原游击队　文飘改编
北京　中国电影出版社　1964 年　13cm（64 开）
定价：CNY0.44
（电影连环画册）
　　　中国现代连环画作品。

J0065310
七天七夜　黎静原著；高援改编；朱守纬绘画
沈阳　辽宁美术出版社　1964 年　13cm（64 开）
定价：CNY0.20
　　　中国现代连环画作品。

J0065311
骑士的故事　敖德斯尔原著；犀利改编；高适
绘画
哈尔滨　黑龙江美术出版社　1964 年
13cm（64 开）定价：CNY0.26

（《千万不要忘记》连环画库）
　　　中国现代连环画作品。

J0065312
千万不要忘记　丛深编剧；刘书亭改编；萧里
等绘画
哈尔滨　黑龙江美术出版社　1964 年
13cm（64 开）定价：CNY0.32
（《千万不要忘记》连环画库）
　　　中国现代连环画作品。

J0065313
千万不要忘记　丛深编剧；清华改编；陈春轩
摄影
上海　上海人民美术出版社　1964 年　13cm（64 开）
定价：CNY0.34
　　　中国现代连环画作品。

J0065314
铅笔——我们的好朋友　中国铅笔二厂供
稿；韩密画
上海　少年儿童出版社　1964 年　有彩图
18cm（15 开）统一书号：R10024.3012
定价：CNY0.13
　　　中国现代连环画作品。

J0065315
前面是急转弯　星索改编；高燕绘
北京　朝花美术出版社　1964 年　13cm（64 开）
定价：CNY0.29
　　　中国现代连环画作品。

J0065316
枪打地头蛇　左太传原著；一兵改编；孙铁生
绘图
济南　山东人民出版社　1964 年　13cm（64 开）
定价：CNY0.17
　　　中国现代连环画作品。

J0065317
青春之歌　陈彻，霍毓杰改编
北京　中国电影出版社　1964 年　2 版　10×13cm
定价：CNY0.39
（电影连环画册）
　　　根据电影改编的中国现代连环画作品。

J0065318

穷人恨　马健翎原著；修林改编；陈长贵绘画
哈尔滨 黑龙江美术出版社 1964 年
13cm（64 开）定价：CNY0.20
（《千万不要忘记》连环画库）
　　中国现代连环画作品。

J0065319

全家福　老舍原著；孙韵青改编；张白羽绘
北京 人民美术出版社 1964 年 13cm（64 开）
定价：CNY0.30
　　中国现代连环画作品。

J0065320

人间彩虹　雷霆改编
北京 中国电影出版社 1964 年 有图
15cm（40 开）统一书号：8061.1099
定价：CNY0.17
（电影画刊）
　　本作品根据祖国各地各种桥梁的照片编辑
的连环画。

J0065321

人强马壮　浩然原著；宋玉峰改编；刘秉亮
绘画
沈阳 辽宁美术出版社 1964 年 13cm（64 开）
定价：CNY0.18
　　中国现代连环画作品。

J0065322

日出之前　闫树田原著；高山编绘
北京 人民美术出版社 1964 年 13cm（48 开）
统一书号：T8027.4394 定价：CNY0.18
　　中国现代连环画作品。

J0065323

三笔血债　惠元改编；童介眉绘画
北京 朝花美术出版社 1964 年 13cm（64 开）
定价：CNY0.17
　　中国现代连环画作品。

J0065324

三个小伙伴　陆俊超原著；小吉改编，孙愚绘图
天津 天津美术出版社 1964 年 68 页 有图
13cm（60 开）统一书号：R8073.2605

定价：CNY0.20
　　中国现代连环画作品。

J0065325

三进连生店　刘光改编；刘焵绘画
沈阳 辽宁美术出版社 1964 年 13cm（64 开）
定价：CNY0.12
　　中国现代连环画作品。

J0065326

三十二年悲欢泪　王维新原著；赵万堂改编；
娄溥义绘图
兰州 甘肃人民出版社 1964 年 13cm（64 开）
定价：CNY0.15
　　中国现代连环画作品。

J0065327

桑金兰错　赵燕翼原著；胡逸改编；王亦秋画
上海 上海人民美术出版社 1964 年 13cm（64 开）
定价：CNY0.16
　　中国现代连环画作品。

J0065328

杀牛庚　张子仪改编；吴雪熊，邵念慈绘画
合肥 安徽人民出版社 1964 年 13cm（64 开）
定价：CNY0.18
　　中国现代连环画作品。

J0065329

沙桂英　唐克新原著；俞暄改编；朱宗之绘画
南京 江苏人民出版社 1964 年 13cm（64 开）
定价：CNY0.20
　　中国现代连环画作品。

J0065330

沙家店粮站　刘增庆改编；刘兰绘画
沈阳 辽宁美术出版社 1964 年 13cm（64 开）
定价：CNY0.19
　　中国现代连环画作品。

J0065331

沙坪联络站　罗广斌，杨益言原著；刘铭改
编；古月画
成都 四川人民出版社 1964 年 13cm（64 开）
定价：CNY0.18

（《红岩》连环画集）

中国现代连环画作品。

J0065332

山鹰之歌　许文龙改编；端木勇，熊纳绘图

天津　天津美术出版社　1964 年　13cm（64 开）

定价：CNY0.22

本作品是中国现代连环画作品。

J0065333

神鬼不灵　马捷改编

北京　中国电影出版社　1964 年　10×13cm

定价：CNY0.16

（电影连环画册）

根据电影改编的中国现代连环画作品。

J0065334

审"鬼"记　孟凡洲，施振眉原著；吴国亭编绘

杭州　浙江人民美术出版社　1964 年　13cm（64 开）

定价：CNY0.17

中国现代连环画作品。作者吴国亭（1935—　），国画家、美术教育家、美学评论家、理论家。生于江苏南京浦口镇，祖籍天津。历任中国书画研究会名誉副主席、江苏省对外文化交流中心理事、苏浙皖国画家联谊会主席、美国波士顿中华文化中心艺术顾问。

J0065335

生命的火花　文飘改编

北京　中国电影出版社　1964 年　10×13cm

定价：CNY0.29

（电影连环画册）

根据电影改编的中国现代连环画作品。

J0065336

十五贯　马得编绘

南京　江苏人民出版社　1964 年　38 页　有图

13×18cm　统一书号：8100.1052　定价：CNY0.37

中国现代连环画作品。

J0065337

十五贯　马得编绘

南京　江苏人民出版社　1964 年　19cm（32 开）

定价：CNY0.37

中国现代连环画作品。

J0065338

时代的火花　胡万春原著；叶惠元改编；胡克文绘图

上海　上海人民美术出版社　1964 年　88 页　有图

10×13cm　统一书号：T8081.5428　定价：CNY0.18

中国现代连环画作品。绘图胡克文（1928—2015），连环画家。亦名胡少飞，笔名少飞，浙江宁波人。连环画作品有《王子复仇记》《傲蕾·一兰》《娃女》等。

J0065339

时代的火花　胡万春原著；叶惠元改编；胡克文画

上海　上海人民美术出版社　1964 年　13cm（64 开）

定价：CNY0.18

中国现代连环画作品。

J0065340

双玉蝉　王行原著；小戈改编；张锡武绘图

天津　天津美术出版社　1964 年　13cm（64 开）

定价：CNY0.20

本作品系中国现代连环画。

J0065341

双玉蝉　王行原著；小戈改编；张锡武绘图

天津　天津人民美术出版社　1964 年　90 页　有图

10×13cm　统一书号：7-5305-1490-3

定价：CNY10.00（全集 5 册）

中国现代连环画作品。

J0065342

水车叮咚响　郑然文；郁芷芳画

上海　上海人民美术出版社　1964 年　13cm（64 开）

定价：CNY0.14

中国现代连环画作品。

J0065343

水手长的故事　高源原作；艾莓改编；茅志云绘图

福州　福建人民出版社　1964 年　13cm（64 开）

定价：CNY0.18

中国现代连环画作品。

J0065344

水手长的故事　王川江改编；吴富佳绘图

沈阳　辽宁美术出版社　1964 年　67 页　有图

10×13cm　统一书号：T8117.1520　定价：CNY0.15

　　中国现代连环画作品。

J0065345

水手长的故事　王川江改编；吴富佳绘画

沈阳　辽宁美术出版社　1964 年　13cm（64 开）

定价：CNY0.15

　　中国现代连环画作品。

J0065346

松花江上　犀利改编；肖里绘画

哈尔滨　黑龙江美术出版社　1964 年

13cm（64 开）定价：CNY0.32

（《千万不要忘记》连环画库）

　　中国现代连环画作品。

J0065347

宋恩珍　殷之慧等原作；董继馨改编；张白

羽绘

石家庄　河北人民出版社　1964 年　13cm（64 开）

定价：CNY0.13

　　中国现代连环画作品。

J0065348

孙悟空三打白骨精　（连环画选本　第 3 辑）

王星北改编；赵宏本，钱笑呆绘

北京　人民美术出版社　1964 年　修订本

13cm（64 开）定价：CNY0.29

　　中国现代连环画作品。

J0065349

孙悟空三打白骨精　王星北改编；赵宏本，

钱笑呆绘

北京　外文出版社　1964 年　27cm（大 16 开）

　　本作品系中国连环画。

J0065350

桃园父女　宗璞原著；赵福昌改编；瞿谷寒画

上海　上海人民出版社　1964 年　13cm（64 开）

定价：CNY0.17

　　中国现代连环画作品。作者瞿谷寒

（1938—　），画家。生于上海浦东，就读于扬州

艺术学校学习美术。历任上海美术家协会会员、

上海连环画研究会会员、上海民盟书画院画师。

代表作品有《宋史演义》连环画，《少小离家老大

回》《瞿谷寒画集》等。

J0065351

铁笔御史　杨更改编；罗宗海等绘图

广州　广东人民出版社　1964 年　13cm（64 开）

定价：CNY0.17

　　中国现代连环画作品。

J0065352

铁蛋钓鱼　赵燕文；孟英声画

兰州　甘肃人民出版社　1964 年　24 页　有图

10×13cm　统一书号：T8096.43　定价：CNY0.09

　　中国现代连环画作品。

J0065353

停战以后　辛毅原作；费声福改编

北京　人民美术出版社　1964 年　13cm（64 开）

定价：CNY0.43

　　中国现代连环画作品。改编费声福

（1927—　），编辑。祖籍浙江慈溪，毕业于中央

美术学院。历任中国连环画出版社编审、《中国

连环画》副主编、中国美术家协会连环画艺术委

员会副主任、中国连环画研究会常务理事兼秘书

长。作品有《神火》《游赤壁》。

J0065354

挺进报　（上集）柯克改编；周璘，尹琼画

成都　四川人民出版社　1964 年　13cm（64 开）

定价：CNY0.20

（《红岩》连环画集）

　　作者尹琼（1931—　），版画家。山西新绛人，

毕业于西南人民艺术学院。历任四川美术学院

师范系副教授、系主任、教育系主任、教授。作

品有《渔窗朗月》《草原之夜》《三峡云雾》《江南

水乡》《峨眉山林》《熊猫》等，出版有《铜版画

艺术》等。

J0065355

通晓鸡语　（阿古登巴的故事）王复祥编绘

西宁　青海人民出版社　1964 年　13cm（64 开）

定价：CNY0.16

　　中国连环画。

J0065356

同伴　艾明之原著；郭光圻改编；徐进绘图
天津　天津美术出版社　1964 年　13cm（64 开）
定价：CNY0.17
　　中国现代连环画作品。

J0065357

桐岭村村史　（连环画片）邓二龙绘
南宁　广西僮族自治区人民出版社　1964 年　1 张
76cm（2 开）定价：CNY0.10
　　中国现代年画作品。

J0065358

童年　高尔基原著；君平改编；董洪元绘
北京　人民美术出版社　1964 年　13cm（64 开）
定价：CNY0.29
（高尔基故事 1）
　　根据苏联小说改编的连环画作品。

J0065359

童年　高尔基原著；甘礼乐改编；冯增春画
上海　上海人民美术出版社　1964 年　13cm（64 开）
定价：CNY0.38
　　本书是根据苏联小说改编的连环画作品。
作者高尔基（Maxim Gorky, 1868-1936），苏联
文学家、诗人、评论家。全名玛克西姆·高尔基。
曾任苏联作家协会主席。代表作品有《海燕》《母
亲》《童年》《在人间》《我的大学》。作者甘礼乐
（1923—　），连环画家。上海人，曾用笔名余峥。
作品有普希金的《驿站长》，巴尔扎克的《夏倍上
校》等。

J0065360

图画　天津市教育教学研究室编
天津　天津人民出版社　1964 年　2 版　24 页
有图　13×19cm（32 开）统一书号：K7072.220
定价：CNY0.14
　　中国现代连环画作品，小学试用课本，四年
级下学期用。

J0065361

图们江上的友谊　钱贵荪绘；苗培时配词
北京　人民美术出版社　1964 年　13cm（64 开）
定价：CNY0.18
（红旗连环画库）

中国现代连环画作品。

J0065362

王二小接闺女　万家春改编；宋治平绘图
杭州　浙江人民美术出版社　1964 年
13cm（64 开）定价：CNY0.14
　　中国现代连环画作品。

J0065363

王若飞在狱中　星火改编；易至群绘图
郑州　河南人民出版社　1964 年　19cm（小 32 开）
定价：CNY0.42
　　中国现代连环画作品。作者易至群
（1938—　），画家。别名易子，湖南邵阳人，毕
业于广州美术学院国画系，同年留校任教，历任
江西《南昌晚报》美术编辑、武汉画院，一级美术
师，海南大学艺术学院教授。代表作品有《村史》
《豆选》等。

J0065364

王若飞在狱中　（画册）星火改编；易至群绘
郑州　河南人民出版社　1964 年　145 页　19cm（32 开）
统一书号：T8105.412 定价：CNY0.42
　　中国现代连环画作品。

J0065365

我的大学　高尔基原著；孙青改编；董洪元绘
北京　人民美术出版社　1964 年　13cm（60 开）
定价：CNY0.30
（高尔基故事 3）
　　根据苏联小说改编的连环画作品。作者高
尔基（Maxim Gorky, 1868-1936），苏联文学家、
诗人、评论家。全名玛克西姆·高尔基。曾任苏
联作家协会主席。代表作品有《海燕》《母亲》《童
年》《在人间》《我的大学》。

J0065366

无名岛　林雨改编；黄成贤绘图
福州　福建人民出版社　1964 年　13cm（64 开）
定价：CNY0.25
　　中国现代连环画作品。

J0065367

无名岛　赵忠等原著；朱珠改编；丁世弼绘画
沈阳　辽宁美术出版社　1964 年　13cm（64 开）

定价: CNY0.25

　　中国现代连环画作品。

J0065368

吴兴春　池家卫等编绘

北京　人民美术出版社　1964年　13cm（64开）

定价: CNY0.41

（学习解放军连环画库）

　　中国现代连环画作品。

J0065369

五朵红云　李双木改编; 邝声等绘

广州　广东人民出版社　1964年　13cm（64开）

定价: CNY0.27

　　中国现代连环画作品。作者邝声（1933—　），教授。广东台山人, 毕业于华南文艺学院美术系和中南美术专科学校。历任广州美术学院教授, 中国美术家协会会员、广东分会理事。代表作有《模仿》《我们爱阿姨》《五朵红云》等, 著有《最新素描技法》《素描——明暗画法与结构画法研究》等。

J0065370

五块大洋　琢英等改编; 王灌等绘画

沈阳　辽宁美术出版社　1964年　13cm（64开）

定价: CNY0.17

　　中国现代连环画作品。

J0065371

喜乐的山窝　谢璞原著; 叶惠元改编, 刘玮武绘图

长沙　湖南人民出版社　1964年　78页　有图10cm（64开）统一书号: 8109.642

定价: CNY0.17

　　中国现代连环画作品。

J0065372

喜乐的山窝　谢璞原著; 叶惠元改编; 刘玮武绘图

长沙　湖南人民出版社　1964年　13cm（64开）

定价: CNY0.17

　　中国现代连环画作品。

J0065373

夏伯阳　瓦西里耶夫兄弟原著; 文文改编; 罗

兴画

上海　上海人民美术出版社　1964年　13cm（64开）

定价: CNY0.30

　　根据苏联作品改编的连环画作品。

J0065374

湘江侦查　吕青林, 李惠华原作; 原水改编; 钱贵荪绘

北京　朝花美术出版社　1964年　13cm（64开）

定价: CNY0.34

　　中国现代连环画作品。

J0065375

湘江侦查　（下集）吕青林, 李惠华原作; 任心溪改编; 陈云华绘

石家庄　朝花美术出版社　1964年　13cm（64开）

定价: CNY0.24

　　中国现代连环画作品。

J0065376

小游击队员　王愿坚原著; 吕品改编; 秦永春绘画

沈阳　辽宁美术出版社　1964年　13cm（64开）

定价: CNY0.11

　　中国现代连环画作品。作者秦永春（1936—　）, 高级美术师。历任中国美术家协会会员、中国电影家协会会员、沈阳市美术家协会副主席、沈阳市美术家协会顾问。作品《丰收忙》《蝙蝠》《天云山传奇》, 出版有《中国当代美术家精品集——秦永春》。

J0065377

谢谢雷锋叔叔　吴兆修改编; 詹同渲绘画

北京　人民美术出版社　1964年　1册　有彩图8cm（100开）定价: CNY0.06

　　中国现代连环画作品。

J0065378

谢瑶环　田汉原著; 刘光改编, 宗静草等绘

沈阳　辽宁美术出版社　1964年　142页　有图10×13cm　统一书号: 8117.1776　定价: CNY0.21

　　中国现代连环画作品。

J0065379

许云峰　张子仪改编; 张仁康绘画

合肥　安徽人民出版社　1964 年　13cm（64 开）
定价：CNY0.27
　　　　中国现代连环画作品。

J0065380

学雷锋做好事　励艺夫，虞行先编文；张泽蕊
等绘图
天津　天津美术出版社　1964 年　34 页　有图
13cm（60 开）统一书号：R8073.2567
定价：CNY0.25
　　　　中国现代连环画作品。

J0065381

学习毛泽东著作的尖兵——廖初江　王文
里等编绘
沈阳　辽宁美术出版社　1964 年　13cm（64 开）
定价：CNY0.12
　　　　中国现代连环画作品。

J0065382

学习毛泽东著作的尖兵——廖初江　王文
里，伍一宣等编绘
沈阳　辽宁美术出版社　1964 年　50 页　有图
10×13cm　统一书号：T8117·1512　定价：CNY0.12
　　　　中国现代连环画作品。

J0065383

血泪荡　（连环画片）戴伟若编文；郑毓敏画
杭州　浙江人民美术出版社　1964 年　2 张
76cm（2 开）定价：CNY0.30
　　　　中国现代工艺美术连环画年画作品。

J0065384

血泪难忘　（翻身谱）危正初编文；朱新绘图
长沙　湖南人民出版社　1964 年　13cm（64 开）
定价：CNY0.14
　　　　中国现代连环画作品。

J0065385

寻太阳　申屠奇改编；黄膺父绘图
杭州　浙江人民美术出版社　1964 年
13cm（64 开）定价：CNY0.23
　　　　本作品系中国连环画。

J0065386

寻太阳　申屠奇改编；黄膺父绘画
杭州　浙江人民出版社　1979 年　105 页　13cm（60 开）
定价：CNY0.14
（西湖民间故事）
　　　　中国现代连环画作品。

J0065387

荀灌娘　唐开础改编；钱笑呆绘
石家庄　河北人民美术出版社　1964 年
13cm（64 开）定价：CNY0.18
　　　　中国现代连环画作品。绘画钱笑呆（1912—
1965），连环画名家。祖籍江西，出生于江苏阜宁。
原名爱荃。曾为上海锦章书局创作连环画，后任
上海新华美术出版社、上海人民美术出版社连环
画创作员。代表作有《青楼泪》《红楼梦》《洛阳
桥》等。生年一说：1911。

J0065388

眼睛　任大霖文；钟惠英画
上海　上海人民美术出版社　1964 年　91 页　有图
10×13cm　统一书号：R8081.5415　定价：CNY0.19
　　　　中国现代连环画作品。

J0065389

杨立贝　刘真相改编；孙景平绘图
杭州　浙江人民出版社　1964 年　13cm（64 开）
定价：CNY0.25
　　　　中国现代连环画作品。

J0065390

野火春风斗古城　文飘改编
北京　中国电影出版社　1964 年　13cm（64 开）
定价：CNY0.53
（电影连环画册）
　　　　中国现代连环画作品。

J0065391

野火春风斗古城　（宴乐园群奸丧胆）李英儒
原著；翰左改编；李天心绘图
天津　天津美术出版社　1964 年　13cm（64 开）
定价：CNY0.27
　　　　中国现代连环画作品。

J0065392

野火春风斗古城 （杨晓冬深入敌占区）李英儒原著；翰左改编；李天心绘图

天津　天津美术出版社　1964 年　13cm（64 开）

定价：CNY0.29

中国现代连环画作品。

J0065393

野火春风斗古城 （3 桃花沟英雄突围）李英儒原著；翰左改编；李天心绘图

天津　天津美术出版社　1965 年　13cm（64 开）

定价：CNY0.24

根据《桃花沟英雄突围》改编的中国现代连环画作品。

J0065394

野火春风斗古城 （4 杨晓东惩奸截粮车）李英儒原著；翰左改编；李天心绘图

天津　天津美术出版社　1965 年　13cm（64 开）

定价：CNY0.24

根据《杨晓东惩奸截粮车》改编的中国现代连环画作品。

J0065395

夜闯珊瑚潭 王毓春改编；蚁美楷绘画

长春　吉林人民出版社　1964 年　13cm（64 开）

定价：CNY0.20

中国现代连环画作品。作者蚁美楷（1938— ），画家。广东澄海人，毕业于北京艺术师范学院。历任吉林艺术学院美术系教师，广州美术学院副教授。代表作品《打稻场上》《待鱼归》《炎黄子孙》等。

J0065396

夜闯珊瑚潭 李凤琪原著；吉志西，李大发改编；孙铁生画

上海　上海人民美术出版社　1964 年　13cm（64 开）

定价：CNY0.28

中国现代连环画作品。

J0065397

夜战黄泥岭 翟永瑚原著；何国忠改编；得人绘图

济南　山东人民出版社　1964 年　13cm（64 开）

定价：CNY0.18

中国现代连环画作品。

J0065398

一把大刀的见证 方墅原作；余文祥，中流改编；中流，竹书绘画

武汉　湖北人民出版社　1964 年　13cm（64 开）

定价：CNY0.12

中国现代连环画作品。

J0065399

一把大刀的见证 （连环画片）湖北人民出版社编文；竹书等作

武汉　湖北人民出版社出版社　1964 年　1 张

76cm（2 开）定价：CNY0.15

中国现代连环画年画作品。

J0065400

一包工资 董继馨改编；钟志宏绘

石家庄　河北人民美术出版社　1964 年

13cm（64 开）定价：CNY0.12

中国现代连环画作品。

J0065401

一包痂疤的来历 惠元改编；赵隆义绘

北京　朝花美术出版社　1964 年　13cm（64 开）

定价：CNY0.17

中国现代连环画作品。

J0065402

一个老红军的家史 白宇改编；张白羽绘

北京　朝花美术出版社　1964 年　13cm（64 开）

定价：CNY0.21

中国现代连环画作品。作者白宇（1952— ），画家。河南安阳人。安阳师专艺术系毕业。鹤壁市青年美术家协会副主席，鹤壁黄河书画院院长，河南省美术家协会会员。主要作品有《高山有情》《轻音图》等。

J0065403

一贯害人道 雷霆改编

北京　中国电影出版社　1964 年　10×13cm

定价：CNY0.37

（电影连环画册）

根据电影改编的中国现代连环画作品。

J0065404
一颗开心果　茹志鹃原著；陈铁英改编；双又绘
天津　天津美术出版社　1964 年　13cm（64 开）
定价：CNY0.16
　　中国现代连环画作品。

J0065405
一苗针　潘玉君编文；李明强绘图
兰州　甘肃人民出版社　1964 年　13cm（64 开）
统一书号：R8096.4　定价：CNY0.10
　　本作品系中国现代连环画。

J0065406
伊岭一家人　（连环画片）邓二龙绘
南宁　广西僮族自治区人民出版社　1964 年　1 张
76cm（2 开）定价：CNY0.15
　　中国现代年画作品，武鸣县文化馆整理。

J0065407
英雄大战红菱湖　（连环画片）周汉平编文；
冯宝诚，伍觉画
长沙　湖南人民出版社　1964 年　1 张
76cm（2 开）定价：CNY0.15
　　中国现代年画作品。

J0065408
英勇的徐学惠　（维吾尔文）王文华编著；范一辛绘图
乌鲁木齐　新疆青年出版社　1964 年　有彩图
18cm（15 开）统一书号：MR8124.20
定价：CNY0.20
　　中国现代连环画作品。

J0065409
永远战斗　李克异原著；朱先立改编；赵兵凯绘图
天津　天津美术出版社　1964 年　13cm（64 开）
定价：CNY0.24
　　中国现代连环画作品。

J0065410
于文翠　肖平原著；王金改编；谢京秋绘画
沈阳　辽宁美术出版社　1964 年　13cm（64 开）
定价：CNY0.18

中国现代连环画作品。作者肖平（1926—　　），作家。原名宋肖平。山东烟台人。毕业于山东师院中文系。曾任中国作家协会会员、烟台师范学院院长等职。代表作品有《墓地与鲜花》《三月雪》《寂静的黄昏》等。

J0065411
渔光曲　蔡楚生原著；小云改编；赵静东绘图
天津　天津美术出版社　1964 年　13cm（64 开）
定价：CNY0.23
　　中国现代连环画作品。

J0065412
渔女春秋　（连环画选本　第 3 辑）郭同江编绘
北京　人民美术出版社　1964 年　修订本
13cm（64 开）定价：CNY0.27

J0065413
云雾山中　史超原著；李明改编；何国华绘图
天津　天津美术出版社　1964 年　13cm（64 开）
定价：CNY0.23
（农村连环画）

J0065414
在人间　高尔基原著；董洪元绘
北京　人民美术出版社　1964 年　13cm（64 开）
定价：CNY0.38
（高尔基故事　2）
　　根据苏联小说改编的连环画作品。作者高尔基（Maxim Gorky，1868-1936），苏联文学家、诗人、评论家。全名玛克西姆·高尔基。曾任苏联作家协会主席。代表作品有《海燕》《母亲》《童年》《在人间》《我的大学》。绘画董洪元（1926—　　），钢笔画家、连环画家。上海人。笔名红叶。钢笔连环画代表作品有《高尔基》三部曲。

J0065415
战斗的青春　（一　血战古洋河）雪克原著；辛冰改编；赵静东绘图
天津　天津人民美术出版社　1964 年　13cm（64 开）
定价：CNY0.30
　　中国现代连环画作品。

J0065416

战斗的青春 （一 血战古洋河）雪克原著；辛冰改编；赵静东绘

天津 天津人民美术出版社 1978 年 151 页 有图 10×13cm 统一书号：8073.30317 定价：CNY0.18

中国现代连环画作品。

J0065417

战斗的青春 （二 虎穴除奸）雪克原著；辛冰改编

天津 天津人民美术出版社 1979 年 152 页 有图 10×13cm 统一书号：8073.30324 定价：CNY0.18

中国现代连环画作品。

J0065418

战斗的青春 （三 云开雾散）雪克原著；辛冰改编；赵静东绘画

天津 天津人民美术出版社 1980 年 140 页 13cm（64 开）定价：CNY0.18

本书是中国连环画册。

J0065419

战斗的青春 （四 智取韩庄）雪克原著；辛冰改编；赵静东绘

天津 天津人民美术出版社 1982 年 173 页 有图 10×13cm 统一书号：8073.30615 定价：CNY0.21

本书是中国现代连环画。

J0065420

战斗的青春 （五 胜利是我们的）雪克原著；辛冰改编；赵静东绘

天津 天津人民美术出版社 1982 年 142 页 有图 10×13cm 统一书号：8073.30675 定价：CNY0.18

本书是中国现代连环画。

J0065421

战火中的青春 陆柱国，王炎原作；郑沁园改编；吴懋祥绘

石家庄 河北人民美术出版社 1964 年 2 版 13cm（64 开）定价：CNY0.18

本作品系中国连环画。

J0065422

战火中青春 陆柱国，王炎原作；郑沁园改编；吴懋祥绘

石家庄 河北人民美术出版社 1964 年 2 版 13cm（64 开）定价：CNY0.18

中国现代连环画作品。

J0065423

赵家洼的斗争 张志民原著；吴痒铸改编；徐介城绘

北京 人民美术出版社 1964 年 13cm（64 开）定价：CNY0.31

中国现代连环画作品。

J0065424

赵家洼的斗争 （连环画选本）张志民原著；吴痒铸改编；徐介城绘

北京 人民美术出版社 1965 年 2 版 13cm（64 开）定价：CNY0.16

（大众连环画库）

中国现代连环画作品。

J0065425

真假妹妹 田兴文编文；杜滋龄绘图

天津 天津美术出版社 1964 年 13cm（64 开）定价：CNY0.20

（农村连环画库）

中国现代连环画作品。

J0065426

征途上 王愿坚原著；吴文焕改编；陶长华画

上海 上海人民出版社 1964 年 13cm（64 开）定价：CNY0.19

中国现代连环画作品。

J0065427

智取山城 丁旦改编；秋枫绘画

南昌 江西人民出版社 1964 年 74 页 11×13cm 统一书号：T8110.378 定价：CNY0.17

（江西革命斗争故事）

中国现代连环画作品。

J0065428

中锋在黎明前死去 ［阿根廷］奥古斯丁·库塞尼原作；邓柯编绘

北京 人民美术出版社 1964 年 13cm（64 开）定价：CNY0.44

中国现代连环画作品。

J0065429

朱老实　姜惠龙原著；冯若梅改编；陈云华，高适画

上海　上海人民美术出版社　1964年　13cm（64开）

定价：CNY0.17

　　中国现代连环画作品。

J0065430

猪舍风波　殷志扬原著；林颂英改编；赵静东绘图

天津　天津美术出版社　1964年　13cm（64开）

定价：CNY0.28

　　中国现代连环画作品。作者赵静东（1930—　），人物画家，天津人，毕业于中央美术学院。历任北京通俗读物出版社编辑、天津人民美术出版社副编审。作品《中华女儿经》《战斗的青春》《连心镇》《儿女风尘记》等。出版有《赵静东人物画选》《五个儿童抓特务》等。

J0065431

祝你健康　丛深原著；陈耀华等改编；刘震摄影

天津　天津美术出版社　1964年　13cm（64开）

定价：CNY0.37

（农村连环画库）

　　中国现代连环画作品。

J0065432

阿娜尔罕　何泥改编；吴道云绘画

沈阳　辽宁美术出版社　1965年　13cm（64开）

定价：CNY0.32

　　中国现代连环画作品。

J0065433

阿娜尔罕

乌鲁木齐　新疆人民出版社　1965年

13cm（64开）定价：CNY0.30

　　中国现代连环画作品。

J0065434

安全问题　"安全问题"编写小组编；李世南绘

北京　人民美术出版社　1965年　13cm（64开）

定价：CNY0.21

　　中国现代连环画作品。作者李世南（1940—　），画家。生于上海，祖籍浙江绍兴。历任中国美术家协会会员，国家一级美术师，中

国国家画院特聘研究员，陕西国画院名誉院长，深圳书院专业画家。代表作《开采光明的人》《长安的思念》《南京大屠杀48周年祭》等。

J0065435

岸边激浪　郑洪等原著；李白英改编；方瑶民，范生福绘画

上海　上海人民美术出版社　1965年　13cm（64开）

定价：CNY0.22

　　中国现代连环画作品。绘画方瑶民（1933—　），江苏无锡人。毕业于华东艺术专科学校绘画系。少年儿童出版社编辑、编审。上海美术家协会会员。主要作品有编绘《世界文学名著》连环画丛书。作者范生福（1939—　），画家。江苏无锡人。字森甫。中国美术家协会会员、艺委会委员，上海非物质文化遗产连环画继承人，上海美术家协会会员，《连环画艺术》编委。出版有《连环画典藏：范生福作品（共4册）》。

J0065436

把关　刘真相编文；辛易绘图

杭州　浙江人民美术出版社　1965年

13cm（64开）定价：CNY0.14

　　中国现代连环画作品。

J0065437

把关　（连环画片）刘真相编文；辛易绘图

杭州　浙江人民美术出版社　1965年　76cm（2开）

定价：CNY0.15

　　中国现代年画作品。

J0065438

白毛女　水华等原著；大鲁改编；华三川绘画

上海　上海人民美术出版社　1965年　13cm（64开）

定价：CNY0.32

　　中国现代连环画作品。

J0065439

白毛女　（连环画片）华三川画；大鲁等编文

上海　上海人民美术出版社　1965年　76cm（2开）

定价：CNY0.15

　　中国现代年画作品。

J0065440

白雪红心　李泉源原著；昌南改编；杨锦文绘画

上海 上海人民美术出版社 1965年 13cm(64开)
定价: CNY0.10
　　中国现代连环画作品。

J0065441
包身工的故事　唐克新等写; 叶其璋画
上海 少年儿童出版社 1965年 有彩图
15cm(40开)统一书号: R10024.3073
定价: CNY0.13
　　中国现代连环画作品。

J0065442
豹子湾战斗　马吉星原著; 吉星, 格诚改编;
端木勇绘画
上海 上海人民美术出版社 1965年 13cm(64开)
定价: CNY0.24
　　中国现代连环画作品。

J0065443
暴风骤雨　陈彻改编
北京 中国电影出版社 1965年 2版
13cm(60开) 定价: CNY0.35
(电影连环画册)
　　中国现代电影连环画作品。

J0065444
碧海丹心　梁信原著; 万家春改编; 徐进绘画
上海 上海人民美术出版社 1965年 13cm(64开)
定价: CNY0.24
　　中国现代连环画作品。

J0065445
边卡驼铃　孙景瑞原著; 陈南藻改编; 叶大荣
绘画
上海 上海人民美术出版社 1965年 13cm(64开)
定价: CNY0.16
　　中国现代连环画作品。

J0065446
槟榔怒火　(越)忠坚原著; 甘礼乐改编; 王重
义, 徐进绘画
上海 上海人民美术出版社 1965年 13cm(64开)
定价: CNY0.16
　　中国现代连环画作品。

J0065447
拨云见青天　甘人改编; 承力画
兰州 甘肃人民出版社 1965年 13cm(64开)
定价: CNY0.20
　　中国现代连环画作品。

J0065448
不屈的伍大爷　李宗尧等作
杭州 浙江人民美术出版社 1965年
13cm(64开) 定价: CNY0.08
(越南人民抗美斗争故事)
　　中国现代连环画作品。

J0065449
不是小问题　侯云鹏, 郭辉改编; 杜恒范绘图
济南 山东人民出版社 1965年 13cm(64开)
定价: CNY0.14
　　中国现代连环画作品。

J0065450
不朽烈士储文措　陈国贵等作
杭州 浙江人民美术出版社 1965年
13cm(64开) 定价: CNY0.08
(越南人民抗美斗争故事)
　　中国现代连环画作品。

J0065451
彩礼　(连环画片)田农文; 张修摄影
太原 山西人民出版社 1965年 76cm(2开)
定价: CNY0.15
　　中国现代摄影连环画作品。

J0065452
参谋嫂　李家仪原作; 张筠改编; 胡忠甲绘画
合肥 安徽人民出版社 1965年 13cm(64开)
定价: CNY0.19
　　中国现代连环画作品。

J0065453
草原的主人　玛拉沁夫原著; 甘礼乐改编; 郑
圣天绘画
上海 上海人民美术出版社 1965年 13cm(64开)
定价: CNY0.16
　　中国现代连环画作品。

J0065454
草原雄鹰　龙文改编
北京　中国电影出版社　1965 年　13cm（64 开）
定价：CNY0.25
（电影连环画册）
　　中国现代电影连环画作品。

J0065455
朝阳沟　杨兰春原著；翰左改编；杜滋龄绘图
天津　天津美术出版社　1965 年　13cm（64 开）
定价：CNY0.21
　　中国现代连环画作品。

J0065456
朝阳沟　王驯改编；浙江人民美术出版社摄影
杭州　浙江人民美术出版社　1965 年
13cm（64 开）定价：CNY0.23
　　中国现代连环画作品。

J0065457
秤眼老章　殷光玉原作；王季温改编；潘锡
柔绘
石家庄　河北人民美术出版社　1965 年
13cm（64 开）定价：CNY0.14
　　中国现代连环画作品。

J0065458
赤道战鼓　秦霜改编；罗元培摄影
北京　朝花美术出版社　1965 年　13cm（64 开）
定价：CNY0.12
　　中国现代连环画作品。

J0065459
赤道战鼓　湖北人民出版社编文；黄克勤摄
武汉　湖北人民出版社　1965 年　2 张　76cm（2 开）
定价：CNY0.30
　　中国现代摄影连环画作品。

J0065460
赤道战鼓　海军政治部文工团话剧团集体创
作；李恍等执笔；海文改编；曹震云摄影
上海　上海人民美术出版社　1965 年　13cm（64 开）
定价：CNY0.30
　　中国现代连环画作品。

J0065461
赤道战鼓　天津美术出版社集体创作
天津　天津美术出版社　1965 年　13cm（64 开）
定价：CNY0.18
　　中国现代连环画作品。

J0065462
处处好地方　望安写；朱铭善画
上海　少年儿童出版社　1965 年　有彩图
14cm（64 开）统一书号：R10024.3095
定价：CNY0.12
　　中国现代连环画作品。

J0065463
处处是亲人　崔道怡原著；万山改编；张载
绘画
上海　上海人民美术出版社　1965 年　13cm（64 开）
定价：CNY0.12
　　中国现代连环画作品。

J0065464
春风杨柳　朱轮改编；洪浩然，洪淮南绘图
福州　福建人民出版社　1965 年　13cm（64 开）
定价：CNY0.28
　　中国现代连环画作品。

J0065465
大破环宇楼　王玉编文；王井绘图
福州　福建人民出版社　1965 年　2 版
13cm（64 开）定价：CNY0.25
　　中国现代连环画作品。

J0065466
大寨英雄谱　孙谦原著；林珊改编；陶长华等
绘画
上海　上海人民美术出版社　1965 年　13cm（64 开）
定价：CNY0.24
　　中国现代连环画作品。

J0065467
大寨之路　（上集）李济远编绘
北京　人民美术出版社　1965 年　2 版　13cm（64 开）
定价：CNY0.13
（连环画选本　大众连环画库）
　　中国现代连环画作品。本书与山西人民出

版社合作出版。

J0065468
大寨之路 （下集）齐为群，李济远等改编
北京 人民美术出版社 1965 年 13cm（64 开）
定价：CNY0.11
（连环画选本 大众连环画库）
　　本书与山西人民出版社合作出版。

J0065469
带兵的人 东育改编
北京 中国电影出版社 1965 年 13cm（64 开）
定价：CNY0.35
（电影连环画册）
　　中国现代电影连环画作品。

J0065470
党员登记表 峻青原作；洪钊改编；孙愚绘
石家庄 河北人民美术出版社 1965 年
13cm（64 开）定价：CNY0.32
　　中国现代连环画作品。

J0065471
地雷战 铁珊原著；萃娃改编；肖林绘画
天津 天津美术出版社 1965 年 65 页 有图
10×11cm 统一书号：T8073.30025 定价：CNY0.07
　　绘画肖林（1929—1981），画家。别名马秉铎，
河北定县（现定州）人。毕业于华北联合大学文
艺学院美术系。曾任人民美术出版社创作室创
作员。主要作品有《白求恩大夫》《永远前进》《向
英雄黄继光的母亲报告学习成绩》等。

J0065472
地主的罪恶 （大地主李贵芬的罪行录）左马
编绘
沈阳 辽宁美术出版社 1965 年 13cm（64 开）
定价：CNY0.12
　　中国现代连环画作品。

J0065473
丁香 浩然原著；董延梅改编；张玮绘图
天津 天津美术出版社 1965 年 13cm（64 开）
定价：CNY0.16
　　中国现代连环画作品。

J0065474
东风解冻 石来鸿等原著；张棣华改编；何铭
绘画
南京 江苏人民出版社 1965 年 13cm（64 开）
定价：CNY0.22
　　中国现代连环画作品。

J0065475
东进序曲 缪波改编；张景祥绘画
沈阳 辽宁美术出版社 1965 年 13cm（64 开）
定价：CNY0.36
　　中国现代连环画作品。

J0065476
杜鹃山 王树元原著；大鲁改编；郑家声绘画
上海 上海人民美术出版社 1965 年 13cm（64 开）
定价：CNY0.26
　　中国现代连环画作品。

J0065477
夺回我的枪 周笃佑，五丰编文；周令谟等绘图
长沙 湖南人民出版社 1965 年 13cm（64 开）
定价：CNY0.14
　　中国现代连环画作品。

J0065478
夺印 （连环画选本）蒋淑均改编；林锴绘
北京 人民美术出版社 1965 年 2 版 13cm（64 开）
定价：CNY0.20
（大众连环画库）
　　中国现代连环画作品。

J0065479
夺印 （连环画片）
上海 上海人民美术出版社 1965 年 1 张
76cm（2 开）定价：CNY0.15
　　中国现代连环画作品。

J0065480
鄂尔多斯风暴 王照光原著；田喜雨改编；罗
兴绘画
上海 上海人民美术出版社 1965 年 13cm（64 开）
定价：CNY0.24
　　中国现代连环画作品。

J0065481

二〇四号渔船　孙宪甫原著；吉志西改编；王井绘

上海　上海人民美术出版社　1965年　13cm（64开）

定价：CNY0.12

中国现代连环画作品。

J0065482

防空知识　上海科学技术出版社编；贺友直等画；上海市人民防空委员会审定

上海　上海科学技术出版社　1965年　13cm（64开）

定价：CNY0.12

中国现代连环画作品。

J0065483

纺织女工　丁永聿改编

北京　中国电影出版社　1965年　13cm（64开）

定价：CNY0.30

（电影连环画册）

中国现代电影连环画作品。

J0065484

丰收之后　海燕电影制片厂供稿

石家庄　河北人民美术出版社　1965年　2张

76cm（2开）定价：CNY0.30

中国现代年电影连环画作品。

J0065485

丰收之后　（山东话剧团演出剧照）

上海　上海人民美术出版社　1965年　13cm（64开）

定价：CNY0.20

中国现代连环画作品。

J0065486

丰收之后　（优秀现代剧选辑）蓝澄原著；万家春改编；赵仁年，陶长华绘画

上海　上海人民美术出版社　1965年　13cm（64开）

定价：CNY0.35

中国现代连环画作品。作者赵仁年（1939—　），画家。江苏阜宁人、中国美术家协会会员、上海美术家协会会员、日本东西方艺术振兴会常务理事、原上海侨友经济　协会东舟美术家联谊会副会长。代表作品有《诸葛亮探亲》等。

J0065487

丰收之后

北京　中国电影出版社　1965年　2张

76cm（2开）定价：CNY0.30

中国现代连环画作品。

J0065488

丰收之后　文飘改编

北京　中国电影出版社　1965年　13cm（64开）

定价：CNY0.35

（电影连环画册）

中国现代电影连环画作品。

J0065489

风雪大别山　琢英改编；胡克文，杨青华绘画

沈阳　辽宁美术出版社　1965年　13cm（64开）

定价：CNY0.41

中国现代连环画作品。

J0065490

烽火金刚台　梁鸿猷改编；吴栋梁，刘传炎绘画

合肥　安徽人民出版社　1965年　13cm（64开）

定价：CNY0.14

中国现代连环画作品。

J0065491

嘎拉渡口　刘克原著；黄奕加改编；吴志明绘画

上海　上海人民美术出版社　1965年　13cm（64开）

定价：CNY0.18

中国现代连环画作品。

J0065492

钢骨铁筋——阮日春　马鹏等作

杭州　浙江人民美术出版社　1965年

13cm（64开）定价：CNY0.08

（越南人民抗美斗争故事）

中国现代连环画作品。

J0065493

钢骨铁筋阮曰春　马鹏，唐一文，王志艺合著

杭州　浙江人民美术出版社　1965年　7页　有图

13cm（60开）经折装　统一书号：T8156.343

定价：CNY0.08

中国现代连环画作品。

J0065494

钢枪在手　刘祖培原著；浦增华改编；朱光玉绘

上海　上海人民美术出版社　1965年　13cm（64开）

定价：CNY0.16

　　中国现代连环画作品。

J0065495

革命歌曲歌片　（《全世界无产者同被压迫人民》等两首）

南昌　江西人民出版社　1965年　10×14cm

定价：CNY0.03

　　本歌集收有歌曲：《全世界无产者同被压迫人民》《被压迫民族联合起来》。

J0065496

革命歌曲歌片　（光荣归于党）

南昌　江西人民出版社　1965年　10×14cm

定价：CNY0.03

J0065497

革命歌曲歌片　（李双双小唱）

南昌　江西人民出版社　1965年　10×14cm

定价：CNY0.03

J0065498

革命歌曲歌片　（全民皆兵 保卫祖国）

南昌　江西人民出版社　1965年　10×14cm

定价：CNY0.03

J0065499

革命歌曲歌片　（向解放军学习）

南昌　江西人民出版社　1965年　10×14cm

定价：CNY0.03

J0065500

革命歌曲歌片　（学习雷锋好榜样）

南昌　江西人民出版社　1965年　10×14cm

定价：CNY0.03

J0065501

革命英雄作榜样（素描）　彭彬作

北京　人民美术出版社　1965年　1页　有图

15cm（40开）统一书号：T8027.4754

定价：CNY0.01

　　中国现代连环画作品。作者彭彬（1927—　），油画家。江苏吕四人，毕业于中央美术学院专修科。历任解放军总政文化部创作室创作员，军事博物馆美术创作员。作品有《遵义会议》《雄关漫道真如铁，而今漫步从头越》《巍巍长城一代风流》等。

J0065502

跟爷爷去打猎　赵复兴文；杨永青画

北京　中国少年儿童出版社　1965年　有彩图 17×19cm　定价：CNY0.24

（儿童画册）

　　中国现代连环画作品。作者杨永青（1928—2011），画家。上海浦东人。历任中国美术家协会儿童美术艺术委员会主任，中国版画家协会会员，中国少年儿童出版社美术编辑、编审。人物画有《屈原九歌长卷》《观音造像》等，连环画作品有《女拖拉机手》《刘胡兰》《王二小》《高玉宝》等。作者赵复兴（1939—　），笔名赵彤，室称饮墨斋，号吟墨主人，河南新乡人。河南新乡市美术家协会主席、书法家协会副主席。

J0065503

跟踪追击　蓝蓝改编；单柏钦，潘晋拔绘

广州　广东人民出版社　1965年　13cm（64开）

定价：CNY0.33

　　中国现代连环画作品。作者潘晋拔（1939—　），美术编审。广东兴宁市永和镇人，耶于广州美术学院中国画系。历任广州美院中国画系、广东画院、广东省博物馆、广东省作家协会《作品》编辑部美术编审。出版有《中国电脑画》画集。

J0065504

跟踪追击　安忠民，朱向群原著；辛生改编；高适画

上海　上海人民美术出版社　1965年　13cm（64开）

定价：CNY0.26

　　中国现代连环画作品。

J0065505

攻克邓县　前涉原著；树红改编；傅凌云绘图

郑州　河南人民出版社　1965年　13cm（64开）

定价：CNY0.22

中国现代连环画作品。

J0065506

沟　范乃仲原著；李白英改编；张仁康绘画

上海　上海人民美术出版社　1965 年　13cm（64 开）

定价：CNY0.15

中国现代连环画作品。

J0065507

姑娘和八哥鸟　程十发绘

北京　外文出版社　1965 年　13cm（64 开）

中国现代连环画作品。

J0065508

郭兴福练兵　刘坪编；胡今叶，罗祺绘

北京　人民美术出版社　1965 年　13cm（64 开）

定价：CNY0.11

（学习解放军连环画库）

中国现代连环画作品。

J0065509

海鸥　王正湘改编；陈白一等绘图

长沙　湖南人民出版社　1965 年　13cm（64 开）

定价：CNY0.13

中国现代连环画作品。

J0065510

海鸥　张天仁改编；于沙，冯国琳绘画

沈阳　辽宁美术出版社　1965 年　13cm（64 开）

定价：CNY0.15

中国现代连环画作品。作者冯国琳（1932—　），画家。曾用名玉林，辽宁沈阳人，毕业于东北鲁迅文艺学院美术部。历任东北画报社记者、创作员、编辑、副主编，中国美术家协会会员，辽宁省年画学会理事。作品有《花为媒》《笔中情》《耕读育新人》《红楼梦》等。

J0065511

海鸥　（农村版）张天仁改编；于沙，冯国琳绘画

沈阳　辽宁美术出版社　1965 年　13cm（64 开）

定价：CNY0.10

中国现代连环画作品。

J0065512

海鸥岩　王诚改编；李春绘画

沈阳　辽宁美术出版社　1965 年　15cm（56 开）

定价：CNY0.19

中国现代连环画作品。

J0065513

海鸥岩　张明原著；万家春改编；向红绘图

杭州　浙江人民美术出版社　1965 年

13cm（64 开）定价：CNY0.22

中国现代连环画作品。

J0065514

好榜样　栾云桂原著；大鲁改编；盛亮贤绘画

上海　上海人民美术出版社　1965 年　13cm（64 开）

定价：CNY0.15

中国现代连环画作品。

J0065515

好孩子　（二）张乐平作

上海　少年儿童出版社　1965 年　有彩图

15cm（40 开）统一书号：R10024.3117

定价：CNY0.09

作者张乐平（1910—1992），漫画家。浙江海盐人。曾任中国美术家协会上海分会、解放日报社、上海少年儿童出版社专业画家。漫画“三毛”形象的创作者。代表作品《三毛流浪记》《三毛从军记》。

J0065516

好司务长孙乐义　李更等改编；关庆留等绘

北京　人民美术出版社　1965 年　40 页　有图

11cm（100 开）统一书号：T8027.4739

定价：CNY0.06

中国现代连环画。

J0065517

好司务长孙乐义　李更等改编；关庆留等绘

北京　人民美术出版社　1965 年　8×10cm

定价：CNY0.06

（幻灯片连环画库）

中国现代连环画作品。

J0065518

好司务长孙乐义　李更等编；关庆留等绘

北京 人民美术出版社 1965 年 13cm（64 开）
定价：CNY0.12
（学习解放军连环画库）
　　中国现代连环画作品。

J0065519
好司务长孙乐义 （学习解放军连环画挂图之
一）李更等改编；关庆留等绘
北京 人民美术出版社 1965 年 8 张（套）
38cm（6 开）定价：CNY0.15
　　中国现代连环画作品。

J0065520
好司务长孙乐义事迹挂图 好司务长孙乐义
事迹展览办公室编
北京 人民美术出版社 1965 年 18 张（套）
53cm（4 开）定价：CNY0.99
　　中国现代连环画作品。

J0065521
黑人的控诉 吉志西改编；蔡千音绘画
南京 江苏人民出版社 1965 年 13cm（64 开）
定价：CNY0.22
　　中国现代连环画作品。

J0065522
红灯记 翁偶虹，阿甲原著；杨根相，万家春
改编；韩和平等绘画
上海 上海人民美术出版社 1965 年 13cm（64 开）
定价：CNY0.30
　　中国现代连环画作品。作者阿甲（1907—
1994），中国当代著名戏剧编剧兼戏曲理论家、
表演和导演艺术家。无锡宜兴人，祖籍武进。
原名符律衡，曾用名符正。历任中国京剧院总
导演、副院长兼艺术室主任、名誉院长，中国戏
剧家协会副主席等。代表作品有现代京剧《红
灯记》等。

J0065523
红灯记 （连环画片）韩和平等画；万家春编文
上海 上海人民美术出版社 1965 年
定价：CNY0.15
　　中国现代连环画作品。

J0065524
红灯记 （上）吴普改编；张剑维绘图
杭州 浙江人民美术出版社 1965 年
13cm（60 开）统一书号：T8136.304
定价：CNY0.23
　　中国现代连环画作品。

J0065525
红灯记 （下）吴普改编；张剑维绘图
杭州 浙江人民美术出版社 1965 年
13cm（60 开）统一书号：T8136.305
定价：CNY0.25
　　中国现代连环画作品。

J0065526
红管家 常玉芝改编
北京 中国电影出版社 1965 年 13cm（64 开）
定价：CNY0.25
　　中国现代连环画作品。

J0065527
红管家 （连环画片）
北京 中国电影出版社 1965 年 76cm（2 开）
定价：CNY0.15
　　中国现代连环画作品。

J0065528
红花曲 无锡市文化局戏曲创作研究室编剧、
改编；曹震云摄影
上海 上海人民美术出版社 1965 年 13cm（64 开）
定价：CNY0.18
　　中国现代连环画作品。

J0065529
红花曲 （连环画片）曹震云摄影
上海 上海人民美术出版社 1965 年 76cm（2 开）
定价：CNY0.15
　　中国现代摄影连环画作品。

J0065530
红莲 朝阳原著、改编；汪绚秋绘画
上海 上海人民美术出版社 1965 年 13cm（64 开）
定价：CNY0.16
　　中国现代连环画作品。

J0065531
红菱湖上的战斗　冯宝诚编绘
长沙　湖南人民出版社　1965 年　13cm（64 开）
定价：CNY0.20
　　中国现代连环画作品。

J0065532
红柳歌　任莫等原著；胡逸改编；周光中绘画
上海　上海人民美术出版社　1965 年　13cm（64 开）
定价：CNY0.16
　　中国现代连环画作品。

J0065533
红日　（第 3 册）吴强原著；王星北改编；汪观清画
上海　上海人民美术出版社　1965 年　13cm（64 开）
定价：CNY0.26
　　本书系根据同名小说改编的中国连环画作品。

J0065534
红日　（第 4 册）吴强原著；王星北改编；汪观清画
上海　上海人民美术出版社　1965 年　13cm（64 开）
定价：CNY0.19
　　本书系根据同名小说改编的中国连环画作品。

J0065535
红色接班人　琢英改编；曹光绘画
沈阳　辽宁美术出版社　1965 年　13cm（64 开）
定价：CNY0.14
　　中国现代连环画作品。

J0065536
红色娘子军　陈彻改编
北京　中国电影出版社　1965 年　3 版
13cm（64 开）定价：CNY0.40
（电影连环画册）
　　中国现代电影连环画作品。

J0065537
红色少年　（连环画片）凌健，黄子希作
上海　上海人民美术出版社　1965 年　76cm（2 开）
定价：CNY0.15

　　中国现代连环画作品。

J0065538
洪泽湖上救亲人　徐景贤，王劭原著；赵吉南改编；徐进绘画
上海　上海人民美术出版社　1965 年　13cm（64 开）
定价：CNY0.18
　　中国现代连环画作品。绘画赵吉南，改编有连环画《东方欲晓》《渡江侦察记》《列车飞奔》《西游记绘画本》《水浒传连环画》等。

J0065539
虎口拔牙　中国少年儿童出版社编辑
北京　中国少年儿童出版社　1965 年　40 页　有图
15cm（40 开）统一书号：R10056.354
定价：CNY0.08
　　中国现代连环画作品。

J0065540
虎穴歼敌　甘礼乐改编；任伯宏绘画
上海　上海人民美术出版社　1965 年　13cm（64 开）
定价：CNY0.10
　　中国现代连环画作品。

J0065541
花　李保文等编绘
北京　朝花美术出版社　1965 年　34 页　有图
13cm（60 开）统一书号：T8028.1923
定价：CNY0.12
　　中国现代连环画作品。

J0065542
华工血泪　李玲改编；方瑶民绘图
福州　福建人民出版社　1965 年　13cm（64 开）
定价：CNY0.26
　　中国现代连环画作品。

J0065543
槐树庄　路明改编；郭树雅，李葆初绘图
武汉　湖北人民出版社　1965 年　13cm（64 开）
统一书号：T8106.689　定价：CNY0.20
　　中国现代连环画作品。

J0065544
槐树庄　胡可原著；孙世涛编绘

天津 天津美术出版社 1965 年 2 版 13cm（64 开）
定价：CNY0.17
（农村版连环画）
　　中国现代连环画作品。作者胡可（1921—　　　），
编剧。历任石家庄军区副政委、北京部队宣传部
副部长、总政文化部副部长，中国人民解放军艺
术学院院长，中国戏剧家协会副主席。著有《英
雄的阵地》《槐树庄》《习剧笔记》等。

J0065545
机 065 号　　诗陶改编；朱光玉画
南昌 江西人民出版社 1965 年 13cm（64 开）
定价：CNY0.18
　　中国现代连环画作品。绘画朱光玉
（1928—　　　），连环画家。生于上海，祖籍江苏盐
城。作品有《岳飞传》《苏姣姣》《一代名优》《宋
景诗》《林则徐》等。

J0065546
鸡毛信　（傈僳文、汉文对照版）华山原作；张
再学改编；刘继卣绘
昆明 云南民族出版社 1965 年 13cm（64 开）
定价：CNY0.30
　　中国现代连环画作品。

J0065547
激流丹心　　再萌改编；康济绘画
南京 江苏人民出版社 1965 年 13cm（64 开）
定价：CNY0.12
　　中国现代连环画作品。

J0065548
家庭问题　　胡万春原著；殷志扬改编；吴锦渝
绘画
南京 江苏人民出版社 1965 年 13cm（64 开）
定价：CNY0.18
　　中国现代连环画作品。

J0065549
家庭问题　　文飘改编
北京 中国电影出版社 1965 年 10×13cm
定价：CNY0.35
（电影连环画册）
　　根据电影改编的中国现代连环画作品。

J0065550
建立党的宣传纲　　宣传员手册编委会编
沈阳 东北人民出版社 1965 年 70 页 有图
10×15cm
（宣传员画册 第一集）
　　中国现代连环画作品。

J0065551
箭杆河边　　刘厚明，白宇改编；刘永凯，孙慕
龄绘
北京 人民美术出版社 1965 年 13cm（64 开）
定价：CNY0.26
　　中国现代连环画作品。作者白宇（1952—　　　），
画家。河南安阳人。安阳师专艺术系毕业。鹤
壁市青年美术家协会副主席，鹤壁黄河书画院院
长，河南省美术家协会会员。主要作品有《高山
有情》《轻音图》等。作者刘永凯（1927—　　　），画
家。字阿刘，黑龙江齐齐哈尔人，毕业于中央美
术学院。历任人民美术出版社美术编辑、连环画
创作组副组长。代表作品《石林湖畔》《西双版
纳》《渔夫和金鱼的故事》《中国古代神话故事》
《清宫演义》等。

J0065552
箭杆河边　　刘厚明编剧；徐抗生改编；郭仁义
摄影
上海 上海人民美术出版社 1965 年 13cm（64 开）
定价：CNY0.15
　　中国现代连环画作品。

J0065553
箭杆河边　　文飘改编
北京 中国电影出版社 1965 年 2 版
13cm（64 开）定价：CNY0.17
（电影连环画册）
　　中国现代电影连环画作品。

J0065554
江姐　　阎肃编剧；任明改编；曹震云摄影
上海 上海人民美术出版社 1965 年 13cm（64 开）
定价：CNY0.24
　　本书是中国现代连环画作品。附《红梅赞》
等 3 首插曲。

J0065555
接班人　郭澄清，严介生原著；陆品山改编；
杨青华，吴志明绘画
上海　上海人民美术出版社　1965年　13cm（64开）
定价：CNY0.13
　　中国现代连环画作品。

J0065556
解放军练本领的故事　刘祖培，彭明道原著；
天津美术出版社改编；张玮，傅洪生绘图
天津　天津美术出版社　1965年　13cm（64开）
定价：CNY0.18
（社会主义教育丛书）
　　中国现代连环画作品。

J0065557
金沙江畔　王良莹改编；王井绘图
杭州　浙江人民美术出版社　1965年
13cm（64开）定价：CNY0.31
　　中国现代连环画作品。

J0065558
金珠　陆舟原著；陈伯希改编；晓岗绘画
兰州　甘肃人民出版社　1965年　13cm（64开）
定价：CNY0.13
　　中国现代连环画作品。

J0065559
九命沉冤　毛履鄂编文；张清岩绘图
福州　福建人民出版社　1965年　13cm（64开）
定价：CNY0.23
　　中国现代连环画作品。

J0065560
绝不后退　王彬原作；张春峰改编；乔保华绘
石家庄　河北人民美术出版社　1965年
13cm（64开）定价：CNY0.11
　　中国现代连环画作品。

J0065561
军队的女儿　邓普原著；林颂英改编；胡祖清
绘画
上海　上海人民美术出版社　1965年　13cm（64开）
定价：CNY0.28
　　中国现代连环画作品。

J0065562
抗洪凯歌　周金灼编；杨德树等绘
天津　天津美术出版社　1965年　13cm（64开）
定价：CNY0.24
　　中国现代宣传画作品。

J0065563
苦妹新生　吴文焕编写；叶大荣画
上海　上海人民美术出版社　1965年　13cm（64开）
定价：CNY0.14
　　中国现代连环画作品。

J0065564
矿灯　（农村版）景芝改编；赵明钧绘画
沈阳　辽宁美术出版社　1965年　13cm（64开）
定价：CNY0.18
　　中国现代连环画作品。

J0065565
昆仑山上一棵草　孙青改编
北京　中国电影出版社　1965年2版　13cm（64开）
定价：CNY0.25
（电影连环画册）
　　中国现代电影连环画作品。

J0065566
喇嘛沟的变迁　左马编绘
沈阳　辽宁美术出版社　1965年　13cm（64开）
定价：CNY0.11
　　中国现代连环画作品。

J0065567
劳动人民的好儿子施加伟　黄超兴编绘
昆明　云南人民出版社　1965年　13cm（64开）
定价：CNY0.09
（农村连环画库）
　　中国现代连环画作品。

J0065568
老工人的故事　鄂华，陆俊超原著；天津美术
出版社改编；高哲民，张泽苾绘图
天津　天津美术出版社　1965年　13cm（64开）
定价：CNY0.19
（社会主义教育丛书）
　　中国现代连环画作品。作者张泽苾

（1926—　　），女，编辑。别名张爱丽，湖北汉阳人。历任《天津晚报》《天津日报》社美术编辑，天津人民美术出版社年画编辑室副主任。作品有系列漫画《小丫日记》，中国画《秋华正茂鱼先醉》《中华女儿经》等。

J0065569

老共青团员　常发原著；许文龙改编；梁洪涛绘图

天津　天津美术出版社　1965 年　13cm（64 开）

定价：CNY0.27

　　中国现代连环画作品。

J0065570

老贫农的故事　沙丙德，王影原著；天津美术出版社改编；张玮，张庚绘图

天津　天津美术出版社　1965 年　13cm（64 开）

定价：CNY0.16

（社会主义教育丛书）

　　中国现代连环画作品。

J0065571

老贫农的故事　（农村版连环画）沙丙德，王影原著；天津美术出版社改编；张玮，张庚绘图

天津　天津美术出版社　1965 年　2 版　13cm（64 开）

定价：CNY0.12

　　中国现代连环画作品。

J0065572

老青松　张贤华原著；徐璋荣改编；周公和等绘图

上海　上海人民美术出版社　1965 年　59 页　有图 10×13cm　统一书号：T8081.5617　定价：CNY0.12

　　根据张贤华作品改编的中国现代连环画作品。

J0065573

老支书的故事　浩然原著；大鲁改编；陈云华绘画

上海　上海人民美术出版社　1965 年　13cm（64 开）

定价：CNY0.22

　　中国现代连环画作品。

J0065574

雷锋　（拉祜文、汉文对照版）姜维朴等改编；

费声福等绘；云南民族出版社编译

昆明　云南民族出版社　1965 年　13cm（64 开）

定价：CNY0.21

　　中国现代连环画作品。

J0065575

雷锋　（傈僳文、汉文对照版）姜维朴等改编；费声福等绘；云南民族出版社编译

昆明　云南民族出版社　1965 年　13cm（64 开）

定价：CNY0.21

　　中国现代连环画作品。

J0065576

雷锋　文飘改编

北京　中国电影出版社　1965 年　13cm（64 开）

定价：CNY0.35

（电影连环画册）

　　中国现代电影连环画作品。

J0065577

李大娘的遭遇　左马编绘

沈阳　辽宁美术出版社　1965 年　13cm（64 开）

定价：CNY0.10

　　中国现代连环画作品。

J0065578

李双双

乌鲁木齐　新疆人民出版社　1965 年　13cm（64 开）

定价：CNY0.22

　　中国现代连环画作品。

J0065579

燎原　彭永辉，李洪辛原著；董继馨改编；刘汉宗绘

石家庄　河北人民美术出版社　1965 年

13cm（64 开）　定价：CNY0.22

　　中国现代连环画作品。

J0065580

燎原　彭永辉，李洪辛原著；叶惠元改编；解博学绘画

南昌　江西人民出版社　1965 年　13cm（64 开）

定价：CNY0.45

　　中国现代连环画作品。

J0065581

燎原　叶惠元改编；徐加昌绘

北京　人民美术出版社　1965 年　13cm（64 开）

定价：CNY0.42

中国现代连环画作品。

J0065582

燎原　彭永辉，李洪辛原著；侯炳炎改编；苏正刚绘图

天津　天津美术出版社　1965 年　13cm（64 开）

定价：CNY0.26

中国现代连环画作品。作者苏正刚（1937—1993），画家。上海人。中国美术家协会会员，中国版画协会会员。擅长连环画、版画、中国画。

J0065583

燎原　叶惠元改编；徐加昌绘

北京　人民美术出版社　1980 年　2 版　168 页　13cm（64 开）定价：CNY0.27

本书是中国连环画画册。根据同名电影改编。本书于1965 年 2 月出第 1 版。

J0065584

林海娘子军　朱羽编文；黄清琪，陈品鑫绘图

福州　福建人民出版社　1965 年　13cm（64 开）

定价：CNY0.21

中国现代连环画作品。作者朱羽，连环画艺术家。作品有《近代中国演义（下）》《中国传统连环画精选》《林则徐戒烟》《大闹铁佛寺》《现代故事画库·坪寨风雷》等。

J0065585

林云求师　戴言改编；胡克礼绘画

沈阳　辽宁美术出版社　1965 年　13cm（64 开）

定价：CNY0.13

中国现代连环画作品。胡克礼，连环画家。

J0065586

刘伯林和他的战马　海默原著；林林改编；罗兴绘画

南京　江苏人民出版社　1965 年　13cm（64 开）

定价：CNY0.23

中国现代连环画作品。

J0065587

龙江颂　邹维之改编；王井绘图

福州　福建人民出版社　1965 年　13cm（64 开）

定价：CNY0.28

中国现代连环画作品。绘画王井（1917—2002），连环画家。浙江余杭人。原名王志根，笔名王子耕。创作古典题材连环画有《加令记》《见龙王》《法云寺会妻》等，现代题材连环画有《幸福的道路》《英雄小八路》《红领巾炮》等。

J0065588

龙潭波涛　黎白原著；黄奕加改编；张仁康绘画

上海　上海人民美术出版社　1965 年　13cm（64 开）

定价：CNY0.26

中国现代连环画作品。

J0065589

聋哑工人的悲欢　柳萱图编写；陈云华画

上海　上海人民美术出版社　1965 年　13cm（64 开）

定价：CNY0.16

中国现代连环画作品。

J0065590

陇南山区好民兵　（何家庄"红旗民兵连"事迹简纪）任光亮编文；李冰等绘图

兰州　甘肃人民出版社　1965 年　15cm（56 开）

定价：CNY0.16

中国现代连环画作品。作者李冰（1962—　　），《创业者》杂志美术编辑。

J0065591

芦花大公鸡　吕荫樾改编；苏诗敏绘

石家庄　河北人民美术出版社　1965 年　37 页　有图　13cm（60 开）统一书号：T8087.1154

定价：CNY0.12

中国现代连环画作品。

J0065592

驴子和他的朋友　周存绪改编；段俊绘

北京　朝花美术出版社　1965 年　有彩图　13cm（60 开）

中国现代连环画作品。

J0065593

吕传良的控诉 （农村版）金县阶级教育展览馆编绘

沈阳　辽宁美术出版社　1965 年　13cm（64 开）

定价：CNY0.07

中国现代连环画作品。

J0065594

买猎记　任率英绘；陈振鹏配诗

北京　朝花美术出版社　1965 年　13cm（64 开）

定价：CNY0.17

中国现代连环画作品。

J0065595

买猪记　任率英绘；陈振鹏配诗

北京　朝花美术出版社　1965 年　57 页　有图

13cm（60 开）统一书号：T8028.1924

定价：CNY0.17

中国现代连环画作品。

J0065596

卖椰子的老大娘　周笃佑改编；中国美术家协会湖南分会绘图

长沙　湖南人民出版社　1965 年　13cm（64 开）

定价：CNY0.13

中国现代连环画作品。

J0065597

满意不满意　朱东改编

北京　中国电影出版社　1965 年　13cm（64 开）

定价：CNY0.41

（电影连环画册）

中国现代电影连环画作品。

J0065598

猫头鹰的故事　黄正一原著；艾明改编；永安绘画

上海　上海人民美术出版社　1965 年　13cm（64 开）

定价：CNY0.13

中国现代连环画作品。

J0065599

毛主席的好战士——王杰　朱羽编文；黄福坤等绘图

福州　福建人民出版社　1965 年　13cm（64 开）

定价：CNY0.10

中国现代连环画作品。

J0065600

毛主席的好战士——王杰　徐州市文联美术组，江苏人民出版社编绘

南京　江苏人民出版社　1965 年　13cm（64 开）

定价：CNY0.16

中国现代连环画作品。

J0065601

毛主席的好战士——王杰　（学习解放军连环画挂图之二）李守才等绘

北京　人民美术出版社　1965 年　5 张（套）

38cm（6 开）定价：CNY0.10

中国现代宣传画作品。

J0065602

磨炼　于雁，朱迪编绘；曹震云摄影

合肥　安徽人民出版社　1965 年　13cm（64 开）

定价：CNY0.15

中国现代连环画作品。

J0065603

南方来信　杨先让等木刻

北京　人民美术出版社　1965 年　13cm（60 开）

定价：CNY0.18

中国现代连环画作品。作者杨先让（1930—　），画家、教授。生于山东牟平，毕业于中央美术学院绘画系。历任人民美术出版社编辑和创作员，中央美术学院民间美术系主任、教授，中国民间美术学会常务副会长等职务。代表作品有《晌午》《渔村》《杨先让木刻选集》《黄河十四走民艺考》等。

J0065604

南方来信　莎色等原著；李白英改编；陈云华，胡祖清绘画

上海　上海人民美术出版社　1965 年　13cm（60 开）

定价：CNY0.24

中国现代连环画作品。

J0065605

南方来信　天津美术出版社编绘

天津　天津美术出版社　1965 年　13cm（60 开）

定价: CNY0.15

中国现代连环画作品。

J0065606

南方怒火　姜维朴等编; 董洪元等绘

北京 人民美术出版社 1965 年 13cm(64 开)

定价: CNY0.15

(援越抗美连环画库)

中国现代连环画作品。编者姜维朴(1926—2019), 编辑。山东黄县人, 毕业于山东大学文艺系。历任人民美术出版社《连环画报》编辑室主任、副主编、中国连环画出版社总编辑等。代表作品有《鲁迅论连环画》《要摄取事物的本质》《连环画艺术论》等。绘画董洪元(1926—), 钢笔画家、连环画家。上海人。笔名红叶。钢笔连环画代表作品有《高尔基》三部曲。

J0065607

南方战歌　(越南南方军民打击美伪反动派的故事 连环画片)胡祖清等画; 李白英编文

上海 上海人民美术出版社 1965 年 1 张 76cm(2 开) 定价: CNY0.15

中国现代连环画作品。作者胡祖清, 连环画家。作品有《剑与火》《十八亩地》等。

J0065608

南海前哨钢八连　阎大方改编; 廖宗怡等绘

北京 人民美术出版社 1965 年 13cm(64 开)

定价: CNY0.11

(学习解放军连环画库)

中国现代连环画作品。作者廖宗怡(1937—), 画家、国家一级美术师。广东汕头人, 广州美术学院进修。历任中国美术家协会会员、中国书法家协会会员、广州军区政治部创作室创作员。代表作品有《最高的奖赏》《广州农民运动讲习所》《阵地午餐》《山中那十九座坟茔》等。

J0065609

南海长城　(连环画片)中国人民解放军广州部队政治部战士话剧团演出

上海 上海人民美术出版社 1965 年 76cm(2 开)

定价: CNY0.15

中国现代连环画作品。

J0065610

南京路上好八连　王稼穰等改编; 高山, 尤崇仁绘

北京 人民美术出版社 1965 年 2 版 13cm(60 开)

定价: CNY0.11

(连环画选本 大众连环画库)

中国现代连环画作品。

J0065611

霓虹灯下的哨兵　(连环画片)

上海 上海人民美术出版社 1965 年 76cm(2 开)

定价: CNY0.15

中国现代年画作品。

J0065612

霓虹灯下的哨兵　沈西蒙等原著; 李定兴改编; 吴敏绘图

天津 天津美术出版社 1965 年 13cm(64 开)

定价: CNY0.31

中国现代连环画作品。作者沈西蒙(1919—2006), 作家, 笔名沈西门。历任华中军区文工团团长、华东军区解放军艺术剧院院长、南京军区文化部部长、总政治部文化部副部长、上海警备区副政委。中国剧协副主席。著有歌剧剧本《买卖公平》, 话剧剧本《重庆交响乐》《杨根思》, 电影文学剧本《霓虹灯下的哨兵》《南征北战》等。作者吴敏(1931—), 画家。擅长宣传画。浙江平湖人。1949 年参军, 海军政治部创作室创作员。1983 年获全国宣传画创作荣誉奖。作品有《敌人磨刀我们 也要磨刀》《神圣的使命》(在全国宣传画展览中获奖)、《光荣: 万里海疆的保卫者》等。

J0065613

霓虹灯下的哨兵　文飘改编

北京 中国电影出版社 1965 年 13cm(64 开)

定价: CNY0.45

(电影连环画册)

中国现代电影连环画作品。

J0065614

年青的一代　任明改编; 曹震云摄影

上海 上海人民美术出版社 1965 年 13cm(64 开)

定价: CNY0.24

中国现代连环画作品。

J0065615

农民育种家陆财　中共仙游县委工作组集体编文；陈毓和执笔；张清岩等绘图

福州　福建人民出版社　1965 年　13cm（64 开）

定价：CNY0.26

　　中国现代连环画作品。

J0065616

农奴　马西光改编、绘画

兰州　甘肃民族出版社　1965 年　13cm（64 开）

定价：CNY0.18

　　中国现代电影连环画作品。

J0065617

农奴　丁永聿改编

北京　中国电影出版社　1965 年　13cm（64 开）

定价：CNY0.35

（电影连环画册）

　　中国现代电影连环画作品。

J0065618

农业战线上的红旗　（连环画片）

北京　中国电影出版社　1965 年　2 张

76cm（2 开）定价：CNY0.30

　　中国现代年画作品。

J0065619

女飞行员　冯德英等编剧；京华改编；曹震云摄影

上海　上海人民美术出版社　1965 年　13cm（64 开）

定价：CNY0.30

　　中国现代连环画作品。

J0065620

女民兵英雄谢氏娇　赵宗藻作

杭州　浙江人民美术出版社　1965 年

13cm（64 开）定价：CNY0.08

（越南人民抗美斗争故事）

　　中国现代连环画作品。作者赵宗藻

（1931—　　），版画家。就读于苏州美术专科学校和南京大学美术系。历任中国美术学院版画系主任、副院长，中国版画协会副主席。代表作有《婺江边上》《四季春》《乡干集会》《黄山松》等。

J0065621

女区委书记　雪克原著；胡林改编；陈永智绘画

哈尔滨　黑龙江美术出版社　1965 年

13cm（64 开）定价：CNY0.26

（《千万不要忘记》连环画库）

　　中国现代连环画作品。

J0065622

女长工　曹海水编文；芦叶梓等绘图

西安　长安美术出版社　1965 年　13cm（64 开）

定价：CNY0.20

　　中国现代连环画作品。

J0065623

欧阳海　白岚等原著；白岚改编；孙愚绘画

上海　上海人民美术出版社　1965 年　13cm（64 开）

定价：CNY0.22

　　本书是反映解放军战士舍己救人英雄事迹的中国现代连环画作品。

J0065624

彭"善人"的剥削史　中共南召县委办公室编写；赵仁年绘画

上海　上海人民美术出版社　1965 年　13cm（64 开）

定价：CNY0.15

　　中国现代连环画作品。

J0065625

平原枪声　（1）高援改编；胡克礼绘画

沈阳　辽宁美术出版社　1965 年　13cm（60 开）

定价：CNY0.30

　　中国现代连环画作品。胡克礼，连环画家。

J0065626

平原枪声　（2）高援改编；胡克礼绘

沈阳　辽宁美术出版社　1966 年　13cm（60 开）

定价：CNY0.23

　　中国现代连环画作品。

J0065627

平原枪声　（蒙、汉文对照版 1）李晓明，韩安庆原著；黄冠岳改编；傅洪生绘图；巴雅斯古郎译

呼和浩特　内蒙古人民出版社　1965 年

13cm（60开）定价：CNY0.22

中国现代连环画作品。

J0065628

平原枪声 （蒙、汉文对照版 2）李晓明，韩安庆原著；黄冠岳改编；傅洪生绘图；巴雅斯古郎译

呼和浩特 内蒙古人民出版社 1965年

13cm（60开）定价：CNY0.20

中国现代连环画作品。

J0065629

平原枪声 （蒙、汉文对照版 3）李晓明，韩安庆原著；黄冠岳改编；傅洪生绘图；巴雅斯古郎译

呼和浩特 内蒙古人民出版社 1965年

13cm（60开）定价：CNY0.19

中国现代连环画作品。

J0065630

平原枪声 （蒙、汉文对照版 4）李晓明，韩安庆原著；黄冠岳改编；傅洪生绘图；巴雅斯古郎译

呼和浩特 内蒙古人民出版社 1965年

13cm（60开）定价：CNY0.24

中国现代连环画作品。

J0065631

平原枪声 （蒙、汉文对照版 5）李晓明，韩安庆原著；黄冠岳改编；傅洪生绘图；巴雅斯古郎译

呼和浩特 内蒙古人民出版社 1965年

13cm（60开）定价：CNY0.22

中国现代连环画作品。

J0065632

破敌堡 张雷原著；可蒙改编；汪绚秋绘画

上海 上海人民美术出版社 1965年 13cm（64开）

定价：CNY0.26

（变天记 4）

根据《变天记》改编的中国现代连环画作品。

J0065633

奇袭奶头山 曲波原著；葛庆亚改编；钟为绘图

西安 长安美术出版社 1965年 10×13cm

定价：CNY0.30

（《林海雪原》故事 1）

根据《临海雪原》改编的中国现代连环画作品。

J0065634

骑白骏马的人 石凯原著、改编；罗兴绘画

上海 上海人民美术出版社 1965年 13cm（64开）

定价：CNY0.17

中国现代连环画作品。

J0065635

旗委书记 于非改编；刘廷相绘画

沈阳 辽宁美术出版社 1965年 13cm（64开）

定价：CNY0.17

中国现代连环画作品。作者刘廷相，连环画家。出生于辽宁沈阳。创作作品有《万紫千红总是春》《旗委书记》《谁光荣》《红孩子连金法》《杨三姐告状》等。

J0065636

千万不要忘记 丛深编剧；朱秋僧改编；浙江人民美术出版社摄影

杭州 浙江人民美术出版社 1965年 13cm（64开）

定价：CNY0.28

中国现代连环画作品。

J0065637

千万不要忘记

北京 中国电影出版社 1965年 2张

76cm（2开）定价：CNY0.30

中国现代年画作品。

J0065638

千万不要忘记 马捷改编

北京 中国电影出版社 1965年 13cm（64开）

定价：CNY0.41

（电影连环画册）

中国现代电影连环画作品。

J0065639

前沿一家人 林微润，刘清河原著；吴文焕改编；郑学恭绘画

上海 上海人民美术出版社 1965年 13cm（64开）

定价：CNY0.10
中国现代连环画作品。

J0065640
墙的秘密　朝阳原著；胡映西改编；水天宏绘画
上海　上海人民美术出版社　1965年　13cm（64开）
定价：CNY0.12
中国现代连环画作品。

J0065641
巧袭列车　白山，关庆留改编；徐加昌等绘
北京　人民美术出版社　1965年　13cm（64开）
定价：CNY0.12
（援越抗美连环画库）
中国现代连环画作品。

J0065642
巧炸敌人军火库　王哲贤编文；刘福生等绘
石家庄　河北人民出版社　1965年　62页　有图
10×13cm
中国现代连环画作品。

J0065643
青年鲁班　雷霆改编
北京　中国电影出版社　1965年　13cm（64开）
定价：CNY0.41
（电影连环画册）
中国现代电影连环画作品。

J0065644
青松岭　（连环画片）奇捷摄影；张建辉配文
石家庄　河北人民美术出版社　1965年
76cm（2开）定价：CNY0.15
中国现代年画作品。

J0065645
请大家注意　胡万春原著；盘日改编；范生福绘画
上海　上海人民美术出版社　1965年　13cm（64开）
定价：CNY0.12
中国现代连环画作品。

J0065646
穷棒子扭转乾坤　姜维朴编；刘继卤绘

北京　人民出版社　1965年　2版　13cm（64开）
定价：CNY0.20
（连环画选本　大众连环画库）
中国现代连环画作品。

J0065647
琼花　周兼白编剧；李白英改编；曹震云摄影
上海　上海人民美术出版社　1965年　13cm（64开）
定价：CNY0.22
中国现代连环画作品。

J0065648
邱少云　百友改编；童介眉绘
北京　人民美术出版社　1965年　2版　13cm（60开）
定价：CNY0.10
（志愿军英雄传画库）
中国现代连环画作品。

J0065649
人参娃娃　张士杰原著；缪咏禾改编；胡进庆等绘画
南京　江苏人民出版社　1965年　59页　有图
13cm（60开）统一书号：R8100.1069
定价：CNY0.31
中国现代连环画作品。

J0065650
人欢马叫　刘继卤，陈惠冠绘；易和元配词
北京　人民美术出版社　1965年　11cm
定价：CNY0.04
（幻灯片连环画库）
中国现代连环画作品。

J0065651
人民防空常识　湖南人民出版社编
长沙　湖南人民出版社　1965年　有图
10cm（64开）统一书号：5109.4
定价：CNY0.17
中国现代连环画作品。

J0065652
阮文追　柳萱图改编；徐进等绘画
上海　上海人民美术出版社　1965年　13cm（64开）
定价：CNY0.18
中国现代连环画作品。

J0065653

三个老老头　上海市南市区文化馆群众业余
文艺创作室原著；胡映西改编；杨青华绘画
上海　上海人民美术出版社　1965 年　46 页　有图
10×13cm　统一书号：T8081.5566　定价：CNY0.10
　　中国现代连环画作品。

J0065654

三进五窑村　李英儒原作；张辛国编绘
石家庄　河北人民美术出版社　1965 年
2 版　13cm（64 开）定价：CNY0.17
　　中国现代连环画作品。

J0065655

三〇一营　陆加陵等作
杭州　浙江人民美术出版社　1965 年
13cm（64 开）定价：CNY0.08
（越南人民抗美斗争故事）
　　中国现代连环画作品。

J0065656

三世仇　虞棘原作；李宝泉改编；范子厚等绘画
济南　山东人民出版社　1965 年　13cm（64 开）
定价：CNY0.18
　　中国现代连环画作品。

J0065657

沙家浜　文牧等原著；蓝流等改编；丁斌曾,
王仲清绘画
上海　上海人民美术出版社　1965 年　13cm（64 开）
定价：CNY0.24
　　本书是反映中国江南水乡人民英勇开展抗
日战斗的现代连环画作品。绘画丁斌曾（1927—
2001），连环画画家。浙江绍兴人，毕业于中央美
术学院华东分院。曾任上海人民美术出版社创
作员，《中国连环画大系》美术编辑。作品有《铁
道游击队》《老爹打猎》《沙家浜》等。绘画王仲
清（1924—　　），画家、教授。生于四川成都，毕
业于省立成都师范美师科。历任上海人民美术
出版社创作员、上海戏剧学院中国画教师、中国
美术家协会会员、中国禅画研究院名誉院长。作
品有中国画《小三峡》《胡笳十八拍》，连环画《阿
诗玛》等。出版有《王仲清画集》等。

J0065658

山沟里的女"秀才"　陈士达改编；贺友直绘画
上海　上海人民美术出版社　1965 年　13cm（64 开）
定价：CNY0.12
　　中国现代连环画作品。

J0065659

山花烂漫　顾锡东编制、改编；曹震云摄影
上海　上海人民美术出版社　1965 年　13cm（64 开）
定价：CNY0.22
　　中国现代连环画作品。

J0065660

山乡风云录　（1　挺进那横山）吴有恒原著；
王帆等改编；洪斯文等绘
广州　广东人民出版社　1965 年　13cm（64 开）
定价：CNY0.28
　　中国现代连环画作品。

J0065661

山中坚持　王愿坚原著；李白英改编；朱光玉
绘画
上海　上海人民美术出版社　1965 年　13cm（64 开）
定价：CNY0.13
　　中国现代连环画作品。

J0065662

珊瑚岛上一昼夜　李凤琪原著；朱诚荣编绘
南昌　江西人民出版社　1965 年　13cm（64 开）
定价：CNY0.27
　　中国现代连环画作品。

J0065663

珊瑚潭歼敌记　李凤琪原著；王良莹改编；史
振锋, 陈凤玉绘画
哈尔滨　黑龙江美术出版社　1965 年
13cm（64 开）定价：CNY0.22
　　中国现代连环画作品。

J0065664

少年牧工　赵燕翼原著及改编；陈光镒绘画
上海　上海人民美术出版社　1965 年　13cm（64 开）
定价：CNY0.15
　　中国现代连环画作品。绘画陈光镒（1916—
1991），画家。江苏南京人。中国美协上海分会

会员。代表作有《大闹天宫》《三国演义》《董卓进京》等。

J0065665

神勇的侦察队　知侠原著；胡映西改编；叶大荣，吴志明绘画

上海　上海人民美术出版社　1965 年　13cm（64 开）

定价：CNY0.22

　　中国现代连环画作品。

J0065666

生命的火花　王真，郭运辉改编；梅崇源绘画

沈阳　辽宁美术出版社　1965 年　13cm（64 开）

定价：CNY0.22

　　中国现代连环画作品。

J0065667

生命的火花　（农村版）王真，郭运辉改编；梅崇源绘画

沈阳　辽宁美术出版社　1965 年　13cm（64 开）

定价：CNY0.12

　　中国现代连环画作品。

J0065668

十八亩地　李准原著；董冰改编；胡祖清画

上海　上海人民美术出版社　1965 年　13cm（64 开）

定价：CNY0.18

　　中国现代连环画作品。

J0065669

十二点差一分　景世泽原著；胡逸改编；端木勇绘画

上海　上海人民美术出版社　1965 年　13cm（64 开）

定价：CNY0.10

　　中国现代连环画作品。

J0065670

首战平型关　若弓改编；丁世弼绘画

沈阳　辽宁美术出版社　1965 年　13cm（64 开）

定价：CNY0.32

　　中国现代连环画作品。

J0065671

首战平型关　傅铎，白云亭原著；韩廷佐改编；肖林绘画

天津　天津美术出版社　1965 年　13cm（64 开）

定价：CNY0.24

　　中国现代连环画作品。绘画肖林（1929—1981），画家。别名马秉铎，河北定县（现定州）人。毕业于华北联合大学文艺学院美术系。曾任人民美术出版社创作室创作员。主要作品有《白求恩大夫》《永远前进》《向英雄黄继光的母亲报告学习成绩》等。

J0065672

送梨　骆玉其原著；胡映西改编；汪玉山，李铁生绘画

上海　上海人民美术出版社　1965 年　13cm（64 开）

定价：CNY0.10

　　中国现代连环画作品。

J0065673

送猎记　李万荣，胡沁编文；山东艺术学校美术创作组画

济南　山东人民出版社　1965 年　13cm（64 开）

定价：CNY0.13

　　中国现代连环画作品。

J0065674

送猪记　王景升原著；李之平改编；汪玉山绘画

上海　上海人民美术出版社　1965 年　13cm（64 开）

定价：CNY0.10

　　中国现代连环画作品。

J0065675

塑料薄膜育稻秧　南汇县农业技术推广站编

上海　上海科学技术出版社　1965 年　54 页　有图　10×13cm　统一书号：16119.548　定价：CNY0.10

　　中国现代连环画作品。

J0065676

他们也在战斗　瓦戛里等原著；胡映西改编；陈俭绘画

上海　上海人民美术出版社　1965 年　13cm（64 开）

定价：CNY0.20

　　中国现代连环画作品。

J0065677

天山的红花　欧琳原著；欧阳翠改编；王重义绘画

上海　上海人民美术出版社 1965 年 13cm（64 开）
定价：CNY0.26
　　　中国现代连环画作品。

J0065678
天山的红花　　东育改编
北京　中国电影出版社 1965 年 13cm（64 开）
定价：CNY0.41
（电影连环画册）
　　　中国现代电影连环画作品。

J0065679
铁道游击队　　知侠原著；董子畏改编；韩和平，
丁斌曾绘
北京　外文出版社 1965 年 13cm（64 开）
　　　中国现代连环画作品。

J0065680
停战以后　　文飘改编
北京　中国电影出版社 1965 年 2 版
13cm（64 开）定价：CNY0.40
（电影连环画册）
　　　中国现代电影连环画作品。

J0065681
同一条江　　陈彻改编
北京　中国电影出版社 1965 年 2 版
13cm（64 开）定价：CNY0.25
（电影连环画册）
　　　中国现代电影连环画作品。

J0065682
徒工恨　　刘朵等改编；胡祖清等绘画
沈阳　辽宁美术出版社 1965 年 13cm（64 开）
定价：CNY0.19
　　　中国现代连环画作品。

J0065683
为革命而学　　（1 廖初江学习毛主席著作的事
迹）辽宁美术出版社编辑
沈阳　辽宁美术出版社 1965 年 13cm（64 开）
定价：CNY0.19
　　　中国现代连环画作品。

J0065684
为革命而学　　（2 丰福生学习毛主席著作的事
迹）辽宁美术出版社编辑
沈阳　辽宁美术出版社 1965 年 13cm（64 开）
定价：CNY0.18
　　　中国现代连环画作品。

J0065685
为革命而学　　（3 黄祖示学习毛主席著作的事
迹）辽宁美术出版社编辑
沈阳　辽宁美术出版社 1965 年 13cm（64 开）
定价：CNY0.19
　　　中国现代连环画作品。

J0065686
为革命而学　　（4 李素文学习毛主席著作的事
迹）辽宁美术出版社编辑
沈阳　辽宁美术出版社 1965 年 13cm（64 开）
定价：CNY0.23
　　　中国现代连环画作品。

J0065687
我们村里的年轻人　　（续集）孙青改编
北京　中国电影出版社 1965 年 13cm（64 开）
定价：CNY0.30
（电影连环画册）
　　　中国现代电影连环画作品。

J0065688
我们村里的年轻人　　双青改编
北京　中国电影出版社 1965 年 2 版
13cm（64 开）定价：CNY0.30
（电影连环画册）
　　　中国现代电影连环画作品。

J0065689
吴莲英　　方彦，檀山编；赵志光，檀山画
太原　山西人民出版社 1965 年 13cm（64 开）
定价：CNY0.10
　　　中国现代连环画作品。作者赵志光
（1938—　），编辑。河北怀安人，毕业于天津美
术学院中国画专业。历任山西人民出版社编审、
副总编辑，中国版协连环画研究会常务理事，山
西省美术家协会原副主席、顾问，山西省花鸟画
学会会长，中国工艺美术学会山西分会理事。代

表品有《清香图》《翠阴小鸟》《玉艳冰姿》等。

J0065690

西门豹　冯梦龙原作；张静改编；王亦秋绘

石家庄　河北人民美术出版社 1965 年

13cm（64 开）定价：CNY0.11

　　中国现代连环画作品。作者冯梦龙（1574—
1646），通俗文学家、戏曲家。长洲（今江苏苏州）
人。字犹龙，又字子犹，别号龙子犹、墨憨斋主
人、顾曲散人、词奴等。诸生。一生从事小说、
戏曲的创作和编印。编纂《喻世明言》《警世通
言》《醒世恒言》《古今谈概》《太平广记钞》等。
改编张静（1962—　　），国家一级美术师。河南济
源市人。济源市美术家协会副主席、中华国学院
花鸟画艺委会主任、中国国际书画研究院院士、
深圳长乐书画院特聘画家、中国书画评估图录年
鉴社美编、清源阁画院执行院长、王屋山书画研
究院常务副院长。代表作品有《张静书画艺术选
集》《张静画集》。

J0065691

下龙湾的烈火　（越南军民打击美国飞贼的故
事　连环画片）罗兴画；李大发编文

上海　上海人民美术出版社 1965 年　1 张

76cm（2 开）定价：CNY0.15

　　中国现代年画作品。

J0065692

消灭钉螺　（农村科技连环画）上海市青浦县
血吸虫病防治站编；盛鹤年，潘晋华绘图

上海　上海科学技术出版社 1965 年　10cm（64 开）

定价：CNY0.10

　　中国现代连环画作品。

J0065693

消灭血吸虫病　上海市青浦县血吸虫病防治
站编；盛鹤年绘

上海　上海科学技术出版社 1965 年　48 页　有图

10×13cm（16 开）统一书号：14119.1228

定价：CNY0.10

J0065694

小兵张嘎　（连环画片）巴雅尔，王怀琪作

北京　人民美术出版社 1965 年　76cm（2 开）

定价：CNY0.15

　　中国现代年画作品。作者王怀琪，著名画家。
北京人，毕业于中央美院，在石家庄河北美校任
教，历任蒋兆和创作室的成员，河北美协主席、
河北画院院长。

J0065695

小马倌　颜一烟原著；奚国钧改编；胡振玉绘画

上海　上海人民美术出版社 1965 年　13cm（64 开）

定价：CNY0.28

　　中国现代连环画作品。

J0065696

小鹰　赵燕翼编；陈克健等绘

兰州　甘肃民族出版社 1965 年　76 页　有图

12×13cm（56 开）统一书号：MT8126.21

定价：CNY0.16

　　中国现代连环画作品。

J0065697

谢臣　河北人民美术出版社编绘

石家庄　河北人民美术出版社 1965 年

13cm（64 开）定价：CNY0.18

　　中国现代连环画作品。

J0065698

谢臣　何畏编；杨在溪，张文钰绘

北京　人民美术出版社 1965 年　13cm（64 开）

定价：CNY0.17

（学习解放军连环画库）

　　中国现代连环画作品。

J0065699

新的一代　文飘改编

北京　中国电影出版社 1965 年　13cm（64 开）

定价：CNY0.25

（电影连环画册）

　　中国现代电影连环画作品。

J0065700

新路　陆扬烈原著；任明改编；胡克礼绘画

上海　上海人民美术出版社 1965 年　13cm（64 开）

定价：CNY0.13

　　中国现代连环画作品。

J0065701

新任队长彦三　王汶石原著；钱志清改编；徐余兴绘画

上海　上海人民美术出版社　1965年　13cm（64开）

定价：CNY0.17

中国现代连环画作品。作者钱志清，改编有连环画《现代戏剧连环画典藏本》《中国历代画家》《红楼梦》等。

J0065702

新战士小蓝　谷斯范原著；吴文焕改编；周公和绘画

上海　上海人民美术出版社　1965年　13cm（64开）

定价：CNY0.17

中国现代连环画作品。

J0065703

学习毛主席著作的故事　天津美术出版社编绘

天津　天津美术出版社　1965年　8张（套）

13cm（60开）定价：CNY0.13

中国现代连环画作品。

J0065704

雪夜融冰　萧育轩原著；赵吉南改编；方瑶民绘画

上海　上海人民美术出版社　1965年　13cm（64开）

定价：CNY0.18

中国现代连环画作品。

J0065705

血泪斑斑的罪证　叶惠元改编；谭学楷绘

北京　朝花美术出版社　1965年　13cm（64开）

定价：CNY0.16

中国现代连环画作品。

J0065706

血泪荡　阮庆祥原著；李瑞芳，汪运衡改编；朱子容，郑毓敏绘图

杭州　浙江人民美术出版社　1965年

13cm（64开）定价：CNY0.32

中国现代连环画作品。

J0065707

杨高传　（第2部 当红军的哥哥回来了）李季原著；李尊一改编；梅崇源绘画

南京　江苏人民出版社　1965年　13cm（64开）

定价：CNY0.20

中国现代连环画作品。

J0065708

杨根思　望昊原作；一帆改编；贺友直绘

北京　人民美术出版社　1965年　2版　13cm（64开）

定价：CNY0.27

（志愿军英雄传画库）

中国现代连环画作品。

J0065709

杨林一家　费枝原著；潘勤孟改编；瞿谷寒绘画

上海　上海人民美术出版社　1965年　13cm（64开）

定价：CNY0.16

中国现代连环画作品。

J0065710

野火春风斗古城　（下）李英儒原著；江苏人民出版社改编；顾乃深绘画

南京　江苏人民出版社　1965年　13cm（64开）

定价：CNY0.42

中国现代连环画作品。

J0065711

野火春风斗古城　（1）洪钊改编；陈云华，赵隆义绘；玉兰译

呼和浩特　内蒙古人民出版社　1965年

13cm（64开）定价：CNY0.25

中国现代连环画作品。

J0065712

野火春风斗古城　（2）洪钊改编；陈云华，赵隆义绘；玉兰译

呼和浩特　内蒙古人民出版社　1965年

13cm（64开）定价：CNY0.19

中国现代连环画作品。

J0065713

野火春风斗古城　（3）洪钊改编；陈云华，赵隆义绘；玉兰译

呼和浩特　内蒙古人民出版社　1965年

13cm（64开）定价：CNY0.22

中国现代连环画作品。

J0065714
野火春风斗古城　（4）洪钊改编；陈云华，赵隆义绘；玉兰译
呼和浩特　内蒙古人民出版社　1965 年　13cm（64 开）定价：CNY0.17
　　中国现代连环画作品。

J0065715
野火春风斗古城　（5）洪钊改编；陈云华，赵隆义绘；玉兰译
呼和浩特　内蒙古人民出版社　1965 年　13cm（64 开）定价：CNY0.22
　　中国现代连环画作品。

J0065716
夜归　未央原著；鹿鸣改编，顾炳鑫绘图
上海　上海人民美术出版社　1965 年　38 页　10×13cm　统一书号：T8081.4532　定价：CNY0.08
　　中国现代连环画作品。

J0065717
一笔债的故事　孙超等编写；冯春扬绘画
上海　上海人民美术出版社　1965 年　13cm（64 开）定价：CNY0.13
　　中国现代连环画作品。

J0065718
一代新人　杨啸原著；黄金华改编；李铁生绘画
上海　上海人民美术出版社　1965 年　13cm（64 开）定价：CNY0.10
　　中国现代连环画作品。

J0065719
一对红　董道圣原著；张森昌改编；钟惠英绘画
上海　上海人民美术出版社　1965 年　13cm（64 开）定价：CNY0.13
　　中国现代连环画作品。

J0065720
一根羊鞭传四代　建平社教宣传队编绘
沈阳　辽宁美术出版社　1965 年　13cm（64 开）定价：CNY0.12
　　中国现代连环画作品。

J0065721
一家人　胡万春等编剧；凌瑁如等改编；陈春轩摄影
上海　上海人民美术出版社　1965 年　13cm（64 开）定价：CNY0.26
　　中国现代连环画作品。

J0065722
一件棉军衣　李钧龙原作；程式如改编；韩伍绘
北京　人民美术出版社　1965 年　13cm（64 开）定价：CNY0.25
　　中国现代连环画作品。

J0065723
一瓶氧气　许凤仪原著；林颂英改编；盛鹤年绘画
上海　上海人民美术出版社　1965 年　13cm（64 开）定价：CNY0.10
　　中国现代连环画作品。绘图盛鹤年（1938—2010），连环画家，江苏江阴人，历任上海市美术家协会会员。出版有《扬州除霸》《白描人物十招》《中国画白描基础》《中国古代人物线描画谱》等。

J0065724
一千〇一天　葛乃庆，周正行改编；曹震云摄影
上海　上海人民美术出版社　1965 年　13cm（64 开）定价：CNY0.22
　　中国现代连环画作品。

J0065725
沂河边的故事　忠孝等编文；文正等绘图
济南　山东人民出版社　1965 年　13cm（64 开）定价：CNY0.26
　　中国现代连环画作品。

J0065726
义静烈火　袁跃改编
北京　中国电影出版社　1965 年　13cm（64 开）定价：CNY0.25
（电影连环画册）
　　中国现代电影连环画作品。

J0065727

音西巨变　马力编写；李淑华等绘画

福州　福建人民出版社　1965 年　117 页　有图

10×13cm　统一书号：T8104.452　定价：CNY0.23

　　中国现代连环画作品。

J0065728

英雄八山班　（越）程思景原著；贾林改编；汪

观清绘画

上海　上海人民美术出版社　1965 年　13cm（64 开）

定价：CNY0.11

　　中国现代连环画作品。

J0065729

英雄儿女　景成芳改编

北京　中国电影出版社　1965 年　13cm（64 开）

定价：CNY0.35

（电影连环画册）

　　中国现代连环画作品。

J0065730

英雄小八路　陈彻改编

北京　中国电影出版社　1965 年　2 版

13cm（64 开）定价：CNY0.35

（电影连环画册）

　　中国现代电影连环画作品。

J0065731

硬骨头六连　耀强改编；高山，尤崇仁绘

北京　人民美术出版社　1965 年　13cm（64 开）

定价：CNY0.11

（学习解放军连环画库）

　　中国现代连环画作品。

J0065732

勇敢的海鸥　耀强，王云光改编；徐介城绘

北京　人民美术出版社　1965 年　13cm（64 开）

定价：CNY0.10

（援越抗美连环画库）

　　中国现代连环画作品。

J0065733

于文翠　（农村版）王金改编；谢京秋绘画

沈阳　辽宁美术出版社　1965 年　13cm（64 开）

定价：CNY0.12

　　中国现代连环画作品。

J0065734

渔湾村小英雄　音匀编；杨永青等画

北京　中国少年儿童出版社　1965 年　21 页　有图

15cm（40 开）统一书号：R8056.222

定价：CNY0.08

　　中国现代连环画作品。作者杨永青（1928—

2011），画家。上海浦东人。历任中国美术家协

会儿童美术艺术委员会主任，中国版画家协会会

员，中国少年儿童出版社美术编辑、编审。人物

画有《屈原九歌长卷》《观音造像》等，连环画作

品有《女拖拉机手》《刘胡兰》《王二小》《高玉

宝》等。

J0065735

渔网的故事　艾扬原著；行先改编；雷德祖

绘图

天津　天津美术出版社　1965 年　13cm（64 开）

定价：CNY0.13

　　中国现代连环画作品。作者雷德祖（1942—

1991），连环画家、编辑。生于广西南宁，毕业于

广西艺术学院。历任中国美术家协会会员、广

西美术家协会副主席、中国连环画研究会常务理

事、《美术界》主编。代表作有《斯巴达克思》《世

界名著连环画丛书》等。

J0065736

愚公移山　（世界语）音匀文；杨永青绘；中国

少年儿童出版社编辑

北京　外文出版社　1965 年　有彩图

21cm（32 开）定价：CNY0.29

（儿童画册）

　　中国现代连环画作品。

J0065737

狱中除奸　罗广斌，杨益言原著；四川人民出

版社改编；四川美术学院《红岩》连环画创作

组画

成都　四川人民出版社　1965 年　13cm（64 开）

定价：CNY0.15

（《红岩》连环画集）

　　根据《红岩》改编的中国现代连环画作品。

J0065738

狱中除奸　罗广斌，杨益言原著；四川人民出版社改编；白德松画
成都　四川人民出版社　1978 年　2 版　80 页
13cm（60 开）定价：CNY0.11
（《红岩》连环画集）
　　　中国现代连环画作品。

J0065739

袁福顺　福州运输总站编文；潘汽，邹军执笔；黄清琪，陈品鑫绘图
福州　福建人民出版社　1965 年　13cm（64 开）
定价：CNY0.23
　　　中国现代连环画作品。

J0065740

原形毕露　吉学沛原著；钱志清改编；汤义方绘画
上海　上海人民美术出版社　1965 年　13cm（64 开）
定价：CNY0.12
　　　中国现代连环画作品。作者钱志清，改编有连环画《现代戏剧连环画典藏本》《中国历代画家》《红楼梦》等。

J0065741

越南人民战斗的故事　天津美术出版社编辑
天津　天津美术出版社　1965 年　13cm（64 开）
定价：CNY0.13
　　　中国现代连环画作品。

J0065742

越南英雄阮文迫　吴兆修，刘含贞改编；林锴等绘
北京　人民美术出版社　1965 年　13cm（64 开）
定价：CNY0.11
（援越抗美连环画库）
　　　中国现代连环画作品。

J0065743

越南英雄阮文迫　吴兆修，刘含贞改编；林锴等绘
北京　人民美术出版社　1965 年　11cm
定价：CNY0.06
（幻灯片连环画库）
　　　中国现代连环画作品。

J0065744

在激流中永生　河北人民美术出版社编绘
石家庄　河北人民美术出版社　1965 年
13cm（64 开）定价：CNY0.11
　　　中国现代连环画作品。

J0065745

在烈火中永生　罗广斌等原著；章程改编；邵伟尧绘图
天津　天津美术出版社　1965 年　14cm（80 开）
定价：CNY0.08
（农村版连环画）
　　　中国现代连环画作品。

J0065746

怎么谈不拢　《怎么谈不拢》创作组原著；辛幸执笔；方昌县文教局创作组改编；符镇国执笔；沈悌如绘画
上海　上海人民美术出版社　1965 年　13cm（64 开）
定价：CNY0.10
　　　中国现代连环画作品。

J0065747

怎样收藏红薯　文飘改编；焕之封面画
北京　中国电影出版社　1965 年　57 页　10×13cm
统一书号：8061.1257　定价：CNY0.10
（电影连环画册）
　　　根据电影改编的中国现代连环画作品。

J0065748

战地炊烟　李太松原作；陈阵改编；李惠绘
石家庄　河北人民美术出版社　1965 年
13cm（64 开）定价：CNY0.15
　　　中国现代连环画作品。

J0065749

战上海　文飘改编
北京　中国电影出版社　1965 年　2 版
13cm（64 开）定价：CNY0.30
（电影连环画册）
　　　中国现代电影连环画作品。

J0065750

找红军　刘保同改编；张法根绘画
合肥　安徽人民出版社　1965 年　13cm（64 开）

定价: CNY0.22
　　中国现代连环画作品。

J0065751
找红军　马识途原著; 张森昌改编; 周光中绘画
上海 上海人民美术出版社 1965年 13cm(64开)
定价: CNY0.18
　　中国现代连环画作品。

J0065752
找游击队　徐通潮, 陈永镇画
上海 少年儿童出版社 1965年 有彩图
15cm(40开) 统一书号: R10024.3154
定价: CNY0.06
　　根据《越南南方通讯》改写的中国现代连环画作品。作者陈永镇(1936—), 浙江乐清人。毕业于中国美术学院(浙江美院)。中国美术家协会理事、中国儿童美术艺委会委员、安徽省美协副主席。主要作品有《还是一样》《再给你带上一个》等。

J0065753
赵尔春　漆剑影等原著; 王家彬改编; 王亦秋, 任伯宏绘画
上海 上海人民美术出版社 1965年 13cm(64开)
定价: CNY0.15
　　中国现代连环画作品。

J0065754
侦察兵的故事　刘宝瑞, 郭士哲原著; 天津美术出版社改编; 肖林, 张永太绘图
天津 天津美术出版社 1965年 13cm(64开)
定价: CNY0.20
(社会主义教育丛书)
　　中国现代连环画作品。

J0065755
侦察英雄陈养　杨一明, 常锐伦编绘
北京 人民美术出版社 1965年 13cm(64开)
定价: CNY0.09
(援越抗美连环画库)
　　中国现代连环画作品。

J0065756
阵地"六姐妹"　赵一唐编绘
北京 人民美术出版社 1965年 20页 有图
10×13cm 统一书号: 8027.4680 定价: CNY0.08

J0065757
阵地"六姐妹"　赵一唐等编绘
北京 人民美术出版社 1965年 13cm(64开)
定价: CNY0.11
(援越抗美连环画库)
　　中国现代连环画作品。

J0065758
阵地"六姐妹"　于保勋等作
杭州 浙江人民美术出版社 1965年
13cm(64开) 定价: CNY0.08
(越南人民抗美斗争故事)
　　中国现代连环画作品。

J0065759
阵地"六姐妹"　赵一唐等编绘
北京 人民美术出版社 1971年 第2版
13cm(64开) 定价: CNY0.08
　　中国现代连环画作品。

J0065760
阵地六姐妹　胡本英, 刘振贵原著; 吴文焕, 万家春改编; 王亦秋绘画
上海 上海人民美术出版社 1965年 13cm(64开)
定价: CNY0.12
　　中国现代连环画作品。

J0065761
郑师傅的遭遇　崔雁荡原著; 大鲁改编; 陈云华绘画
上海 上海人民美术出版社 1965年 13cm(64开)
定价: CNY0.24
　　中国现代连环画作品。

J0065762
竹蜂战　王星北, 李大发编写; 王重义, 罗兴绘画
上海 上海人民美术出版社 1965年 13cm(64开)
定价: CNY0.10
　　中国现代连环画作品。作者王星北(1905—

1973），连环画脚本文学家。浙江定海人。原名
心葆。曾就读于定海公学。曾任上海私营北斗
出版社经理、泰兴书局文字编辑、上海新美术出
版社连环画文字编辑、上海人民美术出版社连环
画编辑科副科长等职。作者王重义（1940—　），
画家、编辑。生于浙江鄞县。历任人民美术出版
社创作员，浙江人民出版社、浙江少年儿童出版
社美术编辑、室主任、副编审，浙江美术家协会
会员。与兄弟王重英、王重义合作创作多部连环
画。主要作品有《海军少尉巴宁》《天山红花》《以
革命的名义》《十里洋场斗敌记》《战争在敌人心
脏》等。

J0065763
走来的新娘子　李白英编写；徐余兴等绘画
上海　上海人民美术出版社 1965年 10×13cm
定价：CNY0.15
　　中国现代连环画作品。

J0065764
罪恶的牟二黑　中共栖霞县委宣传部编写；
佟华章执笔，陶长华，赵仁年绘画
上海　上海人民美术出版社 1965年 13cm（64开）
定价：CNY0.16
　　中国现代连环画作品。

J0065765
50块银元　郭化编；娄溥义，董戈翔绘
兰州　甘肃人民出版社 1966年 15cm（64开）
定价：CNY0.15
　　中国现代连环画作品。

J0065766
碧海红霞　黎汝清编；罗祺绘
上海　上海人民美术出版社 1966年 13cm（64开）
定价：CNY0.19
　　中国现代连环画作品。作者黎汝清（1928—
2015），作家。山东博兴县人。曾任南京军区前
线歌舞团编剧、军区政治部文艺创作室创作员，
中国作家协会会员。著有长篇小说《海岛女民兵》
《皖南事变》等，儿童文学集《秘密联络站》，诗歌
散文集《在祖国的土地上》等，电影文学剧本《长
征》等，评论集《黎汝清研究专集》等。

J0065767
碧海新浪　（黎明人革命种田科学种田的故事）
方平编；李淑华等绘
福州　福建人民出版社 1966年 13cm（64开）
定价：CNY0.20
　　中国现代连环画作品。

J0065768
不要忘记过去　（上 农村版）辽宁省阶级教
育展览馆编绘
沈阳　辽宁美术出版社 1966年 13cm（64开）
定价：CNY0.12
　　中国现代连环画作品。

J0065769
仇深似海　曲亚改编；胡祖清绘
南京　江苏人民出版社 1966年 13cm（64开）
定价：CNY0.21
　　中国现代连环画作品。

J0065770
从小学革命　立志为人民　柳浪编文；翁乾
礼等绘图
南宁　广西壮族自治区人民出版社 1966年
1张 76cm（2开）定价：CNY0.15
　　中国现代连环画作品。

J0065771
代代红　（战友文工团话剧团演出剧照）魏敏
等编剧；张洪文等改编；曹震云摄影
上海　上海人民美术出版社 1966年 13cm（64开）
定价：CNY0.26
　　中国现代连环画作品。

J0065772
稻海新浪　方平编文；李淑华等绘图
福州　福建人民出版社 1966年 98页 10×13cm
统一书号：T8104.465 定价：CNY0.20
　　本作品是根据黎明人革命种田科学种田的
故事改编的连环画。

J0065773
地道战　马捷改编
北京　中国电影出版社 1966年 13cm（64开）
定价：CNY0.26

（电影连环画册）
　　中国现代连环画作品。

J0065774
鄂伦春姑娘　石凯原著；周金灼改编；刘国辉绘
北京　人民美术出版社　1966年　13cm（64开）
定价：CNY0.18
　　中国现代连环画作品。

J0065775
儿童涂色　（上）少年儿童出版社编绘
上海　少年儿童出版社　1966年　有图　13×15cm
统一书号：R8024.142　定价：CNY0.07
　　中国现代连环画作品。

J0065776
风雪大别山　石永森改编；费龙翔绘
南京　江苏人民出版社　1966年　13cm（64开）
定价：CNY0.25
　　中国现代连环画作品。

J0065777
冯玉萍　西安美术学院国画系编绘
西安　长安美术出版社　1966年　13cm（64开）
定价：CNY0.16
　　中国现代连环画作品。

J0065778
钢铁战士麦贤得　卓钟霖编文；茅志云绘图
福州　福建人民出版社　1966年　50页　有图
10×13cm　统一书号：T8104.482　定价：CNY0.10
　　中国现代连环画作品。

J0065779
钢铁战士麦贤得　滕英杰，吴敏绘
北京　人民美术出版社　1966年　11cm
定价：CNY0.04
（幻灯片连环画库）
　　中国现代连环画作品。作者吴敏（1931—　），画家。擅长宣传画。浙江平湖人。1949年参军，海军政治部创作室创作员。1983年获全国宣传画创作荣誉奖。作品有《敌人磨刀我们　也要磨刀》《神圣的使命》（在全国宣传画展览中获奖）《光荣：万里海疆的保卫者》等。

J0065780
高举毛泽东思想伟大红旗的英雄钻井队　工人日报供稿
北京　人民美术出版社　1966年　1张
76cm（2开）定价：CNY0.10
　　中国现代连环画作品。

J0065781
革命闯将——黄义臣　王振东，卫民编绘
武汉　湖北人民出版社　1966年　13cm（64开）
定价：CNY0.10
　　中国现代连环画作品。

J0065782
工业战线上的一面红旗——尉凤英　东北机器制造厂美术小组集体创作
沈阳　辽宁美术出版社　1966年　1张
76cm（2开）定价：CNY0.15
　　中国现代连环画作品。

J0065783
海底捞针　彭香林改编；颜家龙等绘
长沙　湖南人民出版社　1966年　13cm（64开）
定价：CNY0.13
　　中国现代连环画作品。

J0065784
海防线上　林荫梧等原著；黄奕加改编；刘文颉绘
上海　上海人民美术出版社　1966年　13cm（64开）
定价：CNY0.24
　　中国现代连环画作品。

J0065785
好孩子毛小弟　杜宣写；何艳荣画
上海　少年儿童出版社　1966年　有彩图
17×19cm　统一书号：R10024.3158　定价：CNY0.20
　　中国现代连环画作品。

J0065786
贺相魁　中国人民解放军北京部队某部美术组供稿
石家庄　河北人民美术出版社　1966年
13cm（64开）定价：CNY0.14
　　中国现代连环画作品。

J0065787

贺相魁　北京部队政治部供稿；凤玉等绘
天津　天津美术出版社　1966 年　12cm（60 开）
定价：CNY0.07
　　中国现代连环画作品。

J0065788

黑虎岗　高力泽，于声原著；陈佐辉改编；张
仁康绘
上海　上海人民美术出版社　1966 年　13cm（64 开）
定价：CNY0.15
　　中国现代连环画作品。作者张仁康，连环画
家。绘有《沟》《龙潭波涛》《群英会画库（3）》等。

J0065789

红灯记　翁偶虹，阿甲原著；扬根相，万家春
改编；韩和平等绘
上海　上海人民美术出版社　1966 年
19cm（小 32 开）定价：CNY0.56
　　中国现代连环画作品。

J0065790

红花菜　张贤华原著；范季华改编；姚有信，
杨丽娜绘
天津　天津美术出版社　1966 年　13cm（64 开）
定价：CNY0.15
　　中国现代连环画作品。

J0065791

红色工会　叶惠元改编；周卓人绘
南京　江苏人民出版社　1966 年　13cm（64 开）
定价：CNY0.22
　　中国现代连环画作品。

J0065792

红心铁手创江山　（下丁家大队自力更生艰苦
奋斗创业记）黄县"革委会"政治部宣传科改编；
上海人民出版社绘图
上海　上海人民出版社　1966 年　98 页　有图
11×13cm　定价：CNY0.10
　　中国现代连环画作品。

J0065793

江姐　张子仪改编；叶大荣，吴志明绘
合肥　安徽人民出版社　1966 年　13cm（64 开）

定价：CNY0.19
　　中国现代连环画作品。

J0065794

焦裕禄　中国美术家协会山东分会编绘
济南　山东人民出版社　1966 年　13cm（64 开）
定价：CNY0.10
　　中国现代连环画作品。

J0065795

苦菜花　青讯改编
北京　中国电影出版社　1966 年　13cm（60 开）
定价：CNY0.26
（电影连环画册）
　　中国现代连环画作品。

J0065796

雷锋的少年时代　刘含真改编；钱贵荪绘
北京　人民美术出版社　1966 年　58 页　有图
10×13cm　统一书号：T8027.4742　定价：CNY0.13
　　中国现代连环画作品。

J0065797

雷锋的少年时代　刘含真改编；钱贵荪绘
北京　人民美术出版社　1966 年　13cm（60 开）
定价：CNY0.13
　　中国现代连环画作品。

J0065798

李科长巧难炊事班　李久香等原著；李太松
改编；潘真等绘画
上海　上海人民美术出版社　1966 年　71 页
10×13cm　统一书号：T8081.5654　定价：CNY0.14
　　中国现代连环画作品。作者潘真（1929—　　），
别名慕莜，河北交河人。历任河北美术出版社美
编及编辑室主任、副编审。作品有《小憩林荫下》
《秋收场上》《斗杀西门庆》《清风十里展画屏》
等。出版有《潘真山水画集》。

J0065799

林红和伙伴　（连环画选本）费声福等编绘
北京　人民美术出版社　1966 年　13cm（60 开）
定价：CNY0.11
（大众连环画库）
　　作者费声福（1927—　　），编辑。祖籍浙江慈

溪，毕业于中央美术学院。历任中国连环画出版社编审，《中国连环画》副主编，中国美术家协会连环画艺术委员会副主任，中国连环画研究会常务理事兼秘书长。作品有《神火》《游赤壁》。

J0065800

罗盛教　蔼水写；范一辛画

上海　少年儿童出版社　1966 年　有彩图

21cm（32 开）统一书号：R10024.3194

定价：CNY0.25

　　中国现代连环画作品。

J0065801

毛泽东思想指挥我们战斗　（记 32111 无产阶级革命英雄主义战井队的英雄业绩）上海人民美术出版社编绘

上海　上海人民美术出版社　1966 年　1 张

107cm（全开）定价：CNY0.24

　　中国现代连环画作品。

J0065802

毛主席的好学生焦裕禄　华北区 1966 年年画、版画展览会，河北省观摩团，山西省观摩团，内蒙古自治区观摩团集体创作；天津美术出版社补充整理

天津　天津美术出版社　1966 年　2 版　58 页

有图 9×11cm　统一书号：T8073.30035

定价：CNY0.08

　　中国现代连环画作品。

J0065803

毛主席的好学生焦裕禄　华北区年画版画展览会北京、河北、山西、内蒙古观摩团集体创作

天津　天津美术出版社　1966 年　24 张 19cm（32 开）

定价：CNY0.24

　　中国版画、年画作品。

J0065804

毛主席的好学生焦裕禄　华北区年画版画展览会河北省等观摩团集体创作

昆明　云南人民出版社　1966 年　14cm（80 开）

定价：CNY0.05

（农村连环画库）

　　中国现代连环画作品。

J0065805

毛主席的好学生——焦裕禄　河南日报社美术组绘画；河南日报社副刊组编词

郑州　河南人民出版社　1966 年　1 张

76cm（2 开）定价：CNY0.10

　　中国现代连环画作品。

J0065806

毛主席的好学生——焦裕禄　辽宁美术出版社改编；鲁迅美术学院绘画

沈阳　辽宁美术出版社　1966 年　13cm（64 开）

定价：CNY0.14

　　中国现代连环画作品。

J0065807

毛主席的好学生——焦裕禄　华北区 1966年年画，版画展览会河北省观摩团，山西省观摩团，内蒙古自治区观摩团集体创作；天津美术出版社补充整理

天津　天津美术出版社　1966 年　58 页　10×13cm

统一书号：8102.361　定价：CNY0.11

（社会主义教育丛书）

　　中国现代连环画作品。

J0065808

毛主席的好学生——焦裕禄　穆青等原著；朱羽，黄迪杞改编；黄福坤等绘

西安　长安美术出版社　1966 年　13cm（64 开）

定价：CNY0.18

　　中国现代连环画作品。作者黄迪杞（1929—　），字晴川，福建福清人。毕业于福建师范大学艺术系。历任福建人民出版社、福建画报社美术编辑，福建美术出版社美术编辑、编审，福建省美协常务理事、理事，中国年画研究会理事，福州涌泉书画社社长。中国美术家协会会员。作品有《郑成功收复台湾》《满堂红》《丰碑》。出版《黄迪杞古典人物画辑》《黄迪杞书画集》《黄迪杞画集》等。

J0065809

毛主席的好学生——焦裕禄　（幻灯片连环画）西安市文化馆编绘

西安　长安美术出版社　1966 年　11cm

定价：CNY0.05

J0065810
毛主席的好战士——王杰　吴文焕编；丁斌曾等绘
上海　上海人民美术出版社　1966年　13cm（64开）
定价：CNY0.20
　　本书是反映解放军战士舍己救人英雄事迹的中国现代连环画作品。

J0065811
毛主席的战士——丰福生　胡逸编；王亦秋绘
上海　上海人民美术出版社　1966年　13cm（64开）
定价：CNY0.14
　　中国现代连环画作品。

J0065812
毛主席的战士——黄祖示　李大发编；王仲清绘
上海　上海人民美术出版社　1966年　13cm（64开）
定价：CNY0.18
　　中国现代连环画作品。作者王仲清（1924—　），画家、教授。生于四川成都，毕业于省立成都师范美师科。历任上海人民美术出版社创作员、上海戏剧学院中国画教师、中国美术家协会会员，中国禅画研究院名誉院长。作品有中国画《小三峡》《胡笳十八拍》，连环画《阿诗玛》等。出版有《王仲清画集》等。

J0065813
毛主席的战士——廖初江　赵吉南编；汪观清绘
上海　上海人民美术出版社　1966年　13cm（64开）
定价：CNY0.16
　　中国现代连环画作品。

J0065814
民兵的故事　天津美术出版社改编；张玮，高哲民绘
天津　天津美术出版社　1966年　13cm（64开）
定价：CNY0.17
（社会主义教育丛书）
　　中国现代连环画作品。

J0065815
木船打兵舰　陆舟原著；胡逸改编；孙克敬绘
上海　上海人民美术出版社　1966年　13cm（64开）
定价：CNY0.14
　　中国现代连环画作品。

J0065816
南海扬威　徐直编绘
福州　福建人民出版社　1966年　12cm（60开）
定价：CNY0.12
　　中国现代连环画作品。

J0065817
女英雄谢氏娇　林锴编绘
北京　人民美术出版社　1966年　27页　有图
10×13cm　统一书号：8027.4723　定价：CNY0.07
　　本作品据《人民日报》报道内容改编的连环画。

J0065818
千万不要忘记　丛深原著；张棣华改编；徐铮，亦臣绘
南京　江苏出版社　1966年　13cm（64开）
定价：CNY0.26
　　中国现代连环画作品。

J0065819
枪　谢树原著；胡雁改编；朱光玉绘
上海　上海人民美术出版社　1966年　13cm（64开）
定价：CNY0.13
　　中国现代连环画作品。

J0065820
青年鲁班　史大千原著；赵吉南改编；杨国藩绘
上海　上海人民美术出版社　1966年　13cm（64开）
定价：CNY0.26
　　中国现代连环画作品。

J0065821
青竹　杨焕编；英更原绘
南宁　广西壮族自治区人民出版社　1966年　19cm（小32开）　定价：CNY0.08
　　中国现代连环画作品。

J0065822
人民的好儿子——刘英俊　王文里等绘
石家庄　河北人民美术出版社　1966年　11cm　定价：CNY0.04

中国现代连环画作品。

J0065823
人民的好儿子——刘英俊 （1-2）王文里等绘
杭州 浙江人民美术出版社 1966 年 1 张
76cm（2 开）定价：CNY0.30
　　中国现代连环画作品。

J0065824
人民战争胜利万岁 何钟辛改编
北京 中国电影出版社 1966 年 定价：CNY0.20
（电影连环画册）
　　根据电影改编的中国现代连环画作品。

J0065825
三老斗天 山东艺术学校美术创作组编绘
济南 山东人民出版社 1966 年 13cm（64 开）
定价：CNY0.07
　　中国现代连环画作品。

J0065826
三年苦斗 （闽山春秋 第三部）鲁春编；姚峭
丽绘
福州 福建人民出版社 1966 年 13cm（64 开）
定价：CNY0.33
（闽山春秋）
　　中国现代连环画作品。

J0065827
森林里的秋天 梁泊写；严折西画
上海 少年儿童出版社 1966 年 有彩图
17×19cm 统一书号：R10024.3197 定价：CNY0.18
　　中国现代连环画作品。

J0065828
沙坪联络站 （藏汉文对照）罗广斌，杨益言
原著；四川人民出版社改编；四川美术学院《红
岩》连环画创作组编；四川民族出版社译
成都 四川民族出版社 1966 年 13cm（64 开）
定价：CNY0.18
（《红岩》连环画集）
　　中国现代连环画作品。

J0065829
上学 武一梅写；毛震耀画

上海 少年儿童出版社 1966 年 有彩图
17×19cm 统一书号：R10024.3168
定价：CNY0.20
　　中国现代连环画作品。

J0065830
审椅子 史锡宝改编；陶天月等绘
合肥 安徽人民出版社 1966 年 13cm（64 开）
定价：CNY0.11
　　中国现代连环画作品。

J0065831
胜利在望 文飘改编
北京 中国电影出版社 1966 年 13cm（64 开）
定价：CNY0.17
（电影连环画册）
　　中国现代连环画作品。

J0065832
时间 焦祖尧原著；钱士权编，力瑶民绘
上海 上海人民美术出版社 1966 年 80 页 有图
10×13cm 统一书号：T8081.5648 定价：CNY0.15
　　中国现代连环画作品。

J0065833
时间 焦祖尧原著；钱士权改编；方瑶民绘
天津 天津美术出版社 1966 年 13cm（64 开）
定价：CNY0.15
　　中国现代连环画作品。

J0065834
拾大哥 钟音改编；安徽省幻灯厂美术组绘
合肥 安徽人民出版社 1966 年 13cm（64 开）
定价：CNY0.11
　　中国现代连环画作品。

J0065835
水兵与祖国 叶海编；茅志云，徐辅之绘
福州 福建人民出版社 1966 年 2 版
13cm（64 开）定价：CNY0.17
（福建前线斗争故事集 17）
　　中国现代连环画作品。

J0065836
思想红、作风好、工作硬的马万水工程队

中共冶金工业部政治部编绘

北京 人民美术出版社 1966年 13cm(64开)

定价: CNY0.21

(红旗连环画库)

中国现代连环画作品。

J0065837

铁路工人的儿子 吕远写；金立德画

上海 少年儿童出版社 1966年 1册 有彩图

17×19cm(24开) 统一书号: R10024.3159

定价: CNY0.20

中国现代连环画作品。作者吕远(1929—)，著名作曲家。生于山东烟台，历任海政歌舞团艺术指导，中国文联全国委员，中国音乐家协会创作委员会、外事委员会顾问，北京国际人才交流协会常务理事，海军政治学院兼职教授等。代表作品有《克拉玛依之歌》《走上这高高的兴安岭》《俺的海岛好》等，出版有《吕远歌曲集》。绘画金立德(1931—)，画家。浙江镇海人。历任上海教育学院教授，上海国际交流画会副会长，中国水彩画家协会副会长，中国美术家协会会员。作品有《钢堡》《黄土地》等。

J0065838

铁手创江山 （下丁家人创业记）吴文焕编；陶长华等绘

上海 上海人民美术出版社 1966年 13cm(64开)

定价: CNY0.20

中国现代连环画作品。

J0065839

童年的斗争 呆向真原著；钱志清改编；郁芷芳，钟惠英绘

南昌 江西省新华书店 1966年 13cm(64开)

定价: CNY0.18

中国现代连环画作品。作者钱志清，改编有连环画《现代戏剧连环画典藏本》《中国历代画家》《红楼梦》等。

J0065840

王洛古爷爷 霞光写；韩伍画

上海 少年儿童出版社 1966年 20页 有图

18cm(32开) 统一书号: R10024.3164

定价: CNY0.14

中国现代连环画作品。

J0065841

为农业服务的一面旗帜——阜新农机厂

牛玉然文；辽宁日报美术科画

沈阳 辽宁美术出版社 1966年 1张

76cm(2开) 定价: CNY0.15

中国现代连环画作品。

J0065842

为人民服务 毛泽东著

北京 人民出版社 1966年 19页 20cm(32开)

统一书号: 1001.743 定价: CNY0.03

本书收录毛泽东同志著于上世纪三、四十年代的三篇文章《为人民服务》《纪念白求恩》和《愚公移山》，并进行注释。

J0065843

伟大毛泽东思想的凯歌 （32111钻井队血战火海抢救气井的英雄事迹）《工人日报》美术组编绘

西宁 青海人民出版社 1966年 13cm(64开)

定价: CNY0.07

中国现代连环画作品。

J0065844

伟大毛泽东思想的又一曲凯歌 （32111钻井队血战火海抢救气井的英雄事迹）《工人日报》美术组编绘

沈阳 辽宁人民美术出版社 1966年 1张

76cm(2开) 定价: CNY0.12

中国现代连环画作品。

J0065845

伟大毛泽东思想的又一曲凯歌 （32111钻井队血战火海抢救气井的英雄事迹）《工人日报》美术组编绘

沈阳 辽宁人民美术出版社 1966年 1张

107cm(全开) 定价: NY0.20

中国现代连环画作品。

J0065846

无产阶级硬骨头——麦贤得 滕英杰，吴敏作；《解放军报》供稿；上海少年儿童出版社改编

上海 上海少年儿童出版社 1966年 1册

有彩图 15cm(40开) 统一书号: R10024.3201

定价: CNY0.10

　　中国现代连环画作品。作者吴敏(1931—)，画家。擅长宣传画。浙江平湖人。1949年参军，海军政治部创作室创作员。1983年获全国宣传画创作荣誉奖。作品有《敌人磨刀我们也要磨刀》、《神圣的使命》(在全国宣传画展览中获奖)、《光荣：万里海疆的保卫者》等。

J0065847

下丁家创业园　艾书编；杜恒范等绘
济南　山东人民出版社　1966年　13cm(64开)
定价: CNY0.14
　　中国现代连环画作品。

J0065848

向北方　马捷改编
北京　中国电影出版社　1966年　13cm(64开)
定价: CNY0.17
(电影连环画册)
　　中国现代连环画作品。

J0065849

小海蛟　刘本夫原著；林萱改编，孙愚绘
上海　上海人民出版社　1966年　58页　有图
10×13cm
　　中国现代连环画作品。

J0065850

小海蛟　刘本夫原著；林萱改编；孙愚绘画
上海　上海人民出版社　1975年　13cm(60开)
定价: CNY0.06
　　中国现代连环画作品。

J0065851

小游击队员柳小猛　黎汝清原著；张青予改编；董洪元绘
天津　天津美术出版社　1966年　13cm(64开)
定价: CNY0.19
(红孩子故事集)
　　中国现代连环画作品。

J0065852

新闸血泪　广西壮族自治区武鸣县文化馆供稿
南宁　广西壮族自治区人民出版社　1966年
13cm(64开)　定价: CNY0.16

中国现代连环画作品。

J0065853

信　叶君健原著；罗宏曾改编；毓继明绘
天津　天津美术出版社　1966年　13cm(64开)
定价: CNY0.21
　　中国现代连环画作品。

J0065854

雪山枪声　林予一原著；盘日改编；胡克礼绘
上海　上海人民美术出版社　1966年　13cm(64开)
定价: CNY0.13
　　中国现代连环画作品。

J0065855

一百个放心　马捷改编
北京　中国电影出版社　1966年　10×13cm
定价: CNY0.17
(电影连环画册)
　　根据电影改编的中国现代连环画作品。

J0065856

一个女勘探队员　潘励原著；陈南藻改编；周光中绘
上海　上海人民美术出版社　1966年　13cm(64开)
定价: CNY0.14
　　中国现代连环画作品。

J0065857

一匹马　河北人民美术出版社编绘
石家庄　河北人民美术出版社　1966年
13cm(64开)　定价: CNY0.15
(华北农村俱乐部画库)
　　中国现代连环画作品。

J0065858

一心为革命　(毛主席的好战士——王杰)　黄自省，罗朝中编绘
广州　广东人民出版社　1966年　14张
19cm(小32开)　定价: CNY0.14
　　中国现代连环画作品。

J0065859

一心为公的共产主义战士蔡永祥　浙江军区政治部供稿

沈阳　辽宁人民美术出版社　1966年
107cm（全开）定价：CNY0.20
　　　中国现代连环画作品。

J0065860
英雄虎胆　王翔改编；李宁远绘
沈阳　辽宁美术出版社　1966年　13cm（64开）
定价：CNY0.29
　　　中国现代连环画作品。作者王翔（1940—　　），
中央工艺美术学院染织系讲师，中国工艺美术学
会会员。

J0065861
迎接曙光　黎扬改编
北京　中国电影出版社　1966年　13cm（64开）
定价：CNY0.17
（电影连环画册）
　　　中国现代连环画作品。

J0065862
永远向前　杨肇林原著；汪子豆改编；罗兴绘
上海　上海人民美术出版社　1966年　13cm（64开）
定价：CNY0.13
　　　中国现代连环画作品。

J0065863
渔船上的斗争　辛欲楼编；吕连生绘
福州　福建人民出版社　1966年　13cm（64开）
定价：CNY0.15
　　　中国现代连环画作品。

J0065864
渔家仇　王世虎写；金立德画
上海　少年儿童出版社　1966年　有彩图
18cm（15开）统一书号：R10024.3183
定价：CNY0.14
　　　中国现代连环画作品。

J0065865
越海插旗　郭士哲原作；吕荫樾改编；么玉
明绘
石家庄　河北人民美术出版社　1966年
13cm（64开）定价：CNY0.13
　　　中国现代连环画作品。

J0065866
越南人民抗美斗争故事集　（1）浙江人民美
术出版社编
杭州　浙江人民美术出版社　1966年
15cm（64开）定价：CNY0.18
　　　中国现代连环画作品。

J0065867
在风雨中长大　潘彩英改编；高燕绘
沈阳　辽宁美术出版社　1966年　13cm（64开）
定价：CNY0.23
　　　中国现代连环画作品。

J0065868
治病的人　胡学方原著；沙雨改编；叶大荣绘
上海　上海人民美术出版社　1966年　13cm（64开）
定价：CNY0.12
　　　中国现代连环画作品。

J0065869
治水英雄裴虎师　山西省社教展览会美术组
集体创作；山西人民出版社改编
太原　山西人民出版社　1966年　10cm（64开）
定价：CNY0.05
　　　中国现代连环画作品。

J0065870
智勇双全的郭连长　任心溪改编；张永太绘
石家庄　河北人民美术出版社　1966年
13cm（64开）定价：CNY0.16
　　　中国现代连环画作品。

J0065871
中国工人阶级伟大战士——刘美泉　（农村
活叶连环画）黑龙江美术出版社编绘；王纯信，
于海江绘
哈尔滨　黑龙江美术出版社　1966年
38cm（6开）定价：CNY0.04
　　　中国现代连环画作品。

J0065872
最高指示的模范执行者刘英俊　王文里等绘
沈阳　辽宁美术出版社　1966年　1张
107cm（全开）定价：CNY0.25
　　　中国现代连环画作品。

J0065873
革命闯将陆荣根　时代，市西，五四中学《陆荣根事迹编写小组》供稿
上海　上海人民美术出版社　1967 年　1 张
76cm（2 开）定价：CNY0.10
　　中国现代连环画作品。

J0065874
革命现代京剧《奇袭白虎团》（剧照连环画）
山东省京剧团演出
天津　天津人民美术出版社　1967 年　76cm（2 开）
定价：CNY0.12
　　中国现代连环画作品。

J0065875
毛主席的好战士刘英俊　辽宁人民美术出版社编
沈阳　辽宁人民美术出版社　1967 年
13cm（64 开）定价：CNY0.21
　　中国现代连环画作品。

J0065876
毛主席的好战士吕祥壁　解放军画报供稿
北京　人民美术出版社　1967 年　1 张
76cm（2 开）定价：CNY0.16
　　中国现代连环画作品。

J0065877
毛主席的好战士——年四旺
沈阳　辽宁美术出版社　1967 年　1 张
107cm（全开）定价：CNY0.22
　　中国现代连环画作品。

J0065878
毛主席的好战士——年四旺　中国人民解放军总后勤部供稿
北京　人民美术出版社　1967 年　1 张
76cm（2 开）定价：CNY0.10
　　中国现代连环画作品。

J0065879
无产阶级革命派的坚强战士郭嘉宏　辽宁人民美术出版社编绘
沈阳　辽宁人民美术出版社　1967 年　1 张
76cm（2 开）统一书号：T8117.1586

定价：CNY0.12
　　中国现代连环画作品。

J0065880
无产阶级革命派的坚强战士郭嘉宏　辽宁人民美术出版社编绘
沈阳　辽宁人民美术出版社　1967 年
13cm（64 开）定价：CNY0.12
　　中国现代连环画作品。

J0065881
无产阶级革命派的坚强战士——郭嘉宏
南京艺术学院红画笔作
南京　江苏人民出版社　1967 年　1 张
76cm（2 开）定价：CNY0.12
　　中国现代连环画作品。

J0065882
无产阶级革命派的坚强战士——郭嘉宏
北京　人民美术出版社　1967 年　1 张
76cm（2 开）定价：CNY0.10
　　中国现代连环画作品。

J0065883
一心为公的共产主义战士蔡永祥　辽宁人民美术出版社改编
沈阳　辽宁人民美术出版社　1967 年
13cm（64 开）定价：CNY0.22
　　中国现代连环画作品。

J0065884
一心为公的共产主义战士蔡永祥　浙江军区政治部供稿
北京　人民美术出版社　1967 年　11cm
定价：CNY0.04
（幻灯片连环画库）
　　中国现代连环画作品。

J0065885
一心为公的共产主义战士蔡永祥
上海　上海人民美术出版社　1967 年　12 张
19cm（小 32 开）定价：CNY0.12
　　中国现代连环画作品。

J0065886
一心为公的共产主义战士——蔡永祥 浙江军区政治部供稿
北京 人民美术出版社 1967 年 76cm（2 开）
定价：CNY0.10
　　中国现代连环画作品。

J0065887
一心为公的共产主义战士——申宪智
石家庄 河北人民美术出版社 1967 年
11cm 定价：CNY0.05
　　中国现代连环画作品。

J0065888
一支毛泽东思想的赞歌……
南昌 江西人民出版社 1967 年 1 张
107cm（全开）定价：CNY0.15
　　中国现代连环画作品。

J0065889
支左爱民的模范 辽宁美术出版社编绘
沈阳 辽宁美术出版社 1967 年 1 张
76cm（2 开）定价：CNY0.12
　　中国现代连环画作品。

J0065890
支左爱民模范排 （记中国人民解放军 6011 部队某部六连四排和李文忠同志支左爱民模范事迹）中国人民解放军 6003 部队政治部文化处供稿
济南 山东人民出版社 1967 年 1 张
76cm（2 开）定价：CNY0.08
　　中国现代连环画作品。

J0065891
"公"字的凯歌 勇军，爱明编绘
北京 解放军文艺出版社 1968 年
13cm（64 开）定价：CNY0.19
　　中国现代连环画作品。

J0065892
"支左爱民模范排"的英雄事迹
天津 天津人民美术出版社 1968 年 1 张
76cm（2 开）定价：CNY0.12
　　中国现代连环画作品。

J0065893
红心永向毛主席 （无限忠于毛泽东思想的共产主义战士张红兵 幻灯·连环画）6453 部队政治部编绘
北京 解放军文艺社 1968 年 13cm（64 开）
定价：CNY0.11
　　中国现代连环画作品。

J0065894
毛泽东思想的赞歌 （记 1124 工地部队抢险斗争的光辉事迹）辽宁省文联等编绘
沈阳 辽宁人民美术出版社 1968 年
13cm（64 开）定价：CNY0.14
　　中国现代连环画作品。

J0065895
伟大的共产主义战士吕祥壁 中国人民解放军济南部队空军政治部编
济南 山东人民出版社 1968 年 13cm（64 开）
定价：CNY0.15
　　中国现代连环画作品。

J0065896
伟大的共产主义战士王士栋 王士栋展览会美术组供稿
济南 山东人民出版社 1968 年 2 张
76cm（2 开）定价：CNY0.24
　　中国现代连环画作品。

J0065897
无限忠于毛主席革命路线的好干部——门合 （汉，藏文对照）青海省"革命委员会"文卫组，8136 部队政治部编绘；青海人民出版社译
合肥 安徽人民出版社 1968 年 15cm（40 开）
定价：CNY0.08
　　中国现代连环画作品。

J0065898
无限忠于毛主席革命路线的好干部——门合 青海省"革命委员会"文卫组，8136 部队政治部编绘
南昌 江西人民出版社 1968 年 13cm（60 开）
定价：CNY0.10
　　中国现代连环画作品。

J0065899

无限忠于毛主席革命路线的好干部——门合　青海省"革命委员会"文卫组，8136 部队政治部编绘

南昌　江西人民美术出版社　1968 年　1 张　76cm（2 开）定价：CNY0.08

中国现代连环画作品。

J0065900

无限忠于毛主席革命路线的好干部——门合　（连环画挂图）8136 部队政治部青海画报社，青海省群众艺术馆编绘

北京　人民美术出版社　1968 年　30 张　26cm（16 开）定价：CNY0.28

J0065901

无限忠于毛主席革命路线的好干部——门合　青海省"革命委员会"文卫组，8136 部队政治部编绘

西安　陕西人民出版社　1968 年　1 张　107cm（全开）定价：CNY0.20

中国现代连环画作品。

J0065902

无限忠于毛主席革命路线的好干部——门合　上海　上海人民美术出版社　1968 年　1 张　76cm（2 开）定价：CNY0.06

中国现代连环画作品。

J0065903

无限忠于毛主席革命路线的好干部——门合　上海　上海人民美术出版社　1968 年　1 张　107cm（全开）定价：CNY0.20

中国现代连环画作品。

J0065904

无限忠于毛主席革命路线的好干部门合同志英雄事迹　上海　上海人民美术出版社　1968 年　1 张　26cm（16 开）定价：CNY0.36

中国现代连环画作品。

J0065905

向无限忠于毛主席革命路线的好干部门合同志学习　上海新画院供稿

上海　上海革命教育出版社　1968 年　8 张　53cm（4 开）定价：CNY0.40

中国现代连环画作品。

J0065906

向无限忠于毛主席革命路线的好干部门合同志学习……

天津　天津人民美术出版社　1968 年　1 张　107cm（全开）定价：CNY0.20

中国现代连环画作品。

J0065907

支左爱民模范排、支左爱民模范李文忠展览会画选

南昌　江西人民出版社　1968 年　1 张　85cm　定价：CNY0.45

中国现代连环画作品。

J0065908

李文忠的故事　（支左爱民模范）

南昌　江西省新华书店　1969 年　13cm（64 开）定价：CNY0.20

中国现代连环画作品。

J0065909

刘邦贤——为革命……

南昌　江西省新华书店　1969 年　13cm（64 开）定价：CNY0.13

中国现代连环画作品。

J0065910

为人民战胜烈火的英雄连　龙向军，江为民等集体编绘

哈尔滨　黑龙江省出版发行服务站　1969 年　13cm（64 开）定价：CNY0.25

中国现代连环画作品。

J0065911

无限忠于毛主席——张永安英雄事迹　肥东县"革命委员会"政工组供稿

合肥　安徽人民出版社　1969 年　13cm（64 开）定价：CNY0.08

中国现代连环画作品。

J0065912
谢长之
南昌 江西省新华书店 1969 年 13cm（64 开）
定价：CNY0.11
　　中国现代连环画作品。

J0065913
姚占岭
南昌 江西省新华书店 1969 年 13cm（64 开）
定价：CNY0.16
　　中国现代连环画作品。

J0065914
一不怕苦二不怕死的好矿工郝珍　石嘴山
市"革命委员会"政治部编绘
银川 宁夏人民出版社 1969 年 13cm（64 开）
定价：CNY0.16
　　中国现代连环画作品。

J0065915
英雄五少年　江西省新华书店"革委会"编辑
组编；九江专区群艺馆"革委会""英雄五少年"
创作组绘
南昌 江西省新华书店 1969 年 13cm（64 开）
定价：CNY0.10
　　中国现代连环画作品。

J0065916
最高指示的模范执行者——刘英俊　王文
里等绘
北京 人民美术出版社 1969 年 1 张
76cm（2 开）定价：CNY0.13
　　中国现代连环画作品。

J0065917
"爱民模范"赵尔春　上海市出版"革命组"
改编
上海 上海市出版"革命组" 1970 年 新 1 版
10×13cm 定价：CNY0.11
　　中国现代连环画。描述解放军某部电话守
机员赵尔春，在一次单独外出时遇到一场火灾，
为了抢救人民的生命财产，奋不顾身地扑向火
海，英勇地献出了自己的生命的故事。

J0065918
"海上猎手"立新功　高世成编；海铁城画
上海 上海市出版"革命组" 1970 年 有图
15cm（40 开）统一书号：2-59 定价：CNY0.06
　　中国现代连环画，描绘海军将士们过年不忘
战备的故事。

J0065919
"拉革命车不松套，一直拉到共产主义"
（无产阶级优秀战士王国福同志光辉事迹）
北京 北京市"革命委员会"毛主席著作出版办
公室 1970 年 108cm（全开）定价：CNY0.20
　　中国现代连环画作品。

J0065920
"优秀工宣队员"徐松宝　上海汽车底盘厂
"革委会"，上海市出版"革命组"编绘
上海 上海市出版"革命组" 1970 年 10×13cm
定价：CNY0.19
　　根据徐松宝的先进事迹改编的中国现代连
环画。

J0065921
爱国主义和国际主义的榜样黄继光　《黄继
光》连环画创作组编绘
上海 上海人民出版社 1970 年 162 页 10×13cm
统一书号：8.3.175 定价：CNY0.16
　　中国现代连环画作品。

J0065922
半夜鸡叫　上海电影系统《半夜鸡叫》编摄组
编摄
上海 上海人民出版社 1970 年 41 页 13cm（60 开）
定价：CNY0.10
（木偶电影连环画）
　　根据木偶电影《半夜鸡叫》改编的中国现代
连环画作品。

J0065923
草湾战歌　江西省第二期美工人员毛泽东思
想学习班编绘
南昌 江西省新华书店 1970 年 13cm（60 开）
定价：CNY0.07
　　中国现代连环画作品。反映了资溪县红坪
村生产队群众，发扬不怕苦的精神改变草湾面貌

的事迹。

J0065924
草原英雄小姐妹　上海电影系统《草原小姐妹》编绘组编绘
上海　上海人民出版社　1970年　13cm（60开）
定价：CNY0.16
（动画电影连环画）
　　根据中国动画电影《草原小姐妹》改编的连环画。作品反映草原小姐妹龙梅与玉荣冒雪保护生产队羊群的英雄事迹。

J0065925
朝气蓬勃的无产阶级先锋战士杨健生 （连环画图片）
广州　广东人民出版社　1970年　76cm（2开）
定价：CNY0.11
　　中国现代连环画作品。

J0065926
陈波　江西省新华书店“革命委员会”编辑组编；新建县“革委会”政治部宣传组绘
南昌　江西省新华书店　1970年　13cm（60开）
定价：CNY0.12
　　中国现代连环画作品。

J0065927
陈波 （新编本）江西省第二期美工人员毛泽东思想学习班编绘
南昌　江西省新华书店　1970年　13cm（60开）
定价：CNY0.14
　　中国现代连环画作品。

J0065928
赤脚医生　川沙县《赤脚医生》连环画创作组编绘
上海　上海人民出版社　1970年　13cm（60开）
定价：CNY0.12
　　中国现代连环画作品。

J0065929
嵯岗红旗　齐齐哈尔铁路局政治部工人业余美术创作组编绘
哈尔滨　黑龙江人民出版社　1970年　13cm（60开）
定价：CNY0.09
　　中国现代连环画册作品。

J0065930
党的好女儿毕英兰　烟台地区毕英兰连环画创作组编绘
济南　山东人民出版社　1970年　76页　13cm（64开）
定价：CNY0.12
　　中国现代连环画作品。

J0065931
邓启生　抚州专区“革委会”宣传组，宜黄县“革委会”宣传组编绘
南昌　江西省新华书店　1970年　13cm（60开）
定价：CNY0.10
　　中国现代连环画作品，介绍模范共产党员邓启生的先进事迹。

J0065932
地道战　上海电影系统《地道战》连环画编辑小组编
上海　上海人民出版社　1970年　13cm（60开）
定价：CNY0.20
（电影连环画）
　　根据同名电影改编的中国现代连环画作品。

J0065933
地道战　河北艺术师范学院《地道战》连环画创作组编
天津　天津人民美术出版社　1970年　108页
13cm（60开）定价：CNY0.16
　　根据同名电影改编的中国现代连环画作品。

J0065934
地雷战
天津　天津人民美术出版社　1970年　108页
13cm（60开）定价：CNY0.23
（电影连环画）
　　根据同名电影改编的中国现代连环画作品。

J0065935
革命青年的榜样——金训华　黑龙江人民出版社编绘
哈尔滨　黑龙江人民出版社　1970年　13cm（60开）
定价：CNY0.09
　　中国现代连环画作品。

J0065936
革命现代京剧《沙家浜》（剧照连环画片）
南京 江苏人民出版社 1970 年 1 张
76cm（2 开）定价：CNY0.10
　革命样板戏剧照连环画片。

J0065937
革命现代京剧《智取威虎山》（剧照连环画
片）上海文化系统五营二连美术"革命组"作
上海 上海市出版"革命组"1970 年
76cm（2 开）定价：CNY0.14

J0065938
共产主义小英雄　呈忠改编；王建绘图
杭州 浙江人民美术出版社 1970 年 13cm（60开）
定价：CNY0.09
　本书系中国现代连环画作品。

J0065939
红灯记　（初稿）上海市出版"革命组"《红灯
记》连环画创作组编绘
长春 吉林人民出版社 1970 年 13cm（60 开）
定价：CNY0.18
　本书为中国现代京剧《红灯记》的连环画册。

J0065940
红灯记　（革命现代京剧 画册）
南京 江苏省"革命委员会"1970 年 28 页
15cm（40 开）统一书号：8100.1407
定价：CNY0.08
　本书系中国现代连环画、革命现代京剧
画册。

J0065941
红灯记　（初稿）上海市出版"革命组"《红灯
记》连环画创作组编绘
太原 山西人民出版社 1970 年 13cm（60 开）
定价：CNY0.18
　本书为中国现代京剧《红灯记》的连环画册。

J0065942
红灯记　（初稿）上海人民出版社《红灯记》连
环画创作组编绘
上海 上海人民出版社 1970 年 15cm（40 开）
定价：CNY0.30

　本书为中国现代京剧《红灯记》的连环画册。

J0065943
红灯记　（革命样板戏连环画 初稿）上海市出
版"革命组"《红灯记》连环画创作组编绘
上海 上海市出版"革命组"1970 年
13cm（60 开）定价：CNY0.18
　本书为中国现代京剧《红灯记》的连环画册。

J0065944
红灯记　（画册）新华社供稿；上海市出版"革
命组"编辑
上海 上海市出版"革命组"编辑 1970 年 28 页
19cm（32 开）统一书号：3–122 定价：CNY0.26
　本书系新华社供稿，上海市出版"革命组"
编辑革命现代京剧摄影集。

J0065945
红灯记　（初稿）浙江美术学院《红灯记》连环
画创作组编绘
杭州 浙江人民美术出版社 1970 年 13cm（60 开）
定价：CNY0.22
　本书为中国现代京剧《红灯记》的连环画册。

J0065946
红旗商店　江西省第二期美工人员毛泽东思
想学习班编绘
南昌 江西省展览馆 1970 年 13cm（60 开）
定价：CNY0.10
　中国现代连环画册作品。

J0065947
红色娘子军　中国舞剧团集体改编
上海 上海市出版"革命组"1970 年 96 页 有图
14cm（64 开）定价：CNY0.21
　中国现代舞剧《红色娘子军》的连环画作品。

J0065948
红色娘子军　（初稿）天津人民美术出版社集
体编绘
天津 天津人民美术出版社 1970 年 13cm（60 开）
定价：CNY0.17
　本书为中国现代舞剧《红色娘子军》的连环
画册。

J0065949

红山岛　宁军改编

上海　上海人民出版社　1970 年　新 1 版

13cm（60 开）统一书号：8.3.121　定价：CNY0.11

　　本书为《红山岛》连环画册。

J0065950

智擒坏蛋　广东人民出版社编辑

广州　广东人民出版社　1970 年　13cm（60 开）

定价：CNY0.08

（小小连环画选）

　　中国现代连环画作品。

J0065951

红心铁臂　江西省第二期美工人员毛泽东思想学习班编绘

南昌　江西省新华书店　1970 年　13cm（60 开）

定价：CNY0.06

　　本书为中国现代连环画作品。

J0065952

红心铁手创江山　（下丁家大队自力更生、艰苦奋斗创业记）黄县"革委会"政治部宣传科改编；上海人民出版社绘图

上海　上海人民出版社　1970 年　新 1 版

13cm（60 开）定价：CNY0.10

　　本书为中国现代连环画作品。

J0065953

黄继光　广东人民出版社编辑

广州　广东人民出版社　1970 年　13cm（60 开）

定价：CNY0.08

（小小连环画选）

　　中国现代连环画作品。

J0065954

蒋春和　江西省第二期美工人员毛泽东思想学习班编绘

南昌　江西省新华书店　1970 年　13cm（60 开）

定价：CNY0.08

　　本书为中国连环画作品。

J0065955

井冈山的新赤卫队——宁冈县茅坪民兵营

江西省第二期美工人员毛泽东思想学习班编绘

南昌　江西省新华书店　1970 年　13cm（60 开）

定价：CNY0.07

　　本书为中国连环画作品。

J0065956

军垦七战士　中国人民解放军福州军区江西生产建设兵团第一团编绘

南昌　江西省新华书店　1970 年　13cm（60 开）

定价：CNY0.10

　　本书为中国连环画作品，讲述福州军区七战士军垦的故事。

J0065957

抗丁洞　宁冈县"革委会"宣传组编绘

南昌　江西省新华书店　1970 年　13cm（60 开）

定价：CNY0.09

　　本书为中国现代连环画作品。

J0065958

矿工血恨　鸡西市"革命委员会"政治部供稿

哈尔滨　黑龙江人民出版社　1970 年　13cm（60 开）

定价：CNY0.12

　　本书为中国连环画册作品。

J0065959

矿山新人　台山县"革委会"政工组编绘

广州　广东人民出版社　1970 年　13cm（60 开）

定价：CNY0.08

　　本书为中国现代连环画册作品。

J0065960

李琼妹的故事　广州美术学院"革命委员会"供稿

广州　广东人民出版社　1970 年　13cm（60 开）

定价：CNY0.07

　　本书为中国现代连环画作品。

J0065961

列宁在十月

上海　上海人民出版社　1970 年　122 页　13cm（60 开）

定价：CNY0.12

　　根据同名电影和有关资料编绘的中国现代连环画作品。

J0065962

毛主席的好工人盛林法　上海铁路分局工人业余创作组等编绘

上海 上海市出版"革命组" 1970 年 13cm（60 开）

定价：CNY0.07

本书为中国现代连环画作品。

J0065963

毛主席的好孩子——刘文学　洪金，宋绍祺原著；黄一德改编；王仲清等绘画；上海出版系统出版"革命组"改编

上海 上海人民美术出版社 1970 年 2 版

13cm（60 开）定价：CNY0.15

中国现代连环画作品。

J0065964

毛主席的好战士王树庆　沈阳部队美术组集体创作

沈阳 辽宁省新华书店 1970 年 13cm（60 开）

定价：CNY0.18

本书为中国现代连环画作品。

J0065965

煤海红心　江西省第二期美工人员毛泽东思想学习班编绘

南昌 江西省新华书店 1970 年 13cm（60 开）

定价：CNY0.08

本书为中国现代连环画作品。

J0065966

莫裕胜　江西省第二期美工人员毛泽东思想学习班编绘

南昌 江西省新华书店 1970 年 13cm（60 开）

定价：CNY0.10

中国现代连环画作品。

J0065967

穷棒子精神万岁　（上海绒毯三厂艰苦创业记 小厂走在大路上）上海绒毯三厂"革委会"政宣组，上海市出版"革命组"美术通讯员编绘

上海 上海市出版"革命组" 1970 年

13cm（60 开）定价：CNY0.09

本书为上海现代连环画作品，讲述上海绒毯三厂艰苦创业的故事。

J0065968

三打铜锣　梅县专区"革委会"政工组，大埔县"革委会"政工组《三打铜锣》创作组，广州美术学院"革委会"编绘

广州 广东人民出版社 1970 年 13cm（60 开）

定价：CNY0.09

中国现代连环画作品。

J0065969

三口大锅闹革命　（吉林市油脂厂自力更生、艰苦创业的事迹）

广州 广东人民出版社 1970 年 13cm（60 开）

定价：CNY0.11

中国现代连环画作品。

J0065970

三口大锅闹革命　（吉林市油脂厂自力更生、艰苦创业的事迹）吉林市工代会供稿；吉林人民出版社改画

长春 吉林人民出版社 1970 年 68 页 13cm（60 开）

定价：CNY0.14

中国现代连环画作品。

J0065971

沙家浜　（革命现代京剧 画册）

南京 江苏省"革命委员会"出版发行局 1970 年

28 页 15cm（40 开）统一书号：8100.1405

定价：CNY0.08

本书系中国现代连环画革命现代京剧画册。

J0065972

石匠工人闯新路　（上海红星量具厂艰苦创业记 小厂走在大路上）上海人民出版社美术通讯员编绘

上海 上海人民出版社 1970 年 13cm（60 开）

定价：CNY0.06

中国现代连环画作品。

J0065973

宋师傅学外语　上海港工人业余写作组编写；石瀛潮绘图

上海 上海人民出版社 1970 年 有图

15cm（40 开）定价：CNY0.05

本书为中国现代连环画作品。

J0065974

泰山压顶不弯腰 （南堡大队用毛泽东思想战胜特大洪灾的英雄事迹）浙江幻灯制片厂供稿

杭州 浙江人民美术出版社 1970年 13cm（60开）

定价：CNY0.07

J0065975

泰山压顶不弯腰 （南堡大队用毛泽东思想战胜特大洪灾的英雄事迹 连环画图片）浙江幻灯制片厂供稿

杭州 浙江人民美术出版社 1970年 1张 76cm（2开）定价：CNY0.10

　　本书为中国现代连环画作品。

J0065976

天罗地网 江西省第二期美工人员毛泽东思想学习班编绘

南昌 江西省新华书店 1970年 13cm（60开）

定价：CNY0.07

　　中国现代连环画作品。

J0065977

万火生 南昌市"革命委员会"万火生事迹调查组编绘

南昌 江西省新华书店 1970年 1册 13cm（60开）

定价：CNY0.11

　　中国现代连环画作品。

J0065978

王国福 江西省新华书店"革委会"编辑组编；江西省新华书店"革委会"编辑组通讯员绘

南昌 江西省新华书店 1970年 1册 13cm（60开）

定价：CNY0.12

　　中国现代连环画作品。

J0065979

为革命读书 闸北区编写组编画

上海 上海人民出版社 1970年 1册 有图 15cm（40开）定价：CNY0.05

　　本书为中国现代连环画作品。

J0065980

为革命没有克服不了的困难 （吉林市油脂厂自力更生、艰苦创业的事迹 连环画图片）

长春 吉林人民出版社 1970年 2张 76cm（2开）

定价：CNY0.28

　　本书为中国现代连环画图片。

J0065981

为革命没有克服不了的困难 （向"自力更生，艰苦创业的红旗厂"吉林市油脂厂学习！）

长春 吉林人民出版社 1970年 1张 76cm（2开）定价：CNY0.14

　　本书为中国现代宣传连环画作品，反映中国工业战线自力更生、艰苦创业的精神风貌。

J0065982

为革命我们要顶半边天 （"三八"冶炼厂的先进事迹）黄石市"革命委员会"政工组供稿

武汉 湖北人民出版社 1971年 1张 76cm（2开）定价：CNY0.12

　　中国现代连环画作品。

J0065983

为革命我们要顶半边天——"三八"冶炼厂的先进事迹 黄石市工农兵文化馆供稿

武汉 湖北人民出版社 1972年 13cm（60开）

定价：CNY0.08

　　中国现代连环画作品。

J0065984

为革命献出最后一滴血 （向舍身抢救列车的七十八岁老贫农邢远长同志学习）中央人民广播电台湖北记者站编；湖北美术院，武昌县邢远长同志事迹展览馆绘

武汉 湖北人民出版社 1970年 1册 13cm（60开）

定价：CNY0.18

　　中国现代连环画作品。

J0065985

为革命献出最后一滴血——向舍身抢救列车的七十八岁老贫民邢远长同志学习 中央人民广播电台湖北记者站编；湖北省群众文化处，武昌县邢远长同志事迹展览馆绘

武汉 湖北人民出版社 1972年 2版 13cm（60开）

定价：CNY0.12

　　中国现代连环画作品。

J0065986

为革命造就一代新人

长春 吉林人民出版社 1970年 78页 13cm（60开）
定价：CNY0.20

　　中国现代连环画作品。

J0065987
为巩固无产阶级专政奋斗终生的好干部——王恒德 （连环画图片）宝鸡地区学习王恒德，红旗大队领导小组办公室，西安美术学院宝鸡分队供稿
西安 陕西人民出版社 1970年 1张 108cm（全开）
定价：CNY0.26

　　本书为现代连环画图片作品。

J0065988
为巩固无产限级专政奋斗终生的好干部王恒德
西宁 青海省毛主席著作出版发行管理处
1970年 1册 13cm（60开）定价：CNY0.08

　　中国现代连环画作品。

J0065989
为人民鞠躬尽瘁 （记"一不怕苦、二不怕死"的共产主义战士杨水才同志的光辉事迹）赣建平，劳峡编绘
杭州 浙江人民美术出版社 1970年 1册
13cm（60开）定价：CNY0.20

　　中国现代连环画作品。

J0065990
无产阶级革命事业接班人的好榜样沈秀芹 烟台地区沈秀芹连环画创作组编绘
济南 山东人民出版社 1970年 128页 13cm（60开）
定价：CNY0.25

　　中国青年先进人物生平事迹连环画。

J0065991
无产阶级先锋战士——黄妙郎 崇明县"革命委员会"政宣组编绘
上海 上海市出版"革命组" 1970年 1册
13cm（60开）定价：CNY0.08

　　中国现代连环画作品。

J0065992
无产阶级硬骨头——麦贤得 （原少儿版）
上海 上海人民出版社 1970年 新1版 1册 有图

15cm（40开）定价：CNY0.07

　　本书为中国现代连环画作品，1970年原少儿版。

J0065993
无产阶级优秀战士王国福 王国福事迹连环画编绘组编
北京 北京市新华书店 1970年 1册 13cm（60开）
定价：CNY0.17

　　中国现代连环画作品。

J0065994
无产阶级优秀战士王国福
广州 广东人民出版社 1970年 102页 13cm（60开）
定价：CNY0.11

　　中国现代连环画作品。

J0065995
无限忠于毛主席的川藏运输线上十英雄
总后勤部政治部供稿
北京 人民美术出版社 1970年 1册 13cm（60开）
定价：CNY0.09

　　中国现代连环画作品。

J0065996
无限忠于毛主席的川藏运输线上十英雄
天津人民美术出版社编绘
天津 天津人民美术出版社 1970年 1册
13cm（60开）定价：CNY0.13

　　中国现代连环画作品。

J0065997
无限忠于毛主席的好党员——李全洲 武汉部队政治部宣传部编绘
武汉 湖北人民出版社 1970年 1册 13cm（60开）
定价：CNY0.08

　　中国现代连环画作品。

J0065998
无限忠于毛主席革命路线的好干部——门合 兰州军区政治部文化部编绘
上海 上海市出版"革命组" 1970年 1册
13cm（60开）定价：CNY0.14

　　中国现代连环画作品。

J0065999

五个回合　《南方日报》美术组编绘
广州　广东人民出版社　1970年　1册　13cm（60开）
定价：CNY0.10
　　中国现代连环画作品。

J0066000

务农青年好榜样　新会县"革委会"政工组
编绘
广州　广东人民出版社　1970年　1册　13cm（60开）
定价：CNY0.06
（广阔天地炼红心　之二）
　　中国现代连环画作品。

J0066001

消息树　上海市出版"革命组"改编
上海　上海市出版"革命组"1970年　新1版
1册　13cm（60开）定价：CNY0.09
　　中国现代连环画作品。

J0066002

小柱头送情报　广东人民出版社编辑
广州　广东人民出版社　1970年　1册　13cm（60开）
定价：CNY0.10
（小小连环画选）
　　本书含《二十九个苹果》《段大妈》《小柱头
送情报》《詹美香》四篇连环画。

J0066003

笑把青春献给党　（天津市上山下乡知识青
年、共产党员孙连华同志的光辉事迹　连环画
图片）
天津　天津人民美术出版社　1970年　1张
108cm（全开）定价：CNY0.22
　　本书为中国上山下乡知识青年孙连华同志
生平事迹连环画图片。

J0066004

兄弟民兵　阎甦，江深原著；成荣改编；王绚
秋绘画
上海　上海出版"革命组"1970年　新1版　52页
13cm（60开）定价：CNY0.11
　　中国现代连环画作品。

J0066005

胸怀朝阳战凌洪　（济南部队工程兵某独立营
为人民战胜黄河）特大凌洪的英雄事迹展览会
供稿
济南　山东人民出版社　1970年　1册　13cm（60开）
定价：CNY0.07
　　中国现代连环画作品。

J0066006

杨健生　潮阳县"革委会"政工组，广东人民
艺术学院绘画系编绘
广州　广东人民出版社　1970年　52页　13cm（60开）
定价：CNY0.12
　　本书为毛泽东思想学习参考资料专著。

J0066007

杨振泉　江西省新华书店"革委会"编辑组编；
九江专区工农兵文艺工作站绘
南昌　江西省新华书店　1970年　1册　13cm（60开）
定价：CNY0.07
　　中国现代连环画作品。

J0066008

**一不怕苦，二不怕死的好战士 ——宁学
金**　西安美术学院驻院工宣队，"革委会"供稿
西安　陕西人民出版社　1970年　1册　13cm（60开）
定价：CNY0.10
　　中国现代连环画作品。

J0066009

**一不怕苦、二不怕死的共产主义战士侯明
法**　（连环画图片）
天津　天津人民美术出版社　1970年　1张
108cm（全开）定价：CNY0.20
　　本书系中国共产主义战士侯明法连环画
图片。

J0066010

**一不怕苦、二不怕死的共产主义战士杨水
才**　《杨水才》画册创作组编绘
郑州　河南人民出版社　1970年　34页　13cm（60开）
定价：CNY0.15
　　中国现代连环画作品。

J0066011

一不怕苦二不怕死 （王杰的故事）吴文焕
编文；王仲清等绘画；上海出版系统出版"革命
组"改编
上海　上海人民美术出版社　1970年　2版　114页
13cm（60开）定价：CNY0.20
　　中国现代连环画作品。

J0066012

一心想着为国家多作贡献 （榆树县小乡生
产队艰苦奋斗、发展农业生产的事迹）吉林人
民出版社编画
长春　吉林人民出版社　1970年　56页　有图
13cm（60开）定价：CNY0.19
　　本书为中国农业经济建设连环画作品。

J0066013

一心想着为国家多作贡献 （榆树县小乡生
产队突出政治、艰苦奋斗发展农业生产的事迹
连环画图片）
长春　吉林人民出版社　1970年　2张　76cm（2开）
定价：CNY0.28
　　本书系中国现代连环画图片。

J0066014

易细才　江西省新华书店"革委会"编辑组编；
宜春专区"革委会"政治部宣传组绘
南昌　江西省新华书店　1970年　1册　13cm（60开）
定价：CNY0.10
　　中国现代连环画作品。

J0066015

英雄母女　红山鹰原著；劳峡改编；新工绘图
杭州　浙江人民美术出版社　1970年　13cm（60开）
定价：CNY0.05
　　中国现代连环画作品。

J0066016

永远紧握手中枪　上海人民出版社改编
上海　上海人民出版社　1970年　新1版　68页
13cm（60开）定价：CNY0.07
　　中国现代连环画作品。

J0066017

优秀的党支部书记黄妙郎　崇明县"革委会"

政宣组，《解放日报》工农兵美术通讯员编绘
西宁　青海人民出版社　1970年　13cm（60开）
定价：CNY0.07
　　中国现代连环画作品。

J0066018

优秀的共产党员——陈波　闸北区编写组
编画
上海　上海人民出版社　1970年　19页　有图
15cm（40开）定价：CNY0.05
　　中国现代连环画作品。

J0066019

优秀的共产主义战士王大彪 （连环画图片）
长春　吉林人民出版社　1970年　2张　76cm（2开）
定价：CNY0.28
　　本书系中国优秀共产主义战士王大彪连环
画图片。

J0066020

优秀共产主义战士杨今月
长春　吉林人民出版社　1970年　38页　13cm（60开）
定价：CNY0.17
　　中国现代连环画作品。

J0066021

扎根黎寨干革命　广州美术学院"革命委员
会"编绘
广州　广东人民出版社　1970年　13cm（60开）
定价：CNY0.07
（广阔天地炼红心　之一）
　　中国现代连环画作品。

J0066022

张思德　广东人民出版社编辑
广州　广东人民出版社　1970年　13cm（60开）
定价：CNY0.16
（小小连环画选）
　　本书含《张思德》《刘胡兰》《董存瑞》三篇
连环画。

J0066023

珍宝岛英雄赞　上海市出版"革命组"美术通
讯员编绘
上海　上海市出版"革命组"　1970年　64页

13cm（60开）定价：CNY0.10
　　中国现代连环画作品。

J0066024
郑赛金　　江西省第二期美工人员毛泽东思想学习班编
南昌　江西省新华书店　1970年　13cm（60开）
定价：CNY0.08
　　中国现代连环画作品。

J0066025
智擒逃敌
南昌　江西省新华书店　1970年　30页　15cm（40开）
定价：CNY0.10
　　本书为中国儿童文学图画故事。

J0066026
智取威虎山　　（初稿）文汇报《智取威虎山》连环画创作组编绘
福州　福建省新华书店　1970年　13cm（60开）
定价：CNY0.20
　　中国现代样板戏连环画作品。

J0066027
智取威虎山　　（初稿）
广州　广东人民出版社　1970年　13cm（64开）
定价：CNY0.33
　　中国现代连环画作品。

J0066028
智取威虎山　　（初稿）文汇报《智取威虎山》连环画创作组编绘
哈尔滨　黑龙江人民出版社　1970年　13cm（60开）
定价：CNY0.20
　　中国现代样板戏连环画作品。

J0066029
智取威虎山　　（初稿）文汇报《智取威虎山》连环画创作组编绘
长沙　湖南人民出版社　1970年　13cm（60开）
定价：CNY0.24
　　中国现代样板戏连环画作品。

J0066030
智取威虎山　　（初稿）文汇报《智取威虎山》连

环画创作组编绘
长春　吉林人民出版社　1970年　13cm（60开）
定价：CNY0.20
　　中国现代样板戏连环画作品。

J0066031
智取威虎山　　（初稿）文汇报《智取威虎山》连环画创作组编绘
南昌　江西省新华书店　1970年　13cm（60开）
定价：CNY0.20
　　中国现代样板戏连环画作品。

J0066032
智取威虎山　　（初稿）文汇报《智取威虎山》连环画创作组编绘
太原　山西人民出版社　1970年　13cm（60开）
定价：CNY0.18
　　中国现代样板戏连环画作品。

J0066033
智取威虎山　　（初稿）文汇报《智取威虎山》连环画创作组编绘
上海　上海市出版"革命组"　1970年
13cm（60开）定价：CNY0.29
　　中国现代样板戏连环画作品。

J0066034
智取威虎山　　（初稿）文汇报《智取威虎山》连环画创作组编绘
上海　上海市出版"革命组"　1970年
15cm（40开）定价：CNY0.30
　　中国现代样板戏连环画作品。

J0066035
智取威虎山　　（初稿）文汇报《智取威虎山》连环画创作组编绘
成都　四川人民出版社　1970年　13cm（60开）
定价：CNY0.20
　　中国现代样板戏连环画作品。

J0066036
智胜敌舰　　陆舟原著；胡逸改编；孙克敬绘画
上海　上海市出版"革命组"　1970年　新1版
13cm（60开）定价：CNY0.10
　　中国现代连环画作品。

J0066037

忠于毛主席，是最高的党性 （记优秀的共产党员陈波　连环画图片）中国人民解放军6011部队供稿
南昌　江西省新华书店　1970年　76cm（2开）
定价：CNY0.10
　　　本书系中国优秀的共产党员陈波连环画图片。

J0066038

自力更生绘新图
南昌　江西省新华书店　1970年　13cm（60开）
定价：CNY0.12
　　　中国现代连环画作品。

J0066039

自力更生奏凯歌 （上海七一工具厂艰苦创业记）上海七一工具厂"革委会"政宣组美术通讯员编绘
上海　上海市出版"革命组"1970年　60页　有图10×13cm　定价：CNY0.07
　　　中国现代连环画作品。

J0066040

最新最美的人——陈菊女 江西省第二期美工人员毛泽东思想学习班编绘
南昌　江西省新华书店　1970年　13cm（60开）
定价：CNY0.07
　　　中国现代连环画作品。

J0066041

最新最美的人——樊孝菊 江西省第二期美工人员毛泽东思想学习班编绘
南昌　江西省新华书店　1970年　13cm（60开）
定价：CNY0.07
　　　中国现代连环画作品。

J0066042

最新最美的人——谭冬幼 江西省第二期美工人员毛泽东思想学习班编绘
南昌　江西省新华书店　1970年　13cm（60开）
定价：CNY0.06
　　　中国现代连环画作品。

J0066043

"模范共青团员"胡业桃 安徽省"胡业桃连环画创作组"编绘
合肥　安徽省"革命委员会"出版发行局　1971年13cm（64开）定价：CNY0.14
　　　中国现代连环画作品。

J0066044

"模范共青团员"胡业桃 海军美术工作者编绘
北京　人民美术出版社　1971年　13cm（64开）
定价：CNY0.15
　　　中国现代连环画作品。

J0066045

"模范共青团员"胡业桃
上海　上海人民出版社　1971年　13cm（64开）
定价：CNY0.09
　　　中国现代连环画作品。

J0066046

"模范饲养员"叶洪海 北京部队装甲兵政治部供稿
北京　人民出版社　1971年　1张107cm（全开）定价：CNY0.24
　　　中国现代连环画作品。

J0066047

"模范饲养员"叶洪海 北京部队装甲兵政治部供稿
北京　人民美术出版社　1971年　13cm（64开）
定价：CNY0.13
　　　中国现代连环画作品。

J0066048

"一二五"赞歌 （上）《"一二五"赞歌》连环画创作组编绘
上海　上海人民出版社　1971年　13cm（60开）
定价：CNY0.14
　　　中国现代连环画作品。

J0066049

"一二五"赞歌 （下）《"一二五"赞歌》连环画创作组编绘
上海　上海人民出版社　1971年　13cm（60开）

定价：CNY0.14

　　中国现代连环画作品。

J0066050

爱国主义和国际主义的榜样黄继光　《黄继光》连环画创作组编绘

长春　吉林人民出版社　1971 年　13cm（64 开）

定价：CNY0.15

　　中国现代连环画作品。

J0066051

爱民模范盛习友

杭州　浙江人民出版社　1971 年　13cm（64 开）

定价：CNY0.07

　　中国现代连环画作品。

J0066052

把一生交给党安排　（优秀共产主义战士、回乡女知识青年沈秀芹先进事迹）上海人民出版社美术通讯员编绘

上海　上海美术出版社　1971 年　84 页　有图

10×13cm　统一书号：8.3.396　定价：CNY0.08

　　中国现代连环画专著。反映优秀共产主义战士、回乡女知识青年沈秀芹的先进事迹。

J0066053

把一生交给党安排　（优秀共产主义战士、回乡女知识青年沈秀芹的先进事迹）上海中国画院供稿

上海　上海人民出版社　1971 年　2 张

76cm（2 开）定价：CNY0.11

　　中国现代连环画作品。

J0066054

把一生交给党安排　（优秀共产主义战士、回乡女知识青年沈秀芹的先进事迹）上海人民出版社美术通讯员编绘

上海　上海人民出版社　1971 年　13cm（64 开）

定价：CNY0.08

　　中国现代连环画作品。

J0066055

白毛女　河北人民出版社编绘

石家庄　河北人民出版社　1971 年　13cm（64 开）

定价：CNY0.16

　　本书是根据同名革命现代舞剧改编的中国现代连环画作品。

J0066056

白毛女　（革命现代舞剧）

太原　山西人民出版社　1971 年　13cm（64 开）

定价：CNY0.24

　　本书是根据同名革命现代舞剧改编的中国现代连环画作品。

J0066057

白毛女　（初稿）上海市新闻出版系统“五·七”干校《白毛女》连环画创作组编绘

上海　上海人民出版社　1971 年　13cm（64 开）

定价：CNY0.18

　　中国现代连环画作品。

J0066058

白毛女　（革命现代舞剧连环画　初稿）上海市新闻出版系统“五·七”干校《白毛女》连环画创作组编绘

上海　上海人民出版社　1971 年　15cm（64 开）

定价：CNY0.29

　　中国现代连环画作品。

J0066059

白毛女　天津市红桥区业余美术三结合创作组绘

天津　天津人民美术出版社　1971 年　13cm（64 开）

定价：CNY0.17

　　本书是根据同名革命现代舞剧改编的中国现代连环画作品。

J0066060

白毛女　（革命现代舞剧）天津人民美术出版社编

天津　天津人民美术出版社　1971 年　13cm（64 开）

定价：CNY0.24

　　中国现代连环画作品，根据同名革命现代舞剧、电视纪录片选编。

J0066061

白求恩的故事　浙江幻灯制片厂供稿

杭州　浙江人民出版社　1971 年　35 页　有彩图

15cm（40 开）统一书号：71.4.55　定价：CNY0.20

本书为中国《白求恩的故事》连环画专著。

J0066062

保卫无产阶级专政的红哨兵杨永福　青海省群众文化处，青海人民出版社编绘

西宁　青海人民出版社　1971 年　13cm（64 开）

定价：CNY0.20

　　中国现代连环画作品。

J0066063

不穿军装的解放军　（江山民兵团的先进事迹）襄阳地区"革委会"政工组，襄阳军分区政治部业余美术学习班编绘

武汉　湖北人民出版社　1971 年　13cm（64 开）

定价：CNY0.11

　　中国现代连环画作品。

J0066064

赤胆红心绘新图　（上海炼锌厂艰苦创业记小厂走在大路上）上海人民出版社美术通讯员编绘

上海　上海人民出版社　1971 年　13cm（64 开）

定价：CNY0.08

　　中国现代连环画作品。

J0066065

闯出为人民服务的广阔天地　（记广中理发店为人民服务的先进事迹）上海市美术学校"革委会"，上海市徐汇区工人业余写作组编绘

上海　上海人民出版社　1971 年　13cm（60 开）

定价：CNY0.09

　　中国现代连环画作品。

J0066066

打豹红少年　承德地区文艺创作组编绘

石家庄　河北人民出版社　1971 年　13cm（60 开）

定价：CNY0.08

　　中国现代连环画作品。

J0066067

淡菜礁上的战斗　小红编绘

杭州　浙江人民出版社　1971 年　28 页　有彩图

15cm（40 开）定价：CNY0.13

　　本书为中国现代连环画作品，根据徐琢平同名故事改编。

J0066068

党的好女儿毕英兰　沈阳"五·七"教师学校供稿

沈阳　辽宁人民出版社　1971 年　94 页

13cm（64 开）定价：CNY0.11

　　中国现代连环画作品。

J0066069

地道战　广东省电影幻灯服务站编

广州　广东人民出版社　1971 年　13cm（64 开）

定价：CNY0.20

　　中国现代连环画作品，本书根据同名影片选编。

J0066070

地道战

石家庄　河北人民出版社　1971 年　13cm（64 开）

定价：CNY0.23

　　中国现代连环画作品，本书根据同名影片选编。

J0066071

地道战　（革命战争连环画库）哲木，毕雷改编；浙江美术学院《地道战》连环画创作组绘图

北京　人民美术出版社　1971 年　13cm（64 开）

定价：CNY0.17

　　中国现代连环画作品。

J0066072

地道战　哲牧，毕雷改编；浙江美术学院《地道战》连环画创作组绘图

杭州　浙江人民出版社　1971 年　13cm（64 开）

定价：CNY0.17

　　中国现代连环画作品。

J0066073

地雷战　上海电影系统《地雷战》连环画编辑小组编

上海　上海人民出版社　1971 年　13cm（64 开）

定价：CNY0.22

　　中国现代连环画作品，本书根据同名影片选编。

J0066074

东平湖的鸟声　刘端绘

北京　人民美术出版社　1971 年 2 版 13cm（64 开）
定价：CNY0.12
　　中国现代连环画作品。

J0066075
废品堆上闹革命　（记个旧市废品收购门市部
的事迹）个旧市 "革命委员会" 政工组编绘
昆明　云南人民出版社　1971 年　13cm（64 开）
定价：CNY0.12
　　中国现代连环画作品。

J0066076
甘洒热血为人民　（无私无畏的共产主义战士
刘全法同志英雄事迹）红宇画
杭州　浙江人民出版社　1971 年　13cm（64 开）
定价：CNY0.09
　　中国现代连环画作品。

J0066077
赣江风雪　温州市 "革命委员会" 办公室《赣
江风雷》连环画创作组编绘
杭州　浙江人民出版社　1971 年　13cm（64 开）
定价：CNY0.13
　　本书是根据温州市越剧团试演的越剧改革
《农奴戟》改编的连环画作品。

J0066078
革命工人的好榜样王明福　工农兵美术通讯
员编绘
沈阳　辽宁省新华书店　1971 年　13cm（64 开）
定价：CNY0.10
　　中国现代连环画作品。

J0066079
革命英雄故事　广东人民出版社供稿
杭州　浙江人民出版社　1971 年　13cm（64 开）
定价：CNY0.08
　　中国现代连环画作品。

J0066080
跟紧毛主席　战旗扛到底　（用毛泽东思想武
装起来的优秀的青年指挥员王英）武汉部队政
治部宣传部供稿
武汉　湖北人民出版社　1971 年　1 张
76cm（2 开）定价：CNY0.14

J0066081
跟紧毛主席　战旗扛到底　（用毛泽东思想武
装起来的优秀年轻指挥员王英洲）武汉部队某
部供稿
武汉　湖北人民出版社　1971 年　13cm（64 开）
定价：CNY0.16
　　中国现代连环画作品。

J0066082
**工农兵直接掌握毛泽东思想的好榜样龙老
化**　湖南省军区政治部，益阳地区 "革命委员
会" 供稿
长沙　湖南人民出版社　1971 年　13cm（64 开）
定价：CNY0.05
　　中国现代连环画作品。

J0066083
工人阶级硬骨头玉芝桐　齐齐哈尔铁路局
"革委会" 政治部供稿
哈尔滨　黑龙江人民出版社　1971 年
13cm（64 开）定价：CNY0.12
　　中国现代连环画作品。

J0066084
共产主义战士杨水才　《共产主义战士杨水
才》连环画创作组编绘
郑州　河南人民出版社　1971 年　13cm（64 开）
定价：CNY0.25
　　中国现代连环画作品。

J0066085
广阔天地炼红心　《广阔天地炼红心》创作组
编绘
上海　上海人民出版社　1971 年　13cm（64 开）
定价：CNY0.09
　　中国现代连环画作品。

J0066086
捍卫毛主席革命路线的英雄 "铁人" 王进喜
大庆工人业余美术创作学习班，上海人民出版
社美术通讯员编绘
上海　上海人民出版社　1971 年　13cm（64 开）
定价：CNY0.14
　　中国现代连环画作品。

J0066087

号上大队　上海市美术学校工农兵美术创作学习班供稿
上海　上海人民出版社　1971 年　13cm（64 开）
定价：CNY0.10
　　中国现代连环画作品。

J0066088

红灯记　（初稿）浙江美术学院《红灯记》连环画创作组编绘
长沙　湖南人民出版社　1971 年　13cm（64 开）
定价：CNY0.24
　　中国现代连环画作品。

J0066089

红灯记　（革命现代舞剧连环画　初稿）
北京　人民美术出版社　1971 年　13cm（64 开）
定价：CNY0.27
　　中国现代连环画作品。

J0066090

红灯记　（革命现代舞剧连环画　初稿）解放军报社编绘
北京　人民美术出版社　1971 年　13cm（64 开）
定价：CNY0.20
　　中国现代连环画作品。

J0066091

红灯记　（初稿）解放军报社编绘
济南　山东人民出版社　1971 年　13cm（64 开）
定价：CNY0.21
　　中国现代连环画作品。

J0066092

红灯记　（革命现代京剧连环画）
济南　山东人民出版社　1971 年　3 张
76cm（2 开）定价：CNY0.42
　　本书是根据革命现代京剧《红灯记》改编的连环画。

J0066093

红灯记　天津铁路分局职工业余美术三结合创作组绘
天津　天津人民美术出版社　1971 年　13cm（64 开）
定价：CNY0.19

本书是根据革命现代京剧《红灯记》1970 年5 月演出本改编的连环画作品。

J0066094

红灯记　天津人民美术出版社编辑
天津　天津人民美术出版社　1971 年　13cm（64 开）
定价：CNY0.27
　　中国现代连环画作品。

J0066095

红灯记　（初稿）解放军报社编
北京　中国人民解放军战士出版社　1971 年
13cm（64 开）
　　中国现代连环画作品。

J0066096

红旗渠
上海　上海人民出版社　1971 年　13cm（64 开）
定价：CNY0.16
　　中国现代连环画作品。

J0066097

红日高照野鸡坪　邵阳地区"革命委员会"政工组，邵东县"革命委员会"政工组编绘
长沙　湖南人民出版社　1971 年　13cm（64 开）
定价：CNY0.09
　　中国现代连环画作品。

J0066098

红色娘子军　（剧照连环画）中国舞剧团集体改编
南宁　广西人民出版社　1971 年　13cm（64 开）
定价：CNY0.20
　　中国现代连环画作品。

J0066099

红色娘子军　（革命现代舞剧连环画　初稿）上海人民出版社《红色娘子军》连环画创作组
太原　山西人民出版社　1971 年　13cm（64 开）
定价：CNY0.17
　　中国现代连环画作品。

J0066100

红色娘子军　（革命现代舞剧连环画　初稿）《红色娘子军》连环画创作组编绘

上海　上海人民出版社　1971年　13cm（64开）
定价：CNY0.17
　　中国现代连环画作品。

J0066101
红色娘子军 （革命现代舞剧连环画　初稿）
《红色娘子军》连环画创作组编绘
上海　上海人民出版社　1971年　15cm（64开）
定价：CNY0.28
　　中国现代连环画作品。

J0066102
红色娘子军 （初稿）
成都　四川人民出版社　1971年　13cm（64开）
定价：CNY0.15
　　中国现代连环画作品。

J0066103
红色娘子军 （革命现代舞剧连环画）上海
《"红小兵"报》供稿
杭州　浙江人民出版社　1971年　13cm（64开）
定价：CNY0.12
　　中国现代连环画作品。

J0066104
红色线路　上海市美术学院工农兵美术创作
学习班供稿
上海　上海人民出版社　1971年　10cm（64开）
定价：CNY0.09
　　中国现代连环画作品。

J0066105
红山岛　宁军改编
北京　人民出版社　1971年　13cm（64开）
定价：CNY0.11
　　中国现代连环画作品。

J0066106
孙慧玲　通化地区"革委会"政治部，通化市
"革委会"政治部孙慧玲事迹调查组编绘
长春　吉林人民出版社　1971年　13cm（64开）
定价：CNY0.12
　　中国现代连环画作品。

J0066107
红心铁臂绘新图 （攸县东边铁厂自力更生、
艰苦创业的先进事迹）湘潭地区"革命委员会"
政工组宣传组供稿
长沙　湖南人民出版社　1971年　13cm（64开）
定价：CNY0.08
　　中国现代连环画作品。

J0066108
红心铁手创江山 （下丁家大队自力更生艰苦
奋斗创业记）黄县"革委会"政治部宣传科改编，
上海人民出版社绘图
太原　山西人民出版社　1971年　13cm（64开）
定价：CNY0.09
　　中国现代连环画作品。

J0066109
红心铁手换天地　《红心铁手换天地》连环画
创作小组编绘
兰州　甘肃人民出版社　1971年　13cm（64开）
定价：CNY0.10
　　中国现代连环画作品。

J0066110
红星大队在前进　芜湖地区"革委会"政工组
红星组画创作组作，安徽省群众艺术馆供稿
合肥　安徽省"革命委员会"出版发行局
1971年　2张　76cm（2开）定价：CNY0.26
　　中国现代连环画作品。

J0066111
唤起工农千百万 （记毛泽东思想宣传员关成
富同志）解放军画报社供稿
石家庄　河北人民出版社　1971年　1张
76cm（2开）定价：CNY0.12

J0066112
唤起工农千百万 （记毛泽东思想宣传员关成
富同志）京字八〇一部队编绘
石家庄　河北人民出版社　1971年　13cm（64开）
定价：CNY0.13
　　中国现代连环画作品。

J0066113
黄河滩上血泪仇　《黄色滩上血泪仇》连环画

创作组编绘

郑州 河南人民出版社 1971 年 13cm（64 开）

定价：CNY0.19

中国现代连环画作品。

J0066114

黄山青松映丹心　　上海市美术学校第二期工农兵美术创作学习班供稿

上海 上海人民出版社 1971 年 13cm（64 开）

定价：CNY0.08

中国现代连环画作品。

J0066115

活学活用毛主席哲学思想的优秀工厂党员——罗迈生　　景德镇市文化管理站绘

南昌 江西省新华书店 1971 年 1 张

76cm（2 开）定价：CNY0.10

中国现代连环画作品。

J0066116

激浪红心　　徐汇区服务公司工人业余写作组改编；上海人民出版社美术通讯员绘画

上海 上海人民出版社 1971 年 13cm（60 开）

定价：CNY0.11

中国现代连环画作品。

J0066117

集体主义的英雄邱少云　　上海市新闻出版系统 “五·七” 干校《邱少云》连环画创作组编绘

上海 上海人民出版社 1971 年 13cm（64 开）

定价：CNY0.12

中国现代连环画作品。

J0066118

金锦根　　嘉兴地区浙北报社供稿

杭州 浙江人民出版社 1971 年 13cm（64 开）

定价：CNY0.09

中国现代连环画作品。

J0066119

九号公路大捷　　南通市工农兵美术学习班供稿

上海 上海人民出版社 1971 年 13cm（64 开）

定价：CNY0.09

中国现代连环画作品。

J0066120

举旗抓纲领好路　学习大寨绘新图　（应山县郝店区农业学大寨的先进事迹）应山县 “革命委员会” 政工组，湖北美术院绘

武汉 湖北人民出版社 1971 年 13cm（64 开）

定价：CNY0.09

中国现代连环画作品。

J0066121

靠毛泽东思想攻克 “玻璃王”　（沙市石英玻璃厂的先进事迹）湖北美术院，沙市市业余美术创作组编绘

武汉 湖北人民出版社 1971 年 1 张

76cm（2 开）定价：CNY0.12

中国现代连环画作品。

J0066122

刻苦学习毛泽东思想的好战士——龙老化

湖南省军区政治部，益阳地区 “革命委员会” 供稿

北京 人民美术出版社 1971 年 13cm（64 开）

定价：CNY0.10

中国现代连环画作品。

J0066123

矿工怒火　《矿工怒火》连环画创作组编绘

郑州 河南人民出版社 1971 年 13cm（64 开）

定价：CNY0.19

中国现代连环画作品。

J0066124

雷锋

杭州 浙江人民出版社 1971 年 13cm（64 开）

定价：CNY0.11

J0066125

列宁在十月

长春 吉林人民出版社 1971 年 13cm（64 开）

定价：CNY0.12

中国现代连环画作品，本书根据同名电影和有关资料编绘。

J0066126

列宁在十月

上海 上海人民出版社 1971 年 13cm（64 开）

定价: CNY0.18

　　中国现代连环画作品, 本书根据同名电影和有关资料编绘。

J0066127

林红和伙伴　　北京人民美术出版社编绘

北京 人民美术出版社 1971年 2版 13cm(64开)

定价: CNY0.11

　　中国现代连环画作品。

J0066128

刘胡兰　　《刘胡兰》创作小组编绘

上海 上海人民出版社 1971年 2张

76cm(2开) 定价: CNY0.22

J0066129

刘胡兰　　《刘胡兰》创作小组编绘

上海 上海人民出版社 1971年 15cm(64开)

定价: CNY0.10

　　中国现代连环画作品。

J0066130

柳西战歌　　阜阳地区"革命委员会"政工组供稿

合肥 安徽省"革命委员会"出版发行局 1971年

13cm(64开) 定价: CNY0.13

　　中国现代连环画作品。

J0066131

罗迈生　　景德镇是文化管理站, 江西省展览馆绘

南昌 江西省新华书店 1971年 13cm(64开)

定价: CNY0.14

　　中国现代连环画作品。

J0066132

毛泽东思想宣传员关成富　　北京部队后勤部政治部供稿

北京 人民美术出版社 1971年 13cm(64开)

定价: CNY0.09

　　中国现代连环画作品。

J0066133

毛竹　　上海市卢湾区工人文艺创作班编

上海 上海人民出版社 1971年 54页 有图

10×13cm 统一书号: 13.4.188 定价: CNY0.08

本书为中国现代连环画。

J0066134

毛主席的好学生焦裕禄　　《毛主席的好学生焦裕禄》连环画创作组编绘

郑州 河南人民出版社 1971年 13cm(64开)

定价: CNY0.19

　　中国现代连环画作品。

J0066135

毛主席的好战士雷锋　　沈阳部队《雷锋》幻灯创作组供稿

沈阳 辽宁人民出版社 1971年 2张

76cm(2开) 定价: CNY0.20

J0066136

毛主席的好战士刘英俊　　中国人民解放军沈阳部队某部治部编绘

上海 上海人民出版社 1971年 13cm(64开)

定价: CNY0.11

　　中国现代连环画作品。

J0066137

毛主席的好战士王树庆　　沈阳部队美术组集体创作

北京 人民出版社 1971年 13cm(64开)

定价: CNY0.18

　　中国现代连环画作品。

J0066138

民兵连长罗传坤　　郧阳地区"革命委员会"政工组等编绘

武汉 湖北人民出版社 1971年 13cm(64开)

定价: CNY0.15

　　中国现代连环画作品。

J0066139

模范共产党员郑水龙　　安溪县"革命委员会"宣教组供稿

福州 福建省新华书店 1971年 13cm(64开)

定价: CNY0.13

　　中国现代连环画作品。

J0066140

南方怒火　　北京人民美术出版社编绘

北京 人民美术出版社 1971 年 2 版 13cm（64 开）
定价：CNY0.12
　　中国现代连环画作品。

J0066141
南京路上好八连　继续革命谱新歌　尚劲文
编绘；上海人民出版社美术通讯员编绘
上海 上海人民出版社 1971 年 10cm（64 开）
定价：CNY0.10
　　中国现代连环画作品。

J0066142
南征北战　上海人民出版社美术通讯员编绘
上海 上海人民出版社 1971 年 13cm（60 开）
定价：CNY0.16
　　中国现代连环画作品。

J0066143
女英雄谢氏桥　林锴等编绘
北京 人民出版社 1971 年 2 版 13cm（64 开）
定价：CNY0.07
　　中国现代连环画作品。

J0066144
奇袭　上海人民出版社编辑
上海 上海人民出版社 1971 年 13cm（64 开）
定价：CNY0.24
　　中国现代连环画作品。

J0066145
起爆之前　北京市鼓楼中学美术组绘画
北京 人民出版社 1971 年 15cm（64 开）
定价：CNY0.05
　　中国现代连环画作品。

J0066146
巧袭列车　徐加昌，关庆留绘
北京 人民美术出版社 1971 年 2 版 13cm（64 开）
定价：CNY0.08
　　中国现代连环画作品。

J0066147
三进校门　上海人民出版社美术通讯员编绘
上海 上海人民出版社 1971 年 13cm（64 开）
定价：CNY0.06

　　中国现代连环画作品。

J0066148
沙家浜
上海 上海人民出版社 1971 年 239 页 有图
13×15cm 统一书号：8.3.244 定价：CNY0.34
　　本书为中国现代京剧《沙家浜》连环画册。

J0066149
沙家浜　（革命现代京剧连环画 初稿）
上海 上海人民出版社 1971 年 15cm（64 开）
定价：CNY0.34
　　中国现代连环画作品。

J0066150
沙家浜　天津工艺美术设计院创作组绘
天津 天津人民美术出版社 1971 年 13cm（64 开）
定价：CNY0.17
　　中国现代连环画作品，根据革命现代京剧
《沙家浜》1970 年 5 月修订本改编。

J0066151
沙子岭机场　遂川县"革委会"政治部宣传组
编绘
南昌 江西省新华书店 1971 年 13cm（64 开）
定价：CNY0.09
　　中国现代连环画作品。

J0066152
山区土专家　（广阔天地炼红心之三）韶关地
区"革委会"政工组文艺办公室编绘
广州 广东人民出版社 1971 年 13cm（64 开）
定价：CNY0.08
　　中国现代连环画作品。

J0066153
身不离劳动　心不离群众　（记应四官同志）
宁波地区《应四官》连环画创作组编绘
杭州 浙江人民出版社 1971 年 13cm（64 开）
定价：CNY0.08
　　中国现代连环画作品。

J0066154
生命不息　奋斗不止　（记优秀共产党员，空
军某部副主任张孔铨同志）兰空某部政治部，

陕西省工农兵艺术馆编绘
西安　陕西人民出版社　1971 年　13cm（64 开）
定价：CNY0.17
　　中国现代连环画作品。

J0066155
生死为革命　（一不怕苦二不怕死的共产主义
战士杨水才）《生死为革命》连环画创作组编绘
成都　四川人民出版社　1971 年　13cm（64 开）
定价：CNY0.15
　　中国现代连环画作品。

J0066156
十九粮店　（记西安市东风区十九粮店"活学
活用老三篇，全心全意为人民"的先进事迹）西
安市东风区"革命委员会"政工组编绘
西安　陕西人民出版社　1971 年　13cm（64 开）
定价：CNY0.13
　　中国现代连环画作品。

J0066157
水上轻骑　（顺德机电厂支农先进事迹）顺德
县"革委会"政工组编绘
广州　广东人民出版社　1971 年　13cm（64 开）
定价：CNY0.08
　　中国现代连环画作品。

J0066158
送情报　广东人民出版社供稿
杭州　浙江人民出版社　1971 年　13cm（64 开）
定价：CNY0.06
　　中国现代连环画作品。

J0066159
送瘟神　上海人民出版社编
上海　上海人民出版社　1971 年　13cm（64 开）
定价：CNY0.06
　　中国现代连环画作品。

J0066160
他永远活在战士心中　（记新疆军区某部副
团长王有镇的英雄事迹）新疆军区政治部编绘
乌鲁木齐　新疆人民出版社　1971 年
15cm（64 开）定价：CNY0.20
　　中国现代连环画作品。

J0066161
土家山寨换新天　湘西土家族苗族自治州"革
命委员会"宣传组编绘
长沙　湖南人民出版社　1971 年　13cm（64 开）
定价：CNY0.09
　　中国现代连环画作品。

J0066162
王洛古爷爷　（原少儿版）
上海　上海人民出版社　1971 年　新 1 版　1 册
有彩图　18cm（32 开）定价：CNY0.10
　　本书为中国现代连环画册

J0066163
王猛埋雷
天津　天津人民出版社　1971 年　13cm（64 开）
定价：CNY0.22
　　中国现代连环画作品。

J0066164
为宣传毛泽东思想战斗到最后一分钟　（何
德秀同志生前学习和宣传毛泽东思想的先进事
迹）郧阳地区"革命委员会"政工组，郧阳"革
命委员会"政工组，湖北美术院编绘
武汉　湖北人民出版社　1971 年　2 张
76cm（2 开）定价：CNY0.08

J0066165
乌蒙红医　昭通地区"革委会"政工组，《乌蒙
红医》创作小组编绘
昆明　云南人民出版社　1971 年　13cm（64 开）
定价：CNY0.14
　　中国现代连环画作品。

J0066166
无产阶级国际主义战士白求恩
合肥　安徽省"革命委员会"出版发行局　1971 年
13cm（64 开）定价：CNY0.06
　　中国现代连环画作品。

J0066167
无产阶级国际主义战士白求恩的故事　浙
江幻灯制片厂供稿
杭州　浙江人民出版社　1971 年　15cm（64 开）
定价：CNY0.20

中国现代连环画作品。

J0066168

无限忠于毛主席的好党员李全洲　中国人民解放军武汉部队某部政治部编绘

上海　上海人民出版社　1971年　13cm（64开）

定价：CNY0.09

　　中国现代连环画作品。

J0066169

无限忠于毛主席的好党员——李全洲　武汉部队政治部宣传组供稿

武汉　湖北人民出版社　1971年　15cm（64开）

定价：CNY0.22

　　中国现代连环画作品。

J0066170

无限忠于毛主席的好社员赵国智　甘肃人民出版社编绘

兰州　甘肃人民出版社　1971年　13cm（64开）

定价：CNY0.10

　　中国现代连环画作品。

J0066171

向文海　天津市教育局中小学教材编写组供稿

天津　天津人民美术出版社　1971年　13cm（64开）

定价：CNY0.11

　　中国现代连环画作品。

J0066172

消息树

天津　天津人民美术出版社　1971年　13cm（64开）

定价：CNY0.06

　　中国现代连环画作品。

J0066173

小八路　上海市木偶剧团，上海人民出版社美术通讯员编绘

上海　上海人民出版社　1971年　13cm（64开）

定价：CNY0.12

　　中国现代连环画作品。

J0066174

小马倌

上海　上海人民出版社　1971年　13cm（64开）

定价：CNY0.14

　　中国现代连环画作品。

J0066175

小英雄戴碧蓉　株洲市"革命委员会"政治部供稿

长沙　湖南人民出版社　1971年　13cm（64开）

定价：CNY0.08

　　中国现代连环画作品。

J0066176

胸怀朝阳永向前　江苏省如东县工农兵业余创作组编绘

上海　上海人民出版社　1971年　13cm（64开）

定价：CNY0.07

　　中国现代连环画作品。

J0066177

胸怀朝阳战恶浪　天津人民美术出版社编绘

天津　天津人民美术出版社　1971年　13cm（64开）

定价：CNY0.08

　　中国现代连环画作品。

J0066178

胸怀朝阳战烈火　柳州市"革委会"，柳州机车车辆厂"革委会"美术创作组编绘

南宁　广西人民出版社　1971年　13cm（64开）

定价：CNY0.09

　　中国现代连环画作品。

J0066179

雄鹰征途炼红心　虹颂东编写；刘新愚绘图

上海　上海人民出版社　1971年　1册　有图

15cm（40开）定价：CNY0.04

　　中国现代连环画作品。

J0066180

夜袭白马山

杭州　浙江人民出版社　1971年　13cm（64开）

定价：CNY0.08

　　中国现代连环画作品。

J0066181

一份用鲜血和生命写成的讲用稿　（记为保护国家财产英勇牺牲的优秀共青团员沈志高烈

士）崇明县文化馆，上海人民出版社美术通讯
员编绘
上海　上海人民出版社　1971 年　1 张
76cm（2 开）定价：CNY0.13
　　中国现代连环画作品。

J0066182
一颗红心似火焰　（记"模范共青团"胡业桃）
海军美术工作者集体创作
太原　山西人民出版社　1971 年　13cm（64 开）
定价：CNY0.08
　　中国现代连环画作品。

J0066183
一片丹心为人民　沈阳军区装甲兵政治部供稿
长春　吉林人民出版社　1971 年　13cm（60 开）
定价：CNY0.14
　　中国现代连环画作品。

J0066184
一片真心干革命　（模范共产党员王永久同志
的英雄事迹）榆林地区"革委会"《王永久英雄
事迹连环画创作组》编绘
西安　陕西人民出版社　1971 年　13cm（60 开）
定价：CNY0.21
　　中国现代连环画作品。

J0066185
一心为人民的好战士刘道友　百色地区"革
委会"政工组，白色军分区政治部供稿
南宁　广西壮族自治区人民出版社　1971 年
13cm（60 开）定价：CNY0.08
　　中国现代连环画作品。

J0066186
英雄的空中哨兵
上海　上海人民出版社　1971 年　有彩图
15cm（40 开）统一书号：10.2.76 定价：CNY0.05
　　中国现代连环画作品。

J0066187
英雄四民兵　九江地区"革委会"《英雄四民
兵》连环画创作组等编绘
南昌　江西省新华书店　1971 年　13cm（64 开）
定价：CNY0.12

中国现代连环画作品。

J0066188
英雄战士刘学保
上海　上海人民出版社　1971 年　19 页　有图
15cm（40 开）定价：CNY0.05
　　中国现代连环画作品。

J0066189
渔岛之子　刘鉴，星索改编；钱贵荪绘
北京　人民美术出版社　1971 年　3 版 13cm（64 开）
定价：CNY0.18
　　中国现代连环画作品。

J0066190
育秧记　王建绘画；武义县"革委会"政工组
供稿
杭州　浙江人民出版社　1971 年　13cm（64 开）
定价：CNY0.08
　　中国现代连环画作品。

J0066191
愿将热血洒边疆　（天津市上山下乡知识青
年、共产党员孙连华的故事）天津人民美术出
版社编绘
天津　天津人民美术出版社　1971 年　13cm（64 开）
定价：CNY0.10
　　中国现代连环画作品。

J0066192
越南英雄阮文追　人民美术出版社编绘
北京　人民美术出版社　1971 年　2 版 13cm（64 开）
定价：CNY0.10
　　中国现代连环画作品。

J0066193
造船工人志气高　《造船工人志气高》创作组
编绘
上海　上海人民出版社　1971 年　13cm（64 开）
定价：CNY0.10
　　中国现代连环画作品。

J0066194
战斗的新村　《战斗的新村》创作组编绘
昆明　云南人民出版社　1971 年　13cm（64 开）

定价：CNY0.10

　　中国现代连环画作品。

J0066195

战斗在北部湾上　　上海人民出版社美术通讯员编绘

上海　上海人民出版社　1971 年　13cm（64 开）

定价：CNY0.09

　　中国现代连环画作品。

J0066196

张勇的故事　　天津市河西区工人业余美术创作组创作

天津　天津人民美术出版社　1971 年　13cm（64 开）

定价：CNY0.12

　　中国现代连环画作品。

J0066197

找游击队　　徐通潮，陈永镇画

上海　上海人民出版社　1971 年　新 1 版　有彩图

15cm（40 开）定价：CNY0.06

　　本书为中国现代连环画册，根据《越南南方通讯》改写反映越南人民反美斗争故事。作者陈永镇（1936—　　），浙江乐清人。毕业于中国美术学院（浙江美院）。中国美术家协会理事、中国儿童美术艺委会委员、安徽省美协副主席。主要作品有《还是一样》《再给你带上一个》等。

J0066198

支书林群英　　好玉林地区"革委会"等供稿

南宁　广西人民出版社　1971 年　13cm（64 开）

定价：CNY0.09

　　中国现代连环画作品。

J0066199

执行毛主席革命路线风吹浪打不回头　　（韩玉芬同志的先进事迹）驻沪空军部队"韩玉芬同志的先进事迹"连环画创作组编绘

上海　上海人民出版社　1971 年　44 页　10×13cm

统一书号：8.3.259　定价：CNY0.05

　　本书为中国现代连环画，反映韩玉芬同志的先进事迹。

J0066200

智取威虎山　　（初稿）辽宁省新华书店编绘

沈阳　辽宁省新华书店　1971 年　13cm（64 开）

定价：CNY0.23

　　中国现代连环画作品。

J0066201

智取威虎山　　（革命现代京剧连环画）上海京剧团《智取威虎山》剧组集体改编演出

北京　人民美术出版社　1971 年　13cm（64 开）

定价：CNY0.30

　　中国现代连环画作品。

J0066202

智取威虎山

太原　山西人民出版社　1971 年　13cm（64 开）

定价：CNY0.30

　　中国现代连环画作品。

J0066203

智取威虎山　　中国电影发行公司供稿

天津　天津人民美术出版社　1971 年　13cm（64 开）

定价：CNY0.50

　　本书根据彩色影片《智取威虎山》选编，连环画作品。

J0066204

智取威虎山　　（革命现代京剧连环画）

天津　天津人民美术出版社　1971 年　13cm（64 开）

定价：CNY0.30

　　中国现代连环画作品。

J0066205

忠实执行毛主席革命路线的好干部王庆云

驻浙空军部队供稿

杭州　浙江人民出版社　1971 年　13cm（64 开）

定价：CNY0.09

　　中国现代连环画作品。

J0066206

终南山下大寨花　　户县"革命委员会"政工组供稿，户县红画兵编绘

西安　陕西人民出版社　1971 年　13cm（64 开）

定价：CNY0.17

　　中国现代连环画作品。

J0066207
壮志压倒千重山　中国人民解放军武汉部队
某部政治部编绘
上海　上海人民出版社　1971 年　13cm（64 开）
定价：CNY0.08
　　中国现代连环画作品。

J0066208
罪恶的收租院
上海　上海人民出版社　1971 年　13cm（64 开）
定价：CNY0.13
　　中国现代连环画作品。

J0066209
做工农业大发展的促进派　（和龙县桦树分
销店先进事迹）
长春　吉林人民出版社　1971 年　13cm（64 开）
定价：CNY0.13
　　中国现代连环画作品。

J0066210
"爱民模范"盛习友　李章庭，陈农村编文；
张玉敏画
济南　山东人民出版社　1972 年　13cm（60 开）
定价：CNY0.10
　　中国现代连环画作品。

J0066211
"伏虎"记　抚顺龙凤矿宣传组编绘
北京　人民美术出版社　1972 年　13cm（60 开）
定价：CNY0.07
　　中国现代连环画作品。

J0066212
"老"游击队员　钟戎改编；哲焕绘图
杭州　浙江人民出版社　1972 年　13cm（60 开）
定价：CNY0.07
　　中国现代连环画作品。

J0066213
"模范饲养员"　北京部队装甲兵政治部供稿
北京　人民美术出版社　1972 年　13cm（60 开）
定价：CNY0.10
　　中国现代连环画作品。

J0066214
"三〇一营"　浙江美术学院供稿
杭州　浙江人民出版社　1972 年　13cm（60 开）
定价：CNY0.07
　　中国现代连环画作品。

J0066215
"铁西瓜"开花　孔祥仁编文；董录盛等绘
济南　山东人民出版社　1972 年　有彩图
15cm（40 开）统一书号：8.099.151 定价：CNY0.07
　　中国现代连环画。

J0066216
阿芳　海滨县业余美术创作组
南京　江苏人民出版社　1972 年　13cm（60 开）
定价：CNY0.07
　　中国现代连环画作品。

J0066217
阿福　王计祥编文
石家庄　河北人民出版社　1972 年　13cm（60 开）
定价：CNY0.09
　　中国现代连环画作品。

J0066218
阿福　高宝生绘
北京　人民美术出版社　1972 年　13cm（60 开）
定价：CNY0.15
　　根据越南同名电影改编的连环画作品。作
者高宝生（1944—　　），连环画家。曾用笔名高禾，
北京人。北京艺术学院附中毕业。中国少年儿
童出版社从事连环画创作。代表作品《铁木儿和
他的队伍》《两只小孔雀》《聪明的药方》等。

J0066219
阿福
上海　上海人民出版社　1972 年　13cm（60 开）
定价：CNY0.14
　　根据越南同名影片改编的连环画作品。

J0066220
阿勇　褚明灿改编；陈永远绘图
南宁　广西人民出版社　1972 年　13cm（60 开）
定价：CNY0.08
　　中国现代连环画作品。

J0066221
爱民模范盛习友　沈阳市铁西区宣传站编绘
沈阳　辽宁人民出版社 1972 年 12cm（96 开）
定价：CNY0.08
　　中国现代连环画作品。

J0066222
安全问题　"安全问题"编写小组编；李世南绘
北京　人民美术出版社 1972 年 96 页 有图
10×13cm 统一书号：8027.5637 定价：CNY0.12
　　中国现代连环画作品。

J0066223
安全问题　李世南绘；"安全问题"编写小组编
北京　人民美术出版社 1972 年 2 版 13cm（60 开）
定价：CNY0.12
　　中国现代连环画作品。

J0066224
鞍钢工人王吉才　鞍山日报社美术组编绘
沈阳　辽宁人民出版社 1972 年 13cm（60 开）
定价：CNY0.10
　　中国现代连环画作品。

J0066225
巴黎公社　丛颂编文；张定华绘画
杭州　浙江人民出版社 1972 年 13cm（60 开）
定价：CNY0.07
　　中国现代连环画作品。

J0066226
巴黎公社小英雄
上海　上海人民出版社 1972 年 有彩图
15cm（40 开）统一书号：10.2.128 定价：CNY0.09
　　中国现代连环画作品。

J0066227
把一切献给人民　安陆县"革命委员会"，安陆县人民武装部供稿
武汉　湖北人民出版社 1972 年 13cm（60 开）
定价：CNY0.07
　　中国现代连环画作品。

J0066228
把一生交给党安排　（优秀共产主义战士、回乡知识青年沈秀芹的先进事迹）
广州　广东人民出版社 1972 年 19cm（32 开）
统一书号：8111.275 定价：CNY0.18
　　中国现代绘画作品。

J0066229
白毛女　（革命样板戏连环画 汉、藏文对照）
上海市新闻出版系统"五·七"干校《白毛女》连环画创作组编绘；青海人民出版社翻译
西宁　青海人民出版社 1972 年 10cm（64 开）
定价：CNY0.18
　　中国现代连环画作品。

J0066230
半斤芝麻　浩然原著；社文改编；赵栓绘画
石家庄　河北人民出版社 1972 年 13cm（60 开）
定价：CNY0.06
　　中国现代连环画作品。

J0066231
北部湾畔红色娘子军　北海市"革命委员会"，北海市人民武装部编绘
南宁　广西人民出版社 1972 年 13cm（60 开）
定价：CNY0.14
　　中国现代连环画作品。

J0066232
捕象记　刘瑞康改编；钱贵苏绘画
杭州　浙江人民出版社 1972 年 13cm（60 开）
定价：CNY0.07
　　根据《解放日报》同名报道编绘的连环画作品。

J0066233
闯路　武汉国棉一厂"革委会"政工组编绘
武汉　湖北人民出版社 1972 年 68 页 有图
10×13cm 统一书号：8106.1360 定价：CNY0.09

J0066234
春风杨柳万千条——记"全心全意为人民服务的先进卫生科"　中国人民解放军四八〇〇部队某部编绘组编绘
上海　上海人民出版社 1972 年 10cm（64 开）
定价：CNY0.12
　　中国现代连环画作品。

J0066235

打击侵略者

上海 上海人民出版社 1972 年 10cm（64 开）

定价：CNY0.24

　　根据同名影片选编的连环画作品。

J0066236

大江飞渡　芜湖市宣传馆供稿

合肥 安徽人民出版社 1972 年 13cm（60 开）

定价：CNY0.11

　　中国现代连环画作品。

J0066237

大庆红旗飘

天津 天津人民美术出版社 1972 年 13cm（60 开）

定价：CNY0.11

　　中国现代连环画作品。

J0066238

大寨花开瓦房台　灵涛县业余文化艺术创作组作

石家庄 河北人民出版社 1972 年 13cm（60 开）

定价：CNY0.11

　　中国现代连环画作品。

J0066239

丹增　人民美术出版社编绘

北京 人民美术出版社 1972 年 32 页 有图
12cm（60 开）统一书号：8027.5526

定价：CNY0.13

　　中国现代连环画作品。

J0066240

登高英雄杨连第　天津市北郊区业余美术三结合小组编绘

天津 天津人民美术出版社 1972 年 13cm（60 开）

定价：CNY0.11

　　中国现代连环画作品。

J0066241

地雷战　遂昌县正文办公室供稿；梅安才，吴元傅改编；张为民绘图

杭州 浙江人民出版社 1972 年 13cm（60 开）

定价：CNY0.15

　　中国现代连环画作品。

J0066242

东郭先生　刘继卣绘

北京 人民美术出版社 1972 年 2 版 13cm（60 开）

定价：CNY0.11

　　本书是根据中国古代寓言故事改编的连环画作品。

J0066243

东海之滨大寨花　南汇县业余创业组编绘

上海 上海人民出版社 1972 年 13cm（60 开）

定价：CNY0.10

　　中国现代连环画作品。

J0066244

董存瑞　张家口地区《董存瑞》连环画创作组编绘

石家庄 河北人民出版社 1972 年 13cm（60 开）

定价：CNY0.18

　　本书是根据战斗英雄董存瑞的事迹，编绘成的中国现代连环画。

J0066245

董存瑞　张家口地区《董存瑞》连环画创作组编绘

石家庄 河北人民出版社 1972 年 15cm（40 开）

定价：CNY0.27

　　本书是根据战斗英雄董存瑞的事迹，编绘成的中国现代连环画作品。

J0066246

对虾　中国电影发行放映公司供稿

北京 人民出版社 1972 年 13cm（60 开）

定价：CNY0.09

　　根据同名电影改编的连环画作品。

J0066247

儿童团长　杨志远编文；翟万英，王大鹏绘图

沈阳 辽宁人民出版社 1972 年 70 页 有图
10×13cm 统一书号：8090.227 定价：CNY0.11

　　作者王大鹏（1946—　 ），教授。山东临沂人，天津市王大鹏中医研究所所长、教授、研究员、中国美术家协会天津分会会员。

J0066248

儿童团长铁柱儿　吕绍联写；张培础等画

上海　上海人民出版社　1972年　有彩图
15cm（40开）定价：CNY0.13
　　　中国现代连环画作品。

J0066249
发奋学大寨　建设新山区　湖北省群众文化
处，英山县"革委会"政工组编绘
武汉　湖北人民出版社　1972年　13cm（60开）
定价：CNY0.08
　　　中国现代连环画作品。

J0066250
发生在旅店里的故事　韶关地区"革委会"
政工组文艺办公室《发生在旅馆里的故事》创作
组绘
广州　广东人民出版社　1972年　13cm（60开）
定价：CNY0.10
　　　本书是根据南雄县唐克文的小说《旅店新
风》和梅县小汉剧《人民勤务员》改编的连环画
作品。

J0066251
放牛娃智捉敌人　海城编写；谷长，汪观清画
上海　上海人民出版社　1972年　有彩图
15cm（40开）统一书号：10.2.196　定价：CNY0.09

J0066252
放学全　玉溪地区文化馆编绘
昆明　云南人民出版社　1972年　13cm（60开）
定价：CNY0.11
　　　中国现代连环画作品。

J0066253
放学以后　上海电影制片厂《放学以后》摄制
组编画
上海　上海人民出版社　1972年　39页　有图
12×15cm　定价：CNY0.18
　　　中国现代连环画作品。

J0066254
傅春华　傅春华事迹宣传组编绘
太原　山西人民出版社　1972年　2版　134页
有图　10×13cm　统一书号：8088.733
定价：CNY0.20
　　　中国现代连环画作品。

J0066255
甘薯"下蛋"创高产　山东省农业科学院，山
东省科学技术宣传馆编绘
北京　科学出版社　1972年　64页　有彩图
17×19cm　统一书号：16031.14　定价：CNY0.25
　　　中国现代连环画作品。

J0066256
钢铁尖兵陆焕光　广州钢铁厂"革委会"政工
组编；《钢铁尖兵陆焕光》创作组画
广州　广东人民出版社　1972年　10cm（64开）
定价：CNY0.13
　　　中国现代连环画作品。

J0066257
钢铁是怎么样炼成的　（上）（苏）尼·奥斯特
洛夫斯基原著；王素改编；毅进画
北京　人民美术出版社　1972年　2版　13cm（60开）
定价：CNY0.22
　　　中国现代连环画作品。

J0066258
钢铁是怎么样炼成的　（下）（苏）尼·奥斯特
洛夫斯基原著；夏星改编；毅进画
北京　人民美术出版社　1972年　2版　13cm（60开）
定价：CNY0.26
　　　中国现代连环画作品。

J0066259
高凤志　绥化县"革命委员会"政治部编；哈
尔滨师范学院艺术系绘
哈尔滨　黑龙江人民出版社　1972年　13cm（60开）
定价：CNY0.12
　　　中国现代连环画作品。

J0066260
革命青年高秀兰　武汉市"革命委员会"文教
局，湖北省群众文化处编绘
武汉　湖北人民出版社　1972年　13cm（60开）
定价：CNY0.08
　　　中国现代连环画作品。

J0066261
革命现代京剧《红灯记》　（汉、藏文对照）上
海人民出版社《红灯记》连环画创作组编绘

西宁 青海人民出版社 1972 年 10cm（64 开）
定价：CNY0.18
　　中国现代连环画作品。

J0066262

革命现代京剧《红灯记》 解放军报社编绘
北京 人民美术出版社 1972 年 15cm（40 开）
定价：CNY0.32
　　中国现代连环画作品。

J0066263

革命现代京剧《沙家浜》 长春电影制片厂
《沙家浜》电影连环画组编
长春 吉林人民出版社 1972 年 10 × 13cm
定价：CNY0.29
（电影连环画册）
　　根据电影改编的中国现代连环画作品。由
吉林人民出版社和（北京）人民美术出版社联合
出版。

J0066264

革命现代舞剧《红色娘子军》（蒙、汉文对
照）上海人民出版社《红色娘子军》连环画创作
组编绘；内蒙古自治区人民出版社翻译
呼和浩特 内蒙古自治区人民出版社 1972 年
13cm（60 开）定价：CNY0.17
　　中国现代连环画作品。

J0066265

革命现代舞剧《红色娘子军》（藏、汉文对
照）《红色娘子军》连环画创作组编绘；青海人
民出版社翻译
西宁 青海人民出版社 1972 年 10cm（64 开）
定价：CNY0.17
　　中国现代连环画作品。

J0066266

革命战士旗扛到底 旅大市纺织工业局等供稿
沈阳 辽宁人民出版社 1972 年 13cm（60 开）
定价：CNY0.11
　　中国现代连环画作品。

J0066267

龚二 扬州市"革委会"《龚二》连环画创作组
编绘

南京 江苏人民出版社 1972 年 13cm（60 开）
定价：CNY0.08
　　中国现代连环画作品。

J0066268

共产主义战士杨水才 《共产主义战士杨水
才》连环画创作组编绘
郑州 河南人民出版社 1972 年 2 版 13cm（60 开）
定价：CNY0.23
　　中国现代连环画作品。

J0066269

瓜秧的秘密 高宝生编绘
北京 人民美术出版社 1972 年 13cm（60 开）
定价：CNY0.08
　　中国现代连环画作品。作者高宝生
（1944—　），连环画家。曾用笔名高禾，北京人。
北京艺术学院附中毕业。中国少年儿童出版社
从事连环画创作。代表作品《铁木儿和他的队伍》
《两只小孔雀》《聪明的药方》等。

J0066270

广阔天地大有作为 浙江工农兵画报供稿
杭州 浙江人民出版社 1972 年 13cm（60 开）
定价：CNY0.09
　　中国现代连环画作品。

J0066271

柜台新风 程铁英编文；天津和平区业余美术
三结合创作小组绘
天津 天津人民出版社 1972 年 13cm（60 开）
定价：CNY0.09
　　中国现代连环画作品。

J0066272

滚雷英雄罗光燮 中国人民解放军七九六九
部队政治部供稿
上海 上海人民出版社 1972 年 10cm（64 开）
定价：CNY0.12
　　中国现代连环画作品。

J0066273

滚雷英雄罗光燮 中国人民解放军七九六九
部队政治部供稿；延边橡胶厂业余翻译小组译
延吉 延边人民出版社 1972 年 13cm（60 开）

定价: CNY0.12

　　中国现代连环画作品。

J0066274

郭松林　武汉市江汉区公安机关军管小组等《郭松林》连环画创作组编绘

武汉　湖北人民出版社 1972 年 13cm（60 开）

定价: CNY0.10

　　中国现代连环画作品。

J0066275

海英　朱海文编；林宏基等执笔；佛山地区"革委会"政工组文艺办公室《海英》创作组画

广州　广东人民出版社 1972 年 10cm（64 开）

定价: CNY0.15

　　中国现代连环画作品。

J0066276

号角

南京　江苏人民出版社 1972 年 13cm（60 开）

定价: CNY0.10

　　根据《解放日报》同名故事改编的连环画作品。

J0066277

红灯记　（汉、蒙文对照）内蒙古自治区人民出版社翻译

呼和浩特　内蒙古自治区人民出版社 1972 年13cm（60 开）定价: CNY0.18

　　中国现代连环画作品。

J0066278

红岭一支枪　井冈山地区《红岭一支枪》连环画创作组编绘

南昌　江西人民出版社 1972 年 13cm（60 开）

定价: CNY0.16

　　中国现代连环画作品。

J0066279

红色供应站　襄阳地区《红色供应站》连环画创作组编绘

武汉　湖北人民出版社 1972 年 13cm（60 开）

定价: CNY0.07

　　中国现代连环画作品。

J0066280

红松岭　齐和等编

武汉　湖北人民出版社 1972 年 58 页　有图

13cm（60 开）统一书号: 10106.648

定价: CNY0.07

（文艺演唱材料）

　　中国现代连环画作品。

J0066281

红太阳照亮了西房身　沈阳市"五·七"教师学校美术组编绘

沈阳　辽宁人民出版社 1972 年 13cm（60 开）

统一书号: 8090.196　定价: CNY0.14

　　中国现代连环画作品。

J0066282

红心铁骨　百色地区"革委会"，凌云县"革委会"政工组编绘

南宁　广西人民出版社 1972 年 13cm（60 开）

定价: CNY0.09

　　中国现代连环画作品。

J0066283

红心向阳——华山石粉厂艰苦创业记　西安市碑林区"革委会"政工组编绘

西安　陕西人民出版社 1972 年 13cm（60 开）

定价: CNY0.11

　　中国现代连环画作品。

J0066284

怀念　黄河画

杭州　浙江人民出版社 1972 年 13cm（60 开）

定价: CNY0.07

　　中国现代连环画作品。

J0066285

黄河飞渡　陈惠冠绘

北京　人民美术出版社 1972 年 2 版 13cm（60 开）

定价: CNY0.14

　　根据同名电影改编的连环画作品。绘图陈惠冠（1935—　），浙江余姚人。中国美术家协会会员、中国版协连环画艺术委员会副主任委员。擅长连环画。作品有《牛头山》《仙人岛》《黄河飞渡》等。

J0066286

黄河滩上血泪仇　《黄河滩上血泪仇》连环画
创作组编绘
郑州　河南人民出版社　1972年　2版
13cm（60开）定价：CNY0.16
　　中国现代连环画作品。

J0066287

继续革命的先锋战士孙华　建平县宣传站创
作组编绘
沈阳　辽宁人民出版社　1972年　13cm（60开）
定价：CNY0.09
　　中国现代连环画作品。

J0066288

家乡新貌　旅大市旅顺口区毛泽东思想宣传
站，旅大市旅顺口区水师营"人民公社"创作组
编绘
沈阳　辽宁人民出版社　1972年　13cm（60开）
定价：CNY0.10
　　中国现代连环画作品。

J0066289

坚强勇敢的越南南方少年——阮友充　梁
明城编绘
广州　广东人民出版社　1972年　有彩图
15cm（40开）统一书号：8111.315 定价：CNY0.10
　　中国现代连环画作品。

J0066290

**剑门山区大寨花——四川省剑阁县化林大
队"农业学大寨"先进事迹**　绵阳"地革委"
文艺创作学习班编绘
成都　四川人民出版社　1972年　13cm（60开）
定价：CNY0.12
　　中国现代连环画作品。

J0066291

角弓传友谊　陈树斌画
南宁　广西人民出版社　1972年　13cm（60开）
定价：CNY0.09
　　中国现代连环画作品。根据武齐文、肖斌
的同名小说改编的连环画作品。作者陈树斌
（1938—　　），编辑。笔名方唐，广东中山人。历
任《羊城晚报》主任美编，中国美协漫画艺委会

委员，广东漫画学会名誉会长，广东画院特聘画
家，广东省政协委员。著有《方唐世界——方唐
漫画精选》。

J0066292

金光大道　（第一集）人民美术出版社，北京
市顺义县"革命委员会"联合编绘组编绘
北京　人民美术出版社　1972年　13cm（60开）
定价：CNY0.15
　　根据浩然同名小说编绘的连环画作品。

J0066293

紧握方向盘　一心为人民　郧阳地区工农兵
美术创作组编绘
武汉　湖北人民出版社　1972年　13cm（60开）
定价：CNY0.11
　　中国现代连环画作品。

J0066294

京生　张家口地区《京生》连环画创作组编绘
石家庄　河北人民出版社　1972年　13cm（60开）
定价：CNY0.09
　　中国现代连环画作品。

J0066295

抗联小战士
太原　山西人民出版社　1972年　13cm（60开）
定价：CNY0.20
　　中国现代连环画作品。

J0066296

抗联小战士
天津　天津人民出版社　1972年　13cm（60开）
定价：CNY0.20
　　中国现代连环画作品。

J0066297

抗日小英雄　毛震耀画
北京　人民美术出版社　1972年　31页　有图
13cm（60开）统一书号：8027.5469
定价：CNY0.10
　　中国现代连环画作品。

J0066298

空军英雄战士杜凤瑞　聂昌硕绘

北京　人民出版社　1972 年　有彩图
15cm（40 开）定价：CNY0.17
　　中国现代连环画作品。

J0066299
矿工怒火　《矿工怒火》连环画创作组编绘
郑州　河南人民出版社　1972 年　2 版
13cm（60 开）定价：CNY0.16
　　中国现代连环画作品。

J0066300
老红军　黑龙江生产建设兵团第四师政治部
编绘
哈尔滨　黑龙江人民出版社　1972 年　13cm（60 开）
定价：CNY0.12
　　中国现代连环画作品。

J0066301
梨园新苗
上海　上海人民出版社　1972 年　有彩图
15cm（40 开）定价：CNY0.09
　　中国现代连环画作品。

J0066302
李维超　石林编文；薛树森等绘画
石家庄　河北人民出版社　1972 年　10cm（64 开）
定价：CNY0.15
　　中国现代连环画作品。

J0066303
李维超　中国人民解放军四八〇〇部队某部编
绘组供稿
北京　人民美术出版社　1972 年　13cm（60 开）
定价：CNY0.12
　　中国现代连环画作品。

J0066304
厉家寨　临沂地区《厉家寨》连环画创作组编绘
济南　山东人民出版社　1972 年　119 页　有图
10×13cm　统一书号：8.099.56　定价：CNY0.15
　　中国现代连环画作品。

J0066305
连环画选页　（1）上海人民出版社编辑
上海　上海人民出版社　1972 年　20 张（套）

26cm（16 开）定价：CNY0.25

J0066306
连环画选页　（2）上海人民出版社编辑
上海　上海人民出版社　1972 年　20 张（套）
26cm（16 开）定价：CNY0.25

J0066307
连环画选页　（3）
上海　上海人民出版社　1973 年　19×26cm
统一书号：8171.606　定价：CNY0.38

J0066308
连环画选页　（4）
上海　上海人民出版社　1973 年　19×26cm
统一书号：8171.734　定价：CNY0.67

J0066309
连环画选页　（5）
上海　上海人民出版社　1973 年　19×26cm
统一书号：8171.783　定价：CNY0.49

J0066310
连环画选页　（6）上海人民出版社编辑
上海　上海人民出版社　1974 年　19×26cm
统一书号：8171.1046　定价：CNY0.39

J0066311
连环画作品选页　（1）人民美术出版社编辑
北京　人民美术出版社　1972 年　40 张（套）
26cm（16 开）定价：CNY0.40

J0066312
连环画作品选页　（选自"全国连环画、中国
画展览"连环画作品 2）人民美术出版社编辑
北京　人民美术出版社　1973 年　40 页　19×26cm
统一书号：8027.5698　定价：CNY0.40

J0066313
连环画作品选页　（选自"全国连环画、中国
画展览"连环画作品 3）人民美术出版社编辑
北京　人民美术出版社　1973 年　40 页　19×26cm
统一书号：8027.5801　定价：CNY0.42

J0066314
连环画作品选页 （选自"全国连环画、中国
画展览"连环画作品 4）人民美术出版社编辑
北京 人民美术出版社 1974 年 40 页 19×26cm
统一书号：8027.5802 定价：CNY0.48

J0066315
连环画作品选页 （选自"全国连环画、中国
画展览"连环画作品 5）人民美术出版社编辑
北京 人民美术出版社 1975 年 40 张(套)
26cm（16 开）定价：CNY0.40

J0066316
连环画作品选页 （选自"全国连环画、中国
画展览奖"连环画作品 6）人民美术出版社编辑
北京 人民美术出版社 1975 年 20 幅 26cm（16 开）
定价：CNY0.58

J0066317
连环画作品选页 （7）人民美术出版社编辑
北京 人民美术出版社 1975 年 40 幅 26cm（16 开）
定价：CNY0.48
　　中国现代连环画作品选集。

J0066318
连环画作品选页 （8）人民美术出版社编辑
北京 人民美术出版社 1976 年 40 幅 26cm（16 开）
定价：CNY0.48

J0066319
连环画作品选页 （9）人民美术出版社编辑
北京 人民美术出版社 1976 年 40 幅 26cm（16 开）
定价：CNY0.48

J0066320
连环画作品选页 （10）人民美术出版社编辑
北京 人民美术出版社 1977 年 20 幅 26cm（16 开）
定价：CNY0.48

J0066321
连环画作品选页 （11）人民美术出版社编辑
北京 人民美术出版社 1977 年 40 幅 26cm（16 开）
定价：CNY0.48

J0066322
连环画作品选页 （12）选自庆祝中国人民解
放军建军五十周年美术展览）人民美术出版社
编辑
北京 人民美术出版社 1978 年 24 幅 26cm（16 开）
定价：CNY0.62
　　中国现代连环画作品选集。

J0066323
连环画作品选页 （13）人民美术出版社编辑
北京 人民美术出版社 1978 年 40 幅 26cm（16 开）
定价：CNY0.48

J0066324
连环画作品选页 （14）人民美术出版社编辑
北京 人民美术出版社 1979 年 20 幅 26cm（16 开）
定价：CNY0.68

J0066325
连环画作品选页 （15）人民美术出版社编辑
北京 人民美术出版社 1979 年 20 幅 26cm（16 开）
定价：CNY0.60

J0066326
连环画作品选页 （16）人民美术出版社编辑
北京 人民美术出版社 1979 年 20 幅 26cm（16 开）
定价：CNY0.60

J0066327
连环画作品选页 （17）人民美术出版社编辑
北京 人民美术出版社 1979 年 24 幅 26cm（16 开）
定价：CNY0.60

J0066328
两颗手榴弹
上海 上海人民出版社 1972 年 有彩图
15cm（40 开）定价：CNY0.07
　　中国现代连环画作品。

J0066329
列宁在一九一八年　　红铁改编；柳溪，郭广业
绘画
哈尔滨 黑龙江人民出版社 1972 年
13cm（60 开）定价：CNY0.18
　　中国现代连环画作品。

J0066330
列宁在一九一八年　人民美术出版社编绘
北京　人民美术出版社　1972 年　13cm（60 开）
统一书号：8027.5543　定价：CNY0.19
　　根据同名电影及有关资料改编的连环画作品。

J0066331
列宁在一九一八年
上海　上海人民出版社　1972 年　10cm（64 开）
定价：CNY0.13
　　中国现代连环画作品。

J0066332
刘胡兰　《刘胡兰》创作小组编绘
太原　山西人民出版社　1972 年　15cm（40 开）
定价：CNY0.10
　　中国现代连环画作品。

J0066333
刘胡兰　《刘胡兰》连环画创作组编绘
太原　山西人民出版社　1972 年　13cm（60 开）
定价：CNY0.13
　　中国现代连环画作品。

J0066334
刘胡兰　《刘胡兰》连环画创作组编绘
上海　上海人民出版社　1972 年　10cm（64 开）
定价：CNY0.13
　　中国现代连环画作品。

J0066335
刘文学的故事　王强华，谢成仪编写
昆明　云南人民出版社　1972 年　27 页　有图
15cm（40 开）统一书号：R7116.365
定价：CNY0.06
　　根据小说《刘文学》编写的连环画作品。

J0066336
刘英俊　长春市郊区，长春市宽城区宣传站编绘
长春　吉林人民出版社　1972 年　13cm（60 开）
定价：CNY0.17
　　中国现代连环画作品。

J0066337
刘运芝　襄阳地区"革委会"，枣阳县"革委会"编绘
武汉　湖北人民出版社　1972 年　13cm（60 开）
定价：CNY0.07
　　中国现代连环画作品。

J0066338
罗专才　益阳地区"革命委员会"政工组，中国人民解放军益阳军分区政治部编绘
武汉　湖北人民出版社　1972 年　13cm（60 开）
定价：CNY0.07
　　中国现代连环画作品。

J0066339
麦地仇
上海　上海人民出版社　1972 年　有图
15cm（40 开）统一书号：10.2.169　定价：CNY0.07
　　中国现代连环画作品。

J0066340
满湖冰封满湖春　江苏省洪泽县"革委会"政工组，上海人民出版社美术通讯员编绘
上海　上海人民出版社　1972 年　10cm（64 开）
定价：CNY0.10
　　中国现代连环画作品。

J0066341
毛主席的好学生焦裕禄　《毛主席的好学生焦裕禄》连环画创作组编绘
郑州　河南人民出版社　1972 年　2 版　13cm（60 开）
定价：CNY0.16
　　中国现代连环画作品。

J0066342
民兵连长战加信　黄县《战加信》连环画创作组编绘
济南　山东人民出版社　1972 年　71 页　有图
10×13cm　统一书号：8.099.129　定价：CNY0.09
　　中国现代连环画作品。

J0066343
牡蛎采苗　珠江电影制片厂编
广州　广东人民出版社　1972 年　42 页　15cm（40 开）
统一书号：8111.321　定价：CNY0.10

根据同名科教影片选编的连环画作品。

J0066344
南征北战 （革命战争连环画库）上海人民出版社供稿
北京 人民美术出版社 1972 年 13cm（60 开）
定价：CNY0.15
　　中国现代连环画作品。

J0066345
南征北战 上海人民出版社美术通讯员编绘
太原 山西人民出版社 1972 年 13cm（60 开）
定价：CNY0.16
　　中国现代连环画作品。

J0066346
难忘的友谊 江苏省"五·七"干校创作组编绘
南京 江苏人民出版社 1972 年 15cm（40 开）
定价：CNY0.12
　　根据同名小说改编的连环画作品。

J0066347
泥石流 工农兵电影厂供稿
上海 上海人民出版社 1972 年 13cm（60 开）
定价：CNY0.10
　　根据同名科教影片改编的连环画作品。

J0066348
宁死不屈的解文卿 于阳春编文；杜恒范等画
济南 山东人民出版社 1972 年 13cm（60 开）
定价：CNY0.09
　　中国现代连环画作品。

J0066349
农业学大寨画集 （1 三家）红河州"革委会"政工组宣传组，弥勒县"革委会"政工组宣传组汇编
昆明 云南人民出版社 1972 年 13cm（60 开）
定价：CNY0.10
　　中国现代连环画作品。

J0066350
农业学大寨画集 （2 雪山雄鹰）《雪山雄鹰》连环画编绘组 编绘
昆明 云南人民出版社 1972 年 13cm（60 开）

定价：CNY0.25
　　中国现代连环画作品。

J0066351
欧仁·鲍狄埃 吉林大学历史系编；《欧仁·鲍狄埃》创作组画
长春 吉林人民出版社 1972 年 13cm（60 开）
定价：CNY0.14
　　中国现代连环画作品。

J0066352
破冰斩浪 旅大运输公司"革委会"，上海海运局大连分局"革委会"供稿
沈阳 辽宁人民出版社 1972 年 13cm（60 开）
定价：CNY0.08
　　中国现代连环画作品。

J0066353
奇袭白虎团 （初稿）《奇袭白虎团》连环画创作组编绘
济南 山东人民出版社 1972 年 13cm（60 开）
定价：CNY0.20
　　中国现代连环画作品。

J0066354
巧救王叔叔
天津 天津人民出版社 1972 年 13cm（60 开）
定价：CNY0.08
　　中国现代连环画作品。

J0066355
青春火花 上海市前进农场创作组编绘
上海 上海人民出版社 1972 年 10cm（64 开）
定价：CNY0.14
　　中国现代连环画作品。

J0066356
青石山上 许凤仪编文；鞠伏强绘画
南京 江苏人民出版社 1972 年 13cm（60 开）
定价：CNY0.10
　　根据《解放日报》于韶辉的同名小说改编的连环画作品。

J0066357
琼虎 西虹原著；高宝生绘

北京　人民美术出版社　1972 年　13cm（60 开）
定价：CNY0.10

　　中国现代连环画作品。作者高宝生
（1944—　　），连环画家。曾用笔名高禾，北京人。
北京艺术学院附中毕业。中国少年儿童出版社
从事连环画创作。代表作品《铁木儿和他的队伍》
《两只小孔雀》《聪明的药方》等。

J0066358
人民的勤务员——张炳新　崇安县"革命委
员会"宣教组供稿
福州　福建人民出版社　1972 年　13cm（60 开）
定价：CNY0.09
　　中国现代连环画作品。

J0066359
三开锁　湖北人民出版社编辑
武汉　湖北人民出版社　1972 年　46 页　有图
13cm（60 开）统一书号：10106.647
定价：CNY0.06

J0066360
身残志坚干革命　天津"地革委"文化局编绘
石家庄　河北人民出版社　1972 年　13cm（60 开）
定价：CNY0.11
　　中国现代连环画作品。

J0066361
深山红哨　梧州地区"革委会"政工组，梧州
军分区政治部编绘
南宁　广西人民出版社　1972 年　13cm（60 开）
定价：CNY0.09
　　中国现代连环画作品。

J0066362
深山歼敌　（上）来凤县"革委会"，人武部，湖
北人民出版社美术组编绘
武汉　湖北人民出版社　1972 年　13cm（60 开）
定价：CNY0.12
　　中国现代连环画作品。

J0066363
深山歼敌　（下）来凤县"革委会"，来凤县人
武部，湖北人民出版社美术组编绘
武汉　湖北人民出版社　1973 年　86 页　有图

10×13cm　统一书号：8106.1380 定价：CNY0.13
　　中国现代连环画作品。

J0066364
生命线　戚墅堰机车车辆工厂工人业余美术组
编绘
南京　江苏人民出版社　1972 年　13cm（60 开）
定价：CNY0.08
　　根据《人民日报》同名通讯改编的连环画
作品。

J0066365
生命线　张家口铁路地区"生命线"连环画业
余创作组编绘
北京　人民美术出版社　1972 年　10cm（64 开）
定价：CNY0.11
　　根据《人民日报》同名通讯改编的连环画
作品。

J0066366
十人桥
昆明　云南人民出版社　1972 年　13cm（60 开）
定价：CNY0.12
　　中国现代连环画作品。

J0066367
十转山上不老松　郧阳地区工农兵美术创作
组编绘
武汉　湖北人民出版社　1972 年　13cm（60 开）
定价：CNY0.10
　　中国现代连环画作品。

J0066368
实践出真知　天门县"革委会"毛泽东思想宣
传站编绘
武汉　湖北人民出版社　1972 年　13cm（60 开）
定价：CNY0.11
　　中国现代连环画作品。

J0066369
拾稻穗　潘琨，尹方编绘
北京　人民美术出版社　1972 年　34 页　有彩图
15cm（40 开）定价：CNY0.20
　　中国现代连环画作品。

J0066370
水泥船　珠江电影制片厂编
广州 广东人民出版社 1972 年 15cm（40 开）
定价：CNY0.11
　　根据同名科教影片选编的连环画作品。

J0066371
顺化怒火　王藩耀画
广州 广东人民出版社 1972 年 13cm（60 开）
定价：CNY0.10
　　根据越南战斗故事改编的连环画作品。

J0066372
送鸡蛋　普宁县文艺宣传队编；杜应强画
广州 广东人民出版社 1972 年 有彩图
15cm（40 开）统一书号：8111.356
定价：CNY0.10
　　中国现代连环画作品。作者杜应强（1939— ），
画家、高级美术师。广东澄海人。历任汕头画院
院长、中国美术家协会会员、中国版画家协会会
员、广东省美术家协会常务理事。出版有《杜应
强水墨画集》《杜应强版画集》《杜应强画集·百
榕图》等。

J0066373
孙悟空三打白骨精
上海 上海人民出版社 1972 年 10cm（64 开）
定价：CNY0.11
　　中国现代连环画作品。

J0066374
踏遍青山为人民　郧阳地区工农兵美术创作
组编绘
武汉 湖北人民出版社 1972 年 13cm（60 开）
定价：CNY0.08
　　中国现代连环画作品。

J0066375
台风　中国电影发行放映公司供稿
北京 人民出版社 1972 年 71 页 有图
10×13cm 统一书号：10.22 定价：CNY0.10
　　中国现代连环画作品。

J0066376
泰山劲松　济南部队装甲兵政治部供稿

北京 人民美术出版社 1972 年 2 版 13cm（60 开）
定价：CNY0.10
　　中国现代连环画作品。

J0066377
特级英雄杨根思　上海人民出版社通讯员编；
南通市工农兵美术创作组绘
上海 上海人民出版社 1972 年 10cm（64 开）
定价：CNY0.12
　　中国现代连环画作品。

J0066378
铁道卫士
沈阳 辽宁人民出版社 1972 年 13cm（60 开）
定价：CNY0.20
　　根据同名影片选编的连环画作品。

J0066379
铁柱子　李守信原著；杨云庆改编；李俊琪绘画
哈尔滨 黑龙江人民出版社 1972 年
13cm（60 开）定价：CNY0.10
　　中国现代连环画作品。作者杨云庆
（1933— ），曾任黑龙江省作家协会会员、散文
家协会会员、老年作家协会会员。作品有《杨云
庆文集（上、下）》等。作者李俊琪（1943— ），
教授。号大道轩主人，河北乐亭人。历任天津美
术家协会副主席！ 中国美术家协会会员，天津
南开大学教授、研究生导师，美国传记研究院研
究员。著作有《中国历代诗家图卷》《中国历代
兵家图卷》《中国历代文学家画传》《李俊琪画
集》等。

J0066380
童年　董洪元绘
北京 人民美术出版社 1972 年 2 版 13cm（60 开）
定价：CNY0.14
（高尔基故事 1）
　　根据高尔基原著改编的连环画作品。绘画
董洪元（1926— ），钢笔画家、连环画家。上海
人。笔名红叶。钢笔连环画代表作品有《高尔基》
三部曲。

J0066381
土家山寨换新天　湘西土家族苗族自治州"革
命委员会"宣传组编绘

长沙　湖南人民出版社　1972 年　13cm（60 开）

定价：CNY0.10

　　中国现代连环画作品。

J0066382

团结胜利的凯歌　钟祥县"革委会"，人武部编绘

武汉　湖北人民出版社　1972 年　13cm（60 开）

定价：CNY0.08

　　中国现代连环画作品。

J0066383

团结胜利的凯歌　青岛市"革命委员会"，青岛驻军桃源河英雄事迹联合宣传办公室供稿

北京　人民美术出版社　1972 年　13cm（60 开）

定价：CNY0.14

　　中国现代连环画作品。

J0066384

团山怒火　高安县"革委会"政治部编绘

南昌　江西人民出版社　1972 年　13cm（60 开）

定价：CNY0.13

　　中国现代连环画作品。

J0066385

退休不卸革命担　桂林市专业，业余美术创作学习班编绘

南宁　广西人民出版社　1972 年　13cm（60 开）

定价：CNY0.08

　　中国现代连环画作品。

J0066386

为革命战斗不息　锦州铁路局业余美术创作组编绘

沈阳　辽宁人民出版社　1972 年　13cm（60 开）

定价：CNY0.09

　　中国现代连环画作品。

J0066387

我爱毛主席我爱党　刘秉刚等诗；艾红怀等绘

北京　人民美术出版社　1972 年　1 册

有彩图 13cm（60 开）统一书号：8027.5640

定价：CNY0.10

J0066388

我的大学　董洪元绘

北京　人民美术出版社　1972 年　2 版　13cm（60 开）

定价：CNY0.14

（高尔基故事 3）

　　根据高尔基原著改编的连环画作品。绘画董洪元（1926—　　），钢笔画家、连环画家。上海人。笔名红叶。钢笔连环画代表作品有《高尔基》三部曲。

J0066389

乌坚与小园　莆田县"革命委员会"宣教组供稿

福州　福建人民出版社　1972 年　13cm（60 开）

定价：CNY0.08

　　中国现代连环画作品。

J0066390

无产阶级革命事业接班人的好榜样　沈秀芹　烟台地区沈秀芹连环画创作组编绘

北京　人民美术出版社　1972 年　13cm（60 开）

定价：CNY0.15

　　中国现代连环画作品。

J0066391

无私无畏干革命　汉阳县"革委会"政工组供稿

武汉　湖北人民出版社　1972 年　13cm（60 开）

定价：CNY0.07

　　中国现代连环画作品。

J0066392

五有三勤好处多

长春　吉林人民出版社　1972 年　13cm（60 开）

定价：CNY0.14

　　根据同名电影改编的连环画作品。

J0066393

仵凤龄狠砸"乌龟壳"　陆岩编绘

太原　山西人民出版社　1972 年　13cm（60 开）

定价：CNY0.05

　　中国现代连环画作品。

J0066394

肖缠歧　青海石油管理局"革委会"政治部编；洪武平，马文忠绘

西宁　青海人民出版社　1972 年　13cm（60 开）

定价：CNY0.13
　　中国现代连环画作品。

J0066395
小八路 （汉，蒙文对照）上海木偶剧团，上海
人民出版社美术通讯员编绘；邵娜斯图译
呼和浩特　内蒙古自治区人民出版社　1972年
13cm（60开）定价：CNY0.12
　　中国现代连环画作品。

J0066396
小八路　上海木偶剧团，上海人民出版社美术
通讯员编绘
太原　山西人民出版社　1972年　13cm（60开）
定价：CNY0.12
　　中国现代连环画作品。

J0066397
小八路　上海木偶剧团，上海人民出版社美术
通讯员编绘；延边橡胶厂"革委会"革命文艺宣
传组译
延吉　延边人民出版社　1972年　13cm（60开）
定价：CNY0.12
　　中国现代连环画作品。

J0066398
小兵张嘎
上海　上海人民出版社　1972年　新1版　192页
有图　10×13cm　统一书号：8.3.491
定价：CNY0.17
　　中国现代连环画作品。

J0066399
小厂创大业　沔阳县"革命委员会"政工组供稿
武汉　湖北人民出版社　1972年　13cm（60开）
定价：CNY0.09
　　中国现代连环画作品。

J0066400
小红擒敌　南京市朝阳区"革委会"读物创作
组编绘
南京　江苏人民出版社　1972年　13cm（60开）
定价：CNY0.07
　　中国现代连环画作品。

J0066401
小乔宁　黑龙江人民出版社改编；杨世昌绘
哈尔滨　黑龙江人民出版社　1972年
13cm（60开）定价：CNY0.08
　　中国现代连环画作品。

J0066402
小英雄阮友充　秘自义改编；尹庆芳绘画
石家庄　河北人民出版社　1972年　13cm（60开）
定价：CNY0.05
　　中国现代连环画作品。

J0066403
小英雄谢荣策　辽中县"革委会"宣传组工农
兵美术通讯员编绘
沈阳　辽宁人民出版社　1972年　80页　有图
10×13cm　统一书号：8090.199　定价：CNY0.12
　　中国现代连环画作品。

J0066404
小英雄谢荣策　辽中县"革委会"宣传组工农
兵美术通讯员编绘
沈阳　辽宁人民出版社　1972年　13cm（60开）
定价：CNY0.12
　　中国现代连环画作品。

J0066405
小英雄雨来　管桦原著；戈理改编；李江鸿绘画
石家庄　河北人民出版社　1972年　13cm（60开）
定价：CNY0.06
　　中国现代连环画作品。

J0066406
小游击队员柳小猛
天津　天津人民出版社　1972年　13cm（60开）
定价：CNY0.11
　　中国现代连环画作品。

J0066407
小柱头智送鸡毛信　郗聪魏编文；王怀骐绘画
石家庄　河北人民出版社　1972年　13cm（60开）
定价：CNY0.11
　　中国现代连环画作品。

J0066408

心红壮胆攀高峰 黄石供电公司"革命委员会"编绘
武汉 湖北人民出版社 1972年 13cm（60开）
定价：CNY0.08
中国现代连环画作品。

J0066409

星火日夜食品商店 《星火日夜食品商店》连环画创作组编绘
上海 上海人民出版社 1972年 10cm（64开）
定价：CNY0.10
中国现代连环画作品。

J0066410

兄弟队 卢炽成编；郭同江等执笔；东莞县文化馆《兄弟队》创组画
广州 广东人民出版社 1972年 13cm（60开）
定价：CNY0.09
中国现代连环画作品。作者郭同江（1925—2003），连环画家。广东东莞人。历任中国美术家协会会员、广东分会理事、东莞市美协主席。主要作品有《开工之前》《喜雨》《渔女春秋》《学撒网》《除田草》《珠江河畔》等。

J0066411

徐度乐 （无产阶级的先锋战士，三大革命运动的闯将，优秀共产党员，生产队长徐度乐的先进事迹）宿县地区"革命委员会"政工组，濉溪县"革命委员会"政工组供稿
合肥 安徽人民出版社 1972年 13cm（60开）
定价：CNY0.14
中国现代连环画作品。

J0066412

悬砌拱桥 珠江电影制片厂编
广州 广东人民出版社 1972年 31页 有图
15cm（40开）统一书号：8111.320 定价：CNY0.09
根据同名影片改编的连环画作品。

J0066413

悬砌拱桥 珠江电影制片厂编
广州 广东人民出版社 1972年 15cm（40开）
定价：CNY0.09
根据同名科教影片选编的连环画作品。

J0066414

雪山上的号手 赵鹜写；秦大虎画
上海 上海人民出版社 1972年 新1版 1册
有图 18cm（32开）定价：CNY0.11
作者秦大虎（1938— ），教授。历任中国美术学院油画系教授、中国美协会员、中国油画家协会理事、浙江美协常务理事、浙江美协常务理事等职。作品有《在战斗中成长》《老将》《田喜嫂》等。出版有《秦大虎油画选》《秦大虎的绘画世界》和《油画创作》等。

J0066415

雪山雄鹰 南昌县塘南"公社"业余创作组绘
南昌 江西人民出版社 1972年 13cm（60开）
定价：CNY0.12
中国现代连环画作品。

J0066416

雁翎队 保定地区《雁翎队》连环画创作组编绘
石家庄 河北人民出版社 1972年 13cm（60开）
定价：CNY0.20
中国现代连环画作品。

J0066417

雁翎队 保定地区《雁翎队》连环画创作组编绘
石家庄 河北人民出版社 1972年 15cm（40开）
定价：CNY0.30
中国现代连环画作品。

J0066418

阳光灿烂红旗艳——记上海异型钢管厂的先进事迹 上海人民出版社美术通讯员编；上海市美术学校第二期工农兵美术创作学习班绘
上海 上海人民出版社 1972年 13cm（60开）
定价：CNY0.08
中国现代连环画作品。

J0066419

阳光灿烂照征途 陆岩编绘
太原 山西人民出版社 1972年 13cm（60开）
定价：CNY0.09
中国现代连环画作品。

J0066420

杨健生　广东省潮阳县"革委会"政工组，广东人民艺术学院绘画系编绘

广州　广东人民出版社　1972 年 2 版　13cm（60 开）

定价：CNY0.12

　　中国现代连环画作品。

J0066421

杨路的　邯郸地区《杨路的》连环画创作组编绘

石家庄　河北人民出版社　1972 年　13cm（60 开）

定价：CNY0.09

　　中国现代连环画作品。

J0066422

杨桥畔　榆林地区"革委会"政工组编绘

西安　陕西人民出版社　1972 年　13cm（60 开）

定价：CNY0.10

　　中国现代连环画作品。

J0066423

杨荣科　中国人民解放军〇二八三部队编绘

昆明　云南人民出版社　1972 年　13cm（60 开）

定价：CNY0.12

　　中国现代连环画作品。

J0066424

要为真理而奋斗　路焕华编绘

杭州　浙江人民出版社　1972 年　13cm（60 开）

定价：CNY0.10

　　中国现代连环画作品。

J0066425

夜闯鞋山湖　九江地区文艺站，湖口县文艺站编绘

南昌　江西人民出版社　1972 年　13cm（60 开）

定价：CNY0.14

　　中国现代连环画作品。

J0066426

夜袭老虎山　王金泰绘

北京　人民出版社　1972 年　22 页　有彩图　15cm（40 开）　定价：CNY0.13

　　作者王金泰（1945—　　），当代书画家。号甫元，生于北京，祖籍山东。历任中国少年儿童出版社《中学生》杂志美术编辑、中国美术家协会北京分会会员、中华孔子学会会员、中国书画家联谊会理事。出版有《中华少年精英百图》《古诗童趣图》《金泰画集》《中华佛禅文化百图》等。

J0066427

夜宿土豆村　王建绘

杭州　浙江人民出版社　1972 年　13cm（60 开）

定价：CNY0.07

　　根据《解放日报》戴慕仁的同名散文改编的连环画作品。

J0066428

一次伏击战　汪涛编文；张为民画

杭州　浙江人民出版社　1972 年　56 页　有图　10×13cm　统一书号：72-4.55　定价：CNY0.07

　　根据上海《红小兵报》同名故事编绘的中国现代连环画作品。

J0066429

一颗红心献人民　北京市朝阳区"革命委员会"，中国人民解放军四五一〇部队供稿

北京　人民美术出版社　1972 年　13cm（60 开）

定价：CNY0.10

　　中国现代连环画作品。

J0066430

一块风化石　树斌绘

广州　广东人民出版社　1972 年　13cm（60 开）

定价：CNY0.08

　　根据山歌剧《跃进道上》改编的连环画作品。

J0066431

一块银元　中国人民解放军一五零五部队政治部供稿

北京　人民美术出版社　1972 年　80 页　有图　13×15cm（40 开）统一书号：978-7-102-04881-9

定价：CNY15.00

　　中国现代连环画作品。

J0066432

一面街办工业的红旗　（长沙市都正街向东五金电器厂艰苦创业的事迹）周笃佑改编；湖南师范学院艺术系绘

长沙　湖南人民出版社　1972 年　13cm（60 开）

定价: CNY0.07

中国现代连环画作品。

J0066433

一心为革命——西安红旗电机厂艰苦创业记　国家建委五局"革委会"政工组供稿

西安　陕西人民出版社　1972 年　13cm（60 开）

定价: CNY0.12

中国现代连环画作品。

J0066434

一支驳壳枪

上海　上海人民出版社　1972 年　10cm（64 开）

定价: CNY0.08

中国现代连环画作品。

J0066435

英雄八山班

上海　上海人民出版社　1972 年　56 页　有图

10×13cm　统一书号: 8.3.434　定价: CNY0.06

中国现代连环画作品。

J0066436

英雄弹前人　井冈山地区《英雄弹前人》连环画创作组编绘

南昌　江西人民出版社　1972 年　13cm（60 开）

定价: CNY0.012

中国现代连环画作品。

J0066437

英雄的南堡人　王干生等编绘

北京　人民美术出版社　1972 年　13cm（60 开）

定价: CNY0.13

中国现代连环画作品。

J0066438

英雄的南堡人　王干生等绘

杭州　浙江人民出版社　1972 年　13cm（60 开）

定价: CNY0.14

中国现代连环画作品。

J0066439

英雄排痛歼敌坦克　陆岩编绘

太原　山西人民出版社　1972 年　13cm（60 开）定价: CNY0.07

中国现代连环画作品。

J0066440

英勇不屈　（柬埔寨战斗故事）

广州　广东人民出版社　1972 年　19cm（32 开）

定价: CNY0.20

（连环画选 1）

根据新华社报道改编的连环画作品。

J0066441

英勇不屈　（柬埔寨战斗故事）

广州　广东人民出版社　1972 年　13cm（60 开）

定价: CNY0.09

根据新华社报道改编的连环画作品。

J0066442

英勇杀敌　（柬埔寨人民反美帝国的战斗故事）

高宝生等绘

北京　人民美术出版社　1972 年　13cm（60 开）

定价: CNY0.08

根据《人民日报》通讯改编的连环画作品。作者高宝生（1944—　），连环画家。曾用笔名高禾，北京人。北京艺术学院附中毕业。中国少年儿童出版社从事连环画创作。代表作品《铁木儿和他的队伍》《两只小孔雀》《聪明的药方》等。

J0066443

勇敢机智打豺狼　董耀根编文；李绍然画

上海　上海人民出版社　1972 年　有图　10×13cm

统一书号: 8.3.564　定价: CNY0.07

中国现代连环画作品。作者李绍然（1939—2017），画家。字昭昭，别号齐东野叟、东鲁画痴、登州布衣、胶东客等。山东烟台人，毕业于浙江美术学院中国画系。曾任上海美术家协会会员，上海连环画研究会会员，中国电影家协会会员。代表作品有《勇敢机智打豺狼》《红枫岭上》等。

J0066444

优秀的边防战士——王大彪　长春市南关区宣传站，长春市制药厂"革委会"编绘

长春　吉林人民出版社　1972 年　13cm（60 开）

定价: CNY0.15

中国现代连环画作品。

J0066445

优秀的三支两军干部黄明道　海南地区"革委会"，海南军区宣传黄明道同志先进事迹办公室编绘

广州　广东人民出版社　1972 年　13cm（60 开）

定价：CNY0.09

　　中国现代连环画作品。

J0066446

优秀共产党员王恒德　《优秀共产党员王恒德》连环画创作组编绘

西安　陕西人民出版社　1972 年　13cm（60 开）

定价：CNY0.18

　　中国现代连环画作品。

J0066447

孟丽君　包头市"革命委员会"文教局"孟丽君"连环画创作组编绘

呼和浩特　内蒙古自治区人民出版社　1972 年 13cm（60 开）定价：CNY0.11

　　中国现代连环画作品。

J0066448

友谊的乐章　上海人民出版社美术通讯员编绘

上海　上海人民出版社　1972 年　18 页　有图 10×13cm　统一书号：8.3.526　定价：CNY0.06

　　中国现代连环画作品。

J0066449

友谊的乐章　上海人民出版社美术通讯员编绘

上海　上海人民出版社　1972 年　10cm（64 开）

定价：CNY0.06

（我们的朋友遍天下　1）

　　中国现代连环画作品。

J0066450

友谊的乐章　孟森耀改编；施大畏，张培成画

上海　上海人民出版社　1972 年　10cm（64 开）

定价：CNY0.05

（我们的朋友遍天下　2）

　　中国现代连环画作品。作者施大畏 （1950—　），画家，浙江吴兴人，毕业于上海大学美术学院国画系。国家一级美术师，曾任上海国画院执行院长、中国美术家协会副主席、中国美协国画艺委会委员、上海美协国画艺委会主任、上海大学美术学院兼职教授等职。代表作《暴风骤雨》《国殇》《皖南事变》《归途——西路军妇女团纪实》。作者张培成（1948—　），画家、一级美术师。江苏太仓人，毕业于中央美术学院。上海市美术家协会副主席、上海中国画院兼职画师、上海大学美术学院、上海师范大学美术学院兼职教授。中国美术家协会会员。代表作品有《微风》《农家》《沃土》，出版有《张培成画集》。

J0066451

友谊花开　苏家杰画

广州　广东人民出版社　1972 年　有彩图 15cm（40 开）统一书号：8111.351

定价：CNY0.10

　　作者苏家杰（1947—　），画家。广州美术学院版画系结业。广东省美术家协会会员，花城出版社美术编辑室主任。作品有《百猫图谱》《友谊花开》等。

J0066452

幼松　徐文星绘画

杭州　浙江人民出版社　1972 年　24 页　有彩图 15cm（40 开）定价：CNY0.16

　　根据《浙江日报》同名小小说改编的中国现代连环画作品。

J0066453

于振芳　甘肃钢铁"公社"《于振芳》连环画创作组编绘

兰州　甘肃人民出版社　1972 年　13cm（60 开）

定价：CNY0.10

　　中国现代连环画作品。

J0066454

鱼龙坝　许全群绘；人民美术出版社改编

北京　人民美术出版社　1972 年　13cm（60 开）

定价：CNY0.11

　　中国现代连环画作品。作者许全群（1943—　），画家。河南鲁山县人。毕业于北京艺术学院附中。曾任职于人民美术出版社创作室，中国美术家协会会员、吉隆坡艺术学院客座教授。出版有《许全群画集》《许全群水墨作品精选》等。

J0066455

云盘峰　湖北省群众文化处，宜昌地区《云盘

峰》连环画创作组编绘
武汉　湖北人民出版社 1972 年 13cm（60 开）
定价：CNY0.08
　　中国现代连环画作品。

J0066456
杂交高粱
北京　科学出版社 1972 年 19cm（32 开）
定价：CNY0.15
　　根据同名科教影片选编的连环画作品。

J0066457
在人间　董洪元绘
北京　人民美术出版社 1972 年 2 版 13cm（60 开）
定价：CNY0.18
（高尔基故事 2）
　　根据高尔基原著改编的连环画作品。

J0066458
摘苹果的时候
长春　吉林人民出版社 1972 年 13cm（60 开）
定价：CNY0.22
　　根据朝鲜同名彩色故事影片改编的连环画作品。本书与人民美术出版社合作出版。

J0066459
战斗的童年　（印度少年儿童革命斗争故事）
梅述竹, 松涛改编；林百石, 矫玉璋绘画
长春　吉林人民出版社 1972 年 13cm（60 开）
定价：CNY0.08
　　中国现代连环画作品。

J0066460
战斗在红石岭上　刘伟雄等执笔；南雄县"革委会"政工组编；韶关地区"革委会"政工组文艺办公室《战斗在红石岭上》创作组绘
广州　广东人民出版社 1972 年 13cm（60 开）
定价：CNY0.09
　　中国现代连环画作品。

J0066461
张海涛　武汉市江岸区"革委会"文教局编绘
武汉　湖北人民出版社 1972 年 13cm（60 开）
定价：CNY0.08
　　中国现代连环画作品。

J0066462
张思德　天津人民美术出版社编绘
天津　天津人民美术出版社 1972 年 13cm（60 开）
定价：CNY0.12
　　中国现代连环画作品。

J0066463
长渔七号　辽宁人民出版社改编；阎峰樵绘
沈阳　辽宁人民出版社 1972 年 13cm（60 开）
定价：CNY0.09
　　中国现代连环画作品。

J0066464
找红军　松矿忆苦站编绘
昆明　云南人民出版社 1972 年 19 页
有彩图 15cm（40 开）统一书号：R7116.355
定价：CNY0.16
　　中国现代连环画作品。

J0066465
志在宝岛创新业　珠江电影制片厂选编
广州　广东人民出版社 1972 年 13cm（60 开）
定价：CNY0.09
　　根据同名纪录影片选编的中国现代连环画作品。

J0066466
智擒逃敌　钦州地区"革命委员会"编绘
南宁　广西人民出版社 1972 年 15cm（40 开）
定价：CNY0.08
　　中国现代连环画作品。

J0066467
智擒逃敌　武奎英编绘
北京　人民美术出版社 1972 年 22 页 有彩图
13cm（60 开）定价：CNY0.09
　　根据同名小说改编的中国现代连环画作品。

J0066468
智取威虎山　（革命样板戏连环画 蒙, 汉文对照）文汇报《智取威虎山》连环画创作组编绘；巴牙斯古朗, 哲·赛音额尔德尼译
呼和浩特　内蒙古自治区人民出版社 1972 年
13cm（60 开）定价：CNY0.18

中国现代连环画作品。

J0066469
智袭催粮队　陈秉钧编绘
广州　广东人民出版社　1972年　有彩图
15cm（40开）统一书号：8111.333
定价：CNY0.10
　　中国现代连环画作品。

J0066470
中国猿人　中国科学院古脊椎动物研究所宣
选编
北京　科学出版社　1972年　94页　有图
10cm（64开）统一书号：13031.32
定价：CNY0.15
　　根据同名科教影片选编的中国现代连环画
作品。

J0066471
中国猿人
北京　科学出版社　1972年　13cm（60开）
定价：CNY0.15
　　根据同名科教影片选编的连环画作品。

J0066472
种花生的故事　曲克勇编文；王启民等画
济南　山东人民出版社　1972年　13cm（60开）
定价：CNY0.10
　　中国现代连环画作品。作者王启民（1937—
1995），美术工作者。山东高唐县人。曾供职于
即墨市文化馆、山东省美术家协会会员、山东
省连环画研究会理事。山东画院特聘高级画师。
即墨市画院首任院长。作品有《冀鲁春秋》《龙
王店大捷》《崂山挑妇》《峡北人家》等。

J0066473
抓舌头　白城地区《抓舌头》创作组编绘
长春　吉林人民出版社　1972年　13cm（60开）
定价：CNY0.14
　　中国现代连环画作品。

J0066474
壮丽青春——毛主席的好工人纪茂　哈尔
滨铁路局政治部供稿
哈尔滨　黑龙江人民出版社　1972年　13cm（60开）

定价：CNY0.10
　　中国现代连环画作品。

J0066475
自觉的哨兵　庆安县"革委会"宣传组编绘
哈尔滨　黑龙江人民出版社　1972年　13cm（60开）
定价：CNY0.12
　　中国现代连环画作品。

J0066476
祖国的好儿子黄继光　《黄继光》连环画创作
组编绘
上海　上海人民出版社　1972年　2版　10cm（64开）
定价：CNY0.15
　　中国现代连环画作品，原名《爱国主义和国
际主义的榜样黄继光》。

J0066477
"爱民模范"盛习友　中国人民解放军九六八一
部队政治部供稿
北京　人民美术出版社　1973年　13cm（60开）
定价：CNY0.11
　　中国现代连环画。描述了解放军济南部队
某部排长、共产党员"爱民模范"盛习友，一心为
民，服务大众并受到广大人民群众拥护与爱戴的
故事。

J0066478
"巴顿式"的下场　中国人民解放军6424部
队政治部改编；李凤尧，赵新民绘图
南京　江苏人民出版社　1973年　44页　10×13cm
统一书号：8100.3.31　定价：CNY0.07
　　中国现代连环画。描绘抗美援朝时期，志愿
军攻打美国新式坦克的故事。

J0066479
"铁人"王进喜　大庆工人业余美术创作学习
班，上海人民出版社美术通讯员编绘
北京　人民美术出版社　1973年　10×13cm
统一书号：8027.5713　定价：CNY0.14
　　中国现代连环画。

J0066480
"长征"路上　定兴编文；邓秀等绘图
天津　天津人民美术出版社　1973年　10×13cm

统一书号：8073.30129 定价：CNY0.16

中国现代连环画。

J0066481

《国际歌》响彻全球　（四条屏）浙江工农兵画报社编；潘鸿海等绘

北京 人民美术出版社 1973年 2张 76cm（2开）

统一书号：8028.5636 定价：CNY0.22

中国现代连环画作品。作者潘鸿海（1942— ），艺术家。上海人，毕业于浙江美术学院油画系。历任浙江人民美术出版社美术记者、美术编辑、编辑部主任、副总编，《富春江画报》负责人，浙江画院院长。代表作品有《又是一个丰收年》《鲁迅》。

J0066482

035号图纸　洲天，文发原著；李葆青改编；雷德祖绘画

南宁 广西人民出版社 1973年 15cm（40开）

统一书号：8113.144 定价：CNY0.20

根据《机密图纸》改编的中国现代连环画作品。

J0066483

阿德　达县钢铁厂政工组供稿

成都 四川人民出版社 1973年 10×13cm

统一书号：8118.26 定价：CNY0.10

中国现代连环画。

J0066484

阿德杀敌　卜庆润改编；郭抱湘等绘

济南 山东人民出版社 1973年 有彩图

15cm（40开）统一书号：8099.133

定价：CNY0.06

中国现代连环画。

J0066485

阿福　郑维庆改编；郭广业绘画

哈尔滨 黑龙江人民出版社 1973年 10×13cm

统一书号：8093.197 定价：CNY0.16

根据越南同名电影改编的中国现代连环画作品。

J0066486

阿海　邓华编文；周申绘画

济南 山东人民出版社 1973年 58页 有图

10×13cm 统一书号：8099.188 定价：CNY0.08

中国现代连环画。作者周申（1943— ），连环画家。浙江诸暨人，毕业于中央美术学院附中。历任山东菏泽地区展览馆艺术馆美术干部、山东美术出版社美术编辑、中国美术家协会会员。代表作品有《四笔阎王账》《中国历史演义故事画——宋史》《当代连环画精品集·周申》等。

J0066487

阿梅和阿茹　卜庆润文；崔森林画

济南 山东人民出版社 1973年 有彩图

15cm（40开）统一书号：8099.197

定价：CNY0.11

中国现代连环画作品。作者崔森林（1943— ），美术编辑。笔名黎恩、李恩。生于山东济南，毕业于济南艺术学校。任山东美术出版社副编审。作品有《省里送来显微镜》《黄河》《第一面八一军旗的诞生》《毛主席视察北园》等，小说《不屈的昆仑》插图。

J0066488

阿青　晋江县业余美术学习班编绘

福州 福建人民出版社 1973年 有图 10×13cm

统一书号：8173.63 定价：CNY0.11

（印度支那少年抗美救国斗争的故事）

中国现代连环画。

J0066489

阿姨们的抗日故事　许灏改编；李俊生等画

哈尔滨 黑龙江人民出版社 1973年 10×13cm

统一书号：8093.177 定价：CNY0.11

中国现代连环画。

J0066490

阿英　孙景文编文；李德胜绘画

沈阳 辽宁人民出版社 1973年 10×13cm

统一书号：8090.408 定价：CNY0.08

中国现代连环画作品。

J0066491

阿勇　李树槐改编；栾永让绘画

沈阳 辽宁人民出版社 1973年 10×13cm

统一书号：8090.388 定价：CNY0.08

中国现代连环画作品。作者栾永让

（1938—　），画家、教授。生于山东蓬莱，毕业鲁迅美术学院中国画系。鲁迅美术学院教授。作品有《老船》《绝壁苍山》，出版有《栾永让·心源造化》《画家之旅——栾永让写生集》。

J0066492

阿忠　（越）绥福原著；雷鸣绘画
西安　陕西人民出版社 1973 年 15cm（40 开）
统一书号：8094.189 定价：CNY0.19
　　中国现代连环画作品。

J0066493

爱民模范连　钟国民编；苏泽猷，吴乙坚绘
南宁　广西人民出版社 1973 年 10×13cm
统一书号：8113.147 定价：CNY0.10
　　中国现代连环画作品。

J0066494

安东卫连　四八〇〇部队某部编绘
沈阳　辽宁人民出版社 1973 年 13cm（60 开）
统一书号：8090.341 定价：CNY0.14
　　中国现代连环画。

J0066495

八个"红小鬼"　张斌，刘国良编文；沈在召，谢平绘图
福州　福建人民出版社 1973 年 13cm（60 开）
统一书号：8173.85 定价：CNY0.07
　　中国现代连环画作品。

J0066496

拔钉子　海阳县"革委会"政治部文化组供稿
济南　山东人民出版社 1973 年 13cm（60 开）
统一书号：8099.224 定价：CNY0.11
　　中国现代连环画作品。

J0066497

白求恩　小兵编；秦大虎，方世聪画
上海　上海人民出版社 1973 年 有彩图
15cm（40 开）统一书号：R10171.187
定价：CNY0.19
　　作者秦大虎（1938—　），教授。历任中国美术学院油画系教授、中国美协会员、中国油画家协会理事、浙江美协常务理事、浙江美协常务理事等职。作品有《在战斗中成长》《老将》《田喜

嫂》等。出版有《秦大虎油画选》《秦大虎的绘画世界》和《油画创作》等。作者方世聪（1941—　），画家。毕业于国立上海美术专科学校油画系。历任上海美术家协会会员，上海戏剧学院美术系油画教研室主任、教授，上海黄浦画院副院长。代表作《华夏魂》《东方少女》《潜在的能量》《激情的艺术》《塞纳河夕照》等。

J0068091

白求恩　吴文焕编文；胡克文等绘图
上海　上海人民出版社 1973 年 10×13cm
统一书号：8171.727 定价：CNY0.14
　　中国现代连环画作品。绘图胡克文（1928—2015），连环画家。亦名胡少飞，笔名少飞，浙江宁波人。连环画作品有《王子复仇记》《傲蕾·一兰》《娃女》等。

J0066498

白求恩在中国　钟志诚编文；许荣初等绘画
沈阳　辽宁美术出版社 1973 年 122 页 有图
13×15cm 统一书号：8117.1952 定价：CNY0.40
　　作者许荣初（1934—　），教授。出生于江苏武进，就读于东北鲁迅文艺学院美术部绘画系。曾任鲁迅美术学院学术委员会主任、辽宁省美术家协会副主席。

J0066499

白求恩在中国　钟志诚编写；许荣初等绘画
沈阳　辽宁人民出版社 1973 年 15cm（40 开）
统一书号：8090.395 定价：CNY0.24
　　中国现代连环画作品。

J0066500

白求恩在中国　钟志诚编写；许荣初等绘画
沈阳　辽宁人民出版社 1974 年 13cm（60 开）
定价：CNY0.16
　　中国现代连环画作品。

J0066501

白求恩在中国　钟志诚编；许荣初等绘
北京　人民美术出版社 1975 年 修订版
13cm（60 开）定价：CNY0.15
　　中国现代连环画作品。内收图片 122 幅，生动地表现了白求恩高尚的国际主义和共产主义精神。

J0066502

白求恩在中国　　钟志诚编；许荣初等绘

北京　人民美术出版社　1975 年　修订版

15cm（40 开）定价：CNY0.27

　　中国现代连环画作品。内收图片 122 幅，生动地表现了白求恩高尚的国际主义和共产主义精神。

J0066503

百管员

广州　广东人民出版社　1973 年　13cm（60 开）

统一书号：8111.1082　定价：CNY0.10

　　中国现代连环画作品，包括《百管员》和《一张预算表》两个故事。

J0066504

班洪四大嫂　　临沧地区"革委会"政工组，沧源佤族自治县"革委会"政工组编绘

昆明　云南人民出版社　1973 年　13cm（60 开）

定价：CNY0.12

　　中国现代连环画作品。

J0066505

暴风雨前后　　韦江凡等编绘

北京　人民美术出版社　1973 年　13cm（60 开）

统一书号：8027.5697　定价：CNY0.12

　　中国现代连环画作品。作者韦江凡（1922—2016），著名画家，别名无竞、江帆，陕西澄城县人，毕业西安私立中华美专。中国美术家协会会员，北京画院一级美术师，中国老教授协会会员。代表作品有《送上门》《时传祥》《奔腾的群马》《初上征途》等。出版画集有《韦江凡画马》《韦江凡画集》《中国近现代名家画集韦江凡》。

J0066506

碧海长虹　（记郑则顺同志英雄事迹）吴树敬编；赵文玉绘

杭州　浙江人民出版社　1973 年　56 页　有图

10×13cm　统一书号：8103.15　定价：CNY0.07

　　中国现代连环画作品。

J0066507

边芝冈大捷　　孟森耀改编；张培础等绘画

上海　上海人民出版社　1973 年　13cm（60 开）

统一书号：8171.820　定价：CNY0.08

　　中国现代连环画作品。

J0066508

变迁记　　献县《变迁记》连环画创作组编绘

石家庄　河北人民出版社　1973 年　13cm（60 开）

统一书号：8086.369　定价：CNY0.14

　　中国现代连环画作品。

J0066509

槟榔山下　　海南行政区"革委会"政工组文艺苏公室《槟榔山下》创作组画；关则驹，李昌柏执笔

广州　广东人民出版社　1973 年　13cm（60 开）

统一书号：8111.1078　定价：CNY0.15

　　中国现代连环画作品。作者关则驹（1941—　），画家。出生于广东阳江，毕业于广州美术学院。代表作有《到祖国需要的地方去》《春天的气息》《可可园中的姑娘》等。

J0066510

渤海朝阳　　天津市塘沽区工业局，天津人民美术出版社编绘

天津　天津人民美术出版社　1973 年　13cm（60 开）

统一书号：8073.30120　定价：CNY0.11

　　中国现代连环画作品。

J0066511

捕鲸记　　唐宝山编；阎峰樵，宋宝山绘

北京　人民美术出版社　1973 年　13cm（60 开）

统一书号：8027.5786　定价：CNY0.10

　　中国现代连环画作品。

J0066512

参观之前　　招远县文化馆编绘

济南　山东人民出版社　1973 年　62 页　有图

10×13cm　统一书号：8099.225　定价：CNY0.09

　　根据孙念亭、苏增才同名小说改编的中国现代连环画作品。

J0066513

草原医生　　段芸蕙编；刘南生绘

乌鲁木齐　新疆人民出版社　1973 年　13cm（60 开）

定价：CNY0.09

　　中国现代连环画作品。

J0066514
陈玉成　史卫红原著；王世改编；陶干臣绘画
银川　宁夏人民出版社　1973 年　13cm（60 开）
定价：CNY0.06
　　中国现代连环画作品。

J0066515
惩罚　管桦原著
南昌　江西人民出版社　1973 年　13cm（60 开）
定价：CNY0.14
　　中国现代连环画作品。

J0066516
赤脚医生好　（连环画片）戴宏海作
杭州　浙江人民出版社　1973 年　76cm（2 开）
定价：CNY0.14
　　中国现代年画作品。

J0066517
赤脚医生李健民　灵川县"革委会"《赤脚医生李健民》连环画创作组编绘
南宁　广西人民出版社　1973 年　13cm（60 开）
定价：CNY0.10
　　中国现代连环画作品。

J0066518
出航之前　余松岩改编；梅树石画
广州　广东人民出版社　1973 年　13cm（60 开）
定价：CNY0.14
　　根据同名独幕粤剧改编的中国现代连环画作品。

J0066519
闯关　李海曙等编文；胡克礼绘画
上海　上海人民出版社　1973 年　13cm（60 开）
定价：CNY0.08
　　中国现代连环画作品。

J0066520
闯路　武汉国棉一厂"革委会"政工组编绘
武汉　湖北人民出版社　1973 年　13cm（60 开）
定价：CNY0.09
　　中国现代连环画作品。

J0066521
打豹记　刘建平编绘
天津　天津人民美术出版社　1973 年　13cm（60 开）
定价：CNY0.09
　　中国现代连环画作品。

J0066522
打不断的电话线　盐城地区连环画创作学习班,盐城县创作组编绘
南京　江苏人民出版社　1973 年　13cm（60 开）
定价：CNY0.11
　　中国现代连环画作品。

J0066523
大虎和二虎
天津　天津人民美术出版社　1973 年　13cm（60 开）
定价：CNY0.10
　　中国现代连环画作品。

J0066524
大寨精神放红光　绵阳地区《大寨精神放红光》连环画创作组编绘
成都　四川人民出版社　1973 年　13cm（60 开）
定价：CNY0.11
　　中国现代连环画作品。

J0066525
大寨战歌　《大寨战歌》连环画创作组编绘
太原　山西人民出版社　1973 年　13cm（60 开）
定价：CNY0.21
　　中国现代连环画作品。

J0066526
大寨战歌　《大寨战歌》连环画创作组编绘
上海　上海人民出版社　1973 年　10cm（64 开）
定价：CNY0.16
　　中国现代连环画作品。

J0066527
大战虎口岩　上海市美术学校第三期工农兵美术创作学习班供稿
上海　上海人民出版社　1973 年　100 页　有图
10×13cm　统一书号：8171.620　定价：CNY0.10
　　中国现代连环画作品。

J0066528

大战虎口岩　上海市美术学校第三期工农兵美术创作学习班供稿
上海　上海人民出版社　1973 年　10cm（64 开）
定价：CNY0.10
中国现代连环画作品。

J0066529

刀插虎腹　杨志远编文；翟万英绘画
沈阳　辽宁美术出版社　1973 年　101 页　有图
10×13cm　统一书号：8117.1957　定价：CNY0.16
中国现代连环画作品。

J0066530

刀插虎腹　杨志远编文；翟万英绘画
沈阳　辽宁人民出版社　1973 年　13cm（60 开）
统一书号：8090.404　定价：CNY0.13
中国现代连环画作品。

J0066531

敌后武工队　（一）
天津　天津人民美术出版社　1973 年　13cm（60 开）
定价：CNY0.12
中国现代连环画作品。

J0066532

敌后武工队　（二）
天津　天津人民美术出版社　1973 年　13cm（60 开）
定价：CNY0.13
中国现代连环画作品。

J0066533

敌后武工队　（三）
天津　天津人民美术出版社　1973 年　13cm（60 开）
定价：CNY0.13
中国现代连环画作品。

J0066534

敌后武工队　（四）
天津　天津人民美术出版社　1974 年　13cm（60 开）
定价：CNY0.11
中国现代连环画作品。

J0066535

敌后武工队　（五）
天津　天津人民美术出版社　1975 年　13cm（60 开）
定价：CNY0.14
中国现代连环画作品。

J0066536

敌后武工队　（六）
天津　天津人民美术出版社　1975 年　13cm（60 开）
定价：CNY0.18
中国现代连环画作品。

J0066537

地道战　（蒙、汉文对照）哲枚，毕雷改编；浙江美术学院《地道战》连环画创作组绘图，内蒙古蒙文专科学校翻译组译
呼和浩特　内蒙古人民出版社　1973 年　10cm（64 开）　定价：CNY0.17
中国现代电影连环画作品。

J0066538

地雷战　封秋昌改编；李丰田绘画
石家庄　河北人民出版社　1973 年　13cm（60 开）
定价：CNY0.15
根据同名电影编绘的中国现代连环画作品。作者李丰田（1939—　　），画家。山西平定人。历任中国美术家协会会员、河北日报主任编辑、山西省美协副秘书长。代表作品有《南滚龙沟》《迎亲图》《山村小店》等，出版有《李丰田速写集》《李丰田画集》《西洋绘画名作选集》等。

J0066539

地雷战　黑龙江人民出版社改编；鸡西市“革命委员会”政治部绘画
哈尔滨　黑龙江人民出版社　1973 年　13cm（60 开）
定价：CNY0.17
根据根据同名电影编绘的中国现代连环画作品。

J0066540

地雷战　（革命战争连环画）梅安才，吴元傅改编；张为民绘
北京　人民美术出版社　1973 年　13cm（60 开）
定价：CNY0.15
作者张为民（1937—　　），研究院。又名张苠，字怀仁。生于北京大兴，毕业于天津美术学院。历任天津北辰文化馆研究员、中国美术家协

会会员、中国民间美术学会理事、天津美协荣誉理事、天津美协人物画专委会委员、天津北辰书画院院长，出版有《张为民画集》《乡情》《张茛速写》《张茛画集》等。

J0066541
地下游击队　司徒虹改编；张定华绘画
杭州　浙江人民出版社　1973 年　10cm（64 开）
定价：CNY0.12
　　根据阿尔巴尼亚同名电影编绘的中国现代连环画作品。

J0066542
第一步　奚海改编；施胜辰，韩喜增绘图
石家庄　河北人民出版社　1973 年　59 页
有图　10×13cm　统一书号：8086.297
定价：CNY0.09
　　中国现代连环画作品。作者韩喜增（1942—　），河北邢台人。毕业于中央美术学院年画、连环画系研究生班，受教于冯真教授、杨先让教授。擅长连环画、年画。中国美术家协会会员、国家一级美术师。曾任河北省美术家协会副主席、邢台市文联副主席、邢台市美术家协会主席。代表作品《人民的好总理》《虎子》《雄狮》。

J0066543
第一课　重庆空压厂，重庆建设厂《第一课》连环画创作组编绘
成都　四川人民出版社　1973 年　13cm（60 开）
定价：CNY0.09
　　中国现代连环画作品。

J0066544
电话水线　定海四〇〇七部队俱乐部编绘
杭州　浙江人民出版社　1973 年　13cm（60 开）
定价：CNY0.07
　　中国现代连环画作品。

J0066545
丁寨"铁西瓜"　高清县"革委会"宣传组，高清县人民武装部供稿
济南　山东人民出版社　1973 年　13cm（60 开）
定价：CNY0.11
　　中国现代连环画作品。

J0066546
顶天立地　盐城地区连环画创作学习班《顶天立地》创作组编绘
南京　江苏人民出版社　1973 年　13cm（60 开）
定价：CNY0.10
　　中国现代连环画作品。

J0066547
东郭先生　（汉、蒙文对照）刘继卣绘；斯钦巴图译
呼和浩特　内蒙古人民出版社　1973 年
13cm（60 开）定价：CNY0.11
　　中国现代连环画作品。

J0066548
董存瑞　天津人民美术出版社编文；晓武绘图
天津　天津人民美术出版社　1973 年　13cm（60 开）
定价：CNY0.15
　　中国现代连环画作品。

J0066549
斗牛　王希腾原著；江西人民出版社改编；峡江县文化馆绘图；谷青执笔
南昌　江西人民出版社　1973 年　13cm（60 开）
定价：CNY0.16
　　中国现代连环画作品。

J0066550
独胆女英雄　红铁文；韩承霖，前进画
哈尔滨　黑龙江人民出版社　1973 年　15cm（40 开）
定价：CNY0.11
　　中国现代连环画作品。

J0066551
渡口激浪　滨海县美术创作组编绘
南京　江苏人民出版社　1973 年　13cm（60 开）
定价：CNY0.12
　　根据《解放日报》小说"女艄公"改编的中国现代连环画作品。

J0066552
渡口小艄公　万青力改编；王西京绘
北京　人民美术出版社　1973 年　13cm（60 开）
定价：CNY0.10
　　根据郁新人著同名故事改编的连环画作品。

作者王西京(1946—　)，一级美术师。陕西西安人。历任中国美术家协会理事、中国美协中国画艺委会委员、中国画学会副会长、陕西美术家协会名誉主席等。主要作品有《王西京作品集》《中国历史人物画传》等。

J0066553

恩玛蒂奶奶　张立俊编文；施大畏绘画
上海　上海人民出版社　1973 年　54 页　有图
10×13cm　统一书号：8171.798　定价：CNY0.06

J0066554

二闯虎头礁　方楠原著；田彩改编；罗兴绘画
上海　上海人民出版社　1973 年　10cm（64 开）
定价：CNY0.12
　　中国现代连环画作品。作者方楠(1942—　)，美术编辑。号普门舟人，浙江舟山普陀人。《北京文学》美编，北京作家协会会员。

J0066555

房东大娘　浩然原著；竺少华改编，毛震耀等绘
上海　上海人民出版社　1973 年　54 页　有图
10×13cm　统一书号：8171.809　定价：CNY0.06
　　作者浩然(1932—2008)，作家，原名梁金广。曾任中国作家协会理事、名誉委员，北京市文联副主席、市作家协会主席，《北京文学》杂志主编等。出版有七十余种著作。代表作有长篇小说《艳阳天》《金光大道》，短篇小说集《喜鹊登枝》等。改编竺少华，著有《上古神话系列小说》，编文的连环画有《版纳》《红枫岭上》等。

J0066556

房东大娘　浩然原著；竺少华改编；毛震耀，俞晓夫绘画
上海　上海人民出版社　1973 年　13cm（60 开）
定价：CNY0.06
　　中国现代连环画作品。绘画毛震耀(1926—？)，画家。浙江奉化人，毕业于苏州美术专科学校西画系。历任上海艺文书局《艺文画报》编辑，上海少年儿童出版社儿童读物绘画创作，上海人民美术出版社编辑。连环画代表作有：《骆驼祥子》《脚步》《一级英雄杨连弟》《绿色钱包》《姊妹船》。绘画俞晓夫(1950—　)，画家。江苏常州人，毕业于上海戏剧学院美术系。历任上海油画雕塑院教授、副院长，中国美术协会会员

等。代表作品有《一次义演》《拍卖古钢琴》《我轻轻地敲门》等。

J0066557

放学以后　福州市影剧系统"革委会"幻灯组编绘
福州　福建人民出版社　1973 年　13cm（60 开）
定价：CNY0.08
　　中国现代连环画作品。

J0066558

沸腾的群山　李云德原著；吉林人民出版社绘
长春　吉林人民出版社　1973 年　161 页　有图
10×13cm　统一书号：8091.595　定价：CNY0.18
　　中国现代连环画作品。

J0066559

沸腾的群山　（第一集）李兴柞改编；吴富佳，蔡国栋绘；鞍山市宣传组供稿
北京　人民美术出版社　1973 年　13cm（60 开）
定价：CNY0.19
　　本书是根据李云德同名小说改编的中国现代连环画作品。

J0066560

风雪红梅　潘直亮画
武汉　湖北人民出版社　1973 年　13cm（60 开）
定价：CNY0.11
　　根据张为著同名小说改编的中国现代连环画作品。作者潘直亮(1941—　)，编辑。湖北汉阳人。历任湖北孝感市文联副主席、市美协主席，孝感画院院长，中国美术家协会会员，孝感市美术家协会名誉主席。作品有《杨靖宇》《恋》《献寿》主要专著有《潘直亮佛教题材水墨作品选集》等。

J0066561

烽火少年　赵万堂改编；陈兴华绘画
兰州　甘肃人民出版社　1973 年　13cm（60 开）
定价：CNY0.11
　　本书是根据张顺欣同名小说改编的中国现代连环画作品。

J0066562

烽火少年　张顺欣原作；高水然改编；关景

宇，赵宝林绘
北京　人民美术出版社　1973 年　13cm（60 开）
定价：CNY0.08
　　　中国现代连环画作品。

J0066563
傅春华　傅春华事迹宣传组编绘
太原　山西人民出版社　1973 年 2 版　13cm（60 开）
定价：CNY0.20
　　　中国现代连环画作品。

J0066564
淦钩阵　王仲山编文；赵明程绘画
济南　山东人民出版社　1973 年　13cm（60 开）
定价：CNY0.11
　　　中国现代连环画作品。

J0066565
钢蛋和虎英　牟平县文化馆编文；贺传永绘画
济南　山东人民出版社　1973 年　13cm（60 开）
定价：CNY0.09
　　　根据同名故事改编的中国现代连环画作品。

J0066566
钢铁联防队　（江苏民兵斗争故事）如皋县美术创作组编绘
南京　江苏人民出版社　1973 年　13cm（60 开）
定价：CNY0.10
　　　根据《游击健儿》革命故事改编的中国现代连环画作品。

J0066567
高山哨所　徐勋编；李丰雄，侯文发执笔；梅县地区"革委会"文化局《高山哨所》创作组绘
广州　广东人民出版社　1973 年　13cm（60 开）
定价：CNY0.07
　　　中国现代连环画作品。

J0066568
高玉宝　（上册）许凤仪改编；鞠伏强绘
南京　江苏人民出版社　1973 年　13cm（60 开）
定价：CNY0.16
　　　根据同名小说改编的中国现代连环画作品。

J0066569
革命梆声　蒋晓阳，蒋晓东编绘；玉林地区插秧机厂组稿
南宁　广西人民出版社　1973 年　13cm（60 开）
定价：CNY0.10
　　　本书系根据张化声同名剧本改编的中国现代连环画作品。

J0066570
革命现代京剧《海港》　（连环画初稿）王良莹改编；潘晋华等绘画
上海　上海人民出版社　1973 年　13cm（60 开）
定价：CNY0.19
　　　中国现代连环画作品。

J0066571
革命现代京剧《海港》　（连环画〈初稿〉）王良莹改编；潘晋华等绘画
上海　上海人民出版社　1974 年　15cm（40 开）
定价：CNY0.29
　　　中国现代连环画作品。

J0066572
革命现代京剧《龙江颂》
北京　人民出版社　1973 年　10×13cm
定价：CNY0.36
（电影连环画册）
　　　根据彩色电影《龙江颂》选编的中国现代连环画作品。本书与人民美术出版社合作出版。

J0066573
革命现代京剧《奇袭白虎团》　长春电影制片厂《奇袭白虎团》电影连环画组编
长春　吉林人民出版社　1973 年　10×13cm
定价：CNY0.34
（电影连环画册）
　　　根据电影改编的中国现代连环画作品。由吉林人民出版社和（北京）人民美术出版社联合出版。

J0066574
革命现代舞剧《白毛女》　上海市舞蹈学校演出
上海　上海人民出版社　1973 年　13cm（60 开）
定价：CNY0.27
　　　中国现代连环画作品。

J0066575

共产主义战士雷锋　长沙市工农兵文艺工作室《雷锋》连环画创作组编绘

长沙 湖南人民出版社 1973 年 13cm（60 开）

定价：CNY0.14

中国现代连环画作品。

J0066576

谷场风波　阮立威编；佛山地区"革委会"政工组文艺办公室《谷场风波》创作组绘；陈秉均等执笔

广州 广东人民出版社 1973 年 13cm（60 开）

定价：CNY0.12

中国现代连环画作品。

J0066577

鼓手　曹杰编文；娄溥义绘画

兰州 甘肃人民出版社 1973 年 13cm（60 开）

定价：CNY0.11

中国现代连环画作品。

J0066578

广阔的天地　晋县周头公社"革委会"编写；田耳改编；河北工农兵画刊记者绘画

石家庄 河北人民出版社 1973 年 13cm（60 开）

定价：CNY0.05

中国现代连环画作品。

J0066579

柜台风云　绩溪县文艺创作组编绘

合肥 安徽人民出版社 1973 年 13cm（60 开）

定价：CNY0.14

中国现代连环画作品。

J0066580

国际主义战士罗盛教　陈梅鼎改编；南通市工农兵美术创作组绘画

上海 上海人民出版社 1973 年 10cm（64 开）

定价：CNY0.13

中国现代连环画作品。

J0066581

海岸风雷　上海新闻出版系统"五·七"干校《海岸风雷》连环画组编文

上海 上海人民出版社 1973 年 10cm（64 开）

定价：CNY0.20

根据阿尔巴尼亚同名影片选编的连环画作品。

J0066582

海防线上　辛刚，卞方赞原著；王城伟改编；刘根生，祝平绘画

南昌 江西人民出版社 1973 年 13cm（60 开）

定价：CNY0.25

中国现代连环画作品。

J0066583

海防线上　辛刚，卞方赞原著；王城伟改编；南城县文化馆绘图

天津 天津人民美术出版社 1973 年 13cm（60 开）

定价：CNY0.17

中国现代连环画作品。

J0066584

海港　天津人民美术出版社改编；天津市河西区美术创作组绘

天津 天津人民美术出版社 1973 年 13cm（60 开）

定价：CNY0.18

中国现代连环画作品。

J0066585

海港工人的创举　寿杨宾编文；邵立智等绘画；青岛港务局"革命委员会"供稿

济南 山东人民出版社 1973 年 13cm（60 开）

定价：CNY0.09

中国现代连环画作品。

J0066586

海河激浪　飞雁编文；李跃华等绘画

石家庄 河北人民出版社 1973 年 108 页

有图 10×13cm 统一书号：8086.367

定价：CNY0.14

中国现代连环画作品。

J0066587

海河新歌　天津市纺织工业局业余美术创作组编绘

天津 天津人民美术出版社 1973 年 13cm（60 开）

定价：CNY0.14

中国现代连环画作品。

J0066588
海螺 肖冰编文;王启民绘画
济南 山东人民出版社 1973 年 85 页 有图
10×13cm 统一书号:8099.67 定价:CNY0.12
中国现代连环画作品。

J0066589
海上擒敌 陈汉中绘画
广州 广东人民出版社 1973 年 13cm(60 开)
定价:CNY0.08
根据同名革命故事改编的中国现代连环画
作品。

J0066590
红扁担 临沂地区展览馆供稿
济南 山东人民出版社 1973 年 13cm(60 开)
定价:CNY0.06
中国现代连环画作品。

J0066591
红柿慰亲人 张剑萍文;许汝良,周申木刻
济南 山东人民出版社 1973 年 13cm(60 开)
定价:CNY0.05
中国现代连环画作品。作者张剑萍
(1928—),山东省鄄城县人。历任曹州书画院
副院长及副研究员、山东省第五届文联委员、山
东省第二届书法家协会理事、菏泽地区首届书法
家协会主席、中国书法家协会会员、山东泰山国
画研究院名誉院长、湖南中国武陵书画家协会名
誉主席、南京徐悲鸿画院艺术顾问等。代表作品
有《古诗行草集粹》《五体书前后赤壁赋》。

J0066592
红军帽 于普杰画
济南 山东人民出版社 1973 年 有彩图
15cm(40 开)统一书号:8099.190
定价:CNY0.14
中国现代连环画作品。

J0066593
红旗渠 ("农业学大寨"连环画)《红旗渠》连
环画创作组编绘
郑州 河南人民出版社 1973 年 13cm(60 开)
统一书号:8027.5743 定价:CNY0.18
本书与人民美术出版社合作出版。

J0066594
红泉河 孝感地区《红泉河》连环画创作组编绘
武汉 湖北人民出版社 1973 年 74 页 有图
10×13cm 统一书号:8106.1387 定价:CNY0.10
中国现代连环画作品。

J0066595
红泉河 孝感地区《红泉河》连环画创作组编绘
武汉 湖北人民出版社 1973 年 13cm(60 开)
定价:CNY0.10
中国现代连环画作品。

J0066596
红色牧养员 建瓯县美术创作组作
福州 福建人民出版社 1973 年 11cm(100 开)
定价:CNY0.03
中国现代连环画作品。

J0066597
红珊瑚腰刀 李玉福改编;李明强绘画
兰州 甘肃人民出版社 1973 年 13cm(60 开)
定价:CNY0.11
中国现代连环画作品。

J0066598
红石崮激战 沂水县文化馆编绘
济南 山东人民出版社 1973 年 86 页 有图
10×13cm 统一书号:8099.196 定价:CNY0.12
中国现代连环画作品。

J0066599
红石崮激战 沂水县文化馆编绘
济南 山东人民出版社 1973 年 13cm(60 开)
定价:CNY0.12
中国现代连环画作品。

J0066600
红松岭 曹杰编文;李冰绘画
兰州 甘肃人民出版社 1973 年 13cm(60 开)
定价:CNY0.12
中国现代连环画作品。作者李冰(1962—),
《创业者》杂志美术编辑。

J0066601
红心铸金堤 景胜编文;杨作文,吴菊芬绘画

石家庄　河北人民出版社　1973 年　13cm（60 开）
定价：CNY0.08

　　中国现代连环画作品。作者杨作文（1936—　　），画家。出生于河北威县。任中国书画研究院高级美术师、中国国画家协会理事、冀南画院名誉院长等职。代表作品有《迎春图》《海河工地英雄多》等。

J0066602
后勤尖兵　刘益民编文；高作人绘画
兰州　甘肃人民出版社　1973 年　13cm（60 开）
定价：CNY0.11

　　中国现代连环画作品。

J0066603
湖边的变迁　潮阳县 “革委会” 报道组编；潮阳县《湖边的变迁》创作组画；刘启本等执笔
广州　广东人民出版社　1973 年　13cm（60 开）
定价：CNY0.10

　　中国现代连环画作品。

J0066604
虎口拔牙　邹平县 “革命委员会” 政治部宣传组供稿
济南　山东人民出版社　1973 年　13cm（60 开）
定价：CNY0.09

　　中国现代连环画作品。

J0066605
虎口夺粮　（江苏民兵斗争故事）盐城地区连环画创作学习班，东台县《虎口夺粮》创作组编绘
南京　江苏人民出版社　1973 年　13cm（60 开）
定价：CNY0.09

　　根据《游击健儿》故事改编的中国现代连环画作品。

J0066606
虎穴夺棉　（江苏民兵斗争故事）如东县文化馆改编；沈启鹏，汤继民绘
南京　江苏人民出版社　1973 年　13cm（60 开）
定价：CNY0.11

　　作者沈启鹏（1946—　　），画家。历任南通美术家协会主席，南通书画研究院院长。代表作品《大汛》《海子牛》《二月二回娘家》。

J0066607
虎子的红缨枪　冯志忠画
成都　四川人民出版社　1973 年　36 页　有图
10×13cm　统一书号：8118.32　定价：CNY0.06

　　根据同名故事改编的中国现代连环画作品。

J0066608
虎子敲钟　李田夫编文；黎平绘画
兰州　甘肃人民出版社　1973 年　13cm（60 开）
定价：CNY0.12

　　中国现代连环画作品。

J0066609
护青记　卜福顺改编；刘振林，尚恩瑞绘画
沈阳　辽宁人民出版社　1973 年　13cm（60 开）
定价：CNY0.07

　　中国现代连环画作品。作者卜福顺，曾任辽宁民族出版社美术教育编辑室主任。

J0066610
火红的青春　六里 “公社” 红犁兵创作组编绘；王健尔，罗步臻绘画
上海　上海人民出版社　1973 年　13cm（60 开）
定价：CNY0.07

　　中国现代连环画作品。

J0066611
火烧 “野牛”　王琛銮编绘；莆田县文化馆供稿
福州　福建人民出版社　1973 年　13cm（60 开）
定价：CNY0.13

　　根据许胤丰原著改编的中国现代连环画作品。

J0066612
火松大爷　张奇驹画
成都　四川人民出版社　1973 年　43 页　有图
11×13cm　统一书号：8118.53　定价：CNY0.07

　　根据小说《无敌》改编的中国现代连环画作品。

J0066613
机警的孩子　浩然原著；上海人民出版社改编，李铁生等绘
上海　上海人民出版社　1973 年　新 1 版　68 页
有图　10×13cm　统一书号：8171.616

定价: CNY0.07

　　中国现代连环画作品。

J0066614

机警的孩子　浩然原著；上海人民出版社通讯
员改编；李铁生，汪玉山绘画

上海　上海人民出版社　1973 年　10cm（64 开）

定价: CNY0.07

　　根据小说《"小管家"任少正》改编的中国现
代连环画作品。

J0066615

机智的通信兵　广东人民出版社改编；李洪
等画

广州　广东人民出版社　1973 年　13cm（60 开）

定价: CNY0.07

　　中国现代连环画作品，包括《机智的通信兵》
和《两个小战士》两个故事。

J0066616

吉祥的凤凰　蒋宜勋绘

成都　四川人民出版社　1973 年　13cm（60 开）

定价: CNY0.07

　　根据李大业同名小说改编的中国现代连环
画作品。

J0066617

集市锄奸记　杨新民文；孙爱华画

济南　山东人民出版社　1973 年　13cm（60 开）

定价: CNY0.09

　　中国现代连环画作品。

J0066618

寄袭　王文宾改编；黄镇中等绘图

杭州　浙江人民出版社　1973 年　13cm（60 开）

定价: CNY0.14

　　根据同名电影改编的中国现代连环画作品。

J0066619

家奴恨　朱礼生等编文；新建县文艺站绘图，
吕建陶执笔

南昌　江西人民出版社　1973 年　13cm（60 开）

定价: CNY0.12

　　中国现代连环画作品。

J0066620

歼敌小英雄　汪涛改编；薛铁章绘画

杭州　浙江人民出版社　1973 年　14cm（80 开）

定价: CNY0.04

　　中国现代连环画作品。

J0066621

江素珍　武汉肉类联合加工厂"革命委员会"
编绘

武汉　湖北人民出版社　1973 年　67 页　有图

10×13cm　统一书号: 8106.1397　定价: CNY0.10

　　中国现代连环画作品。

J0066622

江心跳板　（江苏民兵斗争故事）潘年改编；
劳思等绘

南京　江苏人民出版社　1973 年　13cm（60 开）

定价: CNY0.15

　　根据《江海洪流》同名故事改编的中国现代
连环画作品。

J0066623

江鹰和水华　梅述竹改编；林百石绘画

长春　吉林人民出版社　1973 年　13cm（60 开）

定价: CNY0.08

　　根据同名故事编绘的中国现代连环画作品。
作者林百石（1946—　），画家。吉林临江人，毕
业于吉林艺术学院美术系。历任长春市美术家
协会副主席，吉林日报社美术部主任编辑、书画
院副秘书长，中国美术家协会会员，中国出版工
作者协会装帧艺术研究会会员。作品有《秋声》
《悟道图》《观沧海》等。

J0066624

江鹰和水华　（汉、蒙文对照）梅述竹改编；林
百石绘画；吉林人民出版社蒙文编译室译

长春　吉林人民出版社　1973 年　13cm（60 开）

定价: CNY0.08

　　根据同名故事编绘的中国现代连环画作品。

J0066625

借蜜　河北人民出版社改编及绘画

石家庄　河北人民出版社　1973 年　有图

15cm（40 开）统一书号: 8086.293

定价: CNY0.15

中国现代连环画作品。

J0066626

金冠岭 洪涛编文；郭文涛，李葆竹绘画
兰州 甘肃人民出版社 1973 年 13cm（60 开）
定价：CNY0.12

　　中国现代连环画作品。作者郭文涛
（1941—　），画家。河北交河人。毕业于西北师
范大学美术系。中国美术家协会会员、甘肃省美
协副主席、兰州市美协主席、兰州市文联主席、
兰州市政协副主席。代表作品《军长之路》（合
作）、连环画《四明传奇》、国画《夕照图》。出版
有《郭文涛画集》等。

J0066627

金光大道 （第一集）人民美术出版社，北京
市顺义县"革命委员会"联合编绘组编绘
北京 人民美术出版社 1973 年 15cm（40 开）
定价：CNY0.30

　　根据浩然同名小说改编的中国现代连环画
作品。

J0066628

金光大道 （第一集）人民美术出版社，北京
市顺义县"革命委员会"联合编绘组编绘
北京 人民美术出版社 1973 年 2 版 13cm（60 开）
定价：CNY0.15

　　根据浩然同名小说改编的中国现代连环画
作品。

J0066629

金光大道 （第二集）曹作锐改编；人民美术
出版社，北京市顺义县"革命委员会"绘
北京 人民美术出版社 1973 年 13cm（60 开）
定价：CNY0.19

　　根据浩然同名小说改编的中国现代连环画
作品。

J0066630

金红里阻击战 张忠卿改编；钟世家绘画
沈阳 辽宁人民出版社 1973 年 13cm（60 开）
定价：CNY0.12

　　中国现代连环画作品。

J0066631

金吉芬 招炽挺等编绘
广州 广东人民出版社 1973 年 40 页 有图
10×13cm 统一书号：8111.1090 定价：CNY0.07

　　中国现代连环画作品。作者招炽挺（1945—　），
画家。广东南海人。历任广州军区文艺创作室
专业画家，中国美术家学会会员、广东美术家协
会常务理事。代表作品有《山高情长》《愿做桂
林人》《蓝天的女儿》。

J0066632

金吉芬 招炽挺等编绘
广州 广东人民出版社 1973 年 13cm（60 开）
定价：CNY0.07

　　中国现代连环画作品。介绍解放军战士金
吉芬同志的事迹。

J0066633

金色的大雁 冉丹原著；王家达改编；周大正
绘画
兰州 甘肃人民出版社 1973 年 13cm（60 开）
定价：CNY0.11

　　中国现代连环画作品。作者周大正
（1941—　），教授。湖北沙市人，毕业于浙江美
术学院油画系。历任甘肃临夏州展览馆美术干
部，西北民族学院艺术系美术教研室主任、副教
授、教授。作品有《手牵黄河上高山》《希望》《清
清夏河水》《夏河风情》《哈族婚礼》《进军腊子
口》等，出版有《周大正画选》。

J0066634

金色的道路 广州部队生产建设兵团政治部
《金色的道路》创作组编绘；凌柏翎等执笔
广州 广东人民出版社 1973 年 13cm（60 开）
定价：CNY0.13

　　中国现代连环画作品。

J0066635

京江怒涛 （江苏民兵斗争故事）胡博综，王
孟奇绘
南京 江苏人民出版社 1973 年 15cm（40 开）
定价：CNY0.16

　　根据《江海洪流》中的同名故事改编的中国
现代连环画作品。作者王孟奇（1947—　），画家、
教授。生于江苏无锡市，毕业于南京艺术学院国

画专业。历任上海大学美术学院教授、博士生导师，南京艺术学院客座教授，上海国画院画师。出版有《王孟奇画集》《王孟奇画册》《二十世纪下半叶中国新文人画精品选·王孟奇》等。作者胡博综（1941—　），编审。江苏无锡人。历任中国美协会员、江苏美术出版社副总编、编审，中国美协连环画艺委会委员、江苏省美协理事。连环画作品有《十二品正官》《倪焕之》《要是我当县长》等。

J0066636

京江怒涛　　江苏镇江市文化馆供稿

北京　人民美术出版社　1973年　13cm（60开）

定价：CNY0.08

　　中国现代连环画作品。

J0066637

惊涛烈火——记一不怕苦、二不怕死的共产主义战士侯明法　黑龙江省虎林县"革命委员会"政治部编绘

哈尔滨　黑龙江人民出版社　1973年　13cm（60开）

定价：CNY0.12

　　中国现代连环画作品。

J0066638

井台风云　　丛迪生等编绘

济南　山东人民出版社　1973年　13cm（60开）

定价：CNY0.13

　　中国现代连环画作品。

J0066639

警惕　　虹口区编写组编写；缪德彰，邬显良改编；严启生，孔兴甫绘画

上海　上海人民出版社　1973年　10cm（64开）

定价：CNY0.10

　　中国现代连环画作品。

J0066640

警钟常鸣　　高密县文化馆编绘

济南　山东人民出版社　1973年　13cm（60开）

定价：CNY0.10

　　根据朱剑同名小说改编的中国现代连环画作品。

J0066641

救牛　　李自由编；殷本成等绘；岳阳地区"革命委员会"文化组供稿

长沙　湖南人民出版社　1973年　13cm（60开）

定价：CNY0.09

　　中国现代连环画作品。

J0066642

看不见的战线　　红铁改编；杨秀昆，杨松杰绘

哈尔滨　黑龙江人民出版社　1973年　13cm（60开）

定价：CNY0.18

　　根据朝鲜同名电影编绘的中国现代连环画作品。

J0066643

看不见的战线　　长春电影制片厂电影连环画组编

长春　吉林人民出版社　1973年　13cm（60开）

定价：CNY0.18

　　根据朝鲜同名电影改编的中国现代连环画作品。本书与人民美术出版社合作出版。

J0066644

矿工血恨　　鸡西市"革命委员会"政治部供稿

哈尔滨　黑龙江人民出版社　1973年　2版

13cm（60开）定价：CNY0.12

　　中国现代连环画作品。

J0066645

矿山粮店　　个旧市"革命委员会"政工组，个旧市粮食局"革命委员会"编绘

昆明　云南人民出版社　1973年　13cm（60开）

定价：CNY0.16

　　中国现代连环画作品。

J0066646

老河迷　　沧州地区《老河迷》连环画创作组编绘

石家庄　河北人民出版社　1973年　13cm（60开）

定价：CNY0.09

　　中国现代连环画作品。

J0066647

老司机长　　天津铁路分局古冶地区职工业余美术创作组编绘

天津　天津人民美术出版社　1973年　13cm（60开）

定价：CNY0.13

　　中国现代连环画作品。

J0066648

老支书的故事 （一）大鲁改编；陈云华绘画
上海　上海人民出版社　1973 年　新 1 版
10cm（64 开）定价：CNY0.12

　　根据浩然的小说《老支书的传闻》改编的中
国现代连环画作品。

J0066649

老支书的故事 （二）左泥改编；陈云华绘画
上海　上海人民出版社　1973 年　10cm（64 开）
定价：CNY0.12

　　根据浩然的小说《老支书的传闻》改编的中
国现代连环画作品。

J0066650

雷锋　沈阳部队政治部，解放军画报社供稿
北京　人民美术出版社　1973 年　13cm（60 开）
定价：CNY0.07

　　中国现代连环画作品。

J0066651

雷锋　陕西人民出版社编文；关庆留等绘图
西安　陕西人民出版社　1973 年　13cm（60 开）
定价：CNY0.11

　　中国现代连环画作品。

J0066652

雷锋的少年时代　刘含真改编；钱贵荪绘
北京　人民美术出版社　1973 年　2 版　13cm（60 开）
定价：CNY0.08

　　根据《中国少年报》报道改编的中国现代连
环画作品。

J0066653

雷锋的少年时代　刘含真改编；钱贵荪绘
北京：人民美术出版社　1973 年　55 页　有图
10×13cm　统一书号：8027.5715　定价：CNY0.08

　　根据《中国少年报》报道改编的中国现代连
环画作品。

J0066654

李国才　吉林化工公司，建设公司职工文艺创

作组编绘
长春　吉林人民出版社　1973 年　13cm（60 开）
定价：CNY0.13

　　中国现代连环画作品。

J0066655

力争上游　梅山工程指挥部工人业余创作组，
上海人民出版社美术通讯员编绘
上海　上海人民出版社　1973 年　10cm（64 开）
定价：CNY0.11

　　中国现代连环画作品。

J0066656

立新战歌　开封市商业局服务公司毛泽东思
想宣传站编绘
郑州　河南人民出版社　1973 年　13cm（60 开）
定价：CNY0.15

　　中国现代连环画作品。

J0066657

连环画选　天津人民美术出版社编辑
天津　天津人民美术出版社　1973 年　13×19cm
统一书号：8073.50022　定价：CNY0.70

J0066658

连环画选辑　连环画报编辑部编辑
北京　人民美术出版社　1973 年　72 页　26cm（16 开）
定价：CNY0.48

J0066659

连环画选页 （1）
南京　江苏人民出版社　1973 年　19×26cm
统一书号：8100.4.003　定价：CNY0.35

J0066660

连环画选页 （2）
南京　江苏人民出版社　1973 年　24 幅　19×26cm
定价：CNY0.36

J0066661

连环画选页 （3）江苏人民出版社编辑
南京　江苏人民出版社　1975 年　32 幅　26cm（16 开）
定价：CNY0.48

J0066662
连环画作品选页 （1）广东人民出版社改编
广州 广东人民出版社 1973 年 19×26cm
统一书号：8111.1150 定价：CNY0.28

J0066663
连环画作品选页 （2）广东人民出版社改编
广州 广东人民出版社 1973 年 19×26cm
统一书号：8111.1153 定价：CNY0.28

J0066664
连环画作品选页 （3）广东人民出版社改编
广州 广东人民出版社 1973 年 19×26cm
统一书号：8111.1159 定价：CNY0.28

J0066665
连环画作品选页 （4）
广州 广东人民出版社 1976 年 19×26cm
统一书号：8111.1449 定价：CNY0.28

J0066666
连环画作品选页 （5）
广州 广东人民出版社 1976 年 21 页 26cm（16开）
定价：CNY0.28

J0066667
连心锁 （一）克扬，戈基原著；金灼改编；刘
世铎等绘图
天津 天津人民美术出版社 1973 年 13cm（60开）
定价：CNY0.13
　　中国现代连环画作品。

J0066668
连心锁 （二）克扬，戈基原著；金灼改编；刘
世铎等绘图
天津 天津人民美术出版社 1975 年 13cm（60开）
定价：CNY0.20
　　中国现代连环画作品。

J0066669
连心锁 （三）克扬，戈基原著；金灼改编；刘
世铎等绘画
天津 天津人民美术出版社 1976 年 13cm（64开）
定价：CNY0.14
　　中国现代连环画作品。

J0066670
连心锁 （四）克扬，戈基原著；金灼改编；刘
世铎等绘
天津 天津人民美术出版社 1977 年 96 页
13cm（64开）定价：CNY0.12
　　中国现代连环画作品。

J0066671
连心锁 （五）克扬，戈基原著；金灼改编；刘
世铎等绘
天津 天津人民美术出版社 1977 年 110 页
13cm（64开）定价：CNY0.13
　　中国现代连环画作品。

J0066672
连心线 内蒙古人民出版社根据《内蒙古日报》
同名通讯改编；韩金宝等绘画
呼和浩特 内蒙古人民出版社 1973 年
13cm（60开）定价：CNY0.10
　　中国现代连环画作品。

J0066673
两个稻穗头 徐道生等原著；南汇县业余创作
组编绘
上海 上海人民出版社 1973 年 62 页 有图
10×13cm 统一书号：8171.816 定价：CNY0.07
　　中国现代连环画作品。

J0066674
两颗手榴弹 重草，安世华编绘
北京 人民美术出版社 1973 年 10 页 有彩图
13cm（60开）定价：CNY0.07
　　中国现代连环画作品。

J0066675
列车上的战斗 张雨，塞之编文；张文忠等绘画
成都 四川人民出版社 1973 年 13cm（60开）
定价：CNY0.14
　　本书是介绍解放军战士蓝云松同志的事迹
的中国现代连环画作品。

J0066676
列宁在十月 （汉、蒙文对照）包·璞日来译
呼和浩特 内蒙古人民出版社 1973 年
10cm（64开）定价：CNY0.12

中国现代连环画作品。

J0066677
列宁在一九一八年　（蒙、汉文对照）内蒙古
人民出版社翻译
呼和浩特　内蒙古人民出版社　1973 年
10cm（64 开）定价：CNY0.13
　　中国现代连环画作品。

J0066678
列宁在一九一八年　（连环画片）上海人民出
版社编绘
上海　上海人民出版社　1973 年　76cm（2 开）
定价：CNY0.11
　　中国现代年画作品。

J0066679
列宁在一九一八年　沈力勤改编；天津市教
育局教材组绘画
天津　天津人民美术出版社　1973 年　13cm（60 开）
定价：CNY0.15
　　根据同名电影改编的中国现代连环画作品。

J0066680
临江民兵　湖北省咸宁军分区政治部编绘
武汉　湖北人民出版社　1973 年　13cm（60 开）
定价：CNY0.13
　　中国现代连环画作品。

J0066681
刘胡兰　（藏、汉文对照）《刘胡兰》连环画创
作组编绘；青海人民出版社翻译
西宁　青海人民出版社　1973 年　13cm（60 开）
定价：CNY0.13
　　中国现代连环画作品。

J0066682
刘文学　四川人民出版社编；孙彬画
成都　四川人民出版社　1973 年　13cm（60 开）
定价：CNY0.12
　　中国现代连环画作品。

J0066683
芦港战斗　（江苏民兵斗争故事）盐城地区连
环画创作学习班，滨海县美术创作组编绘

南京　江苏人民出版社　1973 年　13cm（60 开）
定价：CNY0.15
　　根据《游击健儿》革命故事改编的中国现代
连环画作品。

J0066684
鲁班的故事　朱金泉编绘
广州　广东人民出版社　1973 年　9cm（128 开）
定价：CNY0.03
　　中国现代连环画作品。

J0066685
骆驼背上的医院　谢树森改编；王今栋绘
郑州　河南人民出版社　1973 年　39 页　有图
10×13cm　统一书号：8105.385　定价：CNY0.08
　　根据新华社同名通讯编绘的中国现代连环
画作品。作者王今栋（1932—2013），画家、一
级美术师。北京人。历任河南省文史研究馆馆
员，河南省美术家协会副主席，中国美术家协会
会员，中国画家协会理事等。代表作品《今栋山
水画》。

J0066686
马克思刻苦读书的故事　路焕华编绘
杭州　浙江人民出版社　1973 年　13 页　有图
15cm（40 开）统一书号：8103.17
定价：CNY0.10
　　中国现代连环画作品。

J0066687
卖花姑娘　赵万顺编文；天津人民美术出版社
编辑；中国电影发行放映公司供稿
天津　天津人民美术出版社　1973 年　13cm（60 开）
定价：CNY0.28
　　根据同名朝鲜电影改编的中国现代连环画
作品。作者赵万顺（1959—　），字一帆，生于甘
肃天水甘谷县，毕业于河南大学美术系。新疆文
化艺术研究会副会长，新疆文化艺术研究会担任
副会长，新疆丝路书画院执行院长，中国美协新
疆创作中心。

J0066688
毛主席的好战士雷锋　沈阳部队《雷锋》幻灯
创作组编绘
沈阳　辽宁人民出版社　1973 年　13cm（60 开）

定价：CNY0.21

中国现代连环画作品。

J0066689

毛主席的好战士——雷锋　（连环画片）沈阳部队政治部，解放军画报社供稿

北京　人民美术出版社　1973年　107cm（全开）

定价：CNY0.26

中国现代年画作品。

J0066690

迷惑人的鱼塘　赵沛原著；刘谦改编；陈志廉，王绍基绘

北京　人民美术出版社　1973年　13cm（60开）

定价：CNY0.10

中国现代连环画作品。

J0066691

牧鸭姑娘　王仲山文；赵明程画

济南　山东人民出版社　1973年　13cm（60开）

定价：CNY0.07

中国现代连环画作品。

J0066692

穆宗新　阜城县文艺创作组编文；李丰田绘画

石家庄　河北人民出版社　1973年　13cm（60开）

定价：CNY0.10

中国现代连环画作品。作者李丰田（1939—　），画家。山西平定人。历任中国美术家协会会员，河北日报主任编辑，山西省美协副秘书长。代表作品有《南滚龙沟》《迎亲图》《山村小店》等，出版有《李丰田速写集》《李丰田画集》《西洋绘画名作选集》等。

J0066693

南瓜生蛋的秘密　仲康编；肖晖画

南宁　广西人民出版社　1973年　15cm（40开）

定价：CNY0.08

根据《解放军文艺》同名故事改编的中国现代连环画作品。

J0066694

南瓜生蛋的秘密　张登魁原作；冬青改编；廖志惠，钱筑生画

贵阳　贵州人民出版社　1973年　13cm（60开）

定价：CNY0.10

根据《解放军文艺》1972年第五期同名小说改编的中国现代连环画作品。

J0066695

南瓜生蛋的秘密　张登魁原著；陈斌改编；倪绍勇等绘画

上海　上海人民出版社　1973年　10cm（64开）

定价：CNY0.09

中国现代连环画作品。

J0066696

南瓜生蛋的秘密　庄学军改编；李福星绘画

杭州　浙江人民出版社　1973年　13cm（60开）

定价：CNY0.09

根据张登魁同名故事改编的中国现代连环画作品。

J0066697

南海激浪　李遵义改编；刘根生，祝平绘画

长春　吉林人民出版社　1973年　13cm（60开）

定价：CNY0.15

根据长篇小说《牛田洋》改编的中国现代连环画作品。

J0066698

南海渔工　（家史连环画）单柏钦，陈庆心画；海康县乌石渔业大队"革委会"供稿

广州　广东人民出版社　1973年　13cm（60开）

定价：CNY0.07

中国现代连环画作品。

J0066699

奴隶的新生　周桂林文；周继雄画

成都　四川人民出版社　1973年　13cm（60开）

定价：CNY0.08

根据藏族翻身农奴巴桑同志的忆苦材料改编的连环画作品。

J0066700

女工血泪　（家史连环画）尹耀权等画；卢民举等配诗

广州　广东人民出版社　1973年　13cm（60开）

定价：CNY0.10

中国现代连环画作品。

J0066701

女炮工　高小明编；何绍教画；建德县"革委会"煤铁指挥部供稿

杭州 浙江人民出版社 1973 年 13cm（60 开）

定价：CNY0.08

　　本连环画包括《让我去》《好锤手》《女炮工》三个小故事。

J0066702

女游击队员　姜宝星画

济南 山东人民出版社 1973 年 13 页

有彩图 15cm（40 开）统一书号：8099.142

定价：CNY0.10

　　中国现代连环画作品。

J0066703

女装卸工　天津市第二商业局，粮食局三结合美术创作组编绘

天津 天津人民美术出版社 1973 年 13cm（60 开）

定价：CNY0.10

　　中国现代连环画作品。

J0066704

盘查哨　曾成金编绘

杭州 浙江人民出版社 1973 年 13cm（60 开）

定价：CNY0.07

　　根据左凡同名散文改编的连环画作品。作者曾成金（1947—　），画家。浙江平阳县人。毕业于浙江美术学院附中，后考入浙江美术学院中国画系进修学习。中国美术家协会会员、浙江省美术家协会会员、平阳县美协主席。主要作品有《南雁荡山水古诗画意百图》《曾成金中国画小品系列》《百子新图》等。

J0066705

炮打"一只虎"　（义和团故事）小戈编文；戴仁绘图

天津 天津人民美术出版社 1973 年 13cm（60 开）

定价：CNY0.09

　　中国现代连环画作品。作者戴仁（1934—　），浙江温州人。中国美术家协会会员、浙江省美术家协会理事、浙江省科普艺术协会理事。主要作品有连环画《三个勇士》《棠棣之花》《胭脂》等。

J0066706

平原枪声　（1）

天津 天津人民美术出版社 1973 年 2 版

13cm（60 开）定价：CNY0.14

　　中国现代连环画作品。

J0066707

七星岭上展宏图　衡阳地区"革命委员会"政工组，祁东县"革命委员会"政工组编绘

长沙 湖南人民出版社 1973 年 13cm（60 开）

定价：CNY0.10

　　中国现代连环画作品。

J0066708

奇春火花　上海市前进农场创作组编绘

上海 上海人民出版社 1973 年 15cm（40 开）

定价：CNY0.23

　　中国现代连环画作品。

J0066709

奇怪的火光　杨新民编文；纪传勤，李益年绘画

济南 山东人民出版社 1973 年 13cm（60 开）

定价：CNY0.10

　　中国现代连环画作品。

J0066710

起重输送机械安全生产　上海市劳动局"革委会"劳动保护组编

上海 上海人民出版社 1973 年 110 页 有图

13×15cm 定价：CNY0.23

　　中国现代连环画作品。

J0066711

前线和后方　陈守义画

南京 江苏人民出版社 1973 年 14 页

有彩图 15cm（40 开）统一书号：8100.3.17

定价：CNY0.10

　　作者陈守义（1944—　），浙江温州人。毕业于浙江美术学院油画系。中国美术家协会会员、浙江美术家协会理事、浙江美术教育研究会副会长。主要作品有《山城》《水乡的回忆》《巴黎春色》等。

J0066712

抢渡三关　上海市市政工程公司等编文；上海

市市政工程公司工人业余美术创作组绘画
上海　上海人民出版社　1973 年　10cm（64 开）
定价：CNY0.10
　　中国现代连环画作品。

J0066713

青春似火　张文阁编文；殷金玉，李青绘画
沈阳　辽宁人民出版社　1973 年　13cm（60 开）
定价：CNY0.08
　　介绍兴城县元台子拖拉机站驾驶员曹文同
志的事迹的连环画作品。

J0066714

青石山上　劳峡改编；黄河绘画
杭州　浙江人民出版社　1973 年　13cm（60 开）
定价：CNY0.09
　　根据于韶辉同名小说改编的连环画作品。

J0066715

让马车　张道余写；赵仁年画
上海　上海人民出版社　1973 年　有彩图
18cm（15 开）统一书号：R10171.235
定价：CNY0.11
　　中国现代连环画作品。

J0066716

人民列车　天津铁路分局职工业余美术三结
合创作组，天津人民美术出版社编绘
天津　天津人民美术出版社　1973 年　13cm（60 开）
定价：CNY0.15
　　中国现代连环画作品。

J0066717

入地牵龙　佟靖功编文；马廷奎绘画
石家庄　河北人民出版社　1973 年　71 页
有图　10×13cm　统一书号：8086.363
定价：CNY0.10
　　本书为中国现代连环画。

J0066718

三地的战斗　菏泽地区连环画创作组编绘
济南　山东人民出版社　1973 年　13cm（60 开）
定价：CNY0.11
　　中国现代连环画作品。

J0066719

三封电报　湖北人民出版社编辑
武汉　湖北人民出版社　1973 年　40 页
有彩图　13cm（60 开）统一书号：10106.665
定价：CNY0.06
　　中国现代连环画作品。

J0066720

三送水罐　郓城县"革命委员会"，菏泽县"革
命委员会"供稿
济南　山东人民出版社　1973 年　13cm（60 开）
定价：CNY0.06
　　本书连环画包括《三送水罐》《鸡蛋的秘密》
两个故事。

J0066721

沙努林　王成荣改编；徐有武绘画
上海　上海人民出版社　1973 年　10cm（64 开）
定价：CNY0.08
　　中国现代连环画作品。作者徐有武
（1942—　），画家。浙江永康人。中国美术家协
会会员。代表作品有《送鱼》《徐有武画集》《中
国佛教图像解说》《古代仕女画法》等。

J0066722

山村新曲　国振声编文；傅洪生等绘图
天津　天津人民美术出版社　1973 年　13cm（60 开）
定价：CNY0.14
　　中国现代连环画作品。

J0066723

山头歼敌记　杨新民编文；于东云，姜华庆
绘画
济南　山东人民出版社　1973 年　13cm（60 开）
定价：CNY0.10
　　中国现代连环画作品。

J0066724

山乡红梅　李恕基改编；丘耀秋，李儒光绘画
长沙　湖南人民出版社　1973 年　13cm（60 开）
定价：CNY0.09
　　根据临武县创作组同名花鼓戏改编的连环
画作品。

J0066725

闪光　上海航道局工人创作组原著；曹永芳，陈龙改编；盛增祥等绘画
上海　上海人民出版社　1973 年　10cm（64 开）
定价：CNY0.09
　　中国现代连环画作品。

J0066726

闪闪的红星　王佩家改编；王纯信，杨沙绘画
哈尔滨　黑龙江人民出版社　1973 年　13cm（60 开）
定价：CNY0.17
　　中国现代连环画作品。

J0066727

闪闪的红星　（上）李心田原著；江西人民出版社改编；陈水远，夕淋绘图
南昌　江西人民出版社　1973 年　137 页　有图
10×13cm　统一书号：8110.2　定价：CNY0.18
　　中国现代连环画作品。

J0066728

闪闪的红星　（下）江西人民出版社改编；陈水远，蔡锡林绘画
南昌　江西人民出版社　1973 年　13cm（60 开）
定价：CNY0.18
　　根据李心田同名小说改编的中国现代连环画作品。

J0066729

闪闪的红星　张连寿改编；关庆留等绘图
西安　陕西人民出版社　1973 年　13cm（60 开）
定价：CNY0.12
　　根据李心田同名小说改编的中国现代连环画作品。

J0066730

闪闪的红星　（上集）天津人民美术出版社改编；北郊区文化馆，天津人民美术出版社绘画
天津　天津人民美术出版社　1973 年　13cm（60 开）
定价：CNY0.12
　　根据李心田同名小说改编的连环画作品。

J0066731

闪闪的红星　（下）李心田原著；天津人民美术出版社改编；北郊区文化馆，天津人民美术

出版社绘画
天津　天津人民美术出版社　1973 年　98 页　有图
10×13cm　统一书号：8073.30107　定价：CNY0.12
　　中国现代连环画作品。

J0066732

上学之前　天津市冶金局业余美术创作组［编］
天津　天津人民美术出版社　1973 年　13cm（60 开）
定价：CNY0.10
　　中国现代连环画作品。

J0066733

舍身救列车的伟大战士邹前方　贵州省展览馆邹前方连环画创作小组编绘
贵阳　贵州人民出版社　1973 年　13cm（60 开）
定价：CNY0.13
　　中国现代连环画作品。

J0066734

深入虎穴　内蒙古人民出版社编绘
呼和浩特　内蒙古人民出版社　1973 年
10cm（64 开）定价：CNY0.06
　　本连环画包括《深入虎穴》《伺机杀敌》《智擒特务》三个故事。

J0066735

深山打虎　南平市宣传站《深山打虎》创作组编绘
福州　福建人民出版社　1973 年　13cm（60 开）
定价：CNY0.11
　　中国现代连环画作品。

J0066736

神奇的烟雾　王成荣改编；邹越非绘画
上海　上海人民出版社　1973 年　10cm（64 开）
定价：CNY0.06
　　中国现代连环画作品。

J0066737

生命不息　奋斗不止　（记优秀共产党员、空军某部副主任张孔铨同志）王友政，关庆留绘；兰空某部政治部供稿
西安　陕西人民出版社　1973 年　13cm（60 开）
定价：CNY0.14
　　中国现代连环画作品。

J0066738

生命线　陈延绘

兰州　甘肃人民出版社 1973 年　13cm（60 开）

定价：CNY0.11

　　根据同名通讯改编的中国现代连环画作品。作者陈延（1940—　　），广东汕头大学美术设计系教授。

J0066739

十九个鸡蛋的来历　萧代贤编绘

武汉　湖北人民出版社 1973 年　16 页

有彩图 15cm（40 开）统一书号：8106.1409

定价：CNY0.09

　　根据《人民日报》同名通讯改编的中国现代连环画作品。

J0066740

十九粮店——记西安市新城区十九粮店全心全意为人民服务的先进事迹　西安市新城区 "革命委员会" 政工组编绘

西安　陕西人民出版社 1973 年　13cm（60 开）

定价：CNY0.11

　　中国现代连环画作品。

J0066741

石大虎　大庆油田工人写作组写；大庆油田工人美术创作学习班等画

上海　上海人民出版社 1973 年　20 页　有图

18cm（32 开）统一书号：10.2.208 定价：CNY0.15

　　中国现代连环画作品。

J0066742

输电尖兵　一冶业余连环画创作组编绘

武汉　湖北人民出版社 1973 年　79 页　有图

10×13cm 统一书号：8106.1410 定价：CNY0.12

　　中国现代连环画作品。

J0066743

双喜嫂　（江苏民兵斗争故事）吴县 "革委会" 创作组改编；顾曾平绘

南京　江苏人民出版社 1973 年　13cm（60 开）

定价：CNY0.13

　　根据《游击健儿》革命故事改编的中国现代连环画作品。

J0066744

水上交通站　南通市创作办公室编；沈行工等绘

南京　江苏人民出版社 1973 年　15cm（40 开）

定价：CNY0.19

　　中国现代连环画作品。作者沈行工（1943—　　），画家，艺术家。浙江宁波人，毕业于南京艺术学院。南京艺术学院教授、硕士生导师，中国美术家协会会员，中国油画学会理事、江苏省油画学会名誉主席、艺术委员会主席。代表作品《小镇春深》《秋晴》《读书人生》《蓝色的江南风景》《雪后的江南风景》等。

J0066745

水上交通站　杨钟原著；赵胜源改编；徐冬林执笔

南昌　江西人民出版社 1973 年　13cm（60 开）

定价：CNY0.14

　　中国现代连环画作品。

J0066746

水上交通站　杨钟原著；刘谦改编；北京市东城区业余美术创作组绘

北京　人民出版社 1973 年　13cm（60 开）

定价：CNY0.09

　　中国现代连环画作品。

J0066747

水上交通站　杨钟原著；陈梅鼎改编；戴敦邦等绘画

上海　上海人民出版社 1973 年　80 页　有图

10×13cm 统一书号：8171.742 定价：CNY0.11

　　中国现代连环画作品。

J0066748

水上交通站　杨钟原著；陈梅鼎改编；戴敦邦，许根荣绘画

上海　上海人民出版社 1973 年　13cm（60 开）

定价：CNY0.11

　　中国现代连环画作品。

J0066749

斯库台三英雄　叶家斌绘画

广州　广东人民出版社 1973 年　13cm（60 开）

定价：CNY0.07

中国现代连环画作品。作者叶家斌（1949—　），画家。广东中山人。毕业于广州美院研究生班。任广东美术家协会理事、广东连环画艺术委员会主任。主要作品有《斯库台三英雄》《绿林神箭手》《中途岛之战》《变成石头的人》等。

J0066750

松树战　李自由编；殷本崇，李如生绘
长沙　湖南人民出版社　1973年　13cm（60开）
定价：CNY0.09
　　本连环画包括《松树战》和《送盐》两个反映土地革命时期的斗争故事。

J0066751

送马　王固，龙江华原著；侯彦彬改编；白春堂等绘图
郑州　河南人民出版社　1973年　13cm（60开）
定价：CNY0.08
　　中国现代连环画作品。

J0066752

送情报　贾德江编绘
合肥　安徽人民出版社　1973年　42页　有图10cm（64开）统一书号：8102.587
定价：CNY0.07
　　中国现代连环画作品。

J0066753

孙悟空三打白骨精　上海市新闻出版系统"五·七"干校《孙悟空三打白骨精》创作组编绘
上海　上海人民出版社　1973年　15cm（40开）
定价：CNY0.18
　　中国现代连环画作品。

J0066754

孙悟空三打白骨精　上海市新闻出版系统"五·七"干校《孙悟空三打白骨精》创作组编绘
北京　人民美术出版社　1973年　13cm（60开）
定价：CNY0.14
　　中国现代连环画作品。

J0066755

太阳底下花儿红　南充地区《太阳底下花儿红》连环画创作组编绘
成都　四川人民出版社　1973年　13cm（60开）
定价：CNY0.08
　　中国现代连环画作品。

J0066756

塘边脚印　广州市郊区"革委会"政工组宣传站《塘边脚印》创作组画；梁业鸿等执笔
广州　广东人民出版社　1973年　13cm（60开）
定价：CNY0.16
　　根据陈向阳的小说《禾苗正绿》改编的中国现代连环画作品。

J0066757

特别礼物　尤熹等改编；钟志宏绘画
石家庄　河北人民出版社　1973年　37页有图　10×13cm　统一书号：8086.291
定价：CNY0.06
　　中国现代连环画作品。

J0066758

特殊任务　中国人民解放军8172部队政治部供稿
北京　人民美术出版社　1973年　13cm（60开）
定价：CNY0.12
　　介绍解放军某部干事向进同志的事迹。

J0066759

铁坝中队　盐城地区连环画创作学习班编；胡博综执笔
南京　江苏人民出版社　1973年　68页　有图9×13cm（64开）统一书号：8100.3.15
定价：CNY0.09
　　根据《游击健儿》革命故事改编的中国现代连环画作品。

J0066760

铁坝中队　（江苏民兵斗争故事）胡博综，王孟奇执笔
南京　江苏人民出版社　1973年　1册13cm（60开）
定价：CNY0.09
　　根据《游击健儿》革命故事改编的中国现代连环画作品。

J0066761

铁道卫兵　重庆铁路分局，成都铁路分局《铁

道卫兵》连环画创作组编绘

成都 四川人民出版社 1973 年 89 页 有图

10×13cm 统一书号：8118.51 定价：CNY0.12

　　介绍铁道公安战士、共产党员罗云山同志的英雄事迹的中国现代连环画作品。

J0066762

铁山怒火　普宁县"革委会"政工组文艺办公室编绘

广州 广东人民出版社 1973 年 1 册 有图

15cm（40 开）统一书号：R8111.1077

定价：CNY0.10

　　中国现代连环画作品。

J0066763

铁腿红心　商丘地区《铁腿红心》连环画创作组编绘

郑州 河南人民出版社 1973 年 108 页 有图

10×13cm 统一书号：8105.378 定价：CNY0.17

　　中国现代连环画作品。

J0066764

桐柏英雄　（1 西双河突围）定兴改编；张锡武等绘画

天津 天津人民美术出版社 1973 年 1 册

13cm（64 开）定价：CNY0.13

　　中国现代连环画作品。

J0066765

桐柏英雄　（2 三破水闸）定兴改编；叶永森，张万夫绘画

天津 天津人民美术出版社 1975 年 13cm（64 开）

定价：CNY0.20

　　中国现代连环画作品。作者张万夫（1939— ），画家。河北怀来人，毕业于天津美院。历任天津人民美术出版社连环画编辑室编辑，画册编辑室主任、编审。版画作品有《支援农业第一线》等，论著有《汉画石、画像砖浅析》等。

J0066766

桐柏英雄　（3）定兴改编；张锡武等绘

天津 天津人民美术出版社 1973 年 98 页 有图

10×13cm 统一书号：8073.30126 定价：CNY0.13

　　中国现代连环画作品。

J0066767

桐柏英雄　（4 走向胜利）前涉原著；定兴改编；叶永森，刘希立绘

天津 天津人民美术出版社 1977 年 134 页

13cm（64 开）定价：CNY0.16

　　中国现代连环画作品。作者刘希立（1945— ），天津人，毕业于中央财政金融学院。历任中国美术家协会会员，中国书籍装帧艺术委员会会员，黑龙江人民出版社编辑、天津人民美术出版社美术编审。代表作品《列宁在1918》《惩罚》等。

J0066768

童年　（蒙、汉文对照）董洪元绘；宝音陶克陶译

呼和浩特 内蒙古人民出版社 1973 年 1 册

13cm（60 开）定价：CNY0.14

（高尔基故事 之一）

　　根据高尔基原著改编的中国现代连环画作品。

J0066769

团结胜利的凯歌　樊怀章画

成都 四川人民出版社 1973 年 1 张 76cm（2 开）

定价：CNY0.14

　　中国现代连环画作品。作者樊怀章（1943— ），四川简阳人。别名樊恒。擅长年画。曾任四川美术出版社编辑室副主任。作品有《朱德元帅接见战斗英雄》《敬爱的元帅》（合作）。

J0066770

为了孩子的手　王中和原著；卞福顺改编；童金贵等绘

沈阳 辽宁人民出版社 1973 年 38 页 有图

10×13cm 统一书号：8090.328 定价：CNY0.06

　　中国现代连环画作品。

J0066771

伟大的国际主义战士白求恩　李忠翔编绘

昆明 云南人民出版社 1973 年 1 张 72cm（2 开）

定价：CNY0.15

　　中国现代连环画作品。作者李忠翔（1940— ），一级美术师。重庆人，毕业于云南艺术学院美术系版画专业。历任云南省展览馆、省文化局任美术设计与创作员，云南画院副院长，中国美协理事，云南美协副主席。版画作品

有《心中的歌》《雪山梦》等，出版有《李忠翔版画集》《李忠翔版画1990~1994》等。

J0066772
伟大的战士邱少云　张世强绘
北京　人民出版社　1973年　1册　有图
15cm（40开）统一书号：8.78
定价：CNY0.17
　　中国现代连环画作品。

J0066773
魏师傅带班　广州部队生产设建兵团政治部《魏师傅带班》创作组编绘；剑斌等执笔
广州　广东人民出版社　1973年　1册　13cm（60开）
定价：CNY0.10
　　中国现代连环画作品。

J0066774
我的大学　（蒙、汉文对照）董洪元绘；斯楞译
呼和浩特　内蒙古人民出版社　1973年　1册
13cm（60开）定价：CNY0.14
（高尔基故事 之三）
　　根据高尔基原著改编的中国现代连环画作品。

J0066775
我跟爷爷学打虎　沈在召编绘
福州　福建人民出版社　1973年　1册　13cm（60开）
定价：CNY0.09
　　根据黄则根同名小说改编的中国现代连环画作品。

J0066776
我要读书　兰天编文；翁开恩画
福州　福建人民出版社　1973年　1册　13cm（60开）
定价：CNY0.18
　　根据小说《我要读书》编绘的中国现代连环画作品。作者翁开恩（1939— ），教授。号竹啸庄人，福建莆田人。历任福建师范大学美术系副教授，福建画院、福州画院、福建政协画师，中国美术家协会会员、福建美协理事。出版有《翁开恩画集》《翁开恩写生》《翁开恩画辑》等。

J0066777
无产阶级革命事业接班人的好榜样沈秀芹

烟台地区沈秀芹连环画创作组编绘
济南　山东人民出版社　1973年　2版　1册
13cm（60开）定价：CNY0.15
　　中国现代连环画作品。

J0066778
无名信件　王一云改编；靖安县文化站绘图；胡正言执笔
南昌　江西人民出版社　1973年　1册　13cm（60开）
定价：CNY0.13
　　中国现代连环画作品。作者胡正言，明末书画篆刻家、出版家。字曰从，号十竹，原籍安徽休宁。代表作品《印存玄览》《十竹斋笺谱》《六书正伪》《印存初集》等。

J0066779
小保管上任　（连环画片）林美岚作
南昌　江西人民出版社　1973年　1张　76cm（2开）
定价：CNY0.14
　　中国现代连环画作品。作者林美岚（1940— ），字山风，江西武宁人。毕业于江西九江师范。历任中小学美术教师，江西九江市群众艺术馆美术干部、副研究馆员。江西美协理事。作品有《党是阳光我是花》《喜庆丰年》《鸟语花香》等。出版有《林美岚人物画选》。

J0066780
小豹子单骑追敌　杨云庆改编；李俊琪绘图
天津　天津人民美术出版社　1973年　1册
13cm（60开）定价：CNY0.10
　　中国现代连环画作品。作者杨云庆（1933— ），曾任黑龙江省作家协会会员、散文家协会会员、老年作家协会会员。作品有《杨云庆文集（上、下）》等。作者李俊琪（1943— ），教授。号大道轩主人，河北乐亭人。历任天津美术家协会副主席，中国美术家协会会员，天津南开大学教授、研究生导师，美国传记研究院研究员。著作有《中国历代诗家图卷》《中国历代兵家图卷》《中国历代文学家画传》《李俊琪画集》等。

J0066781
小砍刀　（上）尚扬，陈贻福绘
武汉　湖北人民出版社　1973年　1册　13cm（60开）
定价：CNY0.13

根据勤耕著《小砍刀的故事》改编的中国现代连环画作品。作者尚扬（1936—　），画家。四川开县人，毕业于湖北艺术学院美术系研究生。历任湖北人民出版社美术编辑，湖北美术学院教授、副院长，华南师范大学美术研究所所长，首都师范大学美术系教授、硕士研究生导师，中国油画学会副主席，中国美术家协会理事，中国美术家协会油画艺术委员会会员等。代表作品《黄河船夫》《爷爷的河》《二十八宿图》。作者陈贻福（1927—　），编辑。湖北武汉人。先后担任封面设计、年画编辑、大型画册编辑、《中南农民》期刊美术编辑、长江文艺出版社、湖北美术出版社美术编辑、副编审。连环画作品有《小砍刀》《雷雨》《归来》《我的前半生》。长篇漫画有《管得宽画传》。

J0066782

小老虎班　天津地区文化局，大城县"革命委员会"创作组编绘

石家庄　河北人民出版社　1973 年　1 册　13cm（60 开）定价：CNY0.10

　　中国现代连环画作品。

J0066783

小龙学外语　天津市外国语学校编绘

天津　天津人民美术出版社　1973 年　1 册　13cm（60 开）定价：CNY0.07

　　中国现代连环画作品。

J0066784

小马过河　（连环画片）陈永镇画

合肥　安徽人民出版社　1973 年　1 张　76cm（2 开）定价：CNY0.11

　　中国现代连环画作品。作者陈永镇（1936—　），浙江乐清人。毕业于中国美术学院（浙江美院）。中国美术家协会理事、中国儿童美术艺委会委员、安徽省美协副主席。主要作品有《还是一样》《再给你带上一个》等。

J0066785

小茂青参军　北大中文系"革命春秋"创作组原著；东城区美术学习班编绘

北京　人民出版社　1973 年　1 册　13cm（60 开）定价：CNY0.12

　　中国现代连环画作品。

J0066786

小牛的心愿　宝鸡市中心医院，文化馆业余创作组编绘；宝鸡市"革命委员会"文教局供稿

西安　陕西人民出版社　1973 年　1 册　13cm（60 开）定价：CNY0.15

　　中国现代连环画作品。

J0066787

小向导　徐育林画

南京　江苏人民出版社　1973 年　1 张　有彩图　15cm（40 开）定价：CNY0.20

　　中国现代连环画作品。

J0066788

小雄鹰　李玉福编文；宋武征，李鼎元绘画

兰州　甘肃人民出版社　1973 年　1 册　13cm（60 开）定价：CNY0.13

　　中国现代连环画作品。

J0066789

小英雄雨来　管桦原作；刘学三，黄宝柱改编；高宝生绘

北京　人民美术出版社　1973 年　1 册　13cm（60 开）定价：CNY0.10

　　中国现代连环画作品。作者高宝生（1944—　），连环画家。曾用笔名高禾，北京人。北京艺术学院附中毕业。中国少年儿童出版社从事连环画创作。代表作品《铁木儿和他的队伍》《两只小孔雀》《聪明的药方》等。

J0066790

小鹰　安义县文化馆编文；杨海卿执笔

南昌　江西人民出版社　1973 年　1 册　13cm（60 开）定价：CNY0.11

　　中国现代连环画作品。

J0066791

小游击队员

天津　天津人民美术出版社　1973 年　2 版　1 册　13cm（60 开）定价：CNY0.22

　　中国现代连环画作品。

J0066792

新的战斗　上海警备区业余创作组，上海人民出版社编绘

上海　上海人民出版社　1973 年　1 册　13cm（60 开）
定价：CNY0.12
　　本连环画包括《新的战斗》《一封感谢信》
《"当家人"》三个故事。

J0066793
新老大　张道余，张正余原著；陈梅鼎改编；上
海市美术学校第三期工农兵美术创作学习班画
上海　上海人民出版社　1973 年　93 页　有图
11×13cm　统一书号：8171.607　定价：CNY0.10

J0066794
雪莲　钱佩衡编文；罗希贤绘画
上海　上海人民出版社　1973 年　1 册　10cm（64 开）
定价：CNY0.08
　　中国现代连环画作品。作者罗希贤
（1946—　　），连环画家。广东东莞人。上海美术
出版社美术创作员。上海著名民俗画、连环画家，
共绘制了 150 多部连环画。作品有《火种》《蔡
锷》等。

J0066795
雪莲　徐萌改编；吴永良绘画
杭州　浙江人民出版社　1973 年　1 册　13cm（60 开）
定价：CNY0.07
　　根据钱佩衡同名小说改编的中国现代连环
画作品。作者吴永良（1937—　　），画家、教授。
浙江鄞县人，毕业于浙江美术学院中国画系人物
画科。历任中国美术家协会会员、浙江美术学院
教授。代表作品有《鲁迅肖像》《水乡集市》《华
夏颂》《潘天寿肖像》《西泠印踪》等。

J0066796
雪山雄鹰　李宝恒编绘
沈阳　辽宁人民出版社　1973 年　1 册　13cm（60 开）
定价：CNY0.10
　　中国现代连环画作品。

J0066797
雪山雄鹰　《雪山雄鹰》连环画编绘组
昆明　云南人民出版社　1973 年　2 版　1 册
19×7cm（48 开）　定价：CNY0.25
　　中国现代连环画作品。

J0066798
血防线上　上海县《血防线上》连环画业余创
作组编绘
上海　上海人民出版社　1973 年　100 页　有图
10×13cm　统一书号：8171.613　定价：CNY0.10
　　中国现代连环画作品。

J0066799
血染的皮带　刘正东，万斌生编文；朱曜奎，
章德青绘图
南昌　江西人民出版社　1973 年　1 册　13cm（60 开）
定价：CNY0.13
　　中国现代连环画作品。

J0066800
鸭绿江畔　上海航道局船队工人创作组编绘
上海　上海人民出版社　1973 年　1 册　10cm（64 开）
定价：CNY0.10
　　中国现代连环画作品。

J0066801
烟楼的秘密　广东新会县文艺创作组原著；胡
细生改编；黄席珍执笔
南昌　江西人民出版社　1973 年　1 册　13cm（60 开）
定价：CNY0.11
　　中国现代连环画作品。

J0066802
盐工怒火　肖翔，曾伯言编；李奔，石美鼎绘
成都　四川人民出版社　1973 年　1 册　13cm（60 开）
定价：CNY0.11
　　中国现代连环画作品。

J0066803
盐滩怒火　张金荣编绘
天津　天津人民美术出版社　1973 年　1 册
13cm（60 开）　定价：CNY0.14
　　中国现代连环画作品。

J0066804
阎加金　楚雄彝族自治州"革委会"政工组，
武定县"革委会"政工组编绘
昆明　云南人民出版社　1973 年　1 册　13cm（60 开）
定价：CNY0.12
　　中国现代连环画作品。

J0066805

艳阳天 （第一集）曼玲改编；北京市朝阳区《艳阳天》连环画业余创作组绘

北京 人民美术出版社 1973 年 1 册 13cm（60 开）

定价：CNY0.17

　　根据浩然同名小说改编的中国现代连环画作品。

J0066806

艳阳天 （第二集）浩然原著；曼玲改编；北京市朝阳区"革委会"，人民美术出版社联合创作组绘

北京 人民美术出版社 1974 年 13cm（60 开）

定价：CNY0.14

　　中国现代连环画作品。

J0066807

艳阳天 （第三集）曼玲改编；北京市朝阳区《艳阳天》连环画业余创作组绘

北京 人民美术出版社 1975 年 13cm（60 开）

定价：CNY0.14

　　根据浩然同名小说改编的中国现代连环画作品。

J0066808

艳阳天 （第四集）浩然原著；曼玲改编

北京 人民美术出版社 1976 年 13cm（60 开）

定价：CNY0.13

　　中国现代连环画作品。

J0066809

钥匙 张继芳原著；任美莲改编；赵宝林绘

北京 人民美术出版社 1973 年 1 册 13cm（60 开）

定价：CNY0.09

　　中国现代连环画作品。

J0066810

夜战牛脚岭 郑浩豪著；王成荣改编；赵仁等绘画

上海 上海人民出版社 1973 年 1 册 13cm（60 开）

定价：CNY0.07

　　中国现代连环画作品。

J0066811

一颗红心为人民 柳州铁路分局工人业余美

术创作组编绘

南宁 广西人民出版社 1973 年 1 册 13cm（60 开）

定价：CNY0.08

　　中国现代连环画作品。

J0066812

一块金手表 关守信编绘

济南 山东人民出版社 1973 年 1 册 有图 15cm（40 开）统一书号：8099.180

定价：CNY0.08

　　中国现代连环画作品。作者关守信（1945— ），画家。山东青州人。历任青岛出版社编审、教授，山东美协书院特聘画师等职。代表作品《24 孝图》《扇面百图》《绘画世界童话文库》等。

J0066813

一撮盐 王春发，赵维利改编；李永志等绘画

沈阳 辽宁人民出版社 1973 年 1 册 13cm（60 开）

定价：CNY0.10

　　中国现代连环画作品。

J0066814

一丝之差 天津市第一机械工业局连环画学习班编绘

天津 天津人民美术出版社 1973 年 1 册 13cm（60 开）定价：CNY0.10

　　中国现代连环画作品。

J0066815

一张奇怪的邮票

南宁 广西人民出版社 1973 年 1 册 15cm（40 开）

定价：CNY0.08

　　中国现代连环画作品。

J0066816

英雄的教师刘勇善 丹东市文化馆编绘

沈阳 辽宁人民出版社 1973 年 13cm（60 开）

定价：CNY0.08

　　中国现代连环画作品。

J0066817

英雄的消防战士

天津 天津人民美术出版社 1973 年 13cm（60 开）

定价：CNY0.14

　　中国现代连环画作品。

J0066818

英雄儿女 长春电影制片厂电影连环画组编
沈阳 辽宁人民出版社 1973 年 13cm（60 开）
定价：CNY0.21

　　中国现代连环画作品。

J0066819

英雄尖兵 王守志绘
合肥 安徽人民出版社 1973 年 13cm（60 开）
定价：CNY0.08

　　中国现代连环画作品。作者王守志
（1941— ），画家。山东枣庄人，入合肥书画院
学习。历任中国美术家协会会员、中国书法家
协会会员、合肥市美术家协会主席、安徽省书法家
协会艺术顾问等。出版有《王守志画集》《王守
志山水画集》《王守志写意花卉集》《王守志戏剧
人物画集》《当代著名篆刻家作品精选》等。

J0066820

英雄小八路 上海人民出版社编绘
上海 上海人民出版社 1973 年 13cm（60 开）
定价：CNY0.12

　　中国现代连环画作品。

J0066821

英雄炸虎穴 刘建平绘
天津 天津人民美术出版社 1973 年 13cm（60 开）
定价：CNY0.08

　　中国现代连环画作品。

J0066822

油田劲松 大庆工人美术学习班，上海人民出
版社编绘
上海 上海人民出版社 1973 年 136 页 有图
10×13cm 统一书号：8171.594 定价：CNY0.14

　　中国现代连环画作品。

J0066823

友谊之歌 阎作义原著；江西人民出版社改
编；吴吉仁绘画
南昌 江西人民出版社 1973 年 13cm（60 开）
定价：CNY0.09

　　中国现代连环画作品。

J0066824

渔岛怒潮 （上）姜树茂原著；涂介华，王树华
改编；丁世弼绘图
南昌 江西人民出版社 1973 年 13cm（60 开）
定价：CNY0.23

　　中国现代连环画作品。

J0066825

渔岛怒潮 （下）姜树茂原著；涂介华，王树华
改编；丁世弼绘图
南昌 江西人民出版社 1973 年 13cm（60 开）
定价：CNY0.20

　　中国现代连环画作品。

J0066826

在人间 （蒙、汉文对照）董洪元绘；斯楞译
呼和浩特 内蒙古人民出版社 1973 年
13cm（60 开）定价：CNY0.18
（高尔基故事 之二）

　　根据高尔基原著改编的中国现代连环画
作品。

J0066827

扎偎打虎 吕锡贞改编；张之杰绘
济南 山东人民出版社 1973 年 18 页 有图
15cm（40 开）统一书号：8099.127
定价：CNY0.05

　　中国现代连环画作品。

J0066828

战斗英雄任常伦 （第一集）黄县"革委"政
治部文化组供稿
济南 山东人民出版社 1973 年 13cm（60 开）
定价：CNY0.10

　　中国现代连环画作品。

J0066829

战斗英雄于庆阳 新金县文化馆编绘
沈阳 辽宁人民出版社 1973 年 13cm（60 开）
定价：CNY0.11

　　中国现代连环画作品。

J0066830

战斗在 322 高地 王玺原著；于晓光改编；振
宇绘画

石家庄 河北人民出版社 1973年 13cm（60开）
定价：CNY0.14

　　中国现代连环画作品。

J0066831

战斗在三一三高地　戴英改编；林钧相绘画
沈阳 辽宁人民出版社 1973年 13cm（60开）
定价：CNY0.08

　　中国现代连环画作品。

J0066832

战洪凯歌　达县地区文教局《战洪凯歌》连环
画创作组编绘
成都 四川人民出版社 1973年 13cm（60开）
定价：CNY0.11

　　中国现代连环画作品。

J0066833

战马驰骋　周东爱改编；沈尧伊绘
北京 人民美术出版社 1973年 13cm（60开）
定价：CNY0.07

　　中国现代连环画作品。作者沈尧伊
（1943— ），画家。浙江镇海人，毕业于中央美
术学院。曾任中国人民大学徐悲鸿艺术学院教
授、中国美术家协会会员、北京美术家协会理
事、连环画艺术委员会主任。代表作品《而今
迈步从头越》《革命理想高于天》《地球的红飘
带》等。

J0066834

张改秀　中共忻县地委通讯组，中共兴县通讯
组编绘
太原 山西人民出版社 1973年 56页 有图
10×13cm 统一书号：10088.453 定价：CNY0.14

　　中国现代连环画作品。

J0066835

张改秀　中共忻县地委通讯组，中共兴县通讯
组编绘
太原 山西人民出版社 1973年 13cm（60开）
定价：CNY0.14

　　中国现代连环画作品。

J0066836

张高谦　何为编著；韩伍等画
上海 上海人民出版社 1973年 有彩图
15cm（40开）统一书号：R10171.212
定价：CNY0.14

　　绘画韩伍（1936— ），画家。浙江杭州人，
毕业于行知艺术学校。中国美术家协会会员，儿
童时代社《哈哈画报》主编，上海市美协理事。
作品有《五彩路》《微湖山上》《灯花》等，出版
有《韩伍画集》《小巷童年》《诗经彩绘》等。

J0066837

张思德　朱宇南编绘
合肥 安徽人民出版社 1973年 13cm（60开）
定价：CNY0.07

　　中国现代连环画作品。作者朱宇南
（1942— ），画家。福建莆田人。福建师范大学
国画教研室副教授。出版有《速写与构图指南》
《线描人物画指南》。

J0066838

长空激战　红铁鹰，广鹰文编绘
南宁 广西人民出版社 1973年 13cm（60开）
定价：CNY0.12

　　中国现代连环画作品。

J0066839

找"乌金"　求知编；万其画
杭州 浙江人民出版社 1973年 13cm（60开）
定价：CNY0.07

　　中国现代连环画作品。

J0066840

召唤　中国人民解放军8181部队政治部供稿
北京 人民美术出版社 1973年 13cm（60开）
定价：CNY0.08

　　中国现代连环画作品。

J0066841

召唤　鞠宇东原著；王成荣改编；雁华绘画
上海 上海人民出版社 1973年 13cm（60开）
定价：CNY0.07

　　中国现代连环画作品。

J0066842

这是谁家的山羊？　梁山县文化馆编绘
济南 山东人民出版社 1973年 13cm（60开）

定价：CNY0.07

　　中国现代连环画作品。

J0066843

侦察员小马　崔文改编绘；吕景富，崔文绘
哈尔滨　黑龙江人民出版社　1973年　13cm（60开）
定价：CNY0.09

　　中国现代连环画作品，包括郭树祥编绘的
《小哨兵》。

J0066844

珍珠岩　山西省电力建设公司珍珠岩厂编文；
贾好礼画
太原　山西人民出版社　1973年　13cm（60开）
定价：CNY0.08

　　中国现代连环画作品。

J0066845

郑培志　中国人民解放军南京军区安徽生产建
设兵团政治部编绘
合肥　安徽人民出版社　1973年　15cm（40开）
定价：CNY0.20

　　中国现代连环画作品。

J0066846

支农线上　刘耀中改编；黯志等绘图
郑州　河南人民出版社　1973年　13cm（60开）
定价：CNY0.07

　　根据同名戏剧编绘的中国现代连环画作品。
作者刘耀中，年画家，代表作有《风雪配》等。

J0066847

知识青年的好榜样顾常根　共青团江西省委
员会宣传组，江西省军区农建师政治部编绘
南昌　江西人民出版社　1973年　13cm（60开）
定价：CNY0.11

　　中国现代连环画作品。

J0066848

直罗儿女　陕西省艺术学校编绘
西安　陕西人民出版社　1973年　13cm（60开）
定价：CNY0.13

　　中国现代连环画作品。

J0066849

智捕大鲟鱼　杜炜编绘
长沙　湖南人民出版社　1973年　13cm（60开）
定价：CNY0.16

　　中国现代连环画作品。

J0066850

智闯大江　张定华编绘
杭州　浙江人民出版社　1973年　10cm（64开）
定价：CNY0.08

　　根据杨钟故事《水上交通站》改编的中国现
代连环画作品。

J0066851

智歼别动队　张世彦编绘
北京　人民出版社　1973年　有彩图　15cm（40开）
定价：CNY0.11

　　中国现代连环画作品。

J0066852

智擒逃敌
成都　四川人民出版社　1973年　13cm（60开）
定价：CNY0.08

　　根据《阳光雨露育新苗》改编的中国现代连
环画作品，共收《智擒逃敌》和《心红眼亮》两篇
故事。

J0066853

智擒特务　卜庆润改编；郭抱湘等绘画
济南　山东人民出版社　1973年　有图
15cm（40开）统一书号：8099.134
定价：CNY0.06

　　中国现代连环画作品。

J0066854

智取敌哨所　聪聪改编；宋雅丽绘
石家庄　河北人民出版社　1973年　有彩图
15cm（40开）统一书号：8086.292
定价：CNY0.11

　　根据《勇敢机智的柬埔寨女游击队员》改编
的中国现代连环画作品。

J0066855

智取华山　陕西人民出版社编文；关庆留重绘
西安　陕西人民出版社　1973年　13cm（60开）

定价：CNY0.17

　　中国现代连环画作品。

J0066856

智取利原镇　尚玉鸣，马炳洁文；谭国信等画

济南　山东人民出版社 1973 年　13cm（60 开）

定价：CNY0.10

　　中国现代连环画作品。

J0066857

智取粮船　（江苏民兵斗争故事）盐城地区连
环画创作学习班，响水县美术创作组编绘

南京　江苏人民出版社 1973 年　13cm（60 开）

定价：CNY0.11

　　根据《游击健儿》革命故事改编的中国现代
连环画作品。

J0066858

智取情报　白巨亢原著；何标瑞改编；宜春军
分区政治部绘图；李之久执笔

南昌　江西人民出版社 1973 年　13cm（60 开）

定价：CNY0.09

　　中国现代连环画作品。

J0066859

智斩"毒蛇"　石黉义编绘

沈阳　辽宁人民出版社 1973 年　有彩图
15×13cm　统一书号：8090.302

定价：CNY0.15

　　中国现代连环画作品。

J0066860

壮志压倒千重山　中国人民解放军武汉部队
某部政治部编绘

上海　上海人民出版社 1973 年 2 版 10cm（64 开）

定价：CNY0.08

　　中国现代连环画作品。

J0066861

捉舌头　李世武文；解维础画

济南　山东人民出版社 1973 年　15cm（40 开）

定价：CNY0.05

　　中国现代连环画作品。

J0066862

紫曲河畔　金吉泰改编；陈延绘画

兰州　甘肃人民出版社 1973 年　13cm（60 开）

定价：CNY0.12

　　中国现代连环画作品。作者陈延（1940—　　），
广东汕头大学美术设计系教授。

J0066863

祖国处处有亲人　吕金烈等编绘

成都　四川人民出版社 1973 年　13cm（60 开）

定价：CNY0.08

　　中国现代连环画作品。

J0066864

"版纳"　竺少华编文；郑家声绘画

上海　上海人民出版社 1974 年　10cm（64 开）

定价：CNY0.09

　　中国现代连环画作品。

J0066865

阿龙师傅与小飞马　刘军次编文；王健尔等
绘画

上海　上海人民出版社 1974 年　10cm（64 开）

定价：CNY0.07

　　中国现代连环画作品。

J0066866

阿娜　邹立贵改编、绘图

南昌　江西人民出版社 1974 年　13cm（60 开）

定价：CNY0.08

　　根据黎汝清同志的《国境线上》改编的中国
现代连环画作品。

J0066867

爱民井　黄亦波写；上海警备区业余美术创作
组画

上海　上海人民出版社 1974 年　有图
15cm（40 开）统一书号：R10171.323

定价：CNY0.17

　　中国现代连环画作品。

J0066868

八天八夜　刘国光，张锦江编著；林抗生，叶
志鸿绘画

广州　广东人民出版社 1974 年　13cm（64 开）

定价：CNY0.12
　　中国现代连环画作品。

J0066869
把青春献给人民　南京军区工程兵政治部编绘
南京 江苏人民出版社 1974 年 90 页 有图
10×13cm 统一书号：8100.3.049 定价：CNY0.12
　　中国现代连环画作品。

J0066870
暴风雨前后 （世界语）韦江凡等绘
北京 外文出版社 1974 年 24cm（26 开）
定价：CNY0.45
　　中国现代连环画作品。作者韦江凡（1922—
2016），著名画家，别名无竞、江帆，陕西澄城县
人，毕业西安私立中华美专。中国美术家协会
会员，北京画院一级美术师，中国老教授协会会
员。代表作品有《送上门》《时传祥》《奔腾的群
马》《初上征途》等。出版画集有《韦江凡画马》
《韦江凡画集》《中国近现代名家画集韦江凡》。

J0066871
比翼双飞　白克强改编；盛增祥绘画
上海 上海人民出版社 1974 年 13cm（60 开）
定价：CNY0.10
　　根据思义、凌玲原著的短篇小说《飞在前面
的僚机》改编的中国现代连环画作品。

J0066872
边防线上　胡平，马小军原著；杜南改编；陈
丹青绘图
南昌 江西人民出版社 1974 年 13cm（60 开）
定价：CNY0.08
　　中国现代连环画作品。作者陈丹青
（1953—　 ），画家、艺术家、文艺评论家。生于
上海，祖籍广东，毕业于中央美术学院。曾任教
于中央美术学院、清华大学美术学院。代表作品
《西藏组画》《退步集续编》《陈丹青素描集》《纽
约琐记》等。

J0066873
边海红旗　阳江县文化局《边海红旗》创作组
编绘；林华忠等执笔
广州 广东人民出版社 1974 年 10cm（64 开）
定价：CNY0.12

中国现代连环画作品。

J0066874
鞭声清脆　飞雁编文；张辛国绘
石家庄 河北人民出版社 1974 年 43 页
有图 10×13cm 统一书号：8086.387
定价：CNY0.07
　　中国现代连环画作品。

J0066875
扁担的故事　赵希良改编；石呈虎绘
北京 人民美术出版社 1974 年 13cm（60 开）
定价：CNY0.10
　　根据岳长贵同名小说改编的中国现代连环
画作品。

J0066876
彩凤　郝超编文；王捷三等画
太原 山西人民出版社 1974 年 62 页 有图
10×13cm 统一书号：8088.846 定价：CNY0.09
　　根据田东照同名小说改编的中国现代连环
画作品。

J0066877
参籽红似火　梁之编；葛家友等画
长春 吉林人民出版社 1974 年 13cm（60 开）
定价：CNY0.12
　　中国现代连环画作品。

J0066878
沧石路畔的战斗　王登普编；王俊亮等绘画
北京 人民美术出版社 1974 年 134 页 有图
10×13cm 统一书号：8027.5992 定价：CNY0.15
　　中国现代连环画作品。

J0066879
草原的眼睛　乌兰察布盟《草原的眼睛》编创
组编；张永昌文字执笔；郝存祥等绘画
呼和浩特 内蒙古人民出版社 1974 年
10cm（64 开）定价：CNY0.12
　　中国现代连环画作品。

J0066880
畅通的邮路　包文俊等编文；蔡兵，赵竹鸣绘画
上海 上海人民出版社 1974 年 10cm（64 开）

定价：CNY0.08

    中国现代连环画作品。

J0066881

朝霞 （广阔天地 大有作为）史汉富编文；上海市长江农场《朝霞》连环画创作组绘画

上海 上海人民出版社 1974年 82页 有图

10×13cm 统一书号：8171.915 定价：CNY0.09

    中国现代连环画作品。

J0066882

陈绍光 宜宾地区《陈绍光》连环画创作组编绘

成都 四川人民出版社 1974年 13cm（60开）

定价：CNY0.15

    中国现代连环画作品。

J0066883

春暖播种的时候 谢健民编文；季源业等绘画

天津 天津人民美术出版社 1974年 13cm（60开）

定价：CNY0.13

    中国现代连环画作品。

J0066884

春水与秋生 金达迈原著；晨星改编；杨步升绘画

银川 宁夏人民出版社 1974年 13cm（60开）

定价：CNY0.08

    中国现代连环画作品。

J0066885

打豹记 毛亮英，肖孔编文；罗盘绘画

上海 上海人民出版社 1974年 10cm（64开）

定价：CNY0.06

    中国现代连环画作品。

J0066886

打狗岭 江育光编；韦智仁绘

广州 广东人民出版社 1974年 13cm（60开）

定价：CNY0.15

    中国现代连环画作品。

J0066887

大橹的故事 李述宽，岳长贵原著；蔡星耀改编；罗希贤绘画

上海 上海人民出版社 1974年 10cm（64开）

定价：CNY0.10

    中国现代连环画作品。收入126幅图。

J0066888

大寨之路 李济远等绘；魏旭光，罗继长编文

北京 人民美术出版社 1974年 24页 18cm（15开）

统一书号：8027.5904 定价：CNY0.42

    中国现代连环画作品。

J0066889

带响的弓箭 张登魁原著；吴继平编绘

南京 江苏人民出版社 1974年 94页 有图

10×13cm 统一书号：8100.3.43 定价：CNY0.12

    中国现代连环画作品。

J0066890

灯伢儿 杨刚原著；吴文焕改编；陈云华绘画

上海 上海人民出版社 1974年 10cm（64开）

定价：CNY0.09

    中国现代连环画作品。

J0066891

第八个是铜像 季一德编文

上海 上海人民出版社 1974年 10cm（64开）

定价：CNY0.23

    根据阿尔巴尼亚同名影片选编的中国现代连环画作品。

J0066892

第三十个春天 李应编文；衡水地区文艺创作组，河北工农兵画刊记者绘画

石家庄 河北人民出版社 1974年 13cm（60开）

定价：CNY0.09

    中国现代连环画作品。

J0066893

第一次上码头 上港三区工人业余写作组写；陈永根画

上海 上海人民出版社 1974年 有彩图

15cm（40开）统一书号：R10171.316

定价：CNY0.14

    中国现代连环画作品。

J0066894

钓鱼 卜庆润文；姜宝星画

济南 山东人民出版社 1974 年 13cm（64 开）
定价：CNY0.07
　　中国现代连环画作品。

J0066895
钓鱼　朱焰改编；邓瑞芳等画
太原 山西人民出版社 1974 年 28 页 有图
10×13cm 统一书号：8088.873 定价：CNY0.06
　　根据李克顺同名小说改编的中国现代连环
画作品。

J0066896
丁佑君　四川人民出版社编文；张志能等绘图
成都 四川人民出版社 1974 年 88 页 有图
10×13cm 统一书号：8118.42 定价：CNY0.12
　　中国现代连环画作品。

J0066897
东郭先生　（藏、汉文对照）刘继卣绘；特古
斯译
长春 吉林人民出版社 1974 年 13cm（64 开）
定价：CNY0.11
　　中国现代连环画作品。

J0066898
东郭先生和狼　（寓言故事）赵九伶改编；王
文和绘画
沈阳 辽宁人民出版社 1974 年 13cm（64 开）
定价：CNY0.09
　　中国现代连环画作品。

J0066899
都愿意　滨县文化馆编绘
济南 山东人民出版社 1974 年 13cm（60 开）
定价：CNY0.09
　　中国现代连环画作品。

J0066900
斗川岛　（江苏民兵斗争故事）常宾原著；徐建
时改编；顾乃深绘
南京 江苏人民出版社 1974 年 13cm（60 开）
定价：CNY0.12
　　中国现代连环画作品。

J0066901
儿童团长　杨志远编文；翟万英，王大鹏绘画
沈阳 辽宁人民出版社 1974 年 2 版
13cm（64 开）定价：CNY0.11
　　中国现代连环画作品。

J0066902
二进杏花村　大森改编；刘根生绘画
长春 吉林人民出版社 1974 年 13cm（64 开）
定价：CNY0.07
　　本书是根据段序清、陈良的同名小说改编的
中国现代连环画作品。

J0066903
飞毛腿的故事　周有恒改编；马林重绘
西安 陕西人民出版社 1974 年 13cm（60 开）
定价：CNY0.09
　　中国现代连环画作品。

J0066904
飞雪迎春　萍乡地方剧团编文；黄连和执笔；
刘大春，陈丹青绘画
南昌 江西人民出版社 1974 年 13cm（60 开）
定价：CNY0.10
　　中国现代连环画作品。作者陈丹青
（1953—　　），画家、艺术家、文艺评论家。生于
上海，祖籍广东，毕业于中央美术学院。曾任教
于中央美术学院，清华大学美术学院。代表作品
《西藏组画》《退步集续编》《陈丹青素描集》《纽
约琐记》等。

J0066905
丰收之后　灌云县文化馆编绘
南京 江苏人民出版社 1974 年 13cm（60 开）
定价：CNY0.10
　　中国现代连环画作品。

J0066906
风雪郎哇山　雪犁，张祚羌编文；成县文化馆
绘画
兰州 甘肃人民出版社 1974 年 13cm（60 开）
定价：CNY0.10
　　中国现代连环画作品。

J0066907

风雪哨所　苑书翰改编；辛宽良绘画

沈阳　辽宁人民出版社　1974年　13cm（60开）
定价：CNY0.09

　　中国现代连环画作品。作者辛宽良（1941—　），画家。山东海阳人。毕业于鲁迅美术学院版画系。擅长连环画、年画。曾任辽宁美术出版社美术编辑。代表作品有《真假美猴王》《夜幕下的哈尔滨》《李自成》《西游记》等。

J0066908

烽火少年　杨明生改编；吕景富绘画

哈尔滨　黑龙江人民出版社　1974年
13cm（64开）定价：CNY0.08

　　中国现代连环画作品。

J0066909

赶猪记　志一改编；尹庆芳绘画

天津　天津人民美术出版社　1974年　13cm（60开）
定价：CNY0.09

　　本书系根据浩然同名小说改编的中国现代连环画作品。

J0066910

钢铁是怎样炼成的　（上　汉、蒙文对照）王素改编；毅进画；白音那译

呼和浩特　内蒙古人民出版社　1974年
13cm（64开）定价：CNY0.22

　　本书是根据（苏）尼·奥斯特洛夫斯基原著改编的中国现代连环画作品。作者白音那（1948—　），内蒙古人民出版社美术编辑，内蒙古美术家协会会员。

J0066911

钢铁是怎样炼成的　（下　汉、蒙文对照）夏星改编；毅进画；朝伦巴干那译

呼和浩特　内蒙古人民出版社　1974年
13cm（64开）定价：CNY0.26

　　本书是根据（苏）尼·奥斯特洛夫斯基原著改编的中国现代连环画作品。

J0066912

高原红哨兵　张趋编；买买提·艾衣提，苏巴洪绘

乌鲁木齐　新疆人民出版社　1974年

13cm（60开）定价：CNY0.07
　　中国现代连环画作品。

J0066913

戈壁红医　王晓凤等编；杨步升等绘

银川　宁夏人民出版社　1974年　60页　有图
10×13cm　统一书号：8157.218　定价：CNY0.09
　　中国现代连环画作品。

J0066914

革命现代京剧《杜鹃山》　李晨声，段兰香改编、摄影

北京　人民美术出版社　1974年　13cm（60开）
定价：CNY0.36
　　中国现代连环画作品。

J0066915

革命现代京剧《龙江颂》　周云发，王良莹改编；邹越非等绘画

上海　上海人民出版社　1974年　10cm（64开）
定价：CNY0.18
　　中国现代连环画作品。

J0066916

官禄垀风波　刘征泰原著；云南人民出版社改编；沈安有等绘画

昆明　云南人民出版社　1974年　10cm（64开）
统一书号：8116.658　定价：CNY0.09
　　中国现代连环画作品。

J0066917

国境线上　黎汝清原著；尚青改编；窦世魁绘画

济南　山东人民出版社　1974年　10cm（64开）
定价：CNY0.11

　　中国现代连环画作品。作者窦世魁（1942—　），国家一级美术师。别名石岭，号岩松斋主，山东青岛人，毕业于青岛艺术专科学校美术专业。历任中国美术家协会会员、青岛市美术家协会副主席、顾问，青岛书画研究院副院长、中国书画学会名誉主席等。代表作品有连环画《唐赛儿》等。作者黎汝清（1928—2015），作家。山东博兴县人。曾任南京军区前线歌舞团编剧、军区政治部文艺创作室创作员、中国作家协会会员。著有长篇小说《海岛女民兵》《皖南事变》等，儿童文学集《秘密联络站》，诗歌散文集《在祖国

的土地上》等，电影文学剧本《长征》等，评论集《黎汝清研究专集》等。

J0066918

海岛红哨　徐明灿等原著；贾晓晨改编；上海市美术学校第四期工农兵美术学习班集体创作绘画

上海　上海人民出版社　1974年　10cm（64开）

定价：CNY0.08

　　中国现代连环画作品。

J0066919

海岛哨兵　宝山县横沙"公社"业余写作组编文；宝山县连环画创作学习班绘画

上海　上海人民出版社　1974年　13cm（60开）

定价：CNY0.08

　　中国现代连环画作品。

J0066920

海防小哨兵　李凤琪原著；封秋昌改编；姜凌涛绘

石家庄　河北人民出版社　1974年　63页有图　10×13cm　统一书号：8086.451

定价：CNY0.09

　　中国现代连环画作品。

J0066921

海河新歌　天津市纺织工业局业余美术创作组编绘

北京　人民美术出版社　1974年　13cm（60开）

定价：CNY0.13

　　中国现代连环画作品。

J0066922

海狮池畔　常斌编文；丁斌曾绘画

上海　上海人民出版社　1974年　10cm（64开）

定价：CNY0.07

　　中国现代连环画作品。

J0066923

海燕凌空　吴德永文；宋仁贤画

济南　山东人民出版社　1974年　15cm（40开）

定价：CNY0.11

　　中国现代连环画作品。作者宋仁贤（1939—　　），画家。山东荣成人。艺号牧云渔翁，

自品斋，堂号闭门堂。师承顾生岳、周沧米、舒传熹等。烟台画院专业画家、国家一级美术师、中国美术家协会会员、山东书法家协会会员、山东省画院高级画师。画作有《试验田》《海岛民兵师》《海上劳模》等，出版有《宋仁贤画选》。

J0066924

海英　朱海文编；广东佛山地区"革委会"《海英》创作组绘；林宏基等执笔

北京　人民美术出版社　1974年　13cm（60开）

定价：CNY0.14

　　中国现代连环画作品。

J0066925

韩非寓言故事选　上海人民出版社改编；颜梅华等绘画

上海　上海人民出版社　1974年　10cm（64开）

定价：CNY0.07

　　中国现代连环画作品。

J0066926

航标灯　张国栋改编；齐林家绘画

沈阳　辽宁人民出版社　1974年　13cm（60开）

定价：CNY0.08

　　中国现代连环画作品。

J0066927

航标灯下的战斗　倪梅林原著；定兴改编；刘世铎绘画

天津　天津人民美术出版社　1974年　13cm（60开）

定价：CNY0.09

　　中国现代连环画作品。

J0066928

河防堡垒　中国人民解放军河南省新乡军分区政治部编绘

郑州　河南人民出版社　1974年　13cm（64开）

定价：CNY0.15

　　中国现代连环画作品。

J0066929

黑子　山东枣庄市枣庄矿务局"革命委员会"政治部供稿

北京　人民美术出版社　1974年　13cm（60开）

定价：CNY0.11

根据李学诗著《矿山风云》部分章节改编的中国现代连环画作品。

J0066930

烘炉炼精钢　大冶钢厂业余美术组编绘
武汉　湖北人民出版社　1974年　78页　有图
10×13cm　统一书号：8106.1502　定价：CNY0.10
　　中国现代连环画作品。

J0066931

红枫岭上　竺少华改编；李绍然绘画
上海　上海人民出版社　1974年　10cm（64开）
定价：CNY0.09
　　中国现代连环画作品。作者竺少华，著有
《上古神话系列小说》，编文的连环画有《版纳》
《红枫岭上》等。作者李绍然（1939—2017），画家。
字昭昭，别号齐东野叟、东鲁画痴、登州布衣、
胶东客等。山东烟台人，毕业于浙江美术学院中
国画系。曾任上海美术家协会会员、上海连环画
研究会会员、中国电影家协会会员。代表作品有
《勇敢机智打豺狼》《红枫岭上》等。

J0066932

红军的草鞋　程鉴原著；江苏人民出版社改
编；杨波画
南京　江苏人民出版社　1974年　有彩图
15cm（40开）定价：CNY0.10
　　中国现代连环画作品。

J0066933

红松村的故事　黄辅民编；黄宗祥绘
南宁　广西人民出版社　1974年　13cm（60开）
定价：CNY0.09
　　中国现代连环画作品。

J0066934

红松村的故事　孙叔明改编；徐华令绘画
杭州　浙江人民出版社　1974年　10cm（64开）
定价：CNY0.08
　　根据黄辅民同名小说改编的中国现代连环
画作品。

J0066935

红心虎胆　四八〇〇部队某部业余美术创作
组编绘

石家庄　河北人民出版社　1974年　13cm（64开）
定价：CNY0.13
　　中国现代连环画作品。

J0066936

虹南作战史　（一）上海县《虹南作战史》写
作组原著；上海县《虹南作战史》连环画创作组
编绘
上海　上海人民出版社　1974年　10cm（40开）
定价：CNY0.13
　　中国现代连环画作品。

J0066937

虹南作战史　（一）上海县《虹南作战史》写
作组原著；上海县《虹南作战史》连环画创作组
编绘
上海　上海人民出版社　1974年　15cm（64开）
定价：CNY0.21
　　中国现代连环画作品。

J0066938

洪炉炼精钢　大冶钢厂业余美术组编绘
武汉　湖北人民出版社　1974年　13cm（60开）
定价：CNY0.10
　　中国现代连环画作品。

J0066939

弧光闪闪　王文锦编；詹忠效绘
广州　广东人民出版社　1974年　10cm（64开）
定价：CNY0.12
　　中国现代连环画作品。

J0066940

虎穴救战友　崔乐堂编文；丁宁原，孙爱华绘画
济南　山东人民出版社　1974年　13cm（60开）
定价：CNY0.09
　　中国现代连环画作品。作者丁宁原
（1939—　　），山东青州人。毕业于山东艺术专科
学校美术系。中国美术家协会会员、山东省美术
家协会副主席、山东师范大学艺术系教授。主要
作品有《重见光明》《出工》《胜似春光》《灵岩秋
色》。出版《丁宁原速写作品》《丁宁原俄罗斯写
生》等。

J0066941
虎穴买电　董五顺编文；杜双银等绘画
石家庄　河北人民出版社 1974 年　13cm（60 开）
定价：CNY0.09
　　中国现代连环画作品。

J0066942
换谷种　李德复写；马建彬绘画
上海　上海人民出版社 1974 年　有图
15cm（40 开）统一书号：R10171.291
定价：CNY0.12
　　中国现代连环画作品。

J0066943
灰狐狸的秘密　文登县文化馆编绘
济南　山东人民出版社 1974 年　13cm（60 开）
定价：CNY0.08
　　中国现代连环画作品。

J0066944
活页连环画选 （1）
北京　人民美术出版社 1974 年　27cm（大 16 开）
定价：CNY0.02
　　中国现代连环画作品。

J0066945
活页连环画选 （2）
北京　人民美术出版社 1974 年　27cm（大 16 开）
定价：CNY0.02

J0066946
活页连环画选 （3）
北京　人民美术出版社 1974 年　27cm（大 16 开）
定价：CNY0.02

J0066947
活页连环画选 （4）
北京　人民美术出版社 1974 年　27cm（大 16 开）
定价：CNY0.02

J0066948
活页连环画选 （5）
北京　人民美术出版社 1974 年　27cm（大 16 开）
定价：CNY0.02

J0066949
活页连环画选 （6）
北京　人民美术出版社 1974 年　27cm（大 16 开）
定价：CNY0.02

J0066950
活页连环画选 （7）
北京　人民美术出版社 1974 年　27cm（大 16 开）
定价：CNY0.02

J0066951
活页连环画选 （8）
北京　人民美术出版社 1974 年　27cm（大 16 开）
定价：CNY0.02

J0066952
活捉"黑风"　邹洪根改编；郭敦，屠宝权绘画
西安　陕西人民出版社 1974 年　13cm（60 开）
定价：CNY0.13
　　根据黎汝清小说《海岛女民兵》改编的中国
现代连环画作品。

J0066953
火红的年代　张晓林改编
上海　上海人民出版社 1974 年　13cm（60 开）
定价：CNY0.28
　　中国现代连环画作品。

J0066954
火烧"野牛"　刘华盛改编；姚勤，赵延龄绘画
哈尔滨　黑龙江人民出版社 1974 年
13cm（64 开）定价：CNY0.09
　　中国现代连环画作品。

J0066955
火烧"野牛"　和逊改编；衢县美术创作组绘画
杭州　浙江人民出版社 1974 年　13cm（64 开）
定价：CNY0.10
　　根据许胤丰小说《小勇》改编的中国现代连
环画作品。

J0066956
火烧竹篱笆　（江苏民兵斗争故事）如皋县美
术创作组编绘
南京　江苏人民出版社 1974 年　13cm（60 开）

定价：CNY0.10

　　根据《游击健儿》革命故事编绘的中国现代连环画作品。

J0066957
机智的小永路　吴学运改编；孙福林，乔长义绘画
哈尔滨 黑龙江人民出版社 1974 年
15cm（64 开）定价：CNY0.12
　　中国现代连环画作品。

J0066958
见亲人　阎瑶莲改编；张学文，钟楚浩绘
西宁 青海人民出版社 1974 年 13cm（60 开）
定价：CNY0.11
　　中国现代连环画作品。

J0066959
江上夺枪　胡曰龙，朱植人编绘
杭州 浙江人民出版社 1974 年 10cm（64 开）
定价：CNY0.08
　　根据郑文故事《京江怒涛》改编的中国现代连环画作品。

J0066960
降龙战　潘直亮绘
武汉 湖北人民出版社 1974 年 70 页 有图
10×13cm 统一书号：8106.1451 定价：CNY0.10
　　根据同名故事改编的中国现代连环画作品。作者潘直亮（1941— ），编辑。湖北汉阳人。历任湖北孝感市文联副主席、市美协主席，孝感画院院长，中国美术家协会会员，孝感市美术家协会名誉主席。作品有《杨靖宇》《恋》《献寿》主要专著有《潘直亮佛教题材水墨作品选集》等。

J0066961
脚印　王佩家改编；向群等绘画
哈尔滨 黑龙江人民出版社 1974 年
13cm（64 开）定价：CNY0.15
　　中国现代连环画作品。

J0066962
金凤　孔捷生原著；广东人民出版社改编；宋飞等绘画
广州 广东人民出版社 1974 年 13cm（60 开）

定价：CNY0.10
　　中国现代连环画作品。

J0066963
金光大道　（1 汉蒙文对照）人民美术出版社，北京市顺义县 “革命委员会” 联合编绘组编绘；内蒙古大学蒙语专业 72 级翻译组译
呼和浩特 内蒙古人民出版社 1974 年
13cm（60 开）定价：CNY0.15
　　中国现代连环画作品。

J0066964
金岭风云　邱恒聪编文；肖赛明绘图
南昌 江西人民出版社 1974 年 13cm（60 开）
定价：CNY0.19
　　中国现代连环画作品。

J0066965
金色的道路　凌柏翎编；何国华等绘
广州 广东人民出版社 1974 年 80 页 19cm（32 开）
定价：CNY0.25
　　中国现代连环画作品。

J0066966
京江怒涛　（江苏民兵斗争故事）胡博综，王孟奇绘
南京 江苏人民出版社 1974 年 13cm（64 开）
定价：CNY0.11
　　根据《江海洪流》中的同名故事改编的中国现代连环画作品。

J0066967
京江怒涛　郑文原著；张东九改编；吴增亮绘画
北京 人民出版社 1974 年 13cm（64 开）
定价：CNY0.08
　　中国现代连环画作品。

J0066968
京江怒涛　郑文原著；陈梅鼎改编；宋治平绘画
上海 上海人民出版社 1974 年 10cm（64 开）
定价：CNY0.09
　　中国现代连环画作品。

J0066969
救伤员　杨志远，王朝玉编文；王大鹏绘画

沈阳　辽宁人民出版社　1974 年　13cm（64 开）

定价：CNY0.07

　　中国现代连环画作品。

J0066970

军号长鸣　马正泉改编；盛元富绘画

杭州　浙江人民出版社　1974 年　13cm（60 开）

定价：CNY0.08

　　根据凌冬同名小说改编的中国现代连环画作品。

J0066971

矿山风云　（第一集）胡乃林改编；林百石绘画

长春　吉林人民出版社　1974 年　13cm（60 开）

定价：CNY0.13

　　根据同名小说第一部改编的中国现代连环画作品。

J0066972

矿山哨兵　吕肇基改编；王文芳等绘

北京　人民美术出版社　1974 年　13cm（60 开）

定价：CNY0.08

　　根据平文同名革命故事改编的中国现代连环画作品。作者王文芳（1938—　　），画家、一级美术师。山东招远人。历任北京画院专职画家、全国美协会员、北京美协理事、北京画院专业画家。代表作品《梦回版纳》《松鸣谷应》《王文芳山水画选》等。

J0066973

浪花渡　方楠原著；启东县业余木刻创作组集体创作

南京　江苏人民出版社　1974 年　有彩图

15cm（40 开）统一书号：8100.3.040

定价：CNY0.20

　　作者方楠（1942—　　），美术编辑。号普门舟人，浙江舟山普陀人。《北京文学》美编，北京作家协会会员。

J0066974

浪尖上的歌声　（广阔天地　在有作为）钱佩衡编文；上海市美术学校第四期工农兵美术学习班集体创作绘画

上海　上海人民出版社　1974 年　10cm（64 开）

定价：CNY0.07

　　中国现代连环画作品。

J0066975

老鼠过街　人人喊打　颂民编文；刘汉宗绘画

石家庄　河北人民出版社　1974 年　34 页

有图　10×13cm　统一书号：8086.428

定价：CNY0.05

　　中国现代连环画作品。

J0066976

雷锋的童年　东台县文化馆创作组改编；潘小庆画

南京　江苏人民出版社　1974 年　有彩图

15cm（40 开）定价：CNY0.20

　　作者潘小庆（1941—　　），图书封面设计家。江苏无锡人，就读于苏州艺专。先后任江苏人民出版社美编室主任、江苏少年儿童出版社副社长、江南诗画院常务理事。作品入选《中国出版年鉴》《中国现代美术全集》等。专集《潘小庆书装艺术》。

J0066977

连环画选页　（全国连环画、中国画展览）

北京　人民美术出版社　1974 年　12 张（套）

39cm（8 开）定价：CNY1.20

J0066978

连环画选页　（选自"全国连环画、中国画展览"连环画作品 5）人民美术出版社编辑

北京　人民美术出版社　1975 年　20 幅　26cm（16 开）

定价：CNY0.58

J0066979

连环画选页　（选自"全国连环画、中国画展览"连环画作品 6）人民美术出版社编辑

北京　人民美术出版社　1975 年　20 幅　26cm（16 开）

定价：CNY0.58

J0066980

连环画选页　（9）

北京　人民美术出版社　1976 年　40 幅　26cm（16 开）

定价：CNY0.48

J0066981

连环画选页　（选自"庆祝中国人民解放军建

军五十周年美术展览" 12）
北京 人民美术出版社 1978年 24幅 26cm（16开）
定价: CNY0.62
　　中国现代连环画作品。

J0066982
连环画选页 （15）
北京 人民美术出版社 1979年 32张 26cm（16开）
定价: CNY0.68
　　中国现代连环画作品。

J0066983
连环画选页 （16）
北京 人民美术出版社 1979年 20张 26cm（16开）
定价: CNY0.68
　　中国现代连环画作品。

J0066984
连环画选页 （16）
北京 人民美术出版社 1979年 20幅 26cm（16开）
定价: CNY0.60
　　中国现代连环画作品。

J0066985
连环画选页 （17）
北京 人民美术出版社 1979年 24幅 26cm（16开）
统一书号: 8027.7088 定价: CNY0.60
　　中国现代连环画作品。

J0066986
连环画作品选页 （1）
昆明 云南人民出版社 1974年 19×26cm
统一书号: 8116.638 定价: CNY0.30

J0066987
两个鸡蛋　杨畅编文；刘生展等绘画
石家庄 河北人民出版社 1974年 13cm（60开）
定价: CNY0.07
　　本连环画, 包括《两个鸡蛋》和《拣粮》两个
儿童故事。

J0066988
两亩岗地　陶然编文；李明堂, 阎振卿绘画
石家庄 河北人民出版社 1974年 13cm（60开）
定价: CNY0.08

中国现代连环画作品。

J0066989
两盏矿灯　王雨生文；王永惠等画
太原 山西人民出版社 1974年 有彩图
15cm（40开）统一书号: 8088.865
定价: CNY0.13
　　中国现代连环画作品。

J0066990
列车飞奔　上海铁路分局《列车飞奔》创作组
编绘
上海 上海人民出版社 1974年 10cm（64开）
定价: CNY0.12
　　中国现代连环画作品。

J0066991
龙生与虎生　井冈山地区群艺馆编绘；胡启
钺, 王修涛, 韩莎莎执笔
南昌 江西人民出版社 1974年 13cm（60开）
定价: CNY0.15
　　中国现代连环画作品。

J0066992
芦荡小英雄　陕西人民出版社改编；关庆留
绘画
西安 陕西人民出版社 1974年 13cm（64开）
定价: CNY0.07
　　根据肖旺同名革命故事改编的中国现代连
环画作品。

J0066993
芦荡小英雄　张德武原著；陈梅鼎编文；范生
福绘画
上海 上海人民出版社 1974年 10cm（64开）
定价: CNY0.07
　　中国现代连环画作品。

J0066994
芦荡小英雄　焦玉峰改编；洪生, 李木绘画
天津 天津人民美术出版社 1974年 13cm（64开）
定价: CNY0.09
　　中国现代连环画作品。

J0066995
鲁牛 张德武编；于善英绘
北京 人民美术出版社 1974年 13cm（60开）
定价：CNY0.09
　　中国现代连环画作品。

J0066996
马背小学 季国刚编文；李希玉，张振民绘画
兰州 甘肃人民出版社 1974年 13cm（60开）
定价：CNY0.12
　　中国现代连环画作品。

J0066997
麦场小哨兵 傅冰云，李广华改编；焦岩峰绘画
济南 山东人民出版社 1974年 13cm（60开）
定价：CNY0.09
　　中国现代连环画作品。

J0066998
麦收的战斗 赵国瑞编文；张冰洁等绘画
天津 天津人民美术出版社 1974年 13cm（60开）
定价：CNY0.09
　　中国现代连环画作品。

J0066999
密码的故事 徐达编绘
杭州 浙江人民出版社 1974年 10cm（64开）
定价：CNY0.08
　　根据丁子兵小说《红波曲》编绘的中国现代
连环画作品。

J0067000
南瓜生蛋的秘密 大光改编；王宇文绘
石家庄 河北人民出版社 1974年 52页
有图 10×13cm 统一书号：8086.388
定价：CNY0.08
　　根据同名广播故事改编的中国现代连环画
作品。

J0067001
南瓜生蛋的秘密 张登魁原著；邓会光改编；
刘生仁，葛荣环绘画
哈尔滨 黑龙江人民出版社 1974年
13cm（60开）定价：CNY0.08
　　中国现代连环画作品。

J0067002
南瓜生蛋的秘密 张登魁原著；南昌齿轮厂
工人美术组改编；黄明正绘画
南昌 江西人民出版社 1974年 13cm（60开）
定价：CNY0.10
　　中国现代连环画作品。

J0067003
南海歼匪 陈明心编；苏华画
广州 广东人民出版社 1974年 10cm（64开）
定价：CNY0.13
　　中国现代连环画作品。

J0067004
泥鳅看瓜 钟山绘画
天津 天津人民美术出版社 1974年 13cm（64开）
定价：CNY0.08
　　中国现代连环画作品。

J0067005
奴隶的仇恨 乌力吉图改编；雪冬，赵金亮绘画
呼和浩特 内蒙古人民出版社 1974年
10cm（64开）定价：CNY0.06
　　根据家史《陪嫁奴的后代》改编的中国现代
连环画作品。

J0067006
排弹英雄 李遵义改编；杨乐天绘画
长春 吉林人民出版社 1974年 13cm（64开）
定价：CNY0.14
　　中国现代连环画作品。

J0067007
劈浪擒敌 上海市海运局客运船队创作组编绘
上海 上海人民出版社 1974年 66页 有图
10×13cm 统一书号：8171.1012 定价：CNY0.07
　　中国现代连环画作品。

J0067008
扑不灭的烈火 卞福顺改编；冯远绘画
沈阳 辽宁人民出版社 1974年 13cm（60开）
定价：CNY0.08
　　中国现代连环画作品。作者卞福顺，曾任辽
宁民族出版社美术教育编辑室主任。作者冯远
（1952—　　），教授、画家。生于上海，祖籍江苏

无锡。作品有《望夫妹》《母子图》《新疆风情写生》《今生来世》。出版有《二十一世纪中国艺术家·冯远》《笔墨尘缘》。

J0067009
七叶一枝花　来层林改编；汪国新，王文华绘图
武汉　湖北人民出版社　1974 年　13cm（60 开）
定价：CNY0.10
　　根据长阳县文艺创作组同名小说改编的中国现代连环画作品。

J0067010
奇袭白虎团　（汉、蒙文对照）《奇袭白虎团》连环画创作组绘；好特拉译
呼和浩特　内蒙古人民出版社　1974 年
13cm（60 开）定价：CNY0.20
　　中国现代连环画作品。

J0067011
起根发苗　陕西省高陵县文化馆编；赵述友等绘
北京　人民美术出版社　1974 年　13cm（60 开）
定价：CNY0.10
　　中国现代连环画作品。

J0067012
前哨　曾万谦，刘传坤编文；郭文涛绘画
兰州　甘肃人民出版社　1974 年　13cm（60 开）
定价：CNY0.10
　　中国现代连环画作品。

J0067013
亲人　莫少之原著；广东人民出版社改编；陈居茂绘画
广州　广东人民出版社　1974 年　10cm（64 开）
定价：CNY0.08
　　中国现代连环画作品。

J0067014
秦始皇　江苏人民出版社编文；杨雨青等绘
南京　江苏人民出版社　1974 年　46 页　有图
13cm（60 开）统一书号：8100.3.047
定价：CNY0.09
　　作者杨雨青（1944—　），国家一级美术师。出生于江苏无锡，毕业于南京艺术学院附中。中

国美术家协会会员，无锡市书画院国家一级美术师，专业从艺 60 载。代表作品有《红肚兜儿》《水牛图》《卖驴》等。

J0067015
秦始皇　上海人民出版社编文；敦邦绘画
上海　上海人民出版社　1974 年　13cm（64 开）
定价：CNY0.12
　　中国现代连环画作品。

J0067016
青春火花　（农村版图片）上海市前进农场创作组编绘
北京　人民美术出版社　1974 年　13cm（60 开）
定价：CNY0.14
　　中国现代连环画作品。

J0067017
青松岭　长春电影制片厂供稿
沈阳　辽宁人民出版社　1974 年　13cm（60 开）
定价：CNY0.28
　　根据同名电影改编的中国现代连环画作品。

J0067018
青松岭　春堂，金灼改编
天津　天津人民美术出版社　1974 年　13cm（60 开）
定价：CNY0.23
　　根据同名电影改编的中国现代连环画作品。

J0067019
三棵枣树　仇学宝写诗；施大畏绘画
上海　上海人民出版社　1974 年　10cm（64 开）
定价：CNY0.07
　　中国现代连环画作品。

J0067020
三峡哨兵　奉节县《三峡哨兵》创作组编绘
成都　四川人民出版社　1974 年　100 页　有图
10×13cm　统一书号：8118.46　定价：CNY0.13
　　中国现代连环画作品。

J0067021
沙河破击战　阎涛编文；刘端，李玉文等绘图
石家庄　河北人民出版社　1974 年　13cm（60 开）
定价：CNY0.15

中国现代连环画作品。

J0067022

闪闪的红星 （上集 蒙汉文对照）李心田原
著；天津人民美术出版社改编；北郊区文化馆，
天津人民美术出版社绘画；好特拉译
呼和浩特 内蒙古人民出版社 1974年
13cm（60开）定价：CNY0.12
　　中国现代连环画作品。

J0067023

闪闪的红星 （下集 蒙汉文对照）李心田原
著；天津人民美术出版社改编；北郊区文化馆，
天津人民美术出版社绘画；好特拉译
呼和浩特 内蒙古人民出版社 1974年
13cm（60开）定价：CNY0.12
　　中国现代连环画作品。

J0067024

商鞅 许墨林编文；裘国骥绘画
南京 江苏人民出版社 1974年 46页 有图
13cm（60开）统一书号：8100.3.54
定价：CNY0.09
　　作者裘国骥（1946—2017），一级美术师。出
生于无锡，祖籍浙江省宁波市，南京艺术学院附
中美术科毕业。就职于无锡市文联美术创作室、
无锡市书画院，曾任无锡市美协副主席兼秘书
长。作品有《补天》《包孕吴越》《春夜》等。

J0067025

上大学 郭凯原著；梁根祥改编；梁祥等绘画
广州 广东人民出版社 1974年 13cm（60开）
定价：CNY0.07
　　中国现代连环画作品。

J0067026

神炮手 张志彤编；郭艾画
呼和浩特 内蒙古人民出版社 1974年 64页
有图 10×13cm 统一书号：7089.10
定价：CNY0.11
　　中国现代连环画作品。

J0067027

师傅 潘深泉，区锦生绘
北京 人民美术出版社 1974年 13cm（60开）

定价：CNY0.14
　　根据任流同名小说改编的中国现代连环画
作品。

J0067028

石头娃子 廖振原著；迟轲等改编，杨尧等绘画
广州 岭南美术出版社 1974年 126页 有图
10×13cm 统一书号：8111.1225 定价：CNY0.21
　　作者迟轲（1925—2012），著名美学家、美术
批评家。原名迟雁鸣，出生于天津，祖籍山东宁
津。曾任广州美术学院教授、广东美学学会会长。
代表作品《西方美术史话》。

J0067029

实习报告 万载县文工团原著；宜春县文化站
群艺组改编；江西钢铁厂宣传科绘画；陈玉琪
执笔
南昌 江西人民出版社 1974年 13cm（60开）
定价：CNY0.12
　　中国现代连环画作品。

J0067030

柿子红了 恪牛原著；江苏人民出版社改编；
章毓霖，陈克忠绘
南京 江苏人民出版社 1974年 28页 10×13cm
统一书号：8100.3.048 定价：CNY0.10
　　作者章毓霖（1947—2006），生于南通市，历
任江苏省美术家协会会员、南通市美术家协会理
事、海安县美术家协会主席、海安书画院兼职画
师。作品有《"北京人"下落不明》等。

J0067031

柿子红了 恪牛原著；白克强改编；周光中绘画
上海 上海人民出版社 1974年 10cm（64开）
定价：CNY0.07
　　中国现代连环画作品。

J0067032

书记的铺盖卷 李冠国编绘
南宁 广西人民出版社 1974年 13cm（60开）
定价：CNY0.06
　　根据刘洁同名小说改编的中国现代连环画
作品。

J0067033

水　励国仪编绘

杭州　浙江人民出版社　1974 年　13cm（60 开）

定价：CNY0.08

根据王岚同名故事改编的中国现代连环画作品。

J0067034

水流清清　中华化工厂工会编文；许根荣，邓泰和绘画

上海　上海人民出版社　1974 年　78 页　有图

10×13cm　统一书号：8171.1014　定价：CNY0.09

中国现代连环画作品。

J0067035

水上交通站　（江苏民兵斗争故事）南通市创作办公室改编；沈行工等绘

南京　江苏人民出版社　1974 年　13cm（64 开）

定价：CNY0.13

根据杨钟的同名故事改编的中国现代连环画作品。作者沈行工（1943—　），画家，艺术家。浙江宁波人，毕业于南京艺术学院。南京艺术学院教授、硕士生导师、中国美术家协会会员，中国油画学会理事、江苏省油画学会名誉主席、艺术委员会主席。代表作品《小镇春深》《秋晴》《读书人生》《蓝色的江南风景》《雪后的江南风景》等。

J0067036

水上交通站　南通市创作办公室改编；沈行工等绘

北京　人民美术出版社　1974 年　13cm（64 开）

定价：CNY0.14

根据同名故事改编的中国现代连环画作品。

J0067037

水乡儿童团　许凤仪改编；郭荣绘画

南京　江苏人民出版社　1974 年　70 页　有图

10×13cm　统一书号：8100.3.050　定价：CNY0.14

中国现代连环画作品。

J0067038

司务长的故事　诸镇南改编；徐延博绘

北京　人民美术出版社　1974 年　13cm（60 开）

定价：CNY0.05

中国现代连环画作品。

J0067039

四川连环画选页　（1）

成都　四川人民出版社　1974 年　19×26cm

统一书号：8118.82　定价：CNY0.24

中国现代连环画作品。

J0067040

送大竹　谈庆麟编；张国权画

南宁　广西人民出版社　1974 年　13cm（60 开）

定价：CNY0.04

中国现代连环画作品。

J0067041

送货路上　涂家宽改编；左辛会等摄影

北京　人民出版社　1974 年　13cm（60 开）

定价：CNY0.13

根据同名电影改编的中国现代连环画作品。作者涂家宽（1940—　），摄影师、导演。湖北武汉人。毕业于北京电影学院摄影系。北京电影制片厂高级摄影师，中国电影家协会会员，电影摄影师学会理事。拍摄影片有《女飞行员》《三朵小红花》《水兵之歌》《南征北战》《侦察兵》等。

J0067042

送鱼　陈向阳原著；王良莹改编；徐有武绘画

天津　天津人民美术出版社　1974 年　13cm（60 开）

定价：CNY0.10

中国现代连环画作品。作者徐有武（1942—　），画家。浙江永康人。中国美术家协会会员。代表作品有《送鱼》《徐有武画集》《中国佛教图像解说》《古代仕女画法》等。

J0067043

送猪　邓志球编；陆明等绘

广州　广东人民出版社　1974 年　10cm（64 开）

定价：CNY0.08

中国现代连环画作品。

J0067044

孙悟空三打白骨精　（汉、蒙文对照）上海市新闻出版系统"五·七"干校《孙悟空三打白骨精》创作组编绘；敖劳译

呼和浩特 内蒙古人民出版社 1974 年
13cm（64 开）定价：CNY0.11
　　中国现代连环画作品。

J0067045

踏着晨光　姚克明原著；虞伟民改编；戴敦邦
等绘
上海 上海人民出版社 1974 年 78 页 有图
10×13cm 统一书号：8171.957 定价：CNY0.09
　　中国现代连环画作品。

J0067046

踏着晨光　浙江人民出版社改编；金华地区，
杭州市环卫处《踏着晨光》创作组绘
杭州 浙江人民出版社 1974 年 13cm（60 开）
定价：CNY0.11
　　中国现代连环画作品。

J0067047

特别观众　上海市仪表电讯工业局《特别观
众》连环画创作组编绘
上海 上海人民出版社 1974 年 10cm（64 开）
定价：CNY0.10
　　中国现代连环画作品。

J0067048

铁虎　武汉《"红小兵"》编辑部供稿；单恂画
武汉 湖北人民出版社 1974 年 15 页 有图
10×11cm（80 开）统一书号：8106.1514
定价：CNY0.06
　　根据矫健著同名小说改编的中国现代连环
画作品。

J0067049

桐柏英雄　（上）石上流改编；陈水远绘画
南昌 江苏人民出版社 1974 年 13cm（64 开）
定价：CNY0.20
　　根据前涉原著同名长篇小说改编的中国现
代连环画作品。

J0067050

桐柏英雄　（中）石上流改编；陈水远绘画
南昌 江苏人民出版社 1975 年 13cm（64 开）
定价：CNY0.21
　　根据同名小说改编的中国现代连环画作品。

J0067051

桐柏英雄　（下）石上流改编；陈水远绘画
南昌 江西人民出版社 1975 年 13cm（60 开）
定价：CNY0.21
　　根据同名小说改编的中国现代连环画作品。

J0067052

王克勤带兵　袁继仁编绘
南京 江苏人民出版社 1974 年 13cm（60 开）
定价：CNY0.14
　　中国现代连环画作品。

J0067053

威震爷台山　陆岩石编；西民绘
北京 人民美术出版社 1974 年 13cm（60 开）
定价：CNY0.10
　　中国现代连环画作品。

J0067054

为民除害　朱岭改编；吴国亭绘画
杭州 浙江人民出版社 1974 年 ［14cm］（80 开）
定价：CNY0.03
　　中国现代连环画作品。作者吴国亭
（1935—　），国画家、美术教育家、美学评论家、
理论家。生于江苏南京浦口镇，祖籍天津。历任
中国书画研究会名誉副主席、江苏省对外文化交
流中心理事、苏浙皖国画家联谊会主席、美国波
士顿中华文化中心艺术顾问。

J0067055

无产阶级的歌　吴兆修编；陈衍宁，汤小铭绘
北京 人民美术出版社 1974 年 13cm（60 开）
定价：CNY0.12
　　本书是描写《国际歌》的词曲作者鲍狄埃和
狄盖特的成长与创作过程的中国现代连环画作
品。收入 67 幅图。画家用素描手法，生动地描
绘了主人翁的形象。作者陈衍宁（1945—　），广
东博罗县人。毕业于广州美术学院舞台美术大
专班。中国美术家协会会员，广东画院专业画家。
擅中国人物画。代表作有《母与子》《山风》《晨
光》等。

J0067056

无产阶级的歌　吴兆修编；陈衍宁，汤小铭绘
北京 人民美术出版社 1974 年 15cm（40 开）

定价: CNY0.20

中国现代连环画作品。收入67幅图。描写《国际歌》的词曲作者鲍狄埃和狄盖特的成长与创作过程。画家用素描手法,生动地描绘了主人翁的形象。

J0067057

无敌 陈淀国原著;东台县文化馆改编;徐修余绘

南京 江苏人民出版社 1974年 13cm(60开)

定价: CNY0.10

中国现代连环画作品。

J0067058

无畏的战士 张自启等绘

成都 四川人民出版社 1974年 1册 有彩图 15cm(40开) 统一书号: R8118.96 定价: CNY0.18

中国现代连环画作品。

J0067059

无影灯下颂银针 上海市胸科医院业余文艺创作组连环画改编

上海 上海人民出版社 1974年 10cm(64开)

定价: CNY0.14

中国现代连环画作品。

J0067060

西瓜计 田耳改编;陈增哲绘画

石家庄 河北人民出版社 1974年 13cm(60开)

定价: CNY0.06

根据《河北民兵革命斗争故事》改编的中国现代连环画作品。

J0067061

西门豹 江苏人民出版社编文;杨雨青等绘

南京 江苏人民出版社 1974年 13cm(64开)

定价: CNY0.06

中国现代连环画作品。

J0067062

西沙之战 (诗报告)张永枚作;海军南海舰队政治部,人民美术出版社《西沙之战》美术创作组绘;李宝林,林锴等执笔

北京 人民美术出版社 1974年 13cm(60开)

定价: CNY0.17

中国现代连环画作品。

J0067063

西沙之战 张永枚作;驻沪海军某部《西沙之战》创作组绘画

上海 上海人民出版社 1974年 10cm(64开)

定价: CNY0.15

中国现代连环画作品。

J0067064

西双版纳的故事 (连环画选页 1975年年历)

成都 四川人民出版社 1974年 53cm(4开)

定价: CNY0.07

中国现代连环画作品选页。

J0067065

先秦法家人物故事选 上海人民出版社编;丁斌曾等绘画

上海 上海人民出版社 1974年 10cm(64开)

定价: CNY0.10

中国现代连环画作品。

J0067066

小兵东东 五七五九部队业余美术创作组改编;李德波等绘画

天津 天津人民美术出版社 1974年 13cm(60开)

定价: CNY0.09

根据同名小说改编的中国现代连环画作品。

J0067067

小刀会 上海师范大学中文系第一届培训班工农兵学员《小刀会》编写组编文;赵宏本,王亦秋绘画

上海 上海人民出版社 1974年 10cm(64开)

定价: CNY0.17

中国现代连环画作品。绘画王亦秋(1925—),连环画家。又名王野秋,浙江镇海人。历任前锋出版社美术编辑,上海人民美术出版社连环画创作室创作员、副审编。主要作品有《杨门女将》《小刀会》《马跃檀溪》《李逵闹东京》《清兵入塞》等。绘画赵宏本(1915—2000),连环画家。号赵卿,又名张弓,生于上海,原籍江苏阜宁。历任中国美术家协会会员、中国美协上海分会常务理事、中国连环画研究会副会长。主要作品有《孙悟空三打白骨精》

《水浒一百零八将》《小五义》《七侠五义》等。

J0067068
小海生　蔡德崇，沈颂伯编文；吕连生绘图
福州　福建人民出版社　1974 年　13cm（60 开）
定价：CNY0.10
　　中国现代连环画作品。

J0067069
小号兵　张祚羌改编；韦自强绘画
兰州　甘肃人民出版社　1974 年　13cm（60 开）
定价：CNY0.10
　　根据李应魁《小号兵》改编的中国现代连环
画作品。

J0067070
小号手　黎汝源原著；林萱编文
上海　上海人民出版社　1974 年　13cm（60 开）
　　中国现代连环画作品。

J0067071
小雷子　吴时学改编；张志能绘画
成都　四川人民出版社　1974 年　13cm（60 开）
定价：CNY0.11
　　根据故事《看青记》改编的中国现代连环画
作品。作者吴时学（1939— ），书画家。四川
乐至县人。大学文化。曾任遂宁市艺术馆副馆
长。四川省美术家协会会员、四川省民间文艺
家协会会员、四川省群众文化学会会员，遂宁
市文化艺术志办公室副主编、《遂宁文化报》副
主编。为四川省美术家协会漫画艺术研究会副
会长、省美协漫画艺委会委员、遂宁市美术家
协会副主席。有漫画作品《比》《旅游写生》《揭
穿骗局》，连环画《春风暖尤坪》《火生和爷爷》
《独生娃》。

J0067072
小猎手　倪树根原著；上海人民出版社编文；
苏柯绘画
上海　上海人民出版社　1974 年　10cm（64 开）
定价：CNY0.07
　　本连环画，包括《小猎手》《新邻居》两个
故事。

J0067073
小旅客　汪涛改编；徐屏，林亦香绘画
杭州　浙江人民出版社　1974 年　13cm（60 开）
定价：CNY0.08
　　根据姚克明同名故事改编的中国现代连环
画作品。作者徐屏（1944— ），教师。江苏灌云
人，浙江美术学院附中讲师、中国美术家协会会
员。作品有《小旅馆》《春催幼芽》《茶与健康》
《骄阳下的火花》等。

J0067074
小鳗　马立改编；马开达，王泽焕绘画
杭州　浙江人民出版社　1974 年　10cm（64 开）
定价：CNY0.08
　　根据崔前光小说《浙东的孩子》改编的中国
现代连环画作品。

J0067075
小茂青擒敌　北大中文系"革命春秋"创作组
原著；北京市东城区业余美术创作组编绘
北京　人民出版社　1974 年　13cm（64 开）
定价：CNY0.13
　　中国现代连环画作品。

J0067076
小泥鳅　刘金茂，魏魁仲编文；魏魁仲绘画
石家庄　河北人民出版社　1974 年　26 页
有图　13cm（60 开）统一书号：8086.354
定价：CNY0.12
　　中国现代连环画作品。

J0067077
小山雀送信　阳苗原著；吉林人民出版社改
编；陈曦光绘画
长春　吉林人民出版社　1974 年　13cm（60 开）
定价：CNY0.06
　　中国现代连环画作品。

J0067078
小兽医　吴艳坤编；张登山，杨起文剪纸
北京　人民美术出版社　1974 年　13cm（60 开）
定价：CNY0.09
　　中国现代连环画作品。

J0067079

小铜锣 张荣春编文；河北省束鹿县业余美术创作组绘

天津 天津人民美术出版社 1974年 13cm（64开）

定价：CNY0.10

中国现代连环画作品。

J0067080

小鹰叶尔罕 赵燕翼编文；罗承力绘画

兰州 甘肃人民出版社 1974年 13cm（60开）

定价：CNY0.11

中国现代连环画作品。

J0067081

新花 （彩塑）柯明作

南京 江苏人民出版社 1974年 10页 有彩图

7×10cm（128开） 定价：CNY0.22

作者柯明（1922—2014），画家。就读于国立杭州艺术专科学校西画科。历任《新华日报》美术编辑、江苏人民出版社高级美术编审、中国美术家协会理事、少儿美术艺委会委员、中国出版工作者协会装帧艺术研究会常务理事。水墨画作品《阿福》《荷花灯》等。

J0067082

新来的船老大 梅安才，周曾浩改编；赵文玉绘画

杭州 浙江人民出版社 1974年 13cm（60开）

定价：CNY0.09

根据张道余、张正余同名小说改编的中国现代连环画作品。

J0067083

新上任的治保主任 陈灿波编；黄中羊等画

广州 广东人民出版社 1974年 10cm（64开）

定价：CNY0.18

中国现代连环画作品。

J0067084

新松屯的后代 （广阔天地 大有作为）戴慕仁原著；陈可雄改编；谷长绘画

上海 上海人民出版社 1974年 10cm（64开）

定价：CNY0.08

中国现代连环画作品。

J0067085

新站长 崔亚斌编；赵宝林绘

北京 人民美术出版社 1974年 13cm（60开）

定价：CNY0.09

中国现代连环画作品。

J0067086

学军和他的小伙伴 魏树海文；王世芳画

济南 山东人民出版社 1974年 13cm（60开）

定价：CNY0.13

中国现代连环画作品。

J0067087

雪山冰峰四昼夜 阿合奇县"革命委员会"《克孜勒苏报》记者编；阿尤夫，丹净绘

乌鲁木齐 新疆人民出版社 1974年

13cm（60开） 定价：CNY0.06

中国现代连环画作品。

J0067088

血染战旗红 文玉柱等编文；郭长林等绘画

成都 四川人民出版社 1974年 13cm（60开）

定价：CNY0.10

中国现代连环画作品。

J0067089

驯鹿记 （广阔天地 大有作为）薛荣明编文；罗盘绘画

上海 上海人民出版社 1974年 13cm（60开）

定价：CNY0.08

中国现代连环画作品。

J0067090

延安的种子 （广阔天地 大有作为）华彤编文；徐纯中绘画

上海 上海人民出版社 1974年 13cm（60开）

定价：CNY0.12

中国现代连环画作品。作者徐纯中（1947— ），教授。生于上海，祖籍浙江镇海。历任复旦大学和上海大学教授、上海炎黄画院院长、中央美术学院硕士、日本东京艺术大学博士、美国注册建筑师。代表作品《金训华》《辫子刘》《爱之海》等。

J0067091

盐场烈焰 周原，邓遂夫改编；石美鼎，李奔绘画

成都 四川人民出版社 1974年 106页 有图

10×13cm 统一书号：8118.48 定价：CNY0.15

　　中国现代连环画作品。

J0067092

雁翎队 （革命战争连环画）保定地区新安县《雁翎队》创作组编

北京 人民美术出版社 1974年 13cm（60开）

定价：CNY0.16

　　中国现代连环画作品。

J0067093

夜袭海口镇 戴恩嵩编文；张玉敏，高维新绘画

济南 山东人民出版社 1974年 82页 有图

10×13cm 统一书号：8099.232 定价：CNY0.14

　　中国现代连环画作品。

J0067094

夜砸"报国寮" 王乃凡，郑希哲编文；王春田绘画

沈阳 辽宁人民出版社 1974年 13cm（60开）

统一书号：8090.424 定价：CNY0.16

　　中国现代连环画作品。

J0067095

一把军号 （江苏民兵斗争故事）洪泽县"革命委员会"政工组编绘

南京 江苏人民出版社 1974年 60页 有图

10×13cm 统一书号：8100.3.055 定价：CNY0.09

　　根据《游击健儿》革命故事改编的中国现代连环画作品。

J0067096

一担水 浩然原著；贾明改编；振宇，徐希绘

北京 人民美术出版社 1974年 13cm（60开）

定价：CNY0.09

　　中国现代连环画作品。作者徐希（1940—2015），画家。曾用名徐振武，浙江绍兴人。毕业于浙江美术学院。曾任人民美术出版社编辑、一级美术师、中国美术家协会会员。代表作品《长城》《布达拉宫》《湖上晨曲》《江南喜雨》等。

J0067097

一担水 浩然原著；谢月琴改编；陆汝浩绘画

上海 上海人民出版社 1974年 10cm（64开）

定价：CNY0.06

　　中国现代连环画作品。作者陆汝浩（1943— ），画家。别名双水，浙江宁波人。曾在师范专修美术。历任《上海少年报》社童话报美术编辑。连环画作品有《滨海谍案》。

J0067098

一对宝瓶 杨滋植编文；于天绘画

兰州 甘肃人民出版社 1974年 13cm（60开）

定价：CNY0.11

　　中国现代连环画作品。

J0067099

一个心眼 温江地区文教局文化科编；徐恒瑜画

成都 四川人民出版社 1974年 20cm（24开）

统一书号：R8118.77 定价：CNY0.27

　　中国现代连环画作品。作者徐恒瑜（1944— ）， 国画家、连环画家、一级美术师。四川邛崃人。中国美术家协会会员、四川省美术家协会副主席、中国美协连环画艺委会委员。连环画代表作有《李慧娘》《水牢仇》等。

J0067100

一斤二两半 田禾画

武汉 湖北人民出版社 1974年 36页 有图

10×13cm 统一书号：8106.1479 定价：CNY0.07

　　根据同名楚剧改编的中国现代连环画作品。

J0067101

一块石板 蒋显六等编绘

成都 四川人民出版社 1974年 18cm（30开）

统一书号：8118.73 定价：CNY0.22

　　中国现代连环画作品。

J0067102

一块银元 中国人民解放军1505部队政治部供稿

北京 人民美术出版社 1974年 15cm（40开）

定价：CNY0.29

　　中国现代连环画作品。

J0067103

一篓子弹　覃绍宽编；陈有天绘
南宁　广西人民出版社 1974年 13cm（60开）
定价：CNY0.09
　　中国现代连环画作品。

J0067104

一匹枣骝马　柳家新编文；关庆留，张树文绘画
西安　陕西人民出版社 1974年 13cm（60开）
定价：CNY0.08
　　中国现代连环画作品。

J0067105

一条红鲤鱼　盐城尚庄"公社"业余文艺创作
组原著；陈关龙改编；严启生，翁承伟绘画
上海　上海人民出版社 1974年 10cm（64开）
定价：CNY0.06
　　中国现代连环画作品。

J0067106

银球传友谊　潘国祥编文；孙愚绘画
上海　上海人民出版社 1974年 10cm（64开）
定价：CNY0.06
　　中国现代连环画作品。

J0067107

英雄坦克手　从众编；周豹健，姜文浩绘
北京　人民美术出版社 1974年 13cm（64开）
定价：CNY0.11
　　中国现代连环画作品。

J0067108

英勇杀敌一少年　黄彦编；马长江等画
呼和浩特　内蒙古人民出版社 1974年
10cm（64开）定价：CNY0.08
　　中国现代连环画作品。

J0067109

友谊茶　郑子铭编文；福州市会场组集体创
作；洪渭中，潘秉超执笔绘画
福州　福建人民出版社 1974年 64页 有图
11×13cm 统一书号：8173.88 定价：CNY0.09
　　中国现代连环画作品。

J0067110

友谊的长城　叶家斌，罗远潜绘画
广州　广东人民出版社 1974年 13cm（60开）
定价：CNY0.08
　　根据鲁光、王鼎同名小说改编的中国现代
连环画作品。作者叶家斌（1949—　），画家。广
东中山人。毕业于广州美院研究生班。任广东
美术家协会理事、广东连环画艺术委员会主任。
主要作品有《斯库台三英雄》《绿林神箭手》《中
途岛之战》《变成石头的人》等。作者罗远潜
（1943—　），画家、一级美术师。广西合浦人，
毕业于华南师范大学历史系和广州美术学院版
画系研究生班，留校任教。历任《广州美术研究》
主编，中国美术家协会会员，广东美协常务理
事，广州市美协副主席，广州画院画家，中国美
术家协会、中国版画家协会会员。代表作品有《观
沧海》《天马歌》《鸿门宴》等。

J0067111

友谊的长城　鲁光，王鼎原著；阎志强，武建
华编绘
南京　江苏人民出版社 1974年 13cm（60开）
定价：CNY0.08
　　中国现代连环画作品。

J0067112

友谊之花　陆汉生，陶建华编绘
广州　广东人民出版社 1974年 13cm（64开）
定价：CNY0.07
　　中国现代连环画作品。

J0067113

于家沟的怒火　梨树县文化馆编绘
长春　吉林人民出版社 1974年 13cm（64开）
定价：CNY0.09
　　中国现代连环画作品。

J0067114

鱼水亭　邱恒聪编文；黄席珍，汤云鹤绘图
南昌　江西人民出版社 1974年 13cm（60开）
定价：CNY0.13
　　中国现代连环画作品。

J0067115

渔火　程锦川编文；罗希贤绘画

上海　上海人民出版社　1974年　10cm（64开）
定价：CNY0.07
　　中国现代连环画作品。

J0067116
云中山下小英雄　王新民，杨茂林文；卢万元，薛永德画
太原　山西人民出版社　1974年　13cm（64开）
定价：CNY0.13
　　中国现代连环画作品。

J0067117
运动场上　聂凤鸣原著；少童改编；内蒙古师范学院艺术系美术专业学员集体绘画
呼和浩特　内蒙古人民出版社　1974年
10cm（64开）定价：CNY0.11
　　中国现代连环画作品。

J0067118
在跑道上　李玉福改编；邓三智绘画
兰州　甘肃人民出版社　1974年　13cm（60开）
定价：CNY0.11
　　根据张明廉同名小说改编的中国现代连环画作品。

J0067119
扎朵　扬力编文；黄蕴愉等绘画
昆明　云南人民出版社　1974年　10cm（64开）
定价：CNY0.15
　　中国现代连环画作品。

J0067120
炸虎穴　钟戎改编；新兵绘画
杭州　浙江人民出版社　1974年　14cm（80开）
定价：CNY0.04
　　中国现代连环画作品。

J0067121
战斗英雄王庆容　绵阳"地革委"连环画创作组，三台县"革委"连环画创作组编绘
成都　四川人民出版社　1974年　13cm（60开）
定价：CNY0.11
　　中国现代连环画作品。

J0067122
战斗在岗河边　许嘉利改编；王建权绘
北京　人民美术出版社　1974年　13cm（64开）
定价：CNY0.07
　　根据严峻《李大胆》故事改编的中国现代连环画作品。

J0067123
战凌洪　中国人民解放军8181部队政治部编绘
郑州　河南人民出版社　1974年　62页　有图
10×13cm　定价：CNY0.09
　　中国现代连环画作品。

J0067124
战龙亭　许天柏编文；秦云海等画
郑州　河南人民出版社　1974年　13cm（64开）
定价：CNY0.08
　　中国现代连环画作品。

J0067125
张思德的故事　赵淑明改编；陈忠舜绘画
沈阳　辽宁人民出版社　1974年　13cm（60开）
定价：CNY0.11
　　中国现代连环画作品。

J0067126
争夺　静安区"革命委员会"地区组创作组编文；赵仁年等绘画
上海　上海人民出版社　1974年　10cm（64开）
定价：CNY0.10
　　中国现代连环画作品。

J0067127
志刚与小胖　刘书楷，齐天剑编文；李树文绘画
石家庄　河北人民出版社　1974年　13cm（60开）
定价：CNY0.08
　　中国现代连环画作品。

J0067128
智捕"地老虎"　徐春耘原著；高梅仪改编；何保全等绘
合肥　安徽人民出版社　1974年　38页　有图
10×13cm　统一书号：8102.686　定价：CNY0.06
　　中国现代连环画作品。

J0067129

智闯长江　何宝民改编；刘富亭等绘图

郑州　河南人民出版社　1974 年　13cm（64 开）

定价：CNY0.13

　　根据杨钟《水上交通站》改编的中国现代连环画作品。

J0067130

智歼顽匪　胡乃江改编；林百石绘画

哈尔滨　黑龙江人民出版社　1974 年

13cm（64 开）定价：CNY0.07

　　中国现代连环画作品。

J0067131

智擒"三邪子"　阿元改编；徐小昆绘画

西安　陕西人民出版社　1974 年　13cm（60 开）

定价：CNY0.08

　　根据短篇小说改编的中国现代连环画作品。

J0067132

智擒"双头虎"　南昌市电影公司编绘；舒占元执笔

南昌　江西人民出版社　1974 年　13cm（60 开）

定价：CNY0.12

　　根据周宗奇《智歼"瓢帽队"生擒"双头虎"》的革命故事改编的中国现代连环画作品。

J0067133

种子金灿灿　明扬改编；沈尧定绘

北京　人民美术出版社　1974 年　13cm（60 开）

定价：CNY0.14

　　根据潘昌仁同名故事改编的中国现代连环画作品。

J0067134

珠山歼匪　赵光亮文；王德、陈明画

济南　山东人民出版社　1974 年　13cm（60 开）

定价：CNY0.13

　　中国现代连环画作品。

J0067135

猪场风云　李光伟编；杨兴林等绘

北京　人民美术出版社　1974 年　13cm（60 开）

定价：CNY0.10

　　中国现代连环画作品。

J0067136

柱子和小拴　刘业通编绘

石家庄　河北人民出版社　1974 年　13cm（64 开）

定价：CNY0.07

　　中国现代连环画作品。作者刘业通（1968—　），河北清苑人，毕业于天津美院，河北师范大学美术系副主任。

J0067137

祝福　鲁迅原著；永祥等绘

北京　人民美术出版社　1974 年　13cm（60 开）

定价：CNY0.10

　　中国现代连环画作品。作者鲁迅（1881—1936），中国现代文学家、思想家。生于浙江绍兴，祖籍河南汝南县。原姓周，幼名樟寿，字豫山，后改为豫才，青年以后改名树人。公费留学日本，五四新文化运动的重要参与者。发表中国史上第一篇白话小说《狂人日记》，代表作还有小说集《呐喊》《彷徨》，杂文集《华盖集》《三闲集》等。著作收入《鲁迅全集》。

J0067138

追报表　李继尧改编；方隆昌绘画

武汉　湖北人民出版社　1974 年　13cm（60 开）

定价：CNY0.07

　　根据同名剧本改编的中国现代连环画作品。作者方隆昌（1944—　），湖北武汉人。毕业于湖北艺术学院。中国美术家协会、中国装帧艺术研究会、中国连环画研究会会员，湖北美术编辑研究会会长。主要作品有中国画《喂猪》、连环画《向警予》《宋史故事》等。

J0067139

走向生活　谭伯礼等编文；卢汝能等绘画；云南冶金第二矿政治部宣传处供稿

昆明　云南人民出版社　1974 年　100 页　有图

10×13cm 统一书号：8116.648 定价：CNY0.16

　　中国现代连环画作品。

J0067140

祖国的蓝天　陆扬烈写；周小筠画

上海　上海人民出版社　1974 年　有彩图

15cm（40 开）统一书号：R10171.300

定价：CNY0.14

　　中国现代连环画作品。

J0067141

"护身符"的秘密　李自由编文；殷本崇，欧阳智绘画

长沙　湖南人民出版社　1975 年　13cm（60 开）

定价：CNY0.12

　　中国现代连环画作品。

J0067142

"绿旋风"新传　古华原著；杜银林改编；邓泰和等绘

上海　上海人民出版社　1975 年　86 页　有图 10×13cm　统一书号：8171.1220　定价：CNY0.09

　　中国现代连环画，描绘公社农民用机械化改变新农村的故事。

J0067143

"农垦 68"（广阔天地　大有作为）林静墨编文；新海农场《"农垦 68"》创作组绘画

上海　上海人民出版社　1975 年　13cm（60 开）

定价：CNY0.07

　　中国现代连环画作品。

J0067144

阿勇　（我们是毛主席的"红小兵"）胡惠英原著；张欣之，金坚改编；徐志文绘画

上海　上海人民出版社　1975 年　13cm（60 开）

定价：CNY0.06

　　中国现代连环画作品。

J0067145

爱民模范　解放军 2051 政治部供稿

合肥　安徽人民出版社　1975 年　13cm（60 开）

定价：CNY0.09

　　中国现代连环画作品。

J0067146

爱清洁讲卫生　张秋生写；杨文义画

上海　上海人民出版社　1975 年　有彩图 15cm（40 开）统一书号：R10171.231

定价：CNY0.10

　　中国现代连环画。作者杨文义（1953—　），画家。内蒙古临河人。毕业于北京书画函授大学。曾任古雕艺术学校校长、中国教育学会书法教育专业委员会会员等职。作品有《暗香浮动》《春华秋实》等。

J0067147

白布的秘密　田玉明文；丹青，刘成湘画

济南　山东人民出版社　1975 年　13cm（60 开）

定价：CNY0.08

　　本连环画包括《白布的秘密》《计炸鬼子兵》两个故事。

J0067148

班卡伏击战　《班卡伏击战》创作组编绘

昆明　云南人民出版社　1975 年　10cm（64 开）

定价：CNY0.14

　　中国现代连环画作品。

J0067149

半篮花生　浙江省《半篮花生》创作组原著；史中培改编；贺友直绘

上海　上海人民出版社　1975 年　58 页　有图 10×13cm　统一书号：8171.1218　定价：CNY0.06

　　中国现代连环画作品。

J0067150

半篮花生　东方涛等改编；钱贵荪绘画

杭州　浙江人民出版社　1975 年　13cm（60 开）

定价：CNY0.09

　　中国现代连环画作品。

J0067151

堡垒户　龙奇编；苏家杰等绘

广州　广东人民出版社　1975 年　10cm（64 开）

定价：CNY0.15

（广东民兵革命斗争故事连环画）

　　中国现代连环画作品。

J0067152

边防守猎　戴启棠改编；张榕山绘图

南昌　江西人民出版社　1975 年　13cm（60 开）

统一书号：8110.175　定价：CNY0.10

　　根据张发良同名小说改编的中国现代连环画作品。

J0067153

边防狩猎　江苏人民出版社改编；刘禾生绘

南京　江苏人民出版社　1975 年　13cm（60 开）

统一书号：8100.3.076　定价：CNY0.10

　　根据张发良同名小说改编的中国现代连环

画作品。

J0067154

边防狩猎　段忠谦等编绘
太原　山西人民出版社　1975 年　13cm（60 开）
统一书号：8088.975　定价：CNY0.10
　　根据张发良同名小说改编的中国现代连环
画作品。

J0067155

搏斗　郁俊英，沈金祥编文；华东电业管理局
《搏斗》创作组绘画
上海　上海人民出版社　1975 年　82 页　有图
10×13cm　统一书号：8171.1123　定价：CNY0.09
　　中国现代连环画作品。

J0067156

捕"蛇"记　胡霜改编；长缨绘画
杭州　浙江人民出版社　1975 年　13cm（60 开）
定价：CNY0.08
　　根据郑浩豪小说《联防新篇》改编的中国现
代连环画作品。

J0067157

捕蛇记　陈京灿原著；张欣之改编；交通部第
三铁路设计院业余美术创作小组绘图
天津　天津人民美术出版社　1975 年　13cm（60 开）
定价：CNY0.11
　　中国现代连环画作品。

J0067158

不朽的战士　《柬埔寨通讯》改编；洪白云绘画
南宁　广西人民出版社　1975 年　10cm（64 开）
定价：CNY0.09
　　本连环画包括《不朽的战士》《无畏的战士》
两个小故事。

J0067159

彩色的田野　陈曦改编；沈加蔚等绘画
杭州　浙江人民出版社　1975 年　13cm（60 开）
定价：CNY0.08
　　根据沙丙德同名小说改编的中国现代连环
画作品。

J0067160

槽头新兵　任书香编文；王同辰，杜玉舟绘画
石家庄　河北人民出版社　1975 年　13cm（60 开）
定价：CNY0.09
　　中国现代连环画作品。

J0067161

槽头战斗　刘庆昌编；天津艺术学院绘画系版
画班二年级工农兵学员、教师绘
北京　人民美术出版社　1975 年　13cm（60 开）
统一书号：8027.6151　定价：CNY0.12
　　中国现代连环画作品。

J0067162

草原红花　周荻，葛翠琳执笔；明扬改编；关
景宇，徐震时摄影
北京　人民美术出版社　1975 年　13cm（60 开）
定价：CNY0.33
　　中国现代连环画作品。

J0067163

草原上的鹰　杨啸诗；官其格，金高绘
北京　人民美术出版社　1975 年　13cm（60 开）
定价：CNY0.28
　　中国现代连环画作品。

J0067164

车轮飞转　孙景文改编；周世范绘画
沈阳　辽宁人民出版社　1975 年　13cm（60 开）
定价：CNY0.07
　　中国现代连环画作品。

J0067165

车厢春风　黄永生，潘阿虎编文；俞晓夫，管
齐骏绘画
上海　上海人民出版社　1975 年　13cm（60 开）
定价：CNY0.09
　　中国现代连环画作品。作者俞晓夫
（1950—　　），画家。江苏常州人，毕业于上海戏
剧学院美术系。历任上海油画雕塑院教授、副院
长，中国美术协会会员等。代表作品有《一次义
演》《拍卖古钢琴》《我轻轻地敲门》等。

J0067166

陈胜　吴广　胡德智等编；胡德智，李冠国绘

南宁 广西人民出版社 1975 年 13cm（60 开）
定价：CNY0.08
　　中国现代连环画作品。

J0067167

冲不垮的防波堤　上海港务局第一装卸区《冲不垮的防波堤》创作组编绘
上海 上海人民出版社 1975 年 62 页 有图
10×13cm 统一书号：8171.1344 定价：CNY0.07
　　中国现代连环画作品。

J0067168

初春的早晨　清明原著；徐明福改编；上海市交通运输局《初春的早晨》连环画创作组绘画
上海 上海人民出版社 1975 年 13cm（60 开）
定价：CNY0.09
　　中国现代连环画作品。

J0067169

雏燕展翅　刘汉勤编文；皮之先等绘画
济南 山东人民出版社 1975 年 13cm（60 开）
定价：CNY0.09
　　中国现代连环画作品。作者皮之先（1928— ），艺术家、一级美术师。河北阜城人，毕业于中央美术学院。历任工人出版社美编、临沂画院院长、国际王羲之书画院院长等职，中国美术家协会会员、临沂市文联副主席兼美协主席、北京中国书法艺术研究院教授。代表作品有《泰山揽胜图》《皮之先钟馗百图》《慰问军属》等。

J0067170

传家宝　嘉定县桃浦"公社"业余创作组编
上海 上海人民出版社 1975 年 有图 10×13cm
统一书号：8171.1352 定价：CNY0.08
　　本书内容有：钱生发绘画的《传家宝》、张安朴绘画的《节约坝》、徐有武绘画的《学农田》等故事。

J0067171

创业　天津人民美术出版社，人民美术出版社编；中国电影公司供稿
北京 人民美术出版社 1975 年 208 页 13cm（60 开）
统一书号：8027.6238 定价：CNY0.31
　　中国现代连环画作品。

J0067172

春雷　蒋子龙原著；竺乾华改编；天津艺术学院绘画系二年级工农兵学员绘画
天津 天津人民美术出版社 1975 年 13cm（60 开）
定价：CNY0.10
　　中国现代连环画作品。作者竺乾华，著有《你的脑子会转弯吗》《魔伞》《江湖红侠传》（合作）、《聚歼魔鬼党》《古玩疑案》（改编）。

J0067173

春满月台　廖红雷编；黄菊芬等绘
长沙 湖南人民出版社 1975 年 13cm（60 开）
定价：CNY0.14
　　中国现代连环画作品。

J0067174

春苗　（上册）赵志强等执笔；浦增华，庄宏安改编；川沙县《春苗》创作组绘画
上海 上海人民出版社 1975 年 13cm（60 开）
定价：CNY0.09
　　中国现代连环画作品。作者庄宏安，连环画编辑。改编的连环画有《原野》（辽宁版）《延安保卫战》《战上海／星火燎原系列连环画》《中国连环画优秀作品读本》等。

J0067175

寸土不让　刘启端绘画
广州 广东人民出版社 1975 年 10cm（64 开）
定价：CNY0.08
　　根据《人民日报》报道改编的中国现代连环画作品。作者刘启端（1938— ），画家。广东潮阳人，岭南美术出版社副编审，广东省出版工作者协会装帧艺术委员会会员。出版有连环画《鲁迅传》《彭湃》《叶挺》《黄兴》《寸土不让》等，国画《百牛图》《百马图》《刘启端画选》《刘启端画集》等。

J0067176

大龙和小虎　桑原等改编；张企曾绘
石家庄 河北人民出版社 1975 年 38 页
有图 10×13cm 统一书号：8086.488
定价：CNY0.06
　　根据《赶猪记》编绘的中国现代连环画作品。

J0067177

大橹的故事　李述宽，岳长贵编文；李永志，杨文华绘画

沈阳　辽宁人民出版社　1975 年　13cm（60 开）

定价：CNY0.14

　　中国现代连环画作品。

J0067178

大闹望海站　杨志远，王朝玉编文；刘宝琦绘

沈阳　辽宁人民出版社　1975 年　58 页　有图

10×13cm　统一书号：8090.568　定价：CNY0.09

　　中国现代连环画。

J0067179

逮熊　徐贵礼等改编；刘川田等绘画

哈尔滨　黑龙江人民出版社　1975 年

13cm（60 开）定价：CNY0.08

　　连环画包括《逮熊》《打豹记》两个故事。

J0067180

带路人　朱敏慎编文；黄浦区文化馆《带路人》创作组绘画

上海　上海人民出版社　1975 年　13cm（60 开）

定价：CNY0.06

　　中国现代连环画作品。

J0067181

带响的弓箭　张登魁原著；冬青改编；马荣华绘画

贵阳　贵州人民出版社　1975 年　13cm（60 开）

定价：CNY0.10

　　中国现代连环画作品。

J0067182

带响的弓箭　张登魁原著；李云章改编；冯子润绘画

长春　吉林人民出版社　1975 年　13cm（60 开）

定价：CNY0.09

　　中国现代连环画作品。

J0067183

带响的弓箭　张登魁原著；王光全改编；简崇民绘画

成都　四川人民出版社　1975 年　13cm（60 开）

定价：CNY0.13

　　中国现代连环画作品。

J0067184

地震　江苏人民出版社编；阎志强，武建华绘

南京　江苏人民出版社　1975 年　49 页　有图

12×13cm　统一书号：8100.3.081　定价：CNY0.10

（科学普及连环画）

　　中国现代连环画作品。

J0067185

第三把钥匙　王兆山编文；高天祥，贾忠景绘画

济南　山东人民出版社　1975 年　13cm（60 开）

定价：CNY0.09

　　中国现代连环画作品。作者高天祥（1935—　），教授。别名晓晨，浙江三门湾人，毕业于山东艺术学院。历任曲阜师范大学美术系教授、中国美术家协会会员、临沂艺术馆美术创作员、中国美术家协会会员。代表作品《高天祥画集》《写意花鸟画技法》等。

J0067186

第一课　谷雨原著；李唯，张晓林改编；孙愚绘画

上海　上海人民出版社　1975 年　13cm（60 开）

定价：CNY0.08

　　中国现代连环画作品。

J0067187

电视塔下　段瑞夏原著；钟晓阳改编；上海市仪表局美术创作组绘画

上海　上海人民出版社　1975 年　62 页　有图

10×13cm　统一书号：8171.1323　定价：CNY0.07

　　中国现代连环画作品。

J0067188

淀上飞兵　李永鸿原著；费敏璋改编；韩和平绘画

上海　上海人民出版社　1975 年　13cm（60 开）

定价：CNY0.11

　　中国现代连环画作品。

J0067189

丁敢闯　董德兴编文；刘新愚等绘

上海　上海人民出版社　1975 年　86 页　有图

10×13cm　统一书号：8171.1408　定价：CNY0.09

中国现代连环画作品。

J0067190

东郭先生和狼　张岳健画
上海　上海人民出版社　1975年　有彩图
15cm（40开）统一书号：9171.85
定价：CNY0.14
　　本书《东郭先生和狼》张岳健画、《蜜蜂和熊》
蔡振华画合订。

J0067191

东海猛虎　万九如等编文；孙梅芳等绘图
福州　福建人民出版社　1975年　13cm（60开）
定价：CNY0.12
　　中国现代连环画作品。

J0067192

东海小哨兵　张克明编文；辛宽良，刘志禄
绘画
沈阳　辽宁人民出版社　1975年　13cm（60开）
定价：CNY0.10
　　中国现代连环画作品。

J0067193

斗蛇记　苏继明改编；肖玉田绘画
沈阳　辽宁人民出版社　1975年　13cm（60开）
定价：CNY0.10
　　中国现代连环画作品。

J0067194

杜鹃山　王树元等原著；涂介华等执笔；南昌
市文化局《杜鹃山》连环画创作组编绘
南昌　江西人民出版社　1975年　13cm（60开）
定价：CNY0.26
　　中国现代连环画作品。

J0067195

渡江侦察记　季冠武等执笔；赵吉南改编
上海　上海人民出版社　1975年　13cm（60开）
定价：CNY0.27
　　中国现代连环画作品。

J0067196

渡口　冯骥才改编；王公懿绘图
天津　天津人民美术出版社　1975年　13cm（60开）

定价：CNY0.09
　　作者冯骥才（1942—　），作家、画家、文化
学者、教授。浙江宁波人。历任中国文学艺术界
联合会荣誉委员，中国民间文艺家协会名誉主
席，国务院参事，天津大学冯骥才文学艺术研究
院院长、教授、博士生导师。代表作品有《雕花
烟斗》《高女人和她的矮丈夫》《神鞭》《三寸金
莲》《珍珠鸟》《一百个人的十年》等。

J0067197

夺枪记　吕锡炎编文；陈贡琳，俞怡生绘画
南昌　江西人民出版社　1975年　13cm（60开）
定价：CNY0.13
　　中国现代连环画作品。

J0067198

方向盘上的风波　广东人民出版社改编；于
秉正等绘
广州　广东人民出版社　1975年　10cm（64开）
统一书号：8111.1528　定价：CNY0.07
　　根据宋廷沼同名革命故事改编的中国现代
连环画作品。作者于秉正（1938—　），画家、教
授。山东人，毕业于广州美术学院版画系。历任
广州美术学院教授，广州美术学院学术委员会
委员，广州美术学院教育系主任。代表作品《太
阳·鸽子》《炼泥歌》《三目水》《荷塘夜月》等，
出版有《于秉正油画水彩作品选集》《绘画构图
与创作》《素描实践与鉴赏》等。

J0067199

纺织战歌　马曲超编文；周永生等绘画
济南　山东人民出版社　1975年　13cm（60开）
定价：CNY0.09
　　中国现代连环画作品。作者周永生
（1950—　），画家。生于青岛，毕业于青岛市美
术学校。历任中国美术家协会山东分会会员，山
东省连环画研究会理事。青岛市黄岛文化馆馆
长兼青岛油画院院长，青岛中华文化学院教授。
连环画作品有《孤岛长城》《晚霞》《岳飞》《成语
故事》《三国》《水浒》《红楼梦》《西游记》《聊
斋故事》等。

J0067200

放鸭记　刘本夫等原著；江苏人民出版社改
编；海门县文化馆绘

南京 江苏人民出版社 1975年 90页 有图
10×13cm 统一书号：8100.3.065 定价：CNY0.12
　　中国现代连环画作品。

J0067201

飞车擒特　郑梦星编文；许志棍，洪伟辟绘图
福州 福建人民出版社 1975年 13cm（60开）
定价：CNY0.11
　　中国现代连环画作品。

J0067202

飞鹰崖　邝明因等执笔；韶关地区文化局《飞鹰崖》创作组绘
广州 广东人民出版社 1975年 10cm（64开）
定价：CNY0.20
　　本书是根据梁梵扬小说《映山红》改编的中国现代连环画作品。

J0067203

飞鹰崖　（农村版图书）邝明因等执笔；广东韶关地区文化局《飞鹰崖》创作组绘
北京 人民美术出版社 1975年 13cm（60开）
定价：CNY0.16
　　根据梁梵扬小说《映山红》改编的中国现代连环画作品。

J0067204

沸腾的群山　（第二集）李兴柞改编；吴富佳，蔡国栋绘
北京 人民美术出版社 1975年 13cm（60开）
定价：CNY0.18
　　根据李云德同名小说改编的中国现代连环画作品。

J0067205

风口劲松　陆建德原著；刘芸生编绘
南京 江苏人民出版社 1975年 62页 有图
10×13cm 统一书号：8100.3.078 定价：CNY0.09

J0067206

烽火少年　张忠卿改编；王守宜绘画
沈阳 辽宁人民出版社 1975年 13cm（60开）
定价：CNY0.07
　　根据同名故事改编的中国现代连环画作品。

J0067207

甘蔗地边　肖天智画
成都 四川人民出版社 1975年 有彩图
15cm（40开）统一书号：R8118.89
定价：CNY0.12
　　作者肖天智，连环画家。就职于彭县文化馆。创作连环画作品有《治虫》《苦妹儿》《狄仁杰传奇》《三盗合欢瓶》等。

J0067208

赶猪记　张四茹改编；宋景献绘图
郑州 河南人民出版社 1975年 13cm（60开）
定价：CNY0.08
　　本书系根据浩然同名小说编绘的中国现代连环画作品。

J0067209

高凤英　胡希文等改编；张裕元等绘
南京 江苏人民出版社 1975年 108页 有图
10×13cm 统一书号：8100.3.073 定价：CNY0.13
　　中国现代连环画作品。

J0067210

高师傅　艾子悦原著；江苏人民出版社改编；南艺美术系国画专业工农兵学员绘
南京 江苏人民出版社 1975年 68页 有图
10×13cm 统一书号：8100.3.071 定价：CNY0.09
　　中国现代连环画作品。

J0067211

根基　熙高原著；忻斌改编；蒋宝鸿等绘
上海 上海人民出版社 1975年 74页 10×13cm
统一书号：8171.1336 定价：CNY0.08
　　中国现代连环画作品。

J0067212

跟踪追击　熊川等原作；肖翔改编；肖天智绘画
成都 四川人民出版社 1975年 13cm（60开）
定价：CNY0.08
　　中国现代连环画作品。作者肖天智，连环画家。就职于彭县文化馆。创作连环画作品有《治虫》《苦妹儿》《狄仁杰传奇》《三盗合欢瓶》等。

J0067213

工业花开朵朵红　申璋写；李志华画

上海 上海人民出版社 1975年 有彩图
13×19cm 统一书号：R10171.470 定价：CNY0.11
中国现代连环画作品。

J0067214

关键时刻　马立，高峰改编；任海荣绘画
杭州 浙江人民出版社 1975年 13cm（60开）
统一书号：8013.146 定价：CNY0.07
　　根据刘士英同名小说改编的中国现代连环
画作品。作者高峰（1946— ），画家。祖籍山东，
生于黑龙江齐齐哈尔市。深圳山海书画院院长
等。出版作品有《高峰画集》。

J0067215

海的女儿　陕西人民出版社改编；郭敦绘画
西安 陕西人民出版社 1975年 13cm（60开）
定价：CNY0.06
　　根据傅彤同名小说改编的中国现代连环画
作品。

J0067216

海的女儿　傅彤原著；张晓冰改编；瞿谷寒绘画
上海 上海人民出版社 1975年 13cm（60开）
定价：CNY0.07
　　中国现代连环画作品。作者瞿谷寒
（1938— ），画家。生于上海浦东，就读于扬州
艺术学校学习美术。历任上海美术家协会会员、
上海连环画研究会会员、上海民盟书画院画师。
代表作品有《宋史演义》连环画，《少小离家老大
回》《瞿谷寒画集》等。

J0067217

海姑娘　曼玲改编；孟庆江绘
北京 人民美术出版社 1975年 13cm（60开）
定价：CNY0.10
　　中国现代连环画作品。作者孟庆江
（1937— ），画家。浙江温州人。毕业于中央美
术学院国画系。曾任《连环画报》主编、《中国艺
术》副编、北京功毕重彩画绘副会长。代表作
品《刘胡兰》《蔡文姬》《长恨歌》等。

J0067218

海花　余松岩编；胡钜湛，陈秀莪绘
广州 广东人民出版社 1975年 10cm（64开）
定价：CNY0.14
　　中国现代连环画作品。作者胡钜湛
（1930— ），教授。广东开平人，毕业于华南文
艺学院美术部和中南美专绘画系。历任广州美
术学院美术教育系教授、系主任，中国美术家协
会会员，广州水彩画研究会副会长。作品有水
彩画《第一代可可》《鱼水情》《乐在其中》《虾》
《红梅》等，出版有《胡钜湛水彩画选集》《水与
彩的对话》等。

J0067219

海花　卜福顺改编；李俊琪绘画
沈阳 辽宁人民出版社 1975年 13cm（60开）
定价：CNY0.14
　　中国现代连环画作品。作者卜福顺，曾任
辽宁民族出版社美术教育编辑室主任。作者李
俊琪（1943— ），教授。号大道轩主人，河北乐
亭人。历任天津美术家协会副主席，中国美术家
协会会员，天津南开大学教授、研究生导师，美
国传记研究院研究员。著作有《中国历代诗家图
卷》《中国历代兵家图卷》《中国历代文学家画
传》《李俊琪画集》等。

J0067220

海菊　陈曦改编；周瑞文，张潮绘画；舟山地
区供稿
杭州 浙江人民出版社 1975年 13cm（60开）
统一书号：8103.149 定价：CNY0.08
　　根据江雪如同名小说改编的中国现代连环
画作品。

J0067221

海滩擒敌　王维孟等文；蒲慧华绘画
济南 山东人民出版社 1975年 64页 有图
10×13cm 统一书号：8099.252 定价：CNY0.09
中国现代连环画作品。

J0067222

海燕双飞　黄宗湖编绘
南宁 广西人民出版社 1975年 13cm（60开）
定价：CNY0.09
　　根据李凤琪《捉蟹》故事改编的中国现代连
环画作品。作者黄宗湖（1955— ），编审、教授。
广西玉林人。毕业于无锡轻工业学院设计系和
日本爱知县立艺术大学。历任广西美术出版社
总编辑、中国书籍装帧艺术委员会常务理事、广

西书籍装帧艺术委员会主任、中国美术家协会会员、广西美术家协会理事、广西书画院国画家等。代表作品《当代中国画技法赏析》。

J0067223
海子送情报 谢国勤文；周申画
济南 山东人民出版社 1975 年 13cm（60 开）
定价：CNY0.10
中国现代连环画作品。

J0067224
航程 长江航运公司江东船厂宣教科编绘
合肥 安徽人民出版社 1975 年 84 页 有图
10×13cm 统一书号：8102.805 定价：CNY0.12
根据王兴国同名小说改编的中国现代连环画作品。

J0067225
号角 马加鞭原著；邓泰和编绘
石家庄 河北人民出版社 1975 年 26 页
有图 10×13cm 统一书号：8086.590
定价：CNY0.08
根据马加鞭同名小说改编的中国现代连环画作品。

J0067226
号声嘹亮 李家衡画
成都 四川人民出版社 1975 年 13cm（60 开）
定价：CNY0.09
根据龚联健同名故事改编的中国现代连环画作品。

J0067227
号子嘹亮 边风豪等原著；包裕成改编；上海港务局工会业余美术创作组绘画
上海 上海人民出版社 1975 年 78 页 有图
10×13cm 统一书号：8171.1319 定价：CNY0.08
中国现代连环画作品。

J0067228
河畔新花 刘树强编文；夏连雨等绘画
石家庄 河北人民出版社 1975 年 85 页
有图 10×13cm 统一书号：8036.473
定价：CNY0.11
中国现代连环画作品。

J0067229
贺家村的斗争 黑河地区文化局三结合编创组改编；黄万才等绘画
哈尔滨 黑龙江人民出版社 1975 年
13cm（60 开）定价：CNY0.09
中国现代连环画作品。

J0067230
狠狠抗击老沙皇 王成荣编文；颜梅华，吴大成绘画
上海 上海人民出版社 1975 年 13cm（60 开）
定价：CNY0.11
中国现代连环画作品。

J0067231
红灯女儿 惠伊深，刘铁澂编文；董凤章绘画
天津 天津人民美术出版社 1975 年 13cm（60 开）
定价：CNY0.14
中国现代连环画作品。

J0067232
红军村的"红小兵" 邵劲之改编；汪国新等绘画
武汉 湖北人民出版社 1975 年 60 页 有图
10×13cm 统一书号：8106.1585 定价：CNY0.09
根据秦学渭同名小说改编的中国现代连环画作品。作者汪国新（1947— ），国家一级美术师。湖北宜昌人。历任中国法治诗书画院院长、文化部中国书画院国画院副院长、中国美协艺委会委员。代表作《长江三部曲》《汪国新长江万里风情图》《汪国新新绘全本三国演义》等。

J0067233
红梅 张永透改编；李合，文继明绘画
广州 广东人民出版社 1975 年 10cm（64 开）
定价：CNY0.11
根据黄唐进同名小说改编的中国现代连环画作品。

J0067234
红苗苗 吴正奎，吴至祥编绘
武汉 湖北人民出版社 1975 年 14cm（80 开）
定价：CNY0.05
根据同名短篇小说编绘的中国现代连环画作品。

J0067235

红旗在震中飘扬　海城县文化馆文艺创作组
编文；海城县群众业余美术学习班绘画
沈阳　辽宁人民出版社　1975年　13cm（60开）
定价：CNY0.14
　　中国现代连环画作品。

J0067236

红色尖兵　上海民兵普陀区指挥部政工组改
编；汪拔如等绘画
上海　上海人民出版社　1975年　13cm（60开）
定价：CNY0.08
　　中国现代连环画作品。

J0067237

红雨　杨啸原著；严霞峰改编；汤云鹤绘图
南昌　江西人民出版社　1975年　13cm（60开）
定价：CNY0.16
　　中国现代连环画作品。

J0067238

后山风波　培新汽车修配厂业余美术创作组
编绘
上海　上海人民出版社　1975年　58页　有图
10×13cm　统一书号：8171.718　定价：CNY0.06
　　中国现代连环画作品。

J0067239

湖荡小哨兵　宜兴县丁蜀镇工人业余文艺创
作组改编；邵家声绘画
南京　江苏人民出版社　1975年　26页　有图
10×13cm　统一书号：8100.3.080　定价：CNY0.09
　　本书系连环画，包括《湖荡小哨兵》《在小
蒜口》两篇儿童小故事。

J0067240

湖畔风浪　材音博彦原著；魏少童改编；张恩
礼，孙海晨绘画
呼和浩特　内蒙古人民出版社　1975年
13cm（60开）定价：CNY0.11
　　中国现代连环画作品。

J0067241

虎山擒敌　张存杰编文；张增木绘
石家庄　河北人民出版社　1975年　54页

有图　10×13cm　统一书号：8086.555
定价：CNY0.11
　　作者张增木（1943—　），编辑。河北安国
人，毕业于天津美术学院。历任河北美术出版社
编辑、中国美协河北分会会员、中国连环画研究
会会员、河北省连环画研究会秘书长。代表作品
有《阿宝》《画说中国历史》《李时珍》《镜花缘》
《运河英豪》《猎人兄弟》《三十六计》等。

J0067242

虎穴夺棉　张忠卿改编；周建志，林成翰绘画
沈阳　辽宁人民出版社　1975年　13cm（60开）
定价：CNY0.08
　　中国现代连环画作品。

J0067243

换考场　宜春县金瑞"公社"业余文宣队原著；
王祖德改编；南昌市湾里区文化站美术组绘图
南昌　江西人民出版社　1975年　13cm（60开）
定价：CNY0.10
　　中国现代连环画作品。

J0067244

换靴记　宋春湖文；姜之中画
济南　山东人民出版社　1975年　13cm（60开）
定价：CNY0.09
　　中国现代连环画作品。

J0067245

活捉大胡蜂　樊家信等编文；莫湘怡等绘画
长沙　湖南人民出版社　1975年　13cm（60开）
定价：CNY0.10
　　中国现代连环画作品。

J0067246

火眼金睛　王行，潘安芳执笔；殷恩光绘画
上海　上海人民出版社　1975年　13cm（60开）
定价：CNY0.08
　　中国现代连环画作品。

J0067247

机密图纸　周振天改编；侯树年等绘画
天津　天津人民美术出版社　1975年　13cm（60开）
定价：CNY0.20
　　根据张德发、周振天编写的《斗争在继续》

话剧改编的中国现代连环画作品。

J0067248

鸡毛上天的故事　中共安阳县委创作组文；
刘德璋等绘
郑州　河南人民出版社　1975 年　13cm（60 开）
定价：CNY0.18
　　中国现代连环画作品。

J0067249

激战松谷峰　朱明远编文；王晋泰绘画；中国
人民解放军 51033 部队政治部供稿
石家庄　河北人民出版社　1975 年　130 页
有图　10×13cm　统一书号：8086.579
定价：CNY0.16
　　中国现代连环画作品。

J0067250

激战无名川　任梅改编；于秉正等绘
北京　人民美术出版社　1975 年　13cm（60 开）
定价：CNY0.12
　　根据郑直同名小说改编的中国现代连环画
作品。

J0067251

激战夜航　厦门市交通局工人业余创作组编
文；洪瑞生等绘图
福州　福建人民出版社　1975 年　59 页　有图
10×13cm　统一书号：8173.113　定价：CNY0.08
　　中国现代连环画作品。

J0067252

家业　胡舜庆改编；刘芸生绘画
南京　江苏人民出版社　1975 年　53 页　有图
10×13cm　统一书号：8100.3.082　定价：CNY0.08
　　中国现代连环画作品。

J0067253

剪羊毛　李战改编；周方德绘画
杭州　浙江人民出版社　1975 年　13cm（60 开）
定价：CNY0.07
　　根据同名小说改编的中国现代连环画作品。

J0067254

剑　（上）杨佩瑾编文；黄席珍绘图

南昌　江西人民出版社　1975 年　13cm（60 开）
定价：CNY0.17
　　中国现代连环画作品。

J0067255

江潮烈火　（江苏民兵斗争故事）穆烜，理陶
编文；徐晓平等绘
南京　江苏人民出版社　1975 年　13cm（60 开）
定价：CNY0.12
　　中国现代连环画作品。

J0067256

江防图　江苏人民出版社改编；是有福等绘
南京　江苏人民出版社　1975 年　82 页　有图
10cm（64 开）统一书号：8100.3.066
定价：CNY0.11
　　根据《江海洪流》革命故事改编的中国现代
连环画作品。

J0067257

江畔朝阳　（一）郑加真原著；《江畔朝阳》连
环画创作组编绘
上海　上海人民出版社　1975 年　13cm（60 开）
定价：CNY0.16
　　中国现代连环画作品。

J0067258

江上的战斗　李遵义改编；赵书全绘画
长春　吉林人民出版社　1975 年　13cm（60 开）
定价：CNY0.10
　　中国现代连环画作品。

J0067259

缴枪记　苏启人编文；施汉鼎等绘
南京　江苏人民出版社　1975 年　58 页　有图
10×13cm　统一书号：8100.3.061　定价：CNY0.09
　　根据《游击健儿》革命故事编绘的中国现代
连环画作品。

J0067260

接班以后　茹桂，王韶之改编；王三县绘图
西安　陕西人民出版社　1975 年　13cm（60 开）
定价：CNY0.08
　　中国现代连环画作品。作者茹桂（1936—　　），
教授。陕西长安人。就读于西安美术学院和陕

西师大中文系。历任西安美术学院教授、陕西省
书法协会副主席、中国书协学术委员、日本京都
造型艺术大学客座教授。代表性作品有《文学创
作常识》《艺术美学纲要》《茹桂书法教学手记》。

J0067261

揭竿而起　江苏人民出版社编文；顾乃深绘
南京　江苏人民出版社　1975 年　13cm（ 60 开 ）
定价：CNY0.05
　　中国现代连环画作品。

J0067262

街道上的斗争　戴沛霖改编；叶家斌绘
广州　广东人民出版社　1975 年　10cm（ 64 开 ）
定价：CNY0.16
　　根据广播剧《老锻工》改编的中国现代连环
画作品。作者叶家斌（1949— ），画家。广东中
山人。毕业于广州美院研究生班。任广东美术
家协会理事、广东连环画艺术委员会主任。主要
作品有《斯库台三英雄》《绿林神箭手》《中途岛
之战》《变成石头的人》等。

J0067263

金刚　李守信编文；刘冀文绘画
哈尔滨　黑龙江人民出版社　1975 年
13cm（ 60 开 ）定价：CNY0.09
　　中国现代连环画作品。

J0067264

金光大道　（第三集）张友明改编；人民美术
出版社，北京市顺义县“革命委员会”联合创作
组绘
北京　人民美术出版社　1975 年　13cm（ 60 开 ）
定价：CNY0.20
　　根据浩然同名小说改编的中国现代连环画
作品。

J0067265

京江怒涛　刘维仁改编；尚士爵，张国才绘画
沈阳　辽宁人民出版社　1975 年　13cm（ 60 开 ）
定价：CNY0.09
　　中国现代连环画作品。作者刘维仁
（1962— ），甘肃陇西人。陇西县作家协会秘书
长、陇西县灯谜学会理事长，西北地区优秀灯谜
艺术家。

J0067266

静静的鱼塘·田田和明明　赵思政编文；姚
逸之绘画
南昌　江西人民出版社　1975 年　13cm（ 60 开 ）
定价：CNY0.12
　　中国现代连环画作品。

J0067267

决心书　何选润原著；胡雁改编；钱祖炎，沈
东亮绘画
上海　上海人民出版社　1975 年　13cm（ 60 开 ）
定价：CNY0.07
　　中国现代连环画作品。

J0067268

骏马飞腾　杜一改编；刘生展绘
石家庄　河北人民出版社　1975 年　97 页
有图　10×13cm　统一书号：8086.468
定价：CNY0.12
　　中国现代连环画作品。

J0067269

考试　邵劲之改编；唐明松等绘画
武汉　湖北人民出版社　1975 年　54 页　有图
10×13cm　统一书号：8106.1560　定价：CNY0.08
　　中国现代连环画作品。

J0067270

浪花渡　方楠原作；万青力改编；沈尧定绘图
北京　人民出版社　1975 年　19cm（ 32 开 ）
定价：CNY0.33
　　中国现代连环画作品。作者方楠（1942— ），
美术编辑。号普门舟人，浙江舟山普陀人。《北
京文学》美编，北京作家协会会员。

J0067271

老班长　吴运凯编；吴乙坚绘
南宁　广西人民出版社　1975 年　13cm（ 60 开 ）
定价：CNY0.10
　　中国现代连环画作品。

J0067272

梨园血泪　张发亮等编文；范风岭画
合肥　安徽人民出版社　1975 年　69 页　有图
10×13cm　统一书号：8102.755　定价：CNY0.10

J0067273
李达反投降的故事　岳宗周等编文;周申绘画
济南 山东人民出版社 1975 年 13cm(60 开)
定价:CNY0.12
　　中国现代连环画作品。

J0067274
李爷爷的家史　宋光华,孙宝林编文;周永生
等绘画
济南 山东人民出版社 1975 年 13cm(60 开)
定价:CNY0.09
　　中国现代连环画作品。

J0067275
历史上劳动妇女革命故事选　上海第五棉
纺厂理论小组原著;丁国联等改编;罗希贤等
绘画
上海 上海人民出版社 1975 年 13cm(60 开)
定价:CNY0.08
　　中国现代连环画作品。

J0067276
连环画选集　(1973)国务院文化组美术作品
征集小组编
北京 人民美术出版社 1975 年 161 页 32cm(10 开)
统一书号:8027.5870 定价:CNY9.60

J0067277
连环画作品选　(1)黑龙江人民出版社编辑
哈尔滨 黑龙江人民出版社 1975 年 57 幅
26cm(16 开)定价:CNY0.43

J0067278
连心锁　(上)克扬,戈基原作;唐吉福改编;
董大昆等绘图
合肥 安徽人民出版社 1975 年 13cm(60 开)
定价:CNY0.19
　　中国现代连环画作品。

J0067279
两个小伙伴　刘玉清原著;屈解改编;张峻德
绘画
呼和浩特 内蒙古人民出版社 1975 年
13cm(60 开)定价:CNY0.10
　　中国现代连环画作品。

J0067280
两个小武工队员　何芷编;苏华画
广州 广东人民出版社 1975 年 10cm(64 开)
定价:CNY0.11
　　中国现代连环画作品。

J0067281
烈火红桥　高铁林,邹向前改编;佳木斯市
《烈火红桥》连环画创作组绘画
哈尔滨 黑龙江人民出版社 1975 年
13cm(60 开)定价:CNY0.14
　　根据小说《激战无名川》改编的中国现代连
环画作品。

J0067282
猎手　周志新原著;贾德江改编并绘画
合肥 安徽人民出版社 1975 年 13cm(60 开)
定价:CNY0.11
　　中国现代连环画作品。

J0067283
林中响箭　莘芜改编;邓立衍绘画
长沙 湖南人民出版社 1975 年 13cm(60 开)
定价:CNY0.08
　　根据张登魁小说改编的中国现代连环画
作品。

J0067284
林中响箭　廉闻等改编;王西京,李亚亭绘画
西安 陕西人民出版社 1975 年 13cm(60 开)
定价:CNY0.15
　　根据张登魁同名小说改编的中国现代连环
画作品。作者王西京(1946—),一级美术师。
陕西西安人。历任中国美术家协会理事、中国美
协中国画艺委会委员、中国画学会副会长、陕西
美术家协会名誉主席等。主要作品有《王西京作
品集》《中国历史人物画传》等。

J0067285
铃声响了　胡国年编;林树煦,陆锋生等绘
广州 广东人民出版社 1975 年 10cm(64 开)
定价:CNY0.14
　　中国现代连环画作品。

J0067286

刘文学　贺宜写；张桂铭，毛国信画
上海　上海人民出版社　1975 年　有彩图
15cm（40 开）统一书号：R10171.279
定价：CNY0.17
　　作者张桂铭（1939—　），教授、画家。生于
浙江绍兴，毕业于中国美术学院中国画系。历任
上海中国画院副院长，刘海粟美术馆执行馆长，
上海美术家协会主席团委员。代表作品有《画家
齐白石》《天地悠悠》《荷满塘》等。

J0067287

龙王岛伏霸记　陈沫改编；王子和，白靖夫绘画
哈尔滨　黑龙江人民出版社　1975 年
13cm（60 开）定价：CNY0.13
　　根据《渔岛怒潮》改编的中国现代连环画作
品。作者白靖夫（1943—2012），画家。辽宁锦州
人。毕业于哈尔滨艺术学院。曾任《黑龙江艺术》
美术编辑、副主编，黑龙江省政协特约委员、黑
龙江省文史馆员等。代表作品有《大岭黄云》《国
魂》《镜泊渔歌》等。

J0067288

鲁迅的故事　石一歌原著；长柱等改编；雷德
祖绘画
天津　天津人民美术出版社　1975 年　19cm（32 开）
定价：CNY0.45
　　中国现代连环画作品。

J0067289

鹿鸣翠谷　张顺国改编；杨春生绘画
沈阳　辽宁人民出版社　1975 年　13cm（60 开）
定价：CNY0.10
　　中国现代连环画作品。

J0067290

锣鼓声中　张荣珍编；王俊亮等绘
北京　人民美术出版社　1975 年　13cm（60 开）
定价：CNY0.08
　　中国现代连环画作品。

J0067291

绿柳塘畔　湖南人民出版社改编；杨安等绘
长沙　湖南人民出版社　1975 年　13cm（60 开）
定价：CNY0.09

根据靳丛《绿杨林里》小说改编的中国现代
连环画作品。

J0067292

绿杨林里　靳丛原著；张欣之改编；龚定平，
赵东瑞绘画
天津　天津人民美术出版社　1975 年　13cm（60 开）
定价：CNY0.10
　　中国现代连环画作品。

J0067293

麦收之前　赵林福原著；山菊英改编；庄根生绘
上海　上海人民出版社　1975 年　86 页　有图
10×13cm　统一书号：8171.1395　定价：CNY0.09
　　中国现代连环画作品。

J0067294

麦种的故事　台益燕，李治芳编文；邵强绘画
南昌　江西人民出版社　1975 年　13cm（60 开）
定价：CNY0.12
　　中国现代连环画作品。

J0067295

盲童喜见红太阳　李振清编；韩征南绘
北京　人民美术出版社　1975 年　13cm（60 开）
定价：CNY0.11
　　中国现代连环画作品。

J0067296

煤海　云南省燃化局《煤海》编创组编绘
昆明　云南人民出版社　1975 年　10cm（64 开）
定价：CNY0.18
　　中国现代连环画作品。

J0067297

煤海新歌　许元上编文；郭礼成等绘画
太原　山西人民出版社　1975 年　13cm（60 开）
定价：CNY0.10
　　中国现代连环画作品。

J0067298

米海尔古里　庄浪编；王宗岚，张良渡绘
乌鲁木齐　新疆人民出版社　1975 年
13cm（60 开）定价：CNY0.17
　　中国现代连环画作品。

J0067299

苗寨烽火——平坝县下滥坝苗族民兵联防队的斗争故事 （民兵斗争史画）申根源绘画
贵阳 贵州人民出版社 1975 年 15cm（40 开）
定价：CNY0.16
　　中国现代连环画作品。

J0067300

目标 贾昌编文；王立生绘图
天津 天津人民美术出版社 1975 年 13cm（60 开）
定价：CNY0.10
　　中国现代连环画作品。

J0067301

牧马姑娘 丛培德原著；黄文玉改编；陈国强绘
上海 上海人民出版社 1975 年 78 页 有图
10×13cm 统一书号：8171.1303 定价：CNY0.08
　　中国现代连环画作品。

J0067302

纳新 王润生改编；铁道部齐齐哈尔车辆三厂三结合美术创作组绘画
哈尔滨 黑龙江人民出版社 1975 年
13cm（60 开）定价：CNY0.07
　　中国现代连环画作品。

J0067303

纳新 华杉原著；张欣之改编；天津艺术学院绘画系一年级连环画班绘画
天津 天津人民美术出版社 1975 年 13cm（60 开）
定价：CNY0.09
　　中国现代连环画作品。

J0067304

南瓜生蛋的秘密 王怀锦改编；宋程熹绘画
沈阳 辽宁人民出版社 1975 年 13cm（60 开）
定价：CNY0.07
　　中国现代连环画作品。

J0067305

南岭路上 黄文庆，吴奕政绘画
广州 广东人民出版社 1975 年 10cm（64 开）
定价：CNY0.08
　　根据马跃昌的小说《代班》改编的中国现代连环画作品。

J0067306

南征北战 于清改编
北京 人民美术出版社 1975 年 13cm（60 开）
定价：CNY0.31
　　中国现代连环画作品。

J0067307

南征北战 赵兵编文
天津 天津人民美术出版社 1975 年 13cm（60 开）
定价：CNY0.28
　　根据同名电影选编的中国现代连环画作品。

J0067308

牛娃钓鱼 朱明山，戴鑫编绘
南京 江苏人民出版社 1975 年 有彩图
15cm（40 开）统一书号：8100.3.059
定价：CNY0.10
　　根据同名小说改编的中国现代连环画作品。

J0067309

奴隶的后代 黄永镇等编绘
成都 四川人民出版社 1975 年 12 页 10×13cm
统一书号：8118.205 定价：CNY0.07
　　本连环画，包括《奴隶的后代》《修桥》两个小故事。

J0067310

女矿工 周宗奇原著；曲新元，常青儒绘画；黑河地区"三结合"编创组改编
哈尔滨 黑龙江人民出版社 1975 年
13cm（60 开）定价：CNY0.07
　　根据小说《一把火》改编的中国现代连环画作品。

J0067311

炮台前的激战 侯葵编文；白玉绘画
沈阳 辽宁人民出版社 1975 年 13cm（60 开）
定价：CNY0.06
　　中国现代连环画作品。

J0067312

劈波远航 （江苏民兵斗争故事）无锡市人武部编；胡博亚等绘
南京 江苏人民出版社 1975 年 82 页 有图
10×13cm 统一书号：8100.3.058 定价：CNY0.11

中国现代连环画作品。

J0067313

劈风斩浪　茹文原著；张宝蔚绘画
南京 江苏人民出版社 1975年 94页 有图
10×13cm 统一书号：8100.3.075 定价：CNY0.12
　　作者张宝蔚（1939— ），画家。江苏苏州市人。毕业于南京师范大学美术系。中国美术家协会会员。出版有《张宝蔚画集》等。

J0067314

琵琶声里的斗争　关铣，胡辉等编绘
广州 广东人民出版社 1975年 10cm（64开）
定价：CNY0.09
　　本连环画包括《红日照山谷》《深夜擒敌》等3个小故事。

J0067315

贫协委员　梅述改编；汪国新绘画
武汉 湖北人民出版社 1975年 48页 有图
10×13cm 统一书号：8106.1533 定价：CNY0.08
　　中国现代连环画作品。

J0067316

苹果树下　王德英，钱兰忠文；冯远，王新斌绘
北京 解放军文艺社 1975年 15cm（40开）
定价：CNY0.22
　　中国现代连环画作品。作者冯远（1952— ），教授、画家。生于上海，祖籍江苏无锡。作品有《望夫妹》《母子图》《新疆风情写生》《今生来世》。出版有《二十一世纪中国艺术家·冯远》《笔墨尘缘》。

J0067317

苹果树下　刘汉鼎画
成都 四川人民出版社 1975年 24页
有彩图 15cm（40开）统一书号：R8118.189
定价：CNY0.18
　　根据《解放军报》通讯改编的中国现代连环画作品。

J0067318

铺满阳光的路　肖斌华改编；杨一明绘
北京 人民美术出版社 1975年 13cm（60开）
定价：CNY0.08

根据浩然同名小说改编的中国现代连环画作品。

J0067319

奇斗　吴进，龚明原著；关胜武改编；秀坤等绘画
哈尔滨 黑龙江人民出版社 1975年
13cm（60开）定价：CNY0.07
　　中国现代连环画作品。

J0067320

奇袭敌兵站　边保法，张德武编；于善英，刘志昌绘
北京 人民美术出版社 1975年 13cm（60开）
定价：CNY0.11
　　中国现代连环画作品。

J0067321

奇袭汪集　张剑萍等编绘
济南 山东人民出版社 1975年 13cm（60开）
定价：CNY0.09
　　中国现代连环画作品。作者张剑萍（1928— ），山东省鄄城县人。历任曹州书画院副院长及副研究员、山东省第五届文联委员、山东省第二届书法家协会理事、菏泽地区首届书法家协会主席、中国书法家协会会员、山东泰山国画研究院名誉院长、湖南中国武陵书画家协会名誉主席、南京徐悲鸿画院艺术顾问等。代表作品有《古诗行草集粹》《五体书前后赤壁赋》。

J0067322

旗开得胜　（雁翎队的故事）申跃中原著；李应改编；刘端绘画
石家庄 河北人民出版社 1975年 13cm（60开）
定价：CNY0.08
　　中国现代连环画作品。

J0067323

巧姑　立夏原著；上海铁路分局《巧姑》连环画创作组编绘
上海 上海人民出版社 1975年 13cm（60开）
定价：CNY0.09
　　中国现代连环画作品。

J0067324
巧炸敌人军火库　王哲贤编文；刘福生，史惠芳绘画
石家庄　河北人民出版社　1975 年　13cm（60 开）
定价：CNY0.09
　　中国现代连环画作品。

J0067325
巧捉鬼头蟹　李凤琪原著；夏祥镇改编；应凤仙等绘画
贵阳　贵州人民出版社　1975 年　13cm（60 开）
定价：CNY0.09
　　中国现代连环画作品。

J0067326
擒"狼"记　李君文著；邹怀伦绘画
哈尔滨　黑龙江人民出版社　1975 年
13cm（60 开）定价：CNY0.07
　　中国现代连环画作品。

J0067327
青松岭　长春电影制片厂供稿
长春　吉林人民出版社　1975 年　13cm（60 开）
定价：CNY0.26
　　中国现代连环画作品。本书与河北人民出版社合作出版。

J0067328
青松岭　（农村版图书）长春电影制片厂供稿
北京　人民美术出版社　1975 年　13cm（60 开）
定价：CNY0.24
　　中国现代连环画作品。

J0067329
渠水长流　南通县文化馆创作组编绘
南京　江苏人民出版社　1975 年　81 页
有图　10×13cm　统一书号：8100.3.064
定价：CNY0.10
　　根据小说《格斗》改编的中国现代连环画作品。

J0067330
人民的好医生李月华　袁晖编文；李洪勋，丁如树绘画
合肥　安徽人民出版社　1975 年　13cm（60 开）

定价：CNY0.12
　　中国现代连环画作品。

J0067331
儒法治军路线斗争故事选　丁国联等改编；罗希贤等绘
上海　上海人民出版社　1975 年　40 页　有图
10×13cm　统一书号：8171.1392　定价：CNY0.09
　　中国现代连环画作品。

J0067332
入关之前　鲁兆荣原著；绍旻编；中国人民解放军 52831 部队业余美术组绘
石家庄　河北人民出版社　1975 年　66 页
有图　10×13cm　统一书号：8086.556
定价：CNY0.09
　　中国现代连环画作品。

J0067333
三辈儿　张孟良编文；陈继荣绘画
石家庄　河北人民出版社　1975 年　13cm（60 开）
定价：CNY0.15
　　中国现代连环画作品。

J0067334
三垛河伏击战　吴骧，侯宏章编文；朱熙元等绘
南京　江苏人民出版社　1975 年　13cm（60 开）
定价：CNY0.14
　　中国现代连环画作品。

J0067335
三个小伙伴　大光改编；林钧相执笔绘画
沈阳　辽宁人民出版社　1975 年　13cm（60 开）
定价：CNY0.09
　　中国现代连环画作品。

J0067336
伞兵团长　王世阁原著；竺少华改编；田克盛等绘
上海　上海人民出版社　1975 年　74 页　有图
10×13cm　统一书号：8171.1382　定价：CNY0.08
　　中国现代连环画作品。

J0067337
桑弘羊舌战群儒　杨一华改编；范阳绘画

合肥 安徽人民出版社 1975 年 13cm（ 60 开）
定价：CNY0.08
　　根据《解放军文艺》同名故事改编的中国现代连环画作品。

J0067338
沙石峪 （“农业学大寨”连环画 农村版图书）
胡天启，张连瑞编文；刘文圃等绘画
石家庄 河北人民出版社 1975 年 10×13cm
定价：CNY0.15
　　中国现代连环画作品。本书与人民美术出版社合作出版。

J0067339
山里红梅 左明太原著；李苇成编绘
南京 江苏人民出版社 1975 年 13cm（ 60 开）
定价：CNY0.09
　　中国现代连环画作品。

J0067340
山妹 曲山原著；徐明福改编；贺友直绘
上海 上海人民出版社 1975 年 70 页 有图
10×13cm 统一书号：8171.1439 定价：CNY0.07
　　中国现代连环画作品。

J0067341
闪光的石头 冉丹编文；马负书，陈绍泉绘画
兰州 甘肃人民出版社 1975 年 13cm（ 60 开）
统一书号：8096.399 定价：CNY0.11
　　中国现代连环画作品。

J0067342
闪闪的红星 王永耀改编
北京 人民美术出版社 1975 年 13cm（ 60 开）
定价：CNY0.30
　　根据同名电影改编的中国现代连环画作品。

J0067343
闪闪的红星 万顺编文
天津 天津人民美术出版社 1975 年 13cm（ 60 开）
定价：CNY0.28
　　根据同名电影选编的中国现代连环画作品。

J0067344
商鞅 陕西师大历史系工农兵学员编文；李世

南绘图
西安 陕西人民出版社 1975 年 13cm（ 60 开）
定价：CNY0.13
　　中国现代连环画作品。

J0067345
深山擒敌 黄铁强编文；刘昌华，黄铁强绘图
福州 福建人民出版社 1975 年 13cm（ 60 开）
定价：CNY0.13
　　中国现代连环画作品。

J0067346
师长的女儿 顾曾平，谈章德执笔；吴县文化馆编绘
南京 江苏人民出版社 1975 年 13cm（ 60 开）
定价：CNY0.11
　　中国现代连环画作品。

J0067347
狮峰湾 舒文，符丙钦编；蔡心，朱国治画
广州 广东人民出版社 1975 年 10cm（ 64 开）
定价：CNY0.13
　　中国现代连环画作品。

J0067348
狮头岭战斗 邓景滨，吴碧汉编；茂名市文化馆绘
广州 广东人民出版社 1975 年 10cm（ 64 开）
定价：CNY0.15
（广东民兵革命斗争故事连环画）
　　中国现代连环画作品。

J0067349
试航 王金富等原著；朱其昌改编，上海市机电局美术创作学习班绘画
上海 上海人民出版社 1975 年 82 页 有图
10×13cm 统一书号：8171.1261 定价：CNY0.09
　　中国现代连环画作品。

J0067350
水牢仇 （彩色连环画）陈泽远编；徐恒瑜画
成都 四川人民出版社 1975 年 27 幅 26cm（ 16 开）
统一书号：8118.203 定价：CNY1.00
　　作者徐恒瑜（1944—　　）， 国画家、连环画家、一级美术师。四川邛崃人。中国美术家协会

会员、四川省美术家协会副主席、中国美协连环画艺委会委员。连环画代表作有《李慧娘》《水牢仇》等。

J0067351
水帘洞的秘密　高仪华，申连生编文；李元星绘画
昆明　云南人民出版社　1975年　10cm（64开）
定价：CNY0.13
　　中国现代连环画作品。

J0067352
水上交通站　赵男改编；孙福林，乔长义绘画
哈尔滨　黑龙江人民出版社　1975年
13cm（60开）定价：CNY0.11
　　中国现代连环画作品。

J0067353
送锚　上海航道局船队工人创作组编绘
上海　上海人民出版社　1975年　98页　有图
10×13cm　统一书号：8171.1425　定价：CNY0.10

J0067354
锁金峡　张登魁原著；水世戴改编；中国人民解放军铁道兵业余美术创作组绘画
天津　天津人民美术出版社　1975年　13cm（60开）
定价：CNY0.13
　　中国现代连环画作品。

J0067355
太平烽火　马炳洁文；高清县文化馆画
济南　山东人民出版社　1975年　13cm（60开）
定价：CNY0.12
　　中国现代连环画作品。

J0067356
田梁迎春　宜春县东方红"公社"业余文艺宣传队原著；蘅果执笔改编；肖鸿鸣绘画
南昌　江西人民出版社　1975年　13cm（60开）
统一书号：8110.166　定价：CNY0.10
　　中国现代连环画作品。

J0067357
调查队长　孝感县文化馆连环画文字编写组改编；汉川县文化馆美术组绘画

武汉　湖北人民出版社　1975年　13cm（60开）
定价：CNY0.07
　　根据同名故事改编的中国现代连环画作品。

J0067358
铁虎　徐晓平编绘
南京　江苏人民出版社　1975年　13cm（60开）
定价：CNY0.09
　　根据同名故事改编的中国现代连环画作品。

J0067359
铁人王进喜　（中国工人阶级的先锋战士）杨云庆改编；刘棣，张冠哲绘画
哈尔滨　黑龙江人民出版社　1975年
13cm（60开）定价：CNY0.07
　　中国现代连环画作品。

J0067360
铁娃和小白鸽　孙宝林文；周中画
济南　山东人民出版社　1975年　13cm（60开）
定价：CNY0.07
　　中国现代连环画作品。

J0067361
铜墙铁壁　梅述改编；国华绘画
武汉　湖北人民出版社　1975年　13cm（60开）
统一书号：8106.1599　定价：CNY0.07
　　根据洪涤浮同名小说改编的中国现代连环画作品。

J0067362
推钢姑娘　上钢十厂工会长宁区工人美术创作组编绘
上海　上海人民出版社　1975年　98页　有图
10×13cm　统一书号：8171.1354　定价：CNY0.10
　　中国现代连环画作品。

J0067363
屯田令　嵋石改编；刘志禄等绘画
沈阳　辽宁人民出版社　1975年　13cm（60开）
定价：CNY0.08
　　中国现代连环画作品。

J0067364
瓦洛寨　西高编文；孙彬等绘画

成都　四川人民出版社　1975 年　15cm（40 开）
定价：CNY0.23
　　中国现代连环画作品。

J0067365
万年青　姚胥正等原著；上海民乐三厂工人文
艺理论小组改编；韩和平等绘画
上海　上海人民出版社　1975 年　13cm（60 开）
定价：CNY0.07
　　本连环画包括《老门卫》《友谊手》《万年
青》3 个小故事。

J0067366
威震敌胆　刘朝晖改编；邵子振绘画
哈尔滨　黑龙江人民出版社　1975 年
13cm（60 开）定价：CNY0.11
　　中国现代连环画作品。

J0067367
卫阳看鸡　孙景文改编；邢子云绘画
沈阳　辽宁人民出版社　1975 年　13cm（60 开）
定价：CNY0.06
　　根据黄国玉小说《篱笆旁的风波》改编的中
国现代连环画作品。

J0067368
我的新老师　鲁博编文；周新如，张育林绘画
南昌　江西人民出版社　1975 年　13cm（60 开）
定价：CNY0.11
　　中国现代连环画作品。

J0067369
我那丫头　袁荣生原著；南箴改编；丁世昌等
绘画
南京　江苏人民出版社　1975 年　68 页　有图
10×13cm　统一书号：8100.3.069　定价：CNY0.10
　　中国现代连环画作品。

J0067370
无名高地打坦克　毛英原著；陈斌改编；邹越
非绘画
上海　上海人民出版社　1975 年　13cm（60 开）
定价：CNY0.10
　　中国现代连环画作品。作者邹越非，
（1934—　），连环画家。生于江苏镇江，就读于

上海连环画学习班。历任上海美术家协会创作
员、上海教育出版社美术编辑、上海社会科学院
出版社美术编辑。代表作品有《蔷薇花案件》《孙
小圣与猪小能》，出版有《龙江颂》《通俗前后汉
演义》。

J0067371
雾岛尖兵　叶文艺等原著；白克强改编；罗
兴绘
上海　上海人民出版社　1975 年　66 页　有图
10×13cm　统一书号：8171.1450　定价：CNY0.07
　　中国现代连环画作品。

J0067372
西门豹　（破除迷信）张参改编；王亦秋绘画
石家庄　河北人民出版社　1975 年　2 版
28 页　有图　10×13cm　统一书号：8086.469
定价：CNY0.05
　　中国现代连环画作品。

J0067373
西门豹除巫治邺　赵九伶改编；张胜绘画
沈阳　辽宁人民出版社　1975 年　13cm（60 开）
定价：CNY0.06
　　中国现代连环画作品。

J0067374
西门豹治邺　葵光，松涛编；马建邦画
长春　吉林人民出版社　1975 年　13cm（60 开）
定价：CNY0.09
　　中国现代连环画作品。

J0067375
西门豹治邺　受鸣等编文；杨青华绘画
上海　上海人民出版社　1975 年　70 页　有图
10×13cm　统一书号：8171.1410　定价：CNY0.07
　　中国现代连环画作品。

J0067376
西沙儿女——奇志篇　浩然原著；北京人民
出版社连环画脚本学习班改编；林墉等绘
北京　人民出版社　1975 年　13cm（60 开）
定价：CNY0.19
　　中国现代连环画作品。

J0067377

西沙儿女——正气篇 （上）浩然原著；梅文，
梅声改编；侯国良等绘画
哈尔滨 黑龙江人民出版社 1975 年
13cm（60 开）定价：CNY0.15
    中国现代连环画作品。

J0067378

西沙儿女——正气篇 浩然原著；北京人民
出版社连环画脚本学习班改编；林塘等绘
北京 人民出版社 1975 年 13cm（60 开）
定价：CNY0.15
    中国现代连环画作品。

J0067379

希恩古鲁本 孙明祥编；陈长贵画
长春 吉林人民出版社 1975 年 13cm（60 开）
定价：CNY0.13
    中国现代连环画作品。

J0067380

险峰激浪 李建琛执笔；李元昌，王振翔编
文；毕节县《险峰激浪》创作组绘画
贵阳 贵州人民出版社 1975 年 13cm（60 开）
定价：CNY0.18
    中国现代连环画作品。

J0067381

向阳院的故事 徐存英原作；高梅义改编；肖
玉磊，何保全绘画
合肥 安徽人民出版社 1975 年 13cm（60 开）
定价：CNY0.17
    中国现代连环画作品。

J0067382

小八路 单明改编
沈阳 辽宁人民出版社 1975 年 15cm（40 开）
定价：CNY0.24
    中国现代连环画作品。

J0067383

小八路 （彩色木偶）张松林执笔
上海 上海人民出版社 1975 年 13cm（60 开）
统一书号：8171.1010 定价：CNY0.20
    根据上海市木偶剧团同名木偶剧集体改编

的中国现代连环画作品。

J0067384

小刀会文庙起义 胡乃江编；温国良画
长春 吉林人民出版社 1975 年 13cm（60 开）
定价：CNY0.07
    中国现代连环画作品。

J0067385

小筏夫 崔前光原著；钱晓刚改编；陈全胜
绘画
上海 上海人民出版社 1975 年 13cm（60 开）
定价：CNY0.10
    本连环画包括《小筏夫》《猎户人家》两个故
事。作者陈全胜（1950— ），画家。出生于青岛，
祖籍山东文登市。历任中国美协理事、山东美协
副主席、国家一级美术师、山东美术家协会副主
席、深圳大学艺术学院客座教授。代表作有连环
画《辛弃疾》《梦中缘》等，特种邮票《三国演义》
《聊斋志异》。

J0067386

小管家 孝感县文化馆连环画文字编写组改
编；戴蒙绘画
武汉 湖北人民出版社 1975 年 13cm（60 开）
定价：CNY0.08
    根据浩然《小管家任少正》改编的中国现代
连环画作品。

J0067387

小黑虎 唐凤宽编；王清明画
哈尔滨 黑龙江人民出版社 1975 年
13cm（60 开）定价：CNY0.11
    中国现代连环画作品。

J0067388

小交通海生 阮立威，黄每裕编；陈福耀画
广州 广东人民出版社 1975 年 10cm（64 开）
定价：CNY0.13
    中国现代连环画作品。

J0067389

小金水巧钓鬼子兵 李永鸿原著；黄珂改编；
李木，武新英绘画
天津 天津人民美术出版社 1975 年 13cm（60 开）

定价: CNY0.09
中国现代连环画作品。

J0067390
小猎馆　定陶县业余文艺创作组编绘
济南 山东人民出版社 1975 年 13cm（60 开）
定价: CNY0.08
中国现代连环画作品。

J0067391
小猎手　滕凤山改编；尹桂馥绘画
哈尔滨 黑龙江人民出版社 1975 年
13cm（60 开）定价: CNY0.10
中国现代连环画作品。

J0067392
小蜜蜂　黄钲，陈一凡编；商作澍，覃汉尊绘
南宁 广西人民出版社 1975 年 13cm（60 开）
定价: CNY0.09
中国现代连环画作品。

J0067393
小蜜蜂　龚三明原著；徐志刚改编；罗潘绘
武汉 湖北人民出版社 1975 年 46 页 有图
10×13cm 统一书号: 8106.1563 定价: CNY0.07
根据龚三明同名小说改编的中国现代连环
画作品。

J0067394
小民兵衰志法　郭城驿，于宝俭等绘画
沈阳 辽宁人民出版社 1975 年 13cm（60 开）
定价: CNY0.11
中国现代连环画作品。

J0067395
小艄公　肖冰编文；王启民绘画
济南 山东人民出版社 1975 年 13cm（60 开）
定价: CNY0.08
中国现代连环画作品。

J0067396
小哨兵　张荣珍原著；李双军改编并绘画
石家庄 河北人民出版社 1975 年 13cm（60 开）
定价: CNY0.06
中国现代连环画作品。

J0067397
小松子　陆严浩原著；叶晓雯改编；黄启茂
绘图
南宁 广西人民出版社 1975 年 13cm（60 开）
定价: CNY0.10
中国现代连环画作品。

J0067398
小鹰　安塞改编；聂文生，薛小德画
太原 山西人民出版社 1975 年 13cm（60 开）
定价: CNY0.07
根据张万一同名小说改编的中国现代连环
画作品。

J0067399
谢臣　孙向东写；赵渭凉画
上海 上海人民出版社 1975 年 有彩图
15cm（40 开）统一书号: R10171.416
定价: CNY0.14
中国现代连环画作品。

J0067400
心红水旺　封秋昌，飞雁编；刘文谦，王子学画
石家庄 河北人民出版社 1975 年 13cm（60 开）
定价: CNY0.10
中国现代连环画作品。

J0067401
新伙伴　刘建平原著；王世兴改编；张永绘
银川 宁夏人民出版社 1975 年 51 页 有图
10×13cm 统一书号: 8157.232 定价: CNY0.08
中国现代连环画作品。

J0067402
新矿长　于鲁人原著；钟晓阳改编；钟伯光绘
上海 上海人民出版社 1975 年 94 页 有图
10×13cm 统一书号: 8171.1158 定价: CNY0.10
中国现代连环画作品。

J0067403
新来的船工　照耀改编；郑新雨绘画
沈阳 辽宁人民出版社 1975 年 13cm（60 开）
定价: CNY0.10
中国现代连环画作品。

J0067404

新来的管理员　王金富编文；严启生绘
上海　上海人民出版社　1975 年　62 页　有图
10×13cm　统一书号：8171.1247　定价：CNY0.07
　　中国现代连环画作品。

J0067405

新来的化验工　王欣原著；黄奕加改编；杨顺泰等绘画
上海　上海人民出版社　1975 年　13cm（60 开）
定价：CNY0.08
　　中国现代连环画作品。

J0067406

新苗茁壮　利辛县文化馆编文；杨剑华绘画
合肥　安徽人民出版社　1975 年　13cm（60 开）
定价：CNY0.13
　　中国现代连环画作品。

J0067407

新战场　庄大伟编文；胡克文绘
上海　上海人民出版社　1975 年　62 页　有图
10×13cm　统一书号：8171.1424　定价：CNY0.07
　　作者庄大伟（1951—　），儿童文学作家，学者。毕业于上海电视大学中文专业。代表作品有《庄大伟幽默故事集》《庄大伟童话精选》《第一线上》等。

J0067408

杏花塘边　桑原，张泽改编；张庚绘画
石家庄　河北人民出版社　1975 年　13cm（60 开）
定价：CNY0.07
　　中国现代连环画作品。

J0067409

杏黄时节　刘振华原著；郝恩光改编；石豁意绘画
沈阳　辽宁人民出版社　1975 年　13cm（60 开）
定价：CNY0.07
　　中国现代连环画作品。

J0067410

幸福鱼　肖仁舒改编；张品操绘画
杭州　浙江人民出版社　1975 年　13cm（60 开）
定价：CNY0.07

根据陆扬烈同名小说改编的中国现代连环画作品。

J0067411

胸怀　士敏原著；黄奕加改编；上海船厂《胸怀》连环画创作组绘
上海　上海人民出版社　1975 年　102 页　有图
10×13cm　统一书号：8171.1216　定价：CNY0.10
　　中国现代连环画作品。

J0067412

雪山擒敌　严平，陈作仁改编；朱松编文；韩书力等绘画
天津　天津人民美术出版社　1975 年　13cm（60 开）
定价：CNY0.09
　　中国现代连环画作品。

J0067413

血泪的控诉　陕西人民出版社改编；苟孟章绘画
西安　陕西人民出版社　1975 年　13cm（60 开）
定价：CNY0.08
　　根据贫农家史《团圆》改编的中国现代连环画作品。

J0067414

血指头　雪犁编文；孙元吉绘画
兰州　甘肃人民出版社　1975 年　13cm（60 开）
定价：CNY0.11
　　中国现代连环画作品。

J0067415

鸭绿江上友谊歌　于永和编文；曾抒嘉，张志谦绘画
沈阳　辽宁人民出版社　1975 年　13cm（60 开）
定价：CNY0.08
　　中国现代连环画作品。

J0067416

烟楼的秘密　冯锡銮等编绘
广州　广东人民出版社　1975 年　13cm（60 开）
定价：CNY0.12
　　中国现代连环画作品。

J0067417

扬鞭催马　李民兴，孙建中编文；姜振民绘画
济南　山东人民出版社　1975 年　13cm（60 开）
定价：CNY0.10
　　中国现代连环画作品。

J0067418

扬鞭向前　李坚编文；王柏松绘图
天津　天津人民美术出版社　1975 年　13cm（60 开）
定价：CNY0.12
　　中国现代连环画作品。

J0067419

野湖风云　宋霖，葛志仁执笔；天长县"革委会"政工组宣传小组，天长县文化馆集体编文；安庆纺织厂"革委会"政治处绘画
合肥　安徽人民出版社　1975 年　13cm（60 开）
定价：CNY0.19
　　中国现代连环画作品。

J0067420

夜闯九曲沙　余松岩编；黄剑培，黄国宏绘
广州　广东人民出版社　1975 年　10cm（64 开）
定价：CNY0.14
（广东民兵革命斗争故事连环画）
　　中国现代连环画作品。

J0067421

夜闯卧虎滩　曹志龙改编；于秉正等绘
北京　人民美术出版社　1975 年　13cm（60 开）
定价：CNY0.08
　　根据陶泰忠小说《扬帆千里》改编的中国现代连环画作品。

J0067422

夜海歼敌　卢山改编；洪瑞生绘图
福州　福建人民出版社　1975 年　13cm（60 开）
定价：CNY0.06
　　根据同名故事改编的中国现代连环画作品。

J0067423

夜海领航　北海港务局业余文艺创作组编绘
南宁　广西人民出版社　1975 年　13cm（60 开）
定价：CNY0.09
　　中国现代连环画作品。

J0067424

夜航　邓文方等原著；林丹改编；许明耀等绘
上海　上海人民出版社　1975 年　36 页　有图
10×13cm　统一书号：8171.1260　定价：CNY0.07
　　中国现代连环画作品。

J0067425

夜袭敌军车　晋察冀鲁豫烈士陵园编绘
石家庄　河北人民出版社　1975 年　37 页
有图　10×13cm　统一书号：8086.454
定价：CNY0.06
　　中国现代连环画作品。

J0067426

夜袭石湖镇　王光明编文；周晓群绘图；安福县文化馆供稿
南昌　江西人民出版社　1975 年　13cm（60 开）
定价：CNY0.12
（江西革命历史斗争故事）
　　中国现代连环画作品。

J0067427

一把扳手　沈建国编绘
沈阳　辽宁人民出版社　1975 年　13cm（60 开）
定价：CNY0.07
　　中国现代连环画作品。

J0067428

一把火　张志能画
成都　四川人民出版社　1975 年　61 页　有图
10×13cm　统一书号：8118.189　定价：CNY0.09
　　根据同名小说改编的中国现代连环画作品。

J0067429

一把山斧　浙江余姚县文化站创作组编；陈志谦等绘
北京　人民美术出版社　1975 年　13cm（60 开）
定价：CNY0.12
　　中国现代连环画作品。

J0067430

一袋稻种　蒋艾荃改编；王守志，刘筱元画
合肥　安徽人民出版社　1975 年　13cm（60 开）
定价：CNY0.09
　　中国现代连环画作品。作者王守志

（1941—　　），画家。山东枣庄人，入合肥书画院学习。历任中国美术家协会会员、中国书法家协会会员、合肥市美术家协会主席、安徽省书法家协会艺术顾问等。出版有《王守志画集》《王守志山水画集》《王守志写意花卉集》《王守志戏剧人物画集》《当代著名篆刻家作品精选》等。

J0067431

一分之争　何宏改编；于兴安绘画
哈尔滨 黑龙江人民出版社 1975年
13cm（60开）定价：CNY0.09
　　根据同名独幕话剧改编的中国现代连环画作品。

J0067432

一封信　禾田原著；陈镇怀，陈仰煌画
广州 广东人民出版社 1975年 13cm（60开）
定价：CNY0.09
　　根据故事《一封挂号信》改编的中国现代连环画作品。

J0067433

一副保险带　嘉定县业余文艺创作组，桃浦
"公社"业余文艺创作组改编
上海 上海人民出版社 1975年 13cm（60开）
统一书号：8171.1145 定价：CNY0.13
　　根据嘉定县业余文艺创作组、桃浦公社业余文艺创作组、上海人民淮剧团的同名戏曲改编的中国现代连环画作品。

J0067434

一罐豆浆　叶南编文；黄虹绘画
沈阳 辽宁人民出版社 1975年 13cm（60开）
定价：CNY0.09
　　中国现代连环画作品。

J0067435

一级英雄杨连第　王成荣编文；毛震耀绘
上海 上海人民出版社 1975年 106页 有图
10×13cm 统一书号：8171.1154 定价：CNY0.11

J0067436

一堂珠算课　吴时学改编；张志武，徐仲宣画
成都 四川人民出版社 1975年 49页 13cm（60开）
统一书号：8118.194 定价：CNY0.08

根据故事《考试》改编的中国现代连环画作品。作者吴时学（1939—　　），书画家。四川乐至县人。大学文化。曾任遂宁市艺术馆副馆长。四川省美术家协会会员、四川省民间文艺家协会会员、四川省群众文化学会会员，遂宁市文化艺术志办公室副主编、《遂宁文化报》副主编。为四川省美术家协会漫画艺术研究会副会长、省美协漫画艺委会委员、遂宁市美术家协会副主席。有漫画作品《比》《旅游写生》《揭穿骗局》，连环画《春风暖尤坪》《火生和爷爷》《独生娃》。

J0067437

一张奇怪的药方　刘汉勤编文；沂源县文化馆，临沂地区展览馆绘画
济南 山东人民出版社 1975年 13cm（60开）
定价：CNY0.13
　　中国现代连环画作品。

J0067438

一支猎枪　句容县文化馆编绘
南京 江苏人民出版社 1975年 13cm（60开）
定价：CNY0.13
　　中国现代连环画作品。

J0067439

一只塑料笔套　朱家珠写；肖跑跑画
上海 上海人民出版社 1975年 有彩图
15cm（40开）统一书号：R10171.544
定价：CNY0.09
　　中国现代连环画作品。

J0067440

伊犁河畔鱼水情　周志卓，渤帆编；钟叔绘
乌鲁木齐 新疆人民出版社 1975年
13cm（60开）定价：CNY0.10
　　中国现代连环画作品。

J0067441

银花朵朵开　沈祖培原著；潘阿虎改编；王仲清绘画
上海 上海人民出版社 1975年 66页 有图
10×13cm 统一书号：8171.1288 定价：CNY0.07

J0067442

银沙滩 （上集）静海县业余文艺创作组《银沙

滩》小组编绘
天津　天津人民美术出版社　1975 年　13cm（60 开）
定价：CNY0.17
　　　中国现代连环画作品。

J0067443
银鹰播雨绿草原　　李殿忠，邢安夫编绘
呼和浩特　内蒙古人民出版社　1975 年
13cm（60 开）定价：CNY0.11
　　　中国现代连环画作品。

J0067444
引航　　秦港《引航》创作组编绘
石家庄　河北人民出版社　1975 年　13cm（60 开）
定价：CNY0.10
　　　中国现代连环画作品。

J0067445
英雄的小姑娘　　魏茂林编诗；李耀华绘画
石家庄　河北人民出版社　1975 年　13cm（60 开）
定价：CNY0.08
　　　中国现代连环画作品。

J0067446
英雄女民兵　　原野改编；范思田绘画
合肥　安徽人民出版社　1975 年　13cm（60 开）
定价：CNY0.08
　　　根据《江淮烽火》民兵革命斗争故事改编的
中国现代连环画作品。

J0067447
英雄小哨兵　　吴德永文；王日等画
济南　山东人民出版社　1975 年　13cm（60 开）
定价：CNY0.10
　　　中国现代连环画作品。

J0067448
鹰岛大捷　　丘兰生等编文；施友义绘图
福州　福建人民出版社　1975 年　130 页　有图
10×13cm　统一书号：8173.123　定价：CNY0.16
　　　中国现代连环画作品。作者施友义（1947— ），
画家。笔名石奇，福建平潭人。曾任中国美术家
协会福建分会会员、福建出版集团编审、华艺出
版社副社长。出版有《施友义国画选》《侯官县
烈女歼仇》《千里送京娘》《千古名媛》。

J0067449
映山红　　邓子敬，邓子芳绘画
广州　广东人民出版社　1975 年　10cm（64 开）
定价：CNY0.12
　　　根据伊始、郑瑄的同名小说改编的中国现代
连环画作品。作者邓子芳（1948— ），书画家。
生于海南海口市，祖籍琼山市。历任海南省美术
家协会副主席，中国美术家协会会员，中国版画
家协会理事，海南日报社主任编辑、摄影美术部
副主任等职。版画作品有《新雏声声》《黎族女
教师》《碧海绿岛》等。

J0067450
映山红　　伊始等原著；胡雁改编；汪洵秋绘画
上海　上海人民出版社　1975 年　102 页　有图
10×13cm　统一书号：8171.1246　定价：CNY0.10
　　　中国现代连环画作品。

J0067451
友谊水　　农景奇，黄莺原著；周元骏改编；徐
有武绘画
上海　上海人民出版社　1975 年　13cm（60 开）
定价：CNY0.09
　　　中国现代连环画作品。作者徐有武
（1942— ），画家。浙江永康人。中国美术家协
会会员。代表作品有《送鱼》《徐有武画集》《中
国佛教图像解说》《古代仕女画法》等。

J0067452
友谊颂　　阎作义原作；陈祖言改编；杨英镖绘
上海　上海人民出版社　1975 年　62 页　有图
10×13cm　统一书号：8171.1199　定价：CNY0.07
　　　中国现代连环画作品。

J0067453
鱼塘边的战斗　　王学明编绘
石家庄　河北人民出版社　1975 年　13cm（60 开）
定价：CNY0.11
　　　中国现代连环画作品。作者王学明
（1943— ），美术编辑。天津人，毕业于河北省
美术学院。历任师范学校美术教员、报社美术编
辑、衡水地区画院院长、中国美术家协会会员。
连环画代表作品有《三断奇案》等，出版有《买海
居诗选》《王学明画集》等。

J0067454

渔岛怒潮 （上）姜树茂原著；涂介华，王树华改编；丁世弼绘图
南昌 江西人民出版社 1975年 2版
13cm（60开）定价：CNY0.20
　　中国现代连环画作品。

J0067455

渔岛怒潮 （下）姜树茂原著；涂介华，王树华改编；丁世弼绘图
南昌 江西人民出版社 1975年 2版
13cm（60开）定价：CNY0.20
　　中国现代连环画作品。

J0067456

园田 天津市卫国道中学编文；天津市河东区文化馆绘画
天津 天津人民美术出版社 1975年 13cm（60开）
定价：CNY0.07
　　中国现代连环画作品。

J0067457

砸渔行 （雁翎队的故事）刘夫海原著；张欣之编；赵冰爽等绘
石家庄 河北人民出版社 1975年 58页
有图 10×13cm 统一书号：8086.589
定价：CNY0.08
　　中国现代连环画作品。

J0067458

在暑假里 牟桑编绘
济南 山东人民出版社 1975年 13cm（60开）
定价：CNY0.08
　　中国现代连环画作品。作者牟桑（1942— ），教授。生于山东日照，毕业于山东师范学院艺术系。历任中国美术家协会会员，山东建筑大学艺术系教研室主任、教授。作品有《举士奇创》《农林益鸟》《林黛玉魁夺菊花诗》，专集有《花卉写生集》《中国太湖石写生集》。主编《全国高校建筑学科教师美术作品集》。

J0067459

斩王莽 上海师范大学中文系写作组原著；朱未改编；戴宏海绘画
天津 天津人民美术出版社 1975年 13cm（60开）

定价：CNY0.07
　　中国现代连环画作品。

J0067460

战地红缨 （上册）石文驹原著；杨云庆改编；李俊琪绘画
天津 天津人民美术出版社 1975年 13cm（60开）
定价：CNY0.17
　　中国现代连环画作品。作者杨云庆（1933— ），曾任黑龙江省作家协会会员、散文家协会会员、老年作家协会会员。作品有《杨云庆文集（上、下）》等。作者李俊琪（1943— ），教授。号大道轩主人，河北乐亭人。历任天津美术家协会副主席，中国美术家协会会员，天津南开大学教授、研究生导师，美国传记研究院研究员。著作有《中国历代诗家图卷》《中国历代兵家图卷》《中国历代文学家画传》《李俊琪画集》等。

J0067461

战斗的早晨 辛路编绘
北京 人民美术出版社 1975年 13cm（60开）
定价：CNY0.10
　　根据阿尔巴尼亚同名电影编绘的中国现代连环画作品。

J0067462

战斗小英雄 王文宏编文；庄小雷等绘画
石家庄 河北人民出版社 1975年 101页
有图 10×13cm 统一书号：8086.550
定价：CNY0.12
　　中国现代连环画作品。

J0067463

战斗在南泥湾 王庆华编文；关庆留等绘画
西安 陕西人民出版社 1975年 13cm（60开）
定价：CNY0.13
　　中国现代连环画作品。

J0067464

战马嘶鸣 玉磊改编；刘廷相绘画
沈阳 辽宁人民出版社 1975年 13cm（60开）
定价：CNY0.08
　　中国现代连环画作品。作者刘廷相，连环画家。出生于辽宁沈阳。创作作品有《万紫千红

总是春》《旗委书记》《谁光荣》《红孩子连金法》
《杨三姐告状》等。

J0067465

长安烈火　胡乃江编；九台县农民连环画学习
班画
长春　吉林人民出版社　1975年　13cm（60开）
定价：CNY0.07
　　中国现代连环画作品。

J0067466

召唤　鞠宇东原著；江苏人民出版社改编；逸
伟绘
南京　江苏人民出版社　1975年　有彩图
15cm（40开）定价：CNY0.10
　　中国现代连环画作品。

J0067467

征途　（上集）绥棱县《征途》连环画三结合编
创组编绘
哈尔滨　黑龙江人民出版社　1975年
13cm（60开）定价：CNY0.13
　　根据同名小说改编的中国现代连环画作品。

J0067468

治虫　吴时学编；肖天智画
成都　四川人民出版社　1975年　13cm（60开）
定价：CNY0.10
　　中国现代连环画作品。作者吴时学
（1939—　），书画家。四川乐至县人。大学文
化。曾任遂宁市艺术馆副馆长。四川省美术家
协会会员、四川省民间文艺家协会会员、四川省
群众文化学会会员、遂宁市文化艺术志办公室副
主编、《遂宁文化报》副主编。为四川省美术家协
会漫画艺术研究会副会长、省美协漫画艺委会委
员、遂宁市美术家协会副主席。有漫画作品《比》
《旅游写生》《揭穿骗局》，连环画《春风暖尤坪》
《火生和爷爷》《独生娃》。作者肖天智，连环画
家。就职于彭县文化馆。创作连环画作品有《治
虫》《苦妹儿》《狄仁杰传奇》《三盗合欢瓶》等。
作者肖天智，连环画家。就职于彭县文化馆。创
作连环画作品有《治虫》《苦妹儿》《狄仁杰传奇》
《三盗合欢瓶》等。

J0067469

智擒"穿山豹"　谢惠兵画
成都　四川人民出版社　1975年　有彩图
15cm（40开）统一书号：R8118.94
定价：CNY0.16
　　根据《山岭上》故事改编的中国现代连环画
作品。

J0067470

智擒魔王　赵瑞林编文；马庭奎绘画
石家庄　河北人民出版社　1975年　13cm（60开）
定价：CNY0.12
　　中国现代连环画作品。

J0067471

智擒夜巡队　陆岩原作；马程绘
北京　人民美术出版社　1975年　13cm（60开）
定价：CNY0.07
　　根据《解放军文艺》节编的中国现代连环画
作品。作者马程（1940—　），连环画家。辽宁大
连人，毕业于鲁迅美术学院中国画系。曾任人民
美术出版社连环画编辑室副主任。作品有《鲁智
深》《封神演义》《清宫演义》等。

J0067472

智取铜井镇　张羽改编；张文忠画
成都　四川人民出版社　1975年　13cm（60开）
定价：CNY0.09
　　中国现代连环画作品。

J0067473

智捉"鬼头蟹"　李凤琪原著；唐福春，肖天智
改编；肖天智绘画
天津　天津人民美术出版社　1975年　13cm（60开）
定价：CNY0.09
　　中国现代连环画作品。作者肖天智，连环画
家。就职于彭县文化馆。创作连环画作品有《治
虫》《苦妹儿》《狄仁杰传奇》《三盗合欢瓶》等。

J0067474

种子金灿灿　潘昌银编；宁新生，龙山农绘
南宁　广西人民出版社　1975年　13cm（60开）
定价：CNY0.09
　　中国现代连环画作品。

J0067475

种子金灿灿　潘昌仁原著；李葆青改编；邓二
龙，翁文忠绘画
天津　天津人民美术出版社 1975 年 13cm（60 开）
定价：CNY0.09
　　中国现代连环画作品。

J0067476

竹园风云　崔铭先等编绘
杭州　浙江人民出版社 1975 年 13cm（60 开）
定价：CNY0.09
　　根据崔铭先长诗《书记的斗笠》编绘的中国
现代连环画作品。

J0067477

主角　曹刚强等原著；陆鸿道编；袁继光等绘
上海　上海人民出版社 1975 年 70 页 有图
10×13cm 统一书号：8171.1412 定价：CNY0.07
　　中国现代连环画作品。

J0067478

抓"狐狸"　竹影，雨华著
呼和浩特　内蒙古人民出版社 1975 年
有彩图 15cm（64 开）统一书号：7089.24
定价：CNY0.21
　　中国现代彩色连环画作品。

J0067479

壮丽的青春——模范共青团员周春山
吴鄂东编；张宁画
乌鲁木齐　新疆人民出版社 1975 年
13cm（60 开）定价：CNY0.14
　　中国现代连环画作品。

J0067480

追花夺蜜　张步真原著；陈梅鼎改编；许根荣绘
上海　上海人民出版社 1975 年 70 页 有图
10×13cm 统一书号：8171.1441 定价：CNY0.07
　　中国现代连环画作品。

J0067481

追踪　吕习明编文；王孟奇给
南京　江苏人民出版社 1975 年 13cm（60 开）
定价：CNY0.12
　　本连环画包括《追踪》《考试》《春米榔头里

的秘密》3 个故事。

J0067482

追踪　蔺鸿儒编；阎文科画
呼和浩特　内蒙古人民出版社 1975 年
重印本 50 页 13cm（60 开）统一书号：8089.22
定价：CNY0.08
　　中国现代连环画作品。

J0067483

追踪
银川　宁夏人民出版社 1975 年 13cm（60 开）
定价：CNY0.06
　　中国现代连环画作品。

J0067484

捉蟹　李凤琪原著；沈在召编绘
福州　福建人民出版社 1975 年 57 页 有图
10×13cm 统一书号：8173.117 定价：CNY0.08
　　中国现代连环画作品。

J0067485

捉蟹　李凤琪原著；邹向前改编；张寿文绘画
哈尔滨　黑龙江人民出版社 1975 年
13cm（60 开）定价：CNY0.08
　　中国现代连环画作品。

J0067486

捉蟹　赵九伶改编；洪若等绘画
沈阳　辽宁人民出版社 1975 年 13cm（60 开）
定价：CNY0.07
　　中国现代连环画作品。

J0067487

捉蟹　郭庆川编绘
太原　山西人民出版社 1975 年 13cm（60 开）
定价：CNY0.09
　　根据李凤琪同名小说改编的中国现代连环
画作品。

J0067488

组织委员　郭宁原著；陈祖言改编；李绍然绘
上海　上海人民出版社 1975 年 78 页 有图
10×13cm 统一书号：8171.1454 定价：CNY0.08
　　中国现代连环画作品。作者李绍然（1939—

2017），画家。字昭昭，别号齐东野叟、东鲁画痴、登州布衣、胶东客等。山东烟台人，毕业于浙江美术学院中国画系。曾任上海美术家协会会员、上海连环画研究会会员、中国电影家协会会员。代表作品有《勇敢机智打豺狼》《红枫岭上》等。

J0067489
钻塔上的青春　　任彦芳诗；吕世荣画
长春　吉林人民出版社　1975年　13cm（60开）
定价：CNY0.19
　　中国现代连环画作品。

J0067490
"病理检验单"的秘密　　李文龙编文；郑庆衡绘画
天津　天津人民美术出版社　1976年　15cm（64开）
定价：CNY0.19
　　中国现代连环画作品。作者郑庆衡（1939—1996），教授。河北玉田县人。历任中国美术家协会会员、南开大学教授、东方文化艺术系主任、天津市美术家协会理事。出版有《郑庆衡画集》。

J0067491
"花脸狼"落网记　　春雷改编；严庚辰绘图
哈尔滨　黑龙江人民出版社　1976年　13cm（64开）
定价：CNY0.07
　　根据小说《葡萄架下》改编的中国现代连环画作品。

J0067492
阿菊　　翁家杰，任海根编文；杨雨青绘画
南京　江苏人民出版社　1976年　13cm（64开）
定价：CNY0.10
　　中国现代连环画作品。

J0067493
阿牛　　天峨县《阿牛》连环画创作组编绘
南宁　广西人民出版社　1976年　13cm（60开）
定价：CNY0.09
　　中国现代连环画作品。

J0067494
拔据点　　袁海庭改编；巫俊，钱流绘画
合肥　安徽人民出版社　1976年　13cm（64开）
定价：CNY0.09
　　中国现代连环画作品。

J0067495
把好方向盘　　李国涛改编；李乃宙绘画
石家庄　河北人民出版社　1976年　13cm（64开）
定价：CNY0.09
　　中国现代连环画作品。

J0067496
半边天　　张彭执笔改编；周永生绘画
济南　山东人民出版社　1976年　15cm（60开）
定价：CNY0.11
　　根据同名吕剧改编的中国现代连环画作品。

J0067497
保卫兵工厂　　唐雄改编；胡焕良等绘
广州　广东人民出版社　1976年　10cm（64开）
定价：CNY0.11
　　本书是根据同名故事改编的广东民兵革命斗争故事连环画。

J0067498
暴风雨中的雄鹰　　董耀根编文；郑波等绘画
上海　上海人民出版社　1976年　13cm（64开）
定价：CNY0.11
　　中国现代连环画作品。

J0067499
北疆小哨兵　　富刚编；索文斌，温茂云画
呼和浩特　内蒙古人民出版社　1976年
13cm（64开）定价：CNY0.14
　　中国现代连环画作品。

J0067500
北京时间　　余云原著；李光羽改编
上海　上海人民出版社　1976年　13cm（64开）
定价：CNY0.08
　　中国现代连环画作品。

J0067501
背牛的人　　包钢编文；史一绘画
昆明　云南人民出版社　1976年　13cm（60开）
定价：CNY0.10
　　中国现代连环画作品。

J0067502

碧海长缨　　田耕编；庞泰嵩等绘

南宁　广西人民出版社　1976年　13cm（60开）

定价：CNY0.14

中国现代连环画作品。

J0067503

边防狩猎　　李遵义改编；高润川等绘画

长春　吉林人民出版社　1976年　13cm（64开）

定价：CNY0.10

中国现代连环画作品。

J0067504

扁担枪　　中国人民解放军2855部队业余美术组编绘

天津　天津人民美术出版社　1976年　13cm（64开）

定价：CNY0.11

中国现代连环画作品。

J0067505

捕鱼时节　　卢伟改编；刘苹绘

北京　人民美术出版社　1976年　13cm（64开）

定价：CNY0.11

中国现代连环画作品。

J0067506

菜园风雨　　顺义县业余美术创作组绘

北京　人民美术出版社　1976年　13cm（64开）

定价：CNY0.08

中国现代连环画作品。

J0067507

灿烂的珍珠　　大川改编；沈宝发绘画

上海　上海人民出版社　1976年　13cm（64开）

定价：CNY0.06

中国现代连环画作品。

J0067508

曹桥阅兵　　禾明远编文；孙原泰，赵贵颙绘画

沈阳　辽宁人民出版社　1976年　13cm（64开）

定价：CNY0.10

中国现代连环画作品。

J0067509

草原红哨　　金坚改编；陆成法绘画

上海　上海人民出版社　1976年　13cm（64开）

定价：CNY0.06

中国现代连环画作品。

J0067510

查砚台　　宜昌地区文化馆改编；潘直亮，张文永绘画

武汉　湖北人民出版社　1976年　13cm（64开）

定价：CNY0.07

根据同名革命故事改编的中国现代连环画作品。作者潘直亮（1941—　　），编辑。湖北汉阳人。历任湖北孝感市文联副主席、市美协主席，孝感画院院长，中国美术家协会会员，孝感市美术家协会名誉主席。作品有《杨靖宇》《恋》《献寿》主要专著有《潘直亮佛教题材水墨作品选集》等。

J0067511

场外指导　　阎安龙编文；罗干才，刘世群绘画

南昌　江西人民出版社　1976年　13cm（64开）

定价：CNY0.12

中国现代连环画作品。

J0067512

晁错削藩　　李光羽编文；徐正平，凌涛绘画

上海　上海人民出版社　1976年　13cm（64开）

定价：CNY0.10

中国现代连环画作品。绘图徐正平（1923—2015），连环画家。笔名又飞，江苏阜宁人。上海连环画研究会理事。代表作品有《复镖仇》《安史之乱》《桃园结义》《虎牢关》《风雪夜归人》等。

J0067513

车轮滚滚　　人民美术出版社改编；长春电影制片厂供稿

北京　人民美术出版社　1976年　13cm（64开）

定价：CNY0.29

根据同名电影改编的中国现代连环画作品。

J0067514

陈玉成　　董阳声改编；王亦秋绘画

上海　上海人民出版社　1976年　13cm（60开）

定价：CNY0.15

中国现代连环画作品。

J0067515
出国之前　陈积奖改编；王健尔，吴儆芦绘画
上海　上海人民出版社 1976 年　13cm（64 开）
定价：CNY0.07
　　中国现代连环画作品。

J0067516
楚英　（广阔天地　大有作为）殷济蓉，王周生
原著；东风农场绘画
上海　上海人民出版社 1976 年　13cm（64 开）
定价：CNY0.07
　　中国现代连环画作品。

J0067517
船标灯　陈清狂改编；江声海绘图
福州　福建人民出版社 1976 年　13cm（64 开）
定价：CNY0.10
　　中国现代连环画作品。

J0067518
船舱秘密　郑朝改编；魏德俊，李忠民绘画
杭州　浙江人民出版社 1976 年　13cm（64 开）
统一书号：8103.215 定价：CNY0.08
　　根据郎永舍儿童故事《水乡红苗》改编的中
国现代连环画作品。

J0067519
闯将　大庆油田《闯将》连环画创作组，黑龙江
人民出版社《闯将》连环画创作组编绘
哈尔滨　黑龙江人民出版社 1976 年　13cm（64开）
统一书号：8093.334 定价：CNY0.09
　　中国现代连环画作品。

J0067520
闯滩　上海市物资局业余文艺创作组编绘
上海　上海人民出版社 1976 年　13cm（64 开）
定价：CNY0.07
　　中国现代连环画作品。

J0067521
创业　邓会光改编
哈尔滨　黑龙江人民出版社 1976 年　13cm（64 开）
定价：CNY0.20
　　中国现代连环画作品。本书与辽宁人民出
版社合作出版。

J0067522
春雷　田玉明改编；焦岩峰绘画
济南　山东人民出版社 1976 年　13cm（64 开）
定价：CNY0.10
　　中国现代连环画作品。

J0067523
春苗　王祖毅改编；赵志强等执笔；上海电影
制片厂供稿
上海　上海人民出版社 1976 年　13cm（64 开）
统一书号：8171.1583 定价：CNY0.28
　　根据同名电影改编的中国现代连环画作品。

J0067524
春天的脚步　华士明改编；胡博综绘画
南京　江苏人民出版社 1976 年　13cm（64 开）
定价：CNY0.10
　　中国现代连环画作品。作者胡博综(1941—)，
编审。江苏无锡人。历任中国美协会员，江苏美
术出版社副总编、编审，中国美协连环画艺委会
委员、江苏省美协理事。连环画作品有《十二品
正官》《倪焕之》《要是我当县长》等。

J0067525
翠谷鞭声　盛殿元编文；刘天民，杨维华绘画
沈阳　辽宁人民出版社 1976 年　13cm（64 开）
定价：CNY0.07
　　中国现代连环画作品。

J0067526
翠谷鞭声　孟森耀编文；蔡一鸣，丁纯一绘画
上海　上海人民出版社 1976 年　13cm（64 开）
定价：CNY0.07
　　中国现代连环画作品。

J0067527
大潮汛之夜　刘志刚，佟文焕改编
沈阳　辽宁人民出版社 1976 年　13cm（64 开）
定价：CNY0.18
　　中国现代连环画作品。

J0067528
大战"气老虎"　根据《阳光灿烂》小说大庆油
田钻井指挥部等编绘
北京　人民美术出版社 1976 年　13cm（64 开）

定价: CNY0.12

　　本连环画包括《大战"气老虎"》《暴风雪中》两个故事。

J0067529

逮熊　邢莱廷改编; 冒怀苏绘画
上海　上海人民出版社 1976 年 13cm(64 开)
定价: CNY0.06

　　中国现代连环画作品。

J0067530

带响的弓箭　李菁改编; 邓瑞芳, 王怀基画
太原　山西人民出版社 1976 年 13cm(64 开)
定价: CNY0.12

　　中国现代连环画作品。

J0067531

党的女孩子周海斌　龙夫编文; 邓辉楚绘画
长沙　湖南人民出版社 1976 年 13cm(64 开)
定价: CNY0.09

　　中国现代连环画作品。作者邓辉楚
(1944—), 画家。湖南新邵人, 毕业于湖南师范大学。历任湖南书画研究院特聘画师、湖南少年儿童出版社副编审、湖南湘风书画艺术院院长、北京恒辉书画艺术院院长、中国美术家协会会员。代表作品《山顶人家》《张家界》《雾漫苗山》等。出版《邓辉楚山水画集》等。

J0067532

登攀　上海市第二建筑工程公司工人业余创作组编绘
上海　上海人民出版社 1976 年 13cm(64 开)
定价: CNY0.10

　　中国现代连环画作品。

J0067533

敌后小英雄　王滋华改编; 邵声等绘画
合肥　安徽人民出版社 1976 年 13cm(64 开)
定价: CNY0.15

　　中国现代连环画作品。

J0067534

第二个春天　刘川, 贺宝贤编剧; 王成荣改编
上海　上海人民出版社 1976 年 13cm(64 开)
定价: CNY0.30

中国现代连环画作品。

J0067535

第二个春天　袁玮大编文
天津　天津人民美术出版社 1976 年 13cm(64 开)
定价: CNY0.28

　　中国现代连环画作品。

J0067536

第一线上　庄大伟编文; 杨秉良绘画
上海　上海人民出版社 1976 年 13cm(64 开)
定价: CNY0.07

　　中国现代连环画作品。作者庄大伟
(1951—), 儿童文学作家, 学者。毕业于上海电视大学中文专业。代表作品有《庄大伟幽默故事集》《庄大伟童话精选》《第一线上》等。

J0067537

典型发言　崔洪瑞, 段瑞夏原著; 孙愚改编;
上海市仪表局美术创作组绘画
上海　上海人民出版社 1976 年 110 页 有图
10×13cm 统一书号: 8171.1524 定价: CNY0.11

　　中国现代连环画作品。作者孙愚(1937—),
画家。浙江温州人。中国美术家协会会员。曾在上海人民美术出版社从事连环画创作, 兼任上海大学巴士学院美术专业基础课程教师。著有《钢笔画起步》, 连环画《野猫》《巴黎圣母院》《海底两万里》《圣经的故事》《孤岛历险记》等。

J0067538

电闪雷鸣　杨光伟编; 华尘, 梁祥绘
广州　广东人民出版社 1976 年 10cm(64 开)
定价: CNY0.12
(广东民兵革命斗争故事连环画)

　　中国现代连环画作品。

J0067539

电站红花　郁金英, 沈金祥编文
上海　上海人民出版社 1976 年 13cm(64 开)
定价: CNY0.07

　　中国现代连环画作品。

J0067540

东海骨肉情　上海市海洋渔业公司《东海骨肉情》创作组编绘

上海 上海人民出版社 1976 年 13cm（64 开）
定价：CNY0.09
中国现代连环画作品。

J0067541
东海小哨兵 沈国鋆改编；石扬绘
北京 人民美术出版社 1976 年 13cm（64 开）
定价：CNY0.08
中国现代连环画作品。

J0067542
杜门山海战 金海龙编文；孙宝堂绘画
上海 上海人民出版社 1976 年 13cm（64 开）
定价：CNY0.10
中国现代连环画作品。

J0067543
渡口 今新原著；张泽源改编
沈阳 辽宁人民出版社 1976 年 13cm（64 开）
定价：CNY0.18
中国现代连环画作品。

J0067544
夺鞭 邬朝祝，刘汉勋编文；徐安琪等绘画
长沙 湖南人民出版社 1976 年 13cm（64 开）
定价：CNY0.13
中国现代连环画作品。

J0067545
夺棉记 王立风改编；潘直亮，吴正奎绘画
武汉 湖北人民出版社 1976 年 13cm（64 开）
定价：CNY0.07
（湖北民兵革命斗争故事连环画）
中国现代连环画作品。作者潘直亮
（1941— ），编辑。湖北汉阳人。历任湖北孝感
市文联副主席、市美协主席，孝感画院院长，中
国美术家协会会员，孝感市美术家协会名誉主
席。作品有《杨靖宇》《恋》《献寿》主要专著有《潘
直亮佛教题材水墨作品选集》等。

J0067546
夺阵地 刘书棠，董瑜改编；傅长顺等绘
北京 人民出版社 1976 年 13cm（64 开）
定价：CNY0.09
中国现代连环画作品。

J0067547
鄂伦春新歌 《鄂伦春新歌》连环画三结合创
作组编绘
哈尔滨 黑龙江人民出版社 1976 年 13cm（64 开）
定价：CNY0.10
中国现代连环画作品。

J0067548
儿童团长伊德日乎 张乃仁编；席明一绘
呼和浩特 内蒙古人民出版社 1976 年
13cm（64 开）定价：CNY0.14
中国现代连环画作品。

J0067549
阀门师傅 抚顺石油一厂工人业余文艺创作
组编文；贾明基，乌明耀绘画
沈阳 辽宁人民出版社 1976 年 13cm（64 开）
定价：CNY0.07
中国现代连环画作品。

J0067550
饭店内外 张剑萍改编；徐景贤等绘画
济南 山东人民出版社 1976 年 13cm（64 开）
定价：CNY0.11
中国现代连环画作品。作者张剑萍
（1928— ），山东省鄄城县人。历任曹州书画院
副院长及副研究员，山东省第五届文联委员、山
东省第二届书法家协会理事、菏泽地区首届书法
家协会主席、中国书法家协会会员、山东泰山国
画研究院名誉院长、湖南中国武陵书画家协会名
誉主席、南京徐悲鸿画院艺术顾问等。代表作品
有《古诗行草集粹》《五体书前后赤壁赋》。

J0067551
饭店新兵 兰州大学工农兵学员改编；张玄英
绘画
兰州 甘肃人民出版社 1976 年 13cm（64 开）
统一书号：8096.458 定价：CNY0.10
根据短篇小说《杨柳青青》改编的中国现代
连环画作品。

J0067552
范小牛和他的小伙伴 胡吉人改编；张峻松
绘画
上海 上海人民出版社 1976 年 13cm（64 开）

定价: CNY0.07
　　中国现代连环画作品。

J0067553
方腊传　齐矛原著; 聂秀功等编绘
南京　江苏人民出版社　1976 年　13cm(64 开)
定价: CNY0.15
　　中国现代连环画作品。

J0067554
方腊起义　阮士旺等编文; 蒲慧华, 言师中绘画
济南　山东人民出版社　1976 年　13cm(64 开)
定价: CNY0.09
　　中国现代连环画作品。

J0067555
方向　张宝蔚编绘
南京　江苏人民出版社　1976 年　13cm(64 开)
定价: CNY0.09
　　根据同名小说改编的中国现代连环画作品。
作者张宝蔚(1939—)，画家。江苏苏州市人。
毕业于南京师范大学美术系。中国美术家协会
会员。出版有《张宝蔚画集》等。

J0067556
纺织工血泪仇　武汉第六棉纺织厂宣传科
编绘
武汉　湖北人民出版社　1976 年　13cm(64 开)
定价: CNY0.15
　　中国现代连环画作品。

J0067557
放鸭记　李家衡画
成都　四川人民出版社　1976 年　13cm(60 开)
定价: CNY0.09
　　本书是根据儿童歌剧《葵花向阳开》改编的
中国现代连环画作品。

J0067558
飞袭双龙桥　马国兢改编; 冼励强画
广州　广东人民出版社　1976 年　10cm(64 开)
统一书号: 8111.1690 定价: CNY0.11
(广东民兵革命斗争故事连环画)
　　根据同名故事改编的中国现代连环画。

J0067559
飞雪迎春　(上册)周良思原著; 黄奕加改编;
聂秀功等绘
上海　上海人民出版社　1976 年　13cm(64 开)
定价: CNY0.15
　　中国现代连环画作品。

J0067560
沸腾的夜晚　丁国联改编; 庄根生, 仇德树
绘画
上海　上海人民出版社　1976 年　13cm(64 开)
定价: CNY0.07
　　中国现代连环画作品。作者仇德树
(1948—)，画家。出生于上海。作品有书法《风
雷》，水墨《从自然到超脱，从黑夜到白天》。

J0067561
风华正茂　定兴改编; 刘建平绘画
天津　天津人民美术出版社　1976 年　13cm(64 开)
定价: CNY0.17
　　中国现代连环画作品。

J0067562
风口岭　买鸿昌改编; 赵全健绘画
兰州　甘肃人民出版社　1976 年　13cm(64 开)
定价: CNY0.10
　　中国现代连环画作品。

J0067563
风雪隆山岭　金叙, 徐家胜编绘
杭州　浙江人民出版社　1976 年　13cm(64 开)
定价: CNY0.07
　　中国现代连环画作品。

J0067564
风雨杏花村　(上集)牧夫原著; 广东人民出
版社改编; 文继明等执笔
广州　广东人民出版社　1976 年　10cm(64 开)
统一书号: 8111.1585 定价: CNY0.13
　　中国现代连环画作品。

J0067565
风雨夜空歼飞贼　俞士梅, 吴祯祥绘
南京　江苏人民出版社　1976 年　13cm(64 开)
定价: CNY0.09

中国现代连环画作品，包括《风雨夜空歼飞贼》《我的长机》两个故事。

J0067566
风云万里　陈梅鼎改编；尚立滨，张渭人绘画
上海　上海人民出版社　1976 年　13cm（64 开）
定价：CNY0.07
　　中国现代连环画作品。

J0067567
枫树湾　鲁冬青改编
广州　广东人民出版社　1976 年　10cm（64 开）
定价：CNY0.35
　　中国现代连环画作品。

J0067568
枫树湾　湖南人民出版社改编；曾晓浒等执笔
北京　人民美术出版社　1976 年　13cm（64 开）
定价：CNY0.23
　　中国现代连环画作品。作者曾晓浒（1938—2015），画家。出生于四川成都，毕业于广州美术学院国画系。年幼时观张大千先生作画，得张肇铭、王霞宙、端木梦锡、关山月、黎雄才先生的指导。画作有《韶山》《南天独秀》《放木排》。著作有《曾晓浒画集》《曾晓浒陆露音画集》。

J0067569
伏兵敌后　万国光，谭赐编；张道兴等绘
北京　人民美术出版社　1976 年　13cm（64 开）
定价：CNY0.10
　　中国现代连环画作品。

J0067570
府河纤夫　刘允嘉编；杜大鹏画
成都　四川人民出版社　1976 年　13cm（60 开）
定价：CNY0.08
　　本连环画包括《府河纤夫》《矿山血泪》两个故事。

J0067571
钢厂新人　林茉莉改编；潘胜奎绘画
沈阳　辽宁人民出版社　1976 年　13cm（64 开）
定价：CNY0.12
　　中国现代连环画作品。

J0067572
杠杠民兵　王胜朝，李木梓改编；李忠良绘
北京　人民出版社　1976 年　13cm（64 开）
定价：CNY0.11
　　中国现代连环画作品。

J0067573
高家兄弟　何忠社，王永祥改编；陕西省艺术学院美术系连环画学习小组绘画
西安　陕西人民出版社　1976 年　13cm（64 开）
定价：CNY0.08
　　中国现代连环画作品。

J0067574
鸽子的秘密　王春才改编；张冰杰等绘画
石家庄　河北人民出版社　1976 年　13cm（64 开）
定价：CNY0.09
　　中国现代连环画作品。

J0067575
割草记　士明改编；吴同椿绘画
南京　江苏人民出版社　1976 年　13cm（64 开）
定价：CNY0.08
　　中国现代连环画作品。

J0067576
革命老妈妈　胡元祥编文；朱冬青等绘画
天津　天津人民美术出版社　1976 年　13cm（64 开）
定价：CNY0.11
　　中国现代连环画作品。

J0067577
革命现代京剧《平原作战》　庄宏安改编；张永枚执笔
上海　上海人民出版社　1976 年　13cm（64 开）
定价：CNY0.17
　　中国现代连环画作品。作者庄宏安，连环画编辑。改编的连环画有《原野》（辽宁版）《延安保卫战》《战上海／星火燎原系列连环画》《中国连环画优秀作品读本》等。

J0067578
"公社"管家　张建中改编；卢万元绘画
太原　山西人民出版社　1976 年　13cm（64 开）
定价：CNY0.09

中国现代连环画作品。作者张建中（1928— ），画家。

J0067579
古井新生　武建华, 阎志翔编绘
南京　江苏人民出版社　1976年　13cm（64开）
定价：CNY0.14
　　中国现代连环画作品。

J0067580
瓜棚记　彭中岳改编; 陈鹏同绘画
济南　山东人民出版社　1976年　13cm（64开）
定价：CNY0.09
　　中国现代连环画作品。

J0067581
官渡大捷　嵋石改编; 石庆寅, 李文福绘画
沈阳　辽宁人民出版社　1976年　13cm（64开）
定价：CNY0.08
　　中国现代连环画作品。

J0067582
柜台一兵　陆鸿道改编; 孔兴甫, 周庆复绘画
上海　上海人民出版社　1976年　13cm（64开）
定价：CNY0.07
　　中国现代连环画作品。

J0067583
国境线上　黎汝清原著; 胡海润改编; 徐芒耀
绘画
武汉　湖北人民出版社　1976年　25页　有彩图
19cm（32开）统一书号：8106.1566
定价：CNY0.24
　　中国现代连环画作品。作者黎汝清（1928—2015），作家。山东博兴县人。曾任南京军区前线歌舞团编剧、军区政治部文艺创作室创作员, 中国作家协会会员。著有长篇小说《海岛女民兵》《皖南事变》等, 儿童文学集《秘密联络站》, 诗歌散文集《在祖国的土地上》等, 电影文学剧本《长征》等, 评论集《黎汝清研究专集》等。

J0067584
国境线上　胡海润改编; 徐芒耀绘
北京　人民美术出版社　1976年　13cm（64开）
定价：CNY0.09

本连环画包括《国境线上》《边防守猎》两个故事。

J0067585
果园巡逻兵　祝正祥编文; 孔德良绘画
兰州　甘肃人民出版社　1976年　13cm（64开）
定价：CNY0.10
　　中国现代连环画作品。

J0067586
海底歼敌　沈顺根原著; 毛文彪绘画
天津　天津人民美术出版社　1976年　13cm（64开）
定价：CNY0.15
　　中国现代连环画作品。作者毛文彪（1950— ），美术家。浙江奉化人。擅长油画、宣传画。海军政治部创作室美术创作员。主要作品有《期望》《郑和下西洋》《远航归来》等。

J0067587
海港上的战斗　张隽一改编; 李肇宏绘画
长春　吉林人民出版社　1976年　13cm（64开）
定价：CNY0.14
　　中国现代连环画作品。

J0067588
海螺和海兰　李俊优改编; 胡正言绘图
南昌　江西人民出版社　1976年　13cm（64开）
定价：CNY0.09
　　根据李凤琪《捉蟹》改编的中国现代连环画作品。

J0067589
海上尖刀　钱永召等原著; 赵吉南改编; 何进绘
上海　上海人民出版社　1976年　62页　有图
10×13cm　统一书号：8171.1480 定价：CNY0.07
　　中国现代连环画作品。

J0067590
海上尖刀　赵吉南改编; 何进绘画
上海　上海人民出版社　1976年　13cm（64开）
定价：CNY0.07
　　中国现代连环画作品。

J0067591

海娃炸敌艇　王世虎编文；杜恒范等绘画
济南　山东人民出版社　1976 年　13cm（64 开）
定价：CNY0.09
　　中国现代连环画作品。

J0067592

海湾夺船　陆健夫编文；张国维绘画
天津　天津人民美术出版社　1976 年　13cm（64 开）
定价：CNY0.10
　　中国现代连环画作品。

J0067593

海燕　士明改编；王宏喜，杨炳昌绘画
南京　江苏人民出版社　1976 年　13cm（64 开）
定价：CNY0.12
　　中国现代连环画作品。

J0067594

海燕号归航　刘智荣改编；曲奇章绘画
沈阳　辽宁人民出版社　1976 年　13cm（64 开）
定价：CNY0.09
　　中国现代连环画作品。

J0067595

海燕号归航　孙丽舫改编；何祖明绘画
上海　上海人民出版社　1976 年　13cm（64 开）
定价：CNY0.07
　　中国现代连环画作品。

J0067596

海钻捉蟹　秦宗贤改编；姜凌涛绘画
石家庄　河北人民出版社　1976 年　13cm（64 开）
定价：CNY0.07
　　中国现代连环画作品。

J0067597

韩江龙舟阵　廖捷衡编；黄利林等绘
广州　广东人民出版社　1976 年　10cm（64 开）
定价：CNY0.09
（广东民兵革命斗争故事连环画）
　　中国现代连环画作品。

J0067598

黑鱼泡的故事　江漾编文；梁家军等绘画

哈尔滨　黑龙江人民出版社　1976 年　13cm（64 开）
定价：CNY0.11
　　中国现代连环画作品。

J0067599

红枫岭　夏风编文；解永钧绘画
石家庄　河北人民出版社　1976 年　13cm（64 开）
定价：CNY0.14
　　中国现代连环画作品。

J0067600

红军强渡大渡河　啸海改编；汪国新，田期松绘画
武汉　湖北人民出版社　1976 年　13cm（64 开）
定价：CNY0.09
　　本书是根据 1975 年 10 月 19 日《湖北日报》杨得志同志《强渡大渡河》一文改编的中国现代连环画作品。

J0067601

红玲　吴时学改编；肖天智绘画
天津　天津人民美术出版社　1976 年　13cm（64 开）
定价：CNY0.09
　　中国现代连环画作品。作者吴时学（1939—　　），书画家。四川乐至县人。大学文化。曾任遂宁市艺术馆副馆长。四川省美术家协会会员、四川省民间文艺家协会会员、四川省群众文化学会会员、遂宁市文化艺术志办公室副主编、《遂宁文化报》副主编。为四川省美术家协会漫画艺术研究会副会长、省美协漫画艺委会委员、遂宁市美术家协会副主席。有漫画作品《比》《旅游写生》《揭穿骗局》，连环画《春风暖尤坪》《火生和爷爷》《独生娃》。作者肖天智，连环画家。就职于彭县文化馆。创作连环画作品有《治虫》《苦妹儿》《狄仁杰传奇》《三盗合欢瓶》等。

J0067602

红梅向阳　赵振威编文
上海　上海人民出版社　1976 年　13cm（64 开）
定价：CNY0.07
　　中国现代连环画作品。

J0067603

红泉夺刀　湖北省幻灯制片厂供稿；邵劲之改编；方湘侠绘画

武汉　湖北人民出版社　1976年　13cm（64开）

定价：CNY0.08

　　根据陈贤楷同名故事改编的中国现代连环画作品。

J0067604

红色广播站　王雄韬编；河北省承德地区连环画创作组绘

北京　人民美术出版社　1976年　13cm（64开）

定价：CNY0.06

　　中国现代连环画作品。

J0067605

红色下伸店　姚忠礼，姚美芳改编；陈纪仁等绘画

上海　上海人民出版社　1976年　13cm（64开）

定价：CNY0.07

　　中国现代连环画作品。

J0067606

红石口　（上）李晨声改编；赵宝林，关景宇绘画

天津　天津人民美术出版社　1976年　13cm（64开）

定价：CNY0.15

　　中国现代连环画作品。

J0067607

红石崖　肖克难，周国庆改编；余向东绘画

武汉　湖北人民出版社　1976年　13cm（64开）

定价：CNY0.10

　　根据李存葆短篇小说《合作医疗的风波》改编的中国现代连环画作品。

J0067608

红石崖　赵素棠，宋明珠改编；李有华等绘

北京　人民美术出版社　1976年　13cm（64开）

定价：CNY0.10

　　中国现代连环画作品。

J0067609

红松岭　竺乾华改编；陆军绘画

南昌　江西人民出版社　1976年　13cm（64开）

定价：CNY0.11

　　中国现代连环画作品。

J0067610

红雨　涂家宽改编

北京　人民美术出版社　1976年　13cm（64开）

定价：CNY0.27

　　中国现代连环画作品。

J0067611

虹南作战史　（二）上海县《虹南作战史》写作组原著；上海县上海港驳公司《虹南作战史》连环画创作组编绘

上海　上海人民出版社　1976年　13cm（64开）

定价：CNY0.12

　　中国现代连环画作品。

J0067612

虎口夺盐　彭新争编文；戴光华绘图

南昌　江西人民出版社　1976年　13cm（64开）

定价：CNY0.13

（江西革命斗争故事）

　　中国现代连环画作品。

J0067613

虎口歼敌　吴就同编；黄家恒绘

广州　广东人民出版社　1976年　10cm（64开）

定价：CNY0.10

（广东民兵革命斗争故事连环画）

　　中国现代连环画作品。

J0067614

虎口擒敌　陈梅鼎改编；蔡君绘画

上海　上海人民出版社　1976年　13cm（64开）

定价：CNY0.07

　　中国现代连环画作品。

J0067615

欢乐的海　浩然原著；王计祥改编；艾民有等绘

石家庄　河北人民出版社　1976年　39页

有彩图　15cm（40开）统一书号：8086.576

定价：CNY0.22

　　中国现代连环画作品。作者艾民有（1937—　），油画家。上海人。毕业于中央美术学院油画系。在海军政治部创作室从事专业美术创作。中国美术家协会会员，国家一级美术师。主要作品有《返航》《传经》《看海洋》等。

J0067616

欢乐的手鼓　金吉泰改编；薛晓林绘画
兰州　甘肃人民出版社　1976年　13cm（64开）
定价：CNY0.11
　　中国现代连环画作品。

J0067617

黄河铁堤　东明县文化馆编绘
济南　山东人民出版社　1976年　13cm（64开）
定价：CNY0.09
　　中国现代连环画作品。

J0067618

黄埔怒潮　周苇编；杨尧，潘行健绘
广州　广东人民出版社　1976年　10cm（64开）
定价：CNY0.12
（广东民兵革命斗争故事连环画）
　　中国现代连环画作品。

J0067619

活捉"米老鼠"　董世发改编；常虹，徐兆琦绘
郑州　河南人民出版社　1976年　13cm（64开）
定价：CNY0.07
　　中国现代连环画作品。

J0067620

火苗　陈扬睿等绘
北京　人民出版社　1976年　13cm（64开）
定价：CNY0.11
　　中国现代连环画作品。

J0067621

火烧孔家店　姜衍忠编；王晓明执笔
长春　吉林人民出版社　1976年　13cm（64开）
定价：CNY0.08
　　中国现代连环画作品。

J0067622

火烧野牛　舒华改编；关宝琮绘画
沈阳　辽宁人民出版社　1976年　13cm（64开）
定价：CNY0.08
　　中国现代连环画作品。

J0067623

火松大爷　罗惠卿编绘

长春　吉林人民出版社　1976年　13cm（64开）
定价：CNY0.10
　　中国现代连环画作品。

J0067624

激战五峰山　李记培改编；林世敏绘
广州　广东人民出版社　1976年　10cm（64开）
定价：CNY0.13
　　根据许兴同名故事改编的广东民兵革命斗争故事连环画。

J0067625

架长虹的人　士明改编；侯德剑绘画
南京　江苏人民出版社　1976年　13cm（64开）
定价：CNY0.13
　　中国现代连环画作品。侯德剑（1949—　），江苏南通人。南通书法国画研究院院长、南通市美术家协会主席、中国美术家协会会员、国家一级美术师、江苏省政协书画室特聘画师。擅长中国画、连环画。作品有连环画《东进、东进》，中国画《牛戏图》《铁流》（合作）等。

J0067626

艰苦创业　（焦裕禄的几个小故事）洛阳矿山机器厂业余文艺创作组，洛阳市文化馆编绘
北京　人民美术出版社　1976年　13cm（64开）
定价：CNY0.13
　　中国现代连环画作品。

J0067627

剑　（下）杨佩瑾编文；黄席珍绘图
南昌　江西人民出版社　1976年　13cm（64开）
定价：CNY0.20
　　中国现代连环画作品。

J0067628

剑　王永祥改编；关庆留绘画
西安　陕西人民出版社　1976年　13cm（64开）
定价：CNY0.15
　　中国现代连环画作品。

J0067629

剑峰岭　奚学瑶编文；薄惠明等绘画
石家庄　河北人民出版社　1976年　13cm（64开）
定价：CNY0.13

中国现代连环画作品。

J0067630
剑山突围 龙远冰改编；陈全胜绘画
上海 上海人民出版社 1976 年 13cm（64 开）
定价：CNY0.08
　　中国现代连环画作品。作者陈全胜
（1950— ），画家。出生于青岛，祖籍山东文登
市。历任中国美协理事、山东美协副主席、国家
一级美术师、山东美术家协会副主席、深圳大学
艺术学院客座教授。代表作有连环画《辛弃疾》
《梦中缘》等，特种邮票《三国演义》《聊斋志异》。

J0067631
江上笛鸣 长航局上海分局政宣组编绘
上海 上海人民出版社 1976 年 13cm（64 开）
定价：CNY0.08
　　中国现代连环画作品。

J0067632
江上新歌 程锦川编文；谢颖绘画
上海 上海人民出版社 1976 年 13cm（64 开）
定价：CNY0.06
　　中国现代连环画作品。

J0067633
将军河歼敌记 胡霜改编；张为民绘画
杭州 浙江人民出版社 1976 年 13cm（64 开）
定价：CNY0.11
　　中国现代连环画作品。作者张为民
（1937— ），研究院。又名张茛，字怀仁。生于
北京大兴，毕业于天津美术学院。历任天津北
辰文化馆研究员、中国美术家协会会员、中国民
间美术学会理事、天津美协荣誉理事、天津美协
人物画专委会委员、天津北辰书画院院长，出版
有《张为民画集》《乡情》《张茛速写》《张茛画
集》等。

J0067634
交班之前 姚克明编文；黄强根绘画
上海 上海人民出版社 1976 年 13cm（64 开）
定价：CNY0.06
　　中国现代连环画作品。

J0067635
金翅 吴傲君改编；欧阳智，苏跳跳绘画
长沙 湖南人民出版社 1976 年 13cm（64 开）
定价：CNY0.09
　　中国现代连环画作品。

J0067636
金光大道 （上集）中国电影公司供稿；人民
美术出版社改编
北京 人民美术出版社 1976 年 13cm（64 开）
定价：CNY0.27
　　中国现代连环画作品。

J0067637
金光大道 （上集）李笃才改编
天津 天津人民美术出版社 1976 年 13cm（64 开）
定价：CNY0.32
　　中国现代连环画作品。

J0067638
金色的道路 凌柏翱编；何国华等绘
广州 广东人民出版社 1976 年 2 版 13cm（64 开）
定价：CNY0.13
　　中国现代连环画作品。

J0067639
金色的葵花 王象山改编；唐迅绘画
沈阳 辽宁人民出版社 1976 年 13cm（64 开）
定价：CNY0.09
　　中国现代连环画作品。

J0067640
井边搏斗 焦水琦改编；魏凤财等绘画
哈尔滨 黑龙江人民出版社 1976 年 13cm（64 开）
定价：CNY0.08
　　中国现代连环画作品。

J0067641
决裂 黄健中，么文茹编文
沈阳 辽宁人民出版社 1976 年 13cm（64 开）
定价：CNY0.28
　　中国现代连环画作品。

J0067642
决裂 黄健中绘；么文茹改编

北京　人民美术出版社　1976 年　13cm（64 开）
定价：CNY0.30
　　中国现代连环画作品。

J0067643
决裂　罗德安编文
天津　天津人民美术出版社　1976 年　13cm（64 开）
定价：CNY0.32
　　中国现代连环画作品。

J0067644
峻岭青松　王中和编文；徐德元，唐迅绘画
沈阳　辽宁人民出版社　1976 年　13cm（64 开）
定价：CNY0.11
　　中国现代连环画作品。

J0067645
看图识字　刘民超绘
成都　四川人民出版社　1976 年　64 页　有图
10×13cm　统一书号：7118.283　定价：CNY0.16
　　中国现代连环画作品。

J0067646
抗日小兄妹　张爱斌编文；张旺清绘画
合肥　安徽人民出版社　1976 年　13cm（64 开）
定价：CNY0.09
　　中国现代连环画作品。

J0067647
烤烟时节　黄永东编；陆振卿，杨立群绘
广州　广东人民出版社　1976 年　13cm（60 开）
定价：CNY0.12
　　中国现代连环画作品。作者杨立群
（1948— ），湖南长沙人。毕业于广州美术学院
附中。擅长年画、实用美术。曾任岭南美术出版
社美术编辑。代表作品有《龙腾神州》《南海龙
王逛油城》等。

J0067648
克孜勒山下　（上）李尧天，苏为宝编文；黄达
来等绘画
乌鲁木齐　新疆人民出版社　1976 年　15cm（64 开）
定价：CNY0.19
　　根据柯尤慕·图尔迪同名小说编绘的中国现
代连环画作品。

J0067649
克孜勒山下　（下）李尧天，苏为宝编文；苏巴
洪等绘画
乌鲁木齐　新疆人民出版社　1978 年　88 页
15cm（40 开）定价：CNY0.18
　　根据柯尤慕·图尔迪同名小说编绘的中国现
代连环画作品。

J0067650
库兰河上　徐宝生原著；王锡维改编；王洪彬
绘画
乌鲁木齐　新疆人民出版社　1976 年　15cm（64 开）
定价：CNY0.10
　　中国现代连环画作品。祖国西北边陲某边
防站军民，并肩架设战备桥，同坏人进行了针锋
相对的斗争。故事塑造了哈萨克女大学生热依
木汉、边防站站长耿茂林和老石匠沙特克等英
雄形象，谱写了一首军民同筑边防钢铁长城的
新歌。

J0067651
矿山风云　（第二集）胡乃江改编；林百石绘画
长春　吉林人民出版社　1976 年　13cm（60 开）
定价：CNY0.12
　　根据同名小说第一部改编的中国现代连环
画作品。

J0067652
矿山新歌　李九思文；郝伟民等绘
郑州　河南人民出版社　1976 年　13cm（64 开）
定价：CNY0.17
　　中国现代连环画作品。

J0067653
矿山兄妹　丁景峰，侯铁铮编著；沈建国绘画
沈阳　辽宁人民出版社　1976 年　13cm（64 开）
定价：CNY0.07
　　中国现代连环画作品。

J0067654
葵葵和勇勇　广州市农林水电系统业余创作
组编绘
成都　四川人民出版社　1976 年　13cm（60 开）
定价：CNY0.10
　　中国现代连环画作品。

J0067655
腊红　梅述改编；王金石绘画
武汉　湖北人民出版社　1976 年　13cm（64 开）
定价：CNY0.07
　　根据短篇小说《阳春三月》改编的中国现代连环画作品。

J0067656
蓝天小将　李同溪改编；屈建国绘画
南京　江苏人民出版社　1976 年　13cm（64 开）
定价：CNY0.09
　　中国现代连环画作品。

J0067657
浪花渡　新果改编；李学琮绘画
沈阳　辽宁人民出版社　1976 年　13cm（64 开）
定价：CNY0.09
　　中国现代连环画作品。

J0067658
浪里飞舟　叶明楠等编绘
北京　人民美术出版社　1976 年　62 页　有图
10×13cm　统一书号：8027.6120　定价：CNY0.10
　　中国现代连环画作品。

J0067659
老槐树的秘密　徐斌改编；陈光镒等绘画
上海　上海人民出版社　1976 年　13cm（64 开）
定价：CNY0.06
　　中国现代连环画作品。绘画陈光镒（1916—
1991），画家。江苏南京人。中国美协上海分会
会员。代表作有《大闹天宫》《三国演义》《董卓
进京》等。

J0067660
老将出征　郑定荣原著；冯秀梅改编；黄文庆
等绘画
广州　广东人民出版社　1976 年　10cm（64 开）
定价：CNY0.07
　　中国现代连环画作品。

J0067661
老收发　吴晋明编；张广义等执笔
长春　吉林人民出版社　1976 年　13cm（64 开）
定价：CNY0.09

中国现代连环画作品。

J0067662
梨园红哨　阮班超改编；临潼县文化馆绘画
西安　陕西人民出版社　1976 年　13cm（64 开）
定价：CNY0.08
　　中国现代连环画作品。

J0067663
黎村战歌　季一德改编；姚正富绘画
上海　上海人民出版社　1976 年　13cm（64 开）
定价：CNY0.08
　　中国现代连环画作品。

J0067664
李逵大闹忠义堂　李菁编文；刘勇绘画
太原　山西人民出版社　1976 年　13cm（64 开）
定价：CNY0.06
　　中国现代连环画作品。

J0067665
李梅　郑人，张友明改编；曹敬恭，王立宝绘
北京　人民美术出版社　1976 年　13cm（64 开）
定价：CNY0.07
　　中国现代年连环画品。

J0067666
力举千钧　红旗造船厂船体车间文艺创作组
编文；红旗造船厂船体车间文艺创作组，鲁迅
美术学院第二教学队绘画
沈阳　辽宁人民出版社　1976 年　13cm（64 开）
定价：CNY0.10
　　中国现代连环画作品。

J0067667
立足点　倪保铨原著；高仪华改编；杨郁生绘画
昆明　云南人民出版社　1976 年　13cm（60 开）
定价：CNY0.07
　　中国现代连环画作品。

J0067668
荔枝的故事　陈汕波编；李祥绘
广州　广东人民出版社　1976 年　10cm（60 开）
定价：CNY0.15
　　中国现代连环画作品。

J0067669
连环画选
南京 江苏人民出版社 1976年 20幅 20cm（32开）
统一书号：8100.4.010 定价：CNY0.70

J0067670
连环画选 （1973）国务院文化组美术作品征
集小组编
北京 人民美术出版社 1976年 161页 38cm（6开）
定价：CNY9.60

J0067671
连心扁担 集慧编绘
石家庄 河北人民出版社 1976年 13cm（64开）
定价：CNY0.08
　　中国现代连环画作品。

J0067672
连心水 宋宏刚，邢真理绘
北京 人民美术出版社 1976年 13cm（64开）
定价：CNY0.08
　　中国现代连环画作品。

J0067673
连心锁 （下）克扬，戈基原作；唐吉福改编；
董大昆绘画
合肥 安徽人民出版社 1976年 13cm（64开）
定价：CNY0.17
　　中国现代连环画作品。

J0067674
两根小扁担 陈圣来，蔡伟中原著；刘旦宅绘画
上海 上海人民出版社 1976年 13cm（64开）
定价：CNY0.06
　　中国现代连环画作品。作者刘旦宅（1931—
2011），教授、画家。原名浑，又名小粟，后改名
旦宅，别名海云生。浙江温州人。曾在上海市大
中国图书局、上海教育出版社、上海人民美术出
版社绘画，上海师范大学美术系主任。代表作
品《曹血雪芹生平》《琵琶行》《刘旦宅聊斋百图》
《石头记人物画册》等。

J0067675
两姐妹 王成君编文；孟漫绘画
济南 山东人民出版社 1976年 13cm（64开）

定价：CNY0.09
　　中国现代连环画作品。

J0067676
两只花母鸡 张存杰编文；韩喜增绘画
石家庄 河北人民出版社 1976年 13cm（64开）
定价：CNY0.08
　　中国现代连环画作品。作者韩喜增
（1942— ），河北邢台人。毕业于中央美术学院
年画、连环画系研究生班，受教于冯真教授、杨
先让教授。擅长连环画、年画。中国美术家协会
会员，国家一级美术师。曾任河北省美术家协会
副主席、邢台市文联副主席、邢台市美术家协会
主席。代表作品《人民的好总理》《虎子》《雄狮》。

J0067677
两只小孔雀 韩双东改编；高宝生等绘
北京 人民出版社 1976年 13cm（64开）
定价：CNY0.09
　　中国现代连环画作品。作者高宝生
（1944— ），连环画家。曾用笔名高禾，北京人。
北京艺术学院附中毕业。中国少年儿童出版社
从事连环画创作。代表作品《铁木儿和他的队伍》
《两只小孔雀》《聪明的药方》等。

J0067678
烈火丹心 冯雯原著；丰艺兵改编；陈秉钧绘画
广州 广东人民出版社 1976年 10cm（64开）
定价：CNY0.11
（广东民兵革命斗争故事连环画）
　　中国现代连环画作品。

J0067679
猎手 周居宁改编；雷似祖绘画
南宁 广西人民出版社 1976年 13cm（60开）
定价：CNY0.11
　　根据凌晨同名散文改编的中国现代连环画
作品。

J0067680
临时收购站 缪德彰改编；陈伟东绘画
上海 上海人民出版社 1976年 13cm（64开）
定价：CNY0.07
　　中国现代连环画作品。

J0067681
领航　杨长胜，王小林绘画
合肥　安徽人民出版社　1976 年　13cm（64 开）
定价：CNY0.08
　　中国现代连环画作品。

J0067682
龙岗风云　海洋编文；张少华，陈修寿绘画
武汉　湖北人民出版社　1976 年　13cm（64 开）
定价：CNY0.13
　　中国现代连环画作品。作者张少华
（1952—　　），满族，黑龙江省书法家协会任职。

J0067683
龙泉激流　甘南县"革命委员会"文化教育办公室三结合小组编绘；甘文执笔
哈尔滨　黑龙江人民出版社　1976 年　13cm（64 开）
统一书号：8093.385　定价：CNY0.09
　　中国现代连环画作品。

J0067684
龙潭桥　白闪原著；郭华改编；余树泽绘画
广州　广东人民出版社　1976 年　10cm（64 开）
定价：CNY0.11
（广东民兵革命斗争故事连环画）
　　中国现代连环画作品。

J0067685
龙舟战鼓　祁炎培，卢炽成改编；司徒勤参等绘
广州　广东人民出版社　1976 年　13cm（64 开）
定价：CNY0.11
　　根据同名故事改编的广东民兵革命斗争故事连环画。

J0067686
龙舟战鼓　祁炎培等改编；司徒勤参等绘
广州　岭南美术出版社　1976 年　74 页　有图
10×13cm　统一书号：8111.1573　定价：CNY0.14
　　中国现代连环画作品。

J0067687
鲁迅和青年的故事　史中培改编；丁荣魁绘画
上海　上海人民出版社　1976 年　13cm（64 开）
定价：CNY0.47
　　中国现代连环画作品。

J0067688
鲁迅在广州　广州鲁迅纪念馆《鲁迅在广州》
连环画创作组编绘
北京　人民美术出版社　1976 年　118 页　17×18cm
统一书号：8027.6259　定价：CNY1.40
　　中国现代连环画作品。

J0067689
鲁迅在广州　广州鲁迅纪念馆《鲁迅在广州》
连环画创作组编绘
北京　人民美术出版社　1976 年　13cm（64 开）
定价：CNY0.20
　　中国现代连环画作品。

J0067690
吕后斩韩信　李朝晖改编；雪冬等绘画
呼和浩特　内蒙古人民出版社　1976 年
13cm（64 开）定价：CNY0.10
　　中国现代连环画作品。

J0067691
绿杨林里　靳丛，张东九改编；耿玉昆绘
北京　人民出版社　1976 年　13cm（64 开）
定价：CNY0.09
　　中国现代连环画作品。

J0067692
绿衣民兵　包文俊编文；刘祥群等绘画
上海　上海人民出版社　1976 年　13cm（64 开）
定价：CNY0.06
　　中国现代连环画作品。

J0067693
马颊河畔的战歌　宋光华改编；周永生绘画
济南　山东人民出版社　1976 年　13cm（64 开）
定价：CNY0.09
　　中国现代连环画作品。

J0067694
麦场风波　程永凤编文；李瑞东等绘画
济南　山东人民出版社　1976 年　13cm（64 开）
定价：CNY0.09
　　中国现代连环画作品。

J0067695

脉搏　徐梦梅，张长明编文；苏正东绘画
上海　上海人民出版社 1976 年 13cm（64 开）
定价：CNY0.07
　　中国现代连环画作品。

J0067696

苗岭风雷　夏祥镇改编；金德明，庞永芬等摄影
贵阳　贵州人民出版社 1976 年 13cm（60 开）
定价：CNY0.34
　　根据同名京剧改编的中国现代连环画作品。

J0067697

目标　施国佐，王银华编文；许金国，朱国勤绘画
上海　上海人民出版社 1976 年 13cm（64 开）
定价：CNY0.07
　　中国现代连环画作品。

J0067698

纳新　马卫路改编；秦元阅等绘
北京　人民美术出版社 1976 年 13cm（64 开）
定价：CNY0.08
　　中国现代连环画作品。

J0067699

纳新　宝鸡市连环画创作学习班供稿
西安　陕西人民出版社 1976 年 13cm（64 开）
定价：CNY0.09
　　中国现代连环画作品。

J0067700

南山绿洲　灌云县文化馆编绘
南京　江苏人民出版社 1976 年 74 页 有图
10×13cm 统一书号：8100.3.091 定价：CNY0.10
　　中国现代连环画作品。

J0067701

难忘的战斗　竺少华改编；罗希贤绘画
上海　上海人民出版社 1976 年 13cm（64 开）
定价：CNY0.15
　　中国现代连环画作品。作者竺少华，著有
《上古神话系列小说》，编文的连环画有《版纳》
《红枫岭上》等。作者罗希贤（1946—　　），连环画
家。广东东莞人。上海美术出版社美术创作员。

上海著名民俗画、连环画家，共绘制了 150 多部
连环画。作品有《火种》《蔡锷》等。

J0067702

牛场风波　洪雷原著；吴同椿编绘
南京　江苏人民出版社 1976 年 13cm（64 开）
定价：CNY0.08
　　中国现代连环画作品。

J0067703

牛市的战斗　奋永编；李昌柏绘
广州　广东人民出版社 1976 年 10cm（64 开）
定价：CNY0.11
（广东民兵革命斗争故事连环画）
　　中国现代连环画作品。

J0067704

牛娃　许敦枙改编；邱启先绘画
南昌　江西人民出版社 1976 年 13cm（64 开）
定价：CNY0.09
　　根据张德开《芦荡小英雄》改编的中国现代
连环画作品。

J0067705

女闯将　李松年改编；霍县矿务局工人业余美
术创作组等画
太原　山西人民出版社 1976 年 13cm（64 开）
定价：CNY0.12
　　中国现代连环画作品。

J0067706

女交通　余松岩原著；丁国联改编
上海　上海人民出版社 1976 年 13cm（64 开）
定价：CNY0.08
　　中国现代连环画作品。

J0067707

女清洁工　丁峥，周天华编文；邓泰和绘画
上海　上海人民出版社 1976 年 13cm（64 开）
定价：CNY0.09
　　中国现代连环画作品。

J0067708

女英雄刘胡兰　《女英雄刘胡兰》连环画创作
组编绘

太原 山西人民出版社 1976 年 13cm（64 开）
定价：CNY0.28
　　中国现代连环画作品。

J0067709
贫管代表　张从明改编；宋德风绘画
济南 山东人民出版社 1976 年 13cm（64 开）
定价：CNY0.08
　　中国现代连环画作品。作者宋德风（1941—　　），画家。山东荣成人。毕业于山东艺专国画专业。中国人才研究会艺术家学部委员会一级书画艺术委员，国家人事部人才所、中国书画人才资格审定委员会特邀研究员，国际美术家联合会中国中南执委会常务理事。作品有连环画《海燕劲飞》，工笔年画《武松打虎》《名山大川》《三国故事》等。

J0067710
贫下中农的好医生王玉莲　燕杰编绘
呼和浩特 内蒙古人民出版社 1976 年
15cm（64 开）定价：CNY0.17
　　中国现代连环画作品。

J0067711
平原游击队　长春电影制片厂供稿
北京 人民美术出版社 1976 年 13cm（64 开）
定价：CNY0.26
　　中国现代连环画作品。

J0067712
破雾飞腾　顺义县业余编创组，人民美术出版社顺义编辑组绘
北京 人民美术出版社 1976 年 13cm（64 开）
定价：CNY0.09
　　中国现代连环画作品。

J0067713
祁红梅　何宝民改编；宋景献绘图
郑州 河南人民出版社 1976 年 13cm（64 开）
定价：CNY0.06
　　中国现代连环画作品。

J0067714
奇怪的枪声　王舰三，张丙辛编文；张丙辛等绘画

济南 山东人民出版社 1976 年 13cm（64 开）
定价：CNY0.08
　　中国现代连环画作品。

J0067715
汽笛声声　李毓琦改编；丁战等绘画
南京 江苏人民出版社 1976 年 13cm（64 开）
定价：CNY0.13
　　中国现代连环画作品。作者丁战（1941—2000），艺术家、国画家。原名丁楠森，江苏无锡人，毕业于南京师范学院美术系，留校任教，曾任江苏省国画院副院长。出版有《中国写意山水画技法》《水墨人物画法》《长江三峡中国名山画法研究》等。

J0067716
汽笛声声　周宗汉编；李荫成，王里绘
北京 人民美术出版社 1976 年 13cm（64 开）
定价：CNY0.14
　　中国现代连环画作品。

J0067717
汽笛长鸣　罗克志改编；刘念绘画
武汉 湖北人民出版社 1976 年 28 页 有彩图
15cm（40 开）统一书号：8106.1600
定价：CNY0.20
　　根据同名革命故事改编的现代连环画作品。

J0067718
桥　刘德元编；沈邦富，毛玉龙绘画
乌鲁木齐 新疆人民出版社 1976 年 13cm（64 开）
定价：CNY0.09
　　中国现代连环画作品。

J0067719
巧取军火船　（雁翎队的故事）刘树强改编；辛鹤江绘画
石家庄 河北人民出版社 1976 年 13cm（64 开）
定价：CNY0.11
　　中国现代连环画作品。作者辛鹤江（1941—　　），河北安新人。毕业于天津美术学院。擅长中国画。曾任河北美协副主席、连环画研究会副会长、河北美术出版社社长兼总编辑、编审等职。代表作有《棉农来访》《周总理和小演员在一起》《敌情急》《老英雄回到雁翎队》等。

J0067720

秦王斩荆轲　何钟文编文；雷金池绘画
石家庄　河北人民出版社　1976 年　13cm（64 开）
定价：CNY0.09
　　中国现代连环画作品。

J0067721

擒匪记　王恩国改编；李雷绘画
沈阳　辽宁人民出版社　1976 年　13cm（64 开）
定价：CNY0.07
　　中国现代连环画作品。

J0067722

青春颂　唐福春改编；陈昌柱绘画
成都　四川人民出版社　1976 年　13cm（60 开）
定价：CNY0.11
　　中国现代连环画作品。根据姚华同名小说
改编。

J0067723

青春战歌　李仪轩编文；何乃奇，马成连绘画
济南　山东人民出版社　1976 年　13cm（60 开）
定价：CNY0.08
　　中国现代连环画作品。

J0067724

青水湖上　史端武改编；刘小玄绘图
南昌　江西人民出版社　1976 年　13cm（64 开）
定价：CNY0.12
　　中国现代连环画作品。

J0067725

秋兰　谢格洲编；兰文杰，余树泽执笔
广州　广东人民出版社　1976 年　10cm（60 开）
定价：CNY0.12
　　中国现代连环画作品。

J0067726

球坛新主人　王琪霞原著；张宏安改编
上海　上海人民出版社　1976 年　13cm（64 开）
定价：CNY0.09
　　中国现代连环画作品。

J0067727

驱逐鲨鱼号　吴善来执笔；陈军，苏华画
广州　广东人民出版社　1976 年　13cm（64 开）
定价：CNY0.13
　　中国现代连环画作品。

J0067728

人老心红　上海市人民淮剧团创作组集体创
作；虹口区海门街道创作组连环画改编
上海　上海人民出版社　1976 年　13cm（64 开）
定价：CNY0.13
　　中国现代连环画作品。

J0067729

人民的好医生　李月华，朱锡林，高峰编绘
杭州　浙江人民出版社　1976 年　13cm（64 开）
定价：CNY0.08
　　中国现代连环画作品。作者高峰（1946—　），
画家。祖籍山东，生于黑龙江齐齐哈尔市。深圳
山海书画院院长等。出版作品有《高峰画集》。

J0067730

人民老师伊里亚　区础坚绘
广州　广东人民出版社　1976 年　13cm（64 开）
定价：CNY0.09
　　根据 1957 年 2 月 2 日《人民日报》通讯改编
的中国现代连环画作品。

J0067731

入党　李苇成编绘
南京　江苏人民出版社　1976 年　13cm（64 开）
定价：CNY0.09
　　根据周唯一同名小说改编的中国现代连环
画作品。

J0067732

塞外春花　禾菱编；郭艾绘
呼和浩特　内蒙古人民出版社　1976 年
13cm（64 开）定价：CNY0.10
　　中国现代连环画作品。

J0067733

三八号　王滋华改编；汪家龄绘画
合肥　安徽人民出版社　1976 年　13cm（64 开）
定价：CNY0.10
　　中国现代连环画作品。作者汪家龄（1944—
2010），画家。江西婺源人。中国艺术研究院特

邀创作委员、黄山市美术家协会副主席、黄山市中国画研究院副院长、中国美术家协会安徽分会会员。擅长连环画。作品有《追牛》《三八号》《红烛泪》等连环画，《哪吒闹海》《三战吕布》等年画。

J0067734
三斗地头蛇　陈庆祥改编；张方林绘画
广州　广东人民出版社　1976年　13cm（64开）
定价：CNY0.12
　　根据海峰写的故事改编的广东民兵革命斗争故事连环画。

J0067735
三月三　陆鸿道改编；郑波绘画
上海　上海人民出版社　1976年　13cm（64开）
定价：CNY0.09
　　中国现代连环画作品。

J0067736
桑弘羊舌战群儒　刘文华编文；孙福林，乔长义绘画
哈尔滨　黑龙江人民出版社　1976年　13cm（64开）
定价：CNY0.07
　　中国现代连环画作品。

J0067737
沙漠的春天
北京　人民美术出版社　1976年　13cm（64开）
定价：CNY0.22
　　根据同名电影《哈斯巴根》改编的中国现代连环画作品。本书与内蒙古人民出版社合作出版。

J0067738
沙石峪　胡天启，张连瑞编文；刘文圃等绘画
石家庄　河北人民出版社　1976年　10×13cm
定价：CNY0.16
　　中国现代连环画作品。本书与人民美术出版社合作出版。

J0067739
沙石峪（"农业学大寨"连环画）胡天启，张连瑞编文；刘文圃绘画
石家庄　河北人民出版社　1976年　10×13cm

J0067740
沙乡怒火　内黄县文艺创作组文；秦云海绘
郑州　河南人民出版社　1976年　13cm（64开）
定价：CNY0.15
　　中国现代连环画作品。

J0067741
山村医疗站　林泉改编；张启文绘画
成都　四川人民出版社　1976年　13cm（60开）
定价：CNY0.08
　　据同名小说改编的中国现代连环画作品。

J0067742
闪光的记忆　李云章改编；吴景山绘画
长春　吉林人民出版社　1976年　13cm（64开）
定价：CNY0.07
　　中国现代连环画作品。

J0067743
商鞅变法　佩君编文；赵宏本绘画
上海　上海人民出版社　1976年　13cm（64开）
定价：CNY0.09
　　中国现代连环画作品。作者赵宏本（1915—2000），连环画家。号赵卿，又名张弓，生于上海，原籍江苏阜宁。历任中国美术家协会会员、中国美协上海分会常务理事、中国连环画研究会副会长。主要作品有《孙悟空三打白骨精》《水浒一百零八将》《小五义》《七侠五义》等。

J0067744
深山猎狐　陈关龙改编；汪绚秋绘画
上海　上海人民出版社　1976年　13cm（64开）
定价：CNY0.08
　　中国现代连环画作品。

J0067745
石丹花　刘爱武编；袁继仁绘
合肥　安徽人民出版社　1976年　13cm（64开）
定价：CNY0.09
　　中国现代连环画作品。

J0067746

石头后面　戴安常改编；吴寿石画
成都　四川人民出版社　1976 年　42 页　有图
10×13cm　统一书号：8118.320　定价：CNY0.07
　　中国现代连环画作品。

J0067747

书记搬家　吴时学改编；丁世谦绘画
成都　四川人民出版社　1976 年　13cm（60 开）
定价：CNY0.07
　　根据同名革命故事改编的中国现代连环画
作品。作者丁世谦（1944—　），四川遂宁人。擅
长中国画、连环画。遂宁市美协主席。主要作
品有《上学路上》《游春去》《合奏曲》等。出版
有《丁世谦画选》和连环画册十余部。作者吴时
学（1939—　），书画家。四川乐至县人。大学文
化。曾任遂宁市艺术馆副馆长。四川省美术家
协会会员、四川省民间文艺家协会会员、四川省
群众文化学会会员、遂宁市文化艺术志办公室副
主编、《遂宁文化报》副主编。为四川省美术家协
会漫画艺术研究会副会长、省美协漫画艺委会委
员、遂宁市美术家协会副主席。有漫画作品《比》
《旅游写生》《揭穿骗局》，连环画《春风暖尤坪》
《火生和爷爷》《独生娃》。

J0067748

水上交通站　刘维仁，孙景文改编；冯玉太
绘画
沈阳　辽宁人民出版社　1976 年　13cm（64 开）
定价：CNY0.11
　　中国现代连环画作品。作者刘维仁
（1962—　），甘肃陇西人。陇西县作家协会秘书
长、陇西县灯谜学会理事长，西北地区优秀灯谜
艺术家。

J0067749

水上擒敌　曹治淮编文；王怀骐绘画
石家庄　河北人民出版社　1976 年　13cm（64 开）
定价：CNY0.08
　　中国现代连环画作品。

J0067750

隧洞擒敌　马文惠，赵修德编文；张迎欣绘画
兰州　甘肃人民出版社　1976 年　13cm（64 开）
定价：CNY0.10

中国现代连环画作品。

J0067751

踏着晨光　王计祥改编；谷照恩，葛治国绘画
石家庄　河北人民出版社　1976 年　13cm（64 开）
定价：CNY0.05
　　中国现代连环画作品。

J0067752

桃子熟了　大雁编文；黄蕴愉绘画
昆明　云南人民出版社　1976 年　13cm（60 开）
定价：CNY0.09
　　中国现代连环画作品。

J0067753

特别处方　尤维雅编文；杨利禄绘画
上海　上海人民出版社　1976 年　13cm（64 开）
定价：CNY0.08
　　中国现代连环画作品。

J0067754

贴心连长　王文宏改编；崔建社等绘画
石家庄　河北人民出版社　1976 年　13cm（64 开）
定价：CNY0.09
　　中国现代连环画作品。

J0067755

铁道勇士　文政编；黄穗中绘
广州　广东人民出版社　1976 年　10cm（64 开）
定价：CNY0.13
（广东民兵革命斗争故事连环画）
　　中国现代连环画作品。

J0067756

铁面无私　陈足智编文
上海　上海人民出版社　1976 年　13cm（64 开）
定价：CNY0.06
　　中国现代连环画作品。

J0067757

铁牛　张绍旻编文；黄拉堂等绘画
石家庄　河北人民出版社　1976 年　13cm（64 开）
定价：CNY0.11
　　中国现代连环画作品。作者张绍旻，改编有
连环画《西游记》等。

J0067758

铁牛奔驰　吴汉杰，李玉福编文；刘海林绘画
兰州　甘肃人民出版社　1976 年　13cm（64 开）
定价：CNY0.10
　　中国现代连环画作品。

J0067759

铁骑　（上）张书良改编；杨刚，卢凤歧绘画
呼和浩特　内蒙古人民出版社　1976 年
13cm（64 开）定价：CNY0.15
　　中国现代连环画作品。

J0067760

铜棒的秘密　梁延超等编；梁伶等执笔
广州　广东人民出版社　1976 年　10cm（80 开）
定价：CNY0.13
　　中国现代连环画作品。

J0067761

团结河边　任其钟，胡永福编文；李广林，钱
流，巫俊绘画
合肥　安徽人民出版社　1976 年　13cm（64 开）
定价：CNY0.10
　　中国现代连环画作品。

J0067762

望云峰　（上册）关胜武改编；吕景富等绘画
哈尔滨　黑龙江人民出版社　1976 年　13cm（64 开）
定价：CNY0.13
　　中国现代连环画作品。

J0067763

乌兰花开　季源业，陈英编文；宋发仁等绘画
天津　天津人民美术出版社　1976 年　13cm（64 开）
定价：CNY0.13
　　中国现代连环画作品。

J0067764

无声的战斗　董耀根改编；吴大成绘画
上海　上海人民出版社　1976 年　13cm（64 开）
定价：CNY0.09
　　中国现代连环画作品。作者吴大成
（1945—　），画家。擅长中国人物画。以书法入
画。自幼受外祖父近代大收藏家、篆刻家张鲁庵
亲灸，并受潘天寿、钱君陶、刘旦宅等指教，曾

在复旦大学学习美学。上海美术出版社专职画
家。上海美术家协会会员、上海市民盟书画会副
会长、上海民间书画会顾问、老城厢书画会副会
长、上海百草画院画师、上海人民美术出版社创
作员。出版有彩色连环画《黄粱一梦》《晴雯》，
彩色插图本"四大名著""唐诗宋词元曲"《聊
斋》等。

J0067765

无影灯下的战斗　郑文彬编文；刘昌华，周建
国绘画
福州　福建人民出版社　1976 年　13cm（64 开）
定价：CNY0.10
　　中国现代连环画作品。

J0067766

西门豹　崔文祥改编；关麟英绘画
呼和浩特　内蒙古人民出版社　1976 年
13cm（64 开）定价：CNY0.09
　　中国现代连环画作品。

J0067767

西门豹除巫　（法家人物故事）王滋华改编；
田乔画
合肥　安徽人民出版社　1976 年　13cm（64 开）
定价：CNY0.07
　　中国现代连环画作品。

J0067768

西沙儿女　（正气篇　下）梅文，梅生改编；侯
国良等绘画
哈尔滨　黑龙江人民出版社　1976 年　13cm（64 开）
定价：CNY0.11
　　中国现代连环画作品。

J0067769

峡谷红梅　王滋华改编；葛志仁绘画
合肥　安徽人民出版社　1976 年　13cm（64 开）
定价：CNY0.10
　　中国现代连环画作品。

J0067770

霞光曲　侯程改编；曾佑瑄，曾佑玮绘画
天津　天津人民美术出版社　1976 年　13cm（64 开）
定价：CNY0.08

中国现代连环画作品。

J0067771

先行官　崔培年改编；阎峰樵，刘丽绘

北京　人民美术出版社　1976年　13cm（64开）

定价：CNY0.10

　　中国现代连环画作品。

J0067772

献礼　江华南，周朝栋编文；上海艺术品雕刻
一厂《献礼》创作组绘画

上海　上海人民出版社　1976年　13cm（64开）

定价：CNY0.07

　　中国现代连环画作品。

J0067773

向阳院的故事　长春电影制片厂供稿

沈阳　辽宁人民出版社　1976年　13cm（64开）

定价：CNY0.14

　　中国现代连环画作品。

J0067774

向阳院的故事　长春电影制片厂供稿

北京　人民美术出版社　1976年　13cm（64开）

定价：CNY0.23

　　中国现代连环画作品。

J0067775

向阳院的故事　徐瑛原著；秦节改编；顾炳鑫
绘画

上海　上海人民出版社　1976年　141页　有图
10×13cm　统一书号：8171.1456　定价：CNY0.14

　　中国现代连环画作品。

J0067776

向阳院的故事　徐瑛原著；秦节改编；顾炳
鑫绘

上海　上海人民出版社　1977年　142页　15cm（64开）

定价：CNY0.22

　　中国现代连环画作品。

J0067777

硝烟滚滚　蔡济，曾庆元编文；蔡济，曹砚农
绘画

武汉　湖北人民出版社　1976年　13cm（64开）

定价：CNY0.12

　　中国现代连环画作品。

J0067778

小帮手　李毓琦改编；姚毅刚等绘

南京　江苏人民出版社　1976年　13cm（64开）

定价：CNY0.09

　　中国现代连环画作品。

J0067779

小宝石　常彦廷，彭开运改编；荆振初等绘画

哈尔滨　黑龙江人民出版社　1976年　13cm（64开）

定价：CNY0.09

　　中国现代连环画作品，包括《小宝石》《闪
闪的红缨枪》两个小故事。

J0067780

小爆破手　于文清原著；李毓琦改编；聂秀功
等绘

南京　江苏人民出版社　1976年　34页　有图
10×13cm　统一书号：8100.3.095　定价：CNY0.09

　　中国现代连环画作品。

J0067781

小爆破手　李毓琦改编；聂秀功等绘

南京　江苏人民出版社　1976年　13cm（64开）

定价：CNY0.09

　　中国现代连环画作品，包括《小爆破手》《桑
葚红了》两个抗日小故事。

J0067782

小红马的故事　建辉，绍旻编文；赵茂魁，王
并艺绘画

石家庄　河北人民出版社　1976年　13cm（64开）

定价：CNY0.07

　　中国现代连环画作品。

J0067783

小将　王良莹，金坚改编；方关通绘

上海　上海人民出版社　1976年　13cm（64开）

定价：CNY0.07

　　中国现代连环画作品。

J0067784

小螺号　刘欣编导；梁雄伟摄影；杨光伟连环

画编文
广州 广东人民出版社 1976年 10cm（64开）
定价：CNY0.23
　　根据同名电影故事选编的现代连环画作品。

J0067785
小山娃　杜春雷改编；姚勤绘画
哈尔滨 黑龙江人民出版社 1976年 13cm（64开）
定价：CNY0.07
　　中国现代连环画作品。

J0067786
小山娃　何溶改编；关景宇，赵宝林绘
北京 人民美术出版社 1976年 13cm（64开）
定价：CNY0.08
　　中国现代连环画作品。作者关景宇
（1940—　），北京人。历任北京出版社美术编辑、
人民美术出版社《连环画报》编辑部副主编。擅
长连环画、插图。作品有连环画《林道静》《骆
驼祥子》《豹子湾战斗》等。作者何溶（1921—
1989），满族，教师。姓"赫舍里"，号伯英，笔名
山碧，生于吉林市。曾就读于上海大同大学、上
海圣约翰大学和中央美术学院绘画系，留校任
教。创办《美术》杂志，任编辑部主任。代表作
品有《雪》《杉》《白玉兰》《高山之松》等。

J0067787
小铁头夺马记　蔡维才原著；聂秀功等编绘
南京 江苏人民出版社 1976年 13cm（64开）
定价：CNY0.15
　　中国现代连环画作品。

J0067788
小委员　张东平编文；刘世德绘画
上海 上海人民出版社 1976年 13cm（64开）
定价：CNY0.07
　　中国现代连环画作品。

J0067789
小向导　张东平改编；冯越，冯远绘画
上海 上海人民出版社 1976年 13cm（64开）
定价：CNY0.07
　　中国现代连环画作品。作者冯远（1952—　），
教授、画家。生于上海，祖籍江苏无锡。作品有
《望夫妹》《母子图》《新疆风情写生》《今生来

世》。出版有《二十一世纪中国艺术家·冯远》《笔
墨尘缘》。

J0067790
小英雄雨来　张玉珊改编；王玉良绘画
沈阳 辽宁人民出版社 1976年 13cm（64开）
定价：CNY0.12
　　中国现代连环画作品。作者王玉良
（1949—　），画家、教授。历任清华大学美术学
院绘画系教授、中国美术家协会会员、庞薰琹
艺术研究会副主任、清华大学张仃艺术研究会
委员，清华大学吴冠中艺术研究会学术委员会
委员。

J0067791
小勇　谢树森改编；新乡市文化馆绘
郑州 河南人民出版社 1976年 13cm（64开）
定价：CNY0.09
　　中国现代连环画作品。

J0067792
协作新花　上海市纺织局工会业余文艺创作
组编；上海市纺织局工会业余美术创作组绘
上海 上海人民出版社 1976年 13cm（64开）
定价：CNY0.07
　　中国现代连环画作品。

J0067793
心红眼亮　常津文编绘
长沙 湖南人民出版社 1976年 13cm（64开）
定价：CNY0.09
　　根据同名湘剧改编的中国现代连环画作品。

J0067794
新的战斗　马炳洁改编；纪传勤等绘画
济南 山东人民出版社 1976年 13cm（64开）
定价：CNY0.09
　　中国现代连环画作品。

J0067795
新店员　上海戏剧学院文学系编剧专业一年组
集体创作
上海 上海人民出版社 1976年 13cm（64开）
定价：CNY0.09
　　中国现代连环画作品。

J0067796
新来的船工　潘年改编；劳思等绘
南京　江苏人民出版社　1976 年　13cm（64 开）
定价：CNY0.11
　　中国现代连环画作品。

J0067797
新来的大学生　周颖改编；陈军绘画
太原　山西人民出版社　1976 年　13cm（64 开）
定价：CNY0.09
　　根据张步真小说《毕业归来》改编的中国现代连环画作品。作者周颖，又名阿颖，画家，一级美术师。历任中欧书画家友好联盟常务理事、香港东方文化交流中心世界名人编委会顾问、中国书画艺术研究院研究员、文化艺术报特约记者、文化部中国艺术研究院文研中心理事。

J0067798
新来的小石柱　（上集）刘含真，徐景改编；高燕等绘
北京　人民体育出版社　1976 年　10cm（64 开）
定价：CNY0.18
　　根据童边著同名小说改编的中国现代连环画作品。

J0067799
新来的小石柱　（下集）刘含真，徐景改编；高燕等绘
北京　人民体育出版社　1977 年　117 页　13cm（64 开）
定价：CNY0.18
　　根据童边同名小说改编的中国现代连环画作品。

J0067800
新委员　王金富改编；上海仪表局工会美术创作组绘画
上海　上海人民出版社　1976 年　13cm（64 开）
定价：CNY0.08
　　中国现代连环画作品。

J0067801
新媳妇　安徽省淮北煤矿基本建设局 71 工程处创作组编绘
合肥　安徽人民出版社　1976 年　13cm（64 开）
定价：CNY0.09

中国现代连环画作品。

J0067802
修械所的故事　刘丹编文；徐东林绘画
南昌　江西人民出版社　1976 年　13cm（64 开）
定价：CNY0.13
（江西革命斗争故事）
　　中国现代连环画作品。

J0067803
血染的桦树皮　江明改编；吴成槐，韩静波绘画
石家庄　河北人民出版社　1976 年　13cm（64 开）
定价：CNY0.07
　　中国现代连环画作品。作者吴成槐（1943— ），满族，编辑。辽宁沈阳人。辽宁民族出版社社长兼总编辑，辽宁美术家协会、辽宁摄影家协会会员。连环画作品有《南下路上》《大桥争夺战》，编辑设计图书《海外藏明清绘画珍品——沈周卷》《20 世纪中国摄影文献》。

J0067804
鸭场风波　安民编文；赵树玉，康金涛绘画
西安　陕西人民出版社　1976 年　13cm（64 开）
定价：CNY0.08
　　中国现代连环画作品。

J0067805
烟楼的秘密　金吉泰改编；冯振国绘画
兰州　甘肃人民出版社　1976 年　13cm（64 开）
定价：CNY0.09
　　中国现代连环画作品。

J0067806
岩龙和小明　（我们是毛主席的“红小兵”）杨美清编文；孙愚绘画
上海　上海人民出版社　1976 年　13cm（64 开）
定价：CNY0.07
　　中国现代连环画作品。

J0067807
燕河渡口　陈寓中编；姜渭渔绘
北京　人民出版社　1976 年　13cm（64 开）
定价：CNY0.09
　　中国现代连环画作品。

J0067808

杨梅　陈和莲绘画

成都　四川人民出版社　1976 年　13cm（60 开）

定价：CNY0.11

　　根据同名小说改编的中国现代连环画作品。作者陈和莲（1941— ），四川江津县人。毕业于西南师范学院美术专科。中国美术家协会会员、四川省美术家协会理事。擅长国画、连环画、年画。主要作品有《碧血春秋》《左老的山村》《清清溪水》等。

J0067809

养猪阿奶　川沙县龚路"公社"文艺创作组写词；盛亮贤绘画

上海　上海人民出版社　1976 年　13cm（64 开）

定价：CNY0.07

　　中国现代连环画作品。

J0067810

窑场风云　宜兴县丁蜀镇工人业余文艺创作组编；邵声绘

南京　江苏人民出版社　1976 年　13cm（64 开）

统一书号：8100.3.087　定价：CNY0.09

　　中国现代连环画作品。

J0067811

爷爷学手艺　周兆钧改编；朱良华，王志君绘画

上海　上海人民出版社　1976 年　13cm（64 开）

定价：CNY0.05

　　中国现代连环画作品。

J0067812

夜闯冲天礁　陈沫，王振考改编；王子和绘画

哈尔滨　黑龙江人民出版社　1976 年　13cm（64 开）

定价：CNY0.08

　　中国现代连环画作品。

J0067813

夜闯大青山　崔亚斌改编；李永宽绘画

沈阳　辽宁人民出版社　1976 年　13cm（64 开）

定价：CNY0.09

　　中国现代连环画作品。

J0067814

夜袭军械库　黄志清编；陈庆心绘

广州　广东人民出版社　1976 年　10cm（64 开）

定价：CNY0.10

　　广东民兵革命斗争连环画。

J0067815

夜袭徐家圩　汪宗文执笔；史步清绘画

合肥　安徽人民出版社　1976 年　13cm（64 开）

定价：CNY0.10

　　中国现代连环画作品。

J0067816

一把火　峭石改编；王云光绘

沈阳　辽宁人民出版社　1976 年　13cm（64 开）

定价：CNY0.10

　　中国现代连环画作品。

J0067817

一封平信　包文俊，杨若天改编；上海市邮电局业务宣传组绘画

上海　上海人民出版社　1976 年　13cm（64 开）

定价：CNY0.07

　　中国现代连环画作品。

J0067818

一个秘密的地方　陈云高改编；卫天社绘；宝鸡市连环画学习班供稿

西安　陕西人民出版社　1976 年　62 页　有图

10×13cm　统一书号：8094.458　定价：CNY0.09

　　中国现代连环画作品。

J0067819

一个小站的故事　马蔺原著；周原改编；肖天智绘画

成都　四川人民出版社　1976 年　13cm（60 开）

定价：CNY0.10

　　中国现代连环画作品。作者肖天智，连环画家。就职于彭县文化馆。创作连环画作品有《治虫》《苦妹儿》《狄仁杰传奇》《三盗合欢瓶》等。

J0067820

一双特号鞋　中国人民解放军某部政治部宣传科编文；钱筑生绘画

贵阳　贵州人民出版社　1976 年　13cm（60 开）

定价：CNY0.11

　　中国现代连环画作品。

J0067821
一条红鲤鱼　夏浩然等编绘
南京　江苏人民出版社　1976 年　1 册　有彩图
15cm（40 开）定价：CNY0.11
　　　中国现代连环画作品。

J0067822
一条鲤鱼的故事　朱其作编文；罗永臣绘画
济南　山东人民出版社　1976 年　13cm（64 开）
定价：CNY0.08
　　　中国现代连环画作品。

J0067823
一往无前的人　杨中言，楼耀福原著
上海　上海人民出版社　1976 年　13cm（64 开）
定价：CNY0.10
　　　中国现代连环画作品。

J0067824
一只布鞋　群敏等编；程国英画
成都　四川人民出版社　1976 年　13cm（60 开）
统一书号：8118.136 定价：CNY0.08
　　　中国现代连环画作品。程国英（1922—
1967），　黑龙江哈尔滨人。别名程果。毕业于中
央美术学院。擅长油画、水彩画。曾任清华大学
土建系教师。作品有《南京　古鸡鸣寺》《井冈山
风暴》《土地革命时的赤卫队》等。

J0067825
医疗队员之歌　李树荣改编；黎晓弟绘画
上海　上海人民出版社　1976 年　13cm（64 开）
定价：CNY0.10
　　　中国现代连环画作品。

J0067826
沂蒙颂　刘洁彰，吴玉龄改编
北京　人民美术出版社　1976 年　13cm（64 开）
定价：CNY0.17
　　　中国现代连环画作品。

J0067827
银河边的战斗　曹秉玺编文；杨生丁，韩慧民
绘画
乌鲁木齐　新疆人民出版社　1976 年　13cm（64 开）
定价：CNY0.10

　　　中国现代连环画作品。

J0067828
英雄汽车兵　窦孝鹏编文；关庆留绘画
西安　陕西人民出版社　1976 年　13cm（64 开）
定价：CNY0.09
　　　中国现代连环画作品。

J0067829
英姿飒爽　周国平改编；费龙翔绘画
上海　上海人民出版社　1976 年　13cm（64 开）
定价：CNY0.08
　　　中国现代连环画作品。

J0067830
鹰击崖下　张祚羌改编；郭文涛绘画
兰州　甘肃人民出版社　1976 年　13cm（64 开）
定价：CNY0.10
　　　中国现代连环画作品。

J0067831
勇敢的水莲　郭书伟改编；宋齐鸣，梁益强绘画
济南　山东人民出版社　1976 年　13cm（64 开）
定价：CNY0.08
　　　中国现代连环画作品。

J0067832
优秀共产党员张金生　甘肃人民出版社编文；
宋武征等绘画
兰州　甘肃人民出版社　1976 年　13cm（64 开）
定价：CNY0.10
　　　中国现代连环画作品。

J0067833
石祖敏　杨德才编文；乔德珑，刘红宇绘画
贵阳　贵州人民出版社　1976 年　13cm（60 开）
定价：CNY0.10
　　　中国现代连环画作品。

J0067834
友谊深似海　大连港业余创作组编文；阎峰樵
等绘画
沈阳　辽宁人民出版社　1976 年　13cm（64 开）
定价：CNY0.10
　　　中国现代连环画作品。

J0067835

鱼的故事 任兆和,于善明改编;马清宇绘画
沈阳 辽宁人民出版社 1976年 13cm(64开)
定价:CNY0.08
　　中国现代连环画作品。

J0067836

鱼水情深 卞福顺改编;杨宝恒绘画
沈阳 辽宁人民出版社 1976年 13cm(64开)
定价:CNY0.08
　　中国现代连环画作品。

J0067837

鱼鹰初试 何宝民改编;罗镜泉,胡景德绘画
郑州 河南人民出版社 1976年 13cm(64开)
定价:CNY0.09
　　中国现代连环画作品。作者罗镜泉
(1937—),教授。生于广东兴宁,毕业于湖北
艺术学院美术系。历任河南大学美术系教师、中
国美术家协会会员、华南师范大学美术学院教
授。代表作品有《妇女队长》《金色洪湖》《夜深
人未静》《老人》等。

J0067838

渔岛怒潮 (上)王仲改编;杨文仁,丁宁原执笔
北京 人民美术出版社 1976年 13cm(64开)
定价:CNY0.19
　　中国现代连环画作品。作者丁宁原
(1939—),山东青州人。毕业于山东艺术专科
学校美术系。中国美术家协会会员,山东省美术
家协会副主席,山东师范大学艺术系教授。主要
作品有《重见光明》《出工》《胜似春光》《灵岩
秋色》。出版《丁宁原速写作品》《丁宁原俄罗斯
写生》等。作者杨文仁(1941—),画家。生于
山东青岛。山东师范学院艺术系中国画专业毕
业。历任泰安师范美术教师、山东省艺术馆美术
干部、山东师范大学美术系教师、山东省美术馆
一级美术师、山东省美术家协会副主席。出版有
《杨文仁花鸟画集》《杨文仁国画精品集》《荷花
画法》等。

J0067839

渔岛怒潮 (下)姜树茂原著;王仲改编;青岛
文化局连环画创作组绘
北京 人民美术出版社 1979年 177页 有图

11×13cm 统一书号:8027.7035 定价:CNY0.28
　　根据姜树茂同名小说改编的中国现代连环
画作品。

J0067840

渔港风浪 洪寿仁改编;蔡业崇,柯鑫城画
广州 广东人民出版社 1976年 10cm(60开)
统一书号:8111.1565 定价:CNY0.10
　　根据林松阳、伍延才小说《远航归来》改编
的中国现代连环画作品。

J0067841

渔乡战歌 谢培城编文;钟增亚等绘画
长沙 湖南人民出版社 1976年 13cm(64开)
定价:CNY0.12
　　中国现代连环画作品。作者钟增亚(1940—
2002),画家。又名钟亚,湖南衡阳人,广州美术
学院中国画系毕业。任职于衡阳市文化馆,历任
中国书法家协会理事、中国美术家协会理事、湖
南省书协主席、湖南书画研究院院长。国画《楚
人》《三峡史诗》。出版有《钟增亚中国画选集》
《钟增亚速写集》。

J0067842

宇田小卫士 任国一编文;王红绘画
兰州 甘肃人民出版社 1976年 13cm(64开)
定价:CNY0.10
　　中国现代连环画作品。

J0067843

云峰山下 饶尚豪改编;王柏生绘图
福州 福建人民出版社 1976年 13cm(64开)
定价:CNY0.12
　　中国现代连环画作品。

J0067844

云峰山下 李守义改编;蔡迪安等绘画
武汉 湖北人民出版社 1976年 13cm(64开)
定价:CNY0.12
　　中国现代连环画作品。

J0067845

运牛 毛亮英改编;观江山绘画
天津 天津人民美术出版社 1976年 13cm(64开)
定价:CNY0.11

中国现代连环画作品。

J0067846

在战斗中成长　赖征海编文；王西林，管兆平绘画
南昌　江西人民出版社　1976 年　13cm（64 开）
定价：CNY0.14
　　中国现代连环画作品。

J0067847

在祖国　崔巨雄编；陶建华，梁镇雄绘
广州　广东人民出版社　1976 年　10cm（64 开）
定价：CNY0.12
　　中国现代连环画作品。

J0067848

战斗的堡垒　士明改编；朱熙元绘画
南京　江苏人民出版社　1976 年　13cm（64 开）
定价：CNY0.11
　　中国现代连环画作品。

J0067849

战斗的堡垒　（农村版图书）何溶改编；徐希绘
北京　人民美术出版社　1976 年　13cm（64 开）
定价：CNY0.12
　　中国现代连环画作品。作者徐希（1940—2015），画家。曾用名徐振武，浙江绍兴人。毕业于浙江美术学院。曾任人民美术出版社编辑、一级美术师、中国美术家协会会员。代表作品《长城》《布达拉宫》《湖上晨曲》《江南喜雨》等。作者何溶（1921—1989），满族，教师。姓"赫舍里"，号伯英，笔名山碧，生于吉林市。曾就读于上海大同大学、上海圣约翰大学和中央美术学院绘画系，留校任教。创办《美术》杂志，任编辑部主任。代表作品有《雪》《杉》《白玉兰》《高山之松》等。

J0067850

战斗英雄任常伦　姜治臣编文；王树枫，赵家传绘画
济南　山东人民出版社　1976 年　13cm（64 开）
定价：CNY0.23
　　中国现代连环画作品。

J0067851

战旗更红　张俊南，邢玉泉编；邢玉泉绘

北京　人民美术出版社　1976 年　13cm（64 开）
定价：CNY0.08
　　本连环画包括《战旗更红》和《一张床位》两个故事

J0067852

张勇的故事　张克明改编；秦永春绘画
沈阳　辽宁人民出版社　1976 年　13cm（64 开）
定价：CNY0.11
　　中国现代连环画作品。作者秦永春（1936—　　），高级美术师。历任中国美术家协会会员、中国电影家协会会员、沈阳市美术家协会副主席、沈阳市美术家协会顾问。作品《丰收忙》《蝙蝠》《天云山传奇》，出版有《中国当代美术家精品集——秦永春》。

J0067853

找红军　卜福顺改编；张铁林绘画
沈阳　辽宁人民出版社　1976 年　13cm（64 开）
定价：CNY0.06
　　中国现代连环画作品。

J0067854

找书包　徐建耀，薛家锡改编；澄海县业余美术组绘
广州　广东人民出版社　1976 年　10cm（64 开）
统一书号：8111.1508　定价：CNY0.11
　　根据同名相声改编的中国现代连环画，包括《找书包》《在圩日里》两个小故事。

J0067855

智除伪队长　（雁翎队的故事）张林改编；魏魁仲，刘庚吉执笔
石家庄　河北人民出版社　1976 年　13cm（64 开）
定价：CNY0.08
　　中国现代连环画作品。

J0067856

智斗　（我们是毛主席的"红小兵"）牟怀柯编文；昌敬人绘画
上海　上海人民出版社　1976 年　13cm（64 开）
定价：CNY0.06
　　中国现代连环画作品。

J0067857
智斗吊眼狼　代英改编；陈静绘画
沈阳　辽宁人民出版社　1976年　13cm（64开）
定价：CNY0.09
　　中国现代连环画作品。

J0067858
智歼残匪　（原名：灯伢儿）杨刚原著；邱胜贤
编绘
天津　天津人民美术出版社　1976年　13cm（64开）
定价：CNY0.10
　　中国现代连环画作品。

J0067859
智取"舌头"　叶启亮改编；沈在召绘图
福州　福建人民出版社　1976年　13cm（64开）
定价：CNY0.09
　　中国现代连环画作品。

J0067860
钟楼红旗　施凤良改编；袁峰，朱明山绘画
南京　江苏人民出版社　1976年　13cm（64开）
定价：CNY0.13
　　中国现代连环画作品。

J0067861
钟声震荡　于秀锡改编；李增华绘
北京　人民美术出版社　1976年　13cm（64开）
定价：CNY0.10
　　中国现代连环画作品，包括《钟声震荡》《火
红的朝阳》《花香菜鲜》3个故事。

J0067862
众志成城　（雁翎队的故事）刘夫海原著；天
津艺术学院绘画系工农兵学员改编并绘画
石家庄　河北人民出版社　1976年　13cm（64开）
定价：CNY0.09
　　中国现代连环画作品。

J0067863
重逢　卢金林编文；谷中良绘画
石家庄　河北人民出版社　1976年　13cm（60开）
定价：CNY0.11
　　中国现代连环画作品。

J0067864
竹海打蛇　詹荫鸿原著；吴继平绘画
上海　上海人民出版社　1976年　13cm（64开）
定价：CNY0.07
　　中国现代连环画作品。

J0067865
捉黄鼬的故事　纪映新编绘
沈阳　辽宁人民出版社　1976年　13cm（64开）
定价：CNY0.06
　　中国现代连环画作品。

J0067866
子弟兵的母亲戎冠秀　高俊儒编文；张冰洁，
赵拴造绘画
石家庄　河北人民出版社　1976年　13cm（64开）
定价：CNY0.12
　　中国现代连环画作品。

J0067867
组织委员　郭宁原著；李毓琦编，南京艺术学
院美术系《组织委员》创作组绘
南京　江苏人民出版社　1976年　73页　有图
10×13cm　统一书号：8100.3.097　定价：CNY0.10
　　中国现代连环画作品。

J0067868
组织委员　郭宁原著；李毓琦改编
南京　江苏人民出版社　1976年　13cm（64开）
定价：CNY0.10
　　中国现代连环画作品。

J0067869
组织委员　月涛改编；沈道鸿画
成都　四川人民出版社　1976年　13cm（60开）
定价：CNY0.13
　　根据同名小说改编的中国现代连环画作品。

J0067870
"大目标"师傅　张重远，于秀溪改编；诸松桂
等绘
北京　人民美术出版社　1977年　78页　13cm（64开）
定价：CNY0.12
　　根据同名小说改编的现代连环画作品。作
者于秀溪（1939—　　），作家、诗人、书法家。原

名于秀锡。河北灵寿县人。毕业于广播学院新闻系。曾任中国美术出版社副编审、《连环画报》主编、中国诗书画院研究员等职。主要作品有《哪吒传》《岳云寻父记》《审美心理学》等。

J0067871

"公"树的秘密　　胡景芳原著；陈沫改编；赵国经，王美芳绘

天津　天津人民美术出版社　1977年　78页　13cm（64开）定价：CNY0.10

　　中国现代连环画作品。作者王美芳（1949—　），女，高级画师。北京人。毕业于中央美术学院附中。天津工艺美术设计院高级画师，天津画院院外画家。擅长中国画。作品有《蒙山腊月》《王贵与李香香》《正月》《太阳、雪山和我》。作者赵国经（1950—　），一级画师。出生于河北景县，毕业于天津美术学院绘画系。历任中国美术家协会会员，连环画艺术委员会委员，天津美术家协会副主席，天津画院、天津美术出版社美术编辑、连环画编辑室主任。年画代表作品有《烽火连三月》《做嫁衣》等。

J0067872

"铁人"王进喜　　顾光改编；上海求新造船厂美术创作组绘

上海　上海人民出版社　1977年　146页　13cm（64开）定价：CNY0.15

　　中国现代连环画作品。

J0067873

102 边防站　　申建军原作；何宝民改编；何宁绘图

天津　天津人民美术出版社　1977年　72页　13cm（64开）定价：CNY0.12

　　中国现代连环画作品。

J0067874

2021 车厢　　梅述改编；蔡宏波绘

武汉　湖北人民出版社　1977年　66页　13cm（64开）定价：CNY0.09

　　根据《江岸怒涛》革命斗争故事改编的中国现代连环画作品。

J0067875

阿里山的心灵　　李世武改编；展之玉绘

济南　山东人民出版社　1977年　62页　13cm（64开）定价：CNY0.09

　　中国现代连环画作品。

J0067876

爱河畔上的青松　　王金利，王运升原著；运升改编；郭珊贵，张庆利绘

沈阳　辽宁人民出版社　1977年　88页　13cm（64开）定价：CNY0.14

　　中国现代连环画作品。

J0067877

八一风暴　　南昌警备区战士业余美术组编绘

南昌　江西人民出版社　1977年　158页　13cm（64开）统一书号：8110.227　定价：CNY0.19

（江西革命斗争故事）

　　根据同名话剧改编的中国现代连环画作品。

J0067878

巴蜀怒火——王小波，李顺起义　　关履权编；陈以雄，黄希舜画

广州　广东人民出版社　1977年　52页　10cm（64开）定价：CNY0.08

（中国农民战争史话连环画）

　　中国现代连环画作品。作者黄希舜（1938—　），广东汕尾乡人，深圳市美术家协会副主席，绘有《黄希舜人物速写集》等。

J0067879

班长探家　　赵镇琬编绘

北京　人民美术出版社　1977年　59页　有图　10×13cm　统一书号：8027.6716　定价：CNY0.08

　　中国现代连环画作品。作者赵镇琬（1938—　），漫画画家、编辑出版家。生于山东莱阳，毕业于山东省省立莒县师范中。历任中国少儿期刊工作者协会第二届副会长、全国少儿读物工作委员会第一届副主任、世界儿童读物联盟大会中国分会第二届副会长、全国儿童图书插画装帧设计研究会第一届会长。作品有《借问酒家何处有》等。出版有《山羊回家了》《奇怪不奇怪》等。

J0067880

半夜枪声　　杨秀雁改编；杜应强画

广州　广东人民出版社　1977年　96页　10cm（64开）

定价：CNY0.13

根据王杏元同名小说改编的中国现代连环画作品。作者杜应强（1939—　），画家、高级美术师。广东澄海人。历任汕头画院院长、中国美术家协会会员、中国版画家协会会员、广东省美术家协会常务理事。出版有《杜应强水墨画集》《杜应强版画集》《杜应强画集·百榕图》等。

J0067881
榜样　徐宣东，张燕宁编绘
南京　江苏人民出版社 1977 年 78 页 13cm（64 开）
定价：CNY0.10

根据王尚成同名小说改编的中国现代连环画作品。

J0067882
堡垒　任伍等原著；江华南改编；胡克文等绘
上海　上海人民出版社 1977 年 129 页 13cm（64 开）
定价：CNY0.13

中国现代连环画作品。

J0067883
报春花　谢璞原著；刘瑞良改编；陈心懋，庞先健绘
上海　上海人民出版社 1977 年 78 页 13cm（64 开）
定价：CNY0.08

中国现代连环画作品。作者庞先健（1951—　），画家。浙江杭州萧山人。擅长中国画、连环画。中国美协连环画艺术委员会委员。作品有《明清故事精选》《中国风俗图像解说》《三国大计谋》等。

J0067884
贝壳湾擒"黑鳗"　郑礼波，叶秀根编；张正刚等绘
合肥　安徽人民出版社 1977 年 60 页 13cm（64 开）
定价：CNY0.09

中国现代连环画作品。

J0067885
碧空雄鹰　姜岱东，唐恩霖改编；济空政治部美术创作学习班绘
济南　山东人民出版社 1977 年 186 页 15cm（64 开）
定价：CNY0.35

根据齐勉同名长篇小说改编的中国现代连环画作品。

J0067886
碧水扬波　孙文秀改编；刘少臣绘
天津　天津人民美术出版社 1977 年 58 页 13cm（64 开）定价：CNY0.09

中国现代连环画作品。

J0067887
边防狩猎　陈天升改编；徐芒耀绘
武汉　湖北人民出版社 1977 年 56 页 13cm（64 开）定价：CNY0.08

根据同名小说改编的中国现代连环画作品。

J0067888
边防狩猎　张发良原著；陶建平等改编；王洪彬绘
乌鲁木齐　新疆人民出版社 1977 年 42 页 13cm（64 开）定价：CNY0.14

中国现代连环画作品。

J0067889
边防小哨兵　孙根喜原著；钟天宝改编；龚铁等绘
天津　天津人民美术出版社 1977 年 90 页 13cm（60 开）定价：CNY0.11

中国现代连环画作品。

J0067890
边疆小哨兵　张功军，孙吉敏改编；尹桂复绘
哈尔滨　黑龙江人民出版社 1977 年 38 页 19cm（小 32 开）定价：CNY0.23

中国现代连环画作品。

J0067891
边境枪声　马布啸原著；崔伟改编；刘继敏等绘
呼和浩特　内蒙古人民出版社 1977 年 94 页 13cm（64 开）定价：CNY0.13

中国现代连环画作品。

J0067892
并肩前进　李世武改编；王德力绘
济南　山东人民出版社 1977 年 50 页 13cm（64 开）
定价：CNY0.09

根据牟永平《同桌同学》改编的中国现代连环画作品。

J0067893

渤海激浪　陈贵先改编；周永生，王廷臣绘
济南 山东人民出版社 1977年 78页 13cm（64开）
定价：CNY0.11
　　根据杨海田、姜竹洪同名小说改编的中国现代连环画作品。

J0067894

捕蛾　汉阳县农民连环画创作学习班编绘
武汉 湖北人民出版社 1977年 68页 13cm（64开）
定价：CNY0.09
　　中国现代连环画作品。

J0067895

不挂牌的检查站　湖南人民出版社改编；李儒光绘
长沙 湖南人民出版社 1977年 62页 13cm（64开）
定价：CNY0.09
　　中国现代连环画作品。

J0067896

不朽的战士——捷恩　陕西人民出版社改编；宝鸡市文化馆王鸿续绘画
西安 陕西人民出版社 1977年 有彩图
15cm（40开）统一书号：8094.461 定价：CNY0.11
　　中国现代连环画作品。

J0067897

草鞋的故事　蘅果编；胡斌昌绘
南昌 江西人民出版社 1977年 102页 13cm（64开）
定价：CNY0.13
　　中国现代连环画作品。

J0067898

草原铁骑　李宝柱编；刘生展等绘
石家庄 河北人民出版社 1977年 98页
13cm（64开）定价：CNY0.12
　　中国现代连环画作品。作者刘生展（1938—2016），画家，一级美术师。别名塞城。内蒙古丰镇人。历任河北省张北县文化馆馆长、张家口市美协名誉主席、中国美术家协会会员、中华炎黄文化研究会会员、中日美术交流协会会员、察哈

尔书画院名誉院长，作品有《草原女民兵》《赛马去》《多为农业献骏马》《草原盛会》等。出版《怎样画马》《三国志人物绘卷》《马的描法》等。

J0067899

朝阳沟　武耀强改编；刘继卣绘
北京 人民美术出版社 1977年 2版 94页
有图 10×13cm 统一书号：8027.4450
定价：CNY0.11
　　中国现代连环画作品。

J0067900

车轮滚滚　朱虹编
沈阳 辽宁人民出版社 1977年 196页 13cm（64开）
定价：CNY0.31
　　根据长春电影制片厂同名电影选编的中国现代连环画作品。

J0067901

陈玉成　刘征泰原著；赫威刚改编；王今栋画
郑州 河南人民出版社 1977年 174页 13cm（60开）
定价：CNY0.20
　　中国现代连环画作品。作者王今栋（1932—2013），画家、一级美术师。北京人。历任河南省文史研究馆馆员，河南省美术家协会副主席，中国美术家协会会员，中国画家协会理事等。代表作品《今栋山水画》。

J0067902

陈玉成　李遵义改编；辛宽良绘
沈阳 辽宁人民出版社 1977年 182页 13cm（60开）
定价：CNY0.20
　　中国现代连环画作品。

J0067903

城防图　江漾改编；邵子振绘
哈尔滨 黑龙江人民出版社 1977年 78页
13cm（64开）定价：CNY0.11
　　根据同名故事改编的中国现代连环画作品。

J0067904

冲锋号　蒋子龙原作；张中河改编；天津艺术学院连环画班绘
天津 天津人民美术出版社 1977年 80页
13cm（64开）定价：CNY0.10

中国现代连环画作品。

J0067905

冲破封锁线　林天佐编；刘泽文绘
济南　山东人民出版社　1977年　62页　13cm（64开）
定价：CNY0.09
　　中国现代连环画作品。作者刘泽文
（1943— ），画家，国家一级美术师。山东即墨
人，历任烟台地区新华书店美工、山东省出版总
社烟台分社任美术编辑。代表作品《望穿碧海千
层浪》，出版有《刘泽文水粉画集》。

J0067906

仇恨　母成玉原作；王嘉友改编；刘贤福等绘
成都　四川人民出版社　1977年　106页　13cm（64开）
定价：CNY0.14
　　中国现代连环画作品。

J0067907

闯关　张廷秀原作；郭文证改编；孟喜元绘
天津　天津人民美术出版社　1977年　94页
13cm（64开）定价：CNY0.12
　　中国现代连环画作品。作者孟喜元
（1943— ），河北省曲阳人，毕业于内蒙古财
贸干部进修学院，结业于浙江美术学院国画人物
进修班。历任内蒙古人民出版社美术编辑室主
任、国家一级美术师、内蒙古自治区文史研究馆
馆员、中国美术家协会会员、中国连环画研究会
常务理事。代表作品有《幸福晚年》《囤日》，出
版有《艺用人体摄影图谱》《孟喜元画集》等。

J0067908

创业　滕凤山等改编；吴景行绘
哈尔滨　黑龙江人民出版社　1977年　142页
13cm（64开）定价：CNY0.17
　　根据同名电影改编的中国现代连环画作品。

J0067909

春风化雨　林贵祥编；曾庆骅绘
成都　四川人民出版社　1977年　46页　13cm（64开）
定价：CNY0.07
　　中国现代连环画作品。

J0067910

春和楼锄奸　肖冰编；王启民绘

济南　山东人民出版社　1977年　86页　13cm（64开）
定价：CNY0.11
　　中国现代连环画作品。

J0067911

春燕　徐昆源编；项维仁绘
济南　山东人民出版社　1977年　78页　13cm（64开）
定价：CNY0.11
　　中国现代连环画作品。作者项维仁
（1947— ），画家、国家一级美术师。生于山东
青岛市。历任中国美术家协会会员、中国工艺美
术学会会员、中国连环画研究会理事、山东画院
特聘高级画师、青岛书画研究院副院长。代表作
品有《共鸣》《柳毅传书》等。

J0067912

春雨　竺乾华改编；卢辅圣，潘观生绘
杭州　浙江人民出版社　1977年　62页　13cm（64开）
定价：CNY0.07
　　根据《清明雨》改编的中国现代连环画作品。
作者卢辅圣（1949— ），编辑。浙江东阳人，毕
业于浙江美术学院中国画系。历任《朵云》《书
法研究》主编、上海书画出版社总编辑、中国美
术家协会会员、上海美术家协会顾问。代表作品
有中国画《旧游》，连环画《钗头凤》。

J0067913

达山烽火　朱明远编；孙原太绘
沈阳　辽宁人民出版社　1977年　116页　13cm（64开）
定价：CNY0.15
　　中国现代连环画作品。

J0067914

打野猪　章日永文；张桂林画
贵阳　贵州人民出版社　1977年　52页　13cm（64开）
定价：CNY0.08
　　中国现代连环画作品。

J0067915

大刀记　（之一　姓穷的人们）褚明灿，黄岭改
编；常思源绘
沈阳　辽宁人民出版社　1977年　186页　13cm（64开）
定价：CNY0.22
　　中国现代连环画作品。

J0067916

大刀记 （之二　虎口拔牙）褚明灿，黄岭改编；
陈水远绘画
沈阳　辽宁美术出版社　1978年　150页　13cm（60开）
定价：CNY0.22
　　根据郭澄清同名小说改编的现代连环画
作品。

J0067917

大刀记 （之三　巷战奇观）褚明灿等改编；陈
水远绘
沈阳　辽宁美术出版社　1980年　146页　有图
13cm（60开）统一书号：8117.1837
定价：CNY0.22
　　本书是中国现代连环画作品。

J0067918

大刀记 （之四　巧夺黄家镇）褚明灿，黄岭改
编；陈水远绘
沈阳　辽宁美术出版社　1981年　142页　13cm（64开）
定价：CNY0.21
　　本书是中国现代连环画册。

J0067919

大刀记 （之五　钢刀铣山河）褚明灿，黄岭改
编；陈水远绘
沈阳　辽宁美术出版社　1981年　122页　13cm（64开）
定价：CNY0.18
　　本书是中国现代连环画册。

J0067920

大刀记 （上）德州“地革委”文化局《大刀记》
创作组编绘
济南　山东人民出版社　1977年　196页　15cm（64开）
定价：CNY0.37
　　根据郭澄清同名长篇小说编绘的现代连环
画作品。

J0067921

大刀记 （中）德州“地革委”文化局《大刀记》
创作组编绘
济南　山东人民出版社　1977年　138页　15cm（64开）
定价：CNY0.27
　　根据郭澄清同名长篇小说编绘的现代连环
画作品。

J0067922

大刀记 （下）德州“地革委”文化局《大刀记》
连环画创作组编绘
济南　山东人民出版社　1978年　34页　15cm（40开）
定价：CNY0.25
　　中国现代连环画作品。

J0067923

大浪淘沙　鲁冬青编
广州　广东人民出版社　1977年　190页　10cm（64开）
定价：CNY0.32
　　根据同名电影改编的现代连环画作品。

J0067924

大浪淘沙　徐礼娴编
天津　天津人民美术出版社　1977年　208页
13cm（64开）定价：CNY0.32
　　根据同名电影改编的现代连环画作品。

J0067925

大庆战歌　华民安选编
北京　人民美术出版社　1977年　135页　13cm（64开）
定价：CNY0.22
　　根据上海电影制片厂彩色纪录片选编的现
代连环画作品。

J0067926

大庆战歌　上海电影制片厂摄制；赵家耀改编
上海　上海人民出版社　1977年　112页　15cm（64开）
定价：CNY0.41
　　中国现代连环画作品。

J0067927

大雁山　（海滨激战）李荣德，王颖原著；石洪
林等改编；杨一明等绘
北京　人民出版社　1977年　118页　13cm（64开）
定价：CNY0.15
　　中国现代连环画作品。

J0067928

大雁山　（奇袭海镇）李荣德，王颖原著；石洪
林等改编；杨一明等绘
北京　人民出版社　1977年　118页　13cm（64开）
定价：CNY0.15
　　中国现代连环画作品。

J0067929

大泽烈火　　上海师范大学中文系《大泽烈火》编写组编文；戴敦邦绘
上海 上海人民出版社 1977年 134页 13cm（64开）
定价：CNY0.13
　　中国现代连环画作品。作者戴敦邦（1938— ），国画家，教授。号民间艺人，江苏丹徒人。毕业于上海第一师范学校。历任《中国少年报》《儿童时代》美术编辑，上海交通大学人文学院教授等。主要作品《水浒人物一百零八图》《戴敦邦水浒人物谱》《戴敦邦新绘红楼梦》《戴敦邦古典文学名著画集》等；连环画代表作品有《一支驳壳枪》《水上交通站》《大泽烈火》《蔡文姬》等。

J0067930

代理队长　　王子训编；周建国，白燕绘
济南 山东人民出版社 1977年 72页 13cm（64开）
定价：CNY0.10
　　中国现代连环画作品。

J0067931

弹弓和南瓜的故事　　贾平凹原著；徐斌改编；姚延林绘
上海 上海人民出版社 1977年 70页 13cm（64开）
定价：CNY0.08
　　中国现代连环画作品。

J0067932

登攀颂　　徐景诗；赵华胜，姚鸿发绘
北京 人民体育出版社 1977年 17×18cm
定价：CNY0.60
　　中国现代连环画作品。作者姚鸿发（1940—2003），画家。生于浙江宁波。历任辽宁出版社、辽宁美术出版社、辽宁人民出版社任美术创作员及美术编辑，辽宁少年儿童出版社综合编辑室主任，中国美术家协会会员。出版有《姚鸿发画集》等。作者赵华胜（1939—　 ），国画家，生于吉林长春祖籍山东泰安。毕业于鲁迅美术学院中国画系。曾任辽宁画院院长、中国美术家协会会员。代表作《江山多娇》《世纪大潮》《走向新世纪》。

J0067933

地上长虹　　王玉良编；杜德胜，政子平绘
沈阳 辽宁人民出版社 1977年 86页 13cm（64开）
定价：CNY0.12

中国现代连环画作品。作者王玉良（1949— ），画家、教授。历任清华大学美术学院绘画系教授、中国美术家协会会员、庞薰琹艺术研究会副主任、清华大学张仃艺术研究会委员、清华大学吴冠中艺术研究会学术委员会委员。

J0067934

第一声春雷——鲁迅在北京　　诸镇南编；庄弘醒绘
南京 江苏人民出版社 1977年 70页 13cm（64开）
定价：CNY0.12
（鲁迅的故事）
　　中国现代连环画作品。

J0067935

东进序曲　　缪波改编；张景祥绘
沈阳 辽宁人民出版社 1977年 166页 13cm（64开）
定价：CNY0.24
　　中国现代连环画作品。

J0067936

洞生和冬生　　张登魁原作；冬青改编；孙维警等绘
贵阳 贵州人民出版社 1977年 78页 13cm（64开）
定价：CNY0.10
　　中国现代连环画作品。

J0067937

斗湖歼敌　　胡通洲编；王涛绘
合肥 安徽人民出版社 1977年 110页 13cm（64开）
定价：CNY0.13
　　中国现代连环画作品。

J0067938

独眼龙落网记　　张海峰编；马广全，何新民绘
合肥 安徽人民出版社 1977年 92页 13cm（64开）
定价：CNY0.12
　　中国现代连环画作品。

J0067939

渡海擒敌　　张海云编；姚逸之绘
南昌 江西人民出版社 1977年 110页 13cm（64开）
定价：CNY0.14
　　中国现代连环画作品。

J0067940

夺盐战　应城石膏矿, 湖北人民出版社《夺盐战》创作组编绘; 谢亚南, 陈绪初执笔

武汉 湖北人民出版社 1977年 82页 13cm（64开）

定价: CNY0.11

　　中国现代连环画作品。

J0067941

二妞把关　张荣珍编; 赵宝林, 关景宇绘

天津 天津人民美术出版社 1977年 30页

13cm（64开）定价: CNY0.09

　　中国现代连环画作品。

J0067942

饭店风波　廉闻改编; 苟孟章绘画

西安 陕西人民出版社 1977年 70页 有图

10×13cm 统一书号: 8094.512 定价: CNY0.09

　　中国现代连环画作品。

J0067943

方腊传　齐矛原著; 聂秀功等编绘

南京 江苏人民出版社 1977年 94页 13cm（64开）

定价: CNY0.12

　　中国现代连环画作品。

J0067944

方腊起义　关履权编; 刘发良, 叶其青绘

广州 广东人民出版社 1977年 94页 10cm（64开）

定价: CNY0.13

（中国农民战争史话连环画）

　　中国现代连环画作品。

J0067945

方向盘　水世戴改编; 尚金声等绘

天津 天津人民美术出版社 1977年 66页

13cm（64开）定价: CNY0.09

　　根据同名短篇小说改编的中国现代连环画

作品。

J0067946

放蜂时节　周伟民原著; 杜勤来改编; 施胜辰绘

石家庄 河北人民出版社 1977年 38页

13cm（64开）定价: CNY0.06

　　中国现代连环画作品。

J0067947

放蜂之前　周伟民原著; 海门县文化馆改编; 贺文耀等绘画

南京 江苏人民出版社 1977年 60页 有图

10×13cm 统一书号: 8100.3.122 定价: CNY0.09

　　中国现代连环画作品。

J0067948

放鸭子　杜若人原著; 刘树德改编; 张增木绘

石家庄 河北人民出版社 1977年 54页

13cm（64开）定价: CNY0.08

　　中国现代连环画作品。作者张增木（1943— ）, 编辑。河北安国人, 毕业于天津美术学院。历任河北美术出版社编辑、中国美协河北分会会员、中国连环画研究会会员、河北省连环画研究会秘书长。代表作品有《阿宝》《画说中国历史》《李时珍》《镜花缘》《运河英豪》《猎人兄弟》《三十六计》等。

J0067949

飞叉王　汾飞编; 蒋仲兴绘

天津 天津人民美术出版社 1977年 70页

13cm（64开）定价: CNY0.09

　　中国现代连环画作品。

J0067950

风暴　金山原著; 费声福等编绘

北京 人民美术出版社 1977年 2版 168页

有图 10×13cm 统一书号: 8027.3989

定价: CNY0.26

　　根据金山原著同名电影剧本改编的现代连环画作品。作者费声福（1927— ）, 编辑。祖籍浙江慈溪, 毕业于中央美术学院。历任中国连环画出版社编审、《中国连环画》副主编、中国美术家协会连环画艺术委员会副主任、中国连环画研究会常务理事兼秘书长。作品有《神火》《游赤壁》。

J0067951

风波　李存葆原著; 林丹改编; 桑麟康绘

上海 上海人民出版社 1977年 86页 13cm（64开）

定价: CNY0.09

　　中国现代连环画作品。作者桑麟康（1957— ）, 画家。浙江鄞县人, 就读于上海市轻工业专科学校美术系。在上海市农垦工商联

合企业总公司天山商场做美工。作品有《同学》《我们唤醒了沉睡的大地》《养鸡图》等。

J0067952

风雪雄鹰　　海力改编；余友心，韩书力绘
天津　天津人民美术出版社　1977年　86页
13cm（64开）定价：CNY0.11
　　中国现代连环画作品。

J0067953

风雨龙爪坡　　火笛原著；王文钦改编；康宁绘
成都　四川人民出版社　1977年　78页　13cm（64开）
定价：CNY0.11
　　中国现代连环画作品。

J0067954

风雨桥　　黎耘，黄宗信改编；李锦华绘
南宁　广西人民出版社　1977年　74页　13cm（64开）
定价：CNY0.10
　　根据同名故事改编的中国现代连环画作品。

J0067955

枫树湾　　冯骥才，毛志毅改编
天津　天津人民美术出版社　1977年　208页
13cm（64开）定价：CNY0.32
　　根据同名电影改编的中国现代连环画作品。作者冯骥才（1942— ），作家、画家、文化学者、教授。浙江宁波人。历任中国文学艺术界联合会荣誉委员，中国民间文艺家协会名誉主席，国务院参事，天津大学冯骥才文学艺术研究院院长、教授、博士生导师。代表作品有《雕花烟斗》《高女人和她的矮丈夫》《神鞭》《三寸金莲》《珍珠鸟》《一百个人的十年》等。

J0067956

烽火棋盘崖　　刘丹原著；林丹改编；汪大伟绘
上海　上海人民出版社　1977年　86页　13cm（64开）
定价：CNY0.09
　　中国现代连环画作品。

J0067957

烽火长桥　　董乃德改编；秀鑫焕，王世民绘
济南　山东人民出版社　1977年　102页　13cm（64开）
定价：CNY0.13
　　根据张荣新等的《长桥风云》故事改编的中国现代连环画作品。

J0067958

凤凰山上木棉红　　李侃，郭志高编；王世强绘
天津　天津人民美术出版社　1977年　60页
13cm（64开）定价：CNY0.09
　　中国现代连环画作品。

J0067959

伏击战　　王世贵改编、绘画
成都　四川人民出版社　1977年　62页　13cm（64开）
定价：CNY0.09
　　本书是根据革命故事《斗川岛》改编的中国现代连环画作品。

J0067960

钢铁边防线　　刘维仁改编；王玉良等绘
沈阳　辽宁人民出版社　1977年　60页　13cm（64开）
定价：CNY0.09
　　中国现代连环画作品。作者刘维仁（1962— ），甘肃陇西人。陇西县作家协会秘书长、陇西县灯谜学会理事长，西北地区优秀灯谜艺术家。作者王玉良（1949— ），画家、教授。历任清华大学美术学院绘画系教授，中国美术家协会会员，庞薰琹艺术研究会副主任，清华大学张仃艺术研究会委员，清华大学吴冠中艺术研究会学术委员会委员。

J0067961

港阔友谊深　　蔡清河原著；吕连生绘
福州　福建人民出版社　1977年　44页　13cm（64开）
定价：CNY0.07
　　中国现代连环画作品。

J0067962

杠棒的故事　　董学理编；冯远绘
上海　上海人民出版社　1977年　77页　13cm（64开）
定价：CNY0.08
　　中国现代连环画作品。作者冯远（1952— ），教授、画家。生于上海，祖籍江苏无锡。作品有《望夫妹》《母子图》《新疆风情写生》《今生来世》。出版有《二十一世纪中国艺术家·冯远》《笔墨尘缘》。

J0067963

高亮联防队　顿铁生改编；顿铁生，樊松波绘
郑州　河南人民出版社 1977年 90页 13cm（64开）
定价：CNY0.12
　　中国现代连环画作品。

J0067964

攻打紫竹林　崔锦，骥才编；董凤章绘
天津　天津人民美术出版社 1977年 82页
13cm（64开）定价：CNY0.11
　　中国现代连环画作品。

J0067965

孤岛长城　李品三，曲金良编；周永生绘
济南　山东人民出版社 1977年 102页 13cm（64开）
定价：CNY0.13
　　中国现代连环画作品。

J0067966

国境线上　杨云庆改编；李俊琪绘
沈阳　辽宁人民出版社 1977年 82页 13cm（64开）
定价：CNY0.11
　　根据蔺鸿儒小说《在国境线的密林里》
改编的中国现代连环画作品。作者杨云庆
（1933— ），曾任黑龙江省作家协会会员、散文
家协会会员、老年作家协会会员。作品有《杨云
庆文集（上、下）》等。作者李俊琪（1943— ），
教授。号大道轩主人，河北乐亭人。历任天津
美术家协会副主席，中国美术家协会会员，天津
南开大学教授、研究生导师，美国传记研究院研
究员。著作有《中国历代诗家图卷》《中国历代
兵家图卷》《中国历代文学家画传》《李俊琪画
集》等。

J0067967

国境线上　金重改编；盛元富绘
杭州　浙江人民出版社 1977年 72页 13cm（64开）
定价：CNY0.08
　　根据申建军同名小说改编的中国现代连环
画作品。作者金重（1919— ），编剧。中国戏曲
志云南卷主编。创作改编《依莱汗》《红葫芦》《孔
雀公主》《老海休妻》等花灯剧和花灯歌舞，出版
有《鲁凝剧作选》《云南花灯》《艺术论文集》等。

J0067968

海角红缨　谈庆麟编；张国权绘
天津　天津人民美术出版社 1977年 92页
13cm（64开）定价：CNY0.11
　　中国现代连环画作品。

J0067969

海青连长　李良文，钟原原著；余方德改编；
83351 部队业余美术组绘
上海　上海人民出版社 1977年 78页 13cm（64开）
定价：CNY0.08
　　中国现代连环画作品。

J0067970

海上侦察兵　章明编；刘惠汉，司徒绵绘
广州　广东人民出版社 1977年 126页 10cm（64开）
定价：CNY0.17
　　中国现代连环画作品。

J0067971

海上侦察兵　章明编；刘惠汉等绘画
广州　岭南美术出版社 1977年 125页 有图
10×13cm 统一书号：8111.1792 定价：CNY0.20
　　中国现代连环画作品。

J0067972

海上侦察兵　章明原著；王良莹改编；上海市
美术学校第六期工农兵美术创作学习班绘
上海　上海人民出版社 1977年 110页 13cm（64开）
定价：CNY0.12
　　中国现代连环画作品。

J0067973

海燕劲飞　宋宝堂编；宋德风绘
济南　山东人民出版社 1977年 110页 13cm（64开）
定价：CNY0.14
　　中国现代连环画作品。作者宋德风
（1941— ），画家。山东荣成人。毕业于山东艺
专国画专业。中国人才研究会艺术家学部委员
会一级书画艺术委员，国家人事部人才所、中国
书画人才资格审定委员会特邀研究员，国际美术
家联合会中国中南执委会常务理事。作品有连
环画《海燕劲飞》，工笔年画《武松打虎》《名山
大川》《三国故事》等。

J0067974

海燕展翅　徐英杰编；王双贵绘

石家庄 河北人民出版社 1977 年 95 页

13cm（64 开）定价：CNY0.10

中国现代连环画作品。

J0067975

汉江激浪　杜维轩改编；樊玉民绘

西安 陕西人民出版社 1977 年 52 页 13cm（64 开）

定价：CNY0.07

根据伍长述《汉江摆渡》革命故事改编的中国现代连环画作品。

J0067976

禾部长住院　屈虹原著；吉国祥改编；夏予冰，项止武绘

上海 上海人民出版社 1977 年 62 页 13cm（64 开）

定价：CNY0.07

中国现代连环画作品。

J0067977

合龙　李秋明原著；顾光改编；上海电机公司美术组绘

上海 上海人民出版社 1977 年 78 页 13cm（64 开）

定价：CNY0.08

中国现代连环画作品。

J0067978

红光礁夜战　邹盛林编；瞿谷寒，杨火才绘

上海 上海人民出版社 1977 年 118 页 13cm（64 开）

定价：CNY0.12

中国现代连环画作品。作者瞿谷寒（1938— ），画家。生于上海浦东，就读于扬州艺术学校学习美术。历任上海美术家协会会员、上海连环画研究会会员、上海民盟书画院画师。代表作品有《宋史演义》连环画，《少小离家老大回》《瞿谷寒画集》等。

J0067979

红莲　吴树敬改编；赵文玉绘

合肥 安徽人民出版社 1977 年 100 页 13cm（64 开）

定价：CNY0.13

根据王京隆小说《红莲怒放》改编的中国现代连环画作品。

J0067980

红柳飞雷　张登魁原著；袁玮大改编；中国人民解放军铁道兵业余美术组绘

天津 天津人民美术出版社 1977 年 110 页

13cm（64 开）定价：CNY0.13

中国现代连环画作品。

J0067981

红山少年　黄德旭编；杨大仟绘

南宁 广西人民出版社 1977 年 72 页 13cm（64 开）

定价：CNY0.10

中国现代连环画作品。

J0067982

红十字药箱　朶藏才旦编；陈元武绘

兰州 甘肃人民出版社 1977 年 82 页 13cm（64 开）

定价：CNY0.11

中国现代连环画作品。

J0067983

红石口　龚成原著；《红石口》连环画创作组编绘

北京 人民出版社 1977 年 172 页 13cm（64 开）

定价：CNY0.22

中国现代连环画作品。

J0067984

红雨　杨啸原著；李大振改编；马廷奎绘

石家庄 河北人民出版社 1977 年 142 页

13cm（64 开）定价：CNY0.17

中国现代连环画作品。

J0067985

红云岗　孟宪云改编；王启民，袁大仪绘

济南 山东人民出版社 1977 年 166 页 15cm（64 开）

定价：CNY0.32

根据革命现代京剧《红云岗》改编的中国现代连环画作品。

J0067986

洪河岸边　徐世信，陈连枝原作；徐世信，王保源改编；王朝斌绘

郑州 河南人民出版社 1977 年 92 页 13cm（64 开）

定价：CNY0.12

根据《中原儿女》改编的中国现代连环画作品。

J0067987

洪湖赤卫队　高援编；张景祥绘
沈阳 辽宁人民出版社 1977年 134页 13cm（64开）
定价：CNY0.20
　　根据同名电影改编的中国现代连环画作品。

J0067988

洪湖赤卫队　涂家宽选编
北京 人民美术出版社 1977年 162页 13cm（64开）
定价：CNY0.26
　　根据同名电影选编的中国现代连环画作品。

J0067989

洪湖赤卫队　顾延培，赵振民选编
上海 上海人民出版社 1977年 182页 13cm（64开）
定价：CNY0.27
　　根据同名电影选编的中国现代连环画作品。
作者顾延培（1932—　　），书法家、民俗学家。笔名庄言，上海崇明人。历任上海南市区文化馆馆长、南市区文化局副局长、亚太文化艺术协会副主席、中国硬笔书法协会顾问，上海市民俗文化学会顾问，上海中华书画协会荣誉理事长等。出版有《中华古塔鉴赏》《上海老城厢风情录》《中国古今对联大观》等。

J0067990

洪湖赤卫队　赵万顺编
天津 天津人民美术出版社 1977年 208页 13cm（64开）定价：CNY0.32
　　根据同名电影选编的中国现代连环画作品。作者赵万顺（1959—　　），字一帆，生于甘肃天水甘谷县，毕业于河南大学美术系。新疆文化艺术研究会副会长、新疆丝路书画院执行院长。

J0067991

虎口擒敌　郑谋梅原著；陈乃贤改编；张宏锋绘
贵阳 贵州人民出版社 1977年 60页 13cm（64开）
定价：CNY0.09
　　中国现代连环画作品。

J0067992

虎穴侦察　郭文证改编；刘勇绘
太原 山西人民出版社 1977年 86页 13cm（64开）
定价：CNY0.12
　　根据郑谋梅原著《虎口擒敌》改编的中国现代连环画作品。

J0067993

华主席在战火纷飞的年代　刘含贞改编；叶欣等绘
北京 人民美术出版社 1977年 54页 15cm（64开）
定价：CNY0.19
　　根据《解放军报》同名报道改编的中国现代连环画作品。

J0067994

淮北大寨花　《淮北大寨花》连环画创作组编绘
南京 江苏人民出版社 1977年 142页 13cm（64开）
定价：CNY0.16
　　中国现代连环画作品。本书与人民美术出版社合作出版。

J0067995

黄巢起义　贺卓君原著；章茂连等编绘
南京 江苏人民出版社 1977年 48页 13cm（64开）
定价：CNY0.09
　　中国现代连环画作品。

J0067996

黄海前哨　盐城地区文教局创作组编；臧科，吴继平绘
南京 江苏人民出版社 1977年 110页 13cm（64开）
定价：CNY0.13
　　中国现代连环画作品。

J0067997

黄河民兵　杨向夫改编；长文，周永生绘
济南 山东人民出版社 1977年 70页 13cm（64开）
定价：CNY0.10
　　根据刘连璋、郑书坤的《黄河飞舟》改编的中国现代连环画作品。

J0067998

黄洋界保卫战　刘丹编；蔡超绘
南昌 江西人民出版社 1977年 30页 19cm（小32开）定价：CNY0.27
（江西革命斗争故事）
　　中国现代连环画作品。作者蔡超（1944—　　），国家一级美术师。上海嘉定人。擅长中国画人物创作，兼攻山水、花鸟以及连环画。历任南昌

画院院长、江西博物馆馆长、江西省美术家协会主席，中国美术家协会江西分会理事。代表作品有《集思》《扶臂》《天地间》《众志成城》《毛主席在农村调查》等。

J0067999

活捉高歪嘴　孙根生编；王宏剑，李新华绘

郑州 河南人民出版社 1977年 70页 13cm（64开）定价：CNY0.10

中国现代连环画作品。

J0068000

活捉胡蝎子　公安县人民武装部政工科编；陈家骅绘

武汉 湖北人民出版社 1977年 86页 13cm（64开）定价：CNY0.11

中国现代连环画作品。

J0068001

火车司机的儿子　明扬选编

北京 人民美术出版社 1977年 118页 13cm（64开）定价：CNY0.19

根据朝鲜艺术电影制片厂同名电影选编的中国现代连环画作品。

J0068002

火红的战旗　陈青改编；李乃蔚绘

武汉 湖北人民出版社 1977年 98页 13cm（64开）定价：CNY0.12

根据同名小说改编的中国现代连环画作品。作者李乃蔚（1957—　），画家。生于重庆，籍贯北京，毕业于湖北美术学院。历任武汉画院一级美术师、中国美术家协会会员、中国画学会创会理事、中国工笔画学会理事、湖北省美协理事、武汉市美协副主席等。出版有《新世纪中国艺术家画库李乃蔚》。

J0068003

火烧机场　林剑改编；于守万绘

济南 山东人民出版社 1977年 78页 13cm（64开）定价：CNY0.11

根据马承龙、巩武威同名故事改编的中国现代连环画作品。

J0068004

火瓦寨的歌声　青野改编；赵思温，雷金池绘

石家庄 河北人民出版社 1977年 62页 13cm（64开）定价：CNY0.09

中国现代连环画作品。作者赵思温（1940—　），国家一级美术师。甘肃省民乐县人，毕业入中央民族大学艺术系学习。历任河北省廊坊市群艺馆馆员，廊坊画院院长，历任中国美术家协会河北分会理事；河北省花鸟画研究会副会长，河北省廊坊画院常务副院长。文化部民族文化基金会常务理事；河北廊坊市美协副主席。代表作品有《高风亮节》《双鹰图》《高鸣图》《国色天香》等。

J0068005

火瓦寨的歌声　戴军改编；朱新龙绘

南京 江苏人民出版社 1977年 46页 13cm（64开）定价：CNY0.07

根据同名故事改编的中国现代连环画作品。

J0068006

火瓦寨的歌声　夏德辉改编；吕敬人，吕吉人绘

天津 天津人民美术出版社 1977年 64页 13cm（64开）定价：CNY0.09

中国现代连环画作品。

J0068007

火瓦寨的歌声　钱新余改编；张品操绘

杭州 浙江人民出版社 1977年 58页 13cm（64开）定价：CNY0.08

中国现代连环画作品。

J0068008

火眼金睛　项桦改编；沈良鸿绘画

武汉 湖北人民出版社 1977年 78页 13cm（64开）定价：CNY0.10

根据同名故事改编的中国现代连环画作品。

J0068009

鸡场小哨兵　陈岭编；李中文，易家勋画

郑州 河南人民出版社 1977年 54页 13cm（64开）定价：CNY0.08

中国现代连环画作品。

J0068010

激浪飞排　陈雄编；郑海明，何旭和绘

广州 广东人民出版社 1977年 142页 10cm（64开）

定价：CNY0.19

中国现代连环画作品。

J0068011

激流飞排　浪花等编；心安等绘

南昌 江西人民出版社 1977年 98页 13cm（64开）

定价：CNY0.12

中国现代连环画作品。

J0068012

激流飞腾　余振东改编；韦自强绘

兰州 甘肃人民出版社 1977年 72页 13cm（64开）

定价：CNY0.10

根据伍元新小说《斗天记》改编的中国现代连环画作品。

J0068013

激战狼牙山　河北易县文化馆编；胡大鹏等绘

石家庄 河北人民出版社 1977年 78页 13cm（64开）定价：CNY0.10

本书是叙述狼牙山五壮士的英雄事迹的中国现代连环画作品。本书与人民美术出版社合作出版。

J0068014

激战龙源里　51030部队政治处编绘

沈阳 辽宁人民出版社 1977年 120页 13cm（64开）

定价：CNY0.16

中国现代连环画作品。

J0068015

疾风　蔡维才原著；朱安平改编；秀公，晓雁绘

南京 江苏人民出版社 1977年 118页 13cm（64开）

定价：CNY0.18

中国现代连环画作品。

J0068016

疾风　蔡维才原著；朱安平改编；秀公，晓雁绘

南京 江苏人民出版社 1977年 118页 13cm（64开）

定价：CNY0.14

中国现代连环画作品。

J0068017

甲午风云　定兴编

天津 天津人民美术出版社 1977年 176页 13cm（64开）定价：CNY0.28

根据同名电影选编的中国现代连环画作品。

J0068018

甲午海战　林锴编绘

北京 人民美术出版社 1977年 134页 13cm（64开）

定价：CNY0.17

根据朱祖贻、李恍同名话剧改编的中国现代连环画作品。

J0068019

尖刀连　杨志远编；李恩源绘

沈阳 辽宁人民出版社 1977年 128页 13cm（64开）

定价：CNY0.14

中国现代连环画作品。

J0068020

肩膀　丁永淮编；余南轩绘

武汉 湖北人民出版社 1977年 54页 13cm（64开）

定价：CNY0.08

中国现代连环画作品。

J0068021

剪春萝　杨德昌原著；毛亮英改编；邵生，康自强绘

天津 天津人民美术出版社 1977年 66页 13cm（64开）定价：CNY0.09

中国现代连环画作品。

J0068022

江大伯　冯新广编；赵国经绘

天津 天津人民美术出版社 1977年 78页 13cm（64开）定价：CNY0.10

中国现代连环画作品。作者赵国经（1950— ），一级画师。出生于河北景县，毕业于天津美术学院绘画系。历任中国美术家协会会员，连环画艺术委员会委员，天津美术家协会副主席，天津美术出版社美术编辑、连环画编辑室主任。年画代表作品有《烽火连三月》《做嫁衣》等。

J0068023

江防图　葵光改编；杨遇春绘

长春 吉林人民出版社 1977年 84页 13cm（64开）

定价：CNY0.11

中国现代连环画作品。

J0068024

江水滔滔　（上）杭涛原著；上海市航道局船队工人创作组编绘

上海 上海人民出版社 1977年 124页 13cm（64开）

定价：CNY0.13

中国现代连环画作品。

J0068025

焦裕禄和孩子们　程逸汝编写；倪绍勇等绘画

上海 上海人民出版社 1977年 有彩图

15cm（40开）统一书号：R10171.758

定价：CNY0.14

中国现代连环画作品。

J0068026

接电台　振华，罗秋编；区焕礼，吴奕正画

广州 广东人民出版社 1977年 106页 10cm（64开）

定价：CNY0.15

（广东民兵革命斗争故事连环画）

中国现代连环画作品。作者区焕礼（1947— ），画家。广西柳州人，毕业于广州美术学院附中。历任广东美术创作院副院长、广东画院特聘画家、中国美术家协会会员、广东分会副秘书长。作品有油画《胶林繁星》、水彩画《胶林晨曲》等。

J0068027

接电台　唐永学等改编；吕敬人绘

哈尔滨 黑龙江人民出版社 1977年 44页

13cm（64开）定价：CNY0.07

中国现代连环画作品。

J0068028

金灿灿的大道　倪振良原著；陈元山改编；谢永康绘

上海 上海人民出版社 1977年 62页 13cm（64开）

定价：CNY0.07

中国现代连环画作品。

J0068029

金光大道　（第四集）赵希良改编；人民美术出版社，北京市顺义县"革命委员会"联合创作组绘

北京 人民美术出版社 1977年 190页 13cm（64开）

定价：CNY0.17

根据浩然同名小说改编中国现代连环画作品。

J0068030

金光大道　（中集）李笃才改编

天津 天津人民美术出版社 1977年 178页

13cm（64开）定价：CNY0.28

根据同名电影选编的中国现代连环画作品。

J0068031

金盆口新话　赵联民编；桑麟康绘

上海 上海人民出版社 1977年 94页 13cm（64开）

定价：CNY0.10

中国现代连环画作品。作者桑麟康（1957— ），画家。浙江鄞县人，就读于上海市轻工业专科学校美术系。在上海市农垦工商联合企业总公司天山商场做美工。作品有《同学》《我们唤醒了沉睡的大地》《养鸡图》等。

J0068032

金色的阿达　王洪波，朱锡昌编；朱锡昌绘

北京 人民美术出版社 1977年 94页 13cm（64开）

定价：CNY0.11

中国现代连环画作品。

J0068033

金色的大雁　单明改编

沈阳 辽宁人民出版社 1977年 80页 13cm（64开）

定价：CNY0.32

根据上海美术电影制片厂同名电影改编的，中国现代连环画作品。

J0068034

金绣娘　金伯戣编；王纯言，施大畏绘

上海 上海人民出版社 1977年 118页 13cm（64开）

定价：CNY0.12

中国现代连环画作品。作者施大畏（1950— ），画家，浙江吴兴人，毕业于上海大学美术学院国画系。国家一级美术师，曾任上海

国画院执行院长、中国美术家协会副主席、中国美协国画艺委会委员、上海美协国画艺委会主任、上海大学美术学院兼职教授等职。代表作《暴风骤雨》《国殇》《皖南事变》《归途——西路军妇女团纪实》。

J0068035

惊雷 （上）双城县《惊雷》连环画三结合创作组编绘

哈尔滨 黑龙江人民出版社 1977年 172页 有图 10×13cm 统一书号：8093.421

定价：CNY0.20

　　中国现代连环画作品。

J0068036

井冈路上 张尧昆编；胡斌昌绘

南昌 江西人民出版社 1977年 86页 13cm（64开）

定价：CNY0.11

（江西革命斗争故事）

　　中国现代连环画作品。

J0068037

井冈山上的新人 张德明编；程谷青绘

上海 上海人民出版社 1977年 62页 13cm（64开）

定价：CNY0.07

　　中国现代连环画作品。

J0068038

静悄悄的中午 浩然原著；方骏编绘

南京 江苏人民出版社 1977年 30页 13cm（64开）

定价：CNY0.09

　　中国现代连环画作品。作者方骏（1943—　），画家、教授。生于江苏灌云，祖籍安徽歙县，毕业于南京师范学院美术系，获硕士学位，留校任教。江苏省国画院特聘画师。出版有《江苏当代国画优秀作品展画集·方骏》《当代名家山水精品·方骏》等。

J0068039

菊香 钱允祺原著；许祖良改编；顾琦生绘

南京 江苏人民出版社 1977年 50页 13cm（64开）

定价：CNY0.07

　　中国现代连环画作品。

J0068040

开河之前 松江县新五"公社"向阳红创作组，上海沪剧团原著；王良莹改编；上海人民出版社连环画学习班绘

上海 上海人民出版社 1977年 62页 13cm（64开）

定价：CNY0.07

　　中国现代连环画作品。

J0068041

矿工的儿子 苏万里编；广西冶金井巷公司三工区工人业余美术组绘

南宁 广西人民出版社 1977年 66页 13cm（64开）

定价：CNY0.09

　　中国现代连环画作品。

J0068042

矿山女将 达县地区工业局工人业余美术创作组编绘

成都 四川人民出版社 1977年 108页 13cm（64开）

定价：CNY0.14

　　中国现代连环画作品。

J0068043

劳动创造了人 王今栋编绘

郑州 河南人民出版社 1977年 2版 74页 13cm（64开） 定价：CNY0.10

　　中国现代连环画作品。作者王今栋（1932—2013），画家、一级美术师。北京人。历任河南省文史研究馆馆员，河南省美术家协会副主席，中国美术家协会会员，中国画家协会理事等。代表作品《今栋山水画》。

J0068044

老兵 52858部队美术组改编并绘画

天津 天津人民美术出版社 1977年 74页 13cm（64开） 定价：CNY0.10

　　根据郭戈同名小说改编的中国现代连环画作品。

J0068045

老樟树的秘密 易定国编；郑越绘

南昌 江西人民出版社 1977年 90页 13cm（64开）

定价：CNY0.12

　　中国现代连环画作品。

J0068046

雷锋　峭岩文；杨再溪，王可伟画

太原　山西人民出版社　1977年　20页　13cm（64开）

定价：CNY0.09

　　中国现代连环画作品。

J0068047

雷锋的故事　陈广生，崔家骏原著；林丹改编；毛震耀绘

上海　上海人民出版社　1977年　124页　13cm（64开）

定价：CNY0.13

　　中国现代连环画作品。

J0068048

梨花风雨　焦灼编绘

济南　山东人民出版社　1977年　102页　13cm（64开）

定价：CNY0.13

　　中国现代连环画作品。

J0068049

梨花湾　张荣春编；杨淑涛绘

天津　天津人民美术出版社　1977年　58页　13cm（64开）定价：CNY0.08

　　中国现代连环画作品。

J0068050

李闯王　贺卓君原著；章茂连改编；聂秀公绘

南京　江苏人民出版社　1977年　68页　13cm（64开）

定价：CNY0.12

　　中国现代连环画作品。

J0068051

李闯王　贺卓君原著；章茂连改编；聂秀公绘

南京　江苏人民出版社　1977年　68页　13cm（64开）

定价：CNY0.10

　　中国现代连环画作品。

J0068052

李自成　（1　潼关大战）姚雪垠原著；黄亦加改编；秀公等画

南京　江苏人民出版社　1977年　152页　13cm（60开）

定价：CNY0.20

　　中国现代连环画作品。作者姚雪垠（1910—1999），作家、小说家。出生于河南邓县。毕业于河南大学。曾任中国作家协会名誉副主席、湖北省文学艺术界联合会主席、湖北省作家协会主席。代表作品有《李自成》《戎马恋》等。

J0068053

李自成　（2　商洛山中）姚雪垠原著；黄亦加改编；秀公等画

南京　江苏人民出版社　1978年　148页　13cm（60开）

定价：CNY0.19

　　中国现代连环画作品。

J0068054

李自成　（3　重振旗鼓）姚雪垠原著；黄亦加改编；秀公等画

南京　江苏人民出版社　1978年　150页　13cm（60开）

定价：CNY0.19

　　中国现代连环画作品。

J0068055

李自成　（4　会师商洛）姚雪垠原著；黄亦加改编；秀公等画

南京　江苏人民出版社　1978年　168页　13cm（60开）

定价：CNY0.21

　　中国现代连环画作品。

J0068056

李自成　（5　平息叛乱）姚雪垠原著；黄亦加改编；新昌等绘画

南京　江苏人民出版社　1979年　168页　有图　11×13cm　统一书号：8100.3.190　定价：CNY0.21

　　中国现代连环画作品。

J0068057

李自成　（6　转危为安）姚雪垠原著；黄亦加改编；秀公等画

南京　江苏人民出版社　1979年　167页　13cm（60开）

定价：CNY0.21

　　中国现代连环画作品。

J0068058

李自成　（7　百折不挠）姚雪垠原著；黄亦加改编；新昌等绘画

南京　江苏人民出版社　1980年　178页　有图　13cm（60开）统一书号：8100.3.293

定价：CNY0.23

　　本书是中国现代连环画。

J0068059

李自成 （8 崇祯借饷）姚雪垠原著；黄亦加
改编；秀公等绘画
南京 江苏人民出版社 1980年 178页 13cm（60开）
定价：CNY0.23
　　本书是中国现代连环画册。

J0068060

李自成 （9 李岩起义）姚雪垠原著；黄亦加
改编；秀公等绘画
南京 江苏人民出版社 1980年 178页 13cm（60开）
定价：CNY0.23
　　本书是中国现代连环画册。

J0068061

李自成 （10 智破洛阳）姚雪垠原著；黄亦加
改编；秀公绘画
南京 江苏人民出版社 1980年 178页 13cm（60开）
定价：CNY0.23
　　本书是中国现代连环画册。

J0068062

李自成 （第一册）姚雪垠原著；何溶，定兴改
编；谢智良等绘
天津 天津人民美术出版社 1977年 142页
15cm（40开）定价：CNY0.27
　　中国现代连环画作品。

J0068063

李自成 （第一册）姚雪垠原著；何溶，定兴改
编；谢智良等绘
天津 天津人民美术出版社 1977年 142页
13cm（60开）定价：CNY0.17
　　中国现代连环画作品。

J0068064

李自成 （2）姚雪垠原著；何容，定兴改编；
许勇等绘画
天津 天津人民美术出版社 1978年 125页
13cm（60开）定价：CNY0.15
　　中国现代连环画作品。作者许勇（1933—　　），
画家。别名许涌。生于山东青岛，毕业于东北美
专并留校任教。历任鲁迅美术学院教授、研究生
导师，中国美术家协会会员，中国连环画研究会
常务理事，中国当代工笔画学会理事，雪庐画会

副会长。代表作品有《金田起义》《郑成功收复
台湾》《戚继光平倭图》等。出版有《许勇画马》。

J0068065

李自成 （3）姚雪垠原著；何容，定兴改编；
戴宏海，戴仁绘画
天津 天津人民美术出版社 1978年 107页
13cm（60开）定价：CNY0.14
　　中国现代连环画作品。

J0068066

李自成 （第三册）姚雪垠原著；何溶，定兴改
编；戴宏海，戴仁绘画
天津 天津人民美术出版社 1979年 107页
15cm（40开）定价：CNY0.22
　　中国现代连环画作品。

J0068067

李自成 （4）姚雪垠原著；何容，定兴改编；
谢智良等绘画
天津 天津人民美术出版社 1978年 140页
13cm（60开）定价：CNY0.17
　　中国现代连环画作品。

J0068068

李自成 （第四册）姚雪垠原著；何溶，定兴改
编；谢智良等绘画
天津 天津人民美术出版社 1979年 140页
15cm（40开）定价：CNY0.27
　　中国现代连环画作品。

J0068069

李自成 （5）姚雪垠原著；何溶，定兴改编；
谢智良等绘画
天津 天津人民美术出版社 1980年 151页
13cm（60开）定价：CNY0.22
　　本书是中国现代连环画册。

J0068070

李自成起义 任梅改编；李世南等绘
北京 人民美术出版社 1977年 134页 13cm（64开）
定价：CNY0.15
　　根据历史知识读物《李自成起义》改编的中
国现代连环画作品。

J0068071
连环画封面作品选辑 人民美术出版社编辑
北京 人民美术出版社 1977 年 19 幅 26cm（16 开）
统一书号：8027.6400 定价：CNY0.76
　　中国现代连环画作品。

J0068072
连环画作品选页 （1）
南宁 广西人民出版社 1977 年 36 页 26cm（16 开）
定价：CNY0.21
　　中国现代连环画作品。

J0068073
连环画作品选页 （2）
南宁 广西人民出版社 1978 年 32 页 26cm（16 开）
定价：CNY0.42
　　中国现代连环画作品选集。

J0068074
炼塔巍巍 抚顺石油一厂工人业余文艺创作
组编；抚顺石油一厂工人业余美术创作组绘
沈阳 辽宁人民出版社 1977 年 72 页 13cm（64 开）
定价：CNY0.09
　　中国现代连环画作品。

J0068075
粮仓风波 刘伟改编；黄思源等绘
郑州 河南人民出版社 1977 年 38 页 13cm（64 开）
定价：CNY0.06
　　中国现代连环画作品。

J0068076
猎手 邵钧林，魏秀生原著；仇耀庭改编；赵
文元绘
上海 上海人民出版社 1977 年 78 页 13cm（64 开）
定价：CNY0.08
　　中国现代连环画作品。作者赵文元
（1946—　　），国家一级美术师。生于江苏镇江，
就读于浙江美术学院国画系、解放军艺术学院美
术系、中央美术学院国画系。历任江苏省美术家
协会副主席、江苏省徐悲鸿研究会副会长、中国
画马艺术研究会副会长。代表作有《女兵》《丫
丫》《雪顿节》等。

J0068077
林场风波 陈德忠原作；王公懿改编；侯国
良绘
天津 天津人民美术出版社 1977 年 74 页
13cm（64 开）定价：CNY0.10
　　中国现代连环画作品。

J0068078
林海哨兵 乐业县《林海哨兵》创作组编绘
南宁 广西人民出版社 1977 年 78 页 13cm（64 开）
定价：CNY0.10
　　中国现代连环画作品。

J0068079
林海添翠 大兴安岭地区文化局创评办公室
编绘
哈尔滨 黑龙江人民出版社 1977 年 62 页
13cm（64 开）定价：CNY0.09
　　中国现代连环画作品。

J0068080
刘胡兰 顾工诗；董辰生画
太原 山西人民出版社 1977 年 17 页 有彩图
13cm（60 开）统一书号：8088.1180
定价：CNY0.20
　　中国现代连环画作品。

J0068081
柳大娘 杨克祥编；张平静，何在世绘
长沙 湖南人民出版社 1977 年 62 页 13cm（64 开）
定价：CNY0.09
　　中国现代连环画作品。

J0068082
龙门暴动 胡启钺文；罗干才画
南昌 江西人民出版社 1977 年 150 页 13cm（60 开）
定价：CNY0.18
（江西革命斗争故事）
　　中国现代连环画作品。

J0068083
芦哨 肖冰原著；李毓琦改编；陆忠德画
南京 江苏人民出版社 1977 年 49 页 13cm（64 开）
定价：CNY0.09
　　中国现代连环画作品。作者陆忠德

（1950—　），画家。上海周浦人。上海市徐悲鸿
艺术研究协会创作部主任，美协上海分会会员。
擅长画虎，被称为"江南虎王"。

J0068084

鲁迅传（一）广州鲁迅纪念馆等单位《鲁迅
传》编创组编绘；张嘉文，潘晋拔等画
广州　广东人民出版社　1977年　116页　10cm（64开）
定价：CNY0.25
　　中国现代连环画作品。作者潘晋拔
（1939—　），美术编审。广东兴宁市永和镇人，
耶于广州美术学院中国画系。历任广州美院中
国画系、广东画院、广东省博物馆、广东省作家
协会《作品》编辑部美术编审。出版有《中国电
脑画》画集。

J0068085

鲁迅的故事——到厦门平民学校演讲　秦
长安编绘
福州　福建人民出版社　1977年　14页
19cm（小32开）定价：CNY0.09
　　中国现代连环画作品。

J0068086

鲁迅在广州　中山大学中文系编；汤小铭绘
广州　广东人民出版社　1977年　21cm（24开）
统一书号：8111.1674　定价：CNY1.20
　　中国现代连环画作品。

J0068087

珞巴姑娘　龙懋勤改编；韩德雅绘
成都　四川人民出版社　1977年　74页　13cm（64开）
定价：CNY0.11
　　根据小说《珞巴姑娘雅嘉》改编的中国现代
连环画作品。作者韩德雅（1952—　），四川名
山人。毕业于雅安地区师范，后进修于四川美术
学院国画系、中央美术学院国画系。历任美术教
员、县文化馆美术干部。擅长中国画、雕塑、年
画。作品有《做新鞋》《乡趣》《茶山春早》等。

J0068088

马车商店　李树臣原著；王祖毅改编；李维定绘
上海　上海人民出版社　1977年　86页　13cm（64开）
定价：CNY0.09
　　中国现代连环画作品。

J0068089

马刀　钟志祥原著；孙大业改编；孙海晨绘
呼和浩特　内蒙古人民出版社　1977年　74页
13cm（64开）定价：CNY0.11
　　中国现代连环画作品。

J0068090

毛主席的故事（一）紫辰，黄洵瑞编；靳之
林等绘
北京　人民美术出版社　1977年　48页　15cm（64开）
定价：CNY0.27
　　中国现代连环画作品。

J0068091

蜜蜂的风波　孙维勇改编；崔基旭绘
合肥　安徽人民出版社　1977年　54页　13cm（64开）
定价：CNY0.08
　　根据梁义三同名故事改编的中国现代连环
画作品。

J0068092

苗岭风雷　李云飞改编；宋承志，陈慎恪绘
贵阳　贵州人民出版社　1977年　116页　13cm（64开）
定价：CNY0.18
　　根据同名京剧改编的中国现代连环画作品。

J0068093

民兵的儿子　肇庆地区文化局，封开县文化局
《民兵的儿子》连环画创作组创作；李非庸改编；
罗围贤，张宝康画
广州　广东人民出版社　1977年　78页　10cm（64开）
定价：CNY0.11
（广东民兵革命斗争故事连环画）
　　根据封壮的故事《小山鹰》改编的中国现代
连环画作品。

J0068094

母亲（1）高尔基原著；《俄汉对照读物》编辑
组编
上海　上海人民出版社　1977年　43页　13cm（60开）
统一书号：9171.100　定价：CNY0.06
　　中国现代连环画作品。

J0068095

南海蛟龙　陈泽枢改编；余树泽等画

广州 广东人民出版社 1977 年 86 页 10cm（64 开）
定价：CNY0.12
（广东民兵革命斗争故事连环画）

　　根据《鱼炮炸敌艇》改编的中国现代连环画
作品。

J0068096

南岭赤卫队　　黄永改编；苏家芬绘画
广州 岭南美术出版社 1977 年 110 页 有图
10×13cm 统一书号：8111.1732 定价：CNY0.18

　　中国现代连环画作品。作者苏家芬
（1945—　　），女，讲师。广东新会人，毕业于广
州美术学院工艺系。广东轻工职业技术学院副
教授、中国美协会员、广东美协理事。作品有《何
芷故事选》《煤油灯下的欢乐》《猎鲨者》《笑画》
《苏家芬水彩画集》等。

J0068097

难忘的战斗　（下册）孙景瑞原著；竺少华改
编；罗希贤绘
上海 上海人民出版社 1977 年 134 页 13cm（64 开）
定价：CNY0.13

　　中国现代连环画作品。作者竺少华，著有
《上古神话系列小说》，编文的连环画有《版纳》
《红枫岭上》等。作者罗希贤（1946—　　），连环画
家。广东东莞人。上海美术出版社美术创作员。
上海著名民俗画、连环画家，共绘制了 150 多部
连环画。作品有《火种》《蔡锷》等。

J0068098

难忘的战斗　　竺少华改编
上海 上海人民出版社 1977 年 206 页 13cm（64 开）
定价：CNY0.29

　　根据上海电影制片厂同名电影改编中国现
代连环画作品。

J0068099

楠竹山里　　肖复华编；贺宜华等绘
长沙 湖南人民出版社 1977 年 62 页 13cm（64 开）
定价：CNY0.09

　　中国现代连环画作品。

J0068100

农民画的故事　　樊义廷等编；宋厚成等绘
天津 天津人民美术出版社 1977 年 65 页

13cm（64 开）定价：CNY0.10
　　中国现代连环画作品。

J0068101

怒火　　段剑秋，向前改编；黄万才绘
哈尔滨 黑龙江人民出版社 1977 年 70 页
13cm（64 开）定价：CNY0.10
　　中国现代连环画作品。

J0068102

怒火　　石宏原作；笃才改编；吕景富绘
天津 天津人民美术出版社 1977 年 80 页
13cm（60 开）定价：CNY0.11
　　中国现代连环画作品。

J0068103

女队长　　冯伟原作；石坚改编；王建绘
天津 天津人民美术出版社 1977 年 50 页
13cm（64 开）定价：CNY0.09
　　中国现代连环画作品。

J0068104

鹏程万里　　潘年改编；顾曾平等绘
南京 江苏人民出版社 1977 年 62 页 13cm（64 开）
定价：CNY0.09
　　根据小说《扎根》改编的中国现代连环画
作品。

J0068105

劈波斩浪　　李华章改编；汪国新，田期松绘
武汉 湖北人民出版社 1977 年 156 页 13cm（64 开）
定价：CNY0.18

　　根据黄声笑《劈风斩浪拖林海》长诗改编的
中国现代连环画作品。作者汪国新（1947—　　），
国家一级美术师。湖北宜昌人。历任中国法治
诗书画院院长，文化部中国书画院国画院副院
长、中国美协艺委会委员。代表作《长江三部曲》
《汪国新长江万里风情图》《汪国新新绘全本三国
演义》等。

J0068106

奇怪的骆驼蹄印　　张绍旻改编；福明绘
石家庄 河北人民出版社 1977 年 62 页
13cm（64 开）定价：CNY0.09
　　根据申建军的小说《国境线上》改编的中国

现代连环画作品。作者张绍旻，改编有连环画《西游记》等。

J0068107
奇怪的收音机　谭杰，程思编绘
北京　人民出版社　1977 年　58 页　13cm（64 开）
定价：CNY0.09
　　中国现代连环画作品。

J0068108
奇袭十房院　（雁翎队的故事）刘夫海原著；
张帆改编；夏连雨绘
石家庄　河北人民出版社　1977 年　84 页
13cm（64 开）定价：CNY0.11
　　中国现代连环画作品。

J0068109
奇袭杏石岭　刘新生等编；王晋泰绘
太原　山西人民出版社 1977年 102页 13cm（64开）
定价：CNY0.13
　　中国现代连环画作品。

J0068110
起宏图　姚建明原著；杨芷芳改编；唐西林
等绘
上海　上海人民出版社 1977年 62页 13cm（64开）
定价：CNY0.07
　　中国现代连环画作品。

J0068111
枪震古城　周崇坡改编；汤云鹤绘
南昌　江西人民出版社 1977年 146页 13cm（64开）
定价：CNY0.18
（江西革命斗争故事）
　　中国现代连环画作品。

J0068112
巧渡金沙江　王玉成改编；胡德尔绘
呼和浩特　内蒙古人民出版社　1977 年　94 页
13cm（64 开）定价：CNY0.13
　　根据肖应棠同志的革命回忆录改编的中国
现代连环画作品。

J0068113
巧砸葫芦瓢　任红举原著；尹士圣编绘

南京　江苏人民出版社　1977 年　38 页　有图
10×13cm 统一书号：8100.3.128 定价：CNY0.06
　　中国现代连环画作品。

J0068114
巧战"煤老虎"　中国人民解放军51071部队
编；齐济南，张玉良绘
石家庄　河北人民出版社　1977 年　62 页
13cm（64 开）定价：CNY0.09
　　中国现代连环画作品。

J0068115
青春　（上册）张长弓原著；陶端庄等改编；曾
秦，韩乐基绘
呼和浩特　内蒙古人民出版社　1977 年　94 页
13cm（64 开）定价：CNY0.13
　　中国现代连环画作品。

J0068116
青年近卫军　（上）王素改编
北京　人民美术出版社 1977年 156页 13cm（64开）
定价：CNY0.19
　　根据苏联法捷耶夫原著改编的中国现代连
环画作品。

J0068117
青年近卫军　（中）王素改编
北京　人民美术出版社 1977年 176页 13cm（64开）
定价：CNY0.21
　　根据苏联法捷耶夫原著改编的中国现代连
环画作品。

J0068118
青年近卫军　（下）王素改编
北京　人民美术出版社 1977年 168页 13cm（64开）
定价：CNY0.20
　　根据苏联法捷耶夫原著改编的中国现代连
环画作品。

J0068119
青松更翠　赵峻防编；阎文科画
呼和浩特　内蒙古人民出版社　1977 年　110 页
13cm（64 开）定价：CNY0.14
　　中国现代连环画作品。

J0068120

清水河畔　王太宽编；华延风，李玉凯绘

沈阳　辽宁人民出版社 1977 年 82 页 13cm（64 开）

定价：CNY0.11

　　中国现代连环画作品。

J0068121

情深似海　王文钦编；陆鸣敏绘

成都　四川人民出版社 1977 年 54 页 13cm（64 开）

定价：CNY0.09

　　中国现代连环画作品。

J0068122

擎天礁擒敌记　周肖原著；尹士圣编绘

南京　江苏人民出版社 1977 年 62 页 13cm（64 开）

定价：CNY0.09

　　中国现代连环画作品。

J0068123

球场内外　梁延超编；祁安全等绘

广州　广东人民出版社 1977 年 82 页 10cm（64 开）

定价：CNY0.12

　　中国现代连环画作品。

J0068124

人民的好总理　（敬爱的周总理在邢台地震灾区）奚海编；韩喜增，施胜辰画

石家庄　河北人民出版社 1977 年 54 页 15cm（64 开）定价：CNY0.20

　　中国现代连环画作品。作者韩喜增（1942— ），河北邢台人。毕业于中央美术学院年画、连环画系研究生班，受教于冯真教授、杨先让教授。擅长连环画、年画。中国美术家协会会员，国家一级美术师。曾任河北省美术家协会副主席、邢台市文联副主席、邢台市美术家协会主席。代表作品《人民的好总理》《虎子》《雄狮》。

J0068125

阮氏三雄　许祖良编；陆廷栋绘

南京　江苏人民出版社 1977 年 100 页 13cm（64 开）

定价：CNY0.12

　　中国现代连环画作品。

J0068126

三定桩　武如英执笔；李益年绘

济南　山东人民出版社 1977 年 76 页 13cm（64 开）

定价：CNY0.10

　　山东小戏队根据莱芜梆子《三定桩》改编的现代连环画作品。

J0068127

三棵芦花　卜福顺改编；王基湘绘

沈阳　辽宁人民出版社 1977 年 46 页 13cm（64 开）

定价：CNY0.07

　　根据同名小说改编的现代连环画作品。

J0068128

三炸敌桥　王文宏编；庄小雷等绘

天津　天津人民美术出版社 1977 年 140 页 13cm（64 开）定价：CNY0.17

　　中国现代连环画作品。

J0068129

森林飞箭　叶晞，廖东凡原著；丁国联改编；胡震国绘

上海　上海人民出版社 1977 年 70 页 13cm（64 开）

定价：CNY0.08

　　中国现代连环画作品。作者胡震国，连环画家。曾任上海工艺美术职业学院美术系主任。

J0068130

山村女教师　黄元德，黄奕阳编；林俊龙，王振裕绘

福州　福建人民出版社 1977 年 98 页 13cm（64 开）

定价：CNY0.13

　　中国现代连环画作品。

J0068131

山村枪声　赵九伶改编；杨兴林绘

沈阳　辽宁人民出版社 1977 年 100 页 13cm（64 开）

定价：CNY0.11

　　中国现代连环画作品。

J0068132

山村枪声　木青编；胡永生绘

上海　上海人民出版社 1977 年 126 页 13cm（64 开）

定价：CNY0.13

　　中国现代连环画作品。

J0068133

山村夜哨　卢德春, 郭福平编; 任兴, 左毅画

广州 广东人民出版社 1977年 48页 10cm(64开)

定价: CNY0.07

　　中国现代连环画作品。作者任兴(1936—),
浙江绍兴人, 生于天津, 毕业于西安美术专科学
校油画系。历任天津美术出版社美术编辑, 羊城
晚报社美术编辑。绘有《魔术师斗法(少年连环
画库)》。

J0068134

山乡新社员　姜耀南改编; 查加伍绘

武汉 湖北人民出版社 1977年 70页 13cm(64开)

定价: CNY0.09

　　根据《广阔天地》独幕话剧改编的中国现代
连环画作品。

J0068135

哨声　金家坤编; 陈水远绘

南昌 江西人民出版社 1977年 88页 13cm(60开)

定价: CNY0.12

　　中国现代连环画作品。

J0068136

深山钻井　吕艺编; 周健绘

乌鲁木齐 新疆人民出版社 1977年 50页

13cm(64开) 定价: CNY0.12

　　中国现代连环画作品。

J0068137

石头娃子　照耀改编; 刘天生绘

沈阳 辽宁人民出版社 1977年 94页 13cm(64开)

定价: CNY0.11

　　根据同名小说改编的中国现代连环画作品。

J0068138

水泉新苗　胡泽, 张铭宗编; 马长江绘

呼和浩特 内蒙古人民出版社 1977年 62页

13cm(64开) 定价: CNY0.10

　　中国现代连环画作品。作者马长江
(1945—), 包头钢铁稀土公司书画院专职
画家、副研究员, 中国美术家协会内蒙古分会
理事。

J0068139

水乡小英雄　阮立威编; 区锦生画

广州 广东人民出版社 1977年 78页 10cm(64开)

定价: CNY0.11

(广东民兵革命斗争故事连环画)

　　中国现代连环画作品。

J0068140

送车记　赵魁元原著; 朱铁民改编; 朱帆, 王
又文绘

天津 天津人民美术出版社 1977年 70页

13cm(64开) 定价: CNY0.10

　　中国现代连环画作品。作者朱帆(1931—
2006), 原名朱铁民, 天津日报主任编辑, 天津美
术家协会理事、中国美术家协会会员。出版有《朱
帆舞台写生集》等。

J0068141

孙悟空三打白骨精　水飞诗; 毛用坤, 杜建
国画

石家庄 河北人民出版社 1977年 38页

13cm(64开) 定价: CNY0.08

　　中国现代连环画作品。作者杜建国
(1941—), 广东澄海人。笔名常开、一览等。
中国美术家协会会员、中国动画学会会员、上海
美术家协会漫画艺术委员会委员。上海少年报
编辑。主要作品有《小兔非非》《象哥哥》《小熊
和小小熊》等。作者毛用坤(1936—), 漫画家。
浙江宁波人。创办《上海少年报》和《好儿童》画
报, 任美术组长、画报编辑部主任、副编审。作
品有连环画《大扫除》《周总理在少年宫》《小灵
通漫游未来》、连环画漫画《海虹》等。

J0068142

唐赛儿　赵锡山编; 窦世魁, 项维仁绘

济南 山东人民出版社 1977年 62页 13cm(64开)

定价: CNY0.09

　　中国现代连环画作品。作者窦世魁
(1942—), 国家一级美术师。别名石岭, 号岩
松斋主, 山东青岛人, 毕业于青岛艺术专科学校
美术专业。历任中国美术家协会会员, 青岛市
美术家协会副主席、顾问, 青岛书画研究院副院
长、中国书画学会名誉主席等。代表作品有连环
画《唐赛儿》等。作者项维仁(1947—), 画家、
国家一级美术师。生于山东青岛市。历任中国

美术家协会会员、中国工艺美术学会会员、中国连环画研究会理事、山东画院特聘高级画师、青岛书画研究院副院长。代表作品有《共鸣》《柳毅传书》等。

J0068143

唐山人民心向毛主席　邵成华改编；柴茂荣等绘

石家庄　河北人民出版社　1977 年　95 页
13cm（64 开）定价：CNY0.12

　　根据《人民日报》通讯改编的中国现代连环画作品。

J0068144

特别的战斗　孙玉芳改编；方楚雄等绘

广州　广东人民出版社　1977 年　94 页　10cm（64 开）
定价：CNY0.13

　　根据小说《吹冲锋号的人》改编的中国现代连环画作品。作者方楚雄（1950— ），广东普宁人。毕业于广州美术学院并留校任教。中国美术家协会会员。主要作品有《牧鸭》《水禽》《翠蝶兰》等。出版《方楚雄画选》《方楚雄画集》等。

J0068145

特别医院　李耀善，刘裕华编；贺传永，刘元基绘

济南　山东人民出版社　1977 年　62 页　13cm（64 开）
定价：CNY0.09

　　中国现代连环画作品。

J0068146

天国女帅　戴仁绘

天津　天津人民美术出版社　1977 年　52 页
13cm（64 开）定价：CNY0.08

　　根据扬州市文艺创作组原著改编的中国现代连环画作品。作者戴仁（1934— ），浙江温州人。中国美术家协会会员，浙江省美术家协会理事，浙江省科普艺术协会理事。主要作品有连环画《三个勇士》《棠棣之花》《胭脂》等。

J0068147

天山的红花　竺少华选编

上海　上海人民出版社　1977 年　158 页　13cm（64 开）
定价：CNY0.22

　　根据同名电影选编的中国现代连环画作品。

J0068148

天山小卫士　戴普忠编文；吕培明绘画

乌鲁木齐　新疆人民出版社　1977 年　23 页
有彩图　15cm（40 开）统一书号：8098.74
定价：CNY0.25

　　中国现代连环画作品。

J0068149

甜岛少年　曾成金编绘

杭州　浙江人民出版社　1977 年　82 页　13cm（64 开）
定价：CNY0.11

　　根据徐琢平、胡长华同名小说编绘的中国现代连环画作品。作者曾成金（1947— ），画家。浙江平阳县人。毕业于浙江美术学院附中，后考入浙江美术学院中国画系进修学习。中国美术家协会会员、浙江省美术家协会会员、平阳县美协主席。主要作品有《南雁荡山水古诗画意百图》《曾成金中国画小品系列》《百子新图》等。

J0068150

铁道勇士　文政编文；黄穗中绘画

广州　岭南美术出版社　1977 年　89 页　有图
10×13cm　统一书号：8111.1607　定价：CNY0.16

　　中国现代连环画作品。

J0068151

铁骑（下）　张书良等改编；杨刚等绘

呼和浩特　内蒙古人民出版社　1977 年　117 页
有图　10×13cm　统一书号：8089.55
定价：CNY0.15

　　中国现代连环画作品。

J0068152

铁人　任秉义等编；冯建辛绘

沈阳　辽宁人民出版社　1977 年　156 页
19×11cm（40 开）定价：CNY0.30

　　中国现代连环画作品。

J0068153

铁山妹　刘显栋改编；方隆昌绘

武汉　湖北人民出版社　1977 年　60 页　13cm（64 开）
定价：CNY0.09

　　根据同名小说改编的中国现代连环画作品。作者方隆昌（1944— ），湖北武汉人。毕业于湖

北艺术学院。中国美术家协会、中国装帧艺术研究会、中国连环画研究会会员，湖北美术编辑研究会会长。主要作品有中国画《喂猪》、连环画《向警予》《宋史故事》等。

J0068154

铁娃看桃　郭华原著；王计祥改编；潘真绘
石家庄　河北人民出版社　1977 年　40 页
13cm（64 开）定价：CNY0.06

中国现代连环画作品。作者潘真（1929—　），别名慕莼，河北交河人。历任河北美术出版社美编及编辑室主任、副编审。作品有《小憩林荫下》《秋收场上》《斗杀西门庆》《清风十里展画屏》等。出版有《潘真山水画集》。

J0068155

瓦尔特保卫萨拉热窝　张钟龄编
天津　天津人民美术出版社　1977 年　178 页
13cm（64 开）定价：CNY0.28

根据南斯拉夫同名电影选编的中国现代连环画作品。

J0068156

瓦岗军　贺卓君原著；许祖良改编；秀公，晓雁绘画
南京　江苏人民出版社　1977 年　45 页　12×13cm
（56 开）统一书号：8100.3.129　定价：CNY0.09
中国现代连环画作品。

J0068157

瓦岗军　贺卓君原著；许祖良改编；秀公，晓雁绘画
南京　江苏人民出版社　1977 年　45 页　13cm（60 开）
统一书号：8100.3.142　定价：CNY0.07
中国现代连环画作品。

J0068158

万里送马　周志卓编；龚建新绘
北京　人民美术出版社　1977 年　70 页　13cm（64 开）
定价：CNY0.13

中国现代连环画作品。作者龚建新（1938—　），满族，一级美术师。新疆奇台人，毕业于中央美术学院国画系。先后在乌鲁木齐市文化馆防疫站从事美术工作，任教于新疆艺术学院、新疆画院，新疆美协名誉主席，中国美协

新疆创作中心主任。作品有《静静的卡甫河》《万里送马》《瑶池会》，出版有《新疆人物写生》等。

J0068159

万水千山　李笃才编；天津艺术学院连环画班绘
天津　天津人民美术出版社　1977 年　168 页
13cm（64 开）定价：CNY0.20

根据话剧《万水千山》改编的现代连环画作品。

J0068160

王国福的故事　北京市大兴县红星"公社"业余编创组等编绘
北京　人民美术出版社　1977 年　72 页　13cm（64 开）
定价：CNY0.12

中国现代连环画作品。

J0068161

王铁人的故事　大庆工人业余创作组等编绘
北京　人民美术出版社　1977 年　49 页　13cm（64 开）
定价：CNY0.09

中国现代连环画作品。

J0068162

我跟爷爷学打虎　李树槐改编；邵春田绘
沈阳　辽宁人民出版社　1977 年　62 页　13cm（64 开）
定价：CNY0.10

中国现代连环画作品。

J0068163

我要读书　王绪阳，贲庆余绘
北京　人民美术出版社　1977 年　2 版　88 页
13cm（64 开）定价：CNY0.15

根据高玉宝小说改编的中国现代连环画作品。作者贲庆余（1929—2004），美术理论家、画家，鲁迅美术学院教授。生于哈尔滨，毕业于东北鲁迅文艺学院美术部。作品有《瓦岗军分粮》《李自成》，插图《我要读书》等。

J0068164

喜鹊姑娘　刘锡宏，徐善来编；刘成湘绘
济南　山东人民出版社　1977 年　70 页　13cm（64 开）
定价：CNY0.09

中国现代连环画作品。

J0068165

霞光曲　大冶钢厂耐火材料车间供稿；郏瑜绘画

武汉 湖北人民出版社 1977 年 28 页 有图 10×13cm 统一书号：8106.1821 定价：CNY0.05

　　根据浩然同名小说改编的现代连环画作品。

J0068166

向阳院的故事　陆和荪, 钟友山改编；张为民, 胡委伦绘

杭州 浙江人民出版社 1977 年 146 页 13cm（64开）定价：CNY0.17

　　中国现代连环画作品。绘画张为民（1937— ），研究院。又名张莨，字怀仁。生于北京大兴，毕业于天津美术学院。历任天津北辰文化馆研究员、中国美术家协会会员、中国民间美术学会理事、天津美协秘书管理事、天津美协人物画专委会委员、天津北辰书画院院长，出版有《张为民画集》《乡情》《张莨速写》《张莨画集》等。绘画胡委伦（1948— ），上海人。别名胡惠伦。擅长油画。毕业于中国美术学院附中。曾任职于浙江遂昌婺剧团、丽水地区越剧团、丽水地区艺术研究中心，二级美术师。作品有《故乡情》《默默的路》《还是这条路》。

J0068167

肖鹰　张孔昭原著；雪安理改编；戎经亚绘

南京 江苏人民出版社 1977 年 56 页 13cm（64开）定价：CNY0.08

　　中国现代连环画作品。

J0068168

小兵上阵　余方德原著；张增木, 董建民改编并绘画

石家庄 河北人民出版社 1977 年 70 页 13cm（64开）定价：CNY0.09

　　中国现代连环画作品。作者张增木（1943— ），编辑。河北安国人，毕业于天津美术学院。历任河北美术出版社编辑、中国美协河北分会会员、中国连环画研究会会员、河北省连环画研究会秘书长。代表作品有《阿宝》《画说中国历史》《李时珍》《镜花缘》《运河英豪》《猎人兄弟》《三十六计》等。

J0068169

小兵张嘎　潘彩英改编；方瑶民绘

沈阳 辽宁美术出版社 1977 年 206 页 有图 10×13cm 统一书号：8117.1762 定价：CNY0.30

　　中国现代连环画作品。

J0068170

小兵张嘎　潘彩英改编；方瑶民绘

沈阳 辽宁美术出版社 1996 年 2 版 206 页 9×13cm ISBN：7-5314-1559-3 定价：CNY2.95

　　中国现代连环画作品。

J0068171

小兵张嘎　黎锡选编

北京 人民美术出版社 1977 年 168 页 13cm（64开）定价：CNY0.26

　　根据北京电影制片厂摄制同名电影选编的中国现代连环画作品。

J0068172

小秤砣　刘鹏春原著；华士明改编；苏立群绘

南京 江苏人民出版社 1977 年 40 页 13cm（64开）定价：CNY0.10

　　中国现代连环画作品。

J0068173

小赤脚医生　蔡炯原著；余方德改编；陆汝浩绘

上海 上海人民出版社 1977 年 54 页 13cm（64开）定价：CNY0.06

　　中国现代连环画作品。作者陆汝浩（1943— ），画家。别名双水，浙江宁波人。曾在师范专修美术。历任《上海少年报》社童话报美术编辑。连环画作品有《滨海谍案》。

J0068174

小岛长桥　李世成编；大连摩擦片厂工人美术创作组绘

沈阳 辽宁人民出版社 1977 年 40 页 13cm（64开）定价：CNY0.07

　　中国现代连环画作品。

J0068175

小东海学医　富刚编；郑绍敏绘

呼和浩特 内蒙古人民出版社 1977 年 68 页 13cm（64开）定价：CNY0.10

中国现代连环画作品。

J0068176
小钢刀　齐力编；江宏勋画
南宁　广西人民出版社　1977年　62页　13cm（64开）
定价：CNY0.09
　　中国现代连环画作品。

J0068177
小伙伴　徐爱莉编；刘宗武等绘
郑州　河南人民出版社　1977年　62页　13cm（64开）
定价：CNY0.09
　　中国现代连环画作品。

J0068178
小交通水旺　王仲山编；姜华庆绘
济南　山东人民出版社　1977年　78页　13cm（64开）
定价：CNY0.11
　　中国现代连环画作品。

J0068179
小篮中锋　方士杰编；马元威，李朝信绘
南宁　广西人民出版社　1977年　94页　13cm（64开）
定价：CNY0.12
　　中国现代连环画作品。

J0068180
小猎人的礼物　王国忠改编；谢伯齐绘
武汉　湖北人民出版社　1977年　62页　有图
10×13cm　统一书号：8106.1802　定价：CNY0.09
　　中国现代连环画作品。

J0068181
小玲和小利　刘夫安改编并绘画
武汉　湖北人民出版社　1977年　42页　13cm（64开）
定价：CNY0.07
　　中国现代连环画作品。

J0068182
小木工　冯作海编；李学峰等绘
郑州　河南人民出版社　1977年　62页　13cm（64开）
定价：CNY0.09
　　中国现代连环画作品。

J0068183
小帕蒂的生日　王锡维，张德民原著；孟阳改编；李才根绘
石家庄　河北人民出版社　1977年　92页
13cm（64开）定价：CNY0.12
　　中国现代连环画作品。

J0068184
小帕蒂的生日　王锡维，张德民原作；毛亮英改编；谭晓春绘
天津　天津人民美术出版社　1977年　70页
13cm（64开）定价：CNY0.09
　　中国现代连环画作品。

J0068185
小山鹰　于风改编；梁业鸿等绘
广州　广东人民出版社　1977年　126页　10cm（64开）
定价：CNY0.17
　　根据何芷同名小说改编的中国现代连环画作品。

J0068186
小山鹰　潘敖齐，山鹰编；蒋峻绘
上海　上海人民出版社　1977年　62页　13cm（64开）
定价：CNY0.07
　　根据阿尔巴尼亚小学课文译编的中国现代连环画作品。

J0068187
小铁送情报　李述宽，岳长贵原著；刘杰改编；杨秀坤绘
哈尔滨　黑龙江人民出版社　1977年　74页
13cm（64开）定价：CNY0.11
　　中国现代连环画作品。作者刘杰（1940—　），祖籍山东，师承著名画家韩美林。毕业于解放军艺术学院，中国美术家协会会员。作品有《金色飘带》《海峡系列油画》《向世界屋脊进军》等。

J0068188
小铁与大橹　李述宽，岳长贵原著；南通县美术创作学习班编绘
南京　江苏人民出版社　1977年　147页　13cm（64开）
定价：CNY0.18
　　中国现代连环画作品。

J0068189
小小秤砣压千斤　唐福春改编；樊怀章绘
成都 四川人民出版社 1977年 60页 13cm（64开）
定价：CNY0.09
　　根据小说《秤砣》改编的中国现代连环画作品。作者樊怀章（1943— ），四川简阳人。别名樊恒。擅长年画。曾任四川美术出版社编辑室副主任。作品有《朱德元帅接见战斗英雄》《敬爱的元帅》（合作）。

J0068190
小侦察员　赵连生编；李文祥等画
长春 吉林人民出版社 1977年 68页 13cm（64开）
定价：CNY0.10
　　中国现代连环画作品。

J0068191
小侦察员　青石改编；韩之武绘
沈阳 辽宁人民出版社 1977年 42页 13cm（64开）
定价：CNY0.07
　　根据同名小说改编的中国现代连环画作品。

J0068192
心向北京　曾富源，王为林编；杨英镖绘
上海 上海人民出版社 1977年 130页 13cm（64开）
定价：CNY0.15
　　中国现代连环画作品。

J0068193
新的战场　连环画报记者改编；天津艺术学院绘画系绘
天津 天津人民美术出版社 1977年 82页 13cm（64开）定价：CNY0.11
　　中国现代连环画作品。

J0068194
新的战斗　柴茂荣编绘
石家庄 河北人民出版社 1977年 94页 13cm（64开）定价：CNY0.12
　　中国现代连环画作品。

J0068195
新的阵地　张步贞，吴傲君编；欧阳智，苏跳跳绘
长沙 湖南人民出版社 1977年 96页 13cm（64开）
定价：CNY0.12
　　中国现代连环画作品。

J0068196
新户　陈良改编；黄莺，赵小瑞绘
长春 吉林人民出版社 1977年 58页 13cm（64开）
定价：CNY0.08
　　根据张引索同名小说改编的中国现代连环画作品。

J0068197
新礼花　陶嘉善等原著；冯永杰改编；上海市手工业管理局《新礼花》连环画创作组绘
上海 上海人民出版社 1977年 94页 13cm（64开）
定价：CNY0.10
　　中国现代连环画作品。

J0068198
新媳妇　何大战编；武惠英等绘
北京 人民美术出版社 1977年 78页 13cm（64开）
定价：CNY0.10
　　中国现代连环画作品。

J0068199
幸福的回忆　陕西人民出版社，郭新民改编；吴子洲，樊玉民绘
西安 陕西人民出版社 1977年 37页 13cm（64开）
定价：CNY0.09
　　中国现代连环画作品。

J0068200
兄妹擒敌　杨明礼编；黄河清，吴涛绘
武汉 湖北人民出版社 1977年 52页 13cm（64开）
定价：CNY0.08
　　中国现代连环画作品。

J0068201
徐祗兴　胥亚编；巴雅尔画
乌鲁木齐 新疆人民出版社 1977年 70页 13cm（64开）定价：CNY0.13
　　中国现代连环画作品。

J0068202
雪莲盛开　张兴国编；谭晓春等绘
乌鲁木齐 新疆人民出版社 1977年 94页

13cm（64开）定价：CNY0.15

　　中国现代连环画作品。

J0068203

雪原前哨　高陈原著；张光武改编；赵连生绘

石家庄　河北人民出版社　1977年　118页

13cm（64开）定价：CNY0.14

　　中国现代连环画作品。

J0068204

雪原前哨　王钊改编；关庆留绘

北京　人民美术出版社　1977年　84页　13cm（64开）

定价：CNY0.10

　　中国现代连环画作品。

J0068205

血染战旗红　（一　"硬骨头六连"之歌）童孟

侯编；金奎，赵仁年绘

上海　上海人民出版社　1977年　116页　13cm（64开）

定价：CNY0.12

　　中国现代连环画作品。绘者金奎（1936—　），

连环画家。江苏人。上海人民美术出版社创作

干部。主要作品《红岩》。绘者赵仁年（1939—　），

画家。江苏阜宁人。中国美术家协会会员，上海

美术家协会会员，日本东西方艺术振兴会常务理

事，原上海侨友经济协会东舟美术家联谊会会副会

长。代表作品有《诸葛亮探亲》等。

J0068206

鸭竿红缨　巴江原作；周金灼改编；曾佑瑄绘

天津　天津人民美术出版社　1977年　88页

13cm（64开）定价：CNY0.11

　　中国现代连环画作品。

J0068207

鸭棚风波　林泉改编；周良之，刘荣全绘

成都　四川人民出版社　1977年　54页　13cm（64开）

定价：CNY0.08

　　根据革命故事《赵二爸》改编的中国现代连

环画作品。

J0068208

鸭嘴上的烙印　胡星编；周峰绘

济南　山东人民出版社　1977年　62页　13cm（64开）

定价：CNY0.09

　　中国现代连环画作品。

J0068209

盐民游击队　崔椿藩执笔；刘丰杰编绘

北京　人民出版社　1977年　104页　13cm（64开）

定价：CNY0.14

　　中国现代连环画作品。作者刘丰杰

（1942—　），装帧艺术家、美术理论家、画家。

字济淼，河北定州人，毕业于天津美术学院。历

任天津人民出版社编审、美编室主任，中国版协

装帧艺术委员会常务委员。著有《书籍美术》《插

图艺术欣赏》《装帧易理阴阳论》等。

J0068210

雁鸣湖畔　海伦县《雁鸣湖畔》三结合创作组

编绘

哈尔滨　黑龙江人民出版社　1977年　150页

13cm（64开）定价：CNY0.18

　　中国现代连环画作品。

J0068211

杨开慧　张先翱，黄林石编；钟增亚等绘

长沙　湖南人民出版社　1977年　70页　15cm（40开）

统一书号：8027.6672　定价：CNY0.35

　　中国现代连环画作品。由湖南人民出版

社和人民美术出版社联合出版。作者钟增亚

（1940—2002），画家。又名钟亚，湖南衡阳人，

广州美术学院中国画系毕业。任职于衡阳市文

化馆，历任中国书法家协会理事、中国美术家协

会理事、湖南省书协主席、湖南书画研究院院

长。国画《楚人》《三峡史诗》。出版有《钟增亚

中国画选集》《钟增亚速写集》。

J0068212

野心家吕后　梁德曼编；张文忠绘

成都　四川人民出版社　1977年　76页　13cm（64开）

定价：CNY0.11

　　中国现代连环画作品。

J0068213

夜救"大洋号"　大连港务局业余创作组编；

阎峰樵绘

沈阳　辽宁人民出版社　1977年　58页　13cm（64开）

定价：CNY0.08

　　中国现代连环画作品。

J0068214
一把七星刀　湄潭县《一把七星刀》创作组编绘；何修正，李渝执笔并绘画
贵阳 贵州人民出版社 1977年 88页 13cm（64开）
定价：CNY0.12
　　中国现代连环画作品。

J0068215
一把锁　耒层林改编；史照明，易建业绘
武汉 湖北人民出版社 1977年 46页 13cm（64开）
定价：CNY0.07
　　根据周常梅同名故事改编的中国现代连环画作品。

J0068216
一场争夺战　王文钦改编；万一兵，杜康龙绘
成都 四川人民出版社 1977年 80页 13cm（64开）
定价：CNY0.11
　　根据火笛小说《站岗》改编的现代连环画作品。

J0068217
一根银针　邓诗贤改编；代卫绘
成都 四川人民出版社 1977年 68页 13cm（64开）
定价：CNY0.10
　　根据同名革命现代川剧改编的现代连环画作品。

J0068218
一块砧板　肖士太编；周晓群绘
南昌 江西人民出版社 1977年 74页 13cm（64开）
定价：CNY0.10
　　中国现代连环画作品。

J0068219
一窝猪羔　张少武改编；李柏昌，刘昌吉画
长春 吉林人民出版社 1977年 59页 13cm（64开）
定价：CNY0.10
　　中国现代连环画作品。

J0068220
银花向阳　张安平编；田克盛，王永兴绘
武汉 湖北人民出版社 1977年 74页 13cm（64开）
定价：CNY0.10
　　中国现代连环画作品。

J0068221
银泉飞泻　王文钦改编；韩德雅绘
成都 四川人民出版社 1977年 66页 13cm（64开）
定价：CNY0.10
　　根据小说《剪春罗》改编的中国现代连环画作品。作者韩德雅（1952— ），四川名山人。毕业于雅安地区师范，后进修于四川美术学院国画系、中央美术学院国画系。历任美术教员、县文化馆美术干部。擅长中国画、雕塑、年画。作品有《做新鞋》《乡趣》《茶山春早》等。

J0068222
银沙滩　（下集）静海县业余文艺创作组《银沙滩》小组编绘
天津 天津人民美术出版社 1977年 154页 13cm（64开）定价：CNY0.19
　　中国现代连环画作品。

J0068223
英雄树下　西高，林泉改编；渡口市电力指挥部，四川人民出版社三结合创作组画
成都 四川人民出版社 1977年 186页 13cm（64开）
定价：CNY0.23
　　根据电影文学剧本《先锋凯歌》改编的中国现代连环画作品。

J0068224
英雄司机斗飞贼　李子林编；刘寅曾，么玉明绘
天津 天津人民美术出版社 1977年 84页 13cm（64开）定价：CNY0.11
　　中国现代连环画作品。

J0068225
英雄铁骑　王培栋，岳国丰编；于善英，岳国丰绘
天津 天津人民美术出版社 1977年 86页 13cm（64开）定价：CNY0.11
　　中国现代连环画作品。

J0068226
英雄小射手　王恒展编；蒲慧华绘
天津 天津人民美术出版社 1977年 84页 13cm（64开）定价：CNY0.11
　　中国现代连环画作品。

J0068227

鹰嘴礁下　文福连编；旅大师范学校美术教研组绘画

北京　人民美术出版社　1977 年　86 页　有图
10×13cm　统一书号：8027.6649　定价：CNY0.10
　　中国现代连环画作品。

J0068228

映山红　邹士方改编；高宝生，崔如琢绘
北京　人民出版社　1977 年　58 页　13cm（64 开）
定价：CNY0.09
　　根据小说《银沙岭》改编的中国现代连环画作品。

J0068229

鱼鹰初试　杨文达原著；杨云庆改编；吴哲辉绘
哈尔滨　黑龙江人民出版社　1977 年　38 页
　13cm（64 开）　定价：CNY0.15
　　中国现代连环画作品。

J0068230

鱼塘飞叉　肖秀严改编；岑龙绘
武汉　湖北人民出版社　1977 年　44 页　13cm（64 开）
定价：CNY0.07
　　根据同名小说改编的中国现代连环画作品。

J0068231

羽弓山歼妖孽　陶静波编；尹孝本绘
广州　广东人民出版社　1977 年　106 页　10cm（64 开）
定价：CNY0.15
（广东民兵革命斗争故事连环画）
　　中国现代连环画作品。

J0068232

园丁之歌　耒层林改编；汪国新绘
武汉　湖北人民出版社　1977 年　54 页　13cm（64 开）
定价：CNY0.08
　　根据同名湘剧高腔改编的中国现代连环画作品。

J0068233

园丁之歌　新果编
沈阳　辽宁人民出版社　1977 年　70 页　13cm（64 开）
定价：CNY0.11
　　根据同名电影选编的中国现代连环画作品。

J0068234

园丁之歌　明扬选编
北京　人民美术出版社　1977 年　60 页　13cm（64 开）
定价：CNY0.12
　　根据中央新闻纪录电影制片厂同名电影选编的中国现代连环画作品。

J0068235

园丁之歌　顾延培，朱其昌改编
上海　上海人民出版社　1977 年　86 页　13cm（64 开）
定价：CNY0.13
　　根据湘剧高腔同名影片选编的中国现代连环画作品。作者顾延培（1932—　），书法家、民俗学家。笔名庄言，上海崇明人。历任上海南市区文化馆馆长、南市区文化局副局长，亚太文化艺术协会副主席，中国硬笔书法协会顾问，上海市民俗文化学会顾问，上海中华书画协会荣誉理事长等。出版有《中华古塔鉴赏》《上海老城厢风情录》《中国古今对联大观》等。

J0068236

园丁之歌　顾延培，朱其昌改编；徐有武等绘
上海　上海人民出版社　1977 年　86 页　13cm（64 开）
定价：CNY0.09
　　根据湘剧高腔同名影片改编的中国现代连环画作品。作者徐有武（1942—　），画家。浙江永康人。中国美术家协会会员。代表作品有《送鱼》《徐有武画集》《中国佛教图像解说》《古代仕女画法》等。

J0068237

越海擒敌　55662 部队创作组改编；孙立文，胡力国绘
济南　山东人民出版社　1977 年　70 页　13cm（64 开）
统一书号：8099.611　定价：CNY0.10
　　根据郑谋梅《虎口拔牙》短篇小说改编的中国现代连环画作品。

J0068238

越河送棉　段延锡编；刘壮安，阎正绘
郑州　河南人民出版社　1977 年　76 页　13cm（64 开）
定价：CNY0.11
　　中国现代连环画作品。

J0068239

杂技新花　王镛编；廉宽宏等绘

石家庄　河北人民出版社　1977年　94页　13cm（64开）定价：CNY0.12

中国现代连环画作品。作者廉宽宏（1945—　），画家、国家一级美术师。笔名老廉，生于哈尔滨，河北安平人。毕业于天津美术学院。中国美术家协会会员、中日美术交流协会会员、沧州美协副主席。作品有《一竿撑出绿波来》《苍岩毓秀》《淀上曲》等。作者王镛（1948—　），别署凸斋、鼎楼主人等。生于北京，山西太原人。硕士毕业于中央美术学院。历任中央美术学院教授、书法艺术研究室主任、中国书法家协会篆刻艺术委员会副主任。

J0068240

再见，亲爱的祖国　李成荣编；沈在召等绘

福州　福建人民出版社　1977年　72页　13cm（64开）定价：CNY0.10

中国现代连环画作品。

J0068241

在战斗中前进——鲁迅在广州　诸镇南编；温尚光，张大渊绘

南京　江苏人民出版社　1977年　70页　10×13cm　定价：CNY0.12

（鲁迅的故事）

中国现代连环画作品。

J0068242

枣林民兵　刘功信编；张金举等绘

济南　山东人民出版社　1977年　76页　13cm（64开）定价：CNY0.10

中国现代连环画作品。

J0068243

闸口小哨兵　徐文莲编；王西林绘

南昌　江西人民出版社　1977年　70页　13cm（64开）定价：CNY0.10

中国现代连环画作品。

J0068244

斩蛇记　文丙改编；区本泉绘

广州　广东人民出版社　1977年　74页　10cm（64开）定价：CNY0.11

（广东民兵革命斗争故事连环画）

根据舒文、李力同名故事改编的中国现代连环画作品。作者区本泉，绘有连环画《智擒八虎》，绘插图的有《潮州歌册：白蛇传》

J0068245

战地红缨　王润生改编；严庚辰绘

哈尔滨　黑龙江人民出版社　1977年　116页　13cm（64开）定价：CNY0.15

根据同名小说改编的中国现代连环画作品。

J0068246

战地红缨　（上集）锦文改编；李远，李越绘

沈阳　辽宁人民出版社　1977年　150页　13cm（64开）定价：CNY0.16

根据石文驹同名小说改编的中国现代连环画作品。作者李远（1922—　），编辑。河北唐山市人，毕业于北平辅仁大学美术系。历任河北省美协会员，河北省书协、省美学协会理事，唐山书画院院长，唐山《劳动日报》副总编。出版有《李远工笔花鸟画选》《陈大远李远诗书画选》。

J0068247

战斗的春天　王永庆，沈力勤执笔；刘少臣等绘

天津　天津人民美术出版社　1977年　124页　13cm（64开）定价：CNY0.15

中国现代连环画作品。

J0068248

战斗的童年　谷大保，王进美改编；秘金通绘

郑州　河南人民出版社　1977年　118页　13cm（64开）定价：CNY0.15

中国现代连环画作品。

J0068249

战斗英雄司马义买买提　中国人民解放军36121部队政治部编绘

乌鲁木齐　新疆人民出版社　1977年　100页　13cm（64开）定价：CNY0.17

中国现代连环画作品。

J0068250

站岗　火笛原著；毛亮英改编；谷照恩，高力绘

天津　天津人民美术出版社　1977年　104页

13cm（64开）定价：CNY0.13

　　中国现代连环画作品。

J0068251

长征途中　王树华改编；邱胜贤绘

南昌　江西人民出版社 1977 年 82 页 13cm（64开）

定价：CNY0.11

　　根据《火瓦寨的歌声》改编的中国现代连环画作品。

J0068252

真正的任务　张忠卿改编；杨维华绘

沈阳　辽宁人民出版社 1977 年 60 页 13cm（64开）

定价：CNY0.10

　　中国现代连环画作品。

J0068253

支农晨曲　张冠钦执笔；纪传勤绘

济南　山东人民出版社 1977 年 76 页 13cm（64开）

定价：CNY0.10

　　根据益都县业余创作组同名吕剧改编的中国现代连环画作品。

J0069933

智夺战马　朱希江编；杜春生，周申绘

济南　山东人民出版社 1977 年 76 页 13cm（64开）

定价：CNY0.11

　　中国现代连环画作品。

J0068254

智取豹岭镇　许伏生编；陈秉德绘

石家庄　河北人民出版社 1977 年 50 页

13cm（64开）定价：CNY0.07

　　中国现代连环画作品。

J0068255

智取城防图　魏世祥编；秦云海绘

郑州　河南人民出版社 1977 年 84 页 13cm（64开）

定价：CNY0.11

　　中国现代连环画作品。

J0068256

智袭敌据点　罗文原著；胡杨改编；东莞县石龙工人业余美术组绘

广州　广东人民出版社 1977 年 68 页 10cm（64开）

定价：CNY0.10

（广东民兵革命斗争故事连环画）

　　中国现代连环画作品。

J0068257

智袭敌据点　胡杨改编；东石等绘画

广州　岭南美术出版社 1977 年 68 页 有图

10×13cm 统一书号：8111.1725 定价：CNY0.13

　　中国现代连环画作品。

J0068258

中国古代科学家　（上集）李光羽，谢宝耿编；施大畏等绘

上海　上海人民出版社 1977 年 151 页 13cm（64开）

定价：CNY0.17

　　中国现代连环画作品。

J0068259

中国古代科学家　（下集）李光羽，谢宝耿编；施大畏等绘

上海　上海人民出版社 1977 年 152 页 13cm（64开）

定价：CNY0.17

　　中国现代连环画作品。

J0068260

种子　张寿山编；兆钟伟，徐荣杲绘

北京　人民出版社 1977 年 58 页 13cm（64开）

定价：CNY0.09

　　中国现代连环画作品。

J0068261

周总理的故事　陕西人民出版社等编；罗平安等绘

西安　陕西人民出版社 1977 年 70 页 15cm（64开）

定价：CNY0.19

　　中国现代连环画作品。

J0068262

竹笋的秘密　黄新心原著；赵志雍改编；邓泰和绘

石家庄　河北人民出版社 1977 年 40 页

13cm（64开）定价：CNY0.06

　　中国现代连环画作品。

J0068263

主课　李侃改编；龙山农，梁航云绘

南宁 广西人民出版社 1977年 98页 13cm（64开）
定价：CNY0.13

　　根据同名话剧、电影改编的中国现代连环画作品。

J0068264

主课 广西壮族自治区《主课》创作组原著；祖言改编；叶雄绘
上海 上海人民出版社 1977年 86页 13cm（64开）
定价：CNY0.09

　　中国现代连环画作品。作者叶雄（1950—　），连环画家。笔名夏草、古寅，上海崇明人，毕业于上海大学美术学院国画系专科。历任中国美术家协会上海分会会员、上海连环画研究会理事、上海黄浦画院画师、上海老城厢书画会常务理事。代表作品有《竹林七贤图》《子夜》《郑板桥造像》《咆哮的黑龙江》等。

J0068265

住院 言午改编；王晋泰，李前唤绘
太原 山西人民出版社 1977年 66页 13cm（64开）
定价：CNY0.10

　　根据屈虹同名小说改编的中国现代连环画作品。

J0068266

捉"狼"记 蔺鸿儒原著；栾士贤改编并配诗；高成志绘
长春 吉林人民出版社 1977年 30页
19cm（小32开） 定价：CNY0.22

　　中国现代连环画作品。

J0068267

捉狐狸 王禾，元喜文；李世元绘
沈阳 辽宁人民出版社 1977年 72页 13cm（64开）
定价：CNY0.10

　　中国现代连环画作品。

J0068268

祖国啊母亲 郑仕金改编
天津 天津人民美术出版社 1977年 208页
13cm（64开）定价：CNY0.32

　　根据同名电影改编的中国现代连环画作品。

J0068269

钻天峰 （上）刘英杰改编；李杰，梅边绘
北京 人民美术出版社 1977年 132页 13cm（64开）
定价：CNY0.15

　　根据奚直同名小说改编的中国现代连环画作品。

J0068270

钻天峰 （下）刘英杰改编；李杰，梅边绘
北京 人民美术出版社 1977年 140页 13cm（64开）
定价：CNY0.16

　　根据奚直同名小说改编的中国现代连环画作品。

J0068271

"公"树的秘密 曹天舒执笔；刘伟改编
郑州 河南人民出版社 1978年 93页 10×13cm
统一书号：8105.769 定价：CNY0.12

　　中国现代连环画。

J0068272

"候补民兵" 刘本夫原作；张元锦改编；许志棍绘图
福州 福建人民出版社 1978年 88页 10×13cm
统一书号：3173.210 定价：CNY0.12

　　中国现代连环画。

J0068273

"炭古佬"当县长 李侃改编；林世敏绘画
广州 广东人民出版社 1978年 46页 10×13cm
统一书号：8111.1908 定价：CNY0.06

　　中国现代连环画。

J0068274

"乌贼"现形记 杭生等原著；郑子铭改编；施友义绘
福州 福建人民出版社 1978年 84页 有图
10×13cm 统一书号：8173.234 定价：CNY0.11

　　中国现代连环画。作者施友义（1947—　），画家。笔名石奇，福建平潭人。曾任中国美术家协会福建分会会员、福建出版集团编审、华艺出版社副社长。出版有《施友义国画选》《侯官县烈女歼仇》《千里送京娘》《千古名媛》。

J0068275

"幸福城"　尹毅改编；周申绘画

济南　山东人民出版社　1978年　62页　13cm（60开）

统一书号：8099.1722　定价：CNY0.09

　　根据陈宗汉同名故事改编的中国现代连环画。

J0068276

"幸福城"的猩猩　中原改编；黄玉忠绘画

石家庄　河北人民出版社　1978年　61页

有图　10×13cm　统一书号：8086.1001

定价：CNY0.09

　　中国现代连环画。

J0068277

07海区的战斗　杨海峰编文；盛亮贤等绘画

上海　上海人民美术出版社　1978年　110页

10×13cm　统一书号：8081.11282　定价：CNY0.12

　　中国现代海战连环画作品。

J0068278

9233军列　王洪叶，李甘霖编绘

南京　江苏人民出版社　1978年　62页　10×13cm

统一书号：8100.3.170　定价：CNY0.09

　　中国现代连环画。

J0068279

阿布莎格　岩峰编；何能等画

昆明　云南人民出版社　1978年　179页　15cm（40开）

统一书号：8116.769　定价：CNY0.35

　　中国现代连环画作品。

J0068280

阿萨　马达编文；李德胜绘画

沈阳　辽宁人民出版社　1978年　142页　15cm（40开）

统一书号：8090.1044　定价：CNY0.26

　　中国现代连环画。

J0068281

暗箭　文玉写；韩伍画

上海　少年儿童出版社　1978年　有彩图

15cm（40开）　统一书号：R10024.3570

定价：CNY0.11

　　中国现代连环画作品。绘画韩伍（1936—　　），

画家。浙江杭州人，毕业于行知艺术学校。中国

美术家协会会员，儿童时代社《哈哈画报》主编，

上海市美协理事。作品有《五彩路》《微湖山上》

《灯花》等，出版有《韩伍画集》《小巷童年》《诗

经彩绘》等。

J0068282

八一风暴　华士明改编；翁富荣等绘画

南京　江苏人民出版社　1978年　132页　13cm（60开）

ISBN：8100.3.152　定价：CNY0.16

　　根据同名京剧改编的中国现代连环画作品。

J0068283

把关　吴荣喜写；施大畏，韩硕画

上海　少年儿童出版社　1978年　有彩图

17×19cm　统一书号：R10024.3516　定价：CNY0.20

　　中国现代连环画作品。作者韩硕（1945—　　），

上海人。先后就学于浙江美术学院、上海大学美

术学院。中国美术家协会会员、中国连环画研

究会理事、上海少年儿童出版社美术编辑室副主

任。擅人物，画风清隽洒脱。主要作品有《亲人》

《汇报》《好老师》等。作者施大畏（1950—　　），

画家，浙江吴兴人，毕业于上海大学美术学院国

画系。国家一级美术师，曾任上海国画院执行院

长、中国美术家协会副主席、中国美协国画艺委

会委员、上海美协国画艺委会主任、上海大学美

术学院兼职教授等职。代表作《暴风骤雨》《国

殇》《皖南事变》《归途——西路军妇女团纪实》。

J0068284

白求恩大夫　梅珞选编

北京　人民美术出版社　1978年　186页　有图

10×13cm　统一书号：8027.6921　定价：CNY0.29

　　中国现代连环画作品。

J0068285

白求恩大夫　（电影连环画）上海海燕电影制

片厂，八一电影制片厂联合摄制；梅珞选编

北京　人民美术出版社　1978年　186页　13cm（60开）

统一书号：8027.6921　定价：CNY0.29

　　中国现代连环画作品。

J0068286

白求恩大夫　（电影连环画）吴秀英编文

天津　天津人民美术出版社　1978年　178页

13cm（60开）　统一书号：8073.30305

定价: CNY0.28

　　根据同名电影改编的中国现代连环画作品。

J0068287

百丈岭 （上册）唐殿元改编；黄镇中等画

杭州 浙江人民出版社 1978年 152页 13cm（60开）

统一书号: 8103.313 定价: CNY0.17

　　中国现代连环画作品。

J0068288

百丈岭 （下册）唐殿元改编；黄镇中等画

杭州 浙江人民出版社 1978年 295页 13cm（60开）

统一书号: 8103.324 定价: CNY0.15

　　中国现代连环画作品。

J0068289

半爿岩 梅安才改编；盛元龙绘画

杭州 浙江人民出版社 1978年 58页 13cm（60开）

定价: CNY0.08

　　中国现代连环画作品。作者盛元龙（1949—　），美术师，画家。浙江鄞县人。毕业于中国美院国画系人物画专业。历任鄞县美协主席、鄞县越剧团二级美术师。代表作品有《众志成城》《海边》等，出版有《盛元龙画集》。

J0068290

半夜枪声 王杏元原著；李遵义改编；林百石绘画

长春 吉林人民出版社 1978年 98页 13cm（60开）

定价: CNY0.12

　　中国现代连环画作品。

J0068291

宝刀不老 陈青改编；邓朝贵，陈学辞绘画

广州 广东人民出版社 1978年 83页 13cm（60开）

定价: CNY0.10

（广东民兵革命斗争故事连环画）

　　中国现代连环画作品。

J0068292

宝钳 张长贵编文；张伯仁绘画

沈阳 辽宁人民出版社 1978年 55页 有图

10×13cm 统一书号: 8090.1027 定价: CNY0.08

　　中国现代连环画作品。

J0068293

保卫秋收 沈赞，汝京海原著；毛亮英改编；周景宾绘画

天津 天津人民美术出版社 1978年 68页

13cm（60开）定价: CNY0.09

　　中国现代连环画作品。

J0068294

爆炸大王 山东省烟台军分区政治部编；王举春等绘画

北京 人民美术出版社 1978年 86页 有图

10×13cm 统一书号: 8027.6857 定价: CNY0.11

　　中国现代连环画作品。

J0068295

逼上梁山 郭纪金改编；汤云鹤画

南昌 江西人民出版社 1978年 122页 13cm（60开）

统一书号: 8110.279 定价: CNY0.15

　　中国现代连环画作品。

J0068296

边防少年 王新顺改编；户福根绘画

武汉 湖北人民出版社 1978年 78页 有图

10×13cm 统一书号: 8106.1920 定价: CNY0.10

　　根据张发良同名小说改编的中国现代连环画作品。

J0068297

边防小哨兵 孙根喜原著；孙洪涛改编；张玉敏绘

济南 山东人民出版社 1978年 92页 有图

10×13cm 统一书号: 8099.1675 定价: CNY0.14

　　中国现代连环画作品。

J0068298

边防小哨兵 孙洪涛改编；张玉敏绘画

济南 山东人民出版社 1978年 92页 13cm（60开）

统一书号: 8099.1675 定价: CNY0.14

　　中国现代连环画作品。

J0068299

边防小哨兵 郭彦虎改编；李新安绘画

西安 陕西人民出版社 1978年 62页 13cm（60开）

统一书号: 8094.614 定价: CNY0.08

　　中国现代连环画作品。

J0068300

边防小哨兵　孙根喜原著；任芳琴改编；韩颐等绘画
乌鲁木齐　新疆人民出版社　1978 年　63 页
13cm（60 开）定价：CNY0.09
　　中国现代连环画作品。

J0068301

捕"熊"记　范润生编文；雷中峋绘画
乌鲁木齐　新疆人民出版社　1978 年　55 页
13cm（60 开）定价：CNY0.10
　　中国现代连环画作品。

J0068302

捕蛇记　陈京灿原著；胡舜庆改编；吴继平绘画
南京　江苏人民出版社　1978 年　93 页　13cm（60 开）
统一书号：8100.3.162　定价：CNY0.12
　　中国现代连环画作品。

J0068303

惩罚　余文祥改编；方隆昌，吴柱熙绘画
武汉　湖北人民出版社　1978 年　94 页　13cm（60 开）
定价：CNY0.12
　　根据管桦同名小说改编的中国现代连环画
作品。作者方隆昌（1944—　），湖北武汉人。毕
业于湖北艺术学院。中国美术家协会、中国装帧
艺术研究会、中国连环画研究会会员，湖北美术
编辑研究会会长。主要作品有中国画《喂猪》、连
环画《向警予》《宋史故事》等。

J0068304

秤的故事　苏继明等改编；高家明等绘画
沈阳　辽宁人民出版社　1978 年　28 页　有图
10×13cm　统一书号：8090.576　定价：CNY0.09
　　中国现代连环画作品。

J0068305

秤的故事　苏继明改编；高家明等绘画
沈阳　辽宁人民出版社　1978 年　68 页　13cm（60 开）
定价：CNY0.09
　　中国现代连环画作品，包括《秤的故事》《纪
大妈》两个故事。

J0068306

出云峰下　陆扬烈原作；吴国良改编并绘画
合肥　安徽人民出版社　1978 年　46 页　13cm（60 开）
定价：CNY0.07
　　中国现代连环画作品。

J0068307

出云峰下　陆扬烈编文；朱植人绘画
杭州　浙江人民出版社　1978 年　68 页　13cm（60 开）
定价：CNY0.09
　　中国现代连环画作品。

J0068308

除奸记　左一兵编文；戴光华绘画
南昌　江西人民出版社　1978 年　97 页　13cm（60 开）
定价：CNY0.13
　　中国现代连环画作品。

J0068309

除奸记　照日格巴图原著；张慧香改编；马长江绘画
呼和浩特　内蒙古人民出版社　1978 年　102 页
有图　10×13cm　统一书号：8089.67
定价：CNY0.15
　　中国现代连环画作品。作者马长江（1945—　），
包头钢铁稀土公司书画院专职画家、副研究员，
中国美术家协会内蒙古分会理事。

J0068310

除夕暴动　朱玉龙编文；葛志仁绘图
合肥　安徽人民出版社　1978 年　84 页　13cm（60 开）
定价：CNY0.11
　　中国现代连环画作品。

J0068311

闯王平叛　汪广润改编；汪家龄绘画
合肥　安徽人民出版社　1978 年　116 页　13cm（60 开）
定价：CNY0.15
　　根据历史小说《李自成》部分章节改编的现
代连环画作品。作者汪家龄（1944—2010），画家。
江西婺源人。中国艺术研究院特邀创作委员、黄
山市美术家协会副主席，黄山市中国画研究院副
院长，中国美术家协会安徽分会会员。擅长连环
画。作品有《追牛》《三八号》《红烛泪》等连环画，
《哪吒闹海》《三战吕布》等年画。

J0068312

闯王旗　李书圣，陈心朋改编；葛立英摄影；
山东省京剧团供稿
济南 山东人民出版社 1978 年 68 页 有图
10×13cm 统一书号：8099.1724 定价：CNY0.12
　　中国现代连环画作品。

J0068313

闯王旗　（剧照连环画）李书圣，陈心朋改编；
葛立英摄影
济南 山东人民出版社 1978 年 68 页 13cm（60 开）
定价：CNY0.12
　　中国现代连环画作品。

J0068314

从小要讲卫生　毛颂赞文；柯大先剪纸
济南 山东人民出版社 1978 年 20 页 有图
15cm（40 开）统一书号：8099.1744
定价：CNY0.10
　　中国现代连环画作品。

J0068315

达吉和她的父亲　高缨编；姚有信，杨丽娜绘
北京 人民美术出版社 1978 年 117 页 13cm（60 开）
定价：CNY0.47
　　中国现代连环画作品。

J0068316

大苍山下　许德贵改编；陈昌柱绘画
成都 四川人民出版社 1978 年 82 页 13cm（60 开）
定价：CNY0.12
　　根据小说《记一位县委书记》改编的现代连
环画作品。

J0068317

大椿的故事　（彩色木偶 电影连环画）孙居文
改编；上海美术电影制片厂供稿
上海 上海人民美术出版社 1978 年 126 页
13cm（60 开）定价：CNY0.33
　　中国现代连环画作品。

J0068318

大刀记　（1）郭澄清原著；孟阳改编
石家庄 河北人民出版社 1978 年 134 页
13cm（60 开）定价：CNY0.16

中国现代连环画作品。

J0068319

大刀记　（2）郭澄清原著；孟阳，高晶改编；
陈继荣绘画
石家庄 河北人民出版社 1979 年 126 页
13cm（60 开）定价：CNY0.15
　　中国现代连环画作品。

J0068320

大刀记　（3）郭澄清原著；孟阳等改编；陈继
荣绘
石家庄 河北人民出版社 1981 年 174 页
有图 10×13cm 统一书号：8086.1369
定价：CNY0.20
　　本书是中国现代连环画。

J0068321

大风大浪我不怕　郑开慧写；张世明绘画
上海 上海少年儿童出版社 1978 年 有彩图
15cm（40 开）统一书号：R10024.3534
定价：CNY0.13
　　中国现代连环画作品。

J0068322

大闹天宫　马得编画
南京 江苏人民出版社 1978 年 60 页 有彩图
15cm（40 开）定价：CNY0.29
　　本书是中国现代连环画作品。

J0068323

大破四方台　曲波原著；罗兴，王亦秋绘画；
潘勤孟改编
上海 上海人民美术出版社 1978 年 2 版 118 页
10cm（64 开）定价：CNY0.14
（林海雪原 6）
　　中国现代连环画作品。改编潘勤孟，美术家、
连环画家。改编连环画有《三国演义》《中国历
史人物故事连环画》等。

J0068324

大桥卫士　任斌武原著；林丹等编；宋治平绘
上海 上海人民美术出版社 1978 年 70 页 有图
10×13cm 统一书号：8081.11216 定价：CNY0.08
　　中国现代连环画作品。

J0068325
带飞 司国贤改编；巫成金，董金绘画
郑州 河南人民出版社 1978年 78页 13cm（60开）
定价：CNY0.10
　　根据王世阁同名小说改编的现代连环画作品。作者巫成金（1955—　），画家、教授。四川三台人。毕业于四川美术学院。历任中国美术家协会会员，中国美术家协会四川分会理事，四川省美术家协会中国画艺委会委员，四川大学艺术学院教授、硕士生导师。出版有《巫成金画集》《巫成金跨世纪丛书》《巫成金速写集》等。

J0068326
当红军去 钟明冰原作；王文钦改编；周荣初绘画
成都 四川人民出版社 1978年 76页 有图
10×13cm 统一书号：8118.497 定价：CNY0.11
　　中国现代连环画作品。

J0068327
灯伢儿 林茉莉，苏继明改编；马忠群绘画
沈阳 辽宁人民出版社 1978年 80页 13cm（60开）
定价：CNY0.10
　　根据同名小说改编的中国现代连环画作品。

J0068328
第一次战斗 李琳编文；方贤道，艾永生绘画
合肥 安徽人民出版社 1978年 68页 13cm（60开）
定价：CNY0.09
　　中国现代连环画作品。

J0068329
点金术 任梅改编；石呈虎绘画
北京 人民美术出版社 1978年 36页 有彩图
15cm（40开）统一书号：8027.6948
定价：CNY0.21
　　中国现代连环画作品。

J0068330
点石斋画报 （第一辑）方师铎主编
台北 天一出版社 1978年 影印本 6册 有图
19cm（32开）定价：TWD4200.00
　　本书为中国清代连环画。

J0068331
点石斋画报 （第二辑）方师铎主编
台北 天一出版社 1978年 影印本 5册 有图
19cm（32开）定价：TWD4200.00
　　本书为中国清代连环画。

J0068332
点石斋画报 （第三辑）方师铎主编
台北 天一出版社 1978年 影印本 5册 有图
19cm（32开）定价：TWD4200.00
　　本书为中国清代连环画。

J0068333
点石斋画报 （第四辑）方师铎主编
台北 天一出版社 1978年 影印本 4册 有图
19cm（32开）定价：TWD4200.00
　　本书为中国清代连环画。

J0068334
点石斋画报 （第五辑）方师铎主编
台北 天一出版社 1978年 影印本 5册 有图
19cm（32开）定价：TWD4200.00
　　本书为中国清代连环画。

J0068335
点石斋画报 （第六辑）方师铎主编
台北 天一出版社 1978年 影印本 5册 有图
19cm（32开）定价：TWD4200.00
　　本书为中国清代连环画。

J0068336
奠基礼 徐海东原著；栗公魁等改编；李俊琪等绘画
哈尔滨 黑龙江人民出版社 1978年 48页
13cm（60开）定价：CNY0.08
　　中国现代连环画作品。作者李俊琪（1943—　），教授。号大道轩主人，河北乐亭人。历任天津美术家协会副主席，中国美术家协会会员，天津南开大学教授、研究生导师，美国传记研究院研究员。著作有《中国历代诗家图卷》《中国历代兵家图卷》《中国历代文学家画传》《李俊琪画集》等。

J0068337
顶门柱 陆顺英原著；丁涛编绘

南京 江苏人民出版社 1978年 50页 13cm（60开）
定价：CNY0.07

　　中国现代连环画作品。作者丁涛（1941—　　），
教授。笔名松海，就读于辽宁省文化艺术大学
和南京艺术学院美术系。南京艺术学院任教。
代表作品有《半调集——艺苑漫步录》《论刘海
粟》等。

J0068338

董存瑞的故事　金革，陈秋原著；林丹改编；
侯德剑，董成传绘画
上海 上海人民美术出版社 1978年 150页
13cm（60开）定价：CNY0.17

　　本书是描绘解放军战士董存瑞舍身炸敌
堡的英雄事迹的中国现代连环画作品。侯德剑
（1949—　　），江苏南通人。南通书法国画研究
院院长、南通市美术家协会主席、中国美术家协
会会员、国家一级美术师、江苏省政协书画室特
聘画师。擅长中国画、连环画。作品有连环画《东
进、东进》，中国画《牛戏图》、《铁流》（合作）等。

J0068339

都曼　东力木改编；孟喜元绘画
郑州 河南人民出版社 1978年 54页 13cm（60开）
定价：CNY0.08

　　中国现代连环画作品。

J0068340

渡江侦察记　汪广润编文；陈光华绘画
合肥 安徽人民出版社 1978年 110页 13cm（60开）
定价：CNY0.14

　　根据同名电影改编的现代连环画作品。

J0068341

断手以后　刘泽恰等执行；欧阳辉等编文
长沙 湖南人民出版社 1978年 70页 13cm（60开）
定价：CNY0.10

　　中国现代连环画作品。

J0068342

夺金塔　路元太，李日君编文；袁大仪，王启
民绘画
济南 山东人民出版社 1978年 62页 13cm（60开）
定价：CNY0.09

　　中国现代连环画作品。

J0068343

夺枪记　林友歌原著；林仙健改编；李丰雄等
绘画
广州 广东人民出版社 1978年 75页 13cm（60开）
定价：CNY0.09
（广东民兵革命斗争故事连环画）

　　根据故事《英雄小民兵》改编的中国现代连
环画作品。

J0068344

夺印　蒋淑均改编；林锴绘
北京 人民美术出版社 1978年 2版 155页
13cm（60开）定价：CNY0.19

　　中国现代连环画作品。

J0068345

飞兵战郯城　金宝仁，朱明远编文；韦丁宁绘画
沈阳 辽宁人民出版社 1978年 94页 13cm（60开）
定价：CNY0.12

　　中国现代连环画作品。

J0068346

飞夺泸定桥　杨成武原著；黄永东改编；黄穗
绘画
广州 广东人民出版社 1978年 52页 13cm（60开）
定价：CNY0.07
（红军长征故事连环画）

　　根据同名回忆录改编的中国现代连环画
作品。

J0068347

飞夺泸定桥　戚新国编绘
南京 江苏人民出版社 1978年 46页 13cm（60开）
定价：CNY0.07

　　本书是根据杨成武同志回忆录改编的现代
连环画作品。

J0068348

飞虹　晓帆原著；翟从森改编；徐传鑫绘画
天津 天津人民美术出版社 1978年 62页
13cm（60开）定价：CNY0.09

　　中国现代连环画作品。

J0068349

飞舟跨海迎亲人　芩国田编；潘正沂绘

广州 广东人民出版社 1978年 125页 13cm（60开）
定价：CNY0.14
（广东民兵革命斗争故事连环画）
　　中国现代连环画作品。

J0068350
沸腾的群山 （第三集）李云德原著；李兴柞
改编；吴富佳, 蔡国栋绘
北京 人民美术出版社 1978年 150页 有图
10×13cm 统一书号：8027.6925 定价：CNY0.17
　　根据李云德同名小说改编的现代连环画
作品。

J0068351
风雨罗霄路 王良莹改编；张昌润绘画
杭州 浙江人民出版社 1978年 73页 10cm（64开）
定价：CNY0.09
　　根据李长华同名原著改编的现代连环画作
品。作者张昌润（1940—　），画家。浙江吴兴人。
任中学高级美术教师、中国美术家协会会员。主
要作品有《灯》《划等号》《航海家麦哲伦》等。

J0068352
风雨杧果树 劲松编文；梁增勇绘画
南宁 广西人民出版社 1978年 74页 13cm（60开）
统一书号：8113.438 定价：CNY0.10
　　中国现代连环画作品。

J0068353
风雨桐林寨 李明性编文；杨振洲等绘画
郑州 河南人民出版社 1978年 59页 13cm（60开）
定价：CNY0.09
　　中国现代连环画作品。

J0068354
风云岛 刘世荣改编；周永家绘画
沈阳 辽宁人民出版社 1978年 194页 13cm（60开）
定价：CNY0.28
　　中国现代连环画作品。

J0068355
风筝飘飘 王德新改编；施易昌绘画
成都 四川人民出版社 1978年 94页 有图
10×13cm 统一书号：8118.441 定价：CNY0.15
　　中国现代连环画作品。

J0068356
风筝司令 草园改编；陆延绘画
太原 山西人民出版社 1978年 33页 13cm（60开）
定价：CNY0.08
　　根据同名小说改编的现代年画作品。

J0068357
枫树湾 曾晓浒等执笔；湖南师艺学院艺术系
绘画
长沙 湖南人民出版社 1978年 213页 13cm（60开）
定价：CNY0.23
　　作者曾晓浒（1938—2015），画家。出生于四
川成都，毕业于广州美术学院国画系。年幼时观
张大千先生作画，得张肇铭、王霞宙、端木梦锡、
关山月、黎雄才先生的指导。画作有《韶山》《南
天独秀》《放木排》。著作有《曾晓浒画集》《曾
晓浒陆露音画集》。

J0068358
枫树湾 曾晓浒等执笔；湖南师艺学院艺术系
绘画
北京 人民美术出版社 1978年 213页 13cm（60开）
定价：CNY0.23

J0068359
枫叶红了的时候 金振家, 王景愚原著；邓柯
编绘
北京 人民美术出版社 1978年 141页 13cm（60开）
定价：CNY0.21
　　本书是根据金振家、王景愚同名话剧改编的
现代连环画作品。

J0068360
凤嫂 黄河浪编文；戴光华画
南昌 江西人民出版社 1978年 91页 13cm（60开）
定价：CNY0.12
（江西革命斗争故事）
　　中国现代连环画作品。

J0068361
伽利略 亦民改编；胡克礼, 恽南平绘
北京 人民美术出版社 1978年 2版 82页
10×13cm 定价：CNY0.11
（科学家故事）
　　中国现代连环画作品。作者恽南平，绘制的

主要连环画作品有《罗马狂欢节》《复仇与宽恕》《复活》等。

J0068362
钢蛋和虎英　赵汎改编；王威绘画
沈阳 辽宁人民出版社 1978 年 52 页 13cm（60 开）
定价：CNY0.09
　　根据同名小说改编的中国现代连环画作品。

J0068363
钢铁边防线　陈德惠原著；童孟侯编；冯远等绘
上海 上海人民美术出版社 1978 年 86 页 有图
10×13cm 统一书号：8081.11200 定价：CNY0.10
　　中国现代连环画作品。作者冯远（1952—　），教授、画家。生于上海，祖籍江苏无锡。作品有《望夫妹》《母子图》《新疆风情写生》《今生来世》。出版有《二十一世纪中国艺术家·冯远》《笔墨尘缘》。

J0068364
港口小尖兵　张均萍编；柳州市文化馆组织编绘；柒万里等绘
南宁 广西人民出版社 1978 年 69 页 13cm（60 开）
定价：CNY0.09
　　中国现代连环画作品。

J0068365
高高的苗岭　叶辛原著；朱其昌编；赵仁年绘
上海 上海人民美术出版社 1978 年 126 页 有图
10×13cm 统一书号：8081.11400 定价：CNY0.15
　　中国现代连环画作品。作者赵仁年（1939—　），画家。江苏阜宁人。中国美术家协会会员、上海美术家协会会员、日本东西方艺术振兴会常务理事、原上海侨友经济协会东舟美术家联谊会副会长。代表作品有《诸葛亮探亲》等。

J0068366
高高的乌兰哈达　郭雪波原著；赵国瑞改编；李重新等绘画
石家庄 河北人民出版社 1978 年 82 页
有图 10×13cm 统一书号：8086.963
定价：CNY0.11
　　中国现代连环画作品。

J0068367
戈壁枪声　赵燕翼著；张钟龄改编；王建绘画
天津 天津人民美术出版社 1978 年 83 页
13cm（60 开）定价：CNY0.11
　　中国现代连环画作品。

J0068368
戈壁守井人　史中里改编；李林祥绘画
沈阳 辽宁人民出版社 1978 年 70 页 13cm（60 开）
定价：CNY0.10
　　中国现代连环画作品。

J0068369
戈壁守井人　赵燕翼原著；刘学纯等改编；张红年绘
北京 人民美术出版社 1978 年 102 页 有图
10×13cm 统一书号：8027.6922 定价：CNY0.16
　　中国现代连环画作品。

J0068370
戈壁守井人　赵燕翼原著；侯全宝改编；胡震国，王守中绘画
上海 上海人民美术出版社 1978 年 78 页
13cm（60 开）定价：CNY0.09
　　中国现代连环画作品。作者胡震国，连环画家。曾任上海工艺美术职业学院美术系主任。

J0068371
戈壁守井人　林泉改编；陈和莲绘画
成都 四川人民出版社 1978 年 79 页 13cm（60 开）
定价：CNY0.11
　　根据同名小说改编的中国现代连环画作品。作者陈和莲（1941—　），四川江津县人。毕业于西南师范学院美术专科。中国美术家协会会员、四川省美术家协会理事。擅长国画、连环画、年画。主要作品有《碧血春秋》《左老的山村》《清清溪水》等。

J0068372
歌手吐尔地和他的琴弦　贺平诗；冯国伟绘画
乌鲁木齐 新疆人民出版社 1978 年 54 页
有图 13cm（60 开）统一书号：8098.90
定价：CNY0.10
　　中国现代连环画作品。

J0068373

格玛　朱述新原著；王承华改编；王又文绘画
天津　天津人民美术出版社　1978 年　76 页
13cm（60 开）定价：CNY0.10
　　本连环画包括《格玛》和《走马川》两个故事。

J0068374

跟踪追击　鲁冬青改编
南京　江苏人民出版社　1978 年　158 页　13cm（60 开）
定价：CNY0.20
　　根据同名电影改编的现代连环画作品。

J0068375

跟踪追击　安忠民，朱向群原著；辛生改编；
高适绘画
上海　上海人民美术出版社　1978 年　2 版
131 页　13cm（60 开）定价：CNY0.15
　　中国现代连环画作品。

J0068376

篝火正旺　林茉莉改编；邹立文绘画
沈阳　辽宁人民出版社　1978 年　53 页　13cm（60 开）
统一书号：8090.1032　定价：CNY0.08
　　中国现代连环画作品。

J0068377

古代寓言故事　（一）常云波等编文；亢佐田
等绘画
太原　山西人民出版社　1978 年　11+8+12 页
有图　10×13cm　统一书号：8088.1250
定价：CNY0.07
　　中国现代连环画作品。

J0068378

谷场斗争　王明坤编文；赵正绘画
济南　山东人民出版社　1978 年　62 页　有图
10×13cm　统一书号：8099.1741　定价：CNY0.09
　　中国现代连环画作品。

J0068379

故事员的故事　陈庆祥原作；郭晓，郭华改
编；郭同江绘画
广州　广东人民出版社　1978 年　52 页　13cm（60 开）
定价：CNY0.07
　　中国现代连环画作品。

J0068380

管电记　胡斌编绘；山西省电力工业管理局供稿
北京　人民美术出版社　1978 年　94 页　有图
10×13cm　统一书号：8027.6830　定价：CNY0.14
　　中国现代连环画作品。

J0068381

国境线上　申建军原作；竺乾华改编；张林
绘画
合肥　安徽人民出版社　1978 年　68 页　13cm（60 开）
定价：CNY0.09
　　中国现代连环画作品。

J0068382

国境线上　申建军原著；陶端庄，周承延改
编；朱连威，王新月绘画
呼和浩特　内蒙古人民出版社　1978 年　62 页
10cm（64 开）定价：CNY0.10
　　中国现代连环画作品。

J0068383

哈密瓜的故事　哲中原著；辛梅改编；李其煜
绘画
乌鲁木齐　新疆人民出版社　1978 年　58 页
13cm（60 开）定价：CNY0.11
　　中国现代连环画作品。

J0068384

海边风雨　飞舟原著；舒瑛改编；章文熙等
绘画
南京　江苏人民出版社　1978 年　有彩图
15cm（40 开）统一书号：8100.3.174
定价：CNY0.11
　　中国现代连环画作品。

J0068385

海防小民兵　余松岩原著；张晓冰改编；胡克
礼绘画
上海　上海人民美术出版社　1978 年　78 页
13cm（60 开）定价：CNY0.15
　　中国现代连环画作品。

J0068386

海嫂　李芳岭改编；刘泽文，王启民绘
济南　山东人民出版社　1978 年　62 页　有图

10×13cm 统一书号: 8099.1673 定价: CNY0.09

　　作者刘泽文（1943— ），画家，国家一级美术师。山东即墨人，历任烟台地区新华书店担任美工，山东省出版总社烟台分社任美术编辑。代表作品《望穿碧海千层浪》，出版有《刘泽文水粉画集》。作者王启民（1937—1995），美术工作者。山东高唐县人。曾供职于即墨市文化馆，山东省美术家协会会员、山东省连环画研究会理事。山东画院特聘高级画师。即墨市画院首任院长。作品有《冀鲁春秋》《龙王店大捷》《崂山挑妇》《峡北人家》等。

J0068387

海上捕鲨　朱良仪写；赵渭凉，吴健绘图

上海 少年儿童出版社 1978年 有彩图

13×18cm 统一书号: R10024.3512 定价: CNY0.18

　　中国现代连环画作品。

J0068388

海上擒敌　高履中编文；林钧相绘画

沈阳 辽宁人民出版社 1978年 62页 13cm（60开）

定价: CNY0.11

　　中国现代连环画作品。

J0068389

海上网龟　谈庆麟编；张国权画

南宁 广西人民出版社 1978年 70页 13cm（60开）

定价: CNY0.09

　　中国现代连环画作品。

J0068390

海味馆　史泽田改编；王德力绘画

济南 山东人民出版社 1978年 76页 有图

10×13cm 统一书号: 8099.1708 定价: CNY0.10

　　中国现代连环画作品。

J0068391

郝师傅　雒富贵编文；刘德璋，王振太绘画

郑州 河南人民出版社 1978年 62页 有图

10×13cm 统一书号: 8105.819 定价: CNY0.09

　　中国现代连环画作品。

J0068392

号角声声　苗东原著；苏长仙改编；冼小前绘画

南宁 广西人民出版社 1978年 50页

13cm（60开）定价: CNY0.07

　　中国现代连环画作品。作者冼小前（1955— ），书画家。笔名廉人，原籍广东，毕业于广西艺术学院。中国美术家协会会员，中国书法家协会会员，中国书法艺术研究院特聘书画家，广西美术出版社副编审、书法编辑部主任。作品有油画《春望》《八桂英华》《法卡边防》等。

J0068393

黑三角　晓黎改编

北京 中国电影出版社 1978年 158页 10×13cm

定价: CNY0.25

（电影连环画册）

　　根据电影改编的中国现代连环画作品。

J0068394

红军过草地的故事　张汉忠改编；沈尧伊绘画

天津 天津人民美术出版社 1978年 有彩图

21cm（32开）统一书号: 8073.30260

定价: CNY0.70

　　中国现代连环画作品。

J0068395

红楼梦　（电影连环画）徐进编剧；春城改编；曹震云摄影

上海 上海人民美术出版社 1978年 2版

214页 13cm（60开）定价: CNY0.38

　　根据同名电影改编的中国现代连环画作品。收入214幅图。将同名影片中贾宝玉与林黛玉的爱情故事，以一图一文相结合的形式，较完整地表现出来。附越剧《红楼梦》唱词选段。

J0068396

红楼梦　（电影连环画）徐进编剧；春城改编；曹震云等摄影

上海 上海人民美术出版社 1978年 214页

13cm（60开）定价: CNY0.32

　　本书是根据同名电影改编的中国现代连环画作品。收入214幅图。将同名影片中贾宝玉与林黛玉的爱情故事，以一图一文相结合的形式，较完整地表现出来。附越剧《红楼梦》唱词选段。

J0068397

红梅花开　韩秋生编文；张文忠绘画

成都 四川人民出版社 1978年 84页 13cm（60开）

定价：CNY0.12
　　中国现代连环画作品。

J0068398
红泉渡　王新富，傅晓申改编；王今栋绘画
郑州 河南人民出版社 1978年 110页 13cm（60开）
定价：CNY0.13
　　根据《中原儿女》改编的中国现代连环画作品。作者王今栋（1932—2013），画家、一级美术师。北京人。历任河南省文史研究馆馆员，河南省美术家协会副主席，中国美术家协会会员，中国画家协会理事等。代表作品《今栋山水画》。

J0068399
红日　（二）吴强原著；王星北改编；汪观清绘画
上海 上海人民美术出版社 1978年 126页 有图
9×13cm 统一书号：8081.5227 定价：CNY0.15
　　中国现代连环画作品。

J0068400
红日　（三）吴强原著；王星北改编；汪观清绘画
上海 上海人民美术出版社 1978年 126页 有图
9×13cm 统一书号：8081.5227 定价：CNY0.15
　　中国现代连环画作品。

J0068401
红日　（四）吴强原著；王星北改编；汪观清绘画
上海 上海人民美术出版社 1978年 126页 有图
9×13cm 统一书号：8081.5227 定价：CNY0.15
　　中国现代连环画作品。

J0068402
红日　（第1册）吴强原著；王星北改编；汪观清绘画
上海 上海人民美术出版社 1978年 2版
137页 13cm（60开）定价：CNY0.16
　　中国现代连环画作品。

J0068403
红日　（第2册）吴强原著；王星北改编；汪观清绘画
上海 上海人民美术出版社 1978年 2版
126页 13cm（60开）定价：CNY0.16
　　中国现代连环画作品。

J0068404
红日　（第3册）吴强原著；王星北改编；汪观清绘画
上海 上海人民美术出版社 1978年 2版
126页 13cm（60开）定价：CNY0.16
　　中国现代连环画作品。

J0068405
红日　（第4册）吴强原著；王星北改编；汪观清绘画
上海 上海人民美术出版社 1978年 2版
110页 13cm（60开）定价：CNY0.16
　　中国现代连环画作品。

J0068406
红日　（电影连环画）文飘改编
北京 中国电影出版社 1978年 2版 190页
13cm（60开）定价：CNY0.30
　　中国现代连环画作品。

J0068407
红松山下　（低、幼）肖国风写；刘和平等绘画
上海 少年儿童出版社 1978年 有彩图
15cm（40开）统一书号：R10024.3513
定价：CNY0.14
　　中国现代连环画作品。

J0068408
红艳艳的金达莱　余广彤原著；毕默编绘
南京 江苏人民出版社 1978年 82页 13cm（60开）
定价：CNY0.11
　　中国现代连环画作品。

J0068409
洪湖赤卫队　沙铁军改编；邵声朗绘画
武汉 湖北人民出版社 1978年 102页 15cm（40开）
定价：CNY0.20
（革命斗争历史画丛 1）
　　根据同名歌剧改编的中国现代连环画作品。作者邵声朗（1931—2014），著名山水画家。湖北仙桃人，毕业于中央美术学院。历任《湖北日报》美术编辑，湖北艺术学院美术系副主任、副教授，湖北美术学院教授、研究生导师，湖北书画院副院长，湖北省美术家协会理事，湖北省书法家协会常务理事，湖北书画院副院长等。代表

作品年画《登高图》，门画《开渠造林》，国画《红杏枝头春意闹》《汲》《农忙季节》等。作者沙铁军（1942— ），编审。江苏如皋人，毕业于南京大学中文系。历任湖北人民出版社文史编辑部主任、武汉作家协会会员、中国连环画研究会会员、湖北连环画研究会理事。代表作品有《中国古代战争》《长江三部曲》《青春之歌》《中国古代战争》《六十年的变迁》等。

J0068410
湖北连环画选页 （1）
武汉 湖北人民出版社 1978年 26cm（16开）
统一书号：8106.1876 定价：CNY0.54
　　中国现代连环画作品。

J0068411
湖北连环画选页 （2）
武汉 湖北人民出版社 1978年 22页 26cm（16开）
定价：CNY0.54

J0068412
湖边小暗哨 崔坪原著；高家驹改编；郭红雁绘画
南京 江苏人民出版社 1978年 118页 有图
10×13cm 统一书号：8100.3.165 定价：CNY0.14
　　中国现代连环画作品。

J0068413
虎河浪 卢锡铭，杨羽仪编；陈秉钧绘
广州 广东人民出版社 1978年 71页 13cm（60开）
定价：CNY0.09
　　中国现代连环画作品。

J0068414
虎头崖上捉鬼记 顾汉昌编文；邵国兴绘画
杭州 浙江人民出版社 1978年 88页 13cm（60开）
定价：CNY0.11
　　中国现代连环画作品。

J0068415
虎穴锄奸 黄甘牛改编；沈军等绘画
广州 广东人民出版社 1978年 57页 13cm（60开）
定价：CNY0.08
（广东民兵革命斗争故事连环画）
　　根据同名故事改编的中国现代连环画作品。

J0068416
虎穴擒虎 吴红章等原著；黄学文改编；王柏生绘
福州 福建人民出版社 1978年 81页 有图
10×13cm 统一书号：8173.233 定价：CNY0.11
　　中国现代连环画作品。

J0068417
虎穴擒虎 吴红章，纪文原作；黄学文改编；王柏生绘画
福州 福建人民出版社 1978年 81页 13cm（60开）
定价：CNY0.11
　　中国现代连环画作品。

J0068418
虎子的红缨枪 冯志忠绘画
成都 四川人民出版社 1978年 36页 有图
10×13cm 统一书号：M8140.8 定价：CNY0.06
　　中国现代连环画作品。

J0068419
华书记来我家作客 （低）张成新编写；吴健画
上海 少年儿童出版社 1978年 有彩图
19cm（32开）统一书号：R10024.3551
定价：CNY0.22
　　中国现代连环画作品。

J0068420
华主席对咱笑咪咪 （低）少年儿童出版社编；詹同等画
上海 少年儿童出版社 1978年 有彩图
17×19cm 统一书号：R8024.1 定价：CNY0.20
　　中国现代连环画作品。

J0068421
槐树庄 胡可原著；万家春改编；高适等绘画
上海 上海人民美术出版社 1978年 2版
158页 13cm（60开）定价：CNY0.17
　　中国现代连环画作品。作者胡可（1921— ），编剧。历任石家庄军区副政委、北京部队宣传部副部长、总政文化部副部长、中国人民解放军艺术学院院长、中国戏剧家协会副主席。著有《英雄的阵地》《槐树庄》《习剧笔记》等。绘画高适（1931— ），画家。笔名常人，江苏常州人。上海美术家协会会员，曾任职于人民美术出版社、

兴业幻灯制片厂等单位。连环画主要作品有《不朽的人》《秋瑾》《鹰儿和红花花》。

J0068422
黄海哨兵　栾仁良等编文；董振青，徐学良绘画
沈阳　辽宁人民出版社 1978 年 58 页 13cm（60 开）
定价：CNY0.08
　　中国现代连环画作品。

J0068423
黄河飞渡　（电影连环画）佟文焕编文
沈阳　辽宁人民出版社 1978 年 174 页 13cm（60 开）
定价：CNY0.27
　　根据同名电影改编的中国现代连环画作品。

J0068424
黄巾起义　冯元魁，浦增元编文；王亦秋，庞先健绘画
上海　上海人民美术出版社 1978 年 134 页
13cm（60 开）定价：CNY0.15
　　中国现代连环画作品。绘画庞先健
（1951—　），画家。浙江杭州萧山人。擅长中国画、连环画。中国美协连环画艺术委员会委员。作品有《明清故事精选》《中国风俗图像解说》《三国大计谋》等。

J0068425
黄楠垭　任元新原著；张崇政编绘
南京　江苏人民出版社 1978 年 92 页 有图
10×13cm　统一书号：8100.3.187 定价：CNY0.12
　　中国现代连环画作品。

J0068426
会说话的琴轴　刘一兵编；韩书力绘画
北京　人民美术出版社 1978 年 77 页 有图
10×13cm 统一书号：8027.6992 定价：CNY0.13
　　中国现代连环画作品。

J0068427
活捉白川　李菁改编；吴光明等绘
太原　山西人民出版社 1978 年 94 页 有图
10×13cm 统一书号：8088.1205 定价：CNY0.14
　　根据阮章竞小说《清晨的凯歌》改编的现代连环画作品。

J0068428
火红的金达莱　孙晓编文；高少飞绘
济南　山东人民出版社 1978 年 78 页 有图
10×13cm 统一书号：8099.1707 定价：CNY0.10
　　中国现代连环画作品。

J0068429
火红的青春　（雷锋式的战士——王彦修）刘新壮编文；范东岐等绘画
石家庄　河北人民出版社 1978 年 94 页
13cm（60 开）定价：CNY0.12
　　中国现代连环画作品。

J0068430
火焰驹　刘志刚，孙磊改编；韩之武绘
沈阳　辽宁人民出版社 1978 年 62 页 有图
10×13cm 统一书号：8090.1169 定价：CNY0.09
　　中国现代连环画作品。

J0068431
火焰山下　梁学忠改编；崔谷平绘画
乌鲁木齐 新疆人民出版社 1978 年 47 页
13cm（60 开）定价：CNY0.09
　　根据伊沙克原著《春潮》改编的中国现代连环画作品。

J0068432
击水汀江　邱炳皓编文；吴丹波，胡朝龙绘图
福州　福建人民出版社 1978 年 141 页 13cm（60 开）
定价：CNY0.17
　　中国现代连环画作品。

J0068433
机警的小鸡　王树祥编著；阮诚绘图
南昌　江西人民出版社 1978 年 有彩图
15cm（40 开）统一书号：8110.264
定价：CNY0.20
　　中国现代连环画作品。

J0068434
鸡场小猎手　李亮编文；王长春绘画
石家庄　河北人民出版社 1978 年 22 页
有图 10×13cm 统一书号：8086.967
定价：CNY0.11
　　中国现代连环画作品。

J0068435

鸡场小猎手　李亮编文；王长春绘画
石家庄 河北人民出版社 1978年 22页
13cm（60开）定价：CNY0.08
　　中国现代连环画作品。

J0068436

鸡鸣山下　胡正言，阎世宏原著；戴晓权改
编；朱黎黎绘画
南京 江苏人民出版社 1978年 118页 有图
10×13cm　统一书号：8100.3.164 定价：CNY0.14
　　中国现代连环画作品。作者胡正言，明末书
画篆刻家、出版家。字曰从，号十竹，原籍安徽
休宁。代表作品《印存玄览》《十竹斋笺谱》《六
书正伪》《印存初集》等。

J0068437

吉林儿童　（1978年第十一期）吉林人民出版
社编辑
长春 吉林人民出版社 1978年 有彩图
13×18cm 定价：CNY0.10
　　中国现代连环画作品。

J0068438

歼灭　（朝）李甲基原著；季一德编；殷恩光绘
上海 上海人民美术出版社 1978年 110页 有图
10×13cm　统一书号：8081.11325 定价：CNY0.13
　　中国现代连环画作品。

J0068439

剑　杨佩瑾原著；郭德存等绘画
哈尔滨 黑龙江人民出版社 1978年 110页
13cm（60开）定价：CNY0.14
　　绥棱县《剑》连环画三结合小组改编。

J0068440

江防图　张忠卿改编；郑新雨绘画
沈阳 辽宁人民出版社 1978年 78页 13cm（60开）
定价：CNY0.10
　　中国现代连环画作品。

J0068441

江姐　丁山改编；杨一明等绘画
北京 北京出版社 1978年 118页 有图
10×13cm　统一书号：8071.301 定价：CNY0.15

中国现代连环画作品。

J0068442

江姐　褚明灿改编；陈永远画
南昌 江西人民出版社 1978年 138页 13cm（60开）
定价：CNY0.17
　　中国现代连环画作品。

J0068443

江姐　（上集）罗广斌，杨益言原著；四川人民
出版社改编；杜显清画
成都 四川人民出版社 1978年 2版 96页
13cm（60开）定价：CNY0.13
（《红岩》连环画集）
　　中国现代连环画作品。作者罗广斌（1924—
1967），作家。四川成都人。就读于西南联大附
中。历任共青团重庆市委常委、统战部部长，重
庆市青联副主席，全国青联委员等职。著有《红
岩》（与杨益言合著）、《在烈火中永生》（合著）、
《血海深仇》等。作者杨益言（1925—2017），作家。
四川广安人。就读于同济大学。曾任中国作家
协会四川分会副主席。著名小说《红岩》的作者
之一。

J0068444

将计就计　曲波原著；罗兴，王亦秋绘画；潘
勤孟改编
上海 上海人民美术出版社 1978年 2版
110页 10cm（64开）定价：CNY0.14
（林海雪原 5）
　　中国现代连环画作品。

J0068445

犟哥出嫁　杨一华改编；戴培仁绘画
合肥 安徽人民出版社 1978年 68页 13cm（60开）
定价：CNY0.09
　　根据芦干同名故事改编的中国现代连环画
作品。

J0068446

犟哥出嫁　应为众绘画
杭州 浙江人民出版社 1978年 62页 13cm（60开）
定价：CNY0.08
　　根据同名小说改编的中国现代连环画作品。

J0068447
犟姑娘　李皓改编；刘廷相绘画
沈阳 辽宁人民出版社 1978年 66页 有图
10×13cm 统一书号：8090.1178 定价：CNY0.09
　　中国现代连环画作品。作者刘廷相，连环
画家。出生于辽宁沈阳。创作作品有《万紫千红
总是春》《旗委书记》《谁光荣》《红孩子连金法》
《杨三姐告状》等。

J0068448
犟妹子　湖南人民出版社改编；蒋太禄绘画
长沙 湖南人民出版社 1978年 62页 13cm（60开）
定价：CNY0.08
　　中国现代连环画作品。

J0068449
交锋　荆州地区汽车运输管理处创作组编文；
祁其绘画
武汉 湖北人民出版社 1978年 94页 有图
10×13cm 统一书号：8106.1889 定价：CNY0.12
　　中国现代连环画作品。

J0068450
脚步　胡霜改编；张卫民绘画
杭州 浙江人民出版社 1978年 62页 有图
9×13cm 统一书号：8103.428 定价：CNY0.09
　　中国现代连环画作品。

J0068451
今天我休息　（电影连环画）杨兆三，梅珞选编
北京 人民美术出版社 1978年 138页 13cm（60开）
定价：CNY0.22
　　中国现代连环画作品。

J0068452
今天我休息　（电影连环画）罗杰锋改编
上海 上海人民美术出版社 1978年 166页
13cm（60开）定价：CNY0.29
　　中国现代连环画作品。

J0068453
金唇树　李遵义改编；刘宝仲绘画
长春 吉林人民出版社 1978年 65页 有图
10×13cm 统一书号：8091.918 定价：CNY0.09
　　中国现代连环画作品。

J0068454
金珠　邹向前改编；潘胜奎绘
沈阳 辽宁人民出版社 1978年 114页 有图
10×13cm 统一书号：8090.1176 定价：CNY0.14
　　中国现代连环画作品。

J0068455
紧要时刻　朱德星改编；刘支喜绘画
成都 四川人民出版社 1978年 42页 13cm（60开）
统一书号：8118.369 定价：CNY0.07
　　根据同名小说改编的中国现代连环画作品。

J0068456
警惕的眼睛　刘心武原著；毛亮英改编；天津
艺术学院连环画班绘画
天津 天津人民美术出版社 1978年 110页
13cm（60开）定价：CNY0.13
　　中国现代连环画作品。

J0068457
九龙春秀　侯钰鑫编文；欧阳兴易绘画
郑州 河南人民出版社 1978年 78页 13cm（60开）
定价：CNY0.13
　　中国现代连环画作品。

J0068458
孔雀河的故事　殷陆军编文；冯国伟绘画
乌鲁木齐 新疆人民出版社 1978年 63页
13cm（60开）定价：CNY0.09
　　中国现代连环画作品。

J0068459
枯木逢春　雁来红改编；谢京秋绘画
沈阳 辽宁人民出版社 1978年 174页 13cm（60开）
定价：CNY0.25
　　根据同名电影改编的中国现代连环画作品。

J0068460
枯木逢春　王炼原著；田衣改编；盛亮贤绘画
上海 上海人民美术出版社 1978年 150页 有图
10×13cm 统一书号：8081.5224 定价：CNY0.17
　　中国现代连环画作品。绘画盛亮贤（1919—
2008），画家。上海青浦人。曾从事电影动画及
中学美术教学工作，历任上海新美术出版社、上
海人民美术出版社连环画创作室科长等职。连

环画作品有《三字经 》《枯木逢春》《木匠迎亲》《寻人》《三国演义》等。

J0068461
苦菜花 （电影连环画）缪德彰改编
上海 上海人民美术出版社 1978年 190页
13cm（60开）定价：CNY0.27
　　根据同名电影改编的中国现代连环画作品。

J0068462
矿山小英雄 张金锁编文；王茂彬等绘
太原 山西人民出版社 1978年 59页 13cm（60开）
定价：CNY0.09
　　中国现代连环画作品。

J0068463
昆阳之战 徐章瑞编文；潘仁勇绘画
武汉 湖北人民出版社 1978年 90页 13cm（60开）
定价：CNY0.12
　　中国现代连环画作品。

J0068464
腊子口上红六连 胡炳云原著；朱新昌编绘
南京 江苏人民出版社 1978年 46页 13cm（60开）
定价：CNY0.07
　　中国现代连环画作品。

J0068465
来历不明的"广人" 叶永烈原著；曾佑瑄编绘
天津 天津人民美术出版社 1978年 62页 有图
10×13cm 统一书号：8073.30291 定价：CNY0.09
　　中国现代连环画作品。作者叶永烈（1940— ），作家、教授。浙江温州人。毕业于北京大学化学系。曾任中国科学协会委员、中国科普创作协会常务理事、世界科幻小说协会理事。代表作品有《小灵通漫游未来》《"四人帮"兴亡》《邓小平改变中国》《历史选择了毛泽东》等。

J0068466
老青松 尹世霖原著；钟高渊改编
北京 人民美术出版社 1978年 35页 有图
13×19cm 统一书号：8027.6929 定价：CNY0.23
　　中国现代连环画作品。

J0068467
雷锋
杭州 浙江人民出版社 1978年 修订本 60页
13cm（60开）统一书号：8103.279
定价：CNY0.09
　　根据沈阳部队政治部绘制的幻灯片《毛主席的好战士—雷锋》改编的中国现代连环画作品。

J0068468
雷锋传 谢树森改编；高济民绘画
郑州 河南人民出版社 1978年 122页 有图
10×13cm 统一书号：8105.776 定价：CNY0.15
　　根据《解放军报》同名传记改编的中国现代连环画作品。

J0068469
漓江渔火 江山原著；李侃改编；赵光辉绘画
南宁 广西人民出版社 1978年 62页 13cm（60开）
定价：CNY0.09
　　中国现代连环画作品。

J0068470
黎明的河边 峻青原著；顾炳鑫编绘
上海 上海人民美术出版社 1978年 2版 94页
13cm（60开）定价：CNY0.11
　　中国现代连环画作品。

J0068471
李时珍 邵劲之编文；谢申绘画
武汉 湖北人民出版社 1978年 22×2页
18cm（小32开）统一书号：8106.1921
定价：CNY0.28
（爱科学画丛）
　　中国现代连环画作品。

J0068472
李时珍 陈策贤改编；李世南绘画
西安 陕西人民出版社 1978年 118页 15cm（40开）
定价：CNY0.28
　　根据张慧剑同名小说改编的中国现代连环画作品。

J0068473
李时珍 张慧剑原著；陈沫，刘杰改编；宗静草绘画

天津 天津人民美术出版社 1978 年 74 页
15cm（40 开）定价：CNY0.14
（古代科学家丛书）

　　中国现代连环画作品。作者刘杰（1940—　　），
祖籍山东，师承著名画家韩美林。毕业于解放军
艺术学院，中国美术家协会会员。作品有《金色
飘带》《海峡系列油画》《向世界屋脊进军》等

J0068474

李铁龙　傅宁原著；刘维仁改编；邵劭等绘画
北京 人民美术出版社 1978 年 46 页 有图
10×13cm 统一书号：8027.6909 定价：CNY0.08

　　中国现代连环画作品。作者刘维仁
（1962—　　），甘肃陇西人。陇西县作家协会秘书
长、陇西县灯谜学会理事长，西北地区优秀灯谜
艺术家。

J0068475

李岩起义　姚雪垠原著；张炳隅编；罗希贤绘
上海 上海人民美术出版社 1978 年 174 页 有图
10×13cm 统一书号：8081.11950 定价：CNY0.21
（《李自成》连环画 十四）

　　根据长篇小说《李自成》改编绘制的中国现
代连环画作品。作者姚雪垠（1910—1999），作
家、小说家。出生于河南邓县。毕业于河南大
学。曾任中国作家协会名誉副主席、湖北省文学
艺术界联合会主席、湖北省作家协会主席。代
表作品有《李自成》《戎马恋》等。绘画罗希贤
（1946—　　），连环画家。广东东莞人。上海美术
出版社美术创作员。上海著名民俗画、连环画家，
共绘制了 150 多部连环画。作品有《火种》《蔡
锷》等。

J0068476

李自成　（1）卞福顺改编；辛宽良绘画
沈阳 辽宁美术出版社 1978 年 154 页 13cm（60 开）
定价：CNY0.24

　　中国现代连环画作品。作者卞福顺，曾任辽
宁民族出版社美术教育编辑室主任。作者辛宽
良（1941—　　），画家。山东海阳人。毕业于鲁迅
美术学院版画系。擅长连环画、年画。曾任辽宁
美术出版社美术编辑。代表作品有《真假美猴王》
《夜幕下的哈尔滨》《李自成》《西游记》等。

J0068477

李自成　（2）卞福顺改编；辛宽良绘画
沈阳 辽宁美术出版社 1979 年 176 页 13cm（60 开）
定价：CNY0.24

　　中国现代连环画作品。

J0068478

李自成　（3）卞福顺改编；冯远等编绘
沈阳 辽宁美术出版社 1979 年 138 页 13cm（60 开）
定价：CNY0.21

　　中国现代连环画作品。作者冯远（1952—　　），
教授、画家。生于上海，祖籍江苏无锡。作品有
《望夫妹》《母子图》《新疆风情写生》《今生来
世》。出版有《二十一世纪中国艺术家·冯远》《笔
墨尘缘》。

J0068479

连环画参考资料　（第一辑）
北京 人民美术出版社 1978 年 15 页 26cm（16 开）
定价：CNY0.16

　　中国现代连环画作品。

J0068480

连心桥上　杨文坤改编；陈亚非绘画
合肥 安徽人民出版社 1978 年 60 页 13cm（60 开）
定价：CNY0.09

　　根据《众志成城》同名故事改编的中国现代
连环画作品。

J0068481

连心水　张顺国改编；李连仲等绘
沈阳 辽宁人民出版社 1978 年 74 页 有图
9×13cm 统一书号：8090.1167 定价：CNY0.10
　　中国现代连环画作品。

J0068482

连心锁　（上）克杨等原著；安塞编；陈军绘
太原 山西人民出版社 1978 年 114 页 有图
10×13cm 统一书号：8088.1254 定价：CNY0.15
　　中国现代连环画作品。

J0068483

连心锁　（下）克杨等原著；安塞编；陈军绘
太原 山西人民出版社 1979 年 110 页 有图
10×13cm 统一书号：10088.626 定价：CNY0.14

中国现代连环画作品。

J0068484
莲花洞的秘密　殷文凯编文；林钧相绘画
沈阳　辽宁人民出版社　1978年　78页　有图
10×13cm　统一书号：8090.1183　定价：CNY0.10
　　中国现代连环画作品。

J0068485
凉山月琴　张春文诗；王耀南，胡声平画
杭州　浙江人民出版社　1978年　58页　13cm（60开）
定价：CNY0.08
　　中国现代连环画作品。

J0068486
两块"罗马牌"手表　马正泉改编；雷德祖
绘画
杭州　浙江人民出版社　1978年　62页　13cm（60开）
定价：CNY0.08
　　中国现代连环画作品。

J0068487
两张地图　竺少华改编；邵劭绘画
上海　上海人民美术出版社　1978年　62页　有图
10×13cm　统一书号：8081.11167　定价：CNY0.08
　　中国现代连环画作品。

J0068488
两张图纸　赵凤凯，刘星亮执笔；竺少华改
编；邵劭绘画
上海　上海人民美术出版社　1978年　62页
13cm（60开）定价：CNY0.08
　　中国现代连环画作品。

J0068489
两张纸条儿　开华，霆昭原著；丁峥改编；史
华绘
上海　上海人民美术出版社　1978年　54页　有图
10×13cm　统一书号：8081.11312　定价：CNY0.07
　　中国现代连环画作品。

J0068490
烈火中永生　（电影连环画）黎锡选编
北京　人民美术出版社　1978年 188页 13cm（60开）
定价：CNY0.29

根据北京电影制片厂同名电影改编的中国
现代连环画作品。

J0068491
猎人的眼睛　佟文焕，张全国改编；李林祥绘画
沈阳　辽宁人民出版社　1978年　58页　13cm（60开）
定价：CNY0.08
　　根据《老猎手新传》改编的中国现代连环画
作品。

J0068492
林则徐　郑君里原著；杨犀改编；王企玫绘图
天津　天津人民美术出版社　1978年　122页
13cm（60开）定价：CNY0.15
　　中国现代连环画作品。

J0068493
林则徐禁烟　朱羽改编；陈光镒绘图
福州　福建人民出版社　1978年　171页 13cm（60开）
定价：CNY0.21
　　根据电影《林则徐》改编的中国现代连环画
作品。作者朱羽，连环画艺术家。作品有《近代
中国演义（下）》《中国传统连环画精选》《林则徐
戒烟》《大闹铁佛寺》《现代故事画库·坪寨风雷》
等。绘图陈光镒（1916—1991），画家。江苏南京
人。中国美协上海分会会员。代表作有《大闹天
宫》《三国演义》《董卓进京》等。

J0068494
刘华　许豪炯编文；罗希贤等绘画
上海　上海人民美术出版社　1978年　158页
13cm（60开）定价：CNY0.17
　　中国现代连环画作品。

J0068495
柳茂青参军　新果改编；杨宝恒绘画
沈阳　辽宁人民出版社　1978年　117页　有图
10×13cm　统一书号：8090.1135　定价：CNY0.14
　　中国现代连环画作品。

J0068496
龙门暴动　胡启钺原著；季一德编；陈云华绘
上海　上海人民美术出版社　1978年　110页　有图
10×13cm　统一书号：8081.11334　定价：CNY0.13
　　中国现代连环画作品。

J0068497

芦荡枪声　啸海改编；汪国新绘画
武汉　湖北人民出版社　1978年　78页　13cm（60开）
定价：CNY0.10
（湖北民兵革命斗争故事连环画）
　　根据革命故事《汈叉湖上的枪声》改编的中国现代连环画作品。

J0068498

鲁迅传　（二）张磊编文；广州鲁迅纪念馆等单位《鲁迅传》编创组编绘；潘晋拔等绘画
广州　广东人民出版社　1978年　126页　13cm（60开）
定价：CNY0.22
　　中国现代连环画作品。作者潘晋拔（1939—　），美术编审。广东兴宁市永和镇人，耶于广州美术学院中国画系。曾任职于广州美院中国画系、广东画院、广东省博物馆、广东省作家协会《作品》编辑部美术编审。出版有《中国电脑画》画集。

J0068499

鲁迅和平民学校　（低）石瑶编；沈绍伦绘画
上海　少年儿童出版社　1978年　有彩图
17×19cm　统一书号：R10024.3535　定价：CNY0.20
　　中国现代连环画作品。作者沈绍伦（1935—　），画家。上海嘉定人。中国美术家协会会员、美协上海分会理事、上海水彩画研究会会长、上海画片出版社编辑、上海人民美术出版社宣传画编辑。代表作品有《荷塘翠鸟》等；出版有《沈绍伦水彩画选集》等。

J0068500

鲁迅在南京　张震麟原著；舒瑛改编；庄弘醒绘
南京　江苏人民出版社　1978年　54页　10×13cm
定价：CNY0.10
（鲁迅的故事）
　　中国现代连环画作品。

J0068501

路矿支队　王恒展编文；吕景富绘画
天津　天津人民美术出版社　1978年　109页
13cm（60开）定价：CNY0.14
　　中国现代连环画作品。

J0068502

骆驼蹄印　梅文改编；史殿生，张树奇绘画
哈尔滨　黑龙江人民出版社　1978年　54页
13cm（60开）定价：CNY0.08
　　中国现代连环画作品。作者史殿生（1950—　），出生于吉林省通榆县。就读于中央美术学院。中国美术家协会会员、国家一级美术师、北京师范大学中国画创作高级研究生班导师、北京红旗书画院副院长、益昌画院顾问。作品有《盛装》《岁月》《高士图》等。

J0068503

珞巴姑娘——雅嘉　娄彦博改编；杨长胜，王小林绘画
合肥　安徽人民出版社　1978年　46页　13cm（60开）
定价：CNY0.07
　　根据叶晞、廖东凡同名小说改编的中国现代连环画作品。

J0068504

麦假的一天　翁承豪编画
上海　少年儿童出版社　1978年　有彩图
15cm（40开）统一书号：R10024.3505
定价：CNY0.11
　　中国现代连环画作品。

J0068505

毛主席视察南泥湾　金家森改编；何绍教，吴自强绘画
杭州　浙江人民出版社　1978年　13页　15cm（40开）
定价：CNY0.08
　　根据董廷恒同名回忆录改编的中国现代连环画作品。作者吴自强（1943—　），画家。祖籍浙江杭州，又名吴声。生于江苏苏州。毕业于浙江美术学院工艺美术系。历任杭州画院专业画家、中国美术家协会会员、浙江人民出版社美术编辑。主要作品有《傲雪》《春酣》《西湖诗词画意百图》《古诗画诗》《长恨歌二十图》等。

J0068506

毛主席在陕北的故事　（1）枫坤等改编；孙振庭等绘画
西安　陕西人民出版社　1978年　有图
15cm（40开）统一书号：8094.586
定价：CNY0.19

中国现代连环画作品。

J0068507

毛主席在陕北的故事 （2）赵岗等改编；王西京等绘画

西安 陕西人民出版社 1978年 80页 15cm（40开）
定价：CNY0.19

中国现代连环画作品。

J0068508

毛主席在陕北的故事 （3）枫坤等改编；高民生，尚德周等绘画

西安 陕西人民出版社 1978年 80页 15cm（40开）
定价：CNY0.19

中国现代连环画作品。

J0068509

毛主席在陕北的故事 （4）李巧玲等改编；王国征等绘画

西安 陕西人民出版社 1978年 80页 15cm（40开）
定价：CNY0.19

中国现代连环画作品。

J0068510

煤海铁人　郑世俊编文；邓辉楚等绘画

长沙 湖南人民出版社 1978年 86页 有图
10×13cm 统一书号：8109.1137 定价：CNY0.11

中国现代连环画作品。作者邓辉楚（1944—　），画家。湖南新邵人，毕业于湖南师范大学。历任湖南书画研究院特聘画师、湖南少年儿童出版社副编审、湖南湘风书画艺术院院长、北京恒辉书画艺术院院长、中国美术家协会会员。代表作品《山顶人家》《张家界》《雾漫苗山》等。出版《邓辉楚山水画集》等。

J0068511

梦二先生　任梅改编；孙慕龄等绘

北京 人民美术出版社 1978年 38页 有彩图
15cm（40开）统一书号：8027.6969
定价：CNY0.21

中国现代连环画作品。

J0068512

民兵锄奸队　石平原著；周红旗改编；范凤岭绘画

合肥 安徽人民出版社 1978年 86页 有图
10×13cm 统一书号：8102.994 定价：CNY0.11

中国现代连环画作品。

J0068513

木匠退亲　乔谷凡原著；丁峥改编；庄根生绘画

上海 上海人民美术出版社 1978年 86页
13cm（60开）定价：CNY0.10

中国现代连环画作品。

J0068514

木匠迎亲　吴其柔改编；盛亮贤，沈悌如绘画

上海 上海人民美术出版社 1978年 2版 94页
13cm（60开）定价：CNY0.11

中国现代连环画作品。

J0068515

那拉氏　杨新编；敦帮等绘

北京 人民美术出版社 1978年 106页 13cm（60开）
定价：CNY0.30

中国现代连环画作品。杨新（1940—2020），书法家。湖南湘阴人，毕业于中央美术学院。历任故宫博物院副院长、研究员，中国书法家协会会员、北京市博物馆学会副理事长。出版有《杨新美术论文集》《扬州八怪》《中国传统线描人物画》《中国绘画三千年》等。

J0068516

南原激战　姚雪垠原著；杨兆林改编；崔君沛绘

上海 上海人民美术出版社 1978年 182页
10cm（64开）定价：CNY0.21
（《李自成》连环画 之二）

根据长篇小说《李自成》改编绘制的中国现代连环画作品。绘画崔君沛（1950—2008），画家。广东番禺人。曾任上海人民美术出版社专职画家、中国美术家协会上海分会会员、上海老城厢书画会副会长、中国艺术研究院特邀书画师等。出版有《三国人物绣像》《崔君沛画集》《红楼人物册》《李自成·清兵入塞》《南原激战》等。

J0068517

牛虻 （电影连环画）陈耀华改编

天津 天津人民美术出版社 1978年 178页
13cm（60开）定价：CNY0.28

根据同名电影改编的中国现代连环画作品。

J0068518

农军初战　宁斌原著;周详改编;郝学军绘画
广州 广东人民出版社 1978年 69页 13cm(60开)
定价:CNY0.09
(广东民兵革命斗争故事连环画)
　　中国现代连环画作品。

J0068519

农奴的新生　周桂林文;周继雄绘画
成都 四川民族出版社 1978年 50页 有图
10cm(64开)统一书号:M8140.9
定价:CNY0.08
　　中国现代连环画作品。

J0068520

农奴戟　(1)克扬原著;钟令,定兴改编;赵
兵凯等绘画
天津 天津人民美术出版社 1978年 140页
13cm(60开)统一书号:8073.30293
定价:CNY0.16
　　中国现代连环画作品。作者赵兵凯
(1927—　　),河北深县人,就读于北京京华美术
学院。就职于天津美术工作室,曾任《天津画报》
编辑组长,天津人民美术出版社美术编辑。

J0068521

农奴戟　(2)克扬原著;钟龄,定兴改编;赵
兵凯等绘画
天津 天津人民美术出版社 1978年 143页
13cm(60开)统一书号:8073.30313
定价:CNY0.17
　　中国现代连环画作品。

J0068522

农奴戟　(3)克扬原著;钟龄,定兴改编;赵
兵凯等绘画
天津 天津人民美术出版社 1979年 140页
13cm(60开)统一书号:8073.30357
定价:CNY0.17
　　中国现代连环画作品。

J0068523

女赤卫队员　王树华编文;罗干才画

南昌 江西人民出版社 1978年 104页 13cm(60开)
定价:CNY0.13
(江西革命斗争故事)
　　中国现代连环画作品。

J0068524

女交通员　(电影连环画)达加选编
北京 人民美术出版社 1978年 138页 13cm(60开)
定价:CNY0.22
　　根据长春电影制片厂摄制同名电影改编的
中国现代连环画作品。

J0068525

排头兵　甄葵改编;朱志勇绘画
兰州 甘肃人民出版社 1978年 30页 13cm(60开)
定价:CNY0.05
　　根据段义常、张勤同名山东快书改编的中国
现代连环画作品。

J0068526

磐石花　涓涓原著;周居宁改编;雷似祖等绘画
南宁 广西人民出版社 1978年 59页 13cm(60开)
定价:CNY0.09
　　中国现代连环画作品。

J0068527

盼望　梁学政原著;舒瑛改编;卢浩绘
南京 江苏人民出版社 1978年 32页 有图
10×13cm 统一书号:8100.3.168 定价:CNY0.09
　　中国现代连环画作品。

J0068528

七把叉　(巴西)奥里热内斯·莱萨原著;洪声
改编;董小明绘画
杭州 浙江人民出版社 1978年 91页 13cm(60开)
定价:CNY0.12
　　中国现代连环画作品,包括《项链》《七把
叉》两个故事。作者董小明(1948—　　),画家,
艺术策划人。黑龙江人,毕业于中国美术学院。
历任中国美术家协会理事、儿童美术艺委会委
员、深圳画院院长。代表作品有《船老大》《舞女》
《半亩方塘》《春雨香江》等。

J0068529

奇袭奶头山　曲波原著;罗兴,王亦秋绘画;

王星北改编

上海 上海人民美术出版社 1978 年 2 版 164 页
10×13cm 定价: CNY0.19

（林海雪原 1）

中国现代连环画作品。

J0068530

奇异的化石蛋　叶永烈原著；顾柯海改编；曾
佑瑄绘图

天津 天津人民美术出版社 1978 年 70 页
13cm（60 开）定价: CNY0.10

中国现代连环画作品。作者叶永烈
（1940—　　），作家、教授。浙江温州人。毕业于
北京大学化学系。曾任中国科学协会委员、中
国科普创作协会常务理事、世界科幻小说协会
理事。代表作品有《小灵通漫游未来》《"四人
帮"兴亡》《邓小平改变中国》《历史选择了毛泽
东》等。

J0068531

旗手的儿子　马勇编文；董金等绘

郑州 河南人民出版社 1978 年 84 页 13cm（60 开）
定价: CNY0.11

中国现代连环画作品。

J0068532

千里封江　苍海原著；李保靖改编；梁启德绘画

南宁 广西人民出版社 1978 年 110 页 13cm（60 开）
定价: CNY0.13

中国现代连环画作品。

J0068533

千重浪　（上集）毕方，钟涛原著；李毓琦，许
祖良改编；李苇成，刘二刚绘

南京 江苏人民出版社 1978 年 166 页 13cm（60 开）
定价: CNY0.19

中国现代连环画作品。作者刘二刚
（1947—　　），国家一级美术师。字梦铁，又字柔
克，江苏镇江人。曾供职于镇江国画院、南京书
画院。代表作品有《二刚国画小品集》《刘二刚
书画选集》《庙亭山随笔》等。

J0068534

千重浪　（下集）毕方，钟涛原著；李毓琦，许
祖良改编；李苇成，刘二刚绘

南京 江苏人民出版社 1978 年 134 页 13cm（60 开）
定价: CNY0.16

中国现代连环画作品。

J0068535

枪　李彦清原著；王晓林等改编；田黎明绘画

乌鲁木齐 新疆人民出版社 1978 年 34 页
13cm（60 开）定价: CNY0.09

中国现代连环画作品，包括《枪》《智擒塌
鼻狼》两个故事。作者田黎明（1955—　　），画
家。生于北京，祖籍安徽合肥。中国艺术研究院
博士生导师，中国艺术研究院副院长、研究生院
院长，中央美术学院学术委员，中国画艺委会委
员，北京市美协理事。代表作品有《自然的阳光》
《正午的阳光》等。

J0068536

枪击杨八癞　滕越编文；陈和莲绘画

成都 四川人民出版社 1978 年 66 页 有图
10×13cm 统一书号: 8118.502 定价: CNY0.10

中国现代连环画作品。

J0068537

强渡大渡河　杨得志原著；陈泽枢改编；苏家
杰绘

广州 广东人民出版社 1978 年 42 页 13cm（60 开）
定价: CNY0.06

（红军长征故事连环画）

中国现代连环画作品。

J0068538

巧渡金沙江　方震，郭文华改编；吴同椿绘画

南京 江苏人民出版社 1978 年 54 页 13cm（60 开）
定价: CNY0.08

根据肖应棠同志回忆录改编的中国现代连
环画作品。

J0068539

巧渡西陵峡　胡运枝改编；汪国新绘

武汉 湖北人民出版社 1978 年 62 页 有图
10×13cm 统一书号: 8106.1924 定价: CNY0.09

中国现代连环画作品。

J0068540

巧截军车　王恒展编文；蒲慧华绘画

济南 山东人民出版社 1978 年 54 页 13cm（60 开）
定价：CNY0.08

  中国现代连环画作品。

J0068541

巧砸葫芦瓢 任红举原著；党金维改编；王森
绘画

呼和浩特 内蒙古人民出版社 1978 年 78 页
有图 10×13cm 统一书号：8089.62
定价：CNY0.11

  中国现代连环画作品。

J0068542

擒虎记 赵博理编文；贺玉龙等绘

郑州 河南人民出版社 1978 年 70 页 有图
10×13cm 统一书号：8105.781 定价：CNY0.09

  中国现代连环画作品。

J0068543

青城风云 张志烈，邓运佳编文；张文忠绘画

成都 四川人民出版社 1978 年 90 页 13cm（60 开）
定价：CNY0.13

  中国现代连环画作品。

J0068544

清兵入塞 姚雪垠原著；杨兆林改编；施大畏
等绘画

上海 上海人民美术出版社 1978 年 158 页
13cm（60 开）定价：CNY0.18

（《李自成》连环画 一）

  根据长篇小说《李自成》改编绘制的中国现
代连环画作品。绘画施大畏（1950— ），画家，
浙江吴兴人，毕业于上海大学美术学院国画系。
国家一级美术师，曾任上海国画院执行院长、中
国美术家协会副主席、中国美协国画艺委会委
员、上海美协国画艺委会主任、上海大学美术学
院兼职教授等职。代表作《暴风骤雨》《国殇》《皖
南事变》《归途——西路军妇女团纪实》。

J0068545

擎天礁擒谍 周肖原著；陈铁英改编；雷德祖
绘画

天津 天津人民美术出版社 1978 年 118 页
13cm（60 开）定价：CNY0.15

  中国现代连环画作品。

J0068546

人民的好总理 徐进，苏鄂生等原著；李大发
改编；方昉，徐学初等绘画

上海 上海人民美术出版社 1978 年 120 页
13cm（60 开）定价：CNY0.14

  中国现代连环画作品。

J0068547

人民防空知识 江苏省人民防空领导小组办
公室编绘

南京 江苏人民出版社 1978 年 123 页 有图
10×13cm 统一书号：8100.3.185 定价：CNY0.15

  中国现代连环画作品。

J0068548

日出之前 高树田原著；高山编绘

北京 人民美术出版社 1978 年 2 版 58 页
13cm（48 开）统一书号：8027.4394（20）
定价：CNY0.70

  中国现代连环画作品。

J0068549

日出之前 高树田原著；高山编绘

北京 人民美术出版社 1978 年 2 版 60 页
13cm（48 开）统一书号：8027.4394
定价：CNY0.14

  中国现代连环画作品。

J0068550

入关之前 鲁兆荣原著；刘维仁改编；宋德昌
绘画

沈阳 辽宁人民出版社 1978 年 44 页 13cm（60 开）
定价：CNY0.07

  中国现代连环画作品。作者刘维仁
（1962— ），甘肃陇西人。陇西县作家协会秘书
长、陇西县灯谜学会理事长，西北地区优秀灯谜
艺术家。

J0068551

三个姓华的孤儿

杭州 浙江人民出版社 1978 年 57 页 10×13cm
定价：CNY0.09

  中国现代连环画作品，包括《华政委和交通
班》《三个姓华的孤儿》《没有文化不得知》3 个
故事。

J0068552

三路进兵　曲波原著；罗兴，王亦秋绘画；王星北改编

上海　上海人民美术出版社　1978年　2版

102页　10cm（64开）定价：CNY0.13

（林海雪原 2）

中国现代连环画作品。

J0068553

三只小蜜蜂　林植峰，陈力编文；粟可可，梁盈禧绘画

南宁　广西人民出版社　1978年　13cm（60开）

定价：CNY0.08

中国现代连环画作品。作者粟可可（1951— ），女，教授。广西临桂人，毕业于广西艺术学院美术系。历任广西艺术学院教授，中国国画家协会理事，广西美术家协会会员。

J0068554

沙坪联络站　罗文斌，杨益言原著；四川人民出版社改编；胡月画

成都　四川人民出版社　1978年　2版　104页

13cm（60开）定价：CNY0.14

（《红岩》连环画集）

中国现代连环画作品。

J0068555

沙田红缨　郭英忠等编文；钟增亚绘画

长沙　湖南人民出版社　1978年　78页　13cm（60开）

定价：CNY0.10

中国现代连环画作品。作者钟增亚（1940—2002），画家。又名钟亚，湖南衡阳人，广州美术学院中国画系毕业。任职于衡阳市文化馆，历任中国书法家协会理事，中国美术家协会理事，湖南省书协主席，湖南书画研究院院长。国画《楚人》《三峡史诗》。出版有《钟增亚中国画选集》《钟增亚速写集》。

J0068556

山村枪声　向前改编；邹怀伦等绘画

哈尔滨　黑龙江人民出版社　1978年　94页

13cm（60开）定价：CNY0.12

中国现代连环画作品。

J0068557

山村医疗站　严蒙原著；王志伟编绘

福州　福建人民出版社　1978年　1张　53cm（4开）

定价：CNY0.09

中国现代连环画作品。

J0068558

山区游击队　张少和编文；于沙绘画

沈阳　辽宁人民出版社　1978年　94页　13cm（60开）

定价：CNY0.12

中国现代连环画作品。

J0068559

山乡巨变　（上集　第一册）周立波原著；董子畏改编；贺友直绘画

上海　上海人民美术出版社　1978年　2版

136页　10×13cm　统一书号：8081.5075

定价：CNY0.16

中国现代连环画作品。

J0068560

山乡巨变　（上集　第二册）周立波原著；董子畏改编；贺友直绘画

上海　上海人民美术出版社　1978年　2版

134页　10×13cm　统一书号：8081.5118

定价：CNY0.15

中国现代连环画作品。绘画贺友直（1922—2016），连环画家。出生于上海，祖籍浙江宁波。曾任上海人民美术出版社编审，连环画艺术委员会主任，上海市美术家协会第四届副主席，中国连环画研究会第二届副会长等职。代表作品《朝阳沟》《山乡巨变》等。

J0068561

山乡巨变　（上集　第三册）周立波原著；董子畏改编；贺友直绘画

上海　上海人民美术出版社　1978年　2版

126页　10×13cm　统一书号：8081.5207

定价：CNY0.14

中国现代连环画作品。

J0068562

伤痕　卢新华原著；杨本生，吴丕能改编；张淮等绘画

南京　江苏人民出版社　1978年　94页　13cm（60开）

定价: CNY0.12
　　中国现代连环画作品。

J0068563
伤痕　卢新华原著; 杨本生等改编, 张淮等绘画
南京　江苏人民出版社　1978年　94页　有图
10×13cm　统一书号: 8100.3.186　定价: CNY0.12
　　中国现代连环画作品。

J0068564
少年英雄林森火　董孔甫原著; 许祖良改编;
朱学清等绘画
南京　江苏人民出版社　1978年　54页　13cm(60开)
定价: CNY0.08
　　中国现代连环画作品。

J0068565
深入虎穴　曲波原著; 罗兴, 王亦秋绘画; 王
星北改编
上海　上海人民美术出版社　1978年　2版　94页
10cm(64开)　定价: CNY0.12
(林海雪原 3)
　　中国现代连环画作品。

J0068566
深山除虎　林阳原著; 李建光改编; 李先志绘画
南宁　广西人民出版社　1978年　70页　13cm(60开)
定价: CNY0.09
　　中国现代连环画作品。

J0068567
神铳手　湖口县文化站编文; 胡永生绘图
南昌　江西人民出版社　1978年　94页　13cm(60开)
定价: CNY0.12
(江西革命斗争故事)
　　中国现代连环画作品。

J0068568
神奇的钥匙　刘猛文; 李江鸿等绘画
太原　山西人民出版社　1978年　43页　有图
13cm(60开)　统一书号: 8088.1255
定价: CNY0.25
　　中国现代连环画作品。

J0068569
十五贯　匡荣改编; 王弘力绘
北京　人民美术出版社　1978年　54页　13cm(60开)
定价: CNY0.12
　　中国现代连环画作品。

J0068570
十月的风云　(电影连环画)滕文治编文
天津　天津人民美术出版社　1978年　178页
13cm(60开)　定价: CNY0.28
　　中国现代连环画作品。

J0068571
食粮　王愿坚原著; 屈解改编; 杜滋龄绘画
呼和浩特　内蒙古人民出版社　1978年　62页
有图　10×13cm　统一书号: 8089.66
定价: CNY0.11
　　中国现代连环画作品。作者杜滋龄
(1941—　　), 教授。生于天津, 毕业于中国美术
学院中国画系研究生班。历任中国画学会副会
长、中国艺术研究院博士生导师、南开大学教
授、天津美术家协会副主席。代表作品《帕米尔
初雪》《古老的歌》《大漠行》等。

J0068572
书记搬家　王正改编; 许清绘画
合肥　安徽人民出版社　1978年　46页　13cm(60开)
定价: CNY0.07
　　根据同名庐剧改编的中国现代连环画作品。

J0068573
淑英开票　王汝法绘画; 江阴县文化馆供稿
南京　江苏人民出版社　1978年　54页　有图
10×13cm　统一书号: 8100.3.179　定价: CNY0.08
　　中国现代连环画作品。

J0068574
谁是"108"　《谁是"108"》连环画创作组编绘
北京　人民出版社　1978年　130页　13cm(60开)
定价: CNY0.17
　　中国现代连环画作品。

J0068575
水落石出　吴时学编文; 丁世谦绘画
成都　四川人民出版社　1978年　82页　有图

10×13cm 统一书号：8118.434 定价：CNY0.11

中国现代连环画作品。作者丁世谦（1944—　），四川遂宁人。擅长中国画、连环画。遂宁市美协主席。主要作品有《上学路上》《游春去》《合奏曲》等。出版有《丁世谦画选》和连环画册十余部。作者吴时学（1939—　），书画家。四川乐至县人。大学文化。曾任遂宁市艺术馆副馆长。四川省美术家协会会员、四川省民间文艺家协会会员、四川省群众文化学会会员，遂宁市文化艺术志办公室副主编、《遂宁文化报》副主编。为四川省美术家协会漫画艺术研究会副会长、省美协漫画艺委会委员、遂宁市美术家协会副主席。有漫画作品《比》《旅游写生》《揭穿骗局》，连环画《春风暖尤坪》《火生和爷爷》《独生娃》。

J0068576

水娃的故事　曹治淮编文；刘业通绘画

石家庄 河北人民出版社 1978年 102页 有图 10×13cm 统一书号：8086.1000 定价：CNY0.13

中国现代连环画作品。作者刘业通（1968—　），河北清苑人，毕业于天津美院，河北师范大学美术系副主任。

J0068577

水娃的故事　曹治淮编文；刘业通绘画

石家庄 河北人民出版社 1978年 102页 13cm（60开）定价：CNY0.13

中国现代连环画作品。

J0068578

水下尖兵　沈顺根原著；陈斌改编；孙宝堂绘画

上海 上海人民美术出版社 1978年 78页 有图 10×13cm 统一书号：8081.11302 定价：CNY0.09

中国现代连环画作品。

J0068579

水下尖兵　沈顺根原著；陈斌改编；孙宝堂绘画

上海 上海人民美术出版社 1978年 78页 13cm（60开）定价：CNY0.09

中国现代连环画作品。

J0068580

水乡游击队　王仲山编文；赵明程绘

济南 山东人民出版社 1978年 100页 有图

9cm（128开）统一书号：8099.1677 定价：CNY0.13

中国现代连环画作品。

J0068581

水乡游击队　王仲山编文；赵明程绘画

济南 山东人民出版社 1978年 100页 13cm（60开）定价：CNY0.13

中国现代连环画作品。

J0068582

四渡赤水　武汉部队军政干校《四渡赤水》创作组编绘

北京 人民美术出版社 1978年 75页 13cm（60开）定价：CNY0.12

中国现代连环画作品。

J0068583

隋末农民起义　铁群编文；崔君沛绘

上海 上海人民美术出版社 1978年 155页 13cm（60开）定价：CNY0.27

中国现代连环画作品。作者崔君沛（1950—2008），画家。广东番禺人。曾任上海人民美术出版社专职画家、中国美术家协会上海分会会员、上海老城厢书画会副会长、中国艺术研究院特邀书画师等。出版有《三国人物绣像》《崔君沛画集》《红楼人物册》《李自成·清兵入塞》《南原激战》等。

J0068584

孙悟空三打白骨精　王肯诗；李瑞生绘

长春 吉林人民出版社 1978年 17×18cm 统一书号：8091.896 定价：CNY0.42

中国现代连环画作品。作者李瑞生（1938—2018），美术教育家、美术家。生于吉林省，毕业于长春电影学院。曾在长春电影制片厂从事设计工作、任教于吉林艺术学院美术系和深圳大学。作品有连环画《金牛山》，彩色画册《小护青年》《孙悟空三打白骨精》《白蛇传》等。

J0068585

孙悟空三打白骨精　王肯诗；李瑞生绘

长春 吉林人民出版社 1978年 25cm（16开）统一书号：8091.896 定价：CNY0.42

中国现代连环画作品。

J0068586

锁龙井　贺良凡原著；湖南人民出版社改编；吴国威绘画

长沙　湖南人民出版社　1978年　62页　13cm（60开）

定价：CNY0.08

　　中国现代连环画作品。

J0068587

锁龙井　胡霜改编；陈水远绘画

南昌　江西人民出版社　1978年　69页　13cm（60开）

定价：CNY0.10

　　中国现代连环画作品。

J0068588

塔丽　竺乾华改编；周申绘画

济南　山东人民出版社　1978年　70页　有图

10cm（64开）　统一书号：8099.1704

定价：CNY0.10

　　根据钱佩衡同名小说改编的中国现代连环画作品。作者竺乾华，著有《你的脑子会转弯吗》《魔伞》《江湖红侠传》（合作）、《聚歼魔鬼党》《古玩疑案》（改编）。作者周申（1943—　），连环画家。浙江诸暨人，毕业于中央美术学院附中。历任山东菏泽地区展览馆艺术馆美术干部、山东美术出版社美术编辑、中国美术家协会会员。代表作品有《四笔阎王账》《中国历史演义故事画——宋史》《当代连环画精品集·周申》等。

J0068589

太平军痛打洋枪队　董阳声改编；陈光镒绘画

上海　上海人民美术出版社　1978年　70页　有图

10×13cm　统一书号：8081.11027　定价：CNY0.09

　　中国现代连环画作品。

J0068590

探虎穴　何泽富改编；张方林画

广州　广东人民出版社　1978年　94页　13cm（60开）

统一书号：8111.1843　定价：CNY0.13

（广东民兵革命斗争故事连环画）

　　根据同名民兵斗争故事改编的中国现代连环画作品。

J0068591

涛涛　苏宰北改编并绘画

兰州　甘肃人民出版社　1978年　59页　13cm（60开）

定价：CNY0.07

　　根据李纯同名小说改编的中国现代连环画作品。

J0068592

涛涛　华士明改编；杨雨青绘画

南京　江苏人民出版社　1978年　54页　13cm（60开）

定价：CNY0.08

　　根据同名小说改编的中国现代连环画作品。作者杨雨青（1944—　），国家一级美术师。出生于江苏无锡，毕业于南京艺术学院附中。中国美术家协会会员、无锡市书画院国家一级美术师，专业从艺60载。代表作品有《红肚兜儿》《水牛图》《卖驴》等。

J0068593

陶工怒火　梁振祥编；关振旋等绘

广州　广东人民出版社　1978年　145页　13cm（60开）

定价：CNY0.21

　　中国现代连环画作品。

J0068594

特别任务　莫清华编文；黄增立绘画

广州　广东人民出版社　1978年　107页　13cm（60开）

定价：CNY0.12

　　中国现代连环画作品。

J0068595

特别任务　孙景文编文；王云光绘

沈阳　辽宁人民出版社　1978年　50页　有图

10×13cm　统一书号：8090.1188　定价：CNY0.08

　　中国现代连环画作品。

J0068596

天涯海角追穷寇　钟彤定改编；宋飞等绘画

广州　广东人民出版社　1978年　90页　有图

10cm（64开）　统一书号：8111.1959

定价：CNY0.13

　　根据广东民兵革命斗争故事改编的中国现代连环画作品。

J0068597

铁壁岛　董海原著；李毓琦改编；刘禾生绘画

南京　江苏人民出版社　1978年　86页　13cm（60开）

定价：CNY0.11

中国现代连环画作品。

J0068598

铁壁岛 董海原著；徐明灿编；叶雄绘

上海 上海人民美术出版社 1978 年 142 页 有图

10×13cm 统一书号：8081.11306 定价：CNY0.16

中国现代连环画作品。作者叶雄(1950—)，连环画家。笔名夏草、古寅，上海崇明人，毕业于上海大学美术学院国画系专科。历任中国美术家协会上海分会会员、上海连环画研究会理事、上海黄浦画院画师、上海老城厢书画会常务理事。代表作品有《竹林七贤图》《子夜》《郑板桥造像》《咆哮的黑龙江》等。

J0068599

铁壁岛 董海原作；杨云庆，宋廷宾改编；钱贵荪绘画

天津 天津人民美术出版社 1978 年 110 页

13cm（60 开）定价：CNY0.14

中国现代连环画作品。

J0068600

铁道儿童团 马斗飞改编；冀秀娟，陈美艳绘画

哈尔滨 黑龙江人民出版社 1978 年 54 页

13cm（60 开）定价：CNY0.08

根据小说《铁道旁的枪声》改编的中国现代连环画作品。

J0068601

铁道游击队 （电影连环画）松奎，华梅选编

北京 人民美术出版社 1978 年 166 页 13cm（60开）

定价：CNY0.26

中国现代连环画作品。作者华梅(1951—)，女，天津美术学院任教。

J0068602

铁道游击队 （1 血染洋行）刘知侠原著；董子畏改编；丁斌曾，韩和平绘画

上海 上海人民美术出版社 1978 年 2 版 118 页

10×13cm 统一书号：8081.5083 定价：CNY0.14

中国现代连环画作品。作者刘知侠(1918—1991)，作家。河南省卫辉人，代表作品《铁道游击队》《芳林嫂》《沂蒙飞虎》《战地日记》。改编董子畏(1911—1962)，浙江海宁人，定居上海。笔名田衣，又名秉璋。肄业于上海光华大学中文

系。曾任华东人民美术出版社(后改为上海人民美术出版社)连环画脚本编辑、连环画编辑科副科长等职。编有《铁道游击队》《屈原》《风波》《地下少先队》等。

J0068603

铁道游击队 （2 飞车夺枪）刘知侠原著；董子畏改编；丁斌曾，韩和平绘画

上海 上海人民美术出版社 1978 年 2 版 142 页

10×13cm 统一书号：8081.5265 定价：CNY0.17

中国现代连环画作品。绘画丁斌曾(1927—2001)，连环画画家。浙江绍兴人，毕业于中央美术学院华东分院。曾任上海人民美术出版社创作员，《中国连环画大系》美术编辑。作品有《铁道游击队》《老爹打猎》《沙家浜》等。绘画韩和平(1932—2019)，连环画家、教授。吉林东宁人，毕业于中央美术学院华东分院绘画系。曾在上海人民美术出版社从事连环画创作，历任上海大学美术学院油画系副主任、副教授，艺术研究所主任。作品连环画有《铁道游击队》《红岩》等。

J0068604

铁道游击队 （3 夜袭临城）刘知侠原著；董子畏改编；丁斌曾，韩和平绘画

上海 上海人民美术出版社 1978 年 2 版 133 页

10×13cm 统一书号：8081.1024 定价：CNY0.16

中国现代连环画作品。

J0068605

铁道游击队 （4 杨集除奸）刘知侠原著；董子畏改编；丁斌曾，韩和平绘画

上海 上海人民美术出版社 1978 年 2 版 102 页

10×13cm 统一书号：8081.823 定价：CNY0.12

中国现代连环画作品。

J0068606

铁道游击队 （5 巧打冈村）刘知侠原著；董子畏改编；丁斌曾，韩和平绘画

上海 上海人民美术出版社 1978 年 2 版 110 页

10×13cm 统一书号：8081.1287 定价：CNY0.13

中国现代连环画作品。

J0068607

铁道游击队 （6 苗庄血战）刘知侠原著；董子畏改编；丁斌曾，韩和平绘画

上海　上海人民美术出版社　1978 年　2 版　126 页
10×13cm　统一书号：8081.2861　定价：CNY0.15
　　中国现代连环画作品。

J0068608

铁道游击队　（7　两雄遇难）刘知侠原著；董
子畏改编；丁斌曾，韩和平绘画
上海　上海人民美术出版社　1978 年　2 版　126 页
10×13cm　统一书号：8081.3666　定价：CNY0.15
　　中国现代连环画作品。

J0068609

铁道游击队　（8　湖上神兵）刘知侠原著；董
子畏改编；丁斌曾，韩和平绘画
上海　上海人民美术出版社　1978 年　2 版　110 页
10×13cm　统一书号：8081.4045　定价：CNY0.13
　　中国现代连环画作品。

J0068610

铁道游击队　（9　三路出击）刘知侠原著；董
子畏改编；丁斌曾，韩和平绘画
上海　上海人民美术出版社　1978 年　2 版　118 页
10×13cm　统一书号：8081.4874　定价：CNY0.14
　　中国现代连环画作品。

J0068611

铁道游击队　（10　胜利路上）刘知侠原著；董
子畏改编；丁斌曾，韩和平绘画
上海　上海人民美术出版社　1978 年　2 版　117 页
10×13cm　统一书号：8081.5063　定价：CNY0.14
　　中国现代连环画作品。

J0068612

铁岭钟声　焦熙生改编；孙兴学绘画
兰州　甘肃人民出版社　1978 年　80 页　13cm（60 开）
定价：CNY0.09
　　中国现代连环画作品。

J0068613

挺进报　（上集）罗广斌，杨益言原著；四川人
民出版社改编；尹琼，周琳画
成都　四川人民出版社　1978 年　2 版　98 页
13cm（60 开）统一书号：8118.427
定价：CNY0.13
（《红岩》连环画集）

　　中国现代连环画作品。

J0068614

挺进报　（下集）罗广斌，杨益言原著；四川人
民出版社改编；白德松画
成都　四川人民出版社　1978 年　2 版　98 页
13cm（60 开）统一书号：8118.428
定价：CNY0.13
（《红岩》连环画集）
　　中国现代连环画作品。

J0068615

挺进两湖　（天平天国的故事）刘文英编文；
秀公等绘画
南京　江苏人民出版社　1978 年　44 页　13cm（60 开）
定价：CNY0.07
　　中国现代连环画作品。

J0068616

铜墙铁壁　柳青原著；周有恒改编；苟孟章绘画
西安　陕西人民出版社　1978 年　158 页　13cm（60 开）
定价：CNY0.20
　　中国现代连环画作品。

J0068617

铜墙铁壁　（革命传统教育）柳青原作；定兴
改编；魏志刚等绘画
天津　天津人民美术出版社　1978 年　161 页
13cm（60 开）定价：CNY0.19
　　中国现代连环画作品。

J0068618

土炮大队　宋一平改编；人毅绘画
沈阳　辽宁人民出版社　1978 年　118 页　有图
10×13cm　统一书号：8090.1130　定价：CNY0.14
　　中国现代连环画作品。

J0068619

团结马　杜一编文；刘永义，董善明绘画
石家庄　河北人民出版社　1978 年　90 页
13cm（60 开）定价：CNY0.12
　　中国现代连环画作品。作者刘永义
（1946—　），美术师。陕西长安人，毕业于西安
美术学院。陕西省美术家协会会员，西安市美术
家协会会员，西安国画艺术研究院研究员、花鸟

画研究室副主任。

J0068620

瓦尔特保卫萨拉热窝 （电影连环画）友元、华梅选编；南斯拉夫波斯纳电影制片厂摄制；北京电影制片厂译制

北京 人民美术出版社 1978年 198页 13cm（60开）

定价：CNY0.30

作者华梅(1951—)，女，天津美术学院任教。

J0068621

望云峰 （下册）关胜武改编；吕景富绘画

哈尔滨 黑龙江人民出版社 1978年 126页 13cm（60开）定价：CNY0.16

根据同名小说改编的中国现代连环画作品。

J0068622

韦拔群 （上）谢扶民原著；宇文改编；钱生发绘画

上海 上海人民美术出版社 1978年 132页 13cm（60开）定价：CNY0.15

中国现代连环画作品。作者钱生发，连环画家。绘有连环画《80年代》《小萝卜头》《在轮船上》等。

J0068623

韦拔群 （下）谢扶民原著；宇文改编，钱生发绘画

上海 上海人民美术出版社 1981年 118页 有图 10×13cm 统一书号：8081.12480 定价：CNY0.14

本书是中国现代连环画。

J0068624

伟大的航程 陈歆耕改编；周补田等绘画

杭州 浙江人民出版社 1978年 32页 有图 15cm（40开）统一书号：8103.423

定价：CNY0.20

中国现代连环画作品。

J0068625

未来的战士 邵均林原著；竺乾华改编；合作绘画

合肥 安徽人民出版社 1978年 44页 10×13cm 统一书号：8102.983 定价：CNY0.07

中国现代连环画作品。

J0068626

我和表弟 宋华坚编文；陈一文绘图

南昌 江西人民出版社 1978年 104页 13cm（60开）

定价：CNY0.13

中国现代连环画作品。

J0068627

我们热爱华主席 （儿歌集）河南人民出版社编辑

郑州 河南人民出版社 1978年 有彩图 15cm（40开）统一书号：10105.160

定价：CNY0.19

中国现代连环画作品。

J0068628

乌兰哈达 郭雪波原著；赵国瑞改编；孟喜元绘图

天津 天津人民美术出版社 1978年 93页 13cm（60开）定价：CNY0.12

中国现代连环画作品。

J0068629

无名岛歼敌 朱丹改编；杨有凤等绘画

广州 广东人民出版社 1978年 68页 13cm（60开）

定价：CNY0.09

（广东民兵革命斗争故事连环画）

根据李逢春、陈刚《梁大力痛打落水狗》故事改编的中国现代连环画作品。作者朱丹，美术理论家、画家和书法家、诗人。

J0068630

无私无畏的好战士赵春华 姚政文编文；秦大虎等绘画

济南 山东人民出版社 1978年 22页 有彩图 15cm（40开）统一书号：8099.1725

定价：CNY0.15

中国现代连环画作品。作者秦大虎（1938—)，教授。历任中国美术学院油画系教授、中国美协会员、中国油画家协会理事、浙江美协常务理事、浙江美协常务理事等职。作品有《在战斗中成长》《老将》《田喜嫂》等。出版有《秦大虎油画选》《秦大虎的绘画世界》和《油画创作》等。

J0068631

西瓜炮 （革命历史故事）艾莓改编；杨思陶绘图

福州 福建人民出版社 1978年 30页 13cm（60开）

定价：CNY0.05

　　根据同名故事改编的现代连环画作品。

J0068632

西瓜战 魏学征编；李存庄绘

成都 四川人民出版社 1978年 68页 有图 10×13cm 统一书号：8118.521 定价：CNY0.10

　　中国现代连环画作品。

J0068633

西江潮 南戈原著；李应雄改编；陈福耀绘画

广州 广东人民出版社 1978年 62页 13cm（60开）

定价：CNY0.08

（广东民兵革命斗争故事连环画）

　　中国现代连环画作品。

J0068634

西门豹治邺 范佐寅原作；王世兴改编；陶干臣绘画

银川 宁夏人民出版社 1978年 42页 13cm（60开）

定价：CNY0.07

　　中国现代连环画作品。

J0068635

西沙行 李庆奎编文；黄云松绘图

天津 天津人民美术出版社 1978年 86页 有图 10×13cm 统一书号：8073.30329 定价：CNY0.22

　　中国现代连环画作品。作者黄云松（1939—　），浙江温岭人。钢笔画家，中国美术家协会会员。毕业于浙江美术学院版画系，后历任浙江文艺杂志美编，浙江工农兵画报浙江人民出版社美术室创作员，浙江人民美术出版社编辑室主任、副编审。连环画作品有《福尔摩斯探案故事》《热爱生命》《静静的顿河》等。

J0068636

西双版纳的故事 刘治贵，白德松编；白德松，葛明艺绘

北京 人民美术出版社 1978年 142页 13cm（60开）

统一书号：8027.6720 定价：CNY0.16

中国现代连环画作品。由人民美术出版社和四川人民出版社联合出版。

J0068637

希望 肖育轩原著；娄上云等改编；李维定绘画

上海 上海人民美术出版社 1978年 118页 有图 10×13cm 统一书号：8081.11420 定价：CNY0.14

　　中国现代连环画作品。

J0068638

霞岛 王永祥改编；郭敦绘画

西安 陕西人民出版社 1978年 126页 有图 10×13cm 统一书号：8094.582 定价：CNY0.24

　　根据同名小说改编的中国现代连环画作品。

J0068639

先锋号 黄胜利编；高宝生等绘

北京 北京出版社 1978年 78页 13cm（60开）

定价：CNY0.11

　　中国现代连环画作品。作者高宝生（1944—　），连环画家。曾用笔名高禾，北京人。北京艺术学院附中毕业。中国少年儿童出版社从事连环画创作。代表作品《铁木儿和他的队伍》《两只小孔雀》《聪明的药方》等。

J0068640

向阳泉 吉林化工公司创作组编；安学贵绘

长春 吉林人民出版社 1978年 109页 13cm（60开）

定价：CNY0.13

　　中国现代连环画作品。作者安学贵（1940—　），画家。辽宁辽阳市人。中国同泽书画研究院书画家。吉林省通榆县文化馆馆员，中国美术家协会会员。主要作品有《礼物》等。

J0068641

小黑兔 姜成安编；吴带生等绘

呼和浩特 内蒙古人民出版社 1978年 24页 有彩图 15cm（40开）统一书号：8089.72

定价：CNY0.15

　　中国现代连环画作品。

J0068642

小金马的故事 张乃仁编文；张永印等绘画

呼和浩特 内蒙古人民出版社 1978年 90页 有图 10×13cm 统一书号：8089.61

定价: CNY0.13
　　中国现代连环画作品。

J0068643
小萝卜头　罗文斌,杨益言原著;四川人民出版社改编;施肇祖,周琳画
成都　四川人民出版社 1978 年 80 页 13cm(60 开)
定价: CNY0.11
(《红岩》连环画集)
　　中国现代连环画作品。作者罗广斌(1924—1967),作家。四川成都人。就读于西南联大附中。历任共青团重庆市委常委、统战部部长,重庆市青联副主席,全国青联委员等职。著有《红岩》(与杨益言合著)、《在烈火中永生》(合著)、《血海深仇》等。作者杨益言(1925—2017),作家。四川广安人。就读于同济大学。曾任中国作家协会四川分会副主席。著名小说《红岩》的作者之一。

J0068644
小马驹　李日君编文;王树枫,赵家传绘画
济南　山东人民出版社 1978 年 54 页 13cm(60 开)
定价: CNY0.08
　　中国现代连环画作品。

J0068645
小帕蒂的生日　王锡维,张德民原著;朱恩健改编,庞先健绘画
上海　上海人民美术出版社 1978 年 62 页 有图 10×13cm 统一书号: 8081.11315 定价: CNY0.08
　　中国现代连环画作品。

J0068646
小骑兵　赵文玉,陆和荪改编;赵文玉绘画
杭州　浙江人民出版社 1978 年 106 页 13cm(60 开)
定价: CNY0.13
　　根据蔡维才《小铁头夺马记》改编的现代连环画作品。

J0068647
小青山分菜　杨云庆改编;马晓峰绘画
乌鲁木齐　新疆人民出版社 1978 年 81 页 13cm(60 开) 定价: CNY0.11
　　中国现代连环画作品,包括《小青山分菜》《战斗》两个故事。

J0068648
小社员　杨本红写;汪福民木刻
上海　少年儿童出版社 1978 年 有彩图 15cm(40 开) 统一书号: R10024.3558
定价: CNY0.11
　　中国现代连环画作品。

J0068649
小树苗归队　畅新文;毅民画
天津　天津人民美术出版社 1978 年 54 页 有彩图 15cm(40 开) 统一书号: 8073.30305
定价: CNY0.28
　　中国现代连环画作品。

J0068650
小铁匠　胜利改编;邵家声绘画
南京　江苏人民出版社 1978 年 55 页 13cm(60 开)
定价: CNY0.08
　　根据同名小说改编的现代连环画作品。

J0068651
小兄弟俩　黄坤写;倪绍勇等绘画
上海　少年儿童出版社 1978 年 有彩图 15cm(40 开) 统一书号: R10024.3552
定价: CNY0.16
　　中国现代连环画作品。

J0068652
熊家婆　江籹编绘
成都　四川人民出版社 1978 年 3 版 46 页 有图 15cm(40 开) 统一书号: R8118.508
定价: CNY0.35
　　中国现代彩色连环画作品。

J0068653
秀梅　黄英原著;张欣之等改编;蒲慧华绘画
天津　天津人民美术出版社 1978 年 77 页 有图 10×13cm 统一书号: 8073.30327 定价: CNY0.10
　　中国现代连环画作品。作者蒲慧华(1947—),国家二级美术师。出生于山东青岛。青岛市美术家协会理事,青岛市美术家协会中国画艺术委员会委员,中国美术家协会山东分会会员。代表作品《三国演义》《红楼梦》《西游记》封面设计。著作有《当代连环画精品集·蒲慧华》。

J0068654

秀水河子歼灭战　刘新生等编文；孙原太等绘画

沈阳 辽宁人民出版社 1978年 130页 有图

10×13cm 统一书号：2090.1150 定价：CNY0.16

　　中国现代连环画作品。

J0068655

宣传队的故事　陈镒康等写；陈敦绘画

上海 少年儿童出版社 1978年 有图

15cm（40开）统一书号：R10024.3506

定价：CNY0.14

　　中国现代连环画作品。

J0068656

雪原擒谍　向前改编；贺中等绘画

哈尔滨 黑龙江人民出版社 1978年 78页

13cm（60开）定价：CNY0.11

　　中国现代连环画作品。

J0068657

血染的军棉衣　麦幸安，杨枫编；刘友国绘

南宁 广西人民出版社 1978年 84页 13cm（60开）

定价：CNY0.11

　　中国现代连环画作品。

J0068658

巡道工　阎桂芳原著；杨兆林编；成立绘

上海 上海人民美术出版社 1978年 86页 有图

10×13cm 统一书号：8081.11049 定价：CNY0.10

　　中国现代连环画作品。

J0068659

延河战火　（上集）孙延令编文

沈阳 辽宁人民出版社 1978年 214页 有图

10×13cm 统一书号：8090.1151 定价：CNY0.32

　　根据同名电影改编的中国现代连环画作品。

J0068660

演习前的战斗　刘亚东编文；汪国新绘画

武汉 湖北人民出版社 1978年 114页 有图

10×13cm 统一书号：8106.1938 定价：CNY0.14

　　中国现代连环画作品。

J0068661

雁鸿岭下　朱虹选编

北京 人民美术出版社 1978年 98页 有图

10×13cm 统一书号：8027.6777 定价：CNY0.16

　　根据同名电影改编的中国现代连环画作品。

J0068662

杨开慧　潘年编文；张晓飞等绘画

南京 江苏人民出版社 1978年 16页 19cm（32开）

定价：CNY0.19

　　中国现代连环画作品。作者张晓飞（1941— ），画家、工艺美术大师。江苏吴县人。苏州桃花坞木刻年画社创作室主任、苏州大学艺术学院兼职教授、苏州市美协副主席。代表作品有《水乡元宵》，出版有《风山拾得画集》《彩图唐诗一百首》等。

J0068663

杨门女将　王叔晖绘

北京 人民美术出版社 1978年 94页 13cm（60开）

定价：CNY0.15

　　中国现代连环画作品。

J0068664

杨门女将　大鲁改编；王亦秋绘画

上海 上海人民美术出版社 1978年 2版 118页

13cm（60开）定价：CNY0.13

　　中国现代连环画作品。

J0068665

夜袭敌兵站　工文智编文；袁殿民绘画

长春 吉林人民出版社 1978年 62页 13cm（60开）

定价：CNY0.09

　　中国现代连环画作品。

J0068666

夜战山城堡　耀光，鲁艺改编；梁镇雄，黄穗中绘画

广州 广东人民出版社 1978年 75页 13cm（60开）

定价：CNY0.09

（红军长征故事连环画）

　　根据同名回忆录改编的中国现代连环画作品，包括《夜战山城堡》《天险激战》两个故事。

J0068667

一把刀的故事　叶文艺诗；王兆平等画
杭州 浙江人民出版社 1978年 78页 10cm（64开）
定价：CNY0.09
　　中国现代连环画作品。

J0068668

一把桶刀　刘寅才，梁学诚改编；陈馥初等
绘画
广州 广东人民出版社 1978年 56页 13cm（60开）
定价：CNY0.08
（红军长征故事连环画）
　　中国现代连环画作品。

J0068669

一本奇怪的书　傅佐维，陈树璟写；石奇人画
上海 少年儿童出版社 1978年 有彩图
15cm（40开）统一书号：R10024.3547
定价：CNY0.14
　　中国现代连环画作品。

J0068670

一幅红军地图的故事　台益燕编文；杭法基
绘画
合肥 安徽人民出版社 1978年 42页 有图
10×13cm 统一书号：8702.990 定价：CNY0.07
　　中国现代连环画作品。

J0068671

一根扁担　郭西民，徐华阶编绘
上海 上海人民出版社 1978年 有彩图
15cm（40开）统一书号：R10171.251
定价：CNY0.10
　　中国现代连环画作品。

J0068672

一箭双雕　孙洪涛编文；姜华庆绘
济南 山东人民出版社 1978年 62页 有图
10×13cm 统一书号：8099.1709 定价：CNY0.09
　　中国现代连环画作品。

J0068673

一筐鹅蛋　单明等编文；郑新雨绘画
沈阳 辽宁人民出版社 1978年 有彩图
15cm（40开）统一书号：8090.882

定价：CNY0.13
　　中国现代连环画作品。

J0068674

一条毛毯　林志常原著；任梅改编；沈尧伊绘画
北京 人民美术出版社 1978年 19页 有图
13×15cm 统一书号：8027.6796 定价：CNY0.11
　　中国现代连环画作品。

J0068675

一只花母鸡　徐宝信编绘
郑州 河南人民出版社 1978年 19页 有图
15cm（40开）统一书号：8105.802
定价：CNY0.13
　　中国现代连环画作品。

J0068676

夷陵之战　费成康编文；施大畏绘画
上海 上海人民美术出版社 1978年 125页
13cm（60开）定价：CNY0.15
　　本书是描写三国时期吴国和蜀国在夷陵（今
湖北宜昌东）地区发生的一场战争的中国现代连
环画作品。收入125幅图。

J0068677

银海之歌　陆萍等编文；陈纪仁绘画
上海 上海人民美术出版社 1978年 126页
13cm（60开）定价：CNY0.15
　　中国现代连环画作品。

J0068678

银沙滩　孙玉杰改编；衣小白绘画
哈尔滨 黑龙江人民出版社 1978年 110页
13cm（60开）定价：CNY0.14
　　中国现代连环画作品。

J0068679

英雄树上的战斗　刘国滨改编；刘成荣等绘画
哈尔滨 黑龙江人民出版社 1978年 46页
13cm（60开）定价：CNY0.07
　　根据小说《老槐树的秘密》改编的现代连环
画作品。

J0068680

萤火灯下的情报　马得编绘

北京 人民美术出版社 1978年 60页 13cm（60开）
定价：CNY0.20

　　本连环画还包括《桑椹红了》和《永路和他的小叫驴》两个故事。

J0068681

硬骨头六连的故事
杭州 浙江人民出版社 1978年 96页 13cm（60开）
定价：CNY0.14
　　中国现代连环画作品。

J0068682

永不消逝的电波　林金原著；潘培元改编；华三川绘
上海 上海人民美术出版社 1978年 2版 118页
有图 10×13cm 统一书号：8081.4670
定价：CNY0.18
　　中国现代连环画作品。

J0068683

勇往直前　刘思奇编；甘长霖绘
上海 上海人民美术出版社 1978年 78页 有图
10×13cm 统一书号：8081.11168 定价：CNY0.09
　　中国现代连环画作品。

J0068684

游击队里的华政委　熊孔成，唐立阳编绘
郑州 河南人民出版社 1978年 76页 15cm（40开）
定价：CNY0.17
　　根据同名故事改编的现代连环画作品。

J0068685

游泳池边　郑开慧写；吴健画
上海 少年儿童出版社 1978年 有彩图
19cm（32开）统一书号：R10024.3515
定价：CNY0.20
　　中国现代连环画作品。

J0068686

友谊渡　万云尊原著；广东人民出版社改编；黄奇士，黄力生绘画
广州 广东人民出版社 1978年 63页 13cm（60开）
定价：CNY0.08
　　中国现代连环画作品。

J0068687

于无声处　上海市工人文化宫业余话剧队创作
上海 上海人民美术出版社 1978年 124页 有图
10×13cm 统一书号：8081.11466 定价：CNY0.22
　　中国现代连环画作品。

J0068688

鱼鹰来归　高缨原著；杨根相编；张品操绘
上海 上海人民美术出版社 1978年 94页 有图
10×13cm 统一书号：8081.11215 定价：CNY0.11
　　中国现代连环画作品。

J0068689

渔童　梅珞等选编
北京 人民美术出版社 1978年 48页 有图
9cm（128开）统一书号：8027.6832
定价：CNY0.09
　　根据同名动画影片改编的现代连环画作品。

J0068690

与鳄鱼搏斗的人们　金培奇原著；季一德改编；俞晓夫绘
上海 上海人民美术出版社 1978年 102页
13cm（60开）定价：CNY0.12
　　中国现代连环画作品。作者俞晓夫（1950— ），画家。江苏常州人，毕业于上海戏剧学院美术系。历任上海油画雕塑院教授、副院长，中国美术协会会员等。代表作品有《一次义演》《拍卖古钢琴》《我轻轻地敲门》等。

J0068691

雨花台下　（剧照连环画）顾尔镡等编剧；孙剑影，周仓志改编；周仓志等摄影
南京 江苏人民出版社 1978年 204页 13cm（60开）
定价：CNY0.24
　　中国现代连环画作品。作者孙剑影，作家。江苏南京人。作品有《青春的史册》，改编连环画有《大风歌》。作者周仓志，摄影连环画有《李太白与杨贵妃》、黄梅戏《女驸马》四连拍、锡剧《嫦娥奔月》等。

J0068692

玉兰花开　孔祥琇编文；牟桑绘画
济南 山东人民出版社 1978年 66页 13cm（60开）
定价：CNY0.09

中国现代连环画作品。作者牟桑(1942.)，教授。生于山东日照，毕业于山东师范学院艺术系。历任中国美术家协会会员，山东建筑大学艺术系教研室主任、教授。作品有《举士奇创》《农林益鸟》《林黛玉魁夺菊花诗》，专集有《花卉写生集》《中国太湖石写生集》。主编《全国高校建筑学科教师美术作品集》。

J0068693

玉片的故事　唐毓龙编文；胡斌昌绘图

南昌 江西人民出版社 1978年 84页 13cm(60开)
定价：CNY0.11

中国现代连环画作品。

J0068694

元元奇遇记　陆镇康原著；王国强改编并绘画

天津 天津人民美术出版社 1978年 62页
13cm(60开) 定价：CNY0.09

中国现代连环画作品。

J0068695

园丁之歌　段剑秋改编；乐平等绘画

哈尔滨 黑龙江人民出版社 1978年 36页
13cm(60开) 定价：CNY0.07

根据同名湘剧改编的现代连环画作品。

J0068696

园丁之歌　刘佐钧等编绘

长沙 湖南人民出版社 1978年 70页 13cm(60开)
定价：CNY0.10

中国现代连环画作品。

J0068697

月夜取枪　泽清，斯川原作；焦彦龙改编；季源业绘画

天津 天津人民美术出版社 1978年 61页
13cm(60开) 定价：CNY0.09

中国现代连环画作品。

J0068698

云峰山下　陈昌柱绘画

成都 四川人民出版社 1978年 100页 13cm(60开)
定价：CNY0.13

根据同名故事改编的现代连环画作品。

J0068699

在国境线的密林里　蔺鸿儒原著；李言敏，王正改编；何保全绘画

合肥 安徽人民出版社 1978年 60页 13cm(60开)
定价：CNY0.09

中国现代连环画作品。

J0068700

在燃烧的大地上　杨沫原著；刘耀祥改编；刘建平绘

天津 天津人民美术出版社 1978年 95页
13cm(60开) 定价：CNY0.12

中国现代连环画作品。

J0068701

占领鹰峰山　朱羽，郭建守编文；黄永生，陈敏逸绘图

福州 福建人民出版社 1978年 112页 13cm(60开)
定价：CNY0.14

中国现代连环画作品。

J0068702

战地红缨　石文驹原著；李贵忠改编；柴山林等绘画

太原 山西人民出版社 1978年 150页 有图
10×13cm 统一书号：8088.572 定价：CNY0.20

中国现代连环画作品。

J0068703

战地红缨　(下册)石文驹原著；杨云庆改编；李俊琪绘画

天津 天津人民美术出版社 1978年 147页
13cm(60开) 定价：CNY0.17

中国现代连环画作品。作者杨云庆(1933—)，曾任黑龙江省作家协会会员、散文家协会会员、老年作家协会会员。作品有《杨云庆文集(上、下)》等。作者李俊琪(1943—)，教授。号大道轩主人，河北乐亭人。历任天津美术家协会副主席，中国美术家协会会员，天津南开大学教授、研究生导师，美国传记研究院研究员。著作有《中国历代诗家图卷》《中国历代兵家图卷》《中国历代文学家画传》《李俊琪画集》等。

J0068704

战斗的历程　张子嘉编文；查加伍绘画
武汉　湖北人民出版社 1978年 114页 13cm（60开）
定价：CNY0.14
　　中国现代连环画作品。作者查加伍
（1950— ），编辑。别名穆明、三夷。湖北京山
人，毕业于湖北美术学院师范系。曾在湖北人民
出版社、京山县文化馆工作。历任湖北美术出版
社副社长、美术副编审，湖北美协连环画、插图
艺委会副主任。代表作品有《战斗的历程》《乱
世风云》《苦肉记》等。

J0068705

战鳄鱼　葵光编文；扈航绘画
长春　吉林人民出版社 1978年 95页 13cm（60开）
定价：CNY0.12
　　中国现代连环画作品。

J0068706

战火催春　（上）孙家玉原著；张宝蔚编绘
南京　江苏人民出版社 1978年 142页 13cm（60开）
定价：CNY0.17
　　中国现代连环画作品。

J0068707

战火催春　（下）孙家玉原著；张宝蔚编绘
南京　江苏人民出版社 1978年 150页 有图
10×13cm 统一书号：8100.3.181 定价：CNY0.18
　　中国现代连环画作品。

J0068708

战上海　群力原著；林凯新改编；罗盘绘画
上海　上海人民美术出版社 1978年 2版 166页
13cm（60开）定价：CNY0.19
　　根据同名小说编绘的中国现代连环画作品。
作者罗盘（1927—2005），连环画家。原名罗孝芹，
出生于上海市，福建闽侯人。代表作品《草上飞》
《战上海》。

J0068709

长征路上的故事
杭州　浙江人民出版社 1978年 24页 13cm（60开）
定价：CNY0.08
　　中国现代连环画作品，包括《九个炊事员》
《一次支委会》《党岭山上》3个故事。

J0068710

珍贵的照片　钟孺乾编绘
武汉　湖北人民出版社 1978年 22页 有彩图
15cm（40开）统一书号：8106.1928
定价：CNY0.14
　　根据周桂花《手捧照片思亲人　无限怀念周
总理》一文改编的中国现代连环画作品。作者钟
孺乾（1950— ），画家。生于湖北，毕业于解放
军艺术学院。历任武汉画院画家、中国美术家协
会会员、中国书法家协会会员。出版有《钟孺乾
画集》《绘画迹象论》《水墨变象》等。

J0068711

征途　（下集）杨森，高铁林改编；徐宝铭等绘画
哈尔滨　黑龙江人民出版社 1978年 123页
13cm（60开）定价：CNY0.16
　　根据郭先红同名小说改编现代连环画作品。

J0068712

峥嵘岁月　方洪友等原著；虞伟民改编；徐学
初绘
上海　上海人民美术出版社 1978年 118页 有图
10×13cm 统一书号：8081.11361 定价：CNY0.14
　　中国现代连环画作品。

J0068713

峥嵘岁月　顾尔镡，方洪友原著；虞伟民改
编；徐学初绘画
上海　上海人民美术出版社 1978年 118页
13cm（60开）定价：CNY0.14
　　中国现代连环画作品。

J0068714

支农曲　钮胜利改编；张崇政绘画
南京　江苏人民出版社 1978年 62页 13cm（60开）
定价：CNY0.09
　　中国现代连环画作品。

J0068715

纸条的故事　开华，霆昭原著；青野改编；季
源业，季津业绘画
天津　天津人民美术出版社 1978年 73页
13cm（60开）定价：CNY0.10
　　中国现代连环画作品。

J0068716

纸条儿的故事　许世宏改编；查世铭绘画
武汉 湖北人民出版社 1978年 62页 有图
10×13cm 统一书号：8106.1909 定价：CNY0.09
　　根据《人民文学》1977年第6期《纸条儿和纸条儿》改编的中国现代连环画作品。

J0068717

智闯威海　来层林改编；张文永绘画
武汉 湖北人民出版社 1978年 62页 有图
10×13cm 统一书号：8106.1926 定价：CNY0.09
　　中国现代连环画作品。

J0068718

智斗青草蛇　李云章改编；吴景山绘画
长春 吉林人民出版社 1978年 48页 13cm(60开)
定价：CNY0.07
　　中国现代连环画作品。

J0068719

智歼残匪　湖南人民出版社改编；闵仁铭，邓辉楚绘图
长沙 湖南人民出版社 1978年 62页 有图
10×13cm 统一书号：8109.1113 定价：CNY0.08
　　中国现代连环画作品。

J0068720

智歼海匪　林正让原作；黄兆荣改编；吕连生绘画
福州 福建人民出版社 1978年 84页 13cm(60开)
定价：CNY0.11
　　中国现代连环画作品。

J0068721

智擒顽匪　尉武等原著；江宜蕾改编；秀公等绘
南京 江苏人民出版社 1978年 46页 有图
10×13cm 统一书号：8100.3.177 定价：CNY0.07
　　中国现代连环画作品。

J0068722

智取威虎山　曲波原著；王星北改编；罗兴，王亦秋绘画
上海 上海人民美术出版社 1978年 2版 94页
10cm(64开) 定价：CNY0.12

（林海雪原 4）
　　中国现代连环画作品。改编王星北(1905—1973)，连环画脚本文学家。浙江定海人。原名心葆。曾就读于定海公学。曾任上海私营北斗出版社经理、泰兴书局文字编辑，上海新美术出版社连环画文字编辑，上海人民美术出版社连环画编辑科副科长等职。绘画王亦秋(1925—　)，连环画家。又名王野秋，浙江镇海人。历任前锋出版社美术编辑，上海人民美术出版社连环画创作室创作员、副审职。主要作品有《杨门女将》《小刀会》《马跃檀溪》《李逵闹东京》《清兵入塞》等。绘画罗兴(1922—1994)，连环画家。别名罗孝苹，上海人，毕业于上海沪大建筑学科。曾从事建筑室内外设计，在上海从事连环画及插图创作。曾任教于上海工艺美术学校，造型专业组教研组长。作品有《库楚别依》《林海雪原》等。

J0068723

智取张家寨　姚雪垠原著；陈贻恩编；罗希贤绘
上海 上海人民美术出版社 1978年 174页 有图
10×13cm 统一书号：8081.11422 定价：CNY0.20
（《李自成》连环画 五）
　　根据长篇小说《李自成》改编绘制的中国现代连环画作品。作者姚雪垠(1910—1999)，作家、小说家。出生于河南邓县。毕业于河南大学。曾任中国作家协会名誉副主席、湖北省文学艺术界联合会主席、湖北省作家协会主席。代表作品有《李自成》《戎马恋》等。

J0068724

智袭山神庙　刘章生等编文；皮克，李志刚绘图
南昌 江西人民出版社 1978年 97页 13cm(60开)
定价：CNY0.13
　　中国现代连环画作品。

J0068725

中国古代的科学家和发明家　（一）李民兴编文；项维仁等绘画
济南 山东人民出版社 1978年 96页 13cm(60开)
定价：CNY0.12
　　中国现代连环画作品。作者项维仁(1947—　)，画家、国家一级美术师。生于山东青岛市。历任中国美术家协会会员、中国工艺美术学会会员、中国连环画研究会理事、山东画院

特聘高级画师、青岛书画研究院副院长。代表作品有《共鸣》《柳毅传书》等。

J0068726

中国古代的科学家和发明家 （二）李民兴编文；孙敬会，李明媚绘画
济南 山东人民出版社 1980年 78页 13cm（64开）
定价：CNY0.13
本书是中国现代连环画册。作者孙敬会（1939— ），教授。字克齐，号生前生，山东艺术研究院中国绘画研究室主任。出版专著和画集有《写意人物画技法》《中国肖像画研究》《孙敬会人物画选》《孙敬会水浒人物全图》等。作者李明媚（1936— ），女，教授。字克平，笔名汇波，浙江宁波人。山东艺术学院教授。作品有《给咱添花》《同饮幸福水》《拳友》《流水寄深情》等，出版有《工笔人物画技法》《李明媚人物画选》《李明媚传统人物画专辑》等。

J0068727

中国古代的科学家和发明家 （三）李民兴编；朱学达，吕学勤绘
济南 山东人民出版社 1981年 78页 13cm（64开）
定价：CNY0.13
本书是中国现代连环画作品。作者吕学勤（1936—1993），画家。别名理园，山东临朐人。历任中国美术家协会理事，山东美术家协会副主席，山东省美术馆一级美术师。代表作品有《雨后江山分外明》《春风得意图》《科研小组》等。

J0068728

中国古代科学家 张帆编文；雷金池等绘画
石家庄 河北人民出版社 1978年 96页
13cm（60开）定价：CNY0.12
中国现代连环画作品。

J0068729

周恩来同志在长征中 张体文改编；华其敏绘画
合肥 安徽人民出版社 1978年 69页 15cm（40开）
定价：CNY0.15
根据魏国禄同志革命回忆录改编的现代连环画作品。作者华其敏（1953— ），画家、教授。别名田乔、果然、沙月。上海人，毕业于中央美术学院中国画系研究生班。中央美术学院教授，

中国美术家协会会员。代表作品有《夸父图》《西门豹除巫》《安详的艺术》等。

J0068730

周总理的故事 刘惠汉等绘
广州 广东人民出版社 1978年 84页 15cm（40开）
定价：CNY0.35
中国现代连环画作品。

J0068731

周总理的故事 （二 敬爱的周总理在梅园新村）赵岗改编；何润民等绘画
西安 陕西人民出版社 1978年 39页 15cm（40开）
定价：CNY0.11
中国现代连环画作品。作者何润民（1947— ），画家、教师。陕西合阳人。历任西安美院副教授、院学术委员会委员，西安美术学院附属中等美术学校校长。代表作品有《老照壁》《牧歌》等。

J0068732

周总理与"孩子剧团" 许翰如原著；台益燕改编；巫俊，钱流绘画
合肥 安徽人民出版社 1978年 38页 15cm（40开）
定价：CNY0.09
中国现代连环画作品。

J0068733

周总理在梅园新村 新果改编；许勇等绘
沈阳 辽宁人民出版社 1978年 28页 23×26cm
统一书号：8090.1175 定价：CNY0.55
中国现代连环画作品。作者许勇（1933— ），画家。别名许涌。生于山东青岛，毕业于东北美专并留校任教。历任鲁迅美术学院教授、研究生导师，中国美术家协会会员，中国连环画研究会常务理事，中国当代工笔画学会理事，雪庐画会副会长。代表作品有《金田起义》《郑成功收复台湾》《戚继光平倭图》等。出版有《许勇画马》。

J0068734

朱总司令的故事 李新娟，单纪兰改编；52864部队业余美术组绘画
石家庄 河北人民出版社 1978年 36页
13cm（60开）定价：CNY0.06
根据《朱总司令在太行的故事》改编的现代

连环画作品。

J0068735
主课　崔凯改编；周卫，刘铁权绘画
沈阳　辽宁人民出版社　1978年　46页　13cm（60开）
定价：CNY0.07
　　根据同名话剧改编的现代连环画作品。

J0068736
主人　张步禹改编；黄葆和，福建青绘画
合肥　安徽人民出版社　1978年　60页　13cm（60开）
定价：CNY0.09
　　根据李正义同名小说改编的中国现代连环画作品。

J0068737
铸台凯歌　梁延超，彭尔清编文；范新生，雷淑娟等绘画
广州　广东人民出版社　1978年　133页　13cm（60开）
定价：CNY0.15
　　中国现代连环画作品。

J0068738
追车　刘建国，阎正编文；欧阳兴易绘
郑州　河南人民出版社　1978年　62页　有图
10×13cm　统一书号：8105.823　定价：CNY0.09
　　中国现代连环画作品。

J0068739
追风骏马　刚普日布原著；材音博彦改编；萨那巴特尔绘画
呼和浩特　内蒙古人民出版社　1978年　62页
有图　10×13cm　统一书号：8089.65
定价：CNY0.11
　　中国现代连环画作品。

J0068740
捉蟹　李凤琪，韩恩荣编文；王德绘画
济南　山东人民出版社　1978年　62页　有图
10×13cm　统一书号：8099.1721　定价：CNY0.11
　　中国现代连环画作品。

J0068741
捉熊　李迪编文；肖征波等绘画
北京　人民美术出版社　1978年　34页　有彩图

13cm（60开）统一书号：8027.6819
定价：CNY0.13
　　中国现代连环画作品。作者李迪（1950—　），河北滦南县人。中国作家协会会员。著有《遥远的槟榔寨》《野蜂出没的山谷》《这里是恐怖的森林》等。

J0068742
茁壮成长　柳山朵原著；陈梅鼎改编；潘直亮绘
上海　上海人民美术出版社　1978年　126页　有图
10×13cm　统一书号：8081.11340　定价：CNY0.15
　　中国现代连环画作品。作者潘直亮（1941—　），编辑。湖北汉阳人。历任湖北孝感市文联副主席、市美协主席，孝感画院院长，中国美术家协会会员，孝感市美术家协会名誉主席。作品有《杨靖宇》《恋》《献寿》主要专著有《潘直亮佛教题材水墨作品选集》等。

J0068743
卓兰　张乃仁编文；若希绘画
呼和浩特　内蒙古人民出版社　1978年　92页
有图　10×13cm　统一书号：8089.68
定价：CNY0.14
　　中国现代连环画作品。

J0068744
祖国啊　母亲　王成荣改编；上海电影制片厂供稿
上海　上海人民美术出版社　1978年　206页　有图
10×13cm　统一书号：8081.11160　定价：CNY0.27
　　中国现代连环画作品。

J0068745
祖国新苗　黄文宪编绘
南宁　广西人民出版社　1978年　34页　有彩图
15cm（40开）统一书号：8113.415　定价：CNY0.22
　　中国现代连环画作品。

J0068746
遵义会议的光芒　陈礼荣改编；潘直亮绘画
武汉　湖北人民出版社　1978年　50页　有图
10×13cm　统一书号：8106.1896　定价：CNY0.07
　　中国现代连环画作品。作者潘直亮（1941—　），编辑。湖北汉阳人。历任湖北孝感

市文联副主席、市美协主席，孝感画院院长，中国美术家协会会员，孝感市美术家协会名誉主席。作品有《杨靖宇》《恋》《献寿》主要专著有《潘直亮佛教题材水墨作品选集》等。

J0068747

"刁鱼鹰"上钩　台益燕编文；王本松绘画
合肥　安徽人民出版社　1979 年　68 页　有图
10×13cm　统一书号：8102.1071　定价：CNY0.10
中国现代连环画作品。

J0068748

"橡树，十万火急"　冯锋，李成葆改编
上海　上海人民美术出版社　1979 年　158 页
13cm（60 开）　定价：CNY0.27
（电影连环画册）
中国现代电影连环画作品。

J0068749

"小球迷"与大西瓜　关夕芝编；黄增立绘
广州　广东人民出版社　1979 年　59 页　有图
10×13cm　统一书号：8111.2104　定价：CNY0.09
中国现代连环画作品。

J0068750

078 号落网记　江漾，王效明改编；梁家军绘画
哈尔滨　黑龙江人民出版社　1979 年　134 页
10×13cm　统一书号：8093.548　定价：CNY0.18
中国 20 世纪 70 年代反特故事连环画作品。

J0068751

51 号兵站　陈澈改编
北京　中国电影出版社　1979 年　157 页　10×13cm
定价：CNY0.27
（电影连环画册）
根据电影改编的中国现代连环画作品。

J0068752

阿克里木和他的儿子　赵万堂编文；罗承力绘画
兰州　甘肃人民出版社　1979 年　118 页　10×13cm
统一书号：8096.967　定价：CNY0.15
中国现代连环画。

J0068753

阿娜尔罕　何泥改编；吴道云绘画
沈阳　辽宁美术出版社　1979 年　150 页　10×13cm
统一书号：8117.1736　定价：CNY0.23
中国现代连环画。

J0068754

阿诗玛　索成立改编
北京　中国电影出版社　1979 年　145 页　10×13cm
统一书号：8061.1305　定价：CNY0.26
（电影连环画册）
根据电影改编的中国现代连环画作品。

J0068755

爱迪生　白筠编；胡克礼，恽南平绘
北京　人民美术出版社　1979 年　148 页　10×13cm
统一书号：8027.7134　定价：CNY0.23
（科学家故事）
中国现代连环画作品。作者恽南平，绘制的主要连环画作品有《罗马狂欢节》《复仇与宽恕》《复活》等。

J0068756

爱民模范洛桑单增　蒋宜勋，张骏编绘；成都部队政治部文化部供稿
成都　四川民族出版社　1979 年　94 页　有图
10×13cm　统一书号：8118.506　定价：CNY0.13
中国现代连环画。

J0068757

爱情的位置　刘心武原著；吴可改编；沈尧伊绘
北京　人民美术出版社　1979 年　61 页　有图
10×13cm　统一书号：8027.7249　定价：CNY0.11
中国现代连环画。作者沈尧伊（1943— ），画家。浙江镇海人，毕业于中央美术学院。曾任中国人民大学徐悲鸿艺术学院教授、中国美术家协会会员、北京美术家协会理事、连环画艺术委员会主任。代表作品《而今迈步从头越》《革命理想高于天》《地球的红飘带》等。

J0068758

爱因斯坦　方汀编；刘永凯绘
北京　人民美术出版社　1979 年　68 页　有图
10×13cm　统一书号：8027.7122　定价：CNY0.10
中国现代连环画，内容为科学家的故事。

J0068759

安徒生童话选　李大发改编；华三川等绘画
广州　广东人民出版社 1979年 21页 有图
15cm（40开）统一书号：8111.2079
定价：CNY0.17
　　根据安徒生同名小说改编的中国现代连环画。

J0068760

八卦阵　胡雁，田衣改编；凌涛绘画
上海　上海人民美术出版社 1979年 2版 94页
10×13cm ISBN：8081.3241 定价：CNY0.14
（《三国演义》连环画 40）
　　本书是依据中国古典小说《三国演义》改编的现代连环画作品。

J0068761

八一风暴　南原改编；谢京秋绘画
沈阳　辽宁美术出版社 1979年 118页 13cm（60开）
ISBN：8117.1667 定价：CNY0.17
　　中国现代连环画作品。

J0068762

八一风暴　顾天高，胡霜改编；张品操绘画
杭州　浙江人民出版社 1979年 85页 13cm（60开）
统一书号：8156.191 定价：CNY0.11
　　中国现代连环画作品。

J0068763

巴黎公社小英雄　徐宏兵原著；赵一新编文；
丁荣魁绘
上海　上海人民美术出版社 1979年 75页
13cm（60开）统一书号：8081.11551
定价：CNY0.14
　　中国现代连环画作品。

J0068764

巴黎公社小英雄　徐宏兵原著；光华改编；谭晓春绘
天津　天津人民美术出版社 1979年 91页
13cm（60开）ISBN：8073.30345 定价：CNY0.12
　　中国现代连环画作品。

J0068765

巴斯克维尔的猎犬　（英）柯南道尔原著；韩

幼文改编；黄云松绘画
杭州　浙江人民出版社 1979年 142页 13cm（60开）
统一书号：8103.475 定价：CNY0.17
（福尔摩斯探案选）
　　根据原著改编的中国现代连环画作品。作者黄云松（1939—　），浙江温岭人。钢笔画家，中国美术家协会会员。毕业于浙江美术学院版画系，后历任浙江文艺杂志美编，浙江工农兵画报浙江人民出版社美编室创作员，浙江人民美术出版社编辑室主任、副编审。连环画作品有《福尔摩斯探案故事》《热爱生命》《静静的顿河》等。作者柯南道尔（Arthur Conan Doyle，1859–1930），英国侦探小说家、剧作家、医生。生于苏格兰爱丁堡。毕业于爱丁堡医科大学。著有《福尔摩斯探案集》《失落的世界》等。

J0068766

拔哥的故事　（上集）晓黎改编
北京　中国电影出版社 1979年 177页 10×13cm
统一书号：8061.1299 定价：CNY0.30
（电影连环画册）
　　根据电影改编的中国现代连环画作品。

J0068767

白马坡　罗贯中原著；吴其柔，田衣改编；李铁生画
上海　上海人民美术出版社 1979年 2版 128页
10×13cm 统一书号：8081.5307 定价：CNY0.18
（《三国演义》连环画 13）
　　根据古典小说《三国演义》改编的中国现代连环画作品。

J0068768

白门楼　罗贯中原著；王星北改编；汤义方画
上海　上海人民美术出版社 1979年 2版 142页
10×13cm 统一书号：8081.2992 定价：CNY0.20
（《三国演义》连环画 11）
　　根据古典小说《三国演义》改编的中国现代连环画作品。

J0068769

白娘子　吴芝君，汪宜蕾改编；秀公，新昌绘画
南京　江苏人民出版社 1979年 102页 13cm（60开）
统一书号：8100.3.211 定价：CNY0.13
　　中国现代连环画作品。

J0068770

白秋练　（清）蒲松龄原著；张明文改编；颜梅华绘画

天津　天津人民美术出版社　1979 年　73 页

13cm（60 开）

（《聊斋》故事）

　　根据古典小说《聊斋》改编的中国现代连环画作品。

J0068771

白求恩大夫　吴文焕改编

上海　上海人民美术出版社　1979 年　182 页

10×13cm　统一书号：8081.11394　定价：CNY0.31

（电影连环画册）

　　根据电影改编的中国现代连环画作品。

J0068772

百尺涧　李思洲编文；东月绘画

济南　山东人民出版社　1979 年　76 页　13cm（60 开）

统一书号：8099.1874　定价：CNY0.10

　　中国现代连环画作品。

J0068773

百色起义　顾乐真编；雷德祖绘画

北京　人民美术出版社　1979 年　92 页　有图

15cm（40 开）统一书号：8027.7187

定价：CNY0.26

　　中国现代连环画作品。

J0068774

百万英镑　明扬选编

北京　人民美术出版社　1979 年　168 页　10×13cm

统一书号：8027.7094　定价：CNY0.26

（电影连环画册）

　　根据电影改编的中国现代连环画作品。

J0068775

柏拉图式人　魏忠才改编；夏莹绘；张寿民译

郑州　河南人民出版社　1979 年　62 页　13cm（60 开）

统一书号：8219.93　定价：CNY0.09

　　根据英国科学幻想小说改编的中国现代连环画作品。

J0068776

班主任　刘心武原著；孙剑影改编；许修余绘

南京　江苏人民出版社　1979 年　62 页　有图

10×13cm　统一书号：8100.3.236　定价：CNY0.09

　　中国现代连环画作品。作者孙剑影，作家。江苏南京人。作品有《青春的史册》，改编连环画有《大风歌》。

J0068777

班主任　刘心武原著；丁雯编；庞先健绘

上海　上海人民美术出版社　1979 年　70 页

10×13cm　统一书号：8081.11658　定价：CNY0.09

　　根据同名小说改编的中国现代连环画作品。

J0068778

半屏山　刘润编文；赵延平，冯正梁绘画

上海　上海人民美术出版社　1979 年　46 页

13cm（60 开）定价：CNY0.07

　　中国现代连环画作品。作者冯正梁（1954—　），画家、教授。生于上海，上海师范大学艺术学士，美国弗吉尼亚州莱德佛大学艺术硕士。历任美国水彩画会、中国水彩画会、美国色粉画协会会员，莱德佛大学教授。

J0068779

宝贝　辛胡改编；莫湘怡绘画

长沙　湖南人民出版社　1979 年　86 页　13cm（60 开）

定价：CNY0.11

　　中国现代连环画作品。

J0068780

保密局的枪声　靳立华编文

天津　天津人民美术出版社　1979 年　148 页

10×13cm　定价：CNY0.25

（电影连环画册）

　　根据电影改编的中国现代连环画作品。

J0068781

保密局的枪声　云中君改编

北京　中国电影出版社　1979 年　197 页　10×13cm

定价：CNY0.33

（电影连环画册）

　　根据电影改编的中国现代连环画作品。

J0068782

报童　（剧照连环画）范爱全改编；周仓志摄影

南京　江苏人民出版社　1979 年　220 页　13cm（60 开）

定价：CNY0.27

作者周仓志，摄影连环画有《李太白与杨贵妃》，黄梅戏《女驸马》四连拍，锡剧《嫦娥奔月》等。

J0068783

报童　涂家宽，唐彦琳改编

北京　中国电影出版社　1979 年　177 页　10×13cm

统一书号：8061.1342　定价：CNY0.30

（电影连环画册）

根据电影改编的中国现代连环画作品。

J0068784

豹子湾战斗　孙延令改编

北京　中国电影出版社　1979 年　162 页　10×13cm

统一书号：8061.1282　定价：CNY0.27

（电影连环画册）

根据电影改编的中国现代连环画作品。

J0068785

悲惨的星期日　颜锦帆改编；唐丁华绘

南京　江苏人民出版社　1979 年　70 页　有图

10×13cm　统一书号：8100.3.232　定价：CNY0.10

中国现代连环画作品。

J0068786

悲惨的星期日　陈宗汉原著；钟天宝改编；贾文涛绘画

天津　天津人民美术出版社　1979 年　62 页　有图

10×13cm　统一书号：8073.30362　定价：CNY0.09

中国现代连环画作品。